湖北

湖北省教育厅 编

教育年鉴

2011

（总第21卷）

Hubei Educational Yearbook

湖北长江出版集团
湖北人民出版社

鄂新登字 01 号
图书在版编目(CIP)数据

湖北教育年鉴·2011/湖北省教育厅编.
武汉：湖北人民出版社,2012.1

ISBN978 - 7 - 216 - 07051 - 5

Ⅰ.湖…
Ⅱ.湖…
Ⅲ.教育事业 - 湖北省 - 2011 - 年鉴
Ⅳ.G527.63-54

中国版本图书馆 CIP 数据核字（2011）第 265782 号

湖北教育年鉴·2011 湖北省教育厅 编

出版发行： 湖北长江出版集团
湖北人民出版社

地址：武汉市雄楚大街 268 号
邮编： 430070

印刷： 武汉中科兴业印务有限公司
开本： 880 毫米×1230 毫米 1/16
字数： 1523 千字
版次： 2012 年 12 月第 1 版
印数： 1 - 1 400
书号： ISBN 978 - 7 - 216 - 07051 - 5

经销： 湖北省新华书店
印张： 39
插页： 18
印次： 2012 年 1 月第 1 次印刷
定价： 200.00 元

本社网址：**http://www.hbpp.com.cn**

《湖北教育年鉴》编纂委员会

《湖北教育年鉴》编辑部

联系地址　武汉市洪山路8号1416室

邮　编　430071

联系电话　027—87328027　87328243（传真）

电子邮箱　bzb@e21.edu.cn　bzb1416@163.com

编 辑 说 明

《湖北教育年鉴》是湖北省教育厅编纂的全省教育文献资料工具书，反映了湖北教育改革与发展的基本情况、政策法规、主要经验，以及年度内发生的大事、要事、新事，是年度全省教育工作的真实记录。编纂本书是为教育管理决策、教育科研提供参考，为教育战线沟通信息、交流经验提供平台，为宣传湖北教育改革与发展成就提供窗口，为热心关注和研究湖北教育的读者提供信息资料。

本卷年鉴分9个类目：特载、概况、各级各类教育、教育综合管理、市州县教育、局长论坛、普通高等学校（本科）、校长论坛、教育文件与资料选辑。年鉴的基本栏目87个：基本情况、政策法规、基础教育、职业教育与成人教育、高等教育、发展规划、教育财务、学生资助、教育督导、语言文字、教育人事、教师继续教育与管理、体育卫生艺术及国防教育、对外合作与交流、纪检监察、教育综合治理、招生考试与毕业生就业、中小学后勤保障与勤工俭学、教育技术装备、现代远程教育与教育信息化、教育科研与学术团体、教育期刊、武汉市等17个市（州）教育、江汉油田教育、武汉大学等41所普通高等学校（含6所军事院校）、教育文件与资料选编、教育文件存目、教育记事、教育人物、教育奖励、教育统计等。

本卷年鉴所用数据均使用法定计量单位。年度综合性数据一般截至2010年底，以省教育厅编《湖北教育统计年鉴》（2010年）为准。《湖北教育统计年鉴》未予统计的，以各撰稿单位提供的数据为准。本年鉴所用数据、资料均经撰稿单位审核。因统计口径等原因，个别数据可能有不尽一致之处，望读者采用时注意。

按照国际国内通例，当年年鉴反映上一年度工作的基本情况。本卷年鉴着重反映2010年度湖北省教育改革和发展的新变化、新进展、新成果、新特点和新问题。某些多年才能完成的工作，主要记叙当年的进展情况，适当追述发展沿革，有些工作延至2011年初，也根据情况酌情收录。

年鉴的编纂委员会按2011年11月底省教育厅人员构成情况作相应调整。

本卷年鉴的编辑出版，得到了省教育厅机关各处（室）、有关直属单位，各市（州）、县（市、区）、神农架林区教育行政部门，江汉油田教育实业集团，各普通本科院校（含军事院校）的大力支持与协助，在此表示衷心感谢。

《湖北教育年鉴》编辑部

2011年12月

2010年9月7日，蕲春县第四中学教师汪金权在中国人民大学受到中共中央总书记、国家主席、中央军委主席胡锦涛（右一）的亲切接见

2010年10月22日，中共中央政治局常委、国务院总理温家宝（左二）在武汉东湖高新技术产业开发区调研，对武汉大学自主创新成果给予赞赏

2010年4月13日，中共中央政治局常委、全国政协主席贾庆林（右三）在华中科技大学武汉光电国家实验室（筹）调研

2010年1月22日，中共中央政治局常委、中央书记处书记、国家副主席习近平到华中科技大学调研

2010年7月10日，中共中央政治局委员、中央书记处书记、中央组织部部长李源潮在华中科技大学调研

2010年11月12日，时任省委书记、省人大常委会主任罗清泉到宜昌市调研教育工作

2010年12月29日，省委书记李鸿忠在全省教育工作会议上讲话

2010年12月29日，时任省委副书记、代省长王国生在全省教育工作会议上讲话

2010年11月16日至17日，时任省政协主席宋育英（左二）到荆州市、武汉纺织大学，就制定《湖北省中长期教育改革和发展规划纲要》进行调研

2010年6月17日，时任省委副书记杨松在全省校园安全稳定工作现场会上讲话

2010年7月29日至30日，教育部副部长陈希（左二）在中国地质大学（武汉）、中南财经政法大学和华中农业大学调研

2010年1月21日，教育部副部长陈小娅看望麻城市黄土岗中心学校资教生

2010年9月16日，时任省委常委、省总工会主席张昌尔在湖北大学物理学与电子技术学院调研

2010年11月21日，省委常委、省委组织部部长侯长安（左三）在十堰市中小学校调研

2010年 11月 12日至13日，时任省委常委、省纪委书记黄先耀（右三）到武汉理工大学和咸宁市，就制定《湖北省中长期教育改革和发展规划纲要》进行调研

2010年6月4日，省委常委、省委秘书长李春明在汪金权先进事迹座谈会上讲话

2010年11月10日，省委常委、省委政法委书记、省公安厅厅长吴永文（中）到湖北工业大学，就制定《湖北省中长期教育改革和发展规划纲要》进行调研

2010年11月16日，省委常委、副省长张岱梨到武汉体育学院和孝感市，就制定《湖北省中长期教育改革和发展规划纲要》进行调研

2010年11月2日，省人大常委会党组书记、常务副主任周坚卫（左三）到武汉工业学院，就制定《湖北省中长期教育改革和发展规划纲要》进行调研

2010年11月12日，省人大常委会副主任周洪宇（右一）到湖北中医药大学、潜江市，就制定《湖北中长期教育改革和发展规划纲要》进行调研

2010年4月30日，副省长郭生练在2010年全省高等教育工作会议上讲话

2010年11月18日，副省长田承忠（左一）到三峡大学，就制定《湖北省中长期教育改革和发展规划纲要》进行调研

2010年11月3日，副省长赵斌（左二）到长江大学，就制定《湖北省中长期教育改革和发展规划纲要》进行调研

2010年11月8日，副省长段轮一到湖北经济学院，就制定《湖北省中长期教育改革和发展规划纲要》进行调研

2010年11月4日，副省长张通（二排左二）到湖北美术学院和武汉音乐学院，就制定《湖北省中长期教育改革和发展规划纲要》进行调研

2010年12月30日，省政协副主席周宜开在贯彻落实全省教育工作会议和教育规划纲要座谈会上讲话

2010年11月12日，省政协副主席陈春林（右三）到湖北第二师范学院，就制定《湖北省中长期教育改革和发展规划纲要》进行调研

2010年11月8日至9日，省委高校工委书记、省教育厅党组书记蔡民族在十堰市调研

省教育厅厅长陈安丽在教育座谈会上讲话

2010年12月14日，省委高校工委副书记、省教育厅副厅长陈传德到省教育信息化发展中心调研

2010年5月31日，省委高校工委副书记严学军（中）在武汉高校调研

2010年 5月 6 日至7日，省教育厅副厅长欧阳建平（中）在咸宁市调研

2010年5月12日，省教育厅副厅长黄俭在黄石市参加防灾减灾知识宣传

2010年5月13日，省教育厅副厅长徐金山会见美国新泽西州蒙特克莱尔市市长费杰瑞（JerryFried）一行

2010年1月13日，省教育厅副厅长张金元在省属高校财务管理工作经验交流会上讲话

2010年11月26日，省教育厅党组成员、纪检组长王安怀组织教育系统政风行风工作督导检查

2010年12月7日，省教育厅副巡视员孟庆金在湖北省第二届中小学校“大家唱、大家跳”艺术教育现场集中展演开幕式上讲话

2010年10月30日，省教育厅副巡视员孙望安在华中科技大学教育发展基金会成立大会上讲话

2010年4月29日，第十八次全省高校党建暨大学生思想政治教育工作会议在汉召开

2010年12月29日，全省教育工作会议在武昌洪山礼堂召开

2月5日，2010年度全省教育工作会议在武汉东湖宾馆召开

2010年4月30日，全省高等教育工作会议在汉召开

2010年3月30日，高校毕业生就业会在武汉举行

2010年5月12日，消防安全逃生演练在黄石市举行

2010年4月28日，中共湖北省教育厅直属机关第四次党员代表大会召开

2010年5月7日，湖北省第十三届运动会暨湖北省第十届大学生运动会开幕式在武汉铁路职业技术学院举行

2010年5月28日，湖北省幼儿园安全演练观摩活动在武汉市洪山区花儿朵朵幼儿园举行

2010年7月31日，湖北省2010年资教生岗前培训结业典礼表演在湖北经济学院举行

2010年5月4日至7日，空军雷达学院开展了“红安行”革命传统教育活动。图为学院应届毕业学员在活动期间完成了穿越沾染地带、防空袭演练、武装越野接力赛等战术课目训练(吴武安 摄)

2010年6月27日，军事经济学院举行首届“红管家”文化艺术节开幕式暨广场音乐会。图为学员合唱团合唱《军事经济学院院歌》（周洲 摄）

2010年5月17日至19日，总后勤部政治委员孙大发、副政治委员孙思敬一行15人到军事经济学院考察。图为孙大发、孙思敬接见学院正团职以上干部、教研室主任和正教授（胡军 摄）

湖北信息工程学校获批全国首批国家级中职改革与发展示范学校(2010.11.8摄)

荆门市建成“留守学生服务中心”，为留守学生打造了一个温馨的“家”

2010年7月3日，全国县级青少年学生校外活动场所科普教育共建共享试点工作推进会在荆州市召开

黄石市中小学“大家唱大家跳”群众性艺术活动蓬勃开展

2010年11月7日，在新加坡举行的第九届国际大学群英辩论会总决赛上，武汉大学辩论队获得冠军

2010年11月28日，湖北警官学院亚运安保队员在广州执勤

2010年11月，中国地质大学（武汉）原创音乐剧《雪莲花开》获中国校园戏剧节优秀剧目奖，主演徐佳获校园戏剧之星

2010年2月，团风县团风小学的舞蹈《长江边上的俏丫头》登上了中央电视台少儿春晚舞台

武汉理工大学南湖新校园（彭辉 摄）

2010年11月8日晚，武汉音乐学院
东方中乐团在国家大剧院音乐厅演出现场

2010年11月,全省首届中职学校学生服装设计大赛在黄石市举行

2010年4月20日，仙桃市第八中学为对口帮扶村小仙桃市长埫口镇新河小学送来新的升降式课桌椅，学生们喜笑颜开

全国模范教师——武汉市第一初级中学彭友林与学生在一起

神农架林区高寒地区学校教室安装取暖设备和饮水机，学生在学校享受到在家一般的温馨和快乐

神农架林区第一次组团参加全省体育评优课并获得一等奖（2010.11.14.　摄）

○目录

特　　载

概　　况

基本情况

政策法规

各级各类教育

基础教育

职业教育与成人教育

高等教育

高等教育改革和管理

学位工作与研究生教育

高校党的建设

高校思想政治教育及社科研究

高校科学技术工作

学 生 管 理

高校后勤服务与管理

教育综合管理

发展规划

教育财务

学生资助

教育督导

语言文字

教育人事

教师继续教育与管理

体育、卫生、艺术及国际教育

纪检监察

教育综合治理

考试招生与毕业生就业

中小学后勤保障与勤工俭学

教育技术装备

市州县教育

高校校长论坛

教育文件与资料选辑

教育文件选编

Contents

Special Articles

Brief Introduction

Education of Various Types and Different Levels

Comprehensive Management of Education

General Situation of Education in Cities and Prefectures at City Level

Local Education Director General Forum

Ordinary Higher Education Institutions

Higher Education Institutions Forum

Selected Education Files and Documentation

Indexes

特　载

把优先发展教育作为第一战略

——在全省教育工作会议上的讲话

省委书记　李鸿忠

（2010年12月29日）

2010年12月29日，省委书记李鸿忠在全省教育工作会议上讲话

同志们：

刚才，教育部副部长杜占元作了重要讲话，强调了优先发展教育、深化教育改革、促进教育公平、坚持育人为本等四个问题，都是教育工作的重中之重，也是我们这次会议要研究、要部署的问题，我们一定要认真抓好贯彻落实。

2010年，党中央、国务院召开了新世纪第一次全国教育工作会议，颁布了国家中长期教育改革和发展规划纲要，规划了新时期我国教育事业科学发展的宏伟蓝图。在全国教育工作会议上，中共中央总书记胡锦涛发表重要讲话，充分肯定了新中国成立以来教育事业发展的伟大成就，系统总结了我国教育事业发展的基本规律，明确提出了教育改革发展的战略思想和总体要求；国务院总理温家宝深刻阐释了教育改革发展的重大问题，全面部署了教育规划纲要的实施工作。我们一定要认真学习、深刻领会、坚决贯彻落实，把思想统一到中央的重大决策部署上来，把力量凝聚到加快我省教育改革和发展上来。我们这次会议的主要任务就是深入学习贯彻全国教育工作会议精神，贯彻落实胡锦涛总书记和温家宝总理的重要讲话精神，贯彻落实国家中长期教育改革和发展规划纲要，动员全省上下全面实施《湖北省中长期教育改革和发展规划纲要（2011－2020年）》，坚持优先发展教育，加快建设教育强省和人力资源强省，为推动湖北经济社会跨越式发展提供更加有力的人才保证和智力支持。

长期以来，全省广大教师和教育工作者认真贯彻党的教育方针，教书育人、勤勉工作，默默耕耘、无私奉献，为我省教育事业的发展付出了大量心血，作出了杰出贡献。借此盛会召开之机，我代表省委、省政府，向全省广大教师和教育工作者，向关心和支持我省教育事业发展的广大干部群众和社会各界人士，致以衷心的感谢和崇高的敬意！

王国生同志将就我省教育规划纲要的落实作重要讲话。下面，我先就贯彻落实全国教育工作会议精神，结合我省实际讲四点意见。这四个方面不一定全面，但我认为这是关系我省教育改革发展的四个重点问题。

一、必须坚持教育优先发展战略，真正体现和落实教育优先发展的战略地位

强国必先强教，兴鄂必先兴教。湖北素有尊文崇教的良好传统，教育水平长期处于全国前列。早在清朝末年张之洞督鄂时期，湖北就已成为全国兴学育才的近代教育中心之一。新中国成立后，我省教育事业迅速发展，武汉成为全国重要的教育和科研中心之一。特别是改革开放以来，我省各级各类教育全面复兴，教育事业发展取得了历史性成就，教育大省的地位进一步凸显。全省城乡免费义务教育全面实现，职业教育发展取得重大突破，高等教育大众化程度稳步提高；各项教育改革稳步推进，率先在全国探索建立了农村教师补充、培训、交流和条件保障机制，率先推行了义务教育投入保障机制改革，率先建立了省部共建国家教育综合改革试验区；教育公平迈出重大步伐，实行了“阳光招生”政策，以政府为主导的各类教育资助体系初步建立，高校助学贷款发放量连续多年居全国第一。教育事业的持续快速发展，较好地满足了人民群众接受教育的需求，为我省经济社会发展奠定了重要基础、发挥了重大作用。这是从省委、省政府到各地各部门，特别是全省从事教育工作的同志们和广大教师多年奋斗取得的成就，我们必须首先充分肯定。

同时，我们也要清醒地看到，面对新形势、新任务，教育发展还不能完全适应、有些方面还很不适应全省经济社会又好又快发展的新要求，还不能很好地满足人民群众接受良好教育的新期待，离教育强省的目标还有相当大的距离。全省教育结构布局不尽合理，优质教育资源总体不足，素质教育深入推进困难，创新型、实用型、复合型人才紧缺，教育体制机制有待完善，教育优先发展的战略地位尚未完全落实，教育与经济社会发展的耦合度还不高，等等。对这些问题，我们必须高度重视，采取有力措施加以解决。

百年大计，教育为本。胡锦涛总书记强调指出：“教育是民族振兴、社会进步的基石，是提高国民素质、促进人的全面发展的根本途径，寄托着亿万家庭对美好生活的期盼。”胡锦涛总书记总结了我国教育事业发展的五条基本规律，第一条就强调教育是国家和民族发展最根本的事业，必须充分发挥教育在党和国家事业中的基础性、先导性、全局性地位和作用。这些充分体现了党中央、国务院对教育事业的极端重视，充分体现了教育工作在党和国家工作中处于极端特殊的地位，充分体现了教育优先发展对于经济社会发展具有极端重要的作用。全省上下一定要统一思想，深刻认识推进教育改革发展的重大意义，坚定不移地把教育摆在优先发展的战略地位，把优先发展教育作为促进湖北又好又快发展的根本战略、第一战略、总体战略。现在我们的战略很多，但教育优先发展是根本战略、第一战略、总体战略，我们必须明确这一条。

1. 优先发展教育，是推动湖北科学发展的内在要求。科学发展是当今时代的主题。教育既是科学发展的重要内容，又是推进科学发展的根本路径，只有教育优先发展才能实现科学发展。科学发展的前提是正确认识和把握自然界和人类社会的客观规律，要使科学发展成为广大干部群众的自觉意识、自觉行动，有赖于教育的教化和引导。我们对发展规律的认识，本身就是对客观世界规律的自觉认识和把握，没有教育开发人的智力，提高人的认识能力和文明水平，就没有对科学发展规律的正确认识。科学发展的主线是加快转变经济发展方式，最关键最核心的内容是科技进步和自主创新。如果没有教育的优先发展，科技创新就是无源之水、无本之木。转变发展方式的目的是实现绿色发展，也就是要实现人与自然在和谐相处中全面、协调、可持续发展，这是人类发展的一种高度自觉，是科学发展的大道。如何让人们尽快认识到不坚持科学发展，破坏环境，滥用资源，就会加速自我毁灭的道理呢？也只有通过教育。因此，要推进科学发展，必须优先发展教育。如果不优先发展教育，科学发展无从谈起。

2. 优先发展教育，是实现湖北跨越式发展的现实需要。省委、省政府根据胡锦涛总书记关于湖北要真正成为促进中部地区崛起重要战略支点的要求，提出了“十二五”跨越式发展的奋斗目标。目前我省离“支点”的要求还有不小的差距，我们只能埋头苦干、奋起直追，以不凡的发展、卓越的发展，也就是说用跨越式发展，努力担当起建设“支点”的重任。跨越式发展不能停留在响亮的口号上，必须牢牢抓住难得的战略机遇期和发展黄金期，充分发挥湖北的比较优势，加快推进传统产业的提档升级，加快推进高新技术产业突破性发展，加快推进战略性新兴产业加速崛起，加快推进现代服务业快速发展。这些都需要科技、人才作支撑，都需要教育作后盾。没有教育的优先发展，就不可能实现全省综合竞争力的整体提升。我们经常说湖北有很多优势，如工业大省优势、农业大省优势、交通区位优势、科技优势、文化旅游资源优势，等等，但可以明白无误的讲，教育优势是我们最突出、最根本的优势，其他的优势都是建立在教育优势的基础之上。我们之所以对湖北实现跨越式发展充满信心、底气十足，根本原因就在于我们的教育比较优势突出。湖北实现跨越式发展的希望在创新，关键在人才，基础在教育。如果教育发展落后于经济社会发展的要求和步伐，实现跨越式发展就会成为一句空话。我们必须巩固好、利用好、发挥好教育优势，以教育的优先发展促进跨越式发展。

3. 优先发展教育，是保障和改善民生的首要任务。教育是国计，更是民生，而且还是最大的民生。党的十七大把“学有所教”作为民生建设五大目标之首，是因为教育事关人民切身利益，是缩小不同群体发展差距、实现人们崇高理想和人生价值的重要桥梁。教育可以改变一个人甚至一个家庭的命运，承载着群众过上更加美好生活的愿望和期待。望子成龙、望女成凤是中国人几千年来的传统，对一个家庭而言，子女教育是天大的事，每个家长都希望子女能够接受良好的教育，能够学有所成、健康成长。所以，教育是群众最关心、最直接、最现实的民生问题之一。教育也是解决和改善其他民生问题的重要途径，对解决“就业难”、“看病难”等问题有着不可替代的独特作用。比如，解决“就业难”问题，需要通过教育培训增强就业技能；解决“看病难”问题，需要教育培养出更多群众欢迎的优秀医护人员，等等。因此，教育发展关系民生问题，关系社会公平和社会和谐。如果不优先发展教育，就容易引发一连串的民生问题，就有可能引发深层次的社会稳定问题。

4. 优先发展教育，是提升全省人民综合素质的根本途径。国家与国家、地区与地区之间的竞争，说到底是人的竞争，是人的素质的竞争。古今中外的发展无不证明，民众素质的高低直接影响着一个国家、一个地区的发展水平。列宁曾经指出："在一个文盲充斥的国家里，是不能建成社会主义大厦的"。在知识经济、科技革命迅猛发展的当今时代，提高民众素质，是提升一个国家、一个地区综合竞争力的决定性因素，也是应对挑战、走向胜利、开辟未来的关键所在。人口素质是发展的第一环境，人力资源是发展的第一资源，人才竞争力是发展的第一竞争力。没有高素质的民众作支撑，一个地区的发展不会长久和稳固。当前，提高全省人民的思想道德素质和科学文化素质是我省提高综合竞争力的重要内容，而全省人民社会主义核心价值体系的确立、文明风尚的形成、科学文化素质的提高等，都要靠教育。我们必须通过优先发展教育，提高全省人民的综合素质，从而提升湖北的软实力和综合竞争力。

概而言之，实现湖北科学发展、跨越式发展，迫切需要教育提供人才保障和智力支撑，迫切需要教育促进发展方式转变和经济结构转型升级，迫切需要教育提高人口素质和社会文明程度，迫切需要教育提升综合竞争力和可持续发展能力，迫切需要教育促进社会公平与和谐稳定。无论是立足当前还是着眼长远，优先发展教育都具有基础性、先导性、全局性重大意义。全省上下务必形成优先发展教育的共识，进一步增强加快教育改革发展的使命感和紧迫感，紧紧抓住党中央、国务院召开全国教育工作会议和颁布教育发展规划纲要的重大历史性机遇，以时不我待、只争朝夕的精神，积极行动起来，奋力开创湖北教育改革发展的新局面。

二、突出两大任务，坚持育人为本，坚持"以用立业"

《湖北省中长期教育改革和发展规划纲要》对今后一个时期我省教育改革发展作出了科学规划和全面部署，提出"到2015年基本建成教育强省，2020年基本实现教育现代化，基本形成学习型社会，进入教育强省和人力资源强省前列"。这个目标反映了湖北人民的意愿，体现了省委、省政府对教育改革和发展的要求。我们要坚持以育人为本，以素质教育为主题，以提高质量为核心，以促进公平为重点，以改革创新为动力，以完善现代教育体系为抓手，如期全面实现这个宏伟的奋斗目标。首要的任务，就是要按照科学发展、以人为本的要求，使教育更好地适应中国特色社会主义事业后继有人的需要，更好地适应全省经济社会又好又快发展的需要。

1. 要坚持育人为本，培养中国特色社会主义事业合格的建设者和接班人。十年树木，百年树人。教育的根本任务、根本目的是培养人。要保证中国特色社会主义事业始终兴旺发达、后继有人，有赖于通过教育培养一代又一代合格的建设者和接班人。推进教育改革与发展，必须坚持育人为本，牢固树立以德为先、能力为重、全面发展的育人观，把促进学生健康成长作为一切工作的出发点和落脚点，全面推进素质教育，使广大学生成为德智体美全面发展的社会主义建设者和接班人。

(1) 要加强学生的思想道德建设。成才必先成人。要坚持德才兼备、立德树人，大力加强理想信念和思想道德教育，引导学生形成正确的世界观、人生观、价值观和荣辱观，坚定对中国共产党领导、社会主义制度的信念和信心，培养团结互助、诚实守信、遵纪守法、艰苦奋斗等优良品德。要把德育渗透于教育教学的各个环节，贯穿于学校教育、家庭教育和社会教育的各个方面，创新德育形式，丰富德育内容，增强德育工作的针对性和实效性，不断提高德育工作的吸引力和感染力。

(2) 要注重培养学生的实践能力和创新能力。在现实生活中，不少人学历很高，但动手能力不强，解决问题的能力差，缺乏创新精神。这些年来，我国的科技事业明显壮大，国家总体创新能力显著增强。但我们必须清醒地认识到，世界最具创新活力、创新驱动作用发挥最好、科技实力最强的不是中国，仍然是欧美发达国家，特别是美国。美国的霸权靠军事实力、靠经济实力、靠西方价值观，但核心是创新驱动。其整个国家创新体系从大学生开始，非常发达、非常活跃。如果说我们与他们有差距，最大的差距就在这里。我们的GDP今年在全世界上升到第二位，这是中华民族振兴崛起道路上的重要一站，我们为此欢欣鼓舞。但我们在创新方面还不是先进国家，要从基础抓起，基础在人，特别是要从学生抓起。各级各类学校都要重视实践教学，重视学生创新精神和解决实际问题能力的培养，教育学生学会知识技能，学会动手动脑，学会生存生活，学会做人做事。同时，还要引导学生走出校园、走进社会，在实践中了解认识国情、省情、民情，在实践中增长知识和才干，增强适应社会的能力。

(3) 要促进学生全面发展。要把促进学生全面发展作为衡量教育质量的根本标准，全面提高学生的思想道德素质、科学文化素质和身心素质。有两个问题让我特别关注和担忧：一个是学生的身体素质问题。我有时到学校转一转，发现不少学生体质虚弱，一个个可爱的小脑袋瓜高度近视，戴着眼镜，缺乏朝气和活力。没有好的体魄，读再多的书、学再多的知识又有什么用呢？青少年的身体素质关乎一个民族的前途和命运，希望有关部门和学校对此高度重视，保证学生每天有一定的锻炼和活动时间。再一个就是学生的心理健康问题。由于各种原因，一些青少年存在心理问题甚至心理疾患，处事偏激、厌世轻生的现象屡有发生，令人十分痛心。这是经济社会深刻变化、竞争激烈的一个副产品。教育部门和学校要认真研究分析，寻求对策措施，让学生快乐地学习、健康地成长。现代社会竞争越来越激烈、越来越复杂，这是时代进步、社会进步，社会进入高级形态的体现，要求学生既要有强壮的身体，又要有健康的心理，敢于参与竞争，不能未出校门先怯阵。学校要担当起这个任务。

2. 要坚持"以用立业"，着力增强教育服务经济社会发展的能力。教育作为一项社会事业，何以立业？必须以"以用立业"。这个"用"的含义很广，核心意思就是教育不是象牙塔，不能独立于经济社会发展之外，教育的发展必须围绕服务经济社会发展做文章，着力增强对经济社会发展的支撑力、驱动力、稳定力。教育的产品、教育事业的成果，要为经济社会发展所需要、所使用。教育推动经济社会发展，经济社会发展了，创造更多的财富，又可以拿出相当一部分支持教育发展，这样相辅相成，螺旋式上升，形成良性循性，推动发展。如果教育对经济社会发展的针对性、适应性不强，经济社会发展就失去了动力，教育事业的发展就会失去财力的支撑。因此，要实现我省教育科学发展、可持续发展，必须强调“以用立业”，积极适应社会主义市场经济体制的要求，主动适应和服务于我省科学发展、跨越发展，将湖北的科教资源优势转化为经济发展优势和竞争优势，促进教育发展与经济发展良性互动、互为促进。

（1）要抓紧培养我省经济社会发展急需的各类紧缺人才。高校要面向经济社会建设主战场，围绕我省经济社会发展战略，尤其是围绕产业结构调整和振兴，加大学科专业调整力度，优化人才培养结构，大力发展与我省战略性新兴产业和支柱产业发展相适应的学科专业，加快培养经济社会发展急需的创新型、复合型、实用型高素质专门人才和拔尖创新人才。职业教育是经济社会发展的重要基础，是促进就业、改善民生、解决“三农”问题的重要途径，是缓解劳动力供求结构矛盾的关键环节。要适应发达地区产业向中西部转移的现状和趋势，大力发展职业教育，加强技能型人才培养。富士康在武汉已吸纳了2万多人，还需要近8万人，对技能型人才的需求量很大。三峡工程、南水北调工程丹江口库区有大量的移民，如果一个移民家庭有一个职业院校毕业的专门技能人才能够就业，这个家庭就能脱贫，就能从根本上解决“稳得住、能致富”的问题。“授人以鱼，不如授人以渔”，治穷先治愚，扶贫先扶智。今后，我们扶贫的重点要放在扶教上，通过加强教育和培训，帮助群众提高创业就业能力，彻底从贫困中走出来。要大力开展面向农村的职业教育，广泛开展面向农民的各类技能培训，培养有文化、懂技术、会经营的新型农民，增强教育服务“三农”的能力。这一点非常重要，我们要推进新型城镇化，有大量的农村人口需要转移，如果转移出来的农民缺乏技能，我们的人力资源优势就很难发挥出来。

（2）要充分发挥高校在创新湖北建设中的引领和支撑作用。高校是我省科学研究的主力军。要积极引导高校以国家和我省战略需求为导向，加强科学研究和技术创新，加强应用研究。建立完善以创新、质量和贡献为导向的高校科研评价体系，形成有利于自主创新的激励机制。大力促进科研成果向现实生产力转化，通过体制机制创新，推动产学研用合作。支持高校与企业共建创新平台，创办产业实体，承担科技计划项目。鼓励高校科技成果以股份等多种形式参与分配，促进高校科技成果在省内转化。探索建立高校职称评聘、科技成果评定与科技成果转化挂钩的机制，不仅仅以论文数量论英雄。要建设好大学科技园，使高校主动融入东湖国家自主创新示范区建设。同时，还要发挥高校人才、智力优势，加强先进文化创新、创作和传播，积极开展决策咨询，发挥智囊团、思想库作用。

（3）要大力营造留住人才、聚集人才、使用人才的良好环境。培养人才的目的在于使用人才，学校、科研机构、企事业单位都要强调“用”，在用中成才，在用中验才，在用中聚才。我省每年有几十万高校毕业生，其中研究生就有三万多人，是十分宝贵的财富。要根据我省人才强省战略和建设人力资源强省的要求，把做好高校毕业生就业工作摆在重要位置，加强毕业生就业服务和就业指导。完善相关政策，鼓励大中型骨干企业和科研单位面向在鄂高校积极吸纳高校毕业生，引导高校毕业生到城乡基层和中小企业就业或者自主创业，把尽可能多的人才留在湖北，为我省经济社会发展贡献聪明才智。

三、着重解决好三大问题，大力推进教育事业科学发展

1. 坚持把促进教育公平作为基本教育政策，贯穿于各级各类教育之中，体现在教育工作的各个方面。同在蓝天下，平等受教育。教育公平是起点公平，是一切公平的基础，是最基本最重要的公平。促进教育公平、推进基本公共教育均等化既是国家的基本教育政策，也是建设教育强省的一项重要工作方针。没有教育公平就谈不上社会公平，也谈不上建设教育强省。

（1）要促进义务教育均衡发展。虽然我省已全面实现了“普九”任务，但不少学校特别是一些农村地区、边远山区的中小学办学条件依然较差，师资力量薄弱。当前，要将促进均衡发展作为义务教育的重中之重，作为推进教育公平的首要任务，重点加强农村师资队伍建设，建立城乡一体化的义务教育发展机制，着力缩小义务教育的城乡差距、区域差距和校际差距，力争2015年前实现县（市、区）域内城乡义务教育基本均衡，2020年前实现全省义务教育基本均衡。

（2）要加快普及学前教育。人生百年，立于幼学。俗话说“三岁看到老”，学前教育对幼儿身心健康、习惯养成、智力发展具有重要意义。以前我们对这一块重视不够，存在许多困难和问题，尤其是农村幼儿教育资源严重不足。党中央、国务院对此高度重视，温家宝总理主持召开国务院常务会议进行专题研究，印发了《关于当前发展学前教育的若干意见》。各级党委和政府要按照中央要求，把解决“入园难”作为实施全省教育规划纲要的起步之举和重点任务，坚持政府主导、社会参与、公办民办并举的原则，积极组织实施学前教育三年行动计划，把这项民生工程、民心工程抓紧抓实抓好。

（3）要解决好特殊群体子女就学问题。采取切实措施，确保进城务工人员随迁子女平等接受义务教育，建立农村留守儿童教育关爱和服务体系，保障残疾孩子接受教育的权利。要完善普通高校、中等职业学校家庭经济困难学生资助政策体系，建立普通高中家庭经济困难学生资助制度，提高农村义务教育家庭经济困难寄宿生生活补助标准，健全国家助学贷款和生源地贷款体制机制。我在这里代表省委、省政府作出郑重承诺：不能因为家庭经济困难而让一个学生失学。从省政府开始，由各级政府保证完成这一承诺。这是第一公平，是社会公平的基准。请全社会和新闻媒体监督，凡是发现有学生因为家庭经济困难而失学的，就举报、投诉，也可以直接向我和王国生同志反映。

(4)要依法维护教育公平。全面推进依法治教和依法治校，规范教育管理，完善教育督导和社会监督，着力推进教育制度和规则公平。要继续推行“阳光招生”，所有教育招生考试都要坚持政策公开、信息公开、程序公开、结果公开，接受社会和群众监督，切实保障每一名考生的合法权益。

2. 坚持把改革作为教育事业发展的强大动力和活力源泉，大力推进教育体制机制创新，有效破解发展难题。教育科学发展的根本出路在改革创新，关键是体制机制创新。教育部赋予了我省义务教育均衡发展等三项改革试点任务。当然我们的改革不仅局限于这三个方面，各方面的改革都要大力推进，通过改革解决资源整合问题，解决教育发展的活力问题，解决教育“以用立业”、适应经济社会发展的问题，解决教育发展某些方面存在的不公平问题，等等。我省教育规划纲要也提出了十大改革项目，我们要认真抓好落实，先行先试、大胆改革、勇于创新，在一些关键领域和重点环节取得突破。

(1)要深化人才培养体制改革。要克服当前应试教育的弊端，深化教育内容、教育方式方法、教学手段、人才培养模式以及教学评价制度改革，形成体系开放、机制灵活、渠道互通、选择多样的人才培养体制。

(2)要深化教育管理体制改革。正确处理政府、学校、社会的关系，建立统筹有力、权责明确的教育管理体制。各级政府要切实履行统筹规划、政策引导、监督管理和提供公共教育服务的职责，转变管理职能，减少对学校具体事务不必要的行政干预。要落实和扩大学校办学自主权，建设依法办学、自主管理、民主监督、社会参与的现代学校制度。要积极推进中国特色现代大学制度改革试点，完善内部治理结构。党委领导下的校长负责制是党对高校领导的根本制度，是我国高校吸取正反两方面经验教训的历史选择，必须长期坚持并不断完善。

(3)要深化办学体制改革。我省学龄段人口有一千多万人，如果包括继续教育则涵盖全省公民，如果仅靠政府举办、政府投入，很难满足人民群众多层次、多样化的教育需求。必须建立健全政府主导、社会参与、办学主体多元、办学形式多样、充满生机活力的办学体制。要全面贯彻落实《民办教育促进法》，加强引导，规范管理，推动民办教育健康发展，不能把民办教育单纯作为营利的手段。要调动企业办学特别是办职业教育的积极性，大胆探索校企合作办学的途径和方式。

3. 坚持把加强教师队伍建设作为教育事业发展最重要的基础工程、关键工程来抓，激励“优者从教”，保障“教者从优”。教育大计，教师为本。韩愈的《师说》里说：“师者，所以传道、授业、解惑也”。这个“道”是大道，是人生道理；“业”就是知识和技能；“惑”就是人生困惑。教师是人类灵魂的工程师，是太阳下最光辉的职业。教师的道德越高、水平越高，传道、解惑就能越清楚、越明白、越透彻。要努力造就一支师德高尚、业务精湛、结构合理、充满活力的高素质教师队伍，为建设教育强省打下坚实的基础。

(1)要激励“优者从教”。通过政策引导，鼓励和吸引大批德才兼备的优秀人才投身教书育人的崇高事业中来，特别是到中小学从教，到农村从教，到艰苦的边远地区从教。“优”首先是师德要高尚，其次是要有较高的职业素养和专业水平。要大力加强师德建设，锻造师魂，引导广大教师提高师德修养，学为人师，行为世范，做学生的良师益友，做学生健康成长的指导者和引路人。要大力宣传和弘扬优秀教师的先进事迹。我省的汪金权老师二十多年如一日扎根山区从教，爱岗敬业、淡泊名利、爱生如子、无私奉献，品德高尚，事迹感人，是“优者从教”的典型，是全省广大教师学习的榜样。我们把汪金权老师的事迹改创成话剧，搬上舞台，旨在宣传教师典型，倡导向汪金权老师学习，这也体现了省委、省政府对全省教师队伍的一种导向。

(2)要保障“教者从优”。保证教师政治和生活待遇从优，工作条件和环境从优，使教师成为全社会最受尊重、人人羡慕、普遍追求的职业，在全社会、在各个方面都形成尊师重教的氛围，鼓励优秀人才长期从教、终身从教。要依法保证教师平均工资水平不低于或者高于国家公务员平均工资水平，落实教师绩效工资，对长期在农村基层和艰苦边远地区工作的教师实行倾斜政策，落实和完善教师社会保障政策。要加快农村中小学教师周转房和安居性住房建设，改善广大农村教师的居住和生活条件，使他们安居乐教，进得来、留得住、教得好。一定要有一些倾斜政策，包括职称评定等，引导教师到山区、到边远地区去教书，这是最根本的教育资源。对长期从事教育工作、贡献突出的教师和教育工作者，要大张旗鼓地给予表彰奖励。

(3)要重视培养教育家。教育家有大家，如陶行知，同时还有各个层次的教育家，包括大、中、小学的校长(书记)、幼儿园的园长，都是各个层次的教育家。党的教育方针、政策能否落到实处，学校能否办出特色和水平，关键在学校的校长(书记)。要按照教育家的要求，促进校长专业化建设，倡导教育家办学，鼓励校长在实践中大胆探索，创新教育思想、教育模式和教育方法，办出内涵、办出特色、办出水平。要加强各级各类学校的校长(书记)培训，培养造就一批大大小小的教育家。

四、凝聚各方力量，努力实现建设教育强省的奋斗目标

湖北教育事业改革发展的蓝图已经绘就，前进的方向已经明确。要实现建设教育强省的目标，必须切实加强党对教育工作的领导，必须落实各级政府的责任，必须凝聚全社会的力量，群策群力，共谋发展。

1. 要加大组织领导和财政投入力度。胡锦涛总书记强调，要把是否坚持优先发展教育、发挥教育重大作用作为检验各级党政领导班子是否真正贯彻落实科学发展观的重要内容。发展教育是各级党委和政府的神圣职责、应尽职责、主体职责，要强化责任意识，切实肩负起发展教育的领导责任，及时研究解决教育改革和发展中的重大问题，以更大的决心、更多的财力、更多的精力支持教育事业，真正做到“三个优先”，即经济社会发展规划优先安排教育发展、财政资金优先保障教育投入、公共资源优先满足教育和人力资源开发需要。要大幅度增加教育投入。中央提出，到2012年财政性教育经费占国内生产总值的4%，我们要确保完成国家下达我省的目标比例，而且要力争突破。这是省委、省政府在教育投入问题上一个旗帜性、导向性的目标。我今天在这里要正式讲一个概念：教育投入要作为全省财政的第一投入。我们要在湖北唱响、宣传、倡导，旗帜鲜明地大讲特讲第一投入的概念。教育投入是事关长远发展的基础性、战略性投资，是对发展的投入、对未来的投入、对民生的投入，是有巨大回报或者说根本回报的投入，是以经济社会发展、以人民对党和政府的满意、以国家和民族未来的强盛、以全民族人口素质的提高、以综合竞争力的提高作为回报的投入。各地务必统一思想，下大决心，调整财政支出结构，把教育作为财政支出的重点领域予以优先保障，依法落实教育经费增长要求，把资金投向教育发展最需要的领域、最关键的环节、最困难的群体。各部门都要关心支持教育事业，主动参与，密切配合，齐心协力推动教育改革和发展。

2．要着力抓好我省教育规划纲要的贯彻落实。规划纲要是指导我省今后10年教育改革和发展的纲领性文件，王国生同志将就实施规划纲要提出具体要求，各地要认真贯彻落实，制订符合本地实际的教育发展规划和政策措施。各相关部门也要根据各自职责，研究制定具体落实办法。要重点抓好规划纲要确定的重大项目和改革试点，在解决教育改革和发展的重大问题以及人民群众关心的热点问题上不断取得新的进展和突破。

3．要切实加强和改进教育系统党建工作。教育系统历来是党建工作的重要领域，也是巩固党的执政基础、培养合格接班人的重要阵地。要始终坚持社会主义办学方向，加强和改进学校思想政治工作，推动中国特色社会主义理论体系进教材、进课堂、进头脑，把科学发展观全面贯彻到教育工作中去。这里我想强调一下，我们的学生都是好学生，只要把中国特色社会主义理论体系这门课程与学生的思想实际和社会实际紧密结合，使之通俗易懂，成为让学生兴趣浓厚、有吸引力的课程，学生一定会愿意上这堂课的。如果上不好这堂课，就是教师的责任、学校的责任，首先是学校党委和行政部门的责任。如果讲其他原因，我看都说不过去。当然，要把党的基本路线方针政策、党的教育方针、中国特色社会主义理论体系融会贯通到这门课程里面，使学生容易接受，是有难度的，关键在于学校党政班子对这门课的重视，关键在于提高教师讲好这门课的水平。要加强学校基层党组织建设，把各级各类党组织真正建成促进党的教育事业健康发展的坚强领导核心和战斗堡垒，把教职员工中的党员干部培养成忠于党的教育事业、推动教育事业科学发展的骨干力量。要切实加强教育系统党风廉政建设，健全体现教育系统特点的惩治和预防腐败体系，积极推行政务公开、校务公开、党务公开，坚决惩治行业腐败，坚决纠正损害群众和学生利益的各种不正之风。要加强学校、学生的安全管理，防止发生安全事故。

4．要大力动员全社会共同推动教育事业科学发展。教育发展，全民有责。教育是一项复杂的系统工程，覆盖面最广、基础性最强、与千家万户联系最为紧密。我们要实现教育强省的目标，必须聚各方之智，举全省之力，充分调动各方面关心支持教育的积极性，在全省上下形成人人重视和关心教育事业、人人支持和参与教育发展的良好氛围和强大合力。要加大宣传力度，在全省上下进一步形成尊师重教的良好风尚。完善鼓励政策，大力营造兴教助学无尚光荣的浓厚氛围。要激励广大教师和教育工作者发挥主力军作用，努力争当推进教育改革与发展的排头兵。我们将迎来教育空前大投入的历史时期，这是我们教育事业的春天、大好时光，是全省教育事业之大幸，是教育事业发展的大好机遇，全省各级教育行政部门一定要百倍珍惜，奋发有为，紧紧抓住和用好这个机遇，推动教育事业优先发展、科学发展、加快发展。

同志们，优先发展教育，建设教育强省，使命神圣光荣，任务艰巨繁重。我们要坚持以科学发展观为指导，认真贯彻全国教育工作会议精神，改革创新、锐意进取、齐心协力、真抓实干，努力办好人民满意的教育，努力办好现代化建设需要的教育，为推动湖北跨越式发展，加快建成促进中部地区崛起的重要战略支点作出新的更大的贡献！

注：题目为编者所加。

建设教育强省　助力中部崛起

——在全省教育工作会议上的讲话

省委副书记、代省长　王国生

（2010年12月29日）

2010年12月29日，时任省委副书记、代省长王国生在全省教育工作会议上讲话

同志们：

这次会议是在全省上下深入贯彻党的十七届五中全会、全国教育工作会议和省委九届九次全会、省委工作会议暨全省经济工作会议精神，全面总结"十一五"发展成就和经验，精心谋划湖北"十二五"宏伟蓝图的关键时刻，省委、省政府召开的一次十分重要的会议。刚才，李鸿忠书记代表省委省政府作了重要讲话，深刻阐述了推进教育改革和发展的重大意义，明确提出了全面推进我省教育优先发展、科学发展的总体要求、目标任务和政策举措，我们一定要认真学习，深刻领会，全面落实。下面，我重点就贯彻实施《湖北省中长期教育改革和发展规划纲要》，讲几点意见。

一、正确把握形势，努力推进湖北向教育强省跨越

湖北作为中国近代教育的发祥地之一，素有重教兴学的历史传统，享有"惟楚有才"的美誉。改革开放以来，特别是新世纪以来，省委、省政府深刻认识到湖北突出的优势在科教，崛起的关键靠人才，发展的基础在教育，始终坚持把教育摆在优先发展的战略地位，先后提出和实施了科教兴鄂、人才强省战略，有力地促进了教育事业的发展。全省城乡义务教育全面实现从缴费到免费的历史性跨越，高中阶段教育和职业技术教育快速发展，高等教育在全国率先进入大众化阶段，武汉城市圈教育改革创新与开放合作取得明显进展，为全省经济社会又好又快发展提供了有力的人才支撑和智力保障。

当前，湖北作为全国教育大省的优势地位不断巩固，正处在向教育强省迈进的新阶段，教育发展面临着难得的大好机遇：一是党中央、国务院高度重视。《国家中长期教育改革和发展规划纲要（2010－2020年）》是新世纪继科技规划纲要、人才规划纲要之后，党和国家制定的又一个支撑国家战略的纲领性文件。教育、科技、人才三大《规划纲要》的国家顶层设计，充分体现了党中央、国务院深入实施科教兴国、人才强国和可持续发展战略的信心和决心。在教育、科技、人才三者当中，科技是关键，人才是根本，教育是基础。整体上看，教育的优先发展被摆到了前所未有的位置，给予了前所未有的重视。二是多重机遇叠加为湖北教育发展注入新的动力。当前，湖北正处于改革发展的关键阶段，构建促进中部地区崛起重要战略支点、推进武汉城市圈"两型"社会综合配套改革试验区建设和东湖国家自主创新示范区建设、实施"两圈一带"战略等，迫切需要教育推动自主创新和管理创新，需要教育促进经济结构转型升级和发展方式转变，需要教育提供人才和智力支持，需要教育提升湖北的综合实力和竞争力。三是人民群众对多样化、高质量的教育需求日益强烈。我们已经解决了"有学上"的问题，告别了教育资源短缺时代。但广大人民群众对优质教育、公平教育提出了更高的要求。与此同时，全国乃至全球范围内的教育竞争也更趋激烈。这些对湖北教育而言，既是挑战，更是机遇和动力。

面对前所未有的历史机遇，省委、省政府按照中央统一部署，围绕贯彻落实国家教育规划纲要精神，多次召开省委常委会、省政府常务会议和各类专题会议，听取汇报，研究措施，省四大家班子领导成员分别带队深入各市州和学校、企业调研。在领会上情、分析外情、把握省情的基础上，广听民意、广聚民智，制定了《湖北省中长期教育改革和发展规划纲要（2011－2020年）》，明确提出到2015年，要把我省基本建成教育强省；到2020年，基本实现教育现代化，基本形成学习型社会，进入教育强省和人力资源强省前列。全省各级党委、政府和各部门都要正确把握教育发展面临的形势，充分认识推进教育改革发展的重要性和紧迫性，把贯彻实施《教育规划纲要》作为一项重要工作来抓，始终把教育摆在优先发展的战略位置，抢抓机遇，乘势而上，奋力推动湖北向教育强省和人力资源强省迈进。

二、大力促进教育公平，办好人民满意的教育

教育公平是社会公平的基础，是最基本最重要的公平。加快推进教育强省建设，必须把促进公平和提高质量作为两大重点，加快实现“有学上”、“有书读”向“上好学”、“读好书”的跨越，解决好人民群众最关心的基础教育均等化问题，办好人民满意的公平优质教育。

1. 要加快普及学前教育。学前教育是国民教育体系的重要组成部分，是终身学习的开端，是重要的社会公益事业。党中央、国务院对学前教育非常重视。全国教育工作会议后，国务院先后召开常务会议和全国学前教育工作电视电话会议，并专门下发了《关于当前发展学前教育的若干意见》。学前教育是我省各级各类教育中的短板，教育资源短缺，投入不足，城乡发展不平衡，师资队伍不健全，一些地方“入园难”问题突出。必须按照中央的部署，坚持政府主导、社会参与、公办民办并举，着力破除制约学前教育科学发展的体制机制障碍，抓紧完善学前教育公共服务体系，保障适龄儿童接受基本的、有质量的学前教育。要积极探索以政府购买服务的方式发展学前教育，充分利用中小学布局调整后富余出来的教育资源发展学前教育，制定相应的合理用地、税费减免等政策，鼓励社会力量以多种形式举办幼儿园，推进公办、民办学前教育机构合作办园。同时，加快启动学前教育推进计划试点工作，针对人民群众反映强烈的入园率低、入园贵、管理不规范等问题，积极探索有效化解办法和途径。

2. 要扎实推进义务教育均衡发展。义务教育是教育公平的基础。要把缩小义务教育差距、推进义务教育均衡发展作为促进教育公平的首要任务，全面提高义务教育普及水平和质量，实现区域内义务教育师资配备均衡化、基础设施标准化、教育质量一体化，确保适龄儿童接受良好的义务教育。要进一步完善省级统筹、以县为主、试点先行、整体推进的工作机制，抓紧实施义务教育均衡发展行动计划，切实缩小校际差距，加快推进薄弱学校改造，建立优质学校向薄弱学校提供管理和服务的制度，着力解决义务教育阶段“择校”问题。要加快缩小城乡差距，建立城乡一体化的义务教育发展机制，在财政拨款、学校建设、教师配置等方面向农村倾斜。

3. 要进一步完善经济困难家庭学生资助政策体系。我省已初步建立以政府为主导的资助体系，助学贷款发放量连续多年居全国第一。要继续坚持这些做法，进一步健全机制，完善政策，扩大奖学金、助学金规模和覆盖面。要逐步对农村家庭经济困难和城镇低保家庭子女接受学前教育予以资助，提高农村义务教育家庭经济困难寄宿生生活补贴标准，建立普通高中家庭经济困难学生政府资助制度，完善普通本科高校、高等职业学校和中等职业学校家庭经济困难学生资助政策体系。要鼓励社会各界以各种形式设立奖学金、助学金项目，帮助困难学生完成学业。

4. 要切实解决特殊群体孩子的就学问题。随着工业化、城镇化加快推进，农民工子女和农村留守儿童上学问题日益突出。要坚持以输入地政府管理为主、以全日制公办中小学为主，确保进城务工人员随迁子女平等接受义务教育。要加快制定进城务工人员随迁子女接受义务教育后在当地参加升学考试的办法。加强农村寄宿制学校建设，优先满足留守儿童住宿需求。切实保障残疾孩子平等接受教育，逐步实施残疾学生免费高中阶段教育，加快推进特殊教育学校建设工程，大力推进残疾人职业教育。

三、以提高教育质量为核心，提升教育服务湖北经济社会发展的能力

培养能够满足经济社会发展需要的各类人才，造就更多引领经济社会未来发展的杰出人才，是教育的根本任务。要发挥湖北的教育优势，适应经济社会发展对人才的需求，改革创新人才培养、考试招生、办学方式和管理体制，努力提高教育对经济社会发展的适应性、匹配度和支撑力。

1. 要全面推进素质教育。实施素质教育是教育改革发展的战略主题。要以培养造就德智体美全面发展的社会主义建设者和接班人为目标，创新人才培养模式，提高人才培养水平。要尊重学生的意愿和选择，激发学生的学习兴趣和好奇心，为学生创造充分的自由发展空间。切实减轻学生课业负担，规范和从严控制各种教辅材料和课后班、补习班，让学生有更多的时间去思考，去锻炼，去选择性地读课外书，去了解社会，接触书本上没有的知识。推进素质教育，培养全面发展的优秀人才和杰出人才，关键是要深化课程和教学改革，创新教学观念、教学内容、教学方法。要着眼于适应经济社会发展需要、有利于提高学生素质的要求，深化基础教育课程改革，调整专业设置，更新课程设计和教学内容，改革教学方式方法，注重培养学生应对变化、把握机会和解决问题的能力。

2. 要大力发展职业教育。发展职业教育，培养更多的应用型、技能型人才，是建设教育强省和人力资源强省的重要目标和要求，也是促进教育与经济结构调整和发展方式转变对接、满足经济社会发展需求、破解“就业难”、“技工荒”等结构性矛盾的重要要求。要把大力发展职业教育作为建设教育强省和人力资源强省的主要战略举措来抓，加强职业教育统筹，健全职业教育联席会议制度，建立行业主管部门与地方政府的会商机制，使职业教育规模、结构、质量与经济社会发展需求相适应。要加快推进武汉城市圈 9 个职业教育园区建设，深入推进校企合作，建立健全政府主导、行业指导、企业参与的办学机制，围绕重点产业调整和振兴实施方案，支持职业院校与重点企业联合开展人才培养。要依托先进制造技术类等专业，抓紧建设一批中职实训基地，将高级职业资格标准融入专业人才培养方案，提高职业院校服务产业结构调整升级的能力。要着力提高职业教育质量，加强职业教育品牌建设，加强中职、高职院校师资队伍建设，加强职业示范院校和办学基础能力建设，加强专业和课程建设，建设一批特色品牌专业、重点专业和精品课程。要整合各类培训资源和项目，促进职业教育集约集成发展。进一步完善支持职业教育发展政策，动员全社会力量兴办职业教育，促进职业教育快速发展。

3. 要全面提升高等教育质量。湖北教育能够在全国占有一席之地，很大程度上取决于高等教育在全国的地位。要继续巩固比较优势，调整优化结构，激活优质资源，全面提高质量，力争在全国率先实现高等教育普及化。要大力加强一流大学和一流学科建设，重点支持武汉大学、华中科技大学争创世界高水平大学，支持其他在鄂部属高校争创国际知名、特色鲜明的高等学校。要着力加强省属高校建设，支持省属高校建设一批重点一级学科。积极引导高校合理定位，调整学科专业结构，加快开设和做强节能环保、新能源、新能源汽车、电子信息、新材料、生物医药、生物育种等战略性新兴产业相关专业和我省传统支柱产业技术改造相关专业，大力压缩社会需求相对饱和的专业；坚持以教学为中心，以人才培养为第一职责，着力培养本领过硬的高素质专门人才和拔尖创新人才；推进产学研结合，提升科学研究水平；积极引导高校融入武汉城市圈“两型”社会改革试验区、东湖国家自主创新示范区和新农村等建设。

四、以改革创新为动力，推动教育全面协调发展

破解教育发展难题，实现教育科学发展，根本出路在改革。要鼓励先行先试，重点突破，整体推进，加快形成具有湖北特色、适应经济社会发展、充满活力、富有效率、更加开放、有利于科学发展的教育体制机制。

要进一步解放思想。解放思想是个永恒的主题，我们工作每前进一步，都源于思想观念的变革和改革创新的实践。解放思想也是谋求教育发展的前提，是推进我省由教育大省向教育强省跨越发展的必由之路。要坚决破除一切不利于教育科学发展的观念，改革一切不利于提高教育质量和效益的体制机制，积极推进和不断深化教育教学改革，积极探索教育科学发展的新思路、新途径、新举措，使教育自身的发展更好地体现时代性、把握规律性、富于创造性，最大限度地发挥教育对经济社会发展的支撑作用。

要大力推进教育体制改革，力争取得重大突破。加快人才培养体制改革，构建体系开放、机制灵活、渠道互通、选择多样的人才培养体制，加快培养我省经济社会发展各领域急需紧缺人才。加快建设现代学校制度，推进政校分开、管办分离，构建政府、学校、社会之间的新型关系，逐步建立依法办学、自主管理、民主监督、社会参与的现代学校制度。进一步落实和扩大学校办学自主权，推进现代大学制度建设，建立和完善党委领导、校长负责、教授治学、民主管理的现代大学治理结构。完善中小学和中职学校校长负责制。继续深化管理体制改革，建立统筹有力、权责明确的教育管理体制，明确省市县管理教育、发展教育的责任。深入推进民办教育改革，落实民办学校在招生、就业、学历认同、土地征用、税费减免等方面的优惠政策。积极探索营利性和非营利性民办学校分类管理，建立健全民办学校审批、变更、退出机制和风险预警及防范机制。要切实抓好“义务教育均衡发展”、“高等教育综合改革试点”、“探索职业教育公益性实现途径”等三项国家级教育体制改革项目，力争尽快取得突破性进展。

要进一步扩大教育对外开放。认真学习和借鉴世界先进的教育理念和教育经验，提高教育现代化水平。深入推进教育国际交流与合作，建立与教育强省相适应的对外开放体制机制，使我省教育国际化总体水平居全国前列。鼓励省内高校与国外高校合作，共同建设形式多样的教学科研平台。深入实施“楚天学者”计划、世界著名科学家来鄂讲学计划。加快建立一批本科层次中外合作办学项目和机构，积极探索与国外高水平大学共同培养创新型人才的制度和模式。积极探索建立国际职教园区，扩大中小学对外交流合作，实施“留学湖北”行动计划，建设一批吸引海外学生来鄂留学特色学科群，不断增强湖北教育的国际影响力。

五、优先保障教育投入

教育投入是支撑国家和民族长远发展的基础性、战略性投资，对教育的投入是对发展的直接投入。各级政府都要始终坚持把教育摆在优先发展的战略地位，把优先发展教育作为贯彻落实科学发展观的基本要求，把教育支出作为财政支出重点予以优先保障，切实保证经济社会发展规划优先安排教育发展、财政资金优先保障教育投入、公共资源优先满足教育和人力资源开发需要。

要进一步加大财政对教育的投入力度。投资教育是公共财政的重要职能。要调整财政支出结构，依法落实教育经费增长要求，保证教育财政拨款增长明显高于财政经常性收入增长，并使按在校学生人数平均的教育费用逐步增长，保证教师工资和学生人均公用经费逐步增长。各级政府都要加大财政投入，到2012年，超过国家2012年实现财政性教育经费占国内生产总值4%目标对湖北的要求比例，省、市、县各级财政预算执行中的超收收入部分都要按不低于年初预算教育经费占财政支出的比例安排用于教育。要建立政府教育拨款增长的考核监督和责任追究机制，建立各级政府教育投入公告制度，接受社会监督。

要积极拓宽教育经费筹措渠道。教育投入光靠财政是远远不够的，必须动员社会各方面力量，多方式、多渠道增加教育发展资金。要完善非义务教育培养成本分担机制，充分考虑经济发展状况和群众承受能力，合理确定政府、家庭分担比例。建立福利、体育彩票公益金收益按比例用于教育的机制，完善财政、税收、金融、土地等优惠政策，鼓励和引导社会力量捐资、出资办学。要积极支持行业、企业等社会力量参与公办学校建设，扩大优质教育资源，增强办学活力。

要完善教育经费投入机制。根据国家办学条件基本标准和教育教学基本需要，制定并逐步提高全省各级各类学校生均经费基本标准和生均财政拨款基本标准。充分发挥公共财政的调控和导向作用，鼓励各地推进教育体制机制创新，建立标准拨款、项目投资与绩效奖惩相结合的教育经费分配制度。要强化教育经费投入管理，切实提高资金使用效益。突出重点领域和薄弱环节，加大对教师队伍建设、教育质量提高、创新人才培养和改善办学条件等方面的投入，扶持革命老区、民族地区、贫困地区教育事业发展。

六、继续抓好教师队伍建设

要深化教师资源是教育发展第一资源的认识。教育大计，教师为本。有好的教师，才有好的教育。近年来，我们把加强教师队伍建设作为教育事业发展最重要的基础工作来抓，在教师补充、交流、培训和条件保障机制等方面进行了大胆创新，对推动全省教育均衡发展发挥了重要作用，涌现出郑琦、汪金权、胡安梅、范献龙等一批优秀教师代表。正是因为有全省几十万教职员工的默默奉献、辛勤耕耘，才铸就了今天湖北教育的辉煌。促进教育发展，建设教育强省，必须继续坚持把加强教师队伍建设放在重要位置，坚持德才兼备、以德为先，努力建设一支与建设教育强省要求相适应的师德高尚、业务精湛、结构合理、充满活力的高素质专业化教师队伍。

要进一步加强师德建设。加强教师职业理想和职业道德教育，增强广大教师教书育人的责任感和使命感。要完善师德档案制度，建立健全师德考核、评价、监督和奖惩的长效机制，将师德表现作为教师岗位聘任、职务晋升、年度考核的首要内容。要树立典型引领，广泛开展师德模范评选表彰和宣传活动，充分调动广大教师献身教育事业的积极性。

要激励优者从教。优化教师队伍结构，严格教师准入制度，完善教师激励约束和退出机制。继续加强农村教师队伍建设，健全农村教师培训机制，实施“农村教师资助行动计划”，鼓励优秀人才到农村任教。要建立中小学教师校长跟岗学习制度和师范生顶岗实习制度。完善城乡教师定期交流制度，健全城镇教师到农村学校定期支教制度，组织“湖北名师”、特级教师讲学团送教下乡，逐步推进城乡中小学校长双向交流任职。要大力提高职业院校教师素质，完善“楚天技能名师”制度。要采取学术引领、岗位牵引、合作研究、团队建设等形式，加强高校高层次人才队伍建设，鼓励中青年教师脱颖而出。要加强教育教学专家培养，深入实施“湖北名师工程”、“楚天中小学教师校长卓越工程”，倡导教育家办学，造就一大批教学名师和学科领军人物。

要落实教者从优。尊师重教是中华民族的优良传统，也是社会文明进步的重要体现。要满腔热情地关心支持教育工作，积极改善教师的工作和生活条件，依法保证教师平均工资水平不低于或者高于国家公务员的平均工资水平，并逐步提高；全面落实绩效工资制度，将绩效考核同晋级、评先、职称评定挂钩；落实和完善教师的津补贴和医疗、养老等社会保障政策；对长期在农村基层工作的教师实行津补贴制度，并在工资、职务、职称等方面实行倾斜政策。省政府将设立“楚天园丁奖”荣誉称号，对从教满30年、贡献突出的农村教师给予表彰奖励。要大力宣传优秀教师的先进事迹，使教师成为社会上最受尊重的职业，让尊师重教蔚然成风。

同志们，抓教育就是抓科学发展，就是抓民生，抓民族的未来。我们一定要以教育规划纲要的制定实施为新的起点，在中央和省委的正确领导下，以邓小平理论和“三个代表”重要思想为指导，深入贯彻落实科学发展观，进一步解放思想，开拓创新，扎实工作，努力开创我省教育改革和发展新局面，为把我省建设成为促进中部地区崛起的重要战略支点提供有力的人才支撑和智力保障。

注：题目为编者所加。

在湖北高校服务东湖国家自主创新示范区建设动员大会上的讲话

中共湖北省委常委、湖北省总工会主席　张昌尔

（2010年9月15日）

同志们：

去年底，国家批准东湖高新区建设国家自主创新示范区，这是继北京中关村之后的第二个国家级自主创新示范区，充分体现了中央对湖北的高度信任和殷切期望，是我省改革发展难得的机遇，也是我们的重大使命。省委、省政府对示范区建设高度重视，省委常委会、省政府常务会多次研究，并于2010年1月6日召开了高规格的动员会，罗清泉、李鸿忠同志亲自动员，亲自部署。之后，省委、省政府又出台了《关于加快东湖国家自主创新示范区建设的若干意见》。今天召开这次会议，主要任务就是动员全省高校抢抓机遇，改革创新，全方位服务东湖国家自主创新示范区建设，努力实现湖北科教资源优势向经济发展优势和竞争优势转变，为构建中部崛起重要战略支点再立新功。

刚才，省教育厅陈安丽同志就高校服务东湖高新区自主创新工作进行了情况介绍；省科技厅王东风同志介绍了支持东湖高新区自主创新的科技政策；东湖高新区孙茜雯同志介绍了东湖高新区建设国家自主创新示范区的有关情况，并就如何加强与高校合作共同推动示范区建设作了说明；华中科技大学交流了为东湖高新区自主创新服务的典型经验，值得各高校学习和借鉴。待会郭生练同志还要作重要讲话。

下面，我就高校服务东湖国家自主创新示范区建设讲三点意见。

一、服务东湖国家自主创新示范区建设是湖北高校的光荣使命

建设东湖国家自主创新示范区，需要全社会的共同参与，高等院校作为技术创新的重要阵地，应该主动承担起这个光荣使命。

（一）服务东湖国家自主创新示范区建设是湖北高校义不容辞的责任

高等院校知识密集，集人才培养、科学研究、社会服务三大功能于一身，服务地方经济发展是其重要职责。近年来，湖北高校紧紧围绕“两圈一带”战略、建设创新型湖北和转变经济发展方式等全省工作中心，积极融人地方经济社会发展，以自身学科和人才优势，培育了一批高新技术产业，同时，积极推进产学研相结合，与企业建立联合研究开发机构、产业技术联盟等技术创新组织，向企业提供高端技术服务，为企业提供技术支撑，产生了大批科研成果，创造了良好的经济效益和社会效益，为全省经济社会发展作出了重要贡献。武汉大学、华中科技大学等部属高校在我省生物和光电子信息产业发展、智力技术支撑、咨询决策等方面发挥作用明显，并培育了一批高新技术企业。省属院校也不甘落后，在国家科技进步一等奖、国家技术发明二等奖等方面取得了重大突破。武汉科技大学与武汉钢铁（集团）公司、钢铁研究总院合作研究的“武钢取向硅钢制造技术自主创新与产业化”项目获得国家科技进步一等奖，目前，这项发明创造已经应用到产业发展之中，产生了显着的经济效益和社会效益。国家批准建设东湖国家自主创新示范区，是湖北经济社会发展的又一次重大历史性机遇，全省高校一定要紧紧抓住这个机遇，积极主动融入东湖国家自主创新示范区建设，为湖北发展再作新贡献。

（二）服务东湖国家自主创新示范区建设是发挥湖北科教优势的需要

湖北是科教大省，科教优势是湖北最大的优势。从科技资源拥有量、综合实力、创新能力等情况看，我省高校科技在全国有一定的比较优势，综合实力位居全国前列；科技人员总量优势突出，高层次科技创新人才不断涌现；高校基础研究能力雄厚；高级别科技创新平台数量众多，位居全国前列；科技论文、获奖成果、申请专利和承担国家科研计划等方面优势突出。近几年来，湖北高校科技成果

2010年9月15日，省委、省政府在汉召开湖北高校服务东湖国家自主创新示范区建设动员大会

转化的力度明显加大，呈现出良好的发展势头。但是，我省的科教优势并没有完全发挥出来，科教优势还未能真正转变成经济发展的强势，长期困扰我省的高校科技成果转化不够的问题仍然没有得到根本解决，科技成果在湖北落地不够、墙内开花墙外香的现象仍然存在，全省广大科技人员创新创业的潜力还没有被充分激活。建设东湖国家自主创新示范区，为高校加强产学研结合，开展科技创新，实现科技成果转化搭建了最好的平台，全省高校一定要充分利用好这个平台，进一步解放思想，调整、创新参与产学研结合的机制与政策，全方位融人示范区建设，加速科研成果向现实生产力的转变。

（三）服务东湖国家自主创新示范区建设也是高校自身发展的需要

高校办学水平的高低，一看人才培养，二看科学研究，三看成果转化，也就是服务地方经济社会发展的能力。就我省情况看，第三个问题更为突出和紧迫。要解决这一问题，高校必须始终不渝地走产学研结合的自主创新道路，在促进产学研结合的过程中，完成人才培养、科学研究和服务社会三大任务。建设东湖国家自主创新示范区，为高校产学研结合提供了绝佳的途径。各高校要积极主动适应示范区建设的要求，加强科技创新工作，提高创新能力和服务水平，以服务求支持、以贡献求发展。同时，通过产学研合作，聚集和培养学校科技创新队伍，建设高水平的科技创新平台，促进学科交叉融合和创新型人才培养，全面提高人才培养质量和办学水平。

总之，全省高校要从事关国家战略、事关全省改革发展大局的高度，充分认识建设东湖国家自主创新示范区的重要意义，增强使命感、责任感和紧迫感，大力支持、积极参与、主动服务示范区建设，为把东湖高新区打造成具有全球影响力的自主创新基地贡献力量。

二、高校要做服务东湖国家自主创新示范区建设的生力军

实现东湖国家自主创新示范区建设“四个一批，一个典范”的总体目标，必须要有大批特色高校做支撑，大批一流的领军人才和创新团队做支持。全省高校要适应示范区的战略需求，充分发挥自身的科技优势，全面支持、深度融入示范区建设，做示范区建设的生力军。当前，要重点做好以下五个方面的工作：

（一）加强创新人才培养、引进，努力为示范区建设提供人才支撑

科技创新关键在人才，服务示范区建设更需要人才。有关部门和高校要贯彻落实中央关于人才工作的战略部署，坚持人力资源优先开发、人才结构优先调整、人才投入优先保证、人才资本优先积累、关键人才优先使用的方针，采取有效措施，大力支持国家“千人计划”、湖北省“百人计划”、“双百计划”、东湖高新“3551”等人才计划，依托重大项目、重点学科和重点基地培养创新型人才，建设创新团队。要积极参与东湖高新区“人才特区”战略，集聚一批战略科学家、一批高层次创新创业人才、一批具有战略眼光的产业领军人才，努力将东湖高新区打造成为具有国际竞争力的人才高地。各高校要针对示范区对人才的需求，加强创新人才和技能型人才的培养培训力度，制订促进创新人才向企业集聚的有效措施，推动高校科技人员深入基层、服务企业。省直有关部门要设立大学生科技创新活动支持计划，资助一批大学生从事科技创新活动，培养大学生的科研意识、创新能力和实践能力。

（二）加强高新技术研发，努力为示范区建设提供科技支撑

一方面要加强高新技术研发。高校要面向国家和我省战略目标，面向示范区建设的现实需求，围绕东湖高新区具有比较优势的光电子信息、生物、新能源、节能环保、新材料等战略性新兴产业，在优势领域和优势学科方面加强应用基础研究和高新技术研发，力争攻克一批重大核心技术和关键技术，开发一批拥有自主知识产权的高技术产品，培育一批具有持续创新能力的创新型企业，为全省经济社会发展提供有力的技术支撑。另一方面也要加强原创性基础研究，集中优势力量，组织相关学科，围绕重大科学问题开展基础研究。

（三）加强创新基地建设，努力为示范区建设提供公共服务平台支撑

高校要积极推进知识创新、技术转移、科技创业、科技基础条件等创新平台体系建设。要根据学校优势学科和特色领域，依托现有各类实验室，整合和新建国家（重点）实验室和省部级重点实验室。要与示范区或科研院所联合申报新的国家和省部级工程技术研究中心，进一步加强成果转化平台建设。要努力加强科技基础平台建设，推进高校科技资源开放共享。要完善高校产学研项目数据管理库，建设高校科技数据共享、仪器设备共享、技术交易等网上服务平台，加强大型科学仪器设备、基础性科技数据和资源库的开发和共享。要积极利用现有公共科技资源，整合形成面向示范区开放的技术创新服务平台。要积极争取中国科学院、教育部等国家有关部门在东湖高新区设立新的科研分支机构和教育培训机构。要继续加强武汉光电国家实验室、武汉生物技术研究院等技术创新平台建设。

（四）加强人文社科研究，努力发挥文化支撑引领作用

提高自主创新能力，建设创新型国家，必须高度重视文化的引领作用。在建设东湖国家自主创新示范区的实践中，高校不仅要提供人才支持、科技支撑、平台服务，还要为培养和发展创新文化作出自己特有的贡献。我省52个省级人文社科基地和11个教育部人文社科基地在服务全省经济社会发展中作出了重大贡献，下一步要突出重点，创新机制，加强“软实力”建设，让人文社科基地成为示范区建设的“智库”。要进一步加强高校人文社科重点研究基地建设，推动高校哲学社会科学研究创新。当前要重点建设好一批软科学研究机构和战略研究基地，积极参与决策咨询。同时，要围绕我省经济社会发展的重大问题和示范区建设的现实问题，主动开展前瞻性、对策性研究，充分发挥智囊团、思想库作用。

（五）加快科技成果转化，努力建设好湖北省大学科技园

为发挥高校科技优势，加速我省高校科技成果转化，省委省政府决定筹建湖北省大学科技园。近几个月来，省教育厅、省科技厅和东湖高新区积极配合，组建了工作专班，完成

了调研论证工作，基本摸清了入园项目情况，出台了工作方案，做了大量细致、卓有成效的工作。

湖北省大学科技园建设的总体目标是：统筹规划，合理布局，抓住武汉城市圈“两型社会”建设和东湖国家自主创新示范区建设的大好机遇，按照成果孵化和产业创新的要求，力争用3—5年的时间将科技园建设成科技领先、管理规范、效益显著、国内一流、国际上有一定影响的开放型科技产业示范园，使之成为提高我省自主创新能力、促进高新技术产业化、推动区域经济发展和行业技术进步的源动力。科技园实行“政府主导、政策扶持、依托高校、多校一园、市场运作”模式；主要功能定位包括科技企业孵化基地、大学生创新创业基地、科技成果产业化基地和投融资中介服务等，其核心功能是孵化科技型企业；主要任务是加速科技成果转化，聚集高新技术企业，搭建创新服务平台，提供创业孵化服务等。大学科技园建设实行统一规划、分步实施、整体开发与自主建设相结合。根据大学科技园的功能定位和入园项目产业布局的要求进行总体规划，同时，经批准，实力较强的高校可在规划的园区内单独投资建设园中园。

为保证大学科技园按原定目标于今年10月开工建设，要加快科技园规划用地手续的申报和审批。东湖高新区要按规定的程序要求，进一步落实园区用地规划，抓紧完成用地手续报批各项工作，武汉市要加强督办协调，加快用地手续报批进程，省直相关部门要在用地指标上给予大力支持，抓紧完成园区规划用地审批。各部门要加强协调配合，进一步明确相关工作职责，加强机制创新，抓紧制定支持和吸引高校参与大学科技园建设的具体措施，对入园的高新技术产业化项目，积极争取国家的专项支持，加强入园项目的国有资产、知识产权等管理工作。

全省高校要抓住机遇，积极参与湖北省大学科技园的建设，入园不是简单的“花钱买地、拿钱建厂”，各高校要筛选科技含量高、产业化前景好的精品项目入园，省教育厅要对所有入园项目进行准入审查，武汉市和东湖高新区要为高校科技项目入园提供高效优质的服务。

三、要为高校服务东湖国家自主创新示范区创造良好的环境

建设东湖国家自主创新示范区，是一项全新的事业，是一项巨大的系统工程，高校在其中扮演着十分重要的角色，承担着十分艰巨的任务，各相关单位要切实采取有效措施，努力为高校服务示范区建设营造良好的环境。

（一）加强组织领导

省教育厅、省科技厅等部门和武汉市、东湖高新区及各高校要加强对服务东湖国家自主创新示范区建设的组织领导，组建专班，明确责任，建立多方对接机制，认真研究，及时解决高校服务示范区建设中存在的问题。要根据省委省政府《意见》精神，做好《高校服务东湖国家自主创新示范区发展规划》的编制工作，将服务示范区工作纳入高校“十二五”教育发展规划。各有关部门和高校要切实增强服务意识，加强统筹协调，健全工作机制，提高服务水平，形成推动高校服务示范区建设的强大合力。

（二）完善科技创新激励机制

要认真贯彻落实好省政府关于促进高校和科研院所科技成果产业化的四个70%的政策，进一步激发广大科技人才的创业活力。要加快建立对高校的科学评价制度，把服务和贡献作为评价高校的重要标准，省直相关部门要研究制定高校服务区域经济发展的评估办法，定期开展评比排队，评估结果全省通报。对成绩突出的单位和个人，省高校工委、省教育厅要安排专门经费予以表彰奖励，对贡献突出的要报请省委、省政府表彰奖励。要进一步改革教师考核评价机制，科学评价科技人员的贡献，实施岗位分类管理。对从事技术开发和科技成果转化的科技人员职称评定，省教育厅要拿出一定的比例并给予倾斜。在按评审条件进行评审时，要重点考核所产生的经济效益、社会效益和生态效益。高校青年教师晋升正高职称时，必须要有一年基层服务的经历。科技奖励、各类专家的推荐和选拔、人才计划、重点科研项目结题验收等，要突出技术开发和科技成果转化等相关经济指标。要设立专利申请、成果转化、科技奖励等专项基金，支持鼓励教师开展科技创新。

（三）创新促进产学研深度结合政策

全省高校要解放思想，创新参与产学研结合的政策，探索多种产学研深度结合的有效模式和长效机制，探索教师、科技人员职称评聘、科技成果评定与支持企业发展挂钩的机制，探索教师、科技人员自由创业和企业高层次人员进校兼职的机制，支持教师、科技人员创办企业。要以企业的发展需求和各方共同利益为基础，以提升产业技术创新能力为目标，以具有法律约束力的契约为保障，推动和引导产业技术创新战略联盟的构建。鼓励东湖高新区企业与高等院校共建研究院、研发中心、公共技术服务平台，开展技术创新合作。省、市财政部门要调整支出结构，加大对高校产学研合作工作的资助力度。对面向企业需求的产学研合作开发项目，省发改委、省经信委、省科技厅等单位以及武汉市有关部门要优先予以支持。东湖高新区要积极引进国内外一流的名校、研究院所和大企业进区设立产业研发组织。要创新人才培养、引进使用机制，以产学研结合为纽带，在东湖高新区积聚更多的高层次领军人才和创新团队。

（四）营造创新创业的氛围

各相关部门和新闻媒体要大力宣传自主创新对加速湖北发展、促进示范区建设、提高高校办学水平的重要意义，及时总结推广先进经验，努力营造创新创业的良好氛围。各高校要牢固树立“开拓创新、服务创业”的理念，大力弘扬“鼓励冒险，宽容失败”的创业文化，努力营造“崇尚创新、褒奖成功、宽容失败、善待他人”的和谐创业环境，积极促进高校文化、园区文化和企业文化的有机融合，努力形成竞相创业、创新创优的生动局面。

同志们，建设东湖国家自主创新示范区，是全省高校千载难逢的战略机遇，各高校要积极行动起来，抢抓机遇、开拓创新、真抓实干，全方位服务示范区建设，努力开创示范区建设和我省高等教育改革发展的新局面。

在贯彻落实全省教育工作会议和教育规划纲要座谈会上的讲话

副省长　郭生练

（2010年12月30日）

12月30日，副省长郭生练在贯彻落实全省教育工作会议和教育规划纲要座谈会上讲话

同志们：

在省委、省政府的高度重视和与会同志的共同努力下，新世纪第一次全省教育工作会议圆满完成了各项议程，开得很成功。这次会议内容重要，意义重大，影响深远。昨天上午，李鸿忠书记、王国生代省长发表了重要讲话，为未来10年我省教育改革和发展指明了方向。两天来，同志们认真学习和深入讨论李鸿忠书记、王国生代省长的重要讲话和《湖北省中长期教育改革和发展规划纲要（2011—2020年）》（以下简称教育规划纲要），统一思想，交流经验，并就贯彻落实会议精神、进一步推进教育改革与发展提出了很多很好的意见建议。

大家一致认为，这次会议是在我省全面建设小康社会、促进湖北跨越式发展的关键时期，在加快推进教育大省向教育强省转变的关键阶段召开的一次重要会议。会议的召开和教育规划纲要的颁布，是我省教育改革发展史上一个新的里程碑，不仅对于促进我省教育事业科学发展、加快建设教育强省具有重要意义，而且对于全面建设小康社会、促进湖北跨越式发展将会产生重大而深远的影响。通过学习李鸿忠书记、王国生代省长的重要讲话和教育规划纲要，大家对教育在经济社会发展全局中的特殊重要地位有了更加深刻的认识，对教育改革发展的指导思想、工作方针和目标任务有了更加清晰的把握，进一步增强了办让人民满意教育的信心和决心。

刚才，省科技厅、省人社厅、省编办3个部门，襄阳市等7个市县和武汉科技大学等5所学校作了大会发言，交流了学习体会和工作打算。大家的发言讲得都很好，对深入贯彻落实全省教育工作会议精神和教育规划纲要具有很好的启发和借鉴意义。下面，我讲10个问题，供同志们研究：

一、认真学习宣传，把思想和行动统一到省委省政府的部署和要求上来

学习宣传全省教育工作会议和教育规划纲要，是教育系统当前和今后一个时期的首要职责，也是各级政府、各部门、各学校今后一个时期的重要工作。

1. 要认真学习领会李鸿忠书记、王国生代省长的重要讲话精神。省委书记和省长的重要讲话，以中央对教育工作的最新精神为指导，结合湖北省情，提出了一系列的新思想、新观念、新方法、新措施、新保障，明确了目标、任务、思路、政策和措施，为当前及今后一个时期我省教育事业改革和发展指明了方向。李鸿忠书记的重要讲话，站在全省工作全局的战略高度，充分肯定了湖北教育事业发展的伟大成就和重要贡献；深刻阐述了教育事业对我省经济社会发展的重大作用；全面提出了推动教育事业科学发展的重要思想；号召全省上下共同为推动教育事业科学发展而努力奋斗。这个讲话高屋建瓴，总揽全局，是指导未来十年我省教育改革发展的行动指南。王国生代省长的重要讲话，讲明了省委省政府制定教育规划纲要的考虑，深入阐述了促进教育公平、推动教育事业全面协调发展、推进素质教育、深化体制改革和加强教师队伍建设等几个方面重大问题。讲话内涵丰富，重点突出，具有重要指导意义。我们要认真学习、深刻领会、全面贯彻落实。

2. 要认真学习教育规划纲要。省委、省政府高度重视教育规划纲要的编制工作。成立了由李鸿忠同志任组长的领导小组。李鸿忠同志先后4次听取教育规划纲要编制工作情况的汇报。21位省“四大家”领导每人集中1—2天时间，分别到1个学校和市州专题调研，提出了许多重要指导意见。经过深入调查研究、组织起草论证、广泛征求意见、全面修改完善、公开征求意见等11个步骤，省委常委会议和省政府常务会议审议通过了教育规划纲要。社会各界对以民主、开放、透明的方式编制教育规划纲要给予高度评价，对教育规划纲要文本给予充分肯定，认为这个文本符合中央、省委精神和科学发展观的要求，是全省上下集体智慧的成果。大家反映，这个文本既体现省委省政府意志，又回应了人民群众关切；既符合国家要求，又充分显现湖北省情；既有长远的战略谋划，又有近期的安排部署；既有理论上的创新发展，又有扎实的政策举措，有许多亮点和创新点，是一份具有重大战略意义的纲领性文件。各级党委、政府中心理论学习组要专门组织学习，党政主要负责同志要到定点联系的学校或单位作辅导报告。要通过举办培训班、研讨班等形式，重点培训地方政府、有关部门负责同志、学校领导干部和教育工作者。各级各类学校要利用寒假期间或春季开学前后，集中时间，广泛开展教育思想、教育观念、教育方法的大学习、大讨论，在贯彻落实中开展"创先争优"活动。要在湖北日报、湖北电视台等媒体上开辟专栏，宣传湖北各级贯彻会议精神和教育规划纲要的情况。

3.要认真学习各地好的经验做法和先进典型人物。昨天的全省教育工作会议上，有11家单位发言。今天上午的会议又有15家单位发言。这些发言结合本地本部门实际，重点讲了下一步贯彻落实会议精神和教育规划纲要的打算。26个单位讲的都很好，思路很清晰，措施很具体，可以说是充满信心、富有激情。会议还印发了各地的经验交流材料，展现了各地教育最具特色的成绩和工作。昨天晚上，全体会议代表集中观看了根据我省优秀教师汪金权同志先进事迹改编的话剧《红叶》。各地各部门要把学习贯彻会议精神和教育规划纲要，与学习好的经验做法和教育系统先进典型人物相结合，增强学习宣传活动的针对性和实效性。

总之，要通过深入的学习宣传活动，把全省上下的思想统一到省委省政府的决策部署上来，统一到省委省政府主要领导的重要讲话上来，统一到贯彻落实教育规划纲要精神上来，进一步形成共同推动教育事业科学发展的思想基础和社会氛围。

二、明确责任分工，确保教育规划纲要的各项目标任务落到实处

教育规划纲要提出了8项发展任务、6项体制改革和6项保障措施，其中包括30多个工程项目、10项改革试点。各地、各部门要明确任务分工，密切配合，共同努力，构建纵向联动、横向协调、内外统筹的工作落实体系。

1.明确任务分工。全国教育工作会议后，国家确定了177项重点工作任务，明确了11个牵头单位，涉及到50多个部门。我省教育规划纲要作为贯彻实施型的纲要，重点工作任务更多，涉及的部门也比较多。近期，省政府办公厅将制定落实教育规划纲要的任务分工方案，对重点工作任务进行梳理和分解，明确牵头单位、涉及的部门，以及落实任务的具体要求。承担工作任务的省直部门(单位)要根据分工方案，结合工作实际，将任务进一步细化，明确工作进度、完成时限、责任处室和责任人员。要按照省里的统一安排，将各项任务层层分解，一级抓一级，整体推进贯彻落实工作。

2.认真制定实施方案。各地、各部门、各学校要根据会议和教育规划纲要提出的任务、目标和政策措施，从实际出发制定好具体实施方案。一是要明确总体目标、重点任务、阶段工作目标和工作进度。二是要有明确的工作思路和具体的工作措施，目标和任务要统筹兼顾、科学分解，转化为部门的年度工作和日常工作。三是方案要具有可操作性、便于实施和考核。四是要建立健全领导体制和决策机制，统筹抓好落实工作。省直各部门的实施方案要报省教育体制改革领导小组备案。

3.加快制定配套政策。制定配套政策是落实会议精神和教育规划纲要的关键。地方各级政府及相关部门的政策是否配套，直接影响到教育改革发展的总进程。各地各部门在全面推进教育改革发展的同时，要及时出台与之相配套的政策和措施。对明年马上要启动的，要抓紧研究和制定方案；对跨年度的中长期改革，要制定明确的阶段性目标，有步骤、有计划地予以推进，力求使各项工作环环相扣，各项措施彼此协调。最近，国务院专门就学前教育出台了"国10条"[①]。我省要把研究制定学前教育的配套政策作为贯彻教育规划纲要的突破口，加强调研，深入论证，尽快出台发展学前教育的政策性文件。

三、突出工作重点，全面推进教育事业科学发展

教育规划纲要对发展各级各类教育作了全面部署。这里，我着重讲一下学前教育、义务教育、职业教育和高等教育的发展问题。

1.促进学前教育加快发展。学前教育在各级各类教育中是一个薄弱环节。教育规划纲要提出，到2020年，学前三年毛入园率达到85%。在学前教育问题上，大家要把握好以下方面：(1)明确责任主体，地方政府是发展学前教育的责任主体，要落实规划、投入、监管、保障公平等职责。(2)明确工作重点，发展农村学前教育是重点，要采取"校改园"、"附属园"、"中心园"等多种途径发展农村学前教育事业。(3)明确投入政策。加大政府投入，新增教育经费向学前教育倾斜，加快发展公办幼儿园；探索以政府购买、派遣教师等方式发展学前教育；大力鼓励民间资本发展学前教育事业；引导和支持民办幼儿园提供面向大众、收费较低的普惠性服务。这样多管齐下，能够把政府主导、社会参与、公办民办并举的要求落到实处。(4)明确教师队伍建设的要求。要办好中等幼儿师范学校和高等师范院校学前教育专业，调整部分高等师范专科学校的专业结构和办学方向，加快幼儿教师的培养和配备。(5)明确规范管理的要求。严格执行幼儿园准入和年检制度，实行动态监管。建立质量评估监管体系，健全安全管理和安全责任制度。

2.促进义务教育优质均衡发展。义务教育是教育工作的重中之重。教

---

① 国10条：指国务院关于当前发展学前教育的若干意见(国发〔2010〕41号)中有关发展学前教育的10条意见。

育规划纲要提出，要全面提高普及水平，全面提高教育质量，促进基本公共教育服务均等化，逐步实现师资配备均衡化、基础设施标准化、教育质量一体化，促进优质均衡发展。要把握好三个方面：(1)建立均衡发展的推进机制。省委省政府已经明确，我省推进义务教育均衡发展，就是要抓好四个工程、两个机制，即义务教育教师队伍建设工程、义务教育教学质量提高工程、义务教育学生关爱工程、义务教育学校标准化建设工程，建立督导评估机制和投入保障机制。要实行坚持省级统筹、以县为主、试点先行、整体推进的工作机制。(2)建立义务教育质量提升机制。这一点规划纲要用了大量笔墨，各地在工作中要认真贯彻。(3)要建立减轻学生课业负担的长效机制。在制定教育规划纲要过程中，社会上对这个问题比较关切，期望值比较高。教育规划纲要积极回应社会关切，提出了许多新政策、新措施，在征求意见过程中得到了好评。各地要认真贯彻落实，还要紧密结合实际，出台更加详细、具体的规定，努力建立减轻学生课业负担的长效机制。

3.促进职业教育大力发展。职业教育是面向人人、面向整个社会的教育。教育规划纲要提出，要建设职业教育强省，并提出了许多新的措施。各地在贯彻落实中要把握以下几个方面：(1)建立校企合作长效机制。一方面要通过实行税收优惠、企业办学成本列支、安全责任分担等政策措施，鼓励企业加大对职业教育的投入。另一方面，通过政府和市场双重调节，引导职业学校主动为企业服务，运用市场机制促进校企合作共赢。(2)建立职教品牌。围绕湖北省十大重点产业调整和振兴实施方案，重点推进“湖北海员”等十大职业教育品牌建设。(3)提高职业教育质量。要重点办好一批示范性高职院校和中职学校。(4)探索市(州)中等职业学校与县(市、区)中等职业学校联合办学、分段培养的新模式，促进集约发展。

4.促进高等教育内涵发展。高等教育是我省突出的比较优势。教育规划纲要提出，我省要率先实现高等教育普及化，率先建成高等教育强省。在高等教育改革发展中，要注意把握以下方面：(1)优化结构办出特色。要把特色发展作为加快高校发展的根本途径，加大政策倾斜力度，建设一批特色高校、特色院系、特色学科、特色专业。激活部属高校优质资源，深入推进部属高校与地方高校对口支持合作，支持省属高校特色发展。(2)全面提高人才培养质量。(3)改革科研评价体系。建立完善以创新、质量和贡献为导向的高校科研评价体系。高等学校要围绕国家和湖北省发展战略，积极承担重大科技计划项目。要组织高校与企业开展产学研用结合科技攻关，面向企业公开征集重大科技问题，组织高校与企业联合攻关。引导高校科研人员围绕经济结构转型升级和企业技术改造升级，开展科技攻关，创造更多的科技成果向企业转让。

各级政府还要高度重视特殊教育和民族教育，这事关社会公平和政治大局，要全面提高这两类教育的发展水平。

四、坚持改革创新，全面推进教育体制改革试点

李鸿忠书记、王国生代省长在讲话中特别强调了教育改革的重大意义，教育规划纲要专门设计了10项体制改革试点。各地、各部门要按照书记、省长的重要讲话精神和教育规划纲要的要求，全面推进改革试点工作。

1.要积极申报试点。教育规划纲要设计的10项教育体制改革试点项目，省里的总体考虑是要坚持点面结合的原则，一方面要强化省级统筹，在全省范围按阶段、有步骤地全面推进；另一方面要坚持试点先行，选取一些基础条件比较好、在某些方面具有特色、愿意先行先试的地方和学校先行重点实施。目前，10项改革试点中，义务教育均衡发展，探索职业教育公益性实现途径、高等教育综合改革这3项，已经有了初步方案。第四项改革即武汉城市圈教育综合改革试点是部省共建的项目，此外还有拔尖创新人才培养改革试点、推进素质教育改革试点、办学体制改革试点、终身教育体制机制改革试点、考试招生制度改革试点、地方教育投入保障机制改革试点等6项改革。这些都要作为省级教育体制改革项目，抓紧形成实施方案。各地各学校可选择一项或几项申报省级改革试点。在申报时每项改革都要提出试点方案，包括改革事项、改革目标、改革措施、保障条件、试点周期、需要的支持政策等内容。各地申报试点方案，经本级政府同意后，以市、州为单位于2011年3月30日前报省教育体制改革领导小组办公室。各高等学校的申报方案经集体讨论决定后，可直接上报。

2.抓紧制定和完善实施方案。对于我省承担的义务教育均衡发展、探索职业教育公益性实现途径、高等教育综合改革等改革试点，规划纲要工作办公室已经在各地各单位组织申报的基础上形成了总体方案，就是大家手里拿到的征求意见稿。把这个材料印发给大家，一方面是为了征求大家意见，以便进一步修改完善；另一方面，也是希望列入改革试点任务的地方和学校，根据省里的总体方案，在原申报方案的基础上，要进一步深入调研，进一步细化、实化、具体化，形成本单位试点最终实施方案，各单位2011年2月底前报省教育体制改革领导小组办公室备案。试点实施方案要突出针对性、操作性，聚焦体制机制创新，落实配套措施，制定支持政策，做好各种风险分析和应对预案，明确路线图、时间表、任务书、责任人。

列入省里总体方案的试点地区和学校，承担着在某一方面或某项工作中为全省教育改革发展“探路”的重要职责，要把思想统一到改革试点上来，把力量凝聚到改革试点上来，把各种资源倾斜到改革试点上来，扎实有效推进各项改革，为全省教育事业改革发展提供借鉴。同时，也必须清醒地看到，教育改革是一项复杂而艰巨的系统工程，既涉及体制机制，也涉及思想观念，还涉及人的切身利益，改革的难度大、压力大，矛盾也比较多。各试点单位推进改革既要积极有效，又要稳妥有序，妥善处理改革过程中出现的各种问题，把改革的力度与社会的可承受程度统一起来。

3.要及时总结推广。各试点单位在推进试点项目的过程中，要注意随时分析、总结，对于基层中的好经验、好做法、好成果要及时报省教育体制改革领导小组办公室。省直有关部门对各地各单位改革实践中涌现的新思路、新办法、新举措要积极支持，认真总结，组织交流，积极推广，使改革试点单位真正发挥示范带动作用，扎扎实实把改革引向深入。

五、抓好重点项目，为教育改革和发展增添活力

教育规划纲要提出了30多个发展项目，其中，包括了“义务教育教师队伍建设计划”、“义务教育均衡发展行动计划”、“农村学前教育推进计划”、“职业教育基础能力建设计划”、“高等教育质量提升计划”等项目计划。这些项目覆盖学前教育、义务教育、高中阶段教育、高等教育、终身教育等各级各类教育，包括教师队伍建设、教育信息化、教育对外开放、资助贫困生等教育的各个关键环节，是推动教育改革发展的重要抓手，也是贯彻落实教育规划纲要的重要载体。我们一定要千方百计地组织好、实施好，使每一个项目都成为得民心、惠民生的项目，都成为让人民群众满意、为教育发展增添后劲的项目。

1.要明确项目的导向。在方向把握上，要体现科学发展观的要求，着力加强关键领域和薄弱环节，着力解决群众关心的热点难点问题。在具体操作上，要突出重点，远近结合，注重实效。既要保证朝着战略目标的方向扎实迈进，又要每年都有看得见的成果。在工作布局上，要把发展项目和改革试点统筹考虑、整体谋划，使之相互促进、良性互动，形成有利于教育事业科学发展的长效机制。

2.要精心设计项目实施方案。省直有关部门要迅速研究制定各个项目的实施方案。每个项目都要明确目标、明确任务、明确措施、明确责任单位和责任人员，提出实施进度要求和考核指标，保证可操作、可监测、可评估。这些发展项目都是本届政府应该启动实施或完成的，要根据实际情况，细化出今年做哪些，明年做哪些，后年做哪些？谁来负责？覆盖的范围多大？中央和地方的投入比例是多少？要进行科学论证和测算。成熟一个，就抓紧启动一个。当前，要按照国务院的部署，以县为单位抓紧编制“学前教育三年行动计划”，合理确定发展目标，分解年度任务。各县市区三年行动计划的编制工作要在2月底前完成。在综合各地计划的基础上，省里的三年行动计划务必在3月底前报国家教育体制改革领导小组。

六、强化质量管理，促进各级各类教育办出特色办出水平

要实现由教育大省向教育强省转变，就要把提高质量作为教育改革发展的核心任务，摆在更加突出的位置，促进我省教育由“学有所教”向“学有优教”的转变。

1.健全质量保障体系。(1)建立学前教育保教质量标准，加强对幼儿保教质量的监测和评估，保证把各类幼儿园办成合格幼儿园。(2)建立义务教育均衡发展督导评估标准，在全省开展义务教育均衡发展示范县(市、区)的创建活动。(3)加快制定职业教育校企合作考评办法，制定湖北省职业院校基本办学标准，推动职业院校服务企业，推进职业教育与产业、学校与企业、专业设置与职业岗位、教材内容与职业标准的对接，建立校企合作共赢的办学机制。(4)研究制定高等学校科技服务湖北经济社会发展考核评价办法，定期对服务湖北成绩突出的高等学校和高校教师进行表彰奖励。

2.健全质量监测体系。质量监测体系应是多层次的，政府、学校、家长及社会各方面都要共同参与。要加强基础教育质量监测，定期发布监测结果。职业教育要加强以就业为导向、吸引企业参加的质量评估。高等教育要改进教学质量评估制度，加强教学巡视工作，建立高校教学基本状态数据年度统计公布制度。要科学制订学校评价标准，开展由政府、学校、家长及社会各方参与的教育质量评价。要全面建立校内质量管理、质量控制和自我评价的有效机制，发挥学校的基础作用。要建立健全教育质量评估机构，引入第三方监测和评估，发挥引导作用。要通过发布教育质量监测报告等办法，强化质量意识，回应群众关切，扩大社会监督。各级政府和有关部门要依法履行职责，引导学校和教师提高教育质量和人才培养水平。

七、加大教育投入，为教育改革发展提供强有力的经费支撑

李鸿忠书记在省教育厅调研时强调指出，对教育的投入就是对发展的投入，就是对民生的投入，就是对未来的投入，也是有回报的投入。各级政府在投入上要更加舍得，在服务上要更加自觉，在宣传上力度更大。省委常委会议、省政府常务会议都已经明确，湖北的教育经费投入，一定要超过国家下达给我省的比例要求，这充分显示了省委省政府对教育的高度重视。各级政府要落实提供公共教育服务职责，把教育作为财政支出重点领域予以优先保障。我强调两点：

1.要加大财政投入力度。各级政府都要大力调整财政支出结构，依法落实教育经费增长要求。从2011年起，省财政厅将每年分市、县核定教育支出比例。各地完成核定支出比例的情况，要通过适应形式通报。各市(州)要进一步加大教育经费的投入，特别是加大本市(州)所举办高校的投入。借鉴国家的做法，从2011年起，省财政厅、省教育厅、省统计局每年都要公布各地教育经费的投入情况。

2.要切实把教育经费用好管好。教育经费投入要与教育改革发展的方向相一致、与具体的改革措施和项目相衔接，确保把经费投向最需要的领域、最关键的环节、最困难的群体。各地、各学校要加强财务会计制度建设，完善经费使用内部稽核和内部控制制度，严格实行大额经费使用集体决策制度，强化重大项目建设和经费使用全过程审计。要建立经费使用绩效评价制度，加强重大项目经费使用考评。要加强学校国有资产管理，建立健全学校国有资产配置、使用、处置管理制度，防止国有资产流失，提高使用效益。要坚持勤俭办学，严禁铺张浪费，建设节约型学校。

八、坚持上下联动，建立相互衔接支撑的教育规划体系

国家教育规划纲要是国家层面的顶层设计，省里的教育规划纲要是结合省情、承上启下的制度设计。现在，省里的教育规划纲要已经出台，需要地方规划和专题规划与之衔接并配套落实。

1.抓紧制定分项专题教育规划。

省教育厅要会同有关部门，根据教育规划纲要，参照国家、省有关文件和配套政策，分别制定学前教育、义务教育、普通高中教育、职业教育、高等教育等领域的专题规划，并抓紧组织实施。

2.要抓紧制定各地教育规划纲要或实施意见。各地要抓紧制定本地教育规划纲要或实施意见，这项工作要在明年6月份前完成，发布前报省教育体制改革领导小组备案。各地在制定教育规划纲要或实施意见时，要认真分析和把握未来十年经济社会和教育发展的阶段性特征，从实际出发，立足当前，着眼长远，充分反映教育的实际状况和广大人民群众的愿望。各地在制定经济社会发展“十二五”规划时，要提出教育的目标任务，体现国家和省教育规划纲要的近中期安排。同时要编制好教育事业“十二五”规划。在制定规划纲要或实施意见之后，各地要抓紧召开教育工作会议。各市(州)的教育工作会议，原则上要在2011年上半年开完。

九、加强师资建设，着力推进人才兴校、人才强教

教师是教育的第一资源。李鸿忠书记指出，要激励“优者从教”，保障“教者从优”，努力建设一支师德高尚、业务精湛、结构合理、充满活力的高素质专业化教师。我们要认真贯彻落实省委领导的指示精神，牢固树立教育大计、教师为本的思想，着力加强教师队伍建设。我强调三方面的工作：

1.着力抓好师德师风建设。省教育厅要会同有关部门抓紧制定各级各类学校教师的师德标准和考核办法。要建立健全师德考核、评价、监督和奖惩的长效机制，将师德表现作为教师岗位聘任、职务晋升、年度考核的首要内容，实行师德问题“一票否决制”。要将师德建设纳入学校督导评估的重要指标。今后，省政府每年评选十大“荆楚师德楷模”，并授予“五一劳动奖章”。

2.重点加强农村教师队伍。在农村教师队伍建设中面临着两个问题，一个是提高素质，一个是保障和改善待遇。从提高素质的角度讲，要健全中小学教师补充、培训、交流机制。从保障和改善待遇的角度讲，各级政府要依法保证教师平均工资水平不低于或者高于国家公务员的平均工资水平。对长期在农村工作的教师在工资、职务(职称)等方面实行倾斜政策，逐步提高津补贴标准。要加快建设农村中小学教师周转房和安居性住房，保障农村教师“住有所居”。

3.健全教师管理制度。教育规划纲要明确，全省统一组织教师资格考试和资格认定，统一组织中小学新进教师招录考试。省人大常委会12月4日通过的义务教育条例对这“两个统一”作了明确规定，上升为地方性法规。省教育厅要会同有关部门，尽快拿出具体的实施办法，明年下半年全面实行这“两个统一”。当前，幼儿教师紧缺的问题比较突出，省编办等部门要根据国家的有关规定，抓紧制定幼儿教师配备标准的实施办法。同时要进一步完善中小学教师编制标准和管理办法，建立动态调整机制。要进一步加强教师队伍的管理，建立健全教师转岗机制和退出机制。

十、加强组织领导，形成共同抓落实的合力

1.落实领导责任。各地、各部门要高度重视，加强组织领导，明确目标责任，研究制定贯彻落实的具体措施。要落实各级政府的投入责任，财政资金优先保障教育投入，公共资源优先安排教育和人力资源开发的需要。要加大对教育重大项目的支持力度，着力促进公共教育资源配置公平，特别是加强对关键领域和薄弱环节的投入，加快缩小城乡、区域和校际间的教育发展差距，切实解决突出问题。

2.强化部门协作机制。省政府成立了省教育体制改革领导小组，统筹部署、协调和指导全省教育体制改革工作。各地也要建立相应的工作机制，统筹协调，形成合力，推进区域内教育改革与发展。各有关部门要齐心协力，抓紧研究出台相对应的配套政策与措施。发改、财政、人社等部门和单位，要积极承担教育规划纲要和分工方案确定的各项任务。教育部门要进一步强化协调职能，研究制定贯彻落实的工作计划。

3.加强督导检查。省政府将建立教育规划纲要实施情况的跟踪、监督机制和定期评估、公布制度。各级政府要将教育规划纲要的贯彻落实情况纳入到政务督查的重要内容，加强督办。教育规划纲要规划办公室要编发专门的简报，反映各地贯彻落实的动态，加强信息交流沟通。对重大教育政策的贯彻执行、群众反映强烈的热点、难点问题要重点督办。要掌握落实进度，及时发现问题，及时反映问题，及时解决问题，做到每一项工作都有布置、有检查、有评估、有奖惩，促进各项工作的全面落实。

同志们，教育蓝图已经绘就，关键在于狠抓落实。我们要进一步增强责任感和使命感，以全省教育工作会议精神和教育规划纲要统领教育事业，以饱满的热情、昂扬的斗志、扎实的工作，推动我省教育事业又好又快发展，为早日实现教育强省的目标而努力奋斗！

开展民主评议政风行风 促进教育事业科学发展

蔡民族

一、深刻认识民主评议政风行风的重要意义，切实增强抓好民主评议政风行风工作的责任感和紧迫感

开展民主评议政风行风是党中央、国务院和省委、省政府作出的重要决策和部署，是纠风工作的重要抓手和载体。开展民主评议政风行风，实质是通过对政府部门和公共服务行业的工作作风进行公开评价，推动政风行风建设的一项民主监督工作，就是动员广大人民群众参政议政、加强监督，在政府部门和人民群众之间架起一座“连心桥”，推动政府部门和公共服务行业转变工作作风，依法行政、执法为民，建设服务型政府。近几年来，在省委、省政府的正确领导下，特别是经过 2003 年、2007 年两次大规模、集中型政风行风民主评议活动，我省教育系统政风行风建设不断推进，全省教育行政部门和公办中小学校工作作风明显改善，办学行为进一步规范，努力办人民满意的教育，切实解决人民群众关心的教育热点、难点问题，特别是在治理教育乱收费、规范教师从教行为、提高教育教学质量、加强教师队伍建设等方面取得了显著成绩，广大人民群众对教育的满意度不断提高，有力促进了我省教育事业改革、发展和稳定。

但我们也要看到，我们的工作与省委、省政府的要求，与人民群众对教育的期望相比仍有一定的差距。随着教育改革的不断深入，教育领域一些深层次的矛盾逐步突现出来，特别是优质教育资源的缺乏和人民群众不断增长的对优质教育资源需求的矛盾日益突出，有些地方和学校出现了违规乱收费、择校现象严重、学业负担过重、个别教师不讲师德师风、个别工作人员不能廉洁从政等一些群众反映强烈的突出问题。

2010年的全省教育系统民主评议政风行风工作，是对我省教育系统行风建设的进一步深化，是解决制约我省教育事业发展突出问题的重要抓手，是推动全省教育系统进一步深入学习实践科学发展观的重要举措，是在新的起点上推进我省教育事业科学发展的现实需要。具体来说，2010年，我省教育系统开展民主评议政风行风工作具有四项有利条件：一是全国教育工作会议刚刚召开，要求到2012年实现国家财政性教育经费支出占国内生产总值的 4%，给我省教育事业发展带来利好消息；二是我省义务教育阶段教师绩效工资圆满兑现，极大地改善了我省义务教育阶段教师的待遇和地位；三是我省启动义务教育均衡发展试点工作进展顺利，义务教育均衡发展试点县已经覆盖全省 19 个县（市、区）；四是全省教育系统深入学习实践科学发展观活动刚刚结束，目前正在扎实开展创先争优活动，在规范办学行为、提高教育质量、办人民满意的教育方面解决了一些突出问题。这为我们开展民主评议政风行风工作提供了良好的基础，也使我们开展好民主评议政风行风工作面临很大压力和挑战。

各地各学校一定充分认清开展民主评议政风行风工作面临的形势，把思想认识统一到省委的要求上来，切实增强抓好民主评议政风行风工作的责任感、紧迫感和自觉性，采取有效措施，狠抓落实，扎实做好民主评议政风行风工作。

二、准确把握民主评议政风行风的总体要求，明确民主评议政风行风工作的指导思想和目标任务

按照国务院纠风办的要求，今年的民主评议政风行风工作要把与人民群众关系密切的部门和行业的基层站所、窗口单位作为重点，使评议工作更贴近实际、贴近基层、贴近群众。教育作为全省70个具有经济和社会管理、行政执法、公用服务职能的部门和行业之一，参加2010年的民主评议政风行风，主要在市（州）和县（市、区）教育行政部门及公办中小学校开展。教育是民生之首，关系千家万户。公办中小学校又处于教育改革发展稳定的最基层，与人民群众生产生活、经济社会和谐发展密切相关。教育行政部门和基层学校工作人员的作风和形象，直接影响党和政府在群众中的威望。因此，全省教育系统开展民主评议政风行风工作，一定要准确把握指导思想、基本原则和评议内容，确保民主评议政风行风工作扎实有序推进。

1. 要准确把握指导思想。要坚持以邓小平理论和“三个代表”重要思想为指导，深入贯彻落实科学发展观，紧紧围绕推动教育和谐发展这个主题，按照科学执政、民主执政、依法执政的要求，以社会各界的广泛参与为基础，以加强政风行风建设为核心，以预防教育乱收费、遏制教育不正之风为重点，以公正评议促进有效整改为手段，着力解决人民群众反映强烈的热点难点问题为目标，积极推行基础教育均衡发展，提高各级教育行政部门服务水平，推动我省教育事业持续、健康、协调发展。

2. 要准确把握基本原则。一是坚持谁主管、谁负责的原则。管行业必须管行风。要依法行政，从严治政，依法执教，从严执教，强化监管，落实责任。坚持分级负责的原则。全省教育系统的民主评议按照省纠风办统一部署，分级组织，分级实施，分级负责。二是坚持标本兼治、综合治理的原则。评议工作中既要切实解决损害群众利益问题，又要注重用改革的办法，从体制、机制、制度上加强政风行风建设，从源头上预防不正之风，促进政风行风的改善。三是坚持依靠群众，接受监督的原则。实行开门纳谏，广泛发动群众，紧紧依靠群众，主动接受人民群众监督、新闻舆论监督和专门机关监督，把政风行风建设置于全社会的监督之下。四是坚持边评边改、评改结合的原则。紧紧抓住解决实际问题这个关键环节，按照“及时发现、及时整改、及时见效”的要求，把落实整改、解决问题贯穿于评议工作全过程。五是坚持公平公正、规范程序的原则。评议工作始终要做到公平、公正、公开，严密实施，严谨操作，严格要求。

3. 要准确把握评议内容。

教育行政部门评议内容：

教育行政部门评议的重点是进一步解决执行力、公信力、操作力不强等问题，切实推进法治型、服务型、责任型、效能型政府建设，建立健全政风行风建设的长效机制，创建“人民群众满意的行政管理部门”。

(1)政治素养。是否具有较高的思想政治素养和较强的全局观念和团结协作精神，能否做到严于律己、宽以待人、团结同志、遵章守纪。(2)群众观念。是否主动关心群众，对群众询问事项是否耐心解答；对群众反映的热点、难点问题以及求助的事项，能否积极主动想办法给予帮助解决。(3)办事效率。在履职过程中是否存在不为群众和学校着想，不及时为群众和学校排忧解难，故意推拖刁难学校和群众等现象；是否在规定和承诺时限内完成相关审批、答复、处理工作；对上级党委、政府和有关部门的重大决策、部署是否依据职责积极主动贯彻执行，有无懈怠、拖延现象。(4)服务态度。各项服务措施是否规范，应该公开的事项是否公开到位；对各级各部门来单位办事人员和群众是否存在“生、冷、横、硬”和“门难进、脸难看、事难办”的现象；是否实行“一次性告知”；服务有无过失，甚至造成不良后果，服务对象的满意情况。(5)廉洁从政。是否依法行政，有无乱检查、乱摊派、乱收费、乱罚款和吃、拿、卡、要、报现象；有无给好处不办事，给了好处乱办事，不请吃喝拖着不办，请吃请喝马上就办等问题。(6)工作能力。业务技能是否熟练，是否具有较强的组织协调和沟通能力，能否正确理解和运用政策法律、法规规定解决问题，并且肯于上进，自觉提高自身综合素质。

全省公办中小学校评议内容：

全省公办中小学校评议的重点是通过深入开展民主评议行风活动，认真组织对本单位存在突出问题的自查自纠，进一步规范办学、招生和收费行为，进一步解决群众反映中小学校乱收费和师德师风问题，努力建设“人民群众满意的学校”。

(1)办学行为。义务教育阶段公办学校要严格执行国家免试招生、就近入学的招生政策，不违反国家规定乱招生，不进行入学考试，不分设重点班和非重点班，不举办或参与举办各种提高班、特长班、竞赛班、特殊配置班级，不组织学生参加未经省级教育行政部门批准举办的奥林匹克等学科知识竞赛活动。普通高中招收择校生要严格执行“三限”政策，公办省级示范性高中不占用学校正常教育资源招收复读生、不举办复读班，不违反规定举办或参与举办各种提高班、特长班、竞赛班、特殊配置班级。不违反规定乱补课。(2)教育收费。严格执行国家教育收费政策，不擅自立项收费，不超标准收费，不扩大范围收费。农民工子女接受义务教育的收费与当地学生一视同仁。(3)民主管理。认真推行校务公开和学校办事公开制度，对涉及师生切身利益的管理事项和人民群众普遍关心的招生、收费等公共服务事项，实行民主决策，全面公开，做到制度健全、运转规范、公开透明。(4)师德师风。教师平等对待学生，尊重学生人格，不歧视学生，不对学生实施体罚、变相体罚或者侮辱学生人格尊严，不侵犯学生合法权益。爱岗敬业，为人师表，教书育人，严谨治学，品行端正。

三、周密安排民主评议政风行风的阶段步骤，扎实推进民主评议政风行风工作

2010年的民主评议政风行风工作，从9月开始，至12月底结束。民主评议政风行风采取社会问卷调查、日常检查考核和集中统分三种形式进行，做到议评结合，结果公开透明。民主评议政风行风工作分五个阶段进行：

1. 动员部署。认真贯彻落实全省行评电视电话会精神，各市(州)召开教育行政部门和公办中小学校民主评议政风行风动员大会，全面部署。要通过新闻媒体以及各种有效的载体，广泛宣传2010年教育系统民主评议政风行风工作的评议对象、评议内容、评议方式及工作要求。

2. 自查自纠。按照“谁主管、谁负责”和“管行业必须管行风”的原则，各市(州)教育行政部门和公办中小学校要广泛听取群众的意见和建议，针对本部门和单位存在的突出问题，认真开展自查自纠。

3. 集中整改。对自查自纠中发现的问题，要及时反馈，认真督促整改落实。同时结合近几年的民主评议政风行风群众满意度调查收集的意见、建议和2010年省“政风行风热线”所收集的意见、建议进行梳理，确保整改到位，让人民群众满意。要一级抓一级，一级督查一级，层层抓好落实。各市(州)教育局民主评议政风行风整改方案及督促整改落实情况应分阶段报省教育厅民主评议政风行风领导小组办公室。

4. 督导检查。省教育厅将对各市(州)教育局整改落实情况组织开展督导检查。督导检查主要围绕“政风行风热线”收集意见、建议的整改落实情况和自查自纠中收集群众意见和建议的整改落实情况等方面的内容进行。省教育厅各有关处室要认真履行职责，把行风评议与业务工作结合起来，做到一起检查，同时指导，共同推进。

5. 总结工作。汇总评议情况，公布考核结果，总结民主评议工作，逐级上报考核结果和工作总结。省教育厅向省纠风办报送教育系统评议结果和工作总结。省教育厅在系统内通报民主评议政风行风结果，对在全省综合排名前5名进行表彰，对排名靠后的市州进行通报批评。

四、切实加强对民主评议政风行风的组织领导，确保民主评议政风行风工作取得实效

民主评议政风行风工作，是一项政策性强、社会影响大的工作，是全省教育系统的一项重要政治任务。教育系统各级党组织要切实加强领导，广泛动员，精心组织，务求圆满完成民主评议政风行风的各项任务。

1. 要成立领导机构，建立工作专班。为认真做好2010年全省教育系统民主评议政风行风工作，省教育厅成立民主评议工作领导小组和指导小组，下设办公室，组成工作专班，负责教育系统民主评议日常工作。办公室设在厅监察室，监察室主任刘怀俊兼任办公室主任。

按照属地管理的原则，各市(州)、县(市、区)教育行政部门和各级各类学校要参照省教育厅的模式，成立领导小组和工作专班，切实抓好本地本学校的政风行风民主评议工作。

2. 要严格落实行评工作责任制。坚持民主评议政风行风工作是“一把手”工程，各地教育行政部门和各学校“一把手”是民主评议政风行风工作的第一责任人。要重视建立和完善解决群众反映突出问题的长效机制，自查自纠，及时整改，在发挥政风行风建设治本功能上取得新突破；要研究探索深入开展政风行风建设的新情况、新特点，总结经验，不断完善，在创新政风行风建设有效载体上取得新突破。要给予民主评议政风行风工作必要的人力和财力支持，确保民主评议政风行风工作的顺利推进。省教育厅将把各地“一把手”抓民主评议政风行风的情况列入2010年年度考核的范围，督促各地履行好职责。

3. 要抓住突出问题认真整改。各地各学校要虚心接受意见建议，敢于向社会承认问题，抓住一两个人民群众反映最强烈的突出问题，认真制定整改措施，跟踪进行整改，确保突出问题得到彻底解决，切实兑现对人民群众的承诺。

4. 要进一步强化督促检查。各级教育行政部门要加大对评议活动的督导检查力度，开展明察暗访，加强具体指导和督促检查；总结推广好的做法和经验，发现先进典型；加强联系和沟通，研究解决活动中遇到的问题，提出意见建议。对民主评议政风行风思想不重视、工作不得力的，要及时提出批评，督促限期整改。

5. 要进一步加大宣传力度。要充分运用报刊、广播、电视、互联网、远程教育网络等媒体和板报、橱窗等多种形式，大力宣传开展民主评议政风行风的重大意义、目标要求，宣传民主评议政风行风的进展情况、好做法好经验和新成效。要积极争取新闻媒体的支持，加大民主评议政风行风工作的宣传报道，营造社会氛围，使社会各界人士和广大人民群众积极参与，不断推动民主评议政风行风工作深入开展。要建立简报制度，及时宣传工作进展情况。

6. 要建立长效机制。各级教育行政部门和学校不仅要认真解决群众反映的突出问题，还要深入分析问题产生的原因，查找管理、监督等方面存在的薄弱环节，从完善体制机制入手，建立“纠建并举、惩防结合”的长效工作机制。要结合本单位实际，针对重要岗位、重点人员和薄弱环节，大力推行政务公开，增强工作透明度，始终把行政行为、行政权力置于社会和广大人民群众的监督之下，有效预防不正之风的发生。

7. 要与创先争优活动结合起来。目前，我省中等职业学校和中小学正深入开展以创建“五个好”党组织、争当“四个标兵”党员为主要内容的创先争优活动。民主评议政风行风和创先争优活动，虽然侧重点不同，但最终落脚点是一致的。开展两个活动都是促进教育事业科学发展、保障教育事业改革稳定的重要抓手和载体。各地和各学校一定要统筹兼顾，把民主评议政风行风与创先争优活动结合起来，在民主评议政风行风工作中推动创先争优活动深入开展，在创先争优活动中促进政风行风进一步好转，做到民主评议政风行风和创先争优活动互相结合，两不误、两促进。

注：本文节选自作者2010年9月30日在全省教育行政部门和公办中小学校民主评议政风行风工作会上的讲话。

(作者时任省委高校工委书记，省教育厅党组书记、副厅长)

全面提高质量　主动加强服务
不断推进我省高等教育事业科学发展

陈安丽

一、我省高等教育取得新成就，站在新起点

在省委省政府的正确领导下，全省各高校艰苦努力，锐意改革，抓住了新机遇，实现了新发展，取得了新成就，全省高等教育站在了历史新的起点上。

（一）规模不断扩大，结构更趋优化

1.高等学校学生数和毛入学率继续在全国领先。到2009年底，全省高等教育在校生134万人，其中普通本科66.52万人，高职（专科）58.39万人，研究生9.1万人，在校生规模居全国第五位。在校研究生、本科生、高职（专科）学生分别占6.77%、49.64%和43.58%。与2000年进行比较，普通本专科在校学生从25万人到125万人，在校研究生从1.9万人到9.1万人。高等教育毛入学率从12%提高到30.4%，大众化特征进一步显现。全省继续保持高教大省的比较优势。

2.高等学校数量继续居全国前列，结构更加优化。到2009年底，全省共有120所高校，学校数量居全国第四位。120所高校由17所大学、49所本科学院或独立学院、以及54所高职或专科学院构成。17所大学中，有2所入选"985"工程、有7所入选"211"工程；在54所高职高专中，有4所国家示范性高等职业技术学院。2000年以来，合并或升格组建大学10所，新组建本科院校12所，新设高职高专院校44所。一个能够适应全省地域分布和产业特点的、有着比较鲜明特色的现代湖北高等教育体系已初步形成。

3.高校办学资源增加，多元投入的办学体制逐渐形成。与1999年相比，普通高等学校校园占地面积从3 054.65万平方米到7 967.84万平方米，校舍建筑面积从1 181.73万平方米到3 978.85万平方米，教学仪器设备总值从19亿元到115.56亿元，图书藏量从3 482.76万册到9 784万册。120所高校中，高等职业学校从10所到51所，以民办机制新增独立学院31所，民办高校从1所到11所。125万本专科在校生中，部属高校、省本级高校本科、省本级高职（专科）、市（州）高校、民办高校的学生分别占16%、20%、16%、20%、和28%。全省高等教育投入的多元分担体制格局逐步形成，奠定了可持续发展的良性体制基础。

（二）教学继续加强，质量不断提高

1.通过加强教学评估，促进了教学投入，加强了教学管理。自2003年教育部开展教学评估以来，全省30所普通高校接受了教育部本科教学工作水平评估，其中优秀等次22所，良好等次6所，合格等次2所。46所高职院校参加了第一轮人才培养工作评估，13所优秀、15所良好、17所合格。另外全省实施了几年的教学巡视员制度，在教学督导检查中发挥了很好的作用。

2.通过加强教学基础建设，推动了教学改革，提高了实践能力。2007年国家实施质量工程以来，立项建设国家级示范中心33个，居全国第三位，立项建设省级示范中心180个；全省建有高职实习基地99个。立项建设国家级精品课程250门，居全国第三位，立项建设省级精品课程922门。1999年开始评选全国百篇优秀博士论文以来，湖北省共有44篇博士论文获奖，历年获奖数基本上保持全国前五名，其中，2009年，全省有7篇博士论文入选，居全国第三位，湖北历史上最多。在2000年以来的三轮教学成果奖评选中，湖北省获国家级教学成果奖一等奖10项，二等奖90项；2009年，全省高校获得国家教学奖34项，居全国第四位，自评省级教学成果获奖336项；武汉科技大学获国家一等奖、武汉科技大学中南分校获国家二等奖，对省属高校具有标志性意义。2009年全省高校大学生参加全国各种大赛并继续取得好成绩，保持全国先进地位，数学建模大赛获54项全国奖励、电子设计大赛获41项全国奖励、广告艺术大赛获131项全国奖励。

3.通过加强学科建设，凸显了办学特色，增强了办学实力。2007年教育部开展一级学科国家重点学科评估认定工作以来，全省高校有国家重点学科的一级学科17个、二级学科125个，国家重点学科数量居全国第四位；全省省级重点学科的一级学科有99个，二级学科有669个。2000年以来，新增一级学科博士授权学科53个、博士点325个，2009年，全省有一级学科博士授权学科92个，博士点579个，覆盖了博士学科目录的80%；新增一级学科硕士授权学科105个，硕士学位点768个，全省有一级学科硕士授权学科105个，硕士学位点1518个，覆盖了研究生学科目录的97%。

（三）队伍继续优化，素质不断提高

1.教师总量增加，整体素质提高。到2009年底，全省高校教职工12.37万人，专任教师7.31万人。与2000年相比，教职工总数增加5.3万人，增长75.69%，专任教师增加4.31万人，增长144%；专任教师占教职工总数的比例由42%提高到59%，正高职称由3 253人增加到30 733人，副高职称由9 448人增加到21 608人。

2.人才工作加强，高层次人才增加。2000年至2009年，全省高校新增两院院士11名，2009年在鄂高校

全职院士35人。2008年起国家启动“千人计划”，湖北省高校共有28人入选，居全国第四位。1998年起实施“长江学者奖励计划”，全省高校共聘请“长江学者”137人，居全国第四位。2000年起实施“楚天学者计划”，全省高校累计聘请楚天学者303人，其中97%以上有国外留学或工作的经历，98%以上具有博士学位。2009年，湖北省首次实施“百人计划”，全省高校12人入围，其中7人为楚天学者。2005年至2009年，通过实施“世界著名科学家来鄂讲学计划”，邀请包括19位诺贝尔奖获得者、81位外国院士在内的257名世界著名科学家来湖北讲学。2003年起实施国家级教学名师奖评选，至2009年，全省高校荣获国家教学名师称号32人，居全国第三位，另有省教学名师62人。

(四)科技成就显著，产业做大做强

1.全省高校科技工作有新发展。科技经费逐年大幅度增长。2009年，全省高校科技经费43.7亿元，居全国第五位，在中部六省位居第一位，比2000年的8.6亿元增长了405%。科技创新平台建设进一步加强。2009年，高校的国家级科研平台数、仪器设备数、全职研发人员数分别居全国第三位、第三位、第四位。1999－2009年，全省高校新建国家实验室、国家重大科学基础设施各一个，实现零的突破；国家重点实验室由7个增加到12个；国家工程技术研究中心由6个增加到13个；教育部重点实验室由8个增加到45个；教育部工程技术研究中心从0到26个；教育部重点人文社科研究中心11个。全省高校初步形成了较为完善的科技创新平台体系。

2.全省高校科技成果有新突破。2009年，湖北高校获国家科技奖励21项，占全省34项获奖成果的62%，比2008年增加了13项。其中，部属高校获得了11项，省属高校获奖10项。尤其是武汉科技大学和武钢合作获奖的“曲向硅钢制造技术自主创新及产业化”、武汉科技学院“高效短流程嵌入式复合纺纱技术及产业化”获得国家科技进步一等奖，标志省属高校在推进科技创新上取得重要成果。2000－2009年，全省高校获国家级科技奖励共有103项，占全省获奖总数的51.5%。

3.全省高校服务地方经济有新成就。承担国家和省的项目大幅增长：2009年，全省高校承担“973”、“863”、国家科技攻关及国家自然科学基金等国家项目3 602项，其中省属高校承担国家项目的增长速度均高于全省平均增速。科技产业效益不断提高。1999－2009年，全省高校科技产业总收入300亿元，利润25.89亿元。其中2008年高校科技产业总收入近50亿元，利润近4亿元。服务地方经济发展程度不断加深。30多所高校与100多市(州)县(市、区)建立全面合作，成立产学研机构26个、研发中心300余个。通过“高校与市州科技合作行动”，高校1 681人次到地方和企业挂职，派出了469位科技特派员。

(五)改革深入推进，开放继续扩大

1.继续深化改革创新，大力推进省部高校合作共建。2008年，省政府与教育部签订共建协议，2009年和2010年，省政府领导和教育部领导会商，教育部对湖北省给予更多的政策项目支持。2009－2010年，高等教育除正常的项目资金外，教育部在湖北省省属高校建设了6个重点实验室、5个工程中心，立项数居全国省属高校第一位。在2010年的部省共建会商会上，教育部明确表示将在湖北省教师海外培训、院校设置、科技园建设等项目予以政策支持。2009年，通过实施“部委高校与地方高校对口支持与合作计划”，组织7所部属高校和18所省属高校签订合作协议；通过实施“职业院校对口支持与交流合作计划”，组织4所国家示范高职与4所地方高职对口支援合作；组建33校参加的“武汉城市圈高职联盟”和12校参加的“鄂西生态文化旅游圈高职联盟”。

2.继续扩大对外开放，大力推进高等教育国际交流。2009年，全省高校招收外国留学生7 262人，是2000年的近10倍。10年来全省高校共招收外国留学生32 341人。2002—2009年，全省获国家全额奖学金公派出国1 008人，居全国前列。每年派出100多名汉语国际推广志愿者。到2010年，全省共在6个国家开办了15个孔子学院，居全国第四位。

(六)资助全面推进，就业成效显著

1.高度重视资助贫困生工作，为“保民生”作出突出贡献。2009年，向25万大学生发放国家助学金、奖学金6亿元，9万大学生享受生源地信用贷款5.37亿元，享受各种资助的学生占在校生31.7%。2004－2009年，省委省政府连续6年将家庭经济困难学生资助工作作为政府为老百姓办的“十件实事”之一，大力推进。6年来，全省累计向21万大学生发放国家助学贷款19.8亿元，向121万大学生发放奖学金23.4亿元；生源地信用贷款政策实施以来，向17万大学生提供信用贷款10亿元。国家安排湖北省“以奖代补”资金连续6年居全国第一位。

2.高度重视大学毕业生就业，“资教计划”为农村输送大批人才。省委省政府高度重视高校毕业生就业工作，2009年专门出台文件，明确了“六个一批”政策措施。2008年、2009年是全省高校毕业生最多，也是受国际金融危机影响，全省高校毕业生就业最困难的两年，经过各高校共同努力，2008年就业率为90.4%；2009年就业率为92.13%，同比增加1.07个百分点，高于全国平均水平。2009年中宣部、教育部、团中央组织的“大学毕业生建功立业先进事迹报告团”7名成员中，有3名是湖北高校的毕业生。湖北省实施了6年的“农村教师资助行动计划”共派出12 244名大学本科毕业生到乡镇学校任教，架起了引导毕业生到基层就业与加强农村教师队伍建设之间的桥梁，教育部等四部委总结推广湖北省做法，实施“特岗计划”。

(七)办学更加规范，招生力保公平

1.完善工作机制，规范办学行为。注重发挥政策引导功能，探索建立了办学行为包保责任制、年度检查工作机制、以及办学行为政策联动机制。规范高校招生广告管理。妥善处理了一批重大违规招生事件，保持了高校和谐稳定。

2.加强考试管理，完善招生“阳光工程”。高考招生是人民群众最为关心的民生问题之一。各高校严格执行国家和湖北省的招生政策。进一步规范艺术特长生、高水平运动员招生，积极防范和查处招生诈骗活动，广大人民群众对高考招生的公开、公平、公正的满意度不断提高。全省高校招生已经步入规范化的轨道。

过去10年中，经过大家的共同努力，不断深化改革，全省高等学校抢抓了机遇，实现了发展，基本解决了高等教育资源不足和入学机会严重缺乏的问题，基本完成了高等教育的规模扩张和条件建设，基本构建了高等教育的教育体系和制度机制，实现了高等教育大众化。

二、我省高等教育进入新阶段，面临新形势

2008年9月15日，有着158年历史的美国第四大投资银行雷曼兄弟公司宣布申请破产保护，标志着国际金融危机的全面爆发。这场危机给世界各国的经济社会带来了冲击，同时也迫使各国反思现行的经济增长模式和发展格局。我们已进入后国际金融危机时期，党中央强调要加快转变经济发展方式。2010年，《国家中长期教育改革和发展规划纲要》正式发布，标志着我国教育的改革发展进入新的历史时期。湖北高等教育不仅站在了历史的新起点，也进入了改革发展的新阶段，面临着应对国内外的新形势。

（一）深刻认识后国际金融危机时期的时代特征

1.世界经济增速放缓，国际市场需求受到抑制。当前，虽然世界经济已出现复苏迹象，但国际金融危机的影响远未消除。发达国家失业率居高不下，居民收入减缓，消费支出低迷。后国际金融危机时期的一个显著特征是市场需求成为最稀缺的资源之一。经济和社会需求的降低，导致教育人才需求从总量上减少。同时，职业转岗的需要，又给教育带来提供新服务的需求。

2.世界经济原有增长模式难以为继，发展格局面临深度调整。在国际金融危机的冲击下，发达国家提出世界经济“再平衡”、“再工业化”，西方各种形式的保护主义抬头，有的把碳排放与贸易挂钩，征收所谓的“碳关税”。西方从过去打“人权牌”转为打“低碳牌”，对中国的发展模式形成巨大的国际压力，通过设置议题（如气候问题，贸易问题），通过制造事端，对中国进行舆论攻击和经济制裁。发展模式的转变，对人才培养的专业结构和专业层次提出新的要求。

3.世界科技创新孕育新突破，产业升级步伐加快。国际金融危机将推动全球进入一个创新密集和新兴产业快速发展的时代。正是科技上的重大突破和创新，推动经济结构的重大调整，提供新的增长引擎，使经济重新恢复平衡并提高到更高水平。回顾二战后，以电子技术、航空航天技术、核技术为标志的技术革命使人类从电气时代进入电子时代，美国、日本、德国等国加快发展相关产业，成为世界主要经济强国。从30年前开始的、以信息科学、生命科学为标志的现代科技突飞猛进，以信息技术为基础的现代制造业和现代服务业异军突起，美国借此机会增强了综合国力，巩固了超级大国地位。当前，世界主要国家都在为经济发展作战略筹划，把新能源、新材料、生物医药、节能环保、低碳技术、绿色经济等作为新一轮产业发展的重点，抢占世界经济发展新的制高点。新兴产业的发展和人才培养、科学研究紧密相联，相伴相生。这是中国教育的重大挑战和历史机遇。

（二）深刻认识我国加快经济发展方式转变的紧迫性

1.国际金融危机后，中国面临相对崛起。2009年中国出口额世界第一，外汇储备世界第一，进口规模世界第二。中国经济总量已位居世界前三位，成为世界工业和制造大国、贸易大国、消费大国，成为世界经济增长的主要推动力量，也是全球具有重要影响的最大新兴经济体，中国的崛起为世人瞩目。实现中华民族的伟大复兴、实现中国崛起，是中华民族几百年的梦想，是全国各族人民的共同期盼。中国确实正在崛起，但目前是一种“相对崛起”。中国真正的崛起和可持续发展，需要教育的强力支撑。

2.国际金融危机使中国转变经济发展方式问题更加突显。国际金融危机对我国经济的冲击，表面上是对经济增长速度的冲击，实质上是对经济发展方式的冲击，我国经济发展的结构性矛盾更加凸显。国际上大国经济增长主要靠内需，美国、印度2008年内需占总需求的比重分别是92%、88%，而中国仅为72.8%。经济发展方式的转变，也必然要求教育的发展方式、发展领域和发展方向作出相应转变。

3.加快经济发展方式转变是我国经济领域的一场深刻变革，是2010年和今后一段时期全党全国的工作重点。中央经济工作会议后，加快经济增长方式的转变，成为经济工作的重点。胡锦涛总书记提出了八个“加快”，作为转变经济发展方式的重点工作。在加快经济社会协调发展中，首先就提出要加快提高教育现代化水平，并特别强调要按照适应经济社会发展特别是转变经济发展方式、建设创新型国家的需要，合理配置教育资源，更新教育观念，创新培养模式，推进教育改革，优化教育结构，提高高等教育质量，增强教育对经济社会发展和人的全面发展的适应性。作为民生之首的教育在转变增长方式的进程中，将得到社会和国家更多的关注。

（三）深刻认识国际高等教育快速发展时期的阶段性特征

目前，世界上有两个最大的高等教育体系，一个在中国，在校生数量已居全世界第一；一个在美国，高等教育质量总体上居世界第一。观察美国高等教育在二战后“两个黄金十年”的快速发展现象，对理解当前我国、我省高等教育发展的阶段性特征，以及下一阶段发展的目标和任务，具有重要的启示意义。

1.第一个阶段上规模，实现高等教育大众化，完成人才资源的积累。1946—1956年，是美国高等教育发展的第一个黄金十年。其直接动因是一个可能的社会危机。随着盟军在二次世界大战的胜利，自珍珠港事件以来参军的成千上万的美国士兵将重返家乡，这批当过兵、打过仗的二战英雄回国后的安置问题如果不能妥善解决，将成为严重的社会危机。1944年美国参众两院都以全票通过了一个著名的法案，俗称“退伍军人权益法”。该法案要求联邦政府拨专款，为复员退伍军人提供教育、培训和住房。到1956年该法案到期时，在1 544万美国退伍军人中，有780万人得到各种形式的教育和培训，其中，接受高等教育223万人。美国高等学校在校生从战前100多万人发展到战后300多万人，美国高等教育毛入学率也从战前10%左右提高到战后的20%以上。经过大约10年，美国实现了高等教育的大众化。这10年中，美国高校培养了7万名医生、45万名工程师、238万名教师，等等。高等教育的大众化不仅化解了安置退伍军人的社会矛盾，而且为美国的后续发展积蓄了人才。一个典型例子是老布什总统，从空军飞行员到耶鲁大学学生。

2.第二个阶段上质量，实现一流大学的崛起，完成高等教育体系的构建。1958—1968年，是美国高等教育发展的第二个黄金十年。其直接动因是一个国家安全危机，1957年苏联第一颗人造卫星率先上天，震惊了美国朝野。1958年美国国会通过了著名的"国防教育法"，对美国高等教育提高质量起到重要作用。国防贷款优先资助具有优异学术基础的数学、科学、工程和外语学业优秀者和毕业后到中小学工作的大学生；美国在校大学生数量继续发展，从300多万人到692万人，美国高等教育毛入学率从20%提高到30%以上；43%的研究生获得联邦资助，研究生规模迅速发展，从1955年的25万人发展到1968年的103万人，出现了一批研究生占在校生30%至50%的大学；教师中有博士学位者从1959年的41%提高到1972年的50%；也就是在这个时期，美国一批研究性大学迅速崛起，而且美国的社区学院也在这个时期蓬勃兴起，现代高等教育体系基本形成。"国防教育法"实施后的第八年，人类第一个宇航员登上了月球，美国又走在了全世界的前面，更具有长远意义的是美国高等教育从此雄踞世界各国之巅。

(四)深刻认识我省高等教育面临的机遇和挑战

在中国快速、相对崛起的进程中，我们可以预期会出现各省新一轮的区域高等教育激烈竞争。如果我们抓住机遇、乘势发展，就有可能提高水平，再上新台阶，从而保持我省高等教育的突出比较优势；如果误判形势，在国内新一轮高等教育的重新洗牌中，我们就可能被动落后、丧失机遇，从而丢掉传统优势。

1.抓住我省高等教育发展进入第二阶段的机遇，加快提高我省高等教育的整体质量，基本实现高等教育强省的奋斗目标。1997年亚洲金融风暴后，党中央、国务院提出了高等教育扩招等一系列扩大内需的战略举措。经过10年左右的时间，我省高等教育解决了高等教育资源短缺问题，完成了规模扩张，实现了高等教育的大众化。

未来10年左右的时间，是我省高等教育的第二个黄金十年发展期。全省高等学校要进一步认清新形势，抓住新机遇，明确新任务，努力奋斗再上新台阶。要力争出现一批有特色的高质量的职业学院和教学型学院，紧密服务当地经济社会发展；要力争出现一批有特色的本科高校，着力增强自主创新能力，在区域内和全国范围有影响；要力争出现一批研究型大学，着力推进高水平大学建设，提升国际影响力，在国际上崛起。到2020年时，我省高等教育毛入学率要达到50%，形成比较完善的现代高等教育的大学体系和制度体系，高等教育更加适应湖北经济社会发展的需要，基本满足人民群众接受高质量高等教育的需求，基本实现高等教育强省的奋斗目标。

2.抓住《规划纲要》的机遇，加快推进我省高等教育的各项改革，适应国家加快经济发展方式转变的要求。如果说2009年我国经济社会发展的显著特点是"保"：保增长、保稳定、保民生，"保八"，等等；那么2010年的显著特点则是"转"：加快转变经济发展方式的转变，加快自主创新，加快提高教育现代化水平，等等。"转"字对于我省高等教育既是挑战，更是机遇，关键在于怎样把握和适应。省教育厅在认真学习领会国家《规划纲要》的基础上，编制我省未来10年教育改革发展的规划蓝图。我省高等教育要围绕提高质量、办出特色的总体要求，按照突出改革、"先试先行"的原则要求，先行在一些比较成熟的领域开展改革试点。省教育厅自2009年以来，已经在省部合作共建协议的总体框架下，逐步推进了若干项改革，这次会议上还会作出进一步的部署。全省各高校要紧紧围绕加快转变经济增长方式、实现科学发展的主题，发动群众、统一思想，深入研究和探讨素质教育如何推进，创新人才如何培养，专业结构如何调整，职业教育如何发展，自主创新如何增强等一系列面临的突出问题。要在认真总结过去10年发展经验的基础上，牢固树立在高等教育发展的新阶段仍然必须坚持深化改革促进发展的理念，坚定不移地推进改革，聚精会神地谋划改革，扎扎实实地实施改革，使2010年成为高等教育的改革年。

3.抓住"国家自主创新示范区"的机遇，加快我省高校自主创新能力建设，更好的服务湖北地方经济社会发展。2009年12月，国务院批复"同意支持东湖新技术产业开发区建设国家自主创新示范区"，要求发挥创新资源优势，加快改革与发展，努力培养和聚集优秀创新人才特别是产业领军人才，着力研发和转化国际领先的科技成果，做强做大一批具有全球影响力的创新型企业，培育一批国际知名品牌，全面提高自主创新和辐射带动能力。到2020年，示范区要有一大批原创性科技成果，要在一些关键技术领域实现重大突破，要建立一批战略性新兴产业。国家批复同意的一个重要因素是东湖开发区内高校密集、人才密集、技术密集、成果密集。国务院最近又批复了武汉市城市总体规划(2010—2020)，对武汉市定位是"全国重要的工业基地、科教基地和综合交通枢纽"，武汉市被称为百万大学生的城市，成为国际上罕见的高教密集区。湖北高等教育的发展支撑了武汉市在全国的战略地位。这是我省高等教育的光荣和责任。国家批复的示范区建设期到2020年，这与我省高等教育提高质量的第二个黄金十年正好吻合。全省高校要抓住机遇，主动参与示范区的规划和建设，积极为示范区建设发展作出贡献，在示范区成长发展的过程中实现学科和学校的发展。

4.抓住武汉"新九省通衢"的机遇，加快我省高校的全国化和国际化进程，不断扩大国内辐射面和国际影响力。武广高铁通车后，湖北再现"九省通衢"，我们强烈感受到时空拉近的时代特点。一百多年前，张之洞总督湖广，兴修粤汉铁路，构筑"九省通衢”的交通区位优势。开通电报电话，修建工厂工程，当时武汉经济一片繁荣景象，被誉为“东方芝加哥”。开办新兴学堂，青年留学出洋，当时的湖北，开一代新风，当时的武汉，领改革新潮，人才荟萃，思想激荡，中国共产党“一大”代表中一半以上与湖北武汉有关。“辛亥革命”武昌首义成功，“黄麻起义”在湖北惊天动地。今天，随着武汉到广州，以及到上海、重庆、北京客运高铁逐渐开通，距离在1 000公里左右的地方将在三个多小时的高铁覆盖范围内，这会带来很多变化：改变人们的时空观念，改变城市的距离概念，改变生活方式，改变工作方式，改变思维方式，改变教育理念，改变学习方式。它将形成同城效应：上午到武汉，下午回广州；鲶鱼效应：民航降价，公路调线，优化运输结构；拉动效应：新产业新合作带动沿线新投资，形成新的经济版图。以武汉为中心的客运高速，使过去相距遥远的两地可以互为郊区，新的“九省通衢”的优势有利于高等学校资源配置的全国化，有利于高校和教师的交流往来，有利于学生的交通往来，这些优势与我省高等教育的传统优势互相叠加、互相促进，将成为我省高等教育新发展的潜在机遇。

三、我省高等教育确立新目标，赋予新使命

21世纪的第二个十年，我们要建设一个什么样的高等教育？怎样建设这样的高等教育？这需要在编制“十二五”规划中去体现，需要在制定我省中长期规划中去体现，需要在贯彻落实《规划纲要》中去实践。这两个问题，不仅需要从全省的范围内来回答，而且也需要在各高校自身的范围内来研究。

(一)明确奋斗目标，转变发展方式

2010年，《国家中长期教育改革和发展规划纲要》出台，到2020年国家教育发展的战略目标是：基本实现教育现代化，基本形成学习型社会，进入人力资源强国行列。就高等教育而言，这些国家目标与我省“建设高等教育强省”的目标是什么关系？湖北高等教育在实现国家教育发展目标中应该做什么贡献？在贯彻实施《规划纲要》的过程中，这些问题也需要研究。

1.奋斗目标。从全省而言，我们要建设一个什么样的高等教育？这个问题在《中共湖北省委关于加强和改进高等学校党的建设推动高等教育事业科学发展的意见》(鄂发〔2010〕2号)中已经明确，那就是基本实现高等教育强省目标。这是我省高等教育在今后发展中要举的旗帜，是我们用发展凝聚人心的口号，是我们要实现的奋斗目标。高等教育强省的标志性特征包括那些要素？我们要参考国际、国内相关指标，结合我省具体情况，提出既鼓舞人心，又经过努力能够达到的奋斗目标。

2.发展方式。过去10年我省高等教育超常规发展，扩大了校园土地面积，扩大了校舍建筑面积，扩大了学生数量规模，增加了学校数量等等。这种发展方式在高等教育的快速发展阶段是必要的，也是世界各主要高教大国在其相应发展阶段都同样经历过的。然而，这种方式是不可持续的，土地、学生、学校等发展所依赖的资源已经受到约束，高等教育的发展方式面临重大转变。具体而言，我省高等教育要从增加一般办学资源尽快转变到激活优质教育资源，从扩大学生数量规模尽快转变到开拓教育服务领域，从校园校舍建设为主尽快转变到教师队伍建设为主。

3.改革取向。过去10年我省高等教育实现发展靠的是改革，今后转变高等教育的发展方式，靠的还是改革。如果说过去10年改革的取向主要是调动更多的办学积极性、提供更多的高等教育机会、让更多的学生上大学的话，那么今后改革的取向则主要是激活更多的优质高等教育资源、提供更多的优质教育服务机会、让更多的学生享受优质高等教育。

综上所述，今后5—10年中我省高等教育的改革和发展，要紧密围绕“建设高等教育强省”这个奋斗目标，紧紧抓住“提高高等教育质量、提供优质社会服务”这两大重点任务，着力推进“激活优质高教资源、开拓教育服务领域、加强教师队伍建设为主”这三大转变。

(二)激励优质资源，培养创新人才

内涵发展不是不要发展，而是要追求质量价值的发展；稳定规模不是不要规模，而是要扩大优质资源的规模。简而言之，追求质量价值就是要追求品牌效应、追求声誉影响、追求终生发展；扩大优质资源就是要让优秀的教师多得报酬、让优秀的学科多得发展、让优秀的成果多得认可。

为激活优质资源，按照“将思路战略方案化，方案谋划项目化、项目实施具体化”的要求，从2010年起，省教育厅将启动4个项目，引导各类别高校深化人才培养方式的改革，鼓励各高校积极探索培养拔尖创新人才，提高就业创业能力，服务战略新兴产业。

1.启动实施“拔尖创新人才培养计划”(英才计划)。着眼于培养拔尖创新型人才，“十二五”期间建立30个左右的“拔尖创新人才培养基地”。这些基地，可以由一所学校单独建，可以由部属高校和省属高校共建，也可以省属高校共建。对于省属高校的基地，或是部属高校与省属高校共建的基地，省教育厅每年奖励一定经费，基地的招生计划单列，在专业建设上给予扶持。

2.启动实施“就业创业示范基地计划”(创业计划)。着眼于增强大学生的创业创新能力，鼓励支持高校与企业行业合作，鼓励高校建立“大学生创业教育基地”。在此基础上，省教育厅评选30个左右的“全省大学生创业创新示范基地”，给予奖励资助。这些示范基地的主要功能，一方面要提高大学生就业能力、创业能力，一方面要支持大学生进行创新研究和成果转化，努力创造学生成长成才的良好环境。

3.启动实施“研究生教育创新基地”项目(专才计划)。着眼于培养具有创新精神的高级专门人才，依托开发区和省内大型企业、高新企业和市、州等，采取项目资助的方式，支持高校建设20个左右“研究生教育创新基地”，同时吸纳省外高校的研究生前来实习和创新研究。

4.启动实施“战略新兴产业人才培养计划”(新兴计划)。面向我省战略性新兴产业，选择办学条件较好的100个左右本科和高职专业点，组织高校与企业、行业联合制定人才培养方案。省教育厅在招生计划安排、专业建设等方面予以重点建设和资助。

2010年省教育厅将开展新增博士点、硕士点的审核、评审、备案工作。继续推进“本科教学质量与教学改革工程”，召开全省高校“质量工程”建设暨教学工作经验交流会。继续实施“示范性高等职业院校建设计划”。探索建立高职院校工学结合、校企合作、顶岗实习的评价体系，将评价结果与招生计划、项目安排挂钩。

(三)激励优秀成果，主动服务地方

经过10年的建设发展，我省高校服务地方的意识显著增强，服务地方的形式丰富多样，服务地方的能力不断提高，服务地方的政策日臻完善。涌现了以武汉大学为首的“生物医药研究院”与“武汉生物城”、华中科技大学为首的“光电国家实验室”与“武汉一中国光谷”，以及武汉大学、华中科技大学、华中师范大学、武汉理工大学等“大学科技园”为标志的部属高校服务地方的案例；以武汉科技大学与钢铁冶金产业、武汉纺织大学与纺织服装产业、武汉工程大学与化工材料产业、武汉工业学院与食品油脂产业为标志的省属高校服务地方和产业的案例；以长江大学、三峡大学、襄樊学院、湖北民族学院等高校为代表的服务市州经济社会发展的案例；以武汉职业技术学院、武汉铁路职业技术学院、武汉船舶职业技术学院、湖北职业技术学院等为典型的职业技术教育服务地方和行业发展的案例。高校通过服务地方、服务产业，锻炼了队伍，积累了经验，培养了人才，培育了成果，增加了收入，赢得了支持，扩大了影响。省教育厅将进一步强化政策，加大扶持力度，引导更多的优质教育资源，更加积极主动的服务地方、服务产业。从2010年起，重点推出三个项目。

1.启动实施“高校自主创新重点基地建设计划”(基地计划)。“十二五”期间，建设20个左右具有较高学科水平和科技创新能力的“高校自主创新重点基地”。对建在省属高校的基地，或者省属高校和部属高校共建的基地，省教育厅每年资助500万元，连续资助三年。建设这个基地，要有效集成各方面优势资源，推进学科交叉，促进科技合作，努力实现特色优势学科和高水平科技创新平台的深度融合。通过实施这个计划，聚集和培养具有国际视野的学术领军人物和科技创新团队，培育国内一流优势学科和科研领域，努力形成重大标志性科研成果，促进高校科技自主创新能力重点跨越。力争在省属高校在国家重点实施室、国家级重点学科等方面有零的突破。

2.启动实施“高校青年教师企业服务行动计划”(服务计划)。首批将组织1 000名高校青年教师，深入企业服务，期限原则上为一年。青年教师到企业服务，主要是开展科技研究、成果转化、岗位实践等活动，同时也是加强师德培养。省教育厅安排专项经费，对青年教师与企业的合作项目优先立项资助，每年将对青年教师在企业的科研成果进行评比和奖励。同时，将青年教师的职称评聘与其企业服务经历挂钩。

3.积极筹建“湖北省大学科技园”(园区计划)。为推进产学研用结合、加快科技成果转化，拟筹建“湖北省大学科技园”。同时挂“湖北省大学生创新创业园”牌子，并积极申报为国家级大学生创新创业基地。努力将大学科技园建设成为科技企业孵化的基地、大学生创新创业的基地、科技成果产业化的基地，促进高校科技优势转化为现实生产力，加快培育市场主体，催生一批高新科技企业。

同时，推进各级重点实验室、工程中心等创新平台和科技创新团队建设。认真落实鄂政发〔2008〕33号文件精神，规范发展高校科技产业，培育创新文化和环境氛围。

(四)激励师资卓越，提升教师队伍

支撑我省高等教育内涵发展的主要资源将是以杰出教师为引领的优质教师人才资源。省教育厅要加大杰出师资这种软资源的获取、开发、使用以及增值的工作力度。追求师资队伍的卓越，要成为我省高等教育下一步发展的核心价值取向。

省教育厅将继续以高层次人才建设为重点，鼓励引导各级各类高等学校开发利用国际、国内人才资源，坚持培养提高和引进两个并重，着力实施好两个项目。

1.继续实施引进高层次人才的各种计划(引进计划)。要争取更多的高校人才入选“千人计划”、“百人计划”。“十二五”期间，省教育厅将扩大“楚天学者计划”的实施规模，引进800人左右海外高层次人才。2010年将评选“楚天学者成就奖”，对受聘期间作出重大成就的楚天学者给予奖励。扩大“楚天技能名师”实施规模，“十二五”期间再设岗300个。对从海外引进“楚天技能名师”的，实行特殊的评审政策。

2.启动实施“高校教师国际交流计划”(交流计划)。这个计划包括三个子项目：一是“高校领导者海外培训项目”，对象主要是高校的书记、校长，计划每年培训50人左右。二是“高校中青年学术骨干海外研修项目”，对象主要是教学、科研、学科建设方面的骨干，计划每年培训100人。三是“青年教师海外培训项目”，对象是青年教师，每年培训200人。这些项目经费在积极争取国家留学基金委支持的基础上，由高校和省教育厅共同负担。

(五)激励资源优配，推进改革创新

经过发展和积累，我省高等教育从规模容量、学校类别、学科布局、地区分布、体制结构等方面已经基本适应我省经济社会发展的需求，优质教育资源比重也在不断增大。下一步，省教育厅以及各高等学校要准确把握改革的价值取向，牢固树立追求卓越、追求杰出、追求优质的办学价值观；准确设计改革的推进办法，仔细分析和找出本省、本校的优质所在、优秀所在、优势所在；努力扩大改革的受益范围，激发新的活力，激励优质教育资源得到优化配置。在改革方面，重点抓好以下4个项目。

1.深入实施“武汉城市圈中央部属高校与地方高校支持合作计划”(合作计划)。深入推进7所部属高校与18所省属高校的深度对口支持合作，创新高校间工作联动、资源共享、合作发展的机制和模式。省教育厅设立“彩虹学者”岗位，支持和鼓励部属高校选派专业人才和管理干部到结对省属高校挂职，任正职的每人每年资助

5万元，任副职的每人每年资助3万元。双方合作在省属高校建成一级学科硕士点或非硕士授予高校建成专业学位硕士点的，给予合作双方各100万元奖励；建成博士点的，给予合作双方各200万元奖励；建成国家级重点学科的，给予合作双方各300万元奖励；联合申报成功国家重点实验室，给予500万元建设经费奖励。2010年下半年，将召开对口支持合作经验交流会，对工作成绩突出的高校进行表彰。

2.深入实施“武汉城市圈高等职业院校对口支持与交流合作计划”(支持计划)。推进武汉职院等4所国家示范性高职与4所圈域内高职的深度对口支援与交流合作。省教育厅设立对口支持与交流合作计划资助岗位，支持和鼓励国家示范性高职选派专业教师和管理干部到结对院校任职，任正职的每人每年资助3万元。双方合作在结对高校建成省级重点专业的、给予合作双方各30万元奖励；建成国家级精品课程的、给予合作双方各10万元奖励；建成中央财政奖励支持的职业教育实训基地的，给予合作双方各50万元奖励。2010年下半年也要召开一次对口支持合作经验交流会，对工作成绩突出的高职院校进行表彰。

3.继续推进武汉城市圈和鄂西生态文化旅游圈两个高职教育联盟工作(联盟计划)。推进建立以高职为龙头、行业为纽带、校企合作的产学联合体，创新高职院校办学模式和人才培养模式，更好地服务区域经济建设。

4.积极探索高校分层次、分类型、分区域联合办学的新机制和新模式(联合计划)。支持和协调教育部7所在鄂高校联合培养，部属高校和省属高校联合培养，支持和协调湖北师范教育联盟、武汉南湖片10所高校合作办学工作，广泛开展学生联合培养、教师互聘、课程互选、学分互认、资源共享等教学合作。

高校要按照《规划纲要》的精神，积极推进办学体制、人才培养体制、内部人事制度、分配制度、后勤管理制度、考试招生制度等各方面改革，更好地适应高等学校使命和任务的变化。2010年，省教育厅将深化以岗位设置为重点的人事制度改革，会同有关部门研究制定高校特设岗位的条件和管理办法，研究提出高职院校教师职称改革的政策措施。

(六)激励环境优化，化解遗留问题

高校的债务问题是高等教育快速改革发展过程中伴随而生的一个客观存在的问题。前些年，高校通过向银行贷款，抓住了发展机遇，有效缓解办学资源不足，为实现高等教育大众化作出了贡献，建成一批国有资产和宝贵教育资源。在这个过程中，高校也形成了一些债务。

对于高校债务问题，省委、省政府主要领导和有关领导多次作出重要批示，高度重视和关心这个问题。省教育厅将会同有关部门积极争取和落实领导批示精神，认真研究债务化解的具体措施。支持高校盘活闲置资产，将资产处置收益用于化债。利用金融手段，将银行贷款“短改长”缓解省属高校面临的现实和未来资金压力。市州财政供养的高校，要积极争取当地政府的财力支持。今后，市(州)高校招生计划的安排，将与各市州对高等教育的投入情况挂钩。

四、我省高等教育建立新观念，适应新要求

经过10年改革发展，我省高等教育已经进入了新的阶段。我们要在未来5—10年中，完成新使命，实现新目标，必须建立新观念，适应新要求。

(一)建立师德为魂新观念，适应教师队伍新要求

提高高等教育质量，增强教师队伍职业素养是关键。为师之道，首要在德，师德是教师职业素养的灵魂。

应该充分肯定，我省高等学校教师队伍总体是好的，素质是高的，广大教师默默耕耘、无私奉献，赢得尊重。但是我们也要清醒认识到，人民群众对大学的教师往往是高看一眼。特别是独生子女时代的到来，人民群众更加期盼学有好校、教有良师。面对人民群众的期盼，建立师德为魂的新观念，已经成为高校加强内部管理、建设教师队伍的首要任务。

从2010年开始，省教育厅将在全省高校开展“十佳师德模范”评选活动，各高校要结合本校实际，在校内开展评选活动，树立正面典型。省教育厅将研究提出治理学术不端行为的政策措施，对存在学术不端行为的，职称评审实行“一票否决”。同时，要加大权重，将师德建设作为对高校办学质量和水平评估的重要指标。各高校要研究制定教师“行为准则”，把教师职业道德放在重要位置，既要建立表彰激励机制，也要建立警示惩戒机制，有效加强教师队伍的管理，努力形成良好的校风、教风、学风。

(二)建立社会责任新观念，适应学校行为新要求

提高高等教育质量，规范学校教育和管理行为是基本要求。办学之道，首要在责，社会责任是高校的公众形象。好的公众形象，会为学校赢得公信力，赢得优秀师资，赢得优质生源。

2006年，省委办公厅、省政府办公厅印发《关于进一步规范高等学校办学行为，促进高等教育健康发展的若干意见》(鄂办文〔2006〕49号)，我省高等教育在发展中规范，在规范中发展，规范办学取得显著成绩。同时，也应清醒地看到，存在的问题不可忽视。针对这些问题，2009年下半年以来，省教育厅和省委宣传部联合出台了《关于关于加强各类学校招生广告备案管理的通知》，规定了高校刊发招生广告的程序及要求。省教育厅印发《关于加强成人高等教育管理规范办学行为的若干意见》，对招生资格、函授站管理、招生计划、收费、教学等都作出了具体的规定。2010年，省教育厅还将进一步完善办学行为联动机制，将有关项目、政策的安排与学校的办学行为实行挂钩，实施联动管理。各高等学校要明确责任，加强管理，切实把规范办学的要求落到实处，积极维护学校的稳定，让我们共同维护湖北高等教育的正面形象和良好声誉。

(三)建立育人为本新观念，适应学生工作新要求

提高高等教育质量，全方位加强育人工作是根本。学生工作是育人的重要组成部分，是中国高等教育的特色。

为进一步加强学生工作，省教育厅将继续实施“辅导员素质提高工

程”，继续举办高校政工干部研修班、新聘辅导员岗前培训班、研究生辅导员培训班、辅导员心理健康教育培训班，加大辅导员培训力度。

省教育厅将会同高校继续抓好资助贫困学生的工作，落实2010年省政府“十件实事”之一的“向25万大学生发放国家奖助学金”工作，积极推进国家助学贷款和生源地贷款工作。

要进一步促进学生就业，强化毕业生就业工作“一把手工程”，完善目标责任制，确保2010年度我省毕业生就业率不低于全国平均水平。

近些年来，大学生申诉案件呈上升趋势，从2009年受理的几起学生申诉案件来看，一些学校存在程序不到位的问题。各高校要进一步明确学生处分处理的工作程序与具体流程，在维护正常管理秩序的同时，保障学生的合法权益。

(四)建立现代大学新观念，适应规范管理新要求

提高高等教育质量，完善现代大学治理结构是保障。现代大学治理结构是高等教育质量持续提升的制度保障。

现代大学治理结构包括决策系统、执行系统、监督系统等方面内容。

关于高校决策系统的结构。中央将发文进一步完善领导体制及运行方式。

关于高校行政执行系统。在基建管理方面，2010年省教育厅拟联合有关部门，出台一个规范性文件，就加强高校基建管理的各个环节提出明确要求。各高校也要将重点转向内部挖潜、完善现有校园功能和补充紧缺教学生活设施。在新建项目时，严格控制建设标准，加强监督管理。在财务管理方面，2009年，省教育厅会同省财政厅出台了加强高校财务管理的意见。2010年省教育厅将会同有关部门研究制定加强高校资产管理的意见。各高校领导要全面履行财务管理工作的领导责任和经济责任。

关于高校行政监督系统。2009年省审计厅对省属高校进行了审计，在充分肯定高校财务管理的同时，也提出了一些意见。高校要充分运用这次审计的成果，全面清理审计反映的问题，有针对性地加强制度建设，建立和完善内控制度，特别是要加强对重点部位、重点岗位和关键环节的监督管理。

2010年是我省高等教育改革发展历史上具有特殊意义的一年。2010年连接21世纪的头两个十年。2010年，我们处于既可回顾10年又可前瞻10年的转接位置。位居2010年这个时空节点，“昨天”和“明天”同现于“今天”，过去10年和未来10年连接于今年。在这里引用唐代诗人王湾的《次北固山下》来描述我们告别过去一个时代，迎接新时期的景象。“客路青山外，行舟绿水前”，山青了，水绿了，经过了21世纪头十年，我省高等教育取得了新成就，站在了新起点；“潮平两岸阔，风正一帆悬”，江阔了，帆满了，今天我省高等教育进入到新阶段，面临着新形势；“海日生残夜，江春入旧年”，一轮红日从东方江海相接的地平线上慢慢升起，回眸西望，却见西边天幕上的夜色尚未完全褪去；春天已按捺不住自己的脚步，悄悄渡江北上走进了早年。展望下一个十年，我省高等教育已树立新目标，已赋予新使命；“乡书何处达，归雁洛阳边”，愿托鸿雁传洛阳，共享眼前的“平潮、悬帆、海日、江春”，共享对未来的美好向往。从昨天一路走过来，要告别过去的历史阶段，我们进入了新的时期。此情已却，此景已别，我省高等教育要建立新观念，需适应新要求。我们相信，有全省高校战线工作者的共同努力，坚持全面提高质量，坚持主动服务地方，我们一定能够在建设高等教育强省的征程中开创新的局面。

注：本文节选自作者在2010年全省高等教育工作会议上的讲话。

(作者时任省委高校工委副书记，省教育厅厅长、党组副书记，省政府教育督导室主任、主任督学)

创新工作模式 狠抓“五个基本”全面推进湖北高校党的基层组织建设

陈传德

2009年，湖北省有普通高校120所，在校大学生134万人，党员23.2万人，党支部10 441个。省委着眼切实把握社会主义办学方向，牢牢把握党对高校意识形态工作的主导权，高度重视高校党的建设，不断加强高校基层组织建设。仅2010年，就先后出台了《中共湖北省委关于加强和改进高等学校党的建设，推动高等教育事业科学发展的意见》、《2010—2012年湖北高校党的基层组织建设工作规划》、《湖北省党的基层组织建设(高校工作)考评办法和2010年度考评细则》等文件。同时，为建立高校党建目标明确、任务具体、工作可持续、成效可衡量的系统模式，制定《湖北高校党的基层组织五个基本建设指导纲要》，创新工作抓手，以“健全基本组织、建强基本队伍、开展基本活动、完善基本制度、落实基本保障”为总要求，全面推进高校党的基层组织建设。主要做法是：

一、健全完善的基本组织

湖北高校夯实党建工作基础，完善组织体系和组织网络。(1)完善高校党委机构设置。把党委的机构设置、职责分工、工作任务纳入高校的管理体制、管理制度、工作规范之中，使党委领导核心作用组织化、制度化、具体化。坚持和完善党委领导下的校长负责制，有效发挥党委领导、校长负责、专家治学、民主管理的作用。(2)调整和优化基层党组织设置。在有效推行党政联席会议制度，发挥院系级党组织的政治保证和监督作用的同时，努力把党的工作向教学科研团队、重大项目平台拓展。许多高校适应教学、科研、社会服务等组织机构的新变化，积极探索“纵向型”、“交叉型”党支部设置形式，为党员发挥作用提供了平台。华中科技大学还开展教职工党员单位、社区双重登记工作，完善社区关爱服务体系，依托党员教师成立了社区心理咨询、社会工作、法律援助服务中心。(3)高度重视民办高校党建。对全省41所民办高校，既重审批，也重管理，既完善法人治理结构，又重视党的建设。按照“成立一所学校，建立一套组织，形成一支队伍，落实一套制度”的原则，全部建立了党的组织并理顺了隶属关系。(4)积极拓展党组织的工作优势。统筹抓好工会、教代会、共青团、学生会等群众组织建设，实现高校党的组织和工作全覆盖。

二、建立素质优良的基本队伍

抓好队伍建设是高校党建工作的关键。湖北高校注重有计划、系统抓好党建工作队伍建设。(1)着力抓院系党组织书记和辅导员队伍建设。选拔政治强、业务精、有潜力，热爱党务工作的人员担任基层党组织书记和政治辅导员；不仅进行轮训、还送到国外学习培训。2010年，省委高校工委安排12名辅导员到美国俄亥俄大学进修学习。(2)着力抓优秀分子入党工作。湖北高校确立“把党员培养成优秀人才，把优秀人才培养成党员”的工作思路，中南财经政法大学、湖北经济学院等高校为每个学院配备组织员，二分之一为副处级干部，三分之一为正处级干部。武汉大学、湖北大学等建立学校领导联系学生班级、联系优秀学生、联系专家学者制度，发展优秀青年教师和专家学者入党。(3)坚持党管人才原则，大力加强人才队伍建设。武汉科技大学、武汉纺织大学等省属高校制定实施了学校人才队伍建设规划，坚持“内扶外引”，着力构建一支素质优良、数量充足、结构合理、学科需要的人才队伍。

三、开展务实有效的基本活动

如何搞活高校基层党建，除了传统的“三会一课”外，湖北高校注重结合师生思想、工作、学习实际开展基本活动。(1)以创先争优活动为契机，针对不同群体党员设计活动载体。对高校领导班子，在省属高校连续三年试点基础上，全面开展“政治素质好、工作业绩好、团结协作好、民主作风好、清正廉洁好”为主要内容的“五好”创建活动。对院系，提出争创“领导班子好、党员队伍好、工作机制好、事业发展好、师生反映好”活动。对教师党员，提出努力争当“学习钻研的模范、为人师表的模范、自主创新的模范、爱岗敬业的模范、关爱学生的模范”；对学生党员，在全面实施“党旗领航工程”的基础上，提出争当“信念执著的模范、品德优良的模范、知识丰富的模范、本领过硬的模范、勇于担当的模范”活动。(2)积极开展主题实践活动。自省委2009年实施统筹城乡党建，开展“城乡互联、结对共建”活动以来，参与农村党支部结对共建的高校由29所拓展到120所，结对共建的自然村拓展到210个。高校把结对村作为大学生社会实践的基地、科研成果转化的基地、研究三农问题的实验基地，按照“建设一个好班子、制定一个好规划、兴办一个好项目、建设一个好阵地、完善一套好制度”的要求，积极发挥学校的教育科技智力优势，积极开展扶贫开发。截至2010年底，省管52所高校89名校领导到村支部上党课，开展调研走访244次，已成功兴办集体经济项目55个，投入帮扶资金1亿多元。高校结合发挥学科专业优势开展结对帮扶。华中农业大学帮助结对村开展生猪规模养殖，经济效益达500多万元。湖北第二师范学院免费培训结对村小学教师，派学生支教，学校教学质量明显提高。(3)围绕提高党员素质，促进事业发展，各高校普遍开展了“特色党日”、“党员示范岗”、“党员责任区”等活动。华中师范大学在连续三年开展“特色党日”活动的基础上，2010年又选择物理学院建立党建特区，选择3个院系建立大学生党员教育创新基地，探索解决大学生入党后的教育管理问题。中国地质大学(武汉)开展教职工党支部立项建设活动，每年投入资金22万元。

四、完善科学管用的基本制度

制度建设是党的建设科学化的必学保障，湖北高校着力加强制度建设，构建长效机制。(1)健全和落实了保障党委发挥领导核心作用的制度。各校普遍明确了党委会、常委会、校长办公会等议事规则和议事程序，明确了党委讨论决定重大问题决策的内容和程序。中南财经政法大学、湖北工业大学等高校分别制定了党政议事规则、党委工作条例等。(2)健全和落实了院系党政联席会议制度和基层党组织工作制度。三峡大学、武汉工程大学、湖北中医药大学等制订了院系党政联席会议制度试行办法、学校党务校务公开实施办法、中层干部问责办法等。武汉理工大学、武汉工业学院等制定了院系党建工作责任制考评办法、党支部工作条例等。(3)健全和落实了高校民主管理制度，完善了职工代表大会制度。85%的高校建立了学校、院系二级教代会制度。华中师范大学建立健全二级教代会民主管理和监督机制，凡属教师聘任、工作津贴等涉及教职工切身利益的事情，均经教代会审议，二级教代会建制率达100%。(4)健全和落实了党风廉政建设制度。为落实党风廉政建设责任制，规范高校招生、科研立项、职称评审、学科评估、基建管理等工作，加大预防和惩治腐败工作力度，省委2010年出台了《关于建立全省高校廉政风险防控体系的意见》，省纪委还配套出台了《湖北省高等学校贯彻落实“三重一大”决策制度监督检查暂行办法》、《湖北省高等学校大宗物资采购监督管理办法》、《湖北省高等学校廉政风险查找防控办法》等6个配套文件，进一步完善高校领导干部述职述廉、个人有关事项报告、诫勉谈话、任期经济责任审计等制度，切实规范高校领导干部的从政行为。据不完全统计，最近三年全省高校制定、修订高校党的建设的制度达700多件，涵盖了党的生活的方方面面。

五、落实稳定可靠的基本保障

高校基层党组织开展活动难在保障。积极创造条件，加大投入，把党建工作经费纳入学校预算，重大活动加拨专款，确保党组织活动正常开展。(1)落实领导保障。建立健全了高校党委及成员抓基层党建工作的责任制，建立了高校领导干部“一岗双责”管理考评机制，督促高校领导干部自觉履行好管党责任。(2)落实机构保障。按照精干、高效、协调和有利于加强党的工作的原则，高校合理设置党组织工作机构，列入高校管理机构序列，与同级行政管理部门一视同仁。(3)落实人员保障。高校专职党群工作人员按全校师生员工总数的1%左右配备，保障党务工作人员的政治、经济待遇，调动他们安心党务岗位，做好党务工作的积极性。(4)落实经费保障。高校党建工作经费一般按照教职工党员活动经费每人每年100元，学生党员每人每年5元的标准纳入高校年度预算，由党组织根据工作需要合理支出。重大活动要专项列支。华中科技大学开展党报阅读进寝室活动，每年征订党报党刊的费用就达300万元。(5)落实场所保障。学校统筹校内资源，为基层党组织开展活动提供必要的场所。全省高校正按照活动场所有标志牌、有党旗、有会议桌椅、有电教设备、有学习读物、有党组织网络图、有上墙的制度、有档案资料等基本要求开展建设。

在工作中，我们深深体会到，做好高校基层党建工作必须把思路目标方案化，方案谋划项目化，项目实施具体化。“五个基本”建设就是最重要的载体和抓手。在具体工作中我们坚持三个结合：

1.坚持统筹兼顾与分类指导相结合。既整合资源、系统谋划、全面推进高校面上的基层党组织“五个基本”建设，又注重从实际出发，根据高校层次、规模、党员人数和党员分布情况的差别，加强分类指导，增强工作的针对性和实效性。

2.坚持整体推进与重点突破相结合。既将“五个基本”建设作为一个有机整体，合力推进，全面铺开，不偏废任何一个项目，又在整体推进的同时，注重分清主次，理清难易，按照缺什么补什么，哪里薄弱就加强哪里的原则，掌握重点，把握难点，找准推动工作的着力点，各个突破，全面加强，整体提高。

3.坚持改革创新与形成特色相结合。既以改革创新精神加强基层组织建设，注意研究新情况、解决新问题、总结新经验、推广新典型，又通过创新活动内容和活动方式，量化细化考核指标，化无形的标准为有形的抓手，化无形的内容为有形的载体，发现亮点，打造品牌，形成特色，真正使“五个基本"建设做到可看、可学、可行、实用。

本文是作者2010年底向教育部思政司所作的情况汇报。

(作者时任省委高校工委副书记，省教育厅副厅长、党组成员)

夯实工作基础　建立长效机制
深入推进高校关心下一代工作持续健康发展

严学军

一、统一思想，提高认识，进一步增强做好关心下一代工作的责任感

党的十六大以来，以胡锦涛为总书记的党中央高度重视青少年思想道德建设工作。2009 年以来，李长春、习近平、周永康和刘云山、李源潮等中央领导对做好关心下一代工作先后 10 多次作出重要指示。2010 年 4 月，中共中央政治局委员、国务委员刘延东就教育系统关工委工作作出批示，她认为教育系统关工委从实际出发，发挥独特优势，不断开拓创新，配合教育行政部门做了大量卓有成效的工作，发挥了积极而重要的作用。她希望继续发扬优良作风，再接再厉，为祖国关心下一代工作作出新的贡献。刘延东的重要批示，充分肯定了关工委的工作和关工委老同志的重要贡献，对做好关心下一代工作指明了方向。

中国关工委成立 20 周年纪念大会是一次非常重要的会议。中共中央政治局常委李长春会见全体代表，转达中共中央总书记胡锦涛的亲切问候。中共中央政治局委员、中央书记处书记、中宣部部长刘云山出席会议并讲话。会议指出，老干部、老战士、老专家、老教师、老模范等“五老”人员具有丰富的人生阅历和深刻的人生感悟，是党和人民的宝贵财富。他们与青少年有着天然紧密的情感联系，在深入细致地对青少年进行思想道德教育方面有着不可替代的独特优势。会议强调，各级党委政府要从中国特色社会主义事业后继有人的战略高度，切实重视青少年思想道德建设，把关心下一代工作纳入精神文明建设的总体布局。要努力为关工委开展工作创造条件，多关心老同志的身体健康，帮助解决实际困难。要大力宣传弘扬老同志关心下一代的先进事迹和崇高精神。会议希望各级关工委和“五老”人员在推进社会主义核心价值体系建设，在弘扬革命传统，在营造有利于青少年建康成长的社会文化环境等方面发挥重要作用、作出新的贡献。

教育部党组《关于加强全国教育系统关心下一代工作委员会建设的意见》(教党组〔2009〕20 号，以下简称 20 号文件)对教育系统关工委的性质、任务、工作方针、组织建设、制度保障等都作出了明确规定，是当前和今后一个时期加强教育系统关工委建设，充分发挥离退休老同志参与培养教育青少年工作的重要指导性文件，对教育系统关心下一代工作的科学发展和长效机制建设必将产生深远的影响。贯彻落实 20 号文件精神，是教育系统及关工委当前的一项紧迫而重要的任务，也是促进关心下一代工作再上新台阶的重要举措。我们要在认真学好文件的基础上，准确把握其精神实质，切实把思想认识统一到 20 号文件精神上来，要从战略高度、全局高度和时代高度，充分认识加强关工委建设和发动、组织离退休老同志参与培养教育青少年工作的重要性和必要性，进一步明确新形势下关心下一代的重大意义，创造性地开展工作，努力开创教育系统关心下一代工作的新局面。

二、突出重点，明确任务，不断建立健全高校关心下一代工作的长效机制

近年来，全省高校关工委老同志满怀对中国特色社会主义事业后继有人的高度责任，深入贯彻落实科学发展观，坚持把社会主义核心价值体系的学习教育融入工作的全过程，积极配合学校主渠道，围绕大学生思想政治教育、指导人生航向做了大量工作，取得了显著的育人成绩和明显的社会效益，为教育改革、发展、稳定作出了积极的贡献，受到了社会、学校和广大学生的赞誉。但我们还要看到，高校关心下一代工作还不平衡，还存在不少的薄弱环节，对关工委的工作重视不够，未能摆上议事日程，少数高校甚至没有成立校级关工委领导机构，认为建立关工委组织是机构重复、职能重叠，完全没有必要。没有建立有效的工作载体，离退休老同志参加关工委工作的面较窄、队伍不大、活动开展不够经常。高校二级院(系)关工委工作机构没有很好地建立起来，新成立的独立学院和高职院校普遍没有建立关工委组织机构。关工委宣传工作比较薄弱，社会影响力不够。这些问题，都需要在今后的工作中重点得到改进和加强。

1. 加强组织建设。高校关工委是在学校党委领导下、以离退休老同志为主体、有在职同志参加的群众性工作组织。工作模式是以现职党政领导为主导，提出工作任务，以老同志为工作主体，开展工作。深入推进高校关工委工作，必须加强关工委的组织建设，要有一个健全的领导机构，尤其要选配好关工委主任、副主任和秘书长，这是开展关工委工作的首要前提。高校校级、院(系)级都要建立关工委组织机构，由同级党政领导兼任主任，同时选配离退休老同志担任关工委常务副主任和副主任。无论是普通本科院校，还是高职院校、独立学院，没有建立关工委机构的，要尽快建立；由于机构调整和人员变动，关工委机构不健全的，要尽快调整；没有建立二级院(系)关工委机构的，要列出时间表，2010 年内把组织机构建立起来。要有一支相对稳定的骨干队伍。关工委骨干队伍是我们抓在手上随时能调得动，能经常参加关工委活动的队伍。60－70岁是参加关工委工作的黄金段，这个年龄段的老同志是关心下一代工作的主要依靠对象，我们要重点做好他们的工作，组织引导他们积极主动地参与到关心下一代的队伍中来，不断壮大工作队伍。有条件的学校，可在关工委设若干工作组，充分发挥老同志各自的优势。要有一个强有力的办事部门。关工委秘书处是具体负责关工委日常工作的部门，要明确关工委秘书处职责，做好人员的配备工作，不断完善运行机制。

2. 创新活动方式。关工委的主要任务是组织、指导离退休老同志，配合学校主渠道，全面贯彻党的教育方针，着力开展大学生思想政治教育。创新关工委的活动方式，要突出重点，明确任务。2004年中央16号文和全国大学生思想政治教育工作座谈会都强调，做好大学生思想政治工作，必须坚持以理想信念教育为核心，以爱国主义教育为重点，以基本道德规范为基础，以大学生全面发展为目标。高校关工委的工作就是要配合主渠道，紧紧围绕这个主题来谋划、来开展。要培育载体，形成特色。高校关工委工作要持续发展，必须组织开展经常性的关爱活动，而开展活动，必须有符合本校特色和发挥老同志优势的工作载体。因此，我们要根据大学生思想政治教育工作的新要求，找准关工委工作定位和方向，把握工作重点和着力点，认真选择和归纳具有本校特色的关心下一代工作的有效载体。比如，组织关工委老同志担任党建组织员、教学督导员、学生辅导员、社团指导员、形势报告员、心理咨询员、校情调研员，等等，这些都是发挥关工委老同志作用的载体，学校可以结合实际，在实践中不断探索和完善。培育有效工作载体的方法是，不求面面俱到，但求重点突出，不求其多，但求其精，不求全程参与，但求关键环节发挥作用。希望各学校每年能抓好几件能不断巩固、能作为旗帜、能长期坚持的活动，不断形成品牌，努力把关心下一代工作做实，作出影响。

3. 完善工作制度。建立和完善关工委的各项制度，建立长效机制，是确保关工委工作规范化、科学化、有序化和常态化的重要措施，是提高关工委管理水平和工作效率的关键环节，是促进关工委事业科学发展的根本保证。建立和完善关工委各项制度，要根据教育部党组20号文件精神和省委高校工委、省教育厅的贯彻意见，结合本校实际，研究制定和修订完善加强关工委建设，发挥关工委作用的具体措施。尤其要进一步明确新形势下关心下一代工作的基本任务和组织建设等问题，确保关工委工作长远发展。要指导和支持关工委不断建立和完善常规的管理制度，包括理论培训、工作会议、调查研究、学习考察、表彰奖励等日常管理制度，确保关工委的各项工作有计划、有部署、有检查、有总结。尤其要建立好关工委理论学习和理论研究制度，引导老同志不断掌握大学生成长规律和思想政治教育规律，不断增强工作的针对性、实效性和亲和力、感染力。按照中央16号文件精神和教育部关心下一代工作会议的要求，进一步贯彻和健全党委统一领导，党政群团齐抓共管，有关部门各负其责，老同志积极参与思想政治教育工作的体制机制，搭建学校各相关职能部门与关工委密切配合的工作平台，不断完善协调交流制度，确保关工委的工作与主渠道目标同向，节奏同步，形成工作合力。

三、切实加强对关工委工作的领导，重视、关心和支持高校关工委工作

关心下一代工作是学校离退休工作的重要组成部分。做好关心下一代工作，是深入贯彻落实党的十七大关于“全面做好离退休干部工作”新要求的重要举措，是围绕“六个老有”做好高校离退休服务管理工作的具体体现。高校关工委工作的深入开展，与学校党委的重视支持密不可分。在职领导要有战略眼光和责任意识，要认识到关工委的工作是重要补充，而不是负担。高校党委要切实加强对关工委工作领导，在关心下一代工作中发挥主导作用。(1)要把关工委工作提上学校议事日程，进入学校工作要点，纳入年度考核内容，指定专人分管，定期听取汇报，及时研究解决关工委的困难和问题。(2)现职党政领导要向关工委提出工作要求，布置工作任务，加强督促检查。(3)有关重要文件、会议精神要及时向关工委传达、通报；召开全局性的工作会议和有关德育工作、思想政治工作、学生党建等专题性会议，要安排关工委的负责人参加。(4)要为关工委工作创造必要的条件。关工委所需经费要纳入预算，并提供必要的办公场所、基本设施和交通保证，使关工委有人办事、有钱办事、有地方办事。(5)要大力宣传关工委工作的先进事迹，总结推广典型经验，努力创造关心青年大学生成人成才的工作品牌，体现学校特色，不断扩大关工委工作的影响。(6)要在政治上、生活上关心关工委老同志，保护他们的积极性和工作热情，关心他们的身体健康。对关工委驻会的老同志，要按照教育部党组20号文件要求，给予补贴，对工作成绩突出的老同志给予表彰和奖励，并形成制度。省委高校工委及省教育厅关工委将组织开展一些检查总结和经验推广工作。

关心下一代工作是一项功在当代、利在千秋，神圣而伟大，任重而道远的光荣事业。从外部环境看，当前是关工委工作的最好时机，特别是中国关工委成立20周年纪念大会和全国加强和改进大学生思想政治教育工作座谈会的召开，进一步强化了关心下一代工作的责任感、紧迫感和使命感，进一步拓宽了我们的工作视野和工作思路。2011年是教育系统关工委成立20周年，我们要总结经验，发扬成绩，进一步加强对关工委工作的领导，搭建平台，创新载体，完善措施，务实工作。关工委也要积极配合主渠道，顺应时代潮流，围绕中心任务，坚持育人为本，发挥特殊优势，注重工作实效，共同努力开创高校关心下一代工作的新局面。

注：本文节选自作者2010年7月6日在全省高校关心下一代工作经验交流会上的讲话。

（作者时任省委高校工委副书记、省教育厅党组成员）

优化结构 稳定规模 办出特色
着力提高高等教育质量

欧阳建平

一、全国普通高校招生计划工作会议主要精神

2011年3月29日—30日，教育部在合肥市召开2011年全国高等教育招生计划工作会议，各省(直辖市、自治区)教育厅负责招生计划管理的厅长、处长参加了会议。会议主要精神如下：

(一)"十一五"时期高等教育事业取得显著成就

过去5年，在党中央国务院的高度重视和正确领导下，教育部认真贯彻落实国务院第135次常务会议精神，适当控制高等教育招生增幅，相对稳定招生规模，把工作重点放在提高质量上。在各地、各部门和各高校的共同努力下，高等教育事业和各项改革取得重要进展，全面完成了教育事业"十一五"规划目标和任务。

1. 高等教育招生规模相对稳定。2010年，全国普通本专科招生662万人，研究生招生53.8万人，"十一五"期间普通本专科和研究生招生年均增幅约5%和8%，比"十五"期间的18%和23%明显减缓，高校设置也明显放缓，5年共新设普通高校243所，比"十五"期间下降68%。

2. 高等教育大众化水平稳步提高。5年来，全国已建成世界上最大规模的高等教育体系，为国家输送了3 400多万毕业生，超过过去20年的总和。其中，博士研究生22万人，硕士研究生145万人，普通本科和高职(专科)生2 400多万人，成人本专科生800多万人，高等教育毛入学率从2005年21%提高到2010年的26.5%。

3. 高校科研和社会服务能力稳步提升。2010年，全国62%的国家重点实验室、32%的国家工程研究中心在高校，47%的中国科学院院士和42%的中国工程院院士、70%的社会科学研究人员在高校，一半以上的国家自然科学奖、技术发明奖、科技进步奖出自高校，2/3的全国哲学社会科学研究成果出自高校。

4. 高等教育宏观管理不断改进和完善。教育部从2008年起连续3年实施"支援中西部地区招生协作计划"，8个中西部省区(内蒙古、山西、安徽、河南、广西、云南、贵州、甘肃)普通高考录取率平均提高近15个百分点，其中录取率最低的省份也提高到60%。

(二)今后10年招生计划工作面临的任务

2010年7月，党中央国务院召开了新世纪第一次全国教育工作会议，颁布了国家《教育规划纲要》，指明了高等教育科学发展的方向，描绘了高等教育改革发展的蓝图，明确了高等教育发展的目标任务。教育部据此确定了今后10年高等教育事业发展的基本思路：以推动改革创新、优化结构、提高质量为核心，加强和改进招生计划宏观管理，以服务国家需求、区域发展需求、改善民生需求为重点，科学谋划高等教育发展节奏，不断优化区域布局和层次、类型结构，努力促进区域协调发展和入学机会公平。教育部将着力做好以下四个方面工作，概括起来就是"落实纲要提质量、适应需求调结构、统筹协调稳规模、科学发展促公平"。

1. 落实纲要提质量。提高人才培养质量，围绕现代产业体系建设、提高公共服务水平、加强和创新社会管理的需要，引导高校牢固树立人才培养的中心任务。深化本科教学改革，着力培养应用型和复合型人才。发挥行业指导作用，推进校企合作、工学结合、顶岗实习的教学模式，加强"双师型"教师培养培训，提高高素质技能型人才培养质量。提高科学研究水平。支持地方高校以地方和区域需求为导向，大力开展应用研究，服务地方产业升级和技术创新。提升社会服务能力，引导高校牢固树立主动服务社会意识，全方位开展服务。加强创业就业教育和服务，将就业创业教育融入人才培养全过程，提高高校毕业生的创新精神、创业意识和创业能力。研究切实有效措施，鼓励地方高校毕业生在本地就业、创业，引导东部高等院校毕业生到中西部地区就业、创业。

2. 适应需求调结构。建立人才需求预测机制，推动人保部门会同教育、人才、产业部门和行业协会等，建立各领域专项人才需求的预测、预警机制，及时发布人才需求的规模、结构信息。转变职能提高服务水平，综合运用立法、规划、拨款、资助、信息服务等管理方式，引导、支持高校积极主动调整学科专业结构。完善法规和制度建设，启动普通高校基本办学条件指标修订工作，研究制订《核定普通高等学校规模暂行规定》，指导有关地方开展高等学校分类管理试点，依法依规完善高等学历教育招生资格及红、黄牌学校的审核发布制度。加强学科专业结构调控。深入分析事业发展和就业统计数据，在院校设置、招生计划安排等工作中，细化测算方案，加大毕业生就业率等效益指标的影响权重。研究对高校分专业招生计划编制进行调控的政策措施和机制，对连续多年明显供大于求的专业限制和逐步减少招生。

3. 统筹协调稳规模。基本稳定普通本专科规模。今后10年普通本专科招生计划年度增幅的区间结构是，2011－2012年，比上年增长2%，2013－2020年，比上年增长1%，10

年年均增幅约1.2%。预计2015年、2020年全国普通本专科招生计划分别约709万人、744万人。科学安排研究生招生计划。"十二五"博士生计划年均增幅控制在2.5%左右,"十三五"控制在1.8%左右。"十二五"硕士生计划年均增幅从4%逐步调减至2%左右,"十三五"按2%安排,加大全日制专业学位研究生培养,2015年专业学位硕士生招生占硕士生招生的比例超过50%,2020年达到60%。积极发展成人高等教育,教育部将考虑成人高等教育招生计划在一定范围内按指导性计划管理。加强改进招生计划宏观管理,对招生计划执行不好的省份,将会同有关司局在计划安排、高校和学位点审批备案、新生学籍注册、转移支付资金安排、评奖评优等方面给予限制,维护计划管理严肃性。

4. 科学发展促公平。改进完善计划安排办法。坚持根据入学机会、政府投入、办学条件、就业等因素测算安排年度普通高校计划。加强和实施分类指导。限制部分地区高等教育规模增长,新增计划向中西部地区和办学条件较优、办学行为规范、毕业生就业情况较好的高质量、有特色民办高校倾斜。完善促进入学机会公平机制。逐年扩大"协作计划"规模,2015年达到20万人左右,利用事业计划倾斜、协作计划支持和生源计划调控等方式,努力增加中西部地区入学机会。统筹引导现代职业教育体系建设。落实《教育规划纲要》关于建设现代职业教育体系,增强职业教育吸引力的要求,逐步扩大职业学校毕业生升学规模。

(三)2011年的计划安排和工作要求

1.总体安排

2011年,全国普通高等教育招生计划为675万人,比2010年实际招生增加13万人,增长2%。其中本科349万人,比2010年增加5万人,增长1.5%;高职(专科)326万人,比2010年增加8万人,增长2.5%。

2.招生计划管理工作要求

严格执行国家下达计划。认真落实"协作计划"。2011年"协作计划"安排15万人,比2010年增加3万人。高度重视优化研究生结构。开展试点地区高校分类管理。支持有关试点省份从功能定位角度,对辖区内高校作合理分类,对不同分类高校制定不同的建设、投入、质量、评估标准,在规模核定、学科规划、拨款机制等方面制定不同的管理办法。

二、2010年湖北省普通高校招生计划执行情况

(一)省属高校招生计划执行情况

2010年,国家安排湖北省普通本专科招生计划33.4万人,其中本科14.1万人,专科19.3万人。据统计,2010年全省省属普通高校共在省内外录取考生37.68万人,其中本科16万人,专科21.68万人。实际到校人数33.76万人,超计划0.36万人;其中本科15.29万人,超计划1.19万人;专科18.47万人,有0.83万人计划未完成。省属普通高校招生计划完成率(实际到校人数/招生计划数)为101.1%,其中本科为108.5%,专科为95.7%。新生报到率(实际到校人数/录取学生总数)为89.6%,比2009年提高1.5个百分点;其中本科为95.6%,比2009年提高1.3个百分点;专科为85.2%,比2009年提高1个百分点。

(二)加强招生计划管理的主要措施

2010年,省教育厅继续贯彻落实国务院135次常务会关于稳定高校办学规模的重要决策精神,采取有效措施,切实加强招生计划管理。同时,为确保国家下达招生计划圆满完成,通过超录、补录等措施扩大高校招生规模,尽可能满足考生的需求。

1. 进一步完善招生计划编制程序。为确保分学校招生计划安排公平、公正、公开和科学合理,湖北省进一步完善了招生计划管理程序。教育部高校招生计划下达后,省教育厅在编制分学校招生计划时,须经职能处室提出原则意见、厅党组会议专题研究、与省发改委充分沟通协商、最后报请省政府确定等四项程序方能下达。

2. 完善招生计划测算模型,注重信息公开。为科学合理地编制招生计划,省教育厅对招生计划测算模型进行了修改完善,加入了高职学校校企合作情况、市(州)高校生均拨款情况等测算指标,进一步增强招生计划安排的科学性和导向性。在全省年度招生计划工作会上,省教育厅将测算方法和结果对所有学校予以公开,增加计划安排工作的透明度。

3.合理确定超录比例。依据各高校近三年新生报到率和生源情况,合理确定各高校的超录人数。同时,在教育部允许的范围内,尽可能多安排超录,使全省实际到校人数适当突破国家下达计划。2010年,全省高校实际招生人数比国家下达计划多3 600人,较好地完成了教育部下达的招生计划。

(三)招生计划执行中存在的主要问题

部分高职严重生源不足,有些办在市(州)的高职没有完成年初计划。少数高职院校新生报到率较低,只有70%左右,大大低于全省平均水平。

三、全省高等教育改革发展面临的形势

"十一五"以来,全省高校紧紧围绕着建设高教强省的目标,着力提高高等教育质量,主动提供优质社会服务,湖北高教比较优势继续保持,高等教育服务经济社会发展的功能显著增强。规模不断扩大,结构更趋优化。高等学校学生数和毛入学率继续在全国领先;高等学校数量继续居全国前列,结构更加优化;高校办学资源增加,多元投入的办学体制逐渐形成。教学继续加强,质量不断提高。全省30所普通高校接受了教育部本科教学工作水平评估,促进了教学投入,加强了教学管理。通过加强教学基础建设,推动了教学改革,提高了实践能力。通过加强学科建设,凸显了办学特色,增强了办学实力。教师队伍继续优化,素质不断提高。高校科技成就显著,服务地方经济能力不断增强。在看到优势的同时,我们也要看到,东部沿海经济发达省市正利用其经济优势,使高校科技事业在良性循环中快速发展;西部地区也利用国家优惠政策、资金倾斜的优势奋力追赶。湖北高等教育面临"前有标兵、后有追兵"的严峻形势。

2010年12月,省委、省政府召开了全省教育工作会议,并颁布了《湖北省中长期教育改革和发展规划

纲要(2011－2020 年)》。省《教育规划纲要》立足于湖北实际，提出了“两个率先”的发展目标：率先实现高等教育普及化，率先建成高等教育强省。提出了五句话的发展理念：“巩固比较优势，调整优化结构，激活优质资源，全面提高质量，主动加强服务”。今后一个时期，湖北省高等教育将着力推进以下四个方面的工作：优化结构办出特色；全面提高人才培养质量；提升科学研究水平和服务经济社会发展的能力；扩大高等教育对外开放。为此，省教育厅将在“十二五”期间实施“拔尖创新人才培育计划”等 14 项计划，抓好《教育规划纲要》的落实，全面提高高等教育质量。

未来 5 年，全省各高等学校要按照国家和省《教育规划纲要》的要求，把发展重点切实放在优化结构、办出特色、提高质量上，努力实现高等教育发展理念和人才培养模式的战略性转变。

四、2011 年全省普通高校招生计划安排原则

(一)国家下达招生计划情况

2011 年，国家安排湖北省普通本专科招生计划总量为 34.32 万人，比 2010 年增加 0.92 万人，增长 2.8%。其中本科 14.65 万人，比 2010 年增加 0.55 万人，增长 3.9%；高职(专科)19.67 万人，比 2010 年增加 0.37 万人，增长 1.9%。总计划中，含协作计划 1.2 万人，比 2010 年增加 3 000人，其中本科 7 000 人，专科 5 000人。“协作计划”为国家指令性招生来源计划，必须按下达的计划数分省安排，并规定由公办高校承担。

(二)2011 年招生计划安排的思路和原则

2011 年，全省普通高校招生计划安排的思路是：深入贯彻党的十七届四中、五中全会和全国、全省教育工作会议精神，以科学发展观为指导，继续严格招生计划管理，着力提高高等教育质量，为省属高校持续健康发展服务。

按照以上思路，2011 年要继续加大对分校招生计划的调控力度，坚持科学、公平、合理地安排分校招生计划，具体原则如下：

1. 实行办学行为“一票否决”。对 2010 年违规办学和招生的学校，招生计划进行调控。

2. 对各校综合办学条件实行测算和预警。对办学条件好，办学质量高的学校，招生计划予以倾斜；对办学条件紧张，容量有限的高校，招生计划增长进行控制；对办学规模已趋于饱和的学校，招生计划原则上实行零增长。

3. 支持高校提高质量，办出特色，增强服务地方、行业和产业的能力。招生计划增量主要向实施高等教育 14 项计划的学校倾斜，重点用于紧缺人才培养、战略性新兴产业和现代服务业人才培养。

4. 以社会需求为导向，加快结构调整。本专结构调整。由于教育部下达的 9 200 人增量中，本科 5 500 人，专科 3 700 人，专科计划更为紧张。为支持高职学校发展，2011 年对本科学校、独立学院以调整本专结构为主，增加其本科计划，调减其专科计划用于独立设置高等职业学校。专业结构调整。对就业率持续较低、社会需求相对过剩的学科专业，严格控制并逐步压缩招生规模。

五、2011 年招生计划管理的几点要求

高等教育招生计划管理具有很强的导向性。通过加强高校招生计划管理，有利于引导全省高等院校按照教育部的要求，朝着稳规模、调结构、提质量、促公平的方向发展。根据湖北省高等教育发展的实际，2011 年和今后一个时期高等教育招生计划管理，要着力抓好以下几项工作：

(一)认真编制学校“十二五”发展规划，促进学校科学发展

国家和省陆续颁布了《国民经济和社会发展第十二个五年规划纲要》、《国家中长期教育改革和发展规划纲要(2010—2020 年)》、《湖北省中长期教育改革和发展规划纲要(2010—2020 年)》等一系列重要规划。这是我们教育系统、各高校今后一个时期的行动纲领和行动指南，是我们工作的重要依据。各高校一定要深入学习领会这些规划精神和实质，紧密结合建设高等教育强国、强省的总要求，以科学发展观为指导，认真制定学校的“十二五”发展规划，科学合理确定学校今后五年的办学规模、发展目标和发展重点，以教学为中心，加大投入，深化改革，强化管理，确保质量，促进学校全面、健康、可持续发展。在这里，重点强调一下稳定招生规模的问题。2006 年，国务院召开 135 次常务会议，提出“适当控制高等教育招生增幅，相对稳定招生规模，把工作重点放在提高质量上”的任务和目标，最近几年，湖北省高校办学规模逐步趋于稳定，招生增幅明显放缓。“十一五”期间，全省省属高校招生人数年均增长 4.6%，远低于“十五”期间年均增长 23.3%的增幅。教育部确定 2011－2020 年全国普通高校招生计划年均增幅约 1.2%。2011 年，国家下达湖北省招生计划 34.32 万人，比 2010 年增加 0.92 万人，增幅 2.8%，增量和增幅均低于 2010 年，今后计划增量将会更少，每年预计也就 5 000 人左右。同时，随着全省高等教育适龄人口的逐年减少，高考报名人数也将随之减少。2010 年，全省高考报名人数49.3万人，比2009年减少 2.6 万人，2011 年全省高考报名人数将减少 1.5 万人－2 万人。大家对计划控制和生源减少问题要有清醒的认识，合理确定学校今后的办学规模和发展目标，一定要在现有规模基础上进行“补缺”建设，不要再盲目建设，扩大规模，否则将出现资源闲置，办学效益降低等问题，引起办学风险。今后，教育部安排给湖北省的计划增量，将重点用于承担人才培养模式改革任务的学校和少数计划基数过低的学校；其他学校原则上只维持现有规模；对于办学条件不达标的学校，还要做减法。

(二)加快学科专业结构调整，努力办出特色和水平

近几年，省教育厅一直在对全省高校各专业的招生情况及其就业率情况进行分析，并根据分析情况对学校编制的分专业计划进行调控和引导，虽取得了一些成效，但问题仍然突出。招生专业集中度很高。2010 年，全省本科有近 240 个专业招生，其中招生最多的 20 个专业共招收学生 9.1 万人，接近 2010 年全省本科招生总人数的 45%；高职高专有 380 余个专业招生，其中招生最多的 20 个专

业招收学生近9.3万人，超过了全省2010年高职高专招生总人数的一半，达50.1%。也就是说，2010年，全省8%的本科招生专业，集中了45%的本科新生；5%的高职高专招生专业，集中了超过一半的专科学生。招生数量较大的专业主要集中在办学成本相对较低的财经、管理类专业和收费较高的的艺术类专业。2010年，招生最多的20个本科和专科专业中，有11个专业为财经、管理和政法等文科专业。其中本科专业中，艺术设计本科专业为连续多年招生最多的专业，其次是英语、国际贸易、营销、法学等专业。在专科专业中，护理专业也是连续三年招生最多的专业，其次是会计、营销、英语、旅游与酒店管理等。大多数招生规模大的专业其就业率却不高，社会需求不旺，不少专业就业率都低于全省平均水平。省教育厅还对就业人数超过1 000人的专业的就业率情况进行了抽样分析，发现经管、政法等专业的就业率十分偏后，如本科的信息管理与信息系统专业，在240个专业中排213位，金融学排209位，法学排202位。专科的护理专业，在380个专业中排354位，艺术设计排352位，国际贸易排338位。应该说，湖北省高校有一批学科专业特色较为鲜明的高校，本科院校中，涉及机械、电子信息、冶金、化工、水利、能源、纺织、食品，高职高专学校中涉及机械制造、电子信息、水利电力、土建、轻工等，这些都是学校的优势和特色。各高校一定要主动根据国家和全省经济发展方式转变和经济结构调整需要，结合自身实际，加快学科专业的调整，坚持走“差异化”发展的道路，以质量求生存，以特色求发展。要加强创新创业人才的培养，认真分析人才需求，科学合理确定各专业招生规模，主动调减或停止社会需求不足、毕业生就业困难的长线专业招生数量。在2011年分校招生计划安排过程中，省教育厅安排近一半的计划增量，专项安排给承担全省“拔尖创新人才培育试验计划”和“战略性新兴(支柱)产业人才培养计划”的高校，目的就是支持学校办出特色和水平，更好地全省经济社会发展服务。同时，在分专业计划编制过程中，省教育厅还将进一步加大对分专业计划的调控力度，对近几年招生规模过大、就业状况不好，与学校特色衔接度不高专业的招生数量进行严格控制。

(三)加强学校内部管理，切实规范办学行为，确保学校和谐稳定

从2006年起，湖北省在全国率先进行高校办学行为的清理整顿，采取切实措施，大力规范高校办学、招生和收费行为。各高校按照要求对自身的办学行为进行逐项清理，对出现的问题予以及时纠正，同时采取措施加强内部管理，完善制度，规范各类办学行为。经过多年的努力，全省高校违规办学、违规招生的行为得到了有效遏制，有力地维护了全省高校的办学声誉和高等教育良好形象，为全省高等教育事业持续健康发展奠定了坚实基础，这些成绩的取得来之不易，我们一定要倍加珍惜。近两年，个别高校违规办学、违规招生问题有所显现，出现了一些不良问题和苗头，因涉及面不大，加上处理及时和得当，未造成大的社会影响。这虽然只涉及个别学校，但必须引起高度重视，进一步加大督查力度，坚决制止和惩处不规范的办学行为，落实规范办学联动机制。近两年，省教育厅对出现问题的学校，都实行了严格的调控，在全省招生计划有所增加的情况下，违规办学的学校招生计划都不予增加，问题严重的学校还大幅调减了其招生计划，同时还对涉及学校发展的如专业设置、专项经费等方面实行联动。当前，我国处在社会矛盾凸显期，一些小的问题如处理不当就有可能引发群体性事件。高校是培养高层次人才的地方，社会关注度高，希望各高校务必认清形势，转变观念，切实加强内部管理，规范办学行为，在招生过程中，要严格执行省下达的招生计划，不得无计划、超计划招生，严禁未经省级招办擅自组织生源、未经省招办核准拟录取名单擅自寄发录取通知书。同时，要全面如实宣传学校办学性质、条件和收费标准等招生信息，不得做任何可能误导考生的宣传和承诺。民办高校和独立学院要健全内部管理体制，规范办学行为，确保学校的稳定。独立学院举办高校要继续加强对独立学院的领导和管理，对其招生、收费等重大事宜要进行严格监管。

(四)加大投入，改善条件，切实提高教育教学质量

总体上看，全省高校办学条件得到明显改善，教学质量不断提高。但是，仍有部分高校办学条件较为紧张，结构性短缺的矛盾十分突出。2011年，全省有4所公办高校、3所民办高职院校和12所独立学院因师资、教学行政用房、图书资料不足，或因资产未过户学校名下，被教育部列为2011年拟限制(黄牌)招生或暂停招生的高校。经核查，有的高校在统计数据上报后条件得到改善，达到了标准，可以不予亮牌，有的学校是因为数据上报的问题。但仍可以看出，一些高校的办学条件的确较为紧张，处于限制招生的“临界点”，在此次分校招生计划安排时，省教育厅对这些学校视情况进行了调控。各高校特别是教育部拟亮牌的高校要引进高度重视，针对存在的问题和不足，多渠道筹措建设资金，千方百计增加投入，特别要加大对教学仪器设备、图书资料的购置和补充，加大教师队伍的引进和培养力度，切实改善办学条件，确保教育教学质量。民办高校和独立学院要按照教育部的要求，尽快将资产过户到学校名下。

2011年是“十二五”规划开局之年，做好高等教育事业发展的宏观管理工作，维护高校和谐稳定，对全省经济社会发展全局具有重要意义。让我们齐心协力，共同奋斗，全面贯彻落实科学发展观，以高度的责任感和使命感，做好2011年高等教育招生计划管理工作，推进全省高等教育事业科学发展，不断开创教育发展与改革的新局面。

注：本文节选自作者2011年4月8日在全省普通高等教育招生计划工作会议上的讲话。

(作者时任省教育厅副厅长)

贯彻落实教育规划纲要
加快湖北基础教育信息化进程

黄 俭

2000年，时任教育部部长陈至立出席全国中小学信息技术教育工作会议并作重要讲话，前瞻性地要求"从2001年起用5—10年左右时间在全国中小学基本普及信息技术教育，全面实施"校校通"工程，以信息化带动教育的现代化，努力实现基础教育跨越式的发展。"10年来，特别是实施农村中小学现代远程教育工程以来，从强调硬件的配备到加大力度抓资源建设，从"用起来"到充分利用网络资源提高教育质量，湖北省与全国同步，基础教育信息化不断向纵深发展。在省教育厅和地方各级教育行政部门的领导下，从省电教馆到地方各级电教馆，为义务教育的普及与巩固提高，特别是为基础教育课程改革的推进、教师的专业成长和学校教育质量的不断提高作出了很大贡献，在发展中锻炼了队伍，这一点是很值得骄傲的。各级电教馆在基础教育信息化中是一个重要的支撑系统，非常重要。

一、牢牢把握教育信息化建设发展面临的机遇

（一）国家《教育规划纲要》的颁布实施，为全省教育信息化建设提供了良好的宏观政策环境

2010年7月13日—14日，中共中央、国务院召开全国教育工作会议，对今后10年我国教育改革和发展规划作了重要部署。7月29日，《国家中长期教育改革和发展规划纲要（2010－2020年）》（简称国家《教育规划纲要》）正式颁布实施，对今后10年我国教育信息化和农村中小学远程教育工作也作了具体规定，明确了发展目标。

1. 将教育信息化摆上重要位置。国家《教育规划纲要》基于"到2020年，基本实现教育现代化，基本形成学习型社会，进入人力资源强国行列"的战略目标，对教育信息化给予了高度重视。《教育规划纲要》一共22章70条，"加快教育信息化进程"作为6大保障措施之一，列为专门1章，共3条。《教育规划纲要》明确要求"信息技术对教育发展具有革命性影响，必须予以高度重视。"要"把教育信息化纳入国家信息化发展整体战略，超前部署教育信息网络。"

2. 要求加快教育信息化基础设施建设。具体目标和任务是"到2020年，基本建成覆盖城乡各级各类学校的数字化教育服务体系，促进教育内容、教学手段和方法现代化。"并对资源整合、数字化教育基础设施建设、终端设施的普及、基本标准的制定、互联网的接入和促进互联互通提出明确要求，特别强调"重点加强农村学校信息基础建设，缩小城乡数字化差距。"

3. 突出强调优质教育资源的开发。《教育规划纲要》提出"加强优质教育资源开发与应用。"要求通过资源库建设、优质资源引进、网络课程开发、数字图书馆和虚拟实验室建设、公共服务平台建设、创新网络教学模式等手段，"促进优质教育资源普及共享。"并特别强调"继续推进农村中小学远程教育，使农村和边远地区师生能够享受优质教育资源。"

4. 高度重视信息技术的应用。在教师方面，提出"提高教师应用信息技术水平，更新教学观念，改进教学方法，提高教学效果。"在学生方面，提出"鼓励学生利用信息手段主动学习、自主学习，增强运用信息技术分析解决问题能力。"对全社会也提出"加快全民信息技术普及和应用。"

5. 注重发挥信息技术在管理方面的重要作用。《教育规划纲要》提出要"构建国家教育管理信息系统。"要求加快学校管理信息化进程，推进政府教育管理信息化，搭建国家教育管理公共服务平台，不断提高教育管理现代化水平。

6. 提出实施国家教育信息化工程。《教育规划纲要》提出了需要组织实施的10个重大项目，其中之一就是"国家教育信息化工程"。明确要求，提高中小学每百名学生拥有计算机台数，逐步实现中小学每个班级均能开展多媒体教学；建设有效共享的覆盖各级各类教育的国家数字化教学资源库和公共服务平台；基本建成较完备的国家级和省级教育基础信息库以及教育质量、学生流动、资源配置和毕业生就业状况等监测分析系统。

从2010年到2020年是我国经济社会与教育发展的关键时期。贯彻落实科学发展观，实施"科教兴国"战略和"人才强国"战略，全面建设小康社会，都对教育及教育信息化提出了新的更高的要求。教育信息化已经成为事关教育现代化，事关国家现代化的战略性、全局性和基础性工程。加快教育信息化进程，是我们的战略任务，是我们共同的光荣使命。

国家《教育规划纲要》的颁布实施，以及即将召开的全国教育信息化工作会议，为湖北省继续推进农村中小学远程教育"班班通"、加快全省农村中小学教育信息化建设步伐，提供了宏观的政策机遇和良好的外部条件。

（二）湖北《教育规划纲要》的出台，为全省教育信息化建设发展带来了新的历史机遇

2010年12月29日，全省教育工作会议在武汉召开，《湖北省中长期教育改革和发展规划纲要（2011－2020年）》（简称湖北《教育规划纲要》）也随之正式公布。湖北《教育规划纲要》提出，未来10年全省教育信息化工作

的战略目标是：教育信息化建设达到国内一流水平。湖北《教育规划纲要》第十三章“加快教育信息化进程”进一步明确总体目标是：“坚持以教育信息化带动教育现代化，超前部署教育信息化建设，建成数字化教育服务体系，促进教育内容、教学手段和方法现代化。”湖北《教育规划纲要》第十三章第四十四节和第四十五节分别就教育信息化基础设施建设、教育教学资源建设和推进教育信息化应用的具体目标作了明确规定。

湖北《教育规划纲要》是在落实国家纲要的基础上，根据湖北的社会、经济、教育实际制定的。各级电教馆站要深刻学习、领会《教育规划纲要》精神。

湖北《教育规划纲要》的出台，为我省教育信息化的建设和发展指明了方向。《教育规划纲要》明确提出，要“实现全省中小学班班通。重点加强农村学校信息基础建设。继续推进农村中小学远程教育。整合教育教学资源库，开发湖北特色教育资源。建立开放灵活的教育资源公共服务平台，促进优质教育资源共享。推进数字化校园建设，实现多种方式接入互联网。加快湖北教育网台升级换代。提高教师应用信息技术水平。推进信息技术在学校课堂教学、教学管理等方面的应用”。

湖北《教育规划纲要》提出要超前部署教育信息化建设，使教育信息化建设达到国内一流水平。这是省委、省政府对教育信息化工作作出的重大决策和科学部署，体现了省委、省政府对教育信息化工作的高度重视和达成教育信息化工作目标的坚定信心。这必将给全省数字化校园建设，包括基础设施建设、教育教学资源开发、教师信息技术能力培训和应用推广工作，带来前所未有的重要历史机遇。

（三）省教育厅全面贯彻落实教育规划纲要，积极部署全省教育信息化工作

省教育厅党组高度重视教育信息化工作。2010年，省教育厅投入1 750万元，各地按1∶1比例配套资金，共投入资金3 500万元，启动义务教育均衡试点县“班班通”工程。2011年，在《省委高校工委、省教育厅2011年工作要点》中，将“全面推进教育信息化”作为贯彻落实全省教育工作会议精神和湖北《教育规划纲要》的首要任务之一予以优先保障，明确提出要“重点加强农村学校信息基础建设，继续推进农村中小学远程教育，在义务教育均衡发展试点县实现中小学班班通。推进数字化校园建设，整合教育教学资源库。推进信息化应用，逐步提高全省中小学校生机比、联网率、开课率、使用率”，全面推进教育信息化，进一步营造教育优先发展的良好环境。

2010年，国家财政投入80亿元用于义务教育薄弱学校改造项目（工程期限为2010—2015年，资金逐年拨付），年底拨给湖北的项目资金3.92亿元到位，其中用于“班班通”工程建设资金5 100万元，省里也将按1∶1比例配套，这样加起来用于全省2011年“班班通”工程建设的资金1.02亿元。2011年，国家财政将继续投入160亿元改造义务教育薄弱学校，拨给湖北的资金将有8亿元左右，用于“班班通”工程建设资金也将有1亿元以上，加上省里配套，至少有2亿元，国家资金2011年6月能够到位，将用于实施2012年全省“班班通”工程建设项目。也就是说，从2011年起到2015年，国家和省两级财政平均每年将投入至少2亿元的资金，实施义务教育薄弱学校“班班通”建设工程，湖北省计划到2015年全面完成农村义务教育薄弱学校“班班通”建设任务。这些前所未有的巨大经费投入，是中央和省委省政府对教育信息化工作的莫大关怀和支持。我们一定要倍加珍惜，牢牢把握住这难得的发展机遇，用“只争朝夕”的精神，努力工作，干出成绩，助推全省教育信息化实现新的跨越发展。

二、扎实做好2011年的基础教育信息化工作

2011年，是湖北《教育规划纲要》颁布实施的第一年。省电教馆要带领全省电教系统，围绕全省教育改革与发展的重点工作，认真贯彻落实《教育规划纲要》精神，发挥技术与人才的优势，主动配合教育行政部门，为加快教育信息化特别是基础教育信息化的进程提供有力的支撑，做好服务。

（一）全面推进“班班通”工程，加快数字化校园基础设施建设

要逐步为全省每一所农村学校配备一间计算机教室、一间电子备课室和一个多媒体教室，每一个班级配备多媒体教学设备，实现学校数字化基础设施由“校校通”向“班班通”的跨越。

2010年，在湖北《教育规划纲要》颁布实施之前，省电教馆不等不靠、多方举措、积极作为，将基础设施建设与资源开发相结合、与教师培训相结合、与应用督查相结合，在中部地区率先推动远程教育“班班通”工程建设。全省共建设“班班通”班级7 700个（其中省级建设1 700个，各地建设6 000个），培训“班班通”学校骨干教师1 000余人，近10万农村中小学生受益。到2010年底，全省19个义务教育均衡发展试点县的试点乡镇，全部学校实现“班班通”，其中神农架林区全部学校实现了“班班通”，宜昌市有一半以上的农村中小学实现了“班班通”。这项工程极大提高了试点县农村薄弱学校的教育信息化水平，促进了县域和全省义务教育均衡发展。《中国教育报》2011年1月25日头版以《湖北义务教育“班班通”工程惠及10万农村娃》为题，对此进行了报道。

2011年，湖北省电教馆将继续推进全省“班班通”工程建设，重点做好义务教育薄弱学校“班班通”工程建设工作。力争建设远程教育“班班通”班级10 000个，召开“班班通”建设应用现场会，总结“班班通”建设应用经验，发挥典型示范的带动作用，推进“班班通”工程建设与应用。

（二）加快基础教育资源库建设，建立开放灵活的教育资源公共服务平台

引进、开发、整合符合新课程改革精神和理念的，方便教师使用、教师愿意使用的优质数字化教学资源，建成全省基础教育资源库。2010年，省电教馆加强远程教育特色优质教育资源开发工作，完成了40小时的全省“大家唱、大家跳”艺术教育活动配套教学资源的开发工作；开发制作了《科学避险安全逃生演练》5集电视教学片，内容包括防震、防火、防水和防空等安全教育知识。2011年，湖北

省电教馆将继续加大地方教材数字化教学资源开发力度，促进优质教育教学资源广泛应用。同时要进一步完善农村远程教育基础教育资源库的规划与建设。

加快湖北教育网台卫星网升级换代，更新和充实资源播发内容，进一步提高湖北教育网台服务水平与效益。完善湖北教育网台服务网站，作为专门的基础教育资源服务网站，进一步在内容、形式、服务质量上下工夫，为学校提供方便快捷务实的资源应用服务。以“天地一体”的网台卫星网、网台服务网站为依托，建立开放灵活的资源公共服务平台，构建全省教育教学资源共建共享机制。

(三）因地制宜因校制宜解决宽带入校问题，加快学校实现多种方式接入互联网

以政府投入为主，因地制宜、因校制宜，通过采用3G技术、云计算技术、卫星宽带和有限宽带等技术和形式，逐步实现每一所学校、每一个班级都能接入互联网。确保每一个班级都能利用网络上传、下载和调用教学资源进行上课，使学生能够尽快体会到互联网、云计算等现代信息技术带来的学习快乐。2011年，省电教馆将在全面推进“班班通”工程建设的过程中，把宽带入校作为“班班通”工程建设的重点内容予以优先保障，因地制宜因校制宜地解决好宽带入校问题，加快学校实现以多种方式接入互联网。

(四)加强教师信息技术培训，切实提高中小学教师教育技术能力

通过实施各种教师信息技术培训项目，全面提高全省教师信息技术应用能力和水平，确保80%的教师都能使用多媒体设备和数字化教学资源进行教学，推进信息技术在教育、教学、管理等方面的应用。

2010年，省电教馆以项目为驱动，采取多方位、多层次、多途径开展教师信息技术培训，全年累计培训教师5.2万余人次。在天门市等7个试点县(市)启动教师教育技术能力建设试点工作，培训骨干教师300人，指导各试点县(市)培训学科教师7 300人。完成“国培计划—2010年农村义务教育学校教师远程培训示范项目”，培训教师4万人。启动湖北省“国培计划”中初中历史与社会、生物、地理、思想品德4个学科的远程培训项目，培训管理者、骨干培训者和学科教师近600人，远程培训18 000多人。

2011年，省电教馆要继续深入推进教师教育技术能力建设项目实施工作，加快步伐，启动全省项目实施工作。继续组织实施“国培计划—2011年农村义务教育学校教师远程培训项目”，力争全年培训教师2万人。积极利用社会力量，组织实施英特尔基础课程、微软“携手助学”等教师培训项目，进一步扩大教师培训覆盖面。加强远程教育应用培训。加大“班班通”技术设备保养和教学资源应用培训力度，提高中小学教师应用远程教育资源的能力和水平，深入推进“班班通”工程和数字化教学资源应用。

(五)加强研究、指导和服务，切实发挥信息技术在教育教学中的作用与效益

要建立与完善人才支撑服务体系、远程教育技术支持服务体系、信息化应用体系。要建立促进各地《信息技术》课程开设的检查与督促机制。2011年，城市学校、农村初中和60%乡镇农村小学要全部开设《信息技术》课程。要充分发挥各级现代教育技术实验学校的示范、辐射与帮扶作用，促进区域教育信息化应用与管理水平的均衡。要充分利用湖北教育学会电化教育专业委员会、《教育技术导刊》杂志等多种平台，继续通过开展形式多样的师生培训、交流与竞赛活动、专项课题研究，广泛团结幼儿园、中小学、特殊学校、职业学校、开设信息技术专业的高校、信息技术相关的企事业单位，共同促进信息技术在教育教学中的广泛、深入、有效运用。

(六)加强队伍建设，充分发挥电教馆系统的整体优势

教育信息化的新形势，给我们提出了新的更重的任务。中央电教馆代表教育部，对所有省、市、县电教馆进行了全面的摸底调查，为的是摸清家底，发现与解决问题，争取担当更重要的任务。全省电教馆要主动适应新时期教育信息化对我们提出的新要求，进一步加强队伍建设。要通过专业培训和专题培训，更新知识，转变观念；要着力培养优秀专业人才，不断优化人才队伍结构；要重视研究和应用，不断提高电教馆系统专业化服务能力和水平。省电教馆要继续发挥好“龙头”作用，各级电教馆要加强沟通、协调，通力合作，充分发挥电教馆系统的整体优势和作用，把全省电教事业进一步做大做强。各级教育行政部门，特别是各级教育局局长，要充分发挥电教馆系统的作用，给任务、压担子，并为其创造必要的人才成长环境和工作条件，使其更好地为教育信息化服务。

加快教育信息化的进程，以教育的信息化带动湖北教育的现代化，意义非常重大，责任非常重大，使命非常光荣。我们要认真、全面地贯彻落实省委省政府关于教育改革和发展的战略部署以及省教育厅对2011年工作的要求，深入学习实践科学发展观，进一步解放思想，积极推进改革创新，真抓实干，奋发进取，紧紧围绕教育改革与发展的中心工作，努力开创教育信息化的新局面，为加快全省教育现代化步伐而奋斗！

注：本文节选自作者2011年3月31日在2011年度全省电化教育工作会议的讲话。

（作者时任省教育厅副厅长、党组成员）

深入贯彻落实科学发展观 努力开创厅直机关党建工作新局面

徐金山

一、过去五年厅直机关党建工作

中共湖北省教育厅直属机关第三届委员会任期已满5年。5年来，在省直机关工委、省委高校工委和省教育厅党组的领导下，厅直属机关党委认真学习贯彻党的十七大和省第九次党代会精神，坚持以邓小平理论和"三个代表"重要思想为指导，深入贯彻落实科学发展观，紧紧围绕党的中心任务和全省教育工作的重点，以深入开展保持共产党员先进性教育、执行力建设和学习实践科学发展观等重大活动为契机，全面加强党的思想、组织、作风、制度和反腐倡廉建设，党组织的凝聚力、战斗力不断增强，党员干部整体素质进一步提高，为推进全省教育事业改革发展提供了有力的政治保证。

(一)加强思想理论建设，着力提高广大党员干部的政治素质

厅直属机关党委始终把加强党员干部理论学习，提高党员干部思想政治素质摆在突出位置，结合全党、全省、全厅的中心任务组织学习活动。通过中心组学习扩大会、专家讲课、办班研讨、参观考察、警示教育、知识竞赛等形式，调动机关干部和直属单位党员干部学习的积极性。5年来，共组织了20多个专题的学习活动，先后邀请了包括省领导在内的20多位专家、学者到机关作报告，形成了领导干部带头学、党员干部积极学、专题辅导集中学、业余时间自己学的良好学习氛围。2008年，省教育厅被省直机关工委评为"理论学习先进单位"。

1. 扎实开展先进性教育活动，提高党员干部的思想素质、政策水平和宗旨意识。2005年，按照全党的统一部署和厅党组的要求，厅机关和直属单位共有31个单位、200个基层党组织、4 776名党员参加第一批、第二批先进性教育活动。厅机关集中学习培训10多次，切实保证了每个党员集中学习时间不少于40个小时。全厅党员人均笔记约1.5万字，学习心得体会人均约3 000字。各支部多次召开民主生活会，扎实开展共产党员先进性具体要求的大讨论，认真搞好党性分析和评议，每位党员认真准备了个人党性分析材料。全厅研究制订了8个方面、38项整改措施。省教育厅先进性教育活动受到了中央督导组的高度评价，也受到省委肯定和媒体的好评。在省委召开的省直单位先进性教育整改方案交流会上，省教育厅作为省直机关三个单位之一介绍经验；省委先进办组织对全省7个市县和5个厅局进行宣传报道，省教育厅是其中之一。

2. 扎实开展执行力大讨论、能力建设和效能建设，提高党员干部依法行政的水平。2008年4月3日，省政府启动执行力大讨论活动，省教育厅抓住机遇，全体动员，组成工作专班，制定活动计划，开门征求意见，关门查摆问题，扎实开展执行力建设大讨论活动。2009年3月，省教育厅按照省政府的统一部署，开展了"能力建设年"和"作风建设年"活动。按照"科级公务员对本职工作做到应知应会、处级公务员成为行家里手、厅级公务员成为专家权威"的总体要求，以省长李鸿忠强调的八个方面能力为重点，紧扣干部履行岗位职责需要，分层分类制定各处室(单位)工作人员的能力席位标准，组织了两次业务知识测试和技能竞赛活动。各处室、各单位和每个干部结合处室(单位)职能和个人实际，制定具体的学习和能力提升计划，建立完善了"确责、履责、问责"的目标管理体系，明确了岗位职责和工作流程。2010年是第三年，省政府再次提出要以提升公务员依法办事的操作能力和依法行政的服务水平为着力点，继续深入推进政府执行力和能力建设，推进以责任为核心的法治政府建设。这三项活动一脉相承、紧密联系。政府工作外在表现是执行力，内在要求是能力素质，核心在于依法履行行政责任。三年来，机关党员干部的责任意识、效能意识、程序意识进一步提升，厅机关逐步形成了依法行政的执行文化氛围。

3. 扎实开展学习实践科学发展观活动，提高党员干部指导教育事业科学发展的能力。2008年9月至2009年3月，组织省教育厅直属系统第一批深入学习实践科学发展观活动。共举办多种形式的学习班、培训班、研讨班840多期(次)，参加人数1.7万人次；围绕全省教育事业改革和发展的一些重大问题，组织开展了8项大型解放思想大讨论；采取"走出去、请进来"、召开座谈会、发放调查问卷等形式，广泛征求社会各方面对教育的意见和建议，共发放征求意见函1万多份，收集意见和建议1200条；研究确定了9大类36项中长期整改落实项目，开展了8个方面的惠民活动。省教育厅的做法得到了省委领导和省委学习实践活动领导小组办公室的肯定，并作大会典型发言，《光明日报》、《湖北日报》等多家媒体数十次报道了省教育厅学习实践活动情况。

4. 制定完善了机关学习制度，形成了以中心学习组为龙头、处以上干部为重点、党员干部为主体、党支部为主阵地的思想建设格局。落实厅党组中心组学习和民主生活会制度，做好服务工作。5年来，厅党组中心组每年安排学习活动不少于6次12

天，每一次都围绕一个专题，确定1—2名中心发言人，采取集中学习辅导与学习讨论相结合的方式，着重讨论研究1—2个事关教育改革发展的重点、难点和热点问题；部分学习内容，厅党组还有针对性的扩大到厅机关全体干部和直属单位主要负责人参加，让大家共享中心组的学习成果。制定下发了《关于进一步加强和改进省教育厅机关及直属单位党组织理论学习的意见》，对厅机关支部和直属单位党组织学习活动进行了指导和督促。各支部和直属单位党组织做到“六有”，即有学习计划、有学习材料、有规定的学习时间(每半个月集中学习一次)、有读书笔记、有学习记录、有学习心得体会。

（二）加强基层组织建设，着力增强党组织的凝聚力和战斗力

5年来，厅直属机关党委始终坚持围绕中心、服务大局，制定了《基层党组织工作制度》、《党员管理制度》、《党员发展规程》，从制度上规范党组织的管理和建设，充分发挥党的基层组织推动发展、服务群众、凝聚人心、促进和谐的作用。

1. 坚持不懈地抓党支部建设。认真贯彻省委和省直机关工委关于加强和改进省直机关党支部建设的有关要求，将“机关党支部建在处(室)”，“机关党支部书记由处(室)党员行政主要负责人担任，实行一岗双职”。直属各单位也参照机关做法，实行了“一岗双职”。5年来，根据干部轮岗和提拔的情况变化，组织各支部及时调整改选了支部书记。定期组织机关支部书记和直属单位党组织负责人参加省直机关工委组织的外出培训或送到工委党校进行培训。建立了年度目标管理制度，把支部党的建设纳入年度工作目标责任书，制定了考评细则，年终跟业务工作一起考核。开展“创先争优”活动，建立了每两年评选一批先进基层党组织、优秀共产党员和优秀党务工作者的制度，5年来，共表彰先进基层党组织89个、优秀共产党员256人、优秀党务工作者93人。

2. 积极慎重地做好党员发展工作。严格按照党员发展程序，认真把握培养、考察、政审、审批、转正等各环节。坚持发展党员“公示制”，严把入口关，保证新党员质量。重点抓了预备党员培训，要求所有预备党员都要参加一轮培训，除各单位自行组织的培训外，机关党委还安排预备党员参加省直机关工委党校的培训。通过支部生活和实际工作让预备党员接受锻炼，并注重在工作和学习中对他们进行教育和考察。2007—2009年，共发展党员4 253人。

3. 做好党员领导干部民主生活会的服务和组织工作。根据省委和省直机关工委关于开好党员领导干部民主生活会的要求和有关规定，直属机关党委按照厅党组的要求，会前广泛征求群众意见，及时向党组反馈汇报；会后及时向省纪委、省委组织部和省直机关党工委等有关部门上报综合材料。与此同时，直属机关党委每年都参加部分直属单位的民主生活会，指导直属单位开好民主生活会，进一步提高了直属单位党员领导干部民主生活会的质量。

4. 严格执行党费收缴、管理和使用规定。直属机关党委按照党员干部收入变化，及时调整核定缴纳党费标准，并对党费实行专账专人管理。2006—2009年，厅直属机关党费总收入1 424 270.9元，用于上缴省直工委、学习、培训、表彰、返还老干部活动费等党内活动支出857 511.8元，结余566 759.1元，历年结余1 124 442.61元。经省委组织部等有关部门党费收缴检查评比，省教育厅机关党委被授予党费收缴管理规范先进单位。

（三）加强机关作风建设，着力提高党员干部的执政能力

5年来，厅直属机关党委大力弘扬理论联系实际、密切联系群众、批评和自我批评的优良作风，特别是抓住2009年“作风建设年”的机遇，不断完善相关制度，使广大党员努力保持蓬勃朝气、昂扬锐气和浩然正气。

1. 大兴调查研究之风，提高教育政策的科学性和有效性。坚持把机关党的建设与业务工作结合起来，把调查研究贯穿到机关党建全过程，落实到促进教育改革发展的各个方面、各个环节。建立了厅领导带头调研的制度，落实了“四个一”：领导带领一条线、联系一个点、调研一个月、写一篇调研文章。建立了重大教育决策的调研制度，5年来，全体机关干部围绕农村义务教育保障机制、人民群众“上学难、上学贵”、湖北科教优势再认识、省部共建武汉城市圈教育综合改革试验、义务教育均衡发展、职业教育基础能力、高等学校党的建设等重大课题，开展了一系列省内外调研活动，为省委、省政府的重大决策提供了建设性的意见。仅在厅机关和直属单位开展学习实践科学发展观活动中，机关各处室、直属各单位就确定了50个调研课题，形成了60多篇调研报告。其中以武汉城市圈教育综合改革试验区建设工作为主题撰写的《融入“两型”社会建设，提升管理服务能力》的报告，参加省能力建设年办公室组织的公务员工作案例分析竞赛，获一等奖。

2. 密切联系群众，将关注和改善民生作为教育政策的出发点和落脚点。在厅机关开展了“权为民所用、情为民所系、利为民所谋”的思想教育活动，坚持用最广大人民群众的根本利益来检验自己的工作和政绩。5年来，省教育厅坚持并不断完善了高校招生“阳光工程”，逐步建立完善了以政府为主导的贫困家庭学生资助制度，建立完善了规范学校办学行为的政策联动机制，不断加大学校乱收费处罚力度，深入开展“规范教育收费示范县”的评选活动，逐步解决人民群众关心的教育热点问题，提高群众对教育的满意度。2009年3月以来，省教育厅围绕“机关党员受教育，基层群众得实惠，党建工作上台阶，科学发展见成效”的目标，开展了“城乡互联、结对共建”活动，组织厅机关及直属单位30余名青年党员干部到“互联共建”活动联系点——洪湖市新堤办事处河岭村走访慰问困难党员群众，接受革命传统教育，学习考察新农村建设，开展党员体验日活动，邀请三个对口联系村的支部书记为厅机关全体干部和直属单位班子成员作报告，加强了机关和基层单位的联系，增进了机关干部对基层的了解。另外，机关干部还直接捐款捐物，帮助困难地区和困难群众。2008年“5·12”汶川地震发生后，厅机关及直属单位干部职工、离退休干部一次捐款

近160万元；厅机关22个支部和直属单位党组织共交纳"特殊党费"92万余元；当年底，机关党委再次组织厅机关和直属单位为汶川灾区"送温暖、献爱心"活动，捐款32万元，部分干部职工还买了新衣被捐往灾区。每年组织"慈善一日捐"活动，机关及直属单位干部职工共捐款38万余元。机关党委还筹措资金20万元，为厅新农村工作驻点村建起了"农家书屋"。

3. 不断提高机关运行效率，服务基层、服务学校、服务师生。近几年，省教育厅着力抓了转变机关作风、加强效能建设、增强服务意识的工作。控制了发文数量、会议规模、评比检查和表彰活动，切实为基层减负。建设了政务大厅，完善了群众来信来访接待制度。不断建设完善了省教育厅政务网，明确了行政许可事项及其他审批管理事项的网上办理流程、政策性文件的网上发布流程、群众投诉和网上互动的工作流程等，提高了政务公开和服务基层的水平。建立了目标责任管理制度和重点工作督办制度，每年与处室、直属单位鉴定目标管理责任书，实行进展情况动态管理和年度考核。建立了干部问责制度，为促进政令畅通、提高执行力与公信力提供了制度保障。省教育厅是省直机关中第一个制定问责制度具体实施办法的单位，受到省政府的肯定和推广。

（四）加强反腐倡廉建设，着力构建具有教育特色的惩治和预防腐败体系

1. 深入开展党风廉政教育。按照省纪委、省直机关纪工委的要求，厅机关纪委利用每年的党风廉政建设宣传教育月，组织厅机关和直属单位党员干部认真学习中央纪委、省纪委、教育部纪检监察工作会议精神，结合当年的主题组织廉政报告会，召开专题民主生活会；通过厅领导为所在支部上党课、参观反腐倡廉教育基地、观看反腐倡廉宣传教育片、组织机关党员干部和直属单位主要负责人到洪山监狱接受警示教育、组织机关党员干部参加党纪党规知识答题等，帮助党员干部树立正确的世界观、人生观、价值观，通过上述宣传教育活动，筑牢反腐倡廉的思想防线。

2. 贯彻落实党风廉政建设责任制。5年来，厅机关纪委认真贯彻落实《省委高校工委、省教育厅党组关于厅机关和厅属单位贯彻落实党风廉政建设责任的实施意见》和《省教育厅党组关于落实厅党组成员党风廉政建设岗位责任的意见》，进一步加强厅机关和直属单位的党风廉政和反腐败工作。根据省委高校工委、省教育厅主要领导人变动情况，2009年，及时调整了省委高校工委、省教育厅党风廉政建设工作领导小组，并对上述两个意见进行了修订。厅领导班子成员与各处室和直属归口单位负责人签订党风廉政建设责任书，做到党风廉政建设与各项业务工作同部署、同落实、同检查、同考核。机关各处室及直属单位主要负责人对本单位党风廉政建设负总责，其他领导成员根据工作分工执行"一岗双责"。机关纪委对党风廉政建设责任制情况，每年年初有布置，年中有检查，年底有考核。从检查和考核的情况看，厅机关和直属单位贯彻落实党风廉政建设责任制工作总体比较好。

3. 抓好源头治腐工作。厅机关纪委坚持把反腐倡廉制度建设作为构建厅机关和直属单位惩治预防腐败体系的重要内容，制定了《湖北省教育系统廉政风险防控工作实施方案》，着力抓好源头治腐工作。(1)利用身边案例，开展警示教育。2007年，厅机关及直属单位先后有4名党员干部因严重违法违纪被开除党籍，2名干部因严重违纪受到党内警告处分。厅机关党委组织力量对这几起案例进行了认真剖析，分析原因；厅机关各处室特别是有行政审批和行政许可职能的处室从几名党员干部违法违纪案件中认真吸取教训，重新制定了工作流程，明确了办理程序，延长了权力链条，较好的避免了因权力过分集中而导致的廉政风险。(2)对重点工作提前介入，全程参与监督。对招生计划的编制、考试录取，以及重大教育项目采购等重要工作，厅机关纪委都要提前介入，全程参与，加强监督，较好地保证了各项工作依法依规，公平公正。(3)认真落实"三项谈话"制度。对所有新上任的干部，由厅领导和厅机关纪委负责人进行任前廉政谈话；结合年终工作考核和党风廉政建设责任制检查，厅纪委负责人都要定期与厅机关各支部和直属单位党组织负责人进行谈话；对群众反映的个别干部的廉政问题，厅机关纪委有针对性的进行了诫勉谈话，对直属单位领导班子廉洁自律情况定期进行检查，对群众反映比较强烈的问题，向个别人打招呼，较好地防止了一般性的廉洁问题演变成职务犯罪。

（五）加强精神文明建设，着力创建文明和谐机关

5年来，厅机关和直属各单位以争创"省级最佳文明单位"为目标，不断创新工作思路，强化工作措施，创建宗旨进一步明确，创建内涵日益丰富，创建活动扎实有效，为建设文明和谐机关打下了坚实基础，受到省委、省政府的肯定。

1. 加强文明创建工作，争创文明单位。5年来，省教育厅以"讲文明、树新风"为主题，制订了《湖北省教育厅机关文明创建规划》，扎实开展了各种文明创建活动。厅直属单位开展了"创文明行业、促荆楚和谐"文明行业主题竞赛活动；积极参与文明办、街道居委会等组织的"美化家园"活动；开展文明处室、文明门栋、文明家庭评选活动；加强社区共建，踊跃参加奥运火炬武汉传递、"爱心电脑进乡村"、"精神文明城市创建宣传活动周"、"文明过马路劝导"等活动，在社区文明创建中发挥了积极作用，展现了省教育厅直属系统干部职工良好的精神风貌。近几年来，省教育考试院、武汉职业学院、武汉交通职业学院、长江职业技术学院、水果湖一中、水果湖二中、水果湖一小、水果湖二小等8家单位先后16次被授予"省级最佳文明单位"称号；厅机关、长江职业学院、湖北轻工职业技术学院、水果湖高中、水果湖二中、水果湖一小、水果湖二小等7家单位被先后8次被授予"省级文明单位"称号；省电化教育馆、省教育信息化发展中心2家单位被授予"湖北省创建文明行业工作先进单位"称号。

2. 广泛开展活动，丰富干部职工文化生活。近年来，厅机关及直属单位以爱党、爱国、爱社会主义为主旋律，广泛开展各种纪念庆典活动。

组织厅机关处室及直属单位党员代表到革命老区红安学习参观；成功举办了厅机关及直属单位纪念建国55周年暨邓小平诞辰100周年、红军长征75周年文艺演出；厅机关每年都要举办春节联欢晚会，厅领导和各处室干部自编自演形式多样的文艺节目，活跃了机关文化氛围，丰富了干部职工的文化生活，展示了机关干部的良好风貌。与此同时，厅机关党委还积极参加省直机关工委组织的各项活动，并取得优异成绩。参加了省直机关工委主办的“全民健身与奥运同行一联通世界怀”湖北省直机关首届职工运动会，省教育厅获得大众广播体操第一名、网球女子团体第二名、网球男子团体第三名的好成绩，在35个参赛的省直单位中，奖牌榜排名第五位；2007年、2009年，省教育厅组队参加省直机关工委主办的“唱响主旋律”革命歌曲大合唱比赛和“歌唱祖国——省直机关干部职工大合唱”竞赛活动，省教育厅代表队以饱满的政治热情，良好的精神风貌，较高的艺术水准，获得了评委和观众的一致好评，两次合唱比赛均获得总分第一名的好成绩。

3. 积极支持工会、妇委会和共青团根据各自章程和特点，独立自主地开展工作。厅工会组织了机关业余网球队、篮球队，并经常开展活动；组织庆“五一”劳动者之歌文艺汇演。厅妇工委举办省教育厅女职工敬业爱岗技能大赛，决出的前十名，作为教育系统的代表获得了“省三八红旗手”称号；成立厅女职工“百灵”合唱团，经常利用业余时间演练，为省教育厅参加省直机关合唱比赛打下了坚实基础；每年“三八”妇女节期间，组织机关女职工外出考察学习。厅团委组织厅机关年轻干部开展篮球比赛、足球比赛等体育活动；组织团干部到革命老区学习参观，配合省直机关团工委开展了示范校创建活动。

5年来，厅直属机关党委的工作取得了一定的成绩，这是省直机关工委、省委高校工委和省教育厅党组正确领导的结果，是厅机关和直属单位全体党员共同努力的结果。

回顾5年来的工作，我们深深体会到，要做好直属机关党建工作需着力把握好以下几点：

1. 必须把思想建设放在首位。用党的最新理论成果武装党员干部，切实发挥各级党组织在提高干部队伍整体素质方面的政治优势和组织优势。

2. 必须把机关党的建设与机关中心工作结合起来。党建工作部署要结合中心工作来研究，党建工作举措要结合中心工作来谋划，党建工作内容要结合中心工作来充实，党建工作效果要在中心工作中来体现，始终把党组织的教育、管理和监督职能渗透到业务工作的方方面面。

3. 必须坚持分类指导。省教育厅机关各处室和直属各单位战线长，层次多，工作职能不同，党员数量规模差别大，一定要根据各支部和各个方面党建工作的不同情况，采取有针对性的措施，具体问题具体分析具体解决，以推动厅机关和直属单位党建工作平衡发展。

4. 必须加强直属机关党委班子的自身建设和各党支部的建设。坚持改革创新，健全制度，充分发挥基层党组织的战斗堡垒作用和党员的先锋模范作用，才能团结动员广大党员干部做好各项工作，为完成全省教育事业的各项工作提供强有力的组织保证和思想保证。

5. 必须紧紧依靠全体党员的共同努力，依靠老干部的关心和支持。厅机关离退休老干部虽然年事已高，但学习的热情丝毫不亚于在职干部。我们要始终重视发挥老干部的传帮带作用，以党的优良传统教育影响全体党员，把厅直属机关党的建设提高到一个新水平。

在总结过去工作成绩和经验的同时，我们也要清醒地看到存在的困难和问题。主要是在新的历史条件下，对机关党建的新情况新问题深度研究不够，机关党委的自身建设还不能完全适应新形势新任务的要求；服务全局的作用发挥得还不明显，个别党支部的凝聚力、战斗力不强；一些党员的开拓精神和服务全局、服务基层的意识还需要进一步加强，个别党员对自己要求不够严格等。这些问题应当引起我们的高度重视，并在以后的工作中加以改进。

二、今后几年厅直机关党建工作

当前，全省正处于工业化、城镇化、市场化、信息化进程不断加快，经济结构调整深入推进，经济发展方式全面转变的重要阶段。教育正处于从“有学上”到“上好学”转变的新的历史时期，全面普及了九年义务教育，高中阶段教育也即将进入了普及阶段，高等教育达到了大众化的发展阶段，终身教育体系初步形成。在新的历史阶段，提高教育质量已经成为教育改革发展的核心任务，省委、省政府明确提出了建设教育强省的战略目标。经济社会和教育事业改革发展的新形势、新任务对机关党的建设提出了新的更高的要求。我们一定要增强做好厅直属机关党建工作的紧迫感、责任感，以这次党员代表大会和换届选举为新机，以更大的决心，更扎实的工作、更有力的举措，努力把省教育厅直属机关党建工作提高到一个新水平。

今后几年，厅直属机关党建工作的主要任务是，高举中国特色社会主义伟大旗帜，全面贯彻落实党的十七大、十七届四中全会和全省机关党建工作会议精神，以加强党的执政能力建设和先进性建设为主线，以争创党建工作先进单位、省级文明单位和创建“六型机关”为抓手，把机关党的建设与推进教育事业改革发展紧密结合起来，以改革创新精神切实加强和改进机关党的思想、组织、作风、制度和反腐倡廉建设，进一步提高各级基层党组织的凝聚力、执行力和战斗力，努力开创厅直机关党建工作新局面，为推动全省教育事业科学发展提供有力的思想和政治保证。

（一）进一步做好思想理论武装，建设“学习型机关”

党的十七届四中全会明确提出，要把建设马克思主义学习型政党作为重大而紧迫的战略任务抓紧抓好。我们将紧密结合国际国内形势的发展变化，紧密结合教育实际，紧密结合党员干部的思想实际，继续组织党员干部深入学习邓小平理论、“三个代表”重要思想和科学发展观，在掌握理论体系和精神实质上下工夫，在改造主观世界上下工夫，把理论学习不断引向深入，巩固学习实践活动成果，做到学习上不断有新收获，思想上不断有新提高。要在广大党员中深入学习贯彻执行《中国共产党章程》，进行党的宗旨教育，教育广大党员树立正确的世界观、人生观和价值观，牢固树立党章意识，切实遵守党章规定，不断强化党的观念。要坚持理论联系实际的优良学风，不断丰富学习内容，创新学习方式，健全学习制度，加强督促检查，增强学习效果，努力在厅机关和直属单位形成愿意学、坚持学、善于学的良好学习氛围。根据厅党组的要求，对原有的学习制度作进一步的修改完善，就学习内容、学习对象、学习方法、学习结果的运用等提出明确的要求。要通过学习使全体党员干部在思想上政治上与党中央保持高度一致，真正成为党的路线方针政策的忠实执行者和模范实践者。认真落实学习实践活动整改方案，继续推动一、二、三批上下联动整改，推进转变不适应不符合教育科学发展观要求的思想观念，解决影响和制约教育事业科学发展的突出问题以及党员干部党性党风党纪方面存在的突出问题，把党员干部反映的问题解决好、落实好，把长效机制逐步建设好。

（二）进一步建强基层组织，建设“效能型机关”

今后5年，我们将以“健全基本组织、建强基本队伍、开展基本活动、落实基本保障、完善基本制度”五个基本建设为着力点，进一步夯实厅机关和直属单位基层组织建设基础。根据人员变动等情况，及时调整配齐配强党支部书记，增强履行“一岗双责”的能力；要总结支部活动的好经验、好做法，培育支部建设中的先进典型，努力把厅直属单位每一个支部建设成为具有创新意识和实干精神的学习型团队。严格党的组织生活，严格落实“三会一课”制度，认真开展批评和自我批评，提高民主生活会质量，对民主生活会情况要定期进行检查。加强党内民主建设，畅通党内民主参与渠道，推进党务公开，鼓励和支持党员大胆提出意见建议，充分尊重和保障党员的知情权、参与权、选举权和监督权。通过党校培训、学习教育、实践锻炼等多种形式和途径，加强对党员经常性教育管理，加大党性锻炼和能力建设的力度，努力建设一支政治强、业务精、作风正、形象好的机关党员干部队伍。有计划地组织党员干部和党务工作者到延安、韶山、井冈山、红安等地学习考察，分期分批组织党务人员参加省直机关工委组织的各种外出培训活动。加强对入党积极分子的培养、教育和管理，有计划、有步骤地做好发展党员工作。建立健全党内激励、关怀、帮扶机制，继续开展评选先进基层党组织、优秀共产党员、优秀党务工作者活动。加强厅直机关党委自身建设，严格落实各项工作制度。

（三）进一步改进机关作风，建设“服务型、廉洁型机关”

我们一定要认真贯彻落实中央和省关于加强和改进党的作风建设和党风廉政建设的系列重要精神，加强作风建设，自觉拒腐防变。要进一步贯彻落实《省委办公厅、省政府办公厅关于进一步转变机关作风、加强效能建设的意见》，引导党员干部增强群众观念，关心群众疾苦，多为群众办好事、办实事，解决好“门难进、脸难看、事难办、不热情”的问题；引导党员干部弘扬求真务实之风，发扬谦虚谨慎、艰苦奋斗的工作作风，努力在推动教育事业科学发展上不断取得实效；引导党员干部勤奋工作、勇于进取、开拓创新、无私奉献、不断提高工作质量和效率，在自己的工作岗位上创造出无愧于时代的业绩；引导党员干部求同存异、包容共处，在工作中团结协作、密切配合、互相支持。

进一步加强党风廉政建设。深入开展党风廉政建设宣教月活动，加强廉政文化建设，采取灵活多样的方式加强反腐倡廉教育，发挥正面典型的示范作用和反面典型的警示作用，引导党员干部严格遵守《中国共产党党员领导干部廉洁从政若干准则》（中发〔2010〕3号）和《中共中央纪委关于严格禁止利用职务上的便利谋取不正当利益的若干规定》（中纪发〔2007〕17号），教育广大党员干部要耐得住清贫、守得住寂寞，常修为政之德、常思贪欲之害、常怀律己之心，提高拒腐防变能力；严格执行厅机关和厅直属单位党风廉政建设责任制，重点抓好签订目标责任书以及责任分解、责任考核、责任追究等关键环节；强化对厅机关党员干部、直属单位领导班子成员的教育管理和监督，积极推进惩治和预防腐败体系建设。对违法违纪问题，及时进行查处。

（四）进一步深化文明创建活动，建设“和谐型机关”

我们要深化“创文明单位、建和谐机关”主题活动，把创建党建工作先进单位同创建省级文明单位、目标管理先进单位有机结合起来，互相渗透、互相促进。加强对群团组织的领导，以机关党建带动工会、共青团、妇委会等群众组织建设，支持和指导群团组织根据各自《章程》和特点积极开展工作，形成建设文明机关、和谐机关的合力。认真落实《公民道德建设纲要》，加强思想道德建设，以社会主义核心价值体系引领党员干部的思想，加强公民道德、职业道德、家庭美德建设，倡导良好风尚。继续开展扶贫帮困等社会公益活动。加快进行机关办公大楼的节能改造，进一步完善厅机关文体设施建设，充实增加水果湖社区青少年活动中心、老干部活动室的健身设备，组织开展丰富多彩、健康有益的文化体育活动，培养机关干部情趣健康、格调高雅的生活方式，丰富机关文化生活。坚持以人为本，着力做好关系干部职工切身利益的实事、好事，落实好干部职工休假、体检等福利保障，尽力帮助干部职工解决子女入学、看病就医等生活困难。

做好今后一个时期厅直机关党的建设工作，任重而道远。我们要认清形势，明确任务，振奋精神，进一步提高做好厅直属机关党的工作的责任感和使命感，高举邓小平理论伟大旗帜，全面贯彻落实科学发展观，开拓创新，求真务实、与时俱进，全面加强直属机关党的建设，努力开创厅直机关党建工作的新局面，为全省教育事业科学发展作出新的贡献！

注：本文选自作者2010年4月28日在中共湖北省教育厅直属机关第四次代表大会上的工作报告。

（作者时任省委高校工委委员，省教育厅副厅长、党组成员）

大力推进教育教学改革
全面提高中等职业教育质量

张金元

全国、全省教育工作会议，《国家中长期教育改革和发展规划纲要》、《湖北省中长期教育改革和发展规划纲要》(以下简称国家和省《教育规划纲要》)对今后一个时期职业教育改革发展作出了重大决策和战略部署。2010年11月，教育部颁布了《中等职业教育改革创新行动计划(2010—2012)》；12月，在上海召开了全国中等职业教育教学改革创新工作会议，其最突出的特点是从问题入手，最重要的目标是提高质量。我们要把提高质量作为重点，大力推进办学、培养、教学和评价模式改革，促进中等职业教育从注重规模扩张转移到更加注重教育教学改革、更加注重规范管理上来，促进中等职业教育走上内涵发展的道路。

一、把握形势，增强教育教学改革创新的紧迫感和责任感

如何看待当前职业教育面临的形势？大家普遍认为，我国职业教育已迎来发展的黄金时期，进入了一个最好的发展阶段。

1.党和政府对职业教育的重视前所未有，经济社会发展对职业教育的需求前所未有。全国、全省教育工作会议的召开，国家和省《教育规划纲要》的颁布，使教育迈进了新的历史征程，党和国家把职业教育发展战略上升到适应国家宏观经济结构转型需要的高度来认识。教育部部长袁贵仁指出，坚持大力发展职业教育，是大政方针。八大类教育中，两类教育使用“提高”，即巩固提高义务教育水平、全面提高高等教育质量；三类教育使用“加快”，即加快发展学前教育、加快普及高中阶段教育、加快发展继续教育；两类教育使用“重视”，即重视民族教育、重视特殊教育；只有职业教育使用“大力发展”，没有其他任何教育用“大力”。“大力”在汉语中是“最高级”，不仅要把职业教育放在突出位置，而且要对职业教育结构、质量、规模、效益全面加强。同时，他还指出，把职业教育摆在更加突出位置，首先要在社会事业发展中摆在突出位置，其次要在教育事业中摆在突出位置，落脚点是保证高中阶段普职招生比例大体相当，确保高中阶段教育增量主要用于发展中等职业教育。中央领导反复强调，发展职业教育是推动经济发展、促进就业、改善民生、解决“三农”问题的重要途经，是缓解劳动力供求结构矛盾的关键环节，必须摆在更加突出的位置。国务院总理温家宝强调，“职业教育是面向人人、面向整个社会的教育，根本目的是让人学会技能和本领，能够就业，成为有用之才”。他在全国教育工作会议上再次指出，“目前我国接受职业教育的学生，85%以上来自农村和城市低收入家庭。发展职业教育，使他们能够掌握一定的专业技术，顺利实现就业，摆脱贫困，从而过上有尊严的生活，这是促进社会公平、实现社会和谐的有效途径。”

2.省委、省政府高度重视教育，坚持大力发展职业教育。省委、省政府在贯彻落实全国教育工作会议精神、实施国家《教育规划纲要》过程中，高度重视和大力发展职业教育。在全省教育工作会议上，省委书记李鸿忠要求全省各级党委、政府强化责任意识，把教育优先发展作为湖北发展的第一战略，把教育投入作为湖北财政的第一投入。2010年11月，省委书记李鸿忠在省教育厅调研时特别强调，“必须坚持大力发展职业教育的方针，要坚持以用立业，紧紧围绕湖北经济社会发展需求，增强职业教育对经济社会发展的适应性、匹配度和贡献率，形成具有湖北特色的现代职业教育体系，使职业教育适应湖北经济发展方式转变和产业结构调整要求，满足人民群众接受职业教育的需求。”省长王国生强调，“要让教育成为把湖北建成促进中部崛起重要战略支点的支点”。省委、省政府《教育规划纲要》明确提出要大力发展职业教育，要求各级政府要切实履行职责，统筹职业教育与经济社会发展，统筹职业教育与其它教育协调发展；要坚持政府推动，调动行业企业积极性，建立校企合作共赢的办学机制，深入推进校企合作；要坚持能力为重，强化就业导向，着力提高职业教育质量，增强技能型人才培养的适应性；要把服务新农村建设和发展现代农业作为职业教育的重要内容，大力发展面向农村的职业教育；要建立和完善职业教育支持政策，引导和增强职业教育吸引力。

3. 知识经济对职业教育提出了新要求。知识经济正在改变各种经济模式对劳动力市场的需求。知识经济对职业教育带来两个方面的发展趋势：(1)职业教育人才培养综合化趋势。在知识经济条件下，劳动力有较强的适应能力，能够迅速地迁移所学的知识于新环境，能够迅速地更新知识以适应新生的行业或职业要求。同时劳动力还有可能经常地变换职业。许多国家都在探索职业教育改革，注重全面提高学生基础文化水平，努力拓宽专业内涵，以适应知识经济条件下就业市场的需要。例如，德国所设立的职业资格从1972年的600个减少到377个，德国要求获得一种职业资格的受训者要同时熟悉七八个工种所要求的岗位能力。(2)职业教育能力取向趋势。知识经济推动了技术创新，新型职业不断涌现，如动漫设计、金融工程师等，这对当前过于狭隘的专业人才培养模式提出了巨大挑战。在这种背景下，以能力为本位的教育思想被接受，职业教育在专业设置与课程设计上也不再局限于狭隘的岗位，而是着眼于某个职业群或行业面。

4. 中等职业教育教学改革面临国际新形势。以德国、澳大利亚、欧盟为代表的发达国家和地区进一步加快了职业教育教学改革，更加重视培养学生适应劳动力市场变化的能力，更加强调提高教学内容的灵活性和适应性，特别把微观领域的课程改革、教学模式和方法创新作为了新一轮改革的重点，对职业教育课程在精细化和可操作性层面作了更深层次的探索和实践。集中体现在三个方面：(1)突出工作本位学习，强调为学生提供真实的工作任务和工作情境，以使学生获得真实的操作经验；(2)注重对教学模式和方法的改革，加强教学理念的改革创新，推行个性化教学，发展自主性、合作性等以学生为中心的教学方法，促进学生解决问题技能和创新技能的提高；(3)重视对职业教育教师和领导者的培训，增强教师对课程改革的理解力，提高教育教学改革的实效。很多改革理念和措施体现了知识经济时代职业教育课程的发展方向，对我国职业教育教学改革具有重要的学习借鉴意义。

我们必须全面深刻地领会和理解中央、省委关于大力发展职业教育工作的指导思想、工作方针和战略任务，深刻认识职业教育的重要地位和作用，更加自觉地肩负起加快改革发展、全面提高教育教学质量的责任和使命。

二、总结经验，理清中等职业教育教学改革方向

2010年，全省中等职业教育按照在发展中促转变、在转变中谋发展的总体思路，大力推进教育教学改革，取得了显著成效。

1. 建立了两项制度，举办了一次活动，着力增强中职学校办学活力。(1)探索构建中高职衔接“立交桥”，改革中等职业学校毕业生升入高等学校学习的考试办法。省教育厅决定，从2011年起，对机械类专业实行全省统一技能操作考试试点。同时，在8所示范高职学校开展单独招收中等职业学校毕业生试点，按照“技能考试为主、文化考试为辅”的原则，由学校自行组织考试，自主确定招生办法，自主开展招生考试工作。(2)设立“楚天技能名师”，拓宽了中职学校“双师型”教师来源。2010年，省教育厅启动了“楚天技能名师”(中职)评聘工作，在全省中等职业学校设置了50个“楚天技能名师”教学岗位，由学校面向省内外相关行业企业生产、建设、管理一线的技术人员公开招聘。“楚天技能名师”实行聘任制，聘期2年。在聘期内按约完成任务，省教育厅按照每人每年2万元标准给予津贴补助。(3)举办了优秀中职毕业学生巡回报告活动。省教育厅邀请全省中职毕业生中的优秀代表，如农村致富带头人、自主创业的企业家、大型企业的技术骨干和高级管理人员以及企业生产一线的劳动模范和优秀员工等，组成巡回报告团，在全省6个市(州)进行了巡回报告，大力宣传中职毕业生成人成才、就业创业的先进典型，宣传中等职业教育的办学成果，帮助在校学生牢固树立“行行可建功、处处能立业、劳动最光荣”的就业观、成才观和价值观，营造有利于中职学校招生的良好氛围，营造“三百六十行，行行出状元”的社会氛围。

2. 加强基础能力建设，提升中职学校办学实力。积极争取国家支持，大力实施中职学校的基础能力建设，启动了一批国家级实训基地建设项目，向教育部推荐14所国家级重点中职学校成功申报2010年度国家中等职业教育改革发展示范学校建设计划项目。加强省级财政投入，评估认定了3所省级重点中职学校、25个省级重点专业；启动了第二批省级示范中职学校评审工作，支持建设6所省级示范中职学校和4个职教园区建设；以现有实训基地为基础，实施省级实训基地、品牌专业建设项目60个，进一步培植壮大了一批有规模、有效益的校内实训基地。

3. 深化教育教学改革，提高中等职业教育质量。(1)组织教育教学研讨培训。先后组织6名中职学校校长赴德国学习考察、50名中职学校校长参加教育部校长培训班，多次组织中职学校负责人以及专业教师就教育教学改革进行座谈和研讨，形成了教育教学改革的氛围。(2)开展教育教学课题研究，确定了“中等职业学校课程体系设置及教材建设创新机制研究”等10个课题，组织120所学校(单位)开展研究探索。全省“十一五”职业教育科研规划课题全部按期结题。(3)大力调整专业结构，按照教育部《中等职业学校专业目录》，结合各地实际，引导各中职学校办好1—2个适应市场需求的特色专业。积极探索规范中职学校教学管理的新办法，加强了对中职学校的分类指导。(4)加强教师教材教法培训和群众性教学研究活动。以提高教师的理论水平和教学能力为抓手，组织开展了30多次说课比赛等竞赛活动，提高教师教学基本功。组织开展教师教学论文评选活动，2010年度共评出省级优秀论文一等奖4篇、二等奖14篇和三等奖28篇，激发了教师参加职业教育教学理论和实践研究热情。(5)加强“双师型”队伍建设，提高教师综合素质。以“双师型”教师队伍建设为重点，组织开展了“教师进企业、技师进校园”的校企合作师资培训活动，进一步落实职业学校教师到企业实践的制度，初步形成了校企人才交流长效机制。先后组织推荐215名骨干专业教师参加国家级师资培训、800多名专业骨干教师参加省级教师培训。(6)大力推进校企合作，探索“教产结合、校企一体化”人才培养模式，推行“学校在企业建立实习基地”与“企业在学校建立生产车间”的做法，探索建立学校、企业负责人交叉任职、参与管理的新型职业院校治理结构。2010年5月，省教育厅在罗田县召开了全省推进中等职业学校校企合作现场会。

4. 开展技能竞赛活动，逐步完善技能大赛制度。组织81名中职学生参加了全国职业院校技能大赛活动，共获得一等奖8人、二等奖18人、三等奖17人和优秀奖38人，比上年增加了一等奖2人、二等奖5人。教育部副部长鲁昕特此致信湖北省副省长郭生练表示祝贺和感谢。举办了“2010年湖北省中等职业学校技能大赛”，全省共有459名中等职业学校学生参加了6大类、15个项目的比赛，比2009年增加了1个大类、5个项目。大赛共决出一等奖51个、二等奖93个和三等奖140个，51人获得技师职业资格证书、85人取得高级工职业资格证书。全省基本形成了职业学校技能大赛(技能节活动)人人参与、全员覆盖、常态化工作的良好局面。

5. 加强中职学生德育工作，不断提高学生素质。省教育厅会同有关部门联合转发中央六部委《关于加强和改进中等职业学校学生思想道德教育实施意见》，就加强中职学校德育工作队伍建设，建立健全中职学校德育工作机制提出了要求。组织开展了第七届全省中等职业学校“文明风采”竞赛，其中30名学生、26名教师在第七届全国中等职业学校“文明风采”竞赛中获奖。8所学校荣获全国中等职业学校德育工作先进集体称号，6名教师获得全国中等职业学校德育工作先进个人称号。举办了中职德育课教师和班主任培训班，110名中职学校德育课教师和班主任参加了培训。

6. 总结推广了各地一些好做法、好经验。总结推广了武汉市加强高中阶段教育统筹，构建高中阶段学校统一招生工作平台，促进普职协调发展的做法和经验。总结推广了宜昌市、十堰市、恩施州、崇阳县实施“319工程”，推进职业教育资源整合的做法和经验。总结推广了黄冈市、荆州市等开展中职学生质量水平测试，十堰市开展中职学校教师技能大赛，荆门市职业教育对接企业，孝感市、咸宁市、黄石市、鄂州市等推进职教园区建设等主要做法和经验。总结推广了罗田理工中等专业学校等一批学校实施工学结合、校企合作的做法和经验。在全省教育工作会议上，荆门市就加快职业教育集约化发展、湖北城市职业学校就中等职业学校改革发展分别作大会发言。

与此同时，我们也必须看到，在教育教学领域还存在一些急需解决的突出问题。以教学为中心的工作要求还没有很好地落实，有些地方和学校对教学工作重视不够，推进教学改革缺乏主动性。素质教育没有很好地实施，忽视文化课和德育课教学，培养的学生适应职业岗位变化能力不强，继续学习能力欠缺。人才培养与市场需求还没有很好地衔接，课程、教材内容与职业标准不对接，传授给学生的知识和技能与企业实际脱节，专业设置与区域产业结构脱节，服务地方经济社会发展能力不强。教学管理制度有待建立完善，少数学校教学计划、课时安排等随意性大。教学信息化发展程度较低，现代教学方式方法和手段还没有很好地应用。

推进和深化中等职业教育教学改革势在必行。我们要坚持以人为本，全面实施素质教育，按照德育为先、能力为重、全面发展的要求，着力培养学生的职业道德、职业技能和就业创业能力；要大力推进人才培养模式改革，实行工学结合、校企合作、顶岗实习，推进校企合作制度化；要建立健全职业教育课程衔接体系，适应技能型人才不同阶段、不同形式的学习要求。推进专业课程内容和职业标准相衔接，推进教学内容、教学模式和教学方法、手段改革，增强人才培养针对性；要强化教学保障，建立以提高教育质量为导向的管理制度和工作机制，把教育资源配置和学校工作重点集中到强化教学环节、提高教育质量上来。

三、明确任务，扎实推进中等职业教育教学改革各项工作

按照国家和省《教育规划纲要》以及教育部工作要求，结合湖北省实际，当前和今后一个时期，全省中等职业教育要以提高质量为核心，以改革创新为主线，坚持产教结合、校企合作，强化内涵建设，不断提高办学质量和水平，为促进湖北经济社会发展作出更大贡献。

1. 坚持把提高质量作为职业教育改革发展的核心任务。树立正确的人才观和质量观，坚持正确的办学方向，遵循技能型人才成长规律，重点加强学生职业道德教育和职业技能培养。树立以质量为核心的职业教育发展观，把教育资源配置和学校工作重点集中到强化教学环节、提高教育质量上来。加强教学基础设施和实训基地建设，加强“双师型”教师队伍建设，建设一批省级品牌特色专业和精品课程，不断提升职业教育基础能力。大力推进教学改革，促进职业教育与产业、学校与企业、专业与职业、课程标准与职业资格标准、教学过程与生产过程和人的发展规律的有机结合，提高人才培养质量。加强教学管理，正确处理学生技能培训和文化基础课学习、首次就业与职业生涯持续发展、阶段性学历教育与终身学习关系，既重视培养学生就业能力，又重视培养学生的创业能力和终身学习能力。

2. 加强制度建设，规范办学行为。(1)认真贯彻落实教育部《中等职业学校管理规程》要求，规范中职学校管理。要按照分级管理与“谁主管、谁负责”、“谁主办，谁负责”的原则，严格实行学校校长负责制和责任追究制。各市(州)要建立起职业学校督导评估机制，定期开展对职业学校办学水平合格评估，加强对职业教育教学质量的监测。要建立中职学校和办学机构的年度审查、备案和相关信息的公示制度，对办学资格、办学条件、办学行为等方面情况进行定期公示。(2)按照《中等职业学校学生学籍管理办法》，加强学籍注册和毕业证书管理，中职学校学生毕业证书由省级教育行政部门统一监制，市(州)以上教育行政部门验印，学校负责发放。(3)根据产业结构需求科学设置专业。各中等职业学校根据社会需求和办学条件，设置《中等职业学校专业目录》内的相关专业，由市(州)以上教育行政主管部门审批和备案，新增专业要报省教育厅备案。就管理制度建设而言，既是省教育厅的主要任务，也是各市、州教育行政部门的主要职责。有些制度和规则，全省范围内一时难以制定，可由部分市(州)先行试点，然后再上升为省级规范文件。

3. 推进教学改革创新，提高职业教育质量。(1)建立湖北省中等职业教育教学改革创新指导委员会，建立健全教育与行业合作、学校与企业一体共同推进职业教育改革创新机制。(2)加大教学模式改革力度，大力推行仿真实训教学、项目案例教学等适合职业教育的教学方法，突出“做中学，做中教”的教学特色。建立10所教学改革创新试点学校和10所文化基础课教学改革试点学校，以教学模式改革试点为基础，对教学改革的新政策、新模式先行先试，形成典型模式和经验，通过突破重点、以点带面，上升和规范为全省教学制度。(3)推进考试改革试点，积极探索构建中高职衔接"立交桥"。试行以技能操作考试为主的招生考试改革试点，重在构建人才成长立交桥，引导职业院校加强学生职业技能培养，突出职业教育特色，提高职业教育质量，更好地适应经济社会发展对技能型人才的需求。(4)加强制度建设，研究制定《湖北省中等职业学校管理规程》等制度，推进依法治校、依法办学、规范管理。要着重引导各中职学校加强基础制度建设，建立和完善以提高教育质量为导向的管理制度和工作制度，把教育资源配置和学校工作重点集中到强化教学环节、提高质量上来。(5)调整和完善各专业教学中心组，研究制定教学中心组工作制度，通过教学中心组引导中等职业学校推进专业建设和课程改革，开展群众性教研活动，促进专业骨干教师队伍建设。(6)进一步完善技能大赛制度，扩展比赛项目，推进教师技能大赛、中职学生专业技能达标测试试点，努力增强技能大赛吸引力。

4. 推进校企合作，提高人才培养与经济社会需求的吻合度。校企合作既体现了职业教育最鲜明的特色，又是当前职业教育改革创新的关键环节。(1)要加强党委、政府的统筹协调。各级教育行政部门都要在地方党委、政府的领导下，积极探索，研究制定鼓励政策，建立健全工作平台和工作机制，切实把校企合作推向深入。(2)要做好校企合作的制度设计。比如，招生制度，要研究学校招生和企业招工能否衔接起来；办学模式，要研究适应校企合作的培养方式、教学制度；教师队伍建设制度，要研究落实教师定期到企业实践的措施和办法；管理制度，要探索建立校企负责人交叉任职、参与管理的新型职业院校治理结构。(3)要改革试点，通过重点突破、以点带面。省教育厅将选定一批职业院校和一批企业开展校企合作办学试点，探索构建产业对接专业、岗位对接课程、车间对接基地、师傅对接教师等多项对接的办学模式。

5. 加强职教科学研究，提高科学发展能力。(1)建立健全省、市(州)、学校三级职业教育科研机构，加强职业教育专业化教科研队伍建设，加大经费投入，增强职业教育科研保障能力，鼓励行业、企业和社会组织参与职业教育研究。(2)创新职业教育教科研工作机制，以重大科研项目为载体，建立产业、企业、科研和学校等多领域专家联合开展职业教育研究的新机制。(3)制定好年度职业教育科研课题计划，开展国家级、省级科研课题研究。在中等职业学校建立10所校本研究示范学校，引导职业院校开展科学研究，着力提高中职学校围绕学校规划定位、教学改革理论与实践问题开展应用性研究的能力。(4)构建职业教育科研成果、改革发展信息服务平台。加强湖北省职业技术教育学会秘书处和各专业委员会建设，完善工作制度和程序，紧紧围绕全省职业教育中心工作开展各项活动。依托各教学研究中心组，调动广大教师参与群众性教育教学研究活动的积极性。

6. 做好其他各项工作，促进中等职业教育持续健康科学发展。(1)要加强德育工作。建立10所德育工作试点学校，引导中等职业学校以活动为载体，突出重点，把握规律，夯实主阵地。举办好全省中等职业学校"文明风采"大赛，开展全省中等职业学校德育课、班主任教师培训班，开展德育教育研究、德育示范课比赛和评先表彰活动。(2)要加强"双师型"队伍建设。继续实施"楚天技能名师"工程和专业骨干教师素质提高计划。建立和完善中职学校教师管理制度、培训考核淘汰制度和到企业实践制度，鼓励市(州)探索名师、骨干教师培养模式，为中职改革创新和科学发展提供强有力的人才支持和智力保障。(3)要继续加强基础能力建设。围绕湖北"两圈一带"发展战略和新兴产业，建设一批实训基地、示范学校和品牌特色专业，打造具有湖北特色的职教品牌，增强职业教育服务区域经济社会发展能力。

(作者时任省委高校工委委员，省教育厅副厅长、党组成员)

总结经验　明确任务
不断开创教育系统反腐倡廉工作新局面

王安怀

一、2010年全省教育系统反腐倡廉建设工作

多年来，全省教育系统各级党组织坚持“两手抓”，认真执行党风廉政建设责任制，积极落实反腐倡廉各项任务。各级教育纪检监察部门认真履行职责，积极协助党组织抓党风廉政建设、组织协调反腐败工作，全省教育系统反腐倡廉工作保持了健康发展的良好态势，为保障我省教育改革发展稳定发挥了积极作用。2010年，全省教育系统各级党组织和纪检监察部门认真贯彻中央关于反腐倡廉的重大决策，按照省委、省政府和教育部的部署和要求，紧紧围绕全省教育改革发展的中心任务，坚持“标本兼治、综合治理、惩防并举、注重预防”方针，不断加强教育，健全制度，强化监督，注重惩防结合，在抓落实、抓深入、抓巩固、抓提高上狠下工夫，全面完成反腐倡廉的各项任务，在落实教育系统反腐倡廉“十个全覆盖”要求、推进廉政文化进学校和高校廉政风险防控体系建设等方面取得了显著成效。全省教育系统党风廉政建设和反腐败工作取得了新的进步。

（一）加强领导，全面落实党风廉政建设责任制

省委高校工委、省教育厅党组坚持把贯彻落实党风廉政建设责任制作为落实科学发展观、加强党的建设、促进全省教育事业改革和发展的一件大事来抓。在年初全省教育工作会上，厅主要领导明确要求全省教育系统要把落实党风廉政建设责任制与教育业务工作一起部署，负责人要落实“一岗双责”，切实担负起本单位党风廉政建设的责任，并纳入目标责任制进行考核。中央纪委五次全会、省纪委六次全会和教育部党风廉政建设会议召开以后，厅党组结合学习上级会议精神，专门听取全省教育纪检监察工作情况汇报，研究贯彻落实方案，召开全省教育纪检监察工作会议，对全省教育系统党风廉政建设工作进行部署：(1)明确责任范围和分工。按照“谁主管、谁负责”的原则，认真研究省教育厅党风廉政建设和反腐败工作的组织领导机构，明确了党政领导廉政建设责任范围和分工，对党风廉政建设的基本要求、责任划分和内容等作出了具体规定。(2)把党风廉政建设和反腐败工作与业务结合起来，进一步明确责任要求，落实责任制。坚持“党政一把手”负总责，分管领导各负其责，厅机关处室、直属单位负责人抓好责任范围内党风廉政建设；坚持管人与管事相结合，职务与职责相统一，上级与下级相对应的责任体系。同时，把党风廉政建设责任制列入目标管理考核内容之一，厅党组与厅机关处室(单位)负责人签订党风廉政建设责任书，把党风廉政建设责任制与工作目标责任制一起布置、一起检查、一起考核，形成一级抓一级，层层抓落实的良好局面，使党风廉政建设责任制的检查考核制度化、规范化，确保党风廉政建设各项工作落到实处。(3)切实抓好高校党风廉政建设责任制的落实。按照省纪委的要求，2010年底和2011年初，继续组织部分高校纪委书记带队，组成6个检查组对党的关系归口省委的12所高校贯彻落实党风廉政建设责任制情况进行检查，促进了高校党风廉政建设责任制工作的落实。近两年已经对全省所有省属高校进行了一次检查。对检查中发现的问题，检查组和省高校纪工委及时向高校作了反馈，要求有关高校认真进行整改，促进了高校党风廉政建设责任制工作的落实。

（二）注重教育，筑牢反腐拒贪的思想防线

全省教育系统坚持以正面教育、思想教育、自我教育为主，运用多种形式，加强对教育系统干部职工的思想政治教育和法纪、政策教育，打牢拒腐思想基础，从根本上提高廉洁从政自觉性。(1)扎实开展以“学习《廉政准则》，争做勤廉表率”为主题的党风廉政宣传教育月活动。全省党风廉政建设宣传教育月活动电视电话会议后，省委高校工委、省教育厅党组高度重视，召开专题会议，传达学习全省党风廉政建设宣传教育月活动电视电话会议精神，研究制定了开展第十一个党风廉政宣传教育月活动方案。各高校党委高度重视，周密部署，精心组织，认真落实党委书记是“宣教月”活动第一责任人的要求，主要领导亲自抓，亲自作动员，带头开展活动、带头讲党课、带头参加学习、带头自查自纠，以身作则，作出表率。根据省纪委办公厅《关于在全省开展〈中国共产党党员领导干部廉洁从政若干准则〉知识测试活动的通知》要求，高校全体党员干部和非党员行政领导干部参加了《廉政准则》知识测试。全省高校共有11 357名干部参加了知识测试，其中，厅级以上干部216名，处级以上干部4 652名，非党员领导干部448名，平均成绩98分以上。“宣教月”活动期间，省高校纪工委组织高校征订了《廉政准则》学习资料12 834套，为高校配发了《背叛与忏悔》警示教育光盘280套，与省检察院联合在高校举办预防职务犯罪巡回展览40余场次。(2)配合教育部党组、纪检组利用武汉大学原常务副书记龙小乐、原常务副校长陈昭方严重违纪违法案例，召开教育部直属高校党风廉政建设工作座谈会，对学校全体领导班子成员和基建、财务、招

生、教务、科研、人事等重点岗位负责人进行警示教育，收到良好效果。(3)开展匡正选人用人风气警示教育。根据省纪委、省委组织部的部署和要求，省教育厅机关及直属单位开展了为期3个月匡正选人用人风气警示教育活动，组织党员干部深入学习新《党章》，学习干部工作的规章制度和政策法规，学习改革开放以来关于党风廉政建设、反腐败斗争以及纪检监察工作的新理论、新经验和新要求。组织全厅干部到井冈山革命根据地参观学习，教育干部树立为党和人民艰苦奋斗的思想，把艰苦奋斗精神作为党员干部必须具备的政治品质，牢记为人民服务的宗旨。通过学习教育，统一了思想，提高了认识，增强了自律，改进了作风，促进了工作。

（三）强化监督，进一步完善民主监督机制

健全监督制度，切实加强监督，是有效预防腐败的关键。省委高校工委、省教育厅把制约权力运行、加强权力监督摆在突出位置，进一步完善监督体系，加大监督力度，有效降低腐败风险。(1)加强制度建设，从源头上防治腐败。按照集体领导，民主集中，个别酝酿，会议决定的原则，进一步完善了决策机制，重大决策、重要干部任免、重要建设项目安排和大额资金使用等重大问题，坚决做到集体讨论、民主决策。进一步完善党内情况通报制度、情况反映制度、财务审批制度和重大决策征求意见制度等各项监督制度，着力构建完备的监督体系。狠抓制度落实，针对敏感部位和重要环节，规范权力运作，用制度约束权力，从源头上防治腐败风险。(2)健全机关纪检组织，强化群众监督。进一步健全了厅机关纪检队伍，选举产生了新一届机关及直属单位纪律检查委员会，选拔年富力强、党性修养好的干部充实到纪检组织中。不断拓宽监督渠道，建立民意的反映制度、重大事项公示制度，接受群众监督，充分发挥群众的监督作用，较好地保证了各项工作的顺利推进。(3)加大对直属单位的监督力度。为了确保经费的正确和有效使用，组织对直属单位和学校财务状况进行了审计，对发现的问题，在坚决进行纠正的同时，查找根源，采取措施，着力健全制度，避免再次出现类似问题。经费开支实行厅会计核算中心统一管理，坚持"一支笔"审批，减少了安全漏洞，提高了资金使用效率。加强对重大项目的监管，成立了扩大内需、校安工程等项目建设工程领导小组，保证了工程质量和资金安全。

（四）整体推进，全面落实教育系统"十个全覆盖"

认真贯彻落实省源头治腐工作领导小组《关于2010年推进"十个全覆盖"深化治本抓源头工作责任分工意见》要求。(1)深入开展工程建设领域突出问题专项治理。制定下发了教育系统开展专项治理的工作方案，成立了以厅主要领导任组长的领导小组和工作专班，形成了纪检监察组织协调、职能部门各负其责的效能监察工作机制。在工程建设领域专项治理工作领导小组的领导下，坚持在抓创新上下工夫，将监督关口前移，跟着工作重点走、跟着重要工程走、跟着重大项目资金走。加强过程监督，以年度重点工作和工程管理中存在的薄弱环节为切入点，通过对规章制度执行情况进行监督检查，对工作制度、程序、质量和方法进行评估，排查突出问题，不断推动项目管理，全面提高工程质量和工作效果。(2)认真抓好教育系统腐败风险预警防控体系建设。按照省纪委的统一部署，省委高校工委、省教育厅下发了教育系统腐败风险预警防控体系建设实施方案，对各级教育行政部门、各高校，省教育厅机关及直属单位的腐败风险预警防控体系建设作出安排，通过推介培训、督促检查，厅直单位和绝大部分高校的廉政风险防控制度基本建立。为强化对重点领域和关键环节的监督，推进招生录取、基建项目、物资采购和内部财务规范化管理，进一步加强高校党风廉政建设，根据省委常委、省纪委书记黄先耀在全省高校党风廉政建设暨腐败风险防控工作研讨会上"要加强高校反腐倡廉建设，抓紧构建具有湖北特色的廉政风险防控体系"的要求，省高校纪工委会同省纪委党风室深入调查研究，组织各高校开展廉政风险排查，研究出台了《关于建立全省高等学校廉政风险防控体系的意见》（以下简称《意见》），明确了体系建设的总体要求、基本原则、主要内容和组织领导。为贯彻落实《意见》，省高校纪工委会同省纪委党风室组织武汉大学、华中科技大学、华中师范大学、华中农业大学、武汉理工大学等高校深入开展调查研究，广泛收集资料，分析高校廉政风险发生规律，起草了《湖北省高等学校落实"三重一大"决策制度监督检查暂行办法》、《湖北省高等学校大宗物资采购监督管理办法》、《湖北省高等学校基本建设项目监督管理办法》、《湖北省加强对高等学校校办产业规范化管理监督的暂行办法》、《湖北省高等学校加强民主监督暂行办法》、《湖北省高等学校廉政风险防控实施办法》等六项配套制度。经过多方征求意见、召集部分高校领导及部门负责人座谈讨论、组织专家论证修改，6项配套制度由省纪委、省委高校工委、省监察厅、省教育厅、省预防腐败局联合下发。"一个《意见》、六项配套制度"的出台，有效推进了具有湖北高校特色的腐败风险预警防控体系建设。(3)全面推进廉政文化进校园工作。省教育厅成立了廉政文化和廉洁教育进校园、进课堂、进教材工作领导小组和工作专班，制定下发廉政文化进校园工作方案。要求各高等学校要把廉政文化和廉洁教育作为政治课教学的重要内容，每学年不得少于2课时，高校的党校把廉政文化和廉洁教育作为党员和入党积极分子培训的重要内容，每期不少于2课时。要求各级各类中小学校把廉政文化和廉洁教育作为政治课、思想品德课的重要内容，每学年不少于2课时。全省各级各类学校利用开学教育、形势报告、课堂阅读、主题班会、心得交流等多种形式开展廉政文化和廉洁教育，有条件的学校组织教师和学生参观了革命传统教育基地、警示教育基地，积极开展了青少年廉洁教育实践活动。为推动廉政文化进校园工作，11月，省委高校工委、省教育厅、省监察学会、省高校纪检监察研究会共同举办了湖北省高校廉政文化进校园理论研讨会。这次研讨会得到全省高校的积极响应，共收到论文54篇，8篇论文在会上进行了现场交流。参与理论研讨的，既有具体从事党风廉政建设工作者，也有从事理论研究的专家学者和文化部门的负责人；既有领导干部，也有一般的工作人员。论文从不同的视角和层面，深入地探讨了廉政文化进校园的理论问题，客观总结了高校廉政文化进校园工作的经验，具有较强的理论性、针对性和指导性。省委高校工委书记、省教育厅党组书记蔡民族出席研讨会并讲话。11月12日晚，省高校纪工委在湖北大学举办了由各高校师生演出的大型廉政文化建设文艺晚会，省政协副主席周宜开、省纪委副书记余幼明等领导与武汉地区高校近千名师生观看了晚会。武汉大学、中国地质大学等高校还自行举办了师生参加的廉政文化晚会。全省中小学积极推进廉政文化、廉洁教育进校园工作，各市（州）、各学校将廉洁教育教材纳入地方教材编写和校本课程开发，充分挖掘地方文化资源，编写了符合当地实际的廉政文化教材和廉洁教育读本，开发出内容丰富的教案和课件，部分市开展了廉政文化和廉洁教育进学校示范校评比活动，大部分市（州）开展了丰富多彩的廉政文化和廉洁教育实践活动。武汉市继2009年开展主题班会、廉政文化和廉洁教育文艺演出、把廉政文化和廉洁教育知识纳入中考内容以后，2010年又在全市中小学还开展了廉政文化和廉洁教育知识竞赛，省教育厅、武汉市纪委有关领导到竞赛现场进行了指导。

（五）关注民生，切实加强政风行风建设

全省教育系统紧紧围绕推动教育和谐发展主题，按照科学执政、民主执政、依法执政的要求，以办人民满意教育为宗旨，积极推进基础教育均衡发展，加强政风行风建设。（1）深入治理教育乱收费工作。加强对教育经费投入和使用的监督检查，进一步规范中小学代收费、服务性收费，坚决纠正通过代收费、服务性收费牟取利益行为，认真解决义务教育阶段因择校引发的乱收费、教辅资料泛滥和强制征订问题。结合春季开学检查，对全省中小学收费进行了检查，对检查中发现和网络媒体反映的教育乱收费问题进行纠正，对部际办2009年收费督查中发现的问题和省纠风办2010年通报的教育乱收费问题进行了督查整改，配合省纠风办对涉农收费进行了专项检查，确保教育惠民政策落实到位。全年部际办转来乱收费举报56件，省信访局转来、厅领导批转以及厅际办收到举报共26件，全部信访举报，省高校纪工委组织了认真查处并按要求进行回复。经过近一年治理，与2010年相比，全省教育乱收费情况有所好转，乱收费举报下降21%，零举报县（市、区）达到82个。继续开展规范教育收费示范县（市、区）创建工作，2011年又有5个县通过验收，成为示范县，全省规范教育收费示范县（市、区）已达到49个。（2）扎实开展政风行风评议工作。根据全省统一部署，全省教育系统以加强政风行风建设为核心，以民主评议为载体，以减轻学业负担、加强师德师风建设、遏制教育不正之风为重点，扎实开展了民主评议。省教育厅印发《2010年度省教育厅民主评议政风行风工作实施方案》，召开了各市（州）教育局长参加的全省教育系统民主评议政风行风工作会议，全面部署行评工作。各地注重加强领导，精心组织，坚持开门纳谏、采取多种方式，切实找准政风行风方面存在的问题，坚持边评边改、边整边改，采取有效措施，着力解决人民群众反映强烈的热点难点问题，得到了广大人民群众的基本认可。从行评结果看，各市（州）综合排名大多处在当地靠前的位置。其中，仙桃市、潜江市、天门市排名第一，荆门市、鄂州市排名第二，襄樊市、宜昌市、神农架林区排名第三，荆州市排名第四。全省综合排名也比较好。（3）积极参与政风行风热线活动。根据省纠风办的统一安排，省教育厅党组书记蔡民族率部分处室负责人参加了省纠风办、孝感市纠风办在孝感学院联合举办的主题为“关注民生，构建和谐”的政风行风热线现场直播活动，接受群众咨询和上线接听了热线电话，就群众关心的规范中小学办学行为和减轻中小学生负担等问题，与咨询群众和现场近千名观众面对面交流，解答问题和政策，受到了现场行风评议督查员及观众的好评。省教育厅被评为2010年全省政风行风上线优秀单位。

（六）加大力度，严肃查办教育系统违纪违法案件

全省各地各高校纪检监察部门认真对待群众的来信来访，严肃查处教育系统的违纪违法案件。2010年，省高校纪工委组织力量，对发生在省属院校的两起冒名顶替上大学的案件进行了调查，对冒名顶替的学生取消了学籍，责成学校对相关责任人进行了严肃处理。组织工作专班，对省纪委交办的反映一所部属学校有关项目建设问题展开了外围调查。对省纪委交办的反映有关省属学校领导干部勤政廉政方面情况进行了调查，在充分了解核实的基础上，对相关当事人进行了诫勉谈话。根据有关领导的批示，省教育厅纪检组对群众实名举报省教育厅有关直属单位的问题进行了调查，找相关当事人进行了廉政谈话，向有关单位发出了监察建议书，提出了整改意见和时限要求。湖北工业大学、武汉纺织大学、武汉工程大学纪委配合司法机关调查、自办案件4起，对3名严重违纪干部作出开除党籍和相应政纪处分。全年共办理信访件406件，经过梳理，对其中7件进行了初核，查实4件，作了相应组织处理，查否3件，7件全部了结。另外函询9件。

（七）提高能力，加强教育系统纪检干部的培训和调研

按照中央纪委和省纪委要求，积极组织教育系统纪检监察干部参加“做党的忠诚卫士，当群众的贴心人”主题实践活动，注重加强教育系统纪检监察干部的学习和培训，不断加强对纪检监察人员的教育培训和实践锻炼，力争两年内教育系统纪检监察干部轮训一遍，提升队伍整体素质，培育一批业务骨干。2010年，省教育厅分两批组织高校及市州教育纪检监察干部近200人赴四川成都市和黑龙江哈尔滨参加了教育部组织的纪检监察业务培训，进一步提高了教育系统纪检监察干部的素质。从部分高校抽调优秀纪检监察干部到省纪委参与查办大案要案，增加干部的实践锻炼，提高了能力素质。省教育厅还根据省纪委的要求，组织开展了高校腐败风险预警防控体系建设的调研和高校基层

党务公开工作的调研，形成了有价值的调研报告，其中关于高校腐败风险预警防控体系建设的调研成果已经转化为政策和制度。

回顾过去一年的工作，取得的明显成效主要表现在以下方面：(1)教育系统党风廉政建设和反腐败工作领导体制和工作机制进一步完善；(2)稳步推进教育系统惩防体系和廉洁文化进校园工作，“十个全覆盖”在教育系统得到落实；(3)行政监察工作取得新的成效；(4)教育系统领导干部从政行为进一步规范；(5)损害群众利益的乱收费问题得到进一步遏止；(6)查办案件呈现良好态势；(7)纪检监察业务工作改革创新深入推进；(8)纪检监察干部队伍不断优化。

在肯定成绩的同时，还要清醒地看到，全省教育系统反腐倡廉工作还存在一些不足和差距。(1)虽然高校领导干部职务犯罪案件易发多发问题得到了有效遏制，但少数高校个别领导干部廉洁自律方面依然存在一些问题。(2)虽然经过民主评议，教育系统政风行风建设进一步加强，但一些深层次的问题没有得到根本解决，改制学校还没有完全清理规范到位，中小学还存在择校问题，反映教辅资料过多过滥、违规补课和收费问题还比较突出等等。(3)招生考试中的违纪舞弊问题尚未根本杜绝，高校自主招生，体、音、美等特殊类型招生还存在许多问题。(4)一些地方和学校决策机制和监督制约机制不健全，反腐倡廉工作还存在一些薄弱环节。(5)高校腐败风险防控体系建设进展还不一致，个别高校对腐败风险防控体系建设工作重视不够，行动迟缓。(6)少数领导干部对反腐倡廉工作重视不够，党风廉政建设责任制没有真正落到实处。

这些问题的存在表明，全省教育系统反腐倡廉工作的任务依然艰巨。我们要认清形势，要从加强党的执政能力建设和提高执政水平的战略高度，从推进全省教育事业又好又快的发展、促进和谐社会建设、服务湖北中部崛起跨越式发展战略和全面建设小康社会的大局，从教育是培养人才、传承文明、建设先进文化的重要阵地的特殊要求，进一步深化对加强教育系统反腐倡廉建设重要性的认识，切实增强政治责任感和现实紧迫感，自觉做到抓教育的发展与改革坚定不移，抓党风廉政建设和反腐败工作坚持不懈。

二、明确任务，狠抓落实，全面推进2011年全省教育系统反腐倡廉建设工作

2011年是全面实施“十二五”规划的开局之年，是贯彻落实《国家中长期教育改革和发展规划纲要》和《湖北省中长期教育改革和发展规划纲要(2011－2020年)》的第一年。全省教育系统党风廉政建设的总体要求是：以邓小平理论和“三个代表”重要思想为指导，深入贯彻落实科学发展观，坚持“标本兼治、综合治理、惩防并举、注重预防”方针，认真贯彻落实中央、省委和教育部关于反腐倡廉建设的决策部署，认真执行党风廉政建设责任制，贯彻落实以人为本、执政为民，以维护人民群众根本利益为宗旨，以服从服务于中心工作为主题，以切实履行监督检查职能为本职，着力加强和改进党员领导干部作风，深入推进符合教育系统特点的惩治和预防腐败体系建设各项工作，不断提高反腐倡廉建设科学化水平，为贯彻落实国家和省《教育规划纲要》，实现全省教育事业科学发展提供坚强保证，以优异成绩迎接建党90周年。

(一)严明纪律，加大对中央、省委关于教育重大决策部署的监督与检查。严肃的政治纪律、组织纪律是保证党的战斗力的根本，也是党政治优势的根基。只有讲党性、讲原则、讲纪律，我们的队伍才有战斗力。我们每一位党员干部都要不断增强党性意识、执政意识、大局意识、责任意识，坚定政治立场，毫不动摇地坚持共产党的领导、毫不动摇地坚持中国特色社会主义道路，毫不动摇地坚持党的基本路线。各级领导干部要带头严格遵守政治纪律，坚决贯彻执行上级的决策和部署，保证党的路线、方针、政策和上级精神的贯彻执行。各级教育纪检监察部门要积极协助党委，加强对政治纪律执行情况的监督检查，严肃查处违反政治纪律的行为。要紧紧围绕国家和省《教育规划纲要》的贯彻落实，加强对我省承担的国家教育体制改革试点、我省实施的重大改革举措和重要工作部署执行情况的监督检查，确保各项试点、改革任务有序、有效推进。要加强对《廉政准则》和“十不准”贯彻落实情况的监督检查，各地各学校要进一步完善贯彻落实《廉政准则》和“十不准”的配套制度，严格执行领导干部廉洁从政的各项规定，规范领导干部从政行为。2011年，我们将组织《廉政准则》和“十不准”贯彻落实情况的专项检查着力解决党员领导干部廉洁自律方面存在的突出问题。要加强对党和国家惠民政策落实情况的监督检查，2011年省纪委、省监察厅已将资助资金的监督检查作为重点，成立了专班，省教育厅要按省纪委、省监察厅的要求，积极做好各项工作，确保各项惠民政策落到实处。

(二)明确责任，认真贯彻落实党风廉政建设责任制。中共中央、国务院新近颁布重新修订的《关于实行党风廉政建设责任制的规定》，进一步明确了各级领导班子和领导干部的责任。各地、各高校要把贯彻落实《规定》作为重要任务，以责任制为抓手，督促党员领导干部全面履行“一岗双责”的要求。按照《规定》的要求，领导班子对职责范围内的党风廉政建设负全面责任，班子主要负责人是党风廉政建设第一责任人，班子其他成员根据分工对职责范围内的党风廉政建设负主要领导责任。各级党政班子要结合自身实际，对责任制进行分解、细化、定任务、定责任，使每个人的责、权、利对等，这样既便于考核监督，又便于协调配合。要在细化目标、明确责任主体上下工夫。校级班子成员对分管部门和单位的党风廉政建设和反腐败工作负责，要经常听取有关部门的专题汇报，了解情况，指导工作，督促他们完成承担的任务；各部门各单位的主要领导要对本部门本单位的反腐倡廉工作负责，全力抓好各项措施的贯彻落实，班子其他成员要着眼工作全局，搞好协调配合，切实抓好分管范围内的反腐倡廉工作；承担反腐败工作任务的各牵头单位或部门，要与有关部门加强纵向和横向联系，形成合力；纪检监察部门要充分发挥职能，加强组织协调和监督检查，强化责任制的检查考核，注重考核结果的使用。要将考核结果作为对领导班子总体评价和领导干部业绩评定、奖励惩处、选拔任用的重要依据。要建立健全党风廉政建设责任制检查考核制度，制定考评标准和指标体系，明确考核内容、方法和程序。考核标准既要全面又要便于操作，既要采取不同手段，又要避免流于形式，如述职述廉、民主评议和测评、个别征求意见等都要不断加以完善。特别强调要广泛听取群众的评判意见，增强考核的准确性和客观性。要加大责任追究力度，对领导干部管辖范围内党风廉政建设方面发生重大问题的，不管是否是当事人，是否直接参与，只要负有"失教"、"失察"、"失管"和"失误"中的任何责任，都要严格问责，实行责任追究。年底，省教育厅将继续组织对全省高校、厅机关及直属单位贯彻落实党风廉政建设责任制的工作情况进行检查考核，对市(州)教育局落实党风廉政建设责任制的检查考核将结合省教育厅对市(州)教育局工作考核一并进行。

(三)加强教育，不断加强和改进领导班子和领导干部作风。反腐倡廉，教育是基础。加强教育，是党员干部自觉拒腐防变的思想保证。全省教育系统各级党组织要坚持以党性党风党纪教育为重点，加强对党员干部特别是领导干部的理想信念教育、廉洁从政教育，促使党员干部树立正确的世界观、人生观、价值观和权力观、地位观、利益观。要深入开展先进典型示范教育、反面典型警示教育、党纪政纪条规教育和岗位廉洁教育，加强对新形势下新情况新问题的研究，不断改进教育方式，在增强教育的说服力和感染力上下工夫，不断增强反腐倡廉教育的针对性和有效性。要重点加强高校教师教风和学风建设，特别要加强对学术带头人、科研项目负责人、评审专家等人员的教育、管理和监督。

认真开展"以人为本，执政为民"为主题的党风廉政宣传教育月活动，通过集中开展教育，强化"以人为本、执政为民"理念。要在我们的全部工作中贯彻落实"以人为本，执政为民"的要求，视人民群众、师生员工为"家人"，视人民群众、师生员工反映的问题为"家事"，视人民群众、师生员工的来信为"家书"，视人民群众、师生员工的期待为"家计"，视人民群众、师生员工的工作为"家业"，在教育系统大力倡导艰苦奋斗、勤俭办学，深入基层、联系群众，求真务实、真抓实干的作风，努力营造良好发展环境。

(四)不断深化，积极推进廉政文化进学校工作。制定印发教育系统廉政文化进学校标准化管理办法，指导市(州)、县(市、区)开展创建廉政文化示范校工作。加强廉政文化和廉洁教育教材建设，把廉政文化和廉洁教育教材列入中小学地方教材目录，供各市(州)结合实际选择。通过多种渠道争取实现免费供书，努力达到3—6年级学生人手一册的目标。积极开展廉政文化理论研讨活动，高校要把廉洁教育内容融入马克思主义理论和中国特色社会主义理论"三进"以及大学生思想政治教育，开展理论研讨和理论讲座，进一步提高大学生的廉政文化知识水平和廉洁做人的意识；中小学要结合未成年人思想政治教育，把廉政文化知识作为思想品德教育的重要内容，使他们从小树立廉荣贪耻的意识，在各级各类学校形成良好的廉政文化建设氛围。进一步开展丰富多彩的主题实践活动，各级各类学校要以廉政文化和廉洁教育为主题开展丰富多彩的活动，在主题班会、廉政文化和廉洁教育文艺演出、廉政文化和廉洁教育知识纳入中考内容、廉政文化和廉洁教育知识竞赛的基础上，进一步开展不局限于校园的有益于青少年身心健康的活动。通过廉洁文化进校园活动引导青少年学生树立正确的世界观、人生观、价值观，自觉抵制各种不正之风，从小增强拒腐防变意识。2011年，省教育厅将根据情况，分片组织廉政文化进学校经验交流，总结推广各地的先进经验。组织廉洁教材、读本评选，进一步推动廉政文化进学校工作。

(五)规范收费，深入推进教育系统行风建没。巩固教育系统行风评议成果，进一步加强行风建设，坚决纠正损害人民群众利益的不正之风。加强教育收费政策宣传，规范教育收费行为，使我省教育乱收费举报投诉进一步下降。2011年，我们将配合有关业务部门，梳理教育收费项目，出台与国家相配套的收费文件。各级教育纪检监察部门要加大对教育乱收费案件的查处力度，发现一起查处一起，决不手软；对顶风违纪、影响恶劣的乱收费案件，要严格执行责任追究，要严肃追究当事人的责任，还要追究有关领导的责任。继续组织开展专项检查，坚持检查通报、反馈制度，特别是对群众反应强烈的个别典型乱收费案件，要及时查处并公布查处结果。继续开展创建"规范教育收费示范县"工作，做到成熟一个验收一个。加强对规范教育收费示范县(市、区)管理，对发生在"规范教育收费示范县(市、区)"的举报，要逐件进行认真调查，严肃处理，对发生违规办学、违规招生、违规收费影响恶劣的，一律予以摘牌，并向全省通报。认真做好改制学校的清理和规范工作。继续做好政风行风热线工作，认真听取人民群众的意见和建议，不断改进工作方式方法，努力提高服务学校、服务基层、服务群众的质量和水平。

(六)创新制度，继续推进惩治和预防腐败体系建设。制度建设是惩治和预防腐败体系建设的核心。要坚持用制度管权、管事、管人，最大限度减少体制障碍和制度漏洞。《中共中央纪委、教育部、监察部关于加强高等学校反腐倡廉建设的意见》、省委办公厅、省政府办公厅《关于建立全省高等学校廉政风险防控体系的意见》以及省纪委、省委高校工委等五委厅局印发的高等学校廉政风险防控体系六项配套制度，是当前和今后一个时期加强高校纪检监察工作，指导高校反腐倡廉建设的重要指导文件。各地各学校要围绕落实制度，结合自身实际，研究制定相应配套制度，将"一个《意见》，六项配套制度"切实落到实处。要进一步健全领导班子科学民主决策机制，严格执行"三重一大"的制度，规范议事规则和决策程序。加强高校招生录取工作的监督管理，严格执行招生计划和各项信息公开制度，继续推进高校招生"阳光工程"，严格规范各种特殊类型招生工作。加强高校基建工程的监督管理，把学校基建项目纳入工程建设领域腐败问题专项治理，高校要加强基建项目内部监督，规范招投标行为，推行基建项目全过程审计。加强大宗物资设备采购监督管理，建立完备的物资采购监管制度，对大宗物资设备采购实行统一采购、阳光采购，杜绝暗箱操作。加强学校内部财务管理，落实审计责任制，确保学校财务规范高效。加强预算外资金管理，彻底清理“小金库”。加强对教学、科研经费的监督管理，杜绝虚报冒领、假公济私等行为。全面推进党务公开和校务公开，认真执行中央《关于党的基层组织实行党务公开的意见》和《教育部关于改进和加强办事公开的意见》，把群众最关心、涉及师生切身利益、最容易滋生腐败的事项作为公开重点，只要不涉及国家秘密，都要及时通过各种渠道向师生员工公开。要重点推进各类教育工程、教学科研评估评奖、项目审批等事项的阳光公开，建立健全各项公开制度，全面提升党务公开、校务公开的制度化和规范化水平。通过制度创新，不断建立和完善具有学校特点的惩治和预防腐败体系。要从抓重要部门、重点岗位工作人员腐败风险防范工作制度建设入手，逐步把各项业务工作纳入反腐倡廉制度建设体系。按照工作岗位和工作职责，排查腐败风险点，完善厅机关和直属单位腐败风险预警防控体系。启动腐败风险预警防控机制，通过服务中心工作，抓好教育系统纠风、信访等工作，发现腐败风险苗头，及时向有关学校和单位回告并抓好整改落实。2011年上半年，省纪委、省监察厅要对反腐倡廉“十个全覆盖”工作进行检查考核评估，各级各单位要尽早对照文件要求搞好自查自评，发现问题要及时整改，积极迎接全省考评。

（七）强化监督，严肃查处违纪违法案件。加强对权力运行的制约和监督，是保证权力正确行使的关键。要建立决策、执行、监督相互制约、相互协调的权力运行机制，加大对重点岗位、关键环节、重大事项和重要时段的监督力度。进一步加强行政监察工作，继续探索开展效能监察，不断拓展监察领域。加强教育系统工程建设、项目资金、学生资助经费使用情况监察，进一步提高教育经费的使用效益。抓好行政审批电子监察系统建设，严格依法依规办理行政审批事项。认真落实《党内监督条例》、《关于领导干部报告个人有关事项的规定》、《关于对配偶子女均已移居国（境）外的国家工作人员加强管理的暂行规定》，强化对领导班子和主要领导干部的监督。要处理好集体领导与个人分工负责的关系，明确用权界限，规范权力运行流程，健全程序规则。要正确把握舆论导向，引导新闻媒体通过适当方式，参与监督。

2011年要重点查办发生在教育行政机关、高校领导干部中滥用职权、贪污贿赂、腐化堕落、失职渎职案件，严肃查处利用职权和职务便利为个人、亲友谋取私利的案件，严肃查处严重侵害群众利益、严重违反政治纪律、组织人事纪律和财经纪律的案件，严肃查处招生考试中徇私舞弊、弄虚作假等案件。各级纪检监察部门要努力加强和改进办案工作。坚持依纪依法办案，规范办案程序，正确使用办案措施，保障被调查人的合法权益。要坚持实事求是，注意保护干部和教职工干事创业的积极性，善于从大局上把握办案工作，努力取得良好的政治效果、法纪效果和社会效果。要进一步完善查办案件的沟通协调机制，加强与有关部门的协调配合，形成惩治腐败的整体合力。要强化案件监督和管理。进一步加强案件审理和复查复议工作，认真执行“一案双报告”制度，充分发挥查办案件的治本功能。

（八）注重研究，不断提高纪检监察工作水平。加强反腐倡廉调查研究和干部队伍建设是提高反腐倡廉工作水平的基本途径。全省教育系统要着重围绕如何贯彻“以人为本，执政为民”加强反腐倡廉建设，如何进一步推进校务公开、党务公开、加强对权力运行的有效监督，如何加强高校科研经费的监管，如何加强教育改革进程中廉政风险防范，如何推进教育资源均衡配置，如何治理中小学教辅材料散滥问题等开展调查研究。各高校要充分利用高校理论研究资源丰富、学科研究人才资源丰富、学术交流渠道丰富的优势，抓住苗头性、倾向性、前瞻仰性问题，开展反腐倡廉理论研究。要充分利用省教育纪检监察研究会平台，加强全省教育系统纪检监察理论研究、学术交流和干部培训工作。要加强廉政教育师资力量的培养，通过课题研究、集中研讨、对外交流，培养一批廉政教育学术带头人及廉政研究工作骨干，建立一支结构合理、素质过硬、务实创新的廉政研究、教育师资队伍。

要加强纪检监察干部队伍建设。全省教育纪检监察干部要加强自身修养，自觉以邓小平理论和“三个代表”重要思想武装头脑，不断提高践行科学发展观的能力和水平，提高履行反腐倡廉工作职责的能力和水平。各部门各单位要积极支持纪检监察干部参加学习培训，改善知识结构，提高理论素养与业务水平。各级教育行政部门和高校要坚持正确的用人导向，严把选人用人关，优化年龄和专业结构，配齐配强纪检专职人员。要健全内部制约机制，加强内部管理监督，对纪检监察干部要严格要求、严格教育、严格管理和严格监督。广大教育纪检监察干部要始终保持奋发有为的精神状态，以高度的事业心和责任感，积极完成系统反腐倡廉各项任务，自觉成为开拓创新的模范、真抓实干的模范、严格自律的模范。各级党政部门要大力支持纪检监察部门开展工作，加强对纪检监察干部的教育、培养和使用，从政治上、组织上、工作上、生活上为他们的成才成长创造有利条件。

深入推进全省教育系统党风廉政建设和反腐败工作，确保全省教育事业科学发展、健康发展，责任重大，任务艰巨，使命光荣。让我们携起手来，振奋精神，解放思想，真抓实干，开拓创新，不断推进教育系统反腐倡廉建设取得新的成效，为推动我省教育改革发展作出新的贡献！

注：本文选自作者2011年4月14日在全省教育纪检监察工作会议上的讲话。

（作者时任省纪委派驻省教育厅纪检组长、省教育厅党组成员，省高校纪工委书记，省委高校工委委员）

着力民生　精心组织　加强协调
建立和完善中等职业学校风险管理服务体系

孟庆金

一、充分认识推行中等职业学校学生实习责任保险的重要意义

在党的十七大和十七届四中、五中全会上，我们党提出的主要目标任务明确要求加强社会基本公共服务体系建设，着力保障和改善民生。《中华人民共和国国民经济和社会发展第十二个五年规划纲要》也是强调改善民生，把关注民众的切身利益，作为“十二五”期间的主要目标任务提出来，包括推进就业、教育、医疗、保险、住房等方面的重点民生工程，而且把保险保障这个工作也列入了加强和改善民生的重点工程，要着力构建社会安定，促进社会和谐稳定地全面发展。社会保障是社会安定的保证，没有社会保障，社会就很难安定，所以说社会保险、社会救助、社会福利等构成的社会保障体系是社会安定的基础。当前是信息全球化，经济市场化，关于社会经济的发展，大家经常提两句话，一是重要的发展机遇期，二是社会矛盾的凸发期。这两句话就说明了既有机遇，又有矛盾，而且这个矛盾直接影响到社会如何稳定，社会如何安定。我们对学生加强保险，维护学校的安全，保证学生的健康成长，应该始终是我们学校教育工作的出发点和落脚点。哪个当校长的，哪个当领导的都应该做到这一点，保证这一点。所以说保险工作应该是解决民生工程的重要内容和举措。

《国家中长期教育改革和发展规划纲要》有一个对中职发展的明确要求，这就是大力推行“学工结合、校企合作、顶岗实习”的人才培养模式，这是国家《教育规划纲要》对职业教育在新的形势下怎么发展提出的要求，这是中等职业教育的改革与发展的方向。湖北省《教育规划纲要》第五章，从第十三条到第十七条都是讲到大力发展职业技术教育，加强校企合作，加强职业教育的统筹。要提高职业教育的质量，学生的实习实训是必不可少的重要环节。举不举行学工结合，开不开办校企合作，实不实行顶岗实习，这不是学校的行为，这是国家对职业教育规定的行为，是提高我国高素质劳动者和技能型人才培养水平的必要途径，是职业教育必须达到的。要推行这种职业教育方式，就有风险，就必须建立风险事故应急处理和保障机制。我为什么这么说呢？教育部要求，学校要建立学生安全的保卫制度和工作机制，为师生创造安定有序，和谐融洽和充满活力的学习生活环境。加强学生保险，有利于学校和谐，有利于教育秩序的正常运转。从这一个层面来说，办学生保险，保障学生的安全健康，这是加强学校教育，健全学校教育保障机制的一个重要环节。

二、加强领导、精心组织、整体推进，确保这项工作正常顺利开展

推行中职学生实习责任险，除了国家三部委(即教育部、财政部、中国保险监督委员会)和省三厅局(即省教育厅、省财政厅、中国保监会湖北省监管局)的文件以外，省教育厅还印发了《湖北省中等职业学校学生实习责任保险实施方案》(鄂教职成〔2011〕2号)文件。要求从2011年春季开学起，在全省中等职业学校全面推行。文件要求这项工作由省校方责任保险工作领导小组统一归口管理、组织、协调和指导。湖北中等职业学校学生实习责任保险工作要做到以下几点：

1.全面加强领导。学生健康安全，是学校教育工作的出发点和落脚点。学生的健康安全，应该是每一个学校党组织和行政的第一职责、第一责任。校长也好，书记也好，既然学生健康安全是学校的第一职责，第一责任，那么书记校长就是第一责任人。两个第一责任，这是必须明确的。要认真研究如何加强学校保险工作。推行学生实习责任保险，不仅仅是一个赔偿问题，而且是一个责任问题。什么叫保险呢？所谓保，它就是守住、护住，就是不让学生受伤害、死亡，这才叫保；所谓险，就是可能遭受到的灾难，可能发生的一些灾害，我们要保护这些学生，要能够解决可能遭受的灾难和可能发生的灾害的保障问题。所以，从学校来讲，应该有责任感。那就是说，抓与不抓，那是两个概念。抓，你这个学校，这个书记校长就是履行了你的职责；不抓，你就是失职，或者是渎职。因此，从学校来讲，应该加强领导。2011年是建党90周年，从中央到省委都在开展争先创优活动，省属中职学校在省教育厅专门成立了一个领导小组办公室，参与这个活动。中职学校书记校长召开了一次推进会，这次活动提出我们的学校要创办人民满意的学校，我们的教师要争当人民优秀的教师。就是要创先进学校，要当优秀教师，学生实习责任保险工作要成为中等职业学校创先争优活动的载体，就是说，学生健康安全的要求达到了，你才能够是人民满意的学校。因此，对学生实习责任保险工作，要加强领导。

2.确保春季开学，学生实习责任保险工作及时启动。国家三部委文件是2009年发的，省三厅局文件发出也快一年了，不能再拖。我们启动这项工作，不仅仅是签个保险协议，也不仅仅是出险后的索赔和理赔。还要把风险防范，安全教育和管理贯穿全过程。我们启动这项工作，是启动保险的全过程。什么叫风险管理呢？它包括风险咨询、风险评估。风险防控和风险转移，风险转移就要抓好保险。保险产品的种类很多，在推行工伤保险，医疗保险，失业保险，养老保险，还有生育保险等等政策性保险的基础上，还要认真抓好商业保险。为什么有这么多保险呢？它主要是维护社会安定，是解决民生工程的重要举措。所以启动中职学生实习责任保险工作，应该是全过程的启动。对“全过程”要研究，包括有关人员的培训，有关政策的研究，技术操作层面的研究等等。

3.严格执行有关收费政策。国家三部委，湖北省三厅局的文件已明文规定中职学生实习责任险投保经费的来源和支付渠道，一定要按政策规定收费，按照政策规定投保，按政策规定来为学生服务。省教育厅、省审计厅将按省委常委会关于加强高校和中职学校党的建设的要求，对学校收费加强审计。

三、通力合作、加强协调、搞好服务

省教育厅要求中职学生实习责任保险工作从2011年春季开始全面开展。2010年参加实习实训的学生2011年还有半年时间。各学校要按省里统一部署和要求进行。参与中职实习责任保险项目服务的经纪公司、保险公司要诚信履行职责和投标承诺，根据学校实际需求，认真做好投保、理赔服务工作，有效保障中职学校实习学生的保障权益。由于这个工作是在一个新的环境下进行的全新的工作，两三个月以后要进行一次检查，半年进行一次考核评估。保险部门和教育部门要定期进行交流，总结经验，研究问题，完善方案。凡是新的工作，开始可能不是那么顺利，肯定也不是那么完善，但我们要加强研究，加紧完善。对保险工作的重视程度，他不光是钱的问题，而是牵涉社会进步和经济发展的问题。20世纪90年代初，湖北省教育系统就同太平洋保险公司合作开展学生保险，在全国是搞得比较早的。应该是个利国、利民、利教、利生的事情。但后来在社会就引起了一些反应，因为当时的社会进步、经济发展和人们的认识程度还没到那一步，没想到保险对小孩子的健康和权益保障有着重大关系。现在从各级政府和学校层面都予以积极支持，这是社会进步，经济发展的结果。当前，中职学生实习责任保险工作国家和省里都有要求了，与过去不一样了，在上海、北京等地，学生保险于20世纪80年代末，90年代初就已经开始了，为什么呢？他们的社会比我们进步得快，他们的经济比我们发展得好。与国际比，像美国、西欧这些国家，多少年前就注重建立比较完善的保险保障体系。这说明保险保障工作是随着社会进步、经济发展不断完善的。所以，我们这项工作要不断的完善。保险公司、教育部门、学校和学生，方方面面一定要加强沟通协调。既要保障学生的权益，又要自觉遵守国家和保险监管部门的有关规定。它是双方的，如果双方责任不明确，没有履行好，那就很难协调了。什么叫实习责任保险？实习责任保险就是承保学生在实习实训过程中因为人身伤害事故依法应由校方承担的经济赔偿责任。它应该包括学生实习实训活动的全过程，是实习期间所有的、而不是部分的因为意外伤害事故造成的人身伤亡。“实习期间”有很多问题要研究，有的甚至是政策层面的。再比如：校方责任险是承保学生在校园内因为校方责任发生的意外伤害事故的经济赔偿责任，那校外怎么办呢？学生出校必须是请了假的，或是由学校组织的活动，我们才认可。学校管理很重要，学校一定要加强管理。凡是学生外出，一定要经过请假，不请假的，是不在责任范围里的。很多政策性的、规范性的层面，那不仅仅是一个协议能解决的，一个文件能解决的，还要认真研究，只有研究了技术操作，研究了大家互相理解的政策规定，这样才能够通力合作，才能够加强协调，才能够搞好服务。实习责任保险不是哪一个个人的行为，哪一个学校的行为，这是国家、政府的要求。我们千万不要把这个事情看得平平淡淡无所谓，想搞就搞，不想搞就不搞，不要抱有侥幸心理。学校如果出了一个事，你又没有做保险，影响校园稳定，影响社会稳定，这个事情就大了。做好学生保险，实际上是一个有利于学校维护正常教育教学秩序，有利于学生身心健康，有利于社会稳定、大局稳定的大事。

开展中等职业学校学生实习责任保险，是一项全新的、政策性和专业性很强的工作，各中等职业学校，各参与服务机构，各级教育行政主管部门要在省教育厅和省校方责任保险领导小组的统一部署和安排下，广泛宣传，深入发动，周密部署，狠抓落实。扎实、有效、规范、有序地抓好这项工作，争取湖北省中等职业学校的学生实习责任保险进入全国先进行列，并做成精品工程。

注：本文节选自作者在2011年2月21日省属中等职业学校学生实习责任保险工作会上的讲话。

（作者时任省教育厅副巡视员）

学习汪金权精神　做德艺双馨的人民教师

孙望安

一、汪金权的简要事迹和精神实质

汪金权是蕲春县第四高级中学教师，中学高级教师，1963年3月出生于蕲春县狮子镇郝子堡村，1983年考入华中师范大学中文系，1987年大学毕业后，分配到黄冈中学。1988年，主动申请调往山区农村学校蕲春县第四高级中学工作至今。他先后被评为蕲春名师、黄冈市优秀教师、黄冈市师德标兵、黄冈市劳动模范、湖北省骨干教师、全国优秀教师。

22年来，汪金权老师扎根山乡，爱岗敬业，克己助人，无私奉献，淡泊名利，科学育人，把全部精力都奉献给了山区的教育事业。以青春、汗水、智慧和高尚的人格，充分展示了一名优秀山乡教师良好形象。他是全省广大教师的优秀代表，是当之无愧的师德标兵，也是全省教育系统党员干部学习的楷模。学习汪金权，就是要学习他扎根基层、奉献社会的崇高精神。学习他献身事业、甘当人梯、发挥才智，到人民最需要的地方去，在平凡中创造伟大；学习他淡泊名利、甘守清贫的人生境界，始终保持艰苦奋斗的作风，以一流的工作业绩回报党和人民的重托；学习他爱生如子、克己助人的高尚品格，关爱他人，无私奉献，推进和谐社会建设；学习他爱岗敬业、为人师表的职业道德，干一行，爱一行，勤奋学习，刻苦钻研，辛勤耕耘，勇于创新，立足本职岗位，做到业精于勤，努力提高为人民服务的能力和水平。

二、汪金权的先进事迹得到各级领导社会各界的高度评价和认同

汪金权先进事迹经媒体报道后，在全社会引起了强烈反响。

2010年5月26日，湖北省总工会、省教育工会授予汪金权“湖北省五一劳动奖章”、“湖北省师德标兵”称号。5月29日，教育部和团中央向汪金权颁发了“全国优秀助学工作者”奖章。6月19日，湖北省文明委授予汪金权“湖北省道德模范”称号。6月24日。湖北省人民政府授予汪金权“人民满意教师”称号。9月初，教育部、中央主要媒体和教育媒体联合开展的“全国教书育人楷模”评选活动中，汪金权老师被评为全国十大“全国教书育人楷模”。2010年教师节期间，汪金权在北京受到中共中央总书记胡锦涛等党和国家领导人的亲切接见。在颁奖大会上，国务委员刘延东为汪金权颁发了奖牌。在2010年“湖北名师”评选中，评委全票通过汪金权被评为“湖北名师”。

与此同时，中央领导和湖北省委、省政府领导对学习宣传好汪金权先进事迹高度重视。中央政治局常委李长春，中央政治局委员、书记处书记、中宣部部长刘云山，中央政治局委员、国务委员刘延东分别作出重要批示，要求进一步学习好、宣传好汪金权先进事迹。中共湖北省委书记李鸿忠，及省委、省政府领导多次对深入学习汪金权先进事迹的作出重要批示。批示指出，汪金权扎根山区、爱岗敬业、淡泊名利、无私奉献的优秀品德，为全省广大教师和党员干部树立了光辉榜样。教育部副部长郝平在看望汪金权时说，汪金权的事迹催人泪下，让人深受感动，又大受鼓舞。他扎根山乡20多年，把一名教师的“大爱”都奉献给了学生，他的事迹值得全国教师学习。

三、教育战线掀起学习宣传汪金权先进事迹的热潮

2010年5月18日，《湖北日报》和《楚天都市报》首先刊发了汪金权老师22年如一日坚守山区农村中学讲台的感人事迹，迅速引起了社会各界强烈反响。中央电视台、中央人民广播电台、《人民日报》、《光明日报》、新华社、中新社、《中国教育报》、《中国教师报》、《中国青年报》、湖北电视台、湖北人民广播电台等主流媒体纷纷跟进采访报道。新华网、人民网、凤凰网、新浪、搜狐、腾讯、网易等各大门户网站也在首页进行了转载和链接，有的网站还开辟了汪金权老师先进事迹的专题。汪金权老师的故事传遍了大江南北，感动了无数读者和网友。

省教育厅(5月20日)、省委省政府(6月30日)、教育部(7月1日)先后发出了向汪金权学习的决定。在全省各地和高校师生中引起了强烈共鸣和积极反应。各市(州)和高校纷纷成立学习小组，召开专题会议进行部署，与各地师德师风建设相结合采用多样形式，进行了广泛地学习宣传。10月11日—23日，省委宣传部、省教育厅共同组织了汪金权先进事迹巡回报告团，在省委洪山礼堂和黄石市、咸宁市、孝感市、仙桃市、襄樊市、黄冈市等六市举行巡回报告。近4 000名大、中小学教师，机关干部代表等听取了报告会。巡回报告所到之处座无虚席、井然有序，精彩之处有雷鸣般的掌声，动情之处有许多人潸然泪下。丹江口市第二中学教师夏有胜结合自己的经历在丹江口教育网上深情地写下了自己的感触，“二十年独守寂寞，安于贫困，就像一面镜子，映照着我的灵魂。高山仰止，虽不能至，心向往之。”大冶市教师叶荷花表示，汪金权老师用他22年的坚守，用他的清贫，用他的大爱，诠释了什么是真正的师魂。蕲春县白水中学资教生何欢在网上表达了自己的心声：“汪金权老师为我们树立了光辉的榜样。我们这些80后、90后的大学生，会有更

多的人去用爱心和责任扎根基层，点亮乡村孩子五彩斑斓的梦想”。

省教育厅、省文化厅编排了以汪金权先进事迹为原型的话剧《红叶》等活动都取得了巨大的成功。2010年教师节，教育部和中央主要媒体确定了对全国教书育人楷模进行“每月一星”宣传月活动，2011年3月为汪金权的集中宣传月。

当前，全省正在认真贯彻落实《湖北省中长期教育改革和发展规划纲要》和《湖北省义务教育条例》，全省教师队伍尤其是农村教师队伍建设正处在一个发展机遇期。激励“优者从教”，保障“教者从优”，其中“优者从教”提出的一个重要要求就是加强师德建设。同时，通过鼓励、宣传更多的师德先进典型，激励更多的优秀青年投身农村基础教育。

四、以进一步学习宣传汪金权精神为契机，加强教师师德建设

1. 把师德建设与学习贯彻落实全教会和《教育规划纲要》精神结合起来。强国必先强教，强教必先强师。教师是教育最重要的资源。2010年召开的新世纪的第一次全国教育工作会议以及中共中央、国务院印发的《国家中长期教育改革和发展规划纲要(2010－2020年)》，都将加强教师队伍建设作为教育改革和发展重要的保障措施，提出了建设高素质专业化教师队伍的战略任务。而师德建设正是教师队伍建设的重中之重，是提高教师队伍整体素质的关键环节。国务院总理温家宝在全国教育工作会议上指出，加强教师队伍建设，要重视教师职业理想和职业道德教育，增强广大教师教书育人的责任感和使命感。国家《教育规划纲要》52条明确提出要“加强师德建设。加强教师职业理想和职业道德教育，增强广大教师教书育人的责任感和使命感。教师要关爱学生，严谨笃学，淡泊名利，自尊自律，以人格魅力和学识魅力教育感染学生，做学生健康成长的指导者和引路人”。

2. 把师德建设与教师管理制度创新结合起来。进一步加强师德制度建设，将师德表现作为教师考核、聘任(聘用)和评价的首要内容。在实施教师岗位设置工作中，要将师德作为最重要的考核指标，实行“一票否决”；建立健全师德档案制度，责任追究制度，绩效考核、表彰奖励制度，大力表彰宣传职业道德高尚的教师和职业道德建设成绩卓著的单位；落实教师职业道德监督机制，加强对中小学教师职业道德建设的检查评估工作。积极鼓励学生、家长和社会有关方面对中小学教师职业道德状况进行监督和评议；规范教师职业道德教育制度，将师德教育列为教师培训的重要内容，采用多种形式广泛深入开展师德教育活动，提高师德认识，规范师德行为；建立教师资格证书定期登记制度，严把教师入口关，提高教师任职品行要求。

3. 把师德建设与落实“以人为本”关爱教师结合起来。“优者从教，教者从优”，要切实提高教师地位待遇，不断改善教师的工作、学习和生活条件，吸引优秀人才长期从教、终身从教。落实教师绩效工资，对长期在农村基层和艰苦边远地区工作的教师，在工资、职务(职称)等方面实行倾斜政策，完善津贴补贴标准。加快建设农村艰苦边远地区学校教师周转宿舍，改善教师工作和生活条件。大力开展心理健康教育，关心教师身心健康，省教育厅将组织开展中小学教师心理健康远程专项培训。

4. 把师德建设与促进教师专业发展结合起来。师德是教师最重要的素质，是教师的最高学历，在教师专业发展中要体现师德素质、师德标准、师德内容。在师德建设中要体现教师职业特征、专业水准、教育信念，把教师职业准入、资格考试和认定、教师专业能力培训培养、专业发展前景与教师职业道德有机结合，促进教师师德和专业能力共同发展提高，成为德艺双馨的教育家型教师。

汪金权以其大别山下22年的坚守，以其照亮他人的“电线杆”情怀，以其承责负重的“桥梁”精神，为人师表、奉献社会，堪称时代师德典范！汪金权精神就是我们身边树立的一座师德师魂的丰碑。让汪金权精神打动教师的心灵，影响教师的行动，实现“努力建设一支高素质教师队伍”的目标，全面促进全省教育事业的改革与发展。

注：本文节选自作者在学习宣传汪金权先进事迹座谈会上的讲话。

(作者时任省教育厅副巡视员)

概　况

○基本情况

【省委高校工委、省教育厅2010年工作要点】 2010年，全省教育工作的指导思想是：深入贯彻落实科学发展观，全面贯彻党的教育方针，学习贯彻《国家中长期教育改革和发展规划纲要》和全国教育工作会议精神，按照教育部、省委、省政府的统一部署，以坚持优先发展、改革创新、提高质量、促进公平为工作方针，一手抓发展、一手抓规范。以义务教育均衡发展行动计划为抓手，全面提高义务教育的质量和水平；以稳定规模提高质量为重点，推进职业教育改革和发展；以落实省部共建协议为载体，推动高校优质资源共享和面向社会需要办学；以教师素质提高工程为重点，提高校长教师的职业素养和专业能力；重视学前教育，关心特殊教育，积极推进素质教育，加快建设教育强省。

一、贯彻《国家中长期教育改革和发展规划纲要》和全国教育工作会议精神，推进全省教育事业科学发展

1. 做好全省教育中长期规划和"十二五"规划的编制工作。学习宣传贯彻国家中长期教育规划纲要和全国教育工作会议精神，在省科教领导小组的领导下，调查研究湖北经济社会发展形势和教育发展现状，制定好教育发展规划。指导各地适时启动规划编制工作。

2. 落实省部共建武汉城市圈教育综合改革试验区协议。建立和完善教育改革分层（圈域、市域、县域）、分类（基教、高教、职教等）试验机制，推进部省高校之间、高职院校之间、中小学之间优质教育资源共享与合作。继续推进厅市合作，落实教育优先发展，推进教育与地方经济紧密结合，探索教育发展新模式。围绕教育综合改革国家试验区建设和义务教育均衡发展行动计划，以教育的体制、机制和制度创新为主题，评选表彰"教育制度创新奖"。

3. 巩固改革发展成果，推进教育立法工作。注重把我省推进教育改革发展过程中形成的新思路、新做法、新措施上升为法律规范。做好《湖北省义务教育实施办法》的修订工作，尽早提请省人大审议通过；做好有关法律法规修订工作，为教育发展营造良好环境。

二、深入实施"义务教育均衡发展行动计划"，全面提高义务教育的质量和水平

1. 推进"义务教育均衡发展行动计划"的落实。认真贯彻《省政府关于推进湖北省义务教育均衡发展的意见》，研究制定"义务教育均衡发展行动计划"的实施方案。总结湖北省推进义务教育均衡发展的理论和实践，重点探索城乡教师均衡配置机制；加大教师周转房建设力度，扩大试点范围；结合"四大工程"和"两项机制"，筹备举办"义务教育均衡发展论坛"。

2. 继续改善农村中小学办学条件。根据各地学校布局调整规划，加快永久保留学校的建设步伐。积极筹措资金，推进全省义务教育阶段学校标准化建设，加强农村初中实验室建设和文体器材设施配备；根据中央和省制定的实施方案，突出重点，分步实施中小学校舍安全工程；全力争取中央项目支持，加快我省义务教育寄宿制学校建设；加强远程教育信息资源建设，进一步做好应用指导和技术服务；鼓励和支持地方政府拓宽教育融资渠道，通过申请银行贷款、政府还本付息的方式，探索中小学校舍改造新模式。

3. 进一步完善义务教育经费保障机制。认真落实国家和省义务教育经费保障政策，确保城乡义务教育免杂费资金、校舍维修改造经费、免教科书和公用经费足额落实并及时拨付到位；做好免费教科书的发放工作和循环教科书使用工作。做好"留守儿童"和进城务工农民随迁子女免费义务教育工作。

4. 探索建立县级义务教育均衡发展督导评估制度。既评价地方政府、相关部门和学校贯彻落实方针政策，推进义务教育均衡发展的工作举措及所取得的成效，又对县域内义务教育发展各项指标定期进行监测和分析，形成促进义务教育均衡发展的长效机制。上半年在部分地方开展试点评估，分阶段在全省逐步实施。认真总结和推广各地推进义务教育均衡发展的先进经验和创新措施。做好义务教育质量监测工作，探索建立义务教育质量监测长效机制。

三、加快普及高中阶段教育，大力发展中等职业教育

1. 稳步推进普通高中课程改革。督促、指导各地做好新课程教师、校长培训，不断提高教师专业化水平和校长课程领导力。完善综合实践活动课程、综合素质评价网络管理制度，建立学生学分网络管理制度、教师远程同步教研制度，基本实现课程实施网络化管理。研究制定普通高中学业水平考试方案和高考招生改革方案、研制通用技术课实施方案。建立学校和地区课程改革动态评估制度，探索课程改革利益相关者评价机制，为学校实施新课程创造良好的社会环境。

2. 加强高中阶段教育统筹，稳定中等职业教育规模，确保普职比例大体相当。根据2010年实际初中毕业生人数，按照普职比例大体相当原则，确定普通高中和中职招生计划，并对执行情况进行检查和通报；继续拓展中职招生范围，面向往届初、高中毕业生、返乡农民工、退役士兵等加大招生宣传，送教进企业、进社区；以中职优质资源和成才典型为重点，加大中等职业教育的宣传力度，进一步增强中等职业教育的吸引力。

3. 继续实施"319工程"，推进中等职业教育资源整合。充分发挥县(市、区)政府的统筹作用，既整合区域内中等职业教育学校和培训机构的资源，又整合区域内与职业教育相关的项目和资金，重点办好1所中等职业学校。加强市(州)政府的统筹力度，鼓励和支持市(州)政府按照与区域经济建设相结合、与工业园区建设相结合、与就业创业相结合的指导思想，建设职教园区。

4. 探索建立"校企合作"新模式，切实加强实践教学环节。探索"教产结合，校企一体化"办学模式，推广"学校在企业建立实习基地"与"企业在学校建立生产车间"的办学模式，形成新的学校治理结构；继续做好国家级基础能力建设项目、国家级实训基地建设项目，实施省级实训基地、省级品牌专业建设项目；根据职业岗位和产业发展要求，改革课程设置和教学内容，推行模拟教学、项目教学、案例教学、技能打包教学等教学方法；加大"双师型"教师队伍建设力度，设立"楚天技能名师(中职)"岗位，落实职业学校教师在职进修和到企业实践的制度，加大从企事业单位和社会聘请特聘教师和兼职教师的力度；进一步完善"全省中等职业学校技能大赛"制度，不断扩大比赛项目和参赛人数；探索建立以技能考核为主要内容的对口升学选拔办法，同时扩大对口升学的比例。

四、切实加强和改进高校党的建设，推动高等教育事业科学发展

1. 贯彻落实第18次全国高校党建会议精神，以创新精神推进高校党的建设。巩固和扩大学习实践科学发展观活动成果，筹备召开第18次全省高校党建会；研究制定《中国共产党普通高等学校基层组织工作条例》的实施办法，重点加强基层党组织建设、党员队伍建设，建立完善院系领导体制；研究制定《湖北普通高等学校党建工作考评细则》，不断推进我省高校党建工作规范化、制度化；组织开展学习型党组织创建活动，指导高校制定好党员教育培训计划，分层分批实施高校党员全员培训；理顺民办高校党组织关系，与省委组织部联合制定向民办高校选派党组织负责人并兼任政府督导专员的政策；继续贯彻落实《中共中央纪委、教育部、监察部关于加强高等学校反腐倡廉建设的意见》和省纪委、省委高校工委《关于加强高等院校反腐败抓源头工作的意见》，加强高校腐败风险预警防控体系建设。继续指导高校开展"城乡互联、结对共建"活动。

2. 协调解决高校发展面临的突出问题，实施高水平大学建设工程。争取政府逐年提高高校生均财政拨款水平，出台化解省属高校债务相关政策。继续加强与省政府金融办及有关方面的协调沟通，改善省属高校贷款结构。积极配合省物价部门，对全省高校现有学费标准进行测算和清理，调整收费标准。支持在鄂部属高校和省属高校对口支持合作，加强特色优势学科建设和高水平大学建设。制定省属重点高校和高水平学科的建设规划，力争省属高校国家级重点学科实现零的突破，一级学科博士点、硕士点较大突破，专业学位研究生培养高校和规模较大突破。

3. 加强高等学校教学基本建设，提高人才培养质量。继续实施"湖北省高等学校教学改革与质量提高工程"和"湖北省示范性高等职业院校建设工程"，立项建设30个本科品牌专业，遴选第四批高职高专省级重点专业；评审确定140门省级精品课程，实现全部省级精品课程网上资源共享；评审确定30个省级实验教学示范中心，建设30个高职高专省级实训基地；立项建设40个省级教学团队，设立100个"楚天技能名师"教学岗位。建立完善高等教育的质量监控评价体系，做好国家级、省级示范性高职院校建设评估验收工作，开展高职院校人才培养工作评估；开展独立学院本科专业教学合格评估检查；组织教学巡视员开展高校教学工作检查。建立健全独立学院学士学位授权审批、重点学科建设、学位授权点审核与评估、三级学位授予质量等方面的管理制度。加强湖北省高校数字图书馆和湖北省高等学校教育教学公共平台的建设，促进优质高等教育资源共享。

4. 加强高校自主创新能力建设，推进产学研合作。实施高校科技合作"倍增计划"，支持高校强强联合、优势互补，合作申报国家级科技创新平台和"863"、"973"等国家重大科技专项，围绕湖北经济社会发展中的重大科技问题开展联合攻关。实施省属高校科技创新能力"培育计划"，继续加强省重点实验室和人文社科重点研究基地建设，适时启动高校重点实验室和高校工程中心建设计划；实施"产学研合作行动计划"，支持省、部属高校与地方政府、企业及其他经济实体共同组建产学研战略联盟；开展高校青年科技人才创业服务千人计划，继续实施高校产学研合作项目资助计划，动员高校科技力量深入企业、农村开展科技攻关、成果转化和技术服务；制定高校科技服务湖北考核评价办法，定期开展表彰奖励。

五、实施第二期"农村教师素质提高工程"，提高教师的职业素养和专业能力

1. 充分发挥"151"师德库载体作用，大力营造尊师重教的良好氛围。以"151"师德库为基础素材，通过开设专栏、集中访谈，跟踪报道等多种方式，增强师德宣传工作的生动性和时效性。依法按时开展教师资格认定工作。做好湖北名师评选和教师系列专业技术职务评审工作，坚持向一线教师倾斜，充分发挥教师资格认定和教师评价对教师队伍建设的导向作用。组织教师节的评比表彰活动。

2. 结合国家"特岗计划"，继续扩大"农村教师资助行动计划"规模。通过实施项目捆绑、政策激励、考核评价等机制，调动基层接收资教生和特岗教师的积极性，选派3 000名资教生到农村乡镇学校任教。鼓励高校选拔更多的优秀毕业生到基层学校任教。

3. 启动第二期"农村教师素质提高工程"，建立教师、校长培训的长效机制。制定我省中小学教师继续教育规划，建立省一市一县培训三级联动机制，分片推进，分层培训，分类提高，重点制定第二期"农村教师素质提高工程"实施办法，五年免费集中培训教师和校长10万人。

4. 实施"楚天学者计划"和"楚天中小学教师校长卓越工程"，加大高水平教师的引进和培养力度。继续实施评审绿色通道，对杰出人才和特殊人才适时评审。评审岗位和人选向国家重点学科倾斜。加强楚天学者团队建设，调研制定楚天学者团队的培养管理办法。加大海外宣传力度，引进海外高层次人才。建立楚天学者数据库，加强管理服务。启动"楚天中小学教师校长卓越工程"，每年在全省遴选一批具有良好职业前景的优秀中小学教师和校长，通过培训研讨、挂职跟岗、在岗研修、出国深造、导师引导等多种形式进行培养，为杰出教师和校长成长奠定基础。

5. 落实教师绩效工资制度，完善教师考核办法和管理办法。总结、交流各地开展教师绩效考核工作的经验和做法，进一步完善教师、校长绩效考核办法，落实向农村学校、艰苦边远地区倾斜，向薄弱学校倾斜，向一线教师、骨干教师倾斜的政策。妥善处理好绩效工资实施过程中的各种矛盾和问题，维护教师队伍的稳定。指导各级各类学校及教育事业单位岗位设置管理，制定加强教师队伍管理的意见。

六、落实"育人为本、德育为先"，促进学生全面发展

1. 加强和改进未成年人思想道德建设工作。贯彻落实全国未成年人思想道德建设经验交流会精神，大力开展社会主义核心价值体系的学习教育，积极创新德育活动形式。加强德育阵地建设，利用"形势教育大课堂"资源，开展主题教育活动；督促指导各地的校外活动场所为未成年人提供服务。加强青少年活动中心建设，启动9个新建国家级项目；加强班主任队伍建设和学生心理健康教育。进一步加强对家长学校的指导和管理。

2. 进一步加强和改进大学生思想政治教育。以思想政治理论课教学为主渠道、以形势政策教育、校园文化建设、学生社会实践、心理健康教育和网络思想政治教育为重要平台、以培育大学生先进典型为抓手、以开展主题宣传教育活动为载体、以加强思想政治教育工作队伍建设为重点，不断加强和改进大学生思想政治教育工作。筹备召开第5次全省高校大学生思想政治教育工作经验交流会，进一步推动中央16号文件和省委8号文件的贯彻落实。加强对高校新闻媒体建设情况调研和形势掌控，提出建设对策。加强对高校举办哲学社会科学报告会、研讨会、讲座以及校内媒体、学生社团和有关出版物的管理。大力推动校园文化和学生社团建设。密切关注、及时发现、适时推广、深入学习、认真总结湖北高校大学生典型事迹，着力打造高校精神品牌。抓好思想政治理论课教师队伍和辅导员队伍建设。

3. 以职业道德教育为重点加强中职学生德育工作。联合省直有关部门制定下发《关于加强和改进我省中职学校德育工作的意见》。加强中职学校德育队伍建设，建立健全中职学校德育工作机制，培养学生树立良好的职业道德，养成良好的职业习惯。多形式、多渠道开展丰富多彩的校园文化活动，培养学生创业精神，提高创业能力。鼓励、引导学生自主创业，树立起正确的择业、就业、创业观，营造良好的育人氛围。

4. 认真落实国家对学校体卫艺及国防教育工作的各项规定和要求。在全省学校深入开展"千万学生阳光体育运动"，推广第三套学生广播体操。组织参加湖北省第十三届运动会和湖北省第十届大学生运动会。实施《国家学生体质健康标准》，全展全省学生体质调研，推进学生体质健康监测网络的建设。全面普及以"校园合唱"和"校园集体舞"为主要内容的"大家唱、大家跳"艺术教育活动，通过电视展播和现场展演的方式，举办全省第二届"大家唱、大家跳"艺术教育展演活动。广泛开展"科学避险、安全逃生"演练活动，向每所学校免费提供教学光盘，指导各市(州)督促各学校根据当地地理气象条件和特点、结合学校实际制定演练方案，以防震、防水(洪水、泥石流、溺水)、防空(空袭、冰雪、雷电)、防火——"四防"为主要内容开展教育演练活动，提高中小学生的应急自救能力。指导各地加强学校食品卫生安全管理，做好疾病和传染病的防控工作，提高应对突发公共卫生事件的能力。抓好学校血吸虫病和艾滋病预防教育。把人口理论和计划生育基础知识作为大专院校的教育培训内容，把计划生育基本国策教育和青春期健康教育纳入中小学的教育培训内容。落实《学生军事训练工作规定》。

5. 进一步加强语言文字应用与管理。加强对三类城市的语言文字工作评估的督促和指导，推动各市(州)制定和落实三类城市语言文字工作评估规划。在全省二类城市中开展"文明用语示范岗"和"文明用字示范街"创建活动。推动"中华诵·经典诵读"进校园工作，开展语言文字规范化示范校创建活动。组织开展第十三届推广普通话宣传周活动、第四届全省高校普通话大赛、农村中小学教师普通话大赛；进一步规范普通话培训测试管理工作，深化计算机辅助普通话水平测试的试点工作。

6. 积极开展教育对外合作交流工作。继续实施"世界著名科学家来鄂讲学计划"和"外国留学生奖学金计划"，加大引智工作力度，鼓励更多省属高校招收外国留学生。完善中外合作办学管理制度，提高教育国际化水平。探索中外合作办学评估制度和退出机制。推进汉语国际推广教师和志愿者队伍建设，做好海外师资培训和出国教育考察组织工作，支持我省学校办好海外孔子学院和孔子课堂。

推动省属高校公派出国留学工作取得突破性进展。

七、落实教育惠民政策，为人民群众办实事办好事

1. 完善家庭经济困难学生的资助政策。对农村66万义务教育阶段中小学家庭经济困难寄宿学生提供生活补贴；向25万大学生和80万中职学生发放奖、助学金；逐步推行中职涉农专业及农村家庭经济困难学生免费教育；争取彩票公益金资助项目，资助农村高中特困生4万人；组织好新机制国家助学贷款和生源地信用助学贷款的申报发放工作。

2. 继续实施招生"阳光工程"。严格高校招生计划管理，统筹高校各类招生计划安排。健全公开透明的招生工作体系，加强对保送生、艺术特长生和高水平运动员等类考生考试资格和录取名单的公示和监督。继续综合治理高校招生环境，坚决制止和有效打击各种危害考试安全和招生录取欺诈行为，确保教育招生考试的公正、安全。落实义务教育"划片招生、就近入学"的招生政策，推行将重点高中指令性招生计划均衡分配到对口初中的招生政策。加强高等教育特别是成人高等教育入学考试报考资格审查，切实提高招生录取信息的准确性、规范性和完整性。

3. 全力做好高校毕业生就业工作，确保毕业生就业率不低于全国平均水平。继续完善省级高校毕业生就业政策措施，贯彻落实各级高校毕业生就业政策。继续实施挂钩机制、奖惩机制、责任机制，完善高校毕业生就业工作体制机制。继续实施高校毕业生基层就业项目计划，鼓励和引导更多的高校毕业生到基层就业。继续开展高校毕业生入伍预征工作，引导毕业生投身国防建设。积极开展高校毕业生困难群体就业援助工作。加大就业工作宣传力度，培植、表彰、推广就业工作先进单位、典型个人及经验作法。加强就业创业教育，建立健全高校毕业生就业指导服务体系，加强就业指导课程建设和就业指导人员培训工作。

4. 规范办学行为，维护教育公平。建立规范中小学办学行为的政策联动机制。指导武汉城市圈建立防止中小学择校的政策措施。研究制定《湖北省规范中小学办学行为的若干规定》，进一步规范中小学，特别是示范高中的办学行为和收费行为。依法依规开展高校学生申诉工作，促进高校学生管理制度化、规范化。规范高校学籍学历学位管理，加强政策宣传，研究制定工作手册和操作规程。加强学籍学历管理队伍建设，提高信息化管理水平。及时准确地做好高等教育学籍学历学位注册审核工作，探索建立规范化管理的监督、考评、奖惩联动机制。加强学校后勤建设与管理，改善学生的学习生活条件。

5. 加强教育经费管理，全面提高教育项目和专项资金的使用效益。提请省人大对全省义务教育经费落实情况进行一次执法检查，确保国家和省义务教育资金全部用于城乡义务教育。探索建立基础教育建设项目和专项资金管理联动机制，从农村义务教育新机制资金管理使用和初中工程、教师周转房、捐赠项目等重点项目实施情况入手，探索建立基础教育项目资金管理使用绩效评估制度，将评估结果进行通报并作为下一年度安排资金和项目的重要依据。

八、落实"管行业必须管行风"的要求，切实提高各级教育行政部门的决策、管理和服务的能力和水平

1. 加强教育系统政风行风建设，提高服务基层、服务学校、服务师生的能力和水平。巩固"能力建设年"和"作风建设年"活动成果，严格遵守和模范执行党政机关的政治纪律、工作纪律、财经纪律和群众工作纪律。提高各级教育行政部门的行政效能，试行对市（州）教育局工作进行年度考核。继续抓好党风廉政建设责任制贯彻落实。继续做好纠风工作，加大对财务、基建、招生、采购、校办企业等重点领域和薄弱环节监管力度。加强教育审计工作，深化校务公开。推进廉洁教育进校园，进一步加强廉洁文化建设。

2. 加强应急管理，切实维护教育系统的和谐稳定。完善教育系统突发公共事件应急预案和体制机制，加强应急组织、队伍、平台和能力建设，提高各类突发事件预警、防范和处置能力。制定高校安全稳定工作考核办法。全面落实安全稳定责任制，认真排查和整改工作薄弱环节。大力推进平安校园创建活动，重点做好敏感时期维护高校稳定工作。进一步加大净化网络的工作力度，深入推进学校及周边治安综合治理工作。深入推进"依法治校示范校"的创建工作。

3. 加强调查研究，提高科学决策水平。围绕教育的前瞻性、全局性和战略性课题和热点难点问题，制定调研规划，确定调研重点，通过项目化、课题化，开展调查研究。建立各级教育行政部门领导联系学校和听课制度，建立完善调查研究工作制度，评比表彰优秀调研成果。加强学习型机关建设，组织干部培训，通过学习做到"懂得全局、管好本行"。

4. 加强信息和宣传工作，树立全省教育战线的品牌意识。落实全战线机关24小时干部值班制度，确保突发事件信息无迟报漏报，提高经验类、工作动态类信息的采用率和领导批示率，扩大教育工作的影响。建立信息报送工作统计通报制度，按市（州）和高校每月通报信息报送情况、采用情况和领导批示情况。完善教育新闻发布制度，建立新闻线索报告制度。做好舆情监控和影响力研判，提高突发事件媒体应对能力，将突发事件的妥善处置与媒体应对同步规划、同步部署。加强信息和宣传工作队伍建设，组织全省教育系统信息工作人员、网络评论员和新闻发言人业务知识培训。

5. 规范机关运行，提高教育行政管理水平。明确岗位职责，建立工作流程，完善工作督办制度和年度工作述职制度。完善目标责任制管理办法，提高机关运行效率和效能。按照省里的统一部署，推进机关和直属单位的机构改革和职能调整。加强规范性文件管理，进一步规范行政审批行为，加强教育行政复议和行政应诉工作，全面推进依法行政和依法治教。加快教育电子政务建设，完善教育政务公开制度。开展厅直属单位和高校政务网站绩效评估工作。做好保密和国家安全人民防线工作。做好提案建议的办理工作。推行厅领导接访和机关干部信访值班制度，做好教育信访工作，实现"件件有着落、事事有回音”。实现厅机关档案管理特级达标，全面推进直属单位和全省教育系统档案管理达标工作。进一步加强机关党的建设，继续开展机关文明创建活动，落实好省人口计生领导小组成员单位责任，深入推进节约型机关建设。贯彻教育部党组《关于加强全国教育系统关心下一代工作委员会建设的意见》，着力加强教育系统关工委组织建设和队伍建设，做好机关离退休干部服务和管理工作。

撰稿　办公室

【2010年湖北教育事业发展概况】 2010年，全省有各级各类学校1.84万所，在校学生1 160万人，教职工72万人。

义务教育　全省有小学7 749所，比上年减少795所；招生68.02万人，比上年增加3.8万人，增长5.9%；在校生365.55万人，比上年增加6.29万人，校均规模为461人；小学适龄人口入学率为99.96%，在校生辍学率为0.06%；小学毕业61.16万人。

全省有普通初中学校2 184所，比上年减少91所；招生65.79万人，比上年减少3.83万人；在校生218.09万人，比上年减少18.24万人，校均规模为945人；初中阶段适龄人口入学率为99.63%，在校生辍学率为0.26%；初中毕业85.44万人，比上年减少6.94万人，升入普通高中的升学率为46.29%。

全省小学有教职工21.12万人，其中专任教师19.61万人，比上年减少0.21万人，生师比为18.64∶1，专任教师学历合格率为99.35%；全省有初中专任教师15.68万人，与上年基本持平，生师比为13.9∶1，教师学历合格率达96.98%。

全省小学校舍建筑面积2 641.13万平方米，生均建筑面积7.23平方米，危房面积616.49万平方米，比上年减少92.69万平方米，危房率比上年下降了3.43%；全省普通中学校舍建筑面积4 000.87万平方米，生均建筑面积达11.7平方米，比上年增加0.76平方米，危房面积487.41万平方米，比上年减少102.99万平方米，危房率比上年下降了2.61%。体育运动场(馆)面积达标校数、体育器械配备达标校数、音乐器械配备达标校数、美术器械配备达标校数和数学自然实验仪器达标校数的比率，小学分别为59.34%、46.52%、42.32%、41.57%和48.78%，普通初中分别为75.09%、66.44%、57.55%、56.91%和75.92%。

学前教育与特殊教育　全省有幼儿园4 395所，招生76.1万人，在园幼儿(包括学前班)111.84万人；幼儿园有教职工6.62万人，园长和教师共计4.42万人。

全省有特殊教育学校76所，招收残疾儿童(包括随班就读学生，下同)2 047人，比上年减少120人，在校残疾儿童15 349人；在普通学校随班就读的残疾儿童招生数和在校生数分别占特殊教育招生和在校生总数的51.64%和50.93%；残疾儿童毕业2 261人，比上年增加586人。

高中阶段教育　全省有高中阶段教育(包括普通高中、中等职业学校、技工学校)学校1 222所，比上年减少8所，招生73.61万人，在校学生237.02万人，高中阶段学龄人口毛入学率达87.2%。

全省有普通高中603所，比上年减少19所，招生39.55万人，在校生123.74万人，比上年减少4.94万人，校均规模为2 052人，高中毕业43.45万人；在校生辍学率为0.97%。

全省普通高中有专任教师7.11万人，生师比为17.4∶1，专任教师学历合格率为93.42%；普通高中体育运动场(馆)面积达标率为81.92%，体育器材配备达标率79.93%，音乐器材配备达标率73.47%，美术器材配备达标率77.45%，理科实验仪器达标率84.25%，84.74%的学校建立了校园网。

全省有中等职业学校413所，比上年增加11所；招生28.36万人，在校生达90万人，校均规模为2 188人，中职毕业33.58万人，比上年增加2.8万人。

全省中等职业学校有教职工4.1万人，专任教师2.85万人，生师比为31.74∶1，专任教师学历合格率为80.67%；校园占地面积2 266.79万平方米，生均25.08平方米；校舍建筑面积952.02万平方米，生均10.53平方米，其中教学及辅助用房403.61万平方米；拥有图书1 789.38万册，生均图书19.8册；教学仪器设备总值为145 806.98万元，生均教学仪器设备值为1 613元。

全省有技工学校206所，招生5.7万人，在校生22.9万人。

高等教育　全省有普通高等学校120所，其中，中央部委属高校8所，省属本科院校27所，高等专科学校3所，高等职业学校51所，独立学院31所，另有成人高等学校14所。全省具有研究生培养资格的单位46个，其中高等学校23个，科研机构23个。

全省招收研究生3.61万人，其中博士生0.47万人，硕士生3.14万人；在学研究生10.31万人，其中博士生1.99万人，硕士生8.32万人；毕业研究生2.28万人，其中博士生0.37万人，硕士生1.91万人。

全省高等学校招收本科、高职(专科)学生48.9万人，其中普通高等教育招生38.76万人，比上年减少0.83万人，减少2.1%。普通本科招生20.25万人，比上年增加1.99万人，增长10.9%；成人高等教育招生10.14万人，比上年增加0.18万人，增长1.82%。高等教育本科、高职(专科)在校生155.9万人，其中普通高等教育在校生129.69万人，比上年增加4.79万人，增长3.83%。其中普通本科在校学生71.62万人，增加5.1万人。比上年增长7.67%；成人高等教育在校生26.21万人，比上年减少1.4万人，减少5.07%。高等教育共毕业学生43.59万人，其中普通高等教育毕业33.13万人，比上年增加0.31万人，增长0.94%；成人高等教育毕业10.46万人，比上年增加0.2万人，增长1.95%。

全省高校独立学院共招收普通本专科学生8.69万人，占全省普通本专科招生总数的22.41%，其中本科5.84万人，专科2.85万人；在校生达到28.89万人，占全省普通本专科在校生总数的22.28%，其中本科19.74万人，专科9.15万人。

全省高校普通本专科在校生中，哲学974人，经济学66 276人，法学29 911人，教育学46 435人，文学

197 350人，历史学2 542人，理学67 912人，工学500 473人，农学20 199人，医学100 210人，管理学264 638人。

普通高等学校的普通本专科在校生校均规模达10 725人，将研究生、留学生、进修生和夜大、函授、成人脱产班等各类学生，按国家规定折合为本专科学生计算，生师比为16.10：1，比上年有所下降。

全省高等学校有教职工12.53万人，其中普通高等学校12.35万人，成人高等学校0.18万人；有专任教师7.59万人，其中普通高校7.47万人，成人高校0.12万人。普通高校专任教师中，有正高级职称教师8 674人、副高级职称教师22 047人，具有高级职称的教师占专任教师总数的41.13%；具有研究生学历的教师38 877人，占专任教师总数的52.05%，比上年提高2.23%。有2 906名应届毕业生充实到普通高校任教，其中研究生毕业2 536人。

全省高等学校拥有产权的占地面积为8 337万平方米，校舍建筑面积4 203万平方米，学校藏书10 520万册，固定资产达617.98亿元，教学仪器设备总值128.67亿元。其中，普通高校有占地面积8 219万平方米，校舍建筑面积4 143万平方米，教学及辅助用房1 654万平方米，学校藏书10 332.42万册，固定资产总值达610.69亿元，教学仪器设备总值127.42亿元。全省高校有独立使用的非学校产权校园占地面积893万平方米，校舍建筑面积676万平方米。

成人职业教育和培训　全省有职业技术培训学校2 446所，其中，职工技术培训学校51所，农村成人文化技术培训学校2 245所；共培训结业75.95万人次，有78.08万人注册在校学习。职业技术培训学校有教职工9 417人，其中，职工技术培训学校1 843人，农村成人文化技术培训学校5 285人。

【全省教育工作会议】　12月29日，全省教育工作会议在武昌召开。会议深入学习贯彻全国教育工作会议精神，动员全省上下全面实施《湖北省中长期教育改革和发展规划纲要（2011—2020年）》，并为30位“湖北名师”颁奖。省委书记李鸿忠出席会议并讲话。省委副书记、代省长王国生就贯彻实施湖北省中长期教育改革发展规划纲要作部署。教育部副部长杜占元在会上讲话。李宪生、郭生练分别主持会议。侯长安作总结讲话。

李鸿忠指出，进一步加快全省教育改革发展，必须突出两大任务，即坚持育人为本，加强学生的思想道德建设，注重培养学生的实践能力和创新能力，促进学生全面发展，培养中国特色社会主义事业合格的建设者和接班人；坚持“以用立业”，抓紧培养我省经济社会发展急需的各类紧缺人才，充分发挥高校在创新湖北建设中的引领和支撑作用，大力营造留住人才、聚集人才、使用人才的良好环境，着力增强教育服务经济社会发展的能力。着重解决好三大问题，即坚持把促进教育公平作为基本教育政策，贯穿于各级各类教育之中，体现在教育工作的各个方面，着力抓好促进义务教育均衡发展、加快普及学前教育、解决好特殊群体子女就学问题、依法维护教育公平；坚持把改革作为教育事业发展的强大动力和活力源泉，大力推进教育体制机制创新，有效破解发展难题，力争在深化人才培养体制改革、深化教育管理体制改革、深化办学体制改革等关键领域和重点环节取得突破；坚持把加强教师队伍建设作为教育事业发展最重要的基础工程、关键工程来抓，激励“优者从教”，保障“教者从优”，重视和加强培养教育家。

李鸿忠强调，要把优先发展教育作为促进全省又好又快发展的根本战略、第一战略和总体战略，把对教育的投入作为财政的第一投入予以优先保障，努力办好人民满意的教育、现代化建设需要的教育，加快建设教育强省和人力资源强省，为推动湖北省经济社会跨越式发展提供更加有力的人才保证和智力支持。要着力抓好湖北省教育规划纲要的贯彻落实，结合各地实际和各部门职责，研究制定具体的政策措施和落实办法。要切实加强和改进教育系统党建工作，特别要加强和改进学校思想政治工作，大力推动中国特色社会主义理论体系进教材、进课堂、进头脑。要大力动员全社会共同推动教育事业科学发展，在全省上下形成人人关心、重视和支持教育事业改革发展的良好氛围和强大合力。

王国生指出，要围绕大力促进教育公平、办好人民满意的教育，加快普及学前教育，扎实推进义务教育均衡发展，进一步完善家庭经济困难学生资助政策体系，切实解决特殊群体的就学问题。要围绕以提高教育质量为核心、提升教育服务湖北经济社会发展的能力，全面推进素质教育，大力发展职业教育，全面提升高等教育质量。要围绕以改革创新为动力、推动教育全面协调发展，进一步解放思想，大力推进教育体制改革，力争取得重大突破，进一步扩大教育对外开放。要围绕优先保障教育投入，进一步加大财政对教育的投入力度，拓宽教育经费筹措渠道，完善教育经费投入机制。要围绕继续抓好教师队伍建设，深化“教师是教育发展第一资源”的认识，进一步加强师德建设，激励优者从教，落实教者从优。

杜占元在讲话中说，《湖北省中长期教育改革和发展规划纲要（2011—2020年）》提出，2015年基本建成教育强省；到2020年基本实现教育现代化，基本形成学习型社会，进入教育强省和人力资源强省前列，体现出湖北省委、省政府的战略眼光和战略布局，展现出湖北超越自我、引领中部和进入全国教育发展前列的坚定决心。希望湖北在推进教育优先发展，深化教育改革创新，促进教育公平，提高人才培养质量，进一步扩大教育开放等方面取得新的突破。

省领导杨松、宋育英、苏晓云、张昌尔、李宪生、黄先耀、侯长安、李春明、吴永文、张岱梨、刘友凡、郭生练、张通、陈春林出席会议。省政府秘书长傅德辉，省政协秘书长王树华，全省各市（州）主要领导，省直有关部门负责人，各高校和部分中小学负责人，部分优秀教师代表等参加会议。

【2010年度全省教育工作会议】　2月5日，2010年度全省教育工作会议在汉召开。会议总结了2009年全省教育工作取得的成绩，分析了当前全省

教育事业改革发展面临的形势和任务，安排部署了2010年的工作。省长李鸿忠给大会发来了一封信，副省长郭生练出席大会并作重要讲话，省人大常委会副主任周洪宇、省政协副主席陈春林、省政协教科文卫体委员会主任张祖新、省人大教科文卫委员会副主任委员张继年、省政府副秘书长黄国雄，及省教育厅领导班子成员出席了会议。各市、州、林区政府的分管领导应邀出席会议，各市、州、林区教育局局长、102个县(市、区)教育局负责人参加了会议。会议由省委高校工委书记、省教育厅党组书记蔡民族主持。

蔡民族首先宣读了李鸿忠省长致大会的信。李鸿忠指出，2009年全省教育系统按照中央和省委、省政府的总体部署，深入开展学习实践科学发展观活动，深化教育改革，调整优化教育结构，扎实推进素质教育，加强教师队伍建设，为全省经济社会发展作出了突出贡献。李鸿忠强调，当前，全省正处在加快发展、“弯道超越”、“提档进位”的关键时期，教育是促进经济社会发展的基础，改善民生需要教育优先发展，社会进步需要教育支撑，构建促进中部地区崛起的重要战略支点需要充分发挥湖北省科教人才优势。湖北要始终坚持教育优先发展的战略地位，始终把改革创新作为教育事业发展的强大动力，始终把促进教育公平作为教育政策的价值取向，始终把服务经济社会发展作为教育的重要使命，努力推进全省教育事业发展再上一个新水平。

郭生练充分肯定了2009年全省教育工作取得的成绩。他说，各地、各有关部门坚持教育优先发展战略，将促进教育事业发展作为保民生的重要举措，改革创新，真抓实干，进一步深化教育改革，优化教育结构，提高教育质量，各项教育工作取得了显著成绩:教育发展进入了新阶段，教育改革取得了新突破，教育惠民政策获得了新成效，教育服务经济社会有了新进展。

郭生练要求，各地和相关部门要坚持教育优先发展，科学发展，创新发展，深化教育改革，认真研究制定“全省中长期教育改革和发展规划纲要”，大力推进义务教育均衡发展，落实好贫困生资助政策，大力发展中等职业教育，不断提高高等教育质量和水平，加强师资队伍建设，抓好2010年的各项重点工作。

省教育厅厅长陈安丽作了《推进均衡，提高质量，以创新精神促进教育事业科学发展》的工作报告。陈安丽深刻分析了当前全省教育改革发展的形势，指出教育事业面临着中国崛起、低碳经济、民意社会、时空拉近、转变增长方式的时代特点。特别是在下一个10年，教育需求、教育投入、教育发展都将凸显阶段特征，全省教育进入了优质教育和内涵发展阶段，追求“均衡、公平”，教育质量问题、教育投入和公平问题、体制机制问题成为核心。

陈安丽强调，各地要紧密围绕《国家中长期教育改革和发展规划纲要》，认真领会突出改革创新、促进教育公平、提高教育质量等主要精神，在本地为教育发展营造有利氛围，在社会为教育改革形成思想基础。要大力发展职业教育，继续实施“319工程”，加强县级政府的统筹作用，鼓励和支持市(州)政府建设职教园区，探索学校、行业、企业共同参与的办学机制，完善“全省中等职业学校技能大赛”制度。完善普通高中课程改革的配套政策，研究制定普通高中学业水平考试方案和高考改革方案。省教育厅还将研究制定关于加强中小学校教师管理的意见，努力建设一支师德高尚、业务精湛、结构合理、充满活力的教师队伍。落实教师绩效工资制度，完善教师绩效考核办法。要扎实推进素质教育，着力促进每个学生的健康发展，稳步推进基础教育课程改革，将2010年作为以“规范办学行为”为主题的教育质量管理年。各级教育管理干部要不断提高新形势下做好教育工作的能力，注重学习调研，深入基层研究问题;要坚持改革创新，树立人人成才理念，改革人才评价制度，积极探索考试招生制度改革，建设现代学校制度，深化办学体制改革和管理体制改革;要加强能力建设和作风建设，提高依法管理能力、科学管理能力、民主管理能力、安全稳定管理能力和绩效管理能力;要加强新闻宣传工作，努力提高做社会工作的能力，营造有利于教育改革发展的良好社会环境，研究社会舆论引导的有效途径，不断提高教育工作科学化水平，以饱满的热情经营教育事业。

会议表彰了“2009年度全省教育好新闻”，19件优秀新闻作品获奖，另有5人获得教育宣传工作突出贡献奖。

【2010年全省高等教育工作会议】

4月30日，2010年全省高等教育工作会议在武汉市召开。会议回顾了新世纪头10年全省高等教育的发展特征，分析了高等教育面临的形势，展望了下一个10年高等教育的发展任务，明确了到2020年基本实现高等教育强省的奋斗目标。

省长李鸿忠给大会发来了贺信，副省长郭生练出席会议并讲话。省人大常委会副主任周洪宇、省政协副主席陈春林、省政协教科文卫体委员会主任张祖新出席会议。省委高校工委书记、省教育厅党组书记蔡民族主持会议。省教育厅厅长陈安丽作了题为《全面提高质量，主动加强服务，不断推进全省高等教育事业科学发展》的报告。

郭生练强调，全省高校要认清形势，把握湖北建设高教强省所面临的难得的历史机遇，解放思想，“弯道超越”，探索体制机制创新，以更加开放的姿态推动高等教育的发展。各高校要明确任务，以特色学科建设为重点，以师资队伍建设为核心，以机制体制创新为动力，切实提高高等教育质量，为全省经济社会发展提供人才和智力支撑。

陈安丽指出，“建设高等教育强省”是全省高等教育在今后5－10年中的改革和发展目标，高校要紧紧抓住“提高高等教育质量、提供优质社会服务”两大重点任务，着力推进“激活优质高教资源、开拓教育服务领域、加强教师队伍建设为主”的三大转变。省教育厅启动实施一系列计划和措施，鼓励和推动全省高校培养创新人才、主动服务地方、提升教师队伍、推进改革创新、化解债务问题。要求全省高等教育建立师德为魂、社会责任、育人为本、现代大学的新观念，适应教师队伍、学校行为、学生工作、规范管理的新要求，在未来5－10年中，完成新使命，实现新目标，在建设高等教育强省的征程中开创新的局面。

蔡民族作会议总结，要求高校贯彻落实科学发展观，抓好高校基层党组织建设，加强大学生思想政治工作教育，抓住机遇，解决问题，推进全省高等教育取得新发展。

全省各高等院校的党委书记和校(院)长，省教育厅机关处室和直属单位主要负责人共400余人参加了会议。会议还颁发了省高等学校教学成果奖。

【第二届地方教育制度创新奖】 12月4日，由北京21世纪教育研究院等机构主办的第三方评价政府绩效活动——第二届地方教育制度创新奖公益评选活动落下帷幕。此次评选活动从2010年4月正式启动，主办者组织国内教育界、经济界、文化界、科技界等各界权威人士，对近两年来各地的教育制度创新案例进行调查和评价。湖北省教育厅荣获地方教育制度创新奖最高奖——特别奖。湖北省教育厅获奖案例为“通过促进地方教育制度创新推进义务教育均衡”，为本届评选活动的三个特别奖之一。湖北省教育厅厅长陈安丽赴京参加颁奖仪式。

【教育行政部门年度工作考核】 2010年，省教育厅开展市(州)教育行政部门年度考核工作。1月，研究提出年度考核工作办法初稿；2月，在全省教育年度工作会上，将考核方案印发给与会代表征求意见，根据与会代表反馈的意见，对考核办法进一步修改完善；11月，印发市(州)教育行政部门年度考核办法有关文件，要求各地贯彻实施；抽调专人研究制定年度考核工作细则，征求意见。至12月，考核工作细则已基本完成。

【信访工作】 完善信访值班接访、信访情况定期上报、信访问题交办、信访督办、群体信访专班接待等一系列制度。重新修订《办理人民群众来信来访工作办法》和《厅领导信访接待日制度》，规范信访接待、交办的流程。依法接访，真诚服务来访群众。据统计，90%来访群众的诉求没有政策依据，需要进行政策解释。省教育厅依法依规认真宣讲政策，及时解答群众困惑，解决群众反映的突出问题。规范办信，对于群众来信，规范操作，按时办结，做到“件件有着落、事事有回音”。开展排查，化解信访疑难案件。省教育厅要求各地强化矛盾纠纷排查机制，积极研究解决问题的措施和办法，动员各级部门和学校主动约请上访人员或上门做工作，稳控重点上访对象，清除集体访隐患，化解了一大批信访积案。2010年，共接待来访群众892批次(其中规模来访119批次)，来访人数达4 000余人次，登记群众来信1 772件(其中领导批示件240件)，全部按时办结，办结率100%。

【政务督办与建议提案办理】 2010年，省教育厅建立专门的网上平台，将所有督办事项上载平台进行督办和考核。2010年，共编号登记的各种督办件131件，全部保质按时办结。

2010年，省教育厅共承办建议提案101件。其中，全国人大建议案1件，全国政协提案1件，省十一届人大三次会议代表建议37件，省政协十届三次会议委员提案62件，均在7月30日以前办结，建议提案的见面率、满意率、办结率基本达到100%。2010年，由省教育厅主办的81件建议提案中，建议提案为A，即完全采纳代表委员意见并且已经落实的13件，占建议提案主办件总数的16%；建议提案为B，即采纳了代表委员意见，正在落实的63件，占建议提案主办件总数的78%；已经落实和正在落实的一共76件，占主办件总数94%。

【重点工作和典型人物宣传】 发挥省教育厅政务网和湖北教育信息网的主阵地作用。按照政务公开的原则，将各类不涉密政策和通知在印发的同时，同步更新在政务网上，并将重大政策和重点工作及时告知媒体。2010年共发布政策性文件、通知和公告287篇，供新闻单位自由采集所需资讯。新闻单位采写的全省就业工作报道、华中科技大学“党旗领航工程”相关报道、“全国教书育人楷模”汪金权系列报道等新闻作品受到中央领导批示，赢得了广泛的社会赞誉。

组织媒体集中采访活动。围绕全省教育年度会议、高等教育年度会议、全省高校党建会议、义务教育均衡发展座谈会、中小学生应急逃生演练、人民满意教师汪金权、高校毕业生就业工作、中职优秀毕业生巡回报告、中职学校校企合作现场会等重大活动，组织媒体进行集中采访，各媒体均进行了系列报道。

对重大政策和典型人物进行集中宣传。在重大教育政策发布、典型人物推广等节点，召集相关负责人及新闻媒体记者进行会商研究，发挥集中宣传优势，打造新闻舆论热点。2010年5月省内媒体《湖北日报》和《楚天都市报》率先挖掘了“全国教书育人楷模”、蕲春四中教师汪金权的事迹。省教育厅随即深入学校调查研究，核实典型事实后，提请宣传部门作为重大典型开展宣传，组织中央在鄂及本地媒体对汪金权老师的先进事迹进行深度挖掘。据统计，中央电视台《新闻联播》和《新闻30分》先后3次报道汪金权老师，《光明日报》刊发3篇头版，新华社、《人民日报》、《中国青年报》均推出重点报道。《中国教育报》刊发19篇头版，其中头条8篇。《湖北日报》共刊发51篇头版、其中头条2篇。《楚天都市报》共刊发28篇头版头条。

同媒体开展广泛合作。同新华社湖北分社开展战略合作，每年就共同关心的教育问题展开专题调研和宣传活动。同《楚天都市报》合作，联办“教育欣闻”栏目，共同确定报道选题，2010年共刊发11期专版报道。举办湖北教育好新闻奖评选工作，按照报道的影响力和教育政策宣传的准确性全面性原则，每年评选教育好新闻和教育宣传突出贡献奖。

【新闻发言人和网络评论员队伍建设】

建立新闻发言人队伍。2010年，省委宣传部、省政府新闻办公室、省教育厅联合举办全省高校新闻发言人暨舆论引导研修班，省委常委、宣传部部长尹汉宁批示，要求以此次研修班为契机，在全省高校建立突发事件

全省高校新闻发言人暨舆论引导研修班开班现场

新闻应急机制。全省116所普通高校分管宣传工作的党委负责人和宣传部长近180人参加为期2天的学习培训。研修期间，还首次举办在鄂部委属高校及部分省属重点高校新闻发言人媒体见面会，来自武汉大学、华中科技大学、华中师范大学、武汉理工大学、中国地质大学(武汉)、中南财经政法大学、华中农业大学、中南民族大学、湖北大学、武汉科技大学的10位新闻发言人或新闻联络员在洪山礼堂集体亮相，分别介绍了本校新闻发布、信息公开和舆论引导的有关情况。

建立教育系统宣传工作队伍。省教育厅连续2年每年举办一期全省教育系统网络宣传工作及网络评论员培训班，全省各市(州)、县(市、区)教育行政部门宣传工作负责人参与培训，明确年度宣传工作重点，提高舆情监控和舆论引导能力，主动用正面的声音去占领舆论阵地，发挥了教育形象“宣传员”和主流舆论“引导员”的作用。

【政府信息公开】 做好政府信息公开日常工作，2010年省教育厅网站上传更新信息1 111件，做到政府信息主动及时公开。发挥网站的平台作用，开展与社会的互动交流活动，省教育厅门户网站专门辟有有“厅长信箱”、“民意征集”、“网上调查”、“在线访谈”等互动栏目，即时开展与社会各界的沟通与交流，问计于基层，宣传教育部门的工作。2010年，省教育厅网站共收到网上信访件4 815件，办结率为100%，其他各种沟通信件1 091件。

开展全省县(市、区)教育政务网站绩效评估活动。共评选99个县(市、区)教育政务网站，汉阳区教育局网站等前20名网站评为优秀网站(含名次并列网站共27个)，将前20名网站报送到教育部管理信息中心参加全国教育门户网站评比；推荐报送十堰市教育局网站等8个先进市(州)网站参加全国评比。开展全省高校网站绩效评估活动，起草全省高校网站评估指标体系，组织专家对指标体系进行了研讨和修订，拟写《省教育厅关于开展全省高校网站绩效评估的通知》。

【全省教育系统档案工作】 5月12日，省教育厅通过省档案局专家组织的省特级评审。12月，省人力资源和社会保障厅、省档案局授予省教育厅“全省档案工作先进集体”称号。通过确定目标、层层部署、交流并进、重点督办、通报评比等得力手段，狠抓厅直属单位和全省教育系统的档案目标管理升级工作。重点对黄冈市、荆州市等档案工作基础薄弱地区进行实地察看、现场指导，促使当地系统档案升级率达到90%以上。至2010年12月，省教育厅直属单位及全系统应纳入机关档案工作目标管理等级考评范围的单位共有126家，取得省二级以上等级证书的有121家，整体达标率为96%。其中达到省特级7家，省一级53家。2010年5月，制定《全省教育系统档案工作五年(2010－2014年)发展规划》，明确年度目标和任务，确定了组织措施和实施步骤以及具体作法。

【机关档案建设】 完成厅机关陈列室建设。根据《湖北省机关荣誉室建设指导意见》，充分利用库藏各门类档案资料，经过多次精心设计展厅和撰写展板文案，甄选近千幅图片，建成“湖北省教育厅陈列室”。

每半年向机关各处室和直属单位收集、征集一次应归档文件材料，并对清理出来的历史档案逐一作补录与回登。对档案进行数字化处理，建立27年的全文管理数据，幅面397 900张，机读检索目录近10万条。2010年，所有升级的直属单位都配置了科学档案管理软件，录入了相关档案数据，为实现档案资源共享奠定基础。

根据“四室”分开的原则，加强了对档案库房的改造，对库房设施进行了重新规划。电动智能型档案密集柜、防磁柜等专用设备均已安装放置到位，为档案安全保管提供完善的硬件保障。健全完善各项档案工作制度，重新修订了厅机关“三合一”制度。逐年向省档案局报送已公开现行文件，为社会各界以及机关内部提供档案利用2 000余人次。通过清理库存资料，鉴定、整理出具有参考利用价值的外部交流资料356册，内部编研资料268册，共624册。

【网络舆情监控与宣传】 加强湖北教育系统有关网络舆论引导及舆情编报工作。对34家网站以及湖北省部属和省属12家高校论坛进行舆情监控，对于发现的重要舆情，通过舆情简报的方式及时上报。全年共编发舆情日报182期，简报8期，有关情况说明20多期。积极引导网络舆论宣传。利用湖北教育信息网，做好重点教育活动的宣传工作。2010年，参与省部共建武汉城市圈教育综合改革国家试验区会商会、中小学校舍安全工程、学习汪金权同志先进事迹、全国教育工作会、全省贯彻国家《教育规划纲要》等教育热点、重点宣传报道工作达60余次。2010年，组织开展湖北教育信息网首届教育好新闻评选工作，经过初评、复评、终评和网上公示，从1 500多篇稿件中共评出获奖作品119篇，其中一等奖12篇，二等奖24篇，三等奖33篇，入围作品奖50篇。举办各类通讯员、评论员培训班。8月，举办第二届湖北教育信息网通讯员、评论员研修班，由全省各市（州）、区（县）教育局以及学校推荐的湖北教育信息网通讯员、评论员共90余人参会。为湖北职业教育与成人教育网开办2期培训，共有173人参加培训。

【全省教育政务网站绩效评估】
2010年，全省共有99个县（市、区）教育政务网站参评，汉阳区教育局网站等前20名网站评为优秀网站（含名次并列网站共27个），前20名网站被推荐报送到教育部管理信息中心参加全国教育门户网站评比，同时还推荐报送了十堰市教育局网站等8个先进市（州）网站参加全国评比。湖北教育信息网被评为省级优秀教育门户网站。组织开展各级各类校园网站评估活动。5月，省教育厅公布2009年度全省高中校园网站绩效评估50强。6月，启动全省高校网站绩效评估活动，起草全省高校网站评估指标体系，组织专家对指标体系进行了研讨和修订，印发《省教育厅关于开展全省高校网站绩效评估的通知》。10月，修订中小学校园网站评估标准，启动全省初中学校、中职中专校园网站绩效评估工作。

撰稿　刘维国　杨　扬

审稿　何爱军

【机关干部理论学习】　省教育厅通过中心组学习扩大会、专家讲座、办班研讨、参观考察、警示教育、知识竞赛等形式，加强厅机关和直属单位党员干部的理论学习。建立了省教育厅党组、厅机关党委、处室（单位）党组织三级学习负责制，在厅机关形成了以中心学习组为龙头、处以上干部为重点、党员干部为主体、党支部为主阵地的思想建设格局。坚持“省教育厅党组中心组理论学习制度”和“三会一课”制度（即定期召开党员大会、支部委员会、党小组会，按时上好党课），参加学习“人员、时间、内容、效果”得到落实。

【省教育厅直属机关党委第四次党员代表大会】　省教育厅直属系统设基层党委7个，党总支41个，党支部178个，党员22 630人，其中离退休党员724人，流动党员17 943人。4月28日，省教育厅召开了厅直属机关党委第四次党员代表大会，140名党员代表参加了会议。大会审议并通过了厅直属机关党委书记徐金山所作的《深入贯彻落实科学发展观、努力开创厅直机关党建工作新局面》的工作报告，选举产生了厅直属机关第四届党委和第三届纪委。分别召开了厅直属机关第四届党委第一次会议和第三届纪委第一次会议，选举产生了新一届党委书记、专职副书记、副书记和新一届纪委书记。

【机关党建评先表彰活动】　6月24日，省教育厅直属机关党委印发《中共湖北省教育厅直属机关委员会关于表彰先进基层党组织、优秀共产党员和优秀党务工作者的决定》，授予机关财务处党支部等35个基层党组织为“2009年度先进基层党组织”；张彦昌等89人为“2009年度优秀共产党员”；张维春等27人为“2009年度优秀党务工作者”。省教育信息化发展中心党支部、武汉交通职业学院党委被湖北省委省直机关工委授予“先进基层党组织”称号，省学生资助中心主任姜旭萍被省委省直机关授予“模范共产党员”称号，省教育厅曾翔宇、赵耿被授予湖北省直机关“优秀共产党员”称号，长江职业学院王征、省校办产业管理办公室胡崇新被授予湖北省直机关“优秀党务工作者”称号。

【创先争优活动】　8月10日，省教育厅召开全省中等职业学校和中小学深入开展创先争优活动推进会暨省教育厅机关开展创先争优活动推进会。省委高校工委书记、省教育厅党组书记蔡民族作动员报告，就全省中等职业学校和中小学开展创先争优活动进行动员和部署，对厅直属系统创先争优活动作了安排。制定了《关于在厅直属系统党组织和党员中开展创先争优活动的实施方案》，就厅机关及直属单位开展创先争优活动的指导思想、主要内容、目标要求、推进方式、实施步骤、组织领导等提出了具体意见。9月30日，省教育厅党组会专题研究了厅直属系统的创先争优工作，通过了省教育厅直属系统创先争优活动实施方案，成立了活动领导小组，领导小组下设办公室，具体负责创先争优活动的日常工作。会议要求省教育厅机关各处室、直属各单位要根据机关党委的总体部署和安排，结合自身实际，制定本处室、本单位党组织创先争优活动的具体实施方案，并要把开展创先争优活动与贯彻落实全国教育工作会议和教育发展规划纲要精神、推动教育事业科学发展结合起来，扎实推进厅直属系统的创先争优活动。

11月19日，省教育厅直属机关党委组织厅机关处室和直属单位党组织负责人，召开了创先争优工作会议。省教育厅副厅长、厅直属机关党委书记徐金山在会上作了讲话，对厅机关和直属单位创先争优活动进行了再动员、再部署。要求厅机关及直属单位全体党员干部一定要深刻认识开展创先争优活动的重大意义，切实增强创先争优的主动意识、责任意识和使命意识，努力把厅机关及直属单位创先争优活动推向高潮。

11月15日，省教育厅直属机关党委印发《关于厅直属系统在深入开展创先争优活动中实行公开承诺的实施意见》，就省教育厅机关和直属单位各级党组织及党员实行公开承诺作了安排部署。截至2010年11月底，省教育厅直属系统2010年公开承诺已经完成。

【革命传统教育】　6月25日—28日、7月2日—5日，省教育厅分二批组织厅机关干部及直属单位主要负责人共97人赴井冈山接受了革命传统教育。邀请井冈山干部学院教授作了井冈山革命精神专题报告，向革命烈士陵园敬献了花圈、重温了入党誓词，请井冈山干部学院教师在井冈山革命博物馆、毛泽东故居、朱德故居、黄洋界旧战场作了现场教学，使广大党员干部接受了一次生动的革命传统教育，更加坚定了理想信念，坚定了跟党走的自觉性和坚定性。

【机关文化建设】 2010年初，厅机关党委组织机关38名干部职工参加了2010年湖北省直机关迎新年东湖磨山健身活动，6人参加了竞速比赛，取得优异成绩。2月，举办了2010年省教育厅机关春节联欢活动，厅机关全体干部职工和厅直属各单位主要负责同志参加，联欢活动以卡拉OK为主，机关干部职工纵情放歌，展示了省教育厅干部职工良好的精神风貌。

8月5日，举行了厅机关大众广播体操比赛。22个处室及学生资助中心的全体干部参加了比赛。经过角逐，高教处等8个处室获牡丹金奖；外事处等8个处室获梅花金奖；机关党委等7个处室获荷花金奖。9月7日，组织45名机关干部参加了省直机关第二届干部职工运动会大众广播体操比赛和健身操表演赛，获得一等奖、创新奖和优秀组织奖。

【扶危济困活动】 4月，省教育厅直属机关党委开展为玉树地震灾区募捐活动，厅直属系统党员干部、离退休老同志、教职工和学生通过湖北省慈善总会捐款787 718.36元。11月22日，省教育厅直属机关党委在机关及直属单位开展“慈善一日捐”活动，通过湖北省慈善总会捐款184 470.1元。

撰稿 尹云波

审稿 熊传真

【教育志工作】 (1)完成《湖北省志·教育》(1979－2005)编纂任务。2010年，省教育厅对《湖北省志·教育》(1979－2005)(二审稿)进行再次修改、补充和完善，形成三审稿。召开座谈会，再次听取老领导、老同志的意见，将三审稿送厅领导、厅机关处室、直属单位负责人再次进行审阅。根据反馈意见反复修订，形成送审稿，58万字。12月初，按时将志稿报省地方志办公室，受到省地方志办公室领导好评。(2)出版《湖北教育年鉴》(2009)，完成《湖北教育年鉴》(2010)编纂工作。完成了2010卷《中国教育年鉴》、《湖北年鉴》、《武汉年鉴》、《发展改革年鉴》、《湖北农业年鉴》撰稿工作。省教育厅被省地方志编纂委员会评为“湖北年鉴工作先进单位”、“《湖北年鉴》撰稿工作先进单位”。《湖北教育年鉴》(2009)在湖北省第二届年鉴评奖活动中荣获专业年鉴特等奖、框架设计奖、条目编写奖和装帧设计奖。《湖北教育年鉴》(2009)在中国地方志指导小组办公室和中国地方志协会组织的第二届年鉴评奖中荣获专业年鉴一等奖。(3)推进《湖北高校志》编纂工作。各高校认真落实全省高校志编纂工作会议精神，积极做好高校志撰稿工作。截至12月，共有100所高校报送了高校志稿，其他高校正在撰写之中。(4)成功举办第五次全国地方专业(行业)年鉴研讨会。由中国出版工作者协会年鉴工作委员会地方专业(行业)年鉴工作部主办、《湖北教育年鉴》编辑部承办的第五次全国地方专业(行业)年鉴研讨会于5月31日－6月5日在武汉成功召开。会议以专业(行业)年鉴特色研究为主题，研讨了地方专业(行业)年鉴如何把握机遇，开拓创新，办出特色，为经济社会服务。来自全国18个省、市、自治区的160余位代表参加了会议。会上举办了年鉴展览。这次会议规模之大、规格之高、范围之广，是历次年会之最，得到与会领导与代表的好评。(5)开展老区教育研究工作表彰活动。省老区教育研究会在全省范围内开展老区教育研究工作先进单位、先进个人、优秀论文和优秀读本的评选。11月16日，召开老区教育研究工作表彰大会，共表彰先进单位17个，先进个人44人，优秀论文44篇，优秀读本30部。(6)完成了省委宣传部主编的《新世纪以来湖北先进典型人物辞典》中教育系统典型人物资料收集工作，共收录典型人物31人，收集资料20万字。

撰稿 黄 勇

审稿 邓 辉

【厅机关老干部工作】 省教育厅机关有离退休干部91人，其中离休干部13人，退休干部78人；副省级2人，正厅级6人，副厅级28人，正处级及以下52人。设有4个党支部。

厅内阅读重要文件、听取重要报告、出席重要会议、参加重要活动，以及走访慰问、情况通报、参观考察、调查研究等重要制度不断完善。坚持每月15日定期组织老干部集中学习，过好组织生活，全年组织活动40多次；以创先争优为契机，深入开展“五好”党支部和“五好”党员创建工作。年初，制定了4个党支部全年工作和活动安排计划。“七一”前夕，组织开展了优秀党务工作者和先进个人的评选；全年组织参观考察活动4次，即以“看世博、话发展、颂和谐”为主题，组织参观上海世博会；以“城乡巨变”为主题，组织参观武汉东湖高新区、烽火科技集团、武汉新港等高科技企业，武汉重大建设项目；组织参观鄂州城乡一体化发展建设情况和孝昌县新农村建设以及农村义务教育的巨大变化；以“重温历史”为主题，组织参观辛亥革命纪念馆、农讲所等。完善教育情况通报制度，将教育情况通报次数由原每年1次增加到2次。6月中旬，组织召开了厅机关离退休老干部教育情况通报会，省教育厅副厅长黄俭专题通报了全省基础教育情况，厅机关60余离退休老干部参加通报会。

2月和5月，省委老干部工作领导小组和老干部局领导先后来省教育厅检查和考察工作，认为省教育厅离退休干部工作“有创新、有特色、有水平”，主要是领导高度重视、从优落实待遇、维护团结和谐、发挥积极作用、服务管理规范。12月，省委外组织部、省人社厅、省委老干部局授予离退休干部处“全省离退休工作先进集体”称号。

【高校离退休干部工作】 4月，省教育厅、省委老干部局对省属高校的离退休干部工作进行了检查，总结了高校离退休工作的典型经验。省委检查组认为，高校离退休干部工作结合中组部〔2008〕10号(即中共中央组织部、人力资源和社会保障部《关于进一步加强新形势下离退休干部工作的意见》)和鄂办发〔2009〕29号(即省委办公厅、省政府办公厅转发的省委组织部等五部委《关于加强新形势下离退休干部工作的实施意见》)的学习和贯彻，紧紧围绕“老有所为”，鼓励和支持老干部为学校改革发展作出新的贡献，同时不断建立新机制，重点解决了高校老干部工作中的突出问题，探索和建立了老干部服务管理工作的工作机制。7月中旬，举行全省高校第10期离退休部工作人员培训班，全省高校老龄工作部门负责人共计60余人参加。年初，承担了省委老干部局“退休干部服务管理工作研究”课题研究任务，共形成研究报告共16篇，其中有2篇被中组部老干部局评为一、二等奖。5月，在中国地质大学(武汉)举办了全省高校离退休工作人员“我为夕阳添光彩”联谊活动，全省高校老干部工作人员230人参加活动。省教育厅、省高校老协，在华中科技大学、湖北经济学院、武汉体育学院举办湖北省高校老年人第二届歌咏比赛、健身展示活动、乒乓球比赛等系列文体活动，全省高校400多离退休老干部参加。

【关心下一代工作】 3月，以省委高校工委、省教育厅印发了湖北省关于全省教育系统关心下一代建设的意见，明确了关工委的性质、任务和工作方针，以及工作保障措施。7月上旬，省教育厅组织召开全省普通本科院校关心下一代工作经验交流会。会议的主要任务是学习贯彻《教育部党组关于进一步加强全国教育系统关心下一代建设的意见》(教党〔2009〕20号)，总结交流武汉大学、孝感学院等高校贯彻教党20号文件的经验。11月，厅关工委在各地家庭教育创建活动的基础上，开展了首次全省家庭教育示范县(市、区)评估活动和第二批全省示范家长学校的评估活动。授予武汉市洪山区、蕲春县、谷城县等3县区“湖北省家庭教育示范县(市、区)”称号，授予武汉市惠济路小学等193所中小学幼儿园举办的家长学校为“湖北省示范家长学校”称号。

省委副书记杨松在全省关心下一代工作现场经验交流会上充分肯定省教育厅关工委关于家长学校提档升级的措施和办法，要求全省各级关工委学习省教育厅关工委打造工作品牌的经验。厅关工委被中国关工委、中央文明办授予“全国关心下一代工作先进集体”称号。

撰稿　柴　立

审稿　胡　兴

【机关后勤服务】 2010年，省教育厅机关后勤中心加强后勤管理，转变服务观念，增强服务意识，努力降低行政运行成本，确保安全和稳定。被省机关事务管理局评为“全省2010年度机关后勤工作先进单位”。(1)车辆安全管理。根据车辆管理暂行规定，自觉增强法制观念，严格执行武汉市的“戒酒令”，严格遵守劳动纪律，爱岗敬业。对车辆勤检查、勤清洗、勤保养，始终保持车辆处于良好状态。全年安全行驶近60万公里，连续8年被洪山区评为交通先进集体。(2)机关固定资产管理。机关办公设备用品及相关耗材实行集中采购，对省教育厅机关各处室购进的实物和办公用品实行集中采买，严格政府采购程序，选择信誉好、质量高、价格合理的厂家作为采购点。对政府采购供应商以外的供应商，对同品牌、同规格、同型号、同配置的设备进行询价。对采买的办公用品严格按先入库、登记、造册、后发放的原则进行。全程微机管理，使办公用品的领用更具透明度。2010年办公用品采购、维修共计支出90万余元。(3)会务与接待。省教育厅会议接待本着节俭办会的理念，拟定会议预算，提前做好相关的准备工作，在会议期间做好与宾馆饭店协调，满足会议要求。全年接待上级领导12次，兄弟省市教育厅(局)领导5次，各种大型会议9次，电视电话会议5次。省教育厅机关办公大楼会议室接待大、小会议近千次。(4)绿化工作。义务植树活动日，省教育厅机关干部职工勇跃参加植树，参与率97%。省教育厅连续8年荣获绿化先进工作单位，省教育厅厅长陈安丽获得2009年度“全国绿化奖章”称号。制订绿化规章制度、签订门前“三包”责任状。省教育厅对办公大楼及宿舍区的花木指派专门人员定期清扫花草丛中的残枝败叶，对绿化地带喷施药物，抑止蚊蝇虫蚁的侵害。(5)计划生育与健康体检。积极宣传人口与计划生育各项政策法规，开展健康教育和疾病防治，配合属地计生部门开展工作，全面落实独生子女政策，独生子女办证率达到100%。建立厅机关育龄妇女登记卡和女职工基本情况登记表，纳入微机管理。2009年度省教育厅被计划生育领导小组评为一等奖。加强干部健康保健意识，做好防病普查工作。7月底，省教育厅机关后勤中心组织了全体女职工到省妇幼进行专科体检，8月初，组织全体机关干部到中南医院进行健康体检。

【节能减排】 6月12日—18日，全省开展“绿色办公”、“低碳生活”为主题的公共节能宣传周活动。省教育厅采取悬挂横幅、张贴标语、制作宣传栏和开展知识竞赛等活动，广泛宣传节能的重要性和必要性。倡导机关干部职工“绿色出行日”，乘坐公共交通工具、骑自行车或步行上下班，提倡绿色办公理念、低碳生活方式，普及节能知识和方法，增强了广大干部职工的节能意识。

2010年，省教育厅根据《省发改委关于同意省教育厅办公大楼节能改造工程立项的函》批复，投资1 000多万元对办公大楼进行节能改造，成立了机关办公大楼维修改造工程专班。11月2日，省教育厅办公大楼维修改造工程在网上公开招标，大楼维修改造工程实行全程跟踪审计，确保工程质量，要求施工现场进行文明施工、安全管理和质量监督，特别强调了施工安全问题。

【机关安全保卫】 为加强办公大楼安全保卫工作，省教育厅机关后勤中心从保安公司聘请保安，实行24小时值班制度，每天分时段对大楼进行巡查，做好详细值班记录。对办公大楼各楼层安装摄像头，专人负责监控。对政务大厅来访人员进行严格登记制度，确保了机关办公楼的正常秩序。

省教育厅机关后勤中心积极配合街道、社区、管辖派出所做好捐款捐物、慰问老弱病残，参与社区、管辖派出所创建平安社区和管理，共创平安社区。实现零发案。

撰稿　陈　珊

审稿　霍伟华

○政策法规

【湖北省中长期教育改革和发展规划纲要】 2010年7月，全国教育工作会议之后，省教育厅组织行政起草组和专家起草组平行起草《湖北省中长期教育改革和发展规划纲要》(2011—2020年)，经过10多轮修改，形成《湖北省中长期教育改革和发展规划纲要》文本。召开13次座谈会，邀请部分全国人大代表，省人大代表、政协委员，高校党委书记、校长，地方教育局长和校长教师代表，省直有关部门负责同志共300多人次座谈，通过网络、媒体向社会公开征求意见，收集意见建议2 000多条。其间，省委常委会、省人大主任会议、省政府常务会议、省政协主席会议先后8次听取汇报，省委书记李鸿忠4次听取汇报，21位省领导深入到基层和学校开展专题调研。2010年12月26日，省委、省政府印发《湖北省中长期教育改革和发展规划纲要(2011—2020年)》，共分为15篇，53条，提出“到2015年，基本建成教育强省。到2020年，基本实现教育现代化，基本形成学习型社会，进入教育强省和人力资源强省前列。”

【教育体制改革试点】 5月，教育部部署国家教育体制改革试点工作。省教育厅编制了4个方案进行申报。经教育部专家组评审，全国教育工作会议期间，教育部确定在湖北省开展“推进义务教育均衡发展”、“探索职业教育公益性的实现途径”、“高等教育综合改革”等三项在全省范围内实施的综合改革项目。省教育厅印发了《关于组织申报湖北省实施国家教育体制改革试点和湖北省教育体制改革试点的通知》及《湖北省实施国家教育体制改革试点申报指南》，组织各地各学校围绕三项综合改革试点进行申报。形成了湖北省国家教育体制改革试点项目实施方案，填写了《国家教育体制改革试点项目任务书》，经省政府报教育部备案。在分项实施方案的基础上，综合制定了《湖北省实施国家教育体制改革试点总体方案》。同时建立体制改革动态调整机制，对国家和省教育体制改革试点，根据综合改革的需要和各地各学校试点进展情况，适时进行动态调整。

【义务教育均衡发展】 省政府印发了《湖北省人民政府关于进一步推进全省义务教育均衡发展的意见》(鄂政发〔2010〕16号)，明确了义务教育均衡发展“两个机制”、“三化目标”、“四项工程”的政策框架。“两个机制”，即经费投入保障机制和督导评估机制。“三化目标”，即教学质量一体化、师资配备均衡化、基础设施标准化。“四项工程”，即以县域为单位实施“教学质量提高工程、“教师队伍建设工程”、“义务教育关爱工程”、“学校标准化建设工程”。省教育厅印发《关于贯彻落实鄂政发〔2010〕16号文件精神，全面推进“湖北省义务教育均衡发展行动计划”的通知》，制定了《湖北省义务教育学校教师队伍建设工程实施意见》、《湖北省义务教育教学质量提高工程实施意见》、《湖北省义务教育关爱工程实施意见》等10个配套文件。积极组织第二批均衡发展试点申报工作。制定了《地方教育制度创新奖评选办法》，印发了《关于开展首届湖北省“地方教育制度创新奖”评选活动的通知》，对体制机制创新成效突出的地方和单位进行表彰。

【教育政策研究】 省教育厅制定了《关于开展教育改革和发展政策研究工作的通知》，对开展政策调研提出要求。印发了《2010年教育改革发展调研计划》，确定各地各单位调研课题91个。对各地各单位承担的调研课题进行跟踪了解和定期督办，所有调研课题在年底之前形成调研报告。开展了服务经济发展方式转变战略研究，形成了《适应发展方式转变推进教育事业科学发展》调研报告，提出了切实可行的决策建议。召开了全省教育行政部门政策研究与法制建设工作会议，对地方教育行政部门进行了培训。

【依法行政】 省教育厅起草了《湖北省义务教育条例》草案文本。8月30日，省政府常务会议审议通过了《湖北省义务教育条例(草案)》，并提交省人大审议。9月26日，省第十一届人民代表大会常务委员会第十八次会议一审通过了《条例》草案。12月4日，省第十一届人民代表大会常务委员会第十九次会议正式审议通过，于2011年3月1日起实施。完成了省政府组织的3批、共52件规范性文件清理工作。编印了4期《湖北省教育厅政报》，对重要教育法律法规、规范性文件进行了刊载。指导武汉市教育局完成了“湖北省依法行政示范单位”创建工作，顺利通过了省法制办对省教育厅行政复议权利告知制度落实情况的检查。

【学生普法教育】 2010年，全省教育系统深入开展“五五”普法，全省乡镇中心小学以上学校都配备了法制副校长。各地不断改进法制教育课的内容、形式和方法，采取“模拟法庭”、“现身说法”等形式，结合青少年学生不同年龄特点开展法制教育。“五五”普法期间，仅黄冈市就举行法制讲座万余场次，制作法制宣传橱窗8.5万期，组织观看电影、录像6 269场次，下发师生法制教育读本12万册。2010年7月，省教育厅顺利通过省组织的“五五”普法和依法治理验收。

撰稿 苏清城
审稿 方向荣

各级各类教育

○基础教育

【概况】 2010年，全省共有幼儿园4 395所，在园幼儿111.84万人，幼儿园园长和教师3.85万人。全省小学7 749所，招生68.02万人，在校学生365.55万人。小学适龄儿童入学率99.96%，小学年辍学率0.06%，小学毕业生升学率107.57%。初中2 184所，招生65.79万人，在校学生218.09万人。初中学龄人口入学率99.63%，初中年辍学率0.26%，初中毕业生升学率82.42%。普通高中603所，招生39.55万人，在校生123.74万人。初中毕业生升入普通高中的升学率46.29%；高中阶段毛入学率87.2%。有特殊教育学校76所，在校生人数15 349人。民办普通中学257所，招生7.81万人，在校生23.75万人。民办小学68所，招生1.24万人，在校生7.59万人。民办幼儿园3 486所，招生34.15万人，在园幼儿55.71万人。

【学前教育规范管理】 根据省教育厅、省政府教育督导室《关于印发〈湖北省幼儿园办园水平综合评估标准(试行)〉的通知》，2009年以来，组织有关专家对各地申报的幼儿园进行逐一考察与评估，完成对原有88所省级示范幼儿园的复评工作，新认定22所省级示范园。组织人员到省内荆州市、潜江市、黄冈市、广水市、大悟县、崇阳县等地以及河南省就发展学前教育进行调研，深入幼儿园实地考察，召开各层次调研，起草调研报告，为全省制定学前教育发展的相关文件做准备。5月，省教育厅印发《关于开展全省中小学幼儿园综治维稳工作专项的紧急通知》和《关于进一步加强全省幼儿园安全管理的通知》，组织人员到各地检查中小学校幼儿园安全稳定工作。5月28日，开展全省幼儿园安全演练现场观摩活动。6月1日—30日开展了为期1月的幼儿园专项督查工作。推荐20位幼儿园骨干教师参加“国培计划”。组织开展2期全省公办幼儿园园长培训班和1期全省民办幼儿园园长培训班，共计500余人参加培训。组织参评宋庆龄第六届幼儿教育奖。经评审确定，湖北省共有6位园长获得奖励。

新授予“湖北省示范幼儿园”名单
(共21所)

1. 高等学校(2所)

武汉市(5所)

武汉常青阳光幼儿园
武汉市直属机关永红幼儿园
湖北省省直机关第一保育院
湖北省省直机关第二保育院
武汉市汉阳区玫瑰幼儿园

襄樊市(3所)

襄樊市艺术幼儿园
襄樊市襄城区教工幼儿园
襄樊市樊城区区直机关幼儿园

荆门市(3所)

荆门市直属机关幼儿园
京山县直属机关幼儿园
京山县聪明屋明星幼儿园(民办)

黄冈市(3所)

麻城市幼儿园
红安县直属机关幼儿园
黄冈市代代红幼儿园(民办)

宜昌市(3所)

宜昌市国资幼儿园
宜昌市基建幼儿园
远安县直机关幼儿园

黄石市(1所)

大冶市机关幼儿园

十堰市(1所)

十堰市商务局幼儿园

孝感市(1所)

孝感市财贸幼儿园

江汉油田(1所)

江汉油田向阳幼儿园

【推进义务教育均衡发展】 省教育厅制定了湖北省义务教育教学质量提高工程实施意见》和《湖北省义务教育关爱工程实施意见》，带领有关专家赴仙桃市、监利县、襄樊市、神农架林区调研义务教育均衡发展工作。开展全省特殊教育基本情况调研，撰写了专项调研报告。省教育厅、省民宗委开展全省民族教育工作调研，撰写了专项调研报告。配合教育部民族教育司，开展全省内地民族班教育工作专项调研，西藏班和新疆班工作受到教育部充分肯定。指导实施国家中西部地区特殊教育学校改扩建工程。2009年，中央下达湖北省项目学校9所，2010年，全部按要求开展了施工建设并购置教学设备。

【基础教育质量监测能力建设】 湖北省是教育部确定的首批省级基础教

育质量监测能力建设样本省之一，并被纳入“教育质量评价能力建设及管理机制构建项目”管理单位。6月18日—20日，省教育厅和教育部基础教育质量监测中心在武汉市共同组织开展省级基础教育质量监测能力建设培训工作，从国内外教育质量监测的实践与启示、监测工具的研发等6个方面，为参训人员进行了系统地讲解与指导。

【普通高中课程改革】 (1)以项目研究引领高中课改。确定12个项目专家组，下达12个重大研究项目课题，确定127个候选样本校。每个课题组和若干高中课改候选样本校开展项目研究活动，以专家引领学校课改工作。(2)启动综合素质评价。全省40万2009级学生参加了综合素质评价，已经完成第1次和第2次评价活动，社会各界反响较好。12月，启动第3次综合素质评价，全省逾80万高一、高二学生参加。(3)开展综合实践活动课。各地各校结合实际，积极主动的开展研究生学习，社会实践和社区服务活动开展良好。(4)搭建了11个高中课改网络平台并先后投入使用。高中课改网络平台的使用，为进一步加强高中管理，规范高中办学行为，统一推进高中课改起到了积极作用。(5)积极创造条件，推动通用技术课开设。7月，在武汉召开启动会，不少学校利用暑假，建立了通用技术课实验室，通用技术课教学在部分学校取得了初步成功。(6)组织60名高中课改候选样本校校长到上海华东师大参加教育部组织的高中课改省份校长培训。(7)召开高中课改督办会。10月25日，召集部分高中课改工作进展缓慢的省级示范高中校长到汉，汇报工作进展情况。此事对各校产生了较大的促进作用，各校高中课改主动性进一步提高。(8)开展高中学校课改执行情况评估工作。12月，在高一、高二年级学生和老师中开展高中课改问卷调查活动，涉及80万学生和4万老师。总共有50多万学生和2万老师参与了问卷调查。通过调查，对各校课改工作进行了评估，为探索省对高中的扁平化管理模式奠定了良好的基础。

【普通高中内涵发展】 开展示范高中办学行为专项督查。2010年，省教育厅和省政府教育督导室印发《湖北省示范高中管理规定(试行)》，努力体现深入贯彻落实科学发展观、贯彻党的教育方针和全面实施素质教育等要求，力争营造湖北省良好的高中教育发展环境，推动各省级示范高中内涵发展、持续发展，在区域内广泛发挥示范引领作用。7月，省人民政府教育督导室印发《关于进一步加强示范高中办学行为督导检查的通知》。在各示范高中自查、市(州)政府教育督导室督导检查的基础上，2010年下半年，省人民政府教育督导室对部分示范高中进行了抽查。

【青少年校外活动中心建设】 积极争取项目资金。争取新批国家级项目7个，累计项目资金2 100万元，全省国家级项目达到33个。着力推进项目建设进度。6月，召开全省青少年校外活动中心项目建设启动工作推进会。7月，全国县级青少年学生校外活动场所科普教育共建共享试点工作推进会在公安县召开，来自全国13个省(市、区)的科协和教育系统工作者参加会议。组织市(州)县(市、区)教育局、财政局、青少年活动中心管理人员参加国家级培训。

【青少年德育】 组织全国第九届宋庆龄奖学金参评工作，全省有26名中小学生获得宋庆龄奖学金，24名中小学生获提名奖。省教育厅、省文明办、团省委、省少工委、省邮政局等联合开展首届湖北省美德少年评选活动、第二届“湖北现代少年形象大使”评选活动、科技文华品学奖、第五届湖北省青少年书信文化活动。

【义务教育改制学校清理】 根据国家关于进一步清理规范义务教育改制学校的工作要求，对武汉市、宜昌市、荆门市、黄冈市等地存在义务教育改制学校清理规范不彻底问题进行调查整改，配合国家检查组进行专项检查，研究解决工作中存在的问题。在省政府的带领下，组织相关省直单位和市(州)到江苏省就改制学校工作开展考察学习。

【民族教育】 开设民族团结教育课程。从2010年开始，在全省各级中小学校全面开设民族团结教育专项课程，纳入学生的必修课和毕业考试以及中高考范围。加强民族教育教材资源的管理，要求学校统一使用国家审定的教科书和省级以上审定的相关学习资源，不得使用其他渠道的教材。扩大内地民族班的招生规模。积极开展教育援藏援疆工作，从2010年起，通过5年的时间，湖北省内地民族班招生规模将扩大一倍。支持武汉西藏中学新校区建设，省市两级在武汉市东湖之滨投资近2.3亿元，建设了面貌全新的武汉西藏中学，并于2010年7月顺利实现了整体搬迁。武汉西藏中学共开设17个班，有在校生806人，随着对教育部扩招任务的落实，武汉西藏中学的办学规模将进一步扩大。新确定具有省级示范称号的武汉东湖中学和武汉铁中作为新疆班扩招学校，接收新疆学生就读。组织民族团结教育宣讲活动。组织布置教育部宣讲团到湖北对武汉西藏中学、武汉第一中学和3个民族生散插班的学生进行民族团结宣传教育活动，针对内地民族班学生的思想实际，宣讲党的民族政策和西藏、新疆地区近年来发生的巨大变化，进一步培养和坚定学生正确的国家观、民族观。

撰稿　吴险峰
审稿　王　强

○职业教育与成人教育

【概况】 2010年，全省有中等职业学校413所，比2009年增加11所；招生28.36万人，比2009年减少8.36万人，减少22.76%；在校生90.38万人，比2009年减少13.79万人，减少13.2%；毕业33.58万人，比2009年增加2.8万人，增长9.08%。中等职业学校有教职工4.1万人，专任教师2.85万人，比2009年减少0.07万人；生师比为31.74：1，比2009年减少4人；专任教师学历合格率80.67%，比2009年提高2%。校舍占地面积2 266.79万平方米，比2009年增加78.85万平方米，增长3.6%，生均25.08平方米；校舍建筑面积952.02万平方米，比2009年增加52.74万平方米，增长5.86%，生均10.53平方米，其中教学及辅助用房403.61万平方米，比2009年增加19.89万平方米，增长5.18%；拥有图书1 789.38万册，比2009年增加1.07%，生均图书19.80册；占地面积2 266.79万平方米，比2009年增加3.6%；教学仪器设备总值为145 806.98万元，比2009年增加12.56%，生均教学仪器设备值为1 613.21元。2010年，全省中等职业学校毕业生平均就业率96.7%。

【2010年全省职业教育与成人教育工作会】 3月29日—30日，省教育厅在武汉市召开2010年度全省职业教育与成人教育工作会议，传达教育部2010年全国职业教育与成人教育年度工作会议精神，总结、交流2009年各市（州）工作经验，分析形势，安排部署全省职业教育与成人教育工作。会议要求，编制全省职业教育"十二五"发展规划，继续推进实施"319工程"，加强中职学校德育工作，深化教育教学改革，加强"双师型"建设，做好农村劳动力转移培训，加大宣传力度，营造职教良好发展氛围。会议期间，举行了"湖北省职业教育与成人教育网"（http://www.hbzc.e21.cn）启动仪式。

【实施职教"319"工程】 按照集团化、规模化、品牌化、扶优做强的职业教育发展思路，进一步优化布局、整合资源、调整结构，统筹区域内各类职业教育资源，每个县（市、区）重点建设好1所中等职业学校，做大做强县级职教中心。全省85个县（市、区）对中等职业学校进行了资源整合。其中，宜昌市、十堰市、恩施州、孝感市职教资源整合已经到位，崇阳县、利川市、罗田县、郧县、秭归县等县（市）按照要求已整合了职教资源。发挥市（州）政府的统筹作用，推进武汉城市圈各市职教园区建设，鼓励和支持武汉市、咸宁市、鄂州市、孝感市、黄冈市、黄石市加强职教园区建设。其中武汉市规划筹建3个职教园区，各项工作稳步推进。各地大力推进资源整合，推进职教园区与工业园区的紧密合作，增强办学实力和可持续发展能力。全省中职学校紧密围绕全省"两圈一带"及主导、新兴、支柱产业，精心打造职教品牌。

【职业教育教学改革】 改革中职办学模式、培养模式、教学模式和评价模式，重点推进符合中职特点的教学环境、专业设置、课程体系、教材建设、教师队伍建设和管理制度创新，推行模拟教学、项目教学、案例教学、技能打包教学、仿真教学等教学方法。推动中职教育由注重扩大规模向稳定规模、提高质量转变。调整专业结构。根据教育部《中等职业学校专业目录》，结合各地实际，调整专业结构，引导各中职学校办好1－2个适应市场需求的特色专业。创新教学内容。按照国家对职业教育人才培养的要求和企业用工实际需要，深化课程改革，鼓励和引导学校、企业联合开发使用校本教材，加强学生专业理论与实践动手能力的培养，保证人才培养质量。创新教学方式，推进讨论式、探究式、协作式和自主学习，强化实践教学方式的工作过程导向。构建网络学习平台，提高教育教学信息化水平，建立项目库、案例库、技能库，增强教学环境和过程的实操性。

【中职学校招生工作】 4月，省教育厅按照普职比例大体相当要求，下达中职学校与普通高中的招生计划。5月，省教育厅印发《关于做好2010年中职学校招生工作的通知》，明确招生目标任务、工作要求和"七严一不准"纪律规定，即严格执行招生政策规定，严格遵守招生纪律，严禁虚假不实的招生宣传，严禁委托个人或中介机构招生，严禁买卖生源、抢夺生源，严禁恶性竞争、相互诋毁，严禁以任何形式有偿招生；各初中学校一律不准通过向中等职业学校推荐生源收取费用。制定严格的招生激励机制，建立中职招生督办、旬报制度。扩展招生渠道，中等职业招生对象不仅为应往届初、高中毕业生，还扩大到返乡农民工、回乡知识青年、退伍军人等，在全省开展送教到企业、到服务业、到农村等活动。6月，省教育厅与楚天都市报合作，加大招生宣传力度，刊发全省省级以上重点中职学校名单，宣传中等职业招生政策措施。9月，省教育厅在武汉市召开中职招生工作促进会，省教育厅副厅长张金元出席会议并讲话，要求各地进一步加大中职招生力度。2009年，全省中职学校完成招生28.36万人（不含技工学校）。

【全省中等职业学校校企合作现场会】 5月17日—18日，全省推进中职学校校企合作现场会在罗田县召开。省政府副秘书长黄国雄，省教育厅厅长陈安丽出席会议并讲话，副厅长张金元主持会议，会议就推进全省中等职业学校校企合作进行了经验交流和工作部署。罗田理工中专、钟祥市职业高中、荆州市创业中专学校、武汉市交通学校、湖北巴顿轴承有限公司分别从"构建技能型人才培养模式"、"促进学校发展"、"提高学生职业能力"、"实现多赢战略"、"实现校企双赢"等方面作了大会交流发言。各市(州)教育局负责人、全省国家级重点中职学校的校长、企业代表共170余人参加了会议，并实地参观了罗田理工中专实训园。

【职教园区建设】 根据2009年4月省政府《关于研究我省职业教育园区组建问题的会议纪要》(2009年专题会议纪要45号)"原则同意在鄂州市、咸宁市、孝感市、黄冈市、黄石市组建职业教育园区"精神，省教育厅会同省发改委、省财政厅、省国土资源厅对孝感市、黄冈市、黄石市职教园区建设规划进行论证，提出指导意见，要求3市进一步修改规划。经请示省政府同意，3月，省教育厅发文批复孝感、黄冈建设职教园区，12月，批复黄石建设职教园区。

【职业教育基础能力建设】 9月，省教育厅、省发展和改革委员会、省人力资源和社会保障厅印发通知，要求各市(州)编制2010－2015年全省中等职业教育基础能力与规划。2010年，争取国家发展和改革委员会2010年基础能力建设项目资金9 000万元，支持9所中职学校的基础能力建设；省级投入基础能力建设经费800万元，支持6所中职学校和黄冈市、潜市江两个职教园区建设；省级投入600万元支持6所省级示范中职学校建设。推荐14所学校成功申报2010年度国家中等职业教育改革发展示范学校建设计划项目，评估认定了省级重点学校3所，省级重点专业25个。推荐中职学校申报国家级实训基地建设项目14个，争取中央资金2 270万元；实施省级实训基地、品牌专业建设项目60个，投入资金1 400万元。结合国家级、省级实训基地建设要求，以现有职业教育实训基地为基础，进一步培植壮大了一批有规模、有效益的校内实训基地。引进企业资金或设备，通过校企合作的形式，按照工厂化、车间式进行布局，积极承担生产任务或参与对外技术服务，提高设备利用率，增强实训效果，逐步实现校内实训基地生产化。鼓励职业学校与企业合作建设校外实训基地。

2010年申报国家级重点中等职业学校名单

武汉市旅游学校
巴东县民族职业高级中学
建始县中等职业技术学校

2010年认定省级重点中等职业学校名单

东风汽车公司汽车工业学校
宣恩县中等职业技术学校
湖北省工业经济学校

2010年认定省级中等职业学校重点专业名单

市(州)	学校名称	专业名称
省属	湖北省旅游学校	导游
	江汉油田职业技术学校	石油工程
	湖北省女子职业学校	航空服务
武汉	武汉市第一商业学校	会计
	武汉市江夏职业技术学校	模具制造
	武汉市黄陂区职业技术学校	电子电器应用与维修
	武汉市交通学校	物流服务与管理
	武汉市东西湖职业技术学校	学前教育(幼儿师范)
	武汉市第二职业教育中心学校	旅游服务与管理
	武汉市财贸学校	计算机应用
	武汉市第一轻工业学校	数控技术应用
	武汉市第二轻工业学校	电子技术应用
	武汉市农业学校	园艺
孝感	云梦县中等职业技术学校	电子与信息技术
	安陆工业技术学校	计算机应用
荆门	钟祥市职业高级中学	建筑工程施工
十堰	十堰市应用科技学校	数控技术应用
	十堰市医药卫生学校	药剂
恩施	建始县中等职业技术学校	电子电器应用与维修
	恩施市中等职业技术学校	学前教育(幼儿师范)
	宣恩县中等职业技术学校	电子电器应用与维修
	咸丰县中等职业技术学校	农村电气应用
荆州	洪湖市理工中等职业学校	护理
	公安县职业技术教育中心学校	数控技术应用
	荆州市劳动中等专业学校	计算机技术与应用

【中职毕业生就业】 全省进一步加大中职学生就业工作力度，确保中职毕业生更好的走上就业岗位。据全省中等职业学校统计，2010年，全省中职学校毕业生33.57万人，就业32.47万人，就业率96.7%，就业生去向为：第一产业1.52万人，第二产业16.35万人，第三产业14.6万人。6月，中铁隧道局股份有限公司到武汉铁路桥梁学校考核选拔出马保龙、孟云鹏、朱晓东、蒙思龙和吴合滨5名学生派往伊朗修建高速铁路。安陆中等职业学校数控技术、电工电子等专业毕业生出现了"1个毕业生15个岗位抢"的局面。

【全省优秀中职毕业生巡回报告】 6月22日，全省中等职业学校优秀毕业生首场巡回报告会在武昌洪山礼堂举行。省政府副秘书长黄国雄、省教育厅厅长陈安丽出席会议并讲话。报告会上，老河口职业技术学校优秀毕业生唐少东、钟祥市职业高中优秀毕业生周荣、宜昌市机电工程学校优秀毕业生卢光胜、武汉市仪表电子学校优秀毕业生刘勇兵、黄冈劳动中专优秀毕业生李昌华，以自己的学习经历、成长历程、心灵感悟，讲述他们自强不息、埋头苦干、创新创业、敢为人先的奋斗历程，向中职学生说明树立理想信念、掌握职业技能、养成良好的职业道德的重要性，用自己的成功案例诠释技能型人才在经济建设和社会发展中的重要作用。武汉市仪表电子学校、武汉市医药学校、武汉市第二轻工业学校、武汉市石牌岭职业高中、武汉市供销商业学校、武汉铁路桥梁学校、武汉市第二职业教育中心，共1 000余名师生听取了优秀毕业生的报告。报告团随后分赴黄冈市、襄樊市、宜昌市、孝感市等市进行巡回演讲。

【“双师型”队伍建设】 以“双师型”教师队伍建设为重点，开展“教师进企业、技师进校园”的校企合作师资培训活动，形成校企人才交流长效机制。创新“双师型”教师队伍建设模式，鼓励中职学校从社会和企业聘请专业技能型人才，建立面向中职学校的“楚天技能名师(中职)”制度。开展紧缺专业特聘兼职教师，全面落实职业学校教师到企业实践的制度。建立和完善中职学校教师队伍建设与管理的激励机制，通过进企业锻炼、培训学习、专业技能考核等多种形式，培养、选拔职教名师人选。组织推荐215名骨干专业教师参加了国家级师资培训，组织800名专业骨干教师参加了省级教师培训，组织6名校长赴德国学习考察，推荐50名中职学校校长参加教育部校长培训班，开办了全省中职校长培训班。各地各学校以提高教师的理论水平和教学能力为抓手，开展优质课、示范课、达标课讲评活动，提高教师教学能力，磨练教师基本功，校本培训取得实效。充分发挥《湖北职教》、《职教天地》阵地作用，不断提高办刊水平，促进学术交流，传递职教信息。通过开展职教学会论文评选活动。2010年度共评出优秀论文一等奖4篇，二等奖14篇，三等奖28篇。

【首批“楚天技能名师”】 4月，省教育厅印发《湖北省中等职业院校楚天技能名师教学岗位制度实施办法(试行)》，首次设置“楚天技能名师(中职)”教学岗位，聘请技术能手到中职学校任教。“楚天技能名师”为中职学校流动教学岗位，每年在全省中职学校省级以上(含省级)重点专业或实训基地设置，每个专业原则上设置1个岗位。“楚天技能名师”教学岗位实行聘任制，聘期2年，面向省内外相关行业企业，由中职在生产、建设、管理、服务一线专业技术人员中公开招聘，受聘者必须是长期在本专业(行业)技术领域或生产一线工作，具有高级技师职务或具有一技之长的省级、国家级技术能手(大师、名师)。受聘的名师要完整、系统地讲授一门专业实践技能课程，指导本专业学生实训。聘期内每学年在受聘学校累计工作时间不少于3个月或上课120学时左右。“楚天技能名师”教学岗位津贴为每人每年2万元。经过学校申报、评估、公示等程序，11月，全省首批50位中职“楚天技能名师”评聘到位。

附：**湖北省中等职业学校首批楚天技能名师教学岗位设岗专业名单**

学　　校	设岗专业名称	教学岗位名称
武汉铁路桥梁学校	铁道桥梁	工程测量
武汉市交通学校	汽车运用与维修	汽车机电维修
湖北省机械工业学校	机械加工技术	机械加工操作实训
湖北航天工业学校	数控技术应用	数控加工综合实训
武汉市东西湖职业技术学校	食品生物工艺	饮料工艺与应用
武汉市仪表电子学校	光电子技术	光电收发模块生产制造工艺
武汉市第二商业学校	中餐烹饪	烹饪工艺
武汉市第一轻工业学校	印刷技术	印刷技术实训
宜昌市机电工程学校	数控技术应用	数控技术实训
武汉市第一职业教育中心	计算机及应用	计算机动画制作
孝感市工业学校	计算机及应用	计算机应用技能实训
湖北城市职业学校	服装设计与工艺	服装设计与工艺
武汉市第二职业教育中心学校	工艺美术	服装设计
孝感生物工程学校	种植	设施农业高产栽培技术实训
湖北省医药学校	药剂	药品营销
武汉市新洲高级职业中学	园艺	园林规划设计
武汉市农业学校	畜牧兽医	畜牧兽医
罗田理工中等专业学校	电子技术	电工电子实训
武汉市供销商业学校	市场营销	门店管理
江汉油田职业技术学校	精细化工	精细化工专业实训
建始县中等职业技术学校	种植	作物栽培

学　　校	设岗专业名称	教学岗位名称
兴山县职业教育中心	现代农艺技术	作物田间试验
郧阳科技学校	机械制造与控制	机械加工、钳工维修等
湖北十堰职业技术(集团)学校	数控技术	数控机床维修
襄城区职业高级中学	电子应用技术	电工技能实训
随州市机电工程学校	汽车制造与维修	机械制造工艺
宜昌市城市建设学校	建筑工程施工	实操实训
黄冈劳动中等专业学校	电工电子与自动化	数控加工与编程教学与实训
潜江市职业教育中心	机械设计与制造	车工实训
襄樊市工业学校	模具设计与制造	模具专业实训
十堰市医药卫生学校	护理	内科护理学
湖北省自动化工程学校	电子技术应用	平板电视原理与维修
荆州市机械电子工业学校	电子技术应用	电子技术应用实践技能
安陆市中等职业技术学校	农业机械精加工	模具钳工
襄樊市护士学校	通科护理	护理技术
荆州市创业职业中等专业学校	汽车运用与维修	汽车维修
华中科技大学同济医院附属卫生学校	护理	外科护理实训
宜都市职业教育中心	电子技术应用	制冷设备安装与维修
崇阳职业技术学校	机械模具与数控技术	机械理论与数控加工实训
郧西职业技术学校	汽车运用与维修	汽车维修
湖北现代教育集团随州一职中	汽车运用与维修	汽车维修基础理论
宜昌市水利电力学校	水利水电工程施工	水利工程施工员实训
鄂州市中等专业学校	机械加工	车工实训
黄冈工程学校	机电技术应用	机电专业
麻城理工中等专业学校	机电技术应用	机电专业技能实训
巴东县民族职业高级中学	计算机及应用	网络技术
武汉市旅游学校	旅游服务与管理	导游实务
天门市经济管理干部学校(天门卫校)	模具制造与维修	普通机械加工、模具钳工
云梦县中等职业技术学校	机械加工	车钳实训
荆州市职业教育中心	机电技术应用	车工工艺学

【全国职业院校技能大赛】 6月24日—27日，2010年全国职业院校技能大赛在天津举行。湖北省共派出81名选手参加了中职组10个专业类别35个项目的比赛，共获得一等奖8项，二等奖18项，三等奖17项，优秀奖38项，较2009年增加了两个一等奖、五个二等奖。教育部副部长鲁昕专门致信省政府副省长郭生练表示祝贺和感谢。

2010年全国职业院校技能大赛湖北获奖中职学生名单

一等奖：

姓　　名	获奖项目	获奖等次	所属学校	指导教师
艾　帆　刘　星　李高祥	加工中心/数控车团队	团体一等奖	武汉市第二轻工业学校	朱玉霞　邓汉屏
刘健	数控车工	一等奖	武汉市第二轻工业学校	余　昆
辛满华	车身涂装(涂漆)	一等奖	武汉市交通学校	易建红
王文规	果蔬雕	一等奖	武汉市第二商业学校	刘念清
王天成	果蔬雕	一等奖	湖北省荆门职教集团	王荣林
韦建桥	中餐冷拼	一等奖	湖北省荆门职教集团	王　梅
肖　婷	女式时尚休闲上衣CAD板型制作与缝制	一等奖	湖北城市职业学校	黄文明
徐晨红	工业产品设计(CAD)技术	一等奖	孝感工业学校	龚志军　李进波

二等奖：

姓　　名	获奖项目	获奖等次	所属学校	指导教师
汤博文	单片机控制装置安装与调试	二等奖	武汉市仪表电子学校	胡　峥
潘峥峥	单片机控制装置安装与调试	二等奖	武汉市仪表电子学校	周永东
张　勇	电子产品装配与调试	二等奖	武汉市仪表电子学校	时　珍
管业群　刘文浩	机电一体化设备组装与调试	团体二等奖	孝感工业学校	纪文超
张程程	时尚合体女式上衣款式设计与立体造型	二等奖	湖北城市职业学校	肖花明
李　勤	时尚合体女式上衣款式设计与立体造型	二等奖	湖北城市职业学校	黄文明
周　威	时尚合体女式上衣款式设计与立体造型	二等奖	湖北城市职业学校	胡水姣
金　伟　陈　硕　蒋朝辉	工程测量	团体二等奖	武汉铁路桥梁学校	刘国寿
胡盛朋　李　立	楼宇智能化系统安装与调试	团体二等奖	武汉市仪表电子学校	李志勇
肖　霄	数字影视后期制作技术	二等奖	孝感工业学校	谈凌云　邓广修
余　玲	中餐面点	二等奖	武汉市第二商业学校	方元法
潘　成	车身修复(钣金)	二等奖	武汉市交通学校	杨　猛
门开鹏	数控车工	二等奖	武汉市第二轻工业学校	余　昆
胡远军	数控铣工	二等奖	武汉市第二轻工业学校	车海峰
彭　乐	数控铣工	二等奖	武汉市第二轻工业学校	车海峰
杨　成　胡锦程　张晓琴	进出库业务	团体二等奖	武汉市财政学校	何华洲　郑　彬
帅红芳	艺术插花	二等奖	武汉市农业学校	李小燕
余韶昕	种子质量检测	二等奖	兴山县职业教育中心	乔长英

三等奖：

姓　　名	获奖项目	获奖等次	所属学校	指导教师
陈志威	电子产品装配与调试	三等奖	武汉市仪表电子学校	付俊菁
杨　冬　叶明星	机电一体化设备组装与调试	团体三等奖	孝感工业学校	阮梦霞
刘志明	女式时尚休闲上衣CAD板型制作与缝制	三等奖	湖北城市职业学校	肖花明
戴　洋　周　成	楼宇智能化系统安装与调试	团体三等奖	武汉市仪表电子学校	胡　贝
王瑞军	工程算量	三等奖	武汉铁路桥梁学校	吴海霞
江　军	工业产品设计(CAD)技术	三等奖	孝感工业学校	龚志军　李进波
殷德鹏	工业产品设计(CAD)技术	三等奖	孝感工业学校	龚志军　李进波
王惠龙　李　运　王子龙	网络综合布线技术	团体三等奖	武汉市第一职业教育中心	熊继周　杨向东　何　欣
马英俊	数字影视后期制作技术	三等奖	孝感工业学校	谈凌云　邓广修
魏学元	板寸推剪造型(公仔)	三等奖	武汉市仪表电子学校	苏昶铭
陈凌空	板寸推剪造型(公仔)	三等奖	武汉市仪表电子学校	徐剑虹
邓文珂	中职学生模特表演	三等奖	武汉市艺术学校	丁　弦
万忠恕	装配钳工	三等奖	孝感工业学校	张小林
刘　伟	车身涂装(涂漆)	三等奖	武汉市交通学校	易建红
朱敏刚　许　燃	汽车二级维护作业	团体三等奖	武汉市交通学校	冯汉喜
袁林清　王　冰	汽车二级维护作业	团体三等奖	武汉市交通技工学校	刘尚荣
柯美辉	汽车维修基本技能	三等奖	武汉市交通学校	陈国威

【全省中等职业学校技能大赛】 11月13日—16日，省教育厅、省人力资源和社会保障厅、省财政厅联合举办了2010年全省中等职业学校技能大赛。在学校、市(州)层层选拔的基础上，全省459名中等职业学校学生参加了数控技术类、电工电子类、汽车维修类、机械加工类、计算机应用类、服务业类等6个大类，数控车工、数控铣工、普通车工、钳工、电子产品装配与调试、单片机控制装置安装与调试、汽车二级维护、汽车维修基本技能、动画片设计与制作、企业网络搭建与应用、调酒、中餐摆台、西餐摆台、中式铺床、会计技术等15个项目的比赛，共决出一等奖51个、二等奖93个、三等奖140个。经省职业技能鉴定指导中心认定，51人取得技师职业资格证书、85人取得高级工职业资格证书。对省级大赛获得三等奖以上的选手，可以免试就读省内武汉职业技术学院、武汉船舶职业技术学院、武汉铁路职业技术学院、湖北职业技术学院4所国家示范高职院校相近专业。

2010年全省中等职业学校技能大赛获奖名单

数控车工：

一等奖获奖选手

代表队	学校	姓名	所获职业资格
武汉市	武汉市第二轻工业学校	邓学志	技师资格
武汉市	武汉市第二轻工业学校	李高祥	技师资格
省属	湖北航天工业学校	叶冲	技师资格
武汉市	武汉市第二轻工业学校	李哲	高级工资格

数控铣工：

一等奖获奖选手

代表队	学校	姓名	所获职业资格
武汉市	武汉市第二轻工业学校	谢猛	技师资格
武汉市	武汉市第二轻工业学校	彭乐	技师资格
孝感市	孝感市工业学校	王星	技师资格

电子产品装配与调试：

一等奖获奖选手

代表队	学校	姓名	所获职业资格
武汉市	武汉市仪表电子学校	张勇	技师资格
武汉市	武汉市仪表电子学校	张磊	技师资格
孝感市	孝感市工业学校	左浩	技师资格
十堰市	十堰职业技术(集团)学校	蔡飞	高级工资格
十堰市	十堰职业技术(集团)学校	张静	高级工资格
孝感市	孝感市工业学校	潘志辉	高级工资格

单片机控制装置安装与调试：

一等奖获奖选手

代表队	学校	姓名	所获职业资格
武汉市	武汉市仪表电子学校	张煜	技师资格
武汉市	武汉市仪表电子学校	李阿伟	技师资格
孝感市	孝感市工业学校	付君和	技师资格
孝感市	孝感市工业学校	周俊	高级工资格

汽车二级维护(团体):

一等奖获奖选手

代表队	学　　校	姓　名	所获职业资格
武汉市	武汉市交通学校	邱　东	技师资格
		郑　哲	技师资格
荆州市	荆州市创业职业中专	潘训忠	技师资格
		李晓升	技师资格

汽车维修基本技能:

一等奖获奖选手

代表队	学　　校	姓　名	所获职业资格
武汉市	武汉市交通学校	柯美辉	技师资格
武汉市	武汉市交通学校	梁家乐	技师资格
荆州市	荆州市创业职业中专	刘　彭	技师资格

普通车工:

一等奖获奖选手

代表队	学　　校	姓　名	所获职业资格
孝感市	孝感市工业学校	杨　力	技师资格
孝感市	孝感市工业学校	周　恒	技师资格
省　属	江汉油田高级技校	梁航运	技师资格
荆州市	荆州市劳动中专	张　迪	高级工资格
省　属	湖北省机械工业学校	方　威	高级工资格

普通钳工:

一等奖获奖选手

代表队	学　　校	姓　名	所获职业资格
孝感市	孝感市工业学校	黄进东	技师资格
荆州市	荆州市中等专业学校	戴文康	技师资格
省　属	湖北省机械工业学校	向凯	技师资格
省　属	江汉油田高级技校	赵锦涛	高级工资格
省　属	湖北省机械工业学校	柯浩	高级工资格

动画片制作:

一等奖获奖选手

代表队	学　　校	姓　名	所获职业资格
孝感市	孝感市工业学校	熊　伟	技师资格
襄樊市	襄樊鸿波职校	石羽卿	技师资格
黄冈市	英山县理工中专	黄　楠	技师资格

企业网络搭建及应用(团体):

一等奖获奖选手

代表队	学　　校	姓　名	所获职业资格
武汉市	武汉市第一职业教育中心	杨天舒	技师资格
		李世玉	技师资格
孝感市	孝感市工业学校	田　康	技师资格
		唐　畅	技师资格

酒店服务管理(调酒)：

一等奖获奖选手

代表队	学　　校	姓　名	所获职业资格
省　属	湖北省旅游学校	李瀚文	技师资格

酒店服务管理(中餐摆台)：

一等奖获奖选手

代表队	学　　校	姓　名	所获职业资格
省　属	湖北省旅游学校	陈　静	技师资格

酒店服务管理(中式铺床)：

一等奖获奖选手

代表队	学　　校	姓　名	所获职业资格
省　属	湖北省旅游学校	杨思琪	技师资格

酒店服务管理(西餐摆台)：

一等奖获奖选手

代表队	学　　校	姓　名	所获职业资格
省　属	湖北省旅游学校	代梦迪	技师资格

会计技术：

一等奖获奖选手

代表队	学　　校	姓　名	所获职业资格
武汉市	武汉市财政学校	李　单	技师资格
武汉市	武汉市财政学校	章佳敏	技师资格
武汉市	武汉市财政学校	郝晓莉	技师资格
武汉市	武汉市供销学校	李晶晶	高级工资格
武汉市	武汉市供销学校	赵海会	高级工资格
武汉市	武汉市财政学校	徐梦娜	高级工资格

【中职生专业学生技能达标测试】 12月11日，武汉市教育局在武汉市第一轻工业学校开展市属中等职业学校数控专业学生技能达标随机测试，全市开设有数控专业的16所中职学校共48名学生参加了测试。学生按照《数控车工》国家职业标准，在2小时内要完成工艺编程、程序输入和数控加工操作，并达到规定的精度。参加测试学生由武汉市教科院职成研究室在各中职学校在校学生中随机抽选产生。开展中职学生专业技能达标测试，促使学校既要重视少数精英学生参与的技能大赛，更要重视普通学生的技能教学，全面提高教学质量，提升中职生的就业和创业能力。

【中职德育工作】 进一步加强中职德育工作，省教育厅与省直有关部门联合转发中共中央宣传部、文明办、教育部、人力资源和社会保障部、团中央、全国妇联《关于加强和改进中职学校学生思想道德教育实施意见》，加强中职学校德育队伍建设，建立健全中职学校德育工作机制，培养学生树立良好的职业道德，养成良好的职业习惯。开展“做文明学生”比赛活动，“我爱我的祖国”读书活动，评选三好学生和优秀学生干部等丰富多彩的校园文化活动，开展全省中职学校优秀毕业生巡回宣讲活动，大力宣传典型，培养学生创业精神，提高创业能力，鼓励、引导学生自主创业，树立正确的择业、就业、创业观，努力营造良好的育人氛围。开展中职德育工作调研，举办研讨会20场次，举办中职德育课教师、班主任培训班，培训德育课教师、班主任110人。罗田理工中专等8所学校荣获全国中等职业学校德育工作先进集体称号，6名教师获得全国中等职业学校德育工作先进个人称号。全省组织6所中职学校的41名学生和34名教师共计40件作品，参加第七届全国中等职业学校“文明风采”竞赛，共有31件作品获奖，其中获奖学生30人，获奖教师26人。

全国中等职业学校
德育工作先进集体名单

武汉市供销商业学校

荆州市中等专业学校

宜昌市工业技工学校
十堰市计算机技术学校
罗田理工中等专业学校
咸宁市生物机电工程学校
鹤峰县中等职业技术学校
东风汽车公司高级技工学校

全国中等职业学校
德育工作先进个人名单

查　筠(女)	武汉市第一商业学校
胡智全	黄石市女子艺术学校
柳英忠	鄂州中等专业学校
杨建军	随州机电工程学校
马福周	武汉铁路桥梁学校
张　璇(女)	湖北省机械工业学校
胡艳华(女)	孝感市高级技工学校
孙宏霞(女)	襄樊市第二高级技工学校
刘海梅(女)	武汉铁路司机学校
余东明	云梦县中等职业技术学校

【农村成人教育培训】 继续抓好初、高中毕业未升学的“双后生”、外出打工返乡农民工培训工作；加强培训阵地建设，发挥职教资源优势，拓宽培训渠道，创新培训方式，注重培训实效，配合农业、劳动、科技、扶贫等部门开展送教下乡培训活动；接受国家教育督导团对三峡库区职业教育与职业培训改革试验区专项督导检查。开展社区教育和三峡库区移民培训以及各种形式的培训工作。全年完成农村实用技术培训120万人次，农村劳动力转移培训45万人次，帮助48万人实现就业，10万人实现创业。

【武汉市全民终身学习活动周】 10月23日，武汉市“2010年全民终身学习活动周”开幕。活动周期间，举办武汉城市圈终身学习论坛，在全市各区、街道、社区、机关、企业、学校开展一系列内容丰富，形式多样的全民终身学习和教育培训活动，发挥职成教育、社区教育在倡导全民终身学习、构建和谐社会中的作用，推进学习型城市建设。

撰稿　镇　伟
审稿　雷礼金

【职业教育课题研究】 加强对职教科研课题督促检查，督促5个尚未结题的“十一五”规划课题加快研究进程。全年共有20个课题完成研究任务并申报结题。省教育厅下达2010年中等职业教育教学改革创新科研课题，确定了“中等职业学校课程体系设置及教材建设创新机制研究”等10个课题，组织118个学校(单位)开展研究探索。组织相关单位和人员向长江教育研究院申报“中等职业教育质量评估标准”等2个课题立项，并获得了课题经费支持。在全省职教科研论文年度评选活动中，共评出2010年度优秀论文一等奖4篇，二等奖14篇，三等奖28篇。6月10日－14日，组织部分“校企一体化合作办学模式探索与研究”课题组成员赴青岛市学习考察，听取山东省及青岛市关于中等职业教育改革发展现状和经验介绍，参观考察山东省轻工工程学校、青岛市现代制造业职业教育公共实训基地等部分中等职业学校及实训基地。

【职业教育专项调研】 先后到宜昌市夷陵区、秭归县、巴东县等地就三峡库区移民职业教育和技能培训工作开展调研；赴武汉市、恩施州、十堰市、襄樊市等地分别召开了部分县(市、区)教育局分管局长、中职学校校长座谈会，征求各界对加快全省职业教育发展、规范管理等方面的意见建议，听取了中等职业教育校企合作、教学改革、招生、德育等方面情况汇报和工作建议；到罗田县理工中等专业学校就校企合作开展专题调研。结合研究制定全省教育规划纲要和职业教育“十二五”规划，先后赴重庆市、湖南省就职业教育特别是中等职业教育改革发展情况进行学习考察。

【职业教育教学改革】 2010年，湖北省中等职业教育教研活动坚持以就业为导向，以能力培养为核心，大力推进“教产结合，校企一体化”办学模式，探索职业教育、产业发展、促进就业三者紧密结合的高技能人才培养模式。改革中职办学模式、培养模式、教学模式和评价模式，重点推进符合中职特点的教学环境、专业设置、课程体系、教材建设、教师队伍建设和管理制度创新，推行模拟教学、项目教学、案例教学、技能打包教学、仿真教学等教学方法。6月－12月，先后选派10批优秀教师代表参加全国中等职业学校文化课课程设计和说课等比赛。其中在全国“创新杯”电类专业基础课说课比赛中，获得3个一等奖、1个二等奖和1个三等奖。全年有60%以上学校先后派教师参加教研活动，参加教研活动教师累计1 000多人次，评选获奖论文、教案、课件等达300多份(件)。

【职业学校教师教材教法培训】 5月21日－22日，举办全省中等职业学校电类、机械类专业基础课程教学大纲培训班，邀请6名教育部中职教育教学改革专家组专家授课。全省各中等职业学校机电类、机械类专业基础课骨干教师，部分市(州)职教教研室教研员等560余人参加培训。先后组织计算机、机械、语文等专业课教师100余人开展课程设置和教学研讨会。

撰稿　徐　敏
审稿　朱圣芳

○高等教育

高等教育改革和管理

【概况】 2010年，全省普通高等学校120所，其中，中央各部委所属学校8所，地方所属学校112所(本科学校58所，高等专科学校3所，高等职业学校51所)。成人高等学校14所。全省培养研究生资格的单位46个，其中，高等学校23个，科研机构23个。全省招收研究生36 116人，在学研究生103 140人，分别比2009年增长3.9%、13.7%；毕业研究生22 832人，比2009年减少10.7%。全省普通高等教育本专科招生38.76万人(本科20.25万人)，比2009年减少2.1%；在校生129.69万人(本科71.62万人)，比2009年增长3.8%；毕业生33.13万人(本科14.89万人)，比2009年增加0.9%。成人高等教育招生10.14万人，比2009年增长1.8%；在校生26.21万人，比2009年减少5.1%；毕业生10.46万人，比2009年增长2%。高等教育毛入学率32.9%。2010年，全省普通高校独立学院31所，招生8.69万人，在校生28.89万人。全省独立设置的民办普通高校11所，独立设置民办普通高校招生2.76万人，在校生8.26万人。高等学校专任教师7.59万人，其中普通高校7.47万人，成人高校0.12万人。普通高等学校生师比17.56∶1(按当年学生计算)。全省普通高等学校拥有产权的占地面积为8 219.49万平方米，校舍建筑面积4 143.28万平方米，教学及辅助用房1 654.32万平方米，学校藏书10 332.42万册，教学仪器设备总值127.42亿元。

附：2009年湖北省普通高校名单
(120所)

1. 本科院校

中央部委属高校(8所)

武汉大学
华中科技大学
华中师范大学
武汉理工大学
中国地质大学
中南财经政法大学
华中农业大学
中南民族大学

省属本科院校(27所)

湖北大学
武汉科技大学
三峡大学
长江大学
江汉大学
湖北工业大学
武汉工程大学
武汉纺织大学
湖北中医药大学
武汉工业学院
湖北汽车工业学院
湖北民族学院
湖北医药学院
湖北经济学院
湖北警官学院
武汉体育学院
湖北美术学院
武汉音乐学院
湖北师范学院
襄樊学院
孝感学院
咸宁学院
黄冈师范学院
黄石理工学院
*武汉生物工程学院
湖北第二师范学院
荆楚理工学院

2. 高等专科学校(3所)

湖北财经高等专科学校
郧阳师范高等专科学校
湖北中医药高等专科学校

3. 高等职业学校(51所)

武汉船舶职业技术学院
武汉职业技术学院
湖北职业技术学院
*长江职业学院
武汉商业服务学院
黄冈职业技术学院
十堰职业技术学院
襄樊职业技术学院
恩施职业技术学院
沙市职业大学
鄂州职业大学
武汉软件工程职业学院
荆州职业技术学院
仙桃职业学院
湖北轻工职业技术学院
湖北交通职业技术学院
武汉工程职业技术学院
武汉铁路职业技术学院
武汉航海职业技术学院
湖北三峡职业技术学院
随州职业技术学院
武汉电力职业技术学院
湖北水利水电职业技术学院
武汉警官职业学院
湖北城市建设职业技术学院
湖北生物科技职业学院
湖北生态工程职业技术学院
咸宁职业技术学院
湖北艺术职业学院
武汉交通职业学院
长江工程职业技术学院
武汉工业职业技术学院
湖北国土资源职业学院
武汉民政职业学院
鄂东职业技术学院
湖北财税职业学院
三峡电力职业学院
江汉艺术职业学院
湖北青年职业学院
黄石职业技术学院
武汉城市职业学院
三峡旅游职业技术学院
*武汉工贸职业学院
*湖北开放职业学院
*武汉语言文化职业学院

＊武汉商贸职业学院
＊武汉信息传播职业技术学院
＊武汉科技职业学院
＊武汉外语外事职业学院
＊黄冈科技职业学院
＊湖北科技职业学院
标"＊"者为民办高校。

4. 独立学院(31所)

武汉大学东湖分校
华中科技大学武昌分校
华中师范大学汉口分校
武汉科技大学中南分校
华中科技大学文华学院
中南民族大学工商学院
中南财经政法大学武汉学院
中国地质大学江城学院
武汉理工大学华夏学院
华中师范大学武汉影视工程学院
武汉大学珞珈学院
华中农业大学楚天学院
湖北大学知行学院
武汉科技大学城市学院
三峡大学科技学院
长江大学工程技术学院
长江大学文理学院
江汉大学文理学院
湖北工业大学工程技术学院
湖北工业大学商贸学院
武汉工程大学邮电与信息工程学院
武汉纺织大学外经贸学院
武汉工业学院工商学院
湖北汽车工业学院科技学院
湖北民族学院科技学院
湖北医药学院药护学院
湖北经济学院法商学院
武汉体育学院体育科技学院
湖北师范学院文理学院
襄樊学院理工学院
孝感学院新技术学院

2009年湖北省成人高等学校名单(14所)

湖北省经济管理干部学院(合并至湖北第二师范学院)
湖北省广播电视大学
武汉市广播电视大学(合并至武汉软件工程职业学院)
鄂城钢铁厂职工大学
湖北省直属机关业余大学
湖北兵器工业职工大学
大冶钢厂职工大学
华中电业联合职工大学
丹江口工程管理局职工大学
湖北省纺织职工大学
武汉冶金管理干部学院
武汉公安管理干部学院
十堰教育学院
荆州教育学院

【武汉地区高等教育】 2010年，武汉地区高等教育进一步规范管理，扩大规模，提高质量，呈现持续、协调发展的态势。武汉地区共有普通高等学校78所，其中，本科院校45所(独立学院22所)，高职高专学校33所。成人高等学校6所。武汉地区培养研究生的高等学校达19所，其中有博士学位授予权的高等学校12所。

武汉地区普通高等学校全年共招收研究生33 986人。其中，博士研究生4 532人，硕士研究生29 454人。在学研究生96 124人，其中，博士研究生18 174人，硕士研究生77 950人。毕业研究生21 415人。其中，博士研究生3 513人，硕士研究生17 902人。武汉地区高等学校共招本专科学生32.66万人。其中，普通高等教育本专科招生26.38万人(本科14.56万人)；成人高等教育招生6.28万人(本科2.21万人)。武汉地区高等学校本专科在校生104.48万人。其中，普通高等教育在校生88.14万人(本科52.27万人)，成人高等教育在校生16.34万人(本科6.47万人)。武汉地区高等学校毕业生28.86万人。其中，普通高等教育本专科毕业生22.12万人(本科11.02万人)，成人高等教育毕业生6.74万人(本科3.11万人)。

武汉地区高等学校共有教职工89 350人。其中，普通高等学校教职工87 895人，成人高等学校1 455人。有专任教师52 221人。其中，普通高校专任教师51 306人，成人高校专任教师915人。专任教师中，有正高级专业技术职称的教师7 071人、占专任教师总数的13.54%；有副高级专业技术职称的教师15 622人，占专任教师总数的29.9%。专任教师中，研究生学历的教师30 412人，占专任教师总数58.24%。

武汉地区高等学校占地面积5 431.88万平方米，校舍建筑面积2 785.15万平方米，学校藏书7 291.16万册，固定资产总值达446.54亿元，教学仪器设备总值100.59亿元，其中，普通高校占地面积5 357.32万平方米，校舍建筑面积2 747.37万平方米，学校藏书7 167.74万册，固定资产总值达442.92亿元，教学仪器设备总值99.50亿元。

武汉地区民办和民办机制高等学校招生9.49万人，占武汉地区普通高等教育招生的35.96%。其中，本科4.83万人，专科4.66万人；在校生30.54万人，占武汉地区普通高等教育在校生的29.8%。其中，本科16.39万人，专科14.15万人。其中，普通高校独立学院共招生6.83万人。其中，本科4.58万人，专科2.26万人。在校生达22.77万人。其中，本科15.59万人，专科7.18万人。

撰稿　编志办

【高等学校精品课程】 2010年，省教育厅继续贯彻实施"湖北省高等学校教学改革与质量提高工程"，加强高校内涵建设，提高教育教学质量。在高等学校继续开展精品课程建设，评审确定武汉大学《电子系统综合设计》等150门课程为2010年度省级精品课程。武汉大学"国际公法"等59门课程被评为2010年度国家级精品课程(其中省属本科院校12门，高职高专院校17门)，居全国第三位。华中科技大学"组织学与胚胎学"等11门课程被评为2010年度双语教学示范课程(其中省属本科院校2门)，居全国第三位。

附：

2010年度湖北省高等学校国家精品课程名单

课程名称	课程学校	课程负责人	一级学科	二级学科	类别
国际公法	武汉大学	余敏友	法学	法学类	本科
马克思主义基本原理概论	武汉大学	石云霞	马克思主义理论课程和思想品德课类	马克思主义理论课程和思想品德课类	本科
世界近代史	武汉大学	向荣	历史学	历史学类	本科
无机化学	武汉大学	程功臻	理学	化学类	本科
微机系统与接口技术	武汉大学	吴产乐	理学	电子信息科学类	本科
精密机械设计	武汉大学	许贤泽	工学	仪器仪表类	本科
信息检索	武汉大学	黄如花	管理学	图书档案学类	本科
人力资源管理	武汉大学	李燕萍	管理学	工商管理类	本科
计算方法	华中科技大学	张诚坚	理学	数学类	本科
内燃机原理	华中科技大学	黄荣华	工学	能源动力类	本科
天然药物化学	华中科技大学	吴继洲	医学	药学类	本科
临床输血检验	华中科技大学	胡丽华	医学	临床医学与医学技术类	本科
人力资源管理	华中科技大学	胡蓓	管理学	工商管理类	本科
教育学	华中师范大学	王坤庆	教育学	教育学类	本科
中国古代史	华中师范大学	吴琦	历史学	历史学类	本科
数学物理方法	华中师范大学	李高翔	理学	物理学类	本科
偏微分方程	华中师范大学	朱长江	理学	数学类	本科
无机化学(工科)	武汉理工大学	郭丽萍	理学	化学类	本科
结晶学及矿物学	中国地质大学(武汉)	赵珊茸	理学	地质学类	本科
变质地质学	中国地质大学(武汉)	桑隆康	理学	地质学类	本科
地球物理勘探概论	中国地质大学(武汉)	刘天佑	工学	地矿类	本科
地下水污染与防治	中国地质大学(武汉)	王焰新	工学	环境与安全类	本科
中国法制史	中南财经政法大学	范忠信	法学	法学类	本科
高级财务会计	中南财经政法大学	罗飞	管理学	工商管理类	本科
兽医外科学	华中农业大学	丁明星	农学	动物医学类	本科
动物繁殖学	华中农业大学	杨利国	农学	动物生产类	本科
植物地理学	湖北大学	汪正祥	理学	地理科学类	本科
世界政治经济与国际关系	武汉科技大学	邓泽宏	法学	政治学类	本科
三峡文化	三峡大学	吴卫华	文化素质教育课程类	文化素质教育课程类	本科
化学反应工程	武汉工程大学	吴元欣	工学	化工与制药类	本科
服装结构设计	武汉科技学院	陶辉	工学	轻工纺织食品类	本科
针灸学	湖北中医学院	王华	医学	中医学类	本科
包装机械	武汉工业学院	张国全	工学	轻工纺织食品类	本科
汽车构造	湖北汽车工业学院	罗永革	工学	交通运输类	本科
治安学	湖北警官学院	云山城	法学	公安学类	本科
篮球	武汉体育学院	孙义良	教育学	体育学类	本科
水彩画创作	湖北美术学院	刘寿祥	文学	艺术类	本科
生物学综合实验	湖北师范学院	潘继承	理学	生物科学类	本科
施工图识读与会审	湖北职业技术学院	陈卓	土建大类	工程管理类	高职高专

课程名称	课程学校	课程负责人	一级学科	二级学科	类别
临床诊断基本技能	湖北职业技术学院	杨立明	医药卫生大类	临床医学类	高职高专
制冷压缩机拆卸与装配	武汉商业服务学院	朱　立	材料与能源大类	能源类	高职高专
汽车行驶、转向与制动系统检修	黄冈职业技术学院	曾　鑫	制造大类	汽车类	高职高专
建筑力学与结构	黄冈职业技术学院	刘晓敏	土建大类	土建施工类	高职高专
猪生产	襄樊职业技术学院	杜俊成	农林牧渔大类	畜牧兽医类	高职高专
网络安全防护技术	襄樊职业技术学院	张月红	电子信息大类	计算机类	高职高专
微生物检验技术	襄樊职业技术学院	胡生梅	医药卫生大类	医学技术类	高职高专
钢琴	襄樊职业技术学院	邓学丰	艺术设计传媒大类	表演艺术类	高职高专
建筑工程测量技术	鄂州职业大学	杨国根	土建大类	土建施工类	高职高专
软件建模	武汉软件工程职业学院	王路群	电子信息大类	计算机类	高职高专
隧道施工技术	湖北交通职业技术学院	陈小雄	交通运输大类	公路运输类	高职高专
铁路区间信号设备维护	武汉铁路职业技术学院	余红梅	交通运输大类	铁道运输类	高职高专
食用菌生产技术	湖北三峡职业技术学院	谭爱华	农林牧渔大类	农业技术类	高职高专
热工控制系统组态与维护	武汉电力职业技术学院	文群英	制造大类	自动化类	高职高专
水电站机组自动化运行与监控	武汉电力职业技术学院	汤晓华	水利大类	水利水电设备类	高职高专
建筑施工项目管理	湖北城市建设职业技术学院	李　志	土建大类	土建施工类	高职高专
社会学概论	华中师范大学	夏玉珍	法　学	社会学类	网络课程
教育电视节目编导与制作	华中师范大学	左明章	教育学	教育学类	网络课程
英语词汇学	华中师范大学	张维友	文　学	外国语言文学类	网络课程
高层建筑结构设计	中国地质大学(武汉)	陈建平	工　学	土建类	网络课程

2010年度湖北省高等学校省级精品课程名单

课程名称	所属学校	课程负责人	课程类型
电子系统综合设计	武汉大学	田　茂	本科
土力学	武汉大学	傅旭东	本科
图像复制原理	武汉大学	刘全香	本科
地壳形变	武汉大学	许才军	本科
发电厂水处理	武汉大学	周柏青	本科
药物分析	武汉大学	肖玉秀	本科
马克思主义哲学史	武汉大学	何　萍	本科
世界近代史	武汉大学	向　荣	本科
人力资源管理	武汉大学	李燕萍	本科
档案学基础	武汉大学	朱玉媛	本科
中国文学批评史	武汉大学	李建中	本科
外国戏剧史	武汉大学	郑传寅	本科
信号与控制综合实验	华中科技大学	熊　蕊	本科
软件项目管理与分析	华中科技大学	肖来元	本科
C语言程序设计	华中科技大学	周纯杰	本科
计算材料学与材料设计基础	华中科技大学	江建军	本科
设计素描	华中科技大学	华　炜	本科
细胞生物学	华中科技大学	余龙江	本科

课 程 名 称	所 属 学 校	课程负责人	课程类型
有机化学	华中科技大学	龚跃法	本科
思想道德修养与法律基础	华中科技大学	洪 明	本科
市场研究	华中科技大学	景奉杰	本科
税收筹划	华中科技大学	王 韬	本科
大学英语听说	华中科技大学	徐锦芬	本科
中国语文	华中科技大学	程邦雄	本科
通信原理	武汉理工大学	王 虹	本科
传感器原理	武汉理工大学	赵 燕	本科
中国造船史	武汉理工大学	吴卫国	本科
马克思主义基本原理概论	武汉理工大学	朱 喆	本科
生产与运作管理	武汉理工大学	程国平	本科
偏微分方程	华中师范大学	朱长江	本科
发展心理学	华中师范大学	周宗奎	本科
地理教学论	华中师范大学	李家清	本科
化学教学论	华中师范大学	王后雄	本科
房地产估价	华中师范大学	艾建国	本科
材料晶体化学	中国地质大学(武汉)	何 涌	本科
大学体育—特色课程	中国地质大学(武汉)	董 范	本科
土地管理学	中国地质大学(武汉)	李江风	本科
市场营销学	中国地质大学(武汉)	严 良	本科
首饰概论	中国地质大学(武汉)	张荣红	本科
大学英语	中国地质大学(武汉)	胡志红	本科
食品工艺学	华中农业大学	潘思轶	本科
农业机械学	华中农业大学	夏俊芳	本科
普通植物病理学	华中农业大学	姜道宏	本科
土壤肥料学	华中农业大学	胡红青	本科
土地信息系统	华中农业大学	马才学	本科
民事诉讼法学	中南财经政法大学	蔡 虹	本科
政治学原理	中南财经政法大学	赵丽江	本科
商业银行经营管理	中南财经政法大学	宋清华	本科
中国对外贸易	中南财经政法大学	黄汉民	本科
汇编语言程序设计	中南民族大学	童小念	本科
有机化学	中南民族大学	张爱清	本科
西方经济学	中南民族大学	张跃平	本科
中国当代文学史	中南民族大学	杨 彬	本科
地理信息系统原理	湖北大学	王新生	本科
体育市场营销	湖北大学	刘 勇	本科
美学	湖北大学	聂运伟	本科
电机拖动基础	武汉科技大学	刘振兴	本科
接口与通讯技术	武汉科技大学	闵华松	本科
汽车电器与电子控制技术	武汉科技大学	麻友良	本科
钢铁冶金学	武汉科技大学	倪红卫	本科

课程名称	所属学校	课程负责人	课程类型
力学	长江大学	张昆实	本科
医学免疫学	长江大学	丁建中	本科
统计学	长江大学	黎东升	本科
大学物理实验	三峡大学	冯笙琴	本科
大学体育	三峡大学	任丽萍	本科
人力资源管理	三峡大学	李齐放	本科
植物育种学	江汉大学	陈禅友	本科
油画技法研究与创作	江汉大学	王心耀	本科
工程测试技术基础	湖北工业大学	何　涛	本科
土木工程测量	湖北工业大学	肖本林	本科
产品开发设计	湖北工业大学	胡雨霞	本科
人工智能	武汉工程大学	张彦铎	本科
水污染控制工程	武汉工程大学	余训民	本科
药物制剂设备与车间工艺设计	武汉工程大学	张　珩	本科
大学英语	武汉工程大学	彭石玉	本科
包装机械	武汉工业学院	张国全	本科
数学建模	武汉工业学院	同小军	本科
内科护理学	武汉工业学院	张红菱	本科
单片机原理及应用	武汉纺织大学	李德骏	本科
会计信息系统	武汉纺织大学	李闻一	本科
服装表演	武汉纺织大学	尹　敏	本科
中国现当代文学	湖北民族学院	蒋芝芸	本科
概率论与数理统计	湖北汽车工业学院	喻方元	本科
汽车营销	湖北汽车工业学院	杨立君	本科
临床生物化学检验	湖北中医药大学	姚群峰	本科
中医护理学基础	湖北中医药大学	胡　慧	本科
外科护理学	湖北医药学院	张　力	本科
经济法	湖北经济学院	吕忠梅	本科
国际金融	湖北经济学院	漆腊应	本科
毛泽东思想和中国特色社会主义理论体系概论	湖北警官学院	程安辉	本科
足球	武汉体育学院	谢朝忠	本科
乒乓球	武汉体育学院	王金灿	本科
广告招贴设计	湖北美术学院	范汉成	本科
生物学综合实验	湖北师范学院	潘继承	本科
园艺植物病理学	孝感学院	李国元	本科
外科学	咸宁学院	白育庭	本科
遗传学	黄冈师范学院	干建平	本科
毛泽东思想和中国特色社会主义理论体系概论	黄冈师范学院	居继清	本科
自动控制理论	黄石理工学院	胡学芝	本科
微生物学	武汉生物工程学院	赵　斌	本科
班主任理论与实践	湖北第二师范学院	熊华生	本科
分子生物学	武汉科技大学中南分校	肖鸿美	本科

课程名称	所属学校	课程负责人	课程类型
大学数学	华中科技大学文华学院	林　益	本科
电视节目主持艺术	华中师范大学武汉传媒学院	李敬一	本科
经济法	武汉工程大学邮电与信息工程学院	许承光	本科
中药学	湖北民族学院科技学院	刘杰书	本科
市场营销	湖北经济学院法商学院	彭代武	本科
商务英语精读	郧阳师范高等专科学校	蒲铁琼	高职高专
船体放样	武汉船舶职业技术学院	张海泉	高职高专
自动控制原理与系统	武汉船舶职业技术学院	陈贵银	高职高专
船舶结构焊接工艺编制	武汉船舶职业技术学院	蔡志伟	高职高专
网络设备配置与管理	武汉职业技术学院	杨旭东	高职高专
食品分析技术	武汉职业技术学院	李　敏	高职高专
施工图识读与会审	湖北职业技术学院	陈　卓	高职高专
基于C#的SQLServer应用开发	湖北职业技术学院	许新华	高职高专
全口义齿设计与制作	湖北职业技术学院	何　伟	高职高专
服务礼仪与训练	武汉商业服务学院	丁永玲	高职高专
建筑力学与结构	黄冈职业技术学院	刘晓敏	高职高专
汽车行驶、转向与制动系统检修	黄冈职业技术学院	高银桥	高职高专
微控制器应用	十堰职业技术学院	李晶骅	高职高专
冲压模具设计	十堰职业技术学院	刘建潮	高职高专
数控机床故障诊断与维修	襄樊职业技术学院	涂家海	高职高专
汽车转向与制动控制系统检修	襄樊职业技术学院	王德良	高职高专
鄂西生态文化导游	襄樊职业技术学院	张菊芳	高职高专
图形图像处理	恩施职业技术学院	龙长勇	高职高专
ERP沙盘实训	沙市职业大学	何先华	高职高专
妇婴护理	鄂州职业大学	秦春莲	高职高专
会计核算技能	仙桃职业学院	高冬梅	高职高专
典型零件数控铣加工中心编程与加工	湖北轻工职业技术学院	张安全	高职高专
工程岩土	湖北交通职业技术学院	熊文林	高职高专
航海仪器	湖北交通职业技术学院	明　力	高职高专
高速铁路隧道施工	武汉铁路职业技术学院	郭占月	高职高专
动车组机械装置检修	武汉铁路职业技术学院	侯梅英	高职高专
Pro/E塑料模具设计	湖北三峡职业技术学院	兰　杰	高职高专
三峡民俗文化	湖北三峡职业技术学院	余远国	高职高专
康复护理技术	随州职业技术学院	胡鸿雁	高职高专
电机运行技术	武汉电力职业技术学院	李滨波	高职高专
用电营业管理	武汉电力职业技术学院	李珞新	高职高专
水电站电气一次部分	湖北水利水电职业技术学院	王春民	高职高专
仓储管理实务	湖北城市建设职业技术学院	蔡改成	高职高专
企业会计实务	湖北生态工程职业技术学院	蒲　萍	高职高专
数码图形创意设计	咸宁职业技术学院	汪京元	高职高专
工程招投标及合同管理	武汉交通职业学院	汤　岚	高职高专
船用辅助机械安装与调试	武汉交通职业学院	邓志华	高职高专

课程名称	所属学校	课程负责人	课程类型
夹具设计	武汉工业职业技术学院	吴水萍	高职高专
建筑施工技术	鄂东职业技术学院	周　永	高职高专
税务代理实务	湖北财税职业学院	刘彩霞	高职高专
声乐	江汉艺术职业学院	耿同梅	高职高专
混凝土面板堆石坝施工技术	三峡电力职业学院	陈爱民	高职高专
推销理论与实务	长江职业学院	涂山青	高职高专

2010年度湖北高等学校双语教学示范课程名单

专业名称	姓名	学校	专业名称	姓名	学校
国际知识产权法	聂建强	武汉大学	国际法	彭锡华	中南财经政法大学
组织学与胚胎学	李　和	华中科技大学	妇产科学	马　丁	华中科技大学
会计学原理	陈晓芳	武汉理工大学	管理学	余　敬	中国地质大学(武汉)
非开挖工程学	马保松	中国地质大学(武汉)	管理学	青　平	华中农业大学
有机化学	张爱东	华中师范大学	化学反应工程	童仕唐	武汉科技大学
力学	张昆实	长江大学			

【本科品牌专业】　2010年，省教育厅评审确定武汉大学的“农业水利工程”等31个专业为2010年湖北省本科品牌专业立项建设项目，同时，对2005、2006年立项建设的本科品牌专业组织了现场考察验收，确定华中科技大学“新闻学”等28个专业为湖北省高等学校第三批本科品牌专业。2010年，全省高校45个专业点获批第六批国家级特色专业建设点(其中部委属高校22个专业点，省属高校23个专业点)，居全国第四位。

附：

湖北省高等学校获2010年度国家第六批特色专业建设点名单

学校	专业名称	备注	学校	专业名称	备注
武汉大学	经济学		湖北大学	高分子材料与工程	
武汉大学	生物技术		长江大学	机械设计制造及其自动化	
武汉大学	电气工程与自动化		长江大学	化学工程与工艺	
武汉大学	土木工程		三峡大学	工程管理	
武汉大学	测绘工程		武汉科技大学	矿物加工工程	
华中科技大学	经济学		武汉科技大学	化学工程与工艺	
华中科技大学	材料科学与工程		湖北工业大学	电气工程及其自动化	
华中科技大学	城市规划		湖北工业大学	生物工程	
华中科技大学	公共事业管理		武汉工程大学	应用化学	
中国地质大学(武汉)	地球化学		武汉工程大学	高分子材料与工程	
中国地质大学(武汉)	环境工程		武汉纺织大学	机械设计制造及其自动化	
武汉理工大学	国际经济与贸易		湖北中医药大学	中医学	
武汉理工大学	土木工程		武汉工业学院	化学工程与工艺	
武汉理工大学	物流工程		湖北汽车工业学院	材料成型及控制工程	
武汉理工大学	工程力学		湖北师范学院	生物科学	
华中农业大学	园林		黄冈师范学院	汉语言文学	
华中师范大学	生物科学		孝感学院	园艺	
华中师范大学	心理学		湖北经济学院	会计学	
华中师范大学	教育技术学	经费自筹	武汉体育学院	运动训练	
中南财经政法大学	市场营销		湖北美术学院	雕塑	

学　校	专业名称	备　注	学　校	专业名称	备　注
中南财经政法大学	劳动与社会保障		湖北民族学院	化学	
中南民族大学	汉语言文学		咸宁学院	地理科学	
湖北大学	化学				

2010年湖北省高等学校本科品牌专业立项建设项目名单

学　校	专业名称	学科门类	学　校	专业名称	学科门类
武汉大学	农业水利工程	工　学	武汉科技大学	电子信息工程	工　学
武汉大学	工商管理	管理学	三峡大学	土木工程	工　学
武汉大学	劳动与社会保障	管理学	长江大学	水产养殖学	农　学
华中科技大学	信息管理与信息系统	管理学	湖北工业大学	计算机科学与技术	工　学
华中科技大学	公共事业管理	管理学	武汉工程大学	土木工程	工　学
华中科技大学	统计学	理　学	武汉纺织大学	会计学	管理学
华中师范大学	地理科学	理　学	武汉工业学院	电气工程及其自动化	工　学
华中师范大学	社会工作	法　学	湖北民族学院	食品科学与工程	工　学
武汉理工大学	无机非金属材料工程	工　学	郧阳医学院	临床医学	医　学
武汉理工大学	艺术设计	文　学	湖北经济学院	经济学	经济学
中国地质大学(武汉)	环境工程	工　学	湖北美术学院	工业设计	工　学
中国地质大学(武汉)	应用化学	理　学	湖北师范学院	教育技术学	教育学
中南财经政法大学	农林经济管理	管理学	襄樊学院	机械设计制造及其自动化	工　学
华中农业大学	市场营销	管理学	咸宁学院	小学教育	教育学
中南民族大学	生物医学工程	工　学	黄冈师范学院	数学与应用数学	理　学
湖北大学	应用化学	理　学			

湖北省高等学校第三批本科品牌专业名单

学校名称	专业名称	学科门类	学校名称	专业名称	学科门类
华中科技大学	新闻学	文　学	长江大学	电子信息工程	工　学
华中科技大学	经济学	经济学	长江大学	化学工程与工艺	工　学
华中科技大学	通信工程	工　学	湖北工业大学	高分子材料与工程	工　学
华中科技大学	工程力学	工　学	武汉工程大学	高分子材料与工程	工　学
华中科技大学	材料成型及控制工程	工　学	武汉纺织大学	轻化工程	工　学
华中科技大学	自动化	工　学	武汉工业学院	机械设计制造及其自动化	工　学
华中科技大学	生物技术	理　学	湖北汽车工业学院	材料成型及控制工程	工　学
华中科技大学	药学	医　学	湖北民族学院	数学与应用数学	理　学
中国地质大学(武汉)	工商管理	管理学	湖北医药学院	护理学	医　学
中国地质大学(武汉)	宝石及材料工艺学	工　学	湖北经济学院	市场营销	管理学
中国地质大学(武汉)	地球化学	理　学	武汉体育学院	体育教育	教育学
湖北大学	化学	理　学	湖北美术学院	艺术设计	文　学
武汉科技大学	自动化	工　学	湖北师范学院	数学与应用数学	理　学
三峡大学	汉语言文学	文　学	孝感学院	生物科学	理　学

【高职高专院校教改试点专业建设】 省教育厅组织开展了第七批高职高专院校专业教学改革试点工作，确定郧阳师范高等专科学校等35所院校的“旅游管理”等43个专业为湖北省高职高专院校第七批教学改革试点专业。

附：　　湖北省高职高专院校第七批教学改革试点专业名单

学　　校	专业名称	学　　校	专业名称
郧阳师范高等专科学校	旅游管理	湖北三峡职业技术学院	模具设计与制造
武汉职业技术学院	物流管理	随州职业技术学院	服装设计
武汉职业技术学院	空中乘务	武汉电力职业技术学院	生产过程自动化技术
武汉船舶职业技术学院	酒店管理	湖北水利水电职业技术学院	物流管理
武汉船舶职业技术学院	机电一体化技术	湖北城市建设职业技术学院	工程监理
湖北职业技术学院	旅游管理	湖北生物科技职业学院	园艺技术
湖北职业技术学院	临床医学	湖北生态工程职业技术学院	森林生态旅游
武汉商业服务学院	社会体育	咸宁职业技术学院	旅游管理
黄冈职业技术学院	工程造价	咸宁职业技术学院、武汉职业技术学院（联合申报）	会计
十堰职业技术学院	计算机信息管理		
十堰职业技术学院	应用电子技术	湖北艺术职业学院	音乐表演
襄樊职业技术学院	医学检验技术	武汉交通职业学院	道路桥梁工程技术
恩施职业技术学院	电气自动化技术	长江工程职业技术学院	水利水电建筑工程
恩施职业技术学院	建筑工程技术	武汉工业职业技术学院	建筑工程技术
沙市职业大学	金融保险	湖北国土资源职业学院	国土资源调查
鄂州职业大学	数控技术	鄂东职业技术学院	建筑工程技术
鄂州职业大学	旅游管理	三峡电力职业学院	机电一体化技术
武汉软件工程职业学院	激光加工技术	黄石职业技术学院、武汉铁路职业技术学院（联合申报）	电气自动化技术
湖北交通职业技术学院	高等级公路维护与管理		
湖北交通职业技术学院	工程机械运用与维护	武汉城市职业学院、武汉商业服务学院（联合申报）	汽车技术服务与营销
武汉工程职业技术学院	电气自动化技术		
武汉铁路职业技术学院	护理	武汉商贸职业学院	电子商务
武汉铁路职业技术学院	物流管理	武汉信息传播职业技术学院	印刷图文信息处理

【高校专业设置与管理】　2010年，湖北省省属高等学校普通本科、专科（高职）专业点数4 558个，其中，普通本科专业1 705个，专科（高职）专业2 853个。

完成2011年省属高校新增专业的申报受理和评审工作，确定2011年省属高校拟新增76个本科专业、撤销10个本科专业；同意长江大学“土木工程”等两个专业申请增设第二学士学位，同时向教育部上报。经教育部备案和审批，同意湖北省高等学校新增69个本科专业，其中，省属高校新增62个本科专业。长江大学“土木工程”等两个专业增设第二学士学位。

调整专业结构，撤销了一批不适应经济建设和市场需要的专业。经学校申报，省高校专业设置评议委员会评议通过，省教育厅批准44所高校新增82个普通高职（专科）专业；武汉职业技术学院等6所高校“艺术设计”等8个高职高专教育专业更名；撤销华中科技大学武昌分校等12所高校“应用电子技术”等27个高职高专教育专业。省教育厅、省卫生厅批准黄冈职业技术学院等6所高校设置“护理”等10个医药卫生类高职高专专业。

附：　　2010年教育部批准湖北高等学校设置的本科专业名单

学校名称	专业名称	学位授予门类	备注	学校名称	专业名称	学位授予门类	备注
华中科技大学	法语	文　学		武汉理工大学	对外汉语	文　学	
武汉理工大学	采矿工程	工　学		华中农业大学	商务英语	文　学	
华中农业大学	生物信息学	理　学		华中农业大学	能源与资源工程	工　学	
华中农业大学	自动化	工　学		长江大学	学前教育	教育学	○艺

学校名称	专业名称	学位授予门类	备注	学校名称	专业名称	学位授予门类	备注
长江大学	中西医临床医学	医　学		湖北大学	动画	文　学	
湖北大学	播音与主持艺术	文　学		江汉大学	音乐表演	文　学	
江汉大学	物流管理	管理学		三峡大学	能源动力系统及自动化	工　学	
三峡大学	农业水利工程	工　学		三峡大学	药学	理　学	
武汉工程大学	道路桥梁与渡河工程	工　学		武汉纺织大学	财政学	经济学	
武汉纺织大学	环境科学	理　学		武汉纺织大学	工程造价	管理学	
湖北工业大学	生物科学	理　学		湖北工业大学	景观建筑设计	工　学	
武汉科技大学	物流工程	工　学		孝感学院	播音与主持艺术	文　学	
孝感学院	机械设计制造及其自动化	工　学		孝感学院	农业资源与环境	农　学	
湖北汽车工业学院	市场营销	管理学		黄石理工学院	环境科学	理　学	
荆楚理工学院	财务管理	管理学		咸宁学院	应用化学	工　学	
湖北医药学院	生物科学与生物技术	理　学		湖北师范学院	化学工程与工艺	工　学	
湖北师范学院	食品科学与工程	工　学		黄冈师范学院	翻译	文　学	
黄冈师范学院	文化产业管理	文　学	○艺	襄樊学院	软件工程	工　学	
湖北第二师范学院	应用电子技术教育	教育学		湖北经济学院	金融工程	经济学	
湖北经济学院	酒店管理	管理学		武汉体育学院	舞蹈学	文　学	
湖北美术学院	书法学	文　学		湖北民族学院	数字媒体技术	工　学	
武汉生物工程学院	土木工程	工　学		武汉生物工程学院	财务管理	管理学	
华中科技大学武昌分校	工业设计	文　学		华中科技大学武昌分校	软件工程	工　学	
武汉大学东湖分校	房地产经营管理	管理学		华中师范大学汉口分校	日语	文　学	
中南财经政法大学武汉学院	投资学	经济学		中南财经政法大学武汉学院	市场营销	管理学	
中南财经政法大学武汉学院	财务管理	管理学		武汉科技大学中南分校	通信工程	工　学	
武汉科技大学中南分校	行政管理	管理学		中南民族大学工商学院	绘画	文　学	
武汉科技大学城市学院	自动化	工　学		湖北工业大学工程技术学院	物流管理	管理学	
武汉工业学院工商学院	材料成型及控制工程	工　学		武汉工程大学邮电与信息工程学院	艺术设计	文　学	
江汉大学文理学院	社会体育	教育学		江汉大学文理学院	艺术设计	文　学	
湖北经济学院法商学院	工程管理	管理学		湖北经济学院法商学院	物流管理	管理学	
湖北民族学院科技学院	食品质量与安全	工　学		中国地质大学江城学院	测控技术与仪器	工　学	
华中师范大学武汉传媒学院	戏剧影视美术设计	文　学		华中师范大学武汉传媒学院	文化产业管理	管理学	
华中农业大学楚天学院	食品质量与安全	工　学		武汉大学珞珈学院	播音与主持艺术	文　学	
武汉大学珞珈学院	电子商务	管理学					

备注中加有“○艺”者为可按艺术类专业招生办法招生的非艺术类本科专业

2010年度教育部批准湖北省高等学校增设的第二学士学位专业名单

学校名称	专业名称	修业年限	学位授予门类	学校名称	专业名称	修业年限	学位授予门类
长江大学	化学工程与工艺	二年	工　学	长江大学	土木工程	二年	工学

2010年省教育厅批准新增普通高职专科专业(学制3年)名单

学校	专业名称	学校	专业名称
湖北大学	环境监测与治理技术	黄冈师范学院	软件技术
黄冈师范学院	动漫设计与制作	武汉船舶职业技术学院	楼宇智能化工程技术
武汉船舶职业技术学院	材料成型与控制技术	武汉船舶职业技术学院	装饰艺术设计
武汉职业技术学院	楼宇智能化工程技术	武汉职业技术学院	电光源技术
武汉职业技术学院	高分子材料加工技术	武汉职业技术学院	纺织品装饰艺术设计
湖北职业技术学院	数字媒体技术	武汉商业服务学院	计算机多媒体技术
武汉商业服务学院	中西面点工艺	黄冈职业技术学院	应用化工技术
黄冈职业技术学院	旅游管理	十堰职业技术学院	电气自动化技术
襄樊职业技术学院	水产养殖技术	襄樊职业技术学院	旅游管理
恩施职业技术学院	道路桥梁工程技术	恩施职业技术学院	旅行社经营管理
沙市职业大学	酒店管理	鄂州职业大学	动漫设计与制作
鄂州职业大学	物流管理	鄂州职业大学	体育服务与管理
荆州职业技术学院	移动通信技术	荆州职业技术学院	视觉传达艺术设计
仙桃职业学院	食品加工技术	湖北轻工职业技术学院	食品加工技术
武汉工程职业技术学院	机电安装工程	湖北交通职业技术学院	城市轨道交通工程技术
武汉工程职业技术学院	液压与气动技术	武汉铁路职业技术学院	保险实务
随州职业技术学院	绿色食品生产与检测	随州职业技术学院	服装制版与工艺
湖北水利水电职业技术学院	酒店管理	武汉警官职业学院	应用电子技术
湖北城市建设职业技术学院	工程机械运用与维护	湖北城市建设职业技术学院	钢结构建造技术
湖北城市建设职业技术学院	动漫设计与制作	湖北生物科技职业学院	植物保护
湖北生物科技职业学院	饲料与动物营养	湖北生物科技职业学院	农村能源与环境技术
湖北生态工程职业技术学院	环境监测与治理技术	咸宁职业技术学院	精密机械技术
咸宁职业技术学院	景区开发与管理	湖北艺术职业学院	人物形象设计
湖北艺术职业学院	编导	武汉交通职业学院	港口工程技术
武汉交通职业学院	工程监理	长江工程职业技术学院	营销与策划
长江工程职业技术学院	旅游服务与管理	武汉工业职业技术学院	工程机械运用与维护
武汉工业职业技术学院	钢结构建造技术	湖北国土资源职业学院	宝玉石鉴定与加工技术
湖北国土资源职业学院	地下工程与隧道工程技术	鄂东职业技术学院	环境艺术设计
鄂东职业技术学院	工程监理	鄂东职业技术学院	电梯工程技术
江汉艺术职业学院	计算机多媒体技术	江汉艺术职业学院	编导
三峡电力职业学院	新能源应用技术	黄石职业技术学院	冶金技术
黄石职业技术学院	汽车电子技术	武汉城市职业学院	城市园林
武汉城市职业学院	印刷技术	三峡旅游职业技术学院	森林生态旅游
三峡旅游职业技术学院	酒店管理	三峡旅游职业技术学院	休闲服务与管理
三峡旅游职业技术学院	旅游英语	湖北开放职业学院	广告与会展
武汉语言文化职业学院	电子信息工程技术	武汉语言文化职业学院	通信技术
武汉语言文化职业学院	社区管理与服务	武汉商贸职业学院	应用电子技术
武汉商贸职业学院	会计电算化	武汉商贸职业学院	新闻采编与制作
武汉信息传播职业技术学院	文秘速录	武汉信息传播职业技术学院	人物形象设计
武汉外语外事职业学院	医药营销	黄冈科技职业学院	化学制药技术
黄冈科技职业学院	应用英语	湖北科技职业学院	选矿技术

2010年更名的普通高职(专科)专业名单

学　校	原专业名称	更名后专业名称	学　校	原专业名称	更名后专业名称
武汉职业技术学院	艺术设计(景观艺术设计)	景观设计	武汉职业技术学院	摄影摄像技术	摄影
黄冈职业技术学院	会计电算化	会计	武汉交通职业学院	金融保险	投资与理财
江汉艺术职业学院	家政服务	社区管理与服务	黄冈科技职业学院	计算机信息管理	动漫设计与制作
黄冈科技职业学院	应用电子技术	电子信息工程技术	湖北科技职业学院	焊接技术及自动化	材料成型与控制技术

2010年撤销的普通高职(专科)专业名单

学　校	专业名称	学　校	专业名称
华中科技大学武昌分校	应用电子技术	华中科技大学武昌分校	经济管理
华中科技大学武昌分校	公共事务管理	武汉船舶职业技术学院	通信技术
十堰职业技术学院	电子设备运行与管理	襄樊职业技术学院	动物防疫与检疫
襄樊职业技术学院	环境艺术设计	襄樊职业技术学院	国际贸易实务
襄樊职业技术学院	电脑艺术设计	襄樊职业技术学院	音乐表演
武汉铁路职业技术学院	计算机应用技术	武汉铁路职业技术学院	计算机网络技术
武汉铁路职业技术学院	计算机多媒体技术	武汉铁路职业技术学院	软件技术
武汉铁路职业技术学院	电子声像技术	武汉铁路职业技术学院	光电子技术
武汉铁路职业技术学院	国际贸易实务	武汉铁路职业技术学院	社区管理与服务
武汉电力职业技术学院	审计实务(工程审计)	湖北生物科技职业学院	城镇规划
湖北生物科技职业学院	物业管理	湖北生物科技职业学院	文秘
武汉交通职业学院	公路监理	长江职业学院	涉外事务管理
湖北开放职业学院	文秘	黄冈科技职业学院	广告设计与制作
湖北科技职业学院	社区管理与服务		

2010年新增设医药卫生类高职专业名单

学　校	专业名称	学　校	专业名称
黄冈职业技术学院	护理	黄冈职业技术学院	药学
黄冈职业技术学院	医学检验技术	襄樊职业技术学院	康复治疗技术
仙桃职业学院	康复治疗技术	湖北三峡职业技术学院	护理
湖北三峡职业技术学院	药学	湖北三峡职业技术学院	康复治疗技术
随州职业技术学院	卫生检验与检疫技术	湖北生物科技职业学院	药学

【示范性高等职业学校建设】 完成国家级示范性高职院校建设省级验收工作。根据教育部、财政部办关于“国家示范性高等职业院校建设计划”立项建设院校验收工作要求，省教育厅、省财政厅制定了省级验收工作方案。3月和12月，分别组织专家验收组对武汉职业技术学院、武汉船舶职业技术学院、湖北职业技术学院、武汉铁路职业技术学院4所院校的建设工作开展省级检查验收。其中，武汉职业技术学院、武汉船舶职业技术学院2所院校的示范性建设工作已通过教育部、财政部的验收审核；湖北职业技术学院、武汉铁路职业技术学院的建设工作验收申请已提交教育部、财政部审核。

国家骨干高职建设院校建设。根据教育部、财政部《关于进一步推进“国家示范性高等职业院校建设计划”实施工作的通知》精神，7月初，省教育厅、省财政厅在省、行业示范性高等职业院校中择优推荐国家骨干高职建设院校。11月底，教育部、财政部确定襄樊职业技术学院、黄冈职业技术学院、十堰职业技术学院、鄂州职业技术学院、武汉软件职业技术学院5所院校为“国家示范性高等职业院校建设计划”骨干高职院校立项建设单位。

总结示范性建设工作经验。省教育厅召开湖北省示范性高职院校建设中期检查情况通报会暨重点建设专业经验交流会，全省15所国家级、省级示范性高职建设院校的院校长、职能部门负责人和重点建设专业负责人等

160人参加会议。11名省示范性高职建设院校的重点建设专业负责人以"说专业"的方式，分别就立项建设重点专业的建设思路、建设方案和教学改革作大会交流发言，各参会院校的领导和有关专家对说专业的情况作现场点评。省委高校工委副书记、省教育厅副厅长陈传德出席会议并讲话。

【本科院校实验教学示范中心与高职院校实训基地】 继续在普通本科院校中开展实验教学示范中心建设立项工作。在学校申报的基础上，通过评审、考察，遴选确定武汉大学"药学实验教学示范中心"等31个实验教学中心为2010年省级实验教学示范中心建设项目。评审确定武汉大学"电子信息类大学生创新活动基地"等35个基地为"湖北省高等学校大学生创新活动基地"，为广大学生开展创新性实验、科学研究、创造发明、学科竞赛和社会实践等活动提供舞台，创造条件，不断提高大学生的实践能力、创新精神和团队协作意识。

评审确定湖北职业技术学院"机电一体化专业实训基地"等32个实训基地为2010年度湖北省高等职业教育实训基地建设项目；郧阳师范高等专科学校"电工电子与自动化技术"等10个实训基地被教育部、财政部评为2010年中央财政支持的国家实训基地。

附：

2010年湖北省高等学校实验教学示范中心名单

学　　校	中　心　名　称	中心类别
武汉大学	药学实验教学示范中心	药学类
武汉大学	中国语言文学实践教学示范中心	其他类
华中科技大学	环境与建筑实验教学示范中心	环境类
华中科技大学	药学实验教学示范中心	药学类
华中师范大学	地理科学实验教学示范中心	地学类
华中师范大学	电子商务实验教学示范中心	经济管理类
武汉理工大学	资源与环境实验教学示范中心	环境类
中国地质大学(武汉)	材料科学与工程实验教学示范中心	材料类
华中农业大学	食品科学与工程实验教学示范中心	轻工纺织食品类
中南民族大学	经济管理实验教学示范中心	经济管理类
湖北大学	地理学实验教学示范中心	地学类
湖北大学	运动人体科学实验教学示范中心	其他类
武汉科技大学	经济管理实验教学示范中心	经济管理类
三峡大学	水利水电工程实验教学示范中心	土建类
长江大学	土木工程实验教学示范中心	土建类
长江大学	经济管理实验教学示范中心	经济管理类
江汉大学	艺术设计实验教学示范中心	艺术类
湖北工业大学	检测技术实验教学示范中心	机械类
湖北工业大学	经济管理实验教学示范中心	经济管理类
武汉工程大学	工程实践与创新实验教学示范中心	综合性工程训练中心
武汉纺织大学	机械工程实验教学示范中心	机械类
武汉工业学院	生物学实验教学示范中心	生物类
湖北汽车工业学院	材料科学与工程实验教学示范中心	材料类
湖北美术学院	艺术设计实验教学示范中心	艺术类
湖北师范学院	经济管理实验教学示范中心	经济管理类
襄樊学院	数字媒体实验教学示范中心	文科综合类
孝感学院	生命科学与技术实验教学示范中心	生物类
咸宁学院	药学与基础化学实验教学示范中心	药学类
黄冈师范学院	数学应用与信息处理综合训练中心	综合性工程训练中心
黄石理工学院	环境工程实验教学示范中心	环境类
武汉生物工程学院	生物学实验教学示范中心	生物类

湖北省高等学校大学生创新活动基地名单

学校名称	基 地 名 称	学校名称	基 地 名 称
武汉大学	电子信息类大学生创新活动基地	武汉大学	化学大学生创新活动基地
华中科技大学	电工电子大学生创新活动基地	华中科技大学	新能源与节能减排大学生创新活动基地
华中师范大学	大学生创新活动基地	武汉理工大学	电工电子大学生创新活动基地
武汉理工大学	机电工程综合设计与制造大学生创新活动基地	中国地质大学(武汉)	电子信息大学生创新活动基地
中国地质大学(武汉)	秭归产学研大学生创新活动基地	中南财经政法大学	法律实践大学生创新活动基地
中南财经政法大学	经济管理大学生创新活动基地	华中农业大学	动物科技大学生创新活动基地
华中农业大学	现代园艺大学生创新活动基地	中南民族大学	化学与生命科学大学生创新活动基地
中南民族大学	多学科交叉综合大学生创新活动基地	湖北大学	环境科学与工程大学生创新活动基地
武汉科技大学	智能技术与控制大学生创新活动基地	三峡大学	大学生创新活动基地
长江大学	机电集成技术大学生创新活动基地	江汉大学	电子设计大学生创新活动基地
湖北工业大学	大学生创新活动基地	武汉工程大学	化工与环境类大学生创新活动基地
武汉纺织大学	阳光大学生创新活动基地	武汉工业学院	机械与电子工程大学生创新活动基地
湖北汽车工业学院	汽车工程大学生创新活动基地	湖北民族学院	民族文艺创作与传播大学生创新活动基地
郧阳医学院	医学大学生创新活动基地	湖北经济学院	金融大学生创新活动基地
湖北警官学院	李昌钰工作室大学生创新活动基地	湖北美术学院	公共艺术大学生创新活动基地
湖北师范学院	信息技术大学生创新活动基地	咸宁学院	汀泗桥镇董继宁艺术馆大学生创新活动基地
黄冈师范学院	大学生创新活动基地	黄石理工学院	机械电子工程应用大学生创新活动基地
武汉生物工程学院	生物类大学生创新活动基地		

2010年度湖北省高等职业教育实训基地建设项目名单

学 校 名 称	实训基地名称	学校名称	实训基地名称
湖北职业技术学院	机电一体化专业实训基地	湖北职业技术学院	计算机网络技术专业实训基地
武汉商业服务学院	汽车检测与维修技术专业实训基地	武汉商业服务学院	社会体育专业(赛马产业管理方向)实训基地
黄冈职业技术学院	会计专业实训基地	黄冈职业技术学院	制冷与冷藏技术专业实训基地
十堰职业技术学院	会计专业实训基地	襄樊职业技术学院	畜牧兽医专业实训基地
恩施职业技术学院	旅游管理专业实训基地	沙市职业大学	应用化工技术专业实训基地
鄂州职业大学	护理专业实训基地	仙桃职业学院	园林技术专业实训基地
武汉铁路职业技术学院	护理专业实训基地	湖北科技职业学院	人物形象设计专业实训基地
武汉商贸职业学院	物流管理专业(仓储物流管理方向)实训基地	武汉铁路职业技术学院	物流管理专业(铁路企业方向)实训基地
武汉职业技术学院	电子信息工程技术专业实训基地	武汉职业技术学院	服装设计专业实训基地
武汉船舶职业技术学院	激光加工技术专业实训基地	武汉船舶职业技术学院	轮机工程技术专业(轮机管理方向)实训基地
湖北轻工职业技术学院	建筑装饰工程技术专业实训基地	湖北交通职业技术学院	计算机网络技术专业实训基地
湖北三峡职业技术学院	旅游管理专业实训基地	随州职业技术学院	服装设计专业实训基地
湖北城市建设职业技术学院	建筑装饰工程技术专业实训基地	湖北生态工程职业技术学院	林业技术专业实训基地
咸宁职业技术学院	物流管理专业实训基地	咸宁职业技术学院 武汉职业技术学院	旅游管理专业(文化旅游方向)实训基地
武汉交通职业学院	交通安全与智能控制专业实训基地	鄂东职业技术学院	市场营销专业实训基地
江汉艺术职业学院	学前教育专业实训基地	三峡电力职业学院	发电厂及电力系统专业实训基地

湖北省高职院校获2010年中央财政支持职业教育实训基地建设项目名单

学校名称	专业名称	学校名称	专业名称
郧阳师范高等专科学校	电工电子与自动化技术	沙市职业大学	电光源技术
黄冈科技职业技术学院	计算机应用	湖北交通职业技术学院	道路桥梁工程技术
湖北城市建设职业技术学院	建筑工程技术	襄樊职业技术学院	汽车检测与维修技术
湖北三峡职业技术学院	畜牧兽医	湖北生态工程职业技术学院	园林技术
鄂州职业大学	机械设计与制造	随州职业技术学院	旅游管理

【人才培养模式的改革】 为深化人才培养模式改革，构建高等学校围绕服务湖北支柱产业，服务区域经济建设，培养高质量专门人才的新机制，省教育厅启动实施了“湖北省普通高等学校拔尖创新人才培育试验计划”和“湖北省战略性新兴(支柱)产业人才培养计划”。评审确定确定武汉大学等19所高校“生物学拔尖创新人才培育试验计划”等23个项目为湖北省普通高等学校拔尖创新人才培育试验计划项目。华中科技大学等48所高校“光电子材料与器件”等69个专业为湖北省高等学校第一批战略性新兴(支柱)产业人才培养计划项目。

组织高等学校开展教学内容、课程体系及人才培养模式的改革与实践研究，评审确定武汉大学“理工科高等数学教学资源库建设的实践与研究”等403项省级教学研究项目。

附：　　湖北省普通高等学校拔尖创新人才培育试验计划项目

学校	学科门类	项目名称
武汉大学	理学	生物学拔尖创新人才培育试验计划
武汉大学	理学	物理学拔尖创新人才培育试验计划
华中科技大学	理学	生物学实验班拔尖创新人才培育试验计划
华中科技大学	工学	机械学科拔尖创新人才培育试验班
华中师范大学	理学	化学专业拔尖创新人才培育实验计划
武汉理工大学	工学	材料科学与工程专业拔尖创新人才培育试验计划
武汉理工大学	工学	工业设计专业拔尖创新人才培育试验计划
中南财经政法大学	管理学	拔尖创新型国际会计人才培育试验区
华中农业大学	理学	生物学拔尖创新人才培育实验计划
华中农业大学	农学	农科拔尖创新人才培育实验计划
中南民族大学	工学	软件工程专业拔尖创新人才培育试验计划
湖北大学	文学	人文社会科学拔尖创新人才培育实验计划
武汉科技大学	工学	冶金类拔尖创新人才培育试验计划
三峡大学	工学	“电气英才”拔尖创新人才培育试验计划
长江大学	工学	“石油之光”拔尖创新人才培育试验计划
湖北工业大学	工学	机械设计制造及其自动化专业拔尖创新人才培育实验计划
武汉工程大学	工学	化学工程与工艺拔尖创新人才培育实验计划
武汉纺织大学	工学	纺织工程专业拔尖创新人才培育试验计划
湖北中医药大学	医学	中医学拔尖创新人才培育试验计划
湖北经济学院	经济学	金融学拔尖创新人才培育实验计划
武汉体育学院	教育学	体育类拔尖创新人才培育试验计划
湖北美术学院	文学	“致美拔尖创新人才”培育实验计划
武汉音乐学院	文学	艺术类拔尖创新人才培育实验计划

湖北省普通高等学校战略性新兴(支柱)产业人才培养计划项目名单(本科)

学　　校	面向产业	学科门类	专业名称	学　　校	面向产业	学科门类	专业名称
武汉大学	新能源	工　学	电气工程与自动化	华中科技大学	电子信息	工　学	光电子材料与器件
华中科技大学	新能源	工　学	新能源科学与工程	武汉理工大学	节能环保	工　学	建筑节能技术与工程
武汉理工大学	新能源汽车	工　学	车辆工程	华中农业大学	畜牧	农　学	动物科学
华中农业大学	轻工食品	工　学	食品科学与工程	中南民族大学	生物育种	理　学	生物技术
湖北大学	电子信息	工　学	电子科学与技术	湖北大学	节能环保	工　学	环境工程
武汉科技大学	电子信息	工　学	电子信息工程	武汉科技大学	新能源汽车	工　学	车辆工程
三峡大学	生物医药	工　学	生物工程	三峡大学	旅游	管理学	旅游管理
长江大学	电子信息	工　学	电子信息工程	长江大学	生物育种	农　学	农　学
江汉大学	生物医药	理　学	生物技术	江汉大学	新材料	工　学	化学工程与工艺
湖北工业大学	节能环保	工　学	环境工程	湖北工业大学	新能源	工　学	电气工程及其自动化
武汉工程大学	医药	工　学	制药工程	武汉工程大学	新材料	理　学	材料物理
武汉纺织大学	电子信息	工　学	自动化	武汉纺织大学	轻工食品	文　学	艺术设计
湖北中医药大学	生物医药	医学	中药学	武汉工业学院	生物制药	工　学	制药工程
湖北汽车工业学院	汽车	工　学	材料成型及控制工程	湖北汽车工业学院	新能源汽车	工　学	车辆工程
湖北民族学院	旅游	管理学	旅游管理	湖北师范学院	电子信息	工　学	通信工程
襄樊学院	新能源汽车	工　学	车辆工程	孝感学院	新材料	理　学	材料化学
咸宁学院	医药	医　学	药物制剂	咸宁学院	核技术	工　学	核工程与核技术
黄冈师范学院	生物医药	工　学	生物工程	黄石理工学院	新材料	工　学	无机非金属材料工程
武汉生物工程学院	生物制品	工　学	生物工程	湖北第二师范学院	电子信息	工　学	计算机科学与技术

(高职高专)

学　　校	面向产业	专业名称	学　　校	面向产业	专业名称
郧阳师范高等专科学校	旅游	旅游管理	武汉船舶职业技术学院	制造	船舶工程技术专业
武汉船舶职业技术学院	电子信息	微电子技术	武汉职业技术学院	制造	数控技术
武汉职业技术学院	生物医药	生物制药技术	湖北职业技术学院	建筑	建筑工程管理
湖北职业技术学院	汽车	汽车检测与维修技术	武汉商业服务学院	体育	社会体育
黄冈职业技术学院	生物医药	生物制药技术	黄冈职业技术学院	建筑	建筑工程技术
十堰职业技术学院	制造	模具设计与制造	襄樊职业技术学院	新能源汽车	应用电子技术
襄樊职业技术学院	轻工食品	生物技术及应用	恩施职业技术学院	旅游	旅游管理
沙市职业大学	新能源	电光源技术	鄂州职业大学	新材料	材料工程技术
仙桃职业学院、武汉船舶职业技术学院	电子信息	应用电子技术	湖北交通职业技术学院	新能源汽车	汽车运用技术
湖北交通职业技术学院	交通	道路桥梁工程技术	武汉铁路职业技术学院	交通	城市轨道交通控制
武汉铁路职业技术学院	电子信息	应用电子技术	湖北三峡职业技术学院	化工	应用化工技术
湖北三峡职业技术学院	旅游	旅游管理	随州职业技术学院	旅游	旅游管理
武汉电力职业技术学院	电力	发电厂及电力系统	湖北城市建设职业技术学院	建筑	建筑工程技术专业
湖北生物科技职业学院	农业	种子生产与经营	咸宁职业技术学院、武汉职业技术学院	旅游	旅游管理
武汉交通职业学院	物流	物流管理	三峡电力职业学院	新能源	发电厂及电力系统
武汉城市职业学院	电子信息	电子信息工程技术			

【独立学院专业建设和教学管理】 2010年，组织开展独立学院本科专业教学合格评估。在学校自评的基础上，省教育厅组织76位专家对31所独立学院的59个本科专业进行现场考察评估。以此促进独立学院专业建设和教学管理规范化，不断提高人才培养质量。省教育厅组织开展了独立学院重点培育本科专业立项建设工作，确定武汉大学东湖分校等26所独立学院的“通信工程”等40个与区域经济联系紧密的应用型本科专业予以重点建设。

附：

湖北省独立学院重点培育本科专业立项建设项目名单

学校	专业名称	学科门类	学校	专业名称	学科门类
武汉大学东湖分校	通信工程	工学	武汉大学东湖分校	生物技术	理学
武汉大学东湖分校	电子商务	管理学	华中科技大学武昌分校	光信息科学与技术	理学
华中科技大学武昌分校	机械电子工程	工学	华中科技大学武昌分校	自动化	工学
华中师范大学汉口分校	电子信息工程	工学	武汉科技大学中南分校	土木工程	工学
武汉科技大学中南分校	艺术设计	文学	华中科技大学文华学院	通信工程	工学
华中科技大学文华学院	土木工程	工学	中南民族大学工商学院	电子商务	管理学
中南民族大学工商学院	新闻学	文学	中南财经政法大学武汉学院	金融学	经济学
中国地质大学江城学院	测绘工程	工学	中国地质大学江城学院	艺术设计	文学
武汉理工大学华夏学院	机械设计制造及其自动化	工学	武汉理工大学华夏学院	车辆工程	工学
华中师范大学武汉传媒学院	播音与主持艺术	文学	华中师范大学武汉传媒学院	动画	文学
华中师范大学武汉传媒学院	广播电视新闻学	文学	湖北大学知行学院	生物工程	工学
武汉科技大学城市学院	工商管理	管理学	三峡大学科技学院	水利水电工程	工学
长江大学工程技术学院	勘查技术与工程	工学	长江大学文理学院	市场营销	管理学
江汉大学文理学院	金融学	经济学	湖北工业大学工程技术学院	机械设计制造及其自动化	工学
湖北工业大学商贸学院	艺术设计	文学	武汉工程大学邮电与信息工程学院	通信工程	工学
武汉工程大学邮电与信息工程学院	自动化	工学	武汉工程大学邮电与信息工程学院	化学工程与工艺	工学
武汉纺织大学外经贸学院	机械设计制造及其自动化	工学	武汉工业学院工商学院	机械设计制造及其自动化	工学
湖北汽车工业学院科技学院	车辆工程	工学	湖北汽车工业学院科技学院	信息管理与信息系统	管理学
湖北民族学院科技学院	护理学	医学	湖北医药学院药护学院	护理学	医学
湖北经济学院法商学院	市场营销	管理学	孝感学院新技术学院	生物工程	工学

【教学团队与高水平教师队伍建设】 省教育厅评审确定武汉大学“化学基础课程教学团队”等80个教学团队为2010年度湖北省高等学校教学团队；华中科技大学等14所高校的“基础物理课程教学团队”等20个团队入选2010年国家级教学团队。加强高职院校“双师”结构教师队伍建设，分两批在武汉职业技术学院等34所院校设立“楚天技能名师”教学岗位120个。

附：

湖北省高校获2010年国家级教学团队名单

团队名称	带头人	所在高校	团队名称	带头人	所在高校
化学基础课程教学团队	程功臻	武汉大学	地理信息系统专业系列课程教学团队	刘耀林	武汉大学
新闻学专业教学团队	罗以澄	武汉大学	社会保障学教学团队	赵曼	中南财经政法大学
基础物理课程教学团队	熊永红	华中科技大学	电机系列课程教学团队	陈乔夫	华中科技大学
生物技术特色专业教学团队	余龙江	华中科技大学	工业设计专业教学团队	陈汗青	武汉理工大学
矿物岩石学教学团队	马昌前	中国地质大学(武汉)	地下水与环境教学团队	王焰新	中国地质大学(武汉)
生态学系列课程教学团队	曹凑贵	华中农业大学	土壤学教学团队	黄巧云	华中农业大学

团队名称	带头人	所在高校	团队名称	带头人	所在高校
数学与应用数学专业主干课程教学团队	朱长江	华中师范大学	无机非金属材料工程专业核心课程跨学科教学团队	李亚伟	武汉科技大学
电气工程专业教学团队	李咸善	三峡大学	电工电子基础课程教学团队	余厚全	长江大学
制药工程专业教学团队	张珩	武汉工程大学	纺织材料与加工教学团队	徐卫林	武汉科技学院
艺术设计专业教学团队	姚强	十堰职业技术学院	船舶工程技术专业教学团队	陈彬	武汉船舶职业技术学院

【教学质量监督保障体系建设】

(1)协助教育部对黄石理工学院进行普通高等学校本科教学工作合格评估。(2)组织开展高职高专院校人才培养工作评估。组建第三届湖北省高等职院校人才培养工作评估委员会，对2011－2013年的评估工作进行规划。开展高等职业院校人才培养工作培训工作，对全省54所高职院校领导和相关部门负责人，按新评估方案要求进行了全面、系统的学习培训。对湖北科技职业技术学院、三峡电力职业学院、武汉工程职业技术学院三所院校的人才培养工作进行了评估。(3)组织省第三届教学巡视员开展教学巡视工作。全年共巡视听课3 695节；回收教师问卷调查1 376份，回收学生问卷调查4 629份，通过教学巡视督导，深入了解高校教学工作动态，促进高校进一步加强教学基本建设，规范教学管理。

【大学生学科竞赛和科研成果奖】

全省高校大学生科技竞赛活动参赛学校和参赛学生覆盖面扩大。全省大学生机械创新设计大赛，256项作品获奖，其中24项作品获第四届全国大学生机械创新设计大赛奖，获奖数居全国第一；第二届全国大学生工程训练综合能力竞赛湖北省预赛，81项作品获奖；全省大学生数学建模竞赛，262个参赛队获奖，其中55个队获得全国奖，湖北省第九次获得全国优秀组织工作奖；全省大学生电子设计大赛，201个参赛队获奖；第三届全省高校大学生化学实验技能大赛，136名选手获得表彰；首届全省大学生生物实验技能竞赛，89名选手获得表彰；首届全省大学生物理实验创新设计竞赛，96项作品获奖；第一届湖北普通高校师范专业大学生教学技能竞赛，52名选手获得表彰；举办2010年全国职业院校技能大赛湖北赛区预选赛，从54所高职院校的87个代表队中选拔出17个队参加全国大赛，获全国大赛二等奖5个，三等奖4个。学生科技竞赛项目不断增多，参赛学校和学生规模日益扩大。

组织开展2010年湖北省高校大学生优秀科研成果奖评审工作，60所院校推荐674项成果申报2010年度大学生优秀科研成果奖，223项学生科研成果获得表彰。其中，一等奖17项(含特等奖1项)，二等奖56项，三等奖150项。

附：

2010年湖北省大学生优秀科研成果获奖成果名单

成果名称	学校名称	成果完成人	获奖等次
科研论文 *Three common TP53 polymorphisms in susceptibility to breast cancer，evidence from meta－analysis*	华中科技大学	胡政 李想	特等奖
科研论文 *Fabrication of rare－earth/quantum－dot nanocomposites for color－tunable sensing applications*	武汉大学	向阳	一等奖
科研论文 *N－(2－hydroxyl) propyl－3－trimethyl ammonium chitosan chloride nanoparticle as a novel delivery system for Parathyroid Hormone－Related Protein 1－34*	武汉大学	赵胜豪	一等奖
科研论文 *Tectoridin，an isoflavone glycoside from the flower of Pueraria lobata，prevents acute ethanol－induced liver steatosis in mice*（葛花鸢尾苷对酒精性肝脂肪变的保护作用研究）	武汉大学	熊玉 王婧 徐素丹 易竹荣	一等奖
科研论文《基于纳米膜界面的葡萄糖无酶传感器及其分析应用》	武汉大学	冯端	一等奖
科研论文 *Esterification activity and conformation studies of Burkholderia cepacia lipase in ionic liquids reaction media*	华中科技大学	刘雪	一等奖
科研论文 *Novel Security Strategies for SRAM in Powered－off State to Resist Physical Attack*	华中科技大学	康闻憬 余凯	一等奖
科研论文《TM掺杂钛酸纳米管的电子结构和光学性质研究》	华中科技大学	乐伶聪 唐豪 王扬 李翔	一等奖
科研制作《碳足迹系统》	华中科技大学	李江晨 黄威 彭浩	一等奖
科研论文 *Effective dechlorunation of HCB by nanoscale Fe/Cu particles*	华中科技大学	朱乃若 栾宏伟	一等奖

成果名称	学校名称	成果完成人	获奖等次
科研论文 *Numerical Simulation of Coal and Natural GAS co－combustion with Different fuel Proportions in aRotary Lime Kiln*	武汉理工大学	谷红宇　何　朋	一等奖
工程设计《地学实践教学资源系统设计》	中国地质大学(武汉)	邱　宁	一等奖
科研论文《借鉴发达国家经验，推进政府购买公共服务》	中南财经政法大学	彭　浩	一等奖
科研论文《萝卜、芥蓝远缘杂交导致传代过程中染色体数量不稳定性和DNA甲基化变异的研究》	华中农业大学	郭威威　李炫丽　王　冰　李象松　魏丽华	一等奖
系列论文《"女书"虚拟碑林园的建设与实现》	中南民族大学	郭郑钦　钟昆霞　王作龙　宗美玲	一等奖
科研论文 *Synthesis, crystal structure and esterification of a novel iron* (Ⅲ) *18－metallacrown－6 complex*	中南民族大学	蒋挺艳　钟洪娟　向　婷	一等奖
科研论文 *Experimental Study on the Effect of Water Content on the Thermal Conductivity of Grains*(含水量对谷物热传导性能的影响)	武汉工业学院	罗　伟　戴希碧	一等奖

注：二等奖、三等奖(略)。

2010 年湖北省高等学校首届大学生物理实验创新设计竞赛获奖选手名单

一等奖(15 项)

参赛学校	作品名称	参赛学生
武汉大学	基于量子点的新型节能 LED	陈振乾　姜鲁文　丁　耘　杨行知
华中科技大学	绿色建筑的物理综合设计	许霄琰　雷　彬　马逍遥　王彦青　郑　鑫
华中科技大学	LED 热阻测试平台的设计	肖鑫龙　李　海　罗　钦　刘雪峰　刘毅冰
华中科技大学	光纤位移传感器	严雪飞　蔡　晗
华中师范大学	太阳能电能恒温干燥箱	代　超　何小青　王昭慧
武汉理工大学	立轴直叶片微型风力发电机	王　健　成云舟　李秀清　李金敏　张　雷
中国地质大学(武汉)	一种节能环保的智能抽油烟机	肖　冬　刘洋铭　李莉玲　杨　婷　刘昌海
华中农业大学	基于迈干仪的微小位移自动化检测方法	李　宽　丁雨薇　张　润
湖北大学	螺旋电桥测微器	马　成　李斯馥　刘　莹　金驰名
长江大学	新型太阳能热水器单管排空装置	王　熊　倪淑文　曹秀荣
江汉大学	利用综合性光学方法测量微小长度	乐宏昊　陈　锐　陈　康　张　健　任振鑫
武汉纺织大学	基于压阻效应的微小长度测量仪	周仁锋　李　玄　林文华
湖北汽车工业学院	节能大功率 LED 汽车前大灯的研制	张　强　李　丽　孙丽娟　汤　松
湖北师范学院	基于单片机改造迈氏干涉仪自动测量波长和薄膜厚度	刘月林　彭真真　程匹克　陈　程　赵硕洽
襄樊学院	自动调光日光灯电子镇流器	陈　恒　张　兵　阮忠海

注：二等奖 26 项、三等奖 55 项(略)。

2010 年第一届湖北普通高校师范专业大学生教学技能竞赛获奖选手名单

姓名	学校	获奖等级	姓名	学校	获奖等级
余功忠	华中师范大学	一等奖	芦　希	湖北大学	一等奖
沈文娟	湖北师范学院	一等奖	王　璐	湖北师范学院	一等奖
彭诗丹	黄冈师范学院	一等奖	殷　磊	湖北第二师范学院	一等奖
王天振	郧阳师范高等专科学校	一等奖	王雄强	郧阳师范高等专科学校	一等奖

注：二等奖 16 人、三等奖 28 人(略)。

2010年湖北省普通高校大学生化学实验技能大赛获奖选手名单

专业组

参赛高校	参赛学生	所学专业	年级	获奖等次
武汉大学	唐晓萌	化学	2007	一等奖
华中科技大学	于　玺	应用化学	2007	一等奖
华中科技大学	唐从辉	应用化学	2007	一等奖
华中师范大学	柯　欢	化学	2007	一等奖
武汉理工大学	朱建华	应用化学	2007	一等奖
华中农业大学	石　琳	应用化学	2007	一等奖
三峡大学	祝　玉	化学	2007	一等奖
长江大学	付　成	应用化学	2007	一等奖
黄冈师范学院	阮志军	化学	2007	一等奖
黄冈师范学院	余　可	化学	2007	一等奖

非专业组

参赛高校	参赛学生	所学专业	年级	获奖等次
华中科技大学	高　杰	化学工程与工艺	2007	一等奖
华中科技大学	刘　云	化学工程与工艺	2007	一等奖
武汉理工大学	覃玉婷	材料科学	2008	一等奖
中南民族大学	贺应应	药学	2008	一等奖
湖北大学	唐晓冬	化学生物学	2007	一等奖
湖北大学	占学军	化学工程与工艺	2007	一等奖
三峡大学	郭玲芝	化学生物学	2007	一等奖
长江大学	熊　兵	化学工程与工艺	2007	一等奖
长江大学	胡　倩	化学工程与工艺	2007	一等奖
湖北工业大学	雷　星	轻化工程	2007	一等奖
孝感学院	夏忠林	高分子材料与工程	2007	一等奖
黄冈师范学院	李光文	制药工程	2007	一等奖

注：二等奖39人、三等奖75人(略)。

2010年湖北省高等学校大学生生物实验技能竞赛获奖选手名单

单项赛

参赛高校	参赛学生	年级	获奖等次	参赛高校	参赛学生	年级	获奖等次
武汉大学	彭　劼	2007	一等奖	武汉大学	杨　笛	2007	一等奖
武汉大学	洪　炜	2009	一等奖	华中科技大学	文启明	2008	一等奖
华中农业大学	汪晓云	2008	一等奖	华中农业大学	周仁杰	2008	一等奖
中南民族大学	梁　汉	2008	一等奖	湖北医药学院	林雷雷	2008	一等奖
黄石理工学院	边小娟	2007	一等奖	黄石理工学院	加双艳	2008	一等奖
荆楚理工学院	尚方林	2009	一等奖	华中农业大学楚天学院	康廷浩	2007	一等奖

综合赛

参赛高校	参赛学生	年级	获奖等次	参赛高校	参赛学生	年级	获奖等次
华中师范大学	冉　莉	2008	一等奖	华中农业大学	吴杰敏	2007	一等奖
湖北大学	严海龙	2007	一等奖				

注：二等奖25人、三等奖49人(略)。

【部属高校与地方高校对口支持合作】 武汉大学、华中科技大学等7所教育部直属高校与孝感学院、湖北工业大学等18所省属高校成立对口支持工作协调领导小组，落实工作部门和联络人员，制定年度及中长期合作支持计划，初步建立起校际领导互访机制、院系部门联动机制、学者干部交流机制、经费条件保障机制。华中科技大学将对口支持工作纳入学习实践科学发展观活动，党委书记路钢邀请4所对口省属高校主要领导和职能部门负责人到学校共商合作支持事宜。武汉大学、华中师范大学、武汉理工大学、中国地质大学、华中农业大学、中南财经政法大学等高校把对口支持工作纳入重要议事日程。12所省属高校选派360名优秀本科生跨校到结对的5所部属高校选修课程、辅修第二专业、攻读第二学士学位。6所部属高校聘请16所省属高校的129名教师为兼职研究生导师，联合开展博士、硕士等高层次人才的培养工作。在7所部属高校的指导下，至2010年12月，18所对口合作省属高校分别获得国家科技进步二等奖2项、国家863技术项目1项、国家973研究项目1项、国家自然科学基金43项、国家社会科学基金10项，建成国家级重点实验室1个、省级重点实验室1个、省级重点研究基地1个、省级实训基地2个。23所高校互聘专家教授141名，4所部属高校的8名教授被聘为彩虹学者，23所高校互派46名优秀教师和管理干部挂职锻炼。武汉大学、华中科技大学、华中师范大学、武汉理工大学等高校与对口高校达成了文献传递合作协议，将本校图书馆文献资源向省属高校师生开放。一些高校相互开放国家和省级重点实验室及专业实验室，还派出教师指导省属高校实验教学中心建设。

【高职教育联盟】 省教育厅组织高职院校开展对口支持与交流合作工作，推动圈内院校合作交流不断深化。武汉职业技术学院、武汉船舶职业技术学院、湖北职业技术学院、武汉铁路职业技术学院等4所国家级示范性高职院校与咸宁职业技术学院、仙桃职业学院、江汉艺术职业学院、黄石职业技术学院等4所圈域内高职院校在教学与管理、专业与课程建设、教师交流培训等方面广泛开展支持与合作。各结对院校都成立了对口支持与交流合作工作领导小组，强化组织领导，有的院校拨出专项经费，健全对口合作工作的人财务保障体系。省级示范院校武汉商业服务学院与新建高职院校武汉城市职业学院携手开展对口支持与交流合作工作。9月，省教育厅召开高职院校对口支持与交流合作工作座谈会，对高职院校对口交流合作计划的实施情况和工作经验进行总结。推进高职院校校企深度融合办学机制与体制建设。在十堰召开鄂西生态文化旅游圈高职联盟暨秦巴地区高职教育论坛；与潜江市人民政府联合举办武汉城市圈高职教育论坛，对校企深度融合长效机制建设和高职教育专业改革发展进行专题研讨，引导高职院校转变发展思想观念，深化校企合作，凝聚办学特色，将高职教育改革推向深入。组织部分国家、省示范高职和地方高职院校负责人赴江苏省、浙江省，就高职院校创新办学体制机制、校企合作长效机制建设、深化人才培养模式改革进行专题调研学习。推进校企合作共建专业。在宜昌召开鄂西生态文化旅游圈高职教育联盟旅游管理专业建设研讨会暨校企合作联谊会，邀请省、市、区旅游管理部门负责人以及有关旅游企业负责人与鄂西地区各高职院校负责人、专业负责人一起，研讨高职旅游管理专业的合作共享建设工作。就旅游管理专业建设、人才培养、课程改革、服务地方经济等问题进行研讨、交流，加强校企合作、共建旅游类专业，推动高职院校积极主动服务圈域经济建设。

【高校合作办学】 (1)组建湖北省高等学校师范教育联盟。1月19日，省教育厅组织华中师范大学、湖北师范学院、黄冈师范学院、湖北第二师范学院、郧阳师范高等专科学校、湖北大学、三峡大学、江汉大学、长江大学、咸宁学院、孝感学院、襄樊学院、湖北民族学院、武汉体育学院、黄石理工学院、荆楚理工学院等16所举办有师范专业的高校负责人签署合作协议，组建了湖北省高等学校师范教育联盟。联盟成立以来，校际之间开展了多项合作和人员交流活动。12月，联盟承办了首届全省高校师范专业大学生教学技能竞赛活动，较好的展示了全省高校师范专业教学改革成果，增强了师范类大学生的实践动手能力和创新精神。(2)组织武汉市南湖片区十所高校开展联合办学。1月28日，省教育厅组织中南财经政法大学、中南民族大学、湖北工业大学、武汉工程大学、武汉科技学院、湖北经济学院、湖北警官学院、武汉体育学院、湖北美术学院、湖北第二师范学院等10所高校签订了联合办学协议，在学生跨校辅修双学位、跨

第三届中国大学教学论坛会议现场

校选修课程、共享高校教学实验室和教学基地等方面开展合作。截至12月底，10校提供了63个专业（方向）供学生选择学习。

【高等教育教学资源共享平台建设】

（1）依托湖北教育信息中心建立湖北高等教育教学资源网，打造湖北高等教育公共服务平台、信息交流平台和优质教学资源共享平台。将全省高校2003－2010年度的国家级、省级精品本科课程707门，高职高专课程288门上网开放共享，整个资源量达1200G。（2）完成湖北省高校数字图书馆建设工作。依托武汉大学图书馆建设的湖北高校数字图书馆建立了武汉大学和华中科技大学两个数据中心，18个学科文献交流中心，数字图书馆门户网站可向全省高校提供8 000多种期刊、70多万册图书及80多万篇学位论文的在线访问，为高校用户提供24小时专有的信息资源服务，实现了"一次认证、任意访问"的目标。全省114所高校与数字图书馆链接并使用门户网站及各种资源。试运行期间月的访问量稳定在40万人次。1月7日，教育部专家组对湖北高校数字图书馆建设工作进行检查验收，获得好评。5月19日，教育部在湖北省召开CALIS省中心建设工作现场会，省教育厅在会上作了《政府引导，依托高校，构建高等教育文献保障体系》的经验交流发言。《教育部简报》（第109期）以"湖北高校数字图书馆充分整合资源，逐步实现文献信息资源的共建共知共享"为题，介绍了湖北省高校数字图书馆建设工作的经验和做法。

【普通高校"专升本"工作】 2010年继续开展湖北省普通高校"专升本"工作，"专升本"招生院校由省属本科院校承担，招生计划纳入年度普通本科招生计划。4月15日，省教育厅印发了《关于开展2010年高等学校普通专升本工作的通知》，部署了"专升本"工作。全省普通高校"专升本"工作按照公开、公平、公正的原则，在23所省属普通本科院校开展普通"专升本"招生，共录取4 859人。

撰稿 吴 勃 丁 铱

审稿 张建军

学位工作与研究生教育

【新增博士硕士学位授权点的评审】

按照国务院学位委员会关于委托省学位委员会进行博士学位授权一级学科点初审和硕士学位一级学科点审核工作的要求，组织各单位认真填写拟申报授权点的简况表和汇总表，开展学位点自评和筛选。湖北省拟申报博士、硕士一级学科点分别为59个、193个，经过学校自评、省级形式审查、国家统一公示，确定申报的博士、硕士一级学科点分别为59个、176个。2010年9月，在孝感市召开省2010年新增博士、硕士学位点授权点审核工作会议，共邀请80多位专家参与本次评审工作。按照"公平、公开、公正"和"按需授权"等审核原则，对拟增列的博士、硕士学位一级学科点进行认真审核、充分讨论和无记名投票表决。9月21日，省政府学位委员会召开全体会议，审议专家评审结果，按程序分门别类进行投票表决。审议申报一级学科博士点初审通过名单和拟增列一级学科硕士点名单上报国务院学位委员会审核批准。

【湖北省硕士专业学位授权点评审】

召开初审现场观摩会。组织各申报单位现场观摩部分部委属高校的自审工作。组织专家集中评审会。审核工作贯彻"适应需求，坚持标准，保证质量，宁缺毋滥"的基本原则，严格按照国务院学位委员会有关规定和省制定的规划与办法以及新增硕士专业学位授权点基本要求，对初审通过的60个硕士专业学位授权点进行审核，及时将专家组提出的修改意见反馈给各申报单位，各单位根据专家意见对审核通过的申报材料予以进一步补充和完善。公示并上报评审结果。审核结果以及审核通过的申报材料在湖北学位网上进行公示，经省政府学位委员会批准，并将审核结果上报国务院学位委员会审批。2010年，湖北省新增硕士专业学位授权点30个，通过率为71.4%。

【江汉大学变更为硕士学位授权单位】

2010年3月，湖北省化学研究院并入江汉大学后，国务院学位委员会正式批复江汉大学变更为硕士学位授权单位，拥有高分子化学与物理、应用化学、工业催化3个硕士学位授权学科。江汉大学2010年实现硕士学位授权、一级学科授权点和硕士专业学位授权3项突破。

【遴选省级重点培育学科】 为了适应新时期学科建设改革与发展的需要，在各高校申报的优势特色学科建设项目的基础上，省教育厅精心遴选并批准了29个湖北省重点（培育）学科，以进一步推动全省高校学科整体水平和综合实力的提升。

【研究生教育创新基地建设计划】

制定"湖北省研究生教育创新基地实施方案"，"十二五"期间，湖北省采取项目资助方式，依托开发区和省内大型企业、高新企业和各市（州），支持高校建设20个左右的"研究生教育创新基地"。印发了做好研究生教育创新基地申报工作的文件，组织学校做好申报工作。

【优秀学位论文评选】 2010年，各学位授予单位上报博士学位论文344篇、硕士学位论文765篇、学士学位论文5 061篇，共评审18 510篇次的三级学位论文。评选出优秀博士学位论文116篇、优秀硕士学位论文236篇、优秀学士学位论文3 310篇，完成了2010省级优秀学位论文评审工作。2009年，湖北省推荐的52篇论文中有7篇入选全国优秀博士学位论文，获奖篇数比上年增加1篇，居全国第四位。

附：湖北省2010年优秀博士学位论文获奖名单(第12批，116篇)

论　文　题　目	学校名称	作　者	指导教师
中国农民工市民化制度分析	武汉大学	黄　锟	简新华
海峡两岸和平协议研究	武汉大学	祝　捷	周叶中
奥尔森集体行动理论研究	武汉大学	高春芽	谭君久
"生态人"：环境法上的人之形象	武汉大学	吴贤静	蔡守秋
个人资料隐私的法律保护	武汉大学	孔令杰	黄　进
网络民主的可能及限度——基于媒介与民主的关系视角	武汉大学	郭小安	虞崇胜
现代汉语功能祈使句研究	武汉大学	李　圃	萧国政
传播公地的重建及其问题：西方另类媒体研究	武汉大学	罗　慧	单　波
16—18世纪英国的服饰与社会变迁	武汉大学	谭赛花	陈　勇
中晚唐宦官政治研究	武汉大学	黄　楼	冻国栋
复杂网络的建模及其控制	武汉大学	周　进	陆君安
基于热敏感性嵌段共聚物的自组装新型胶束的合成、表征及体外释药性能的研究	武汉大学	魏　华	卓仁禧
聚合物纳米粒子的制备及其在药物控释和荧光成像领域的应用	武汉大学	李永勇	张先正
水溶性量子点及荧光聚合物生化分析应用研究	武汉大学	赵　丹	何治柯
具有新型共轭结构的有机电致发光材料的合成及其性能研究	武汉大学	蒋佐权	杨楚罗
基于SPR的生物分子相互作用的研究	武汉大学	周　博	刘　义
冠状病毒RNA加帽的分子机制研究	武汉大学	陈　宇	郭德银
金属氧化物半导体纳米线的物性研究及器件研制	武汉大学	廖　蕾	李金钗
基于IDFT的间谐波检测及相关电能质量问题研究	武汉大学	张全明	刘会金
神经网络技术在微波电路中的高效建模研究	武汉大学	曹芽子	王高峰
基于图模型多文档自动文摘研究	武汉大学	韦福如	何炎祥
隧道火灾通风及人员疏散研究	武汉大学	袁建平	方　正
地下水中污染物运移随机模型的研究与应用	武汉大学	史良胜	杨金忠
SAR图像海上舰船目标检测方法研究	武汉大学	汪长城	廖明生
自动化的航空影像色彩一致性处理及接缝线网络生成方法研究	武汉大学	潘　俊	李德仁
农户污水分散式土地处理系统的研究	武汉大学	张　亮	甘复兴
心房颤动的自主神经机制研究	武汉大学	鲁志兵	江　洪
细胞外基质金属蛋白酶诱导因子与牙周炎	武汉大学	向军波	李成章
基于智力资本的区域创新能力研究	武汉大学	陈　武	王学军
农村最低生活保障制度的可持续性研——基于对中国10省份33县市农户资料的调查	武汉大学	王增文	邓大松
图书馆数字资源选择标准研究	武汉大学	唐　琼	陈传夫
外商技术转移对我国技术创新的影响	华中科技大学	邢　斐	张建华
乡村混混与农村社会灰色化——两湖平原，1980—2008	华中科技大学	陈柏峰	贺雪峰
大学教师隐性激励论	华中科技大学	方明军	张应强
树状分形分叉网络的输运特性	华中科技大学	徐　鹏	郁伯铭
几种单基因遗传病致病基因的突变和功能研究	华中科技大学	张贤钦	王　擎
压电俘能/储能系统的非线性动力学行为分析与优化	华中科技大学	薛　欢	胡元太
运动物体三维形貌测量方法与实验系统研究	华中科技大学	胡而已	何玉明
复杂件等离子熔积成形过程有限元及无网格法模拟	华中科技大学	吴圣川	张海鸥
全光码型转换的研究	华中科技大学	余　宇	黄德修
高速全光逻辑运算及其应用的理论和实验研究	华中科技大学	徐　竞	张新亮

论　文　题　目	学校名称	作　者	指导教师
固体氧化物燃料电池 Pd－YSZ 阴极及其性能优化	华中科技大学	梁凤丽	李　箭
金属氧化物气体传感器响应动力学特性与阵列优化研究	华中科技大学	张顺平	谢长生
聚合物及其复合粉末的制备与选择性激光烧结成形研究	华中科技大学	闫春泽	史玉升
煤燃烧矿物组合演化及其与重金属相互作用机制的研究	华中科技大学	赵永椿	张军营
基于格子 Boltzmann 方法的非线性渗流研究	华中科技大学	柴振华	施保昌
数字化电力系统若干问题研究	华中科技大学	苏　盛	段献忠
飞秒激光驱动的阿秒脉冲光源产生及控制	华中科技大学	兰鹏飞	陆培祥
无线宽带网络动态调度与跨层优化研究	华中科技大学	李　琰	朱光喜
图数据库中的子图查询方法研究	华中科技大学	邹　磊	卢炎生
水力发电机组轴系振动特性及其故障诊断策略	华中科技大学	安学利	周建中
随机扫描双光子显微镜中飞秒激光传输特性研究	华中科技大学	李德荣	骆清铭
急性血栓性疾病血栓标志物的探索性研究	华中科技大学	张小平	胡　豫
单链慢病毒 tet－on 系统重组人前脑啡肽原基因修饰大鼠骨髓间充质干细胞的镇痛效应研究	华中科技大学	田学愎	田玉科
CatSper 作为不育病因检查和避孕靶点的探索性研究	华中科技大学	李红钢	熊承良
非营利组织感知特性对个人捐赠行为影响研究	华中科技大学	侯俊东	杜兰英
世界的构造－论海德格尔的"世界"概念	华中科技大学	蒋邦芹	张廷国
晚清言论自由思想的肇始与演变	华中科技大学	路鹏程	孙旭培
金属支撑固体氧化物燃料电池阻抗谱建模与诊断	华中科技大学	黄秋安	汪秉文
土木工程结构系统辨识的统计方法研究	华中科技大学	李炜明	朱宏平
基于地质异常的矿产资源定量化预测与不确定性评价	中国地质大学(武汉)	左仁广	赵鹏大
泥炭类脂物早期成岩转化及其对气候变化的响应：以神农架大九湖泥炭沉积为例	中国地质大学(武汉)	黄咸雨	谢树成
胶东郭城断裂带脉岩岩浆演化过程：对岩石圈演化及金成矿的制约	中国地质大学(武汉)	谭　俊	魏俊浩
气体分子在过渡金属催化剂上吸附行为的密度泛函理论研究	中国地质大学(武汉)	姚淑娟	程寒松
大陆地壳岩石深俯冲过程中的命运：高温高压实验研究	中国地质大学(武汉)	吴　耀	金振民
畜禽养殖废水中有机物厌氧生物降解机理的分子生物学解析	中国地质大学(武汉)	李　平	王焰新
应用地表水——地下水耦合模型研究不同尺度的水文响应——以丹麦 Skjern 流域和中国华北平原为例	中国地质大学(武汉)	卢小慧	靳孟贵
异形截面环件冷轧力学原理和工艺理论研究	武汉理工大学	钱东升	华　林
柔性资源受限的多模式项目调度问题研究	武汉理工大学	吴　兵	罗荣桂
主导性高技术产业成长的关联机制研究	武汉理工大学	汪　芳	赵玉林
磁力轴承电磁场的相关理论和实验研究	武汉理工大学	丁国平	周祖德
桥梁结构模态参数辨识与损伤识别方法研究	武汉理工大学	熊红霞	刘沐宇
考虑排放的交通分配模型及其算法研究	武汉理工大学	熊　伟	严新平
熔体旋甩法制备高性能纳米结构 n 型填充式方钴矿化合物的研究	武汉理工大学	李　涵	唐新峰
Swift 时代伽玛射线暴及其余辉的多波段研究	华中师范大学	俞云伟	郑小平
童年期同伴交往与心理理论的关系研究	华中师范大学	孙晓军	周宗奎
量子隧穿、反常与黑洞霍金辐射	华中师范大学	蒋青权	蔡　勖
基于甘脲的新型主体化合物的设计，合成及在分子传感和分子组装方面的研究	华中师范大学	佘能芳	吴安心
金属基底上氧化物纳米结构薄膜/阵列的合成、生长动力学与应用研究	华中师范大学	刘金平	黄新堂
新型 Strobilurins 衍生物的设计、合成及生物活性研究	华中师范大学	赵培亮	杨光富
先秦汉语时间词汇形成发展的认知·文化机制	华中师范大学	吴　芳	周光庆
关于一类半线性椭圆方程的研究	华中师范大学	杨　芬	邓引斌

论　文　题　目	学校名称	作　者	指导教师
生产社会化：农户的社会风险与政府服务——河南省仰韶村的个案研究	华中师范大学	郝亚光	徐　勇
现代汉语形谓句优先序列研究	华中师范大学	王文格	储泽祥
喷注淬火的集体流与演化效应和强作用介质的热化	华中师范大学	程　鸾	王恩科
水稻组蛋白末端修饰酶基因的功能分析	华中农业大学	孙前文	周道绣
棉花原生质体不对称融合研究及原生质体细胞壁重建相关基因的表达谱分	华中农业大学	杨细燕	张献龙
新农村基层政权权责制衡重构	华中农业大学	解　冰	张俊飚
山羊产羔和牛精液品质及卵泡发育性状主基因鉴定及功能研究	华中农业大学	滑国华	杨利国
人工合成芸薹属异源六倍体与诸葛菜属间杂种的细胞学及分子生物学研究	华中农业大学	葛贤宏	李再云
纽荷尔脐橙缺硼的生理机制研究	华中农业大学	盛　鸥	彭抒昂
甘蓝型油菜 EMS 突变体库的构建及 TILLING、EcoTILLING 技术的应用研究	华中农业大学	汪　念	孟金陵
猪粪两相厌氧发酵产氢——甲烷技术与试验研究	华中农业大学	王媛媛	张衍林
喹噁啉类在大鼠、猪和鸡的比较代谢研究	华中农业大学	刘兆颖	袁宗辉
不同农业利用方式对华中地区土壤碳排放通量以及土壤碳截存的影响	华中农业大学	JavedIqbal	胡荣桂
蛋氨酸第一次肠道代谢机制对其肠外组织利用率的影响	华中农业大学	方正锋	彭　健
武汉城郊菜地土壤氮素的转化与淋失研究	华中农业大学	赵长盛	胡承孝
胭脂鱼幼鱼适宜蛋白水平及中草药对其非特异性免疫机能的影响	华中农业大学	张国斌	龚世园
Bt 毒素在矿物和土壤胶体上的吸附和残留研究	华中农业大学	付庆灵	胡红青
基于转型视角的中国农业生产率研究	华中农业大学	李谷成	冯中朝
管理层评论信息披露研究	中南财经政法大学	李燕媛	郭道扬
领导者的情绪智力与领导有效性关系的实证研究	中南财经政法大学	王淑红	熊胜绪
商业银行利益相关者治理研究	中南财经政法大学	胡　娟	刘惠好
云南南部山区农户改良陆稻技术采用及其影响研究	中南财经政法大学	吴海涛	丁士军
非线性隔振系统动力学特性与混沌反控制研究	海军工程大学	俞　翔	朱石坚
船舶航迹非线性控制问题研究	海军工程大学	周　岗	张晓锋
基于红外测温的缺陷边界及相关参数的导热反问题识别算法研究	海军工程大学	范春利	孙丰瑞
一类热力和化学过程与系统的最优构型	海军工程大学	宋汉江	陈林根
主一从非自治混沌系统的全局同步研究	海军工程大学	陈　云	吴晓锋
低维铁电纳米材料的合成、性能及生长机理研究	湖北大学	胡永明	顾豪爽
高级别管线钢钛脱氧产物解析及针状铁素体形核机理研究	武汉科技大学	齐江华	薛正良
受控五杆机构实现轨迹理论与实验研究	武汉科技大学	杨金堂	孔建益
针刺足三里、曲池穴对腹泻大鼠模型结肠运动调节的中枢机制研究	湖北中医药大学	卢　刚	王　华
SV40 病毒样颗粒体外可控自组装包装量子点及其"侵染"行为动态示踪	中科院武汉病毒研究所	李　峰	张先恩
杆状病毒主要膜融合蛋白的功能及进化相关性研究	中科院武汉病毒研究所	王曼丽	胡志红
基于 GNSS 的电离层形态监测与延迟模型研究	中科院测量与地球物理研究所	霍星亮	欧吉坤

注：同时表彰优秀硕士学位论文 236 篇，优秀学士学位论文 3 310 篇(略)。

【2010 年湖北省普通高等学校新增学士学位授权学科(专业)】 经审议，省学位办批准华中师范大学等 19 所院校申报的学科(专业)新增为学士学位授权学科，长江大学等学校新增双学士学位授权学科(专业)，对中南民族大学的学士学位学科(专业)予以备案。省学位办要求学士学位授予工作必须按照国家有关法律法规对学士学位管理的规定和要求进行，切实加强学科建设，规范学位管理，保证学位质量。双学士学位授予必须是不同学位门类，不允许在同一学科门类下授予，授予双学位的学科(专业)必须是教学资源充足、管理规范、获学士学位授权 4 年以上的优势或主干学科专业。

附：

2010年普通高等学校新增学士学位授权学科（专业）名单

单位名称	专业名称	授予学位门类
华中师范大学	动画	文学
	对外汉语	
	数字媒体技术	工学
	房地产经营管理	管理学
湖北大学	国际文化交流	文学
	艺术设计	文学
	经济学	经济学
	软件工程	工学
	资源环境与城乡规划管理	理学
武汉科技大学	艺术设计	文学
	绘画	
	医学信息工程	工学
武汉体育学院	运动康复与健康	理学
三峡大学	生态学	理学
	水文与水资源工程	工学
	工业工程	
	物流管理	管理学
武汉工程大学	理论与应用力学	理学
	食品科学与工程	工学
	智能科学与技术	
	行政管理	法学
武汉工业学院	汉语言文学	文学
	电子信息科学与技术	理学
武汉工业学院	应用化学	理学
	建筑学	工学
	交通工程	
	软件工程	
	康复治疗学	理学
	物流管理	管理学
湖北民族学院	社会体育	教育学
	计算机科学与技术	工学
	康复治疗学	理学
	公共事业管理	管理学
湖北师范学院	国际经济与贸易	经济学
	雕塑	
	交通工程	工学
	机械电子工程	
	软件工程	
	药学	理学
	财务管理	管理学
	劳动与社会保障	
长江大学	社会工作	法学
	网络工程	工学
	物流管理	管理学
湖北中医药大学	英语	文学
	广告学	文学
	舞蹈学	
	工业设计	
	电气工程及其自动化	工学
江汉大学	护理学	理学
咸宁学院	统计学	理学
	工程管理	管理学
孝感学院	法语	文学
	应用心理学	理学
	电子信息工程	工学
	建筑学	
	市场营销	管理学
	电子商务	
湖北汽车工业学院	光信息科学与技术	理学
黄冈师范学院	应用化学	理学
	软件工程	工学
黄石理工学院	小学教育	教育学
	生物工程	工学
湖北第二师范学院	体育教育	教育学
	音乐表演	文学
武汉生物工程学院	艺术设计	文学
	环境工程	工学
	食品科学与工程	

2010年可授双学士学位的学科（专业）名单

单位名称	学科、专业名称	授予学位门类	获学士学位授权年度
长江大学	法学	法学	2006
	日语	文学	2006
中南民族大学	法学	法学	1989
	社会工作		2001
	政治学与行政学		1961
	新闻学	文学	1996
	广告学		1998
	英语		1986
	日语		2002

单位名称	学科、专业名称	授予学位门类	获学士学位授权年度
	人力资源管理	管理学	1997
	工商管理		1992
	计算机科学与技术	工学	1989
	自动化		2002
	国际经济与贸易	经济学	1995
	金融学		1995
	经济学		1990
三峡大学	国际经济与贸易	经济学	2006
	金融学		2006
	财务管理	管理学	2006
	人力资源管理		2006
	市场营销		2006
武汉工业学院	英语	文学	2004
	工商管理	管理学	1990
	市场营销		2004
	旅游管理		2001
	行政管理		2005
湖北师范学院	法学	法学	2005
	社会工作		2005
	日语	文学	2005
	应用心理学	理学	2005
湖北汽车工业学院	法学	法学	2004
	英语	文学	2004
	工业设计	工学	2000
	工业工程		2002
	材料科学与工程		2003
	自动化		1985
	电子信息工程		2004
	国际经济与贸易	经济学	2004
郧阳医学院	公共事业管理学	管理学	2002
黄冈师范学院	汉语言文学	文学	2002
	英语		2002
	政治学与行政学	法学	2004
	国际经济与贸易	经济学	2003
江汉大学	金融学	经济学	2002
	应用心理学	理学	2006
	会计学	管理学	2002
	旅游管理		2002
孝感学院	法学	法学	2007
	材料化学	理学	2007
	环境科学		2007
咸宁学院	体育教育	教育学	2004
	音乐学	文学	2007
	电子信息科学与技术	理学	2007
	工商管理	管理学	2007

撰稿　胡　静

审稿　韩习祥

高校党的建设

【第十八次全省高校党建暨大学生思想政治教育工作会议】 2010年4月29日—30日，中共湖北省委在武汉市召开了第十八次全省高校党的建设暨大学生思想政治教育工作会议。省委常委张昌尔出席会议并作重要讲话，副省长郭生练、省委组织部副部长陈绪群、省委宣传部副部长余立国、省委高校工委书记蔡民族、省教育厅厅长陈安丽等参加会议，省委副秘书长王贤玖主持会议。会议要求充分认识加强高校党建和大学生思想政治工作的重要性紧迫性，以改革创新精神大力加强高校党的建设，以良好的师德师风落实教书育人的根本任务。

湖北省高等教育事业在四个方面呈现出积极健康向上的发展态势：(1)全省高等教育科学发展取得新成效。通过学习实践活动，影响全省高校发展的一批突出问题得到初步解决，科学发展理念深入人心，全省高校改革发展呈现良好态势。(2)思想政治教育取得新成果。2009年，湖北省又涌现了长江大学英雄集体等先进典型，示范效应在全国乃至海外引起强烈反响。(3)党建工作取得新成绩。全省大学生党员占在校大学生的比例高于全国平均水平。以华中科大“党旗领航工程”为标志的高校基层党建工作收到习近平、李源潮等中央领导充分肯定。(4)服务发展取得新进步。高校改革与质量提高工程全面推进，科技创新和成果不断转化，高校服务社会经济能力进一步增强，部属、省属对口支持计划顺利实施，省属高校在获国家奖项方面实现重大突破。

张昌尔指出，在肯定成绩的同时，面对新时期、新阶段，高校党建和大学生思想政治工作仍然面临许多新课题、新挑战。张昌尔要求各级党委政府和高校党组织充分认识高校党建和大学生思想政治工作的重要性，认清形势，加强领导，切实增强做好此项工作的责任感和紧迫感。就扎实推进高校党建工作，张昌尔提出，要以提高细想理论素养为重点，坚持用马克思主义中国化最新成果武装师生头脑，指导教学实践，着力推进高校理论武装工作；要以扩大党支部覆盖面、配强党支部书记、抓好党员活动为重点，着力夯实高校基层党建工作的基础；要以提高办学治校能力为重点，着力推进高校领导班子建设；要以加强学习、健全制度、加强监督为重点，着力加强高校反腐倡廉建设。在谈到开创高校大学生思想政治教育工作新局面时，张昌尔强调，要狠抓关键环节，以师德师风建设为中心，加强和改进大学生思想政治教育工作，不断丰富内容，创新方法。帅德师风建设要明确要求、强化实践、完善措施，同学校的改革发展和日常工作结合，不走过场。通过改革充实教学内容、改革创新教学方法、用好用活教学资源，提高大学生思想政治课堂教学的实效。利用社会实践，拓展思政工作途径。要注重解决大学生的实际困难，做好贫困家庭学生的资助工作，做好大学毕业生就业创业服务工作，加强大学生心理健康教育和辅导，体现高校思政工作的温情。

省委组织部副部长陈绪群传达了第十八次全国高校党建工作会议精神。武汉大学、华中科技大学、三峡大学、长江大学、武汉工程大学、武汉船舶职业技术学院6所高校党委主要负责人作了经验交流。华中师范大学、武汉理工大学等30所院校作了书面交流。

全省各高等院校的党委书记和校(院)长，省直有关部门负责人，各市州党委分管教育工作的常委、副书记和组织部门分管副部长共200余人参加会议。

【高校基层党组织建设】 中共湖北省委九届七次全会作出了在全省基层党建工作中加强“五个基本”(健全基本组织、建强基本队伍、开展基本活动、完善基本制度、落实基本保障)建设、构建“七个体系”(健全党的组织体系，健全基层党组织和党员联系服务群众工作体系，健全基层党组织宣传教育群众工作体系，健全党领导的基层民主建设工作体系，健全基层和谐稳定工作体系，健全基层党建工作保障体系，健全党建工作考核评价体系)的总体部署。2010年4月1日，省委高校工委召开全省高校基层党建工作座谈会，5月20日，召开全省高校基层党建工作现场会，均对这项工作作出了部署和推进。2010年12月30日，省委高校工委召开全省高校基层党建暨“城乡互联、结对共建”活动考评工作会议。会议总结回顾了2010年高等学校基层党组织建设及创先争优工作，对2011年高校党的基层组织建设有关重点工作进行了安排部署。武汉大学、武汉理工大学、武汉工业学院、武汉大学东湖分校、湖北汽车工业学院、湖北职业技术学院作了交流发言。全省120所高校负责人参加了会议。

不少高校积极探索新形势下加强和改进高校党建工作的新思路、新形式、新方法，取得了初步成效。在健全基本组织方面，武汉工业学院积极推动党小组进学生公寓，在后勤集团设置流动党员党支部。黄冈师范学院发挥学生党支部的自我教育管理作用，探索在学生社团、学生宿舍中建立党支部，设立了学生会党支部、社团联党支部等。在建强基本队伍方面，中国地质大学专门召开“党支部建设活动立项经验交流会”。武汉纺织大学对分党委副书记进行了全面轮岗，19个分党委(党总支)副书记中，有15名进行了轮岗。在开展基本活动方面，华中师范大学以开展“特色党日”活动为契机，组织生科院和化学院党员赴结对共建村实地调研，为推动农村致富、保护环境出谋划策。江汉大学在教工党员中继续开展“三项帮扶”活动(思想帮扶、业务帮扶、经济帮扶)，在学生党员中深入开展“三个一”活动(指“树立一面旗帜，负责一片责任区，联系一个同学”)。在完善基本制度方面，华中科技大学修订了《常务委员会会议议事规则》，进一步健全了领导班子议事决策机制。湖北医药学院对全校涉及党的建设的四个大类共36项制度进行清理、修订和完善，形成了一系列党建工作制度。在落实基本保障方面，武汉大学明确提出按照教职工党员年人均100元、学生党员年人均20元的标准落实党建工作经费，由党组织根据工作需要合理支出。黄冈师范学院设立10万元项目基金扶持23项党建课题研究项目。

【高校基层党建工作创新】 结合贯彻落实中共十七届四中全会精神，全省高校适应新形势新任务的要求，创新活动内容方式，增强基层党组织的创造力、凝聚力和战斗力。全省高校涌现出了一批基层党建工作创新项目，特别是华中科技大学在本科生中实施"党旗领航工程"，得到中央和省委领导批示，要求全省高校大力宣传、积极推广。省委高校工委认真挖掘该校先进经验，要求将"党旗领航工程"向研究生和教职工中延伸，积极探索在科研团队、在项目上建立研究生党支部，树立湖北高校基层党建工作创新的品牌。

5月20日，省委高校工委和省委组织部在华中科技大学联合召开了全省高校党的基层组织建设工作现场会，全省120所高校的党委书记、党委组织部部长及17个市(州)的地方党委组织部负责人共170余名代表参加了会议。与会代表现场参观了华中科技大学"党旗领航"工程的做法和经验。省委常委、组织部长潘立刚出席会议并讲话。潘立刚高度评价了华中科技大学"党旗领航工程"。他强调高校要结合中心工作，推进高校党建工作创新发展；要抓住关键环节，切实加强高校领导班子建设；要夯实基层基础，加强高校基层党组织和党员队伍建设；要加强组织领导，努力开创全省高校党建工作的新局面。省委高校工委书记蔡民族主持会议并讲话，他强调各高校要进一步明确推进学校党建工作的具体措施，确定工作主题，形成工作特色，全面推进基层党组织"五个基本"、"七个体系"建设，努力提高基层党建工作的整体水平。华中师范大学、中国地质大学(武汉)、中南民族大学、武汉科技大学、襄樊学院、武汉铁路职业技术学院交流了各自基层党建工作创新的做法。

【高校"城乡互联、结对共建"活动】

2009年3月，省委在全省启动"城乡互联、结对共建"活动，旨在实现"机关党员受教育，基层群众得实惠，党建工作上台阶，科学发展见成效"，活动时间为2009年3月—2011年底。省委高校工委负责指导52所高校开展活动。省委高校工委将"城乡互联、结对共建"活动作为深入开展学习实践科学发展观活动的载体，精心组织实施。2010年4月1日召开高校基层党建工作座谈会，对该项工作进行再部署。12月27日，在云梦县召开高校"城乡互联、结对共建"活动考评验收现场会，对武汉工业学院结对的云梦县三里庙村和华中科技大学结对的孝昌县四里村现场验收，启动了高校"城乡互联、结对共建"活动考评验收工作。参与结对共建的高校结合本学校特色，深入结对共建村镇进行实地调研，帮助制订出切实可行的三年、五年规划，通过联络员驻队、改变支部观念、发展年轻党员、发挥技术优势、直接注入资金、开发致富项目等形式进行共建帮扶，有效推动了结对村产业经济、基础设施等各方面的建设，加强了基层组织建设，把共建工作落到实处。截至2010年底，由高校工委负责指导的52所高校，与102个村结对子，高校党委负责人到结对村上党课89次，开展调研走访活动244次，帮助结对村兴办集体经济项目55个，投入帮扶资金9 084万元。

【教育系统创先争优活动】 根据中央和省委要求，省委高校工委自2010年5月开始，在全省教育系统开展"创先争优"活动。制定了湖北高校和湖北中等职业学校、中小学开展创先争优活动方案，成立了湖北教育系统深入开展创先争优活动领导小组。汇编了教育系统开展创先争优活动学习资料，印发给各高校和各市(州)教育局。5月20日，省委高校工委召开全省高校党的基层组织建设工作现场会，对创先争优工作进行了部署。5月27日，教育部创先争优活动动员部署视频会议后，省委高校工委召开工作部署会议，特别提出要根据各类基层党组织和各个群体中党员的实际，精心设计活动载体，抓好活动的统筹推进。要突出实践特色，通过创先争优活动，充分调动基层党组织和党员的积极性，进一步解决好学校改革发展中的突出问题和广大师生普遍关心的问题。要扩大群众参与面，紧紧依靠群众开展活动，使创先争优活动成为党组织和党员进一步密切联系群众的过程。

各校不断创新活动载体，增强活动的针对性和实效性。华中科技大学党委结合暑期社会实践活动，组织实施了"争做党旗领航手、创先争优实践行"活动，引导广大学生党员深入社会，走进群众，在实践中创先争优，在实践中接受教育，在实践中为党旗添光彩，有效激发了大学生党员创先进、争优秀的积极性和主动性。华中农业大学以开展创先争优活动为契机，发挥毕业生党支部和党员在推动毕业生就业中的堡垒和引领作用，在毕业生党员带领下，132名毕业生主动到西部和基层就业。华中师范大学《扎实认真抓好"六个联动"，积极推进创先争优活动深入开展》在教育部创先争优简报上刊发。

11月17日，中共湖北省委高校工委在教育部召开的"中小学创先争优活动经验交流会"作了发言。《中国教育报》11月26日以《围绕中心工作精心设计主题》摘要刊发了湖北省的经验。12月中旬，教育部创先争优简报第114期刊发了湖北省中小学开展创先争优活动的情况。12月28日，省委高校工委在武汉市青山区召开了全省中小学和中等职业学校创先争优活动经验交流(现场)会，总结经验，部署工作。

撰稿　文年侠
审稿　肖慎钢

高校思想政治教育及社科研究

【大学生思想政治教育】 3月，省教育厅召开全省高校学工部长会议，传达全国和全省相关会议精神，对高校大学生思想政治教育工作进行总结部署。4月29日，召开第17次高校党建暨大学生思想政治教育工作会议，传达贯彻全国高校党建会议精神，对全省高校党建和大学生思想政治教育工作进行研究部署。全年分别召开思想政治教育研究会、学生工作研究会、思想政治教育研究会民办高校分会、高职高专专业委员会、心理健康教育咨询与研究会、研究生德育研究会等研究会的2010年年会，全面、系统、深入地总结全省一年来开展大学生思想政治教育工作的主要做法、基本经验，对进一步加强和改进大学生思想政治教育工作进行新的部署。

【辅导员队伍建设】 2010年，湖北省继续投入100多万元建设武汉大学培训基地、华中科技大学培训基地、华中师范大学培训基地、中国地质大学(武汉)培训基地、湖北省青少年心理健康教育中心。依托5个培训基地，先后在华中师范大学举办第9期全省高校政工干部研修培训班，104名高校政工干部参加研修。在湖北省青少年心理健康教育中心举办连续举办第15期、第16期、第17期、第18期高校政工干部心理健康教育专题培训班，4期培训班共有477名高校政工干部参加培训。在武汉大学举办第3期全省研究生培训班，40余名研究生辅导员参加培训；举办第13、14期新聘辅导员岗前培训班，210名辅导员参加了为期一周的强化培训。依托华中科技大学辅导员基地，举办第3期学生事务高级研修班，25名学员到香港中文大学等5校进行为期7天的全程参与式学习研修；举办首期湖北省高校学生工作骨干(赴美)研修班，12名"湖北省大学生思想政治教育工作先进高校"学生工作部门负责人参加国内1周美国10天的研修培训。开展全省高校思想政治教育先进集体和先进个人评选活动，评选出2009－2010年度大学生思想政治教育先进高校20所，全省高校十佳辅导员10人、十佳班主任10人和十佳思想政治理论课教师10人，对被评为十佳辅导员、班主任和思想政治理论课教师的标兵同时由省总工会授予"湖北五一劳动奖章"。

【高校理论学习】 省教育厅组织广大师生认真学习党的十七大以及十七届四中全会、十七届五中全会和省委重要会议精神，围绕深入贯彻落实科学发展观为主题，按照"系统安排学习专题，精心研究发展课题，切实解决突出问题"的思路，以读书班、理论培训、专题研讨等形式，先后组织高校师生认真学习《划清"四个重大界限"》、《七个怎么看》和《争先创优》等理论读本，着力提高师生政治理论水平，增强高校领导班子贯彻落实科学发展观的自觉性和坚定性。

【校园网络和宣传思想文化阵地建设】 加强意识形态引领工作，把握正确的舆论导向，进一步弘扬主旋律。坚持团结稳定鼓劲、正面宣传为主的方针，唱响主旋律，把体现党的主张和师生心声结合起来，发挥高校理论研究优势，科学、简明、通俗回答师生关心的重大理论问题，探索马克思主义在意识形态领域的指导地位的途径和方法。加强高校校报、广播台、电视台、新闻网的建设，加强对高校新闻媒体建设情况调研和形势掌控，提出建设对策。落实"谁主管、谁负责"和属地管理原则，加强对高校举办哲学社会科学报告会、研讨会、讲座，以及校内媒体、学生社团和有关出版物的管理。加强校园网络文化建设与管理。开展网络文化调研，形成关于校园网络文化建设的调研报告上报教育部。大力加强高校校园文化建设，打造各具特色的校园文化品牌。评审表彰全省高校2009年度优秀校园文化成果38项，其中，特等奖3项、一等奖10项、二等奖12项、优秀奖13项，部署2010年度优秀成果申报工作。在教育部组织的优秀校园文化成果评选中，武汉大学、华中师范大学、华中农业大学获奖。大力推进党史进校园、廉政文化进校园、延安精神进校园工作。

附：

湖北高校校园文化建设优秀成果名单

特等奖(3项)

1.《打造"一二·九"诗赛品牌，唱响爱国主义主旋律》(华中师范大学)

2.《加强校史校情教育，传承弘扬大学精神——华中农业大学校史校情教育的探索与实践》(华中农业大学)

3.《文化联姻，文明共建，校园文化在与社区文化共建融合中升华》(武汉工业学院)

一等奖(10项)

1.《为人才培养拓展空间，为地方发展贡献才智——武汉大学凝练实践文化，开展研究生挂职锻炼》(武汉大学)

2.《把握时代脉搏，在校园文化活动中奏响爱国主义旋律》(华中科技大学)

3.《责任担当，爱心感恩，励志成才——武汉理工大学实施志愿服务"三推进"》(武汉理工大学)

4.《构建校园民族团结文化，培养学生爱国主义精神——中南财经政法大学民族团结文化的实践与传承》(中南财经政法大学)

5.《笃信好学，自然宽和——中南民族大学构筑和践行民族特色校园文化纪实》(中南民族大学)

6.《海燕飞处，爱心圣火传递不熄》(三峡大学)

7.《弘扬先进文化，传承民族精华——江汉大学实施"中华诗词进校园"工作纪实》(江汉大学)

8.《搭多元舞台，展青春风采——长江大学"万人创百星"校园文化活动的理论与实践》(长江大学)

9.《凝练"人、从、众"文化内核，营造校园警察文化氛围——湖北警官学院推动校园警察文化建设》(湖北警官学院)

10.《立足孝文化资源，打造孝文化品牌，彰显孝文化特色——孝感学院努力打造校园文化的孝特色》(孝感学院)

二等奖(12项)

1.《开展湖北省高校新青年小说大赛，打造大学生人文素质教育品牌工程》(湖北大学)

2.《以"核心竞争力教育"为主线，打造武科大特色校园文化品牌》(武汉科技大学)

3.《"爱心列车"传递爱与奉献》(湖北工业大学)

4.《推进企业文化进校园，服务学生成才和就业》(武汉工程大学)

5.《阳光大舞台，秀我真风采》(武汉科技学院)

6.《周末音乐会》(武汉音乐学院)

7.《兰亭书法协会》(湖北美术学院)

8.《铸就军工特色校园文化，服

务高素质技能型人才培养》(武汉船舶职业技术学院)

9.《弘扬传统国学精粹，打造楹联文化高校》(武汉生物工程学院)

10.《湖北职业技术学院举办中国汉字书写节》(湖北职业技术学院)

11.《学习实践"刚毅精神"，打造特色校园文化》(湖北交通职业技术学院)

12.《从"校园文化"到"文化校园"，创建独立学院特色育人之路》(华中科技大学武昌分校)

优秀奖(13项)

1.《突出"砺能"校训，打造就业品牌》(武汉铁路职业技术学院)

2.《建设具有企业特色的高职学院校园文化》(武汉工程职业技术学院)

3.《打造"厚德尚能"的特色校园文化》(武汉软件工程职业技术学院)

4.《依托校园活动，营造精神文化、构建育人氛围》(武汉工业职业技术学院)

5.《构建高职学生素质拓展体系，促进职业素质的养成与发展》(武汉职业技术学院)

6.《充分挖掘艺术教育资源，着力发挥艺术育人功能》(江汉艺术职业学院)

7.《大爱铸就学院魂——襄樊职业技术学院"大爱"文化透视》(襄樊职业技术学院)

8.《加强社团建设，繁荣校园文化》(湖北三峡职业技术学院)

9.《校庆晚会凸显亮点，校园文化彰显内涵》(黄冈职业技术学院)

10.《以人为本，开拓创新，绽放校园文化蓬勃生命力——十堰职业技术学院"百草园"思政网在校园文化建设与传播中显成效》(十堰职业技术学院)

11.《弘扬志愿者精神，推进学校精神文明建设》(鄂州职业大学)

12.《以系列文化节活动为载体推动校园文化建设》(郧阳师范高等专科学校)

13.《开展心理健康教育，建设和谐校园文化》(中南民族大学工商学院)

【高校精神文明建设】 深度调研"大学生先进典型群体示范效应"，形成调研报告。重点学习宣传汪金权等师德典型，赵小亭、李织、张瑜、邹壬申等等一批大学生先进典型。开展高校精神文明创建工作。完成2009－2010年度省级文明单位检查考评推荐工作。协同省文明办开展道德模范基层巡讲工作。推荐文明创建品牌、精神文明建设先进个人。省委高校工委、省教育厅、共青团湖北省委联合楚天都市报共同主办了2009湖北大学生年度人物评选活动，共评选出"大学生年度人物特别奖"1项，"大学生年度人物"10人，"大学生年度人物提名奖"19人，以及优秀组织奖4个。

附：

"大学生年度人物特别奖"名单

姓　名	学　　校	主　要　事　迹	类　　别
"10·24"群体	长江大学	结成人梯勇救落水少年	见义勇为

"大学生年度人物奖"名单

姓　名	学　　校	主　要　事　迹	类　　别
"登山组合"次仁旦塔、德庆欧珠	中国地质大学	代表人类首次登顶世界"最危高峰"之一	勇于挑战
谭之平	湖北职业技术学院	带着母亲读书的"道德模范"	孝老爱亲
王　东	华中师范大学	为欧洲大型强子对撞机做设计	科技创新
刘里鹏	华中科技大学	90后男生两年写成三本专著	勤奋好学
陆居权	中南民族大学	在校生开猎头公司，两年赚500万元	自主创业
钟阳阳	武汉科技学院	第17届新丝路模特大赛冠军获得者	特殊才能
张仲培	湖北开放职业学院	癌症女孩笑对死亡捐献角膜	爱心奉献
卢章洪	武汉大学	发起组织公益组织"救护之翼"传播急救知识	志愿服务
熊丹桂	咸宁学院	独自带着8岁的表妹上大学	孝老爱亲
秦　豹	武汉理工大学	募集30万元资金在汉源建两座桥	志愿服务

"大学生年度人物提名奖"名单

姓　名	学　　校	主　要　事　迹	类　　别
江福英	长江大学	从弃婴到残奥会蝶泳世界冠军	自强不息
侯海燕	三峡大学	热心公益的"全国自强奉献优秀大学生"	自强不息
李　娜	华中师范大学	美女博士世界顶尖实验室里研究新物质	科技创新
何灵华	中南财经政法大学	带领团队在宁夏建起四座阳光书库	爱心奉献
徐　康	武汉商业服务学院	学生食神南极掌勺	特殊才能

姓　名	学　　校	主　要　事　迹	类　　别
袁文魁	武汉大学	“世界记忆大师”挑战大脑极限	特殊才能
张学荣	武汉大学	白手筑起校园“百家讲坛”	关注社会
汤洁丽	武汉体育学院	五次在亚洲、全国拳击锦标赛中夺冠	勇于挑战
王慧娜	华中农业大学	带着一只布袋出席联合国环保会议	志愿服务
夏高峰	华中师范大学汉口分校	“温馨港湾”项目部部长，300余丧子老人的干儿子	志愿服务
申　林	华中科技大学	痴心软件设计获世界大奖	科技创新
卞爱飞	中国地质大学(武汉)	跟随“大洋一号”科考西南印度洋	勇于挑战
上官磊	武汉科技大学	父亲脊背上读到研究生	自强不息
锁福涛	中南财经政法大学	法学学子站上“挑战杯”最高领奖台	勇于挑战
孙喜梅	中南财经政法大学	拾荒为穷孩子建书屋	爱心奉献
张新虎　熊　伟	孝感学院	湖中救人抢回一条命	见义勇为
唐知然	华中师范大学	走近高危人群，义务宣传防艾	志愿服务
周林峰	武汉理工大学华夏学院	勇斗人贩救回三岁女孩	见义勇为
张义波	武汉职业技术学院	阳光男孩边工边读养奶奶	孝老爱亲

优秀组织奖

武汉理工大学

华中师范大学

中南财经政法大学

华中师范大学汉口分校

【思想政治理论课教师队伍建设】 推进中国特色社会主义理论体系进教材、进课堂、进学生头脑工作。加强思想政治理论课教学科研组织机构建设和马克思主义理论学科建设。以提高教学效果为目标，通过专家辅导、精彩示范课等方式，开展思想政治理论课课程培训，共有思想政治理论课教师近500人次参加培训及交流。组织部分骨干思想政治理论课教师暑期社会实践和出国出境学习考察。实施思想政治理论课教师学历提升计划，鼓励支持思想政治理论课教师在职攻读博士学位。实施思想政治理论课教师队伍建设规划，把思想政治理论课教师纳入到全省哲学社会科学教学科研骨干培养计划之中。举办全省高校形势与政策骨干教师培训会，300名思想政治理论课教师参加培训。

【思想政治理论课教学】 组织推荐高校思想政治理论课教学优秀案例，促进案例教学法在全省高校的运用。深入开展教材体系、教学体系的研究，组织高校申报教育部“精彩课件”、“精彩教案”、“精彩一门课”专项任务项目课题，共有6个项目获得教育部立项，立项数量和质量位居全国前列。开展全省思想政治理论课“精彩课件”、“精彩教案”、“精彩一门课”征集评选表彰活动，经学校申报，省教育厅组织专家评审，共评出一等奖7人，二等奖10人，三等奖13人。搭建教学方法改革平台，推动多媒体和网络技术的应用，继续加快建设全省高校思想政治理论课教学资源库。

撰稿　雷　松

审稿　杜海鹰

高校科学技术工作

【高校科技工作】 2010年，湖北高校贯彻落实全国、全省科技大会精神，加强高校自主创新能力建设，高校科技工作取得了新的进展：科技经费快速增长，高校科技实力得以增强，科研水平明显提高，为培养创新型人才、提高高校整体水平和服务湖北经济社会发展作出了积极贡献。

2010年，全省高校科技拨入经费达58.2亿元，2005年以来年均增长31.1%；纵向经费35.4亿元，占60.8%，横向经费22.8亿元，占39.2%。共承担各级各类科研项目23 599万项，其中国家“973”计划项目205项，国家“863”计划项目323项，国家科技支撑计划285项，科技部重大专项309项，国家自然科学基金项目3 249项；出版科技著作178部，发表学术论文49 174篇，其中国外学术刊物发表13 712篇，被SCI、EI、ISTP收录16 114篇；获国家自然科学二等奖5项（均第一完成单位），国家发明二等奖1项（第一完成单位），国家科技进步特等奖1项，国家科技进步二等奖27项（其中第一完成单位10项），省部级特等奖1项（第一完成单位）、一等奖64项（其中第一完成单位54项）、二等奖106项（其中第一完成单位79项）；技术转让合同405项，合同金额8 190万元；授权专利2 067项（其中发明专利883项）。高校开展国际合作项目113项，当年投入经费2 727万元，接受和派遣的合作研究人员1 430人次，出席国际学术会议8 769人次，主办国际性学术会议84场。

【重点实验室和人文社科重点研究基地建设】 重点实验室。截至2010年底，高校有国家实验室1个，国家重大科学基础设施1个，国家重点实验室12个，国防科技重点实验室1个，教育部重点实验室34个，省部共建教育部重点实验室11个，湖北省重点实验室80个。省属高校重点实验室建设实现了新的突破。截至2010年底，省属高校共建有国家重点实验室培育基地2个，省部共建教育部重点实验室11个、湖北省重点实验室 32 个(占全省高校的 40%)。

工程技术研究中心。高校共建有国家工程技术研究中心 13 个,教育部工程技术研究中心 26 个,湖北省工程技术研究中心 31 个(其中省属高校 8 个)。武汉工程大学申报的国家工程技术研究中心(磷资源开发与利用)已获评审通过,成为省属高校首个国家级科技创新平台。

人文社科重点研究基地。截至 2010 年底,高校建有教育部人文社科重点研究基地 11 个。湖北省人文社科重点研究基地 52 个(其中省属高校 26 个)。

【高校产学研合作】 高校充分发挥科技和人才优势,推进产学研用结合,加速科技成果转化,一大批新技术、新材料、新产品、新工艺得到应用和推广,为区域经济建设和社会发展提供了有力支撑。2010 年,高校与企事业单位签订委托科技项目11 568 项,当年投入经费17.9亿元,比2005 年的9.8亿元增长了82.7%。

2005—2010 年,省教育厅会同省直有关部门连续六年举办了“中国·湖北产学研合作项目洽谈会”。2010 年举办的第六届洽谈会,展示了 20 多个省市 120 多所大专院校、科研院所的近 5 000 项最新技术成果。

【湖北省高等学校自主创新重点基地建设计划】 为加强高校自主创新能力建设,更好的为湖北经济社会发展提供科技和智力支撑,省教育厅决定,“十二五”期间,依托在鄂高校,立足瞄准国际科学发展前沿,围绕湖北发展重大需求,重点建设 20 个左右国内一流的重点创新基地,力争引进、培养一批学术领军人物、知名学术带头人和富有创新精神的学术骨干,培育一批优秀创新团队和国内一流的重点学科,努力创造有重大影响的科研成果。

【湖北省高校青年教师深入企业行动计划】 为动员高校教师主动服务经济社会发展,加强高校教师队伍建设,省教育厅、省人力资源和社会保障厅实施湖北省高校青年教师深入企业行动计划。“十二五”期间,每年选派 1 000 名左右的高校青年教师到企业等基层单位全职从事岗位实践服务活动 1 年。省教育厅将安排专项经费,对选派对象给予经费资助,定期开展服务企业的评先表彰活动。经选拔,2010 年,共有武汉大学等 74 所高校的 1 011 名青年教师被确定为首批“千人计划”人选,这批教师已深入全省 783 家企业和 153 个基层事业单位从事岗位实践活动。

【实施科研项目和创新团队计划】 省教育厅下达 2010 年度科研项目计划共 498 项;下达了 2010 年度高校优秀中青年科技创新团队项目计划共 14 项。经省教育厅申报推荐,武汉工程大学获批教育部创新团队 1 个,实现了省属高校在获得教育部高层次创新人才资助计划上零的突破;省属高校获批 2010 年度教育部科研项目 14 项。

撰稿 胡 理
审稿 赵泽刚

【科技、社科的投入和产出】 2010 年,湖北省 51 所普通高等学校、7 所高校附属医院的科技和人文社会科学的投入和产出的综合情况如下:

1. 投入

科技投入:

人力:高校从事以科学研究活动为主的研技人员 47 487 人。科技人员中,从事自然科学研究 7 413 人;工程与技术 20 102 人;医药科学 13 763 人;农业科学 1 277 人。

经费:科技活动经费投入 581 829 万元,其中纵向 353 746 万元,占 60.8%;横向228 083万元,占 39.2%。2009 年结转经费 359 881 万元,2010 年经费支出 546 125 万元;2010 年结余 395 585 万元。科技活动经费中,用于研究与发展课题的经费 370 117 万元;用于科技服务和成果应用课题的经费 62 805 万元。

课题:2010 年高校承担科研课题 23 599项(其中国家“973”项目 205 项,国家科技支撑计划项目 285 项,“863”项目 323 项)。其中,基础研究 5 146 项,应用研究 10 183 项。试验与发展课题 3 503 项,成果应用及科技服务课题 4 767 项。

人文社科投入:

人力:高校从事人文社会科学研究与发展活动的人员 21 571 人。

经费:研究与发展经费当年拨人 44 134.01 万元,2009 年结转 10 775 万元,2010 年经费支出 40 856.25 万元,2010年结余经费14 052.76万元。

课题:高校承担各类人文社会科学研究课题 11 781 项(其中国家2 613 项)。全省各高校科研和教学人员共申报教育厅人文社科课题项目 1 231 项,省教育厅聘请有关高校的专家教授对申报项目进行了认真评审,经审定,有 920 项作为教育厅正式立项项目,其中重点项目 157 项,一般项目 147 项,青年项目 208 项,专项任务项目 65 项,委托项目 59 项。

2. 产出

科技产出(自然科学类):

国际科技交流:(1)派遣研究人员:向美国、英国、德国、法国及其他国家和地区派遣合作研究768人次,接收国外合作研究1 097人次。(2)出席国际学术会议 8 769 人次;交流科技学术论文7 105篇。(3)主办国际学术会议84次。

专著、论文:(1)出版科技专著145部,计40 442千字。(2)出版高等学校教科书620部,计98 853千字。(3)发表学术论文49 174篇,其中,国外学术刊物13 712篇。(4)三大检索收录论文SCI 6 302篇、EI5 356 篇、ISTP4 456 篇。

科技成果专利:(1)鉴定重要科技成果 295 项。其中,属国际水平的 140 项,国内首创 50 项,国内先进水平 81 项,其他 24 项。

签订技术合同:总计405项,成交金额8 190万元,当年实际收入 3 590 万元。

获奖情况:全省 22 所高校获各级科技奖 272 项,其中,国家自然科学奖 5 项(二等奖),国家发明奖 1 项(二等奖),国家科技进步奖 28 项(特等奖 1 项,二等奖 27 项),省部级奖 171 项(特等奖 1 项,一等奖 64 项、二等奖 106 项)。全省高校 2010 年度获湖北省科技奖 117 项(第一单位),占湖北省科技奖励获奖项目总数的 40.3%。其中,获一等奖 33 项(自然科学奖 6 项、技术发明奖 4 项、科技进步奖23项)，二等奖47项(自然科学奖8项、技术发明奖2项、科技进步奖37项)，科技成果推广奖2项，三等奖35项(自然科学奖9项、技术发明奖1项、科技进步奖25项)。

社科产出(社会科学类)：

学术交流：高校举办或参加学术会议、聘任或受聘讲学、派出或接受社科考察及进修学习、开展合作研究等方面的人员共23 455人次。其中，属国际学术交流5 157人次，国内学术交流16 635人次，与港澳台地区学术交流1 663人次。

专著、论文：(1)出版著作1 650部，其中专著787部；(2)古籍整理1部；(3)译著92部，发表译文245篇；(4)发表学术论文18 178篇，其中国内公开发表17 865篇，国外学术刊物268篇。

成果应用：获奖成果40项(35项获部级奖，5项获省级奖)，报告及成果提交有关部门应用462项。

(科技处、思政处 供稿)

学生管理

【普通高校毕业生就业工作】 2010年，全省普通高校毕业生35.58万人。截至8月31日，全省普通高校毕业生就业率86.65%，其中研究生88.59%，本科88.54%，高职高专84.86%。5月21日，新华社编发《湖北高校三个创新举措促大学生就业效果好》(国内动态清样第2098期)，国务院副总理张德江、国务委员刘延东、教育部长袁贵仁先后作出批示，要求在全国高校宣传推广湖北省经验作法。

1. 领导重视。3月，副省长郭生练主持召开省毕业生就业工作领导小组会议，研究做好毕业生就业工作的政策措施。4月，省政府对全省"三支一扶"工作进行了调研、督查，副省长郭生练亲自带队，部分省直厅局负责人担任组长，深入到十堰市、恩施州等8个市(州)就领导重视、政策落实、资金投入、跟踪管理、待遇落实等方面情况进行了专项督查。6月，省政府在华中科技大学举办了"'两圈一带'大学生就业专场招聘会"和网络招聘活动，副省长张岱梨出席活动开幕仪式。

2. 工作部署。3月，省教育厅召开全省毕业生就业工作会议，省教育厅厅长陈安丽、副厅长陈传德参加会议并讲话，会议学习贯彻了教育部2010年高校毕业生就业工作网络视频会议精神，总结交流了2009年全省高校毕业生就业工作情况和经验，表彰先进，分析形势，研究部署2010年高校毕业生就业工作。

3. 拓展毕业生就业渠道。3月，省教育厅在昆山举办了第二届校企交流会，全省90多所高校参加，昆山240余家企业参会，提供岗位近5 000个。省教育厅在苏州举办了"中南六省高校—长三角知名企业交流会"，40多所高校参会，到会企业130多家，全省高校在此次交流会上与相关企业签署合作协议20多项，有关企业在全省高校设立50多个实训和就业实习基地。3月—6月，省教育厅在全省高校开展了"2010年湖北省高校毕业生供需见面月活动"，全省共举办100场校园招聘会，招聘单位6 000余家，提供就业岗位近10万个，应聘毕业生达20万人次。11月，组织近1万学生参加了2010年秋季全国人力资源市场高校毕业生就业服务周和湖北省高校毕业生就业服务活动。

4. 推进大学生就业创业工作。8月，省教育厅印发《关于组织实施"湖北省大学生创业示范基地建设计划"的通知》，从2011年开始，省教育厅每年评选10个"湖北省大学生创业教育示范基地"，总结大学生创业教育经验，探索创业教育途径，创新人才培养模式，培植创业教育典型，引领高校深入推进创业教育。8月，依托省教育厅投资兴建的"湖北省高校毕业生创业教育培训基地"，举办了首届"大学生创业先锋营"活动，40名来自华中农业大学、湖北工业大学、武汉工程大学和武汉工业学院的在校大学生参加了此次活动。全年共总结师智敏、吴斌等130多个高校毕业生创业典型，并将创业事迹编印成册下发到各高校组织学习。

5. 规范就业统计。10月，省教育厅召开了全省高等学校就业部门负责人和统计工作人员会议，通报情况，提出加强和改进高校毕业生就业统计工作的意见。省教育厅印发《关于进一步加强普通高等学校毕业生就业统计工作的通知》，严格实行就业统计核查、就业状况月报、就业统计联动处罚制度，要求各高校设立就业工作统计电话和网络举报窗口，接受社会和毕业生的监督。

6. 政策、典型宣传。3月，省教育厅组织评选和表彰了武汉大学吴红波等197人为"全省普通高校毕业生就业工作先进个人"(名单附后)。举办"就业指导校园行"活动，邀请企业高管、就业指导专家深入高校举行报告会、宣讲会、特训班。举办"高校毕业生就业典型集中采访"和"高校毕业生就业典型经验系列报道"活动，邀请新华社、湖北日报等主流媒体到武汉理工大学、湖北工业大学、襄樊学院、武汉铁路职业技术学院等高校实地采访，各媒体登载毕业生就业专题报道10多篇。

7. 部署2011年就业工作。11月，教育部召开2011年全国普通高校毕业生就业工作网络视频会议。全国会议结束后，省教育厅召开了全省高校主要负责人会议，总结工作，分析形势，部署湖北省2011年高校毕业生就业工作。省教育厅副厅长陈传德讲话。全省高校党委书记或校(院)长和职能部门负责人160多人参加了会议。

附：

湖北省普通高等学校毕业生就业工作先进个人名单

姓　名	单　位
吴红波	武汉大学招生与就业工作处
赵　健	武汉大学计算机学院
邓兰英	武汉大学医学部
张益民	武汉大学研究生院
王　丹	武汉大学研究生院研究生招就处
黄坤华	华中科技大学学生工作处
郑小建	华中科技大学电气与电子工程学院
严　君	华中科技大学学工处大学生就业指导中心
徐世萍	华中科技大学研究生就业办
王　勇	华中科技大学研究生就业办
杨　军	华中师范大学就业指导中心

李方红　华中师范大学经济学院
张晓骏　华中师范大学就业指导中心
石　琳　武汉理工大学就业管理办公室
万林波　武汉理工大学就业信息与市场办公室
史拥军　武汉理工大学就业信息与市场办公室
程江红　武汉理工大学自动化学院
王世杰　武汉理工大学管理学院
杨昌锐　中国地质大学珠宝学院
张延平　中国地质大学学生工作处
李红丽　中国地质大学研工部
张安玲　中南财经政法大学就业指导服务中心
余小朋　中南财经政法大学就业指导服务中心
刘艳玲　中南财经政法大学新华金融保险学院
陈志勇　中南财经政法大学财税学院
曹卢波　华中农业大学学工处大学生就业指导中心
吕守华　华中农业大学植物科学技术学院
龚少平　华中农业大学学生工作处
冉鸿昌　华中农业大学研究生处
钟文勇　中南民族大学招生就业处
洪盛志　中南民族大学经济学院
蔡　琼　中南民族大学研究生部
罗　超　湖北大学毕业生就业指导服务中心
林二友　湖北大学化学化工学院
张雪松　湖北大学研究生处
张榜生　武汉科技大学资环学院
肖　军　武汉科技大学学生工作处
成红峰　武汉科技大学城建学院
蔡　玥　武汉科技大学研究生处
朱红军　三峡大学招生及就业指导处
甘行元　三峡大学电气信息学院
唐培育　三峡大学土木水电学院
薛田良　三峡大学研究生招生就业办公室
曾　威　长江大学学生事务处
毛瑞霞　长江大学就业指导中心
李喜成　长江大学外国语学院
黄　鹂　江汉大学招生与就业指导处
杨翠华　江汉大学招生与就业指导处
邱晓东　江汉大学医学院
黄建雄　湖北工业大学化学与环境工程学院
夏　星　湖北工业大学招生就业处
门奎英　湖北工业大学毕业生就业指导办公室
马小龙　武汉工程大学团委
刘少洲　武汉工程大学化工与制药学院
李国林　武汉工程大学国际学院
袁　军　武汉工程大学研究生处
郭泰辰　武汉科技学院招生就业处
熊昌盛　武汉科技学院招生就业处
鄢　娟　武汉科技学院研究生院
滕红华　武汉工业学院招毕处
冯光明　武汉工业学院毕业生就业指导科
薛　涛　武汉工业学院研究生处
李正桥　湖北汽车工业学院学工部
李国贵　湖北民族学院医学院
石华富　湖北民族学院毕业生就业指导服务中心
吴芮凌　湖北中医学院学工部、毕业生就业指导中心
王佩珍　湖北中医学院信息工程学院
袁　琴　湖北中医学院药学院
王少林　郧阳医学院招生就业工作处
彭红波　湖北经济学院职业技术学院
杨　军　湖北经济学院招生与毕业生就业指导处
戴　伟　湖北警官学院毕业生就业指导中心
和潇天　武汉体育学院招生就业处
杨浩然　武汉体育学院研究生部就业办公室
张吴涛　湖北美术学院毕业生就业指导中心
杜　娟　武汉音乐学院就业指导服务中心
周静情　武汉音乐学院研究生部
罗四清　湖北师范学院化学与环境工程学院
严志谷　湖北师范学院招生与就业工作处
邓洁屹　襄樊学院招生就业处就业办
涂国平　孝感学院招生就业工作处
周　浩　咸宁学院招生就业处
胡仁火　咸宁学院化学与生命科学学院
杨纯新　咸宁学院经济与管理学院
余国宇　黄冈师范学院招生与就业处
毛丰勤　黄冈师范学院化学与应用化学学院
樊苏平　黄石理工学院环境学院
张林仙　黄石理工学院电气学院
祝红梅　黄石理工学院就业工作处
林红梅　武汉生物工程学院管理工程系
许宝群　武汉生物工程学院机电工程系
张克华　湖北第二师范学院就业指导办公室
尹德蓉　湖北第二师范学院经济与管理学院
施　旭　湖北第二师范学院物电学院
杜红英　荆楚理工学院生物工程学院
朱玉明　荆楚理工学院数理学院
张宏磊　荆楚理工学院招生就业处
金　丹　湖北财经高等专科学校招生与就业指导办公室
胡江涛　郧阳师范高等专科学校毕业生就业指导中心
刘立富　湖北中医药高等专科学校招生就业办公室
徐志成　武汉船舶职业技术学院招生就业指导处
於建伟　武汉船舶职业技术学院招生就业指导处
洪利民　武汉职业技术学院招生与就业指导处
应培录　武汉职业技术学院轻工纺织与服装工程学院
浦北娟　武汉职业技术学院招生与就业指导处
黄　灿　湖北职业技术学院就业指导中心
冯志华　湖北职业技术学院就业指导教研室
李如岚　武汉商业服务学院招生与就业工作处
袁　畅　黄冈职业技术学院毕业生就业指导处
李　宁　黄冈职业技术学院生物工程系
柳海涛　十堰职业技术学院就业指导中心
王　壮　襄樊职业技术学院就业指导服务中心
葛　峰　襄樊职业技术学院经济管理学院
杨颜玲　恩施职业技术学院招生就业管理处
王　勇　沙市职业大学招生与毕业生就业办公室
陈永红　鄂州职业大学建工学院
张如筠　武汉软件工程职业学院招生与就业指导办公室
陈金松　武汉软件工程职业学院招就办
鲁　锋　荆州职业技术学院招生就业办
刘　君　仙桃职业学院毕办
金虹莉　湖北轻工职业技术学院就业指导处

聂俊航　湖北交通职业技术学院计算机与信息工程系
向　晖　武汉工程职业技术学院招生毕业安置办公室
李　玮　武汉铁路职业技术学院招生与就业指导处
吴邦文　武汉航海职业技术学院船舶工程系
李风雷　湖北三峡职业技术学院机械制造系
张凤成　随州职业技术学院招生就业处
殷建设　武汉电力职业技术学院就业招生就业办
向亚卿　湖北水利水电职业技术学院毕业生就业指导中心
王　欣　武汉警官职业学院学工处就业指导中心
张兹伟　湖北城市建设职业技术学院就业指导中心
周　征　湖北生物科技职业学院就业指导服务中心
杨晶晶　湖北生态工程职业技术学院招生就业处
付金玲　咸宁职业技术学院毕业生就业指导办公室
李　青　湖北艺术职业学院学工部毕业生就业办公室
王江辉　武汉交通职业学院招生与就业指导处
袁流凤　武汉交通职业学院机电工程系
李华农　长江工程职业技术学院招生就业处
程慧兰　武汉工业职业技术学院招生就业处
黄宏伟　湖北国土资源职业学院就业指导中心
宋　超　武汉民政职业学院旅游系
吴亚敏　鄂东职业技术学院毕业生就业指导处
丁燕鸿　湖北财税职业学院招生与就业指导处
何修俊　江汉艺术职业学院招生就业指导处
刘求明　武汉城市职业学院招就处
杨邦秀　三峡旅游职业技术学院招生及就业办公室
冯美德　长江职业学院学生就业指导处
唐丽芸　湖北开放职业学院毕业实习就业指导办公室
张新建　武汉语言文化职业学院毕业生就业指导办公室
尹金慧　武汉商贸职业学院就业指导服务中心
万唯佳　武汉信息传播职业技术学院就业办公室
黄国锋　黄冈科技职业学院就业指导办公室
田　刚　湖北科技职业学院招毕办
汪　岚　武汉大学东湖分校毕业生就业指导服务中心
兰　波　华中科技大学武昌分校招生就业处
杨智敏　华中师范大学汉口分校毕业办
季　强　武汉科技大学中南分校毕业生就业指导中心
李　鹏　华中科技大学文华学院招生就业办公室
孙松发　中南民族大学工商学院
谭德勇　中南财经政法大学武汉学院就业中心
李小玲　中国地质大学江城学院就业办公室
李家粱　武汉理工大学华夏学院就业办公室
黄　琪　华中师范大学武汉传媒学院就业指导中心
李　伟　湖北大学知行学院毕业生就业办公室
胡剑侠　武汉科技大学城市学院招生就业部
苏爱芬　三峡大学科技学院招生及就业指导办公室
赵　利　长江大学工程技术学院就业指导部
钟　诚　长江大学文理学院就业指导服务中心
徐　伟　江汉大学文理学院学生工作办公室
周利涛　湖北工业大学工程技术学院招生与就业指导中心
詹　卓　湖北工业大学商贸学院招生与就业指导处
魏晨光　武汉工程大学邮电与信息工程学院招毕办
李　恒　武汉工业学院工商学院招生与就业指导处
李秀刚　湖北汽车工业学院科技学院毕业生就业办公室
周代明　湖北民族学院科技学院就业指导中心
陈道艳　郧阳医学院药护学院学生事务部
费关勇　湖北经济学院法商学院毕办
李轶兰　武汉体育学院体育科技学院学工处
孙丹娟　湖北师范学院文理学院学工部
汪　波　襄樊学院理工学院招生就业办公室
胡福德　孝感学院新技术学院招生与就业工作处
周建钢　武汉冶金管理干部学院毕业生就业推荐指导办公室
姬晓露　荆州教育学院就业指导办公室
王克非　武汉市人民政府大中专毕业生就业管理办公室
吕植水　鄂州市人民政府大中专毕业生办公室
蒋文林　咸宁市大中专毕业生就业指导办公室
朱　勇　襄樊市人事局人才中心
陈卫民　荆门市大中专毕业生就业工作办公室
王立明　武汉市教育局教师工作处
冉贞孝　恩施州大中专毕业生就业管理办公室
张　梅　宜昌市大中专毕业生分配办公室
王学宇　孝感市大中专毕业生就业指导办公室
罗德顺　黄冈市大中专毕业生就业指导服务中心
许太安　随州市毕办
吴金保　襄樊市教育局毕业生就业指导办公室
袁克祥　十堰市教育局就业工作办公室
汪姣琴　鄂州市教育局

【高等教育学籍学历管理】　1. 审核注册。省教育厅完成各级各类高等教育学生学籍学历电子信息审核注册2 062 915人。其中，高等教育2010级新生学籍电子注册584 756人；在校生学年电子注册986 630人；学历证书电子注册491 529。全年完成学籍学历信息审核修改8 000人次。

2. 制度建设。5月，省教育厅制定《湖北省高等教育学籍学历信息修改工作细则与流程》，明确各类高等教育学籍学历信息修改审核的权限、原则、依据、流程与要求。省教育厅制定《湖北省高等教育学历证书即时在线注册操作员工作手册》，对辅助软件操作系统、平台操作系统技术要

6月4日，省教育厅在汉召开2010年全省高等教育学籍学历管理工作会议

求等进行了具体细化和明确。8月，省教育厅印发《关于进一步严格普通高等学校学生转学工作的通知》，进一步严格了转学工作政策、程序、要求，建立了转学信息数据管理制度和高校转学工作人员备案制度。

3. 规范管理。6月，省教育厅召开2010年全省高等教育学籍学历管理工作会议，分析高等教育学籍学历管理工作形势，部署加强全省高等教育学籍学历规范管理工作。省教育厅副厅长陈传德、欧阳建平，省委高校纪工委书记王安怀参加会议并讲话。全省高校分管学籍学历工作校领导、职能部门主要负责人400余人参加了会议。6月至8月，省教育厅组织开展学籍学历问题排查工作，排查发现了一些学籍学历管理工作中存在的问题，并依法依规进行了处理。

4. 队伍建设。4月、12月，省教育厅分别在鄂州、咸宁举办4期高校学籍学历管理部门负责人、数据操作人员培训班，分类别、分层次、分阶段开展培训，邀请教育部领导和专业人员来鄂作专题报告，全年共计146所高校、研究生培养单位800余人参加了培训学习。编印了《湖北省高等教育学籍学历管理工作手册》，供业务工作人员日常工作、学习使用。12月，省教育厅承办了全国成人高等教育学籍学历管理研讨暨培训会议。

【高校毕业生入伍预征工作】 4月，省教育厅召开2010年全省普通高等学校毕业生入伍预征工作会议。会议总结交流了2009年全省高校毕业生入伍预征工作，研究部署了2010年高校毕业生入伍预征工作并对参会人员进行了网上预征报名系统培训。5月，省教育厅向高校印制、分发《高校毕业生入伍预征政策告知》、《国家鼓励普通高校应届毕业生入伍服义务兵役政策50问》等政策宣传材料近2万份。截至7月10日，全省124所高校5 774名应届毕业生报名入伍预征。9月，教育部授予长江大学等4所高校为"全国普通高校毕业生预征工作先进集体"，武汉科技大学张慧丽等8人为"全国普通高校毕业生预征工作先进个人"(名单附后)。

附：

全国普通高等学校毕业生预征工作先进集体和先进个人名单

一、先进集体(4个)：

长江大学
湖北中医药高等专科学校
湖北职业技术学院
武汉理工大学华夏学院。

二、先进个人(8人)：

段旭辉　湖北省教育厅高校学生处
张慧丽　武汉科技大学
李万成　湖北工业大学
郭洁林　黄石理工学院
张宗怀　襄樊学院
张笑勇　孝感学院
付成君　黄冈职业技术学院
蔡　平　长江职业学院

撰稿　段旭辉
审稿　谢新松

高校后勤服务与管理

【高校后勤检查】 3月和9月，省高校后勤服务中心对全省高校学生生活后勤管理工作情况进行了检查。春季检查以学生食堂管理、宿舍管理和食品卫生安全管理情况为主，秋季检查以学生食堂食品卫生安全管理、清真饮食管理、社会餐饮企业经营高校食堂管理情况为主。通过检查，了解全省高校后勤管理情况，督促高校对工作中的薄弱环节和存在的问题进行整改。春季检查后，对存在严重问题的5所学校下发了整改通知书。

【高校学生食堂管理】 2010年，高校学生食堂办伙成本仍在高位运行，通过争取政策支持、强化食堂内部管理、调整食堂菜品结构、开源节流、减少浪费、堵塞漏洞等举措，实现了食堂的稳定。(1)省教育厅印发《关于进一步做好学生食堂工作维护高校稳定的紧急通知》，要求高校加强学生堂食管理工作，保证伙食价格、食堂菜品质量基本稳定，保证不出食品安全事故。(2)省教育厅印发《关于加强社会餐饮企业经营高校食堂管理的意见》，加强了高校社会餐饮企业经营高校食堂的管理与监督。(3)多次召开专题会议，稳定学生食堂工作。9月28日，在华中科技大学召开全省高校伙食管理工作研讨会，就如何保证高校学生伙食工作的和谐稳定和建立长效机制问题进行了广泛研讨，全省100多所高校分管后勤领导和后勤部门主要负责人280人参加了会议。(4)对17所高校学生食堂的情况进行了调研，撰写了湖北高校学生食堂调研报告，向教育部反映情况，提出了如何做好高校食堂工作的建议。

【高校学生宿舍管理】 2010年，省教育厅加强了高校学生宿舍安全的人防、物防、技防设施设备的管理。学生宿舍管理各项规章制度及学生公寓突发事件应急预案进一步完善，建立了学生宿舍管理系统，能够及时掌握学生住宿动态及设施情况，为学生提供快捷、温馨、周到的服务。为规范学生床上用品质量管理工作，按照企业自愿的原则，在省纤维检验局公布的2010年纤维制品生产合格企业中，认定了44家企业为湖北省2010年度高校学生床上用品供货单位。

【节约型和绿色校园建设】 各高校高度重视推进节约型校园的建设，制定节约型校园建设规划，加强节约型校园建设的宣传，广泛推广节能新技术、新设备的使用。推进高校节能减排工作，省教育厅授予武汉大学等36所高校"湖北省高等学校节约型校园建设先进单位"称号。华中师范大学、中南财经政法大学、湖北经济学院获2009年度"全国绿化奖章"。

【高校后勤管理评比表彰】 经各高校推荐，评审小组认真评审，省教育厅授予武汉大学胡常春等10人为"2010年度湖北高校后勤服务标兵"，授予华中科技大学何炳平等103人为"2010年度湖北高校后勤优秀员工"，授予武汉大学后勤服务集团学生宿舍(教学楼)服务中心等44个单位为"2010年湖北省高校学生宿舍管理先进单位"，授予华中科技大学学生宿舍管理中心郭国强等69人为"湖北省高校学生宿舍管理先进个人"，授予华中师范大学学子店超市和满江红店超市、中国地质大学(武汉)东区生活服务中心超市和北区生活服务中心超市、武汉科技大学北园超市、武汉体育学院奥林超市、黄冈师范学院明珠苑超市等获"湖北高校教育超市标准店"称号。

【高校后勤管理研讨培训】 组织高校开展伙食管理、宿舍管理、绿化管理、接待管理、通信与邮政管理、人力资源管理、交通运输管理、水电管理、房地产管理、商贸管理、民办高校后勤管理等专题研讨会。举办了电信业务知识培训、社会用工风险规避知识、园林绿化法规宣传知识等培训班。

【高校后勤享受有关优惠政策审核】

省教育厅承办了湖北交通职业技术学院西校区学生宿舍、武汉科技学院学生宿舍、武汉体育学院人才楼、武汉电力职业技术学院学生食堂、中国地质大学(武汉)博士后公寓、湖北交通职业技术学院图书信息大楼、中南民族大学西区教师周转房、中南民族大学教职工活动中心、中南民族大学行政楼楼和档案馆等9个建设项目享受基础设施建设有关优惠政策的审核工作，减免建设项目规费约1 600万元。

撰稿　王　东
审稿　石盛全

教育综合管理

○发展规划

【武汉城市圈教育综合改革】 3月7日，教育部、湖北省政府部省共建武汉城市圈教育综合改革国家试验区领导小组第二次会议在北京召开。教育部部长袁贵仁，副部长陈小娅、陈希、鲁昕，中共湖北省委书记罗清泉、省长李鸿忠、常务副省长李宪生、副省长郭生练等参加会商。推进武汉城市圈教育综合改革工作，编印《武汉城市圈教育综合改革国家试验区工作简报》共11期。进一步强化合作机制，调动地方政府发展教育的积极性，与黄冈市、咸宁市和宜昌市签订教育合作协议，促进教育改革发展。贯彻落实《关于推进城乡一体化试点工作教育合作协议》，推动武汉科技大学、湖北生物科技职业学院科技援助鄂州市杜山镇下王村发展，启动下王村农业产业结构调整，协调武昌水果湖第一小学与鄂州市东王小学结对帮扶。

【编制湖北省教育事业发展"十二五"规划】 省教育厅在起草《湖北省中长期教育改革和发展规划纲要》(2011—2020年)的同时，同步起草《湖北省教育事业发展"十二五"规划》，经过10多轮修改，召开多次座谈会，邀请部分全国人大代表，省人大代表、政协委员，高校党委书记、校长，地方教育局长和校长教师代表，省直有关部门负责同志共300多人次座谈，并多次与《中共湖北省委关于制定经济社会发展"十二五"规划的建议》、《湖北省经济和社会发展"十二五"规划纲要》、《湖北省社会事业发展"十二五"规划纲要》的要求和目标进行对接，形成《湖北省教育事业发展"十二五"规划》文本，年底报省政府。

【编制湖北省对口援疆教育及社会事业专项规划】 制定《湖北省对口援疆教育专项规划(2011—2020年)》，2011－2020年湖北省以智力援疆为重点，将在"双语教育"、中等职业教育、基础设施建设、中小学现代远程教育、人才对口交流培训、定向招生等方面开展对口援疆。根据省援疆办要求，省教育厅会同省卫生厅、省科技厅、省文化厅、省体育局编制了湖北省对口援疆社会事业专项规划。

【编制湖北省教育基本建设专项规划】 组织编制湖北省"十二五"期间全省义务教育标准化建设规划和教育基本建设规划。组织完成全省"十二五"期间教育基础能力建设项目的摸底工作。配合省发展和改革委员会编制中等职业学校基础能力建设规划(二期)。开展特殊教育学校建设项目进度督办，配合省发展和改革委员会完成2010年中央预算内特殊教育学校建设计划项目的申报工作。

【高校更名设置】 经省政府申报、教育部批准，武汉科技学院更名为武汉纺织大学、湖北中医学院更名为湖北中医药大学、郧阳医学院更名为湖北医药学院。省政府批准组建天门职业学院、湖北体育职业学院、襄阳汽车职业技术学院等3所高等职业学校，向教育部报送备案申请。组织开展对咸宁学院、襄樊学院、孝感学院、黄石理工学院等4所高校拟更名，冠名"湖北"的评议并报教育部审批。组织开展对武汉大学东湖分校、中南民族大学工商学院、华中师范大学汉口分校、武汉科技大学中南分校等4所独立学院转设民办普通高校的评议并报教育部审批。

【规范高等学校办学行为】 省教育厅组织23个督察组赴全省120余所高校开展办学行为督察，重点检查学校开展成人高等教育、自考助学班的有关情况。对群众举报的信息逐一进行核实，对发现的问题约谈学校主要负责人，通报情况，分析原因，提出改进要求。对需要整改的5所民办高职下发《整改督办单》。及时处理各种突发性违规办学行为，配合公安部门处理湖北第二师范学院博智教学站涉嫌发放假文凭招生诈骗案件和湖北文都辅导学院学员上访事件。

【规范发展民办教育】 省教育厅向教育部报送《湖北省独立学院五年过渡期初步工作方案》，明确独立学院的发展方向和工作思路。对72所省管民办本专科学校、独立学院、非学历机构、民办中职学校进行年度检查，督促学校改善办学条件、规范办学行为、提高办学水平。组织召开市(州)教育局民办教育座谈会，分析全省民办教育的形势，对许可证发放及管理、民办学校基础信息档案建设等工作进行规范。

撰稿 张 兵

审稿 刘荣山

【国有资产保值增值】 2010年，湖北省兴华投资有限公司按照内部资金管理办法的相关规定，为股东高校分别办理了出资额50%的三年期委托贷款和出资额30%的一年期委托贷款。全年为符合条件的股东单位办理36笔共计3.82亿元的委托贷款业务，缓解了股东高校的短期融资压力。同时，公司收回贷款3.378亿元，利息收入1 658.71万元，无不良贷款。截至2010年底，公司资产总额24.13亿元，其中负债总额18.09亿元，股东权益6.04亿元，资本收益率1.68%，做到了国有资产的保值增值。

【金融合作教育项目贷款】 国家开发银行第一轮合作项目贷款基本发放到项目单位，已核准签约的19.5亿元贷款中，按计划发放18.45亿元。湖北省兴华投资有限公司实行贷款的全过程管理，尚未发现将国家开发银行贷款资金用于有价证券交易、期货交易、房地产经营、风险投资等国家明令禁止的领域，也未发现学校擅自改变用途以及截留、挤占和挪用的现象，确保了贷款资金的合规借入和安全使用。在贷款本息的催收中，湖北省兴华投资有限公司一般提前10天通知学校，学校提前一周将偿债资金存入开发银行账户上，保证了每所学校按时足额还本付息，维护了学校和教育部门的形象，得到了省政府金融办和有关单位的肯定。湖北省兴华投资有限公司全年共催收学校开发银行贷款利息10 472万元、本金6 135万元。

【拓宽省属高校融资渠道】 湖北省兴华投资有限公司与中国工商银行、中信银行、广东发展银行、中国民生银行、兴业银行等商业银行进行沟通，协调银行与高校之间的关系，为高校争取融资，其中，中信银行武汉分行为高校融资达1亿多元，有效地缓解了部分学校的还贷压力和财务风险，实现了省属高校与商业银行的双赢。

【启动新一轮金融合作教育项目贷款】 11月，开发银行湖北省分行对第二轮贷款合作模式进行较大调整，即由原来湖北省兴华投资有限公司作为借款人、学校为实际用款人的形式，转变为以学校为借款人、湖北省兴华投资有限公司为担保方的形式，这样将降低公司的偿债风险、增加学校的主动偿债要求。经过湖北省兴华投资有限公司多方协调，开发银行湖北省分行将湖北美术学院等项目作为第二轮的试点项目正式启动，计划为贷款急需的省属高校分步融资近10亿元。湖北省兴华投资有限公司进行调研，摸清了高校财务现状，及时了解了高校的贷款需求，为开展第二轮贷款项目申报奠定基础。

【投资大学科技园建设】 9月30日，省教育厅厅长办公会决定湖北省兴华投资有限公司参与大学科技园建设。10月22日，湖北省兴华投资有限公司在咸宁市召开了第二届董事会第六次会议，通过了出资500万元参股大学科技园公司事宜。湖北省兴华投资有限公司积极做好项目投资的准备工作。

【兴华公司财务监督和审计】 湖北省兴华投资有限公司除制订严格的规章制度，加强内部控制外，还自觉接受各方面的监督和检查。全年接受包括公司年报审计、“小金库”专项检查、省审计厅财务审计、公司监事会财务检查等4次，不断规范公司财务管理，促进公司各项业务的正常运转。

【服务股东单位】 湖北省兴华投资有限公司在为股东单位做好服务工作的同时，公司继续参与社会公益活动。2010年，湖北省兴华投资有限公司继续向湖北省教育基金会捐赠200万元，资助股东单位中的贫困大学生；另外继续向省教育厅新农村建设工作队捐款10万元，解决当地生活困难。

【法人治理结构】 3月底，湖北省兴华投资有限公司邀请公司法律顾问在对全体员工进行法律知识培训，增强员工法律意识，提高知法守法的自觉性。11月，湖北省兴华投资有限公司请中信银行的客户经理讲解理财知识，增强金融市场敏感性，提高防御风险的能力。加强公司组织制度建设和法人治理结构建设，逐步建立和完善各项规章制度，根据公司部门职责及人员的调整，对相关规章制度进行了修订，进一步加强了风险防控，规范了公司的运营。

撰稿 王亚洲

审稿 刘新其

2010 年教育及其他部门各级各类学校办学条件及效益情况

	年末校舍面积（千平方米）		年末固定资产总值（千元）			年末图书册数（千册）	本年新建、改扩建校舍		本年购置一般图书		本年购置电子图书		本年购置专用设备金额（千元）
	合计	其中:危房	合计	其中 房屋和建筑物	其中 专用设备		面积（千平方米）	金额（千元）	数量（千册）	金额（千元）	数量（千册）	金额（千元）	
总　计	108 610	10 783	103 264 806	76 847 963	11 396 806	179 452	1 847	2 203 691	5 610	132 165	7 383	13 194	1 043 703
一、高等学校	31 520	18	43 966 596	30 086 519	5 671 434	65 417	538	853 613	3 883	112 242	6 763	11 330	609 023
1. 普通高等学校	31 274	12	43 739 236	29 944 763	5 624 056	64 472	537	850 406	3 882	112 218	6 763	11 330	608 145
普通高等本科学校	21 782	1	32 375 568	21 868 871	4 180 060	46 973	185	345 883	3 068	94 941	5 110	10 358	462 824
普通高等专科学校	878	—	1 080 078	800 168	109 335	2 065	—	—	103	3 987	1	6	8 100
普通高等职业学校	8 614	11	10 283 590	7 275 724	1 334 661	15 434	352	504 523	711	13 290	1 652	966	137 221
2. 成人高等学校	246	6	227 360	141 756	47 378	945	1	3 207	1	24	—	—	878
二、中等职业学校	7 704	288	6 852 455	5 038 604	954 855	9 113	140	163 761	260	3 476	353	461	75 079
1. 中等专业学校	4 894	109	4 455 634	3 293 623	592 468	5 319	96	119 477	164	2 127	332	395	41 530
2. 职业高中	2 082	150	1 707 782	1 234 556	275 989	2 880	31	32 525	49	710	3	35	26 944
其中:农村	183	4	133 734	90 348	22 071	380	6	6 240	15	364	1	6	2 206
3. 技工学校	385	12	333 362	253 665	31 051	391	9	7 959	1	28	—	—	2 124
4. 成人中等专业学校	343	17	355 677	256 760	55 347	523	4	3 800	46	611	18	31	4 481
三、中学	37 505	4 556	29 724 576	23 339 920	2 668 973	52 423	640	679 757	691	8 191	140	706	222 097
1. 普通中学	37 481	4 554	29 712 960	23 329 618	2 668 503	52 373	640	679 757	691	8 191	140	706	222 097
普通高中	15 365	1 029	15 592 350	11 941 993	1 405 260	16 525	191	228 226	340	4 859	71	415	120 479
其中:农村	2 726	334	1 946 238	1 594 563	188 074	2 718	23	20 018	68	918	4	79	14 730
普通初中	22 116	3 525	14 120 610	11 387 625	1 263 243	35 848	449	451 531	351	3 332	69	291	101 618
其中:农村	15 345	2 912	8 191 109	6 852 827	636 603	24 695	343	338 688	280	2 211	51	198	54 191
2. 成人中学	24	2	11 616	10 302	470	50	—	—	—	—	—	—	—
四、小学	26 998	5 767	15 872 421	13 191 363	1 276 881	47 899	448	429 623	442	4 162	32	202	85 676
1. 普通小学	26 989	5 767	15 867 719	13 186 917	1 276 718	47 884	448	429 623	442	4 162	32	202	85 676
其中:农村	20 241	5 030	9 905 608	8 521 109	628 322	32 707	327	306 365	307	2 509	27	157	48 426
2. 成人小学	9	—	4 702	4 446	163	15	—	—	—	—	—	—	—
五、特殊教育	211	30	180 794	140 192	14 385	132	26	22 993	1	8	—	1	1 039
1. 特殊教育学校	207	30	174 734	136 086	13 993	125	26	22 993	1	8	—	1	837
2. 工读学校	4	—	6 060	4 106	392	7	—	—	—	—	—	—	202
六、幼儿园	3 971	122	3 531 046	2 802 461	415 438	3 224	53	50 944	322	3 688	50	441	32 442
七、教育行政单位	—	—	937 879	726 557	66 724	85	—	—	—	2	—	1	3 910
八、教育事业单位	—	—	1 428 095	1 002 956	249 727	229	—	—	1	39	45	51	12 676
九、其他	701	2	770 944	519 391	78 389	930	2	3 000	10	357	—	1	1 761

2010年分市州教育及其他部门各级各类学校办学条件及效益情况

	年末校舍面积（千平方米）		年末固定资产总值(千元)			年末图书册数（千册）	本年新建、改扩建校舍		本年购置一般图书		本年购置电子图书		本年购置专用设备金额（千元）
	合计	其中:危房	合计	其中：房屋和建筑物	其中：专用设备		面积（千平方米）	金额（千元）	数量（千册）	金额（千元）	数量（千册）	金额（千元）	
总　计	108 610	10 783	103 264 806	76 847 963	11 396 806	179 450	1 847	2 203 691	5 610	132 165	7 383	13 194	1 043 703
省本级	24 490	12	37 072 726	25 185 825	4 884 802	54 232	348	583 461	3 507	101 073	5 509	10 991	541 118
武汉市	11 074	39	14 657 583	10 670 820	1 440 340	23 181	70	94 734	414	8 637	1 050	505	126 155
黄石市	5 202	1 155	3 528 609	2 861 729	415 453	6 489	92	80 239	316	4 250	130	310	23 485
十堰市	5 242	2 122	3 708 108	3 066 806	313 935	8 200	272	374 615	41	652	6	100	39 386
宜昌市	5 237	195	4 957 302	3 604 447	483 500	9 007	90	108 163	100	1 660	5	86	50 349
襄樊市	8 497	1 115	4 921 768	3 893 832	441 612	12 076	117	109 205	67	1 100	35	67	28 192
鄂州市	1 670	130	1 188 628	914 359	93 529	2 596	95	63 104	51	631	1	19	8 059
荆门市	4 387	244	2 910 712	2 317 096	320 822	7 421	48	47 193	59	1 459	17	108	16 467
孝感市	6 373	764	4 946 771	3 927 597	540 415	8 735	79	83 918	157	1 901	122	215	32 357
荆州市	7 683	571	5 400 087	4 287 665	558 611	10 385	123	146 554	158	1 855	22	171	34 607
黄冈市	10 492	1 659	7 616 212	6 180 596	742 793	14 636	212	228 233	396	4 883	367	235	78 234
咸宁市	4 579	1 366	3 431 355	2 714 998	335 127	4 891	49	45 564	108	1 179	18	33	16 011
恩施自治州	3 587	264	2 009 558	1 607 609	187 797	5 060	77	66 647	43	471	7	39	12 399
随州市	4 946	838	2 941 789	2 323 535	270 317	5 944	102	104 717	127	1 331	34	108	21 116
仙桃市	1 987	210	1 676 551	1 442 388	160 904	2 495	20	24 364	17	220	2	42	4 544
潜江市	1 173	41	771 783	600 892	67 038	1 599	33	31 381	24	552	45	57	7 947
天门市	1 879	54	1 443 612	1 182 612	134 403	2 392	12	10 819	25	308	6	108	3 049
神农架林区	112	4	81 652	65 157	5 408	110	1	780	—	3	—	—	228

高等学校校舍情况（2010年）

单位：平方米

	普通高等学校						成人高等学校					
	学校产权建筑面积				正在施工面积	独立使用非学校产权建筑面积	学校产权建筑面积				正在施工面积	独立使用非学校产权建筑面积
	计	其中：危房	其中：当年新增	其中：被外单位借用			计	其中：危房	其中：当年新增	其中：被外单位借用		
总计	**41 432 819**	**43 791**	**1 315 460**	**1 153**	**1 087 601**	**5 907 877**	**505 489**	**—**	**—**	**4 200**	**—**	**830 920**
教学及辅助用房	**16 543 229**	**10 712**	**576 728**	**—**	**583 085**	**2 083 190**	**209 108**	**—**	**—**	**4 200**	**—**	**418 872**
教室	6 865 174	9 063	222 720	—	155 931	902 849	146 941	—	—	4 200	—	218 543
图书馆	2 002 769	—	68 039	—	100 044	322 897	20 787	—	—	—	—	33 018
实验室、实习场所	6 094 856	1 649	207 702	—	261 600	669 273	21 708	—	—	—	—	119 602
体育馆	1 209 952	—	72 806	—	62 010	106 436	12 920	—	—	—	—	31 912
会堂	370 478	—	5 461	—	3 500	81 735	6 752	—	—	—	—	15 797
行政办公用房	**2 256 344**	**4 057**	**84 866**	**—**	**38 729**	**407 871**	**44 231**	**—**	**—**	**—**	**—**	**87 449**
生活用房	**15 005 533**	**8 275**	**567 134**	**1 153**	**299 467**	**3 416 816**	**195 448**	**—**	**—**	**—**	**—**	**324 599**
学生宿舍(公寓)	11 000 539	5 243	406 156	—	227 965	2 697 359	159 534	—	—	—	—	216 518
学生食堂	1 381 797	—	67 812	—	34 473	365 495	25 746	—	—	—	—	42 414
教工单身宿舍	389 130	1 994	12 434	—	2 651	105 963	1620	—	—	—	—	15 359
教工食堂	76 625	—	—	—	—	8 008	2 260	—	—	—	—	3 165
生活福利及其他用房	2 157 442	1 038	80 732	1 153	34 378	239 991	6 288	—	—	—	—	47 143
教工住宅	**7 627 713**	**20 747**	**86 732**	**—**	**166 320**	**—**	**56 702**	**—**	**—**	**—**	**—**	**—**

高等学校资产情况（2010年）

	占地面积（平方米）			图书（万册）		数字资源量（GB）		计算机数（台）		语音实验室座位数（个）	多媒体教室座位数（个）	上网课程数（门）
	计	其中：绿化用地面积	其中：运动场地面积	计	当年新增	计	电子图书（GB）	计	教学用（台）			
学校产权	83 366 102	28 566 966	6 154 781	10 519.74	585.50	2 137 823.02	817 595.54	438 041	329 242	70 987	1 092 365	7 608
非学校产权中独立使用	8 930 671	2 037 438	649 419	281.25	14.52	—	—	10 139	7 880	3 014	13 117	—
一、普通高校学校产权	82 194 885	28 228 395	6 055 559	10 332.42	579.80	2 135 459.01	815 516.54	433 109	324 987	69 509	1 078 521	7 440
非学校产权中独立使用	7 182 077	1 619 211	476 526	10.00	5.00	—	—	—	—	—	—	—
二、成人高校学校产权	988 934	284 044	82 150	171.82	5.40	2 115.00	1 830.00	4 037	3 484	1 142	10 563	160
非学校产权中独立使用	1 703 496	411 527	168 593	271.25	9.52	—	—	10 139	78 80	3 014	13 117	—
三、民办的其他高等教育机构学校产权	182 283	54 527	17 072	15.50	0.30	249.01	249.00	895	771	336	3281	8
非学校产权中独立使用	45 098	6 700	4 300	—	—	—	—	—	—	—	—	—

	固定资产总值（万元）					上学年度信息化经费投入（万元）			网络信息点数（个）	校园网出口总带宽（Mbps）	管理信息系统数据总量（GB）	电子邮件系统用户数（个）	信息化工作人员数（人）	信息化培训人次（人次）
	计	其中：教学、科研仪器设备资产		其中：信息化设备资产		计	建设经费	运行经费						
		计	当年新增	合计	其中软件									
学校产权	6 179 826.48	1 286 714.11	121 059.46	310 894.94	31 988.93	30 004.97	22 980.41	6 891.46	950 580	48 962.90	335 306.38	315 040	2 996	518 551
非学校产权中独立使用	155 016.18	16 507.88	3 052.88	—	—	—	—	—	—	—	—	—	—	—
一、普通高校学校产权	6 106 850.69	1 274 201.98	120 456.10	308 554.31	31 922.59	29 866.04	22 924.21	6 808.73	938 316	48 577.90	334 622.13	313 430	2 922	516 617
非学校产权中独立使用	86 635.46	1 338.46	1 338.46	—	—	—	—	—	—	—	—	—	—	—
二、成人高校学校产权	42 842.11	11 071.75	564.21	2 253.93	50.94	114.11	51.20	62.91	11 509	351.00	557.25	1 450	56	1 657
非学校产权中独立使用	68 380.72	15 169.42	1 714.42	—	—	—	—	—	—	—	—	—	—	—
三、民办的其他高等教育机构学校产权	30 133.68	1 440.38	39.15	86.70	15.40	24.82	5.00	19.82	755	34.00	127.00	160	18	277
非学校产权中独立使用	—	—	—	—	—	—	—	—	—	—	—	—	—	—

中等职业学校资产情况(2010年)

	占地面积(平方米)			图书(万册)		数字资源量(GB)		计算机数(台)		语音实验室座位数(个)	多媒体教室座位数(个)	上网课程数(门)
	计	其中:绿化用地面积	其中:运动场地面积	计	当年新增	计	电子图书(GB)	计	教学用(台)			
学校产权总计	22 667 886	4 897 317	2 939 475	17 893 817	1 096 129	1 086 832.83	341 634.89	122 786	104 444	25 134	119 832	9 177
非学校产权独立使用总计	2 185 593	394 928	373 144	270 230	8 300	—	—	2 793	2 138	574	5 709	—
调整后中等职业学校												
学校产权	6 973 980	1 613 315	952 826	4 489 546	185 714	507 268.30	69 751.84	41 251	35 862	8 840	37 630	4 657
非学校产权独立使用	1 293 660	218 047	179 434	180 600	200	—	—	1 263	1 040	120	1 960	—
普通中专学校												
学校产权	9 508 178	2 044 876	1 187 293	8 546 190	416 911	469 547.23	187 679.35	50 823	43 617	9 598	50 986	1 538
非学校产权独立使用	703 573	143 980	145 095	42 030	4 000	—	—	1 042	695	264	3 628	—
成人中专学校												
学校产权	1 394 316	280 351	199 002	648 789	131 935	82 952.70	69 309.70	5 868	3 676	869	4 332	2 103
非学校产权独立使用	13 935	1 001	1 315	2 000	—	—	—	60	60	—	—	—
职业高中学校												
学校产权	4 037 564	683 140	522 806	2 108 597	277 587	20 858.00	11 988	20 838	17 849	4 985	19 272	853
非学校产权独立使用	174 425	31 900	47 300	45 600	4 100	—	—	428	343	190	121	—
其他机构												
学校产权	753 848	275 635	77 548	2 100 695	83 982	6 206.00	2 906.00	4 006	3 440	842	7612	26
非学校产权独立使用	—	—	—	—	—	—	—	—	—	—	—	—

	固定资产总值(万元)			上学年度信息化经费投入(万元)				网络信息点数(个)	校园网出口总带宽(Mbps)	接受过信息技术相关培训的专任教师(人次)	信息化工作人员数(人)
	计	其中:教学、科研仪器设备资产		计	硬件设施	数字资源建设	信息技术培训				
		计	当年新增								
资产情况(总计)											
学校产权	891 173.84	145 806.98	21 487.36	13 067.22	9 386.64	2 358.86	1 149.52	49 753	12 632.20	8 736	2 350
非学校产权独立使用	23 488.85	3 417.00	671.50	—	—	—	—	—	—	—	—
调整后中等职业学校											
学校产权	303 690.63	47 376.48	5 648.07	5 552.58	3 513.19	1 209.42	702.47	19 564	2 389.00	2 745	807
非学校产权独立使用	3 877.00	1 315.00	192.00	—	—	—	—	—	—	—	—
普通中专学校											
学校产权	373 084.52	61 387.00	8 100.69	3 877.02	2 910.74	613.04	322.84	18 953	8 844.20	3 408	872
非学校产权独立使用	17 145.85	1 511.00	50.00	—	—	—	—	—	—	—	—
成人中专学校											
学校产权	41 379.43	7 531.04	2 140.32	1 476.28	1 131.42	313.00	22.06	1 402	365.50	338	148
非学校产权独立使用	941.00	—	—	—	—	—	—	—	—	—	—
职业高中学校											
学校产权	135 399.59	22 084.46	4 190.09	1 951.41	1 631.86	215.40	99.65	6 539	611.50	2 108	493
非学校产权独立使用	1 475.00	576.00	429.50	—	—	—	—	—	—	—	—
其他机构											
学校产权	37 619.70	7 428.00	1 408.19	209.93	199.43	8.00	2.50	3 295	422.00	137	30
非学校产权独立使用	50.00	15.00	—	—	—	—	—	—	—	—	—

中等职业学校校舍基本情况（2010年）

	总计						调整后中等职业学校						普通中专学校					
	学校产权建筑面积				正在施工面积	独立使用非学校产权建筑面积	学校产权建筑面积				正在施工面积	独立使用非学校产权建筑面积	学校产权建筑面积				正在施工面积	独立使用非学校产权建筑面积
	计	其中：危房	其中：当年新增	其中：被外单位借用			计	其中：危房	其中：当年新增	其中：被外单位借用			计	其中：危房	其中：当年新增	其中：被外单位借用		
总　计	9 520 234	195 403	349 751	6 992	166 781	875 928	2 936 463	50 625	117 497	2 059	37 506	372 549	4 200 809	69 275	122 747	1 733	126 275	345 545
教学及辅助用房	4 036 091	78 323	165 474	2 740	82 146	393 446	1 247 015	15 205	47 952	727	4 309	159 664	1 797 565	34 553	50 572	813	77 837	162 464
教室	2 127 047	62 250	50 921	2 153	29 717	231 716	716 000	15 205	19 885	140	1 500	90 106	846 482	25 168	7 372	813	28 217	98 093
图书馆	297 665	963	27 430	—	6 151	18 588	96 198	—	23 602	—	500	7 708	109 125	30	1 700	—	5 651	8 281
实验室、实习场所	1 077 008	14 128	72 443	587	45 969	99 384	302 402	—	3 798	587	2 000	45 619	491 715	8 655	29 668	—	43 969	34 549
体育馆	353 295	700	11 770	—	—	27 012	74 198	—	—	—	—	6 206	262 530	700	10 770	—	—	16 506
会堂	181 076	282	2 910	—	309	16 746	58 217	—	667	—	309	10 025	87 713	—	1 062	—	—	5 035
行政办公用房	615 032	9 500	19 744	1 332	8 990	53 888	190 276	1 540	4 009	1 332	—	24 469	270 632	2 988	6 695	—	8 990	19 551
生活用房	3 711 623	92 674	157 033	2 920	67 786	428 594	1 187 424	28 915	65 536	—	27 051	188 416	1 569 507	29 486	57 980	920	37 735	163 530
学生宿舍（公寓）	2 448 958	67 031	109 786	1 000	49 985	275 693	815 932	22 267	49 290	—	20 580	109 579	1 030 660	21 282	37 961	—	26 405	113 497
学生食堂	514 981	8 606	19 708	920	10 887	49 043	175 304	3 326	10 264	—	2 000	23 434	212 237	3 930	4 352	920	8 887	16 622
教工单身宿舍	201 013	7 499	5 387	—	647	26 416	51 282	1 150	2 780	—	647	12 958	78 962	2 255	527	—	—	7 902
教工食堂	90 370	—	1 620	—	2 943	7 067	18 971	—	—	—	500	1 920	54 670	—	1 000	—	2 443	3 737
生活福利及其他用房	456 301	9 538	20 532	1 000	3 324	70 375	125 935	2 172	3 202	—	3 324	40 525	192 978	2 019	14 140	—	—	21 772
教工住宅	1 157 488	14 906	7 500	—	7 859	—	311 748	4 965	—	—	6 146	—	563 105	2 248	7 500	—	1 713	—

	成人中专学校						职业高中学校						其他机构					
	学校产权建筑面积				正在施工面积	独立使用非学校产权建筑面积	学校产权建筑面积				正在施工面积	独立使用非学校产权建筑面积	学校产权建筑面积				正在施工面积	独立使用非学校产权建筑面积
	计	其中：危房	其中：当年新增	其中：被外单位借用			计	其中：危房	其中：当年新增	其中：被外单位借用			计	其中：危房	其中：当年新增	其中：被外单位借用		
总　计	291 937	2 221	5 504	2 200	—	13 315	1 588 424	73 282	104 003	1 000	3 000	144 519	502 601	—	—	—	—	—
教学及辅助用房	124 932	1 555	4 500	1 200	—	6 065	656 746	27 010	62 450	—	—	65 253	209 833	—	—	—	—	—
教室	82 098	1 555	3 500	1 200	—	4 969	380 650	20 322	20 164	—	—	38 548	101 817	—	—	—	—	—
图书馆	16 469	—	—	—	—	248	42 914	933	2 128	—	—	2 351	32 959	—	—	—	—	—
实验室、实习场所	18 518	—	1 000	—	—	848	204 144	5 473	37 977	—	—	18 368	60 229	—	—	—	—	—
体育馆	2 195	—	—	—	—	—	12 162	—	1 000	—	—	4 300	2 210	—	—	—	—	—
会堂	5 652	—	—	—	—	—	16 876	282	1 181	—	—	1 686	12 618	—	—	—	—	—
行政办公用房	25 701	—	1 004	—	—	1 549	97 670	4 972	8 036	—	—	8 319	30 753	—	—	—	—	—
生活用房	99 899	666	—	1 000	—	5 701	664 484	33 607	33 517	1 000	3 000	70 947	190 309	—	—	—	—	—
学生宿舍（公寓）	57 496	140	—	—	—	3 157	403 205	23 342	22 535	1 000	3 000	49 460	141 665	—	—	—	—	—
学生食堂	16 670	—	—	—	—	555	86 037	1 350	5 092	—	—	8 432	24 733	—	—	—	—	—
教工单身宿舍	9 591	526	—	—	—	—	46 539	3 568	2 080	—	—	5 556	14 639	—	—	—	—	—
教工食堂	1 345	—	—	—	—	30	12 992	—	620	—	—	1 380	2 392	—	—	—	—	—
生活福利及其他用房	14 797	—	—	1 000	—	1 959	115 711	5 347	3 190	—	—	6 119	6 880	—	—	—	—	—
教工住宅	41 405	—	—	—	—	—	169 524	7 693	—	—	—	—	71 706	—	—	—	—	—

普通中小学及其他学校校舍基本情况（2010年）

单位：平方米

	学校占地面积	校舍建筑面积	教学及辅助用房						行政办公用房		生活用房	其他用房	校舍面积中	
			计	其中					计	其中：教师办公室			危房面积	当年新增
				普通教室	实验室	图书馆	微机室	语音室						
普通中学合计	**100 355 519**	**40 008 745**	**13 516 658**	**9 361 276**	**1 818 770**	**713 705**	**536 264**	**228 156**	**3 091 466**	**2 009 229**	**20 670 175**	**2 730 446**	**4 874 059**	**558 226**
城市	21 999 841	10 700 661	4 261 210	2 706 214	657 202	270 847	166 334	78 795	1 067 264	657 467	4 152 761	1 219 426	307 749	130 335
县镇	40 301 471	16 333 007	5 216 467	3 703 506	677 008	272 957	197 719	98 052	1 183 874	790 923	9 078 881	853 785	2 061 814	210 129
农村	38 054 207	12 975 077	4 038 981	2 951 556	484 560	169 901	172 211	51 309	840 328	560 839	7 438 533	657 235	2 504 496	217 762
初中合计	**63 171 073**	**22 613 016**	**7 848 247**	**5 629 406**	**977 973**	**330 333**	**333 804**	**117 723**	**1 697 593**	**1 147 411**	**11 482 059**	**1 585 117**	**3 787 764**	**414 314**
城市	7 656 476	3 815 511	1 741 752	1 149 638	258 007	82 858	70 317	28 585	445 551	283 987	1 001 240	626 968	161 541	85 399
县镇	22 127 581	7 907 971	2 652 560	1 946 305	301 627	104 715	110 433	46 845	553 050	383 839	4 300 859	401 502	1 292 588	124 793
农村	33 387 016	10 889 534	3 453 935	2 533 463	418 339	142 760	153 054	42 293	698 992	479 585	6 179 960	556 647	2 333 635	204 122
高中合计	**37 184 446**	**17 395 729**	**5 668 411**	**3 731 870**	**840 797**	**383 372**	**202 460**	**110 433**	**1 393 873**	**861 818**	**9 188 116**	**1 145 329**	**1 086 295**	**143 912**
城市	14 343 365	6 885 150	2 519 458	1 556 576	399 195	187 989	96 017	50 210	621 713	373 480	3 151 521	592 458	146 208	44 936
县镇	18 173 890	8 425 036	2 563 907	1 757 201	375 381	168 242	87 286	51 207	630 824	407 084	4 778 022	452 283	769 226	85 336
农村	4 667 191	2 085 543	585 046	418 093	66 221	27 141	19 157	9 016	141 336	81 254	1 258 573	100 588	170 861	13 640
小学合计	**97 712 766**	**26 411 347**	**13 277 877**	**10 865 644**	**708 824**	**543 792**	**431 624**	**97 919**	**2 022 253**	**1 468 699**	**9 119 049**	**1 992 168**	**6 164 894**	**358 443**
城市	8 022 136	3 909 413	2 154 998	1 717 589	107 765	76 515	76 918	18 955	421 760	287 454	742 803	589 852	240 043	69 931
县镇	14 954 466	5 217 448	2 506 447	2 071 007	110 284	84 527	77 052	27 503	406 405	288 206	1 995 403	309 193	1 037 601	91 565
农村	74 736 164	17 284 486	8 616 432	7 077 048	490 775	382 750	277 654	51 461	1 194 088	893 039	6 380 843	1 093 123	4 887 250	196 947
特殊教育合计	**633 577**	**246 931**	**107 832**	**72 461**	**3 188**	**3 544**	**3 315**	**12 510**	**22 862**	**15 619**	**82 641**	**33 596**	**42 240**	**11 888**

中小学办学条件情况(2010年)

单位：所

	体育运动场(馆)面积达标校数	体育器械配备达标校数	音乐器械配备达标校数	美术器械配备达标校数	数学自然实验仪器达到标准的学校数	建立校园网校数	体育运动场(馆)面积(平方米)	计算机(台) 计	计算机(台) 教学用	图书(册)	电子图书(GB)	固定资产总值(万元) 计	其中：仪器设备总值 计	其中：仪器设备总值 专业实验设备	其中：仪器设备总值 专业实习设备
普通中学	2 134	1 933	1 700	1 710	2 166	1 755	22 298 371	230 260	182 601	56 286 150	839 000.41	3 216 521.64	275 529.87	157 745.34	21 027.12
初中	1 640	1 451	1 257	1 243	1 658	1 244	15 017 932	134 474	107 927	37 190 207	441 059.65	1 423 002.95	106 949.97	67 248.26	10 426.70
高中	494	482	443	467	508	511	7 280 439	95 786	74 674	19 095 943	397 940.76	1 793 518.69	168 579.90	90 497.08	10 600.42
城市	469	495	468	474	525	475	5 330 641	81 551	59 830	16 201 913	353 129.02	1 152 250.18	90 997.35	58 013.09	6 770.07
初中	262	279	261	261	307	260	2 215 791	35 024	25 136	7 255 874	35 962.20	350 514.60	30 503.97	20 679.32	2 091.52
高中	207	216	207	213	218	215	3 114 850	46 527	34 694	8 946 039	317 166.82	801 735.58	60 493.38	37 333.77	4 678.55
县镇	772	692	622	625	767	631	8 107 579	83 260	68 634	20 581 112	259 399.44	1 214 430.90	101 377.84	58 469.05	9 117.03
初中	542	475	429	420	535	399	4 890 257	43 027	36 262	12 445 982	187 784.90	458 223.68	37 143.05	23 147.83	4 264.67
高中	230	217	193	205	232	232	3 217 322	40 233	32 372	8 135 130	71 614.54	756 207.22	64 234.79	35 231.22	4 852.36
农村	893	746	610	611	874	649	8 860 151	65 449	54 137	19 503 125	226 471.95	849 840.56	83 154.68	41 263.20	5 140.02
初中	836	697	567	562	816	585	7 911 884	56 423	46 529	17 488 351	217 312.55	614 264.67	39 302.95	23 421.11	4 070.51
高中	57	49	43	49	58	64	948 267	9 026	7 608	2 014 774	9 159.40	235 575.89	43 851.73	17 842.09	1 069.51
小学	4 598	3 605	3 279	3 221	3 780	1 666	26 208 245	117 884	94 122	48 130 569	579 199.89	6 192 987.86	107 986.27	63 731.25	7 311.55
城市	465	517	507	500	518	403	2 566 079	45 970	36 121	10 148 886	165 861.69	379 833.33	40 838.88	23 498.05	2 009.20
县镇	649	583	550	530	598	351	3 996 825	28 486	23 447	10 518 429	191 154.80	1 665 830.35	22 092.64	13 728.44	1 754.87
农村	3 484	2 505	2 222	2 191	2 664	912	19 645 341	43 428	34 554	27 463 254	222 183.40	4 147 324.18	45 054.75	26 504.76	3 547.48

幼儿园校舍及其他情况(2010年)

单位：平方米

	学校占地面积	校舍建筑面积	教学及辅助用房 计	其中 活动室	其中 睡眠室	其中 保健室	其中 图书室	行政办公用房 计	其中：教师办公室	生活用房	其他用房	校舍面积中 危房面积	校舍面积中 当年新增	校园中户外活动场	图书(册)	教学用录像录音带(盘)
合计	8 389 427	4 716 359	3 189 947	1 734 611	985 526	156 382	136 203	361 993	221 480	606 994	557 425	97 585	97 465	2 998 716	2 848 850	481 407
城市	2 584 851	1 798 729	1 207 407	693 134	386 164	38 998	41 989	138 143	69 157	198 556	254 623	10 875	45 246	960 095	1 331 561	222 453
县镇	2 582 329	1 502 222	1 029 300	549 228	326 628	51 728	41 787	111 537	70 335	197 100	164 285	46 478	21 138	894 129	797 443	132 628
农村	3 222 247	1 415 408	953 240	492 249	272 734	65 656	52 427	112 313	81 988	211 338	138 517	40 232	31 081	1 144 492	719 846	126 326

辑录　邓　辉　李明霞

○教育财务

【义务教育阶段学校标准化建设】 1. 加强农村初中实验室建设和文体器材设施配备。筹措经费2 590万元，为首批20个试点县（市、区）208所初中装备了标准化的物理、化学、生物实验室，为115所小学装备了标准化的科学实验室；筹措经费1 000万元，为394所初中各装备了一副篮球架和一台教学用电子钢琴，为1 423所小学各装备了一个儿童篮球架和一台教学用电子琴，有效促进了中小学实验课程的开设和阳光体育活动的开展。

2. 做好一期国家中西部农村初中校舍改造工程收尾和二期工程的启动工作。截至2010年5月底，一期工程680所项目学校7.35亿元投资计划已全部完工，完成建设面积94.98万平方米。同时，积极争取国家下达湖北省二期初中工程投资计划8 300万元，在资金的安排上尽可能向义务教育均衡发展试点县（市、区）倾斜，共安排15个试点县（市、区）4 600万元，占资金总量的55%。同时，积极推进项目启动工作，截至2010年底，34个项目中已完工2个、开工28个、待开工4个。

3. 加快义务教育寄宿制学校建设步伐。2009年底，中央财政安排湖北省农村寄宿制学校及附属设施建设补助资金2亿元、基础教育以奖代补资金7 800万元，一批寄宿制学校建设项目得以顺利实施，有效促进了寄宿制学校学生寄宿条件的改善。

【义务教育经费保障机制】 2010年，中央和省共落实农村义务教育保障经费318 939万元，其中，中央233 136万元，省级85 803万元，确保了农村中小学校的正常运转和义务教育的稳步实施。（1）按照小学每生每年300元、初中每生每年500元的标准对农村中小学补助公用经费182 207万元；（2）按照小学年生均90元、初中年生均180元的标准补助免费教科书资金59 300万元；（3）按照小学年生均500元、初中年生均750元的标准对农村家庭经济困难寄宿生发放生活补助44 872万元；（4）对折算后的校舍面积按照400元/平方米的标准安排农村中小学校舍维修改造资金32 560万元。

按照小学每生每年210元、初中每生每年340元的标准，安排城市义务教育免杂费补助资金24 632万元，其中，中央16 694万元，省级7 938万元。

同时，为改善农村中小学生营养状况，中央2010年追加湖北省农村义务教育阶段家庭经济困难寄宿生生活费补助7 627万元，将补助标准每人每天提高1元，即年生均补助标准达到小学750元、初中1 000元。

【农村中小学教师周转房建设】 为加强农村教师队伍建设，促进城乡教师交流，推动优质教育资源共享，湖北省从2007年开始启动农村中小学教师周转房建设试点工作。2010年，省教育厅、省财政厅印发《关于进一步推进农村中小学教师周转房建设的若干意见》，明确了周转房的功能定位、户型标准、建设模式，以及资金筹措、使用管理等要求。截至2010年底，省级共投入以奖代补资金8 700万元，推动全省各地共投入资金近5亿元，新建和改建农村中小学教师周转房1万余套，解决了13 000余名农村教师的住房困难。其中，2010年新建和改建农村中小学教师周转房5 000余套。9月下旬，国家发改委、教育部将湖北省纳入2010年全国农村边远艰苦地区学校教师周转宿舍建设试点，安排试点5个县，资金6 000万元。

【全省中小学校舍安全工程建设】 1. 组织召开四次会议，贯彻落实全国校安工程（即全国中小学校舍安全工程）领导小组第二次会议精神，对湖北省校安工程实施进行安排部署。4月1日，召开全省校安工程领导小组第三次全体会议，印发《关于做好2010年全省中小学校舍安全工程有关工作的通知》。4月14日，召开“两区”县市（全国地震重点监视防御区和地震烈度7度及以上地区）校安工程工作部署会议，对33个“两区”县市2010年校安工程项目启动工作进行前期部署。4月28—29日，在远安县召开全省校安工程2010年工作部署暨加固改造与项目管理现场会，交流推广经验，全面部署2010年校安工作。7月22日，在宜昌市夷陵区召开“两区”县（市、区）校安工程规划座谈会，组织有关专家对各地工程规划进行审核指导。

2. 按照突出重点、分步实施的原则调整完善校安工程规划。根据全国、全省会议精神，组织各地对排查鉴定结果进行复核，调整工程规划，修改完善后的《湖北省中小学校舍安全工程规划》经省政府审批，并上报全国校安办。

3. 积极筹措校安工程资金。2010年国家发改委、财政部分别下达湖北省校舍安全工程补助资金1.8亿元，合计3.6亿元，比2009年增加6 000万元。规划加固项目65个，重建项目207个，建设面积35.3万平方米。截至2010年底，已开工项目207个，开工面积24.1万平方米，开工率68%，已竣工项目11个，竣工面积2.0万平方米，竣工率6%。

4. 全面推进工程实施。加强了对七度以上地震高烈度区6个县（市、区）的督办检查，建立了进度通报制度；印发了《湖北省中小学校舍抗震鉴定与加固技术细则》。截至2010年底，全省校安工程累计投资45.90亿元，开工面积517.8万平方米（其中加固161.5万平方米，重建356.3万平方米），占三年规划加固改造面积的62%；竣工面积378.0万平方米，占三年规划加固改造面积的45%。

5.加强档案和系统建设。指导各市县建立校舍安全档案室，投入220万元完成省校舍系统数据中心建设和校舍系统安装部署，并开展了县(市、区)培训和数据录入审核工作。全省学校基本数据录入及审核完成率88%，校舍基本数据录入及审核完成率78%，校舍规划数据完成率33%，加固新建数据完成率5%。

【教育项目的督办和管理】 2010年，省教育厅先后四次就校安工程、捐赠项目、农村教师周转房建设及国家试点等教育项目实施工作召开项目管理经验交流会、项目实施推进会及项目整改督办会等专题会议，强化项目管理意识，严格执行项目建设基本程序，组织力量到项目县进行检查督办，有效促进了教育项目的规范实施。同时，在教育项目和专项资金的安排上，按照《省教育厅关于加强全省基础教育建设项目和专项资金管理意见》关于奖优罚劣有关规定，对部分项目管理规范、资金配套到位、实施效果好的县市在有关资金的安排上给予倾斜奖励，起到了较好的示范引领作用。结合工作实际，省教育厅与武汉工业学院共同对“高等学校财务绩效综合评价体系”开展课题研究。

【教育捐赠和援助项目】 2010年，湖北省共争取明德小学、邵逸夫基金、吕志和基金三大教育捐赠项目赠款940万元，其中明德小学项目10个，450万元，邵氏项目6个，390万元，吕氏项目2个，100万元。为加强捐赠项目管理，及时纠正少数受赠项目实施过程中存在的工程进度缓慢、工程质量不高、资金配套不到位等问题，2010年主要从三个方面着手进行整改。(1)省教育厅会同省台办召开2010年明德小学项目整改培训会，邀请明德小学监理组专家亲临现场指导，对全省2006—2008年安排未通过验收的明德小学项目和在建明德小学项目提出具体的整改要求。(2)组织专家对整改项目和在建项目进行现场督办指导，约谈少数问题比较突出的项目县市教育局局长，要求限期整改到位。(3)对新增项目按照整合资金、以奖代补的方式进行安排，对实施效果较好的项目学校给予课桌椅配备补助。截至2010年底，项目整改工作取得明显成效，绝大部分项目通过项目监理组验收，申请到位资金1 826万元，在全国邵氏基金第21批中小学项目建设评审中，湖北省获一等奖2项，二等奖2项。省教育厅加强捐赠项目管理的做法得到教育部港澳台办的充分肯定。

积极做好仙洪试验区新农村建设、三峡库区、丹江口库区移民安置、民族地区“616”工程、革命老区贫困地区脱贫奔小康以及鄂州城乡一体化建设、四川汉源县智力技术援助工程等省委、省政府一系列重大工作的对口支援任务。2010年共落实各对口支援地区教育项目经费近6亿元，有效促进了受援地区农村教育的发展。

【增加高等教育投入】 2010年，省教育厅、省财政厅完成了中央财政支持地方高校发展专项资金项目和中央与地方共建资金项目申报工作，分别争取中央资金1.8亿元和0.45亿元。省教育厅、省财政厅完成了中央财政支持的实训基地建设项目申报工作，2010年，湖北省共获批项目24项，争取中央资金3 960万元。

2010年底，财政部、教育部下发《关于进一步提高地方普通本科高校生均拨款水平的意见》，给湖北省下达中央以奖代补资金4.9亿元，专项用于提高省属高校生均拨款水平。

【化解高校债务】 7月，省教育厅、省财政厅向教育部和财政部报送了湖北省高校银行贷款的有关情况和化解高校债务的建议方案。9月，向省政府正式报送了《关于化解我省省属高等学校债务的建议方案》。10月，积极协调省财政厅向财政部报送了《关于请求支持化解省属高校债务债务的请示》。12月，财政部、教育部印发《关于减轻地方高校债务负担 化解高校债务风险的意见》，共下达湖北高校化债资金1亿元。

【财务管理】 研究出台了《省教育厅关于加强厅机关及直属单位财务管理的意见》，拟订了《湖北省中等职业学校财务管理暂行办法》，重新修订了《湖北省外国留学生奖学金管理办法》。组织开展了会计管理年活动和会计人员信息采集工作，进一步规范了单位会计行为，加强了会计基础工作。积极配合省审计厅完成了省教育厅及所属单位2009年度部门预算执行情况审计工作。

【部门预决算和项目资金管理】 完成了2009年度省教育厅部门决算编报工作，省教育厅连续六年被评为全省决算工作先进单位。承办了全国教育经费统计会议，省教育厅被教育部评为全国教育经费统计工作先进单位。完善了部门预算编制流程，提高了预算编报质量，省教育厅被评为全省预算编制工作先进单位，获得160万元奖励经费。在预算编制过程中，积极争取财政支持，解决了高校助学贷款风险补偿金3 800万元缺口等历史欠账问题，保持了经费投入的适度增长。拟订了《湖北省教育厅事业项目绩效评估管理暂行办法》，将项目绩效评估纳入了财务管理工作的重要内容之一，建立了项目绩效评估长效机制，向教育部争取了《高等学校财务绩效综合评价体系研究》的课题立项。

【国有资产管理】 1.开展全省预算管理高校和厅属单位国有资产信息管理系统数据清查工作。召开了省级预算管理高校和厅属单位国有资产信息系统管理工作会议。在湖北大学举办了资产管理信息系统联网运行培训班。组织全省57家预算管理高校和厅属单位，历时两个月，对2006—2009年度资产数据及报表进行汇总、审核和审批，对资产存量状况进行了统计分析。截至2009年底，全省57家预算管理高校和厅属单位(包括厅机关)固定资产账面总额183.81亿元，其中房屋、建筑物及土地143.34亿元，占77.98%；电子设备、通信产品、量具及仪器仪表等15.4亿元，占8.38%；交通工具、家具、文体设备、图书及其他类固定资产25.07亿元，占13.64%。

2. 做好预算管理单位资产处置的日常管理工作。对湖北开放职业学院的资产明晰工作，先后三次召开会议专题研究讨论，形成意见报省财政厅。2010年，共为武汉交通职业学院、湖北第二师范学院等11所高校和厅属单位办理资产购置、评估、处置及报废等审核审批手续25件(次)，涉及金额5.91亿元。

【学校收费管理】 推进武汉大学、武汉理工大学学分制收费改革试点工作，完成了中小学服务性收费、代收费，涉企收费和社会团体收费清理规范工作，开展了高校学费、住宿费成本监审工作，规范了部分收费项目，将大学生参加城镇居民基本医疗保险费纳入代收费管理，取消了高校入学新生乙肝检测收费项目。省教育厅、省纠风办、省监察厅等七厅局印发《关于2010年治理教育乱收费工作的实施意见》，重申各级各类学校学费、住宿费标准保持基本稳定且不得高于2006年秋季相关标准。配合国家发改委开展了收费专项检查工作，并协调省物价局做好收费检查问题整改后续工作。

【财政体制改革】 加快了预算执行进度，2010年，省财政厅共下达省教育厅(包括所有预算管理单位)预算内指标3 835 140 281.86元，实际执行3 501 833 649.4元，执行率91.31%，较2009年提高4.9%。继续推进公务卡结算改革，开展了公务卡结算业务操作培训，指导预算单位实行规范的公务卡结算。配合省财政厅开展了单位银行账户清理规范工作，对规范后的银行账户实行了备案管理。指导预算单位开通了非税收入征管操作系统，进一步规范了非税收入征缴工作。组织国库支付系统升级培训，提高了业务人员的操作水平。承担了省政府政府采购协议课题研究，开展了政府采购执行情况调研。

【教育审计】 省教育厅转发了《教育部办公厅关于做好2010年教育审计工作的通知》，对做好2010年教育审计工作提出了要求；在全省范围内开展了教育系统审计评先工作，对3个先进集体、35个先进审计机构、62名先进个人给予了表彰；认真做好厅属单位2009年内部审计整改工作，各单位针对审计报告和整改建议书中所列问题，认真制定了整改措施；组织开展了对6名机关和厅属单位领导干部的经济责任审计。

附： 全省教育系统审计工作先进集体、先进审计机构和先进个人名单

一、先进集体(3个)

华中科技大学
华中师范大学
三峡大学

二、先进审计机构(35个)

中国地质大学(武汉)审计处
武汉理工大学审计处
华中农业大学审计处
中南民族大学审计处
湖北大学审计处
武汉科技大学审计处
武汉工程大学监察审计处
长江大学审计处
湖北经济学院监察审计处
湖北民族学院审计处
湖北医药学院审计处
湖北师范学院审计处
湖北美术学院审计处
襄樊学院监察审计处
黄冈师范学院审计处
孝感学院审计处
咸宁学院审计处
湖北第二师范学院审计处
荆楚理工学院审计处
武汉商业服务学院审计处
武汉市教育局审计处
黄石市教育局计划财务审计科
宜昌市教育局计划财务审计科
襄樊市襄阳区教体局审计科
荆州市教育局计财科
孝感市教育局监察审计科
安陆市教育局监察审计股
蕲春县教育局审计股
武穴市教育局审计科
咸安区教育局监察审计股
荆门市教育局审计科
房县教育局内审股
巴东县教育局审计股
曾都区教育局审计科
仙桃市教育局计财科

三、先进个人(62个)

任　纮　武汉大学审计处处长
覃仕菊　华中科技大学审计处处长
何　蕊　中国地质大学(武汉)审计处干部
胡晓霞　武汉理工大学审计处副科级审计员
谢祎龙　华中师范大学审计处副处长
张亚斌　中南民族大学审计处处长
陈　鸿　湖北大学审计处干部
张　玲　武汉科技大学审计处主任科员
谢丽华　三峡大学审计处基建审计科科长
胡　浩　武汉工程大学审计处正科级审计员
丁如喜　武汉工业学院审计处处长
潘　群　武汉纺织大学审计处处长
陈凤兰　长江大学工程审计科科长
王　燕　湖北工业大学审计处干部
杨　凡　湖北经济学院监察审计处干部
刘海峰　湖北民族学院审计处干部
刘大顺　湖北中医药大学审计处正处级审计员
黄旭亮　咸宁学院审计处处长
金仲雅　湖北医药学院审计处处长
张保丽　武汉音乐学院审计处副处长
杨　蕾　湖北师范学院审计处副主任科员
肖　凌　襄樊学院监察审计处主任科员
蒋长风　黄冈师范学院审计处副处级调研员
范晓清　孝感学院审计处处长
徐道宣　黄石理工学院审计处处长
李　军　湖北警官学院审计室主任
杨世泉　郧阳师范高等专科学校审计处处长
张少萍　武汉船舶职业技术学院审计处审计员
赵　群　武汉交通职业学院监审处科级审计员
舒文舟　湖北职业技术学院监察审计处副处长
程红平　黄冈职业技术学院审计处高级会计师
汤皎红　湖北中医药高等专科学校审计科长
余慧华　湖北水利水电职业技术学院审计处干部
姜亦周　鄂州职业大学监审处审计员

曹　虹　武汉市武昌区教育局审计科干部
罗贤正　武汉市洪山区教育局财审科科长
方新林　武汉市汉阳区教育局监审科科长
朱汉明　大冶市教育局党委书记、局长
柯昌全　阳新县教育局计财科干部
江　玲　宜昌市夷陵区教育局计财股股长
程冬丽　远安县教育局计划财务审计股股长
陈宗强　襄樊市教育局计财审计科主任科员
杨弘艺　谷城县教育局计财科副科长
贺文辉　荆州市荆州区教育局计财科干部
李　琼　石首市教育局审计科干部
戴立国　孝感市教育局监察审计科科长
钟　进　孝感市孝南区教育局审计科科长
陈正在　汉川市教育局监察审计室副主任
朱正国　黄冈市教育局计财审计科科长
吴长应　红安县教育局审计股股长
谢　琴　麻城市教育局审计科副科长
夏红武　崇阳县教育局计财审计股股长
涂　彦　咸宁市教育局计财科干部
王克武　荆门市教育局审计科干部
张　泉　钟祥市教育局监察审计室副主任
马建武　十堰市教育局计划财务科科长
樊启华　竹山县教育局监察审计股股长
陈继峰　恩施市教育局计财审计科科长
唐　斌　鹤峰县教育局计财股长
刘奉新　鄂州市教育局注册造价工程师
姚文力　广水市广水办事处中心中学校长助理
李建玲　江汉油田教育集团审计科副科长

撰稿　许　彬
审稿　涂桂辛

【会计核算基础业务】　2010年，省教育厅会计核算中心共有17个集中核算单位，代理记账专户3个，分别设置了17个规范的会计账套进行会计核算。全年共审核各类原始凭证近百万份，办理资金收付手续数十万笔，接受了省财政厅、省审计厅、省税务局等部门的多次检查，没有发生大的失误，保证了省教育厅机关和核算单位正常运转。

1. 开展会计核算。省教育厅会计核算中心贯彻执行国家财经政策、法律法规和省教育厅、核算单位的财务管理规章制度，严格核算程序，规范工作流程，及时办理报账手续，全年安全支付资金近3亿元。正确进行账务处理，按月编制会计报表，全年报送报表300余份。妥善做好会计凭证的装订、归档、保管和会计档案移交工作，全年装订会计凭证近700本，会计档案全部移交完毕，确保会计信息真实完整。及时完成了省教育厅机关上年度财务决算，编制了厅机关本年度部门预算。同时，还指导和协助核算单位做好预、决算编制工作，为省教育机关处室和核算单位提供会计资料查询及业务咨询等服务。

2. 实施会计监督。会计核算中心将财务监督融入日常业务办理全过程。中心全体人员特别是审核会计敢于坚持原则，熟练掌握财经政策，对每一笔报销业务均依法依规进行审核，符合财务规定的业务及时予以办理，对不符合规定的则拒绝办理或退回单位按规定补办手续，规范了财务行为，保障了财务制度有效执行。

3. 重视内部稽核。会计核算中心长期坚持开展内部稽核，并将单位银行余额调节表和财政零余额用款额度列入稽核内容，每个核算单位每年至少抽取一个月凭证进行核查，以确保单位会计信息准确，资金安全准确。对核查中发现的问题，会计核算中心及时整改。

4. 研究分析问题。会计核算中心重视对日常问题的分析研究，每年年底对省教育厅机关和核算单位存在的问题召开专门会议进行研讨，对过去一年来的财务状况逐一进行分析研讨，共撰写14篇财务报告，对单位进一步加强财务管理、规范财务行为、提高资金使用效益等提出意见和建议，为单位决策提供参考。

【会计核算机制创新】　1. 会计业务创新。2010年，省财政厅对财政票据管理、非税收入管理、国有资产使用管理等出台了一系列新政策。会计核算中心积极主动与有关职能部门联系，邀请专家上门辅导，安排专人参加省财政厅组织的学习培训，会计核算中心内部积极开展工作研讨。2010年，新办了《湖北省财政票据购领证》，购买了《湖北省非税收入一般缴款书》，实现了省教育厅机关和核算单位的非税收入收缴与省财政厅的新系统联网，规范了非税收入的管理。

2. 服务方式创新。会计核算中心在做好日常报销业务的同时，注重创新服务方式，提高服务质量。针对非税收入使用新的收费系统的新变化，会计核算中心主动将省教育厅机关处室开缴款通知书收费改为核算中心代开代缴，保证了厅机关非税收入的连续性，并及时足额上缴国库。

3. 管理理念创新。一年来，会计核算中心先后接受了省教育厅组织的财务审计和省审计厅组织的专项审计。会计核算中心更新观念、创新理念，正确处理好检查与被检查、审计与被审计的关系，主动配合纪检、财政、审计等部门开展工作，认真核查审计数据，耐心做好解释工作，回答审计中提出的有关业务问题。通过检查、审计，进一步加深了对财经政策、会计法规的理解和把握，增强了沟通、协调能力。

撰稿　戴红葆
审稿　乔志强

2010年教育及其他部门各级各类学校教育经费收入情况

（地方，按学校分）

单位：千元

	总计	预算内教育经费拨款					教育附加拨款			校办产业、勤工俭学和社会服务收入用于教育	民办学校中举办者投入	捐集资收入		事业收入		其他收入
		计	教育事业费拨款	基本建设拨款	科研经费拨款	其他经费拨款	计	城市附加	地方附加			计	其中：农村	计	其中：学杂费	
总计	58 355 140	35 522 109	32 409 053	966 317	49 408	2 097 331	2 144 065	1 504 416	581 409	58 790	310 950	162 540	10 018	16 981 491	12 827 384	2 854 911
一、高等学校	16 124 846	4 853 111	4 358 178	242 560	46 318	206 055	172 309	130 747	35 729	5 440	33 132	10 167	—	9 465 501	8 175 685	1 559 601
1. 普通高等学校	15 938 362	4 776 239	4 282 943	242 560	46 318	204 418	171 030	129 968	35 229	5 301	33 132	9 826	—	9 359 709	8 091 278	1 557 540
普通高等本科学校	11 756 391	3 371 907	3 203 974	6 980	45 388	115 565	35 211	10 675	20 982	5 300	21 918	9 293	—	7 050 428	6 218 676	1 237 109
普通高等专科学校	440 668	247 445	68 945	178 500	—	—	1 197	—	1 197	1	—	—	—	185 154	145 570	6 871
普通高等职业学校	3 741 303	1 156 887	1 010 024	57 080	930	88 853	134 622	119 293	13 050	—	11 214	533	—	2 124 127	1 727 032	313 560
2. 成人高等学校	186 484	76 872	75 235	—	—	1 637	1 279	779	500	139	—	341	—	105 792	84 407	2 061
二、中等职业学校	4 080 971	2 175 831	1 983 572	67 488	—	124 771	213 270	171 355	28 145	1 361	82 607	3 864	15	1 401 562	1 184 596	189 948
1. 中等专业学校	2 649 128	1 356 299	1 215 094	62 288	—	78 917	150 674	126 141	10 937	1 261	80 258	1 490	—	906 212	749 721	141 096
2. 职业高中	1 083 194	617 879	576 546	3 600	—	37 733	53 722	41 210	12 338	—	2 349	2 291	15	370 577	330 960	35 686
其中：农村	88 573	49 750	47 759	—	—	1 991	1 000	—	1 000	—	1 000	484	—	33 177	30 539	3 162
3. 技工学校	140 438	85 204	84 252	—	—	952	2 958	1 250	1 708	100	—	83	—	46 637	39 865	5 456
4. 成人中等专业学校	208 211	116 449	107 680	1 600	—	7 169	5 916	2 754	3 162	—	—	—	—	78 136	64 050	7 710
三、中学	19 575 373	13 881 835	12 680 636	368 246	—	832 953	1 009 846	706 400	298 699	25 654	67 208	67 378	5 433	3 999 598	2 277 917	522 781
1. 普通中学	19 570 045	13 880 548	12 679 349	368 246	—	832 953	1 009 066	705 620	298 699	25 358	67 208	67 373	5 428	3 997 700	2 276 077	521 719
普通高中	7 353 208	3 180 233	2 891 540	91 780	—	196 913	387 001	294 264	89 309	14 639	28 916	28 243	2 108	3 419 457	1 970 883	294 619
其中：农村	1 047 786	511 484	493 518	2 270	—	15 696	31 906	19 739	12 167	7 336	1 270	5 680	215	471 097	318 604	19 013
普通初中	12 216 837	10 700 315	9 787 809	276 466	—	636 040	622 065	411 356	209 390	10 719	38 292	39 130	3 320	578 243	305 194	227 100
其中：农村	7 491 173	7 121 683	6 473 940	240 036	—	407 707	182 327	116 958	64 643	7 458	1 755	9 859	2 336	90 195	54 052	77 283
2. 成人中学	5 328	1 287	1 287	—	—	—	780	780	—	296	—	5	5	1 898	1 840	1 062
四、小学	13 576 561	12 221 997	11 343 325	161 045	—	717 627	613 208	424 365	183 817	8 810	14 322	51 349	4 092	416 205	161 102	250 073
1. 普通小学	13 575 509	12 220 957	11 342 362	161 045	—	717 550	613 208	424 365	183 817	8 810	14 322	51 349	4 092	416 193	161 102	250 073
其中：农村	8 314 045	7 941 458	7 415 919	128 388	—	397 151	159 598	112 974	46 378	5 531	7 216	21 830	3 222	100 032	37 650	77 783
2. 成人小学	1 052	1 040	963	—	—	77	—	—	—	—	—	—	—	12	—	—
五、特殊教育	272 136	248 835	125 998	117 370	—	5 467	14 344	6 426	7 804	20	—	5 027	472	969	—	2 941
1. 特殊教育学校	264 218	241 836	119 470	117 370	—	4 996	13 445	6 230	7 101	—	—	5 027	472	969	—	2 941
2. 工读学校	7 918	6 999	6 528	—	—	471	899	196	703	20	—	—	—	—	—	—
六、幼儿园	1 839 604	367 114	337 141	4 717	—	25 256	20 335	15 835	4 464	6 716	113 681	4 673	6	1 226 838	1 018 687	84 574
七、教育行政单位	887 522	677 462	617 859	—	—	59 603	—	—	—	1 125	—	12 805	—	75 035	—	121 095
八、教育事业单位	1 332 499	758 255	663 903	4 891	—	89 461	100 499	49 034	22 751	9 320	—	7 277	—	340 955	—	116 183
九、其他	665 628	337 669	298 441	—	3 090	36 138	254	254	—	344	—	—	—	54 828	9 397	7 715

2010年教育及其他部门各级各类学校教育经费收入情况

（地方，按市州分）

单位：千元

	总计	预算内教育经费拨款					教育附加拨款			校办产业、勤工俭学和社会服务收入用于教育	民办学校中举办者投入	捐集资收入		事业收入		其他收入
		计	教育事业费拨款	基本建设拨款	科研经费拨款	其他经费拨款	计	城市附加	地方附加			计	其中：农村	计	其中：学杂费	
总　计	58 355 140	35 522 109	32 409 053	966 317	49 408	2 097 331	2 144 065	1 504 416	581 409	58 790	310 950	162 540	10 018	16 981 491	12 827 384	2 854 911
省本级	13 829 046	3 976 703	3 605 294	191 281	45 883	134 245	24 270	1 800	20 548	9 316	33 132	12 395	—	8 235 459	6 968 371	1 470 590
武汉市	11 271 859	7 384 703	6 647 507	18 643	200	718 353	1 247 933	861 902	353 358	5 447	58 790	31 778	374	1 958 165	1 209 879	531 045
黄石市	2 131 389	1 403 529	1 329 693	48 605	—	25 231	42 120	38 120	4 000	212	121 166	4 835	50	505 886	325 623	43 386
十堰市	2 814 322	2 173 794	1 736 107	129 724	1 394	306 569	91 094	75 537	15 557	303	6 726	9 428	103	463 173	326 516	59 978
宜昌市	3 427 943	2 499 012	2 240 458	125 420	516	132 618	216 441	156 801	55 157	3 822	12 500	17 108	919	570 052	456 006	92 123
襄樊市	3 762 593	2 865 632	2 753 861	67 782	375	43 614	124 075	93 247	30 160	2 494	6 211	9 229	447	630 011	434 821	105 598
鄂州市	768 368	584 689	560 775	21 544	—	2 370	33 950	20 580	13 370	485	—	622	—	144 923	90 143	2 433
荆门市	1 771 180	1 223 437	1 103 832	20 175	305	99 125	70 259	47 940	8 723	1 881	—	5 594	596	439 709	283 394	24 084
孝感市	3 044 066	2 228 994	2 001 174	36 999	100	190 721	56 438	35 846	20 592	8 891	8 766	14 584	1 275	613 402	425 439	92 089
荆州市	3 175 325	2 072 567	2 016 182	30 742	215	25 428	75 210	55 595	18 591	10 218	4 216	9 777	1 512	864 148	572 138	116 245
黄冈市	4 622 704	3 375 700	3 270 929	91 270	85	13 416	47 157	26 773	19 840	6 974	50 077	27 595	2 353	988 698	709 671	98 285
咸宁市	1 808 105	1 404 713	1 255 161	18 700	—	130 852	18 820	16 420	2 400	2 716	557	2 628	1 007	329 471	224 822	29 757
随州市	1 195 810	829 331	687 712	7 632	300	133 687	510	510	—	1 647	5 595	1 044	2	311 330	173 696	41 909
恩施自治州	2 609 554	2 026 795	1 893 423	133 200	35	137	73 318	55 715	14 273	100	319	6 816	500	382 539	236 518	91 669
仙桃市	792 468	484 960	402 024	15 800	—	67 136	—	—	—	361	250	3 273	570	275 650	213 433	25 651
潜江市	605 829	440 273	433 473	6 800	—	—	11 180	6 690	4 490	—	1 045	1 984	255	126 521	90 499	20 514
天门市	672 197	506 120	431 077	2 000	—	73 043	7 720	7 720	—	3 723	1 600	3 456	—	137 227	82 739	8 331
神农架林区	52 382	41 157	40 371	—	—	786	3 570	3 220	350	200	—	394	55	5 127	3 676	1 224

2010 年教育经费支出基本情况

（地方，按学校分）

单位：千元

	总计	事业性经费支出																基建支出
		合计	个人部分										公用部分					
			工资福利支出							对个人和家庭的补助支出			小计	商品服务支出	其他资本性支出			
			小计	基本工资	津贴补贴	奖金及绩效工资	社会保障缴费	其他支出		小计	离退休费	助学金			小计	专项公用支出	专项项目支出	
								计	其中:代课人员工资									
总计	56 948 490	55 838 741	23 404 345	11 009 304	3 201 976	6 211 850	1 467 311	1 513 904	329 371	10 383 412	5 691 979	2 823 412	22 050 984	12 862 724	9 188 260	3 340 894	5 847 366	1 109 749
一、高等学校	14 763 199	14 409 392	4 078 807	1 373 582	1 229 954	883 011	332 810	259 450	—	2 352 313	697 583	1 199 416	7 978 272	4 491 548	3 486 724	1 547 437	1 939 287	353 807
1. 普通高等学校	14 587 511	14 233 704	4 022 846	1 349 534	1 214 363	877 973	327 896	253 080	—	2 303 545	679 783	1 173 609	7 907 313	4 434 280	3 473 033	1 538 904	1 934 129	353 807
普通高等本科学校	10 500 588	10 382 361	2 915 421	967 590	874 368	667 788	238 391	167 284	—	1 628 545	485 558	803 083	5 838 395	3 505 771	2 332 624	1 094 824	1 237 800	118 227
普通高等专科学校	417 620	239 120	86 372	35 678	20 807	19 458	5 542	4 887	—	41 960	12 101	24 440	110 788	53 688	57 100	24 096	33 004	178 500
普通高等职业学校	3 669 303	3 612 223	1 021 053	346 266	319 188	190 727	83 963	80 909	—	633 040	182 124	346 086	1 958 130	874 821	1 083 309	419 984	663 325	57 080
2. 成人高等学校	175 688	175 688	55 961	24 048	15 591	5 038	4 914	6 370	—	48 768	17 800	25 807	70 959	57 268	13 691	8 533	5 158	—
二、中等职业学校	4 095 472	4 024 029	1 210 403	559 518	254 163	168 114	81 229	147 379	55 407	1 071 002	246 788	670 241	1 742 624	1 053 468	689 156	242 798	446 358	71 443
1. 中等专业学校	2 635 954	2 571 544	752 525	332 027	145 771	106 926	56 676	111 125	44 647	668 086	121 809	449 594	1 150 933	692 977	457 956	147 699	310 257	64 410
2. 职业高中	1 093 237	1 087 804	349 871	166 498	85 077	53 300	18 011	26 985	6 830	319 760	95 451	176 027	418 173	244 814	173 359	73 971	99 388	5 433
其中:农村	92 175	92 175	22 383	13 097	1 900	4 456	1 174	1 756	742	21 964	2 084	18 373	47 828	16 893	30 935	4 612	26 323	
3. 技工学校	155 411	155 411	41 668	20 431	10 791	2 013	4 250	4 183	2 102	28 911	7 434	17 254	84 832	71 862	12 970	7 680	5 290	—
4. 成人中等专业学校	210 870	209 270	66 339	40 562	12 524	5 875	2 292	5 086	1 828	54 245	22 094	27 366	88 686	43 815	44 871	13 448	31 423	1 600
三、中学	19 537 615	19 143 999	9 245 963	4 489 654	1 084 100	2 524 162	528 424	619 623	127 106	3 488 091	2 186 637	678 010	6 409 945	3 682 168	2 727 777	882 627	1 845 150	393 616
1. 普通中学	19 532 281	19 138 665	9 242 714	4 488 704	1 083 791	2 523 743	528 176	618 300	125 833	3 487 849	2 186 457	678 010	6 408 102	3 680 675	2 727 427	882 277	1 845 150	393 616
普通高中	7 300 326	7 183 256	3 330 894	1 433 260	752 065	582 062	186 736	376 771	64 312	1 016 000	574 424	240 477	2 836 362	1 664 911	1 171 451	446 101	725 350	117 070
其中:农村	1 039 817	1 037 547	510 400	251 871	98 867	86 380	22 338	50 944	9 943	129 072	52 854	51 044	398 075	244 480	153 595	69 508	84 087	2 270
普通初中	12 231 955	11 955 409	5 911 820	3 055 444	331 726	1 941 681	341 440	241 529	61 521	2 471 849	1 612 033	437 533	3 571 740	2 015 764	1 555 976	436 176	1 119 800	276 546
其中:农村	7 484 120	7 244 004	3 658 831	2 002 098	168 034	1 143 840	212 609	132 250	38 660	1 573 847	961 612	366 160	2 011 326	1 169 358	841 968	232 909	609 059	240 116
2. 成人中学	5 334	5 334	3 249	950	309	419	248	1 323	1 273	242	180	—	1 843	1 493	350	350	—	—
四、小学	13 580 381	13 416 832	7 099 537	3 568 830	378 513	2 390 028	395 645	366 521	110 773	2 834 645	2 114 861	271 016	3 482 650	2 049 554	1 433 096	404 284	1 028 812	163 549
1. 普通小学	13 579 329	13 415 780	7 098 601	3 568 267	378 511	2 389 716	395 586	366 521	110 773	2 834 627	2 114 861	271 016	3 482 552	2 049 466	1 433 086	404 274	1 028 812	163 549
其中:农村	8 309 163	8 180 725	4 548 838	2 467 725	218 851	1 408 935	238 153	215 174	80 921	1 618 621	1 164 675	220 940	2 013 266	1 177 741	835 525	215 698	619 827	128 438
2. 成人小学	1 052	1 052	936	563	2	312	59	—	—	18	—	—	98	88	10	10	—	—
五、特殊教育	273 339	155 613	61 258	29 140	7 075	19 125	3 659	2 259	593	32 437	19 253	4 729	61 918	25 487	36 431	10 772	25 659	117 726
1. 特殊教育学校	265 437	147 711	57 747	28 306	6 743	17 324	3 412	1 962	593	30 458	18 023	4 607	59 506	24 230	35 276	9 767	25 509	117 726
2. 工读学校	7 902	7 902	3 511	834	332	1 801	247	297	—	1 979	1 230	122	2 412	1 257	1 155	1 005	150	—
六、幼儿园	1 796 033	1 791 316	1 035 603	694 594	89 439	102 621	76 156	72 793	35 380	—	96 506	65 634	659 207	463 226	195 981	100 318	95 663	4 717
七、教育行政单位	896 106	896 106	193 009	80 096	48 075	33 249	16 522	15 067	—	169 475	107 740	—	533 622	248 003	285 619	66 592	219 027	—
八、教育事业单位	1 344 308	1 339 417	354 584	161 535	77 187	65 632	24 535	25 695	—	262 116	197 856	—	722 717	486 265	236 452	67 636	168 816	4 891
九、其他	662 037	662 037	125 181	52 355	33 470	25 908	8 331	5 117	112	76 827	55 627	—	460 029	363 005	97 024	18 430	78 594	—

补充资料：截至本年末累计负债 23 840 822 千元，其中：银行贷款 16 324 498 千元。

2010年教育经费支出基本情况

（地方，按市州分）

单位：千元

	总计	事业性经费支出 合计	个人部分 工资福利支出 小计	基本工资	津贴补贴	奖金及绩效工资	社会保障缴费	其他支出 计	其他支出 其中:代课人员工资	对个人和家庭的补助支出 小计	离、退休费	助学金	公用部分 小计	商品服务支出	其他资本性支出 小计	专项公用支出	专项项目支出	基建支出
总　计	56 948 490	55 838 741	23 404 345	11 009 304	3 201 976	6 211 850	1 467 311	1 513 904	329 371	10 383 412	5 691 979	2 823 412	22 050 984	12 862 724	9 188 260	3 340 894	5 847 366	1 109 749
省本级	12 455 442	12 152 914	3 367 278	1 128 361	1 017 068	777 374	272 094	172 381	3 863	1 882 581	531 639	952 599	6 903 055	3 958 498	2 944 557	1 363 227	1 581 330	302 528
武汉市	11 344 269	11 325 626	4 819 619	1 557 813	721 247	1 854 273	238 575	447 711	42 448	2 592 223	1 798 536	268 903	3 913 784	2 342 285	1 571 499	439 863	1 131 636	18 643
黄石市	2 025 921	1 977 316	894 293	448 962	71 473	225 646	56 345	91 867	30 458	376 875	187 426	141 784	706 148	421 813	284 335	102 414	181 921	48 605
十堰市	2 814 620	2 684 896	1 149 436	636 073	172 083	252 487	46 703	42 090	9 663	584 004	318 367	140 516	951 456	492 108	459 348	130 519	328 829	129 724
宜昌市	3 451 676	3 326 256	1 447 670	649 928	141 306	321 122	238 270	97 044	16 413	729 724	420 488	160 952	1 148 862	519 353	629 509	201 366	428 143	125 420
襄樊市	3 817 399	3 749 284	1 693 878	1 006 339	124 468	402 295	94 780	65 996	16 512	669 759	422 678	124 261	1 385 647	751 802	633 845	146 685	487 160	68 115
鄂州市	760 038	736 607	410 006	232 712	45 263	91 528	21 335	19 168	7 626	106 728	65 372	21 541	219 873	105 701	114 172	68 412	45 760	23 431
荆门市	1 748 183	1 728 008	911 569	469 672	102 717	251 036	51 742	36 402	4 842	287 082	164 943	61 029	529 357	311 081	218 276	90 937	127 339	20 175
孝感市	3 053 498	3 014 919	1 486 659	819 678	111 314	400 376	51 787	103 504	35 552	531 688	327 569	130 385	996 572	599 149	397 423	129 003	268 420	38 579
荆州市	3 170 020	3 138 736	1 618 115	907 229	170 847	343 726	106 120	90 193	24 404	510 118	294 746	151 729	1 010 503	680 737	329 766	128 468	201 298	31 284
黄冈市	4 628 261	4 511 345	2 058 579	1 253 327	144 674	451 108	77 082	132 388	55 513	788 761	420 223	257 563	1 664 005	935 892	728 113	252 391	475 722	116 916
咸宁市	1 809 566	1 790 736	797 227	426 590	44 783	217 072	73 353	35 429	15 443	327 695	137 862	150 456	665 814	468 561	197 253	77 755	119 498	18 830
随州市	1 149 955	1 140 256	618 078	343 757	69 489	143 991	41 894	18 947	9 478	172 135	114 144	40 597	350 043	262 273	87 770	47 541	40 229	9 699
恩施自治州	2 600 121	2 466 921	1 021 640	549 885	151 984	226 756	32 670	60 345	38 472	515 147	298 531	142 736	930 134	544 508	385 626	73 129	312 497	133 200
仙桃市	789 391	773 591	419 743	236 945	47 116	94 441	26 770	14 471	1 499	120 502	77 352	35 402	233 346	157 714	75 632	27 693	47 939	15 800
潜江市	606 523	599 723	328 552	165 268	40 089	88 254	22 096	12 845	5 535	82 921	45 933	25 649	188 250	118 718	69 532	21 186	48 346	6 800
天门市	672 197	670 197	333 621	161 670	23 651	60 317	15 125	72 858	11 648	98 628	62 117	15 872	237 948	183 104	54 844	39 466	15 378	2 000
神农架林区	51 410	51 410	28 382	15 095	2 404	10 048	570	265	2	6 841	4 053	1 438	16 187	9 427	6 760	839	5 921	—

○学生资助

【资助家庭经济困难学生】 2010年，省政府将“为66万名农村义务教育阶段家庭经济困难寄宿生补助生活费；向80万名中职学生发放助学金；向4万名普通高中家庭经济困难学生发放助学金；向25万名大学生发放奖助学金”作为向全省人民承诺要办好的十件实事之一。全省共争取中央补助资金20 346万元、协调省财政安排配套资金22 436万元，共落实资金42 782万元，完成资助66万人的工作任务。省教育厅、省财政厅、省人力资源与社会保障厅下达中职国家助学金8.68亿元，共资助学生80万人。通过高中彩票公益金项目、建设银行资助高中生的成长先锋项目、“宏志班”等项目发放助学金4 000万元，资助学生4万人。全年共向26.7万人发放国家奖助学金7.3亿元。全年还向25.7万名家庭经济困难高中学生发放国家助学金1.9亿元。

【免费教科书采购】 2010年，省教育厅继续与湖北省新华书店、长江出版集团签订了2010年农村义务教育阶段免费教科书供书合同，合同让扣率为5.0%，节约资金1 300万元，提高了中央专项资金使用效率，保证了免费教科书政策顺利实施。全年共为480万名学生提供54 299万元免费教科书。

【生源地信用助学贷款】 5月，省教育厅印发通知要求各地对生源地信用助学贷款政策进行宣传，并对应届高中毕业生家庭经济困难情况进行了认定。为确保家庭经济真正困难的学生“应贷尽贷”，同时防止非贫困家庭学生挤占贷款名额，2010年，省教育厅、开发银行湖北省分行印发做好2010年生源地信用助学贷款有关工作，明确规定了申请生源地信用助学贷款的“八贷八不贷”标准，详细列举了各种申请条件需要准备的材料和不在贷款范围内的情况，要求各地在办理时，在办公地点张贴宣传，方便学生准备申请材料。每年生源地信用助学贷款申请人数较多，办理时间又相对集中，为确保全省生源地信用助学贷款工作有序进行，各地学生资助管理中心将新贷学生和续贷学生分批错开办理。全年共向10.5万名学生发放生源地贷款6.25亿元。

【毕业生入伍学费补偿贷款代偿】 2010年，省教育厅印发《关于补报2009年应届毕业生服义务兵役学费补偿贷款代偿审核材料的通知》、《关于2009年高校应届毕业生服义务兵役学费补偿助学贷款代偿申请材料补报事项的通知》和《关于做好征兵入伍学费补偿贷款代偿报名系统登录工作的通知》，对征兵入伍学费补偿贷款代偿实行网络管理，确保国家实施的应届毕业生

省教育厅厅长陈安丽在第三届“助学政策　助我成才”系列报道暨征文活动颁奖大会上致辞

11月18日至19日，第五期教育部全国学生资助管理人员业务培训班在湖北省举办

服义务兵役学费补偿助学贷款代偿制度落到实处。全年为1 785名服役学生补偿学费3 047万元。

【玉树地震灾区学生资助】 4月14日，青海玉树发生地震后，全省各学校立即对地震灾区受灾学生进行统计和帮扶，开展精神帮扶；进行物质资助；实施心理辅导；倡导学校开展感恩教育，捐献爱心活动。

【多渠道筹措资助经费】 省教育厅、省委宣传部、省文明办开展推荐初中毕业学生上“宏志班”项目。省教育厅与上海爱心人士联系，在十堰市第一中学、红安县第一中学、麻城市第一中学继续实施“校长励志奖学金”项目。继续在郧阳中学组织实施“宏志班”项目，将资助人数覆盖到高中各年级。指导各地、各学校广泛开展捐资助学活动。全省一年共筹措社会资金3 000万元。

【学生资助工作管理】 省教育厅、省财政厅、省人力资源和社会保障厅、省审计厅、省监察厅印发《关于进一步加强中等职业学校国家助学金管理的通知》，强化了管理措施，加大了督办检查力度。省教育厅、省财政厅、省发改委、省人力资源和社会保障厅印发《关于落实中等职业学校农村家庭经济困难学生和涉农专业学生免学费工作实施意见》。省教育厅、省财政厅制定《湖北省普通高中国家助学金管理暂行办法》。

【承办全国学生资助工作会议】 5月28日，全国第三届“助学政策 助我成才”系列报道暨征文活动颁奖大会在湖北师范学院召开。教育部副部长郝平、共青团中央书记处书记卢雍政等出席颁奖大会，教育部办公厅副主任兼新闻办主任、新闻发言人续梅主持大会，省教育厅厅长陈安丽致辞。大会宣传了“一诺千金，诚信做人”的主题，表彰了一批资助工作先进个人、先进单位和优秀征文参赛作者。11月17日—19日，第五期教育部全国县级学生资助管理人员业务培训班在鄂州市梁子湖举办，来自4个省的100多名学员参加了培训。

【学生资助工作获得教育部表彰】 12月20日，教育部召开2010年高校国家奖学金获奖学生暨全国学生资助工作先进单位表彰大会，对学生资助工作先进单位进行了表彰。省学生资助管理中心同时获得高校学生资助工作先进单位、中职学生资助工作先进单位、义务教育阶段学生资助工作先进单位3个荣誉称号，是全国唯一获3个先进单位荣誉称号的单位。

撰稿　程学奎

审稿　姜旭萍

12月20日，2010年高校国家奖学金获奖学生暨全国学生资助工作先进单位表彰大会在北京召开，教育部部长袁贵仁出席会议并讲话，省教育厅副厅长张金元作为先进单位代表上台领奖。

武汉职业技术学院，贫困生通过绿色通道办理入学手续

○教育督导

【义务教育均衡发展督导评价】 省教育厅开展义务教育数据分析、研讨会、试点评估等活动，探索县域义务教育均衡发展督导评价机制。(1)开展数据分析。对全省10个国家样本县(市、区)2009年均衡系数与现实状况进行了比较分析，形成《湖北省2009年义务教育均衡发展监测数据分析报告》。在2009年试点县的基础上，扩大监测范围，在全省所有县(市、区)开展了2010年监测指标数据采集工作。(2)召开研讨会。4月20日，组织各市、州督导办负责人共30余人在宜昌市夷陵区，就《湖北省县级义务教育均衡发展督导评价方案(征求意见稿)》进行了研讨，对方案的整体构想、指标设计、实施步骤等进行了讨论。(3)组织试点评估。4月底，对宜昌市夷陵区和孝感市孝南区义务教育均衡发展状况进行了试点评估，验证了评价方案的科学性和有效性，达到了以评代训的目的。

【省级示范高中管理】 年初，省教育厅和省政府教育督导室印发了《湖北省示范高中管理规定(试行)》，强调了示范高中“十项示范作用”、“八条铁令”和“八条限令”，努力体现深入贯彻落实科学发展观、贯彻党的教育方针和全面实施素质教育等要求，力争营造全省良好的高中教育发展环境，推动各省级示范高中内涵发展、持续发展，并在区域内广泛发挥示范引领作用。《规定》的出台，是推动全省普通高中规范发展、内涵发展的重要举措，也是促进全省教育督导工作制度化、规范化的重要保障。7月底，省人民政府教育督导室印发《关于进一步加强示范高中办学行为督导检查的通知》，在各示范高中自查、市州政府教育督导室督导检查的基础上，下半年，省人民政府教育督导室对部分示范高中进行了抽查。

【中小学校办学水平综合督导评估】 根据《湖北省普通中小学校办学水平综合督导评估方案》规定的各项程序，完成了武汉市西藏中学等4所普通高中创建省级示范中学的督导评估工作。截至2010年底，全省省级示范高中97所，占全省普通高中的15.6%。

按照省级示范高中“四年一复评”的要求，完成了公安县第一中学等到15所省级示范高中的复评工作。通过加强《湖北省示范高中管理规定(试行)》的宣传和落实，进一步规范了学校的办学行为，端正了办学思想，提升了办学品味。

附：　2010年认定的省级示范高中名单

武汉市西藏中学
应城市第一高级中学
湖北大学附属中学
枣阳市第一高级中学

2010年复评省级示范高中名单

公安县第一中学
洪湖市第一中学
广水市第一中学
沙洋中学
仙桃中学
武汉市第二十三中学
武汉市东湖中学
广华中学
汉川市第一中学
京山县第一中学
武汉市第十五中学
武汉市经济开发区一中
武汉市第二十三中学
孝感高级中学
长阳县第一中学

【教育督导体制机制改革试点】 2010年，省政府教育督导室办公室承担的《改革教育督导运行机制》、《探索建立省域基础教育质量标准和监测体系》两项课题被国家教育体制改革领导小组确定为改革试点项目。湖北省是教育部确定的首批省级基础教育质量监测能力建设样本省之一，并被纳入“教育质量评价能力建设及管理机制构建项目”管理单位。6月18日—20日，省政府教育督导室办公室和教育部基础教育质量监测中心在武汉共同组织开展了省级基础教育质量监测能力建设培训工作。湖北省、安徽省、海南省等省教育督导、教育行政干部、教研人员及有关高校和研究机构近200人参加了培训。专家们从国内外教育质量监测的实践与启示、监测工具的研发等6个方面，为参训人员进行了系统的讲解与指导。

【武汉城市圈教育督导协作交流】 1月和7月，分别在黄石市、鄂州市两地组织召开了第二、三届武汉城市圈教育督导协作会议，传达了教育部关于建立教育督导责任区制度的意见和要求，宣传推广了孝感市建立教育督导责任区、应城市开展“零距离”督导的实践经验。在武汉城市圈探索建立教育督导责任区制度，是湖北省主动创新教育督导工作机制、强化监督保障作用的具体实招。

【教育督导宣传】 6月20日—23日，教育部在沈阳市召开的全国教育督导工作会议上，湖北省教育厅“构建义务教育综合督导新机制，推进县域义务教育均衡发展”经验材料作了书面交流。上半年，以咸宁市政府采取措施解决鄂南高中教师编制问题为主要内容，编发了《湖北教育简报》，促进了教育督导的宣传与交流。

撰稿　刘世学
审稿　�俊英

○语言文字

【概况】 2010年，全省的语言文字工作坚持"日常工作与打基础管长远相结合，基础工作与开拓新领域相结合，语言文字工作与文化工作相结合"的工作思路，取得了实实在在的效果。在做好日常工作的同时，立足于打基础管长远，制定出台了一系列推广普通话、推行规范汉字的规范性文件；在做好城市语言文字工作评估、普通话水平测试、推普宣传周等基础工作的同时，锐意进取，改革创新，不断开拓新领域，语言文字规范化示范校创建、中华诵·经典诵读、文明用语示范岗和文明用字示范街"双创"活动的开展，为全省的语言文字工作增添了新的文化元素，带来了新的生机与活力。

【城市语言文字工作】 二类城市语言文字工作评估顺利完成。以2010年1月20日咸宁市通过评估为标志，全省顺利完成了二类城市语言文字工作评估，基本实现了"普通话初步普及、汉字社会应用基本规范"的新世纪初叶语言文字工作目标。湖北省是全国第四个完成二类城市评估的省份。

三类城市语言文字工作评估势头良好。全省三类城市语言文字工作会议召开之后，12个有三类城市语言文字工作评估任务的市（州）均按省语委、省教育厅的要求制定了三类城市语言文字工作评估规划。截至2010年底，全省有20个三类城市完成了语言文字工作评估，十堰市和恩施自治州已全部完成三类城市的评估工作。

启动了"文明用语示范岗"、"文明用字示范街"创建活动（以下简称"双创"活动）。5月，省语委、省文明办印发《关于开展"文明用语示范岗"、"文明用字示范街"创建评比活动的通知》，"双创"活动在全省各市（州）陆续开展起来。截至2010年底，武汉市已命名"文明用语示范岗"172个，"文明用字示范街"44条。"双创"活动有力的推动了城市的精神文明建设。

2010年1月19日至20日，由省人大常委会副秘书长彭小海，省人大常委、教科文卫委员会副主任委员张继年，省教育厅厅长陈安丽、副厅长徐金山率领的城市语言文字工作评估团对咸宁市城市语言文字工作进行了考查评估。在评估工作总结会上，省评估团宣布：咸宁市城区现阶段的语言文字工作实现了普通话初步普及，汉字的社会应用基本规范的目标，基本达到了国家规定标准。

【语言文字规范化示范校】 语言文字规范化示范校创建工作有序开展。全省已形成国家级、省级和市（州）级语言文字规范化示范校三级联创的局面。2010年，省语委、省教育厅命名了49所省级语言文字规范化示范校。语言文字规范化示范校的创建，有力的促进了学校语言文字工作的开展。

附： 2010年湖北省语言文字规范化示范校名单（共49所）

高等学校（4所）

咸宁学院
黄石理工学院
武汉职业技术学院
武汉城市职业学院

武汉市（17所）

武汉市江夏区第一中学
武汉市青山区钢都中学
武汉市洪山区鲁巷中学
武汉市东西湖区吴家山中学
武汉市武昌区第十四中学
武汉市黄陂区职业技术学校
武汉市江夏区实验小学
武汉市江岸区惠济路小学
武汉经济技术开发区薛峰小学
武汉市东湖高新技术开发区光谷第二小学
武汉市蔡甸区永安中心小学
武汉市汉南区东城垸小学
武汉市江汉区滑坡路小学
武汉市汉阳区玫瑰园小学
武汉市新洲区邾城街第二小学
武汉市常青阳光幼儿园
武汉市硚口区机关幼儿园

黄石市（4所）

大冶市第一中学
大冶还地桥镇中学
大冶保安镇小学
黄石市政府机关幼儿园

宜昌市（1所）

伍家岗区实验小学

十堰市(1所)
十堰市柳林小学
孝感市(3所)
应城市第一高级中学
应城市实验小学
汉川市马口小学
荆门市(6所)
沙洋县实验初中
钟祥市第一中学
荆门市竹园小学
沙洋县实验小学
钟祥市承天路小学
掇刀区掇刀石小学
鄂州市(2所)
鄂州市第四中学
古楼街办庙鹅岭小学
黄冈市(2所)
麻城市师范附属小学
蕲春县实验小学
随州市(4所)
广水办事处第三小学
曾都区万店镇小学
曾都区铁树学校
曾都区第一中学
恩施州(3所)
宣恩县实验小学
利川市毛坝小学
建始县汇富民族希望小学
江汉油田教育实业集团(2所)
江汉油田广华初级中学
江汉油田实验小学

【经典诵读和规范汉字书写教学】 5月，省语委、省教育厅印发《关于在全省各级各类学校中广泛开展“中华诵·经典诵读”活动的通知》和《关于在全省各级各类学校中加强规范汉字书写教学的通知》，在全省开展开展“中华诵·经典诵读”活动和规范汉字书写教学。文件印发后在社会上引起了强烈反响，《人民日报》(海外版)、《楚天都市报》、《武汉晚报》、《长江商报》及众多新闻网站都作了报道。经典诵读和规范汉字书写教学在全省各级各类学校中广泛开展起来。

【第十三届全国推广普通话宣传周】 省语委、省教育厅、省委宣传部、省人社厅、省文化厅、省广播电视局、省公务员局、省军区政治部、共青团湖北省委等九部门制定了全省第13届推普宣传周活动计划，对推普宣传周的主要工作进行安排和部署。6月，印发了《省教育厅等九部门转发教育部等九部门关于开展第13届全国推广普通话宣传周活动的通知》。在指导全省广泛开展各种推普宣传活动的同时，省语委、省教育厅举办了3项大型赛事：第二届全省农村中小学教师普通话大赛、第四届全省高校普通话大赛和第二届全国学生规范汉字书写大赛湖北赛区大赛。

第二届全省农村中小学教师普通话大赛前后历时五个多月，经历了从学校、乡镇到县(市、区)、市(州)层层选拔和复决赛，得到了全省各地的高度重视和全省广大农村教师的积极响应，全省共有4万余名农村中小学教师参赛。“农村中小学教师普通话大赛”是加强农村教师队伍建设的一项重要措施，也是贯彻落实《国家中长期教育改革和发展规划纲要》“以农村教师为重点，提高中小学教师队伍的整体素质”要求的一项具体行动。通过比赛，树立了一批典型，激发了广大农村中小学教师对中华经典的热爱，有力促进了全省农村中小学书香校园、文明校园建设。

第四届全省高校普通话大赛前后历时8个多月，经过各高校的层层选拔，全省共有72所高校的144位选手参加省里组织的复决赛。本届高校普通话大赛由省语委、省教育厅主办，武汉理工大学承办。在高等学校广泛开展“中华诵·经典诵读”活动，对于丰富大学生内涵，提高文明素养，对于丰富校园文化生活，建设书香校园、文明校园具有十分重要的意义。

举办第二届全国学生规范汉字书写大赛湖北赛区的比赛，全省参赛学生31万人，省语委共收到各地、各校报送的作品1 600余份。8月26日，省语委聘请省书法家协会会员对各市(州)和高校报送的作品进行了认真评选，共评选出一等奖86人，二等奖98人，三等奖252人。在湖北省报送参加全国决赛的86份作品中，有获一等奖5人，二等奖11人，三等奖25人，优秀奖20人。11月14日，在北京举行的特等奖比赛中，武汉大学学生林世平获高校组硬笔特等奖。湖北省语委办获优秀组织奖。

【普通话培训测试工作】 省语委印发《关于对全省高校普通话水平测试工作站进行检查评估的通知》，加强高校普通话水平测试站的管理。5月，国家语委在安徽省召开的全国普通话水平测试信息化工作会议，湖北省作了题为《开拓创新，从人—机到网络，用科学的方式实现普通话培训测试信息化》的经验介绍，湖北省普通话培训测试中心获“全国普通话水平测试信息化工作先进单位”称号(全国共5个单位)。6月，省语委办在黄石市召开计算机辅助普通话测试工作研讨会，总结交流了全省开展计算机辅助普通话水平测试工作情况。9月，省语委办会同省普通话培训测试中心接受了全国普通话培训测试现状调研，湖北省普通话培训测试中心被教育部授予“全国普通话培训测试工作先进单位”称号。2010年，省语委办还对申请建立普通话培训测试站和进行计算机辅助普通话水平测试试点的院校进行了实地考察，批准了武汉信息传播职业技术学院的建站申请，确定了长江大学等5所高校为全省计算机辅助普通话水平测试试点学校。截至2010年12月，全省普通话培训测试人数达到23万人次。全省累计测试人数已突破200万人次。2010年，湖北省普通话培训测试中心被教育部授予“全国普通话培训测试工作先进单位”称号。

撰稿　潘锃东
审稿　邓世民

○教育人事

【义务教育学校教师队伍建设】 省教育厅印发《义务教育学校教师队伍建设工程实施意见》，对县域内义务教育学校城乡师资合理配置、校长管理、教师待遇、教师补充交流及培养培训等提出明确意见。继续实施“城镇教师援助农村教育行动计划”。坚持典型引路，交流、推广武汉市、宜昌市等地推进城镇教师援助农村学校以及教师队伍轮岗交流的经验和做法，指导各地积极开展教师对口支教、送教送课下乡、名师“一对一”帮扶、城镇学校与农村学校“手拉手”等活动。截至2010年12月，全省17个市(州)和江汉油田教育集团的1 412所城镇学校先后组织4 315名城镇教师到1 643所农村中小学支教，1 002名农村中小学教师到城镇学校挂职锻炼。

【义务教育学校教师绩效工资兑现】 2010年，省教育厅继续加强对义务教育学校实施绩效工资工作的指导、督促工作力度，召开全省义务教育学校实施绩效工资座谈会和全省义务教育学校教师绩效考核工作座谈会，及时总结各地实施绩效工资改革、开展教师绩效考核工作的经验，指导全省教育部门修订、完善教师绩效考核办法。从12月10日起，实施绩效工资工作进展情况的周报制度，要求各地每周报告绩效工资兑现进展情况，及时掌握各地工作动态，确保2010年奖励性绩效工资及时兑现。全省40多万名义务教育教师实施绩效工资改革整体进展顺利，教师队伍总体稳定。

【教育事业单位岗位设置】 2010年，省教育厅开展高校及直属单位的岗位设置工作，分别召开省属高校和直属单位岗位设置工作座谈会，提出岗位设置的原则和程序，安排部署岗位设置管理工作。至12月，完成31所省属高校和18个厅直属单位的岗位设置方案审批工作。

【开展匡正选人用人风气警示教育】 6月—8月，根据省纪委、省委组织部要求，省教育厅党组利用3个月的时间，集中开展“深入贯彻《干部任用条例》和四项制度、匡正选人用人风气”警示教育活动，研究制定了活动方案、召开动员大会，组织干部观看警示教育专题片，邀请专家作专题辅导报告，先后三次召开厅机关和直属单位部分干部座谈会，印发学习资料4期，编发活动简报20期，组织2次测试。警示教育活动进展顺利，收到实效，得到了省委组织部的肯定，省委组织部2010年第25期《工作通报》专题介绍了省教育厅教育活动的有关做法。

【落实巡视整改意见】 2009年11月4日—11月25日，省委第一巡视组对省教育厅2007—2009年开展干部作风建设和选人用人工作情况进行了专项巡视。2010年3月4日，省委第一巡视组向省教育厅反馈了巡视工作意见，提出了整改意见和建议。省教育厅党组将整改任务分解到各有关处室和直属单位，要求制定具体整改措施，明确工作进度。加强督办力度，实行工作报告制，各责任处室要在每月末报告整改落实的进展情况。6月，组织对整改落实进展情况进行了一次检查，并将有关情况报省委第一巡视组。11月，省教育厅完成了巡视整改落实的有关工作。

【省教育厅机关和直属单位干部选拔任用】 2010年，省教育厅党组先后协助省委组织部在省教育厅机关选任了3名副厅级干部，完成了直属单位3名副厅级干部的推荐考察工作。在干部选拔任用工作中，首次尝试“两推一述”的方法推荐了省教育厅机关4名处长，取得了较好的效果。2010年，省教育厅机关先后提拔正处级干部10人，副处级干部9人，科级干部7人，14名机关干部进行了轮岗交流；直属单位先后提拔正处级干部4人，副处级干部8人。

【落实省委“六个一批”工作】 根据省委组织部的统一部署，省教育厅先后选派9名干部到基层挂职锻炼，其中选派6名干部到市(州)中小学校任职，1名干部参与新农村建设工作，2名干部到县(市)、乡(镇)挂职工作。做好省委面向基层选拔一批处级干部工作，通过公开招考，省教育厅从基层选拔1名处长和1名副处长。切实做好公开选拔副厅级干部的有关工作，组织机关和直属单位符合条件的干部报名参加考试，协助省委组织部做好省教育厅1名副厅长的面试工作。

【省教育厅机关和直属单位干部招录】 2010年，省教育厅通过公开招考，招录了5名公务员。接收8名军转干部到省教育厅工作，其中：省教育厅机关接收3人，直属单位接收5人。完成了部分厅属单位新进人员的招聘工作，6个直属单位公开招聘20名工作人员。

【机关干部能力席位书】 2010年，省教育厅结合机关“三定”方案的学习，对机关干部能力建设提出具体要求，编制能力席位书。11月，省教育厅党组发出通知，要求各处室结合人员和岗位实际编制能力席位书。12月，省教育厅机关22个处室公务员的能力席位书基本编制完成。

【高校领导干部管理工作】 2010年，省委高校工委、省教育厅党组配合省委组织部参加了湖北大学、武汉纺织大学等10多所高校领导班子的考察工作；协助省委组织部举办了第三期高校领导班子办学治校能力培训班；协助教育部做好对华中科技大学、华中农业大学的巡视工作。

【直属单位编制管理】 省教育厅完成28个直属单位编制职数的调查统计工作，对6个单位建立了编制台账，省教育厅与省编办对省属高校编制机构情况进行了摸底调查。参与省编办政府规模研究的课题调研工作，对教育行政系统人员编制情况进行研究。

【机关处室设置】

省委高校工委、省教育厅机关处室设置情况(2010年)

处（室）名称	人数	负责人名单
	11	(厅领导)
办公室	10	主任何爱军，调研员马志，副主任刘维国、张彦昌、陈洁
政策法规处	5	处长方向荣，调研员蔡传德，副处长秦伟文
发展规划处	8	处长刘荣山，省委巡视机构正处级巡视员、省教育厅处长冷卉，副处长于立勇、邹德智
财务处	7	处长涂桂辛，调研员左飞，副处长史新华、李玉梅、武文秀
基础教育处	7	处长王强，调研员张维春、钟山、沙顺利，副处长吴险峰
职业教育与成人教育处	5	处长雷礼金，调研员唐其华，副处长刘长军，副调研员赵国新
高等教育处	5	处长张建军，调研员王文森，副处长张锦枫
教师管理处	5	处长姚刚，副处长严萍、赵耿，副调研员田明华
思想政治教育与社会科学研究处(宣传处)	5	处长杜海鹰，副处长何泽云、童静菊
高校学生处(省毕办)	4	处长谢新松，副处长李宁
科学技术处	4	处长赵泽刚，调研员丁雪峰
体育卫生与艺术教育处	3	处长杨跃，副处长姜贵君
对外合作与交流处	4	处长刘立刚，调研员祁品伟
干部人事处(教育培训处)	6	处长余学敏，教育培训处处长梅亚平，副处长闵石键
督导办	3	主任邴俊英,副主任余国芳
学位管理与研究生教育处(省人民政府学位委员会办公室)	3	处长韩习祥，调研员张文斌，副处长胡静
语委办	3	主任邓世民，副主任刘丽萍、
直属机关党委	3	副书记熊传真，调研员祝正龙
纪检组、监察室、纪工委	6	纪检组副组长、监察室主任、纪工委副书记刘怀俊，纪工委副书记曾彦，副主任张心华、张祖江
离退休干部处	4	处长胡兴，副处长张亳
综合治理处	5	处长邓立红，副处长姜永生，副调研员馈贵安
组织处	3	处长肖慎钢，副调研员崔峰

注：本表截止日期：2010年12月31日。

【直属单位设置】

省委高校工委、省教育厅直属单位设置及人员编制情况(2010年)

单位名称	编制人数	负责人名单
湖北省教育厅机关后勤服务中心	20	主任霍伟华，副主任齐德业(正处级)、王连山，副处级调研员冯兰秋、袁四明
湖北省教育考试院	121	党委书记、院长江畅，副巡视员岳传林、胡胜芳，副院长徐泽贵，党委委员、纪委书记邓道玉，党委委员、院长助理刘晓林
湖北省高等学校招生委员会办公室	15	主任向家文，正处级调研员刘驰，副主任金晶、周则顺、胡先汉，副处级调研员钟敏
湖北省电化教育馆(省教育电教中心)	25	馆长方正平，正处级调研员刘庆标，副馆长姬保国、宗敏，总工程师张强

单位名称	编制人数	负责人名单
湖北省教育技术装备处	41	处长石必汉，副处长吴金洲、梅农，副处级调研员朱铁乔
湖北省教育科学研究所	25	所长刘青春，副所长冉铁星(正处级)
《湖北省志·教育志》编辑室	5	主任邓辉，副处级调研员邱月琴
湖北省校办产业管理办公室	20	主任胡崇新，副主任秦自汉，副处级调研员李汉州
湖北省高等学校后勤服务中心	20	主任姜敬耀，副主任石盛全、刘国强
湖北省高等学校毕业生就业指导服务中心	5	主任张烈文，正处级调研员王绥，副主任王建农、孙建国
湖北省职业技术教育研究中心	15	主任朱圣芳
湖北省教育基金管理办公室	8	正处级调研员朱克光、副主任杨献业
湖北省教育自费留学服务中心		总经理郭亚红，副总经理熊丹清
湖北省学生资助管理中心	8	主任姜旭萍，副主任李志强、占素芬，副处级调研员周蓉
湖北省教育信息化发展中心	43	主任范义虎，正处级调研员张永宏、胡甫清，副主任宋喜星，副主任、总工程师雷春，副处级调研员陈新文，《中国教育报》驻湖北记者站站长黄兴国
湖北省教育对外交流服务中心	6	主任黄念平
湖北省教育厅会计核算中心	11	主任乔志强、副主任张琼
湖北兴华教育投资有限公司		总经理刘新其，副总经理王亚洲、王继梅

注：本表截止日期：2010年12月31日。

【直属学校编制】

省教育厅直属学校及人员编制情况(2010年)

单位名称	编制人数	负责人名单
长江职业学院(湖北经济管理大学)	61	书记李永建，院长、副书记张杰，正院级调研员(副厅级)王征，副书记兼纪委书记张汉铭，副院长杨敬华、梁银怀、马发生、王学梅
武汉职业技术学院	911	党委书记梁远钢，院长马必学，副书记、副院长沈晓春、副书记李洪渠、蔡国斌，副院长胡学知、程时兴、刘小芹，副书记胡象斌
武汉交通职业学院	864	党委书记吴显富，院长、副书记盛建龙，副书记、副院长李永健，副书记、纪委书记袁孔正，副院长魏太原、梁世翔、张心宇，副院级调研员徐小林、杨想生
湖北轻工职业技术学院	390	书记陈小勤，院长徐功瑾，常务副院长李为民，副院长付三乔、徐兵、陈晓轩，副书记徐坤，总会计师齐武，调研员王再明，助理调研员张新国
湖北省实验幼儿师范学校	200	校长周宗清，书记吴水生，副校长陈志超、贺绍华，副校级调研员陈正鲜
湖北省水果湖高级中学	162	校长、书记严家华，副校长刘家怀、徐生龙、程新华
湖北省水果湖第一中学	102	校长、书记赵洪武，副校长罗林、李更生、王为民
湖北省水果湖第二中学	86	校长、书记杨建为，副校长吴继德、潘尖
武昌水果湖第一小学	110	校长、书记郑奇，副校长顾浩宇、刘小杰
武昌水果湖第二小学	100	校长、书记罗汉萍，副校长徐明娜、闫筱彬

注：本表截止日期：2010年12月31日。

撰稿　闵石键
审稿　余学敏

○ 教师继续教育与管理

【教师评价工作】 按"坚持标准，手续齐备，程序到位，规范管理，客观公正"的要求，继续实行湖北名师"阳光评审"。坚持按照学识、品德并重的原则，挑选有公信力的专家作评委；坚持对师德不合格的、申报材料不实的一票否决；坚持评审结果向全社会公示、公开。评选湖北名师33人，其中学前教育1人，小学6人，初中4人，中职1人，高中9人，高校12人（含高职2人）。评选特级教师240人，其中学前教育7人，小学65人，初中47人，中职3人，高中118人。完成高校教师资格证认定工作，认定高校教师资格3 840人。

【推进师资均衡配置】 省教育厅制定《湖北省义务教育学校教师队伍建设工程实施意见》，就义务教育学校教师队伍建设提出目标措施。印发《义务教育学校教师跟岗学习和校长挂职培训计划工作方案》，进一步健全校长教师培训、培养和交流机制。提出"实行免费师范生就业省级统筹"的工作思路和相关方案，健全城乡高素质教师补充机制。制定《国培计划——湖北省农村骨干教师培训项目(2010)实施方案》，向教育部申报实施置换培训、跟岗学习、骨干研修、巡回讲学、远程教育等5个子项目，经教育部评审通过并启动实施，争取到中央经费2 600万元，培训受益人数3.8万人。

【湖北名师】 11月30日，经过各地、各高等学校认真推荐，"湖北名师"评审委员会严格评审，向全社会公示，省教育厅、省教育基金会决定授予曾静等33名教师"湖北名师"称号，并颁发荣誉证书和奖金。

附： 2010年度湖北名师名单

幼儿园

曾　静　恩施州民族幼儿园

小学

蒋　卉　湖北省武昌实验小学

杨汉梅　武汉市汉阳区钟家村小学

金　凯　黄石广场路小学

吴厚珍　襄樊十中

王亚丽　枣阳市北城办事处东园村小学

张卫民　麻城市第一实验小学

初中

孙维娇　黄石第八中学

王　菲　十堰市东风分局五中

王章富　仙桃三中

苗　明　谷城县茨河镇中心学校

中职

张珍明　武汉市仪表电子学校

高中

萧兴国　武汉中学

汪金权　蕲春县四中

覃国平　恩施州清江外国语学校

2010年9月27日，时任省委书记罗清泉（左四），省长李鸿忠（右三），省委常委、省总工会主席张昌尔（左三），省委常委、省委秘书长李春明（右二）等省领导在汉接见了汪金权（右四）先进事迹报告团成员

10月11日，汪金权先进事迹报告会在汉举行。报告会上，副省长郭生练发表重要讲话，省政府副秘书长黄国雄主持了报告会

高慧明　襄樊市田家炳中学
杨国红　华师一附中
龚庆树　仙桃中学
王长明　黄石第二中学
华林飞　武汉市第十一中学
高文桥　武汉四中

高校

边　专　武汉大学
刘涤尘　武汉大学
熊永红　华中科技大学
余龙江　华中科技大学
王　健　华中师范大学
魏纪林　武汉理工大学
童金南　中国地质大学(武汉)
钟涨宝　华中农业大学
陈奎生　武汉科技大学
谢益民　湖北工业大学
姚　强　十堰职业技术学院
李　全　湖北交通职业技术学院

【师风师德教育】　注重发现和培养师德典型，通过发文表彰、加强宣传、跟踪培养、定期指导等多种方式，营造尊师重教良好氛围。师德事迹资源库新收录师德典型材料137份。

汪金权系蕲春县第四中学教师，扎根山区二十多年如一日，其先进事迹在社会上引起了强烈反响。5月，省政府举办"授予汪金权老师'人民满意教师'荣誉称号仪式"。9月，汪金权被授予"全国教书育人楷模"，在北京受到胡锦涛总书记亲切接见。10月，在洪山礼堂举办"人民满意教师汪金权老师先进事迹报告会"。省教育厅、省文化厅编演反映汪金权先进事迹的话剧《红叶》，在全省教育工作会期间进行公演。12月20日－21日，省教育厅、省教育工会举办2010湖北师德论坛。

何家坤是2007届"农村教师资助行动计划"资教生，他自强不息，带父支教的精神受到称赞。2月1日，中共湖北省委高校工委、湖北省教育厅作出向何家坤学习的决定。4月，举办湖北省第六届"播种希望与未来——农村教师资助行动计划巡回报告会"，选拔优秀资教生45人，赴全省高校和中小学为2万余名师生作报告45场。报告团成员何家坤被中宣部、教育部、团中央遴选为"大学毕业生建功立业先进事迹报告团"成员，在全国作巡回报告。

【实施二期农村教师素质提高工程】

在总结第一期"农村教师素质提高工程"(2005－2009年)实施情况的基础上，全面规划二期农村教师素质提高工程(2010－2014年)。关注乡镇骨干教师，开展义务教育段23个学科骨干教师培训，利用5年时间，为全省1 000个乡(镇)每学科培训1名骨干教师，为每个县(市、区)培训1名学科带头人。关注学生安全健康，做好与学生安全与健康成长相关的人员培训，包括班主任、农村寄宿制学校生活辅导教师，后勤副校长、特教学校教师等。关注短缺学科教师，与乡(镇)骨干教师培训相结合，优先安排英语、体育、音乐、美术、信息技术等学科教师培训，满足农村学校短缺学科教师培训需求。2010年，共培训中小学教师、校长20 102人，其中校长1 005人，教师19 097人。选派24名湖北名师、特级教师赴汉源县，举办班主任教师和10个学科教师的培训，1 308人(次)参加培训。组织10个特级教师讲学团赴恩施州等10个县(市)巡回讲学，分学科培训教师4 500人。组织中小学校长参加国家级校园安全管理远程培训，上网看课达31万余人次，留言2万余条。开展普通高中新课程改革省级跟进培训，共培训14个学科高中教师10 900人，其中学科骨干培训者1 800人，校本研修辅导教师9 100人。

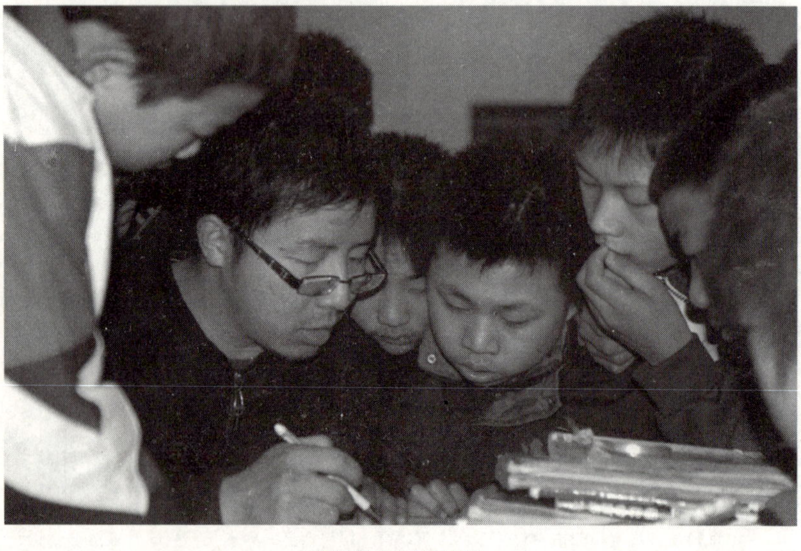

何家坤课间辅导学生

【农村教师资助行动计划】　2010年，省教育厅加大资教生选派力度，组织近万名应届毕业生到面试签约现场参加双向选择和面试签约。选派省内外281所高校4 006名本科以上毕业生，充实到83个县(市、区)的农村学校任教，其中特岗教师2 908人，争取到中央经费投入1.79亿元。7月，加大对资教生的岗前培训力度。教育部副部长陈小娅、副省长郭生练出席资教生(特岗教师)岗前培训班结业典礼暨欢送大会。2010年，资教生范献龙被国务院授予"全国先进工作者"称号；熊婷婷获"湖北省青年五四奖章金奖"；陈敬道被省委宣传部、省妇联授予"湖北省十大女杰"称号；罗融华先进事迹被《人民日报》加编者按和评论予以重点报道。选派23名服务期满优秀资教生赴英国进行为期3周的培训，培训结束后将继续到农村学校任教3年以上。

【楚天中小学教师校长卓越工程】

4月30日，省教育厅印发《关于实施"楚天中小学教师校长卓越工程"的意见》，决定从2010年起，每年在全省遴选一批具有良好职业前景的优秀教师和校长，通过集中培训、挂职跟岗、在岗研修、出国深造、导师引导等多种方式，增强职业理想信念，加强职业道德修养，强化教育理论素养，提升创新实践能力，为他们成长为卓越的教师和校长提供良好的平台并奠定扎实的基础。与北京师范大学和华东师范大学展开合作，选派580

名湖北名师、特级教师、省级骨干教师、市级学科带头人、“农村教师素质提高工程”的培训者和优秀中小学校长，参加为期1个月的高端研修。

【楚天学者计划】 加大宣传力度，编印《极目四海揽人才——湖北省“楚天学者计划”掠影》全彩色画册，印制《楚天学者手册》，广泛印发宣传，营造良好氛围。4月，通过湖北省海外高层次人才招聘团，到海外招聘并签约楚天学者14人。2010年1月－6月，经高校申报，评审认定楚天学者79人。在下半年评审工作中，启动评审绿色通道，对华中师范大学上报的突出人才适时评审。强化楚天学者激励机制，省教育厅印发《关于评选2010年“楚天学者成就奖”的通知》，决定奖励自然科学研究方向成就突出的楚天学者，设一等奖1人，奖励人民币10万元，二等奖4人，每人奖励人民币5万元。举办第六届楚天学者讲坛，召集部分学科的楚天学者分享学术研究进展与成果，邀请大学教师、在校学生参加现场学习。组织部分高校人事部门负责人与会，交流楚天学者计划项目管理经验。

【第八批“特级教师”】 在严格依照“教师自荐、学校推荐、县(市、区)教育局考核推荐、市(州)教育局评选推荐”程序的基础上，省教育厅组织省特级教师评审委员会对各地评审推荐的候选人进行了严格评审。经公示和广泛征求各地意见并报请省人民政府批准，8月29日，省教育厅决定授予邓格枝等240人“特级教师”称号，省政府颁发“湖北省特级教师”证书。

附： 第八批特级教师名单

小学、幼儿园

邓格枝 武汉市黄陂区前川街一小学 语文
李 瑛 江夏区实验小学 语文
屈小青 武汉市育才小学 语文
任丽君 武昌水果湖第二小学 语文
王 凌 武汉小学 语文
熊春萍 武汉第一寄宿小学 语文
余国卿 硚口区崇仁路小学 语文
曹 倩 阳新县第二实验小学 语文
金 凯 黄石市广场路小学 语文
马 琳 黄石市中山小学 语文
龚 明 十堰市东风52小学 语文
郑云霞 十堰市实验小学 语文
李 伶 襄樊市第二十中学小学部 语文
潘金翠 老河口市实验小学 语文
王亚丽 枣阳市北城办事处东园村小学 语文
吴厚珍 襄城实验小学 语文
熊彩平 鄂州市吴都小学 语文
邓爱华 荆门市东宝区红旗小学 语文
方 莉 荆门市实验小学 语文
黄生慧 京山实验小学 语文
李 红 孝感市玉泉小学 语文
李明菊 孝感市实验小学 语文
曾红梅 石首市文昌小学 语文
姚 莉 洪湖市实验小学 语文
刘文菊 黄冈市实验小学 语文
孔德勇 武穴市实验小学 语文
汪 力 咸宁市实验小学 语文
黎晓云 随州市曾都区实验小学 语文
崔昌玉 巴东县民族实验小学 语文
曾志梅 来凤县实验小学 语文
姚明学 天门市实验小学 语文、思品
夏丽娟 鄂州市凤凰街道南塔小学 数学
陈茂荣 黄梅县第一小学 数学
段宝生 蕲春县漕河一小 数学
向远萍 建始县实验小学 数学
董文学 武汉市黄陂区前川五小 数学
胡利萍 武汉小学 数学
徐丽萍 武昌区中华路小学 数学
张志平 江汉区天一街小学 数学
侯君虎 十堰市东风小学 数学
焦 莉 襄城实验小学 数学
罗小丽 谷城县粉阳路小学 数学
张俏梅 汉川市实验小学 数学
王运芹 荆州实验小学 数学
涂如豹 红安县实验小学 数学
汪学军 黄冈市实验小学 数学
吴 静 阳新县实验小学 数学
王彩霞 随州市曾都区实验小学 数学
饶家伟 仙桃市第二实验小学 数学
王淑芳 洪山区广埠屯小学 品德
胡春武 谷城县实验小学 品德
石自君 襄樊市第四中学义教部 品德
张随鄂 老河口市第八小学 品德
邓正平 宜都市陆城第一小学 品德与社会
郭 辉 武汉市育才第二小学 音乐
黄 琦 十堰市特殊教育学校 音乐、律动
张向东 襄樊市第一实验小学 音乐
沈建华 安陆市实验小学 音乐
杨玉莲 潜江市园林第一小学 体育
胡书琴 宜昌市伍家岗区实验小学 综合实践活动
李汉超 应城市实验小学 综合实践
肖 洁 洪山区街道口幼儿园 幼儿教育
张爱荣 大冶市机关幼儿园 幼儿教育
李元香 鄂州市第一幼儿园 幼儿教育
黄向荣 荆州市实验幼儿园 幼儿教育
李 蓉 沙市教育幼儿园 幼儿教育
陈 悦 浠水党政幼儿园 幼儿教育
杨慧玲 黄冈市实验幼儿园 幼儿教育
哈汉芳 硚口区教师进修学校 美术
刘 莉 湖北省教学研究室 数学
邹从容 黄石教育研究中心 综合实践活动
习玉萍 襄樊市教研室 品德与生活

初中

黄群芳 武汉第三寄宿中学 语文
刘晓红 武汉市第六中学 语文
王永汉 武汉实验外国语学校 语文
吴继德 湖北省水果湖第二中学 语文
叶 芳 武汉市洪山中学 语文
孙维娇 黄石市第八中学 语文
王 菲 十堰市东风第五中学 语文
郭 锋 宜昌市四中 语文
李道华 襄樊市第七中学 语文
孙元武 襄阳区四中 语文
涂家富 枣阳市第五中学 语文
邵仲文 鄂州市第一中学 语文
周咏梅 钟祥市兰台中学 语文
王健龙 汉川市实验中学 语文
熊瑞华 通城县城关初级中学 语文
万良俊 随州市曾都区实验中学 语文
吴希山 潜江市园林第四中学 语文
陈良俊 武汉市吴家山第二中学 数学
龙应时 武汉市梅苑学校 数学
许学武 武汉卓刀泉中学 数学
查婉兰 黄石市第十四中学 数学
胡全刚 十堰市茅箭区实验学校 数学
姚太元 夷陵区实验初级中学 数学
袁家亮 远安县外国语学校 数学
屈红燕 襄樊市第七中学 数学
马小平 鄂州实验中学 数学
孙红强 钟祥市第五中学 数学
李昌耀 监利县实验初级中学 数学
杨 梅 石首市笔架山初级中学 数学

孔凡祥　咸宁市温泉中学　数学
黄国仿　天门市实验初级中学　数学
赵世玉　神农架实验初级中学　数学
杨　眉　武汉市十一初级中学　英语
林新堤　武汉市七一中学　物理
张勋和　江夏区一初中　物理
高云霞　鄂州市第一中学　化学
董平生　孝感市楚环中学　化学
董超纲　武穴市实验中学　化学
朱朝锋　广水市实验中学　化学
王英姿　宜昌市第十四中学　历史
田　毅　蕲春县实验中学　政治
李洪祥　天门市干驿镇初级中学　政治
朱仕竹　十堰外国语学校　地理
冯大海　荆州区教研室　语文
邓泾河　咸宁市教科院　数学
钟　红　江汉区教育局中学教研室　英语
熊春玲　宜昌市教育教学研究中心　物理

中职

姚菊英　黄石体育运动学校　体操
胡　峥　武汉市仪表电子学校　电子线路、电工基础、电子整机装配实训
李昌平　武汉市第一商业学校　经营管理

高中

杨　雯　武汉市第二中学　语文
杨友生　武汉中学　语文
朱圣权　武汉市第十九中学　语文
周明荣　竹山县第一中学　语文
王立合　襄樊市第五中学　语文
张　波　襄樊市第八中学　语文
钟道杰　襄樊市第四中学　语文
王厚积　鄂州市泽林高级中学　语文
曹　月　安陆市第一高级中学　语文
段海进　应城市第一高级中学　语文
许金争　孝感高级中学　语文
陈才林　公安县第一中学　语文
田泽生　松滋市第一中学　语文
董新明　松滋市第三中学　语文
贺清贞　蕲春县第一中学　语文
张　凡　黄冈中学　语文
陈　斌　鄂南高级中学　语文
周一柳　赤壁市第一中学　语文
郑学华　随州市二中　语文
尹应睿　恩施市第一中学　语文
赵育亮　来凤县第一中学　语文
张传松　仙桃市第八中学　语文
戴枝梅　天门中学　语文
陈立学　江汉油田广华中学　语文
万永翔　宜昌市夷陵中学　语文
岑爱国　武汉钢铁公司第三子弟中学　数学
卢　琼　黄陂区第一中学　数学
彭树德　华中科技大学附属中学　数学
苏远东　华中师范大学第一附属中学　数学
王吉良　新洲区第一中学　数学
张鸿志　湖北省武昌实验中学　数学
张贵钦　大冶市第一中学　数学
甘志国　十堰市东风高级中学　数学
徐家森　当阳市第二高级中学　数学
高慧明　襄樊市田家炳中学　数学
高　云　襄樊市第五中学　数学
何天海　襄樊市第四中学　数学
王　萍　荆门市龙泉中学　数学
陈茂轩　公安县第一中学　数学
冯　钢　荆州中学　数学
何友俊　洪湖市第二中学　数学
程敢良　浠水县第一中学　数学
程金辉　黄冈中学　数学
董昌玉　麻城市第一高级中学　数学
余国清　团风中学　数学
黎海林　通城县第一中学　数学
毛文子　咸宁高级中学　数学
吴志光　崇阳县一中　数学
匡裕国　建始县第一中学　数学
陆业堂　仙桃中学　数学
李　军　天门实验高级中学　数学
廖支斌　江汉油田广华中学　数学
李德贤　武汉市第十一中学　英语
田辉林　武汉市第二中学　英语
周蔚蓂　武汉外国语学校　英语
李朝辉　黄石市第二中学　英语
谭成华　襄樊市第五中学　英语
巴韫华　鄂州高中　英语
杨　清　荆门市掇刀石中学　英语
朱红奕　公安县第二中学　英语
蔡建忠　红安县第三中学　英语
孙　锋　黄冈中学　英语
毛昌义　利川市第一中学　英语
张礼金　仙桃沔州中学　英语
黎耀平　潜江中学　英语
江四喜　武汉市第二中学　物理
肖少斌　武汉市第三中学　物理
杨　萍　武汉市第四中学　物理
张文献　武汉钢铁公司第三子弟中学　物理
李秀学　十堰市第一中学　物理
王传平　宜城市第一中学　物理
刘海设　孝感高级中学　物理
陈　珂　荆州中学　物理
何君才　公安县第一中学　物理
肖新洲　罗田县第一中学　物理
杨金安　红安县第一中学　物理
万宏卫　巴东县第一高级中学　物理
吴宇华　神农架林区高级中学　物理
胡承国　武汉市第三中学　化学
刘加怀　湖北省水果湖高级中学　化学
熊本章　武汉市第四中学　化学
张敏霞　华中师范大学第一附属中学　化学
詹先洪　黄石市第二中学　化学
李鹏举　十堰市郧阳中学　化学
付全新　宜昌市夷陵中学　化学
覃孔彪　长阳县第一高级中学　化学
李先军　襄樊市第四中学　化学
王克刚　黄州中学　化学
马翠玉　仙桃中学　化学
程良安　大冶市第一中学　地理
王　雅　襄樊东风中学　地理
熊幼芳　孝感高级中学　地理
高　俊　沙市中学　地理
周益新　黄冈中学　地理
库　路　武汉市第一中学　政治
王基志　黄石市第二中学　政治
曾　钊　竹溪县第一高级中学　政治
谢　彬　宜昌市夷陵中学　政治
胡宗龙　麻城市第一中学　政治
肖永如　英山县雷店高中　政治
刘　飞　武汉市第四十九中学　历史
罗家忠　沙洋县沙洋中学　历史
余朝文　恩施州高级中学　历史
刘少琼　仙桃中学　历史
谭东林　江夏区一中　生物
周阿毛　黄石市第二中学　生物
郑修海　枣阳市第二中学　生物
顾　静　武汉市第三中学　体育
龚少清　沙市中学　体育
耿喜玲　武昌实验中学　心理健康
胡建栗　黄石市第三中学　信息技术
孙　旭　湖北省教学研究室　化学
杨金水　武汉市教科院　语文
裴光亚　武汉市教科院　数学
曹松林　武汉市教科院　历史
付　燕　武汉市教科院　生物
张　琪　襄樊市教研室　政治
甘喜武　黄冈市教科院　化学

撰稿　赵　耿
审稿　姚　刚

○体育、卫生、艺术及国际教育

【教育部对湖北省学校体育卫生工作督导检查】 9月13日－17日，国家教育督导团对湖北省中小学体育卫生工作进行专项督导检查，对襄樊市、宜昌市的4县(区)及25所中小学体育卫生工作进行抽查。11月，国家教育督导团印发《关于对北京等10省区市中小学体育卫生工作专项督导检查的意见的通知》，对湖北省的检查情况进行反馈。反馈意见认为，湖北省委省政府多渠道加大学校体育卫生经费投入，学校的体育设施、设备基本得到保障。加强体育教师的引进和培训，保障学校体育卫生教学和阳光体育运动的开展。

【湖北省第八届中小学校体育教学评优活动】 11月13日－17日，省教育厅在宜昌市举办湖北省第八届中小学体育教学评优活动，17个市(州)、神农架林区和江汉油田教育实业集团选送的100余节优质体育课和600余名体育教师参加评优现场展示活动。武汉市、黄石市、宜昌市、咸宁市、荆门市、黄冈市、荆州市、孝感市、恩施州、襄樊市获得前十名。评选出小学组个人一等奖15人，二等奖20人，三等奖17人；中学组个人奖18人，二等奖20人，三等奖15人(具体名单附后)。

在省开展体育教学评优活动的基础上，选送了20节优质体育课，参加了在浙江省宁波市举行的全国第四届中小学校体育课教学评优活动，其中2节(全国20节)在全国展示，获得6个一等奖、15个二等奖和三等奖。

附： 湖北省第八届中小学体育教学评优活动评比结果

一、优秀组织奖(18个)

武汉市教育局　黄石市教育局
襄樊市教育局　荆州市教育局
宜昌市教育局　十堰市教育局
孝感市教育局　荆门市教育局
鄂州市教育局　黄冈市教育局
咸宁市教育局　随州市教育局
恩施州教育局　仙桃市教育局
潜江市教育局　天门市教育局
神农架林区教育局
江汉油田教育实业集团

二、团体总分奖(10名)

第一名　武汉市代表队
第二名　黄石市代表队
第三名　宜昌市代表队
第四名　咸宁市代表队
第五名　荆门市代表队
第六名　黄冈市代表队
第七名　荆州市代表队
第八名　孝感市代表队
第九名　恩施州代表队
第十名　襄樊市代表队

三、优质课等次奖

(一)小学组

国家教育团学校体育卫生工作专项督导检查汇报会

7月20日，省教育厅、省体育局联合举办的湖北省第八届中学生篮球比赛在襄樊市第五中学举行

一等奖(15名)

许　琴　武汉市汉阳区五里墩小学
舒　锋　武汉市实验小学
蔡兆栋　黄石市湖滨路小学
邱　江　黄石市龚家巷小学
高　望　南漳县九集中学
熊　昕　石首市文昌小学
李群兵　宜昌市伍家区实验小学
詹成志　宜昌市西陵区实验小学
李　蓉　荆门市东宝区漳河小学
汪秀兵　黄冈市实验小学
刘　洁　麻城市英才小学
陈　娟　咸宁市实验小学
张　南　广水市广办第三小学
李道春　建始县业州民族小学
王　炜　神农架林区实验小学

二等奖(20名)

陶　璐　武汉市桥口区崇仁路小学
谢　群　黄石市花湖小学
黄德峰　保康县实验二小
梅　江　荆州市草市中学小学部
曾　令　宜昌市西陵区绿萝路小学
郝良丽　十堰市人民小学
丁　卓　孝感市玉泉小学
陈丽林　荆门市东宝区青山小学
刘　钢　荆门市实验小学
程　鹏　鄂州市古楼小学
汤细文　鄂州市吴都小学
吴海霞　咸宁市咸安区横沟镇小学
庞飞艳　崇阳县实验小学
汪家望　随县尚市镇小学
唐　斓　咸丰县实验小学
赵小红　仙桃市青少年活动中心
张威明　潜江市园林第一小学
侯小君　潜江市泽口小学
刘宇珍　天门市麻洋中心学校
饶胜波　江汉油田外国语学校

三等奖(17名)

谢圣贤　枣阳市第二中学
李小龙　松滋市实验小学
杨　乐　十堰市东风*6264*学校
何　瑞　十堰市张湾区实验小学
罗　爽　应城市实验小学
吴晓燕　安陆市紫金路小学
李泉喜　鄂州市鄂城区八庙小学
张金霞　红安县七里中心学校
吴小林　随县唐镇小学
李　斌　恩施市实验小学
万　芳　仙桃市陈场第二小学
谢　玲　仙桃市沔州小学
龚宽枝　潜江市实验小学
王文芬　天门市第一小学
胡　伟　天门市实验小学
李　丹　江汉油田实验小学
张泽斌　江汉油田向阳小学

(二)中学组

一等奖(18名)

杨　威　武昌实验中学
周书静　武汉市第十九中学
贾新丽　武汉市经济技术开发区第一中学
韩建华　黄石市第二中学
孙　辉　黄石市第八中学
陈顺波　襄樊市第五中学
郭　燕　荆州中学
秦　飞　宜昌市夷陵中学
徐　兵　宜昌市外国语学校
李　芬　郧阳中学
付绍斌　孝感市第一中学
熊冬云　鄂州市吴都中学
戚晓林　麻城市春蕾学校
杨　军　建始县毛田中学
徐俊杰　仙桃市实验高级中学
何红娥　潜江市高石碑中学
余志华　天门市皂市高级中学
陈　军　江汉油田实验初中

二等奖(20名)

李小敏　黄石市第二中学
王学超　宜城市城关中学
刘　波　远安县鸣凤初级中学
盛珍珍　十堰市第五中学
芦　琳　孝感市孝南区中等职业技术学校
张小东　安陆市实验中学
夏学书　荆门市龙泉中学
黎　明　荆门市海慧中学
杜锋德　沙洋县蔡庙中学
喻景生　鄂州高级中学
方文琦　黄冈市团风中学
陈　洁　咸宁市咸安区红旗路中学
罗官军　通城县第一中学
彭　亮　赤壁市第一中学
李　平　广水市外国语学校
黄焰平　恩施州高级中学
袁勤华　仙桃市胡场第二中学
周志瑞　潜江中学
金　剑　天门市岳口天南中学
李　刚　神农架林区高级中学

三等奖(15名)

严其亮　襄樊市樊城区第三十二中学
李　萍　监利县江城中学
侯生强　石首市第一中学
严　松　十堰市东风高级中学
汪　文　鄂州市鄂城区燕矶中学
周小红　浠水县闻一多中学
王　华　随县环潭中心学校
程　伟　广水市实验初级中学
袁　雁　咸丰县民族实验中学
王　立　仙桃市第一中学
杨泽举　潜江市丁岭中学
王志伟　天门市彭市初级中学
张　华　神农架林区实验初级中学
董海洋　江汉油田广华初中
朱　江　江汉油田文华学校

【湖北省第十届大学生运动会】 5月7日，湖北省在武汉铁路职业技术学院举办了湖北省第十三届运动会(群体类·高等院校)暨湖北省第十届大学生运动会开幕式，副省长郭生练出席开幕式并宣布开幕，省教育厅厅

湖北省第十届大学生运动会开幕式现场

长陈安丽致开幕词，省政府办公厅、省教育厅、省体育局、团省委以及近60余所高校的负责人参加了开幕式。第十届大学生运动会是省十三届运动会的重要组成部分，由湖北省教育厅、湖北省体育局、共青团湖北省委主办，湖北省大学生体育协会和10余所高等学校共同承办，共设田径、球类、游泳、健美操、武术、体育舞蹈、啦啦操、棋牌类共17个项目。10月17日—19日，省大学生代表团参加省运会开幕式和闭幕式，并获得体育道德风尚奖，省教育厅、省大学生体育协会被省政府和省运会组委员会授予省运会承办贡献奖。2010年，湖北省还承办了全国大学生田径锦标赛，举办了高校阳光体育田径创编项目运动会、湖北省第八届中学生篮球比赛、2010—2011中国高中篮球联赛（湖北赛区）、第六届校长杯乒乓球比赛等赛事，参加学生达到12 000人，参加学校约500所（次），推动了大中学校的阳光体育活动的开展。

【高水平运动队建设学校评审】 6月，根据《教育部关于开展新一轮普通高等学校申请建设高水平运动队评审确定工作的通知》，湖北省组织20所普通高校向教育部申报建设高水平运动队，并组织省级评审。武汉大学、华中科技大学、武汉理工大学、中南财经政法大学、华中师范大学、中国地质大学（武汉）、华中农业大学、湖北大学、武汉科技大学、湖北工业大学、三峡大学、武汉工程大学、武汉工业学院、湖北经济学院等14所高校被教育部确定为新一轮高水平运动队建设学校，为湖北省高等学校继续开展招收高水平运动员的工作奠定了基础。

【初中毕业生升学体育考试】 2010年，全省实施初中毕业升学体育考试的学校2 089所，占全省初中学校的90%，参考学生64万人，占初中毕业应考人数的90%，各地设置考点1 185个，考务人员有3 144人。武汉市和仙桃市作为教育部的试点单位，体育考试的改革试点工作稳步推进。

【体育、卫生、艺术教育经费投入】 省教育厅在对义务教育均衡发展试点县（市）投入体育、艺术设施经费的基础上，第二轮对农村学校的体育、艺术设施投入1 000万元。2009年和2010年，每年投入2 000万元，为全省7 500余所农村义务段学校配备教学用电子钢琴和篮球架等体育艺术器材。全省各市（州）建成运动场（体育馆）400余个（座），资金投入近10亿元。各地开发校本体育资源，组织教师自创自制自编100多种体育小教材和小器材。

【校园体育活动建设】 2010年，全省实施《国家学生体质健康标准》（以下简称《健康标准》）的学校7 000所，学生近500万人。根据教育部对2009年考入直属高校的19 631名湖北籍新生《健康标准》测试，湖北省学生的平均分数72.79分，排列全国第三名，合格率达到88.44%，优良率达到46.09%，优良率排列全国第四。根据湖北省《健康标准》数据管理中心提供的数据表明，2009年，全省中小学生的肺活量、速度、力量和耐力素质指标的整体水平均优于2005年的显示结果，首次出现了止降、回升明显的好效果。11月8日，省教育厅、省体育局、团省委发出通知，启动湖北省第四届千万学生"阳光体育运动"冬季长跑和冬季体育锻炼活动。11月12日，在湖北经济学院举办了湖北省普通高等学校第十三届"校长杯"乒乓球比赛暨全省高校冬季体育锻炼启动仪式，号召全省高校大学生积极参加冬季长跑和体育锻炼活动，强身健体。

第四届湖北省中小学生阳光体育冬季长跑启动仪式

2010年11月12日至13日，湖北省普通高等学校第十三届"校长杯"乒乓球比赛暨全省高校冬季体育锻炼启动仪式在湖北经济学院体育馆隆重举行

11月24日，在武昌水果湖高级中学举行第四届湖北省中小学生阳光体育冬季长跑启动仪式，全省17个市(州)和江汉油田教育实业集团也相应举办了冬季长跑启动式。

【《第三套全国中小学生系列广播体操》普及推广】 2009年9月—2010年3月，在全省中小学校开展《第三套全国中小学生系列广播操》普及推广评选活动。经专家视频评审和现场抽查，共评出团体一等奖3个，二等奖6个，鼓励奖6个；学校一等奖44所，二等奖72所，三等奖116所。

附： 湖北省《第三套全国中小学生系列广播操》普及推广活动评选结果

一、团体奖

一等奖

孝感市教育局
江汉油田教育实业集团
仙桃市教育局

二等奖

宜昌市教育局
黄冈市教育局
咸宁市教育局
荆州市教育局
恩施州教育局
荆门市教育局

鼓励奖

襄樊市教育局
十堰市教育局
随州市教育局
天门市教育局
潜江市教育局
神农架林区教育局

二、学校奖

一等奖

武汉市硚口区水厂路小学
武汉市硚口区26中学
黄石市下陆区下陆小学
襄樊市襄阳区二中
枣阳市高级中学
襄樊市襄城区一中
谷城县中等职业教育中心学校
襄樊市襄阳区实验小学
宜昌市西陵区常刘路小学
宜昌市夷陵区实验小学
枝江市公园路小学
宜昌市一中
宜昌市猇亭一小
枝江一中
荆州市沙市区北京路第二小学
洪湖市实验小学
松滋陈店镇中心小学
江陵县熊和中学
荆门市实验小学
英山县雷电中学
浠水县实验小学
团风县实验小学
蕲春县蕲州实验小学
红安县实验小学
武穴中学
应城市东马坊小学
云梦县沙河中学
汉川市平章小学
孝感市玉泉小学
孝感市孝南西湖中学
孝感市实验高中
鄂州市吴都小学
咸宁市实验小学
咸宁高中
通山县通羊四小
恩施施州民族小学
建始县实验小学
恩施州高中
仙桃市陈场二中
仙桃市汉江小学
天门市第一小学
江汉油田实验小学
江汉油田油建学校
江汉油田高级中学

二等奖

武汉市第二十三初级中学
黄石市第四中学
谷城县城关镇城内小学
宜城市实验小学
南漳县实验小学
枣阳市第二实验小学
枣阳市第六中学
南漳县实验中学
襄樊市襄城区三十二中
老河口江山小学
谷城县石花镇中心学校
宜昌当阳桥小学
兴山县实验小学
宜昌市伍家岗李家湖小学
五峰县实验小学
当阳市一中
长阳县职教中心
宜昌市第二十中学
秭归县实验小学
宜昌市第十一中学
远安县实验小学
兴山县一中
枝江市安福寺中学
宜昌市点军区点军小学
宜昌市外国语学校
荆州市荆州区南门小学
监利县实验高中
洪湖市州陵小学
洪湖市实验中学
公安县孱陵小学
江陵县白马小学
石首市南岳高中
荆州市荆州区楚都中学
监利县实验初中
监利县玉沙小学
十堰市实验小学
十堰市五堰小学
郧县郧阳中学
荆门市金象小学
荆门市掇刀区月亮湖小学
沙洋县官垱小学
英山县莲花小学
团风县实验中学
武穴市实验小学
麻城市华英学校
麻城市龙池桥小学
武穴实验中学
麻城市春雷学校
麻城市第二实验小学
团风县楚天学校
蕲春县南征中学
黄冈市黄州区宝塔中学
武穴市第二实验小学
鄂州市第三中学
崇阳县实验小学
赤壁市实验小学
咸宁市咸安区南门小学
巴东县沿渡河初中
巴东第一中学
宣恩县茨屏特殊教育学校
利川市民族小学
恩施市实验小学
恩施市书院中学
宣恩县椒园初中
天门市天门中学
潜江市实验小学
随州市曾都区二中
随州市曾都区东关外国语学校

广水市应办二小
江汉油田实验初级中学
江汉油田外国语学校
江汉油田东方红小学

三等奖

黄石市第九中学
黄石市第二中学
老河口实验小学
老河口一中
南漳一中
襄阳四中
老河口第四中学
老河口市江山中学
远安县一中
宜昌市猇亭区猇亭中学
宜昌市宜都区姚店镇中学
当阳市半月初级中学
宜昌兴山县南阳中学
宜昌夷陵区实验初中
五峰县一中
宜昌市猇亭区十八中学
宜昌市夷陵区东湖高中
宜昌市五中
宜昌市点军区点军一中
远安县外校
长阳县龙舟坪镇中心小学
五峰县实验中学
沙市区第五中学
石首市绣林小学
公安县一中
石首市笔架山中学
江陵县西湖中学
荆州市沙市区实验中学
公安县孱陵中学
房县实验小学
十堰市茅箭区二堰小学
房县一中
实验中学
丹江口市余家营小学
丹江口市红旗中学
房县实验中学
丹江口徐家沟小学
钟祥实验小学
荆门市东宝区漳河中心小学
荆门市屈家岭实验小学
荆门市外校
荆门市东宝区仙居初中
荆门市掇刀区团林初中
沙洋县烟垢初中
荆门市屈家岭何集办事处小学
荆门市龙泉中学
钟祥市兰台初中
荆门市东宝高中
荆门市掇刀石高中
荆门市屈家岭实验初中
沙洋县五里高中
钟祥三中
荆门市屈家岭五三高中
团风县十力中学
红安县实验中学
浠水县实验中学
英山县长冲高中
麻城市博达学校高中部
红安县第三中学
浠水县望城中学
孝感市肖港小学
孝感市李店镇小学
孝昌县农庄小学
大悟县东新中学
云梦县隔蒲小学
孝感市实验小学
孝感市体育路小学
应城市第一中学
孝感市南城初中
汉川市庙头中学
大悟县礼山学校
孝感市航天中学小学部
孝感市英才外语学校
云梦县梦泽高中
孝感市航天中学
孝昌县卫店中学
孝感市文昌中学
孝感市综合高中
孝感高中
孝感市楚环中学
孝感市黄陂路综合高中
恩施新塘中心小学
恩施沐杭小学
恩施白杨坪乡熊家岩村小学
恩施屯堡乡中心小学
建始县第一中学
仙桃市汉江高中
天门市实验初级中学
潜江市园林四中
潜江中学
随州市曾都区东城聚奎门学校
随州市一中
随州市曾都区何店镇一中
随县尚市镇中心小学
随县环潭镇中心小学
随州广水市实验中学
神农架林区红坪中心小学
神农架林区实验初中
神农架林区高级中学
神农架实验小学

【学校卫生管理】 及时部署学校突发公共卫生事件防控工作。省教育厅先后5次制发学校突发公共卫生事件防控工作预警，提出防控要求。3月11日—12日，在随州市举办2010年全省学校突发公共卫生事件应急管理培训班，讲授学校突发公共卫生事件的应对与管理，为参加培训的人员配发了相关软件和资料。7月，在华中科技大学、湖北第二师范学院对全省1 005所农村寄宿制学校的后勤校长进行为期10天的培训，培训内容包括食品用品安全、学校公共卫生突发事件的防控、食堂安全管理等。11月—12月，举办食品安全进校园活动，规

2010年湖北高校大学生预防艾滋病宣传志愿者演讲比赛

范学校的食品生产经营活动。9月—10月，按照教育部、国家体育总局、卫生部、国家民委、科技部和财政部等六部委通知要求，在武汉市、黄石市、襄樊市、荆州市、十堰市、孝感市、咸宁市、仙桃市、恩施自治州、武汉大学、湖北大学11个学生体质调研点开展了五年一次的全国学生体质健康调研工作，对1.86万名学生的进行了体质健康调研。

【学校预防疾病知识宣传】 学校艾滋病预防知识教育，继续将艾滋病知识列入高考内容。11月28日—29日，省教育厅、省卫生厅举办2010年湖北高校大学生预防艾滋病宣传志愿者演讲比赛决赛，武汉理工大学、武汉科技大学、武汉体育学院、武汉音乐学院、孝感学院、湖北大学行知学院、湖北民族学院科技学院、郧阳师范高等专科学校、武汉城市职业学院、江汉艺术职业学院等10所高校获优秀组织奖；孝感学院杨尚琪等20人获一等奖、武汉科技大学段越等30人获二等奖、湖北民族学院金丹等50人获三等奖。

11月27日，配合省政府防艾办等有关单位开展2010年湖北高校"世界艾滋病日"主题宣传教育活动，组织武汉地区20所高校的800余名大学生代表参加宣传教育活动。对各地将血吸虫病列入中考的情况进行检查，省教育厅指导血防工作联系点赤壁市制定2010年血吸虫病综合治理实施方案，两次对赤壁市2010年的血防工作任务落实情况进行督导检查。

【中小学校安全逃生演练教育】 5月10日，省教育厅发出通知，从2010年5月12日开始，在全省中小学校开展安全逃生演练教育活动，并将每年5月12日(全国防灾减灾日)和11月9日(全国消防宣传日)所在周定名为全省中小学校"安全逃生演练教育活动周"。

5月12日，省教育厅在黄石市举办全省中小学校"安全逃生"演练教育活动启动仪式。活动以现场会的形式开展交通法规、防火防震、校园防空、消防安全、校园意外暴力伤害、国防教育等六个方面的演练和培训活

5月12日，中小学校安全逃生演练启动活动仪式现场

武汉市第一聋校学生在全国展演闭幕式上表演舞蹈《楚风鼓韵》

动。同期，武汉市、十堰市、黄石市、襄樊市、孝感市、黄冈市、神农架林区、仙桃市、潜江市、鄂州市、江汉油田等11个市(州)开展了形式多样的安全逃生演练教育活动。

【参加全国第三届中小学生艺术展演】 2月21日—3月1日，全国第三届中小学生艺术展演活动在上海市举行。通过湖北省第八届黄鹤美育节评选产生的优秀作品参加本届全国展演的文艺节目、美术作品和艺术教育论文报告会等活动。赴沪现场展演的中学组文艺节目有武汉市第一聋哑学校的舞蹈《楚风鼓韵》、武汉市第二十九中学的表演唱《月亮湾》、黄石市艺术高中的舞蹈《飞翔》、十堰市车城高级中学的男声四重唱《我像雪花天上来》和洪湖市实验中学的舞蹈《莲儿香鱼儿欢》等。在艺术展演活动中，湖北省代表团参加文艺节目汇演、美术作品展览和艺术教育科学论文报告会等交流活动，共获得一等奖23个、二等奖34个、三等奖27个。

【全省第二届"大家唱、大家跳"现场展演】 5月，省教育厅公布首届中小学校"大家唱、大家跳"艺术教育推广评选结果。共评选出组织奖15个，全能奖5个，单项奖54个，优秀指导教师30余人。武汉市、黄石市、孝感市、襄樊市、荆州市、黄冈市、荆门市、恩施市、神农架林区、仙桃市、潜江市、天门市、随州市、江汉油田

等地开展市级现场展示、教师培训等活动。

附： 湖北省首届"大家唱、大家跳"艺术教育展演活动

优秀组织奖名单(15个)

潜江市教育局
武汉市硚口区教育局
襄樊市襄阳区教育局
宜昌市夷陵区教育局
黄冈市黄州区教育局
随州市曾都区教育局
仙桃市教育局
江汉油田教育实业集团
天门市教育局
鹤峰县教育局
荆门市掇刀区教育局
监利县教育局
洪湖市教育局
阳新县教育局
鄂州市华容区教育局

全能奖和单项奖及优秀指导教师奖获奖名单

1. 全能奖(5个)
潜江市实验小学
武汉市硚口区井冈山小学
襄樊市襄阳区实验小学
宜昌市夷陵区实验小学
黄冈市黄州区考棚街小学

2. 单项奖(54个)

(1)合唱

一等奖(5个)：
《闲聊波尔卡》、《雀尕飞》 潜江市实验小学
《太阳出来啦》、《山童》 襄樊市襄阳区实验小学
《撒尼少年跳月来》、《大海啊故乡》 仙桃市实验小学
《飞来的花瓣》、《太阳一熟透的苹果》 广华初级中学
《听妈妈讲那过去的事情》、《装扮蓝色地球》 黄州区考棚街小学

二等奖(6个)：
《雀尕飞》、《共产儿童团歌》 宜昌市夷陵区实验小学
《虫虫飞》、《装扮蓝色的地球》 鹤峰县实验小学
《红星闪闪》、《让我们荡起双桨》 武汉市硚口区井冈山小学
《共产儿童团歌》、《妈妈，我不怕黑》 丹江口市徐家沟小学
《奥运圣火燃起来》、《红星歌》 监利县玉沙小学
《中国，中国，鲜红的太阳永不落》《青春飞翔》 崇阳县城关中学

三等奖(7个)：
《红星歌》、《我们的田野》 随州市曾都区实验小学
《每当我们走过老师窗前》、《毕业歌》 孝南区西湖中学
《新世纪的梦想》、《红星歌》 天门市岳口镇天南初级中学
《猜调》、《装扮蓝色的地球》 荆门市掇刀区掇刀石小学
《装扮蓝色的地球》、《我们的田野》 洪湖市乌林镇周坊小学
《在灿烂的阳光下》、《我像雪花天上来》 阳新县实验中学
《听妈妈讲那过去的事情》、《红星歌》 鄂州市华容实验小学

(2)校园集体舞

一等奖(5个)：
《校园集体舞》 潜江市实验小学
《青春的旋律》 天门市岳口镇天南初级中学
《小白船》 武汉市硚口区井冈山小学
《阳光校园》 鹤峰县实验小学
《阳光校园》 荆门市掇刀区掇刀石小学

二等奖(6个)：
《阳光校园》 宜昌市夷陵区实验小学
《校园集体舞》 丹江口市徐家沟小学
《阳光校园》 随州市曾都区实验小学
《小白船》 洪湖市乌林镇周坊小学
《阳光校园》 襄樊市襄阳区实验小学
《小白船》 黄冈市黄州区考棚街小学

三等奖(7个)：
《阳光校园》 鄂州市华容实验小学
《阳光校园》 仙桃市实验小学
《阳光校园》 监利县玉沙小学
《校园华尔兹》 崇阳县城关中学
《校园集体舞》 阳新县实验中学
《青春的旋律》 广华初级中学
《秧歌舞》 孝感市孝南区西湖中学

(3)广播操

一等奖(5个)：
阳新县实验中学
武汉市硚口区井冈山小学
荆门市掇刀区掇刀石小学
监利县玉沙小学
洪湖市乌林镇周坊小学

二等奖(6个)：
黄冈市黄州区考棚街小学
宜昌市夷陵区实验小学
襄樊市襄阳区实验小学
潜江市实验小学
天门市岳口镇天南初级中学
孝感市孝南区西湖中学

三等奖(7个)：
江汉油田教育实业集团广华初级中学
崇阳县城关中学
丹江口市徐家沟小学
仙桃市实验小学
随州市曾都区实验小学
鄂州市华容实验小学
鹤峰县实验小学

3. 优秀指导教师奖(30个)：

唐善红 尹 强 魏 娟 刘 琼
郑冬梅 梁亚琼 王 卫 龚宽枝
徐 兵 陈 凤 徐 瑛 程 萍
吴志强 张海芳 李 群 胡玲娥
胡 利 王艳艳 胡志军 张 甜
童 蕾 罗 雯 王 莹 李贵勤
刘华全 李德文 曾 艳 翟占军
潘海胜 陈 琴

12月7日—9日，在襄樊市举办湖北省第二届"大家唱、大家跳"艺术教育现场集中展演暨首届"校长杯"湖北省中小学校校长歌唱比赛，全省2 000余名中小学生和近百名中小学校校长分别参加本届"大家唱、大家跳"艺术教育现场集中展演和"校长杯"中小学校校长歌唱比赛。

【中华优秀文化艺术传承学校评选】

8月，省教育厅决定在全省中小学校开展创建湖北省中华优秀文化艺术传承学校活动，并推荐部分优秀学校参加国家级中华优秀文化艺术传承学校评选。经各地评选和申报，省教育厅评选出205所学校为湖北省中华优秀文化艺术传承学校，向教育部选送20所学校申报中华优秀文化艺术传承学校。开展全国学校艺术教育先进单位评选，华中师范大学附属第一中学、武昌水果湖第二小学等23所中小学校，华中科技大学、武汉理工大学等4所高校，及省电化教育馆等8个单位被教育部艺术教育委员会表彰为"全国学校艺术教育工作先进单位"。

【湖北高校普及高雅艺术系列教育】 3月—10月，省教育厅、省文化厅举办湖北高校第四届美术大展和湖北高校第二届摄影作品展，评选出优秀组织奖15个，美术类作品金奖7个、银奖42个、铜奖79个；设计类作品金奖8个、银奖32个、铜奖70个；艺术教育论文一等奖69篇、二等奖114篇、三等奖144篇。

6月—12月，举办高校普及高雅艺术系列教育活动，邀请中央电视台戏曲频道主持人、制片人白燕升举办专题讲座6场，邀请中央芭蕾舞团、北方昆曲剧团、武汉音乐学院东方交响乐团、东方中乐团、湖北爱乐乐团、武汉青年交响乐团在15所高校举办专场演出20场。6月18日—27日，省教育厅、省文化厅组织"意大利佛罗伦萨乌菲齐美术馆珍藏展"辅导讲座，通过10场讲座活动，指导高校美术专业大学生了解国外文艺复兴早期艺术家的创作思想和艺术成就。

7月—8月，省教育厅、省广播电视局举办"第六届湖北省中小学生暑期电影展映月"活动。12月，省教育厅、省委宣传部、省广播电视局举办第四届武汉大学生电影节。

【学生国防教育】 6月，省教育厅发出通知，要求高级中学将军事训练工作纳入学校教育、教学计划，列入学生的必修课程，集中军事训练和理论教学按不少于2个学分安排；军事技能训练以集中训练形式进行，训练时间7—14天，军事理论教学以知识讲座形式进行，教学时间不少于15课时。省教育厅、省军区司令部印发《关于开展学生军训工作检查自评工作的通知》，对全省高中阶段学校和高等学校开展学生军训工作检查自评工作进行部署，组织全省高校参展军事课教学的自查自评工作。10月，组织专家对湖北民族学院、恩施职业技术学院2所学校学生军训工作进行评估。11月，省教育厅与省军区共同对全省部委属高校进行军事课教学评估检查工作。

来自各市州代表队选手在开幕式上联合表演的舞蹈《欢聚襄阳》

7月25日—30日，由湖北大学、江汉大学的两支大学生射击队组建湖北省大学生射击代表团，参加2010年全国大学生射击比赛，获男子团体总分第三名；男、女团体总分第七名、男子精度射击团体第三名和第六名、男子速度射击团体第四名；男子速度射击个人第三名、男子精度射击个人第三名、女子速度射击个人第三名、女子速度射击个人第七名的好成绩，并获得体育道德风尚奖。参加教育部国防教育办公室、全军学生军训工作办公室在青岛市举办的全国高校军事课教学竞赛活动，武汉理工大学获二等奖，华中科技大学、武汉大学获优秀奖。

举办全省普通高等学校第六届国防教育学术论文评审工作。省级评审共收到论文79篇，评选出省级一等奖5篇，二等奖15篇，三等奖59篇。向第五届全国高校国防教育论文报告会报送论文23篇，获一等奖1篇，二等奖3篇，三等奖2篇。

11月25日，组织开展全省高校校长军事日活动。全省普通高等学校校长和学校负责国防教育的职能部门负责人共130人，参观空降十五军的军史馆，观看了军事题材电影，进行了射击比赛。

撰稿　黄昌军

审稿　杨　跃

○纪检监察

【党风廉政建设责任制】 3月，省教育厅召开了全省教育系统纪检监察工作会议，省高校纪工委书记、省教育厅纪检组长王安怀作工作报告，全面总结2009年全省教育系统党风廉政建设和反腐败工作，对2010年工作作出部署。省教育厅厅长陈安丽在讲话中特别强调，要加强监督检查，认真抓好中央和省委重大决策部署的贯彻落实；加强制度建设，加快构建教育系统腐败风险预警防控体系；落实管行业必须管行风的要求，坚持标本兼治，深入推进教育行风专项治理；加强廉洁教育，积极推进廉政文化进校园进课堂、进教材。

按照“谁主管、谁负责”的原则，研究制定省教育厅党风廉政建设和反腐败工作组织领导、责任分工，及省教育厅党政领导廉政建设责任范围，对党风廉政建设的基本要求、责任范围和内容等作出具体规定。把党风廉政建设和反腐败工作与业务建设紧密结合起来，进一步明确责任要求，落实责任制度。坚持管人管事相结合，职务与职责相统一，上级与下级相对应的工作思路和责任体系。把党风廉政建设责任制列入目标管理考核内容之一，与处室(单位)负责人签订党风廉政建设责任书，使党风廉政建设责任制的检查考核制度化、规范化。抓好高校和省教育厅机关及直属单位党风廉政建设责任制工作的落实。组织6个小组对党的关系归口省委的12所高校贯彻落实党风廉政建设责任制情况进行检查。对检查中发现的问题，检查组和省高校纪工委及时向高校作了反馈，要求有关高校认真进行整改。加强省教育厅机关及直属单位的党风廉政建设，省委高校工委书记、省教育厅党组书记蔡民族与厅机关各处室、厅直属各单位主要负责人签订党风廉政建设责任书，把党风廉政建设责任制与工作目标责任制一起布置、一起检查、一起考核，认真落实党风廉政建设责任制，切实履行“一岗双责”。

【反腐倡廉宣传教育】 开展以“学习《廉政准则》，争做勤廉表率”为主题的党风廉政宣传教育月活动。省委高校工委、省教育厅印发《关于全省高校开展第十一个党风廉政宣传教育月活动的通知》和《省教育厅机关和直属单位开展第十一个党风廉政宣传教育月活动方案》。各高校党委把开展党风廉政建设宣传教育月活动作为一项重要政治任务，结合实际，制定活动方案，认真落实党委书记是“宣教月”活动第一责任人的要求，主要领导亲自抓，亲自作动员，带头开展活动、带头讲党课、带头参加学习、带头自查自纠，以身作则。各高校紧紧围绕宣传教育月活动主题，采取多种形式，组织广大党员干部系统学习《廉政准则》。针对高校知识分子密集，民主党派领导干部相对集中等特点，各高校除组织全体党员干部，特别是基层年轻党员干部(含辅导员)外，还让民主党派的行政干部参加学习，接受教育。通过集中学习、听辅导报告等方式，认真学习《廉政准则》原文，全面、准确地理解掌握《廉政准则》的基本精神和主要内容。精心组织《廉政准则》知识测试，高校全体党员干部和非党员行政干部参加《廉政准则》知识测试。全省高校 11 357名干部参加知识测试，其中非党员领导干部448人，平均成绩98分以上。省委高校工委、省教育厅领导、各高校党委、行政班子成员参加了知识测试活动。宣教月活动期间，省高校纪工委组织高校征订了《廉政准则》学习资料12 834套，为高校配发了《背叛与忏悔》警示教育光盘280套，与省检察院联合在高校举办预防职务犯罪巡回展览40余场次。配合教育部党组、教育部纪检组在武汉召开教育部直属高校党风廉政建设工作座谈会，对学校全体领导班子成员和基建、财务、招生、教务、科研、人事等重点岗位和部门负责人进行警示教育。

【教育系统腐败风险预警防控体系建设】 省委高校工委、省教育厅印发教育系统腐败风险预警防控体系建设实施方案，对各级教育行政部门、各高等学校和厅机关及直属单位的腐败风险预警防控体系建设作出安排。7月5日，省委办公厅、省政府办公厅印发《关于建立全省高等学校廉政风险防控体系的意见》，明确教育系统腐败风险预警体系建设的总体要求、基本原则、主要内容和组织领导。省纪委党风室、省高校纪工委组织部分高校开展了高校腐败风险预警防控体系建设的调研，形成了《湖北省高等学校落实“三重一大“决策制度监督检查暂行办法》、《湖北省高等学校大宗物资采购监督管理办法》、《湖北省高等学校基本建设项目监督管理办法》、《湖北省加强对高等学校校办产业规范化管理监督的暂行办法》、《湖北省高等学校加强民主监督暂行办法》、《湖北省高等学校廉政风险防控实施办法》等六项配套制度。

【廉政文化进校园】 省委高校工委、省教育厅成立廉政文化和廉洁教育进校园、进课堂、进教材工作领导小组，成立工作专班。印发廉政文化进校园工作方案，要求高等学校要把廉政文化和廉洁教育作为政治课教学的重要内容，每学年不得少于2课时，高校党校要把廉政文化和廉洁教育作为党员和入党积极分子培训的重要内容，每期不少于2课时。要求各级各类中小学校把廉政文化和廉洁教育作为政治课、思想品德课的重要内容，每学年不少于2课时。全省各级各类学校要利用开学教育、形势报告、课堂阅读、主题班会、心得交流等多种形式开展廉政文化和廉洁教育，有条件的学校要组织教师和学生参观革命传统教育基地、警示教育基地，积极开展青少年廉洁教育实践活动。11月12日，省委高校工委、省教育厅在湖北大学举办大型廉政文化建设文艺晚会，省政协副主席周宜开，省纪委副书记余幼明，省委高校工委书记、省教育厅党组书记蔡民族等领导与武汉地区高校近千名师生代表观看晚会。各市(州)开展了丰富多彩的廉政文化和廉洁教育实践活动。武汉市继2009年开展主题班会、廉政文化和廉洁教育文艺演出、把廉政文化和廉洁教育知识纳入中考内容之后，2010年在全市中小学开展了廉政文化和廉洁教育知识竞赛，省教育厅、武汉市纪委有关领导到竞赛现场进行了指导。

编写廉洁教育教材和创建廉政文化示范点。各市(州)、各学校将廉洁教育教材纳入地方教材编写和校本课程开发，充分挖掘地方文化资源，编写了符合当地实际的廉政文化教材和廉洁教育读本，开发出内容丰富的教案和课件，部分市开展了廉政文化和廉洁教育进学校示范校评比活动。

开展理论研究。11月，省委高校工委、省教育厅、省监察学会、省高校纪检监察研究会共同举办了湖北省高校廉政文化进校园理论研讨会。会议共收到论文54篇。从不同的视角和层面，总结了近年来廉政文化进校园的工作经验，探讨了廉政文化进校园的理论问题。有8篇论文在研讨会上进行了交流。省委高校工委书记、省教育厅党组书记蔡民族参加研讨会并讲话。

【教育行风建设】 治理教育乱收费。2010年，对部际办2009年收费督查中发现的问题和省纠风办2010年通报的教育乱收费进行整改，配合省纠风办对涉农收费进行检查，结合春季开学检查，对全省中小学收费进行检查，对检查中发现的问题和网络媒体反映的教育乱收费进行整改。全年部际办转来乱收费举报56件，省信访局转来、厅领导批转以及厅际办收到举报共26件，全部组织了认真查处并按要求进行回复。与上年度相比，全省教育乱收费情况有所好转，乱收费举报下降21%，零举报县(市、区)达到82个。继续开展规范教育收费示范县(市、区)创建工作，2010年，有5个县(市、区)通过验收，成为示范县(市、区)。全省规范教育收费示范县(市、区)累计达到49个。

开展政风行风民主评议活动。8月，全省教育系统开展政风行风民主评议活动。9月30日，召开全省教育系统民主评议政风行风工作会议，全面安排部署全省系统行评工作，对全省教育系统行评工作提出明确要求和具体目标。针对教育行风建设中存在的问题，全省教育行政主管部门不定期地组织暗访组对下级教育行政机关的政风行风和学校的校风情况进行明查暗访和督导检查，了解各参评单位的整改情况。省教育厅印发《关于开展全省教育系统民主评议政风行风工作调研及督导检查的通知》和《关于认真做好全省教育系统民主评议政风行风有关工作的通知》，通过建立带队督查、工作简报、QQ群在线等指导制度，加强教育系统行风评议的督导检查，切实做好教育系统行风评议的指导工作。11月，省教育厅组成督导检查组，分别到全省18个参评单位的基层教育行政部门和学校，开展行评工作调研和督导检查，对各地下一步整改工作提出明确要求和意见建议。全省教育系统实行开门纳谏，向广大人民群众广泛征求意见和建议，并在各级党报党刊上向全社会作出行风建设公开承诺，主动接受社会各界、学生家长和学生监督，积极争取新闻媒体的支持，编发工作简报、加大宣传力度，营造良好的社会氛围。省教育厅通过建立全省教育系统行评工作专题网站，宣传报道全省行评工作取得的成绩和经验，力求做到“行评工作主动公开、群众监督心中有数”；编发《湖北省教育系统民主评议政风行风工作简报》36期，介绍推广各地好的做法、经验和成绩。坚持边评边改，全省教育系统行评工作取得阶段性成效。各市州综合排名大多处在当地靠前的位置。其中，仙桃市、潜江市、天门市排名第一，荆门市、鄂州市排名第二，襄阳市、宜昌市、神农架林区排名第三，荆州市排名第四。全省综合排名比较好。11月11日，省教育厅等7个省直单位上线参加省纠风办、孝感市纠风办在孝感学院联合举办主题为“关注民生，构建和谐”的政风行风热线现场直播活动，接受群众咨询和上线接听热线电话，就群众关心的规范中小学办学行为和减轻中小学生负担等问题，与咨询群众和现场近千名观众面对面交流，解答问题和政策。省教育厅被评为2010年全省政风行风上线优秀单位。

【案件查处工作】 组织力量，对发生在湖北大学、武汉工业学院的两起冒名顶替上大学的案件进行了调查，对冒名顶替的学生取消了学籍，分别责成湖北大学、武汉工业学院对相关责任人进行了严肃处理。组织工作专班，对省纪委交办的华中科技大学体育中心建设石材供应项目有关问题展开了外围调查。对省纪委交办的荆楚理工学院个别领导干部勤政廉政问题进行了调查，在充分了解核实的基础上，对当事人进行了诫勉谈话。根据厅领导的批示，对群众实名举报的中国教育报湖北记者站有关问题进行了调查核实，找当事人进行了廉政谈话，向湖北记者站发出了监察建议书，提出了整改意见和时限要求。湖北工业大学、武汉纺织大学、武汉工程大学纪委配合司法机关调查、自办案件4起，对3名严重违纪干部作出开除党籍和相应政纪处分。全年共办理信访406件，经过梳理，对其中7件进行了初核，查实4件，作了相应组织处理，查否3件，7件全部了结。另外函询9件。

【纪检监察干部队伍建设和培训】 组织教育系统纪检监察干部开展“做党的忠诚卫士，当群众的贴心人”主题实践活动。分两批组织高校及市(州)教育纪检监察干部近200人赴四川省成都市和黑龙江省哈尔滨市参加了教育部组织的纪检监察业务培训。从部分高校抽调优秀纪检监察干部到省纪委参与查办大案要案，增加实践锻炼，提高能力素质。

撰稿　张祖江

审稿　刘怀俊

○教育综合治理

【概况】 2010年，省委高校工委、省教育厅始终把学校安全稳定工作放在重中之重，做到警钟长鸣，长抓不懈。厅党组坚决贯彻中央、省委省政府和教育部的战略部署，审时度势，果断决策，把保安全、保稳定、保平安作为省教育厅一个时期的中心工作，厅主要领导亲自挂帅，机关干部全员上阵，采取"深入一线"、"驻校包保"、"连续作战"等紧急措施，在有关部门支持配合下，连续取得综治维稳工作攻坚战的重大胜利，确保了2010年全省教育系统的安全稳定，维护了全省高校连续21年政治稳定的良好局面。省教育厅综治工作得到了省综治委的充分肯定，连续6年被评为全省社会治安综合治理年度工作优胜单位。

【维护高校稳定】 高校稳定是社会稳定的晴雨表和风向标，湖北省高校规模大，地点集中，高校维护稳定任务繁重。

1. 认真做好高校敏感时期维护稳定工作。2010年，政治敏感节点增多，时间跨度较长。省教育厅坚持未雨绸缪、提前部署、加强防控；各学校主动落实要求，全面排查，收集舆情，确保了各敏感期的稳定。

2. 全力以赴防范学生参与涉日游行。10月中下旬，因"钓鱼岛领土之争"，多个城市发生了较大规模群众上街涉日游行。省教育厅认真贯彻落实中央领导批示和教育部指示精神，在省委、省政府领导下，高度重视、及早部署、包校督查，做了大量艰苦细致、卓有成效的工作，保持了湖北省学校及社会稳定，得到公安部领导表扬。

3. 妥善处理影响学校及社会稳定的突发事件。2010年，省教育厅进一步建立和完善了预防和处置高校突发事件应急预案体系。省教育厅3次印发高校学生非正常死亡、学校不稳定因素的情况通报，加强预警。及时启动应急预案，积极协调省(市)维稳、公安等部门，帮助学校妥善处理了多起突发事件。

4. 开展规范办学行为等源头维稳工作。省教育厅建立健全了对规范办学行为进行检查的工作制度，从9月下旬开始，组成23个检查组，对全省89所普通高等学校、31所独立学院、8所成人高等院校以及21所民办非学历高等教育机构的秋季开学工作进行专门检查，采取坚决有效措施，规范高校办学秩序。

5. 开展矛盾纠纷和不稳定因素的排查化解。建立排查调处工作机制，问题排查调处实行包保责任制，做到"一个问题、一名领导、一个专班、一套方案，一包到底"。坚持每月对矛盾纠纷进行排查并及时调处。省教育厅每月坚持记载安全稳定工作大事记，分类记录各种安全稳定工作信息、处理过程及结果；每个季度都要召开安全稳定形势分析会，有针对性地开展工作；平时坚持有重大信息及时上报，立即协调省市公安、维稳等部门，到学校开展纠纷调解工作，化解了一批群体性事件。建立稳定风险评估制度，扎实开展风险评估工作。

6. 加强网络管理与舆情监控。省教育厅印发了《网站安全管理办法》，建立完善了网站用户登记、信息发布审核、信息监控、管理等一系列规章制度。各高校加强对校园网的监控和管理，密切关注社会网动态，及时发现、封堵和删除校园网上的各类有害信息，及时将社会网上涉及学校的有害信息报告有关部门进行处置，组织网络评论员做好网上正面引导，为高校安全稳定营造良好的舆论环境。

【学校安全工作】 省教育厅对校园安全工作长抓不懈，既着眼于学校安全长效机制的建设，又不断加大督查力度和责任追究力度，努力为教育事业改革发展营造平安良好环境。在2010年省社会治安综合治理委员会第三次全体会议上，省委高校工委书记、省教育厅党组书记蔡民族就中小学幼儿园安全教育与管理作了交流发言，得到省领导肯定。

1. 积极推动平安校园创建。2004—2010年，省教育厅、省综治办、省公安厅印发了《关于深入开展安全文明校园创建活动的实施意见》等一系列文件，对全省学校开展省级平安校园创建活动及检查考评工作进行了全面部署。各地各高校高度重视平安校园创建工作，加强领导，明确任务，落实责任，加大创建资金投入，建立完善管理制度，取得了明显的成效。2010年，省教育厅等部门修订了省级平安校园创建工作方案。

2. 严格督查学校安全管理工作。4月，有关省市接连发生多起伤害中小学学生、幼儿园儿童的恶性案件。5月3日，全国和全省召开了中小学幼儿园综治维稳工作电视电话会。5月4日，省教育厅印发《关于开展全省中小学幼儿园综治维稳工作专项督查的紧急通知》。5月5日—7日，全体厅领导带队，组成11个督查组，对全省17个市(州)开展中小学幼儿园安全督查。督查组实地走访抽查了100多所学校，有效促进了各地安全工作措施的落实。5月24日，省教育厅、省民政厅、省物价局、省公安厅、省卫生局印发《关于进一步加强托幼机构安全管理检查的紧急通知》，对各地幼儿园存在的问题进行摸底排查。6月16日，省委办公厅、省政府办公厅印发《关于进一步加强中小学幼儿园安全管理与防范工作的通知》。6月17日，省委省政府召开了全省校园安全稳定工作现场会，省委副书记杨松，省委常委、省委政法委书记吴永文，副省长赵斌到会并讲话。会议总结了中小学幼儿园安全稳定工作，对下一步工作再动员、再部署。各地认真贯彻落实省委省政府通知和现场会精神，加大人防、物防、技防建设，校园安全保障水平不断提高。2010年，全省每个学校都配有专兼职保安，配备专职保安的学校9 714所，共配保安18 028人；每所中小学校舍都进行了排查和鉴定，新配备物防的学校12 031所，类别有防爆叉、橡胶辊、警棍等；配备视频监控、红外线报警装置的学校7 436所。

初冬，上海市等地相继发生重特大火灾事故，新疆维吾尔自治区阿克苏市第五小学发生严重踩踏事故，贵州省六盘水市二中因学生食堂管理引发群体性事件。省委省政府领导就做好湖北省学校安全工作作出紧急指示。省教育厅连夜向各高校和市（州、县）教育局发出紧急通知；迅速成立了学校安全督查工作领导小组和工作专班；召开厅长办公会议，紧急部署学校冬季防火、防踩踏事故、加强学生食堂管理工作；派出17个督查组，迅速分赴全省各市（州）县（市、区），对这3项工作进行专项督查。

省教育厅督促各级教育行政部门和学校建立健全安全工作领导负责制、工作责任制和责任追究制。省教育厅建立定期通报安全工作情况和责任追究督查制度，定期对全省学校安全工作情况进行分析研究和通报。在开展“办让人民满意的教育”、“三无”（无乱收费行为、无校园重大安全事故、无不良师德师风）创建活动和省级示范高中评选活动中，坚持重大安全责任事故一票否决制度。

3. 强化安全教育和演练。推进安全教育进教材、进课堂、进头脑，开设好安全教育课程，有针对性地开展“防火、防踩踏、防溺水、防抢劫”等内容的主题安全教育活动。6月20日—29日，组织全省中小学校长参加校园安全管理国家级远程专题培训，听课31.3万人次，留言2.33万条。7月，省教育厅对全省1 005所农村寄宿制学校的后勤校长，进行了为期10天的食品用品安全、学校公共卫生突发事件的防控、食堂安全管理等内容培训。9月10日—11月4日，省教育厅举办了全省中小学生安全知识网络竞赛，浏览竞赛网站的超过1 000万人次，近36万中小学生参加了竞赛活动。“网训”大大提高了中小学学生的安全防范意识和危急情况的处置能力。大力开展应急逃生演练。省教育厅印发《湖北省中小学校安全逃生演练教育活动指导方案》。5月10日，在黄石市举办了全省中小学校开展安全逃生演练活动的启动仪式，决定以后每年5月12日（防灾减灾日）和11月9日（消防宣传日）所在周定名为“安全逃生演练教育活动周”。11月1日，为纪念《突发事件应对法》颁布3周年，省教育厅又组织了中小学应急逃生演练观摩活动，组织高校大学生到洪山消防中队参加消防开放日，学习应急逃生知识。

4. 中小学、幼儿园校车安全管理规范化。2010年，省委省政府领导多次批示要求加强中小学、幼儿园校车管理。省教育厅在各项学校安全管理督办检查中，把中小学、幼儿园校车作为首要检查内容。省教育厅、省公安厅、省法制办起草了《湖北省校车交通安全管理办法》，2010年6月，该《办法》以省政府令337号正式颁布，标志着湖北省校车管理正式纳入了法治化轨道。7月，省教育厅、省公安厅印发《关于贯彻实施〈湖北省校车交通安全管理办法〉的通知》，要求各地各学校认真学习、贯彻落实，运用校园广播、讲座、班会等多种形式，宣传交通安全知识。武汉市教育局联合交管、交委、安监等部门召开贯彻《办法》，加强校车安全管理专题会议。

5. 加强教育系统安全生产工作的检查。省教育厅先后印发了《关于做好安全生产隐患排查治理信息统计和报送工作的通知》、《关于转发〈湖北省安委会办公室关于认真学习和贯彻落实国务院关于进一步加强企业安全生产工作的通知〉的通知》、《关于在全省教育系统集中开展非法违法生产经营建设行为专项检查的通知》等文件，重点从校车安全、建筑施工安全、危险化学品管理、冬季防火等方面，加强工作指导和监督管理。11月，省教育厅对襄樊市等地和武汉工程大学等高校进行了打击非法违法生产经营建设行为检查。

【学校及周边治安综合治理】 全省学校及周边治安综合治理工作领导小组办公室利用各成员单位的职能优势和对教育的重视支持，加强组织协调，积极推进学校周边治理工作。

1. 落实党委政府第一责任。4月，全国中小学幼儿园安全形势严峻，中央要求把维护学校安全作为一项政治任务，党委政府主要领导是第一责任人。省委书记罗清泉多次就校园安全工作作出重要指示，省长李鸿忠到武汉市几所中小学幼儿园进行明查暗访。各级党委、政府和相关职能部门将学校及周边治安隐患排查化解、严厉打击涉校违法犯罪等工作提上重要议事日程，迅速行动，党政主要领导对学校安全稳定工作都是亲自部署、亲自检查。武汉市各区落实校园安全包保责任制，党委、人大、政府、政协、纪委约300多名领导对全市学校实行包片挂点督导。

2. 大力开展集中整治行动。1月，印发《2010年湖北省学校及周边治安综合治理工作要点》，要求各地认真开展集中整治行动。全省各级学校及周边治安综合治理领导小组积极行动，对本地所有学校及周边环境、交通秩序、安全管理等方面排查出来的隐患和问题进行集中整治。据不完全统计，在2010年春秋两季集中整治中，共排查整治了6 854个问题，有效净化了学校周边环境。省公安厅印发《关于迅速开展学校、幼儿园及周边治安秩序专项整治行动的紧急通知》，要求认真落实“一校一警”，增加交警护学岗和校门口的斑马线、安全警示牌、警示灯，加大校车整治力度，切实改善校园及周边治安环境。省食品药品监督管理局、省工商局印发《关于开展校园及周边食品安全专项检查的紧急通知》，组织各地食品监督、工商部门开展专项检查，对辖区每所中小学、幼儿园、儿童福利院进行拉网式的清理和检查，对校园及周边食品安全问题进行专项整治。

3. 健全联防联动机制。积极推动社会、学校、家庭“三位一体”的学校安全联防联动机制建设，力求减少学校安全事故的发生。在社会参与方面，城区学校初步实现了学生上学、放学有警察护学；在家庭参与方面，大多数学校通过印发“致家长的一封安全信”等方式，从假期安全、接送安全等方面，向家长提出了相应的合作要求，以争取家长的积极配合；有的学校还成立了家长委员会，配合学校和公安机关维持校园秩序。宜昌市公安局与市教育局联合成立了校园安全保安大队，91名队员分为7个中队(大队长和中队长均由公安民警担任)，实行“统一建制、统一培训、统一勤务、统一奖惩和统一职责”的管理体制，保安经费由财政拨款，该市城区学校全部安装了视频监控系统，配备了防暴叉、警棍和催泪瓦斯等物技防设施。

4. 加强对重点工作的督查。7月1日－4日，教育部、公安部、国家安监总局对湖北省高校、中小学安全进行联合检查，检查组深入武汉市、襄樊市、十堰市等地的学校，重点就消防、校舍安全、学校安全管理等工作进行实地检查，对湖北省校园安全管理工作给予高度评价。

5. 加强领导小组办公室建设。领导小组办公室狠抓自身建设，向上主动请示汇报工作，争取省委省政府和教育部支持；横向主动加强与省直部门和各地综治办的联系沟通，省教育厅分管领导、省领导小组办公室主任，每年都到市(州)县(市、区)综治办主任培训班上交流工作体会；全年编发《学校及周边治安综合治理工作简报》6期，及时总结推广各地好的经验和做法。

【省教育厅机关及直属单位社会治安综合治理工作】 省教育厅坚持练好内功，加强机关自身建设，落实各项工作措施，保持了机关平安和谐的局面。2010年，省教育厅无危害国家安全的案件、严重泄密事件、职工集体上访或群体性事件，以及治安灾害事故的发生，无干部职工违法犯罪。

1. 落实工作责任制。提高认识，统一思想。省教育厅先后三次集中学习传达全省综治工作的有关文件会议精神，不断提高思想认识、统一思想，增强综治工作的主动性。厅党组会、厅长办公会经常研究涉及综治方面的重要工作、突出问题。进一步明确了“安全第一，责任重于泰山”的指导思想。不仅将综治工作列入厅年度工作要点，还列入了市(州)教育局年度工作目标考核内容。厅主要领导反复强调，综治工作是教育事业发展的基础和保障，维护高校稳定是高校工委的重要职责和第一责任。全厅上下齐心协力，呈现出综治工作齐抓共管的良好局面。领导重视，靠前指挥。在完成保中小学幼儿园安全、涉日涉藏涉疆维稳、冬季防火、防止学生踩踏事故等重大任务过程中，省教育厅及时成立工作领导小组和工作专班，省教育厅党组书记蔡民族、省教育厅厅长陈安丽任组长，其他厅领导和所有处室主要负责人参加工作专班。主要领导亲自制定和部署工作方案，亲自带队到各地和学校督办，亲自到现场指挥协调，为维稳安全工作明确方向、统一行动、取得胜利提供了坚强领导。完善体系，落实责任。省教育厅成立了综合治理工作领导小组和维护高校稳定工作领导小组，实行“双组长负责制”；明确一名工委副书记分管综治维稳工作，任领导小组副组长；按照管人与管事相结合的原则，其他厅领导和各处室负责人实行“一岗双责”，结合业务工作对综治维稳工作分工负责。2010年初，厅主要领导与分管厅领导、各处室及直属单位主要负责人签订了2010年社会治安综合治理工作目标责任书。各处室、直属单位将目标责任层层分解，落实到具体岗位和个人。年底，在自查自评的基础上，厅领导带队对各处室、单位的综治工作开展专项检查，并严格及时兑现奖惩。全机构，夯实基础。早在2002年，省教育厅就在省直单位和全国省级教育行政部门中率先成立了综合治理处，负责综治、维稳的日常工作。2009年，厅党组又决定将信访工作从厅办公室划到综治处，增配了2名干部；商武汉市公安局文化保卫分局在省教育厅设立了警务室，派干警常驻省教育厅；为加强对突发事件的快速处置，专门给综治处配备一台工作用车。通过这些措施，在机关内部进一步整合了综治、维稳力量，基本形成“大综治”、“大维稳”、“大信访”的工作格局。

2. 落实“三项重点工作”的目标任务。2月26日省委召开三项重点工作(即社会矛盾化解、社会管理创新、公正廉洁执法)领导小组第一次全体会议后，省教育厅分管领导严学军迅速召开有关处室负责人会议，进行专题研究，并按时向省委办公厅、省委政法委报告省教育厅贯彻落实措施。省教育厅提出了开展平安校园创建、及时化解教育领域社会矛盾纠纷、配合有关部门建立完善流动人口管理长效工作机制、做好特殊人群子女受义务教育、加强教育类社团监管、防范境外非政府组织对教育系统的渗透破坏等6项重点工作，列入了2010年省教育厅有关处室综治目标责任书，并要求各处室加大管理创新。

3. 开展“平安处室(单位)”创建工作。省教育厅平安基层创建始终做到年初有计划、有部署，平时常学习、抓建设，年终有检查、有奖惩。省教育厅每年的综治目标责任书和职能工作目标书同时签订。4月23日，厅机关党委印发《关于开展平安处室(单位)创建工作的通知》，对2010年工作进行了部署。5月11日，厅签订目标责任书仪式上，厅主要领导再次强调加强综治工作。厅党组会、厅长办公会多次学习《湖北省社会治安综合治理条例》和全省综治工作会议精神，不断增强平安创建的意识。4月23日，省教育厅邀请省直机关工委常务副书记郭玉吉为机关全体干部和直属单位班子成员作了《争创“六型”机关争做“六型”党员》的专题报告。11月30日，厅长办公会专题学习了省综治委第三次全体会议精神，研究了年终平安创建考核工作。11月下旬，省教育厅印发《关于开展2010年度综治和平安创建工作检查考核的通知》，各处室认真开展自查自评，报送了工作总结。厅领导带队组成两个检查组对有关单位进行了抽查，进一步推动了直属单位的社会治安综合治理工作。

4. 加强制度和人防、物防、技防建设。省教育厅机关建立了干部值班制度、门卫保安管理制度、办公大楼消防管理制度及火警处理预案、文件档案管理与保密制度等。重新修订了

《省教育厅公文制发工作程序》、《省教育厅关于加强门户网络内容保障工作的意见》等一批规章制度。厅机关大楼实行干部和保安两条线24小时值班，电梯管理人员严格执行电梯检修和保养制度，厅配电房人员实行24小时值班，厅大楼地下车库安排专人负责，禁止存放各种易燃易爆物品和杂物。每年投入经费4万元，请专业消防公司对机关大楼进行定期的消防器材检查、维修、保养。厅机关投入15万元建设了视频监控系统，在每一层楼安装电子摄像头，并设专人24小时轮班监控，加强办公大楼安全保卫。耗资50万元专门建设启用了教育政务大厅，集中办理政务咨询、审批，接待来信来访，使政务信访和日常办公分隔开来，既提高了工作效率，方便了人民群众，也确保了厅机关安全。

5. 严格管理重大涉外活动和保密安全工作。教育系统涉外交流多、考试多，省教育厅历来将涉外管理和保密工作作为综治工作的重中之重。及时将接待计划及境外人员情况通报国家安全机关，协助做好涉外活动的安全保卫工作和对重点对象的监控，严防安全渗透、策反和窃密事件的发生。加强对外合作办学的制度建设和管理，加强外教和留学生管理，协同公安机关严厉打击各种非法留学中介活动。注重保密法制宣传教育，要求每位机关干部都签订了保密承诺书；通过健全制度和加大投入，不断提高保密防范能力；对涉密载体的形成、制作、收发、传递、使用、管理、保存及销毁等每个环节的管理，以及对重点涉密部门和部位的监管力度进一步加大。

6. 积极做好综治委员巡视督办、联系点指导等工作。10月13日－15日、11月1日－2日，省综治委委员、省委高校工委书记、省教育厅党组书记蔡民族率省教育厅、省经信委、省住建厅的有关负责人，按照“听、看、查、问”的要求，深入武穴市、黄州区、咸安区、赤壁市等地的乡（镇）、街道、乡村、社区、企业、学校等基层单位开展巡视活动，完成了对黄冈市、咸宁市社会治安综合治理工作的巡视督办。11月3日，向省综治办报送了巡视督办工作报告。省教育厅认真贯彻执行《省综治委委员联系县（市）区综合治理工作制度》。2010年5月6日、10月13日，蔡民族两次到武穴市调研指导综合治理与平安建设工作。2010年，省教育厅从机关工作经费中挤出5万元支持武穴市综治办开展综治干部培训等工作，对武穴市教育系统也追加了10多万元工作经费支持学校平安建设，厅综治联络员定期与联系点联系，指导当地综治与平安建设工作。

【教育信访工作】 省教育厅把信访工作当作重要的群众工作，专门修建了信访接待大厅，充实了信访工作力量，健全和落实了信访工作制度。2010年，省教育厅共接待来访群众892批次，其中有规模的上访近119批次，上访人员4 000余人次。登记群众来信1 772件，领导批示件240件，全部按时办结，办结率100%。受理网上信访件（包括省政府公众诉求系统、厅长信箱、省信访局网上转办件）3 353件，比上年同期略有下降，均已交办回复。11月4日，省长李鸿忠视察省教育厅信访大厅时，给予了高度肯定。2010年，省教育厅继续加强信访长效机制建设，积极办理化解重点信访案件，加大力度处置原民办教师等教育领域重点问题，取得优异成绩，被省信访局评为“和谐办信先进单位”，省教育厅政务大厅被省文明办、省处理信访突出问题领导小组评为“文明信访接待中心”。

撰稿　曾翔宇

审稿　邓立红

○考试招生与毕业生就业

【教育考试综述】 2010年，全省各类教育考试总报考337.73万人次，较2009年增长1.12%。省教育考试院承担的各项考试、命题工作安全平稳顺利，无失泄密事件发生，无大面积考试违纪作弊事件发生。

【普通高考】 2010年，全省普通高考报名总人数49.22万人，相比2009年下降5.26%。改革组考措施，各科目全部恢复实行AB卷，随机编排考场，全面实施考场安全检查，全省考点统一配置无声挂钟，网上评卷数据安全监督措施提前介入，加强对高考数据安全的预警与防控。

5月26日，湖北省召开2010年国家教育统一考试厅际联席会议，省政府副秘书长黄国雄，省教育厅厅长陈安丽，及省纪委、省高级人民法院、省委宣传部、省公安厅、省武警部队、省保密局、省通信管理局、省交通厅、省卫生厅、省建设厅、省电力公司、省经济和信息化委员会(省无委办)等厅际联席会议成员单位相关负责人参加。省教育考试院党委书记、院长江畅汇报了2010年普通高考准备工作情况。黄国雄充分肯定了全省的普通高考准备工作和厅际联席会议制度在确保高考安全平稳中的重要作用。他要求，厅际联系会议各成员单位要提高认识，认清形势，迎接2010年高考新挑战；要明确职责，密切配合，确保普通高考安全平稳；要加强领导，落实责任，严格执行责任追究制。他强调，普通高考是全省政治生活中的一件大事，是国家考试，政府行为，各有关部门要全力以赴，把高考工作扎扎实实地办好，让考生家长放心，让社会放心，让省委省政府放心。

6月7日，副省长郭生练、省政府副秘书长黄国雄、省教育厅厅长陈安丽、省教育考试院院长江畅及武汉市有关负责人视察了武汉市高考实施情况。郭生练一行先后到武汉市第十五中学、武昌水果湖中学高考考点进行视察。郭生练充分肯定了武汉市在高考安检、考场监控等方面的做法，积累了许多先进的经验。他要求，全省各级政府部门和考点采取有力措施保障高考安全，创造良好的考试环境，做好考生的服务工作，确保高考工作的安全平稳。随后，郭生练来到省教育考试院高考总值班室，向工作人员详细了解了全省高考的进行情况，并通过考场监控视频视察了考场和试卷保管情况。他指出，高考工作关系重大，全体高考工作人员身上的责任也很重，切不可掉以轻心，一定要做好各项准备，确保高考万无一失。

6月13日，副省长郭生练、省教育厅厅长陈安丽，省教育考试院党委书记、院长江畅视察了2010年普通高考评卷现场。在武汉理工大学理科综合评卷现场，郭生练详细听取了评卷点的工作汇报，并亲切慰问评卷教师。他强调，高考评卷工作责任重于泰山，关系全省近50万考生的切身利益，各评卷点要以高度的责任感做好评卷工作，制定科学合理的评分机制，确保评卷的公平公正。当日，郭生练作出重要批示，充分肯定和表扬全省2010年普通高考工作从严治考，科学办考，成效显著。

【自学考试】 经专业结构调整与推行综合试点改革，2010年，自学考试报考人次继续增加。学历考试累计报考考生100.5万人次、报考245.3万科次，比2009年分别增长3.5%、3.05%；非学历证书考试累计报考考生4 683人次、报考科次11 255次，与2009年基本持平。全年累计办理转(免)考手续24.4万科次，其中免考16.7万科次，转考7.7万科次；审核办理毕业证51 345个，其中本科43 233个，专科8 112个；核收主考院校实践性环节考核成绩52.3万科次；向教育部考试中心报送成绩数据244.9万科次；出具毕业生代办证明、学历认定书、成绩证明等各类证明万余份。

【其它考试】 硕士研究生入学考试报考人数继续保持稳步回升势头。2010年，硕士研究生入学考试报考9.44万人，较2009年增加1.03万人，增长10.95%。成人高考报考11.42万人，增长11.7%，增幅同比减少8.8个百分点。全国大学英语四六级考试报考97.5万人，较2009年增加3.8万人；全国计算机等级考试实现连续第六年增长，全年共报考33.4万人，较2009年增加2.3万人，平均增长速度6.64%；教师资格考试报考8.6万人，增加1.3万人，比2009年增长17%。一村一名大学生报考1 583人，比2009年减少1 085人，减幅40.7%。成人高等教育申请学士学位外语统一考试报考人数实现四连增，2010年报考6.46万人，增加1.5万人，增幅31.2%。

【考试命题】 全年完成普通高考、自学考试、综合考试及委托命题等多项命题任务，共计命制试卷2 300套，为各类考试提供试卷清样4 034套。其中，完成普通高考语文、数学(文、理)、英语3科湖北卷命题任务。共命制8套试卷，提供4套试卷正卷(含A、B卷)、试题答案及评分参考、答题卡清样。完成了高职统考、省委组织部"一村一名大学生培养计划"招生考试、英语口语考试、博士英语联考等命题任务，共命制试卷64套，提供试卷清样24套。自学考试全国统考课程全年组织入闱命题2次，共命制试卷116套；组织试卷复审4次，审卷125套；向全国各省市及解放军考办等30多个用卷单位供卷4次，提供统考试卷清样及答案1 606套。自学考试省级统考课程全年共计命题1 977套，其中组织入闱命题3次，命题558套；组织征集命题4次，命题1 419套。全年组织考试试卷校对工作4次，为自考供卷1 385套。加上申报国考课程数933套，2010年，实际为自考提供考试用卷2 318套。完成教师资格考试、成人高等教育本科毕业生学士学位外语考试、中职毕业生专业技能理论知识考试、艺术特长生测试、美术专业基础课统考、外单位委托命题等6类命题和相应的考试大纲编写任务。全年共组织5次入闱命题和2次征集命(审)题，共命制试卷135套，提供试卷清样82套。

【考试信息化】 2010年，全省普通高考率先引进身份识别技术，在部分区县试行从二代身份证上提取考生的身份、地址等信息，大大提高了信息的准确率。在高水平运动员测试中，引进人脸识别系统技术，有效打击了代考行为。自学考试按照“统一平台、统一应用、统一数据、统一管理”的要求，在信息化建设方面采取了多项举措。对原有的计划管理系统进行了全面修改，建立了较为准确、完善的专业考试计划基础数据库，结束了25年来手工管理计划的历史；加大了自学考试原信息管理系统的整合力度，在地域范围内基本实现了网络化、信息化的管理，在系统内部实现了各项工作的综合对接。

【自考校园文化节】 举办自考校园文化节、自考生就业推荐会、自考生风采大赛，直接参与文化节活动的自考生12万人，人民网、新华网、中新网、湖北新闻网等30家主流媒体进行了各种形式的报道，全国考委自学考试简报还专门刊发一期《湖北省第三届自考校园文化节专刊》。

撰稿　徐光木

审稿　张　洁

【普通高校招生】 2010年，全省高考报名49.2万人，比2009年减少2.7万人；录取前，全国有1 600余所高校在湖北省计划招生32万人，比2009年增加1.3万人。7月11日－8月20日进行常规录取，9月22日－29日进行高职高专补录。常规录取阶段录取370 587人，其中，本科录取172 390人，高职高专录取198 197人；全省高校注销录取未报到新生32 574人，补录录取2 020人；注销录取未报到新生之后的录取人数340 027人，实际录取率69%，比2009年提高5.2%。

2010年，全省普通高校招生工作有八个特点：(1)招生计划超额完成，大部分批次生源较好。由于2010年生源下降幅度较大，除个别艺术类院校(专业)没有合格生源、少数高职高专院校生源不足外，绝大多数高校都完成了录取前公布的招生计划，特别是本科计划和省内高职院校招生计划完成较好，在政策许可范围内有一定幅度的超录。(2)录取工作进展顺利，录取过程平稳有序。招生录取准备工作充分，政策稳定，信息公开，服务周到，管理规范，各项工作按预定计划和程序进行，从录取开始的第一天到最后一天，录取工作平稳，社会反映平静，考生和家长的心态平和，招生录取工作人员平安。(3)首次成功实现全省统一模式网上填报志愿，招生工作信息化水平进一步提高。全省考生在规定时间上网填报志愿，未出现大的事故，实现了无纸化填报志愿，使全省招生信息化水平大幅提高。(4)各高校贯彻落实阳光工程，加强对招生过程的管理，重视改进招生办法和方式，恶意退档、误退档和拖延时间结帐的情况大幅下降，各高校都预留了一定计划妥善解决遗留问题，录取现场没有接到较为严重的高校违规招生的投诉。(5)信息公开进一步深化，公示力度进一步加大。对34 049名享受加分考生、287名保送生、672名单独录取考生、10 320名取得高校自主招生资格考生、及71 919人次艺术合格信息进行了公示。对中学报送的信息，必须经过学校、县市招办和省招办公示；对高校报送的信息，必须经过院校、省招办或教育部阳光高考平台进行公示。只有经过有效公示无异议的考生，才能享有相关优录政策。(6)信息管理严密规范，信息安全水平不断提高。首次实行第三方监督机制，委托公安部3所对考生敏感信息进行加密。省教育厅多次专题研究考生信息管理工作，制定了严密的管理措施。整个招生录取期间，未发生大的失泄密事件。(7)服务方式进一步创新，考生利益得到了进一步维护。省招办、市县招办和高校都设立咨询接待点，并集中向社会公布咨询接待地点、电话和网址，从高考结束的第一天开始，到招生录取结束的最后一天，为考生和家长提供方便周到的服务。截至8月20日，录取现场接待咨询1 983人次，电话咨询4 595人次，网上提问53 764条。考生需求基本得到满足。(8)招生工作流程进一步优化，制度进一步健全。根据本年度招生工作实际，对招生工作流程进行了进一步优化，进一步明确了工作职责，完善了各项规章制度。选派一批新人参加招生录取工作，招生工作队伍得到进一步锻炼和提高。

【研究生招生】 2010年，共有96 301名考生报考全省51个招生单位(含高等院校、科研院所、军事院校)，比2009年增加7 967人，增幅7%，继续保持快速增长。其中学术型报考83 578人，专业学位12 723人。2010年，报考人数排在前5位的是，武汉大学、华中科技大学、武汉理工大学、华中师范大学、中南财经政法大学。其中，武汉大学首次突破了2万人，中南财经政法大学首次突破了万人。湖北省报考人数在全国排第四位，武汉大学在全国排第二位，华中科技大学排第四位。硕士招生总规模为31 153人，比2009年增长1.2%，在全国各省市中排名第四位。其中，学术型计划23 217人，比2009年下降13.4%；专业学位计划7 936人，比2009年增长123.9%。学术型计划中，单考计划248人，比2009年减少110人；推免生4 902人，比2009年增加610人；农村师资59人，强军计划150人，另少数民族骨干计划445人。华中科技大学、武汉大学硕士规模在全国院校招生规模中分别排名前两位。

全省统考上线30 351人(含自划线武汉大学、华中科技大学)，其中学术型上线26 193人，专业学位上线4 158人。总上线人数比全省招生统考规模多4 590人(2009年上线生源多

6 780人)。其中学术型上线比学术型统考规模多3 011人，专业学位上线比专业学位统考规模少3 778人。硕士研究生录取新生31 488人。

2010年,研究生招生工作主要做法:(1)严格执行国家下达的招生计划，同时，为部分生源充足的招生单位向教育部争取增加招生规模。(2)从制度建设入手，提高复试质量。(3)做好网上调剂工作，生源不足的招生单位最大限度调剂线上生源，以完成计划。(4)做好专业学位研究生录取工作，提升考生认可度。(5)严格标准和程序，慎重做好破格录取工作。

2010年，全省共有21个博士研究生招生单位，报考人数为12 587人(比2009年报考数减少317人)，原下达招生总规模4 396人，另有少数民族骨干计划126人。经教育部同意，全省增加51人博士生招生规模，共录取4 573人。

【成人高校招生】 2010年,全省成人高校计划招生77 207人,报考人数114 226人，实际考试人数109 318人。其中专升本计划27 226人,报考人数25 502人,实际考试人数24 438人；高升本计划3 954人，报考人数5 842人，实际考试人数5 553人；高升专计划46 027人，报考人数82 882人，实际考试人数79 327人。录取工作从12月7日开始，12月30日结束。集中录取和补录共录取93 865人(单独招生录取754人，免试录取12人,“一村一名大学生”录取1 342人),其中高升专65 437人,高升本4 970人,专升本23 458人,总录取率82.17%。

与2009年相比，2010年全省成人高校招生有三个特点：(1)报名人数继续保持上升态势，报名人数增长幅度大于计划增长幅度。报名人数比2009年增加12 016人，连续第二年保持增长，增长幅度11.8%；而招生计划比2009年增长6 583人，增长幅度8.9%。(2)分数线有一定幅度提高。除专升本生源和计划倒挂，分数线仍然维持2009年130分不变外，高升本分数线比2009年的150分提高了40分；高升专为169分，比2009年提高17分。(3)生源不平衡的矛盾相当突出。专科和本科之间不平衡，本科生源偏少，专升本计划数连续几年大于生源数；专科生源与计划比为1.8：1，招生计划不足。校际之间生源不平衡，112所在鄂招生院校中，有58所院校报名数多于划线计划数，54所院校的报名数小于划线计划数，58所生源较多的学校计划缺口达27 000人。

2010年，成人高校招生工作主要做法：(1)争取教育部政策支持，对部分生源较好的省属高校进行适当超录。集中录取期间，执行超录计划1.2万人。(2)为招生院校服务，尽量减少上线落选考生。录取过程中，省招办及时向高校提供生源信息查询与数据统计，动员生源好的省属院校想方设法将外省未完成的计划调回湖北；同时，根据各校生源情况，认真做好高校本、专科计划调整工作，缓解高校压力。(3)严格执行招生政策和工作程序，确保公平公正。录取期间，严格执行各层次录取控制分数线和招生政策，没有录取一名不符合政策规定的录取控制分数线下考生。严格执行国家和省下达的招生计划，所有招生计划调整都是通过教育部“成人高校招生来源计划网上管理系统”进行。严格投档、计划调整、录检、财务管理、对外宣传和咨询接待工作程序，按照规定的职责和程序开展工作。(4)坚持阳光招生，为考生做好服务。录取现场开展网上答疑，让考生在录取过程中能及时咨询相关招生政策，了解录取进度，免费为考生提供录取信息查询。同时，监督高校严格按录取规划进行招生，录取期间，无一例考生投诉。

【普通中专招生】 2010年，全省各普通中专学校根据实际情况，制定了指导性生源计划，省招办汇总并向社会公布招生计划14万人，与2009年持平。截至12月10日，全省普通中专共录取14.06万人。

2010年，普通中专招生工作主要做法：(1)编制招生生源计划和专业目录，免费发放。省招办编制了中专招生专刊，印制10万册，在5月上旬通过各中专学校和市(州)招办免费发至全省各初中学校。(2)开展中专招生宣传。通过报纸、杂志、网络等组织开展“中专招生专题宣传活动”；各级招办和招生学校也通过各种形式和渠道向考生、家长、社会进行普通中专招生咨询与宣传。让考生和家长熟悉国家对农村生源和城市家庭经济困难的学生的资助及农村贫困生免费上学的政策，并加大对这项惠民政策的宣传落实力度。(3)简化录取程序，改革录取方式。全省中专招生采取“单独招生，集中录取，注册入学”三结合的方式进行。同时，改进普通中专招生报名与建档办法，考生既可在户口所在地的市(州)、县(市、区)招办或中专组考部门报名和填报志愿，也可直接到招生学校报名和填报志愿。(4)放宽中专招生报名条件，扩大招生范围。2010年，继续采取有力措施，拓宽生源渠道，将未升学普通高中毕业生、返乡农民工、退役士兵等城乡劳动者计入招生统计范围，纳入学校招生计划，吸引更多学生和社会人员接受中等职业教育。(5)做好中专招生服务工作。省招办将5月—6月上旬定为中专招生宣传月，帮助各学校组织生源。8月中旬组织开展集中录取工作，9月—12月每月的最后3个工作日开展注册入学的录取工作。12月底，进行中专录取数据汇总及工作总结。同时，充分发挥中等职业学校学生信息管理系统的作用，严格实行招生资格、招生计划与学生学籍电子注册等制度，加强对招生情况的监控和管理，保证招生录取结果的真实准确。

撰稿　吴仕志
审稿　向家文

【高校毕业生就业】 2010年，全省有普通高校毕业生35.6万人，比2009年增加5 507人，其中毕业研究生2.4万人，本科毕业生14.9万人，高职(高专)毕业生18.3万人。省委省政府高度重视，省直有关部门密切配合，各高校创新机制、强化措施，全省2010年毕业生就业工作取得了较好成绩。截至9月1日，全省高校毕业生平均就业率86.7%，与2009年同期相比增加3.2%，其中毕业研究生88.6%，本科毕业生88.5%，高职(高专)毕业生84.9%。

【全省高校毕业生就业工作会议】 3月30日，省教育厅在武昌召开“湖北省2010年全省普通高校毕业生就业工作会议”，学习贯彻教育部2010年高校毕业生就业工作网络视频会议精神，总结交流2009年全省高校毕业生就业工作情况和经验，表彰先进，分析形势，研究部署2010年高校毕业生就业工作。省教育厅厅长陈安丽主持会议并讲话，省委高校工委副书记、省教育厅副厅长陈传德作工作报告，省教育厅副巡视员何正安参加会议并宣读《省教育厅关于表彰湖北省普通高等学校毕业生就业工作先进个人的决定》。在鄂高校党委书记或校（院）长、分管校领导和职能部门负责人，省教育厅有关处室负责人，共计280余人参加会议。会上，省教育厅表彰了武汉大学吴红波等197位“全省普通高校毕业生就业工作先进个人”。华中农业大学、武汉科技大学、武汉生物工程学院、武汉铁路职业技术学院、黄冈职业技术学院作了大会经验介绍。武汉大学、华中科技大学、湖北大学、三峡大学等28所高校进行了书面经验交流。

【毕业生就业政策】 1月，省教育厅印发《关于做好2010年普通高等学校毕业生就业工作的通知》，就“切实加强领导，把高校毕业生就业工作摆在突出重要位置、积极引导和鼓励毕业生面向基层就业和自主创业、加大投入，全面提升就业指导服务水平、大力开拓就业市场，为毕业生提供更多的就业信息、深化高等教育改革，提升毕业生就业能力”等五个方面提出了优惠政策和相关要求，促进了全省毕业生就业工作的开展。

【举办校企交流会】 3月16日—18日，省毕业生就业指导服务中心在江苏省昆山市举办了“第二届湖北省高校—昆山企业交流会”，全省近100所高校、昆山市240余家企业参会，提供4 776个岗位。在此次交流会上，华中科技大学等12所高校与昆山人力资源市场现场签订了“实习基地”和“人才定向培养”等协议。湖北职业技术学院等10所高职院校与纬创资通等10家昆山企业签订了校企合作协议，拓宽了毕业生就业渠道。2010年全省约有5 000多名毕业生到江苏昆山就业。

9月14日—17日，省高校毕业生就业指导服务中心联合中南6省（市）高校就业指导服务中心在江苏省苏州市举办了“中南六省高校—长三角知名企业交流会”。参会高校有来自湖北省、湖南省、河北省、河南省、安徽省、重庆市、甘肃省、广西自治区等省（市）119所高校的178名代表。参会企业有来自苏州市及上海市、杭州市等周边地区120多家企业的200余名企业及人才招聘部门负责人。本次交流会校企双方共达成合作协议20多项，有12所高校与企业之间签订校企合作协议，如武汉理工大学与浙江创维自动化工程有限公司、黄石理工学院与江苏隆力奇有限公司、重庆电子工程职业技术学院与上海赛克斯信息技术有限公司、湖南中医药大学与苏州二叶制药有限公司等；有7所高校在苏州知名企业建立就业见习基地。通过此次校企交流会，约有5 000多名高校毕业生在苏州市落实了就业岗位。

省毕业生就业指导服务中心在江苏省昆山市举办了“第二届湖北省高校昆山企业交流会”

【供需见面月活动】 3月10日—4月底，根据省教育厅制定的《关于开展校园供需见面月活动的实施方案》，省高校毕业生就业指导服务中心组织全省高校开展了“2010年湖北省高校毕业生供需见面月活动”。活动期间，全省高校共举办100场校园招聘会，进场招聘单位6 000余家，提供就业岗位近10万个，进场应聘毕业生达20万人次。

【高校毕业生供需见面会】 3月11日—12日，由湖北省高等学校毕业生就业指导服务中心主办、武汉音乐学院承办，华中师范大学、长江大学、三峡大学、江汉大学、中国地质大学（武汉）、湖北师范学院、黄冈师范学院、孝感学院、襄樊学院、湖北民族学院、咸宁学院、湖北第二师范学院协办，在武汉音乐学院举办了“湖北省2010年高校音乐、舞蹈类毕业生供需见面会”。此次供需见面会参会企业达到120家，2 000多学生现场参与招聘，现场签约300多人，有600多人与招聘单位达成就业意向。

3月28日，省高校毕业生就业指导服务中心与楚天金报及纳杰人才联合在武汉纳杰人才广场组织了“湖北省2010年高校毕业生综合类供需见面会”。参会企业达300多家，提供需求岗位5 000多个。涉及师范、金融、医疗、化工、市场营销、机械电子电气、计算机、电子商务、餐饮酒店、建筑工程或管理等专业。现场有6 000多学生参与这次招聘会，现场签约800多人。

12月23日，由湖北省高等学校毕业生就业指导服务中心主办，湖北经济学院、湖北经济学院法商学院、湖北中兴大学生就业创业培训中心承办，湖北美术学院、中南民族大学、湖北大学、武汉职业技术学院等武汉地区17所高校共同协办，在湖北经济学院举办了"武汉地区2010年美术与设计类毕业生优秀作品展暨毕业生供需见面会"。这是首次举办该类别的毕业生专场供需见面会，共有近70家用人单位的100多名代表、武汉地区高校2 300余毕业生参加。见面会为用人单位展示了由武汉地区相关高校选送的192幅优秀毕业生艺术作品，代表了湖北省高校美术与设计类专业学生的整体水平。用人单位为毕业生提供了涵盖设计、策划、特效师、美术师、媒介客服、广告营销、电视采编记者等专业共700余个职位。此次供需见面会各高校的艺术作品展示给用人单位提供了全新的视觉感受，与会代表对高校作品展予以高度评价，对设计、策划类等主体专业需求旺盛，当场和应聘毕业生达成就业意向约600余人。

【创业教育培训】 2010年，省高校毕业生就业指导服务中心共开展了5次免费创业教育培训，培训学生750人。6月11日，湖北省"首届大学生创业先锋营"在咸宁基地开营。创业基地对来自华中农业大学、武汉工程大学、湖北工业大学、武汉工业学院等4所高校40名学员进行了"创业导师讲座"、"果酒自制体验"、"团队合作拓展训练"、"企业负责人典型工作日访谈"等几个方面的教育培训，取得了良好的效果。此外，省高校毕业生就业指导服务中心集中开展创业教育实践活动，在全省范围内开展创业政策宣讲会、举办创业教育专题讲座、举办大学生创业典型事迹报告会等活动。

2010年，省高校毕业生就业指导服务中心举办省级创业大赛1次，参与学生1 500人，省级创业讲座20余次，参与学生近3 000人。省级创业实习实训活动5次，培训学生200多人。9月，省教育厅启动了"千人创业工程活动"，各高校组织有创业意愿的学生参与培训6 000多人次，重点扶持770名大学生创业。各高校结合本校特点开展了多种形式的创业教育模式。武汉理工大学率先在全国开设了"创业教育实验班"，挑选50名优秀学生组建创业教育实验班，对学生进行创业教育理论、创业素质拓展、创业能力实践等三大模块的教学。

【鼓励毕业生到基层工作】 2010年，省高校毕业生就业指导服务中心继续做好了"农村教师资助行动计划"的方案制定、宣传发动、组织报名、签订协议等项工作。组织"播种希望与未来"资教先进事迹报告团到武汉市、黄石市、黄冈市等地巡回演讲，受到毕业生普遍欢迎。2010年，共有7 000多名毕业生报名参加"农村教师资助行动计划"，经面试、体检、考核等环节，从中确定了3 000多名资教生和"特岗"计划生到全省80多个县(市、区)乡镇中学任教。

【就业指导人员培训】 1月、6月、8月，省高校毕业生就业指导服务中心分别组织部分高校指导人员共计60人赴黑龙江省、江苏省、浙江省、陕西省等地进行高校毕业生创业教育培训，并实地考察当地高校创业教育情况，收到了良好效果。7月18日—23日，省高校毕业生就业指导服务中心组织湖北省部分高校77人在咸宁市开展了就业指导师资培训。培训班特邀请了具有心理学或相关专业背景，从事职业生涯规划课程教学，并受到学生高度评价的专家、教授授课。培训内容包括职业指导主要理论及其在教学中的应用，职业咨询辅导与务实，中外高校创业教育比较，职业指导师考试内容辅导，教学过程中难点问题探讨等方面内容。培训老师都取得了"全国职业资格职业指导师"证书。

【全省就业工作研讨会暨培训会】 10月26日—28日，省高校毕业生就业指导服务中心在宜昌召开了"全省高校毕业生就业工作研讨会暨就业管理业务培训会"。会议传达了全国普通高等学校毕业生就业工作研讨会精神；总结和交流了各高校毕业生就业工作的经验和做法；分析研讨了2011年高校毕业生就业形势，面临的困难及问题；通报了全省高校毕业生就业统计核查情况；交流了高校毕业生就业统计工作经验；进行了就业管理业务培训。全省有100多所高校和研究生单位，300多名就业部门负责人和业务骨干参加了会议。

【高校毕业生就业情况调研】 7月12日—25日，省高校毕业生就业指导服务中心按"985"高校、"211"高校、省属本科、高职高专和独立学院五类，抽样了华中科技大学、华中农业大学、华中师范大学、武汉纺织大学、黄石理工学院、湖北第二师范学院、湖北职业技术学院、恩施职业技术学院、武汉软件工程职业学院、武汉大学东湖分校、武汉理工大学华夏学院、华中师范大学汉口分校共12所高校，每校抽取200名毕业生通过网络方式开展了2010年离校前毕业生高校毕业生就业状况问卷调查工作，圆满完成了教育部下达的任务。

【毕业生就业信息化建设】 省高校毕业生就业指导服务中心开发并逐步完善"湖北高校就业网络联盟(网址：www.91wllm.com)"，有79所高校加入了就业网络联盟，试点院校扩展到30家。为全省高校网上招聘创造了条件，为广大毕业生提供了就业信息。2010年，依托就业网络联盟共组织网络供需会8次，协助全国就业中心组织网络供需会4次，参与用人单位1 760家，参与网上招聘学生7 663人，共有学生注册简历3 317份；同时，依托就业联盟网，组织开发了集学生派遣、企业管理为一体的"用人单位管理系统"，运用信息化手段管理用人单位和学生就业信息。

撰稿　黄建利

审稿　张烈文

○中小学后勤保障与勤工俭学

【概况】 2010年，全省中小学后勤保障与勤工俭学工作深入贯彻全国教育工作会议精神及《国家中长期教育改革和发展规划纲要》精神，加大农村寄宿制“菜篮子工程”建设及管理力度，大力推进学校后勤设施“十有八配套”①建设，扎实开展创建“放心食堂”、“放心超市”、“文明宿舍”、“绿色生态校园”四个创建活动，全面落实学校后勤精细化管理、人性化服务工作目标，为全省教育事业又好又快发展提供了强有力的后勤保障。

1.“菜篮子工程”建设，实现3 000所农村寄宿制学校蔬菜、副食基本自给或部分自给。

2.“五改五建工程”，90%以上农村寄宿制学校基本解决吃菜难、喝水难、洗澡难、就餐难、如厕难等“五难”问题。

3.“十有八配套”建设，2 235所农村寄宿制学校实现了基本配套，当年新增530所，其中，小学210所，初中320所。

4.“四个创建”活动，单项共授牌3 305个，当年新增2 000个，其中，100所学校达到省级综合创建标准。

5. 学校后勤工作人员培训完成4 005人次，其中，省级培训1 005人。

6. 校方责任保险义务教育阶段学校投保率达100%，非义务教育阶段学校投保率达90%；大中小学生参加城镇居民基本医疗保险或新农村合作医疗保险投保率稳定在80%以上。

3月17日18日，省教育厅在武汉市东西湖区召开了全省学校后勤保障工作暨现场观摩会

3月17日，省绿化委、省教育厅、省林业局在武汉市东西湖区新沟中学举行了“弘扬生态文明，共建绿色校园”创建年活动启动仪式

【全省学校后勤保障与管理工作暨现场观摩会】 3月17日－18日，省校办产业管理办公室（以下简称省校产办）在武汉市东西湖区召开全省学校后勤保障与管理工作暨现场观摩会。会议总结了武汉市东西湖区充分发挥区域优势，高标准、高起点实施学校后勤设施“十有八配套”和“四个创建”的做法和经验。对全省2010年

① “十有”：即有符合要求的食堂；有与学生规模相配套的餐厅；有与学生规模相适应的宿舍和床铺；有符合饮用标准的水源和供水设施；有水冲式卫生厕所及粪便无害化处理设施；有洗漱间和洗澡堂；有晒衣晒被场地及停车棚；有围墙、值班室和消防防盗设施；有为学生日常学习生活提供方便的消费服务网点；有改善寄宿制学生生活的蔬菜副食生产供应基地。“八配套”：即食堂与餐厅配套；餐厅与餐桌凳及消毒设备配套；宿舍与床铺、管理间及洗漱间配套；锅炉房与洗澡堂热水供应配套；厕所与沼气池和污水净化处理配套；洗衣间与晾晒场地配套；学生劳动实践与蔬菜副食生产供应基地建设配套；校园道路硬化与绿化美化配套。

学校后勤保障工作提出了新要求。会上，省教育厅对武汉市东西湖区等10个学校后勤保障工作先进县市和黄石市第三中学等14所学校后勤保障工作“四个创建”先进学校进行了表彰和奖励；省校产办对7个目标责任制综合完成情况良好的单位，15个校园风险管理先进单位和145名先进个人及5家连锁配送优质服务企业进行了表彰。省校产办与各市(州)勤办(校产办、后勤办)签订了2010年目标管理责任书，并对2010年的重点工作进行了安排部署。

【绿色文明校园创建活动】 省绿化委员会、省教育厅、省林业局印发《关于在全省开展“弘扬生态文明，共建绿色校园”活动的通知》决定，从2010年起，在全省中初等学校中开展“绿色文明校园”创建活动。3月17日，省绿化委员会、省教育厅、省林业局在武汉市东西湖区新沟中学举行了“弘扬生态文明，共建绿色校园”创建年活动启动仪式。省教育厅副厅长黄俭在启动仪式上要求全省各级各类学校要立即行动起来，动员广大师生积极投入到活动中去，积极开展丰富多彩的绿色主题实践活动，让学生和树木一起健康成长，人人都成为国家的栋梁之材。与会议代表和师生一起参加了校园植树活动。

【学校后勤保障目标管理】 3月29日，省校产办将2010年度全省学校后勤保障工作主要工作目标进行分解，将全省学校后勤保障工作的7项主要工作目标，以各市(州)所属县(市)及学校数和相关统计数据为基础分解到各市(州)。各市(州)纷纷将有关目标任务及时分解到县(市、区)和学校，为形成目标责任数量化、工作考核数据化制度的建立奠定了基础。

【农村寄宿制学校学生营养工程】 2010年，省校产办认真实施“农村寄宿制学校学生营养工程”，加强食堂管理人员和从业人员队伍建设，大力推行“培训食堂操作员”、“选派卫生监督员”、“培养营养指导员”、“邀请伙食质量评判员”和“聘请伙食成本监管员”等“五员制”工作机制，确保学生伙食营养和饮食安全。《光明日报》、《中国教育报》、《湖北日报》等中央、省市媒体，报道了湖北省农村寄宿制学校大力推行“五员制”工作机制。

【学校风险管理与服务】 4月16日，省校产办召开了有人保财险、人寿、平安财产、太平洋产险、太平洋寿险、中华联合保险等保险公司负责人及相关部门负责人参加的规范学校风险管理与服务工作座谈会。会议就依法依规加强协调与合作，共同携手规范学校风险管理服务行为，共同推动全省教育保险市场健康有序发展形成了共识，约定了规范学校风险管理和服务工作行为的“十个不准”，并将2010－2011学年度确定为教育保险市场规范管理年。

【校园连锁服务】 6月1日，湖北省中小学校校园连锁服务行业协作会在咸宁市召开，会议制定并通过了《湖北省中小学校校园连锁服务行业自律条例》。该条例的制定，有助于规范全省校园连锁配送企业和从业人员执业行为，保护企业的合法权益，维护行业发展的正常秩序，提高行业整体素质，倡导行业良好道德风尚，增强以法执业、诚信执业的自律意识，进一步促进教育消费市场的规范管理。

【高等院校大学生医疗保险】 8月5日，省教育厅在湖北饭店召开在汉高等院校大学生医疗保障工作会议，认真贯彻落实《省教育厅关于贯彻落实〈省政府办公厅关于将大学生纳入城镇居民基本医疗保险范围的意见〉的通知》(鄂教体艺〔2009〕23号)和《省教育厅关于推进大中小学生参加基本医疗保险工作的通知》(鄂教体艺〔2009〕36号)精神，推进在校大学生参加城镇居民医疗保险。全省在校大学生登记参保人数已超过100万人，其中武汉市辖区参保缴费学生65万余人，登记参保率80%以上，高于全国平均水平，大学生补充医疗保险试点工作顺利启动。

【中职学校学生实习责任保险】 省教育厅、省财政厅、中国保监会湖北监管局制定《关于在中等职业学校推行学生实习责任保险的实施意见》，落实教育部、财政部、中国保监会等三部委文件要求，并根据国家《招标投标法》，按照分开、公平、公正原则对中职学生实习责任保险承保公司实行了招标遴选。

【农村初中后勤校长培训】 7月中旬，省教育厅分别在华中科技大学、湖北第二师范学院对首批1 005名农村初中后勤校长进行了为期10天的专门培训，培训班以农村素质提高工程为平台，充分考虑后勤校长的实际需求和工作特点，聘请了有关高校、科研机构、政府部门专家和中学校长为学员授课，得到了广大学员的好评。通过培训，进一步加强寄宿制中小学后勤管理，提高学校领导后勤管理工作能力，提升学校后勤保障水平，促进学生健康成长。

【学校后勤保障工作检查】 12月7日－11日，省校产办组织13个小组对全省学校后勤保障工作进行了大检查。各检查组深入县(市、区)、学校，通过调研、走访、查看资料等多种方式，翔实掌握了第一手资料和相关数据，形成了各检查组的检查报告。对检查中发现的学校后勤保障工作中存在的问题，及时与被检查单位和学校交换了意见，提出整改要求。通过检查促进了各地的工作，同时也为各地提供了交流的平台，对全省学校后勤保障工作均衡发展发挥了积极作用。

撰稿　胡峥嵘

审稿　胡崇新

○教育技术装备

【中小学教育技术装备标准化建设】

1月7日，省教育厅在孝感市孝南区召开“全省推进中小学装备标准化建设暨实验教学现场会”。各市(州)县(市、区)教育局领导和教育技术装备部门负责人共300多会议代表参加了会议。省委高校工委书记、省教育厅党组书记蔡民族参加会议并讲话，省教育厅副厅长黄俭作了会议主题报告。会议总结交流了全省中小学装备工作的经验和做法，表彰了一批装备工作先进集体和先进个人，参观了孝南区6所中小学校。代表反映，这次会议对于贯彻落实全国中小学实验室标准化建设工作现场会精神、推动全省中小学装备标准化建设、加强教育技术装备管理等工作具有十分重要的意义。

【中小学装备标准化建设检查和督导】

全省教育技术装备标准化建设暨实验教学现场会召开后，省教育厅技术装备处(以下简称省装备处)印发《关于认真贯彻全省推进中小学装备标准化建设暨实验教学现场会精神的通知》，要求各地正确把握中小学装备标准化的内涵，认真贯彻落实现场会、《省教育厅关于贯彻实施〈中小学实验室规程〉进一步加强中小学教育技术装备工作的通知》和《省教育厅关于转发〈高中教学仪器配备标准〉的通知》精神，从七个方面积极推进中小学装备标准化建设。各市(州)及时将会议精神和文件要求进行了传达贯彻，并制定了建设发展规划，荆州市、宜昌市、恩施自治州、黄冈市等地还专门召开了建设规划会议进行布署。孝感市政府把“中小学装备标准化建设”和“健康教室建设”工程作为市政府年度十件“为民办实事”的一项重要内容，公开承诺到2013年完成，市教育局将建设规划责任到县(市、区)、落实到校，有序推进，让广大师生共享优质教育资源，受到了广泛关注和高度赞赏。

省装备处对20多个市(州)县(市、区)装备标准化建设工作进行了考察调研，与市(州)县(市、区)教育局及装备部门负责人一起分析情况、研究工作，及时提出指导意见。从全省综合情况看，经过一年来的努力工作，中小学装备标准化建设呈现了可喜变化，取得了新成效。政府和社会高度重视，形成了建设发展共识；制定了切实可行的建设管理规划，绝大部分市(州)、县(市、区)计划到2015年前全面完成装备标准化建设任务；基本建立了以政府财政投入为主的经费筹措投入长效保障机制；教育技术装备管理工作职能普遍得到加强；高中通用技术实践室建设全面启动，已完成配备130多所；大力开展实验教师培训，促进了实验教学常态化。

3月17日18日，省教育厅在武汉市东西湖区召开了全省学校后勤保障工作暨现场观摩会

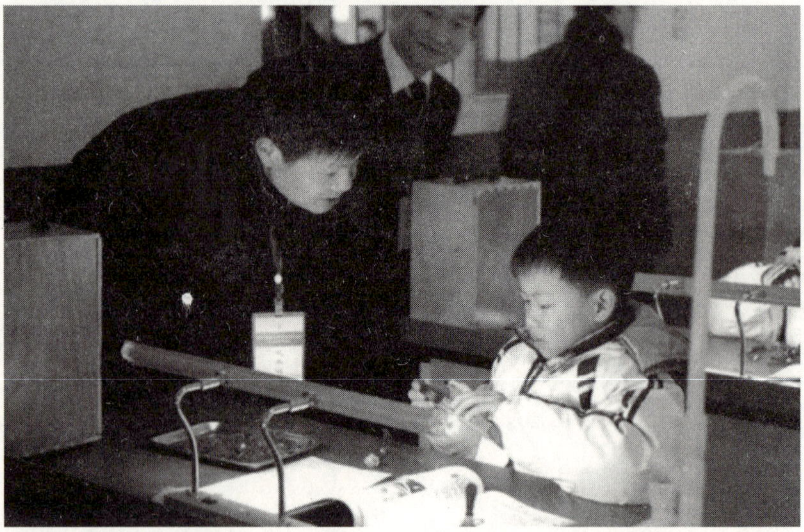

省委高校工委书记、省教育厅党组书记蔡民族参观孝南区中小学装备标准化建设和实验教学现场

【中小学学生读书征文和教师优秀实验论文评奖】 省装备处举办2010年“我读书、我快乐”（新华崇文杯）中小学生读书征文活动，共收到16个市（州）选送的征文1 485篇，评出一等奖106篇、二等奖220篇、三等奖236篇，宜昌市教育技术装备站等7个单位获组织奖。

在教育部、中国移动爱心图书馆室项目征文评比活动中，湖北省报送的征文作品获一等奖2篇，二等奖3篇，三等奖5篇。同时向小学无偿捐赠图书25 000册。

省装备处开展全省中小学教师优秀实验论文、学生“五小”论文评选活动，收到中小学教师优秀实验论文933篇、学生“五小”论文（作品）457篇（件），评出优秀论文一等奖306篇、二等奖272篇、三等奖247篇，授予武汉市教学条件装备处等21个县（市）装备部门优秀组织奖。

【优秀自制玩教具评选活动】 8月，省装备处在武汉市举办了“第二届全省幼儿园优秀自制玩教具评选活动”，制定了实施细则和评审方案。17个市（州）、江汉油田选送了281件幼儿玩教具作品参评，经专家评审，评出特等奖20件、一等奖45件、二等奖56件、三等奖160件；武汉市等10个单位荣获组织奖。11月，省装备处组织38人、推荐20件作品参加了第二届“人民书店杯”全国幼儿园优秀自制玩教具展评活动，钟祥市机关幼儿园制作的“可爱的气球娃娃”、武汉市武昌区丁字桥幼儿园制作的“百变图形”和“奇妙的镜子”等3件作品获一等奖，另有6件作品获二等奖、9件作品获三等奖。

【学校实验室建设项目招标采购和管理】 省装备处召开了2009年义务教育均衡发展试点县学校实验室建设项目部署会议，明确了各项目县（市、区）、学校及供应商的工作职责，要求各项目县（市、区）做好设备的接收、验收和资产登记等工作。完成了2009年义务教育均衡发展改革试点县（市、区）学校实验室建设专项补助经费2 590万元招标工作，为阳新县、洪湖市、曾都区等18个试点县（市、区）的208所初中、115所小学装备了理化生和科学实验室。

完成了黄鹤楼科技园2009年捐资1 000万元的体音器材的招标工作，为阳新县、随县等19个县（市、区）的394所初中各配备了1副标准篮球架（部分初中改换为乒乓球台）和1台电子钢琴，1 423所小学各配备了1副儿童篮球架和1台电子琴。经省和项目县（市、区）联合检测，所配设备器材质量优良。体音设备器材按时投入使用，为教育教学提供了较好的装备条件。

【特殊教育学校建设项目及仪器设备采购】 根据省教育厅、省发改委关于印发《湖北省特殊教育学校建设项目教学及康复训练仪器设备采购实施方案》的通知精神，按照各项目学校的资金到账情况，省装备处组织实施该项目设备的采购工作。到2010年底，9所项目学校（每校80万元项目经费）已有7所完成了设备采购和设备安装工作。

【省属高校及厅直属单位设备采购】 省装备处根据省财政厅下达的2010年省属高校2 270万元预算内教学设备项目资金，积极做好该项目的政府招标采购工作，截至12月底，有关高校共申报和完成采购计划2 060万元，占采购总额的90%。预算外政府采购预算8 384万元，有关高校共申报和完成采购计划5 564万元，占采购总额的66%。省装备处印发《关于做好教学仪器设备招标采购工作的建议的通知》，引导各地规范教学仪器设备采购工作。

【教学仪器设备行业管理】 省装备处编印了《湖北省教学仪器设备产品目录》，开展了教学仪器设备产品的质量和安全检查。组织全省教育技术装备部门和教学仪器生产经营企业参加第59、60届全国教学仪器设备展示会，湖北省参展企业53家，参展展位102个，均创历史新高。在湖南省长沙市举行的第60届展会上，湖北省企业展位达到60个，武汉科贝科技有限公司赞助承办方20万元成功举办“科贝之夜”大型产品推介活动，湖北世安科技有限公司“环保教育产品”、“健康教室产品”及理念，武汉华工紫龙科技有限公司“一体化多媒体教学设备”的创意，受到中国教育仪器设备行业协会和承办方的高度赞赏及各方面的关注。

考察、申报和审批了湖北省教学仪器设备行业协会会员10个、中国教学仪器设备行业协会会员8个。组织专家对3家企业14个产品进行了审核和鉴定，督促企业抓好产品质量，按产品标准生产，创新监管机制，规范行业行为。

组织召开了湖北省教学仪器设备行业协会会员大会，选举产生了第七届理事会，表彰了一批2009—2010年度先进会员单位。

撰稿　朱铁乔

审稿　石必汉

○现代远程教育与教育信息化

【现代远程教育】 2010年，全省深入推进远程教育基础设施建设，推动优质教育教学资源开发应用，加强中小学教师信息技术培训，提高信息技术教育质量。坚持建用并举，把基础设施建设与资源开发相结合、与教师培训相结合、与应用督查相结合，促进远程教育教学资源应用，提高远程教育资源应用水平，远程教育工作呈现新亮点。

1. 率先推动远程教育班班通工程建设。完成义务教育均衡发展试点县班班通工程建设，全省共建设班班通班级11 662个，培训班班通学校教师1 000余人，近10万农村中小学生受益。2010年，全省19个义务教育均衡发展试点县(市、区)的试点乡镇全部学校实现班班通，提高了农村薄弱学校的教育信息化水平。《中国教育报》2011年1月25日头版以《湖北义务教育"班班通"工程惠及10万农村娃》为题，对此进行了报道。

2. 加强远程教育特色优质教育资源开发。完成了全省"大家唱、大家跳"艺术教育活动配套教学资源的开发工作，编辑制作"大家唱、大家跳"活动教学资源共计时长40小时；开发制作《科学避险安全逃生演练》5集电视教学片，内容包括防震、防火、防水和防空等安全教育知识。10月，湖北省电教馆被教育部(艺术教育委员会)授予"全国学校艺术教育先进单位"称号。

3. 组织第三届"长江杯"全省农村小学生英语口语竞赛。第三届"长江杯"全省农村小学生英语口语竞赛有5万多名农村小学生参加。89名农村小学生参加了在武汉市举行的决赛。省委高校工委书记、省教育厅党组书记蔡民族，省教育厅副厅长黄俭观看比赛现场，并在颁奖仪式上对大赛给予高度肯定和赞扬。《楚天都市报》、《武汉晚报》等多家省内媒体给予关注和报道。

4. 继续办好湖北教育网台。完善远程教育技术服务体系，播发中小学、职业教育和高中课程改革等教育资源数据包3 600个，总计播发资源470G，为全省中小学教育教学提供资源支撑服务。湖北教育网台服务网站全年更新上传信息近2万条，点击量约200万人次。

5. 为农村党员干部现代远程教育服务。实施并完成全省农村党员干部现代远程教育卫星模式项目的建设任务，建设卫星接收点1 400个；与省委组织部正式签订"荆楚旗帜网"托管协议和技术服务合同，继续承办好省委组织部"荆楚旗帜网"和团省委"扬帆网"，完成荆楚旗帜网的改版工作，通过湖北教育网台播发农村科技、文化、医疗资源和信息，促进农村经济和社会发展。

【信息技术教师培训】 全省采取项目驱动，多方位、多层次、多途径开展信息技术教师培训，全年累计培训信息技术教师6.2万人次，提高教师信息技术应用水平。

1. 启动教师教育技术能力建设试点。项目覆盖天门市、洪湖市、枝江市、大冶市、监利县、谷城县、钟祥市等7个试点县(市)，举办5期试点县骨干培训班，培训骨干教师300人，各试点县培训学科教师7 300人。7月，在天门市召开项目工作现场会，落实教育部有关精神。全省18个市(州)教育局分管局长、电教馆馆长和7个项目试点县教育局负责人参加了会议。教育部项目办公室主任、中央电教馆馆长王珠珠出席会议，并肯定了湖北省的试点工作。

2. 组织实施全省"国培计划"项目。完成"国培计划——2010年农村义务教育学校教师远程培训示范项目"，培训教师4万人，湖北省被教育部授予优秀辅导教师和班主任7人、优秀学员22人、优秀省级管理员1人，湖北省电教馆等3家单位被授予优秀组织管理单位。启动湖北省"国培计划"中初中历史与社会、生物、地理、思想品德4个学科的远程培训项目，举办3期培训班，培训管理者、骨干培训者和学科教师近600人。孝感市利用远程教育，大力培训教师，全面培训教师6 160人。

3. 实施其他教师信息技术培训项目。完成潜江市、仙桃市2个项目县(市)、7个培训班的教育部英特尔基础课程培训计划，培训省级主讲教师280人、学科教师5 600人、学生400人。襄阳市在市电大开办因特尔未来教育培训班，培训教师200人。湖北省电教馆被教育部评选为省级组织管理先进单位，2所学校被授予教学应用优秀学校，10名教师也被授予全国优秀培训者，并获教学应用优秀成果一等奖1人、二等奖1人、三等奖3人。完成天门市"百县创新教师培训项目"，培训教师近1 000人。武汉市完成教育部—微软(中国)"携手助学"VCT应用实验项目，培训40名骨干学科教师。

【信息技术教育】 2010年，全省坚持点面结合，以研究引领应用，以活动促进应用，着力提高全省中小学师生信息技术素养和信息技术教育质量，促进信息技术与学科教学整合。

1. 指导各地各校做好教育技术课题研究。做好"农远课题"和"十一五"课题结题工作，2010年，恩施自治州、十堰市、天门市的22所学校全部通过中央电教馆"农远课题"结题，其中近10所学校获得优秀，占全国优秀课题校的三分之一。10月，在武汉举行了"十一五"课题结题培训研讨会，为全省"十一五"课题结题奠定了基础。

第十一届全国电脑制作活动开幕式

2. 开展群众性的学术交流活动。完成了“湖北省教育学会电化教育专业委员会”会员登记工作和相关管理工作。组织教师参加中国教育技术协会及其各分会、湖北省教育学会举办的多种群众性学术交流和竞赛活动。

3. 组织2010年全省中小学电脑机器人竞赛活动暨第十一届全国中小学电脑制作活动竞赛类项目湖北省选拔赛。培训活动组织者和技术骨干150余人。全省79支代表队、168名中小学师生参加了竞赛活动。组织参加全国竞赛，其中水果湖高级中学高晓天等7名学生进入全国前四、获得了重点大学的保送资格(大赛共设置20个保送名额)，另有4名选手进入前八，取得了湖北省参加该项比赛以来的最好成绩。本届大赛由省教育厅承办，各项承办工作得到了教育部以及中央电教馆的高度评价。

4. 组织2010年全省中等职业学校和中小学教师电教作品大赛暨第十五届全国多媒体教育软件大奖赛湖北区选拔赛。大赛共收集参赛作品850件，评选215件入围作品参加现场决赛，产生特等奖作品50件，一等奖作品112件，二等奖作品223件，三等奖作品372件。湖北省58件作品参加全国比赛，其中4件作品荣获一等奖、10件作品获得二等奖、8件作品获得三等奖，湖北省电教馆被中央电教馆授予最佳组织奖。

5. 组织“湖北移动校讯通杯”第五届“教育技术理论与实践”征文大赛暨全国中小学教师信息技术与教育创新论文大赛湖北选拔赛。大赛共收到省内外参赛作品5 000余件。经专家遴选300件作品参加现场“说论文”决赛，评选出110名特等奖。选送特等奖作品参加全国比赛，取得了一等奖4件、二等奖7件、三等奖14件、优秀奖34件，湖北省电教馆被中央电教馆授予优秀组织奖。收录前四届优秀获奖作品，编辑出版《教育技术理论与实践》一书，总结、交流信息技术应用经验，促进信息技术在新课程背景下的应用与创新。

6. 组织参加第二届全国中小学公开课电视展示活动暨说课专场展示活动。湖北省70件教师作品获奖，其中，一等奖15项、二等奖34项和三等奖21项，湖北省电教馆被中国教育电视协会、中国教育电视台授予优秀组织单位。

附：　　第十一届全国中小学电脑制作活动电脑机器人竞赛湖北省获奖名单

姓　名	学　校	名　次	项　目	备　注
高自生　刘天宇	襄樊市第五中学	全国第三名	高中组电脑机器人篮球竞赛	获重点大学保送资格
曹　汐　干天成	黄石市第二中学	全国第三名	高中组电脑机器人足球竞赛	获重点大学保送资格
高晓天　周鼎文	湖北省水果湖高级中学	全国第四名	高中组电脑机器人足球竞赛	获重点大学保送资格
赵文璇	黄石市第二中学	全国第四名	高中组电脑机器人灭火竞赛	获重点大学保送资格
童光聪　郭　畅	黄石市第二中学	全国第六名	高中组电脑机器人篮球竞赛	
刘子儒	广水市实验小学	全国第八名	小学组电脑机器人灭火竞赛	
夏羽茜	宜昌市第二十二中学	全国第八名	初中组电脑机器人灭火竞赛	

撰稿　兰惠玲　邵珠洲

审稿　方正平

【教育网络及信息化装备】　全省教育网络及信息化装备建设稳步推进。截至2010年底，全省共建市(州)和县(市、区)级教育网络中心98个，中小学联网学校6 246所，建成校园网3 421个，拥有计算机34.81万台，生机比为19.9∶1，信息技术专任教师7 766人，校师比为1.3∶1。

湖北教育信息网省网中心运维能力继续增强。2010年，中心通过招标采购了323万元的硬件设备。网站服务器与存储设备达130余台，各类存储空间容量达到10个T，调整了CERNET的教育网络出口，拓宽了中国电信、中国联通的互联网出口，基本满足e21网用户的访问需求。

【湖北教育信息网门户网站建设】　湖北教育信息网(e21)应用水平保持领先。2010年底，对湖北教育信息网首页进行了全新改版，页面风格更加符合“教育门户网站”的定位，网站导航更明晰，布局更合理，信息更新更及时。湖北教育信息网共建设了95个分网站和功能性服务栏目，17个市（州）级分网站，各类用户4 304 136个，自有信息资源6T以上。内容涵盖教育政务、教育新闻、招生就业、课程改革、学前教育、基础教育、高等教育、职成教育、学籍学位、家庭教育等方面。2010年6月25日，高考查分当天，湖北教育信息网最高日点击量达1.19亿次，网站连续4年查分当日点击量过亿次，网站（含中国教育信息网）全年总点击量为47.6亿次。

实施流量考核，网络安全进一步加强。从技术层面上对网站和web应用集群进行优化和调整，通过大型数据库的运维实践、技术培训及应用服务器虚拟化技术，提高了网站安全和应用管理能力，实现了各网站、系统日常运维工作的文档化、远程化管理。2010年，对220个网站（域名）进行清理，关闭长期无人使用和维护的网站50个，对剩余的170个网站确定了管理、联系部门及单位，确保了网站的安全。每月统计各分网站流量并进行考评，关注湖北教育信息网在国内外各大网站的最新排名，根据流量数据、来访咨询记录和用户体验情况，对各分网站存在的问题提出分析报告和建议，进一步提高湖北教育门户网站的点击率。

【网络宣传与舆情引导】 积极发挥教育网络舆论引导优势。湖北教育信息网新闻栏目全年共上传新闻24 314条，原创稿件数突破2 000条，同比增长35%（2009年原创稿件数为1 500条），审批新闻评论1 346条，新闻网总点击量为27 025万次。2010年，湖北教育信息网BBS论坛的点击量为7 418万次，同比大幅增长（2009年上半年的点击量为2 601万次）。2010年初，组织开展了湖北教育信息网首届教育好新闻评选工作，从1 500多篇稿件中共评出一等奖12篇，二等奖24篇，三等奖33篇，入围作品奖50篇。围绕全国教育工作会、中长期教育改革发展规划纲要、高等教育综合改革、义务教育均衡发展等重点宣传主题开展新闻报道工作，全年完成了130余次全省重大教育活动的采访报道宣传工作，其中，参与省委、省政府领导视察教育工作和省教育厅的重要会议活动报道60余次。

协助省教育厅做好网络舆情监控。制定了《湖北省教育信息化发展中心舆情监看、报送与管理办法》，对34家网站以及12所部省属高校论坛进行舆情监控和研判，以“舆情简报”方式及时上报省教育厅，全年共编发舆情日报182期，内参简报8期，有关情况说明20多期，针对重大网络舆情提供相关线索近百次。

注重宣传队伍建设。8月，省教育信息化发展中心举办了第二届湖北教育信息网通讯员、评论员研修班，由全省各市（州）、县（市、区）教育局以及学校推荐的湖北教育信息网通讯员、评论员共90余人参会；5月、11月，为湖北职业教育与成人教育网开办了2期培训班，共有173人参加了培训。12月，承办了由湖北省人民政府新闻办、省教育厅联合举办的全省高校新闻发言人暨舆论引导研修班，省属高校分管宣传的领导和宣传工作负责人共计260多人参加了研修，成功举办了在汉部属高校和部分省属高校新闻发言人媒体见面会，活动得到了全国各大媒体的广泛关注。

【资源建设与教学应用】 1. e21资源库基本架构完成。e21资源库于2010年6月完成基本架构，后随着网络教研平台的建设逐步完善和健全功能，12月，用户管理、教材管理、素材管理、资源管理等功能均已实现。e21资源库按照资源按照用途来分包括教学准备类资源、辅助教学类资源、课后总结反思类资源、教学活动类资源等四大类；按照资源本身的素材类型包含文本素材、图形图像素材、音频素材、视频素材、动画素材、交互素材、课件素材、案例素材等八个种类，至2010年底，储备资源44 694条。e21资源库改变了传统的直接在编辑区添加资源内容的方式，将资源以物理文件的格式上传，突破了编辑区对资源格式的限制，最大限度的保证了资源的完整性和独立性。

2. 高校精品课程资源实现共享。2009－2010年，省教育信息化发展中心组织对2003－2010年精品课程资源按年份、院校、科类进行了分类收集、整理，并将课程资源统一转换上传。通过验收的2003－2010年国家级、省级精品课程共995门，包含各类文件数量53 882个，其中视频资源3 404个，文档类包括教案、大纲等文件34 905个，共1 200G资源。2010年底，湖北省高等学校教育教学公共平台及湖北省高等学校精品课程资源共享平台正式开通。

3. 信息技术竞赛活动成绩斐然。4月，在黄冈、鄂州等地参与教育厅组织的示范幼儿园评估工作。5月，“第十届湖北省中小学电脑制作作品评选”暨“第四届湖北省中小学信息技术创新与实践活动（NOC活动）”学生现场赛和教师现场赛在武汉进行，各市州上报了2 256件师生作品，经省专家评审，共有610件电脑制作作品获奖，评出优秀指导教师70名，NOC活动学生项目获奖作品212件，优秀指导教师26人；NOC活动教师项目获奖作品1 010件；两项活动优秀组织奖获奖单位19个。“长江杯”第十一届全国中小学电脑制作活动夏令营于7月25日－8月1日在武汉市举办。本届夏令营由教育部中央电化教育馆和省教育厅联合主办，省教育信息化发展中心、湖北经济学院、省电教馆联合承办。来自全国31个省（直辖市、自治区）的参赛学生和观摩代表近1 500人参加了活动，湖北选手在本次活动中共计19人次获得一、二、三等奖。

4.“十一五”重点课题结题。完成中央电教馆“十一五”教育技术重点课题《学科网站群的建设及应用研究》、《科研课题网站管理系统的开发与应用研究》和专项课题《湖北幼儿教育网的建设及应用研究》等3个课题的结题工作，其中前两项课题被评为国家级优秀课题。

5. 开展幼教领域教育信息化学术研究。中国教育技术协会幼教协作研究会于2007年成立，是中国教育技术协会（挂靠中央电化教育馆）领导下的以推广全国幼教领域教育信息化为工作内容的全国专业性、学术性、群众性团体组织。12月9日，协作研究会召开理事扩大会议，组织了换届选举活动，湖北省教育信息化中心成为全国幼教协作研究会理事长单位，中心主任范义虎当选全国幼教协作研究会第二届理事会理事长。

【教育电子政务建设】 1. 省教育厅政务网站升级改版。结合全国首届教育门户网站评比活动，对照评比细则对省教育厅政务网站进行了升级改版，增强了功能和表现形式。做好政务信息及时更新，2010年省教育厅网站上传更新信息1 111件；增强与公众互动交流，引导社会公众参与公共管理和公共决策过程。2010年，省教育厅网站共收到网上信件4 815件，办结率100%，在线沟通系统2010年共计收到网上信件1 091件。2010年底，省教育厅政务网站在省政府举办的2010年度省政府门户网站绩效评估中取得第四名。

2. 开展各级各类教育政务网站绩效评估活动。在全国率先启动了市(州)县(市、区)教育政务网站、普通高中、初中和普通高校校园网站的绩效评估，有力地推进了教育政务、校务公开以及网络技术应用。汉阳区教育局网站等前20名网站评为优秀网站，同时还推荐十堰市教育局网站等8个先进市(州)网站参加全国评比，获奖比例在全国名列前茅。省教育信息化发展中心表彰了高中校园网站50强；公布了全省35所本科高校网站评估排名；2010年启动了全省初中学校、中职中专校园网站绩效评估工作。

3. 服务全省高招"阳光工程"能力提升。2010年，对湖北招生信息网进行改版，使之由信息发布类网站逐步转型为数据分析服务型平台。高招期间，信息技术人员直接参与招生网络技术支撑工作，开展了网上招生答疑工作，共回答提问26 296条；2010年，与中国电信合作首次启用"12580"参与高招答疑工作，高招咨询更趋专业化；招生期间，采编、制作了8期e21招生连线访谈节目；拍摄、印制了3 000套"2010年湖北省普通高校招生录取考生志愿填报讲解"光盘；举办了2010年第五届高招咨询会，200余所高校及教育机构参会，为全省45万考生及家长提供了咨询服务。

4. 推进全省高中课改网络化管理。2010年，完成高中课题支持平台12个子系统的调研、策划、测试、推广培训工作，形成了较为成熟的高中课改系统支撑环境，保障了"湖北省高中课改网络支撑平台"12个子系统的安全运行，初步实现课程改革信息化、网络化管理。截至2010年12月底，全省2009级40余万高中学生已通过系统完成了高一学期综合素质评价，17万高中学生通过系统维护了个人成长档案袋；2010级35万高中学生通过系统维护了个人学生信息。为确保学生熟练使用和操作高中课改网络平台，专门组编了《高中新课程与网络应用》(鄂教版)教材，在全省普通高中发行使用，帮助学生顺利走进新课程。

5. 以信息技术手段助力义务教育均衡发展行动计划。为配合全省义务教育均衡发展行动计划的实施，建设了"湖北省义务教育均衡发展行动计划"网络平台。2010年10月，在全省义务教育均衡发展专家指导下改造开发的"远程视频教学系统"正式上线，首先在宜昌市伍家岗区进行试点，通过远程视频教学系统，能实现不同学校、不同地域间教师的交互式评课和研课，深受师生欢迎。

6. 为湖北省中小学校舍安全管理工程提供技术保障。2010年8月，完成了校舍系统设备招标采购，安装校舍系统。8月24日，由省中小学校舍安全工程领导小组办公室(简称省校安办)举办、省教育信息化发展中心承办的全省中小学校舍信息管理系统(网络版)视频培训会在武汉市召开。各市(州)校安办、武汉市各区(县)校安办以及省教育厅直属学校信息采集工作负责人在省教育信息化发展中心主会场参加了会议，各县(市、区)校安办和各中小学信息采集工作负责人，近1万人通过设在县(市、区)和市直的105个分会场参加了远程培训。

7. 省政府第二批电子政务项目《湖北省高校毕业生就业公共服务平台》顺利中标。2010年，完成了该项目的招投标采购工作，并将系统数据迁移整合到省电子政务平台，组织第三方进行了测试，对系统进行完善和整改。

【市场推广和项目合作】 1. 与政府、教育部门合作的项目有新突破。通过招投标争取的省政府第二批电子政务项目湖北省高校毕业生就业平台、宜昌市教育公共服务平台项目顺利中标。对省教育信息化发展中心与中央电教馆合作的课题管理平台进行改版，完成了课题申报、评审功能模块的开发。自主研发的e21教育政务系统在罗田县和随州市曾都区试用。2010年，湖北省教育信息化发展中心还先后承担了湖北省博士、硕士学位授权点评审平台、湖北省优秀学位论文评审平台、湖北省教育科研网及其课题申报平台、湖北省教师教育网、湖北省高校科技课题申报系统、湖北省人文社会科学研究项目申报平台等系统开发和维护工作。

2. 网络技术应用的课程教材资源建设。2010年，省教育信息化发展中心与华中科技大学出版社合作开发的初中、小学《信息技术与网络》教材纳入政府采购；新的合作项目"第一课堂"已经实质性启动；省教育信息化发展中心与长江出版集团合作自主研发的《高中新课程与网络应用》教材已经省教育厅推荐试用；省教育信息化发展中心与武汉出版社合作开发的《中华经典诵读》系列教材即将进入立项审查。

3. 新的市场项目和服务平台建设。2010年底，省教育信息化发展中心与四川省考试院达成合作，承办《高校招生》杂志及其官方网站。省教育信息化发展中心先后与华中师范大学工程中心、国家考试中心、中国电信、中国移动、中国儿童少年基金会、广东全通公司、鼎师英语公司、武汉广电、湖北教育传媒、省电视台教育频道、湖北省企业职业技能鉴定站等单位开展了广泛联系与合作。

【教育信息化表彰与奖励】

1. 全国教育信息化比赛及其获奖情况

附：

2010年第十一届全国中小学电脑制作作品评选竞赛一等奖(5件)

作　者	指导教师	获　奖　项　目　名　称	单　　位	奖　级
黄子豪	彭　景	全国中小学生节能减排行动VIS设计	华中师范大学第一附属中学	全国一等奖
王　涵	彭　景	Modern时代	华中师范大学第一附属中学	全国一等奖
刘佩娅	彭　景	我的课改	华中师范大学第一附属中学	全国一等奖
何蕙仪	肖　慧	OK	湖北省水果湖高级中学	全国一等奖
文雪蒙	潘爱华	春天的花丛	湖北省松滋实验初级中学	全国一等奖

2010年第八届"全国中小学信息技术创新与实践活动"
学生一等奖(11件)

作　　者	单　　位	奖　　级
许静怡	湖北省应城市第一高级中学	恩欧希教育信息化发明创新奖
卢　康　卢　亮　胡宜楠	湖北省应城市第一高级中学	一等奖
田　湖　余天亮　刘宇璋	湖北省应城市第一高级中学	一等奖
张佳宁	湖北潜江市江汉油田油建学校	一等奖
赵钰荃	湖北仙桃三中	恩欧希教育信息化发明创新奖
姚　平	湖北仙桃二中	一等奖
汪政豪　刘羽然	湖北省黄厂街学校	一等奖
张应麟　赵明羊　余　悦	湖北黄石二十一中	一等奖
曾　坤　徐家豪	湖北省石首市东升一中	一等奖
龚　潇　吴志鹏　陈　杨　凌　志	湖北宜昌市第一中学	恩欧希教育信息化发明创新奖
安钰莹　郭　静	湖北荆门职业教育集团西校区	一等奖

2010年第八届"全国中小学信息技术创新与实践活动"
教师一等奖(15件)

作　　者	赛项名称	单　　位	奖　　级
徐玉枝	优秀课件	黄石市中窑小学	恩欧希教育信息化发明创新奖
卢天兵	优秀课件	十堰市茅箭区实验学校	恩欧希教育信息化发明创新奖
张仁义　晏练华　李永红	教学教具	湖北省应城市第一高级中学	恩欧希教育信息化发明创新奖
王祖春	教学实践评优	荆门市实验小学	一等奖
沈红阳	教学实践评优	宜昌市第一中学	一等奖
徐玉枝	优秀课件	黄石市中窑小学	一等奖
谭珍英	优秀课件	湖北省监利县玉沙小学	一等奖
刘菊芳	优秀课件	钟祥市承天路小学	一等奖
朱怀武　陈水娥	优秀课件	湖北省监利县周沟小学	一等奖
李文会	优秀课件	松滋市南海小学	一等奖
郭　娟	优秀课件	宜昌市李家湖小学	一等奖
卢天兵	优秀课件	十堰市茅箭区实验学校	一等奖
刘　静	优秀课件	十堰市东风第九中学	一等奖
余国安　唐　静　李　峥　王　娟	网络教研团队	黄石市沿湖路小学	一等奖
姚洪泗　王　敏　黄赫男　郭云至	网络教研团队	黄石市磁湖小学	一等奖

2010年第十四届全国多媒体教育软件大奖(幼教组)
一等奖(1件)

作　　者	作品名称	单　　位	赛　　项
邹　艳	奇妙的旅行	松滋机关幼儿园	课件

2010 年第四届全国幼儿园信息技术作品评选活动

一等奖(10 件)

作者	作品名称	单位	赛项
宋淑琴	美丽的春天	十堰市富康幼儿园	多媒体课件
张晓梅　熊婷婷	小白杨的围裙	武汉市汉阳区钟家村幼儿园	多媒体课件
邹　艳	奇妙的旅行	松滋机关幼儿园	多媒体课件
江美娟	有趣的亲子瑜珈	荆州市机关幼儿园	多媒体课件
胡译文	What would you like?	武汉市汉阳区玫瑰幼儿园	多媒体课件
朱翠芳　刘　艳	荷叶圆圆	宜昌市猇亭区教育幼儿园	多媒体课件
路玉婷	快乐城堡的秘密	葛洲坝福娃幼儿园	多媒体课件
云　霞	九只小猪旅行记	武汉市汉阳区德才幼儿园	活动实录
曹　红　吴红玲	十二生肖	荆州市政府机关幼儿园	多媒体课件
刘　霞	环保回收站	武汉市汉阳区钟家村幼儿园	活动实录

2. 教育技术课题研究及其成果获奖情况

中央电化教育馆“十一五”全国教育技术研究优秀课题

(2 项)

重点课题课题名称	课题负责人	主要研究人员
“学科网站群”资源建设及应用研究	范义虎	胡甫清　雷　春　姜新华　康　庄　李靖夫　叶　平
科研课题网站管理系统的开发与应用研究	范义虎	胡甫清　雷　春　康　庄　何丹丹　周晓丹　钟菡苕

湖北省省级优秀子课题(17 个)

课题名称	课题单位	课题负责人	主要研究人员
高中组			
高中数学网站的资源建设与应用研究	黄石市第三中学	马　洪	肖燕鹏　程国军　汤青婷　郝海滨　吴　娅
高中地理网站的资源建设与应用研究	黄石市第三中学	官本文	胡海栗　赵　虎　李祥日　黄敏新　宫经松
《湖北教育信息网(e21 网站)学科网站群资源建设及应用研究》课题东风一中“高三英语”子课题	十堰市东风高级中学	孙荣明	常红军　梁国民　门爱国　江保纯　翁　杰
《湖北教育信息网(e21 网站)学科网站群资源建设及应用研究》课题东风一中《高二物理学科网建设》	十堰市东风高级中学	康明利	甘仕伟　徐晓涛　李　峰　包桂林　徐应潮
学科网群高一信息技术网站建设	十堰市东风高级中学	陈义杰	刘丽梅　范海洋
“学科网站群”资源有效促进信息技术与学科教学整合的研究	武穴中学	陈佳绵	方崇高　田锡志　张杏珍　王中梅　刘齐英
“学科网站群”对学生信息素养培养的理论与实践研究	长阳土家族自治县第一高级中学	高　雷	闻礼华　田纯志　李雪松　田汗青　黎兴安
“学科网站群”资源有效促进信息技术与高中理科课程教学整合的研究	长阳县清江高中	曹二虎	刘玉新　张宏彬　曾祥云　刘红英　余祥新
“学科网站群”建设及应用研究——高二政治网	宜昌市夷陵区东湖高中	董诗明	谭世荣　赵春艳　万博文　郑世文　韩光辉
“学科网站群”高一语文主题学习资源的设计与开发的研究	枝江市第一高级中学	董　云	周　新　谭高景　方华容　尹保全　万　安
初中组			
以学科网站群的建设促进初中语文教学转型的研究	十堰市教育局东风分局第三中学	卢春芳	周邦喜　邹青峰　周盛德　商玉清　孔丽娟
学科网站群促进信息技术与初中物理教学整合的研究	钟祥市东桥镇初级中学	刘德华	魏　兵　王章慧　胡海涛　黄　兵　刘　钢
小学组			
小学信息技术学科主题学习网站的设计与开发研究	黄石市龚家巷小学	胡竞雄	朱封国　陈洪峰　郭长忠　谢西良　余　谨
“学科网站群”资源有效促进信息技术与数学学科整合的研究	利川市民族实验小学	王　超	张承峰　吴际平　谭天军　陈孟武　周　玲

课题名称	课题单位	课题负责人	主要研究人员
小学六年级英语网站资源开发与运用的研究	十堰市东风52小学	龚　明	种立春　刘运辉　刘　瑞　张建中　石红丽
“学科网群——小二语文”建设与应用研究	仙桃市实验小学	游传佳	冯　蕾　谢　坤　郑　昭　熊月容　杨　蓉
幼儿园组			
利用网络家园互动平台，促进幼儿园课程建设的实验研究	荆州市机关幼儿园	李玲莉	胡声权　李晓虹　江美娟　王晓娥　胡丽华

湖北省课题研究工作先进个人(60人)

单位	姓名
黄石市第三中学	李明涛　周秀恩　谈　玮　黄敏新　江贤猛
十堰市东风高级中学	康明利　甘仕伟　常红军　刘丽梅　陈义杰
武穴中学	方崇高　王中梅　张杏珍
长阳土家族自治县第一高级中学	高　雷
长阳县清江高中	张宏彬　骆祚武　曾祥云
宜昌市夷陵区东湖高级中学	董诗明　万博文
枝江市第一高级中学	谭高景　周　新　朱桂林
十堰市东风教育集团第三中学	卢春芳　邹青峰　孔丽娟
钟祥市东桥镇初级中学	刘德华　胡海涛　王章慧
黄石市龚家巷小学	胡竞雄　郭长忠　陈洪峰
利川市民族实验小学	王　超
十堰市东风教育集团52小学	种立春　刘　瑞　刘运辉　龚　明
松滋市刘家场小学	朱传超　熊　帅　王　鹏
仙桃市实验小学	熊月蓉　杨　蓉　潘红艳
荆州市机关幼儿园	李玲莉　江美娟　代　蓉　钱　丽
荆门市海慧中学	占正奎
长阳土家族自治县实验小学	方正寿
南漳县实验小学	潘从喜
利川市都亭第一小学	孙秋红
利川市都亭初中	张爱武
枣阳市第二实验小学	杨　凌
枣阳市第三实验小学	彭全起
潜江市实验小学	张晓娟
枣阳市第一实验小学	郭雁鸿
当阳市东群小学	李春艳
钟祥市旧口镇罗集第一初级中学	田晓春
武汉市硚口区井冈山小学	蔡伊绯
监利县实验幼儿园	袁燕燕
钟祥市长滩镇初级中学	张　兵

3. 各类网站绩效评估比赛及获奖情况

教育部教育管理信息中心“首届全国教育门户网站评比”

省级优秀教育信息网站(1个)

网站名称	网址	主办单位
湖北教育信息网	http://www.e21.cn	湖北省教育厅主管、湖北省教育信息化发展中心主办

地市级五十佳网站(4个)

网站名称	网址	主办单位
宜昌教育信息网	http://www.yce21.cn	湖北省宜昌市教育局
十堰教育信息网	www.sy.e21.cn	十堰市教育局
武汉市教育局政务网	http://www.whjyj.gov.cn	武汉市教育局
荆门市教育信息网	http://www.jm.e21.cn/	荆门市教育局

地市级优秀网站(4个)

网站名称	网址	主办单位
恩施土家族苗族自治州教育局	http://www.es.e21.edu.cn	恩施州教育局
仙桃教育信息网	http://www.xt.e21.cn	湖北省仙桃市教育局
孝感市教育信息网	http://www.xgjy.cn	孝感市教育局
黄冈教育信息网	http://www.hgjy.gov.cn	湖北省黄冈市教育局

县级五十佳网站(7个)

网站名称	网址	主办单位
武汉市汉阳区教育局	www.hyjyedu.com	武汉市汉阳区教育局
恩施市教育信息网	http://www.essedu.cn	恩施市教育局
江岸教育信息网	www.jajy.gov.cn	武汉市江岸区教育局
东西湖教育信息网	www.dxhedu.com	东西湖区教育局
松滋教育信息网	www.sze21.cn	松滋市教育局、松滋市电化教育技术装备中心
应城教育信息网	www.ycjyedu.net	应城市教育局
西陵教育信息网	www.ycxljy.com	宜昌市西陵区教育局

县级优秀网站(3个)

网站名称	网址	主办单位
当阳教育网	http://www.dye21.cn	当阳市教育局
江夏教育信息网	www.whjxjy.com.cn	武汉市江夏区电教仪器站
利川教育网	http://www.lce21.cn	湖北省利川市教育局

2009年度高中校园网站50强名单

学校	总分	学校	总分
麻城一中	94	湖北省荆州中学	88.8
湖北汉川二中	87	宜昌夷陵中学	86.8
汉川高中	86.6	黄冈中学	86.55
武汉市江夏区山坡中学	86.4	蕲春县第一高级中学	86.4
夷陵区小溪塔高级中学	85.8	安陆市第一高级中学	85.6
秭归县第一中学	85.2	武汉市第十二中学	85.05
宜昌市三峡高级中学	84.9	武汉市钢城四中	84
汉川市第一高级中学	84	湖北襄樊四中	82.1
钟祥市旧口高级中学	81.9	嘉鱼县第一中学	81.4
襄樊市致远中学	81.3	武穴市育才高中	79.2
襄樊五中	79.05	武汉市长虹中学	79
恩施市第一中学	79	华中师范大学第一附属中学	78.95
枣阳市第一中学	78.55	湖北省天门中学	78.55
荆门市掇刀石中学	78.2	宜昌市第一中学	78

学　　校	总　分	学　　校	总　分
黄石市第三中学	77.95	宜昌市第七中学	77.5
枣阳市第二中学	76.9	松滋市第一中学	76.6
武汉市情智学校	76.45	武汉市第十一中学	76.35
湖北省大冶市第一中学	76.05	十堰市郧阳中学	75
武汉市东湖中学	75	湖北省仙桃中学	74.8
荆州市沙市第五中学	73.95	枣阳市高级中学	73.9
大冶市实验高中	73.85	孝感市第一高级中学	73.45
武汉市第二中学	73.25	黄梅县第一中学	72.9
钟祥市第一中学	72.85	巴东县第一高级中学	72.8
湖北大学附属中学	72.2	武汉市第四十九中学	72.05
十堰市第二中学	72	十堰市第一中学	70.85

2010年度全省县(市、区)教育局优秀门户网站名单

市、州	优　秀　门　户　网　站
武汉市	武汉市汉阳区教育局网　武汉市江岸区教育局网　东西湖教育信息网　江夏教育信息网
黄石市	大冶教育信息网
襄樊市	谷城教育信息网　保康县教育局网
荆州市	松滋教育信息网　公安县教育局网
宜昌市	宜都教育网　远安教育信息网　当阳教育网　西陵教育网
黄冈市	麻城教育信息网　红安教育信息网　罗田教育信息网
十堰市	郧县教育信息网　丹江口教育信息网
孝感市	应城教育信息网　云梦县教育局网　安陆教育信息网
荆门市	沙洋县教育局网　东宝区教育局网　掇刀教育信息网
随州市	广水教育信息网
恩施州	利川教育网　恩施市教育信息网

2010年度全省本科高校网站绩效评估优秀网站名单

湖北经济学院	网址：http://www.hbue.edu.cn	湖北大学	网址：http://www.hubu.edu.cn
湖北师范学院	网址：http://www.hbnu.edu.cn	华中师范大学	网址：http://www.ccnu.edu.cn
中国地质大学	网址：http://www.cug.edu.cn	华中科技大学	网址：http://www.hust.edu.cn
武汉大学	网址：http://www.whu.edu.cn	孝感学院	网址：http://www.xgu.cn
武汉科技大学	网址：http://www.wust.edu.cn	湖北第二师范学院	网址：http://www.hubce.edu.cn

【教育信息化交流】 1. 战线联系与业界交流学习。2010年3月，由省教育厅办公室与省教育信息化发展中心联合举办的2010年全省教育网络中心主任会在省教育厅召开，来自全省各市、州、直管市教育局分管局长、教育网络信息中心主任、大型企业约60人参会，同时，通过各县(市、区)馆站长通过远程视频方式参会。2010年，先后接待各类考察、调研、来访活动50余次。

2. 湖北教育信息网知名度进一步提升。根据教育部《教育信息化》杂志等第三方排名统计，湖北教育信息网继续保持全国省级教育网站第一，在全国教育技术界的知名度进一步提升。2010年1月，湖北教育新闻网“教育新闻”栏目被省委宣传部、省委外宣办联合授予“2009年度湖北省互联网站品牌频道”；8月，在教育部教育管理信息中心举办的首届全国教育门户网站评比中，湖北教育信息网被评为“省级优秀教育信息网站”；11月，在中央有关部委举办的第三届中国新媒体节上，湖北教育信息网获“2010中国行业门户网站十大新领军品牌”称号。

撰稿　刘静明

审稿　范义虎

○教育科研与学术团体

【湖北省中长期教育改革和发展规划纲要研究】 2010年，《湖北省中长期教育改革和发展规划纲要》(研究版)项目组开展了大量调查研究，先后到山东省、江苏省等地考察学习，了解山东省、江苏省等9个省的动态；开展了湖北省情研究，进行了大量数据统计分析，研究提出了湖北省各级各类教育的发展目标，协同省统计局、省计生委开展人口发展趋势预测；开展了对外省规划纲要的比较和分析，特别是中部各省规划纲要的目标与重大政策措施研究。在开展研究并吸收10个专题研究成果的基础上，完成了《湖北省中长期教育改革和发展规划纲要》(研究版)的起草工作，研究成果在省教育厅理论务虚会上印发交流。

【高中课程改革项目研究】 《高中课程改革实施监控及有效性研究》课题组初步完成了湖北省高中课改重大研究项目绩效评估指标的研制，拟从研究设计、研究实施、研究成效等方面对10个项目进行过程绩效评价，为推进全省高中课程改革发挥决策咨询和参谋作用。《校本教研制度建设和学习型组织建设研究》课题组深入样本校通过召集学校领导、教研组长座谈会，调查了解学校开展校本教研中存在的问题和困难，共同研究解决办法和项目推进方式；研制了高中开展校本教研现状、制度建设现状和学校教师现状的调查问卷及统计模版，下发到各学校，指导学校根据问卷调查获取的数据撰写调查报告；组织召开了高中校本教研样本校的前期工作研讨会和培训会。

【教育规划纲要重大项目课题研究】

“推进素质教育研究”成果《关于2010—2020年在我省切实推进素质教育的基本思路》的主要成果被吸收进《湖北省中长期教育改革和发展规划纲要》。“湖北省教育改革的体制创新研究”项目组形成了“湖北省经济社会发展及其对教育改革的影响”、“湖北省义务教育均衡发展体制创新及发展模式”研究报告，“武汉城市圈教育综合改革调研报告”和“湖北省教育改革和体制创新研究总报告”，在省教育厅理论务虚会交流，并通过专家评审鉴定。湖北省义务教育均衡发展研究项目组撰写了《湖北省义务教育均衡及基础教育发展战略研究总报告》、《湖北省义务教育均衡发展战略研究报告》、《监利县义务教育均衡发展报告》和《湖北省普通高中发展战略研究》等4份报告。对崇阳县、潜江市、通山县、宜昌市夷陵区、江汉油田、鹤峰县、鄂州市华容区、神农架林区、洪湖市、监利市等10个县(市、区)的义务教育均衡发展进行了调研和指导，于8月召开了全省义务教育均衡发展阶段工作会议。在神龙架林区、宜昌市伍家区、潜江市和鹤峰县借助网络开展结队帮扶和网上联校管理与教研的试点研究。12月3日，在宜昌市伍家岗区召开神龙架林区和宜昌伍家区，潜江市和鹤峰县4个县(市、区)的“网络联校管理和教研”工作会。

【湖北省特殊教育研究】 湖北省特殊教育调查研究项目组分别到武汉市盲校、武汉市第一聋哑学校、武昌培智学校和黄石市特殊教育学校开展调研。研究设计了湖北省特殊教育事业发展问卷调查表，向全省17个市(州)和120个县(市、区)教育局以及72所特殊教育学校发放了调查问卷，运用SPSS统计软件包对相关数据进行了初步分析，形成了湖北省特殊教育改革发展调研报告。开展了国际、国内特殊教育改革发展的文献研究，比较了北京市、上海市等13个省(市)特殊教育改革发展的经验，分析了国际特殊教育发展的共同趋势。

【湖北省2010年度教育科学规划课题】

2010年，全省各地、各高校通过网上申报课题724项。经专家评审，省教科规划领导小组审定，2010年度共立项600项课题，其中重点课题88项，专项资助重点课题23项，立项课题477项，专项资助课题12项。

【湖北省市(州)教科院(所)长工作联席会议】 1月14日—15日，湖北省2009年度市(州)教科院(所)长工作联席会议在潜江市召开，全省各市(州)的教科院(所)长参加会议。会议交流了2009年的工作经验和2010年的工作思路，对促进湖北省教育科研工作改革与发展提出了明确建议。对全国部分省(市)及省内各市(州)教科研机构设置、人员编制、职能、经费等方面情况进行了调研，并向省教育厅党组提交了调研报告及建立省教科院的建议。2010年10月，“湖北省教育科学研究所”网站开通。

撰稿　刘国卫　任会兵　姜瑛俐
李文鹏　罗国华
审稿　刘青春

【社团管理】 积极支持教育社团发展，2010年新批准建立教育类社团3家、教育类社团分支机构14个，批准成立教育基金会10家。严格社团管理，配合省民政厅，对省教育厅管理社团进行了年度检查。

【教育社团】 2010年底，全省共有教育类社团53个、教育基金会19个，拥有团体会员近2 500个，个人会员43万多人。团体会员和个人会员已遍及全省各市州、直管市、神农架林区、省直单位、大专院校、大型企事业单位。

省教育厅主管的社会团体：
湖北省心理卫生协会
湖北省高等教育学会
湖北省教育学会
湖北省高校思想政治教育研究会
湖北省高校校办产业协会
湖北省教育史志研究会
湖北省高等教育行政管理学会
湖北省高校老年协会
湖北省高等学校党建研究会
湖北省教育国际交流协会
湖北省职业技术教育学会
湖北大学校友会
湖北工业学院校友会
武汉体育学院校友会
湖北省教学仪器设备行业协会
湖北省高等学校领导科学研究会
湖北省民办中小学幼儿园协会
湖北省教育经济学会
湖北省普通高等学校国防教育协会
湖北省高等学校学报研究会
湖北省高校马克思主义理论教育研究会
湖北省大学生体育协会
湖北省老教授协会
湖北省研究生教育研究会
湖北省高等学校后勤管理研究会
湖北省高校研究生就业工作促进会
湖北省教育审计学会
湖北省三峡大学校友会
湖北省学生家长教育促进会
武汉理工大学校友会
湖北省心理健康教育与咨询研究会
中国人民大学湖北校友会
湖北省中小学校长协会
武汉科技学院校友会
华中农业大学校友会
郧阳医学院校友会
湖北省黄石理工学院校友会
湖北经济学院校友会
湖北省学习学研究会
襄樊学院校友会
湖北省高等学校实验室工作研究会
湖北省研究生德育研究会
湖北警官学院校友会
湖北省教育法律与政策研究会
湖北省素质教育研究会
江汉大学校友会
中南民族大学校友会
湖北师范学院校友会
湖北职业技术学院校友会
湖北民族学院校友会(2010)
孝感学院校友会(2010)
湖北中医药大学校友会(2010)

省教育厅主管的教育基金会：
湖北省刘道玉教育基金会
武汉大学教育发展基金会
湖北省教育基金会
武汉大学马克昌法学基金会
襄樊学院教育发展基金会
湖北兴发之星教师奖励基金会(2010)
武汉大学韩德培法学基金会(2010)
中南财经政法大学教育发展基金会(2010)
华中农业大学教育发展基金会(2010)
湖北省武汉中学教育发展基金会(2010)
华中科技大学教育发展基金会(2010)
中国地质大学(武汉)教育发展基金会(2010)
长江大学教育发展基金会(2010)
武汉理工大学教育发展基金会(2010)
湖北省宜昌一中教育发展基金会(2010)
孝感学院教育发展基金会(2010)
武汉理工大学华夏学院教育基金会(2010)
中南民族大学教育发展基金会(2010)
华中师范大学教育发展基金会(2010)

社团分支机构：到2010年底，有13个社团设有分支机构，分支机构总数为94个。

湖北省教育学会的分支机构(43个)
书刊发行专业委员会
中青年教育理论工作者委员会
教育技术装备专业委员会
中小学美术教育专业委员会
中小学音乐教育专业委员会
教育信息化专业委员会
书法教育专业委员会
电化教育专业委员会
中学生物专业委员会
中小学外语专业委员会
中学数学专业委员会
小学语文专业委员会
中学语文教学法专业委员会
中小学德育专业委员会
教育史专业委员会
中学历史专业委员会
中学语文专业委员会
教育管理专业委员会
中学政治专业委员会
比较教育专业委员会
中小学劳动劳技专业委员会
小学数学专业委员会
教育学专业委员会
中学物理专业委员会
教师教育专业委员会
中小学科学教育专业委员会
体育专业委员会
特殊教育专业委员会
民族教育专业委员会
中学地理专业委员会
学前教育专业委员会
教育心理学专业委员会
中小学信息技术教育专业委员会
小学思想品德专业委员会
教育督导专业委员会
中学化学专业委员会
依法治校研究专业委员会
勤工俭学专业委员会
农垦分会
中学后勤管理专业委员会
农村教育研究分会
中小学综合实践活动专业委员会
舞蹈教育专业委员会

湖北省高等教育学会的分支机构(13个)
大学学习科学专业委员会
高校师资管理专业委员会
保卫学专业委员会
大学外语教学专业委员会
卫生工作者分会
金工教学专业委员会
艺术设计专业委员会
高职高专招生工作委员会
学籍管理专业委员会
高职高专教育分会
产学研合作教育专业委员会
高校毕业生就业指导专业委员会
高校计算机教育专业委员会

湖北省教育国际交流协会的分支机构(5个)
引智工作研究会
外国留学生教育管理研究工作专业委员会
高校学校出国留学工作管理研究专业委员会
对外汉语教师工作委员会
中外合作办学专业委员会

湖北省教育史志研究会的分支机构(2个)
江汉工学教育专业委员会

老区教育专业委员会

湖北省高校思想政治教育学会的分支机构(8个)

高校教职工思想政治工作专业委员会

高校思想教育课程建设专业委员会

湖北大学生心里咨询研究分会

研究生思想教育研究专业委员会

高校校园文化建设研究专业委员会

高校学生工作研究专业委员会

高职院校学生思想政治教育与管理工作专业委员会

民办高校分会

湖北省高校领导科学研究会的分支机构(1个)

《领导科学论坛》编辑部

湖北省高等学校学报研究会的分支机构(3个)

理科专业委员会

文科专业委员会

高职高专专业委员会

湖北省高校校办产业协会的分支机构(2个)

企业专业委员会

管理专业委员会

湖北省心理卫生协会的分支机构(8个)

省妇幼心理卫生专业委员会

儿童青少年心理卫生专业委员会

老年心理卫生专业委员会

临床卫生专业委员会

性心理卫生专业委员会

运动心理卫生专业委员会

高校心理卫生专业委员会

心理咨询与心理治疗专业委员会

湖北省职业技术教育学会的分支机构(6个)

教学工作专业委员会

农村职教专业委员会

职业学校管理工作专业委员会

中等职业学校德育工作专业委员会

职教工勤工作专业委员会

中等专业学校招生工作专业委员会

湖北省民办中小学幼儿园协会的分支机构(1个)

民办幼儿园专业委员会

湖北省老教授协会的分支机构(1个)

华杰科技开发培训中心

湖北省学习学研究会的分支机构(1个)

湖北省学习学研究会中小学分会

撰稿　蔡传德

审稿　方向荣

【湖北省高等教育学会】　3月26日—27日，湖北省高等教育学会在在中国地质大学(武汉)组织召开了湖北省高教学会“纪念改革开放三十周年暨第六届理事会第五次理事会议和2008年学术年会”。70多所高校的130多位代表参加了会议。6月，湖北省高等教育学会组织湖北省教育科学研究所、华中科技大学、武汉大学、华中师范大学、武汉理工大学等13个单位的专家学者，对学会重点协作课题“提高高等教育质量的理论与实践研究”3年多来的研究成果进行了梳理和汇总，出版专著《高等教育的生命线——高等教育质量的理论与实践问题研究》(武汉大学出版社2009年6月出版)。12月3日—7日，经省教育厅和省民政厅批准，学会在湖北交通职业技术学院成功组织开展了湖北省首届高职教师教学技能竞赛，43所高职院校的141位选手参加了决赛。竞赛活动的举办，使学会组织开展的全省高职“师资队伍建设、专业建设、课程建设、教材建设”合作研究与交流迈上了新台阶。

【湖北省教育经济学会】　9月18日，湖北省教育经济学会在省教育厅召开了常务理事会议，通过了召开第三次会员代表大会的决议。12月12日，湖北省教育经济学会在华中科技大学召开了第三次会员代表大会暨2009年学术年会，全省有关高等学校、市(州)教育局及学校共200名代表参加了会议，省民政厅、省社科联等部门负责人出席了会议，会议进行了学会换届和学术交流。会员代表大会通过了第二届理事会工作报告、财务报告和章程修订稿，选举产生了学会第三届理事会、常务理事会成员，无记名投票通过了学会新会费标准和学会第三届理事会理事长、副理事长和秘书长人选。新一届理事会一致同意邀请省教育厅厅长陈安丽任本会名誉会长。学术年会上，华中科技大学教授沈红作了题为“大学贫困生资助——基于全国四项调查的基本分析”的学术报告。与会专家学者还就地方高校的教育资源浪费问题、中职教育的财政投入、大学生就业中人力资本与社会资本的效用、学生贷款偿还运行效率、加强湖北省教育经济学研究团队建设、明晰教育经济学研究方法等问题展开了热烈讨论。

【湖北省教育学会特殊教育专业委员会】　4月，湖北省教育学会特殊教育专业委员会组织全省培智学校教师的听课、评课、说课、课件制作和论文写作培训会，在各市(州)推荐的基础上，20多名全省培智教育的语文和数学教师参加了首届培智学校教师技能大赛。学会推荐获省一、二等奖的6名选手参加了“全国启智杯教师技能大赛”，在全国比赛中湖北省参赛教师获一等奖1人、二等奖2人。

撰稿　李友玉　任会兵　姜瑛俐

审稿　刘青春

【湖北省教学仪器设备行业协会】　2010年11月8日—9日，湖北省教学仪器设备行业协会(以下简称“协会”)在武汉召开了第六届会员大会，参会会员120多人。会议表决通过了新一届理事会候选人名单、会议议程和会长何承杰所作的工作报告，进行了换届选举投票。选举产生了协会第七届理事会，黄新忠等23人当选第七届协会理事会理事。会议还表彰了一批2009—2010年度先进会员单位。省民政厅社团管理处副处长赵霞参加会议并讲话。

截至2010年12月，协会有团体会员101家，其中有中国教学仪器设备行业协会会员38家。据统计，协会企业会员2010年度实现生产经营收入5亿多元，生产经营收入突破3 000万元的有8家。

撰稿　朱铁乔

审稿　石必汉

○教育期刊

【《湖北招生考试》】 2010年，《湖北招生考试》秉承“为考生服务，为招生考试工作服务”宗旨，围绕“办一流刊物，创一流品牌”目标，推行“一刊为主，多刊并进”战略，宣传招生考试政策、解析招生考试规则、发布招生考试信息、展示招生考试成果、研究招生考试理论、开展招生考试辅导，成功地把一家省级地方杂志打造成业界著名品牌，形成了全国性广泛影响。

《湖北招生考试》为半月刊，有“高考资讯”、“理论研究”、“出彩作文”、“快速阅读”4种专版，期发行量40余万份。《湖北招生考试》发行质量和数量明显提高，仅《高考资讯》一种专刊的市场占有率达95%左右。

撰稿 徐光木

审稿 张 洁

【《学校后勤保障》】 2010年，《学校后勤保障》坚持把贯彻落实科学发展观、推进基础教育的改革与发展作为努力目标，以“服务基础教育、服务素质教育、服务师生生活”为工作重点，围绕学校后勤与勤工俭学中心工作，较好地完成了《学校后勤保障》杂志全年12期的策划、编辑，实现了宣传工作有安排、有目标、有重点、有特色的要求，为学校后勤与勤工俭学的发展做好舆论工作。

撰稿 胡峥嵘

审稿 胡崇新

【《中小学实验与装备》】 2010年，《中小学实验与装备》出刊6期，累计发行3万份；刊载各类文章263篇共计56万余字，稿件利用率37.5%；信息密度1.33面/篇≈12篇/印张；其中中小学实验教学与实验教学管理文章51%，期刊被2 978个国外网站列入资料信息源。杂志重点刊登了宜昌市、黄冈市、孝感市，当阳市等市县教育技术装备工作建设管理经验，努力加强对“新课程新标准”、“实验教学”、“仪器自制与改进”、“实验改进与科技创新”等栏目的指导，针对新课标下实验教学中出现的问题和教材的重难点，选登刊用在实验教学中出现的新成果，开展学术讨论，进行技术切磋，寻求实验教学设计、实验指导以及改进实验方法的新途径、新方法，有多篇新课改论文被国家出版部门学术期刊信息中心资料库收录。

撰稿 朱铁乔

审稿 石必汉

【《信息化教育通讯》】 《信息化教育通讯》系经湖北省新闻出版局核定，由湖北省教育厅主管，湖北省教育信息化发展中心、湖北教育信息网(e21网站)、湖北省教育学会教育信息化专业委员会主办的湖北省教育系统首家公开网络多媒体电子杂志，是湖北省教育学会教育信息化专业委员会会刊。

该网络杂志依托湖北教育信息网(e21网站)对外发布(网址为：http://dzzz.e21.cn)，以荟萃教育信息化研究成果、搭建学科整合交流平台为目标，以介绍湖北省教育教学信息化、教育管理信息化、远程教育信息化和基础教育课程改革为主要内容，利用文本、图片、音频、视频、动画等多种生动直观的形式，宣传国家教育信息化方针、政策，报道教育信息化热点、动态，交流课程整合经验、成果，探讨教育信息化理论、方法，为广大读者提供利用网络进行交流、探讨的新天地。2009年共编辑上传4期，发稿50余万字。网络杂志稿源丰富，访问量和关注度不断提升，通讯员队伍不断壮大。

撰稿 刘静明

审稿 范义虎

【《软件导刊·教育技术》】 2010年，《软件导刊·教育技术》杂志按时出版杂志12期，发表科研论文420篇，有力促进了全省教育技术理论与实践水平的提高。全年邮局发行杂志突破5 000份，出版印刷55 400册。

撰稿 邵珠洲

审稿 方正平

○对外合作与交流

【概况】 2010年，省教育厅向英国、德国、美国、巴西等国家和地区派出25个教育团组，出国(境)214人次。其中，考察交流团21个，厅机关出国(境)26人次；培训团4个，126人次出国培训。受理公派出国留学申请532人，其中，申请全额奖学金521人，其他奖学金申请11人；国家留学基金委录取湖北省高级研究学者及访问学者116人(部委属高校105人，省属校11人)。全省招收港澳台地区及华侨学生1 199人。

【中外合作办学】 全年共受理24所院校申报的中外合作办学项目51个，批准大专项目15个，高中项目4个，审核申报本硕项目10个，对9个到期中外合作办学项目进行了复核；武汉理工大学中英合作艺术设计专业本科项目获教育部批准，实现了湖北省本科项目零的突破。截至年底，全省共有中外合作办学机构和项目97个。制定《湖北省教育厅关于高职高专中外合作办学的若干意见》，为全省中外合作办学进一步规范和发展提供政策依据。

【外国留学生工作】 全年新批来鄂留学生2 595人(含港澳台生95人)，截至年底，全省20所高校招收来自155个国家的外国留学生，在校生人数达到8 465人，比2009年增长16.6%。学历生达5 664人，占总数66.9%；在校长期生7 356人，占总数86.9%。在鄂留学生整体情况平稳。

修订并公布《湖北省外国留学生奖学金管理办法》，为支持和指导全省特别是省属高等院校扩大外国留学生的招生规模提供了政策保障。

【海外培训】 组织高校和中学各48名英语教师赴英国培训，6名中学英语教师赴澳大利亚培训，24名资教生赴英国培训。

制定《湖北高校教师国际交流计划》，重点资助省属高校选派教师赴海外留学和培训。

【引智工作】 全年新批聘外资格教育机构7家，总数达321家；新聘外籍教师(文教专家)893人，在鄂长期外籍教师总数1 904人；批准“世界著名科学家来鄂讲学计划”立项56个，完成执行46项，同时完成2008年、2009年未执行项目6个。

11月2日，在湖北工业大学举办第一届“世界著名科学家武汉论坛”。来自美、英、日、加等国家的数十位世界著名科学家、武汉大学等知名高校的专家学者、联合利华等跨国企业的知名工商业人士一起，以“亲水胶体发展趋势”为主题进行深入研讨。此次论坛共举办14场高水平学术报告会，同时进行了“湖北工业大学菲利普斯亲水胶体研究中心”揭牌仪式。

【汉语国际推广】 组织6个批次不同类别的汉语教师遴选工作。其中，7名赴美关键语言教师进入面试阶段；遴选14人参加国家公派汉语教师，录取6人；遴选11人参加孔子学院汉语国际推广志愿者选拔；全年组织136人分别参加赴美国、印尼、新加坡和泰国汉语志愿者选拔，其中44人被录取。

4月，中国国家汉语国际推广领导小组办公室(即国家汉办)批准华中师范大学第一附属中学在德国承办德国浮士德文理高级中学孔子课堂，系湖北省第一家海外孔子课堂。

6月，国家汉办批准华中师范大学在印尼建设孔子学院，至此，湖北省海外孔子学院增至16所；2010年召开的全国孔子学院大会从全球300多所孔子学院中评选出来的32所优秀孔子学院中，湖北省就有4家，湖北大学的2所孔子学院全部入选。

12月，美国中小学校长访华之旅一行43人来鄂访问。

【拓展对外(港澳台)交流空间】 全年接待挪威泰勒马克郡郡长、非洲塞舌尔教育部长、英国艺术教育代表团等来自15个国家和地区的教育团组29个，共计180多人次；与英国驻中国大使馆教育处合作举办“湖北－苏格兰创意艺术教育论坛”。

加强湖北省与挪威泰勒马克郡的教育合作与交流。省教育厅厅长陈安丽与挪威泰勒马克郡签署了“中欧对话”项目合作协议；湖北省幼儿师范学院与泰勒马克大学学院签署了合作备忘录。

对港澳工作方面，武昌水果湖第一小学、武昌水果湖第二中学分别与香港保良局陆庆涛小学和香港保良局罗氏基金中学签订了合作协议；根据教育部港澳台办的要求，选派4名教师于8月赴香港担任教学指导。

对台工作方面，全年组织了高等教育代表团和中小学校长代表团共计42人赴台访问交流。

【教育市场监督与管理】 全年审批国际教育展6场；上报获批国际学术会议2场；对20所省内主要高校与境外非政府组织合作情况进行了摸底排查；通过媒体公告和联合检查等方式，规范自费出国留学中介市场，打击违规经营行为。

【湖北省普通高校接受来华留学生基本情况】 2010年，湖北省有20所普通高校共接受155个国家8 465名留学生。

1. 湖北省普通高校接受的来华留学生按国别(地区)分：

合计	8 465
阿尔巴尼亚	8

阿尔及利亚	21	海地	5	日本	95
阿富汗	11	韩国	697	瑞典	10
阿根廷	3	荷兰	16	瑞士	10
阿曼	7	吉布提	19	萨摩亚	14
阿塞拜疆	8	吉尔吉斯斯坦	17	塞尔维亚	1
埃及	22	几内亚	49	塞拉利昂	26
埃塞俄比亚	28	几内亚比绍	20	塞内加尔	41
爱沙尼亚	1	加拿大	120	塞舌尔	14
安哥拉	77	加纳	82	沙特阿拉伯	139
安提瓜和巴布达	6	加蓬	36	斯里兰卡	50
奥地利	11	柬埔寨	42	斯洛伐克	2
澳大利亚	110	捷克	10	斯洛文尼亚	1
巴巴多斯	3	津巴布韦	14	苏丹	100
巴布亚新几内亚	24	喀麦隆	36	苏里南	6
巴哈马	1	科摩罗	11	所罗门群岛	1
巴基斯坦	300	科特迪瓦	24	索马里	225
巴勒斯坦	27	克罗地亚	4	塔吉克斯坦	8
巴拿马	2	肯尼亚	55	泰国	108
巴西	51	莱索托	13	坦桑尼亚	164
白俄罗斯	5	老挝	48	汤加	14
保加利亚	12	黎巴嫩	5	突尼斯	11
贝宁	22	立陶宛	1	土耳其	92
比利时	104	利比里亚	28	土库曼斯坦	125
波兰	9	利比亚	7	瓦努阿图	8
波斯尼亚与黑塞哥维那	1	卢旺达	26	委内瑞拉	11
玻利维亚	4	罗马尼亚	6	文莱	1
博茨瓦纳	10	马达加斯加	44	乌干达	51
布隆迪	24	马尔代夫	10	乌克兰	9
朝鲜	91	马拉维	21	乌拉圭	1
赤道几内亚	12	马来西亚	194	乌兹别克斯坦	14
德国	68	马里	61	西班牙	15
多哥	29	马其顿	8	希腊	1
多米尼加	6	毛里求斯	105	新加坡	256
多米尼克	21	毛里塔尼亚	14	新西兰	6
俄罗斯	100	美国	261	匈牙利	5
厄瓜多尔	9	蒙古	65	叙利亚	9
厄立特里亚	13	孟加拉国	37	牙买加	2
法国	161	秘鲁	11	亚美尼亚	6
菲律宾	5	密克罗尼西亚	11	也门	106
斐济	12	缅甸	11	伊拉克	84
芬兰	3	摩尔多瓦	4	伊朗	14
佛得角	16	摩洛哥	20	以色列	1
刚果(布)	92	莫桑比克	16	意大利	22
刚果(金)	46	墨西哥	12	印度	1005
哥伦比亚	66	纳米比亚	25	印度尼西亚	148
哥斯达黎加	9	南非	7	英国	34
格林纳达	8	瑙鲁	1	约旦	11
格鲁吉亚	6	尼泊尔	332	越南	708
古巴	10	尼日尔	59	赞比亚	37
圭亚那	9	尼日利亚	74	乍得	11
哈萨克斯坦	107	葡萄牙	4	智利	5

中非	18

2. 湖北省普通高校接受的来华留学生按校别分：

武汉大学(2 085)

阿尔巴尼亚	2
阿尔及利亚	2
阿富汗	1
阿根廷	0
埃及	2
埃塞俄比亚	1
安哥拉	67
奥地利	2
澳大利亚	11
巴基斯坦	47
巴勒斯坦	9
巴西	4
白俄罗斯	1
贝宁	1
比利时	1
布隆迪	1
朝鲜	24
赤道几内亚	4
德国	12
多哥	1
多米尼克	1
俄罗斯	36
厄立特里亚	1
法国	90
菲律宾	2
斐济	4
芬兰	2
佛得角	1
刚果(布)	48
刚果(金)	7
哥伦比亚	2
哥斯达黎加	3
格鲁吉亚	1
圭亚那	3
哈萨克斯坦	55
海地	1
韩国	237
荷兰	4
吉布提	3
吉尔吉斯斯坦	1
几内亚	4
几内亚比绍	1
加拿大	45
加纳	1
加蓬	12
柬埔寨	2
捷克	2
津巴布韦	3
喀麦隆	9
科摩罗	2
科特迪瓦	1
肯尼亚	14
莱索托	2
老挝	21
立陶宛	1
利比里亚	2
利比亚	3
马达加斯加	5
马拉维	2
马来西亚	11
马里	13
毛里求斯	6
毛里塔尼亚	1
美国	40
蒙古	12
孟加拉国	13
密克罗尼西亚	3
缅甸	2
摩尔多瓦	1
摩洛哥	8
莫桑比克	1
墨西哥	1
纳米比亚	2
南非	4
尼泊尔	48
尼日尔	13
尼日利亚	1
葡萄牙	1
日本	35
瑞典	6
瑞士	2
萨摩亚	1
塞拉利昂	1
塞内加尔	2
沙特阿拉伯	34
斯里兰卡	10
苏丹	1
索马里	61
塔吉克斯坦	2
泰国	14
坦桑尼亚	22
突尼斯	1
土耳其	41
土库曼斯坦	10
乌干达	5
乌克兰	2
乌兹别克斯坦	1
西班牙	5
新加坡	7
新西兰	4
匈牙利	1
叙利亚	1
亚美尼亚	1
也门	16
伊拉克	14
伊朗	2
以色列	1
意大利	6
印度	461
印度尼西亚	7
英国	7
约旦	5
越南	282
乍得	2
智利	1
中非	3

华中科技大学(1 510)

阿尔及利亚	3
阿富汗	1
阿曼	3
埃及	7
埃塞俄比亚	10
安哥拉	1
澳大利亚	3
巴巴多斯	1
巴布亚新几内亚	5
巴基斯坦	70
巴勒斯坦	11
巴西	3
白俄罗斯	1
贝宁	2
比利时	3
波兰	1
博茨瓦纳	1
布隆迪	13
朝鲜	35
赤道几内亚	2
德国	11
多哥	7
多米尼加	2
俄罗斯	3
厄瓜多尔	2
厄立特里亚	4
法国	13
菲律宾	2
斐济	2
佛得角	3
刚果(布)	2
刚果(金)	7

哥伦比亚	5
哥斯达黎加	3
格林纳达	1
圭亚那	2
哈萨克斯坦	13
海地	1
韩国	87
荷兰	2
吉布提	2
吉尔吉斯斯坦	1
几内亚	25
加拿大	32
加纳	46
加蓬	5
柬埔寨	18
捷克	1
津巴布韦	3
喀麦隆	11
科摩罗	4
科特迪瓦	6
克罗地亚	1
肯尼亚	14
莱索托	3
老挝	4
黎巴嫩	5
利比里亚	15
利比亚	2
卢旺达	13
马达加斯加	8
马拉维	1
马来西亚	1
马里	3
毛里求斯	95
美国	31
蒙古	25
孟加拉国	2
秘鲁	3
缅甸	3
摩洛哥	1
莫桑比克	1
墨西哥	1
纳米比亚	1
南非	1
尼泊尔	41
尼日尔	10
尼日利亚	6
日本	14
瑞典	4
瑞士	1
塞拉利昂	7
塞内加尔	8
沙特阿拉伯	48
斯里兰卡	17
苏丹	28
索马里	110
泰国	68
坦桑尼亚	86
汤加	2
土耳其	24
土库曼斯坦	3
瓦努阿图	1
委内瑞拉	1
乌干达	11
乌兹别克斯坦	2
西班牙	2
叙利亚	3
也门	40
伊拉克	56
伊朗	2
印度	52
印度尼西亚	17
英国	2
约旦	5
越南	84
赞比亚	14
乍得	4
智利	1

华中师范大学(1 443)

阿尔巴尼亚	4
阿尔及利亚	5
阿根廷	2
阿曼	4
阿塞拜疆	3
埃及	4
埃塞俄比亚	4
爱沙尼亚	1
安哥拉	3
安提瓜和巴布达	5
奥地利	2
澳大利亚	4
巴巴多斯	2
巴布亚新几内亚	6
巴基斯坦	1
巴勒斯坦	5
巴西	1
白俄罗斯	2
保加利亚	11
贝宁	2
比利时	3
波兰	4
波斯尼亚与黑塞哥维那	1
博茨瓦纳	6
布隆迪	6
朝鲜	0
赤道几内亚	4
德国	1
多哥	3
多米尼加	1
多米尼克	9
俄罗斯	30
厄瓜多尔	4
厄立特里亚	3
法国	3
斐济	3
芬兰	1
佛得角	4
刚果(布)	13
刚果(金)	6
哥伦比亚	8
格林纳达	3
格鲁吉亚	5
古巴	10
圭亚那	2
哈萨克斯坦	19
海地	2
韩国	150
吉布提	3
吉尔吉斯斯坦	3
几内亚	4
几内亚比绍	8
加拿大	32
加纳	3
加蓬	9
柬埔寨	4
捷克	2
津巴布韦	4
喀麦隆	2
科特迪瓦	2
克罗地亚	1
肯尼亚	11
莱索托	5
老挝	8
利比里亚	1
利比亚	1
卢旺达	2
罗马尼亚	5
马达加斯加	5
马尔代夫	2
马拉维	10
马来西亚	51
马里	16
马其顿	5
毛里求斯	3

毛里塔尼亚	2
美国	104
蒙古	8
孟加拉国	2
秘鲁	2
密克罗尼西亚	4
缅甸	2
摩尔多瓦	1
摩洛哥	3
莫桑比克	6
墨西哥	8
纳米比亚	9
尼泊尔	1
尼日尔	8
尼日利亚	7
葡萄牙	2
日本	16
瑞士	2
萨摩亚	6
塞尔维亚	1
塞拉利昂	4
塞内加尔	2
塞舌尔	5
沙特阿拉伯	35
斯里兰卡	14
斯洛伐克	2
斯洛文尼亚	1
苏丹	26
苏里南	2
所罗门群岛	1
索马里	1
塔吉克斯坦	2
泰国	4
坦桑尼亚	8
汤加	4
突尼斯	3
土耳其	26
土库曼斯坦	98
瓦努阿图	2
委内瑞拉	2
乌干达	9
乌克兰	6
乌拉圭	1
乌兹别克斯坦	2
西班牙	3
希腊	1
新加坡	62
匈牙利	1
亚美尼亚	1
也门	20
伊拉克	4
伊朗	7
意大利	9
印度	4
印度尼西亚	51
英国	8
越南	227
赞比亚	10
中非	4

三峡大学(577)

巴基斯坦	1
德国	1
法国	6
韩国	1
肯尼亚	1
老挝	2
马尔代夫	8
美国	6
尼泊尔	238
索马里	4
突尼斯	1
乌干达	1
印度	295
印度尼西亚	9
越南	3

中国地质大学(493)

阿尔及利亚	1
埃及	3
安哥拉	6
安提瓜和巴布达	1
澳大利亚	1
巴布亚新几内亚	6
巴基斯坦	3
巴西	1
贝宁	7
波兰	2
博茨瓦纳	2
布隆迪	1
朝鲜	26
赤道几内亚	2
德国	1
多哥	3
多米尼加	1
多米尼克	8
俄罗斯	3
斐济	1
佛得角	2
刚果(布)	9
刚果(金)	6
哥伦比亚	3
哥斯达黎加	1
格林纳达	3
圭亚那	1
哈萨克斯坦	9
海地	1
韩国	2
吉布提	1
吉尔吉斯斯坦	3
几内亚	5
几内亚比绍	9
加纳	6
加蓬	3
柬埔寨	2
津巴布韦	1
喀麦隆	7
科摩罗	3
科特迪瓦	4
克罗地亚	1
肯尼亚	8
莱索托	1
老挝	4
利比里亚	4
利比亚	1
卢旺达	10
马达加斯加	6
马拉维	3
马里	12
毛里塔尼亚	4
美国	2
蒙古	4
孟加拉国	5
秘鲁	3
密克罗尼西亚	2
摩洛哥	4
莫桑比克	1
纳米比亚	5
南非	1
尼泊尔	1
尼日尔	11
尼日利亚	11
日本	1
瑞士	4
萨摩亚	3
塞拉利昂	9
塞内加尔	4
塞舌尔	7
沙特阿拉伯	2
斯里兰卡	1
苏丹	33
苏里南	3
索马里	41
塔吉克斯坦	1
泰国	1

坦桑尼亚	12
汤加	5
突尼斯	3
土库曼斯坦	11
瓦努阿图	5
委内瑞拉	5
乌干达	11
乌兹别克斯坦	2
叙利亚	1
牙买加	1
也门	11
伊拉克	6
意大利	1
印度	1
英国	2
越南	27
赞比亚	7
乍得	4
中非	4

中南财经政法大学(274)

阿尔及利亚	1
阿富汗	2
阿塞拜疆	3
埃塞俄比亚	2
澳大利亚	1
巴布亚新几内亚	1
巴哈马	1
巴基斯坦	1
巴拿马	1
贝宁	1
布隆迪	1
德国	4
多哥	5
多米尼克	1
俄罗斯	6
厄瓜多尔	2
厄立特里亚	1
法国	9
菲律宾	1
佛得角	2
刚果(布)	11
刚果(金)	2
哥伦比亚	2
哥斯达黎加	1
哈萨克斯坦	1
韩国	102
吉布提	3
吉尔吉斯斯坦	2
几内亚	1
几内亚比绍	2
加拿大	1
加纳	2
加蓬	6
柬埔寨	3
津巴布韦	1
喀麦隆	2
科特迪瓦	3
莱索托	1
老挝	3
利比里亚	1
马达加斯加	5
马拉维	3
马来西亚	1
马里	10
马其顿	1
毛里塔尼亚	5
蒙古	8
摩尔多瓦	2
摩洛哥	1
莫桑比克	1
墨西哥	1
纳米比亚	2
瑙鲁	1
尼日尔	4
尼日利亚	1
日本	2
瑞士	1
萨摩亚	1
塞拉利昂	1
塞内加尔	7
泰国	1
坦桑尼亚	3
汤加	2
土库曼斯坦	1
委内瑞拉	1
文莱	1
乌兹别克斯坦	1
牙买加	1
也门	1
意大利	2
越南	4
智利	1
中非	1

武汉理工大学(509)

阿尔巴尼亚	2
阿尔及利亚	9
阿富汗	2
阿塞拜疆	2
埃塞俄比亚	10
巴布亚新几内亚	5
巴基斯坦	8
巴勒斯坦	2
巴拿马	1
巴西	3
白俄罗斯	1
保加利亚	1
贝宁	9
波兰	1
玻利维亚	4
博茨瓦纳	1
布隆迪	1
德国	22
多哥	9
多米尼加	2
多米尼克	2
俄罗斯	9
厄瓜多尔	1
厄立特里亚	4
法国	4
斐济	1
佛得角	4
刚果(布)	9
刚果(金)	18
哥伦比亚	6
哥斯达黎加	1
哈萨克斯坦	2
韩国	5
荷兰	1
吉布提	6
吉尔吉斯斯坦	2
几内亚	5
加纳	16
加蓬	1
柬埔寨	10
捷克	1
津巴布韦	1
喀麦隆	3
科摩罗	2
科特迪瓦	7
克罗地亚	1
肯尼亚	3
老挝	4
利比里亚	4
卢旺达	1
罗马尼亚	1
马达加斯加	15
马拉维	1
马来西亚	25
马里	4
马其顿	2
毛里塔尼亚	2
美国	4
蒙古	5

孟加拉国	8
秘鲁	3
密克罗尼西亚	1
缅甸	2
摩洛哥	2
莫桑比克	6
墨西哥	1
纳米比亚	4
尼日尔	11
尼日利亚	11
日本	1
萨摩亚	3
塞拉利昂	1
塞内加尔	13
塞舌尔	2
沙特阿拉伯	19
斯里兰卡	7
苏丹	1
塔吉克斯坦	2
泰国	1
坦桑尼亚	29
突尼斯	2
土耳其	1
委内瑞拉	1
乌干达	13
乌克兰	1
乌兹别克斯坦	2
西班牙	1
匈牙利	3
叙利亚	4
亚美尼亚	4
也门	16
伊拉克	1
伊朗	1
意大利	1
印度	6
印度尼西亚	2
约旦	1
越南	22
赞比亚	4
乍得	1
智利	1
中非	5

湖北中医学院(538)

阿富汗	3
澳大利亚	3
巴基斯坦	81
巴西	0
比利时	97
朝鲜	4
德国	9
法国	6
哥伦比亚	40
哈萨克斯坦	1
韩国	19
荷兰	1
几内亚	1
加拿大	2
加纳	3
津巴布韦	1
肯尼亚	4
马来西亚	3
毛里求斯	1
美国	25
蒙古	3
孟加拉国	4
尼日尔	1
尼日利亚	12
日本	6
沙特阿拉伯	1
苏丹	1
索马里	2
坦桑尼亚	3
乌干达	1
印度	178
印度尼西亚	2
英国	1
越南	19

中南民族大学(34)

法国	3
哈萨克斯坦	5
韩国	15
吉尔吉斯斯坦	5
日本	3
塔吉克斯坦	1
泰国	1
智利	1

华中农业大学(444)

阿富汗	2
埃及	6
埃塞俄比亚	1
巴布亚新几内亚	1
巴基斯坦	19
布隆迪	1
朝鲜	2
多哥	1
斐济	1
格林纳达	1
圭亚那	1
几内亚	4
加拿大	1
柬埔寨	1
喀麦隆	1
科特迪瓦	1
莱索托	1
老挝	1
利比里亚	1
马拉维	1
马来西亚	101
马里	3
美国	41
孟加拉国	3
密克罗尼西亚	1
缅甸	2
摩洛哥	1
纳米比亚	2
尼日尔	1
尼日利亚	4
日本	1
塞拉利昂	3
塞内加尔	5
斯里兰卡	1
苏丹	10
苏里南	1
坦桑尼亚	1
汤加	1
突尼斯	1
土库曼斯坦	2
委内瑞拉	1
新加坡	148
伊拉克	2
伊朗	1
印度	2
印度尼西亚	55
越南	1
中非	1

湖北大学(156)

奥地利	1
澳大利亚	35
巴基斯坦	1
巴西	39
德国	1
俄罗斯	2
哈萨克斯坦	2
韩国	26
加拿大	4
柬埔寨	2
捷克	4
老挝	1
美国	2
南非	1
尼泊尔	1

葡萄牙	1
日本	6
乌兹别克斯坦	2
西班牙	2
新加坡	1
伊朗	1
意大利	1
印度尼西亚	5
越南	15
武汉体育学院(30)	
澳大利亚	1
韩国	1
西班牙	2
伊拉克	1
意大利	1
越南	24
长江大学(94)	
巴基斯坦	52
俄罗斯	4
韩国	31
加纳	1
美国	3
英国	1
赞比亚	2
江汉大学(214)	
阿根廷	1
奥地利	6
澳大利亚	51
德国	1
俄罗斯	6
法国	27
韩国	19
荷兰	8
加拿大	3
马来西亚	1
美国	3
日本	10
泰国	18
新加坡	38
新西兰	2
意大利	1
印度	6
英国	13
湖北经济学院(4)	
德国	3
尼泊尔	1
湖北师范学院(31)	
韩国	2
加纳	4
喀麦隆	1
尼泊尔	1
尼日利亚	21
乌兹别克斯坦	2
武汉工程大学(8)	
吉布提	1
索马里	6
也门	1
武汉科技大学(4)	
波兰	1
德国	2
俄罗斯	1
咸宁学院(16)	
巴基斯坦	16
武汉职业学院(1)	
也门	1

【湖北省普通高校招收港澳台地区及华侨学生基本情况】 2010年，湖北省有5所普通高校共招收港澳台地区及华侨学生(在校)1 199人，其中博士研究生61人，硕士研究生91人，本科生1 036人，预科生0人，插班生11人。

1.2010年湖北省普通高校招收港澳台地区及华侨学生按校别分：

武汉大学	786
华中科技大学	165
中南财经政法大学	22
华中师范大学	39
湖北中医学院	187

2.2010年湖北省普通高校招收港澳台地区及华侨学生按地区分：

香港	610
澳门	291
台湾	269
其他(华侨)	11

【来华外国文教专家(教师)分校别、分国别(地区)基本情况】 2010年，全省共有71所大学、66所中学、11所小学、39所其他教育机构共聘请66个国家的文教专家(教师)1 904人。

1.按国别分(1 094人)：

合计	1904
美国	677
澳大利亚	117
加拿大	217
英国	239
法国	101
喀麦隆	43
菲律宾	96
日本	87
南非	52
新西兰	18
新加坡	21
加纳	20
德国	24
俄罗斯	16
韩国	20
乌克兰	6
爱尔兰	15
印度	6
刚果	5
葡萄牙	2
西班牙	10
比利时	1
拉脱维亚	4
乌兹别克斯坦	4
巴基斯坦	10
荷兰	4
瑞典	11
瑞士	1
意大利	7
加蓬	1
巴西	3
哥伦比亚	7
几内亚	1
尼泊尔	4
爱沙尼亚	2
毛里求斯	2
孟加拉国	2
摩洛哥	2
匈牙利	2
奥地利	1
波兰	2
约旦	1
智利	1
特立尼达和多马哥共和国	1
卢旺达	2
伊拉克	1
圭亚那	3
乌干达	2
斯洛伐克	1
中非共和国	2
古巴	2
马来西亚	6
土耳其	2
芬兰	1
津巴布韦	3
阿尔及利亚	2
巴拉马	1
尼加拉瓜	1

赞比亚	2
肯尼亚	1
亚美尼亚	1
立陶宛	1
克罗地亚	1
马其顿	3
冰岛	1

2. 按校别分(1 094人)

武汉工程职业技术学院(1人)

美国	1

三峡大学(39人)

美国	23
澳大利亚	5
英国	2
法国	2
日本	2
尼泊尔	4
波兰	1

武汉音乐学院(2人)

美国	2

湖北经济学院(13人)

美国	5
加拿大	4
英国	1
法国	2
南非	1

武汉体育学院(8人)

美国	3
英国	3
意大利	2

湖北汽车工业学院(8人)

美国	8

中科院武汉分院干部进修学院(3人)

美国	2
英国	1

长江大学(34人)

美国	23
英国	3
日本	5
韩国	2
巴基斯坦	1

武汉科技大学(31人)

美国	6
澳大利亚	3
英国	1
法国	3
南非	2
新加坡	14
加纳	2

武汉工程大学(26人)

美国	9
澳大利亚	2
英国	1
法国	9
南非	1
新西兰	1
俄罗斯	1
韩国	2

武汉纺织大学(51人)

美国	23
澳大利亚	4
加拿大	6
英国	3
南非	2
新加坡	3
俄罗斯	2
乌克兰	2
巴基斯坦	2
毛里求斯	2
智利	1

武汉工业学院(13人)

美国	10
菲律宾	1
德国	2

湖北大学(29人)

美国	3
澳大利亚	8
英国	6
法国	4
日本	3
南非	1
新西兰	2
巴西	2

湖北师范学院(17人)

美国	4
澳大利亚	4
英国	4
日本	2
南非	1
新西兰	2

湖北工业大学(11人)

英国	11

湖北民族学院(11人)

美国	10
日本	1

郧阳师范专科学校(9人)

美国	8
日本	1

襄樊学院(28人)

美国	23
英国	1
日本	3
尼加拉瓜	1

孝感学院(12人)

美国	7
加拿大	1
法国	2
菲律宾	1
南非	1

咸宁学院(9人)

澳大利亚	1
加拿大	2
英国	2
法国	2
日本	2

黄冈师范学院(20人)

美国	3
澳大利亚	1
英国	9
日本	6
爱尔兰	1

江汉大学(59人)

美国	22
加拿大	1
英国	19
法国	7
日本	3
德国	6
爱尔兰	1

黄石理工学院(14人)

美国	5
加拿大	2
英国	2
法国	2
南非	3

十堰文海教育培训中心(2人)

刚果	2

十堰东风高级中学(2人)

美国	1
喀麦隆	1

十堰职业技术学院(4人)

美国	3
葡萄牙	1

十堰金色未来外语培训学校(2人)

喀麦隆	2

鄂州市中南职业技术学校(1人)

菲律宾	1

湖北医药学院(5人)

美国	4
澳大利亚	1

武汉铁路职业技术学院(15人)

美国	3
澳大利亚	3
英国	2
菲律宾	1
南非	4
瑞典	2
咸宁职业技术学校(4人)	
美国	2
澳大利亚	1
加纳	1
鄂州职业大学(8人)	
美国	2
英国	1
喀麦隆	1
俄罗斯	3
瑞典	1
襄樊职业技术学校(8人)	
美国	6
日本	2
黄冈职业技术学院(5人)	
美国	1
加拿大	2
印度	2
湖北省旅游学校(4人)	
美国	1
澳大利亚	1
日本	2
华中科技大学文华学院(4人)	
美国	4
华中科技大学武昌分校(2人)	
美国	1
加拿大	1
武汉理工大学华夏学院(2人)	
加拿大	1
英国	1
武汉科技大学城市学院(11人)	
美国	4
澳大利亚	1
加拿大	2
英国	1
菲律宾	2
日本	1
中国地质大学江城学院(7人)	
美国	1
澳大利亚	2
加拿大	1
英国	2
爱尔兰	1
中南民族大学工商学院(12人)	
美国	3
加拿大	3
英国	5
南非	1
武汉工业学院商学院(4人)	
美国	1
南非	2
新西兰	1
恩施职业技术学院(3人)	
美国	2
澳大利亚	1
华中师范大学汉口分校(2人)	
韩国	2
武汉语言文化职业学院(6人)	
美国	5
日本	1
湖北工业大学商贸学院(2人)	
英国	2
武汉商业服务学院(3人)	
美国	1
日本	2
武汉商业职业学院(2人)	
爱尔兰	1
荷兰	1
长江职业学院(3人)	
美国	1
澳大利亚	2
沙市中学(2人)	
澳大利亚	1
加拿大	1
武汉中学(2人)	
美国	2
华师大一附中(13人)	
美国	10
英国	2
南非	1
武汉外国语学校(14人)	
美国	5
加拿大	1
英国	2
日本	1
德国	5
武汉外国语学校美加分校(9人)	
美国	2
加拿大	3
英国	4
鄂州高中(1人)	
美国	1
孝感高级中学(2)	
澳大利亚	1
新西兰	1
枣阳阳光高级中学(3人)	
喀麦隆	1
加纳	2
钟祥市高级中学(4人)	
菲律宾	4
京山县第一中学(2人)	
美国	2
宜昌市第一中学(2人)	
澳大利亚	1
英国	1
钟祥市第一中学(8人)	
美国	3
喀麦隆	5
黄石市第十六中学(2人)	
美国	1
澳大利亚	1
宜昌市三峡高级中学(2人)	
美国	1
澳大利亚	1
宜昌外国语学校(4人)	
美国	2
澳大利亚	2
宜都市外国语学校(8人)	
美国	7
澳大利亚	1
宜都市第一中学(4人)	
英国	1
喀麦隆	1
南非	2
襄阳金环实验中学(2人)	
菲律宾	1
南非	1
襄樊市第四中学(3人)	
美国	2
哥伦比亚	1
黄梅县晋梅中学(1人)	
加纳	1
枝江英杰学校(1人)	
菲律宾	1
汉川市一中(1人)	
瑞典	1
公安县第一中学(1人)	
喀麦隆	1
浠水县第一中学(3人)	
英国	2
喀麦隆	1
红安县第二中学(1人)	
澳大利亚	1
襄樊市第三十七中学(2人)	
美国	1
爱尔兰	1
襄樊市第四十四中学(2人)	
美国	1

加拿大 1
襄樊市第三中学(2人)
喀麦隆 2
武汉市第十五中学(4人)
美国 3
南非 1
当阳市第二高级中学(1人)
南非 1
黄石市第十四中学(4人)
澳大利亚 2
英国 1
乌克兰 1
湖北省武昌实验小学(17人)
美国 8
加拿大 6
英国 3
武汉市育才小学(1人)
英国 1
武汉市育才第二寄宿小学(4人)
美国 1
南非 1
瑞典 1
土耳其 1
武汉市武昌区实验寄宿小学(26人)
美国 6
澳大利亚 2
加拿大 12
英国 6
武汉小学(48人)
美国 44
澳大利亚 1
加拿大 1
韩国 1
巴西 1
武汉市硚口区崇仁路小学(13人)
美国 8
澳大利亚 1
加拿大 2
英国 1
菲律宾 1
武汉科技大学中南分校(13人)
美国 2
加拿大 1
英国 2
菲律宾 1
日本 7
武汉商贸职业学院(6人)
美国 3
南非 1

爱尔兰 1
荷兰 1
湖北省世达实用外国语学校(4人)
加拿大 1
日本 2
新加坡 1
武汉市江岸区英孚语言培训中心(4人)
英国 1
菲律宾 1
葡萄牙 1
爱沙尼亚 1
仙桃市第一中学(8人)
美国 3
加拿大 2
英国 1
爱尔兰 1
武汉英中教育培训中心(39人)
美国 3
澳大利亚 4
加拿大 2
英国 26
菲律宾 2
爱尔兰 1
马来西亚 1
武汉英之辅语言培训中心(57人)
美国 15
澳大利亚 4
加拿大 2
英国 16
菲律宾 8
南非 4
爱尔兰 1
比利时 1
卢旺达 2
津巴布韦 2
马其顿 2
武汉大卫·佩里英语培训中心(3人)
美国 1
加拿大 1
新西兰 1
武汉市江岸区乔登美语培训学校(10人)
美国 1
澳大利亚 1
加拿大 3
英国 1
菲律宾 1

乌克兰 1
印度 2
武汉灵格风美语培训学校(10人)
美国 6
英国 1
菲律宾 1
新西兰 1
俄罗斯 1
洪山区杨格外语培训学校(1人)
古巴 1
武汉求精外语培训学校(3人)
日本 3
武汉平成日本语培训学校(6人)
日本 6
宜昌金东方学校(9人)
美国 8
爱尔兰 1
十堰海豚英语培训学校(1人)
加纳 1
十堰文迪外语培训中心(3人)
美国 1
澳大利亚 1
加纳 1
香港伟才国际教育集团畔山星光幼儿园(2人)
美国 2
欢乐堡迪士尼神奇英语培训学校(1人)
澳大利亚 1
海利达(武汉)四季花城中英文幼儿园(15人)
菲律宾 14
土耳其 1
湖北大学知行学院(7人)
美国 5
澳大利亚 1
俄罗斯 1
湖北第二师范学院(17人)
美国 6
澳大利亚 2
英国 4
日本 4
新西兰 1
湖北交通职业技术学院(2人)
加拿大 2
湖北轻工职业技术学院(3人)
加拿大 2
德国 1
湖北中医药大学(9人)
美国 5

加拿大 1
南非 2
约旦 1

黄石第八中学(4人)
美国 2
加拿大 2

黄石盖洛普外国语培训学校(6人)
美国 2
法国 1
南非 1
摩洛哥 2

黄石市中山小学(1人)
美国 1

江汉大学文理学院(4人)
美国 2
加拿大 2

武汉武昌区韦博国际英语学校(14人)
美国 3
澳大利亚 2
加拿大 1
英国 4
南非 3
新西兰 1

江汉区新动态英语培训学校(97人)
美国 24
澳大利亚 7
加拿大 9
英国 20
法国 1
喀麦隆 2
菲律宾 9
南非 8
新西兰 1
加纳 4
德国 2
俄罗斯 4
爱尔兰 1
巴基斯坦 2
特立尼达和多马哥共和国 1
中非共和国 1
津巴布韦 1

襄樊新动态英语培训学校(3人)
美国 2
巴基斯坦 1

荆楚理工学院(6人)
英国 1
菲律宾 1
爱尔兰 2
印度 2

江汉油田广华中学(5人)
喀麦隆 2
瑞典 2
芬兰 1

十堰佳艺培训学校(4人)
喀麦隆 4

荆门市文峰中学(2人)
喀麦隆 1
肯尼亚 1

十堰蓝迪双语培训中心(4人)
加拿大 2
喀麦隆 1
乌干达 1

武汉市江汉区红领巾学校(1人)
南非 1

松滋市第一中学(4人)
美国 3
瑞典 1

随州市第一中学(2人)
加纳 2

随州市第二中学(4人)
美国 1
英国 2
喀麦隆 1

随州职业技术学院(12人)
澳大利亚 3
菲律宾 4
新西兰 1
加纳 3
乌干达 1

随州外国语学校(2人)
南非 1
西班牙 1

武昌实验寄宿学校(13人)
澳大利亚 1
加拿大 8
英国 4

武钢三中(3人)
美国 1
英国 1
菲律宾 1

武汉阿斯顿英语培训学校(24人)
美国 15
英国 4
瑞典 1
波兰 1
圭亚那 3

襄樊阿斯顿培训学校(5人)
美国 4
澳大利亚 1

襄樊市实验中学(1人)
瑞典 1

武汉电力职业技术学院(4)
美国 4

武汉多思克．立兹外语培训学校(18人)
美国 4
加拿大 1
菲律宾 9
西班牙 2
乌兹别克斯坦 2

武汉东湖新技术开发区中芯幼儿园(2人)
美国 2

武汉东西湖银湖翡翠幼儿园(1人)
美国 1

武汉枫叶国际学校(90人)
美国 2
澳大利亚 1
加拿大 87

武汉航天中英文幼儿园(23人)
美国 7
澳大利亚 3
加拿大 3
英国 3
菲律宾 2
德国 1
拉脱维亚 3
立陶宛 1

武汉华州外语培训学校(6人)
美国 2
韩国 4

武汉生物工程学院(11人)
美国 4
澳大利亚 1
加拿大 2
英国 1
喀麦隆 1
新西兰 1
加纳 1

武汉市第四中学(1人)
美国 1

武汉市瑞德彩虹英语培训学校(31人)
美国 3
澳大利亚 2
加拿大 1
英国 4
法国 2

菲律宾	9
日本	1
爱尔兰	1
西班牙	2
意大利	3
古巴	1
马来西亚	2
武汉市睿升学校(3人)	
英国	1
马来西亚	2
武汉市育才寄宿小学(8人)	
美国	5
加拿大	3
武汉外语外事职业学院(22人)	
美国	5
澳大利亚	2
法国	6
日本	5
韩国	4
武汉江岸区新桥美语培训学校(4人)	
美国	2
乌克兰	1
克罗地亚	1
武汉小哈佛英语培训学校(23人)	
美国	3
加拿大	1
英国	6
法国	1
喀麦隆	1
菲律宾	7
乌兹别克斯坦	1
阿尔及利亚	1
哥伦比亚	2
马荣教育武汉金地·格林小城幼儿园(12人)	
美国	3
加拿大	1
英国	2
菲律宾	1
西班牙	1
乌兹别克斯坦	1
哥伦比亚	2
斯洛伐克	1
马荣教育武汉丽景湾幼儿园(6人)	
菲律宾	2
南非	1
拉脱维亚	1
歌美尼亚	1
哥伦比亚	1
武汉新东方培训学校(40人)	
美国	19
澳大利亚	2
加拿大	9
英国	7
菲律宾	2
马其顿	1
鄂东职业技术学院(3人)	
英国	1
南非	2
武汉职业技术学院(22人)	
美国	10
澳大利亚	2
法国	2
日本	6
新西兰	2
湖北襄樊五中(2人)	
喀麦隆	2
孝感市工业学校(2人)	
南非	2
云梦实验外国语学校(2人)	
菲律宾	2
安陆市第一高级中学(1人)	
菲律宾	1
水果湖一中(1人)	
马来西亚	1
水果湖二小(2人)	
新加坡	2
广水市实验中学(2人)	
匈牙利	2
湖北华一寄宿学校(2人)	
喀麦隆	2
湖北省荆州中学(1人)	
美国	1
湖北仙桃职业学院(4人)	
美国	2
英国	1
菲律宾	1
湖北职业技术学院(16人)	
美国	8
加拿大	1
喀麦隆	4
菲律宾	3
黄石市第二中学(2人)	
澳大利亚	2
黄石市第三中学(5人)	
美国	5
黄石市实验高级中学(2人)	
美国	1
英国	1
荆门市龙泉中学北校(2人)	
喀麦隆	2
荆州市英华双语学校(1人)	
孟加拉国	1
沙洋县沙洋中学(2人)	
喀麦隆	1
瑞典	1
赤壁市实验中学(1人)	
美国	1
十堰外国语学校(3)	
日本	1
加纳	2
洪山区外国语学校(1人)	
英国	1
武汉市实验幼儿园(6人)	
喀麦隆	4
赞比亚	2
武汉实验外国语学校(2人)	
美国	2
中南财经政法大学武汉学院(1人)	
美国	1
仙桃市仙源学校(1人)	
菲律宾	1
中南民族大学(11人)	
美国	6
法国	1
日本	2
韩国	1
意大利	1
武汉理工大学(15人)	
美国	7
澳大利亚	3
英国	1
法国	1
日本	1
韩国	1
中非共和国	1
华中师范大学(18人)	
美国	14
法国	2
日本	1
韩国	1
中南财经政法大学(34人)	
美国	15
澳大利亚	3
加拿大	1
英国	4
法国	3
日本	4
韩国	3

乌克兰	1
中国地质大学(武汉)(10人)	
美国	7
英国	2
新西兰	1
华中科技大学(44人)	
美国	22
澳大利亚	2
加拿大	7
英国	2
日本	4
德国	3
巴基斯坦	1
荷兰	1
孟加拉国	1
冰岛	1
武汉大学(128人)	
美国	28
澳大利亚	7
加拿大	8
英国	5
法国	51
日本	3
新西兰	1
德国	3
俄罗斯	2
韩国	1
爱尔兰	1
刚果	3
西班牙	4
巴基斯坦	3
荷兰	1
瑞士	1
意大利	1
加蓬	1
几内亚	1
爱沙尼亚	1
伊拉克	1
阿尔及利亚	1
华中农业大学(5人)	
美国	3
加拿大	1
俄罗斯	1

撰稿　唐　艺
审稿　刘立刚

【拓展与国(境)外教育交往渠道】
2010年，湖北省教育对外交流服务中心(以下简称：对外交流中心)在做好原有的国际教育交流项目的基础上，重点与美国加州大学戴维斯分校、澳大利亚昆士兰科技大学签署了合作交流协议，就教师培训、人才引进、高层互访等方面开展合作。与美国大学理事会合作，于11月举办了美国大学预科课程(AP项目)、美国初级学术能力测试(PSAT考试)项目说明会。经教育部考试中心同意，设立AP项目湖北直属考点，2011年，首次在湖北举行AP项目考试。与台湾中华文化经济交流协会进一步拓展合作范围，计划利用台湾优质教育资源合作开展校长、教师中短期培训。

【组织全省教育机构和人员出国(境)考察访问情况】 对外交流中心全年共组织和参与组织出国(境)考察访问团组25个，其中教育交流考察团21个，学习培训团4个。选派出国(境)208人次，其中教育交流考察82人次，学习培训126人次。共到访美国、加拿大、巴西、西班牙、英国和台湾地区等15个国家和地区。这些团组和人员的出访，进一步促进了湖北与国(境)外的教育合作与交流，扩大了教育界人士的国际视野，达到了预期的交流目的，收到了社会各界的广泛好评。

【开展教师海外培训工作】 制订教师境外培训年度计划。对外交流中心于11月底制定了教师境外培训计划和实施方案，拟通过与海外多家教育机构进行合作，于2011年分批组织1 000名左右的各类院校校长、管理人员和教师，赴国(境)外进行短期培训，学习和借鉴国(境)外先进的教育理念和教育教学模式，提高全省教育对外开放的水平。

优秀资教生海外培训项目。2010年，继续与英国特色学校联合会(SSAT)合作，做好全省第三批优秀资教生海外培训的组织工作。该团一行24人于12月初启程赴英，在3周时间内参加了各类培训和实习项目，参观访问部分英国中小学校，取得了良好的培训成绩。该团在返程归国时恰逢欧洲突降暴雪，在英国机场滞留近1周时间。全体团员发扬集体主义精神，团结互助，克服各方面的不利因素，确保团员人身、财产安全，最终在后方人员的积极运作下平安返回祖国。

完成多项英语教师海外培训项目。对外交流中心克服财政补助经费取消、外国签证审批时间延长等因素，完成了3批英语教师海外培训团的组织工作。来自全省60多所高校、中学和教研室的84名英语教师，于7月底至8月初分批前往澳大利亚、英国完成了培训任务。

【湖北地区雅思英语考试】 在教育部考试中心、英国文化委员会的领导和支持下，对外交流中心全年共组织雅思英语考试23场，参加考试的考生13 925人次。湖北雅思考点继续保持中国北方区第二大考点的业绩。

【湖北地区国(境)内外学历学位认证】
对外交流中心全年共受理完成海外留学回国人员派遣落户申请43件，国(境)外文凭认证申请820件，比2009年增长28%，认证通过率达95.4%。对外交流中心帮助中南民族大学等高校协调解决国(境)外文凭认证遗留问题。

撰稿　胡　泊
审稿　黄念平

市州县教育

○武汉市教育

【基本情况】

2010年武汉市教育事业发展状况统计表

单位：人

	学校数（所）	毕业生数	招生数	在校学生数	教职工数	
					计	其中：专任教师
总　　计	1 939	354 411	330 908	1 174 030	100 776	78 076
一、高等教育（市、州属）	8	20 710	22 749	66 571	5 254	3 022
1. 普通高校	5	16 099	17 663	57 532	4 994	2 916
2. 成人高校	3	4 611	5 086	9 039	260	106
二、高中阶段教育	202	107 681	97 379	301 437	47 410	17 819
（一）中等职业技术学校	101	54 987	47 483	145 474	8 191	5 748
1. 普通中专	19	23 967	19 355	61 437	3 011	2 036
2. 成人中专	11	1 412	1 235	4 376	427	244
3. 职业高中	33	19 022	15 412	51 204	2 482	1 796
4. 技工学校	27	10 693	11 561	28 537	1 692	1 247
5. 其他机构	11	—	—	—	579	425
（二）普通高中	101	52 694	49 896	155 963	39 219	12 071
三、义务教育	944	165 611	144 642	640 293	31 207	48 267
1. 普通初中	294	94 309	70 655	227 126		20 729
2. 职业初中	—	—	—	—	—	—
3. 普通小学	639	70 884	73 499	411 347	30 844	27 235
4. 特殊教育	9	250	274	1 719	311	263
5. 工读学校	2	168	214	101	52	40
四、学前教育	785	60 409	66 138	165 729	16 905	8 968

注：普通初中教职工数含在普通高中教职工数内。

【概况】 全市15岁以上人口人均受教育年限11.23年。义务教育入学率99.9%，初中毕业生升学率91.9%，高中阶段教育毛入学率88.9%，优质高中在校生所占比例72.8%，高等教育毛入学率42.5%。

【教育体制改革】 深入推进办学体制改革。加强对民办学校审批和日常监督管理。联合市物价部门，对22所“公参民”学校办学成本进行了调查和实地监审，形成了“公参民”学校教师使用成本和国有资产计价的意见，制定了“公参民”学校的收费标准。

深化考试招生制度改革。高考、中考实现网上报名。中招划线由过去的公办普通高中的三条线变为二条线，省、市级示范高中划为一条资格线。中考实现全科网上阅卷和电子档案局域网录取。省级示范高中分配生比例由25%扩大到30%。英语听力播音方式由以往电台统一播放改为考点校园广播网播放。《科学》科目调整为《理化》科目，生物、地理暂不列入统一中考。

加强教育合作与交流，扩大教育对外开放。2010年，全市6所中小学校与美国俄亥俄州学校管理协会中的9所中小学校签订《校际合作意向书》，83家单位聘请外籍教师，100多名教师出国培训，150名教师赴台考察与交流。

（夏继敏　周　娟）

【教育发展规划】 编制教育事业发展规划。全面启动武汉市教育发展“十二五”规划编制工作。在广泛征求各区教育局、部分学校、专家学者及市直有关部门意见的基础上，形成《武汉市教育发展十二五规划》（征求意见稿）。

修订中小学校空间布局规划。启动《武汉市普通中小学布局规划（2004—2020年）》修编工作。协助市规划设计研究院对规划范围内的近900所中小学校进行了实地勘察，对涉及的教育需求总量、千人指标、建设标准和布局模式等问题进行了专题研究。

编制基础教育设施建设规划。启动了“十二五”教育基本建设专项规划编制工作，完成了《武汉市“十二五”特殊教育学校建设规划》、《武汉市中等职业教育基础能力建设规划（二期）》、《武汉市义务教育学校标准化建设和学前教育机构基本建设“十二五”规划》，明确了“十二五”期间全市基础教育设施建设的总体目标和分年度任务。

推进普通高中招生计划批次改革。逐步把计划批次由与省、市级示范高中直接挂钩转变为相对挂钩的方式，省、市级示范高中在优质高中资格线上按计划和志愿组织学生入学。

进一步规范公办学校参与举办的义务教育民办学校的办学行为。对22所公办学校参与举办的义务教育民办学校（简称“公参民”学校）办学成本进行了调查和实地监审。要求2011年秋季开学前全市“公参民”学校全部实现“四独立”。9月，迎接国家纠风办等六部委对清理规范义务教育改制校工作的检查。全面启动进一步规范“公参民”学校办学体制工作。

（汪继芳　李益夫）

【教育经费投入】 2010年，武汉市教育经费总投入113.55亿元，比上年增加16.45亿元，增长16.9%，其中国家财政性教育经费86.78亿元，增加10.16亿元，增长13.3%。全年预算内教育经费支出（含城市教育费附加）82.67亿元，占财政支出的比例为8.6%，比2009年下降2.4百分点。全市国家财政性教育经费支出占全市生产总值的比例为1.67%。

全市普通高中生均预算内教育事业费支出6 565.78元，比2009年的5 764.13元增长13.9%。全市普通初中生均预算内事业费支出8 728.48元，比2009年的6 576.88元增长32.7%。全市普通小学生均预算内教育事业费支出6 428.94元，比2009年的5 420.35元增长18.6%。全市普通高中生均预算内公用经费支出1 307.52元，比2009年的1 157.94元增长12.9%。全市普通初中生均预算内公用经费支出1 269.01元，比2009年的813.36元增长56%。全市普通小学生均预算内公用经费支出817.25元，比2009年的662.01元增长23.5%。

全年共对农村义务教育寄宿制学校7.35万名寄宿生免收住宿费，落实市级补助资金967万元；共对0.93万名农村义务教育贫困寄宿生按年生均300元提高生活费补助标准，落实资金279万元。

（宋卫斌　张家华）

【办学条件】 完成汉源二中援建任务。对口支援汉源二中建设，共投入1.36亿元，建成占地19.2万平方米、建筑面积6.98平方米，包括初中部教学楼、食堂、学生公寓（两栋）、高中部教学楼、实验楼、科艺楼等7栋建筑。

推进农村寄宿制学校各种配套设施、农村学校图书室和农村教师周转房建设。为远城区80所中小学采购了1 139个书架、50个期刊架、758张阅览桌、4 014把阅览椅和约11万册图书以及14台计算机、2台打印机。完成3 000套农村中小学教师周转房建设任务。

全市中小学校舍安全工程稳步推进。全市共完成校舍加固改造任务建筑面积111.74万平方米。西藏中学异地重建任务完成。投入2.2亿元，建成占地9.11万平方米、硬件设施全国一流的西藏中学，并与2010年7月顺利搬迁。开展创建全国无障碍建设城市达标工作。筹集资金建设和改造了一批学校无障碍设施，使教育系统30%的学校达到创建全国无障碍建设城市建设标准。深入开展工程建设领域突出问题专项治理工作。对超过500万元的4项工程（武汉西藏中学异地新建项目、常青一中易地新建项目、交通学校南校区建设项目、常青实验小学综合楼项目）进行了全覆盖排查。

努力提升学校装备建设水平。全市共有68所普通高中建成了通用技术实践室，挑选20所试点校安装NVD红光高清影音系统，将“便携式互动电子白板”送到65所受赠学校。超额完成财政补贴高效照明产品市属各类学校的推广任务。

（赵培坚　李　军）

【学生资助】 全年普通公办高中、中职教育和高等教育累计获得政府各类资助款项2.28亿元，惠及17.25万人次。

落实高校助学政策。全市共受理高校生源地信用助学贷款11 140人次,签订贷款合同金额6 664.87万元。其中受理新贷3 982人,合同金额2 389.2万元,受理历年(2007—2009年)续贷7 158人,合同金额4 256.17万元。江汉大学等4所市属高校获得国家奖学金、国家励志奖学金、国家助学金以及国家资助补助金共计5 133万元,奖励、资助家庭贫困且品学兼优的学生共计23 076人。2009学年和2010学年共下达4所市属高校市政府奖学金120万元,奖励高校品学兼优学生400人。市属高校受助学生占在校生比例高于全国平均水平(23.3%)。

落实中等职业学校国家助学金政策。全年共下达国家助学金8 935.59万元,惠及全市64所中等职业学校家庭经济困难学生119 049人次,资助面(受助学生占一、二年级在校生比例)达80%。启动实施中等职学学校国家免学费政策,落实2009年秋季学期中等职业学校家庭经济困难学生和涉农专业学生免学费中央补助资金916万元,惠及9 160名中等职业学生。启动实施中等职业学校市政府励志奖学金政策,共发放中等职业学校市政府励志奖学金90万元,惠及家庭贫困且品学兼优的中等职业学校学生900人次。

完善公办普通高中助学体系。启动实施高中政府助学金。从2010年春季学期开始,在全市公办普通高中开始实施市政府助学金制度。全年共投入专项资金800万元,资助公办普通高中家庭经济困难且品学兼优学生8 000人。继续对全市部分远城区公办高中学校家庭经济特别困难学生实行国家彩票公益金资助,落实2010—2011学年国家彩票公益金专项资金77.3万元,资助773名高中特困学生。

(李　彪　张道平)

【教师队伍建设】　完善师德建设长效机制。将师德培训作为市区级教师培训的必修内容,开展师德承诺等系列教育活动。对有偿家教、以教谋私等违规行为进行严肃查处,全年处理涉案教师14人。

深化教师人事制度改革。认定高中教师资格6 378人,招聘新教师640人,组织教师4 108人参加职称专业考试,对2 071人进行中学高级职称评审,其中1 095人取得任职资格。将义务教育学校教师交流工作纳入绩效目标,全年城乡双向交流200人,区内交流2 700余人。指导各区、直属单位和相关学校完成岗位设置、义务教育学校绩效考核和奖励性绩效工资兑现工作。

加大教师培训工作创新力度。开设8大版块、24个市级全免费培训项目,组织12 985名中小学、幼儿园骨干教师(其中农村教师占50%)参加培训。新增特殊教育教师全员培训、幼儿骨干教师高级研修、农村寄宿制学校生活管理教师培训等5个项目。开展农村教师转岗脱产培训与高校师范生顶岗实习项目,缓解农村边远地区小学英语、体育、音乐、美术学科师资紧缺问题。

加大骨干教师队伍培养力度。7名教师被评为省名师,60名教师被评为省特级教师,210名教师被评为市学科带头人,399名教师被评为市优秀青年教师,骨干教师梯队进一步加强。启动37个名师工作室,签约带徒192人,全年开展教学研讨、送教下乡、名师课堂展示等活动270余场次。

(郭　琳　万　例)

【语言文字工作】　全市共命名文明用语示范岗172个,文明用字示范街44条,产生20个最佳示范岗和8条最佳示范街。市级"文明用语示范岗"和"文明用字示范街"复评合格率分别达到95%和96%。全市共创建市级以上语言文字示范校120所,其中省级55所、国家级7所。

组织首届"岗位推普明星"评选活动。在江汉大学举办首届"岗位推普明星"普通话大赛暨颁奖仪式,参加比赛的选手全部是一线窗口的服务人员,产生了"十大明星"、42名"推普明星"和133名"推普员"。

全市近2万名大学生和中职生参加普通话测试,近3万名学生参加中华经典诵读和规范汉字书写大赛。在全省农村教师普通话大赛和高校学生普通话大赛中取得优异成绩。全年共举办语言文字和文明礼仪培训300多场次、32 800人次,举办各类推普活动130多场次,印发推普宣传品近百万份,整改不规范社会用字400多处。

(喻志军　章　霞)

【招生考试】　加大投入,进一步加强精细化管理。继续推进国家教育考试考务网络平台建设。投入600万元,建设和改造全市高考、中考英语听力校园广播网。投入30万元,为每个高考考场统一配置了金属探测仪、石英无声挂钟和空白磁带。为每个考点配置了高功率手机屏蔽仪和专用CD机。充分发挥互联网作用,高考、中考实现了网上报名、填报志愿。改进网报软件,中考实现全科网上阅卷和电子档案局域网录取。自学考试和教师资格认证考试实现网上报名和办证,教育学、心理学考试补办合格证网上申请平台也即将开通。

组织普通高考、成人高考、研究生考试和中考、高自考社会考试和高校全日制助学班考试、全国英语等级考试、全国计算机等级考试等16项26次104万人次的教育考试。

普通高考报名64 353人,上线55 536人,录取48 747人,其中本科24 741人(高校合作建设招生1 480人)、专科24 006人,录取率76%(不含单招录取及保送生)。中考报名92 528人,录取88 028人,升学率达到92.2%以上(中心城区达到97.6%,其他区达到86.1%);普职比达55.43∶44.57,录取到优质高中阶段学校的人数占录取总数的75%。省级示范高中计划招录分配生3 498人,华师一附中、武汉二中、武钢三中、省实验中学4所学校共招录网招生170人,武汉外国语学校招录资格生222人,全市招宏志生232人。全市审核批准各类优录3 787人(次)。

成人高考报名44 927人,其中专起本8 306人、高起本1 946人、高起专34 675人;研究生考试报名10 042人;高自考报名830 916人次,其中学历教育考试746 000人次、非学历教育考试84 916人次。

(李跃龙　郭　芳)

【教育科研】　完成全市"十一五"规

划重点及专项课题结题进度动态趋势图。编写中职国家规划教材《机械制图》，承接并完成了国家规划中职语文教材（职业模块）的教学资源库建设。参与编写《乡村伙伴》（湖南少儿出版社出版2010.4）、《农村教师培训用书及辅导用书》（教育部基教司组织）、湖北省初中、小学高年段读本——《争做四好少年》等。组织开展国家级课题研究《中国职业学校幼儿教育专业实践性教学的研究》，承担省高中课程改革重大研究项目《校长课程领导力提升研究》。

继续开展小学新课程课堂教学“走进系列”活动。总结和推广初中朴实高效的办学经验，引领课程改革。撰写了高中新课程学科教学指导意见，开展了样本校联系人制度的经验总结与交流活动，命制了学科模块考试题，开展了新课程业务培训活动，组织开展了全市新课程综合实践活动及研究性学习现场展示与交流会、全市高中学分制研讨与交流会，撰写了全学段、全学科新课程高效课堂的评价标准；编写了高中新课程学科评价手册等课程资源。促进中等职业学校特色化发展。组织了幼师、财会、电子电工等14个专业的研讨课，促进青年教师成长。加强了高职对口升学的研究和指导。为全省高职对口升学电工电子、机械基础等学科编制了12套模拟试卷，为提高中职学校毕业生的对口升学率创造有利条件。

定期组织中央电教馆“十一五”教育规划专项课题《信息技术环境下“学教并重”的教学策略研究》、中央电教馆“十一五”青年课题暨武汉市“十一五”教育规划重点课题《小学信息技术与课程整合创新策略研究》研究工作。组织设计、开发了课题管理系统、心理健康咨询系统平台、高中课改资源网等多种系统和平台。发布武汉教育博客精品荟萃5期，发布武汉教育特刊4期。武汉教育资源中心已启动运营，用户已达2 000多人。组织人员修改了武汉教育资源管理三级平台主页面和增加了管理平台新的功能。为14所学校新装了平台，为30所学校进行了平台升级，对部分区进行了资源管理平台应用培训。

（王池富　杨明春）

【教育督导】　深入开展区级政府教育工作督导评估。创建教育先进区工作的重点由中心城区转向新城区。指导东西湖区政府完成了教育工作督导评估整改工作，在教师节上予以表彰。继续开展乡镇政府教育工作督导评估，逐步缩小城乡差距。洪山区花山镇等6个乡镇被评为“武汉市教育先进乡镇”。

深入开展督学工作。完成35所小学素质教育市级特色学校评估工作，给予每校奖励经费10万元。对列入2010年全市目标管理的30所初中标准化学校的建设情况进行了督导评估验收，有27所达到合格学校标准。武汉市第二十三中学、武汉市第十五中学、武汉市东湖中学、武汉市经济开发区第一中学等4所省级示范高中，长虹中学等7所市级示范高中进行了省市示范高中的复评。华中科技大学附属中学、武汉西藏中学通过了省政府教育督导室进行的省级示范学校评估。

（余正亮　周慧琳）

【勤工俭学】　2010年，新创建农村中小学劳动实践暨蔬菜副食基地21所。全市6个新城区农村中小学共创建126个农村中小学劳动实践暨蔬菜副食基地，基地总面积101万平方米，累计接纳学生50万人次参加劳动实践活动，基地获蔬菜产值1 040万元。

【新农村卫生新校园】　2010年，新城区7所学校完成新农村卫生新校园建设工程。全市37所学校完成新农村新校园建设工程。通过建沼气，改厕、改厨、改圈，解决农村中小学旱厕卫生、生活垃圾及污水处理，彻底改善农村学校卫生条件。促进学校种植、养殖基地和“花园式学校”建设，形成“畜（禽）—沼（气）—菜（果）”等生态循环系统，优化育人环境，建设和谐校园。

【校园安全】　创建“放心校园店”，解决学校学生饮水和食品安全问题。2010年，全市创建“放心校园店”30所，全市已创建“放心校园店”160所，无一起食品安全事故，对服务教育教学、服务师生生活、服务学生健康成长、服务和谐平安校园起到积极作用。

构建平安和谐校园，做好学校安全风险防范。将推进校方责任保险工作纳入年度绩效目标，鼓励和指导有条件的地区为学校投保校方责任保险附加校方无过失责任保险。2010年底，校方责任保险义务教育阶段学校投保率100%，非义务教育阶段学校投保率90%以上，全市参保学生80多万人。建立了校园意外伤害事故的应急处理机制，切实做好理赔工作。截至2010年10月底，校园意外伤害事故已赔付5 492起，累计赔付金额1 868万元，其中最高的单笔赔付金额20万元，赔付率80%。

（戚余生　冷志雄）

【学前教育】　2010年，全市城镇3～6岁儿童接受学前三年教育率为96.97%；农村学前一年入班率达97.02%。全市17所省级示范幼儿园、5所省级民办先进幼儿园和5所新申报省级示范幼儿园接受了省教育厅评估、验收，武汉常青阳光幼儿园等5所幼儿园跻身省级示范幼儿园行列。开展第五批武汉市一、二、三级幼儿园等级评定及第十批武汉市示范性幼儿园预检工作，7所市级示范性幼儿园申报单位和15所一级幼儿园申报单位接受了检查。以全市各类幼儿园，特别是乡村、街道、城乡结合部、偏远地区、农村幼儿园为对象，通过办园资质、办园条件、安全措施、安全教育、收费行为等5个方面的拉网式检查，清查非法（无证）幼儿园485所。在全市开展全市学前教育工作先进集体和先进个人评选活动。经基层申报、区教育局推荐，市教育局授予江岸区教育局等50个单位“武汉市学前教育工作先进集体”称号，江岸区小学教研室尹力等100人“武汉市学前教育工作先进个人”称号。

（夏春胤　卢　飒）

【德育工作】　研究制定《武汉市“十二五”中小学有效德育工程方案》。组织开展全市中小学、幼儿园第二届“功勋”班主任及第七届“十佳”班主任、“百优”班主任评选表彰工作，编印了《第二届“功勋”班主任专辑》。开展第三批、第四批中小学心理健康教育合格学校评估工作，对106所申报学校进行实地评估。组织万名中小学生参观“中国首次太空漫步航天（武汉）展”、中科院武汉植物园、武汉中华奇石馆等3条线路的6个景点。组织4 500名中学师生参观武汉禁毒教育基地。全市179所中小学校，共计12 907台计算机面向中小学生免费开放，累计接待学生上网28万余人次。

【青少年科技环境教育】 建立科技创新大赛等10个专业委员会，为专业教师开辟互动平台。加强科技（环境）课堂教学管理，充分发挥课堂教学主渠道的作用。开展院士专家进校园活动，全年共组织了22场科普报告。组织中小学生参观科普环保教育基地达25万多人次。认真开展科技周主题活动。成功举办武汉市第五届青少年科普国际夏令营。中小学校环境教育普及率超过85%。深入开展武汉市绿色学校、绿色幼儿园创建，对19所中小学（幼儿园）进行复查。组织编写环境教育地方教材，供37所市级绿色高中和22所绿色小学循环使用。

【关爱留守流动儿童】 妥善解决进城务工人员随迁子女平等接受义务教育问题。实施行为规范养成行动、学业成绩监测行动、心理健康维护行动、青春期教育行动、促进融合教育行动、“防流控辍”行动等“六项行动”。对农村留守流动儿童的教育管理实现“全覆盖”。建立起“三包”（校长包校、班主任包班、教师包学生）和农村留守儿童《联系卡》制度，落实率达到100%。2010年秋季，481所公办学校共接纳农民工子女130 841人，占总数的92.1%。全市农村留守儿童共22 032人，其中小学10 927人，初中11 105人。

【备课组建设工程】 2010年，开展了“名优特”教师教学展示观摩活动。在近几年全国、省级的各类教师竞赛中，武汉市语文、数学、物理、化学、思想品德、科学等学科选送参加赛课的选手，均获得一等奖；小学综合实践活动学科在3年内有11位教师在全国获得一等奖。

【普通高中通用技术实践室建设】 制定了《武汉市普通高中通用技术实践室装备标准（试行）》、《武汉市普通高中通用技术课程管理与实践室建设综合评估标准（试行）》。市教育局安排通用技术实践室建设经费1 000万元。全市68所普通高中完成通用技术实践室建设任务。

【家校联系】 以“走进学生家庭，关爱学生成长”为主题，组织开展了“千名教师访万家、不让一个孩子辍学”活动，学校干部、教师利用双休日及课余时间登门走访的形式家访。通过家访加强了学校和家庭、教师和家长的沟通和联系。

【全国残疾人工作示范城市创建】 2010年，全市教育系统积极参与全国残疾人工作示范城市创建。残疾儿童少年九年义务教育入学率，中心城区100%，远城区97.02%，均已达标。全市共278名残疾高中毕业生参加全国统一高考，231名学生被高等院校录取，录取率达83%。全市53所中小学完成了无障碍设施项目建设。落实特殊教育学校生均经费标准，义务教育阶段在校学生公用经费提高到生均1 500元/年，高中阶段500元/年，全年各特殊教育学校公用经费共167.4万元。

【学校及周边治安综合治理】 学校及周边治安环境重点问题整治率达100%。全市共查获“播肥”、“洗钱”等侵害师生案件51起；拆移学校周边200米以内网吧44家，取缔无证网吧147家，处罚违规经营网吧、文化娱乐场所216家；取缔拆迁学校门前占道摊点12 043处；拆除学校周边违章建筑91处；迁移学校周边公交站点10处，增设交通护栏3 654米、信号灯标志52处、减速避让标志129处；解决油烟、噪音等问题117个，解决环境卫生等问题86个，解决食品卫生等问题131个；整治校内安全隐患97个，解决寄宿制学校安全问题31个；整治其他问题53个。

（夏春胤　朱　俊）

【体育卫生艺术教育】 广泛开展校园足球活动。国家体育总局、教育部将武汉市列为全国校园足球试点城市，全市共有39所小学、18所中学作为校园足球试点学校。2010年，组织了近200场足球赛事，承担全国校园足球夏令营活动。

组织学校体育竞赛活动。武汉市获省第十二届运动会青少年组团体总分第一和金牌总数第一。洪山区关山中学和马房山中学代表武汉市参加全国健身操比赛，获得团体一等奖。硚口区水厂路小学、第二十六中学，荣获湖北省首届广播操普及推广活动一等奖，第二十三中学获得二等奖。

开展第二届“大家唱、大家跳”艺术教育活动。举办了全市展演，推荐武汉经济开发区三角湖小学和常青第一学校代表队参加省教育厅举办的全省中小学“大家唱大家跳”集中展示活动、选送9支代表队参加省首届“校长杯”歌唱比赛。举办了首届校园合唱节。共有60支参赛队，共评选金奖3个，一等奖18个，二等奖23个，三等奖16个。市第一聋哑学校的舞蹈《楚风鼓韵》和市第二十九中学的表演唱《月亮湾》代表湖北省参加全国第三届中小学艺术展演活动现场展演，分别获一、二等奖。

（曹文伟　郑卫国）

【国际合作与交流】 接待了来自美国、英国、法国、德国、新西兰、加拿大、日本、瑞典、瑞士、新加坡、尼日利亚、印度等国家的外宾近200人。美国俄亥俄州学校管理协会（BASA）中的9所中小学校与武汉市6所中小学校签订了《校际合作意向书》，将在校际交流和课题研究等方面开展合作交流。江汉大学卫生学校、武汉市第二轻工业学校和博伦厄市的学生交流项目已获两市政府同意。“中英校际连线项目”—英国纽卡斯尔市教师代表团，在武汉市5所协议学校开展交流学习活动。

汉语国际推广工作。参加第三届“全美中文大会”。武汉实验外校小学部进入国家汉办与美国亚洲协会在美国建立100个孔子课堂的首批20所之列。150名在汉外籍教师接受汉语免费培训。10名中小学教师赴英国、美国、新加坡、南非等国教授汉语，传播中华文化。

中外合作办学项目。武汉经济技术开发区第一中学与法国法兰西区(巴黎)尚布朗中学、武汉市第四中学与美国利博缇大学国际学院高中部的高中课程教育项目获省教育厅批准。武汉商业服务学院与德国北黑森州应用科技学院汽车、旅游两个专业的合作办学项目获教育部正式批复。

聘外工作和外教管理。蔡甸区汉阳一中、洪山区英格堡英语培训学校、马荣教育丽景湾幼儿园3所学校(教育机构)获得聘请外国文教专家资格。全市聘外单位共83家,在市属高校及中小学、幼儿园和培训机构工作的外籍教师近350人。15名外籍教师及5家聘外机构获评市级优秀外籍教师和先进聘外单位。选派武汉市新东方培训学校的两名外教,赴恩施市来凤一中开展支教活动。

(董亦频　何　薇)

【职业教育园区(集团)】　组建武汉东湖新技术开发区职业教育园区。由市仪表电子学校、市第二轻工业学校、市供销商业学校、市交通学校、市石牌岭职业高中、市第二职业教育中心等6所学校和富士康科技集团、正源光子公司、华中数控公司、珈伟太阳能公司、电信器件公司、北展集团等6家知名企业联合筹建,对接和服务武汉东湖新技术开发区光电子信息、生物、消费电子、新能源、环保5大特色优势产业以及武汉市钢铁、石化、物流等支柱产业对人才的需求。

组建汉口职业教育集团。由市机电工程学校、市第一商业学校、市财贸学校、市第一职教中心、市旅游学校等5所学校和武重集团、武商集团、中百仓储公司、交达科技公司、省海外旅游集团等5家企业联合筹建,以中等职业教育为主,兼具成人高等教育、职业培训等功能,集工、商、贸、信息、旅游等为一体。

组建武汉经济技术开发区职业教育园区。由市财政学校、市第一轻工业学校、市建设学校、市第三职教中心、武汉经济技术开发区职校等5所学校和红金龙印务公司、武汉家乐福集团、海特生物公司、东风本田公司、海尔电器公司、汉阳市政建设集团等5家知名企业联合筹建,对接和服务武汉经济技术开发区汽车及零部件、电子电器、食品饮料、生物医药、造纸印刷等重点产业和商贸、物流、服务业对人才的需求。

【职业学校基础能力建设】　加强示范性中职学校建设。继续从职业教育经费中划拨专项资金,加大对示范性学校建设的投入。市仪表电子学校、东西湖职业学校、新洲职业高中、市二轻工业学校等4所学校跻身全国1 000所中等职业学校改革创新示范学校行列。新洲职业高中的有机蔬菜生产及加工实训基地列入中央财政支持的职业教育实训基地建设项目。

加强职业教育实训基地建设。完成市政府再次投入的7 000万元实训教学设备购置任务。重点建设15个市级实训基地,在数控、汽车、模具、印刷、电子电工等制造业领域继续强化实训力度,在财会、营销、物流、旅游等服务业领域专业加强实训基地建设,加快实训基地的品牌化发展步伐。市交通学校的汽车运用与维修、东西湖职校的食品生物工艺、市仪表学校的光电子技术、市二商学校的中餐烹饪、市一轻学校的印刷技术、市一职中心的计算机及应用、市二职中心的工艺美术、新洲职高的园艺、市农业学校的畜牧兽医、市供销学校的市场营销、旅游学校的旅游服务管理等11个专业设置为"湖北省首批楚天技能名师教学岗位"。

加强"双师型"教师队伍培养。选派25名中等职业学校"双师型"教师到德国参加"双元制"教学模式培训研修。组织50多名"双师型"教师参加国家、省级骨干教师培训。举办市级专业教师、心理健康教育教师和班主任培训班9期,培训"双师型"教师600多人。选派22名校长参加教育部中职校长改革创新战略专题研究班。相继举办市级教学校长、后勤校长、工会主席培训班。举办第二届中职校长论坛。健全了突出职业教育特色的职称评审体系。为2 134名"双师型"教师购买工伤保险。

加强职业教育信息化建设。对接全国中职学校电子学籍系统,推动资助工作网络化、信息化、专业化管理。探索开发数字化教学资源,培养适应教育信息化要求的师资队伍,积极探索和构建信息化环境下的学校管理新模式。

【中职教育管理】　加强招生与就业管理。全市77所中职学校举办"校园开放日",展示中等职业学校风采,推行"阳光招生"。2010年市属中等职业学校注册32 694人(不含在汉国家省部属中专和技工学校)。各中职学校成立学生就业与职业生涯指导工作专班,加强就业指导和跟踪服务,选派7 013名学生到富士康就业或实习。2010届中职毕业生就业率96.5%。

完善专业备案制度。对全市中职学校开设专业进行了清理规范,统筹调整专业布局,统一规范专业名称。指导市机电工程学校等19所学校新开设了汽车运用与维修等35个专业(专门方向)并备案。

建立教学常态检查机制。从2010年秋季开始,每年11月对武汉市中职学校教学计划的制定、管理、实施和学生专业技能达标情况进行检查。到37所中职学校,检查摸底学校教学计划执行的现状,总结经验,查找问题,分析原因和对策。12月11日,首创在市一轻学校举行数控专业学生技能达标测试。积极推行ISO9001质量管理体系认证工作,促进学校各项管理工作全面步入常规常态。

【中职技能达标测试】　开展全员技能达标测试,覆盖每所中职学校、每个专业、每个学生。全市中职学校技能大赛分6类12项于7月—9月举行。在2010年全国职业院校技能大赛中,武汉市中职学校选手获一等奖4个,二等奖11个,三等奖10个,在全国同类城市位居前列。在全省技能大赛中武汉市选手成绩突出,共获得奖牌54个,其中一等奖19个、二等奖22个、三等奖13个,副省长郭生练专此发来贺信。

(莫占祥　张丽国)

【部市共建高校】　首次召开部(委)属高校和武汉市重点中学校长招生工作座谈会,为部属高校与武汉市重点中学搭建招生交流平台。2010年共建生计划1 500人，实际录取1 500人，是历年来招生计划完成得最好的一年。武汉市人民政府分别与武汉大学、华中科技大学、武汉理工大学签订合作框架协议，标志着部市共建合作进入全面深化阶段。

【高教科研课题】 继续实施市属高校课题立项工作。经专家评审，158项科(教)研课题被列入2010年市属高校科(教)研立项课题。划拨2009年科(教)研项目经费100万元，近千名高校教师获得资助。实施“高校教师企业锻炼计划”。资助209名高校教师到企业学习。组织市属高校25名动漫专业教师到英国伯恩茅斯大学进行为期三周的培训，为动漫产业培养合格人才。组织第四届市属高校大学生“小发明、小制作、小论文”评审工作，有672名大学生获奖。启动第五届市属高校大学生“小发明、小制作、小论文”评选活动。

【市属高校改革与发展】 江汉大学通过划转省化学研究院获取硕士授予权，并获国家学位办批准招生，2010年化学工程与管理科学两个硕士点开始招生。武汉商业服务学院积极申办武汉商学院，努力办成应用型本科院校。武汉软件工程职业学院申办国家百所骨干高职院校，被列入教育部2012年第三批项目建设单位。武汉城市职业学院全面接管武汉工业职业技术学院的工作如期推进。

【市级重点学科和品牌专业】 启动“市级重点学科和品牌专业”评选工作。评选出控制科学与工程等7个市级重点学科。设立专项经费，扶持优势特色专业做大做强，加快紧缺专业和学科的建设。

(董亦频　何　薇)

【社区居民培训】 全市13个城区的829万社区居民中，参加社区教育培训325万人次，培训率42%。其中，青少年培训104万人次，职工教育53万人次，进城务工人员培训22万人次，下岗待业失业人员培训17万人次，老年人培训68万人次，残疾人、妇女、归正人员培训61万人次。

【农村成人继续教育】 建设教育部新型农民培训工作联系点。洪山区和6个远城区全年对47 038名农村初、高中毕业生开展了普职渗透教育，组织9 437名“两后生”参加“双证制”教育培训，转移5 556人，获取“双证”5 967人；配合农业、劳动等部门完成农村劳动力转移培训34 959人，转移26 974人。全年开展实用技术培训班1 217期，培训农民171 338人次。全市中职学校面向全体农民工及其子女，实行常年滚动招生。

【社区教育学院】 首次承办全市社区教育工作会议。市社区教育学院(市电大)组织承办“武汉市2010年全民终身学习活动周”开幕式。活动周开幕式于2010年10月23日上午在武汉市青少年宫广场举行，彰显“推动全民学习，让生活更加美好”的主题。活动周开幕式首次邀请了“1+8”武汉城市圈的城市代表参加。在活动周期间举办了“2010年武汉城市圈终身学习论坛”。全市共开展742个项目活动，参加工作人员12 413人，参加活动人数达389 076人，受众人数723 240人。组织推荐15个节目参加全国“社区音乐活动竞赛与展播”，11个获奖，占全国60个获奖节目的18.3%。

(莫占祥　张丽国)

江岸区教育

【概况】 2010年，江岸区各级各类学校86所，在校生86 610人。其中，中学28所，在校生37 632人，招生12 101人，毕业13 550人；中等职业学校3所，在校生4 306人，招生1 184人，毕业1 988人；小学37所，在校生40 096人，招生6 720人，毕业7 115人；幼儿园17所，在园幼儿4 416人，招生1 498人。教职工6 554人，其中专任教师5 170人。江岸区小学、初中在校生年度辍学率分别为0和0.07%，初中毕业生升学率99.69%，学前教育三年受教育率97.6%，6～14周岁盲、聋、哑、弱智少年儿童入学率100%。2010届中、高考整体水平继续保持全市领先。高考理科600分人数比2009年增加43人；一本、二本上线率总体保持稳定，三本和专科上线率增加6～7个点。文科一本、二本上线率比2009年增加2～3个点，三本和专科上线率增加6～7个点。中考人均总位置值为30.14，比2009年又减小0.1，反映出全区应届毕业年级总体学业水平比2009年又有新的提高，普高率57.3%，居全市前列；全区一次性合格率96.3%；位置值为7.3的人数22人，比例为2.7%。

【教育重点项目建设】 完成吉庆街小学的拆迁整合，启动了汉铁高中新校区的建设，教学行政综合楼封顶。同安花园中学(后湖地区)建设完工，9月正式开学，通过初中标准化建设市级验收。二中图书综合楼建成并投入使用。第四轮初中标准化建设的两所学校顺利通过了市政府教育督导室的验收。

【初中青年数学教师优秀课】 2010年，第七届“卡西欧杯”全国初中青年数学教师优秀课观摩与评比活动于2010年11月20日—22日分别在武汉市二中、武汉市六中、武汉市育才高中、武汉市七一中学、武汉市八十一中等6个赛场同时举行。本次活动中，经教育部审查通过的所有初中数学教材版本都得到了展示，内容覆盖初中课程的所有板块。参赛选手在教学过程中注重学生活动的设计，采取问题引导学习的方式，让学生带着问题开展探索活动，学生主体意识进一步加强。全国各省(直辖市、自治区)的2 000余名数学教师参与了观摩与研讨活动。武汉二中广雅中学数学教师王新荣获一等奖。

江汉区教育

【概况】 2010年，江汉区各级各类学校126所。其中，局属公办学校56所(幼儿园9所、小学26所、单设初中13所、高中5所、中等职业学校2所、成人中专1所)，市属学校7所(高中2所、九年一贯制1所、小学1所、幼儿园3所)，民办和其他单位办学校63所。全区局属学校中有湖北省重点职业学校1所，省级示范高中2所，市级示范高中2所，省级示范小学1所，小学素质教育市级特色校6所。

全区在校学生70 291人。其中，小学生29 906人(公办25 381人，简易民办2 943人，公参民1 582人)，初中14 445人(公办10 132人，民办742人，公参民3 571人)，普高10 841人(公办8 929人，民办1 531人，其他单位办381人)，职高4 196人，在园幼儿10 903人(公办3 482人，民办6 012人，其他单位办1 409人)。2010届毕业学生15 075人。其中，小学5 163人，初中5 220人，普通高中3 467人，职业学校1 245人。中小学共招收新生15 031人。其中，小学5 234人，初中4 893人，普通高中3 500人，职业学校1 404人。全区3～6岁儿童入园率98%。义务教育入学率100%，6～14周岁三类残疾儿童入学率100%；小学毕业生升学率100%，初中毕业生升学率99.23%(市级目标98%)，全区高中毕业生升学率93%以上(全市86%)。辖区内职业学校招生率占全区高中阶段招生人数的28.6%(市级目标26.7%)，职业学校毕业生一次性就业率99.8%，区内就业安置率增长38.1%。

【师资队伍】 2010年，江汉区义务教育段2 375名专任教师共有7 868人次参加了区级全员培训，其中1 445名中小学教师参加了8期“菜单式”培训。1 657名义务段教师进行了公共课《专业技术人员权益与保护》培训。155名幼儿园教师参加了幼儿园全员培训。

组织江汉区小学、初中、高中新教师招聘工作。通过笔试、面试后录取了74人，其中小学教师30人，初中教师21人，高中教师23人。

组织专家评委对第八批“市学科”、“市优秀青年教师”评审公示人员进行了职业道德及课堂教学水平考核。13名“市学科带头人”及20名“市优秀青年教师”全部合格。

通过骨干教师自评、学校考核、专家评审小组考核及人事科审核评定等方式，对859名骨干教师进行考核，其中263名骨干教师被评为优秀，596名骨干教师被评为合格。

【特色学校创建】 2010年，江汉区继续开展素质教育特色学校创建工作。2010年，先后有单洞新村小学、黄陂街小学、卫星村小学被评为“市级特色学校”；惠康里小学、振兴路小学、西马路小学、回民小学、展览馆小学被评为“区级特色学校”；红领巾学校、大兴路小学、滑坡路小学、唐家墩小学和精武路小学完成“区级特色学校”的前期工作。

在特色学校创建过程中，江汉区要求学校立足本校实际，选择确立创建特色的突破口和着力点，挖掘各个学校的内在经验，促使学校个性发展，找到了适合本校校情的办学理念、教学模式和学校特色，实现了“校校有特色，生生有专长”。如单洞新村小学的尝试教育、乒乓球、科技教育等特色鲜明，学生综合素质得到提高，学校的增值效应明显；前进二路小学的民乐特色，有85%以上的学生都会弹奏一种民族乐器，如箫、笛子、古筝、二胡、琵琶、扬琴等等，这些品种多样的乐器学校均有配置，学生的艺术特长得到了充分的培养和展示，受到了家长们的普遍欢迎；福建街小学学生有90%以上属进城务工子女，学校利用屋顶绿化形成的葡萄农庄以及小小科技馆，开展了学生生物实践活动、环保科技教育，让每一个孩子的兴趣和特长有了培养、展示的舞台。还有黄陂街小学的慧心教育特色、卫星村小学的阅读德育特色、天一街小学的以美育人和纸艺特色、邬家墩小学的阳光教育特色等等。

截至2010年12月，江汉区共有22所小学(含市属小学1所)完成了区级特色学校的创建工作，其中有7所小学已被评为“市级特色学校”。

硚口区教育

【概况】 2010年，硚口区全免义务段学生借读费和学杂费，资助困难中小学生10 039人次，资助金额486万元，全区没有一名学生因贫困失学。全区幼儿园48所，3～6周岁儿童在园接受学前教育率97.6%。小学47所，在校学生31 999人；初级中学18所，在校学生16 924人；特殊教育学校1所，在校学生401人。普通高中8所，在校学生11 550人。区中等职业学校4所，在校学生6 310人。

【教育教学成果】 2010年高考，重点大学上线人数达517人，特殊学校高考上线率100%。中考普高率46.7%，高于全市均值2.4个百分点，一次性合格率93.2%。

2010年，全区楚才作文竞赛共有474人获奖；学生合唱队荣获全省“黄鹤美育节”金奖2个，全国金奖1个；运动队第十四次蝉联市中小学生运动会冠军；第一聋校残疾运动员在湖北省残疾人运动会上获11枚金牌、4枚银牌、3枚铜牌，1名学生获国家一级运动员称号。成功举办了区第二届青少年科技节。

【教师队伍建设】 2010年，硚口区实施提高教师师德水平行动计划，提高教师师德修养。市第十一中学教师华林飞获武汉市“功勋班主任”称号。实施提高教师专业化水平行动计划，着力培养和造就一批名师。全区有6名教师被评为湖北省第八批特级教师，有14名教师获评武汉市学科带头人和优秀青年教师，区级各类骨干教师1 100多人，市级各类骨干教师310人，省级各类骨干教师200余人，国家级各类骨干教师100余人；在岗特级教师20人，占在职教师总数的4.2%；全区专科学历以上小学教师和本科学历以上初中教师比例均达到90%，全区本科学历以上高中教师占全区高中教师比例接近100%。2010年，市第一聋校教师杨小玲、市五十九中教师邹华章、崇仁路小学教师张璐入选武汉市“十大魅力”教师。其中，杨小玲获武汉市“五一”劳动奖章。实施提高教育管理水平行动计划，全面提升教育管理质量。全年以加强理念与实践相结合的培训为重点，提高教育管理的理论水平；以提高校长的教学领导力为重点，提高校长的教育教学管理驾驭能力；以提高学校校园文化建设的特色和品位为重点，提高教育管理的统筹、协调能力。2010年，有1名校长被评为武汉市优秀校长，3名党总支(支部)书记被评为武汉市优秀书记。

【教育均衡优质发展】 2010年，硚口区水厂路小学、太平洋小学、汉西小学、轻机小学、轻汽小学、南垸坊小学、古田小学、辛家地小学、长丰小学等9所小学组成了“硚口西部小学教育共同体”。除优秀教师跨校送课外，每月举办一次形式各异的研讨活动。

红旗村小学、体育馆小学、长征小学通过武汉市小学素质教育特色学校评估。十一滨江初中标准化建设全面完工，除十七初中和五十九中等待改造外，全区初中已通过市级标准化学校建设验收。高中现代化建设与国际接轨，继十一高中国际部成立，英国、新加坡等国家、瑞典博伦厄市、日本大分市等城市与硚口区建立友好学校互访机制后，市第四高级中学成立国际部，与美国利博缇大学高中部、LeeAcademy学院合作办学；市第一职教中心与新西兰Natcoll设计学院、法国维也尔省工商会合作办学。职业教育集团化发展已完成新第一职教中心征地任务，2011年将正式动工建设。社区教育整合化保持全国领先水平，继2008年创建全国社区教育示范区后，2010年，建成街道社区教育中心10个。

汉阳区教育

【概况】 2010年，汉阳区幼儿园65所，在园幼儿14 901人；小学28所，在校学生23 941人；初中13所，在校生12 241人；高中6所，在校生7 681人。适龄儿童入学率100%，小学六年巩固率100%，初中入学率达到100%、初中三年巩固率99.01%，中考普高上线率49.42%，省级示范学校上线率43.93%。高考重点本科上线人数362人；上线率15.84%，本科上线人数1 263人，上线率55.32%。

2010年，汉阳区学生在省市级学科竞赛中获奖361人次，第三寄宿学校学生获全国初中数学竞赛一等奖。加强和改进未成年人思想道德建设，开展文明创建和“阳光一小时”、“艺术小人才”评选等文体、艺术、科技教育活动，在全市中学生运动会上获得团体总分第三名的成绩。武汉市第三中学生伍茵获全国中学生田径比赛跳高第一名，西大街小学学生的科技发明代表湖北省参加全国青少年科技创新大赛。

2010年，弘桥小学、车站小学、玫瑰园小学等3所学校高水平通过市级小学素质教育综合督导评估，标准化建设后初中学校的办学效益和质量进一步提高。全区学校特色发展不断深化。市二十三高中和建港中学顺利通过省、市级示范学校复评工作，晨光幼儿园顺利通过省示范园复查，玫瑰幼儿园成功创建省级示范幼儿园。加强对民办园的监管和指导。开展学前教育深度调研，积极探索解决群众反映强烈的“入园难”问题。

【小学段学区制】 2010年，汉阳区小学段“学区制”试点启动，钟家村小学联合学区、西大街小学联合学区正式成立，10所学校挂“学区招牌”招生。钟家村小学联合学区由钟家村小学、快活岭小学、陈家嘴小学、田家台小学、黄金口小学组成。西大街小学联合学区由西大街小学、洲头小学、瓜堤小学、群建小学、晴川阁小学组成。按照试点方案，学区实行学区长负责制。学区长享有对本学区内学校的人事调配权、财务权。实行学区制后，学区内学校实现资源共享、管理一体化，学区内各校图书馆、操场、实验室、电教室、微机室等硬件设施实行共享。学区内的教师可以实行统一排课，学区内教师通过交流任教、跨校兼课、师徒结对等形式，实现各校名师、骨干教师、学科带头人等优秀师资共享，进而实现区域内教育均衡。

【教师队伍建设】 2010年，汉阳区公开招聘大学毕业生49名，引进优秀骨干教师13名；组织开展市第八批学科带头人和优秀青年教师评选推荐工作，19名教师被评为市优秀青年教师，11名教师被评为市级学科带头人，武汉三中教师胡承国、肖少斌、顾静，第三寄宿学校教师黄群芳被评为省特级教师。钟家村小学教师桂贤娣被评为全国劳动模范，二十三中教师张媛媛获市第二届功勋班主任提名奖、钟家村小学教师谢守琴被评为市第七届“十佳”班主任。第三寄宿中学教师黄群芳作为湖北省唯一代表，应邀参加由国务院总理温家宝主持召开的全国2010年基础教育改革座谈会。在国家、省级课堂教学、课件设计、论文评比等竞赛中，全区获得国家级特等奖3人、一等奖7人、二等奖7人、三等奖8人，省级特等奖4人、一等奖33人、二等奖45人。实施教师阅读工程，开展以“新理念、新课程、新技术和师德教育”为主要内容的各类培训。全年共举办晴川讲坛10期，选送106人参加市教育局组织的暑期骨干教师培训。94人参加市教育局组织的班主任远程培训，300余名高中教师参加高中新课改培训。建立了第三届名师工作室10个，举办了“名师工作室”优质教学示范课展示活动。推进区内轮岗交流工作，选派了145名教师轮岗交流。48名教师到社区、区公安局、区交监局等部门工作；选派10名教师到东西湖交流，省市名师桂贤娣、李莉分别援教应城市和蔡甸区，黄群芳、顾静等特级教师到四川省汉源县、湖北省浠水县、黄石市支教，选派3名教师到新疆援教。

武昌区教育

【概况】 2010年，武昌区在北片学区建设试点工作的基础上，对学区内教师资源、设备资源的共享机制进行了探索。学区内获得小学全学科教学工作质量奖的学校由过去的2所增加至6所，8所初中中考一次性合格率由2009年93.99%提高到95.18%，普高升学率由38.13%提高到43.64%，有9所学校被评为“武汉市小学素质教育特色学校”称号。全区有普通中学44所，在校学生46 183人，比2009年减少4.87%；职业学校4所，在校学生6 186人，比上年增长1.91%；小学44所，在校学生48 275人，比2009年减少2.79%；幼儿园77所，在园幼儿18 346人，比2009年增长3.52%。6岁～11岁人口入学率100%，12～14岁人口入学率100%。小学在校生辍学率0%，初中在校生辍学率0.004%。初中毕业一次合格率97.92%，高中生升学率为91.88%，其中上省重点线1 708人。全年新建、改扩建中小学校竣工面积1.8万平方米，改造中小学校危房面积2万平方米。

【干部队伍建设】 2010年，武昌区教育局在17所学校试行校长任期制，提拔交流干部21人，平职交流干部33人，调整充实领导班子43个。同时，以绩效工资和事业单位岗位设置为契机完善教师激励机制，引导教师争相建功立业。2010年，全区副校级以上干部轮训率100%，新增市优秀书记、校长3名，11名干部教师被评为“武昌区第六批区管拔尖人才”。以学校结对为主要方式，深入开展教师交流活动，安排206人进行专兼职交流。为保障交流工作，区教育局按每月400元标准给专职交流和校际交流教师发放补贴；促进校际间教师结构性互补和教师队伍整体水平提升。继续推进中小学教师“2＋2＋1”模式的专业全员培训，“2＋2＋1”培训的目的是按照“一线课堂—教学问题—研究课题—培训课程”的“师训针对性课程”开发基本原理，实行训研教整合与联动，提高培训的针对性和实效性；方式是以各学段的每个学科为范围组建培训班，教研员研训合一，作为第一责任人统筹教研培训两个平台，每学期按教师继续教育培训的有关要求制定《计划》、设计课程、组织实施；形式是两次专家讲座、两次课例研讨、一次展示课汇报。全区分学段、分年级、分学科共计38个学科50多个全员培训班，培训教师5 000余人。组织320名义务段教师参加暑期市级骨干教师培训；安排593名新高一教师分学科进行集中通识培训，1 340人进行高中新教材培训；开设各类骨干教师培训班，共计788人。实施“春风送暖”教师培训研修计划，帮助北片学区加强教师队伍建设。通过集中学习、实践研修的方式促进全区教师专业化成长。

【“20＋20”母语工程】 2010年9月，为提升小学生语文素养、传承优秀中华传统文化，武昌区启动了“20＋20”亲近母语工程。该区5万余小学生每天早上、中午要诵(阅)读、练习书法各20分钟，以此亲近母语。每天40分钟的操练并没有占用其他课时，没有削弱其他学科的学习。另外，学生的阅读和书写全部在校内进行，没有家庭作业，在校时间没有延长。该项工程不会对学生个体进行考核，仅对学校开展活动的情况进行评价。按照设想，小学一至六年级，每周安排4节20分钟的诵(阅)读，以及5节20分钟的书法。六年后要求小学生认识常用汉字3 000个，会写常用汉字2 500个左右；课外阅读累计不少于150万字；能够背诵的古今优秀诗文160篇(段)。对小学教师也有相应的要求，如每学期课外阅读量不少于20万字，每周课外阅读不少于3小时。

青山区教育

【概况】 2010年，青山区有幼儿园42所，在园幼儿1.05万人；小学26所，在校学生2.38万人；初中18所，在校学生1.30万人；普通高中8所，在校学生8 936人；中等职业学校4所，在校学生7 431人。在职教职工5 563人，其中专任教师4 146人。经市人民政府教育督导室评估，新沟桥小学被认定为武汉市小学素质教育特色学校，小学素质教育特色学校3所。区政府教育督导室、区教育局组织专兼职督学，对青山小学、吉林街小学、建设一路小学、钢都小学等4所学校实施素质教育工作进行综合督导评估，授予青山区小学素质教育合格学校称号。确定第四批2所学校初中标准化建设，即钢城二中、红钢城中学。区政府共投入588万元用于两校的基础设施建设和仪器设备添置，其中，钢城二中投入288万元，红钢城中学投入300万元，两校办学条件的各项关键性指标全部达标，通过了专家评估组评估验收。至此，全区所有公办初中学校全部完成标准化建设。

【学校布局调整】 2010年，区教育局按照“科学调整学校布局，优化教育资源配置，充分发挥资源效益”的原则，完成第五批6组13所学校的整合。第一组：将钢城第十五中学整合到钢城第七中学。第二组：将白玉山小学、张王小学整合到钢城第十一小学。第三组：将钢城第十八小学整合到洪吉小学，改校名为钢城第十八小学。第四组：将钢城第六小学整合到厂前学校，改校名为钢城第六小学。第五组：将冶金小学整合到钢城第十二小学。第六组：将钢城第五小学整合到钢城第三小学。此次整合涉及被整合学校校级干部32人，在职教职工近200人，离退休教职工260多人，学生1 900多人。

2010年，武钢三中异地兴建工程加速，完成新址红线范围内拆迁工作，新增投资1.2亿元。吉林街小学建成并投入使用。总投资为1 980万元、占地面积1.19万平方米(约17.9亩)、建筑面积6 000平方米的钢城第四小学改扩建工程主体结构封顶。完成全区中小学、幼儿园近20万平方米校舍的抗震检测。投入资金20多万元，为17所中小学校进行了无障碍设施建设。任家路中学创建市级园林学校通过验收，成为全区第三所市级园林学校。武钢三中、市第四十九中学、钢城第四中学、钢城第十六中学、钢都中学、钢城第十四中学、武汉工业科技学校校园广播网建设完成。

【教育教学】 落实教育教学常规管理规程。严格执行中小学课程计划，开齐课程、开足课时，严禁违规补课。规范教辅资料征订，控制学生在校作息时间和书面作业量，规范学生竞赛项目。加强中小学学籍电子化管理。探索教学方式的改革和创新，围绕“聚焦教学管理，探究高效课堂”，在红钢城中学和新沟桥小学分别开展中小学“减负增效”表彰暨经验交流(现场)会。以小专题研究为抓手的备课组建设工程取得明显成效，在全市形成品牌。高中课程改革得到深入推进，市第四十九中学通用实践室建成，全市高中课改研究性学习现场交流会在青山区召开，武钢三中、市第四十九中学累计10余次在省市高中课改推进和交流会上作经验交流。全区共承担国家、省、市课题45个，已完成25个规划课题结题。在数学、物理、化学、生物、信息学五大学科奥赛中，有30人获全国一等奖，8人进入国家冬令营，3人进入国家集训队，学科奥赛整体水平继续居全省前列。教师论文比赛获省一等奖以上人数达85人，优质课比赛获省一等奖4人，市一等奖以上人数达30人。

推进义务教育均衡发展，确保教

育公平。加大教育投入。全区流动人口子女人数1.30万人，残疾学生66人，均落实了就近入学和随班就读政策。执行国家相关减免政策，坚持收费公示制度，严格收费管理。减免义务段困难学生2 144人次，共2.43万元。资助7所普通高中政府助学金627人次，共35.23万元；资助职业学校困难学生1 049人次，共78.68万元。全年完成大学生生源地贷款132人，贷款金额78.94万元。

推进"共青团关爱农民工子女志愿服务行动"结对工作，共有12所农民工子女较集中的学校与社区、街道、高校进行了结对。对边远学校发展给予政策性倾斜，加强边远学校的师资队伍建设，落实教师交流机制、选派骨干教师到校任教。为边远学校教职工提供了上下班交通车。通过规范招生入学行为促进全区各义务段学校均衡发展。

洪山区教育

【概况】 2010年，洪山区共有中学31所。其中，单设初中14所，九年制学校10所，高级中学3所，完全中学4所，初中在校生15 011人，353个教学班，高中在校生7 733人，163个教学班，中学教职工2 218人，其中专任教师1 882人。小学33所(不含10所九年制学校小学部)，在校生31 168人，710个教学班，教职工1 944人，其中专任教师1 736人；各类幼儿园73所，有幼儿班的小学9所，在园(班)14 446人，班级502个，幼儿园(班)教职工1 945人，其中专任教师1 036人；特殊学校2所，212名学生(含随班就读学生)，14个教学班，74名教职工，其中专任教师66名；中等职业学校14所(含市属学校5所)，在校学生24 315名。幼儿学前三年受教育率达97%，小学入学率100%，辍学率为0，初中辍学率控制在0.11%以下，三类残疾儿童入学率100%，进城务工人员随迁子女在公办学校就读的比例达89.5%。高考重点上线率比2009年增加1.8%，本科上线比2009年增长8.4%，省线升学率80.4%(全省高考升学率为65%)；高中毕业率98%；中考省、市级示范高中上线率比2009年增长2.59%，普高上线率达到近三年最高水平，比2009年增长3.18%，普高一次性合格率92.7%，初中升学率98.69%；武汉市二聋校有33人参加特教高考，其中12人考入一批重点大学。武汉西藏中学有80名学生参加高考，保持了高考本科上线率100%。

【课堂教学改革】 2010年，洪山区提出"借模式、先入轨、再创造"的研究方式和实施要求，尝试建立"高效课堂教学"模式。洪山初中倡导"三小"教学(小班教学、小组学习、小事入手)，关注细节，关注个体；旭光学校变教案为导学案，让学生更加自信，更加主动；鲁巷小学构建以"趣巧实和"为主的课堂兴趣教育模式等。同时，推行校本化作业制，如卓刀泉中学、南望山小学等学校，提出了"减负不减质，增效要合规"的口号，各学科辅助资料一律不在外面购买，由任课教师结合教学实际，自行编选、设计。依托教育开放月活动，举办小学"进取杯"、中学"三新杯"教师优质课大赛，以学区为单位，以学科教学为模块，以"同课异构"、"创新教学"、"片级研讨"等为手段，落实"课堂教学改革"工程。

【中小学"教育开放月"活动】 2010年11月3日，洪山区教育局于马房山中学举行"2010—2011学年度中小学教育开放月活动启动仪式"。教育开放月活动以"开放、交流、理解、融合"为主题，以"构建高效课堂、实施有效德育"为核心，落实"八个一"活动，即召开一次家长、社会评议学校座谈会；办一期体现学校文化特色及办学成果的宣传展板；每天安排1～2节研讨课在全校展示；组织一次校本教研展示活动；组织一次主题班会研讨展示活动；开展一次学校"一日德育常规"展示活动；上好一节家长学校教学展示课；上好一节心理健康教育展示课。旨在通过中小学校全方位的开放，形成全社会支持教育，关注学生健康成长的和谐氛围，促进全区中小学校进一步创新办学特色，推动素质教育向纵深发展，架构学校、家庭、社会共同参与的大开放的素质教育新格局。

蔡甸区教育

【概况】 2010年，蔡甸区各级各类学校(园)136所(教育部门办107所)，在校生42 655人，教职工4 668人(教育部门4 269人，专任教师3 715人)。其中，小学66所，教职工1 931人，专任教师1 696人；在校生16 607人，比2009年减少63人；招生2 914人，毕业3 013人。初中20所，一贯制学校5所，教职工1 528人，专任教师1 357人，在校生9 513人，比2009年减少1 454人，招生3 032人，比上年减少105人，毕业4 009人，毕业率99.21%。全区农民工随迁子女入学1 565人，农村留守儿童1 490人就读无流失，全区小学适龄儿童入学率100%，辍学率为零，12～14周岁少年入初中99.86%，初中辍学率1.52%，6～14周岁三类残疾儿童少年随班就读32人，入学率100%，义务教育完成率99.4%。

全区小学毕业率100%，中考人均总位置转换为人均分387.49分，比2009年增加24.38分，中考一次性毕业合格率81.10%，比2009年增加0.78个百分点，优良率51.79%，比2009年增加0.81%，升学率91.59%，比2009年增加2.39%。

【优化办学条件】 2010年，蔡甸区投入资金239万元，完成了侏儒中学、横龙中学、陈家学校3所初中标准化建设任务。投入470.9万元实施农村教师周转房建设，新建41套，改扩95套，总面积6 094平方米，解决了20所学校农村教师的住房问题。投入384.7万元，维修改造和加固了25所中小学校舍，改造总面积4 500平方米；投入213万元，新建了石山小学、合丰小学教学楼和侏儒中心小学学生食堂、阶梯教室；投入180.6万元改造了17所中小学消防和防雷设施，提高了校舍综合防灾能力。

开展市级"园林式学校"创建活动，区第二中学通过了市级验收。投入39.23万元，装备了56所农村小学体育、音乐等常用教学设备；同时为10所学校配备了标准的阅览桌椅、图书架，增添图书3.5万册，为14所学校图书室配备了计算机图书管理软件，使学校图书室实行了微机管理。加强学校信息技术教育设备装备，为区一小、幸福路中学部分班级装备了投影机、电子白板、电脑电子讲台，为全区装备“班班通”设备摸索了经验。9月15日，汉阳一中校园电视台正式成立并首次开播。

【干部教师队伍建设】 2010年，区教育局开展了“静心教书、潜心育人”师德教育活动、“规范师德行为”承诺活动，全区评出“师德风范奖”50人、“教学桃李奖”295人、“扎根边远地区奉献奖”40人、先进教育工作者71人。1人被评为“武汉市十大魅力教师”。加大干部教师交流力度，全系统科级干部交流任职18人，新提拔干部交流任职16人。坚持区内轮岗交流、骨干教师送教下乡、校际结对交流和跨区交流，全区参加交流教师200人，占应交流教师的9%。加强骨干教师的培养和管理，完成了任期满4年的144名区学科带头人和140名区优秀青年教师的考核工作，评选出第二届蔡甸区教育界名师10人、区第七批学科带头人44人、区优秀青年教师52人，4人被评为武汉市第八批学科带头人，17人被评为武汉市第八批优秀青年教师。全区中小学27名干部参加市级岗位培训，47名干部参加区级提高培训，在职在岗中小学校级干部332人全部持证上岗。401名教师参加市级培训，1 260名教师参加区级培训，义务段教师参训人数超过专任教师总数的20%。组织870名高中教师参加了省市主办的新课程培训。区教师进修学校创新培训方法，培训中小学骨干班主任120人。2010年，1人被评为武汉市第七届“功勋班主任”，1人获得武汉市第七届“十佳班主任”提名奖，5人被评为武汉市第七届百优班主任。完成了首次义务段学校干部教师绩效考核，全区98所中小学的干部教师纳入考核范围，考核书记64人，校长83人，校长兼任书记14人，教师3 616人。开展学校聘任教师改革试点工作。区第一中学、区第四中学在全区率先开展教师竞聘工作，由学校聘任班主任，由班主任聘任科任教师，增强教师工作的责任感和紧迫感。

江夏区教育

【概况】 2010年，江夏区学校111所。其中含省级重点高中1所，市级重点高中1所，普通高中2所，中等职业学校1所，初级中学26所，民办初中1所；小学51所，特殊教育学校1所，幼儿园27所。全区学校教学班总共1 355个，在校学生64 331人，其中高中生11 064人，初中生14 469人，小学生25 221人，特教68人，中职生5 735人，在园幼儿7 774人。2010年招生19 840人，毕业生21 638人。全区教职工6 363人，其中高中教师872人，职校302人，初中2 259人，小学2 480人，特殊教育23人，学前教育427人。全区小学年度辍学率为0。初中年度辍学率0.81%，比警戒线(3%)低2.19%。6～14周岁的盲、聋、哑、弱智儿童入学率100%。全区农村学前一年受教育率98.1%，全区城市学前三年受教育率98.2%。义务教育阶段6～14周岁儿童入学率100%。全区职业技术培训机构125个，共有223个教学班。

【资助贫困学生】 2010年，江夏区政府拿出200万元专项资金资助贫困学生，对基础教育阶段1 033名贫困生进行资助。“闻一多基金会·阳光行动”资助山坡、湖泗、舒安3个老区共33名贫困大学新生10万元。“爱心助困，圆梦大学”助学行动，对考上大学的孤儿、残疾学生、低保户家庭子女、父母残疾或丧失劳动能力的家庭子女、贫困单亲家庭子女、遭遇重大灾难家庭子女进行资助，每人可享受一次性资助3 000元，共有400名贫困大学新生享受到120万元的资助。

【重大项目建设】 2010年，江夏区在全市率先进行农村教师周转房建设试点。投入资金2 288.98万元，在山坡、湖泗、舒安、安山、乌龙泉等南部乡镇建设教师周转房650套，总面积3.6万平方米，全部按期竣工交付使用。投入资金6 000万元，异地新建大花岭小学，占地面积5.33万平方米，大桥地区和南车集团近4 000名孩子开始享受优质教育；投入资金5 500万元，兴建占地3.5万平方米、建筑面积2万平方米、可容纳36个班2 000名学生的东湖路学校正式开学，纸坊城区“入学难”问题得到缓解；投入资金500万元，高质量新建成武当新村小学，移民的孩子就近享受优质教育。全区校园安全工程项目56个，新改扩建面积20万平方米，其中新建项目21个，面积75 450平方米；改造加固项目35个，面积124 910平方米，建设资金投入16 179.1万元。

黄陂区教育

【概况】 2010年，黄陂区有幼教机构59所，在园幼儿10 400人，学前一年入班率96.8%以上；学前三年入园率98.5%。完全小学114所，共有在校学生44 106人，入学率、巩固率、毕业率、升学率均保持100%，辍学率10年来持续为零。普通初中32所，在校学生30 236人。毕业合格率99.85%。高中7所，在校学生18 374人。2010年高考，全区一批重点线过线人数578人，上线率为8.4%，同比增长0.7%；全区过专科分数线及以上人数6 209人，上线率为90%，同比增长了12%；本科上线3 461人，上线率50%，同比上升4.3%。普通中专1所，在校学生2 098人；成人中专1所，在校学生1 069人；职业高中1所，在校学生2 792人；区卫生学校1所，在校学生1 110人。共举办农民实用技术培训188期，培训农民24 632人；开展“两后生”引导性培训8 837人次，占初三毕业生的57%；普通工培训53期，设置专业53个，共培训2 700人。

【办学条件均衡】 2010年，黄陂区不断改善办学条件、扩大优质教育资源，70%的初中毕业生可进入省市级示范高中。投入5 800万元建设初中标准化学校24所，域内学校办学条件基本实现均衡。该区市级示范高中由2所增加到4所，招生规模从1 500多人增加到4 000多人。科学调整学校布局，小学由304所调减到114所，初中由51所调整到32所，普通高中由5所发展到7所。截至2010年，区政府投入5 480万元，通过6大重点工程有效缓解了前川地区超级大校、大班现象；投入6 817万元建成农村寄宿制学校43所，投入5 800万元建设初中标准化学校24所，区域内学校办学条件基本实现均衡。同时，由区政府投入4 800万元，在全市率先全面启动8所公办幼儿园新建工程。

【骨干教师培养和班主任队伍建设】 2010年，区教育局完成了1 600名骨干教师区级和市级培训任务，暑假出资60万元选派了60名骨干教师赴上海(华东)名校进行高级研修培训。实施"名师培育工程"。区第一中学教师李曼丽评为武汉市"第二届十大魅力教师"，8名教师被评为"市学科带头人"，26名教师被评为"市优秀青年教师"；3名教师获得"湖北省特级教师"称号。启动"名师工作室"14个，招收弟子170人。创新班主任管理机制，发现新典型，树立新标杆，倡导以老带新、以老促新，大力提升班主任队伍整体素质。全区坚持开展"十佳"、"百优"班主任评选与表彰活动，激发广大班主任的工作热情。2010年春，全区共有135名班主任受到市级表彰，270名班主任所带班级被评为区级"先进班集体"，成为班主任团队骨干。区第一中学教师郑先端被评为市第二届"功勋"班主任、区实验中学教师张小华被评为市第七届"十佳"班主任提名奖，区直幼儿园黄晶等8人被评为市"百优"班主任。

新洲区教育

【概况】 2010年，新洲区各级各类学校192所。其中，小学86所，初中25所，普通高中8所，中等职业学校6所，特教学校1所，幼儿园66所。教学班2 738个，其中小学1 094个，初中548个，普通高中447个，职业学校207个，特教学校10个，幼儿园432个。在校学生119 491，其中小学43 064人，初中29 498人，普通高中21 947人，职业学校10 443人，特教学校108人，幼儿园14 431人。校园占地面积3 473 989平方米，其中小学1 239 988平方米，初中1 031 173平方米，普通高中936 484平方米，职校150 499平方米，特校4 158平方米，幼儿园111 688平方米。校舍建筑面积1 208 389平方米(小学348 312平方米，初中355 253平方米，普高334 077平方米，职校94 131平方米，特校2 972平方米，幼儿园73 644平方米)。在职教职工10 410人，其中小学3 994人，初中3 539人，普高1 927人，职教247人，成教202人，特教28人，幼教276人，其他197人；在职专职教师8 753人，其中小学3 547人，初中3 135人，普高1 654人，职教210人，特校26人，幼教181人；部门学校有教职工275人，其中专任教师180人。全区各级各类学校2010年招生31 815人，其中小学7 425人，初中8 124人，普高6 804人，职教3 126人，特校12人，幼儿园6 324人；毕业生40 683人，其中小学8 248人，初中13 911人，普高7 421人，职校4 646人，特校12人，幼儿园6 445人。义务教育阶段适龄儿童少年入学率99%，其中小学100%，初中98.5%；辍学率控制在国家允许的范围内，小学0.02%，初中2.04%。全区10 749人参加普通高考，上省第一批线的1 229人(文科119人，理科1 110人)，上本科线的6 090人(文科1 201人，理科4 653人，艺术162人，体育74人)。

【基础建设与特色学校创建】 2010年，新洲区加大农村薄弱学校建设力度，投资846万元新建寄宿制学校4所；投入1 475万元创建标准化初中3所；投资1 547万元实施校舍安全工程，拆除D级危房校舍17栋，还建面积13 320平方米；投资5 313.8万元新建教师周转住宿房444套，维修506套；投资667万元维修破损校舍、更换老化电线、添置消防器材；投入105万元完成21所学校防雷工程建设；投资65.1万元为22所学校图书室增添设备和图书资料；投资50万元消除体育设施"空白学校"24所；投资46.2万元为5所寄宿制学校建设蔬菜副食品基地，为2所学校实施卫生新校园建设。争取香港言爱基金1 000万元资金支持，在阳逻建成民办思源实验学校，助推阳逻农村教育资源优化提升。市级素质教育特色学校新增阳逻第二小学和邾城第四小学2所。区职业高中2010年成功申报国家中等职业教育改革发展示范学校建设项目和中等职业教育基础能力建设项目，成为国家"十二五"重点建设的中等职校。区学生资助中心搭建助学平台，募集助学资金592.5万元，资助贫困学生2 209人。

【教师培训工作】 2010年，新洲区启动教师读书工程，开展《我的教育情怀》征文活动，将收集到的征文356篇进行评选，其中39篇获奖；下载全国54家优质学科培训视频资料，分类制成光碟下发学校作为校本培训的重要资源；分别在区第一中学、邾城第二中学和区培训中心举办班主任报告会、学科素养报告会、师德报告会和教育哲学思想报告等4场报告会，共1 881人次中小学教师参加学习；以幼儿园环境设置、教育活动、设计与组织、幼儿保育知识为主要内容的首届民办幼儿园教师技能培训举行，共117名教师参训；组织教师脱岗培训，化解工学矛盾，区级培训的1 801人，均是利用双休日和节假日进行的。普通高中489名教师利用远程教育手段在网络上进行新课改培训。组织专家、名师、特级教师送教下乡培训教师1 177人。

东西湖区教育

【概况】 2010年，东西湖区各级各类学校54所。其中，小学32所，初中16所，普通高中4所，中等职业学校1所，教师进修学校1所。学校占地总面积149.16万平方米，建筑总面积36.71万平方米(均不含民办学校和幼儿园)。全区有在校学生数42 919人。其中，小学生20 068人，初中生10 027人，高中生5 624人，中职生7 200人。全区有教职工3 238人，其中专任教师2 810人，高级职称教师376人，中级职称教师1 437人，中、高级职称教师占专任教师的75.6%；省特级教师5人，市级学科带头人及优秀青年教师28人，区级学科带头人及优秀青年教师256人。经教育行政主管部门正式审批的民办教育机构94所。其中，民办学历教育学校4所，非学历培训学校17所，民办幼儿园73所。通过年检，评定出合格民办教育机构88所，基本合格培训学校1所、基本合格幼儿园2所。撤销民办幼儿园1所和培训学校2所。全区94所民办教育机构在校生20 510人，专任教师1 053人，兼职教师126人，行政人员621人，学校总资产2.076亿元，校舍建筑面积21.36万平方米，图书13.19万册。

【办学条件】 2010年，完成吴家山中学游泳池的拆迁，项目建设方案评审，运动场招投标、施工建设及吴家山第四中学的项目建设等相关工作；投资3 500万元的东西湖职校新实训大楼竣工启用；完成了18栋建设面积32 779.95平方米的校舍改造和加固维修建设方案；完成了校舍抗震鉴定以及112套教师周转房规划方案，进入施工；完成了吴家山第三小学、金银湖小学、友谊小学3所学校素质教育特色学校硬件设施建设，新建运动场、篮球场，学校食堂及校舍维修等工作。继续推进初中标准化学校和农村寄宿制学校建设，完成了将军路中学、吴家山五中的拆迁，两所学校正在进行建设施工。完成了金银湖中学、将军路小学的有关项目建设。

【职成教育】 2010年，东西湖职校争创国家级示范中等职校。投资3 500万元的新实训大楼开始启用，实训面积8 000多平方米，可供30多个专业开展实训。校内设备总值2 000万元。区职校招收中职新生2 531人。被市教育局评为“2010年武汉市中等职业学校招生和就业工作先进单位”。全区开展农村实用技术培训共137期10 955人次；开展农村劳动力转移培训共28期1 289人次；开展“双证制”培训600人；老年人培训13 500人次，培训率39.9%；在职职工培训39 500人次，培训率达52%。成人大专、本科学历教育在校人数3 000多人，开展各类社区教育活动18期次，培训12 700人次。各街老年学校为阵地共开展老年教育培训49期次，共培训13 500人次，参训率39.9%。2010年10月，全国老年教育工作现场会在东西湖区召开。开展创建学习型家庭、学习型单位、学习型社区工作，全区开展各类社区居民的培训活动，有117 674人参加了培训，全区社区居民参训率45%。

汉南区教育

【概况】 2010年，汉南区推行小学“捆绑式”发展模式(2009年秋将13所小学整合成2个“学校圈”，实行小学“捆绑式”，以强校带弱校，将学校教师队伍、教育教学管理、教学质量监控与考核实行捆绑)，试行初中教育“共同体”，推动区内干部教师的轮岗交流，促进优质教育资源共享。

加大教育投入，按照市一级幼儿园标准投入150万元对育才幼儿园进行维修改造。投入60万元对5所完全小学(幸福小学、江下小学、大咀小学、邓南中心小学、银莲湖小学)“校中园”进行维修加固处理。投入248万元对4所郧县移民师生安置学校校舍进行了全面维修。投入140万元对创建市级素质教育特色校(纱帽山小学、育才小学)进行维修改造。投入210万元用于乌金中学农村寄宿制学校建设。投资1.2亿元，占地11.87万平方米，建筑面积2.7万平方米的汉南一中新校区落成。全区学生享受优质教育的比例达39.5%。

【教师队伍建设】 2010年，汉南区教育局印发《关于在全系统进一步开展师德师风建设活动的通知》，开展“工作热情一团火、专业发展一片天、教学效果一块牌、职业形象一面旗”的“四个一”活动，对在“四个一”主题实践活动中涌现出的先进个人进行表彰，在汉南电视台开辟专栏宣传8个优秀教师代表的典型事迹。

形成竞争上岗的激励机制。在规模较大的学校全面试行学校聘年级组长、年级组长聘班主任、班主任聘科任教师的聘任模式。义务段教师绩效工资发放本着多劳多得、优质优酬的原则，把教师工作的各个环节都合理的纳入到绩效管理之中，采取课堂检测诊断、月月通报开处方、建立末位排名通报机制等形式，拉开教师间的绩效工资分配档次。

投入30余万元，组织教师参加省、市、区级培训共计1 170人次。为确保培训质量，在实施学分累计、建立团队辅导、增加专题培训项目、建立培训通报制度等四个方面进行了创新。全区专任教师中有特级教师1人，省级骨干教师6人，享受市政府专项津贴专家2人，市学科带头人6人，市优秀青年教师6人，区管专家3人，区学科带头人56人，区优秀青年教师50人，骨干教师队伍人数突破130人，占专任教师总数的10%。

关心教师生活，改造农村学校食堂、厕所；投入350万元用于农村中小学教师周转房建设，新建改建维修周转房共计48套。在农村教师工作补贴发放上，将原执行的每人每月200元变成按地域远近分设为200至260元，稳定偏远学校教师队伍；教师节前，对44名民办教师及45名退休干部进行了慰问，慰问金共1.5万余元，成立由区领导带队的7个慰问组，到全区各校(园)慰问，慰问金共7.6万元。

【职成教育】 2010年，汉南职教中心置换到原汉南一中，地理优势和办学条件发生根本变化。职教中心坚持走“校企联合”的发展之路，与多个厂家联合办学，承揽对外加工业务，为学生创造良好的实训环境。学校研制出“数控卧式镗床”和“数控双面铣床”，解决了多年来困扰企业的技术难题。进一步完善“以职教中心为龙头，以街道成人职业技术学校为骨干，以村队成校为基础”的成人教育网络。区教育局统筹协调，街道和村级成人职业技术学校根据需求组织培训，职教中心负责组织师资和推荐就业。全区4个街道的成人文化技术学校全部进入市级规范成校的行列，共建有5个标准化人才培训基地，校舍总面积5 600平方米，农业示范基地3.49万平方米，拥有计算机167台。各基地功能室全部按示范标准进行了配套，有容纳60人以上的多媒体教室，办公全部实行自动化。

○黄石市教育

【基本情况】

2010年黄石市教育事业发展状况统计

单位：人

	学校数（所）	毕业生数	招生数	在校学生数	教职工数	
					计	其中：专任教师
总　　计	970	141 491	155 381	535 145	29 445	25 006
一、高等教育	4	6 291	6 555	21 696	1 644	1 117
1. 普通高校	2	5 481	5 489	17 748	1 536	1 068
2. 成人高校	2	810	1 066	3 948	108	49
二、高中阶段教育	54	33 544	34 025	100 117	5 482	4 527
(一)中等职业技术学校	23	13 981	12 609	38 673	1 989	1 404
1. 普通中专	23	13 981	12 609	38 673	1 989	1 404
2. 成人中专	—	—	—	—	—	—
3. 职业高中	—	—	—	—	—	—
4. 技工学校	—	—	—	—	—	—
(二)普通高中	31	19 563	21 416	61 444	3 493	3 123
三、义务教育	702	91 365	84 557	367 362	18 564	17 184
1. 普通初中	112	50 190	41 297	133 225	8 356	7 473
2. 职业初中	—	—	—	—	—	—
3. 普通小学	587	41 160	43 233	233 883	10 128	9 647
4. 特殊教育	3	15	27	254	80	64
5. 工读学校	—	—	—	—	—	—
四、学前教育	210	10 291	30 244	45 970	3 755	2 178

【教育发展规划】 2010年，黄石市教育局对全市教育工作进行广泛调查研究，完成黄石市教育“十二五”规划的制定工作。突出义务教育均衡发展、职业教育、学前教育的重点地位，促进全市教育全面协调可持续发展。成立黄石市中长期教育改革和发展规划纲要工作专班，开展黄石市中长期教育改革和发展规划纲要的编制工作。全年召开各级各类座谈会10次，发放不同层面调查问卷3 400份，开展为黄石教育建言献策活动，初步形成《黄石市中长期教育改革和发展规划纲要》。

【厅市教育合作】 省教育厅支持黄石市教师培训工作，免费集中为黄石市培训教师、校长、班主任、教研员1 230人。确定黄石市3所学校为湖北省义务教育阶段学校校长挂职培训基地和教师跟岗学习基地。审批黄石市教师跟岗学习计划44人，校长挂职锻炼计划23人。支持和帮助黄石市高中校长、教务主任到武汉市育才高中进行高中课程改革学习。加大对黄石市体育艺术和卫生、健康教育工作支持指导力度，支持黄石市开展“高雅艺术进校园”活动，促进黄石青少年综合素质全面提升。支持黄石市职业教育园区建设，批准黄石市组建“湖北省武汉城市圈(黄石)职业教育园区”，及时拨付学校建设费用。

【教育行风建设】 2010年，全市教育系统利用局长接待日、新闻发布会、局长信箱等形式，听取和解决群众反映的突出问题，集中开展民主评议政风行风活动，将政风行风建设与日常工作紧密结合，通过抓机关、带行业，提高人民对教育的满意度。推进人大代表建议和政协委员提案办理的落实工作，共办理完成人大建议13件，政协提案16件，代表委员满意率为97%。与2009年相比，教育信访量下降20%，其中涉及教育乱收费信访问题下降50%。

【创先争优活动】 围绕“实现‘五个好’党组织和争当‘五带头’共产党员”的目标和要求，组织引导基层党组织和党员干部开展创先争优活动。全市各学校结合办学实际，在围绕“推动科学发展、促进校园和谐、服务广大师生、加强基层组织”等方面精心凝炼活动主题，创新活动形式、丰富活动载体。抓住承诺评诺践诺活动，充分调动基层党组织和党员主动性、积极性、创造性，树立党员先锋形象。各基层党组织设立“党员示范岗”、“党员先锋岗”，亮出党员身份，担当迎新工作的排头兵，做好日常工作。

【义务教育均衡发展】 2010年，市政府颁布《黄石市人民政府关于进一步推进全市义务教育均衡发展的实施意见》，为全市义务教育均衡发展提供政策保障。推进阳新县义务教育均衡发展试点工作，申报大冶市为全省第二批试点。各县(市、区)开展创新活动推进义务教育均衡发展，黄石港区开展“校际接对帮扶、携手共发展”活动，西塞山区建立教师校际交流机制，阳新县实施资教生“种子计划”提高师资水平，大冶市在部分乡镇开展均衡的试点工作。

【学校标准化建设】 2010年，市教育局和市政府教育督导室制定了义务教育阶段学校基本办学条件标准，稳步推进义务教育学校标准化建设。大冶市投资8 000万元，新建城西北新区学校；投资860万元，在全市中小学建配计算机网络教室5个，多媒体教室16个，卫星接收系统4个。阳新县投入1 000余万元，在全县中小学实施“三改一装”工程(即改造门、窗、黑板、安装电灯)；投入150万元，在10所初中学校建设标准化实验室。城区鹿獐山中学、下陆三中建设工作稳步推进，广场路小学、市第二十一中学得到整体改造重建，市第十中学、市第十六中学等学校改造工作开始起步。

【职业教育基础能力建设】 职业教育坚持集团化、品牌化、内涵化发展思路，不断促进职业教育与区域经济的协调发展。基础能力建设不断增强，湖北城市职业学校、湖北省机械工业学校、黄石艺术学校、阳新职教中心建设工作稳步推进。专业建设不断加强，机械加工、机电技术、电子信息、服装制作、学前教育等专业形成品牌。学生实践能力不断增强，6名选手代表湖北省参加全国中职学生技能大赛服装类专业比赛，荣获1个一等奖、3个二等奖、1个三等奖。

【职业教育园区建设】 2010年，积极推进职业教育与工业园区的结合、职业教育与企业的结合，大力推进职教园区建设工作，打造校企合作紧密的专业教师实践培训基地、学生实训实习基地、企业人才输送基地、企业员工再培养基地，促进职业教育与区域经济的协调健康发展。4月，召开黄石市职教园区校企合作讨论座谈会。5月，召开全市职教工作座谈会讨论校企合作和职教园区建设问题。依托国家级黄石经济技术开发区，大力开展校企合作，建立17个校企合作

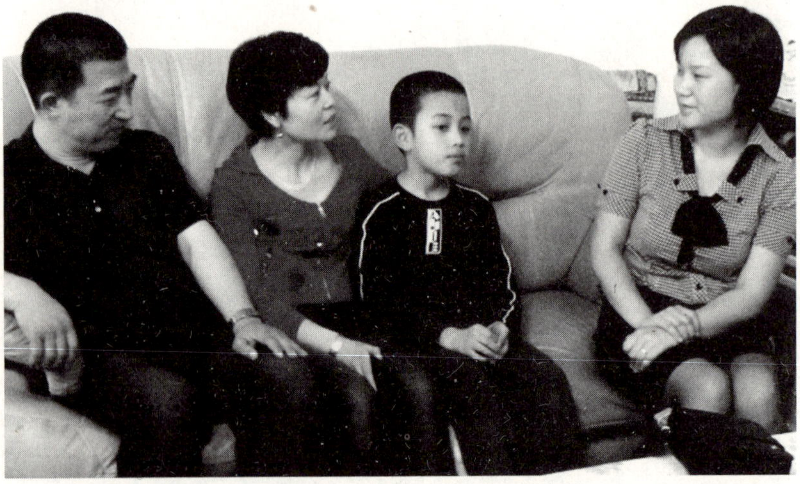

2010年5月，黄石市在全市中小学教师中开展“万名教师访万家”活动，图为家访教师与家长及学生亲密交流

基地，所有中职学校都与企业建立了合作关系，提高了职业教育的适应能力。12月13日，经省政府同意，省教育厅正式批准组建“湖北省武汉城市圈(黄石)职业教育园区”。

【高等教育】 全市有本科院校2所，高职院校1所，硕士点26个，本科专业78个，专科专业80个。积极把握有利条件，做好有利于湖北师范学院、黄石理工学院和黄石职业技术学院发展的各项服务工作。进一步协调高校加强领导、明确责任、完善机制，做好维护稳定工作。做好高校与地方行业构建产学研合作的协调服务工作，为发展黄石优势产业集群提供科技和人才支撑，不断增强高校服务地方的功能，促进高校与地方经济社会同步发展。

【民办教育】 坚持鼓励扶持社会力量办学的思路，加强对民办职业教育的管理和指导，鼓励和支持社会力量兴办职业学校和职业培训机构，积极支持资源优质的民办职业教育学校扩大办学规模，支持民办职业教育学校资源整合，提高民办职业教育办学水平，形成政府为主导、社会参与、公办与民办相结合的多元办学体制。全市民办教育资产总额超过5亿元。湖北省民办基础教育发展大会暨“省民协”2010年年会在黄石市召开，黄石市民办教育发展经验得到充分肯定。

【学前教育】 进一步加强对学前教育的指导和管理。将学前教育全面纳入督导的范围。加强幼儿园办园行为规范工作，开展幼儿园办园水平综合评估工作，充分发挥示范园作用，为幼儿教育发展提供良好的环境。市教育局、市政府教育督导室对18所幼儿园进行了考察，初评出16所市级示范幼儿园。

【教育督导和目标管理】 2010年，以义务教育均衡发展为重点，以教育督导和目标管理为抓手，继续完善对县(市、区)义务教育责任落实情况考评和奖励制度，及时总结各县(市、区)推进义务教育均衡发展的工作举措及所取得的成效，及时开展经验交流，推广先进经验，对县域内义务教育发展各项指标定期进行监测和分析，形成促进义务教育均衡发展的长效机制。加强了对普通高中和幼儿园的督导评估工作，加强了对各学校的检查和指导力度。

【教育科学研究】 以推进新课程改革为核心，以提高教师队伍素质和提高教学质量为重点，充分发挥教研部门学术优势，进一步强化研究、指导、管理和服务职能，提高教科研工作实效性和针对性。围绕教育的前瞻性、全局性和战略性课题和热点难点问题，制定调研规划，确定调研重点，通过项目化、课题化，开展调查研究。建立各级教育行政部门领导联系学校和听课制度，建立完善调查研究工作制度，评比表彰优秀调研成果。基础教育和职业教育课程改革稳步实施，取得丰硕成果。全市批准立项课题100余项，被省教育科学规划办立项27项，60余项课题在全省优秀课题成果评选中获奖。黄石市第三中学《学业不良高中生成功心理素质培养的实验研究》课题获教育部“全国基础教育课程改革教学研究成果”一等奖，市教科院课题获二等奖。

【教育教学质量】 以课程改革为动力，不断完善教育科研工作机制，建立行政、科研、督导相结合的质量评价机制，跟踪进行课堂教学效益评价工作，促进教育教学质量的提高。以初中“四高一低”(优秀率高、及格率高、平均分高、报考率高、低分率低)和高中“从入口看出口”(考察入学成绩和毕业成绩)评价为重点做好教育质量检测和监控工作，保障教育质量的提高。以面向全体学生，关注每一个学生发展的角度出发改革招生制度，坚持义务教育就近免试入学，将黄石市第二中学招生指标分配到初中学校，采取“综合评价、择优录取”和“特长招生”等形式考察学生的综合素质，努力促进生源质量的均衡，基础教育教学质量稳步提高。

【学生综合素质】 以迎接中国黄石首届矿冶文化旅游节和黄石建市60周年活动为主线，开展“文明礼仪教育月”、志愿服务、形象大使选拔、矿冶文化知识大赛、读书比赛、书信大赛等一系列德育特色活动。以“阳光体育运动”和“大家唱大家跳”艺术教育活动为抓手，开展形式多样的文体活动，创建特色校园文化，青少年体育艺术素养进一步提升。中山小学、艺术高中参加全省“大家唱大家跳”艺术展演活动，均获单项一等奖和全能金奖。黄石市第十四中学、艺术高中被评为全国艺术教育先进单位。黄石市体育、艺术教育工作的典型经验在全国体育艺术“2+1”项目推进会上进行了交流。“一校一特”、“一校一品”的格局逐步形成。青少年科技创新能力不断提升。2010年湖北省中小学电脑机器人竞赛暨第十一届全国中小学电脑制作活动竞赛类项目比赛中，学生成绩居全省前列。

2010年11月，黄石市以弘扬高尚师德为中心，启动了万名教师抵制有偿家教的签名承诺活动，图为教师投放承诺书场景

【教师队伍建设】 开展三个"万名"教师活动。开展"万名教师进万家"爱心家访(家访率达到学生数的80%,上门走访学生人数达到14 841人次,优秀家访手记450篇)、"万名教师抵制有偿家教签名承诺"、万名教师"六个一"职业技能竞赛(在全省幼儿教师职业技能大赛中,获得全能一等奖)等一系列活动,努力打造了一支爱岗敬业的教师队伍。构建科学合理的教师管理体系。落实特岗生和资教生200人,妥善安置服务期满自愿留下任教的特岗生、资教生188人。探索教师合理的补充、交流机制,继续开展支教援教工作,全市53所城镇学校与54所农村学校结对帮扶,城镇学校派出支教教师140人,农村教师到城镇学校挂职23人。扎实开展教师系列培训活动。大力开展了高中新课改教材培训、通识培训、同步研修培训,校长任职资格培训、北京师范大学校长高级研修班、名师课堂等多项培训,让8 020名教师校长享受免费培训。严格落实继续教育学员备案、学习考核制度、学时学分登记制度。结合教育部国培项目和省级培训计划,积极开展市、县级中小学教师继续教育培训活动,通过省级一市级一县级培训三级联动机制,搭建教师成长平台,全年开展全员培训39 471人次,培训率达到专任教师的158.5%。积极实施黄石名师工程。积极做好湖北名师和特级教师推荐工作,3人被评为湖北省名师,16人被评为湖北省特级教师。市教育局会同市委组织部、市人社局联合评选黄石市名师10人,"十佳校长"10人,"师德模范"30人。

【校园及周边环境综合治理】 积极开展学校四个创建(放心食堂、文明宿舍、绿色生态校园、放心校园超市)工作,进一步营造了良好的育人环境。开展多种形式的专项检查指导工作,规范了学校卫生及传染病防治管理工作,各级各类学校未发生卫生重大安全事故。与政法、公安等部门密切配合,进一步加强了学校安保工作,全市10%的学校安装了视频监控系统,60%的学校配备了保安,90%的学校配备了物防设备。持续做好了校园方责任险和学生医疗保险的办理工作,进一步完善了校园风险防范和转移体系,维护了教育的稳定。持续开展了学生应急避险演练活动,提高了学生的自我防护能力,得到省教育厅的高度肯定,全省学校应避险演练活动启动式在本市举行。

【办学条件】 本年完成中小学校舍安全工程建设项目251个,其中新建校舍项目135个,校舍维修项目116个,新建和维修校舍面积12.5万平方米,完成总投资5 806.49万元。在建项目98个,其中新建项目93个,维修项目5个,新建校舍面积53 469平方米,维修校舍面积5 352平方米。

【学生资助】 投入学生资助资金2.6亿元,受惠学生达75万人次。做好了流动人口随迁子女入学安置工作,共安置进城务工人员随迁子女1.8万人,保障了进城务工人员随迁子女在城区顺利入学。残疾学生教育权益得到保障,市特教学校教育层次开始向高中阶段延伸。

【语言文字工作】 以迎接中国黄石首届国际矿冶文化旅游节和黄石市建设60周年为契机,以活动为载体,大力开展语言文字工作。在全市开展"讲普通话,做文明人,我为'双迎'添光彩"倡议活动。各中小学普遍开展了"四个一"活动,即挂一幅推普宣传标语,开展一次经典诵读比赛,办一期推普宣传板报,组织一次推普社会活动(宣传活动或"啄木鸟"行动),营造推普氛围。开展农村教师普通话大赛,1 720名农村中小学教师参与。11月,以"书写经典、传承文明"为主题,开展了全市公务员规范汉字书写大赛,全市33个部门、单位50人参加了现场比赛。

撰稿 卢杰斌
审稿 尹国平

2010年10月,黄石市在中小学中开展形式多样的安全教育活动,图为交通安全教育

黄石港区教育

【概况】 2010年,黄石港区中小学14所,其中黄石八中、黄石十四中、黄石十五中、黄石十八中等4所单设初级中学,江北学校和中英文学校2所九年一贯制学校;市府路小学、广场路小学、武汉路小学、沈家营小学、中山小学、老虎头小学、楠竹林小学、广场路英才学校等8所小学;其中广场路英才学校、中英文学校为2所民办学校以及市委机关幼儿园等23所幼儿机构。全区在编中小学教师1 047人,其中初中462人,小学585人。在校中小学生共计20 194人,其中小学12 522人,初中7 672人。全区现有省级示范学校2所、市级示范学校7所、全省综合办学50强学校3所,先后荣获教育部第二届中小学艺术展演优秀单位、全国幼儿教育先进城区、省级"两基"工作先进城区、省级教科研8强县(市、区)、省级首批新课程改革实验区等称号。

【教师队伍建设】 实施教师队伍素

质提高三大工程。(1)着力推进“师德锻造工程”。全面实施《黄石港区中小学教师职业道德考评细则》，坚决实行师德一票否决制度。(2)着力推进“名师培养工程”。设立“名师工作室”，到2010年，黄石港区在职特级教师7人，国家级师德标兵1人，国家级骨干教师3人，省级师德标兵2人，省级骨干教师60人，省级优秀教师19人，湖北省名师4人，黄石市名师10人，黄石市十佳校长2人，形成了具有明显优势的名师群体。(3)着力推进校本培训工程。全区教师校本培训率100%，校本培训经费人均1 000元以上。2010年黄石八中、广场路小学被确立为湖北省首批“义务教育学校校长挂职培训基地”，黄石八中、十四中、广场路小学、中山小学4所学校被确定为湖北省首批“义务教育学校教师跟岗培训基地”。黄石八中“教、学、练、评”四合一研修活动，在全国产生一定的影响力。

【教育教学质量】 深入实施“教育管理效益年”活动，积极构建有效课堂，不断推进中小学课堂教学方式改革。扎实开展“共享杯”教学交流、教师“六个一”职业技能大赛、大型教学开放日、教育论坛等活动。全区小学之间的教学质量差距在不断缩小，初中教学质量保持全市领先。教科研水平进一步提高，2010年，全区参加省级以上评优课40节，获得省级以上论文等教学成果奖300多人次。现有省级课改先进个人30名，国家科研百佳个人10名。

西塞山区教育

【概况】 2010年，西塞山区教育总投入9 642万元，比2009年增加23.84%。全区城乡教育费附加和捐资办学为524万元，比2009年增加27.2%。全区预算内安排教育事业经费0.74亿元，比2009年增加17.75%。勤工俭学总收益326万元，比2009年增8.7%。全区中小学占地面积37.23万平方米，新增621平方米；建筑面积15.12万平方米，新增4 735平方米。全区适龄儿童、少年入学率为100%，辍学率为0，全年共妥善安置流动人口子女入学3 821名。全区在园幼儿4 825人，城区3～5周岁幼儿入园率95%，学前一年入园率100%。

【教育督导】 全区基本建立普通中小学督导评估工作机制，义务教育阶段学校办学水平综合督导评估水平不断提升。2010上半年，组织区首席学科教师、骨干教师和教研员对区属18所中小学校教学常规管理进行督导检查，开展以减负增效为主题的教育督导活动，逐步落实“学情分析”与“有效辅导”减负增效教学模式。下半年对区属中学初三年级的教学常规管理进行督导检查。12月，组建了区考核领导小组对全区各中小学基层组织建设、学校综合治理工作、学校目标完成情况、教育教学质量进行了全面督导检查，形成详实的督导报告，提出了改进意见。

【教育改革】 9月1日，举行全区教师交流工作启动仪式，首批51名教师参加交流。通过教师交流，搭建全区资源共享、优势互补、合作交流、共同提高的发展平台。根据区属小学部分学科教师数量较少，学校内部难以开展有效的教研活动的实际，组织开展教师联片教研活动，将全区小学术科教师按区域进行划为3个教研片，每月开展一次分片联校教研活动。完善区首席教师工作室的管理，强化首席教师工作室教研团队建设。

下陆区教育

【概况】 2010年，下陆区学校13所。其中，职业教育培训中心1所，普通初中2所，九年一贯制学校1所，小学9所。义务教育阶段在校学生9 971人。其中，小学学生6 943人，中学学生3 028人。现有中小学教职工1 132人。其中，退休教师328人，在职教职工804人。全面落实义务教育经费保障机制，全部减免义务教育阶段学生学杂费，减免农村学生课本费。为80名大学生办理生源地贷款。学前三年儿童受教育率84.7%，学前一年受教育率96%；中小学入学率均达到100%，巩固率99%以上，辍学率为0。

【素质教育】 2010年，积极实施教育优质均衡发展战略，坚持面向全体学生，探索实践“小学校办特色，大学校办品牌”的素质教育模式。学校素质教育取得丰硕成果，在全市进一步扩大影响力。有色小学、有色中学、下陆小学参加全市足球进校园活动，在分区联赛中取得不败的成绩，其中有色小学因足球进校园活动接受了中央电视台少儿频道、体育频道、体育周刊等16家国家、省、市级媒体关注和报道。有色小学自编、自导、自演的童话剧《小鱼儿的呼唤》，获共青团黄石市委组织的全市童话剧表演第一名。有色中学学生代表黄石市参加全省中小学生运动会获得2个第一

2010年5月，黄石市在中小学校开展“中华经典诵读”活动，图为学生集体诵读场景

名，10多个名次奖。在黄石市“双迎”活动中，下陆小学“小导游”团为到东方山旅游的中外游客义务解说500多人次。该学校的传统文化进校园活动不断推进，以宣扬中华民族传统节日及传统诗词读本等为载体的传统文化教育基本形成。

【教师队伍建设】 开展千名教师“三笔字”(毛笔字、粉笔字、钢笔字)和电脑制作考核，开展教师“六个一”(粉笔字、普通话、课件制作、现场说课、艺术特长展示、现场写论文)教学技能比赛。将暑期结束后一周定为校本培训期，各校利用专家讲座、本校教师作报告和讨论，集中学习等形式开展校本培训，为教师的专业化发展提供有效平台。在开展校内教师“一堂好课”、“听课评课活动”的基础上，开展学校间交叉推门听课活动，从全区各学校抽调教师组成检查组，深入学校“推门听课”，做到课堂教学情况掌握“全覆盖”。以市教育局“双万”活动(万名教师抵制有偿家教、万名教师访万家)为依托，组织了“千名教师抵制有偿家教”，“千名教师访万家”活动，全体教师中大力倡导“五种精神”，即“终身从教的爱岗精神、不甘落后的拼搏精神、刻苦钻研的探索精神、爱生如子的园丁精神、不计得失的奉献精神”，教师师德水平进一步提升。

铁山区教育

【概况】 2010年，铁山区各级各类学校9所。其中，小学5所，九年一贯制学校1所，初级中学1所，普通高中1所，职业中专1所。在校学生8 119人，其中九年义务教育段学生4 519人(初中生1 625人、小学生2 894人)。共有幼儿园9所。其中，大冶铁矿办幼儿园1所，民办幼儿园8所，在园幼儿918人。全区义务教育段在职在岗教职员工358名，其中中教高级职称74人、中级职称266人；硕士学历2人、大学本科130人、大学专科216人。全国优秀教师1人，湖北省优秀教师1人，市级劳模2人，省级骨干教师2人。

【五个零目标】 2010年，全区教育系统全面贯彻落实科学发展观，以全面实现学校校舍零危房、学生上学零负担、小学学生零辍学、教师工资零拖欠、学校财务零外债为目标，着力推进区域教育“均衡发展、内涵发展、特色发展”，努力办好人民满意的教育。

【义务教育均衡发展】 科学规划布局，优化教育资源。按照“把义务教育工作的重心进一步转变到办好每一所义务教育学校和关注每一个孩子的健康成长上来，促进教育公平和社会和谐”目标要求，结合本区城建设规划，坚持边调研边整合的工作思路，“十二五”教育发展规划基本确立，对办学规模小、效益低的学校进行撤并重组，扩大优质教育资源的辐射效应，深入推进全区义务教育全面、协调、可持续发展。推进项目建设，改善办学条件。本年度向市教育局、区政府争取建设资金400万元，向大冶铁矿争取援助资金300万元，为区政府2010年重点工程之一的新鹿獐山中学建设项目提供资金保障。结合区域教育资源整合，已规划立项资金585万元，在全市率先启动校舍D级危房改造工程，2010年8月先后拆除铁山小学、三岔路小学D级危房3栋3 151平方米，动工新建综合教学楼2栋3 450平方米，新鹿獐山中学建成投用后，铁山区在用校舍将全部消除D级危房，全面实现“校园零危房”及2所“标准化学校”目标。

大冶市教育

【概况】 2010年，大冶市以规范管理为基础，以素质教育为核心，不断深化教育教学改革，全市教育呈现出全面、协调、健康发展的良好态势，先后被评为全省“校长培训工作先进单位”、“宣传先进单位”等荣誉称号。大冶一中、还地桥镇中学、保安镇小学等3所学校被省语委、省教育厅授予“省级语言文字规范化示范校”称号。实验小学、冶师附校等6所学校被省教育厅授予“省级家长规范化示范校”称号。

【教育事业协调发展】 义务教育向均衡化发展。积极实施校舍安全工程，全市投入资金2 127万元，改造危房和新建校舍面积约3.4万平方米，新建校舍面积约1.6万平方米。投资8 000万元，新建城西北新区学校。开展送教下乡，城镇教师援教和支教活动，选派54名城区学校教师和接收80名省派高校毕业生赴农村学校援教。落实教育惠民政策，全市发放助学资金达2 229.62万元，15 699人次在校贫困家庭学生领到生活费补助或助学资金。

高中教育向优质化迈进。加强高中新课程实验组织管理和指导，成立新课程改革领导小组和13个学科指导小组，制定实验计划，建立跟踪调研、质量监控制度，保障新课程实验有序进行。积极参与省级普通高中课改重大研究项目课题研究，其中大冶一中、还地桥高中分别参与省级课题《教学方式和学习方式变革研究》研究，取得丰硕科研成果。

职成教育向一体化转变。加快大冶中专、大冶市劳动就业培训中心等学校教育资源整合，大力改善办学条件，促进职业教育向一体化发展。投资1.1亿元，完成了大冶市职业技术学校一期工程建设任务。

学前教育和民办教育向规范化转型。市教育局与市民政局、市公安局等九个部门联合，对全市114所民办幼儿园进行综合评估，符合办园条件42所；需整改幼儿园51所，取缔21所。市机关幼儿园和风华幼儿园顺利通过省级示范园评估。成立大冶市民办学校工会联合会，促进民办教育健康发展。

【教师队伍建设】 举办首届校长论坛，为全市校长提供学习和交流平台。全市共评选出100名师德高尚、为人师表、敬业爱生的师德标兵，发挥其示范引领作用，促进全市教师队伍素质的提高。开展教师爱心家访活动，加强中小学教师与家长的沟通。组织3 200余名教师参加各级各类培训和教研活动，开阔教师视野，提高教师教科研水平。

【学校后勤保障】 2010年，市教育局投入100万元，采取以奖代补的形式，加强学校后勤标准化示范学校建设，推进学校后勤保障工作快速发展。扎实开展蔬菜副食基地建设，全市农村寄宿制学校拥有规模以上基地9个，年产蔬菜5万余公斤，出栏生猪400余头，出产成鱼5 000余公斤。

阳新县教育

【概况】 2010年，阳新有中小学校433所。其中，高中（含完中）11所，初中（含九年一贯制学校）46所，小学375所，特校1所。学生20.35万人。其中，高中1.92万人，初中6.98万人，小学11.45万人。教师11 444人。其中，在职教师9 740（公办教师7 470人，代课教师2 270人），离退休教师1 704人。

【标准化校园建设】 2010年，向上争取资金5 000余万元，其中义务教育均衡发展项目2 600万元，职教中心基础能力项目1 000万元，教师周转房1 200万元。投入资金1 942.5万元，新建校舍20 590平方米，围墙5 193米，维修校舍23 160平方米。投入1 000余万元，进行标准化校园工程建设，在全县中小学实施“三改一装”工程（即改造门、窗、黑板、安装电灯）。投入150万元，在10所初中学校建设标准化实验室；争取黄鹤楼科技园捐资157万元，为全县初中学校和部分小学每校捐献了篮球架一副、乒乓球台一个、电子琴一台。

【教师队伍建设】 实施小学教师“三全”素质提高工程。2010年是“三全”培训的第二年。全县以中心学校为单位，聘请教授11人、黄石名师8人、阳新“土专家”17人，对2 380位小学教师进行指导。实施教师“六个一”工程。将“写一手好字、说一口好普通话、讲一堂好课、写一篇好论文、会一门文体特长、带一批好学生”等“六个一”活动作为教师的一项长期赛事，在全县4 000多名小学教师中开展。在黄石市小学、初中、高中、中职教师“六个一”比赛中，有2人获特等奖，10余人次获单科优胜奖。实施教师“三考”目标管理工程。召开全县教育教学管理现场会，出台了《关于全面推进素质教育加强教育教学管理切实提高教育教学质量的若干意见》、《关于在全县中小学教师中实施“三考”目标管理工程的通知》两个文件，在全县推广教师“三考”目标管理。实施资教生“种子计划”。坚持政策留人、待遇留人、事业留人、环境留人、感情留人。对资教期满、愿意留下来的资教生实行考录收编政策，在资教生招考中，对优秀的予以优先录取，对资教期满、考核达标的实施奖励加分政策，最高奖励12分。全县共接收604名资教生，对资教期满的考录收编197人。其中2010年，接收108人，考录收编2007届资教生79人。

【资助贫困生】 全县义务教育阶段学生享受免费教科书2 075万元；28 684名贫困寄宿生享受补助资金1 890万元；1 484名贫困高中生享受中央彩票公益金148.4万元；4 581名中职学生享受国家中职助学金344万元；为2 648名贫困大学生办理生源地贷款，发放贷款1 533万元；为西南旱区捐款6万元。

○襄阳市教育

【基本情况】

2010年襄阳市教育事业发展状况统计

单位：人

	学校数（所）	毕业生数	招生数	在校学生数	教职工数	
					计	其中：专任教师
总　　计	1 523	232 966	289 432	880 026	62 255	50 884
一、高等学校合计	4	14 178	17 221	51 442	3 238	2 092
1. 普通高校	3	12 013	12 643	36 819	2 855	1 376
2. 成人高校	1	2 165	4 578	14 623	383	226
二、高中阶段教育	88	65 948	57 939	194 693	11 233	7 976
(一)中等职业技术学校	40	29 014	20 032	81 644	3 767	2 462
1. 普通中专	26	16 225	9 148	44 838	2 153	1 262
2. 成人中专	1	758	474	1 669	28	21
3. 职业高中	8	6 653	4 311	15 323	818	651
4. 调整后的中职学校	5	5 378	6 199	19 814	768	528
(二)普通高中	48	36 934	37 907	113 049	7 466	5 514
三、义务教育	976	129 235	125 219	526 187	43 469	37 952
1. 普通初中	202	74 257	59 668	185 469	19 289	16 133
2. 普通小学	769	54 941	65 461	340 314	24 078	21 747
3. 特殊教育学校	5	37	90	404	102	72
四、学前教育	455	23 605	89 053	107 704	4 315	2 864

备注：含成人本专科，民办380所，占84%。

【概况】 2010年，襄阳市城镇3～6岁幼儿入园率94%以上，农村普及学前一年教育。市艺术幼儿园、襄城区教工幼儿园、樊城区直机关幼儿园通过省专家组评审，被认定为省级示范幼儿园。省、市级优质幼儿园达到26所(省级5所)。

全市小学适龄儿童入学率100.2%，巩固率99%以上。初中适龄少年入学率99.5%，巩固率98%以上。农村初中在校学生年辍学率控制在0.58%以下，全市有50 954名进城务工等流动人员适龄子女分别在城区小学和初中入学。全市特殊教育学校5所，在校生404人。261名残疾儿童少年以随班就读的形式在普通中小学接受义务教育，其中小学随班就读234人，初中随班就读27人。全市残疾儿童少年入学率85%以上。

全市优质公办高中25所。33 405名考生参加高考，上线人数31 396人，上线率93.99%。其中，本科上线人数21 826人，上线率65.34%。25所优质高中的上线人数占全市上线人数的81.65%。其中，本科上线人数占全市本科上线人数的91.12%，全市先后有153所学校被命名为"快乐校园工程"示范学校，57所中小学被命名为市级"五园"示范学校，890所学校建起"快乐体育园地"，402所学校建起"快乐艺术园地"，6个县(市)区建设了青少年课外文体活动中心。

全市创建8所省、市级示范中等职业学校(省级4所)。截至11月，全市中等职业学校(含技工学校)共招生30 560人，其中中等职业学校招生28 032人，技工学校招生2 528人，基本完成全年的招生任务。围绕社会主义新农村建设对人才的需求，依托职业与成人学校，积极开展农村劳动力转移培训。年培训农民168 691人次，其中转移前引导性培训91 392人次，技能性培训75 267人次。转移后培训2 032人，培训后就业32 349人。

2010年4月，襄阳市申报组建襄阳汽车职业技术学院正式获省政府批准。6月8日，成立襄樊学院医学院，开设临床医学本科专业。当年秋季开始招生，首届普通本科招生计划为80人。12月，襄樊职业技术学院被国家教育部、财政部批准为"国家示范性高等职业院校建设计划"骨干高职院校立项建设单位。

2010年，全市小学、初中、高中专任教师学历合格率分别达到99%、95%、90%。小学、初中、高中取得高一层次学历教师的比率分别达到73%、52%、7%。全市现有在岗特级教师87人，市级以上名师108人，名校长33人，省级骨干教师437人，市级学科带头人406人，市级骨干教师3 660人。

【规范中小学办学行为】 2010年被定为"襄樊市规范中小学办学行为管理年"。市教育局与各县(市)区教育(教体)局、市直学校签订了规范办学行为管理工作责任书。全年查处存在乱收费行为的学校3所、存在违规组织学生集体补课行为的学校3所，13名责任人受到相应的党纪政纪处理。截至12月，全市有7所学校被省教育厅确定为"湖北省依法治校示范校"试点单位。枣阳市、保康县、襄阳市襄州区、南漳县、襄阳市樊城区、谷城县被评为全省规范教育收费示范县。

【义务教育均衡发展】 在完成城区24所薄弱学校改造工作的基础上，2010年，市教育局把整体推进全市义务教育均衡发展作为重要任务。4月8日，在襄州区召开全市促进县域义务教育均衡发展现场工作会。各县(市、区)都制定详细的工作规划和年度工作计划，召开专题会议进行全面部署。襄州区、枣阳市、宜城市、保康县等地投入资金4 257万元，重点对实验室、校舍、教师安居房等进行改扩建和新建。为实现"优质教育资源共享，义务教育均衡发展，城乡教育共同进步"，探索实施"名校牵头，集团办学"模式，"学区联片，资源共享"模式，"城乡联校，共同发展"模式和"大课表授课，区域走教"模式等。

【中考招生优录政策】 3月31日，市教育局出台调整后的中考招生优录政策。具体内容为：港澳台同胞子女、海外侨胞子女、革命烈士弟妹、少数民族考生，中考成绩加5分参加录取；农村独女户(独生女)考生中考成绩加10分参加录取，农村计划生育二女户考生，中考成绩加5分参加录取；因公牺牲军人子女、一级至四级残疾军人子女，中考成绩加10分参加录取；革命烈士子女、驻边疆国境的县(市)、沙漠地区、国家确定的边远地区中的三类地区和军队确定的特、一、二类岛屿部队现役军人子女，中考成绩加20分参加录取；残疾考生、现役军人子女在同等条件下优先录取；持有《中华人民共和国残疾人证》，较好耳平均听力损失在61dB(HL)及以上，听力残疾三级及以上的应届初中毕业生可免试外语听力，免试听力考生外语成绩为考生的外语考试分数乘以外语卷面总分数除以外语卷面笔试分数。以上优录条件重复者只取其中最高一项，不重复加分。

【贫困生资助】 2010年，完成农村义务教育阶段家庭经济困难寄宿生补助生活费4 406万元；完成中职国家助学金和免学费资助72 156人，金额5 845万元；完成资助普通高中贫困生12 791人，金额607.09万元，其中国家彩票公益金资助1 306人，金额130.6万元；完成生源地信用贷款新贷人数7 618人，贷款金额4 570.8万元。

【襄樊十大教育人物】 4月29日，由市教育局、襄樊日报社联合主办的"华润燃气杯"第二届襄樊十大教育人物评选活动揭晓。第二届襄樊十大教育人物分别是：

黄敦全	谷城县南河镇温坪中心小学教师
郭慧敏	襄州区双沟镇初级中学教师
张　静	枣阳市市直机关幼儿园教师
周　俊	襄阳市第四中学教师
王开繁	南漳县巡检中学教师
钟建国	保康县第一中学教师
张德兰	襄城实验小学校长
樊　竹	襄阳市第三十二中学书记、校长
李明凯	襄阳市第三中学书记、校长
章　锋	湖北回天胶业有限公司董事长

【中职生技能大赛】 9月18日－19日，市教育局会同市人力资源和社会

保障局、市财政局联合主办全市中等职业学校学生第二届技能大赛。来自全市28所学校的214名学生参赛，竞赛内容涉及计算机、汽车、数控、机械加工、电工电子、财会6大专业15个赛项。经项目裁判委员会评判、大赛组委会审定，共认定一等奖25个，二等奖45个，三等奖63个。

【百万学子齐诵《诫子书》】 9月25日上午8时45分，全市近百万名学生，以校为单位，齐声诵读、吟唱诸葛亮的《诫子书》，活动时长约30分钟。此项活动既是市教育局开展“中小学弘扬和培育民族精神月”活动的一部分，也是“2010年湖北襄樊诸葛亮文化旅游节”的开幕曲。此举创下“规模最大的吟诵活动(异地)”记录，并获“大世界基尼斯中国之最”认证。当晚，中央电视台《新闻联播》予以报道。

【校长高峰会议】 10月19日—21日，第七届中国(襄樊)名校长高峰会议在襄阳市召开。本届峰会由《中国教师报》、湖北省教育厅联合主办，襄阳市教育局承办。峰会特邀请郭振有、冯恩洪等知名专家、校长作专题报告。与会代表围绕“教育家办学”的主题，对高效课堂构建、义务教育均衡发展等问题进行了探讨。峰会吸引了中央电视台、《人民日报》等20多家媒体前来观摩报道。

【教育系统更名】 12月9日，根据襄樊市更名襄阳市工作协议会议精神，“襄樊市教育局”更名为“襄阳市教育局”，“中共襄樊市委教育工作委员会”更名为“中共襄阳市委教育工作委员会”，“襄樊市人民政府教育督导室”更名为“襄阳市人民政府教育督导室”。全市教育系统相继更名。

【艺术教育展演】 12月7日～9日，由湖北省教育厅主办、襄阳市教育局承办的湖北省第二届中小学校“大家唱、大家跳”艺术教育现场集中展演暨湖北省首届“校长杯”中小学校校长歌唱比赛举行。本次大赛中、小学组全能奖各产生10个，其中襄阳九中获中学组全能第二名，襄阳市教育局获“市州级优秀组织奖”，宜城市教体局、襄州区教体局获“县(市)级优秀组织奖”。襄阳市教育局和襄阳四中被省教育厅授予“承办工作贡献奖”。枣阳市第一实验小学副校长付俊霞获首届“校长杯”中小学校校长歌唱比赛小学组一等奖。

【师资培训与送教下乡】 根据教育部“国培计划”，全市共选派小学、初中、高中三个学段150人参加了国家级培训。同时完成了500名教师的“知行—中国”网络中小学班主任培训任务。组派600名骨干教师后备力量参加省教育厅组织的高中教师培训。落实1 200名县(市、区)、乡镇(校长)、资教生参加湖北省第二轮“农村素质提高工程”培训。与襄樊职业技术学院联合培训骨干班主任250名，与该院艺术系联合开办首期小学美术教师培训班，培训60名小学美术教师。与襄阳广播电视大学合作，继续抓好英特尔未来教育培训工作，培训教师200名。全年集中开展送教下乡活动5次，培训28科(次)，作示范课28节，说课、评课30节次，发放培训调查问卷3 000余张，直接培训教师2 900人次。以东风日产公司“阳关关爱·助教未来”阳光教师培训行动为载体，分别对南漳、保康两个边远地区农村教师进行了学科培训，共培训16科(次)，作示范课19节，说课、评课20节，直接培训教师1 500人次。

【素质教育百花园】 截至2010年，全市共有153所学校被命名为“快乐校园工程”示范学校，57所中小学被命名为市级“五园”示范学校，890所学校建起“快乐体育园地”，402所学校建起“快乐艺术园地”，6个县(市、区)建设了青少年课外文体活动中心。10月16日，《中国教育报》以《襄樊大力实施素质教育“百花园”工程》为题，介绍了襄阳市“五园”创建的做法和特色。12月30日，在全省教育工作会议上，襄阳市提交的《分步推进，强化机制，典型引路，着力打造素质教育“百花园”》的经验交流材料获好评。

【教育技术现代化】 2010年，全市69所学校(其中小学28所，初中31所，高中10所)建成标准化实验室。新创建合格(达标)图书室(馆)10个。全市中小学建立计算机教室426个，拥有教学用计算机25 474台，建立多媒体教室682个，建设中小学校园网络或局域网203个，设备完好率90%以上。在湖北省第五届“教育技术理论与实践”征文大赛暨全国中小学教师信息技术与教育创新论文大赛湖北选拔赛上，襄阳市21名参赛选手获特等奖，并代表湖北省参加全国“教育技术理论与实践”大赛，12人分获一、二、三等奖。

【廉政文化进校园】 2010年，市直教育系统深入开展廉政建设“十个一”系列活动(一次现场会，一次书画展，一次报告会，一次知识测试，一次警示教育，一次文艺展演，一次征文活动，一次书信大赛，一次廉政文化进校园评比，一次座谈会)。7月21日，市委常委、纪委书记虞国旗专题调研市直教育系统廉政文化建设情况，肯定了市教育局的做法。10月27日，市教育局代表襄阳市接受全省“十个全覆盖”检查组的工作检查，受到好评。11月8日，新华网等中央媒体以《襄阳市教育局推进廉政文化进校园工作》为题报道了市教育局开展廉政文化建设的做法。

撰稿 安良海

审稿 李 菲

襄城区教育

【概况】 2010年，襄城区义务教育阶段中小学48所。其中，小学38所，初中10所。职业高中1所，公办幼儿园3所。全区在校生26 842人，其中小学15 534人，初中9 589人，职业高中1 719人。在职教师2 760人，离退休947人。其中，小学在职教师1 625人，初中1 006人，职业高中91人，幼儿园38人。具有中高级职称教师1 665人，其中特级教师9人，全国优秀教师和优秀教育工作者9人，省级骨干教师43人，“湖北名师”2人。全区小学校园总面积766 407平方米，初中校园总面积为308 357平方米；小学校舍总面积166 942平方米，初中校舍总面积为137 872平方米。

【农村中小学教育】 2010年，全区农村九年一贯制学区管理扎实推进，初中、小学衔接更趋紧密。学校人成为学区人，"走教"解决了农村学校教师结构性缺编难题，农村学校教育教学质量大幅提高。

通过改善辖区学校办学条件、组建优质教育集团、连片教研、送教下乡、结队帮扶、干部竞争上岗等措施推进全区教育均衡发展，部分薄弱学校面貌大为改观，中高考质量不断提升。

2010年，城区内学校发展个性凸显，社会影响力增强。2所学校学生走进春晚舞台，4所学校成为全国创新型学校。

樊城区教育

【概况】 2010年，樊城区区属中小学、幼儿园125所。其中，高中4所，初中24所，小学94所，幼儿园3所。在校生79 749人，其中小学45 527人，初中24 744人，高中8 378人。在岗在编教职工4 290人，其中专任教师3 630人。小学、初中、高中教师合格学历分别为99%、99%、100%，高一层次学历分别为81%、85%、12%。

【义务教育均衡发展】 首批10所薄弱学校改造工程全面完工，全面启动学校标准化建设。优质学校和薄弱学校之间继续开展"一对一、全方位、可持续、共提高"的捆绑式帮扶活动。8月，城乡第六批160余名交流教师全部到位，继续开展名师新课程送教下乡及"菜单式"送课下校活动。

【经费投入】 争取到中央、省、市专项资金1 469.6万元，完成固定资产项目投资1 669.94万元，分别用于薄弱学校改造、农村校舍改建维修、中职学校建设、优质学校建设。严格落实各项学生资助政策。在落实"两免一补"、免费接受进城务工经商农民工子女入学、发放中职国家助学金、发放普通高中家庭经济特困学生资助资金、生源地助学贷款等各项学生资助工作中，共落实各类资金973.78万元，各类受助学生26 500人。

襄州区教育

【概况】 2010年，襄州区普通高中4所，在校生16 155人，教职工1 112人，其中专任教师880人。职教中心1所，教职工284人，其中专任教师159人，在校生5 325人。普通初中20所，在校学生31 635人，教职工3 220人，其中专任教师2 478人。小学118所，在校生59 059人，教职工5 063人，其中专任教师4 692人。

【义务教育均衡发展】 通过整合资金，共捆绑10 383万元，新建教学楼13栋、学生公寓17栋、学生食堂15个、新建和改建教师周转房8栋、"班班通"班级107个和49个标准化实验室。4月，全市义务教育均衡发展现场会在襄州区召开，会议总结推广了襄州区的经验。11月，襄州区捆绑资金用于学校标准化建设的经验在全省交流。

【课堂教学改革】 2010年，全区中小学校课堂教学改革不断深化，总结出"二五五教学模式"和"六推六让教学策略"，开展"二五五教学改革"专题讲座20多场。教学视导检查力度不断加强，教育教学质量稳步提高。2010年高考，全区过本科线3 723人。区教体局、区一中、区二中、区六中荣获襄阳市高考质量贡献奖。

【阳光体育先进区】 2010年，通过国家教育督导团对学校体卫艺工作的督导检查，"大家唱、大家跳"艺术教育展演活动在全省获奖。全区5所学校被评为市级"五园"示范学校，10所被授予区级"五园"示范学校。5月，襄州区被国家教育部授予"阳光体育先进区"，中央电视台播放了襄州区推进"阳光体育"的经验。

枣阳市教育

【概况】 2010年，枣阳市中小学163所。其中，普通高中7所，初中33所，九年一贯制学校1所，小学116所（含特殊教育学校1所），中职学校5所。在校生127 176人。其中，高中生20 268人，初中生34 317人，小学生64 586人（含特校158人），中职生8 005人。民办学校8所。其中，普通高中1所，完全中学1所，小学5所，中职学校1所，在校生7 604人。全市在职教职工8 962人。

【义务教育均衡发展】 2010年，全市开展结对捆绑工作，全面推进教育均衡"三三机制"（即"三大模式"、"三大机制"），得到省和襄阳市肯定。"三大模式"即大校区办学模式。在城区推行"1＋x"大校区办学模式，即1所优质学校与2所或2所以上薄弱学校，组成教育联合体，统一交流干部、统一使用教师、统一开展教育科研、统一考核评价。在农村推行跨镇联校捆绑办学模式。即将近3年全市综合实力前5名的优质初中分别与后5名的薄弱初中结对捆绑，互派干部教师，将薄弱学校教育教学质量与优质学校实行连带捆绑，一个标准、一同考核、一起奖惩。大课表授课模式：将临近区域内的若干所学校组成一个授课区，建立授课区内英语等紧缺学科教师人才信息库，各学校紧缺学科编排1个大课表，教师实行走教制。大管理区模式：将教育质量相对薄弱、生源较少的中心学校归并到邻近的教育质量较高的中心学校，由优质中心学校统管两地教育工作，减少工作人员，降低运行成本，校长、教师统一调配，统一管理，学校统一考评。"三大机制"即城镇教师援助农村教育机制：每年从城镇选派骨干教师，赴农村薄弱学校开展为期一年的援助活动。组建由优秀教师组成的讲师团，开展"送教下乡"活动，组建名师工作室，推动城乡师资均衡。中小学校长公开竞聘机制：推行初中校长在全市范围内公开选拔、小学校长在全镇公开选拔竞聘制度，实行聘期责任制，调动校长干事创业激情，提高学校管理水平。资教生选拔任用机制：从引进的资教生中择优聘任到农村小学担任副校长，充分发挥资教生的优势，改善农村小学干部队伍结构。11月，枣阳市教育局评选表彰推进教育均衡工作先进单位和先进走教教师，颁发奖金10万元。

2010年，全市投入资金1 300万

元，实施建设项目26个；投入资金375万元，为三、四、八年级学生配备课桌凳3.4万套，投入资金400万元，为92所学校部分校舍进行维修。完成吴店镇一中、新市镇火青中学等10所初中“班班通”工程建设，投入50余万元，安装乒乓球台270套。

【继续教育】 全市选派9名校长赴武汉名校挂职学习，选派17名校长赴华东师大培训，1 300人次教师参加襄阳市级以上培训，组建7个名师工作室，70名优秀青年教师受到重点培养。录制22名获省、襄阳市优质课一等奖教师课堂实录。“讲师团”讲示范课48节，理论讲座16场次，培训农村教师3 500余人次。市教育局被评为全省校长培训先进单位，枣阳市三中教师黄莉莉获省“五一劳动奖章”，1名教师被评为襄阳市第二届十大教育人物，4名教师被评为襄阳市十佳师德标兵、十佳教师，24名教师被评为襄阳市百名师德先进个人，百名青年教师标兵。引进资教生48名，择优聘任14名资教生担任农村小学副校长，招聘30名教师到高中任教。

宜城市教育

【概况】 2010年，宜城市各级各类学校143所。其中高中4所(含职高)，初中22所，小学115所，特殊学校1所，民办学校1所。全市在校生53 825人。其中，高中12 112人(含职高3 892人)，初中16 207人，小学25 506人。在园幼儿5 379人。全市在职在编教职工4 620人，专任教师4 096人，其中义务教育阶段教职工3 908人，高中教职工635人，公办幼儿园教职工77人，离休教职工128人。小学、初中、高中教师学历合格率分别为100%、97.7%、98.4%。小学、初中、高中教师高一层次学历比例为58.6%、30.7%、9.9%。全市小学、初中校长均持证上岗，校长岗位培训合格率100%。

【移民学校建设】 按照宜城市委、市政府和移民建设工程指挥部的要求，宜城教体局积极配合或主体参与，分别在邓林二分场、三分场移民集中安置地，投资1 139万元建设了第一、第二所移民学校。2所移民学校共占地38 539平方米，建设面积12 563平方米，分别建有高标准教学楼、教辅楼、教师宿舍楼、学生宿舍楼各1栋，食堂各1个，2校均配套建有操场、厕所等设施，实现了教学区、生活区、运动区的三区分离。筹资100多万元对2所移民学校配备教学设施设备，购置学生新课桌凳300套，配置电脑、投影仪20台(套)，购置无尘黑板15块，安装篮球架4个，建有乒乓球台18个，安装办公电话15台，购置师生饮水用具27台，安装监控视频4套。投资8万元对2校进行绿化美化，投资2万元完善学校操场功能，投资3万元硬化校园场地和道路。按照政策要求对等安置高中阶段移民学生23人，就近安置初中阶段移民学生95人，集中安置小学阶段移民学生207人，安置学前教育阶段移民幼儿81人，实现了移民学生入学就读全覆盖。实施义务教育入学告知制度，落实防辍控流和帮扶包保工作机制。全市移民学生入学率和巩固率均为100%。为义务教育阶段移民学生发放教科书310余套，发放贫困寄宿生生活补助4.7万元，资助移民学生94人。发放高中阶段移民学生临时生活补贴9 200元。抽选优秀中青年教师15人，配强资教大学生14人，为移民学校配置了专职门卫和后勤工作人员4人。对接安置移民教师2人。配齐移民学校体音美和英语等专任教师。市教体局投入人力、物力、财力全力安置移民，跟踪安置移民32户，做到一个家庭一个包保专班，移民入住前房屋反复清扫，移民到来时热情欢迎，移民搬家时倾力帮扶。市教体局还拿出10万元用以移民帮扶，为每个移民户配置了米、面、油、液化气坛、液化气、对联、鞭炮、蔬菜、调味品等生活用品，为当天搬迁的移民提供中餐免费盒饭。

【推进“五园”创建】 2010年，在构建市教体局一业务科室一中心学校一学校管理网络基础上，健全完善校长一分管校长一年级主任一指导教师四级工作机制，通过“一级抓一级、层层抓落实”的管理格局，全市义务教育阶段建书香校园34所、艺术校园16所、平安校园25所、科技校园28所、快乐校园35所。

老河口市教育

【概况】 2010年，老河口市中小学65所。其中，高中3所，初中14所，小学48所(不含66个教学点)。中小学专任教师3 600余人，在校生6万余人。

【义务教育均衡发展】 2010年，全市教育部门向上争取资金3 498万元。其中，新机制公用经费1 909万元，新机制校舍维修校舍安全专项资金255万元(中央170万元，省85万元)，中等职业教师培训专项资金1万元，进城务工农民工子女接受义务教育中央奖励资金50万元，中央农村初中改造工程255万元，贫困学生资助以奖代补专项资金8万元，其他捐资30万元，基础教育附属工程以奖代补163万元，中央特殊教育学校新建项目380万元，贫困寄宿生生活补助447万元。市高级中学、孟楼小学、市第六中学等基本建设固定资产投资800万元；其他设备等固定资产投资3 800万元。全市中小学“校安工程”加快推进，全年20个计划项目基本完成。投入200多万元，为部分学校建起塑胶运动场。

【“菜篮子工程”】 2010年，在农村寄宿制学校后勤服务与管理工作中，因地制宜开展勤工俭学工作，加大蔬菜基地、劳动实践基地和养殖项目建设，达到校校有基地、有项目、有收益。各学校积极开展“五个一”活动(种好一园菜、养好一塘鱼、喂好一栏猪、办好一个食堂、开好一个商店)，各乡镇中小学大多建立起蔬菜基地和养殖基地，并实施精细化管理，有效解决了学生吃菜难、吃菜贵的问题。

南漳县教育

【概况】 2010年，南漳县各级各类学校100所，在校生52 066人。其中普通高中3所，在校生7 244人；职业高中1所，在校生3 961人；初中24所，在校生14 603人；中心小学71所(另附设教学点60个)，在校生26 200人；聋哑学校1所，在校生58人。全县教职工4 779人，其中专任教师4 570人。全县小学适龄儿童入学率100%，辍学率0；初中入学率99.4%，辍学率1.8%。全县32所公办幼儿园，140个学前班，在园班儿童6 658人，学前一年入园率100%，二年入园率45.3%。

【机关档案升级】 10月25日，市档案局评审组对南漳县教育局机关档案“省一级”创建工作进行考核验收，检查组通过听、看、评、议等方式，从组织管理、设施建设、基础业务、现代化管理、开发利用等进行考评后，认为档案管理做到了领导重视，全员参与；保证投入，设施完备；门类齐全，整理规范；制度健全，有效利用，综合评分为92分，授予档案管理工作“省一级”称号。

【城乡互动促均衡】 从2007届服务期满的资教教师中选聘21名留用，到农村学校继续任教，引进104名高校毕业生，全部充实到11个乡镇的64所农村薄弱学校任教，有效缓解农村学校教师“青黄不接”、“短线学校教师短缺”难题。从城区选派15名教师到农村支教，各乡镇政府所在地中学及中心小学也选派62人到农村偏远学校支教。以县实中、县实小、县城关实小为示范引领，开展送课下乡17个学科、360节次，3万多师生从中受益。选拔教学骨干，重点跟踪指导，将教科研成果、集体备课资源辐射全县城乡学校。

【贫困生资助】 全年共投入公用经费2 087万元，全面免除义务教育阶段学生学杂费、课本费、寄宿生住宿费。继续执行“一补”政策，11 997名学生享受寄宿生生活费补助803万元；中等职业教育全面实行助学金政策，全年投入专项经费242.6万元，3 234名中职生人均补助750元；生源地助学贷款工作力度进一步加大，共为779名大学生办理贷款合同，贷款金额465.8万元；争取中央彩票公益金教育助学项目资金34.9万元，349名普通高中家庭经济困难学生享受了每人1 000元的资助；争取社会各界帮扶资金23万元。义务教育阶段56名外来务工人员子女、19名移民子女就学问题得到妥善解决，实现就近入学。

保康县教育

【概况】 2010年，保康县各级各类学校100所。其中，高中阶段学校3所，初级中学16所，小学58所，教学点11个，幼儿园12所。全县在校生27 777人。其中，高中阶段学校6 476人，初级中学5 843人，小学10 445人，在园幼儿5 013人。

【学校建设】 争取政策资金3 300万元，推进了学校项目建设。全年中小学共实施项目工程21个，投入资金2 138.4万元，新建、改扩建校舍2.2万平方米，消除危房1.3万平方米。结合国家校舍安全工程，启动校舍加固改造、新建项目等项目12个，加固维修、新建、改扩建校舍8 851平方米。加快全县中小学信息化、网络化建设，在马桥镇召开全县中小学远程教育“班班通”工作现场会，推进全县“班班通”工作，组织举办保康县中小学校园网站建设及绩效评估培训。在马良镇召开全县学校后勤管理工作暨现场观摩会，深入开展“四个创建”活动，各学校共投资700多万元对后勤设施进行改善，创建“放心食堂”5个，创建“放心超市”3个、“文明宿舍”4个、“绿色生态校园”3个，学校后勤工作的规范化建设逐步推进。加强蔬菜副食基地管理，全县蔬菜副食基地达到96个，面积111 055平方米，寄宿生生均达到11.8平方米，基地年产蔬菜20多万公斤，出栏生猪近300头。

【教师队伍建设】 开展中小学教师和校长提高培训，组织教师和校长参加县级以上集中培训1 341人次，其中国家级121人、省级169人、市级90人、县级961人次，组织开展校本培训1 950人次。24名中小学骨干教师和校长参加国培计划项目培训，140名中小学教师、校长及资教生参加第二期“省农村教师素质提高工程”培训，25名高中教师参加新课改新教材省级骨干培训、校本研修辅导教师培训，67名教师参加市级新教材培训，20名小学班主任、3名小学美术骨干教师参加市级培训，4名校长参加2010年湖北省校长协会小学校长分会，10名校长和教育管理干部参加华东师大高级研修培训，11名初中校长参加省级后勤管理培训，1名高中校长参加任职资格培训，88名中小学校长参加校园安全国家级远程培训。选派10名中青年基层学校教育干部到武汉重点初中挂职锻炼。邀请省特级教师讲学团开展课堂有效教学学术研讨活动，全县413名初中教师参加学习。邀请市讲师团专家名师一行15人开展送教下乡活动，全县318名小学教师参加观摩学习。积极做好人才引进工作，接受华中科技大学支教生10人，接受“湖北省农村教师资助行动计划”资教生14人，通过县人事局公开招考聘用9人。全县有小学、初中、高中专任教师分别为748人、655人、312人，学历合格率分别达到100%、98.8%、97.3%，高一层次学历比例分别达到79.8%、58.3%、7.1%。

【学前教育】 新建1所乡镇中心幼儿园，扩建2所乡镇中心幼儿园，改建1所乡镇中心幼儿园，继县直幼儿园创建成市级示范幼儿园后，县供销幼儿园创建成市级示范幼儿园。全县幼儿入园人数达3 433人，学前班人数1 645人，整个学前教育阶段入学人数5 078人，全县3～5岁适龄幼儿入学率78.2%。

【职业教育】 转移培训劳动力1 005人，其中县中等职业技术学校完成805人(一村一名大学生培训75人，雨露计划培训730人)，县第二中学完成200人。加强学生动手能力和职业技能培养，在全市第二届中等职业技术学校学生技能竞赛中，中等职业技术学校获得1个二等奖、4个三等奖。加强对中职毕业生中初级技能培训工作，1 758名中职毕业生中，除参加职教高考的学生外，其余的全部进行职业技术中级证书的考核与鉴定。积极做好中职学校毕业生就业安置工作，就业安置率达98%以上。改革中职学校招生制度，启动中职学校春季招生工作。

【资助贫困生】 落实各项资助资金942多万元，资助中小学生1.2万人。其中落实国家政策性资助812.1万元，资助学生11 213人，包括中职学校涉农专业和家庭经济困难学生免学费54万元581人，中职学生国家助学金445.3万元5 937人，普通高中彩票公益金资助19.8万元198人，义务教育寄宿生生活补助293万元4 514人次；落实社会性资助130万元，资助贫困学生1 100人，包括东风康明斯助学金16.9万元368人次，兴发奖学金34.5万元109人，紫薇助学金10万元89人，清泉奖助学金8万元80人，县直单位捐资10万元87人，“三自爱国会”等其他渠道50多万元500多人次等。办理大学生生源地贷款1 085人，资金651万元。

谷城县教育

【概况】 2010年，谷城县中小学137所。其中，普通高中3所，中等职业教育学校1所，初中25所，小学108所。设农村教学点39个。在校中小学生81 935人。全县教职工7 834人，其中在职6 073，退离休1 761人。全县适龄儿童入学率100%，适龄少年入学率99.8%，残疾儿童少年入学率98%，全县10个乡镇、24所初中全部达到“基本无辍学乡镇”、“基本无辍学学校”标准。

【贫困生资助】 2010年，为998名农村贫困大学生办理生源地助学贷款596.55万元，补助6 390名中职学生生活费480万元，为404名普通高中学生成功申办了彩票公益金助学项目，资助义务教育阶段家庭经济困难学生6 549人，“两免一补”资金1 054万元，争取社会助学资金20余万元，确保困难家庭子女正常接受教育。

【学校标准化建设】 2010年，投资611万元，建设竣工并验收了中央预算内投资项目“初中工程”6个、台塑集团捐建项目1个，完成建筑面积8 617平方米，消除D级危房2 350平方米；投资721万元，规划重建项目9个，新建校舍面积7 000平方米。有5所学校实施“班班通”，6所学校完成标准化实验室改造，新增23个电子白板多媒体教室，使农村学校的学生能够共享优质的教学资源。谷城教育信息网在全省县级教育政务网站绩效评估中位列第三位。

【职业教育】 组织农村劳动力示范性培训1 100人、引导性培训1 629人，多种途径实现转移就业1 232人。县、乡、村三级成人学校培训农民1.4万人次，培训企业工人及下岗职工700人。

【学前教育】 2010年，全县评估认定一级幼儿园4所、二级幼儿园6所、三级幼儿园6所，依法取缔不合法民办幼儿园14家。11月26晚8点，中央电视台《东方时空》栏目以“农村办幼儿园也有硬指标”为标题，宣传报道了谷城县民办幼儿园按照教育局制定的办学标准，规范办学的做法。

【师德典型】 10月19日始，《楚天都市报》对谷城县南河镇温坪中心小学教师黄敦全的事迹展开系列报道，襄樊名师、校长(书记)热议“鄂北师魂”黄敦全，谷城县教育局党委、县委、襄阳市委教工委先后发出《关于开展向黄敦全老师学习活动的通知》。10月25日，市委书记唐良智批示：学习黄敦全燃烧自己、照亮别人的崇高品德。全县教育系统掀起向黄敦全学习的热潮。

【中小学生书画大赛】 8月22日～24日，谷城县教育局举办第三届“谷城杯”全国中小学生书画大赛，共收到来自全国各地及马来西亚等海外华人中小学生书画作品31 955件，评出金奖200名，银奖800名，铜奖2 000名，优秀奖2 000名。同时举办了优秀作品展、高端讲坛、创作采风、座谈会等系列活动。

○荆州市教育

【基本情况】

2010年荆州市教育事业发展状况统计

单位：人

	学校数（所）	毕业生数	招生数	在校学生数	教职工数	
					计	其中：专任教师
总计	1 218	290 466	312 273	1 017 683	58 830	50 109
一、高等教育（市、州属）	9	32 677	33 251	117 840	6 929	4 937
1. 普通高校	7	30 007	29 464	105 298	6 499	4 678
2. 成人高校	2	2 670	3 787	12 542	430	259
二、高中阶段教育	114	91 490	65 793	220 411	14 482	11 429
（一）中等职业学校	41	37 146	19 808	78 018	4 096	2 625
1. 调整后中等职业学校	19	21 989	10 386	42 335	2 161	1 356
2. 普通中专学校	10	11 251	5 286	23 114	1 201	738
3. 成人中等专业学校	2	264	95	469	83	56
4. 职业高中学校	6	3 096	2 825	8 707	651	475
5. 其他机构	4	546	1 216	3 393	—	—
（二）普通高中	73	54 344	45 985	142 393	10 386	7 498
三、义务教育	703	138 182	127 477	569 786	31 798	30 443
1. 普通初中	187	79 610	59 468	198 258	15 147	13 984
2. 普通小学	509	58 525	67 951	370 889	16 490	15 465
3. 特殊教育学校	7	47	58	639	161	138
四、学前教育	392	28 117	85 752	109 646	5 621	3 300

注：普通高中含完全中学，普通初中含九年一贯制学校。

【基础教育】 加强法律宣传，落实各方责任。进一步加大义务教育法的宣传力度，重点面向适龄儿童少年家长宣传监护人的责任和义务，宣传农村义务教育经费保障机制及“两免一补”政策，让学生家长了解国家的教育政策，将送子女入学变为自身的自觉行动；进一步落实政府、学校和家长的责任，督促适龄儿童少年入学。荆州市沙市区开展“千师万户走访”活动，重点针对流动人口和外出务工人员子女开展走访，稳定学生的思想，督促并帮助学生按时到校学习。认真落实义务教育就近入学制度。市教育局组织专班对全市义务教育阶段春秋两季开学工作进行全面检查，发现问题及时督办整改。全市初中、小学入学和特殊教育入学率分别为99.8%、99.9%和87%。开展结对帮扶，促进均衡发展。5月，启动“在荆高校及省级重点高校与农村学校结对帮扶”活动，9所高校(含省级重点高中)与9所农村中小学结成帮扶对子，在物质支持、智力支持和贫困生帮扶等方面开展帮扶活动。

【教育督导】 召开全市督导工作会议，总结2009年教育督导工作，确立2010年教育督导工作重点。按照《荆州市普通中小学办学现状定级评估方案》的要求，对松滋市四中开展综合督导评估并授予“荆州市示范中学”称号。对全市公办普通高中学校的通用技术实验室工作情况进行了专项督导检查。全市有13所学校建有通用技术实验室，其中市直4所、公安县3所、洪湖市2所、松滋市2所、荆州区1所、沙市区1所。除江陵县外，其余县(市、区)规划在2012年前完成普通高中通用技术实验室的建设工作。

【学生关爱工程】 切实保障进城务工农民子女接受义务教育。建立绿色通道，让农民工子女进得来；开展助学行动，让农民工子女留得住；消除不公平的政策限制，让农民工子女能升学。2010年，全市72所公办学校接受进城务工农民工子女1.3万人就读。切实关爱农村“留守子女”，通过开通家长热线或电子信箱、开展师生结对谈心、心理咨询、文体活动及生活资助等活动，为“留守子女”的学习及生活提供指导和帮助，全市15万名农村“留守子女”的道德品质、心理素质和学习成绩得到有效提高，辍学率得到有效控制。继续实施农村独生女中考加分政策。2010年全市共有6 785名农村独生女享受到了中考加10分的待遇，6 219人顺利升入高中阶段学校学习。

【教育经费投入】 2010年市财政经费拨款7 325.72万元，比上年增长2 527.86万元。争取中央教育费附加1 220万元、市直财政安排教育费附加3 150万元，分别用于改善农村学校办学条件和市直中小学校舍加固改造。争取中央财政专项资金2 703万元、省级专项资金4 127万元，继续实施中小学校舍安全工程。争取省级改造资金487万元，用于改造文星中学等学校办学条件。争取中央教育救灾专项资金、农民工随迁子女入学接受义务教育专项奖励资金共计767万元。

2010年8月25日，“小天使杯”荆州首届文明少年评选活动启动仪式

【资助贫困生】 中职国家资助工作稳步推进。为3.7万名中职学生提供生活补助资金共2 516万元；为市直各中职学校家庭困难学生和涉农专业3 107名学生免费386万元。开展高中贫困学生资助工作，利用彩票公益金项目资金373万元，共资助高中贫困学生3 730人。开展生源地贷款工作。为3 079多名高校贫困大学生办理助学贷款，贷款金额达1 847.3万元。

【校园安全保卫】 大力开展矛盾纠纷大排查。紧紧围绕校门安全、食品安全、宿舍安全、校舍安全、消防安全和重点人员管控等方面，认真开展校内安全隐患、矛盾纠纷大排查。全面落实人防物防技防措施。中心城区学校、幼儿园都配齐了专职保安，成立了校园安全巡逻队，配备了安保器械，安装了闭路监控设备和报警装置，实施了与110指挥中心直通联网。进一步加强学校内部管理。严格落实校领导值班制度、校园24小时巡逻制度、住宿生管理制度、学生外出请销假制度、门卫制度和家长接送学生制度，对出入校园的外来人员严格登记和证件查验，认真制定“校园安全应急预案”，并积极开展紧急疏散演练，举办专题讲座、设置宣传栏、广泛开展安全防卫知识宣传活动，切实提高学校处理突发性事件的能力。

【德育工作】 落实常规管理，加强督办检查。各中小学认真落实《荆州市中小学德育工作考评细则》，从德育常规、德育管理、德育活动、德育成绩等五个方面加强德育管理，注重过程管理，强化养成教育；认真实施中小学《成长记录册》制度，对学生的日常行为进行经常性记载，并将学校、班级、家庭、社区等教育资源整合起来，共同加强对学生的养成教育。深入推进“做一个有道德的人”主题活动。紧紧围绕“在家孝敬父母、在学校尊敬师长、在社会奉献爱心”

三个重要环节，培养学生良好的道德品质。市实验中学的文化礼仪教育形成系列，成为全国“做一个有道德的人”试点联系单位；东方红中学学生刘宝宝和沙市区北京路第二小学学生刘正人被评为湖北省首届“美德少年”。通过开展“校园读书节”、“荆楚文化节”、“荆楚美育节”、“红歌会”、“第十届爱国主义读书节征文比赛”、评选“校园道德之星”和“文明少年”等活动，提高学生综合素质。通过开展“缅先烈、知荣辱、思成才”教育活动和网上“向国旗献礼”等活动，对学生进行革命传统教育和爱国主义教育。积极服务“四城同创”工作，城区高中1 000多名学生开展了文明劝导活动。

【教学管理】　以开齐课程为重点，全面落实教学计划。根据部颁课程计划和全市中小学教材用书目录，各学校配齐配足教师，认真编排课程表，开齐开足课程，保证教学计划的顺利实施。以教学视导为重点，切实加强课堂教学。与市教科院多次组织教学视导活动，深入课堂听课评课，指导教师备课、上课，在市直学校听课20多节次，组织教学座谈5场次，共同查找课堂教学中存在的问题，研究提高课堂效率的对策。以教学观摩为重点，推进教学模式创新。全市中小学聚焦课堂，深入开展增强课堂教学有效性的研讨，每次大型活动均以现场课展示和点评为主要内容，引发学校和教师们的思考，激励学校加强课堂管理。11月召开的全市高中教学工作会议和12月召开的全市初中教学工作会议，分别展示了松滋一中MCAI高效课堂、松滋三中走班制教学和两节“高效轻负”的示范课。以质量检测为重点，提升教学质量。会同教科院组织了高三年级的3次质检并认真总结，有针对性地加强教学环节，稳定并提高高中教学质量。全市58 916人参加中考，合格率53%，比2009年提高2个百分点；低分率7%，比2009年降低1个百分点。普通高考全市一本上线4 192人，二本上线11 844人，三本上线26 432人。

【中考改革和高中课改】　推进中考改革。重点对中考考试科目设置和考试方式进行改革，语文、数学学科实行了网上阅卷，促进考试更加公平、公正；文科综合实行闭卷考试，引导学校进一步加强生物、地理等学科的教学。推进高中课程改革。在督促指导各地各高中学校认真落实全省课改方案的同时，市教科院加强对高中教学的视导，市教育局于10月组成两个调研组对全市高中课改工作情况进行专题调研，11月在松滋市召开了全市高中课程改革推进会。推进学生综合素质评价工作。为促进学生的全面发展，全市加强督促指导，按照中考考试方案和高中课改综合素质评价管理平台系统，采取学生自评、同学帮评、学校综评等形式，从道德品质与公民素养、学习能力和实践能力、交流与合作、运动与健康、审美与表现等5个维度，对学生的综合素质予以评价。推进中考招生“阳光工程”。进一步加大中考招生政策的宣传力度，利用“荆州教育信息网”，及时公开公布中考日程安排、中考成绩、高中招生等信息，并利用政府门户网站互动平台答疑，接受社会的监督。

【体育和艺术教育】　加强检查督办，落实管理常规。4月，组织全市学校体育工作专项督查活动，并对检查情况进行通报。5月，接受省教育厅的体育工作专项检查。督促指导学校落实《中小学体育常规管理量化考评细则》，从组织管理、体育设施建设、体育教学、课余活动和训练、体育教师队伍建设等方面细化学校体育工作，全面加强体育工作常规。丰富体育活动，举行体育赛事。9月25日—26日，在荆州市体校举办全市首届“天翼杯”乒乓球比赛，40支队伍参加比赛，荆州市沙市区获小学男子、中学男子、中学女子团体第一名，荆州市荆州区获小学女子团体第一名。丰富艺术活动，创建艺术学校。12月5日—9日，组织人员和学校到襄樊市参加了全省“大家唱、大家跳”活动展演，荆州小学获大赛“全能奖”，松滋市新江口一初中获集体舞二等奖，洪湖市实验中学编排的舞蹈《莲儿香、鱼儿欢》，参加在上海举行的全国中小学生第三届艺术展演活动荣获二等奖。在全省“校长杯”比赛中，一人被评为“十佳歌手”，获3个一等奖、1个三等奖。

【科普教育】　市教育局与市科协联合，举办第二十五届荆州市青少年科技创新大赛，共收到科技创新成果、科学幻想作文、科学幻想绘画、科技实践活动等参赛作品523件。成功举办全市第三届中小学信息技术创新与实践活动，分别评出优秀学生作品和优秀教师作品560件和400件；组队参加全省第四届中小学信息技术创新与实践活动（NOC活动）和全国中小学信息技术创新与实践活动，分获优秀组织奖和国家“组织工作示范单位”。参加全省第五届“教育技术理论与实践”征文大赛，获优秀组织奖。组织开展全市2010年中小学幼儿园教师电教作品大赛活动，于12月召开信息技术与课程整合研讨会进行总结表

2010年9月11日，荆州中心城区高中学校青年志愿者在街头开展文明劝导活动

彰，参加2010年湖北省教师电教作品大赛暨第十五届全国多媒体教育软件大赛湖北区选拔赛，获最佳组织奖。举办全市第三届农村中小学现代远程教育工程项目学校小学生英语口语竞赛，评出特等奖8人、一等奖17人、二等奖24人、三等奖21人。

【学前教育】 强化政府行为，实施统筹管理。7月，由市政府牵头，组织市教育局、市公安局、市民政局、市卫生局、市物价局等部门负责人，分四个组对全市各地幼儿园规范管理的自查整改情况进行专项督查，形成检查报告并报省。理顺管理关系，组织示范评估。12月，分三个组对全市11所新申报和24家市级示范幼儿园进行评估，为深入实施《湖北省幼儿园办园水平综合评估标准(试行)》、实行分级评估管理奠定基础。

加强学前教研，开展教学评优。4月，承办湖北省学前教育专业委员会主办的湖北省学前教育"十一五"立项课题结题工作研讨会，观摩参观荆州市实验幼儿园、荆州市机关幼儿园。10月，举办全市第三届幼儿园教师技能大赛，一名选手获全省一等奖。开展结对帮扶，促进教育均衡。在总结上年学前教育结对帮扶工作的基础上，创新支援模式，开展智力支持与物质支持并重，同时开展幼教管理支持。

【学校安全卫生工作】 坚持加强安全教育。全市中小学重点加强"八防"(防游泳溺水、防火、防流行疾病、防冰雪灾害、防煤气中毒、防交通事故、防拥挤踩踏、防人身意外伤害)安全教育，并组织工作检查。强食品卫生安全工作。3月，集中开展爱国卫生运动，各学校进一步完善应急预案，做好供水设施(自备水源、二次供水设施、食堂蓄水池等)及饮水设备(饮水机、保温桶等)的清洁、消毒工作。5月，与市直各中小学和幼儿园签订《食品安全责任状》，强化学校卫生安全责任。加强流行病防控工作。认真落实教育部办公厅2010年学校突发公共卫生事件防控工作的两次预警通知精神，严格执行疾病疫情监测，尤其是结核病及流感、流行性腮腺炎、麻疹、手足口病等呼吸道传染病防控工作，对在城区发现的腮腺炎、甲流感疫情进行有效控制。同时，加强血防教育，将其列入中考，组织全市性的考评。组织安全演练活动。9月底，在市商业幼儿园举办中心城区安全演练观摩活动，沙市中学、沙市十一中、荆州实验小学、东区联校、四机中学、成丰学校等校相继开展相应的演练活动，进一步增强学生的自我保护意识和能力。

【职业学校德育工作】 建立健全德育工作体制、机制。举办全市中等职业学校德育工作研讨会，加强德育研究与交流。各地各校制定《学生日常行为规范》、《学生常规工作管理办法》等，对学生日常行为实行细化、量化、规范化管理，加强学生养成教育。创新德育工作方式方法。市职教中心、市工业学校、市创业学校分别建立了情感教育立体网络、德育教育基地、干部托管学生制度。加强德育教师、班主任队伍建设。组织开展全市中职学校德育教师说课比赛、中职生文明习惯养成教育研究论文评选、全市首届"引领成长"师德模范教师评选等活动，10位教师被评为师德模范。松滋市在第七届全国中小学思想道德建设优秀成果展示中，有19位教师作品分获一、二、三等奖。市中等专业学校被教育部、人力资源和社会保障部授予"全国中职学校德育工作先进集体"光荣称号。组织全市大中专院校师生在清明节期间开展祭奠"10·24"长江大学舍己救人英雄陈及时、方招、何东旭的纪念活动；配合"四城同创"活动，与市文明办、团市委、市交警大队等联合开展青年志愿者交通文明劝导服务活动。加强校园文化建设。通过悬挂标语、站牌、墙体、校报、广播、宣传橱窗、黑板报、演讲比赛、主题班会、校园文化周等宣传及活动形式，营造养成教育文化氛围。

【职业教育教学改革】 开展学期开学检查和专业课教学专项视导，督促学校做好学生入学、教师返岗和教材使用、教学计划制定等开课准备以及校园安全管理等各项工作；加强专业设置管理，审批新增专业3个，申报省级重点专业4个，审批3个；做好学籍管理和毕业证审核发放工作，组织召开全市中职学校学生管理系统升级应用培训工作会议，加强学籍管理；综合高中对口升学率大增，洪湖市、石首市、公安县、松滋市、江陵县、荆州市荆州区、荆州市沙市区等都较上一年有较大提升。

印发《关于对全市中等职业学校教学质量检测的通知》，组织全市中等职业学校语文教学质量检测考试，全市共11 534人参加考试。石首市、荆州区、公安县不断优化课堂教学，改革实习实训课与公共课课时分配比例，突出实践技能操作教学；荆州市荆州区启动了人才培养模式、课程体系、教学内容、教学方法和手段等课题的改革实验，推行一评、二教、三

2010年9月15日，荆州市教育系统召开党风廉政建设座谈会

总结的有效课堂经验；市工业学校根据职业教育特点和规律，总结出现场教学、案例教学、项目教学、自主探究式教学等多种教学方法；市创业学校以建设“快乐课堂”、“双高课堂”(学生学习高效率和教师教学高效率)为目标，实现职业教育与就业岗位的“零距离”衔接为目的，加强实践教学和技能训练，全校中级工、高级工鉴定通过率达到98%。

【职业技能竞赛】　积极组织参加国家级、省级技能竞赛。市工业学校学生董国庆在全国电子技能大赛中荣获湖北赛区一等奖；在全省中职学生6大类12个赛项的技能大赛中，市机械电子工业学校、市工业学校、市创业中专学校、市劳动中专学校、市中等职业学校、荆州区东方中等职业学校学校共获5个一等奖、8个二等奖和8个三等奖；与市人力资源与社会保障局联合举办了全市第三届“荷花杯”中职学生技能竞赛，有21个代表队92名选手参赛，共决出各工种单项个人一等奖13人、二等奖21人、三等奖31人，数车、数铣学生团体一等奖2人、二等奖4人、三等奖6人，对其中成绩特别优秀的21名参赛选手免费申请办理了技师证、高级技工证。各学校自主开展各种竞赛活动。机械电子工业学校、市创业学校坚持每年举办“两节”(技能节和文化艺术节)，共进行现场技能比武15场，展示技能成果1 700件，进行4次比较大型的文艺汇演，展示书画、工艺等作品740多件。

【职业学校建设】　加强学校基础设施建设。江陵县职教中心征地13.33万平方米，投资1亿元重建职教中心，已全部投入使用。市机械电子工业学校投入1.4亿元在开发区征地13.33万平方米用于兴建新校区，打造荆州市电子信息产业人才培训基地。市工业学校争取中央财政改善学校办学条件资金和中小企业人才培训资金共212万元用于学校建设。市创业学校投资3 800万元新建教学楼、学生宿舍楼和学生食堂。投资120万元用于校园绿化和运动场改造。争取中央财政支持100万元、学校配套36万元，建起全国第一个节约型数控技术应用实训室，并被民政部评为“全国先进社会组织”。加强学校品牌建设。荆州东方中等职业学校、洪湖市理工中等专业学校被评为国家级重点中职学校，全市有5所学校的专业被评为省级重点专业。到2010年底，全市共有10所国家级重点中职学校、4所省级重点中职学校，有9所中职学校21个专业被评为省级重点专业。大力开展短期技能培训。全年组织农村劳动力转移培训、农村实用技术培训、阳光工程培训、雨露计划培训，共计培训41.2万人次。

【职业学校招生】　加强政府统筹、集中宣传招生。由市政府主办，市教育局与市委宣传部、市人力资源和社会保障局、荆州电视台联合承办，在沙市中山公园开展为期10天的“第二届荆州市中等职业学校招生咨询宣传周”活动。各地各校积极开展自主宣传，实行全员招生，通过电视、广播、报纸、宣传广告牌、拉横幅、张贴广告等形式开展宣传，招生教师深入到初中学校、社区、村组、农户进行广泛宣传招生。在生源锐减的情况下，全市2010年招生17 675人，其中荆州市荆州区、公安县、洪湖市、松滋市、市创业学校、市工业学校、市机械电子工业学校、市劳动中专、市中等专业学校招生人数在1 000人以上，保持与往年相当的招生规模，市工业学校、市职教中心、荆州教育学院中专部较2009年招生略有突破，市创业学校、市工业学校招生人数超过2 000人。各地各校积极拓展外地生源，市职教中心向四川省汉源县招生23人，全市共招收外省学生786人。

市教育局会同市人力资源和社会保障局对全市具有举办中等职业学历教育资格的教育机构进行清理检查，将清理检查结果向社会进行公布，引导学生选择就读合格学校。会同市人力资源和社会保障局印发《关于进一步规范中等职业学校招生管理工作的通知》，就规范中职招生行为提出9条规定，实行中职招生“诚信公约”，由中职学校校长与市教育局签订招生诚信公约，向社会、新闻界、广大学生及家长作出诚信招生承诺。湖山中医药高等专科学校中专部严格履行“诚信公约”，拒绝向招生贩子高价买卖学生，降低招生成本，树立良好社会形象。

【中职毕业生就业】　各地各校加强学生就业指导，积极开展校企合作，拓宽学生就业渠道，加强毕业生就业管理服务，实现学生就业稳妥安置，就业率98%。市工业学校、市创业学校、市机械电子工业学校、市劳动中专学校、市中等专业学校、荆州区东方中等职业学校、公安县职教中心等学校对口就业率80%以上。市创业学校优质就业率73%、初次就业稳定率96%。松滋市面对金融危机下的就业市场，主动到企业调研，搜集企业的用人信息，同时召开校企合作座谈会，开展专场就业指导；市中等专业学校建立专门的“实习生、毕业生

2010年9月25日，荆州市举行“天翼杯”首届中小学生乒乓球比赛

管理系统”，毕业生就业资料实行数据库管理，提高工作效率；市工业学校与福耀集团、冠捷显示科技有限公司、鸿准模具有限公司、公牛电器、上海葛洲坝国际旅游有限公司等企业开展合作办学，积极需求新的就业市场，拓宽就业渠道，加强就业服务管理，保证学生稳妥就业；荆州区实行校企合作、校校联姻，人才培养定向定位，实现学生就业定厂、专业定岗。

【校企合作】 各地各校不断深化校企合作方式与内容。引导企业参与学校教学管理。市创业学校与合作企业共同派员组成专业指导委员会，根据合作企业的实际需要，校企双方共同制订教学计划，共同设置课程，共同组织实施专业理论教学和实习教学，共同对学生进行管理，实行学生择业、校企互动、订单定向培养三位一体的运行模式。学校为企业职工提供培训服务。市创业学校与沙市钢管厂、荆州市祥达机械制造有限公司、湖北金安纺织集团有限公司、荆门格林美新材料有限公司等20多家企业合作，免费为企业培训在职职工1 200多人。实行产教结合。市创业学校与活树信息科技(东莞)有限公司开展合作，计算机应用专业全年完成文字录入外包业务纯收入30余万元；荆州区组织职业学校融合市场，将学生实习实训与订单加工相结合，学生练技能，学校增效益，实现了企业、校方、学生三方共赢，全区校企合作创收60.2万元。石首市机电职业学校与荆州市恒隆电子有限公司实行产教结合，年收入80万元。

【成人继续教育】 全市电大远程教育招生规模不断扩大，2010年全市电大开放教育招生2 388人，加上传统成人教育学生共2 600余人，全校在籍学生达8 000余人。做好“一村一名大学生培养计划”。畅通继续教育升学渠道。中医高专中专部申请到中专套读护理自考大专模式，有效解决中专生的出口问题。荆州市中等专业学校加强自考函授工作，做好学生的继续教育，建立375名自考学生档案及409名函授学生档案，参加继续教育的学生近1 000人。开展短期技能培训，全市全年共组织农村劳动力转移培训8 000人，农村实用技术培训32万人，阳光工程培训8 849人，“雨露计划”培训3 640人。全市多所职业学校在企业建立了校外教学点，为酒店员工进行普通话、公关礼仪培训、企业会计、电子电工等课程培训；市创业学校被沙市区、荆州区复员退伍军人安置办公室认定为全市复员退伍军人定点职业培训基地，培训汽车驾驶、计算机应用、机械加工制造等150余人。

【师德建设】 启动“师德建设先进学校”创建评选工作，树立一批师德建设先进单位；以学习全省优秀教师汪金权为契机，依托荆州日报集中展示全市90余名教师“引领成长”师德模范事迹，并同步开展省、市“十佳师德模范教师”和省、市“十佳校长”推评活动，大力造就一批师德典型。利用教师节庆祝活动进行颁奖与事迹报告会，市委主要领导亲自到会颁奖并慰问。同时狠抓师德突出问题的整改，全面规范中小学办学行为，端正教育行风，协调洪湖、石首等县(市)查处在职教师从事有偿家教11起。

【教师队伍建设】 做好各级各类学校师范专业毕业生和社会人员的教师资格认定工作。共为县(市、区)申报人员和长江大学毕业生等1 282人初步认定了教师资格。开展名师评比。继续实施“十百千”工程，全市86人被评为明星教师、820人被评为骨干教师；1人获市首届突出贡献人才奖；19名中小学教师荣获湖北省特级教师称号；3人被评为“湖北省首届中职学校楚天技能名师”。开展教学比武。举办全市第六届中小学体育教学评优活动现场优质课竞赛，评选优质课一等奖22节、二等奖10节、三等奖5节；开展“三个一”(一份教案、一份教学设计说明、一份听评课报告)教学评比，有84人参赛，评选出一等奖46人、二等奖24人、三等奖16人。组队到宜昌市参加全省第八届中小学体育教学评优活动，取得2个一等奖、1个二等奖、3个三等奖。

【师资培训】 开展新课程培训。适应高中课改新要求，完成全市秋季高中一、二年级8 000余名师资集中培训。开展基础教育师资培训。实施农村教师素质提高工程，先后培训1 900多名农村教师；实施“城镇教师援助农村教育计划”，组织城区教师200多人次到洪湖市、松滋市等地农村学校开展“送教下乡”、巡回上示范课活动，收到较好的社会效果；开展高中课改师资培训、教师顶岗置换培训、农村中小学教师远程培训、农村紧缺学科集训、初中校长培训共计8 974人次。开展中职教育师资培训。从企业中聘请技术骨干到中职学校兼职。向省教育厅申报楚天技能名师岗位12个，推荐30余名骨干教师和中职学校校长参加国家级、省级培训，不断增强中职学校教师队伍整体素质。激励教师岗位成才。

【资教生工作】 组织长江大学2010届资教生专场供需洽谈会，与长江大学毕业生进行了面试签约。按省教育厅统一部署，组织各县(市、区)在华中师范大学参加全省资教生专场招聘会。两场招聘会共签约资教生376人。至2010年，全市共引进600多名资教生到县(市、区)农村学校任教。

【语言文字工作】 印发《荆州市三类城市语言文字工作评估验收方案》，并对洪湖市、松滋市、石首市3市进行督导，松滋申报接受评估验收。组织荆州市学生第二届书写规范汉字的比赛和农村教师普通话大赛；组织5所学校申报了“规范汉字书写教育特色学校”；对中职学校应届毕业生进行了普通话水平培训测试工作。

【市委高校工作委员会成立】 市编委根据省委省政府、市委市政府机构改革精神，设立中共荆州市委高等学校工作委员会，与市教育局一个机构、两块牌子，核定了市高工委、市教育局主要职责、内设机构和人员编制。任命湖北中医药高等专科学校党委书记、市教育局党委书记潘言成担任市委高校工委书记，市教育局副局长王军担任市委高校工委副书记，进一步明确了市委高校工委的工作职责，即在市委的领导下，指导市属高校的党建工作、思想政治工作、社会治安和综合治理工作、安全稳定工作，协助市委管理市属县处级高校干部，负责联系在荆的省属高校。

【高等教育办学水平】 中心城区9所高校办学规模不断扩大，在校学生12万人。全市高校学科门类齐全，专业优势明显，办学实力进一步增强。荆州职业技术学院承担省级以上课题近30项，该校《荆州职业技术学院在顶岗实习中延伸学生党建》一文在《中国共产党新闻网》发布，并作为党建工作典型向全国推广；沙市大学在湖北省高校第16次党建暨思想政治工作会议上，作为全省唯一高职高专代表作典型发言，该校学生在全国电子设计大赛等竞赛中获奖8人次、在省级大赛中获奖54人次，教师课件作品在第九届全国多媒体课件大赛中获三等奖；荆州教育学院在2010年湖北省大学生田径运动会上，获高职高专组男女团体总分第一名、男子团体总分第一名、女子团体总分第三名。

【教学研究和科研工作】 湖北中医高专2010年共立项科研课题18项(含教研项目)，其中国家级课题2项，省级课题14项，市级课题2项，争取科研经费12.9万元，实现科研立项级别和经费历史性突破，1项省级立项课题结题验收。沙市职业大学“构建基于工作过程体系，创新应用化工技术专业人才培养模式”、“校企结合商品学课程实训、实习设计与实践”等被批准为湖北省教育科学“十一五”规划2010年度立项课题。《废旧荧光灯回收处理装置研制》项目被批准为荆州市科技发展计划项目。荆州教育学院承担省教育厅中职科研课题3个，新开发院级科研课题《学前教育专业(三年制)课程模块和教学方法研究》，3部作品获荆州市第五届社科优秀成果奖，该校科研处被荆州社科联授予2009—2010年度社会科学活动先进集体。

荆州区教育

【概况】 2010年，荆州区学校124所。其中幼儿园67所，在校学生13 060人；小学35所，在校学生19 597人；初中学校11所，在校学生14 476人；高中学校8所，在校学生13 986人；特殊学校1所，在校学生79人；职校2所，在校学生6 197人。在校学生总数67 395人。全区现有教职员工4 474人，其中在职教职工2 942人，离退休教师1 532人。2010年，荆州区获“湖北省第二届‘大家唱·大家跳’艺术教育展演活动优秀组织奖”、“2010年度湖北省宣传突出贡献奖”。

【素质教育】 荆州区在中小学广泛开展“春晖少年德育行动”、“大课间活动”、“文体活动示范学校”创建活动、“大家唱·大家跳”艺术教育等活动，形成了“人人会唱歌、个个能跳舞”的局面，促进了学生的健康和谐发展。荆州小学荣获省第二届中小学校“大家唱、大家跳”艺术教育现场集中展演活动最高奖“十佳全能奖”，江陵中学荣获省首届“校长杯”中小学校校长歌唱比赛一等奖，区教育局荣获全省学生及校长艺术展演活动“优秀组织奖”；川店中学和西门小学在全市德育工作年会上作典型发言。

【教育保障】 2010年，荆州区教育经费总投入1.32亿元。其中，教师全年工资预算7 230万元；学生公用经费预算1 315万元。为4万多名学生提供170万元免费教科书，为3 593名小学初中学生发放生活费补助259万元，为168名高中学生提供资助金7.9万元。筹资1 462万元，对54个项目进行了改造。全区56所中小学实施了现代远程教育项目，26所中小学装备了微机室，29所学校装备了多媒体投影教室，近60%的学校已接入荆州区城域网，16所学校建立了校园网或办公局域网。区教育局投入50多万元对区教育网络中心进行升级改造，目前中心机房带宽达到500兆，基本搭建“对外宣传平台、教学资源平台、强师论坛平台、办公自动化平台、校园安全监控平台”五大平台。

沙市区教育

【概况】 2010年，沙市区有公办中小学、幼儿园47所。其中，小学27所，中学15所，九年一贯制学校2所，幼儿园2所，特殊学校1所。全区中小学在校学生42 609人。其中，小学生22 565人，初中生13 067人，高中生6 874人，特校生103人。在园幼儿753人。全区共有在编在岗中小学教师2 666人，全区基础教育阶段小学普及率100%，初中普及率99.47%，高中阶段毛入学率80%。

【校园文化建设】 大力推进“四名工程”，文化建设掀起新高潮。2010年，全区学校文化建设不断丰实。围绕“打造和谐校园文化”的目标任务，全区各中小学以“四名工程”为抓手，进一步提升学校内涵，提升学校品牌价值，引领学生徜徉书海、沐浴名曲、相约圣贤，以名人立志、以名著启智、以名诗养“气”、以名曲怡情，促进了全区学校文化性格的多样化，“一校一景，一校一品”区域教育特色已初步形成。

【办学条件】 多方筹措教育经费，办学条件得到新改善。2010年进一步加大了对教育的投入，全面化解了新五中建设遗留债务600万元。同时，全年农村义务教育保障资金、城市教育费附加、教育公用经费和其他投入共计1 089万元，其中用于校舍及校园安全663万元，惠及城乡中小学28所，投入80万元为18所城乡中小学更换新课桌凳7 600余套，投入40万元为十四中、江华学校更新了现代化实验室，为10所学校化解历史债务190万元。另外争取到社会公益金和其他专项投入共计500多万元。

江陵县教育

【概况】 2010年，江陵县学校45所。其中，高中学校2所，初中14所，小学29所。在校学生46 777人。其中，高中生8 711人，初中生15 005人，小学生23 061人；全县在编教师2 151人，其中高中教师392人，初中教师883人，小学教师876人。

【校园安全管理】 2010年，在全县中小学及幼儿园开展了“治内安、保外安”为主题的校园及周边环境安全综合整治。充实完善了安保队伍，组建了护校保安全巡逻队。在公安部门的指导下，投资122.3万元添置必要的安防器材，改善技防和物防设施。落实安全知识进课堂，对过去挤占安全课的行为进行了及时纠正。开展了地毯式安全隐患排查，对教室、宿舍、食堂、围墙、厕所等建筑物、教学器械、食品卫生设施、实验器材、锅炉及易燃易爆物品、接送学生车辆、危险器具等开展了彻底清查清缴。组织了安保人员和安全课教师的业务培训，开展了安全演练，以政府为主导开展了幼儿园规范治理，对全县幼儿园进行综合整治。

【暑期教师集中学习】 2010年6月，江陵县教育局组织了全县教师暑期集中学习活动，分为集中培训和分散学习两个阶段，旨在提高全体教师的思想政治素质、业务水平和工作能力。通过邀请全国知名教育专家讲座开拓了教师视野，启迪了教师心智，选取本地先进典型发言交流了工作经验，树立了学习榜样；安排教育专题解读，增强了教师对政策的理解和对形势的把握。

松滋市教育

【概况】 松滋市公办学校96所。其中，高中6所，九年一贯制学校5所(含特殊教育学校)，初中18所，小学61所，幼儿园1所，电大进校1所。民办学校92所。其中，民办中小学1所，民办幼儿园91所。在校学生82 739人。其中，高中生16 063人，初中生20 051人，小学生31 018人，学前班学生2 391人，幼儿园在园幼儿13 216人。现有在编公办教职工5 042人，其中高中901人，初中1 836人，小学2 043人，公办幼儿园及其他单位262人。代课教师517人，其中高中162人，初中148人，小学207人。

【校舍安全工程】 争取到中央建设项目资金3 933万元，资金总量居“两区”县(市、区)之首。确定34个中央资金建设项目。全面完成了项目的勘探设计招标、工程施工招标、项目监理招标，按时启动了项目施工。

【青少年思想道德建设】 具有松滋特色的全员、全程、全方位抓德育的“三全”德育模式进一步得到发展。德育课堂主阵地、学科教学主渠道的“两主”德育建设进一步得到加强。学校为主导，家庭、社会相配合的“三结合”德育体系进一步得到完善。召开2年一次的中小学德育工作会，出台了系列打基础，管长远的文件、制度。全市中小学校围绕会议精神抓贯彻，围绕文件制度抓落实，学校德育工作亮点纷呈，青少年思想道德建设显著加强。

公安县教育

【概况】 2010年，公安县学校106所，其中单设完全小学74所，初级中学17所，普通高中7所，职教中心学校1所，特殊教育学校1所，设立完全中学2所，九年一贯制学校3所，十二年一贯制学校1所。全县中小学校在籍学生共92 328人。其中，高中教育阶段学生22 487人，初中28 186人，小学41 655人。教职工总数9 135人，其中，在职教职工6 685人(在岗教职工6 083人)，离退休教职工2 450人。

【改善办学条件】 2010年，公安县争取项目资金8 497万元，全面加强中小学校基础设施建设。其中，农村中小学校舍安全工程投资6 581万元，惠及36所中小学，建设56个子项目。拆除重建34个子项目，改造校舍38 211平方米；抗震加固22个子项目，改造校舍30 345平方米。同时还落实省级项目资金952万元；争取县特校改扩建工程项目资金280万元，教师周转房试点工程资金120万元，争取中小学装备标准化建设资金180万元。此外，公安县投入2.5亿元的公安一中搬迁工程已全面启动；投资1 500万元的公安县中小学生社会实践基地已建成完工。

【青少年校外活动中心】 公安县青少年校外活动中心作为全国8个首批依托县级青少年活动场所开展科普教育共建共享试点单位之一，是公安县青少年科普教育主阵地。2010年共举办科普知识巡展15次，参观学生15 437人；组织观看科普专场电影90次，参加学生14 687人；组织科教游9次，参加学生5 978人；在组织学生阅读科普书籍的基础上，举办有奖征文活动60次，参加学生9 638人；组织七巧科技大赛1次，参加学生120人；组织学生走工厂、下农田参观科普教育基地15次，参加学生3 346人；科技馆常年免费开放，接待参观学生4 396人。7月，全国县级青少年学生校外活动场所科普教育共建共享试点工作推进会在公安县青少年校外活动中心隆重召开，将公安县青少年科普教育工作推向了高潮。

石首市教育

【概况】 2010年，石首市各级各类学校92所。其中，普通公办高中5所，电大(进修学校)1所，初中16所，小学63所，特殊教育学校1所，民办普通高中1所，民办职业高中3所，部门职校2所。另有公办幼儿园2所，乡镇中心幼儿园12所，民办幼儿园59所。全市有小学生24 750人，有班级599个；初中14 540人，有班级322个；普通高中15 109人，有班级234个。全市中小学校在编在岗公办教师4 287人，其中，小学教师1 546人，初中教师1 688人，高中教师798人，幼儿园、特校和二级管理单位255人。

【学前教育】 制订《石首市学前教育三年行动计划》。大力发展城区公办幼儿园，即改扩建石首市幼儿园，改扩建绣林中心幼儿园，新建笔架山办事处中心幼儿园。大力发展乡镇中心幼儿园，以农村中小学布局调整富余校舍为依托，乡镇办区各建设一所中心幼儿园，共建13所。大力发展村级幼儿园，以联村办园的形式，全市共改扩建村级幼儿园120所。鼓励支持发展民办幼儿园，通过招商引资，在中心城区投资4 000多万元新建了一所高规格的民办幼儿园——石首市育才双语幼儿园。大力整顿不合格民办幼儿园，对于不合格的民办幼儿园依法坚决取缔。加强幼儿教师队伍建设和学前教育的管理与指导，提高学前教育保教水平和建立良好的学前教育教学规范。

监利县教育

【概况】 2009年，监利县中小学校194所，在校学生202 600人。其中，小学138所，在校学生112 468人，初中52所，在校学生60 578人，普通高中11所，在校学生28 874人，高中补习中心1所，复读生680人。有职业学校4所，在读学生5 212人；学前教育机构298个，在园幼儿28 567人。

【素质教育成果】 开展心理健康教育，30多所学校设立了心理咨询室，110所学校配备了专兼职心理教师。开展了阳光体育活动，在全县中小学推广全国中小学第三套广播体操、校园集体舞和新眼保健操，保证学生体育锻炼时间。开展了艺术教育活动，组织开展了“三歌”(国歌、校歌、自选歌)评选活动，选送艺术作品参加市第八届中小学艺术节、省第八届黄鹤美育节活动，取得了优异的成绩。开展了青少年科技创新活动，3人次获国家级奖励，139人次获省级奖励，155人次获市级奖励。

【办学环境】 完成初中改造工程项目21个，建筑面积22 619平方米，投入资金1 882万元。“普九”债务全部偿还，全县偿还“普九”债务7 258万元，受到省市政府专项检查组的肯定。争取国家助学贷款620万元，为1 023名大学生办理了生源地贷款手续。争取中职生助学金191万元，惠及2 547人。争取社会捐助款200余万元，资助大学生626人。开展了交通安全治理，联合县直有关部门对接送学生的车辆进行了专项治理，同时在汪桥镇开展接送学生车辆试点。加强了校园饮食安全及风险转移，全县新建校园“放心超市”10个，282所学校购买了校方责任险和无过失责任险，近9万学生购买城镇居民基本医疗保险和大病医疗保险。做好了甲型H1N1流感防控，实现了无重症患者、无死亡病例的防控目标。

洪湖市教育

【概况】 2010年，洪湖市各类学校123所(不含民办幼儿园)，在校学生104 621人，教师总数6 360人(机关除外)，其中高级职称教师409人，中级职称教师3 818人，初级职称教师1 533人。

【教育质量】 洪湖市以实施教师发展工程为抓手，促进教师专业发展。2010年组织教师基础技能培训10余次，参训教师2 719人，全市教师的学历水平达标率超过95%。以促使学生养成探究式学习为突破口，全面提高教育质量。在2010年的高考中，全市一本上线人数为496人，洪湖市一中考生严浩以文科632夺得湖北省文科状元。大力推进素质教育，积极开展主题鲜明的体艺活动，市实验中学选送的节目《莲儿香，鱼儿欢》获全国第三届中小学生艺术展演舞蹈类二等奖，洪湖市教育局也被教育部授予“全国第三届中小学生艺术展演优秀组织奖”荣誉。

【改善办学条件】 加大资金投入，对市双语实验学校、峰口镇明德小学、螺山镇小学教学楼和下新河乡中学教学楼进行建设。全年，洪湖市教育局通过初中校舍改造工程、教师周转房建设工程和义务教育均衡发展推进工程等建设项目，合计拨付项目资金1 340万元，用于改善农村义务教育学校办学条件，极大地改善了教学和师生生活环境。

撰稿　萧　翰

审稿　孙　文

○宜昌市教育

【基本情况】

2010年宜昌市教育事业发展状况统计表

单位：人

	学校数（所）	毕业生数	招生数	在校学生数	教职工数	
					计	其中：专任教师
总　计	934	141 295	156 775	545 395	44 060	33 698
一、高等教育	6	19 774	25 039	77 310	5 886	3 183
1. 普通高校	5	13 066	14 400	50 299	5 814	3 148
2. 成人高校	1	6 708	10 639	37 011	72	35
二、高中阶段教育	69	49 592	38 257	131 058	19 534	7 321
（一）中等职业技术学校	31	24 728	17 166	63 415	3 384	2 740
1. 普通中专	23	21 081	15 006	54 309	2 784	2 190
2. 职业中专	—	—	—	—	—	—
3. 职业高中	—	—	—	—	—	—
4. 技工学校	8	3 647	2 160	9 106	600	550
（二）普通高中	38	24 804	21 091	67 643	16 150	4 581
三、义务教育	500	71 929	59 206	267 819	12 457	19 913
1. 普通初中	146	39 572	32 553	102 891	—	8 864
2. 职业初中	—	—	—	—	—	—
3. 普通小学	344	32 222	26 506	163 691	12 296	10 919
4. 特殊教育	10	135	147	1 237	161	130
5. 工读学校	—	—	—	—	—	—
四、学前教育	359	—	34 273	69 208	6 183	3 281

注：普通初中教职工数含在普通高中教职工数内。

【义务教育经费保障】 2010年，宜昌市共有498所农村中小学校，22.67万名学生纳入了农村义务教育经费保障新机制的范围，全年农村义务教育新机制保障经费合计2.01亿元，5万名贫困寄宿学生享受了生活费补助；城区51 680名学生纳入了城市义务教育免杂费政策范围，共减免杂费1 510万元。全市农村和城市"两免一补"资金总额2.16亿元。

【贫困生资助】 全市共资助贫困生71.56万人次，资金3.23亿元。其中高校生源地贷款签定贷款合同5 627人次，签定贷款金额3 380.70万元；资助中职学生13.29万人次，资金达8 467万元；资助高中学生万人次，资金931万元；资助特校学生1 125人次，资金65.6万元。农村义务教育"两免一补"45.34万人次、资金1.74亿元，城市免杂费10.34万人次，资金1 510万元。社会资助学生5 566人，资金514.7万元。通过完善资助管理体系，建立健全管理制度，规范资助管理，全市资助工作已日趋制度化和规范化。

【教育技术装备】 2010年，全市475所中小学的常规教育技术装备达到国家新标准，占学校总数的90%，294所学校安装了成套标准化实验室设备，占学校总数的55.7%。体育、艺术和图书装备水平不断提升，全市共建中小学图书室528个，装备图书724万册，中学生均20.8册、小学生均17.8册，另有电子图书100万余册，图书装备总额7 634万元；体育、艺术学科装备得到加强，全市城镇和乡中心小学以上学校均达到国家二类以上标准，装备总额3 636万元；中小学标准课桌椅更新进展加快，更新课桌椅6.96万套，更新总量14.56万套，占中小学生总数的43.6%；高中通用技术实验室建设有效推进，宜都一中、长阳一中等3所高中已经建成高中通用技术实验室，另有夷陵中学、秭归一中等11所学校将于2011年春季开学前建成，占全部高中的36.8%。

【教育信息化建设】 在全省率先启动以互联网和交互式电子白板为标志的"班班通"建设，2010年共投入3 189.6万元，1 772个班级建成"班班通"，截至2010年12月累计投入6 600万元，4 357个班级建成"班班通"，班级覆盖率60.9%，市直中学、夷陵区、兴山县、秭归县、宜都市、五峰县、点军区、猇亭区基本实现"班班通"；在全省率先启动全市教育公共服务信息化平台建设，并纳入宜昌市政府电子政务专项建设项目；实施计算机更新工程，生机比小学达到15∶1、中学达到9∶1，远高于全省全国平均水平；宜昌教育信息网在全国地市级网站中排名第三位，获"地市级五十佳网站"；西陵教育信息网获"县级五十佳网站"，当阳教育网信息网获"县级优秀网站"。

【教师队伍建设】 继续实施城乡教师援助工程，截至2010年12月，城乡教师援助活动覆盖学校362所，占全市中小学总数538所的67%，参与活动的市县两级优秀骨干教师4 195人，占市县两级骨干教师总数5 776人的73%，参加交流、培训、拜师、挂职学习的农村学校教师13 013人，占农村学校教师总数22 572人的57%。直属学校校长、教师交流力度加大，全年度共交流调整90人，其中支教10人、计划交流37人、对口交流22人、定向交流3人、校级干部调整18人。交流调整90人中有10名宜昌名师和市级学科带头人。广泛开展校长和教师培训，举办了中小学(幼儿园)校长(园长)资格培训班、提高培训班6期，共培训271人。开展教师全员培训，市级培训机构培训教师28 793人次。57名校长参加"楚天中小学教师校长卓越工程"省外培训，申报省级教师跟岗学习基地(小学、初中各5所)和校长培训基地(4个)。组织教师参加国家级、省级培训2 513人，与市内高校联合组织百名教师置换培训，首期组织夷陵区100名教师在三峡大学脱产进修3个月，三峡大学100名大学生在夷陵区顶岗实习。

【招生考试】 全年组织实施各类教育考试14次，包括普通高考、成人高考、自学考试、全国计算机等级考试、计算机辅助英语口语考试等大型考试9次，教师资格认定考试、中职技能证书考试、全国英语等级考试、剑桥少儿英语等级考试等中、小型规模考试6次。全市普通高考报名27 360人，自学考试报考33 455人，75 199科次，成人高考报考7 234人，全国计算机等级考试报考22 652人，全国英语等级考试报考795人，计算机辅助英语口语考试报考6 964人，教师资格认定考试报考2 298人，中职技能证书考试报考1 097人。

【毕业生就业】 截至2010年11月，共接收回宜昌市应届高校毕业生6 157人。其中，博士1人，硕士45人，本科2 535人，专科3 576人。为市内80多家用人单位办理报到和入户手续2 191人，其中博士31人，硕士353人，本科1 137人，专科668人，中专2

2010年11月12日，湖北省教育厅与宜昌市人民政府签署教育合作协议（周鸿 摄）

人。收到市直各部门及各县(市、区)委组织部15个单位128人的报告，其中研究生和学士各1人，本科106人，专科20人，共审核发出学历认定报告20份，认定学历合格人员124人。

【学校后勤】 全市学校创A级食堂12个，B级食堂89个，C级食堂527个，各县(市、区)授牌“放心食堂”200个；创省级“园林式学校”7所，累计13所，市级“花园式学校”61所，累计达108所，各县(市、区)授牌“绿化合格学校”100所，累计204所；创“文明宿舍”200个；全市中小学校园方责任保险投保率100%，学生医保投保率95%；“防近视练习簿册”推广工作100%；参加省、市、县三级后勤人员培训1 500多人。

【厅市教育合作协议】 11月12日，市长李乐成代表市政府与省教育厅厅长陈安丽签署教育合作协议，开启厅市合作共建，就教育科研、教育保障、教育投入、教育改革、教育督导、学前教育、义务教育均衡发展、职业教育、高等教育等方面达成合作共建意见。

【宜昌教育工作创新奖】 3月1日，在2010年度全市教育工作会议上，宜昌市首届“教育工作创新奖”正式揭晓，30项创新成果榜上有名。其中，西陵区教育局“小学教育均衡发展研究”等7项成果被评为一等奖，当阳市教育局“关于中小学教育事故认定与处理的研究”等8项成果被评为二等奖，宜都市教育局“中部农村中小学实现教学现代化的推进策略研究”等15项成果被评为三等奖。此项评选是市教育局于2009年在全省率先启动的，旨在推动全市教育的创新发展和科学发展。

【教育目标考核】 2009年，宜昌市在全省率先建立市级教育行政部门对县(市、区)教育行政部门2年一次的考评激励机制。2010年3月15日～24日，市教育局组织三个考评组对县(市、区)教育局2009年度工作进行了考评，经量化评分和综合评议，全市13个县(市、区)教育局均达到优秀等次，宜都市、枝江市、当阳市、远安县、兴山县、西陵区、伍家岗区、点军区等8个县(市、区)教育局被评为先进教育局。

【标准化学校创建】 2010年，全市共创建农村寄宿制合格小学21所、标准化初中22所。截至2010年底，全市创建农村保育寄宿制合格小学294所，农村保育寄宿制合格小学达标率100%；创建标准化初中117所，占全市初中总数的80.14%。

【校舍安全工程】 重新修编了校舍安全工程总体规划和年度计划。2010年，全市共落实校舍安全工程项目建设资金合计43 918万元。计划建设项目286个、面积45.4万平方米，已完工项目82个、面积10.47万平方米，在建项目71个、面积15.69万平方米。完工和在建项目占计划的53%。

2010年12月2日—4日，《人民教育》总编傅国亮专题采访宜昌教育(周鸿 摄)

【学校安全工作】 制定《宜昌市中小学生安全责任书》，依法明确学校与学生及其监护人的安全责任，责任书签订覆盖面100%。建立学校安全工作“日、周、月、期、年”台账管理制度。财政拨付专项资金，为每所学校配备2名安保人员和2名联系员(民警和城管)。在全市各级各类学校和幼儿园建设校园视频监控系统，重点部位覆盖率达到95%以上。加强校园及周边环境综合整治，70%的学校创建为“平安校园”。

【师德教育月活动】 开展“做学生爱戴、人民满意的老师”大讨论，举行学习活动及座谈会2 345场，撰写心得体会39 080篇；宣传学习汪金权等优秀教师典型事迹，组织先进事迹报告会、演讲会927场，参加人数56 696人次；组织“爱岗敬业、献身教育”师德论坛，举办师德论坛667场，参加人数38 540人次，撰写师德论文24 378篇；开展师德师风调查，在12所市直学校进行问卷调查，回收学生问卷600余份，家长问卷和教师问卷各400余份，查处有违师德行为的教师7人；开展“帮扶贫困生、学困生、留守生”活动，教师走访贫困生、学困生和留守生66 409人次，建立跟踪帮扶档案，结对帮扶34 756人次；开展教师和学生心理健康咨询活动，举办教师和学生心理健康咨询讲座552场，接受心理辅导的师生93 739人次。

【宜昌名师工程】 研究完善《宜昌杰出校长评选管理办法》、《宜昌名师评选管理办法》和《中小学学科带头人评选管理办法》。2010年评选宜昌名师40名、市级学科带头人500名。截至2010年底，全市有湖北名师5人，省特级教师42人，省骨干教师270人，国家、省、市管专家15人，宜昌名师100人，宜昌杰出校长30人，宜昌“明星班主任”60人，宜昌市学科带头人500人。

【教育事业单位岗位设置】 制定《直属事业单位岗位设置工作实施方

案》，完成2所局管高校、7所中职学校和直属34所普通中学、8个事业单位设置工作。直属学校(单位)共计聘任岗位3 092个(其中管理岗位447个、专业技术岗位2 547个、工勤岗位98个)。积极指导县(市、区)做好岗位设置工作，截至2010年12月，除枝江市、伍家岗区、开发区等3个县(市、区)外，其他县(市、区)已全部完成教育事业单位岗位设置工作。

【廉政文化进学校】 4月，市教育局印发《关于在全市学校全面开展廉洁教育的实施意见》，对全市各级各类学校全面开展廉洁教育的总体要求、基本原则、阶段目标、主要内容、方法途径、领导机制等提出了具体要求。市直局属学校以创建"廉政文化进学校示范点"为抓手，局纪检组印发了《关于创建"廉政文化进学校示范点"的意见》，要求3年内达到市级示范点水平，力争3—5所学校达到省级示范点标准。10月，市教育局组织15所学校负责人到市检察院、市地税局、夷陵区实验中学参观学习。11月，市教研中心拟订了41个廉政文化进学校科研课题，由40所中小学、55名教师承担，全方位地开展科研。12月，对13所示范点创建学校进行检查，推荐夷陵中学、市第八中学、宜昌外校3所学校为市级示范点。各学校通过国旗下的讲话、征集廉政文化作品、文艺汇演、建设廉政文化墙、创建诚信考场、写廉政家书等形式，大力宣传、积极传播廉政文化。宜都市教育局编写的《小学生廉洁教育读本》、《中学生廉洁教育读本》由湖北长江出版集团出版，还编写了《教师廉洁教育读本》。廉政文化进学校工作在全市各级各类学校全面启动。

【后勤保障基地建设】 按照国家、省、市有关文件精神，市教育局确定每个县(市、区)2—3个乡镇，5—10所学校为基地建设示范点，以点带面，以点促面，推动全市农村寄宿制学校蔬菜副食基地建设，全市各地采取积极措施，创新基地建设思路，多渠道、多形式加强农村寄宿制学校蔬菜副食基地建设。2010年，全市410所农村寄宿制学校共建蔬菜副食基地300个，占73.2%，基地面积193.33万平方米；蔬菜副食品能自给和部分自给的学校285所，占70%。

2008年起，市教育局开始引进校园连锁配送服务模式，从基础设施、商品采购途径、销售价格、经营管理与服务方面规范校园商店，从而提升学校后勤管理服务水平，达到确保校园食品卫生安全，降低学生经济负担，改善后勤服务环境的目的。截至2010年，开展连锁配送工作的6个县(市、区)，共建连锁店50家，各县(市、区)授牌"放心超市"100个。

【德育教育】 市委宣传部、市教育局、市新闻出版局、市团委联合在青少年中深入开展了"爱湖北·爱宜昌·爱家乡"主题爱国主义读书教育活动；举办了全市第九届青少年科技节，参加现场比赛的学生5 000多人，送审作品3 800多件，5 000多人次获得了不同层次的奖励；清明节期间在烈士公园举行了缅怀先烈扫墓活动，1 500多名中小学生参加；广泛开展禁毒教育、法制教育和国防教育；评选表彰了市级优秀学生300名，优秀学生干部200名。

【课程改革】 巩固义务教育课程改革和评价改革成果，稳步实施初中毕业学业考试改革，对省级示范性高中实行分配生招生制度和把示范性高中招生指标分配到初中学校，扎实开展初中毕业生综合素质评价工作，实现了综合素质评价的"零投诉"。大力推进高中新课程改革。2010年1月，在枝江市召开高中课改观摩会，按照新课改的"课程中心、学生中心、活动中心"要求实施教学，按国家、省颁课程计划开齐课程，开足课时，重视开发校内课程资源和校外课程资源，探索建立普通高中学生发展性评价办法体系，扎实开展综合素质评价、综合实践活动课、学分认定、学生成长档案袋等网络平台管理并获得省教育厅高度肯定。加大高中新课改师资培训力度。全年共有9人参加国家级培训，130多人参加省级培训，3 200多人参加市级培训。加强教学管理和指导工作，制订《宜昌市中小学教学常规工作指导意见》(草案)，对学校教材版本、教学内容、教学进度、资料使用等工作进行规范，对教师的"备、教、批、辅、考、评"全过程提出了规范性要求，采取专家报告、专题讲座、案例教学、参与式研讨、集体备课交流、说课评课、课题研究等形式，组织教研员深入各县(市、区)和学校视导调研。不断提升教科研水平，起草了关于进一步加强教育科学研究工作的意见》(草案)，加强对全市教育科研工作的领导和规划，进一步完善"市—县—学校"三级教科研网络，2010年，申报的"创建高效课堂"课题被列为省级重点课题，3项省级课题、10多项市级课题结题通过专家审定验收。

【规范办学行为】 加强课程计划和作息时间的管理，对学校的课程计划和作息时间实行备案审查制度，不定期对学生的在校时间、课程开设、课外作业量等规定进行检查；规范招生宣传工作，统一印制城区普通高中宣传手册，加强普通高中招生宣传管理；规范中小学教学用书秩序，召开了秋季全市教育书刊发行工作会，下发了各阶段学校教育教学用书目录和教辅用书推荐目录；加强学籍管理，对高二"借读生"进行清理，通报清理情况。关注弱势群体子女教育，高度重视下岗工人、单亲离异家庭子女的教育问题，保障进城务工人员子女在入学、评选表彰和考试招生等方面与普通学生享受同等待遇；关注学校均衡发展，公办学校严格实行按小学对口初中免试就近入学，义务教育学校严禁分重点班、实验班，实行教师均衡搭配和学生平行分班；开展幼儿教育大调研，召开城区幼儿园园长座谈会，全面掌握全市学前教育第一手材料。

【学校体卫艺工作】 3月和10月，分别接受中小学体育卫生工作省级检查和国家级检查，被检查团给予高度评价。精心组织城区中考体育测试，7 937人参加，7 385人合格，合格率93.05%，比2009年提高1个百分点。全面布置中小学校手足口病防控工作，全市中小学生中无手足口病重病病例和死亡病例。举办宜昌市第三届青少年艺术节，全市200多所学校参与了艺术节活动。组队参加全省第二届“大家唱·大家跳”艺术教育展示活动和省首届中小学校长歌唱比赛，市教育局、长阳土家族自治县教育局和枝江市教育局获优秀组织奖。

【义务教育均衡发展】 2010年，宜昌市加大在全市范围内整体推进义务教育均衡发展的力度。6月11日，召开全市推进义务教育均衡发展工作会，市政府印发《宜昌市义务教育均衡发展行动计划实施方案》。扎实开展义务教育均衡发展数据监测和督导评估试点工作，夷陵区试评估达到优秀等次标准，被评为全国义务教育均衡发展示范县。

【高效课堂创建活动】 2010年全年举办120余次不同层次的推进活动和交流会，印发《关于进一步深化课程改革、构建高效课堂的指导意见》，制定《宜昌市各学科高效课堂评价标准》，组织华东师范大学高效课堂专题研训，举办创建高效课堂论坛活动。10月27日，召开全市推进高效课堂工作会，300多人参加会议，高效课堂创建活动深入推进。2010年，全市有10名选手获全国优质课竞赛特等奖和一等奖，70多名选手获全省优质课竞赛一等奖。

【中小学德育】 9月28日，市教育局召开全市德育工作会，总结近年来全市中小学德育教育成绩，全面部署了下一阶段德育教育工作，印发《宜昌市中小学德育工作指导意见》，表彰了52个中小学德育工作先进集体和155名中小学德育工作先进个人，枝江市教育局、秭归县茅坪小学、宜昌市六中和夷陵中学教师王良英作了大会发言。

2009年9月，市委宣传部、市文明办、市教育局、团市委联合发文，在全市全体学生中广泛开展了“文明伴我成长”主题教育实践活动。2010年，城区中小学校继续实行学生上街开展文明礼仪宣传、劝导活动，并对该项活动进行了阶段性的总结，表彰先进学校50所，文明学生300人。

【普通高中招生】 为鼓励学生全面发展，促进学校均衡公平，充分发挥优质普通高中招生名额合理分配到各初中学校的导向作用，2010年，市教育局进一步完善分配生招生制度，扩大分配生比例，按照学校正取生计划的30%安排分配生计划，其中，夷陵中学160人、市第一中学160人、葛洲坝中学140人，总数460人，3所学校只面向城区初中学校招收。

【民办和改制学校招生】 4月，市教育局印发《关于2010年城区部分初中学校提前招生录取有关工作的通知》，对民办学校、改制学校的招生范围、招生计划、考试时间和录取时间作了明确要求。民办学校、改制学校小升初招生实行“统一测试时间，提前招生录取”的办法，各校于5月15日—5月26日统一接收学生报名、登记，5月30日统一安排测试，凡已被民办学校、改制学校录取的学生，将不再安排到公办学校就读。这种安排杜绝了同一名学生报考多所学校、参加多所学校考试的情况，进一步规范了民办学校和改制学校的招生秩序。

【教育科研协作体】 12月9日，在浙江省宁波市举行的全国基础教育课程改革教学研究成果报告会及颁奖仪式上，宜昌市参评成果《新课程背景下的中考改革探索》获教育部基础教育课程改革教学研究成果二等奖，本次全国基础教育课程改革教学研究成果评选是建国以来首次由教育部组织开展的全国性教育课程改革教学研究成果征集评选活动。

12月22日，由宜昌市教研中心发起，黄冈市教科院、荆州市教科院、襄樊市教研室、孝感市教科院、十堰市教科院参与的“湖北省六市教科研协作体”在宜昌市成立并召开首次年会。协作体的成立对推进6市教研部门的进一步协作具有重要意义，除开发高三年级联合调研考试项目之外，6市教研部门还将在资料开发、人员培训、信息共享等多方面实施合作，全方位提升教研水准，扩大影响。6市教研部门本着“强强联合，优势互补，打造品牌，扩大影响，交流信息，资源共享”的宗旨，着力打造湖北省六市联合调研考试品牌。参加6市联合调研考试的考生人数已超过了2010年度全省高考报名考生的三分之二。

【体育艺术特色学校】 2010年，宜昌市全面启动体育艺术特色学校创建工作。各学校可根据学校实际确定1个体育项目(含篮球、排球、足球、乒乓球、羽毛球、毽球、田径、武术、体操、民族体育项目等)和1个艺术项目(含音乐、美术两大类)作为重点创建项目，使之形成为本校特点突出、参与面广、水平较高的体育艺术特色项目，市教育局和县(市、区)教育局每年组织1次评估，对达到标准的学校予以认定授牌，市教育局每2年组织1次评选，对在创建活动中成绩突出，成绩优异的学校予以表彰，力争通过3—5年的努力，使全市80%以上的学校成为体育艺术特色学校。

【湖北省第八届小学体育教学评优活动】 11月13日～18日，在宜昌市举行，宜昌市获团体总分第三名和优秀组织奖，6名优质课参赛教师获一等奖5人，二等奖1人。

【宜昌一中百年校庆】 10月3日，宜昌市第一中学喜迎百年华诞。来自全国各地的5 000名各界人士、校友和该校近3 000名师生参加百年校庆活动。省政协常务副主席李佑才，省社会主义学院院长黄利鸣，省教育厅副厅长黄俭，市委书记、市人大常委会主任郭有明，市委副书记、市长李乐成，市政协主席李泉，市委常委、常务副市长郑超，市委常委、市委秘书长马学军，市委常委、宜昌军分区政委闵捷等省市领导，清华大学党委副书记韩景阳、三峡大学党委书记刘德富、湖北大学副校长邓长青等嘉宾出席了庆祝大会；中国工程院院士、华中科技大学教授潘垣，解放军某部政委岳世鑫少将，解放军总参谋部某部张孝成少将等校友代表参加了庆祝大会；教育部、省人民政府、省教育厅、北京大学、中国人民大学、中国科技大学、复旦大学、长江三峡集团公司等200多家单位发来贺电贺信。校庆代表观看了市一中师生表演的

《百年礼赞》文艺演出。

【特殊教育学校】 宜昌市特殊教育学校于2007年开办首届普通高中班，共招收来自本校、远安特殊教育学校和枝江特殊教育学校的9名学生，并结合学校实际和高等院校招生要求开设语文、数学、英语、政治、美术等课程。2010年，首届普通高中班9名毕业生分别参加长春大学、中州大学和长沙职业技术学院等高校的入学测试，最终全部被录取，其中1人被长春大学录取，8人被中州大学录取，录取率达100%。

【中职学籍管理】 修订学籍管理办法。1月，市教育局印发《宜昌市中等职业学校学籍和助学金管理办法(试行)》，从学籍注册审核、资助对象确定、国家助学金申请和审查程序等方面给予了明确规定。9月，修订《宜昌市中等职业学校学生学籍管理办法》，从学生入学、实习、就业到毕业全程制定了管理规定和操作细则。从严审核新生学籍。新生开学注册学籍时建立学生影像资料，并将此作为今后检查和申报国家助学金、核发毕业证的重要依据。组织力量到全市所有中职学校进行学籍审核注册，对全市1.5万余名中职新生逐一审核初中毕业证和身份证(或户口簿)原件，确保新生信息的真实性和准确性。清理农民工学员学籍。5月前完成对2008年招收的农民工学员的清理和规范工作，对自愿转为全日制中职学生的农民工学员，享受和其他全日制学生相同的政策和待遇，对自愿以非全日制方式完成中职教育的农民工学员，统一按照教育部关于学分制的相关规定组织教学，对没有条件接受全日制或非全日制中职教育的农民工学员，注销其中职学籍，由各学校负责提供免费的短期培训，确保其学到一技之长。

【中职招生】 统筹下达各中职学校招生计划，要求各学校按照计划招生，超计划招生一律不予录取、注册。统一印制招生指南、组建招生工作专班，统一进入初中学校集中开展招生宣传。及时在“宜昌教育信息网”和“宜昌教育招生考试信息网”上公布中职学校专业设置评估结果，公布中职学校招生计划和招生信息。不断拓展招生对象，一方面充分吸纳往届初中毕业生、应往届高中毕业生、返乡农民工、进城务工人员、退伍军人、生产服务一线职工、下岗失业人员等城乡劳动者接受职业教育，另一方面加大校校合作、校企合作力度，大力推行“1+1+1”模式，鼓励跨校、跨地区开展优势专业的合作办学，支持薄弱学校与国家级重点、省级示范等学校联合办学，拓宽招生领域。

【中职资助】 严格过程管理，规范审批程序，指导各县(市、区)教育局、职教中心和市属各中职学校成立学生资助工作领导小组，明确领导职责，配备专兼职工作人员，制定助学金和免学费管理办法或实施细则，确定发放对象后上报市教育局审核。开展专项审计，成立工作专班对中职学校助学金进行专项检查，聘请4家审计公司对市直所有中职学校学生助学金发放情况进行专项审计，责成各县(市、区)教育局组织力量对所属职教中心进行审计，及时纠正部分民办中职学校在助学金发放上的错误做法，追缴违规资金。

【教育教学质量】 以创建国家级示范学校和重点中职学校为抓手，加强重点学校和示范专业建设，远安县、兴山县、当阳市职教中心通过国家级重点中职学校评估验收，秭归县职教中心被评定为首批国家级示范中职学校，截至2010年，全市已有省级重点中职学校1所，国家级重点中职学校13所，省级示范中职学校2所，国家级示范中职学校1所，省级中职实训基地7个，省级中职品牌专业6个；积极组织学校管理人员赴上海参加职业教育管理干部培训班学习，选派骨干教师参加国家、省专项培训，引导各校建立专业教师定期到工厂实习制度，积极提高教师动手能力，努力打造名师队伍；2010年11月参加全省第二届中职学生技能大赛，27人参加14个小项比赛，取得二等奖5项(6人次)，三等奖13项(14人次)、优秀奖7项(7人次)的好成绩。

【中职布局调整】 8月18日，宜昌市机电工程学校与夷陵区职业教育中心正式合并，组建新的宜昌市机电工程学校，同时保留夷陵区职业教育中心的牌子，周红星任校长(主任)、党委书记。创建于1975年的宜昌市机电工程学校和创建于1965年的夷陵区职业教育中心同是首批国家级重点中职学校，2校拥有1个国家级紧缺专业、2个国家级示范专业、4个省级重点示范专业、5个市级重点示范专业，形成了中等专业教育、对口升学教育、成人大专教育等多渠道、多层次的人才培养体系。

【职教园区建设】 10月30日，市委召开常委会，专题研究职教园的建设问题，决定按照“国内一流”的总体要求修建职教园。职教园选址夷陵区，规划占地122万平方米，总投资13亿元，容纳1所高职院校、2所中职学校、1所技工学校和1个公共实训基地，在校生总规模达3万人，2013年基本建成，建成后将成为宜昌市重要的高技能应用型人才培养基地，居全省同类职教园区领先地位。

【库区职业教育和技能培训】 成立以副市长张永红为组长，市政府副秘书长陈朝银、市教育局局长苏开美、市移民局局长吴述军为副组长，市发展和改革委员会、市财政局、兴山县政府、秭归县政府、夷陵区政府为成员的三峡库区职业教育和技能培训工作领导小组，统筹全市库区移民职业教育与技能培训工作，召开专题工作会议，研究解决库区职业教育和技能培训工作面临的困难和问题，督促各县(市、区)、各职能部门、各职业学校成立了相应的工作专班，确保培训工作的真正落实。11月，国家教育部专项督导检查团对宜昌市三峡库区职业教育和技能培训工作进行了专项督查。

【职业学校品牌专业建设】 2010年4月，市教育局组织评估组对全市所有中职学校的192个专业进行了评估。经评估认定，符合专业设置条件，同意开设的专业95个，占49.5%；基本符合专业设置条件，同意开设，但需整改和加强建设的专业48个，占25%；不符合专业设置条件，决定撤销的专业49个，占25.5%。在2010年新生注册学籍时，严格执行有关专业设置的批复文件，没有一所学校突破评估后的专业设置范围。

【宜昌市广播电视大学】 学校是一所运用广播电视、计算机网络、文字教材和视听教材等多种媒体进行远程教育的综合性开放大学，是宜昌市人民政府独立设置的成人高等学校。办学30多年来，逐步形成了以开放教育为主体，成人教育、继续教育协调发展的“一主多元”的多层次、多规格、多渠道、多形式的办学格局。学校坚持从宜昌地区经济建设和社会发展的实际出发，充分发挥电大系统的网络优势和现代远程教育特色，坚持面向地方，面向基层，面向农村，按需办学的指导思想，在市辖3市5县4区设有分校和教学点，基本形成了一个覆盖宜昌城乡的远程教育网络。

2010年，学校开放教育共计招生3 030人，其中本科450人，专科2 580人。

2010年，中央电大批准宜昌电大设置数字化学习中心和社区教育中心，为构建学习型城市打下了坚实的基础。学校还组织广大师生开展“创建平安校园”以及各类文体活动，活跃校园文化，彰显电大风采。

撰稿　舒　畅

审稿　苏开美

西陵区教育

【承担国家教改试点项目】 2010年，西陵区申报了“义务教育均衡发展”国家级改革试点项目，明确提出了“让每所学校硬件条件一样优、师资水平一样高、教育质量一样好、内涵发展一样快”的工作目标。经过省教育厅调研、专家组评审，西陵区被确定为湖北省实施国家教育体制改革试点县（市、区），承担了“优化义务教育学校办学条件、小班化教育实验、教师专业发展促进机制、义务教育均衡发展督导责任区”等4个试点项目。其中，作为湖北省未来10年教育改革重点项目，并被写进《湖北省义务教育条例》的“小班化教育实验”，全省仅西陵区独力承担该项目的试点任务。

【教育高峰论坛】 12月19日～21日，在湖北教育报刊社、西陵区政府的组织下，“教育现代化背景下的区域教育与学校管理创新”高峰论坛在西陵区成功举办。这场旨在“探寻发展路径、创新学校管理、打造教育品牌”的全国性教育盛会，邀请了参与《国家教育规划纲要》起草的谈松华、应俊峰等6名国内著名教育专家解读《规划纲要》、畅谈学校管理方略，为来自北京市、上海市、江苏省、广东省等8个省（市）近1 000名教育同行提供了一个专业、权威的信息交流平台。西陵区局作了题为《走“均衡＋规范＋特色”发展之路，为加快推进教育现代化奠定坚实的基础》的主题报告。与会代表聆听了专家讲座、浏览了教育管理文集和学校特色展板、翻看了特色文化画册、参观了4所学校办学特色，欣赏了学生专场文艺汇演。

伍家岗区教育

【概况】 2010年，伍家岗区各类教育机构51家，其中公办教育机构14家，包括小学11所，初中1所，幼儿园1所，青少年活动中心1个；民办教育机构37家，包括全日制学校4所，幼儿园21所，非全日制培训学校11所，中等职业培训学校1所。2010年全区共有19 375名适龄儿童入学、入托，其中公办小学9 594人，初中652人；民办中小学4 721人、幼儿4 408人，入学率达到100%。全区教师总数1 868人，其中公办教育机构教职工618人，退休教职工352人；民办教育机构教职工898人。区内有省级名校1所，市级名校6所，区示范学校5所，占学校总数63%。全区教师中有省管专家1人，省骨干教师10人，特级教师2人，市学科带头人14人，区骨干教师75人。全区教师学历合格率100%，大专以上学历89%。

【教育优质均衡发展】 大力提升薄弱学校办学水平，逐步缩小校际差距。2010年共投入2 000余万元用于学校项目建设。伍家岗小学改造扩建工程，拆除临街门面1 505平方米；完成花艳中学标准化建设；白沙小学、花艳小学、宝塔河小学、实验小学、大公桥小学等学校分别进行了教学楼、运动场改造维修，塑胶运动场建设，校园文化硬件建设，学校面貌发生巨大变化。创新“一校制联校（一个法人代表、多个分校校区的紧密型学校共同体）、学区制联校（不同法人单位、联校协调管理的松散型学校共同体）办学模式。打破学校较为单一封闭的管理框架，从办学模式、管理机制、人事制度、教研机制等方面科学整合教育资源。龙头学校带动，学校特色互补，合理配置教师资源，实施城乡教师援助、交流工程。充分发挥“联校共同体”中心学校和骨干教师的示范辐射作用，促进优质教育资源效益最大化，推进义务教育均衡优质发展。改革完善学校领导干部培养管理办法和教师培训体系，培养一批专家型校长，提升教师的教学水平和研究能力。

【校园安全工程】 全区投入400余万元用于安全维稳工程。对部分学校有安全隐患的设施进行了维修。全区35家中小学、幼儿园配备专业安保人员75名，防护器材配备完整。构建了全区“平安校园”视频监控体系。各校校园视屏监控系统、一键式报警器、校园警务室与“平安校园”视频监控平台联网。建立健全了“火灾事故应急预案”、“地震应急预案”、“食物中毒应急预案”、“流行病应急预案”、“大型活动应急预案”等多种安全应急预案。

点军区教育

【概况】 2010年，点军区公办中小学10所。其中，初中3所，小学7所。中小学教师683人，在校中小学生5 357人。公办职成教中心1所，在校学生85人。各类民办教育机构13家。其中，中小学1所，在校生1 695人；中职学校2所，在校学生706人；幼儿园10所，在园幼儿1 627人。

【教师队伍建设】 强力实施教师专

业成长行动计划。实施专业编队，为教师专业成长创设了环境；开展学科培训，为教师专业成长提供了动力；深入研究课堂，使教师在集体备课中得到了提高；鼓励教师读书，使阅读能够伴随教师终身成长；实施练功行动，推出了一批教学基本功扎实的星级教师；开展"五优"竞赛，逐步形成了教师思教的群体氛围；落实人手一机，为教师专业成长创造了条件。

寻求多种渠道大力培训培养教师。2010年，参加国家、省、市、区等各级各类培训上千人次。具体涉及到的培训项目有心理健康教师培训、因特尔培训、校长培训、研训中心主任培训、音乐指挥培训、中小学骨干教师培训、青少年活动中心工作人员培训、全国教学名师巡讲团宜昌讲学活动、校园安全远程培训、国培计划培训、农村教师素质提高工程培训、区公需科目培训、区学科教师培训等。

扎扎实实开展师德师风教育活动。全区教职工认真学习《纲要》和全国教育工作会议精神，大力开展学习全国优秀教师汪金权老师以及宜昌市模范教师的先进事迹活动，弘扬无私奉献、爱教乐教精神风貌，营造良好师德师风氛围。

不断整合优化全区教师队伍结构。2010年，点军区面向全社会公开招考了一定数量的新教师，还采取教师支教、学习交流、校际调动等全区统一调配的方式，不断整合优化教师队伍。

猇亭区教育

【义务教育均衡发展】 2010年，猇亭区学校标准化建设稳步推进，投入810万元完成猇亭中学3 800平方米的教学实验综合楼与学生公寓、300米的塑胶运动场，被市教育督导室、市教育局认定为宜昌市初中标准化建设达标学校，初中标准化学校达标率100%；投入320万元完成实验小学塑胶运动场项目、高家小学实验综合楼及厕所改造项目，小学均衡化程度稳步提高。教育技术装备与运用水平快速提升，投入19万元更新学校计算机室，投入70万元完成了实验小学等5校的"班班通"建设任务，小学"班班通"工程100%，初中70%，高中38%，教师"班班通"技术应用培训率、培训合格率均达到100%。

【宜昌市长江中学】 投资4 000万元的民办优质初中宜昌市长江中学如期建成并于2010年秋季投入使用，学校占地面积26 297平方米，建筑面积15 480平方米，在校师生840人，是全区第一所民办初中。

【平安学校创建】 以开展学校安全管理"责任落实年"活动为重点，投入30万元为所有中小学幼儿园（包括民办幼儿园）安装了监控设备并全部纳入公安监控平台，在全市率先实现了校园视频监控系统覆盖率100%，配备学校幼儿园保安人员30人，为所有学生购买了校方责任险，继续保持学校重大安全责任事故"零发生"。

夷陵区教育

【改善办学条件】 2010年，夷陵区教育局制定了"五改工程"实施方案，投入资金100万元，对樟村坪初中、雾渡河初中等13所中小学的厨房、厕所、水、电、床等设施进行改造。截至12月，樟村坪初中改床、雾渡河初中改厨、分乡初中改水等11个项目的改造工程均已完工，完成投资76万元。另因邓村小学食堂餐厅正在建设和原二中规划等问题，邓村小学改厨和原二中改厕工程未按时动工，涉及投资24万元，拟2011年建设到位。

【班班通建设】 区教育局成立领导小组、组建技术小组，在本着"实用、够用、好用、好管和好修"的原则下，设计了适合全区中小学发展的多套方案，分3次完成了33所学校，426套"班班通"建设任务。第一批建设的学校采用的"电脑＋短焦距投影机＋电子白板"模式，在2010年上半年建设到位，共完成12所学校，202套设备的安装。第二批建设的学校是省配的设备。分两种模式，即"长焦距投影机＋电子白板"，背投电视机，于2010年暑假建设到位，共完成12所学校，90套设备的安装。第三批建设的学校分两种模式，即"短焦距投影机＋电子白板"，"短焦距投影机＋电子白板"，于2010年10月26日招标，至12月，完成9所学校，134套设备的安装。

【校点布局调整】 全区各级各类学校有58所（普通高中3所，普通初中15所，完全小学37所，九年一贯制学校2所，特殊教育学校1所）。城区初中基本实现了标准班额。9月1日，上海中学顺利投入使用，改善了城区学生入学难的突出问题。但鸦鹊岭、乐天溪、下堡坪3个乡镇的校点布局由于资金、征地以及周边农户撤迁等问题不能及时解决，始终不能到位，制约了学校的发展，区教育局领导班子深入调研，出面协调，最终破解了3校调整布局的难题。2010年暑假顺利完成了鸦鹊岭校点布局，使之由原来的6所小学2所初中合并为3所小学1所初中。

宜都市教育

【概况】 2010年，宜都市各级各类学校81所。其中，小学26所，初中14所，普通高中3所，职教中心1所，技校1所，特殊教育学校1所，幼儿园35所（其中民办幼儿园34所）。在校学生41 264人。其中，小学12 741人，初中9 297人，高中阶段11 191人，特殊教育学生74人，在园幼儿7 961人。在编教职工2 512人，其中专任教师2 178人。小学、初中专任教师学历合格率分别为99.6%、99.6%，高学历比率分别为83.2%、77.2%。义务教育入学率、巩固率均达到100%。

【破解学生乘车难】 出台《宜都市中小学乘车安全工作细则》，对山区学生乘车实行最低票价，差价部分由政府补贴，所有线路实行返程满员和单程差额专项补助，从根本上解决客运运力不足、无车可乘和不愿开班的问题。对运力不足的线路，加开车辆运送学生；学生放学客源不满的线路，在学生放学时间专班运送学生，没有客运线路的方向，增加线路。确保学生放学人人有车可乘，人人乘安全车。市财政每年拿出110万元左右作为学生乘车专项补贴。按照中小学生乘车安全工作属地管理原则，相关单位各司其责，通力协作，确保学生安全快乐乘车。运管所定期对车辆安全进行细致检查；交警到公司对驾驶员作安全教育，审查司乘人员的规范上岗情况；市教育局监督承运合同的履行、学校对学生的安全教育、跟车教师履责情况；乡镇派出所对学校周边道路，接送线路进行安全排查，充实巡查和监管力度，保障接送车辆畅通运行。各相关学校成立专班，具体负责学生运送工作。召开学生家长座谈会，确定乘车站点，征求意见；积极与客运公司联系车辆，确定路线、停靠站点及运行时间；协调家长、客运公司、乡镇交警部门召开运送学生合同签订会，组织家长与客运公司双方签订运送学生合同；分班级分路线确定学生乘坐车辆、跟车教师、值班领导。至2010年，已开通80条线路，每年近6 000名学生享受政府乘车补助，累计共发放乘车补助370余万元。

【义务教育均衡发展】 科学调整学校布局，撤并了亮家垴、清圣庵、莲花堰等5所小学。有序推进校舍安全工程。2010年实施校舍安全工程项目45个，建设面积52 992.4平方米，建设资金3 770万元。其中争取中央专项资金2 433万元，落实省级、地方配套资金1 337万元，2010年校安工程建设项目资金落实，项目建设进行顺利。全面完成义务教育学校达标建设。投入600多万元对陆城二中、毛湖淌中学校园校舍进行全面改造，装备了8个高标准理化生实验室，添置图书仪器，2所学校均达到宜昌市初中标准化合格标准，顺利通过宜昌市政府教育督导室验收，全市初中标准化建设100%达标，小学寄宿制全部达到宜昌市合格标准。大力实施“班班通”工程。共筹措资金500多万元用于全市中小学“班班通”建设，为32所学校543个班级安装“班班通”设备543套。全市义务教育阶段学校实现“班班通”全覆盖。实施塑胶运动场工程。投资475万元新建红花小学、聂河中学、陆城二中、市特校等4所学校塑胶运动场。宜都市46所中小学校中，建有塑胶运动场的学校11所，各学校办学条件明显改善，办学水平不断提高。

枝江市教育

【基础教育】 2010年，枝江市中小学65所，在校学生39 738人，教职工3 285人。市委市政府加大了对教育的投入，全年投入2 800余万元实施校舍安全工程、常规教学设施设备更新和班班通工程，年内标准化初中和农村寄宿制合格小学分别达到16所、31所，标准化理化生实验室达到73个。进一步完善了“两免一补”制度，全年免除义务教育阶段学生教科书近400万元，发放贫困寄宿生生活补助298.1万元。全市小学生入学率、巩固率保持100%，九年义务教育完成率99%，初升高比例超过97%。

【教师队伍建设】 建立了校长年度述职述廉考核评价制度，考评结果与校长任用和绩效工资发放挂钩。启动教师周转房建设工程，年内建成周转房70套。建立了优秀教师表彰奖励制度。建立了教师队伍交流补充和培养培训机制，全年新招聘教师和资教生29名，有20名城镇骨干教师下乡支教，音美学科教师送课下乡超过1 000节次。市政府拨付30万元，加强了教师培训工作。教师配置和队伍结构得到优化，教师队伍整体素质得到提高。

【教育改革创新】 组织实施了问安镇义务教育均衡化发展试点工作，该镇形成1所初中、2所小学，所有学生都进镇读书的新格局。试行了星级学校评价制度，逐步建立起社会评价与系统内自我评价相结合，过程管理及终端绩效考评为一体的教育综合评价机制。启动了小班化教育试点改革和高效课堂创建研究。2010年宜昌市高中新课程改革现场会和高效课堂创建工作推进会先后在枝江市召开。改革了学校德育及体卫艺工作评价机制，学校德育、体卫艺工作水平进一步提升，枝江市教育局作为县（市、区）唯一代表在宜昌市德育工作会上作了经验介绍。开设了幼儿园园长专题培训班，举办了幼儿教师技能展示、基本功比武等竞赛活动。

当阳市教育

【概况】 2010年，当阳市各类公办学校58所，其中，小学33所，初中14所，九年一贯制学校5所，特殊学校1所，普通高中4所，职业学校1所。有公办幼儿园1所，民办幼儿园36所，在园幼儿8 901人，民办培训学校4所。共有在校学生41 965人，其中，小学生18 895人，初中生11 771人，高中生8 458人，职教生2 762人，特教生79人。共有在岗教职工3 414人。

义务教育均衡发展持续推进。全市完成了学校标准化建设全覆盖的工作目标，安排教育专项资金1 630万元，积极向上争取资金550万元，全年资助各类贫困学生600多万元，投入资金320万元装配教育技术装备，全市迎来了义务教育均衡发展的大好机遇。

职业教育发展进一步加快。市职教中心被教育部重新认定为国家级重点职业学校，学生一次性就业率100%，为当阳市4家企业培训人才达790人。在全国计算机一级等级考试中，该校合格率在全省报名参加考试的70所大中专院校中名列第一。

教师队伍素质整体提升。教师职业道德建设常抓不懈，全市教职工结对帮扶“三困生”3 800多名；举办薄弱学科教师、学校安保人员培训等人次占教师总数的1/3；举办教师基本功大赛，开展湖北省特级教师在当阳市的巡回讲学活动；通过定期支教、交流学习、送教下乡等形式开展城乡教师援助活动。

【学校体育卫生】 2010年9月15日，当阳市代表湖北省、宜昌市接受国家教育督导组对该市中小学体育、卫生工作专项督导检查。国家教育督导组先后查看了当阳桥小学、坝陵小学、慈化小学、半月镇中学、半月镇小学和当阳一中6所学校的体育活动开展情况和卫生健康教育情况。在当阳桥小学，学生们表演了集体腰鼓、武术操和广播体操；在坝陵小学，学生们表演了踢毽球、广播体操和巴山舞；在半月镇小学，孩子们表演了自编自演的校园舞蹈。

【当阳教育网】 2010年，当阳教育网(www.dye21.cn)在首届全国教育门户网站评选活动中，经过层层评比和推荐，荣获全国教育门户网站县市级优秀网站称号。当阳教育网由当阳市教育局主管，当阳市电教仪器站主办，2008年建成开通。网站按照“统一规划、分栏负责、集中建库、统一管理”的建站模式，始终坚持“针对性、实效性、系统性”的原则，坚持正确的舆论导向，充分发挥网站功能，突出教育特色，合理设置栏目频道，精心选择栏目内容，既保证了网站信息服务于课程改革和教师教学、学生学习的基本要求，又体现了教育政务网站的特色，使之成为教育行政部门对外宣传、发布信息、同社会交流的一个重要窗口，是全市教育电子政务中心、教育信息发布和教育资源共享平台。当阳教育网2008年、2010年连续两年被湖北省教育厅授予教育政务网站绩效评估先进单位。网站日点击量稳定在1 500次左右，最高日点量达8 000余次。

远安县教育

【概况】 2010年，远安县各类中小学25所，其中普通高中1所，职教中心1所，初中7所，九年一贯制学校1所，小学14所，特殊教育学校1所。全县有中小学生16 905人，其中小学7 486人，初中4 821人，高中4 551人，特教学校47人。义务教育入学率、巩固率均达到100%。九年义务教育完成率98.38%，全县初中毕业生1 818人，进入高中阶段学校学习的初中毕业生1 795人，初升高比例达到98.73%。县第一中学招生579人，县职教中心招生937人，县内高中学校招生普职比达到1∶1.62。

全县办有各类幼儿园24所，接受学前教育幼儿3 434人。

全县中小学教师1 476人，其中专任教师1 279人。专任教师中，小学教师学历达标率100%，高学历教师占88.4%；初中教师学历达标率98%，高学历教师占69%；高中(含职教中心)教师学历达标率90%，高学历教师占20%。

【省级示范幼儿园】 2010年10月8日—9日，远安县直属机关幼儿园通过省政府教育督导室组织的督导评估，被省人民政府认定为“湖北省示范幼儿园”，是宜昌市9个县(市、区)中的第3家。远安县以创建“湖北省示范幼儿园”为载体，先后投入50余万元用于改善机关幼儿园办园条件。坚持把幼师队伍建设作为重点，组织幼师参加多种形式的培训。在办学理念上，幼儿园坚持创新思维，勇于探索，科学提炼，确立了符合时代特征的“育人为本、服务为先、爱心教育、开蒙养正”的办园宗旨。

秭归县教育

【概况】 2010年，秭归县各级各类学校76所，其中普通高中2所，初中14所，小学44所，幼儿园14所，职教中心1所，特殊学校1所。共有教职工3 226人，其中专任教师2 760人。在校学生38 061人，其中高中5 104人，初中9 121人，小学14 606人，幼儿园、学前班4 043人，职教中心全日制职教生5 166人，特殊学校21人。

【创新德育教育】 秭归县教育局按照“育人为本、德育为首”的要求，紧紧围绕“培养什么样的人”、“怎么培养人”的问题，创新德育工作新思路，探索德育工作新途径，拓展德育工作新内容精心选配德育队伍，构建“德育领导队伍、德育管理干部、班主任队伍、校外辅导员”的立体网络体系；落实德育队伍培训，以德育干部、班主任、心理健康教师、家长等为主要培训对象，采取“名师引领、科研先导、同伴互助、自我实践”等方式，坚持开展“校本研究、镇级研讨、县级研修”三级培训；开展基本功理论测试和师德建设年活动，切实提高德育队伍的业务素质和师德水平，提升德育工作队伍形象。以爱国主义教育为主旋律，坚持开展“弘扬民族精神”活动，进一步增强中小学生的民族自尊心、自信心和自豪感；以美德教育为突破口，坚持开展“文明创建”活动，大大提高了学校的整体文明程度；以屈原文化为载体，坚持开展端午习俗教育活动，让学生自觉传承屈原文化，自发弘扬屈原“爱国、求索”精神；以情感教育为契机，坚持开展诚信教育实践活动，培养学生诚实守信的良好品质；以和谐教育为重点，坚持开展安全和心理健康教育活动，促进学生健康成长。实行领导负责制，建立完善德育工作职责和任务；实行目标责任制，层层签订德育工作目标责任书；建立教师、学生考核评价机制，将德育内容纳入年度教育目标综合督导评估；加强检查督导，结合春秋开学检查、教育教学检查、教育政务督导等时间对各学校德育工作进行检查、督导和通报；加强制度建设，建立健全德育工作计划、总结、理论学习、学科教学德育工作渗透、德育常规管理等各项工作制度，确保学校德育工作的规范化发展。

兴山县教育

【概况】 2010年，兴山县各级各类学校26所，其中小学14所，初中8所，九年一贯制学校1所，普通高中、职教中心、特殊教育学校各1所。另有幼儿园7所(其中私立幼儿园1所)。在岗教职工1 541人。小学生6 542人，初中生4 195人；普通高中学生2 049人，职教中心学生2 436人；特殊教育学校学生85人，幼儿园幼儿1 874人。小学生入学率、巩固率100%，小升初比例100%，初中巩固率100%，九年义务教育完成率99%。幼儿毛入园率70%，残疾儿童入学率91%。初升高比例98.2%。

教育投入逐步增加，新机制保障经费资金预算得到落实，教师工资全额纳入了预算。贫困生救助不断加强，全年累计用于贫困学生救助的资金524万元，资助贫困学生5 435人次。办学条件显著改善，全年共投入1 739万元，新建改造校舍20 080平方米；投资60万元，为全县所有学校封闭了围墙，安装了电子监控设备；投资250万元完成了162套“班班通”设备的安装调试，全县所有中小学实现了“班班通”全覆盖。办学水平大幅攀升，县职教中心顺利创建国家级重点中职学校；黄粮中学顺利通过了市政府教育督导室验收，全县4所定点初中全部实现了“初中标准化建设达标”

学校目标，达标率100%。

【职业教育中心创优】 2007年，县职教中心以搬迁为契机，正式启动国家级重点中职学校创建工作。2009年，县职教中心创建"国家级重点中等职业学校"被县委、县政府纳入政府工作目标，县教育局也将"创国重"工作纳入2009年工作要点。学校以"创国重"为抓手，成立了工作专班，加强软硬件建设，努力提升办学水平。经过艰苦细致的工作，2010年3月，学校被教育部认定为国家级重点中等职业学校。

【校园安全工作】 县教育局高度重视校园安全，积极争取综治、公安、城建、卫生、工商、文化等部门配合，多次组织专班深入学校检查，对校园周边环境进行集中整治。组建了由54名转岗教师组成的教育系统安保队伍，先后于6月和8月举办了全县教育系统安保培训班，为33所学校（幼儿园）统一配发了狼牙棒、辣椒水、橡胶棒等防护器材。全年争取县委政府投资60万元，为全县学校封闭围墙、安装电子监控设备，使全县所有学校校园全封闭、电子监控系统全覆盖。

长阳县教育

【概况】 2010年，长阳县中小学校82所（处）。其中，初中16所，小学61所，特殊教育学校1所，高职中4所。中小学生总数37 150人。其中，小学生16 537人，初中生11 074人，高中生5 109人，中专生4 374人。在编教职工2 802人。全县适龄儿童入学率100%，初中适龄少年的入学率98.59%，残疾少儿入学率85.4%；15周岁初等教育完成率99.13%，17周岁初级中等教育完成97.72%，均达到或超过了国家要求。2010年，长阳职教中心被教育部评定为国家重点中等职业学校，长阳一中顺利通过省人民政府教育督导室省级示范高中复查验收，龙舟坪中学、磨市镇中心学校被评为市级标准化初中。

【民族体育运动场】 2010年9月，湖北省第七届少数民族传统体育运动会在长阳举行，长阳职教中心运动场是主会场之一，承担了开幕式及陀螺、蹴球、高脚竞速、三人板鞋、跷旱船等5个项目的比赛。为成功承办省民运会，政府及相关部门对长阳职教中心投入660万元，建成了标准化的民族传统体育运动场。该运动场占地面积2万平方米，可容纳5万人，主体塑胶运动场占地8 700平方米，人工草坪8 000平方米，拥有标准的400米环形跑道，5个水泥硬化陀螺比赛场，4个蹴球比赛场，可承办田径等综合体育赛事。

【小学高效课堂】 12月6日，宜昌市"小学创建高效课堂研究共同体"研讨会在长阳县实验小学举行，来自宜昌市各县（市、区）的160多位领导、专家及一线教师参加会议。宜昌市教育局副局长翟秀刚，宜昌市教研中心主任范俊明、长阳研训中心主任向绍明分别在会上作了专题报告，就高效课堂的创建和共同体的建设提出了意见，长阳实验小学在大会上作了经验交流。长阳实验小学的语文教师王玉环为大会呈现了一节《饮湖上初晴后雨》的语文现场课，长阳实验小学教师彭新建上了一节校本课程的展示课。

五峰县教育

【概况】 2010年，五峰县中小学39所。其中，普通高中2所、中等职业学校1所，初中11所、小学25所。另有特校1所，公办幼儿园1所，民办幼儿园17所。在校学生18 351人。其中小学生7 087人，初中生4 580人，普通高中学生2 542人，职业高中在籍学生1 621人，特校学生42人，幼儿园在园幼儿2 479人。中小学寄宿生9 584人（不含职中），占学生总数的67.5%。在职教职工1 582人。其中在编1 433人，招聘教师116人，牛庄中师班4人，其他财政供养人员3人，资教生26人。有省级骨干教师11人，市级学科带头人25人，明星班主任2人，明星教师3人；有县级骨干教师170人，首席校长1名、首席班主任1名、首席教师2名。全县离退休教职工829人。全县适龄儿童入学率、巩固率100%，13至15周岁适龄少年入学率99.9%，残疾少儿入学率90.9%，小升初比例100%，初升高比例96.2%。普职招生计划1：1得以落实。

【学生资助】 2010年3月14日，中国青少年发展基金会与五峰土家族自治县政府"希望工程——五峰助学基金"资助协议签订仪式在北京湖北大厦东湖厅举行。据协议，中国青少年发展基金会连续5年将社会向希望工程捐款的一部分用于五峰土家族自治县，资助该县农村家庭经济困难学生继续学业，每学年安排资助名额所含助学金额不低于人民币100万元，同时将根据该县基础教育的其他需求和自身募款情况，对该县农村基础教育如希望小学建设、教师培训等另行安排资助。此活动旨在支持五峰土家族自治县政府加快发展义务教育，加大对农村家庭经济困难学生的资助力度，帮助青少年提高能力、改善青少年成长环境。

【教师队伍建设】 继续实行招聘教师公开招考进编，择优录用教师19人；从应届本科毕业生和2007届服务期满资教生中招录教师17人。进一步完善义务教育学校奖励性绩效工资发放办法，实施了教师岗位设置，表彰优秀校长和教师95人，调动了广大教师教书育人的积极性。加强教师培训，专任教师培训18期次共2 356人次，参训面达到90%以上；239名教师参加骨干教师培训，培训面占专任教师的21%。

○十堰市教育

【基本情况】

2010年十堰市教育事业发展状况统计

单位：人

	学校数（所）	毕业生数	招生数	在校学生数	教职工数	
					计	其中：专任教师
总　　计	1 108	174 156	219 579	665 835	41 790	35 355
一、高等学校小计	7	16 430	20 930	64 024	3 910	2 614
普通高校	6	10 866	13 638	44 504	3 640	2 403
成人高校	1	5 564	7 292	19 520	270	211
二、高中阶段教育	55	50 458	41 687	141 807	7 758	6 127
(一)中等职业教育	23	26 643	20 675	74 718	3 030	2 282
1. 普通中专	23	26 643	20 675	74 718	3 030	2 282
2. 成人中专	—	—	—	—	—	—
3. 技工学校	—	—	—	—	—	—
4. 职业高中	—	—	—	—	—	—
5. 其他机构	—	—	—	—	—	—
(二)普通高中	32	23 815	21 012	67 089	4 728	3 845
三、义务教育阶段	893	90 166	90 335	383 875	27 822	25 165
1. 普通初中	166	55 829	42 329	140 530	11 832	10 333
2. 职业初中	—	—	—	—	—	—
3. 普通小学	710	34 284	47 907	242 577	15 818	14 699
4. 特殊教育学校	7	53	99	768	172	133
5. 工读学校	—	—	—	—	—	—
四、学前教育	163	17 102	66 627	76 129	2 300	1 449

注：十堰市有多所完全中学，普通中学教职工无法区别是普通高中还是普通初中，为了总数正确，将所有普通中学的教职工都作为普通高中填报。特此说明。

【教育经费】 2010年，十堰市地方教育经费总收入28.09亿元，与2009年24.87亿元相比增加3.22亿元，增长12.96%。其中，国家财政性教育经费22.74亿元(预算内教育经费拨款21.75亿元，各级政府征收用于教育的税费9 552万元，企业办学拨款13万元，校办产业、勤工俭学和社会服务收入用于教育30万元，其他属于国家财政性教育经费300万元)，民办学校举办者投入673万元，社会捐赠943万元，事业收入4.6亿元(其中学杂费收入3.15亿元)，其他收入5 556万元。教育经费总收入构成比例为：预算内教育经费拨款占全部总收入的77.43%，教育税费占3.4%，校办产业、勤工俭学和社会服务收入用于教育的占0.01%，事业收入占16.49%，社会捐资办学经费占0.34%，其他收入占0.11%，分别比2009年增加了11.63%、64.02%、-86.98%、22.88%、202.37%、-38.94%。全市地方教育经费总支出28.08亿元，其中，个人部分支出17.33亿元，公用部分支出9.08亿元(日常公用支出4.85亿元，专项公用1.3亿元、专项项目支出2.92亿元)，基建支出1.67亿元。支出构成比例为个人部分占61.72%，公用部分占32.34%，基建占5.95%。

【学前教育】 2010年，市教育局先后开展了4次学前教育专项调研，摸清了全市学前教育发展的现状。市政府制定了《整肃规范幼儿园办园行为专项行动工作方案》，对全市所有公办、民办幼儿园，从布局、园舍设备和工作人员管理等方面开展了全面清查及督办整改，规范办园行为。市教育局印发《十堰市幼儿园一日生活常规》，引导幼儿园开展以游戏为基本活动形式的幼儿教育，纠正教学内容“小学化”倾向；印发《关于规范幼儿园教学用书的通知》，规范幼儿园用书选用、征订工作。同时加强幼儿师资培训工作，邀请湖北省学前教育专家为十堰市幼儿教师作专题报告，选送60名园长、教师参加省级培训；积极开展省级示范园创建活动，全市5所省级示范幼儿园顺利通过省级复查评估，市商务局幼儿园成功创建成为省级示范幼儿园。

【义务教育均衡发展】 继续开展“防流控辍”工作，落实流失生报告、辍学儿童少年回收等管理制度，重点抓好薄弱乡镇“控辍保学”工作。2010年秋季，小学、初中适龄儿童少年入学率分别达到100%和99.89%，三类残疾儿童少年入学率94.14%，全市小学、初中辍学率控制在1%和3%以内。在深入调研的基础上，制定了《十堰市义务教育均衡发展规划》，指导全市义务教育均衡发展。丹江口市创新管理体制，创建“教育发展协作区”，实行教师交流制度，加强优质校与薄弱校的合作发展，有力促进了区域内教育质量均衡。在城区薄弱学校率先开展“生本”教学改革试点工作，帮助学校改进管理，提高教育教学质量。

【职业教育与成人教育】 印发《关于下达2010年招生计划的通知》和《关于加强中职招生管理的通知》，建立招生管理目标考核制度和责任追究制，明确招生纪律，规范招生秩序。扎实有效地开展中职招生宣传“千里行”活动，发放中职宣传册3万多份，组织专题报告会120场次，面向近2.6万名应届初三毕业班学生宣讲职业教育发展的优惠政策，现场解答学生就读中职、未来就业的各种疑问。通过努力，在全市初中生源减少的情况下，完成了1.8万人的中职招生任务。制定《十堰市中等职业教育2010－2015年基础能力建设(二期)规划方案》，科学规划未来6年全市中职基础能力建设目标、任务及措施。针对全市中职学校的实际情况，先后制发《关于加强中等职业学校学籍管理的通知》、《关于加强中等职业学校学生顶岗实习管理的意见》和《关于规范中职教材征订使用的通知》等一系列管理制度，规范全市中等职业学校的学生学籍管理、学生顶岗实习和教材征用等关键环节工作。依据《十堰市中职学校办学能力评估指标体系》，组织专家、教师对全市24所中职学校招生就业、教学管理、德育工作、师资建设等方面进行全面评估，通报评估结果，并对基本合格的5个单位下发限期整改书，对评估不合格的江汉职业技术学校取消了办学资格。2010年，全市304名学生、93名教师参加了计算机应用、电子电工、数控技术、机械加工、汽车维修、财会及护理7大类12个项目技能大赛活动，24名教师晋升为技师，96名学生晋升为中高级技工；选送30名选手参加全省中职技能大赛，共有27人获奖，获奖率高达90%，总成绩在全省市(州)中名列第三位。十堰市计算机技术学校获“全国德育工作先进集体”称号；郧阳科技学校入选首批国家级中等职业学校改革发展示范学校。

【办学条件】 2010年，合理调整中小学布局，全市减少中小学校90所，其中初级中学3所，小学87所，初中、小学校均规模分别为827人和337人。积极争取国家和省资金5.3亿元，以实施校舍安全工程为契机，结合“中西部初中改造工程、特教二期工程、教师周转房”等项目建设，消除D级危房面积35.1万平方米，新建教师周转房50 515平方米。认真落实十堰市人民政府“十件实事”教育项目，市人民小学改建的6 000平方米教学楼已交付使用；市实验中学的教学楼改造和十六中的学生食堂、学生宿舍建设有序进行；北京路中学新建工作稳步推进，即将进入校舍施工建设阶段。筹集资金8 000万元，按照“十有八配套”要求，在寄宿制学校实施“五改五建”工程，加强寄宿制学校后勤设施设备建设；深入开展“文明宿舍、放心食堂、放心超市、绿色生态校园”四个创建活动，积极营造学生学习生活的良好环境。新建完全“班班通”工程试点学校19所、部分“班班通”试点学校26所。

【教师队伍建设】 组织开展“师德八项承诺”活动，举办“播种希望与未来——农村教师资助行动计划暨优秀资教生报告会”，开展向“师德典型——汪金权”学习活动，与市教育工会联合举办了中小学教师“修师德·铸师魂”主题征文及演讲大赛活动，开展全市学校师德师风问卷调查，严肃查处群众反映的有偿家教、体罚和变相体罚学生的现象。坚持“逢进必考，择优录用”的原则，全市通过公开招考累计为各级各类学校补充新教师474人，其中116人充实到市直学校。用好用足国家中西部地区农村义务教育特岗教师政策，争取412名大学毕业生到农村任教。依托《中国教师行动网》，大力实施中小学教师继续教育工程，引领教师专业发展。建立健全教师网络培训管理制度，印发《2010—2011年中小学教师继续教育网络学习课程计划》，设置教师网上学习必修课程及选修课程专题，规定基本的学分要求，形成严格的培训制度；召开网络学习经验交流会，推进网络学习工作。全市98%的教师能够自主、自觉在网上学习提高。对200多中小学校长进行了任职资格培训；选送15个学科、30名农村教师和12名校长参加国家级骨干培训；选送1200余名农村教师参加"省第二期农村教师素质提高工程"培训。精心做好"阳光关爱·助教未来"教师培训项目，组织20多名骨干教师赴房县送教讲学，培训农村校长、教师1 000人次。组织评选了10名"明星校长"、165名四星级教师(市级学科带头人)、365名三星级教师(市级骨干教师)，1名湖北名师，12名特级教师。

【中小学德育】 深化德育主题教育活动。在全市中小学生中开展"爱祖国、爱家乡"、"忠孝雅诚"、"经典诵读"、"中华优秀文化"等主题教育活动，加强中小学生的理想信念教育、公民意识教育和革命传统教育，弘扬社会主义核心价值观。以养成教育示范校、优秀家长学校创建为载体，加强中小学生行为习惯养成教育，培育学生健全的人格。举办以"加强德育队伍建设与德育创新"为主题德育工作研讨会，深入探讨新形势下中小学德育队伍建设和德育方法创新，增强德育工作的针对性和时效性。

【课堂教学改革】 坚持课堂教学改革"一把手"工程，全市课堂教学改革呈现"领导挂帅，全员参与"的可喜局面。扎实推进"生本教育"理念下的课堂教学改革。2010年全市教育工作会议上，组织教育行政部门干部深入生本教育试点学校听课、研讨交流，进一步统一了思想，坚定了推进这项改革的信心和决心。在总结小学、初中生本教育改革经验的基础上，逐步在高中开展生本教育试点工作，十堰市城区10所高中全部开展了生本教育实验工作。深入生本课堂听课，与试点学校、实验教师座谈，指导学校深化教学改革。加强研讨交流，先后举办生本教研活动65次，专题研讨活动46场次，专题讲座36场次，不断将生本教育教学改革试点工作引向深入。各县(市、区)积极贯彻生本教育理念，大力推进课堂教学改革，探讨适合本校的生本教学模式。先后组织1 200多名教育行政干部、校长、教师和教研员赴广州、山东等地体验考察生本教育课堂，学习借鉴外地先进成果和管理经验。2010年，全市生本教育试点学校数由6所增加到50多所，参与教师由50多人增加到300人。

【普通高中新课改】 加强高中课程管理，加强对学校课程建设和课程实施的管理和监督，督促各高中严格执行课程计划，开齐、开足国家规定的课程，同时鼓励各高中实施校本化课程。强化对高中课改的指导。对普通高中新课改的主要成绩、存在的主要问题等方面进行调研，全面掌握了全市高中新课改的现状，明确了深化高中课改的努力方向。召开高中课改现场研讨会，总结和推广普通高中课程建设、有效课堂教学等方面的经验，以点带面，促进课改工作深入推进。对已进入课改的全市高一、高二年级实施统一质量检测，及时发现和解决教学中存在的突出问题，大力推行学生学业成绩与成长记录相结合的综合评价方式，确保每一所学校课改工作都能健康有序开展。2010年全市高考理科四批(一)上线率76.5%，比2009年提高4.7%；文科四批(一)以上4 879人，上线率58.2%，比2009年提高5.3%。本科上线人数保持在万人以上。

【体育艺术教育】 认真贯彻实施《国家学生体质健康标准》，以举办第四届世界传统武术节为契机，开展"武当武术进校园"和"学生阳光体育冬季长跑活动"，落实中小学生阳光体育运动。在中小学广泛开展"大家唱·大家跳"活动，倡导各学校开展艺术节活动，丰富学生的校园文化生活，促进学生快乐健康成长。2010年，在湖北省第十八届中小学生幼儿美术、书法比赛中，十堰市180幅学生作品获金银铜奖；在全省第八届黄鹤美育节和第二届"大家唱·大家跳"艺术教育现场展演活动，全市共有9个节目、300篇论文获奖；房县和丹江口市的"全国亿万学生阳光体育冬季长跑活动"被教育部、国家体育总局、共青团中央联合通报表彰。同时配合做好了第四届世界传统武术节筹办工作，市教育局被市委、市政府授予"第四届世界传统武术节突出贡献奖"称号。

【规范办学行为】 认真做好收费公示，通过电视、广播、报纸、网络、学校公示栏、《收费明白卡》、《致家长的一封信》、家长会等途径，公开收费政策、收费依据、收费项目、收费标准，增强收费透明度。会同物价、财政、审计、纠风等部门对群众通过市长公开电话、行风热线、电子政务平台反映的乱收费问题进行严肃查处严格执行新《义务教育法》，禁止中小学举办快慢班，禁止公办普通学校举办以收费为目的的各种兴趣班、实验班、补习班等。严格执行普通高中"三限生"政策，分类下达招生计划、最低录取控制线和择校生收费标准。禁止高中招收复读生。制定中小学作息时间有关规定，不定期深入中小学校进行督查，切实减轻学生过重的课业负担。

【学校安全工作】 2010年，市教育局与全部县(市、区)教育局签订了学校安全责任书，建立了领导班子及科室对口联系县(市、区)和市直学校的学校安全联系点制度，制定了《中小学突发事件应急疏散预案编制指南》，修订了《教育系统突发公共安全事件应急预案度》、《学校突发公共卫生安全事件应急预案制度》和《学校突发安全灾害事件应急预案》等3个应急预案，完善了学校安全管理责任体系和长效机制。先后开展了5次学校安全管理的大检查，及时发现、整改校园及周边安全隐患。深入贯彻落实国家省市校园安全工作会议精神，积极争取各级政府支持，加强学校安保力量，配齐安保设施设备，全市学校新增安全保卫人员520人，增添设施设备价值1 000多万元；市教育局专门下发了《关于进一步加强学校门卫管理的通知》，健全门卫管理制度，把好学校安全第一道关口，全市学校安全防范能力进一步提高。举办中小学校长安全管理培训班，对全市乡镇以上学校校长进行了安全管理、防范和事故处理等方面开展了针对性培训。各学校结合实际，将安全知识教育落实在教育教学的各个方面，有针对性地开展了逃生演练、防暴力演练等互救自救活动，使全市广大师生的安全知识普及率和安全防范能力得到了进一步提高。

【学生资助】 认真落实国家农村义务教育经费保障"新机制"和城市义务教育免杂费工作，落实义务教育经费保障"新机制"资金24 325万元，全市38.6万名义务教育阶段学生享受国家"公共财政"优惠政策；认真落实国家中职助学金和免学费政策，3.9万名中职生享受助学金2 947万元，近1.4万中职生享受免学费资金1 354万元；争取高中彩票公益金308.1万元，资助经济困难高中生3 081人；为13 565名大学生办理生源地信用助学贷款8 100多万元。大力开展社会助学活动，筹措助学资金600多万元，为5 000多名家庭经济困难学生提供政策外资助。严把"申请关、审核关、公示关、督查关"，推行阳光操作，落实学生资助工作。2010年，教育部门重点对中职资助工作进行了规范。会同市财政局、市劳动局印发《关于加强中职学校国家助学金发放管理工作的意见》，明确工作流程，重申工作纪律。对市直中职学籍管理和资助管理工作开展了3次专项检查，启用升级后的"全国中等职业学校学生管理信息系统"，实行网上申报与管理。

【教育督导】 坚持督政与督学相结合，督查各县（市、区）政府近3年来的教育经费投入及使用情况，督促各县（市、区）严格按照教育法律法规规定，优化财政支出结构，统筹各项收入，落实基础教育责任。开展示范高中办学行为、学校体育、城区初中学校规范作息时间、学校安全等专项工作督导，规范各级各类学校办学行为。开展中小学校办学水平综合督导评估，完成了2所省市级示范学校届中考察工作，督导2所学校创建省级示范学校。

【党风廉政建设】 按照"一岗双责"要求细化市教育局班子成员党风廉政建设责任制考核目标，建立健全党风廉政建设和反腐败工作机制。积极推进市教育局机关腐败风险预警防控工作，通过自查、互查，查出单位风险点110个，个人风险点180个，班子风险点27个，初步建立了腐败风险预警信息网络和预警处置机制。深入开展"五个专项治理"活动，重点抓"小金库"的治理，市直教育系统10个单位将没有入帐的有关费用全部上缴市财政。通过举办《廉政准则》专题辅导报告、开展"廉政文化进机关进校园"和党风廉政建设年度考核工作，收看《重药治顽症》、《远山的红叶》和《女检察官》等反腐倡廉影视作品，增强干部的廉洁自律意识。严肃案件查处和责任追究制，1名校长受到党风党纪处分，查处学校乱收费行为2起，向学生清退了相关费用，并对2名校长进行了诫勉谈话。

【政风行风评议】 教育系统扎实开展了民主评议政风行风工作。强化组织领导，组建工作专班，精心组织开展，在宣传发动、自查自纠、全面整改、总结提高等各个阶段，不搞形式，不走过场。在十堰教育信息网、十堰教育电视台、十堰晚报开设行评专栏，建立手机信息发布平台，及时宣传行评工作动态和成效；开展4次座谈会，面向500多个单位和个人发放了意见和建议征求表，广泛征求学生家长和行评代表对教育工作的意见和建议；由市教育局领导带队，深入56个教育单位督促指导行评工作开展；督办整改了一批人民群众反映强烈的师德师风、教育收费等方面的问题。通过扎实有效的工作，教育系统行风得到进一步好转，在全市65个市直单位综合考评中市教育局位列第18名。

【学前教育调研】 2010年11月8日，副省长郭生练、省教育厅党组书记蔡民族一行在市长周霁、副市长刘学勤、市教育局局长杨国顺等陪同下，先后深入十堰市富康幼儿园、金星艺术幼儿园和十堰市育苗幼儿园调研学前教育。郭生练询问了各幼儿园的场地来源、办园经费、教师工资、招生范围等情况，察看各幼儿园的环境、设备及教学情况，听取各幼儿园负责人的汇报，与教师、孩子们亲切交谈，就幼儿教育工作中存在的问题进行探讨。在肯定十堰市学前教育工作后，郭生练强调，全省将出台相关政策，加大幼儿教育的经费投入，营造良好的办园环境；加强幼儿教育业务管理，建立检查、督导制度；加强幼儿教育研究、教学交流、管理评比，办好一批示范幼儿园，评比一批优秀园长；统一调配教育资源，把中小学剩余的场地划转给幼儿园，减轻办园压力；政府统一制定办园标准、收费政策、招生规范、评估体系和保障机制，规范各级各类幼儿园的办园行为；根据人口发展趋势和城镇化建设的需要，指导各地科学合理地规划建设幼儿园，避免资源浪费。

撰稿　王忠春
审稿　戴　静

茅箭区教育

【概况】 2010年，茅箭区中小学20所（中学4所，小学15所，民办学校1所），成人学校1所，青少年学生校外活动中心1所，民办幼儿园53所。在校学生11 330人，其中高中生371人，初中生2 592人，小学生8 367人，农村学校学生533人，留守儿童92人，流动人口子女5 958名。教职工825人，本科以上学历341人，离、退休教师264人。学校占地24.8万平方米，建筑面积8.7万平方米。

【要事纪实】 教育教学。修订了《茅箭区"生本教育"实验实施方案》，确定武当路小学、三堰小学和东山苑寄宿制学校为区"生本教育"实验基地学校。承担的中央电教馆课题《远程教育资源在三年级数学中的应用方法和案例》顺利结题，并获国家优秀课题奖。成立茅箭区少儿艺术团并举办了首届少儿艺术节。

办学条件。区实验学校新大门建成并投入使用。全面改造了鸳鸯中心小学。筹资36万元修建文锦学校后操场围墙、封闭大川学校。争取资金36万元改造火车站小学、大川学校、茅箭小学、天津路小学的供排水管道。投入19万元更新火车站小学、武当路小学、区实验学校和茅箭小学桌椅1 020套。茅箭小学筹资11万元安装了"班班通"。

贫困生资助。将贫困生资助列为区政府十大实事之一，为100名贫困寄宿生发生活费补助6.4万元，为203名贫困大学生办生源地贷款121.8万元，区企事业单位和个人捐资37万元，资助学生736人。

教师队伍建设。制定下发《茅箭区教师行为规范"十不准"》。招录新教师17人。暑期组织全区教师开展师德集训，邀请全国优秀教师胡安梅作专题报告。推荐杨金君、马爱琴为湖北名师候选人。省、市师德报告团入选10人；省第八批特级教师1人；市第三届明星校长及三星级教师16人；市第二届四星级教师8人。

张湾区教育

【概况】 2010年，张湾区中小学35所，其中完全中学1所，普通初中4所，完全小学26所，教学点4个。在校学生15 427人，其中高中生1 336人，初中生4 285人，小学生9 806人。在岗中小学专任教师1 173人(中学教师517人，小学教师656人)。现有校舍建筑总面积12万平方米。

【教育教学】 积极构建有效课堂，11月开展"教学质量管理活动月"活动，引导教师研究教材教法、课堂教学细节。以十三中、区实验小学为试点，抓生本教育，组织近100名教师到广州名校学习、交流。开展了一系列未成年人思想教育活动，推进中小学德育工作，在全区青少年学生中开展校外实践活动4 000多人次，建立学生心理咨询室，帮助留守儿童、单亲家庭青少年及问题学生健康成长。全年共有269件学生作品，在竞赛中获奖。高考本科上线74人，上省线171人，上省线率32.95%。

【教育投入】 2010年，除新机制经费外，区财政安排危改资金100万元，安排城市教育费附加88万元，同比增加10%。积极争取省市项目资金，共争取专项资金315万元，争取市政府、市教育局扶持资金110万元。保障学校正常运转，抓实"校安工程"、抓好农村新校园建设工程，抓紧学校标准化建设工程，继续认真化解学校债务，努力改善学校办学条件，全面提高城区薄弱学校和寄宿制学校的办学水平。

郧县教育

【概况】 2010年，郧县各级各类教育机构227所，教学点112个，在校学生86 598人。其中幼儿园43所，在园幼儿4 825人，小学附设学前班205个，在班幼儿5 692人；小学151所，在校学生35 542人；初中19所，九年一贯制学校9所，在校学生20 552人；特殊教育学校1所，在校学生87人；普通高中2所，在校学生8 658人；中职学校2所，在校学生11 242人。在编在岗教职工4 845人，其中专任教师4 633人；退休教职工2 518人。小学、初中、高中教师高学历比例分别达到85.4%、83.8%、13.2%。校园面积237万平方米，校舍建筑面积86.8万平方米；建成中小学电子图书室41个，"班班通"学校10所，巩固完善"十有八配套"学校46所。全县教育系统顺利完成负责包保的449户、2 805名移民外迁工作。成功整合县内9大职业培训项目。新建学生宿舍、食堂等生活用房8 635平方米，创建市级放心食堂10个、放心超市4个、文明宿舍15个、绿色生态校园10所、园林式学校6所。新招聘教师50人，签约资教生88人，选派支教教师92人，交流锻炼教师46人。推进生本教育实验，教育质量明显提高，全县高考上本科线1 997人，比2009年增加68人，上线率51.06%，比2009年增长了1.74个百分点，县一中应届毕业生张焱夺得全市文科状元，高考综合考评荣获全市第二名。教育投入继续增加，教育经费总支出31 881万元，比2009年增长3%；义务教育学校教师年人均绩效工资比2009年增加1 800元，落实贫困学生资助资金5 531.53万元，资助贫困学生37 121人次；为义务教育学校配备专职保安110人，安装监控探头231个。教育、查险、警示"三重预警"的腐败风险预警防控体系建设受到省纪委书记黄先耀的充分肯定。县教育局被教育部评为"国培计划—2010年'知行中国'小学班主任教师国家级远程培训'全国优秀项目团队'"，获得"湖北省南水北调丹江口库区移民外迁工作先进单位"等省级表彰9项，获得"全市理论学习先进单位"等市级表彰10项。

撰稿　曾自锋

审稿　彭全忠

郧西县教育

【概况】 2010年，郧西县教育机构170个，有7所县直学校和18个乡镇(场、区)中心学校，共辖135所学校、31个教学点，在校学生90 626人(含学前幼儿)，在岗干部职工5 335人，专任教师4 891人，离退休1 837人。校园面积115.99万平方米，校舍53.02万平方米。其中，初级中学23所，在校学生21 487人；小学103所，教学点31个，在校学生31 752人，特校1所，学生69人；幼儿园2所、学前班145个，在园(班)学龄前幼儿21 329人。高中4所，在校生108 490人(职业高中生1 271人)，职业教育学校2所，在校学生5 140人。义务教育阶段适龄儿童、少年入学率和小学在校生巩固率均100%；7～15周岁残疾儿童、少年入学率达到90.9%；适龄少年毛入学率和初中在校生巩固率分别达到119.9%和99%。开展"小手拉大手"、"爱湖北爱家乡"、"热爱七夕，热爱郧西"、第十四届中学生运动会等活动。发放中小学贫困住宿生生活补助费730万元，为4 346名中职学生发放资助金326万元，为2 150名普通高中贫困生发放资助金143万元。办理了1 707名贫困大学生生源地信用助学贷款1 024.2万元。编写了地方教材读本《郧西我可爱的家乡》。

【改善办学条件】 全年争取国家、

省专项资金和市县配套项目资金5 424万元，确立了县特殊教育学校改扩建、“十二五”全县义务教育学校标准化建设、农村学前教育机构建设、农村教师周转房、职业教育基础能力建设等24个项目。完成了16所寄宿制学校建设、马安镇中学学生宿舍楼、28所校舍安全改造和29个灾后重建项目；44所中小学接入第二批校园网络。学校食堂食品安全更加重视，后勤管理不断加强，建立了县、乡、校三级校园安全防控体系，投资200余万元，安装监控视频设备近300个，配备专职保安人员150名，添置各类防护器材1 225件。

【“生本教育”教学改革】 郧西县马安镇在总结实践的基础上，提出“生本教育”的课堂教育理念。6月，召开生本教育推进会，将生本教育改革的经验在全县推广。生本教育注重“以生为本，提高质量，优化队伍，务实作风，为学生一生奠基”的教育内涵发展理念，概括为“三大发展”和“四大给力”。即以生为本的课堂教学改革，促进全体学生主动发展；培养良好习惯，促进学生持续发展；打造书香校园文化育人，促进学生全面发展。“小组合作学习＋教学案”，把课堂还给学生，让课堂充满生命力；“自我教育＋自主管理”，把班级还给学生，让班级充满凝聚力；“五步备课＋集思广益”，把创新留给教师，让教师充满创造力；“有事大家议＋多彩的活动”，把民主留给师生，让学校充满吸引力。

撰稿　马良铭

审稿　李美波

竹溪县教育

【概况】 2010年，竹溪县中小学校174所，在校学生45 658人，有教育管理干部、教师3 188人，其中，教育局机关及局属二级单位71人。小学150所（含教学点59个），校舍总面积164 779平方米，在校学生26 207人，教职工1 535人，专任教师1 427人；初中20所，校舍总面积122 334平方米，在校学生14 730人，教职工1 266人，专任教师1 062人；高中2所，校舍总面积180 345平方米，在校学生4 659人，教职工299人，专任教师244人；特校1所，校舍总面积701平方米，在校学生62人，专任教师8人；中职学校3所，校舍总面积33 198平方米，在校中职学生4 348人，教职工130人，专任教师116人。有公民办幼儿园43所，在园幼儿5 591人。

【改善办学条件】 2010年，争取中央项目资金1 500万元，用于25个校安工程项目。9月，省发改委、省教育厅将竹溪县列入全省5个教师周转宿舍建设试点县之一，批复项目资金1 200万元。这两个试点县工程的实施，将基本消除全县师生用房的安全隐患，改善全县办学条件。创新安全模式，打造平安校园，教育系统实现大稳定。通过乡村划拨蔬菜基地，从根本上解决了师生吃新鲜蔬菜问题，让全县寄宿学生彻底告别了吃“咸菜”的悠久历史；通过县政府补贴，为学生集中购买乘车服务，从根本上解决了南部山区学生乘车难问题；通过政府统筹，协调部门的支持，集中解决了学生饮水难问题，保证了全县师生的饮水安全。与此同时，还重点加强了食堂和门卫等关键部位的管理，全县中小学76名专业保安已到岗履职，乡镇中心小学以上的学校均已安装电子视频监控设备。通过加强安全教育，完善安全制度，强化安全管理，打造了平安和谐校园。

【创新管理模式】 深入推行“五三”管理模式，打造阳光透明教育。即在教育人事管理上推行了以公开选拔管理干部、公开选调进城教师、公开职称评聘为主要内容的“三公开”；在教育财务管理上推行了以收支预算制、日常支出报审制、结算公示制为主的“三制”；在队伍建设方面继续扎实开展了以学习基本知识、掌握基本技能、履行基本职责为主要内容的“三基”活动；在行业作风建设上深入开展了学生评老师以正教风、老师评校长以正校风、家长评学校以正行风的“三评”活动；在对校长的考评方面实行了“三个一票否决”，即全面考核外，重点对质量管理、安全管理和廉政管理水平及效果进行考核，并分别实行“一票否决”。

竹山县教育

【概况】 2010年，竹山县各级各类学校194所。其中，高中2所；职业技术学校1所；初中21所；小学142所；幼儿园27所；特校1所。全县在校学生68 278人。其中：高中6 997人；中职学生4 244人；初中16 869人；小学31 860人；幼儿园8 219人；特殊学校89人。在编教职工4 148人。其中：高中382人；职业技术（集团）学校230人；初中1 248人；小学2 045人；幼儿园211人；特校32人。专任教师3 501人。其中：高中279人；职业技术（集团）学校190人；初中1 049人；小学1 857人；幼儿园101人；特校25人。全县校园总面积1 335 954平方米。其中高中139 104平方米；中职学校53 866平方米；初中433 960平方米；小学662 426平方米；幼儿园44 387平方米；特殊学校2 211平方米。全县校舍总面积507 055平方米，其中：高中70 049平方米；中职学校28 727平方米；初中161 354平方米；小学221 600平方米；幼儿园23 265平方米；特殊学校2 060平方米。

【学前教育】 6月—7月，竹山县教育局联合县法院、县综治办、县公安局、县住房和城乡建设局、县卫生局等六部门组成专班，深入县直及各乡镇对全县14所民办幼儿园进行了专项检查。检查组从各园是否符合办园条件，有无办学许可证，师资配备是否达标、安全管理是否到位、办园场所是否利于幼儿成长等五方面对县直及乡镇辖区内的民办幼儿园进行了一次全面的拉网式检查。

【学生素质训练】 9月17日，竹山县青少年活动中心隆重举行首期校外素质拓展训练开营仪式。竹山一中高二年级130名学生进行了团体支撑、攀岩、高空溜索、阳光伙伴、穿越电网、大脚板等20余个素质拓展活动项目。

房县教育

【概况】 2010年，房县各级各类学校

218所，教学班1 890个(不含中等职业技术学校教学班)，在校学生74 665人，教职工4 805人，专任教师4 131人，校园占地总面积147.81万平方米，校舍建筑面积54.67万平方米。其中，普通高中3所，教学班133个，在校学生8 169人，教职工528人，专任教师474人，校园面积12.69万平方米，校舍面积7.78万平方米；普通初中24所(其中九年一贯制学校1所)，教学班376个，在校学生19 867人，教职工1 706人，专任教师1 405人，校园面积43.98万平方米，校舍面积16.64万平方米；小学145所(其中教学点16个)，教学班977个，在校学生35 577人，教职工2 264人，专任教师2 040人，校园面积78.40万平方米，校舍面积22.97万平方米；幼儿园44所(其中公办3所，民办41所)，办班204个，小学附设幼儿班、学前班191个，在园(班)幼儿6 894人，县幼儿园教职工31人，专任教师21人，校园面积0.35万平方米，建筑面积0.42万平方米；特殊教育学校1所，办班9个，在校学生234人，教职工23人，专任教师14人，校园面积0.79万平方米，校舍面积0.21万平方米；中等职业技术学校1所，在校学生3 924人，教职工253人，专任教师177人，校园面积11.60万平方米，校舍面积6.65万平方米。

【教育投入】 全年争取义务教育保障经费及各种资助资金4 389余万元，7万学生受益。其中落实义务教育免费教科书补助资金484万元，公用经费补助资金2 608万元，发放义务教育寄宿生生活补助913万元，受助学生1.6万人。发放国家彩票公益资助款60万元，资助高中贫困生600人。发放国家中职助学金和涉农专业学费296万元，受益学生3 946人。争取滋根基金28万元，资助贫困孤儿200名，在13所小学实施豆浆工程，为2 000名小学生每天免费提供一杯豆浆。55个校安工程项目完工，建筑面积1.865万平方米，完成投资7 431万元。县实验中学、大木初中、七河初中、青峰初中、门古初中、军店初中等6所区域性初中基本建成。2010年，新增投资1 500万元，13个项目正在建设中。秦口小学、土城小学“明德工程”项目完工交付使用，建筑面积2 100平方米，完成投资282万元。椰口小学、清河小学、门古小学迁建工程基本完工，完成投资1 210万元。东城小学建成并投入使用，完成投资2 560万元，有效缓解了县实验小学大班额矛盾。特殊教育学校改造项目立项，建筑面积2 700平方米，投资404万元。职业技术学校新增土地3.33万平方米，启动实验培训基地建设，投资400万元。后勤保障能力提升。新建学生食堂5个、澡堂2个、饮用水设施61处，更换标准课桌椅13 000套。新增学生蔬菜基地4万平方米。

丹江口市教育

【概况】 2010年，丹江口市全市各级各类学校共124所。其中，幼儿园29所、小学62所(其中公办民助学校1所)、初级中学25所，高中2所，特殊教育学校1所，教师进修学校1所(含电大)，中等职业技术学校4所。全市现有在校生73 123人，其中义务教育阶段的学生47 011人，小学27 188人，初中19 823人，高中6 122人，幼儿园10 355人，特校82人，中等职业技术学校学生9 553人。全市现有在职教职工4 506人，其中专任教师3 787人。普通高中402人(专任教师344人)；普通初中教职员工1 691人(专任教师1 386人)；小学教职员工1 941人(专任教师1 747人)；公办幼儿园31人(专任教师28人)，特殊教育学校26人(专任教师17人)，中专(含成人)340人(专任教师265人)。其他教育事业单位75人，其中教研室24人，装备站15人，勤办16人，教师进修学校20人。截至2010年，丹江口市有36人被省教育厅命名为“湖北省骨干教师”，有125人被十堰市教育局命名为“十堰市级三星级教师”，有262人被丹江口市教育局命名为“中小学二星级教师”。

【义务教育均衡发展】 2010年，丹江口市在全省教育工作会议和全省义务教育均衡发展县市(区)教育局长座谈会上分别就义务教育均衡发展工作作了典型发言。该市创建的“教育发展协作区”模式作为经验在全省推广，并获得省教育厅的“机制创新奖”。建立“教育发展联合体”，促进城区义务教育均衡发展。丹江口市教育局针对城区学校办学条件、师资力量等情况，分别将强校与薄弱学校组成教育发展联合体，通过校际教师交流任教、加强教科研合作等形式，实现优质学校与薄弱学校间“资源共享、优势互补、合作共赢”的目的。2010年秋，率先将实验小学与杨山路小学、徐家沟小学与余家营小学组成了教育发展联合体。联合体实行“五个统一”，即教师资源统一调配、教学常规统一管理、教研教改统一组织、教学设备统一调配、教学质量统一评价。建立健全了城乡教师帮扶机制，保障了全市所有学校都开齐开全了国家规定的课程。截至12月，全市参与交流走教的干部教师480余人次。其中，城乡交流挂职的干部104人次，对口帮扶19人次，交流184人次，走教175人次，全市中小学基本实现了开齐开全国家规定的课程目标。

○孝感市教育

【基本情况】

2010 年孝感市教育事业发展状况统计

单位：人

	学校数（所）	毕业生数	招生数	在校学生数	教职工数	
					计	其中：专任教师
总　　计	1 317	231 719	249 358	838 713	52 558	46 265
一、高等教育(市州属)	3	10 243	10 649	36 975	2 377	1 637
1.普通高校	1	3 004	3 974	12 983	1 285	858
2.成人高校	2	7 239	6 675	23 992	1 092	779
二、高中阶段教育	67	60 374	57 671	170 917	9 143	7 952
(一)中等职业技术学校	27	26 899	25 453	67 481	2 965	2 275
1.普通中专	24	21 611	19 829	51 407	2 549	1 956
2.成人中专	—	—	—	—	—	—
3.职业高中	3	5 288	5 624	16 074	416	319
4.技工学校	—	—	—	—	—	—
(二)普通高中	40	33 475	32 218	103 436	6 178	5 677
三、义务教育	856	139 756	120 845	531 477	35 340	33 323
1.普通初中	181	86 911	62 067	220 182	16 029	14 730
2.职业初中	—	—	—	—	—	—
3.普通小学	668	52 121	58 346	308 347	19 207	18 499
4.特殊教育	7	724	432	2 948	104	94
5.工读学校	—	—	—	—	—	—
四、学前教育	391	21 346	60 193	99 344	5 698	3 353

【概况】 2010年，孝感市各级各类学校1 317所，在校学生838 713人。其中，大学3所，在校学生36 975人；普通高中40所，在校生103 436人；普通初中181所，在校生220 182人；小学668所，在校学生30 8347人；特殊教育学校7所，在校生2 948人；幼儿园391所，在园幼儿99 344人；中等职业学校27所，在校生67 481人。全市有教职工52 558人，其中专任教师46 265人。

【标准化建设】 2010年，全市完成标准化学校建设151所，建设项目298个，投入资金23 718万元，建设面积315 434平方米。校舍安全工程等重点教育项目建设进展顺利。截至12月，全市已累计投入资金22 696.1万元，累计投入资金占规划总投资的99.77%；累计开工建设项目学校数39所，重建校舍44栋，建筑面积4.05万平方米。列入政府十件实事内容之一的东城新区初级中学新建工程和体育路学校改造工程共投入9 000万元。体育路学校综合楼项目已基本竣工，东城初中2011年9月开学投入使用。“加快学校装备标准化建设”，“力争用3年左右的时间完成全市中小学装备标准化建设任务”写进政府工作报告，并将“2010年完成200所学校的装备标准化建设任务”列入市政府2010年十件实事。2010年全市共投入资金近8 000万元，完成装备标准化学校建设240余所，其中高中20余所，初中100余所，小学120余所。

【职业教育】 加快推进湖北(孝感)职业教育园区建设，形成以湖北(孝感)公共就业实训基地、湖北职业技术学院“三区一街”创业园于一体，以高职为龙头、以中职为主体，融职教园区与产业园区于一体的多功能务实型园区。加快县(市、区)职教中心的建设。除孝昌县职教中心仍在加紧建设外，全市其他6县(市、区)职教中心均已全部建成，其中大悟县中等职业技术学校已进入国家级重点职校；安陆市中等职业技术学校正在申报国家级示范学校。创新职业教育办学模式。开展市直优质中职学校、武汉市优质中职学校与孝感市一般职业学校开展“1+1+1”、“1+2”、“2+1”等多种模式的合作办学。坚持以技能竞赛促质量提升。连续举办三届全市职业学校技能大赛，学生实际操作能力明显提升。2010年，孝感市中职生参加全国中职生技能竞赛，选派的11名选手中10人获奖，其中1人获得一等奖、3人获得二等奖、6人获得三等奖；参加全省中等职业学校技能大赛获得11个一等奖。深化职教改革和创新，建立职业教育政府主导、市场调节、校企协商、共建共享共赢的校企合作办学机制。孝感职业教育集团与孝感市高新技术开发区签订了《关于共同推动校企战略合作的框架协议》，开展多层面深度合作。

【教师队伍建设】 加强教师师德建设。建立师德档案，并将其作为教师评先表模、晋职晋级、绩效工资考核的重要内容。大力宣传先进典型，弘扬师德师风，形成学先进赶先进的良好氛围。9月，表彰了100名优秀教师、优秀教育工作者和师德标兵，并从中遴选22名代表进行专访，孝感日报、孝感晚报、市广播电台、电视台、教育网5家媒体同时推出大型宣传专栏“优秀教师风采”，进行了历时1月的宣传报道。召开教师节表彰大会，在全社会营造了尊师重教的浓厚氛围。加强管理，规范从教行为。针对群众反映的热点问题，认真治理。把规范教师从教行为作为创建人民满意学校、创优争先活动的重要内容。提高教师业务培训效率。2010年共选送2 000余名校长、农村教师参加国

第二十六个教师节演出现场

2010年10月29日，孝感市首届中小学校大家唱、大家跳”艺术节“鸿程杯”大赛开幕式在孝感市体育中心篮球馆开幕。图为汉川市仙女山一小学生表演特色项目《学堂乐》

培和省级培训，市级集中培训4 160人。出台《孝感市骨干教师暂行管理办法》，建立“孝感市骨干教师人才库”，进一步规范骨干教师的培养、使用和管理。建立教师跟岗学习基地6个、校长挂职学习基地2个，选拔青年教师和校长重点培训。开展孝感市名校长、名教师、师德标兵、优秀班主任评选，共评出7名人校长、教师10人、师德标兵10人和班主任30人。积极引进资教生。2010年已签约资教生314人，全市有资教生1 600余名。做好教师交流工作。坚持从城区选派教师到农村学校任教，从乡镇学校选派教师到边远地区学校任教，每批支教1年，定期轮换，推动教师有序流动，促进教师队伍均衡发展。

【高中新课改】 推广高中课改应用平台，强化课改的全程监控。采取教育教学管理督导、课堂教学质量视导等方式，深入学校，深入课堂，指导学校规范办学行为，指导教师提高教育教学水平。2010年，对全市23所普通高中学校进行了以落实高中新课程要求为主要内容的办学水平综合督导评估。开展高中课改培训14期，培训教师5 000余人。

【阳光体育运动】 开展全市《第三套全国中小学系列广播体操》普及推广及评选活动。在全省检查评比中，孝感市教育局荣获团体一等奖。2010年，举办孝感市首届中小学校“大家唱、大家跳”艺术节“鸿程杯”大赛。全市7个县（市、区）及市直学校共1 600余名学生，分组参加了比赛。市委、市人大、市政府、市政协领导以及市直10多个部门、各县（市、区）教育局分管局长、市直各学校校长、部分学生家长等共3 000多人参加了开幕式。孝感市电视台出动转播车连续3天进行了录制转播，并进行4期专题报道，全市有10多万学生看到了艺术节的盛况。

【资助贫困生】 2010年，全市共资助各类贫困学生271 634人，发放各类补助资金18 181.85万元。其中，资助义务教育阶段学校学生246 019人，发放资助资金11 611.65万元；资助高中贫困学生2 478人，金额247.8万元；资助中职贫困学生14 428人，发放国家助学金1 019.4万元，免除涉农及家庭经济困难中职学生学费83.6万元；全市共为8 689名贫困大学生办理了贷款手续，发放贷款资金5 213.4万元。

【毕业生就业工作】 加强毕业生思想教育和就业指导工作。对毕业生进行职业选择、职业定位、求职面试、签约等各个环节进行指导，帮助毕业生选择适合自己发展的职业。积极鼓励大学生自主创业，努力引导毕业生参加“三支一扶”、“西部计划”活动，鼓励其到基层就业。积极做好毕业生就业信息的收集。开展在线咨询、远程面试、网上招聘等活动，为毕业生提供就业岗位8 000个。举办大规模的毕业生供需见面会。邀请省内外用人单位近200家，签订就业协议在6 000人左右。为全市企事业单位人才引进牵线搭桥，引进各类学科本科、研究生毕业生600余人。

孝感市工校师生欢歌热舞迎新年

【规范办学行为】 市、县（市、区）、市直学校都分别建立了一把手任组长的民主评议政风行风工作领导小组，并下设办公室，落实分管领导和工作人员。健全工作机制，增强评议工作的规范性。建立健全民主评议政风行风工作制和定期交流反馈制，对各阶段的工作要求与标准进行了量化与细化，增强评议工作可操作性和针对性。构建立体言路，提升评议工作的广泛性。利用孝感市政风行风评议热线、孝感教育信息网、槐荫论坛、《孝感日报》、《孝感晚报》等多种媒体，开设民主评议政风行风专栏和论坛，多方位、多角度征求意见，现场解答疑问，充分发挥媒体网络宣传幅射作用。通过召开不同层面、不同群体、不同文化层次的座谈会，进一步增强了市教育局评议工作的广泛性，提升评议工作的社会影响和效果。

撰稿　李　鹏

审稿　蔡光照

孝南区教育

【教师队伍建设】 2010年，孝南区坚持专家治校理念，干部一律竞聘上岗，书院中学、孝南高中干部通过公开竞聘，择优录用。建立了干部理论学习超市，每月组织一次集中学习活动，各学区学校相继建立了学习制度。教师实行全员聘用制，落实了全员培训计划，启动了享受区政府津贴的“孝南名师”评选工作，建立名师工作室。开展城乡学校“8＋8”结对互助行动，56名干部教师交叉任职任教，实现了教育资源共享。实行联校办学模式，变学校人为学区人，双向制交流，一体化管理，均衡了师资配备。

【学校建设】 按照农村薄弱学校先行、乡镇中心学校跟进、城乡学校持续发展的思路，以点带面，先急后缓，整体推进区域学校标准化建设，朱湖、卧龙、朋兴等乡镇率先实现了初步均衡目标。投资 9 800 万元，建成标准化学校 70 所，学校标准化建设综合达标率 75%。承办了全省装备标准化和全市学校建设标准化两个现场会，召开了全区学校标准化建设现场会，接待了省内 30 多个参观考察团。孝南区委、区政府领导先后三次在全省地方机制制度创新、激发乡镇办学热情和义务教育均衡发展等相关会议上作典型交流。

汉川市教育

【学校标准化建设】 2010 年，汉川市投资2 000余万元建设标准化学校。改造中小学危房面积 14 100 平方米，新建成 5 所寄宿制学校，启动了汉川二中和城关中学迁建工作。中小学校标准化建设和校舍安全工程建设工作经验在省交流。投资 1 100 万元进行教育技术装备标准化建设，新建高中通用技术实验室 2 校，完成 46 所学校装备标准化建设，新建计算机网络教室 8 个，班班通 2 校，健康教室 3 校，添置计算机 408 台，新建音乐教室 46 个，美术教室 46 个，阅览室 26 个，全市装备达标学校 46 校。

【加强队伍建设】 组织开展教育人事制度改革，优化干部教师队伍配置，积极推动全市教育改革发展。组织了全市中小学 5 600 名教师参加专业知识水平测试，对 273 名不及格教师进行转岗及专业培训，并责令 1 年后补考。在 67 所中小学实施了中层干部竞争上岗，共精减中层干部 115 人。均衡配置义务教育阶段教师资源，选派 70 名教师对口支教到沉湖、湾潭、回龙等教育基础薄弱乡镇。根据 2009—2010 学年度全市中小学教师工作评价结果，对 33 名教师实行顺向流动(高中调初中，初中调小学)，97 名教师予以劝勉，21 名教师转岗。扎实开展了教师暑期全员培训工作，共组织 417 人分 18 批次参加了省级培训，派出366人分26批次参加了孝感市级培训，有1 162人分13班次参加了汉川市级培训。组织举办了魏书生教育思想与实践专题报告会，全市局管干部和班主任代表1 000人参加报告会。

应城市教育

【学校标准化建设】 2010年，应城市全年投资2 915万元，建设、维修校舍41 924平方米，其中，中小学校安工程29 327平方米、农村教师周转房100套4 770平方米、开发区学校扩建工程7 827平方米；投入1 180万元，完成30所学校教育技术装备标准化建设，顺利通过孝感市教育局检查验收。

【教育内涵发展】 加强教师专业培训，提高教师综合素质。组织 1 178 名教师参加“知行中国小学班主任培训班”学习，湖北省“农村教师素质提高工程”培训、骨干教师和校本研究培训，孝感市新课改培训、“大家唱、大家跳”骨干教师培训，应城市高效课堂理念培训暨现场观摩大会等。公开招考 121 名公办教师，全部充实到教学一线，教师队伍管理结构、年龄结构、学科结构得到进一步优化。坚持德育为首，促进学生全面发展。深入推进养成教育，召开现场会，积极总结、反思，探索养成教育新举措；以建设书香校园为重点，开展“爱湖北、爱家乡”等主题读书活动；组织参加全省电脑机器人竞赛、孝感市中小学生“大家唱、大家跳”比赛、市“地矿杯”迎春长跑活动以及全市中小学生书法、绘画、剪纸大赛、“阳光体育”等活动，丰富校园文化生活，促进学生全面发展。努力提高教育教学质量。采取教学视导与学科视导“双线并行”的方式，强化教育科研，倡导做学习型、科研型教师，提高课堂教学效率；认真开展“教学质量检查校校行”活动；积极构建“高效课堂”，与《中国教师报》全国教师培训基地合

应城市顺利通过国家三类城市语言文字工作评估验收

2010年5月1日，著名教育家魏书生在云梦县曲阳高中为师生讲学

作，举办多个层次的《高效课堂理念》培训与讲座，开展高效课堂试点，创新课堂教学模式，推进教学改革，努力提高教育教学质量。

云梦县教育

【习惯养成教育】 2010年，云梦县围绕学习、生活、品行、礼仪四个方面，抓好“校园文化建设、师德师风建设、十种基本习惯养成”三大任务，制定实施方案、规章制度、考评细则，建立示范引领、过程督查、专项考评、现场展示等运行机制，形成了一套系统、规范、科学的养成教育工作运行模式。学校通过升旗仪式、广播站、班团队会、纪念庆典、知识讲座、演讲比赛等，寓教于乐，提高学生对养成良好习惯的认识；通过大力开展日评比、周评比、月评比以及文明班级、文明寝室、好习惯之星评比等活动，树立典型，激励和引导广大学生规范言行；通过开展多项实践活动，增强学生自我约束、自主管理的意识；通过开展兴趣活动和比赛活动，激发学生参与习惯训练的热情和自觉性。以“十种习惯”为重点，制定记载评分表册，实行学校督查、学生干部监管、生生互查、学生自查等制度，坚持对学生进行日常行为训练，促使全体学生时时、处处、事事做到循规蹈矩，逐步养成良好的习惯。

【课堂教学改革】 制定出台《云梦县中小学课堂教学改革指导意见》。各学校围绕“自主、探究、合作、快乐、高效”等要求，建立了一系列推进课堂教学改革的运行机制。开展“校长进课堂”、推门听课、包点督办、校本教研、教学比武等活动，邀请魏书生、汪国真、耿华武来云梦县讲学，营造了浓厚的课堂教学改革氛围。改“秧田式”为“圆桌式”，变革了课堂教学组织形式。突出学生主体性，编制导学案、推行“二十分钟授课法”，以学定教，先学后教，当堂训练，引导学生全员参与、主动质疑、积极探索，构建了课堂教学新模式。通过创设情景、实验演示、交流争辩、趣味活动等，营造了民主和谐、活泼快乐的课堂教学气氛。

安陆市教育

【概况】 2010年，安陆市有序推进义务教育标准化学校建设。强化资金统筹，争取项目资金832万元，统筹义务教育公用维修经费和教育装备经费492万元，完成8所标准化学校和35所装备标准化学校建设任务，打造出一批亮点学校；稳步发展高中阶段教育。安陆市一中顺利通过了省级示范高中督导评估；吸纳惠丰电脑学校、安棉技校进驻市职教中心，就业率92.56%。加快发展学前教育。制订全市幼儿教育布局规划和三年行动计划，加快城乡幼儿园建设。实施农村“一校制”管理模式试点，推进城区义务教育集群化发展，实施城区教育资源重组，实现优质学校课程、设施、师资等资源共享。

【教育教学改革】 养成教育全面铺开，探索学生学习习惯、行为习惯培养的新途径、新办法。课堂教学改革稳步推进。将2010年确定为“课堂效益建设年”，学习山东省杜郎口、荆州市北门中学经验，开展高效课堂教学模式探索。强化课堂教学改革的技术支撑，积极推动现代教育技术手段应用。广泛开展以“大家唱、大家跳”为主要内容的大课间活动，3所学校在全省广播体操竞赛中获奖，市实验小学代表孝感市参加省“大家唱、大家跳”竞赛获得一等奖。

大悟县教育

【教育质量】 2010年，大悟县开展教育教学管理“校校行、月月评”活动，抓实中小学教学常规管理。加大对高中教学视导工作力度，抓好学生分层辅导，培优辅困，促进共同提高。高中教师参加各类教学比武活动，成绩显著。大悟二中尹满章代表参加“首届全国中学语文教师教学基本功大赛”，荣获全国二等奖。改革中考招生制度，采取多项措施留住优质生源。教育系统上下牢固树立为高考服务、为高中服务观念，调动一切积极因素，全力服务高考备考。2010年，大悟县高考一本上线人数422人。大悟一中获得全市“2010年高考重点高中一本上线增幅优胜奖”。

【城北中学建设】 2010年，根据大悟县委、县政府关于新建一所“城北中学”的工作部署，县教育局成立工作专班，于年初启动“城北中学”建设工作。至2010年底，完成所征土地的测绘和规划红线工作；基本完成拟征地范围内的土地丈量到户工作，已丈量土地面积16.27万平方米；完成地面建筑物和构筑物的测量工作。

孝昌县教育

【资助贫困生】 2010年，孝昌县落实贫困寄宿生生活补助。全年资助贫困寄宿生4 811人，其中小学1 017人，中学3 726人，特校68人，金额335万元。2010年彩票公益金资助我县贫困高中生879人，金额87.9万元。全年资助贫困大学生和高中生239人，金额45万元。严格把关，认真落实中职生资助政策。中等职业教育国家免学费资金40万元，全部发放到中等职业技术学校，共资助400名学生。全力做好大学生生源地助学贷款工作。12月，已将1 518名大学生的生源地贷款，共908.63万元发放到位。争取县慈善总会利用“爱心助学基金”资助贫困大学生和高中生。4月，与香港嘉里集团郭氏基金会协商，争取该基金会出资30万元，资助义务教育阶段贫困学生500名。

【教师队伍建设】 逐步建立教师补充机制。共招考年轻教师59人，留用支教期满毕业生46人，引进大学本科生25人到高中任教，解决了历年引进的高中教师102人的财政工资。2010年还从省内外40多所高校引进支教大学生103人，加强教德师风建设。广泛开展了学习、宣传新师德规范的活动，积极参与省、市师德论坛活动，提交论文60篇，10篇获奖。市、县电视台集中宣传了曾繁荣等4位教师的典型事迹，年度教育工作会议和教师节共表彰教师200余名，在教师中营造争创先进的风气。开展业务培训，全年共组织省、市、县培训累计人数2 300人，参训教师占教师总数的54%。

○荆门市教育

【基本情况】

2010年荆门市教育事业发展状况统计

单位：人

	学校数（所）	毕业生数	招生数	在校学生数	教职工数	
					计	其中：专任教师
总计	576	91 058	85 719	365 721	37 353	23 967
一、高等教育（市、州属）	1	5 361	7 009	19 136	1 254	879
1. 普通高校	1	5 361	7 009	19 136	1 254	879
2. 成人高校	—	—	—	—	—	—
二、高中阶段教育	47	28 874	32 212	85 858	5 824	4 679
（一）中等职业技术学校	13	7 861	13 586	27 067	1 538	1 150
（二）普通高中	34	21 013	18 626	58 791	4 286	3 529
三、义务教育	396	56 823	46 498	208 102	18 648	16 721
1. 普通初中	100	32 569	23 968	77 753	8 621	7 478
2. 职业初中	—	—	—	—	—	—
3. 普通小学	293	24 213	22 483	129 749	9 922	9 152
4. 特殊教育	3	41	47	600	105	91
5. 工读学校	—	—	—	—	—	—
四、学前教育	132	—	—	52 625	2 290	1 688

【概况】 2010年，荆门市学前教育发展迅速，市、县城区基本普及三年学前教育，农村基本普及学前一年教育，学前3年毛入园率达70%；全市小学适龄儿童入学率和年巩固率均达到100%，初中学生入学率、年巩固率分别达到100%和98.1%，高中阶段教育毛入学率93%。2010年高考，全市参加普通高考人数23 372人，本科上线率51%，专科以上上线率91.2%。

【教育经费投入】 按照中央、省关于农村义务教育经费保障机制改革要求，全市实施新机制改革所需的各项资金全部纳入预算，全市全年共落实改革资金12 503.5万元。其中，公用经费补助资金7 200万元，校舍维修改造资金1 847万元，贫困寄宿生生活费补助资金1 273.5万元。积极实施农村初中校舍改造工程，将荆门市东宝区、掇刀区和屈家岭管理区纳入国家农村初中校舍改造工程二期建设规划，荆门市东宝区、屈家岭区各有1所学校先期纳入实施范围，安排专项建设资金520万元。稳步推进中小学校舍安全工程，全市各地对校舍安全工程改造规划进行了重新调整，拟定3年内筹措资金2.16亿元，重建中小学校舍20.59万平方米。截至12月，全市已投入资金1.12亿元，建设校舍10.9万平方米(其中，竣工校舍面积6.9万平方米)。

【义务教育均衡发展】 全面实施义务教育均衡发展行动计划。9月29日，组织召开全市义务教育均衡发展推进会，制定下发关于推进义务教育均衡发展的一系列文件，积极实施“义务教育教学质量提高工程”、“义务教育学校标准化建设工程”、“义务教育教师队伍建设工程”和“义务教育关爱工程”，建立义务教育投入保障机制和均衡发展督导机制，切实保障义务教育均衡发展的政策措施落实到位。大力改造薄弱学校，在推进中小学校舍安全工程的基础上，积极争取资金，实施农村初中校舍改造工程、新农村卫生新校园建设工程、寄宿制学校建设工程和中小学现代远程教育工程，加大农村薄弱学校建设，切实改善农村中小学办学条件。强化义务教育均衡发展督导工作，坚持督学与督政并重，探索建立、实施均衡教育督导评估机制。市教育局与各县(市、区)签订《荆门市县域义务教育均衡发展工作责任书》，明确了县级政府义务教育均衡发展责任，印发了《荆门市义务教育均衡发展督导办法》，启动了义务教育均衡发展示范区的创建工作。

【体育艺术卫生教育】 大力开展阳光体育运动，举行了第三届全市中小学生冬季长跑启动仪式，并将中小学生冬季长跑活动的开展纳入了市教育局对学校的年终工作考核内容。先后举办了荆门市第十四届中学生篮球赛、全市中小学生乒乓球比赛和第三套学生广播体操比赛等活动。广泛开展“大家唱、大家跳”体育艺术活动，京山县、沙洋县分别举行了现场大型展演，组织参加全国第三届中小学生艺术展演活动，获一等奖4个，二等奖3个，市教育局获教育部颁发的优秀组织奖。开展健康教育和传染病防控工作，在荆门城区小学开展6－8岁儿童牙齿保健“窝沟封闭”工作，免费完成6 000名小学生口腔牙齿保健。

2010年4月15日，荆门市启动“荆门特色办学百校行”系列宣传报道活动，进一步推动学校内涵发展

【德育工作】 在全市近20万中小学生中开展了以“爱湖北、爱家乡”为主题的读书教育活动，市教育局被评为湖北省青少年爱国主义读书教育活动优秀组织奖。在全市中小学生中开展了“迎省运，树新风，共创文明校园”主题教育实践活动，市教育局联合市文明办、团市委、市妇联在市实验小学举行了“迎省运、树新风、小手拉大手、共建文明家园”活动启动仪式，促进学校教育向家庭和社会延伸。积极开展“书香校园”评选活动，广泛开展书香校园创建，共有市龙泉中学等10所学校被市委宣传部评为荆门城区“十佳书香校园”。

【特色办学百校行】 市教育局联合市内各主要新闻媒体启动了“荆门特色办学百校行”系列宣传报道活动，在荆门电视台、《荆门日报》、《荆门晚报》等市内各大媒体开设“荆门特色办学百校行”专栏，刊播了相关学校的特色办学经验，引起全社会广泛关注。

【教育科研】 深化教育教学改革，稳步推进普通高中新课程改革。在全市广泛开展高效课堂、魅力课堂等教改教研工作，全面启动“学校特色发展的校本研究”课题研究；举行了全市“班主任工作优秀案例”和优秀教育科研成果征集评选，举办了荆门市中国优秀传统文化导读观摩暨学术研讨活动，编辑出版《荆门校训》并公开发行；制定了《荆门市市直学校教科室主任评价细则》，搭建了“学校特色发展的校本研究”课题网上平台，推动学校教科研工作。

【教育教学质量】 2010年高考，全市参加普通高考人数23 372人，本科上线人数11 920人，上线率为51%，专科以上上线人数21 315人，上线率为91.2%，均高于全省平均水平。在北京大学确定的2011年“中学校长实名推荐”中学名单中，湖北省有10所学校入围，荆门市龙泉中学、钟祥一中2所学校名列其中。

【职业教育】　加强职业教育基础能力建设，筹资3 000多万元建设的职教集团一期工程顺利完工，集团东西校区合并为湖北信息工程学校，成为全国首批286所中职教育改革发展示范校之一。各级各类职业学校、农村成人学校积极开展农民工转移培训，共培训农民工10 800人次，其中转移就业7 500人次；开展农村实用技术培训16 500多人次；继续开展下岗失业人员岗位技能培训、转岗就业培训，共帮助826下岗工人重新上岗就业；深化校企合作，以荆门职教集团李宁(荆门)工业园人才培训基地为依托，为李宁(荆门)工业园培养了650名技能型人才。组织了全市中等职业学校技能大赛，来自全市各中职学校的380多名师生参加了竞赛项目6大项、18个小项的比赛。荆门职教集团学生王天成、韦建桥参加全国中职学校技能大赛，分获果蔬雕、冷拼一等奖，荆门职教集团被省教育厅确定为“湖北省参加全国中职技能大赛定点学校”。切实抓好中职毕业生招生就业工作，2010年共招收新生10 782人，通过积极推行职业资格证书制度，健全毕业生就业指导、服务、管理机制，开展模块化、“订单式”培养，进一步促进学生高质量就业，全市中职毕业生11 600人，已就业11 100人，一次性就业率达98%。

【教师队伍建设】　认真抓好教师培训工作，建立了教师培训师资库，评选认定荆门市2010年中小学教师培训师资库入选人员150人，全年共组织各级各类教师4 000余人参加培训。继续推行教师业务水平考试制度，组织市直427名小学教师及教学管理人员参加了教师业务水平考试。切实加强师德师风建设，组织全市广大教师开展了以“创平安校园、办特色学校、建一流队伍、育时代新人”为主题的暑期教师集训活动；建立了全市教师师德典型人物事迹资源库，确定60名师德高尚、业绩突出的教师为荆门市2010年中小学教师师德典型人物事迹资源库入选人员；进一步加强师德考核，开展了教师违规办班、有偿家教等违规行为的专项整治，进一步强化了教师的职业道德。

【本土教育家】　2010年，组织开展荆门市首届本土教育家评选活动。荆门市本土教育家是荆门市政府授予教师的最高荣誉，其评选范围为全市各级各类学校教师、管理人员以及各级教科研人员、教育行政管理人员，采取个人申报和组织推荐相结合的办法进行，分个人申报、学校(单位)审查、县(市、区)教育局考核推荐、市级评选委员会评审、公众投票、社会公示、市政府审核认定等七个程序。经认真评审，胡孝华、鲁修贤、蔡兴刚、周友富等4名教师被评选为荆门市首届本土教育家。

【教育创新奖】　2010年，组织开展荆门市政府首届教育创新奖评选。政府教育创新奖是荆门市政府对教育工作在全国、全省、全市有开拓性、独创性、领先性，产生较大影响的工作成果或经验的奖励，评选范围包括全市各地教育行政部门、各学校(单位)在有效解决当前教育发展面临的突出问题，加快教育事业科学发展过程中开展的特色活动、实施的创新制度、创新的经验做法以及具有创新性的各项工作，具体内容包括行政管理创新、体制改革创新、培养模式创新、素质教育创新、评价机制创新、队伍建设创新、运行机制创新。2010年，市政府共评选表彰了22项教育制度创新奖。

【规范办学行为】　市教育局联合市纪委开展了廉政文化建设优秀论文和优秀教学设计(教案)评选活动，市教育局作为3个代表之一在全省教育纪检监察工作会议上交流廉政文化进学校工作的做法。市教育局、市纠风办、市物价局等局际办单位组成联合检查组，对全市开学教育收费情况进行了检查，进一步规范教育收费行为。狠抓规范办学有关文件落实工作，专题召开城区小学生升初中工作会议，严格落实小学升初中对口就近入学制度。规范普通高中招生秩序，严格执行中考招生方案，严格高中招生计划、过程管理、招生宣传、新生学籍管理、收费管理，规范了高中招生工作。市教育局直属16所普通中小学校长在《荆门日报》、《荆门晚报》上向社会作出“切实规范办学行为，努力创办人民满意教育”的郑重承诺。

【平安校园创建】　大力加强校园安防设施建设，全市各级各类学校全部建立健全了安保机构582个，并按标准配齐配强了专职安保人员1 732人。全市列支专项经费930余万元，为各级各类学校配备了警用钢叉、防刺背心、防割手套等安防装备，有条件的学校安装了视频监控系统和红外报警装置。深入开展师生安全知识教育，将安全知识纳入校本课程，广泛开展安全知识宣传教育活动。各地各校因地制宜开展“科学避险、安全逃生演练活动”。切实抓好校园及周边环境综合治理，积极与市公安局、市文化局、市工商局、市新闻出版局、市卫生局等部门配合，对接送学生车辆及校园周边经营场所进行专项整治。大力开展“一校一特色”平安校园创建活动，在龙泉中学、市第一中学、市实验小学等8所学校分别开展禁毒教育、防地震教育、防溺水教育、消防安全教育等特色创建活动，各学校建立了教育实践基地，定期开展教育活动。

【关注特殊群体】　确保进城务工人员子女顺利入学，全市各公办中小学严格按照就近对口免试入学的要求，平等接纳近5 500名进城务工人员子女。亲情关爱留守学生，组织全市广大教师在假期深入到留守学生家中进行家访，宣传国家各项教育政策，确保全市2.8万多名留守学生健康成长。不断加大扶贫助学工作力度，全市共筹措资金972万元，资助贫困学生19 775人次。其中，为义务教育阶段4 070人次城市贫困学生免除教科书费、2010人次市直贫困学生提供生活补助；资助市特校学生313人次，落实了免学杂费、免课本费、免住宿费和免生活费的“四免”政策；争取中央和省级资金831万元，资助11 271名中等职业学校困难学生；争取建行等企事业单位资金4.5万元，资助普通高中阶段贫困学生30人次；争取市级和企业资金36.5万元，让128名大学贫困新生顺利入学。为1 860名大学生办理生源地信用助学贷款。

【政风行风评议】 以民主评议政风行风为契机，加强教育系统作风建设，广泛征求教育政风行风建设工作意见，先后向市直各部门、人大代表、政协委员和服务对象等发放征求意见表近500份，聘请了6名关心教育工作、热心教育事业的专家为办学行为特约监督员，市教育局在《荆门日报》上向社会作出了“增强服务意识、规范办学行为、提高教育质量、维护教育公平、抓好政务公开、加强廉政建设、强化师德建设、创建平安校园”的八项承诺，并组成8个督办检查联络组对各县市区和市直各学校(单位)政风行风建设工作进行了全面督查。在2010年全市民主评议政风行风中，市教育局以95.56分的优异成绩位列全市经济和社会管理类第二位，教育系统政风行风得到了社会各界的充分肯定。

撰稿　官　甜

审稿　陈景良

京山县教育

【概况】 2010年，京山县中小学校88所。其中，小学55所，初中20所，高中4所，特殊教育学校1所，民办学校6所，部门办职业学校1所，技工学校1所。在籍学生50 948人。其中，小学生23 715人，初中生15 111人，高中生12 026人，特殊教育学校学生96人。公办幼儿园71所，入园幼儿8 173人。3岁－6岁幼儿入园(班)率84%。在职教职工4 229人。全县适龄儿童入学率和巩固率皆100%，适龄少年入学率100%，巩固率100%，盲、聋、弱智儿童入学率91.8%，义务教育完成率99.85%，小学生毕业率100%，初中生毕业率100%。

【教育科研】 2010年，京山县立项研究课题99个(国家级15个，省级14个，市级29个，县级41个)，结题96个(国家级12个，市级31个，县级53个)，达到校校有课题，教师参与面为75%。全县教育科研工作者利用业余时间编著出版《高中英语语法新体验——从经典例句开始》、《十二生肖民俗文化丛书》、《中华龙文化集萃》、《观鸟》等教育科研书籍18部。9月15日，县教育局制发《京山县高效课堂教学模式构建与实施方案》。11月15日－19日，全县分小学组、初中组、高中组分别在县实验小学、实验中学和京山一中举办中小学青年教师高效课堂优质课竞赛，小学组包括语文、数学、英语、思想品德、科学等五大学科，初中、高中组包括语文、数学、英语、物理、化学、生物、政治、历史、地理等九大学科，共有249名教师参赛。其中，小学70人，初中133人，高中46人。评审组评选出高效课堂优质课竞赛一等奖118节，二等奖127节。

【职业教育】 2010年，京山县职业技术教育中心有在校生4 300人，选派8名青年教师分别参加国家和省市“双师型”教师培训，增设幼师、模具、机电专业，新添38万元的教学设备。培训劳动力8 000人，9月，县政府制定《京山县职业技术教育资源整合实施方案》，拟将京山县职业技术教育中心、京山卫校、京山县技工学校进行整合，成立了职业技术教育整合领导小组，制定了新职业技术教育中心的建设规划，职业技术教育整合已进入实质性阶段。

沙洋县教育

【概况】 2010年，沙洋县中小学校79所(其中普高3所，职高1所，初中18所，小学57所)，幼儿园32所，成人学校5所，在校学生51 053人，在岗教职工4 756人。

【办学条件】 深入推进义务教育均衡发展，以农村初中改造工程、新农村卫生新校园工程、校安工程为杠杆，全年共投资1 082万元，改造、新建校舍10 427平方米，教师周转房建设达到124套。加快教育现代化步伐，积极扩大远程教育“班班通”试点范围，顺利完成第二期中小学标准化实验室建设工作，城乡办学条件差距进一步缩小。

【教师队伍建设】 深入开展“教育服务年”主题活动，全面推进“新苗工程”、“提高工程”、“帮扶工程”和“引领工程”，积极实施国培计划，全年共组织1 000余名骨干教师、班主任、中小学校长参加各级各类培训。教师素质整体提高，一年来，全县教师参加各类基本功竞赛，获国家级奖4人、省级奖25人、市级奖170人。

【扶贫助学】 关爱贫困生，认真落实国家资助政策，全年共为77 342人次发放各类助学资金970万元。关心留守生，不断完善“五位一体”模式，

2010年8月19日，荆门市召开资助大学贫困新生座谈会，切实保障贫困学生受教育的权益

2 800名“爱心妈妈”给留守学生无微不至的关爱。关注移民生，全方位服务于“南水北调”丹江口移民学生，确保48名移民生“生活顺心、学习安心”。

【沙洋职教集团】 整合职教资源，对接地方产业。整合全县14家县直单位及各镇、开发区的项目、资金和人力资源，以县职教中心为龙头，在全省率先组建“政府主导、部门参与、校企联合、社会联动”模式的职教集团，成为全省职业教育发展模式改革试点县。11月19日，沙洋职教集团在沙洋县职教中心挂牌成立，标志着沙洋职业教育走上集约化、规模化、连锁化的发展道路。

钟祥市教育

【概况】 2010年，钟祥市各级各类学校165所。其中，公办161所，民办4所。有小学113所，初中31所，九年一贯制学校9所，特殊学校1所，普通高中7所，职业中学4所。另有幼儿园52所，教学点16个。各级各类学校在校学生106 599人。其中，义务教育阶段77 926人(小学49 632人，初中28 171人，特校123人)，普通高中20 356人，职业中学8 317人。另有在园幼儿19 691人。各级各类学校教职工12 451人(含离退休3 148人)，专任教师7 157人，其中专任教师中具有副高职称822人，中级职称4 113人。全市适龄儿童少年入学率100%，初中学生辍学率0.33%，小学学生辍学率0，小学毕业生升学率100%，残疾儿童小学入学率96.3%。

【教育质量】 坚持强化教学中心，教学质量不断提高。2010年高考全市普通类本科上线4 143人，文理科重点本科上线560人，艺体重点本科上线358人。在湖北省、荆门市举办的中职技能大赛中，有56人次获奖。中职类高考荆门市本科上线59人，钟祥市占53人，占荆门市本科上线人数的89.8%。在“大家唱、大家跳”活动中，荣获荆门市优秀组织奖。在全省第九届“文艺小人才”比赛中有27名学生获奖。在省十三运会暨第八届残运会上，钟祥市中小学生组建的青少年足球队、青少年武术队代表荆门参赛获8金1银，2名学生获聋人女子乒乓球双打冠军，并获团体银牌，3人获得残疾人田径比赛4金3银2铜的优异成绩。

【教师队伍建设】 强化师德建设，开展向人民满意教师汪金权学习活动，评选出52名师德模范和80名先进教育工作者。选派191名农村教师参加省级“农村教师素质提高工程”培训，组织4 350多名教师参加荆门市和本市举办的业务技能培训。组织234名教育管理干部参加集中培训，加强中小学校长和办事处主任年度工作目标考核并与绩效工资挂钩。面向社会公开招聘教师89人。充实到农村学校。加强青年后备干部管理培训，56名青年后备干部历时两年培训顺利结业，已有41人走上领导岗位。

【改善办学条件】 争取专项补助资金1 600万元。全市校安工程实施29个项目，投入资金982.42万元，新建和加固改造校舍10 526平方米。稳步推进农村中小学教师周转房建设工程，在5个乡镇改建农村教师周转房103套。优化学校后勤服务与食品安全管理，全市大多数学生食堂实行了刷卡进餐。加强“菜篮子”工程建设，75%以上的农村寄宿制学校学生食堂蔬菜实现自给。

全市165所中小学建立内保组织193个，配备门卫178人，专兼职保安212人。全市中小学幼儿园共投入资金225万元，安装电子监控报警系统和监控探头500余个，添置安全防护设备2 800余件。落实了“一校一园一警”，选聘285名公安干警、交警和司法人员担任学校法制副校长、包校民警和交通安全辅导员。构建了人防、物防、技防三位一体的校园治安防控体系。

东宝区教育

【概况】 2010年，东宝区各类学校54所。其中，普通高中3所(含民办高中2所)，职业高中1所(一校三区)，成人学校6所，单设初中8所，小学32所，九年一贯制学校4所。在校学生26 322人，教职工2 808人。幼儿园56所(含民办幼儿园27所)，在园幼儿5 551人。另有民办教育机构45个。一年来，先后被教育部、国家体育总局评为阳光体育锻炼先进单位，被评为全省中小学后勤保障工作先进区，荣获省第二届未成年人思想道德建设创新案例一等奖、省第二届“大家唱·大家跳”艺术展演活动优秀奖，教师继续教育“构建校本培训能级模式”等三项成果荣获首届市政府教育创新奖，党委理论学习中心组受到市委表彰，在区人大工作评议中被授予人大代表满意单位，被评为全区民主评议政风行风优胜单位、年度综合目标考评先进单位，机关党建工作、人才工作、综合治理、新农村建设等多项工作受到区委区政府表彰。

【推进义务教育均衡发展】 积极参与“湖北省义务教育均衡发展行动计划”教育体制改革试点工作。制定了实施方案，确立了实施“四大工程”(义务教育学校标准化建设工程、义务教育教师队伍建设工程、义务教育教学质量提高工程、义务教育关爱工程)，建立“四个机制”(管理机制、运行机制、经费投入保障机制和督导评价机制)，构建现代义务教育均衡发展体系的工作思路。开展了“一校制建设模式”试点工作。大力推进中小学标准化建设工程，整合资金2 061万元，完成了17所学校校舍改造项目，建成教师周转房72套。认真落实国家和省义务教育经费保障政策，确保城乡义务教育免杂费资金、校舍维修改造经费、免教科书和公用经费足额落实并及时拨付到位。完善关爱资助体系。完善家庭经济困难学生资助政策，资助贫困学生5 646人次，资金223万元。学校管理干部、教师之间开展师德研修、教材研修、教法研修，实现了帮带学校之间的共同提高。全区共安排64名教师(校长)支援农村学校，其中安排城区34名教师到农村支教，接收5名省派资教生和15名顶岗实习教师到农村学校任教。

【素质教育】 扎实推进德育精品工程。青山小学“每言美语”被评为第二届未成年人思想道德建设工作创新案例一等奖，“社区VIP管理式德育课堂”、“故事德育”等8个德育精品案例得到了市文明办的高度肯定。校园文化建设继续深化。德育活动广泛开展。开展了“爱湖北、爱荆门、爱东宝、爱家乡”爱国主义读书教育暨“迎省运、树新风、共创文明校园”活动，在市级决赛中，获知识竞赛和演讲比赛二等奖。组织教研员、教学管理干部到山东省杜郎口中学考察，制定了中小学高效课堂教学研究工作方案，全区中小学“高效课堂”改革实验卓有成效。通过了省人民政府教育督导室、省教育厅对东宝区学校体育工作的专项督导考评。学校阳光体育运动深入开展。举行了东宝区中小学校“大家唱、大家跳”艺术教育展演活动，全区近1 500师生进行了校园集体舞、广播操、合唱三个项目的展演。举办了全区中小学素质教育精品成果展，展示了课程改革、教育创新、教育科研等方面的成果。

【教师队伍】 开展以“努力钻研、学为人师”为主题的师德师风教育月活动。开门评教(社会评教育、家长评学校、学生评老师)，征求意见1 500多条。评选20名首届“东宝名师”，教师节进行了表彰。有5名教师当选荆门市第五届名师，1人被评为市本土教育专家。持续抓好教师继续教育，抓好师能建设。开展了中小学教师百日基本功训练活动。举行全区中小学教师普通话大赛，参加市普通话比赛获得团队二等奖。组织380名教师参加国家、省、市各种培训。开展校长、干事考学活动。推进校长城乡交流，安排4名城区学校副校级干部到农村学校担任校长，安排6名城区学校中层干部到农村学校担任副校长或校长助理，安排5名农村学校校长、副校长到城区学校任校长助理。

掇刀区教育

【概况】 2010年，掇刀区中小学24所，民办幼儿园34所，在校学生25 321人，教职工1 208人。其中义务教育阶段学生14 257人(小学10 348人，初中3 909人)，高中阶段学生4 026人(普通高中3 235人，职业高中791人)，在园幼儿7 038人。全区学前一年和三年幼儿入园率分别达到100%、80.8%，适龄儿童入学率和巩固率均达到100%，适龄少年入学率100%，巩固率99.8%，残疾儿童、少年入学率100%，九年义务教育完成率99.8%，高中阶段教育毛入学率91.9%，主要劳动年龄人口平均受教育年限10.36年。

【办学条件】 2010年，全区共投入学校建设资金834万元，新建教学用房面积4 000余平方米。主要用于消除全区中小学D级危房；建设团林铺镇教师周转房；建设掇刀石小学幼教部综合楼、江山学校综合楼、双泉小学教学楼、雷集小学学生宿舍楼、白庙小学塑胶运动场、十里牌小学塑胶运动场。争取省教育厅投入250万元、区级配套30万元装备学校教育教学设施设备。完成了白石坡中学等校101个教学班的“班班通”工程和10个初中实验室、19个小学实验室的“试验室装备”工程。投入专项安保资金51万元，为全区中小学安装视频监控探头216个、配置防暴器械(电警棍、狼牙棒、辣椒水、生石灰)200余套。聘请了专职保安55人，门卫60人，并按1 200元/月的标准将保安工资纳入财政预算。

【学校德育工作】 坚持“德育为首，五育并举”的育人方向，开展系列主题教育活动，引导学生弘扬民族精神，增进爱国情感，提高道德素养。以省第十三届运动会为契机，在中小学开展了“迎省运，树新风，共创文明校园”主题教育活动；开展了以“爱湖北、爱家乡”为主题的爱国主义读书教育活动和“做一个有道德的人”主题教育活动。白石坡中学袁肇清等8名学生搭“人梯”勇救落水少年的事迹得到了社会各界和湖北日报、腾讯网、荆门社区网、荆门电视台和荆门晚报等新闻媒体的广泛关注，被授予“荆门市见义勇为先进个人”。

○鄂州市教育

【基本情况】

2010年鄂州市教育事业发展状况统计

单位：人

	学校数（所）	毕业生数	招生数	在校学生数	教职工数	
					计	其中：专任教师
总　　计	357	54 335	52 493	185 417	12 301	10 679
一、高等教育（市州属）	1	2 581	3 491	10 078	926	585
1. 普通高校	1	2 581	3 491	10 078	926	585
2. 成人高校	—	—	—	—	—	—
二、高中阶段教育	23	13 678	10 990	38 518	2 112	1 565
（一）中等职业技术学校	12	5 617	3 180	14 878	471	296
1. 普通中专	8	4 772	3 070	13 739	379	242
2. 成人中专	2	740		674	48	25
3. 职业高中	2	105	110	465	44	29
4. 技工学校	—	—	—	—	—	—
（二）普通高中	11	8 061	7 810	23 640	1 641	1 269
三、义务教育	304	30 016	28 566	127 121	8 656	8 189
1. 普通初中	47	16 456	14 119	48 168	3 481	3 276
2. 职业初中	—	—	—	—	—	—
3. 普通小学	256	13 521	14 419	78 755	5 162	4 902
4. 特殊教育	1	39	28	198	13	11
5. 工读学校	—	—	—	—	—	—
四、学前教育	29	8 060	9 446	9 700	607	340

【概况】 2010年，鄂州市在全省率先实施城乡教育一体化试点改革，率先立项筹建鄂州职教园，率先开展“规范办学年”活动，各级各类教育持续、快速、协调发展。市教育局、鄂城区教育局被教育部、国家体育总局、共青团中央评为“全国亿万学生阳光体育冬季长跑活动优秀组织单位”。市教育局被教育部授予“中国少年儿童平安行动体验教育基地”；荣获全国文学艺术作品大赛“一等组织奖”；被省委组织部等八部委评为“全省政务公开民主管理先进单位”；被省委宣传部评为“全省理论学习先进单位”；被省教育厅评为“全省体育优质课比武优秀组织奖”、“湖北省生育文明建设先进单位”；被省教育学会评为“科研组织奖”和“先进集体”。

【学前教育】 全市有幼儿园218所，在园幼儿2.48万人。初步建立了学前三年教育体系，学前三年入园率60.3%，学前一年入园率90%。现有省级示范幼儿园2所，其中鄂州市第一幼儿园顺利通过“省级示范性幼儿园”复查验收。

【义务教育】 全市共有义务教育阶段学校304所。其中，小学256所，初中47所，特殊教育学校1所。在校学生12.6万人。其中，小学生7.8万人，初中生4.8万人。全市适龄儿童入学率100%，初中入学率98.5%，残疾儿童少年入学率93.6%，15周岁人口中初等教育完成率99.3%，17周岁人口中初级中等教育完成率97.6%，均达到国家规定标准。市吴都小学被评为湖北省中小学后勤保障工作“四个创建”先进学校。市新民街小学在湖北省第九届楚风杯师生书画大赛中荣获“明星学校奖”。全市现有1所全国依法治校示范校、3所省级依法治校示范校、20所市级依法治校示范校、60所区级依法治校示范校。

【高中教育】 全市共有普通高中11所，在校学生总数2.4万人。高中阶段毛入学率87%，比“十一五”初期提高10个百分点。鄂州高中在全国高中课改样本校工作会议上交流了经验。市第六中学被教育部授予“全国学校艺术教育工作先进单位”。

【职业教育】 全市共有中等职业学校8所，在校学生1.4万人。中等职业学校严格实行普高录取最低控制线，同步下达中职和普高的招生计划，将中职招生的责任层层分解到了各区、各初中。全市7所中职学校共计招生4 210人，完成计划数在全省市(州)中列第五名，普职招生比为51.5∶48.5，基本实现普职规模大体相当。

【教育质量】 高考水平稳步提升。全市普通高考报名人数为9 048人，高考上省线即四批专(一)线上人数为5 464人，上线率60.4%，比上年增加5个百分点。扎实推进普通高中新课程改革。严格执行《湖北省普通高中课程设置方案》，重点加强了非高考科目课程的开设督查力度，全面开齐开足开好课程。加强常规教学管理，大力开展教研活动，全市中小学教师参加省级以上教研活动获奖400余人次，中小学生在省级以上各类竞赛中获奖1 000余人次。稳妥推进中考改革。中考增加了信息技术考试科目，推动了学校信息技术教学的规范化。积极推进评价制度改革。制定了评价标准和办法，建立了每个学生的成长档案袋，严格按照学生自评、互评、班主任评语、班级审查、年级审查、学校认定等六个方面的程序开展综合素质评价。坚持德育为先，促进学生全面发展。切实加强青少年学生思想道德建设，不断增强针对性和实效性，注重创新精神和实践能力的培养，全市中小学生校外实践活动的参与面96%，比2009年提高30个百分点。全面开展“中小学生阳光体育运动”，确保了青少年学生每天锻炼1小时。广泛开展“大家唱、大家跳”体育艺术教育活动，张扬学生个性。成功举办了鄂州市第七届中小学生运动会，受到社会各界的一致好评。

【义务教育均衡发展】 根据人口的预测和教育发展的需要，结合鄂州“一主三新十特百村(新社区)”总体城市规划，遵循十年不变、规模适度、便民惠民、减少投入的原则，制定了中小学布局调整规划。已撤销中小学32所，其中初中7所，小学25所。制定了《鄂州市推进义务教育均衡发展规划》，“四项工程”全面实施，“两项机制”逐步完善，城乡之间、区域之间、校际之间的办学差距明显缩小，办学水平和教育质量整体提升，“择校”热明显降温。华容区作为全省第一批义务教育均衡发展改革试点区，积极推进教育管理体制创新，实行“三制一模式”，即实行“双重”监管制，确保学校建设资金专款专用；实行并校办点制，合理调整学校布局；实行资金统一调配制，推进中小学标准化建设；推行“1+8”社区学校模式，提升学校标准化建设的水平。华容区的作法经验得到了省政府的充分肯定，《湖北政务信息》作了专题报道。

鄂州市吴都小学在鄂州市第七届中小学生田径运动会上表演校园团体操

【规范办学行为】 在全市中小学深入开展"规范办学年"活动，以"五个规范"为目标，即规范教育教学、规范招生考试、规范收费补课、规范师德师风、规范安全管理，着力解决"减负"、"择校"、"师德师风"、"乱收费"、"考风考纪"等教育热点难点问题，建立规范办学的长效机制，推动素质教育的全面实施。通过问卷调查显示，"规范办学年"活动满意率97.3%，基本满意率2.7%，不满意率为零。

【改善办学条件】 市政府继续将改善办学条件列为"十件实事"，筹资2 628万元，新改扩建校舍97栋，新改扩建校舍面积33 680平方米，全面完成了全市中小学现有D级危房的拆除重建，全面启动了中小学标准化建设工程。积极推进农村教师周转房建设工程，鄂城区筹资兴建了150套教师周转房，引导157名教师到边远学校任教。华容区兴建了24套教师周转房，梁子湖区兴建了70套教师周转房，让教师安居乐教。

【教师队伍建设】 大力实施教师素质提高工程。在抓好暑期教师全员培训的基础上，重点针对农村学校师资缺乏的学科，为所有农村中小学免费培训1名英语教师，集中开展了音乐、体育、美术等学科教师专业培训，有效保证了农村学校全面开齐开好课程。开展了首届中小学幼儿园教师教学比武暨学科带头人评选活动，在教师中产生了广泛的影响。采取讲课竞选、师生考评、成果量化等程序，经过学校、乡镇、区、市各级层层选拔，评出市级学科带头人105人。要求学科带头人做到"六带头"，即带头践行师德规范、带头提高教学质量、带头开展教学研究、带头开展质量监测、带头指导学科教师、带头学习教学理论。建立完善了教师及时补充机制，采取公开招考和引进人才相结合的办法，引进新教师90人，充实了教师队伍，优化了教师结构。

【平安校园创建】 坚持"安全第一、预防为主、综合治理"的方针，以"强意识、查隐患、防事故、保安全、维稳定"为主题，一手抓教育教学质量，一手抓教育安全稳定，连续八年全市教育系统没有发生重大安全事故。大力开展"放心食堂"、"文明宿舍"、"平安校园"创建活动，着重加强了校园安全及周边治安综合治理，联合市公安、城管、交通、卫生、安监等部门开展"十看十督促到位"，即看门防保卫情况，督促按要求配备调整到位；看学校公安衔接情况，督促一校一警落实到位；看物防技防情况，督促报警监控装备到位；看制度建设情况，督促安全保卫责任到位；看高危人员排查情况，督促基层公安组织控制到位；看校舍安全情况，督促危房拆除封存加固到位；看校园周边情况，督促学校周边整治到位；看应急管理情况，督促学校落实预案及演练到位；看安全教育情况，督促学校法制安全课开设到位；看家校衔接情况，督促学校家长无缝对接保护学生到位。

【职教园区建设】 按照与市域经济相结合、与葛店开发区建设相结合、与就业创业相结合的发展思路，加快职教园建设步伐，采取整合职教资源和招校招商办学相结合的方式，探索职业教育规模化、集团化、连锁化、品牌化模式，增强职业教育的竞争力和吸引力。积极引进武汉地区职业院校到职教园投资办学，已有4所武汉地区职业院校落户园区，其中，宝业建工学校已于2010年秋季招生开学，还有15所院校有到职教园投资办学的意向。

【促进教育公平】 多渠道筹措助学资金，不断扩大资助面，共发放各类资助款项7 311万元，惠及全市学子202 667人次。多次举办大型助学活动，积极开展社会助学活动，筹集资金277.3万元，资助了2 389名贫困学生。依法保障"两类"学生接收义务教育的权利。组织专班对全市留守儿童家庭情况进行了摸底调查，建立了完善的个人档案，并按照校长包学校、班主任包班级、任课教师包学生的方式，通过亲情电话、入户走访、结对帮扶、课外活动、生活补贴等多种途径，促进留守儿童健康全面发展。城区义务教育学校一律取消借读费，保障进城务工人员子女平等接受教育，充分体现了教育公平。

【党风廉政建设】 召开全市教育系统"党风廉政建设宣传月"活动，营造学习贯彻《廉政准则》的浓厚氛围，建立更加完善的腐败风险预警防控体系，深入推进廉政文化进校园活动，全面落实教育系统党风廉政建设责任制。在全市2010年度民主评议政风行风中，教育系统排名位于经济和社会管理类第二名。局领导干部没有发生一起违法违纪案件，全市教育系统没有发生一起重大违法违纪案件。

【语言文字工作】 开展"语言文字规范化示范校"创建活动，经过严格评审，7所中小学顺利通过市级语言

华容区全面推进义务教育均衡发展改革试验，大力实施学校标准化建设工程。图为新建的庙岭镇红莲湖第一小学教学楼

文字规范化示范校的评估验收。2所学校以优秀成绩通过省级语言文字规范化示范校的评估验收。重点推进农村中小学普通话教学、书写规范汉字，提高农村中小学的语言文字规范化水平。开展了三类城市语言文字工作评估，葛店开发区和鄂州开发区已顺利通过评估验收。

撰稿　杨汉杰　皮　浩

审稿　杨植涛

鄂城区教育

【概况】　2010年，鄂城区中小学117所。其中，小学95所，初中19所，普通高中2所，职业高中1所，另有幼儿园20所。在校学生43 769人。其中，高中5 320人，初中16 277人，小学22 172人。在园幼儿2 978人。全区适龄儿童入学率100%，巩固率99.97%；适龄少年入学率98.6%，巩固率97.74%；残疾儿童入学率92%。教职工3 326人，其中小学1 657人，初中1 283人，高中386人。

【改善办学条件】　筹资1 745万元，拆除危房73栋21 647平方米，重建校舍49栋17 250平方米，彻底消除D级危房。投入650万元，绿化校园、硬化路面、小型维修、添置课桌凳，新建多媒体教室。2010年4月8日，深圳兆恒实业公司董事长徐国胜将投资7 000万元兴建的秋林高中无偿捐赠鄂城区，拓展了高中教育资源。

【提高教育质量】　鄂城区教育局被授予国家基础教育质量监测试点区、全国亿万学生阳光体育长跑运动优秀组织奖2项国家级荣誉，被授予湖北省教育技术装备工作先进区、农村教育“双推进”改革实验先进区、学校后勤保障工作先进区、生育文明创建工作先进单位、绿色学校创建工作先进单位、学生资助工作先进单位、家庭教育示范区7项省级荣誉。鄂城区被定为湖北省义务教育均衡发展改革试点区。在2010年3月23日召开的全省教育系统学习实践活动总结大会上，省委组织部和省教育厅主要领导分别对鄂城区的作法和经验给予了表扬。5月23日在远安县召开的全省校舍安全工程建设会议上，鄂城区作了经验交流。6月17日，全省中小学幼儿园综治维稳工作现场会上，省委副书记杨松对鄂城区和泽林镇的作法给予了表扬。

华容区教育

【概况】　2010年，华容区共有中小学校54所。其中，小学47所，初中6所，高中1所。在校学生20 239人，其中，小学10 626人，初中7 631人，高中1 982人。有教职工2 285人。其中，在职1 641人，离退休644人。全区适龄儿童入学率100%，小学阶段和初中阶段学生流失率分别控制在1%和2.5%以内，残疾儿童入学率93.5%。

【义务教育均衡发展】　实施学校标准化建设工程，中小学布局调整稳步推进，全区撤销学校11所，新办教学点5个，集中财政和社会各项建校资金2 600万元改善办学条件。全区共有54栋D级危房全部撤除，重建面积9 700平方米，10所保留学校运动场和实验室得到改造翻新，5所学校90个班实现“班班通”，3所学校教师周转房建成。

【学校安全管理工作】　全区按照学校、社会、家庭“三位一体”的校园安全防范工作思路，制定了区、乡镇主要领导和部门负责人包校责任制、家庭、学校安全责任协议制、年终考核制和一票否决制。重点在人防、物防、技防等“三防”上强措施，加力度。全区58所学校均实行封闭管理，建立了学生接送制、门卫值班制等10种安全管理制度；组建了护校队（队员246人），成立了保卫科，选聘保卫科长58人，明确专职门卫71人。全区共投入资金140多万元，对专职门卫和保卫科长进行了两次培训，并配备了统一的服装和防卫器械。新建或维修门卫室27个，在全区所有中小学重点部位安装了监控装置或报警器，并与公安部门联网。学校安全设施建设覆盖面100%。全年全区学校未发生一起安全事故。

梁子湖区教育

【概况】　2010年，梁子湖区中小学校77所。其中，高中1所，普通初中7所，九年一贯制学校2所，完全小学57所，初级小学10所。高中在校学生1 650人，初中在校学生7 336人，小学在校学生14 251人；全区适龄儿童入学率100%，适龄少年入学率98.3%，残疾儿童少年入学率93.3%，初中学生年辍学率0.48%。全区共有教职工1 316人，专任教师1 259人，其中高中69人，初中540人，小学650人。

【资助管理人员业务培训】　11月，承办“全国县级资助管理人员业务培训班”会议。全区义务教育阶段家庭经济困难寄宿生补助全部按省教育厅规定的标准，以银行卡的方式发放到学生（或家长）手中，学生签字手续等档案资料保管齐全；高中彩票公益金及时足额资助高中贫困学生；认真做好大学生生源地信用助学贷款工作，全区办理大学生生源地信用助学贷款941人，贷款金额563.3万元。

【改善办学条件】　在认真搞好学校布局调整的前提下，扎实推进中小学校舍安全工程工作，全区布局调整规划保留高中1所、初中6所、九年制学校2所、寄宿制完全小学24所，高中和初中已基本布局调整到位，分步实施重点小学标准化建设工程。中小学校舍安全工程重点消除了全部D级危房，完成了布局调整保留学校校舍项目重建工程，全区投入资金540万元，重建项目17个，重建面积5 570平方米。

○黄冈市教育

【基本情况】

2010年黄冈市教育事业发展状况统计

单位：人

	学校数（所）	毕业生数	招生数	在校学生数	教职工数	
					计	其中：专任教师
总计	2 106	387 020	393 261	1 373 394	70 735	60 345
一、高等教育（市州属）	5	15 317	19 960	65 853	3 449	2 313
1.普通高校	4	12 728	14 584	46 034	3 008	2 061
2.成人高校	1	2 589	5 376	19 819	441	252
二、高中阶段教育	119	105 240	85 397	281 866	15 850	11 815
（一）中等职业技术学校	43	41 426	30 965	108 682	4 176	2 928
1.普通中专	24	24 900	16 719	63 886	2 187	1 253
2.成人中专	1	—	—	1 099	67	5
3.职业高中	18	16 526	14 246	43 697	1 922	1 670
4.技工学校	—	—	—	—	—	—
（二）普通高中	76	63 814	54 432	173 184	11 674	8 887
三、义务教育	1 465	224 322	199 363	900 797	45 714	42 884
1.普通初中	269	130 174	99 383	353 144	21 335	19 895
2.职业初中	—	—	—	—	—	—
3.普通小学	1 192	93 774	99 848	546 319	24 157	22 802
4.特殊教育	9	374	132	1 334	222	187
5.工读学校	—	—	—	—	—	—
四、学前教育	517	42 141	88 541	124 878	5 722	3 333

【基础教育】 2010年，黄冈市幼儿园517所，同比增加150所；在园幼儿12.5万人，同比增长35.7%；3所幼儿园被评为省级示范幼儿园，4所幼儿园通过省级示范幼儿园复评。全市义务教育小学、初中学校分别为1 192所和269所，比2009年分别调减230所和22所；入学率分别达到99.97%和99.73%，各项普及指标均超过省定标准。推进义务教育均衡发展工作全面展开，经费保障、队伍建设、资源配置、督导管理等工作机制逐步健全。全市高中教育创建省、市级示范高中44所，其中省级示范高中9所，优质高中占普通高中总数的54.5%。

【职业与成人教育】 2010年，黄冈市中等职业学校招生3.1万人，高中阶段普、职教育比例趋于大体相当。全市争取省级中等职业教育专项资金380万元，申报列入“省中等职业教育基础能力建设项目”14个，“县级职教中心建设项目”10个，项目总投资2.1亿元，总建筑面积15.38万平方米，购置设备2 589台套件。黄冈职教园区主体工程黄冈市中等职业学校(集团)项目已完成工程立项、项目评估、总体规划设计、可研报告评审、建设用地审批、土地征用协议等工作，按照BT项目模式招商引资和投资协议。加强“双师型”教师队伍培训，选派176名中职学校教师参加各级专业骨干教师职业技能教学培训。全市成人教育面向社会、农村、企业举办职业技能培训活动，全年完成农村劳动力转移和城镇职工再就业培训12万人次，农村“双后生”培训1.6万人次。

【高等教育】 2010年，黄冈市4所普通高校共招生1.46万人，在校生4.6万人，分别同比增长4.12%和20.33%；1所成人电大在读学员1.98万人，同比增长11.93%。黄冈师范学院通过“硕士点”学科专业评估。黄冈职业技术学院被评为“国家骨干高职院校”。黄冈电大被授予“全国示范电大”称号。2010年4月，经省政府同意、省教育厅批复，黄冈卫生学校、黄冈市中心医院附属护士学校整体并入黄冈职业技术学院成立黄冈职业技术学院医药卫生学院。

【民办教育】 2010年，黄冈市民办教育机构615所，同比新增107所，占全市学校总数的19.2%；在校学生15.35万人，资产总值21.15亿元，分别同比增长24.29%和16.52%；教职工9 158人。全市民办教育已建成8所省、市级重点和示范学校。12月8日，全省民办幼教协会年会在黄冈市代代红幼儿园召开。

【教师队伍建设】 2010年，蕲春县四中教师汪金权先进事迹经各级新闻媒体报道后，引起社会强烈反响，得到中央和省领导批示肯定，汪被评为“全国十大教书育人楷模”，被授予湖北省道德模范、人民满意教师、五一劳动奖章、师德标兵等称号。全市评出十大师德标兵，组建师德报告团，举办师德报告会，广泛学习宣传汪金权师德典型。继续实施“农村教师素质提高工程”、“农村教师资助行动计划”和“城镇教师援助农村教育行动计划”。全市共选派50名中青年骨干教师参加国家级培训，2 500名教师参加省级培训，1 500名教师参加市级培训；100名中小学校长参加省级培训，200名校长参加市级培训。全市面向社会公开招聘教师767人；接收374名中央特岗生和省资教生到农村中小学任教；组织350名城镇教师到农村中小学支教。全市认定教师资格5 486人；评定教师高级职称509人，中级职称2 562人；评选黄冈名师50人、黄冈市骨干教师1 000人，其中2人被评为湖北名师，25人被评为特级教师。开展援疆支教交流活动，全市共派出11名市级以上骨干教师到新疆生产建设兵团农五师支教1年，农五师派出8名教师到黄冈市跟班学教半年。

【教育教学】 黄冈市中小学广泛开展德育主题教育实践活动，加强青少年校外活动基地建设和家庭教育工作，构建学校、家庭、社会“三位一体”素质教育模式。全市4名学生获第九届宋庆龄奖学金和提名奖，14名中学生获省文华科技品学奖。全市已创建全国示范家长学校3所，省级示范家长学校50所，市级示范家长学校218所，省级家庭教育工作示范县1个，市级家庭教育工作示范乡镇28个。全面推进高中课程改革，启动湖北省普通高中学生综合素质评价管理平台和高中课改样本校项目研究。完善义务教育课程设置、考试制度、评价制度，构建“高效课堂”，制定《黄冈市中小学教学质量评价指标体系》。2010年全市普通高考文理本科上线32 565人，同比增加978人，一本、二本、三本线以上人数全省占比分别为13.6%、14.1%和14.2%。理科、文科分别有两名学生进入全省前10名和前20名。6月28日，黄冈市委、市政府专门发贺电祝贺高考取得优异成绩。全市高中数、理、化、生学科竞赛，进入国家冬令营3人，获国家一等奖32人次，省一等奖548人次；全省中小学生电脑制作作品评

黄冈市政府在黄梅县召开推进义务教育均衡发展工作现场会

选获一等奖16件，1件获得全国总决赛二等奖；全省农村小学空中英语口语竞赛8名选手全部获奖；全省中职学生技能大赛13个项目比赛获奖20个，其中10人晋升高级工和技师职业资格。

【体育卫生艺术教育】 2010年，黄冈市举办3次全市性体育竞赛，命名8所市级体育传统项目学校。在黄冈中学举行阳光体育运动冬季长跑启动仪式，在第三届全国亿万学生阳光体育冬季长跑活动中，黄冈市教育局被教育部、国家体育总局和共青团中央共同授予长跑活动优秀组织单位；组队参加全省第八届中学生篮球比赛，黄冈市获得团体第三名；组队参加第二届中小学“大家唱、大家跳”艺术教育现场集中展演暨首届“校长杯”中小学校长歌唱比赛；在黄冈市区中小学开展文明校园歌曲征集及传唱活动。强化学校卫生工作，开展校园食品卫生专项检查和学校传染病预防知识培训，组织全市体音美及健康教育师资配备情况调查，举办第三期《国家学生体质健康标准》数据测试上报培训班。加强国防教育，举办黄冈市区学校人防知识教育座谈会。

【教育科研与督导】 2010年，黄冈市级教研部门组织视导听课520节；开展8次大型送教下乡活动；组织全市“四优评比”24次，送省参评成果987件，获省一等奖418件，送全国参赛成果235件，获全国一等奖98件。全市“十一五”国家级和省级重点课题全部结题，其中省级以上课题196项，市级课题129项。编辑《视导报告集》和《黄冈教育优秀论文集》，总结扩大科研成果。全市建立教科研基地学校53所，市教科院被中央教科所定为教育科研实验基地，被人民教育出版社定为新课程教学试验基地。开展学术交流，举办第四届学术活动周和“黄冈教育改革论坛”。继续开展省级示范学校创建，武穴中学通过省级示范学校督导回访；对浠水洗马高中、麻城实验高中、蕲春四中市级示范高中进行办学水平督导评估；对确认满三年以上的市级示范初中进行督导复评。创新教育督导机制，参加国家教育督导团教育督导干部培训和全国基础教育质量监测培训，在红安县召开“黄冈市教育督导研究会、示范学校校长联谊会”第三届年会，在黄梅县召开武汉城市圈督导协作会，促进相互交流和提高。

【教育经费投入】 2010年，黄冈市争取上级各项教育专项资金和社会捐赠资金5.12亿元，其中市直争取资金1 757万元。全市教育经费投入总额46亿元，其中预算内教育经费拨款33.86亿元；全市城市教育费附加和地方教育发展费征收到位9 072万元，其中市直征收到位2 114万元，同比增加824万元。以香港言爱基金会为代表的社会各界捐资助教资金5 520万元。全市共免除义务教育阶段学生杂费2.26亿元，提供免费教科书价值9 023万元，补助困难寄宿生生活补助1.23亿元；高中彩票公益金资助资金953.3万元；落实国家中职生生活补助资金9 448.45万元，免除学费1 834万元；为21 418名大学生发放了1.28亿元助学贷款。

【基础设施建设】 黄冈市抓住国家和湖北省实施的一系列学校工程项目建设机遇，继续加大中小学基础设施建设力度。完成扩大内需教育工程项目建设任务。全市118个初中工程项目全部完工，完成土建面积16.7万平方米，投资1.27亿元，采购配套设备505万元。黄冈市特教学校建设项目总投入495万元，新建校舍面积4 500平方米。实施中小学校舍安全工程。全市共投入资金4.33亿元，竣工并交付使用项目397个，建成面积44.6万平方米，占应加固改造、重建校舍面积的46.4%。完成农村合格学校建设任务。完成本年153所农村合格学校建设任务，三年内全市合格学校建设投入资金8.16亿元，建成合格学校750所。启动中小学装备标准化建设。全市投入2 780万元，新装实验室226间，新建图书室87个，装备“班班通”设备328套。推动教师周转房项目建设。全市共新建和改建教师周转房4 937套，建设面积26.22万平方米，投入资金1.2亿元，入住教师6 309人。

【学校后勤保障】 2010年，黄冈市构建学校素质教育基地网络体系、师生生活后勤保障体系、平安校园连锁配送体系、和谐校园风险管理体系。全市已建成学生劳动实践基地1 428个，70万人次参加劳动实践活动；670所农村寄宿制学校建成“菜篮子工程”，同比增加98所。全市366所学校实现“四个创建”活动单项达标，建成A级食堂66个，创建“放心食堂”226个、“放心超市”140个、“文明宿舍”218个、“绿色生态校园”54所。全市义务教育阶段校方责任保险投保率100%，城镇基本医保、农村合作医保、“学平险”等投保率均超过95%。继续规范教育书刊发行、校园超市连锁经营、“学生饮用奶计划”、学生统一着装、防近视练习簿、“校讯通”、

黄冈市领导欢送首批11名骨干教师援疆支教，新疆生产建设兵团农五师教师代表来我市考察学习交流

教育旅游等学生自愿性服务项目。

【语言文字工作】 2010年，黄冈市继续开展语言文字规范化示范校创建活动，5所学校申报省级语言文字示范校，12所学校申报首批国家级规范汉字书写教学特色学校。第二届全国中小学生规范汉字书写比赛，10件作品获国家级奖、65件作品获省级奖。全市共组织普通话水平测试21次，测试人员11 831人次，同比增加2 300人，测试领域涉及教师、大中专院校学生、公务员和其他社会人员。选拔26名教师参加省级普通话测试员培训，23人获得资格。完成武穴市、罗田县国家三类城市语言文字工作评估任务。组织第十三届推普周活动，举办黄州城区小学“经典诵读”比赛，开展“文明用语示范岗”和“规范用字示范街”创建活动。

【招生考试与毕业生就业】 2010年，黄冈市普通高考报名人数68 805人，同比减少2 980人；49 109名考生被高校录取，同比增加1 472人；录取人数占报考人数的71.4%，同比提高5个百分点。全市普通中专招生计划8 200人，实际录取并到校8 253人，其中市内中专学校录取5 913人。全市成人高考报名人数6 379人；自学考试报考科次83 277科次，同比增长27.5%。全市5 448人参加中职技能考试，11 328人参加全国计算机等级考试，3 566人参加全国英语等级考试，3 497人参加教师资格考试。全年组织就业宣传报告会12场，举办就业供需见面会26场次，直接推荐毕业生就业3 200人，协助院校推荐毕业生就业6 800人。全年共接收本、专科毕业生档案1.3万份，办理就业报到手续3 772人、户档托管服务2 850人、学历认证1 280人。

【学校安全稳定】 黄冈市以创建“平安和谐校园”为抓手，加大学校及周边安全、治安隐患排查治理力度。全市共投入2 566万元，用于学校安保设施配备。全市1 382所学校聘请法制副校长，开展法制安全讲座943次，90万名师生参加安全疏散演练活动。全年召开综合治理工作会议8次，下发文件22件，组织督办检查8次，其中全市性大会2次、督办检查4次。健全政务值守制度，强化信息报送制度，妥善处理群众信访问题。全年黄冈市教育局共受理各类信访件185件，召开2次督办会，通报情况2次，办结167件，办结率90.2%，没有发生一例群体性上访事件。黄冈市学校及周边治安综合治理工作被省教育厅评为全省第一名，黄冈市教育局社会治安综合治理工作和安全生产工作被评为全市先进单位。

【依法治教】 2010年，黄冈市继续开展“依法治校示范校”创建活动，22所中小学被评定“黄冈市依法治校示范校”，其中9所学校被评定湖北省首批“依法治校示范校”。全市教育系统以“开展优质服务、办人民满意教育”为主题，开展优化环境政风行风评议活动，在黄冈市直单位政风行风民主评议中取得第六名。全市检查学校1 459所，清退违规收费43.71万元，调查处理乱收费案件19件，通报批评15人次，其中给予校长撤职处分2人。罗田县创建规范教育收费示范县通过省教育厅等七部门验收。开展“五强五型创满意”创先争优主题实践活动，加强机关党建和文明创建工作。黄冈市教育局党的基层组织“五个基本、七个体系”建设被评为市直机关三个示范点之一；黄冈市教育局被评为2009－2010年度市级文明单位。全市教育系统尤其是领导干部学习贯彻《廉政准则》，黄冈市教育局制定《党风廉政建设考核办法》，对党风廉政建设责任制落实情况进行考核，实行“一票否决”制度。抓好党风廉政建设、社会综合治理、招商引资、驻点扶贫、“四城联创”、计划生育、人口普查、“两案”办理、档案保密、工会群团等各方面工作，落实政府部门责任目标，推动教育工作全面进步。

撰稿　石胜军

审稿　瞿建新

黄冈市人民政府与湖北省教育厅签订市、厅教育合作协议

黄州区教育

【概况】 2010年，黄州区各级各类学校72所，其中公办普通中学13所，小学36所，特殊教育学校1所，中等职业学校2所，电大1所，幼儿园1所；民办小学1所，幼儿园17所。在校生58 604人，其中高中生6 974人，初中生12 591人，小学生30 285人，在园幼儿1 137人，特教生85人，中职生7 532人。教职工4 230人，其中中学1 232人，小学2 458人，幼儿园197人（含民办），特校17人，中职学校326人（含民办）。

黄冈市、区两级联动，中考和高考组考工作实现零误差。全区普通高考一本上线人数357人，本科上线人数1 449人，高考上线万人居全市首位；中考600分以上人数76人。全区中小学全面推进养成教育，形成学校、家庭、社会“三位一体”的德育教育网络。加强学校安全管理，城区各中小学和农村初中及中心小学全部配备监控探头、报警装置等物防和技防设施，配齐安保人员。加大食品卫生、疾病防控、消防设施、校车安全等隐患排查力度。

【义务教育均衡发展】 2010年，黄州区"以区为主"管理体制改革实现新突破，义务教育公用经费标准得到提升，农村中小学布局调整稳步推进，乡镇内部走教交流机制得以建立。投入资金3 000万元，在20所义务教育学校开展校园标准化建设。完成校舍建设20栋，塑胶运动场5个，篮排球场10个，标准化实验室37间，"班班通"教室98间。全区新增农村合格学校10所。列入区政府十件实事之一的区一中科技综合楼主体工程完工。撤并农村小学2所，教学点3个，城乡教育资源共享格局基本形成。

团风县教育

【概况】 2010年，团风县各级各类学校104所，其中小学66所、初中17所、高中4所、职教中心1所；中小学在校生60 984人，其中小学31 492人、初中18 305人、高中9 365人、职业高中1 822人；幼儿园14所，在园幼儿4 601人；在编教师2 968人，其中高中460人、初中1 009人、小学1 499人。

全县中小学"阳光大课间"活动成效显著，以其独特、新颖、实用、活泼的形式，深受全县师生喜爱，并在团风县各中小学逐步普及。2010年，全县学生参加各级各类竞赛，获国家级奖88人次、省级奖215人次、市级奖348人次，是近年来竞赛成绩最好的一年；教师在各级各类竞赛中获得国家级奖2人次、省级奖97人次、市级奖310人次，是近年来获奖级别最高、获奖人数最多的一年。改善农村中小学教师年龄结构和学科结构，提高教师队伍素质，新招录的36名大学毕业生全部分配到农村小学任教，40名特岗生全部分配到农村中小学任教。组织160名初中政治、历史、化学等学科教师进行素质测试。组织1 000名中小学校长、教师进行培训。

【政府为教育办实事】 2010年，团风县政府决定，每年直接解决3－5名财政供给名额，吸引"211"工程的师范类全日制研究生来团风县重点高中任教。从中考学生中择优选拔30人，定向培养小学教师到农村偏远学校任教，试用期满考核合格后聘用为正式教师。投资9 000万元(含土地4.67万平方米)在城东建设一所思源实验学校。以成本价划拨团风中学相邻的黄金土地近0.2万平方米，用以建设团风县复读中心。启动全县教师的住房公积金。

红安县教育

【概况】 2010年，红安县各级各类学校187所，其中完全小学83所，教学点65个，初中23所，完全中学2所，普通高中4所，职高1所，特殊教育学校1所，公办幼儿园4所，民办学校4所。全县在校中小学生91 888人，在职教职工5 430人。2010年，红安县职教中心晋级国家级重点中职学校，将军城小学秦基伟中队被共青团中央、教育部和全国少工委联合授予"全国优秀少先队集体"称号，县直幼儿园被评定为省级示范幼儿园，红安一中被省委、省政府授予省级"最佳文明单位"，县教育局荣获黄冈市高中教学质量优秀奖、黄冈市民办教育先进单位。

全县调整农村中小学布局，先后撤消完全小学2所、教学点33所，撤并完全小学为教学点10所；新建农村教学点6所，改扩建教学点29所，完善和建成示范中小学22所。投入资金2 100万元，改善农村中小学办学条件。为1.5万名寄宿生，0.44万名高中、中职贫困生，发放各类补助1 361.5万元。争取国家项目资金560万元，为全县中小学生免费配备桌椅5.2万套。发掘红色革命传统教育资源，开展爱国主义教育、法制教育、科普教育、环保教育和行为习惯教育等主题教育活动。开展"教学教研活动月"、高中新课程培训及教学观摩研讨活动，选送教师参加省、市级讲课、说课比赛25人次。2010年，全县高考参考5 603人，上线5 002人，上线率为89.3%；本科上线2 651人，上线率47%，其中一本上线448人；过600分考生66人，增长幅度为88%。

【革命传统教育月】 2010年4月5日，"湖北省少先队革命传统教育月"活动启动仪式在红安县烈士陵园拉开序幕。团省委副书记张桂华，团省委少年部部长胡合宇，黄冈市委常委、宣传部长邓新华，团市委书记丰玉霞，红安县委常委、组织部长高汉锐等出席启动仪式。全省优秀辅导员代表、省市新闻界和红安县教育局、共青团红安县委的有关负责人及来自红安县实验小学、将军城小学、城南小学和红安二小800多名师生参加启动仪式。

【红安思源实验学校】 2010年8月17日，香港言爱基金会与红安县人民政府在海南省海口市言爱基金会驻内地办事处举行红安思源学校建设签约仪式，基金会捐赠学校建设资金1 000万元人民币，红安县政府提供土地4.67平方米，配套建设资金1 400万元。10月28日，红安思源学校正式奠基，计划2011年9月1日建成投入使用。学校拟建成县教育局直属的公立寄宿制学校，招收从小学四年级到初中三年级共6个年级学生1 800人，主要来自偏远地区经济困难家庭。

麻城市教育

【概况】 2010年，麻城市各级各类学校370所，在校学生18.5万人，在职教职工10 518人。麻城市教育局获国家级表彰2项，省级表彰5项，市级表彰8项。麻城市幼儿园评为"湖北省示范幼儿园"；麻城实验高中评为黄冈市示范学校，在第二届湖北省中小学校"大家唱、大家跳"艺术教育展演活动中获全能奖。在湖北省第二十五届青少年科技创新大奖赛中，麻城市获省一等奖4项，申报发明专利2项。在湖北省第十届中小学电脑制作作品评选暨第四届中小学信息技术创新与实践活动中，麻城市学生44件作品获奖，电脑绘画作品《"尘"市"香"春》获国家二等奖。在全国青少年举重比赛中，1人获48公斤级冠军，1人获52公斤级第三名；在湖北省第十三届运动会上，3名学生分获48公斤级、52公斤级、58公斤级冠军，1人获少年拳击50公斤级冠军。

全市小学入学率100%，初中教育完成率98%。全市普通高考报考人数9 742人，本科上线5 102人，上线率52.3%，同比上升4.3个百分点。清华、北大上线3人，一本上线1 030人，首次突破千人大关，600分以上高分人数首次突破百人大关，达128人，飞行员招录4人。全市中职招生2 778人，占黄冈中职招生总数的10.6%；麻城师范的幼教、空姐专业，麻城理工学校的机械制造、计算机、铁路乘务员专业，黄冈广播电视大学麻城分校“一村一名大学生”成为职教品牌。

【办学条件与学生资助】 全年全市共投入项目改造资金2 936万元，维修改造校舍51栋，面积41 616平方米，其中消除危房32栋，面积29 728平方米。完成19个乡镇80%初中和50%中心小学标准化实验室建设，集中招标采购12万余元实验器材和药品，共创建农村合格学校119所。全市1 486万元免费供教科书，发放各类助学金、奖学金674万元，接受社会捐赠30万元。办理343名资教生医疗保险和意外伤害保险；办理大学生生源地贷款合同5 352份，贷款资金3 204.13万元。中小学生参加新农合医疗保险129 419人，参加城镇居民医保34 856人，校园责任投保率100%。

【教师队伍建设】 全市实行城乡“挂钩结对”，选派41名城区教师支教农村；组织城区学校送教下乡18次，送课50节。选派480名学科带头人参加省、黄冈市骨干教师培训，198名教师参加湖北省“农村教师素质提高工程”第二期培训，组织58名教师赴高校参加国家级脱产培训，选派22名中小学校长参加黄冈市校长培训，本市培训农村小学体、音、美、英语四个薄弱学科教师160人。承办全省中小学校长协会第五届小学校长年会，举办第二届《麻城市中小学校长论坛》。招考录用85名教师到中小学任教。对40名中层以上干部进行综合考评。确立10所乡镇中心学校为第二轮农村教师周转房建设项目学校，新建小户型周转房304套，建筑面积14 788平方米。教育部副部长陈小娅、湖北省人大党组书记周坚卫先后视察麻城市教师周转房建设。

罗田县教育

【概况】 2010年，罗田县教育局贯彻落实“科教兴县”战略，以提升教育教学质量为中心，以教育均衡和教育公平为方向，办学条件明显改善，教学质量明显提高，行业作风明显好转，社会地位明显提升。坚持走“校企合作、产教结合”办学之路，举办全省推进中等职业学校校企合作现场会，罗田理工中专被评为全国德育教育先进集体，并被列入“国家中等职业教育改革与发展示范学校建设项目”。坚持“以评促建，以评促改”，争创三类语言文字规范城市，接受全省三类城市语言文字工作评估验收。开展政风行风评议活动，罗田县教育局被评为“湖北省政风行风建设先进单位”。坚持规范收费，纠建并举，罗田县被评为“湖北省规范教育收费示范县”。

【义务教育均衡发展】 全县投入资金1.18亿元，改造校园面积10万平方米。定向培养、公开招考补充教师81人，改善农村教师知识和年龄结构。建成教育城域网，信息技术应用率达80%以上。制订《罗田县中小学教育质量提升工程三年行动计划》，开展“优化课堂、提高课效”活动。2010年，全县普通高考本科上线人数大幅提升。成功举行庆“六一”活动和小学生运动会，实验小学被评为全国艺术教育先进单位。各学校以地域文化为底蕴，开展学校文化建设活动，河铺学校的“孝”文化等初具特色，促进学校内涵发展。加强校安工程管理，落实“一把手”责任制，建立“四制七统一”管理模式，受到国家校安办、省教育厅好评。

英山县教育

【概况】 2010年，英山县教育系统以科学发展观统领教育工作全局，深化教育改革发展，积极推进素质教育，加强教育行风建设，推动教育科学发展。英山县教育局在全县民主评议政风行风和“十佳三差”评选活动中，被评为十佳单位。

全县校安工程项目66个，总面积72 067平方米，累计完成专项建设资金6 000万元。制定中小学装备标准化工程实施方案，启动标准化学校建设。全县各类资助学生109 605人次，其中小学55 671人次，初中38 380人次，高中1 444人次，特教372人次，中职11 442人次，大学生生源地信用助学贷款2 296人，共计落实资助资金4 445.53万元。

【素质教育】 突出阳光体育运动和“一校一特色”建设，开展校园“大家唱、大家跳”和校园集体舞活动。落实地方课程，以写字、说话、绘画、弹琴、舞蹈和社会实践活动为课程载体，开展课外阅读“三小”(小学士、小硕士、小博士)活动，每年举办“一节一会一赛”(艺术节、运动会、普通

罗田县学校红色文化、源文化、名人文化、感恩文化、孝文化等各具特色，在促进学校内涵发展中焕发出生机和活力

话竞赛）活动，培养学生综合素质。探索留守儿童教育模式，发挥留守儿童教育研究试点学校引领作用，将先进经验向全县推广。丰富和完善留守儿童与父母互动制度、课外生活管理制度、青春期教育和心理咨询制度。全县留守儿童教育工作受到国家、省、市各级充分肯定。

浠水县教育

【概况】 2010年，浠水县各级各类学校297所，其中初中29所，九年一贯制学校4所，完全中学1所，小学145所，幼儿园95所（其中公办2所），高中8所，理工中专、特教学校各1所，乡镇成人文化技术学校13所。另有教学点35个。在校学生175 758人，其中高中生20 785人，理工中专7 662人，义务教育阶段学生128 856人，在园幼儿18 455人。全县在职教职工6 775人，其中高中1 376人，义务教育阶段5 218人，公办幼儿园68人。浠水县教育局获国家级表彰1项，省级表彰2项，市级表彰7项。

全县小学入学率100%，初中入学率97.5%，学前教育和三类残疾儿童就学率分别达到86.6%和83%。中考成绩稳中有升，在黄冈市初中语数外三科联赛中位居全市第二位。高考成绩在全市争强进位，浠水实验高中获全市教学质量特别优秀奖。省、市级重点教研课题结题，85人次在市级以上“五优”比赛中获奖，其中2名教师在全国优质课比赛中获一等奖。

【学校建设和学生资助】 全县争取校舍安全工程项目资金2 096万元，提前完成本年度校安工程建设目标，共加固改造校舍6 570平方米，新建校舍29 538平方米。争取农村寄宿制学校建设资金732万元，加固校舍3 750平方米，新建校舍7 150平方米。浠水实验高中投入400万元新建3 000平方米学生宿舍楼一栋，浠水闻一多中学投入300万元新建2 000平方米学生食堂一栋，浠水洗马高中被评为市级示范高中。全县落实义务教育阶段免费教科书费1 215.8万元，困难寄宿生补助1 482万元，发放国家中职生活补助499.05万元，发放普通高中助学金426万元，为2 626名特困大学生办理生源地助学贷款1 573.9万元，争取社会各界捐资助学款6.78万元。

【教师队伍管理】 全年组织中小学校长400人次参加各级各类培训，65名中小学校长参加全国中小学校长专业化发展高级研修班学习，更新校长队伍办学理念，提升校长队伍办学能力。组织830名教师参加“农村教师素质提高工程”、“卓越工程”、省农村骨干教师置换等国家级和省、市级培训。县继教中心组织讲师团送教下乡，培训教师4 000人。继续开展城镇学校对口帮扶农村薄弱学校活动，安排城区教师到农村、山区支教，提高薄弱学校师资水平。

蕲春县教育

【概况】 2010年，蕲春县深化教育改革，突破发展瓶颈，办好人民满意教育，完成各项目标任务。全县中小学生在各级各类竞赛中获奖700人次，获各级表彰400人次。在全市中小学生田径运动会上，蕲春县荣获初中组团体总分第一名、小学组第四名。蕲春县被推荐申报“全国阳光体育工作先进县”。全县高考600分以上达96人，位居全市县（市、区）第三位，同比净增55人。肖潇和余先恺分获全市文理科第一名。

中小学德育工作成效显著。蕲春县南征中学“孝行天下”德育创新活动作为基础教育课程改革教学研究成果由省教育厅报送教育部参加国家级成果评选，同时在“黄冈教育改革论坛”2010年会上交流经验。清水河中学“文明礼仪”教育、青石中学“国学育人”、刘河中学和芝麻山中学“三雅”（儒雅谈吐、文雅举止、高雅情趣）教育、漕河镇一小等学校“书香校园”建设、桐梓中学寝室文化节、刘河中心小学“关爱留守儿童”、城关高中心理健康教育等德育活动特色明显。蕲春县教育局组织编写的《家庭教育从这里启航》成为全省县市区首部家庭教育集成之作。蕲春县被评为“湖北省家庭教育示范县”并被推荐申报“全国家庭教育示范县”。

【办学条件与后勤保障】 2010年，全县实现教育经费预算29 290万元，同比增长8%。启动94所学校项目建设工程，新建改建校舍面积3.1万平方米。16所乡镇小学建成多媒体教室，全县中小学普遍建成电子期刊阅览室。后勤服务“十有八配套”建设和“四个创建”取得阶段性成果。学校后勤管理工作由粗放型管理向精细化、低碳化和现代化管理迈进。让寄宿制学校学生“餐餐吃上新鲜菜，天天洗上热水澡”目标基本实现。粮油集中配送覆盖率由50%上升到78%。

【汪金权师德典型】 2010年5月，蕲春四中教师汪金权先进事迹通过中央、省、市各级媒体报道后，引起各级领导高度重视和社会广泛关注，汪被誉为“大别山师魂”，授予湖北省道

蕲春县四中教师汪金权获“全国十大教书育人楷模”荣誉称号，其先进事迹誉满神州大地

德模范、湖北省人民满意教师称号，评为"全国十大教书育人楷模"。9月7日，汪金权赴北京参加庆祝第26个教师节系列活动，在中国人民大学世纪馆，受到胡锦涛、刘延东等党和国家领导人亲切接见。在全省师德师风建设年会上，蕲春县作为县市区代表在大会上作经验交流。

2010年11月26日，武穴市接受国家三类城市语言文字工作评估总结会在南洋酒店举行

武穴市教育

【概况】 2010年，武穴市教育系统确立"安全才有保障力、质量彰显生命力、特色就是竞争力、文化蕴含思想力"理念，创新机制，规范管理，提高办学水平和教育质效。全市中小学开展经典诵读活动，《郭超人》纪念铜像揭幕仪式在母校梅川高中举行，教学质量监测工作加强。武穴市教育局、武穴中学、武穴实验高中、育才高中再获黄冈市高中教学质量"优秀奖"。武穴理工中专对口高考高职高专上线率达97%，毕业生安置率保持100%。黄冈市第五届青少年科技创新大赛武穴市获5个一等奖、13个二等奖、30个三等奖，位居黄冈市之首。

【学校规划建设】 2010年，全市普通初中由42所调整为30所(其中重点建设19所)，小学由186所撤并为142所。中小学项目建设投入3 788.6万元，覆盖中小学118所，维修改造面积7.29万平方米，新建校舍面积2.55万平方米，完成80所合格学校创建任务。对12所农村中小学33间实验室进行标准化改造，对303所农村现代远程教育项目学校加强监管。聘请华中师范大学专家课题组完成武穴城区教育资源的优化整合项目论证工作，启动"武穴市科教大厦"建设工程，形成新武穴中学建设项目的选址意向。鼓励品牌学校创新办学模式，支持武穴师范附小开展教育集团化办学实践，成功兼并城郊结合部的江林小学，接管地处农村乡镇的官桥明德小学，形成一校多点办学模式，扩大优质教育资源覆盖面。

【教师队伍建设】 2010年，全市招考79名公办教师，全部安排到缺编乡镇(处)中小学校和高中学校任教。再次抽调50名城区优秀教师到缺编乡镇对口包校支教；继续安排4名优秀教师赴四川省都江堰市崇义中学对口支教；首次动员2名教师赴新疆支教，接受2名新疆教师来武穴挂职培养。选派618名中小学教师参加新理念、新课程、新教材等各类业务培训。开展创建规范教育收费示范学校、示范乡镇和示范县(市)活动，专项整治教师有偿补课行为，层层签订严禁教师违规补课责任书，教师人人签订一份加强师德修养、拒绝违规补课承诺书，严禁学校教师违规办班补课。

黄梅县教育

【概况】 2010年，黄梅县紧扣"均衡"、"质量"两大主题，以创办理想的黄梅教育为追求，以"办真教育"为办学理念，教育改革成果丰硕，教育公平步履坚实。2010年全县普通高考，过重点线1 028人，同比净增97人，其中过600分178人；过本科线6 001人，连续8次夺得市教学质量"特别优秀奖"。

【义务教育均衡发展】 2010年，全县科学整合、均衡配置城区县、镇两级资源，全面完成城区中小学布局调整工作，实现标准班额教学。同步推进农村布局调整工作，全县公办初中由30所调整至25所，小学由192所调整至125所；改善学校硬件设施，投入3 402万元完成改扩建项目13个(改扩建面积3.3万平方米)，投入700万元完成60所中小学196个功能室建设，装备98所学校图书1 800万码洋、100万册。均衡配置师资，清退代课教师，清理在编不在岗教职工，分流初中富余教师，公开招聘补充教师；实行股(副股)级干部交流轮岗制度，推进中层干部竞争上岗制度；坚持中小学月学习制度，举办中小学校长及后备干部高级研修班，培训70人次，运用各种培训等平台培训教师1 673人次，启动名师、骨干教师评选机制。规范办学行为。禁止乱办班、乱补课行为；义务教育阶段学校按照规范课表上课、规范时间表作息；规范学籍管理，全面建立学生电子学籍档案；规范组织高考、中考工作，理顺招生秩序。

○咸宁市教育

【基本情况】

2010年咸宁市教育事业发展状况统计

单位：人

	学校数（所）	毕业生数	招生数	在校学生数	教职工数	
					计	其中：专任教师
总　　计	898	150 024	179 153	571 632	30 368	28 053
一、高等教育（市、州属）	3	7 126	8 049	27 120	2 183	1 491
1. 普通高校	2	7 126	8 049	27 120	2 183	1 491
2. 成人高校	1	—	—	—	—	—
二、高中阶段教育	45	39 000	35 119	117 398	13 904	4 319
（一）中等职业技术学校	18	19 317	16 269	58 908	1 860	1 337
1. 普通中专	18	19 317	16 269	58 908	1 860	1 337
2. 成人中专	—	—	—	—	—	—
3. 职业高中	—	—	—	—	—	—
4. 技工学校	—	—	—	—	—	—
（二）普通高中	27	19 683	18 850	58 490	12 044	2 982
三、义务教育	604	84 082	86 346	358 840	10 129	17 706
1. 普通初中	127	51 211	37 925	127 874	—	7 918
2. 职业初中	—	—	—	—	—	—
3. 普通小学	477	32 871	48 421	230 966	10 129	9 788
4. 特殊教育	—	—	—	—	—	—
5. 工读学校	—	—	—	—	—	—
四、学前教育	246	19 816	49 639	68 274	4 152	2 537

注：普通初中教职工数含在普通高中教职工数内。

【概况】 2010年，咸宁市有高等教育学校3所。中等专业学校18所，在校学生58 908人，专任教师1 337人。普通高中27所，在校学生58 490人，专任教师2 982人。普通初中127所，在校学生127 874人，专任教师7 981人。普通小学477所，在校学生230 966人，专任教师9 788人。幼儿园246所，在校学生68 274人，专任教师2 537人。

【义务教育均衡发展】 2010年8月，咸宁市举办义务教育均衡发展论坛，总结交流全市各地推进义务教育均衡发展的做法。教育部基础教育一司副司长杨念鲁、省教育厅副厅长黄俭、华中师范大学教授雷万鹏等领导专家出席会议。咸宁市各地不断探索，积极实践，推进义务教育均衡发展。通山县进一步完善“联校走教”，推进师资配备均衡化，每周在完全小学和初中选派教师，深入到所辖的薄弱学校开展走教工作，每周送课达1 400余节，使近万名学生享受到了优质教育资源。作为全省首批义务教育均衡发展试点县和样本监测点，崇阳县统筹城乡教育发展，确保基础设施标准化，积极探索“初中向县城集中、小学向乡镇集中”的义务教育均衡发展模式，让山区的孩子也能享受到优良教育，筹措资金新建教育新城，让近4 300名农村孩子进城读书，投资2 300余万元对农村学校进行改造升级。通城县实行留守儿童关爱工程，关爱弱势群体，享受均衡教育，组织教育、财政等各部门采取多项措施，为留守儿童撑起一片关爱的天空，为他们创造良好的生活、学习环境，让他们同享优质教育。

【高中教育】 “十一五”期间，全市普通高中新增占地面积88万平方米，新增建筑面积30万平方米，累计投入资金4.8亿元。全市普通高中教学楼、实验楼、科技楼、图书馆等基础设施一应俱全，全市高中学校办学条件得到极大改善。普通高中办学行为逐步规范。2010年，咸宁市2所省级示范高中鄂南高中和赤壁一中通过省政府教育督导室复评。8月，市政府教育督导室、市教育局对全市公办高中办学行为进行专项督导，进一步规范各校办学行为。11月，对通山一中进行等级认定，对其他市级示范学校进行复评，全市高中办学水平不断提高。召开了全市高中教育工作会，对高中教育工作进行了研讨和部署。高中课改稳步推进。4月，市教育局召开全市高中课改工作会议，进一步明确了高中课改的基本任务，提出了工作要求。9月17日，组织2010年普通高中课程改革管理工作培训会，对各县(市、区)教育局基础教育股股长、各高中分管课改工作的副校长、各高中管理课改工作和学生学籍的负责人、各高中高一、高二年级主任进行培训。全市高中课改综合素质评价完成率等各项指标在全省名列第八。教育质量不断提升。2010年，全市参加高考人数21 524人，录取人数14 748人，全市高考录取人数由“十一五”初期的58.7%上升到2010年的69.4%；近5年累计为高等院校输送人才7万多人。全市高考工作安全举行，嘉鱼县、赤壁市、通城县、崇阳县等县市实现违纪零记录。

【职业教育】 加快中职资源整合。市政府先后召开专题会议并印发《关于成立咸宁职教集团的批复》、《关于咸宁职教园区项目建设专题会议纪要》和《市委办公室、市政府办公室关于成立咸宁市城区中职学校资源整合工作领导小组的通知》等多个文件，市城区中职学校资源整合工作有序推进。各县(市、区)大力加强县级职教中心建设，改善学校办学条件和提升办学水平。继赤壁市、崇阳县和嘉鱼

2010年8月19日，咸宁市首届义务教育均衡发展论坛

2010年10月29日，鄂南高中秋季运动会开幕

2010年1月19日，湖北省教育厅与咸宁市人民政府在温泉举行教育合作协议签字仪式

县新建校区后，通城县政府新征地5.79万平方米，投资1 600余万元对校园进行改扩建。通山县职教中心在新城区黄金地段新征15.33万平方米建设教学实训场所，有望两年内完成建设任务。崇阳县职教中心和赤壁市机电信息技术学校先后投资1 000多万元和2 000多万元建设实习实训室和添置实验实训设备。全力完成中职招生任务。针对全市初中毕业生减少，招生形势十分严峻的实际，6月30日，市教育局召开高中、中职学校招生工作会议，强调要进一步抓好普职协调发展，要求高中、中职招生计划同步制定、招生任务同步下达、招生工作同步安排，并将中职招生任务完成情况作为县(市、区)教育局2010年度目标责任考核重要指标，实行“一票否决”，会后下发《关于进一步做好中职招生工作的紧急通知》。2010年全市普通高中招生18 850人、中职招生16 269人，普职比大体相当。

【教师队伍建设】　构建农村教师引进补充机制。近5年，全市通过招聘大学毕业生、社会公开招考和引进资教生，共新增教师1 863人。2010年全市义务教育学校共增加新教师206人，其中咸安区、赤壁市招聘90人，在6个县(市、区)中增补教师最多。2010年，全市共签约资教生195人，并全部补充到农村学校和城市薄弱学校，较好地缓解了中小学教师特别是农村教师年龄老化和学科结构不合理等问题。建立农村教师培训提高机制。2010年全市教育系统共培训干部教师13 914人。咸安区积极探索“师范生顶岗实习，教师离岗培训”的模式，共安排92名教师参加进修培训，湖北大学选派119名大学生，分布到全区25所初中顶岗任教，并与湖北大学举办中小学校长培训班，安排40名校长参加培训。实施农村教师保障激励机制。咸宁市实行绩效工资、教师周转房、职称评定向农村教师倾斜政策，受到省教育厅和农村广大教师的好评。2010年，全市建成教师周转房1 325套，完成建筑面积69 209平方米，共计投入资金4 966.2万元。

【教育综合改革试验】　咸宁市积极落实省部《共建武汉城市圈教育综合改革国家试验区合作协议》。厅市合作协议顺利签订。1月19日，市政府与省教育厅签署教育合作协议。协议内容包括推进义务教育均衡发展，科学规划职业教育，建立统筹协调机制、增强咸宁高校服务地方经济社会发展的能力与水平等三个方面。教育合作扎实推进。县(市、区)教育行政部门以厅市合作协议为平台，努力扩大优质教育资源总量，提升咸宁教育整体发展水平。5月，崇阳县与华中师范大学签订协议，每年在华中师范大学选聘免费师范生，补充到农村学校，顶岗任教两年。

【学校安全】　市教育局组织专班到县市区学校督查学校安全工作20余次，全市各级教育行政部门排查治理隐患单位455家，累计落实治理资金1 273万元，全市教育系统未发生影响重大的突发安全事件。

【机关建设】　教育系统自身建设卓有成效，行风评议、党建工作、创先争优、廉政建设、文明创建、计划生育、档案管理成绩突出，特别是在全市民主评议政风行风活动中，市教育局被评为“优秀单位”，受到市委、市政府表彰。

撰稿　张　曙
审核　骆名录

咸安区教育

【教师培训】　2010年，咸安区教育局规范教师培训管理。印发《关于加强教师培训管理工作的通知》、《“国培计划”咸安区学生顶岗实习管理考核办法》、《关于选拔教师离岗培训的通知》等一系列文件，就教师队伍建设和培训工作实行了规范管理，并形成了教师培训的长效机制。与湖北大学、武汉体育学院合作，选送了150名中小学语数外教师、50名体育教师分别到湖北大学、武汉体育学院脱产研修三个月，同时接收了湖北大学和武汉体院200名应届师范毕业生到咸安区各中小学顶岗实习三个月。7月13日，在省教育厅召开的中西部项目暨“顶岗实习，置换培训”教师教育工作宣传动员会上，国务委员刘延东对咸安区与湖大教师培训项目给予充分肯定。

【项目建设】　2010年，完成农村教师安居房和教师周转房建筑面积1.8万平方米，校舍安全项目工程和农村初中改造项目工程22个，水毁重建工程8个。新建学生宿舍和食堂5 000平方米。预算投入4 800万元的浮山中小学新建工程已经开工，预算投入950万元的青龙山高中学生食堂新建项目进入紧张施工阶段。投入192万元对11所中小学实施“班班通”工程建设，建多媒体教室132个，配笔记本电脑118部，台式计算机23台。投入240万元为14所中小学添置标准课桌椅2万套。

【教育宣传】　与咸宁电视台2频道合作开办了"百年树人"教育专题宣传栏目，播出38期。《南鄂晚报》专版宣传教育8期，咸安教育信息网发布教育各类信息1 216条，咸安教育网全年点击率达21万人次。全区全年上各类报刊杂志、电台电视台稿件256篇，迎接区人大视察教育工作，拍摄了《永恒的追求》教育专题汇报片。6月28日的《光明日报》第五版"深度报道"栏目、11月14日的《中国教育报》头版和11月17日的《中国教师报》头版对咸安区开展教师置换培训、探索教育均衡发展新模式予以报道。

嘉鱼县教育

【学校布局调整与校舍改造】　2010年，嘉鱼县大力整合城乡教育资源，先后撤并中小学60余所，义务教育阶段学校由原来的127所调整为59所。2010年，全县共争取初中校舍改造工程项目资金2 000多万元，改善农村学校办学条件，10所寄宿制学校全部竣工并投入使用。

【素质教育】　广泛开展"中华诵、经典诵读"等系列教育活动，构建了学生主体参与、实践过程体验、反思实现内化、主题活动巩固的德育体系。深入开展"学生阳光体育运动"，积极实施《国家学生体质健康标准》，先后组织了全县中学生篮球赛，小学生足球联赛和学生冬季长跑活动；开展了以"校园合唱"和"校园集体舞"为主要内容的"大家唱，大家跳"艺术教育活动，组队代表咸宁市参加了湖北省中小学艺术教育展演活动并获优秀组织奖和全能奖。

【学校后勤保障】　大力推进"两个基地"建设，相继建成12个基地，面积7.73万平方米；深入开展"四项创建"活动，促进了中小学后勤管理规范化、精细化，提升了全县学校后勤服务保障水平，被评为"全省中小学后勤保障与管理先进单位"。

【校园安全】　大力完善校园安防工程建设，县政府投入280万元的专项资金，为全县所有中小学统一安装电子监控设施，初步构建了校园安全监控网。县政府为全县中小学、幼儿园统一配备1～2名保安人员，并将保安工资列入财政预算，确保了学校安全稳定。

赤壁市教育

【孝雅教育活动】　2010年，赤壁市把握孝雅教育的核心内容，积极搭建孝雅教育平台，将孝雅教育引向深入。2010年重点开展了"六学六好"活动，强化学生品行教育，规范学生行为习惯，教学生学会动手动脑，学会生存生活，学会做人做事，做到生活有理想、谈吐有涵养、举止有礼仪、行事有风度、心中有智慧。11月12日，全市德育工作现场展示暨"六学六好"推动会在市第二实验小学召开，与会代表参观该校"六学六好"德育活动成果展示，观看学生千人诵《弟子规》表演。市教育局对德育先进单位和先进个人进行了表彰。2010年，市实验小学被评为"全国德育工作先进学校"。

【有效课堂建设】　2010年有效课堂建设重点抓四个环节。扎实抓好集体备课环节，每个学科的集体备课率达60%以上；扎实抓好有效课堂环节，构建和谐的教学氛围，切实提升课堂的有效性；扎实抓好常态教研环节；扎实抓好教学备考环节，变一年备考为三年备考、六年备考。11月23日—26日，分别在市实验小学、市第二实验小学、营里小学、车埠镇中、市第一初级中学、实验中学和市第五中学举行了全市小学、初中有效课堂竞赛，共有138名教师参加了竞赛。通过有效课堂的构建，学生的素质得到提高，学生各类学科竞赛获省级以上奖466人次，其中实验中学学生李辉、李晶、戴昕合作的"硫酸根离子干扰检验氯离子实验研究"获国家二等奖和"周培源青少年科技创新奖"。

通城县教育

【学前教育】　2010年，通城县全县共有公办幼儿园31所，民办幼儿园33所，在园幼儿12 369人，其中公办幼儿园7 340人，服务范围覆盖了全县所有乡镇村，学前教育基本形成了"政府主导、社会参与、公办民办并举"的多元化学前教育体系，全县学前三年毛入学率达62.18%。

【素质教育】　坚持育人为本，德育为先，全面实施"生态德育"工程和"体育艺术2+1工程"。深入推进新课程改革，特别是高中新课改，切实减轻中小学生课业负担。广泛开展阳光体育运动，中小学"大家唱，大家跳"、"大课间"活动和经典诵读等活动。成功承办了咸宁市第十一届中学生田径运动会，参加省"第八届黄鹤美育节"活动获省、市级奖共51项。

【义务教育均衡发展】　办学条件极大改善。全县累计投入农村中小学校舍改造资金2 081余万元，为39所农村

赤壁一中开展丰富多彩的文体活动

中小学校新建、改建面积24 873平方米。校点布局科学调整。制订了《通城县2010年至2015年校点布局调整方案》，并在秋季开学前顺利撤并9所学校。技术装备全面升级。积极打造“空中课堂”，为20所学校装备了多媒体教室，为2所初中新建标准化实验室，为7所中小学校建起了标准化图书室，为35所中小学校建起了电子图书室，累计投入资金达190余万元。关爱工程有效推进。创办“留守儿童托管中心”，加快寄宿制学校建设，开展“两包一扶”、“城乡结对共建”、“巾帼爱心示范岗”等关爱活动。全市共有16所中小学校“结对共建”，开展了一系列卓有成效的活动。留守儿童关爱工作以“让每一位留守孩子感到‘家’的温暖”为题，在全市义务教育均衡发展会议上交流发言。

崇阳县教育

【创新办学模式】 2010年，崇阳县对农村初中由县教育局直辖管理。根据布局调整后的教育现状，实行初中全部由县教育局直管制，改变了由各乡镇（教育办）负责管理的现象。乡镇教育办不再行使任何管理职能，县教育局统一调节各乡镇初中生源、统一指导教学、统一管理财务、统一监测质量，乡镇中学有独立的法人代表、独立的教育环境、独立的办学特色。对乡镇小学实施“1＋X”联校一体化办学模式。在全县农村小学大力推行“1＋X”联校一体化办学模式，即以一个中心完小或相对优质的完小为核心，与相邻地域的若干小学（含教学点）联合办学，一个法人代表统领多个办学实体，建立一种集人、财、物、教学、评价、管理于一体的学校联合体。

【学前教育】 县委县政府把学前教育摆上政府工作的重要位置，出台系列措施，推动学前教育的发展，形成“乡镇以公办为主，城区公民办并举”的办园格局。明确全县所有闲置校产归属县教育局管理，县教育局根据布局合理规划公办幼儿园。资金投入上给予倾斜，全县公办幼儿园已投入2 122.6万元，缓解了办园资金难题。人员编制上给予倾斜，允许小学公办教师合理流动到幼儿园任教，财政保障其全额工资，缓解了办园师资难题。大力扶持民办幼儿园发展，县委县政府无偿划拨土地0.87万平方米，建成民办公助性质的教育城幼儿园。规范民办幼儿园的管理，引导促进民办幼儿园健康发展。

通山县教育

【“联校走教”改革】 2010年，通山县根据教育形势发展和实际问题，印发《关于进一步深化联校走教工作的通知》和《关于进一步加强义务教育均衡发展工作的通知》，围绕“一二三四五”（即一个目标：以人民满意为目标；两个促进：促进均衡发展、促进素质教育；三统四合：人事统一调配、课程统一安排、财产统一管理，整体上合家、思想上合心、工作上合力、管理上合拍；五个一：学生一个不能少，素质一生不能差，学校一“点”不能落，课程一科不能缺，学时一节不能掉），在联校机制、走教学科内容和学校管理机制上进行了创新。

【教师安居工程】 2010年，全县继续将教师周转房建设作为推进义务教育均衡发展的重点工作来抓。在南林桥镇、黄沙铺镇、大畈镇、厦铺镇、杨芳林乡、九宫山镇和洪港镇等乡镇，为16所学校建设教师周转房282套，投入资金1 310.2万元，建筑面积11 620平方米周转房。同时，征地4.67万平方米，建设教师花园小区，由开发商进行商业开发，全县教师踊跃报名参加团购，预计一套房可优惠七万余元，逐步缓解教师住房难问题。

○随州市教育

【基本情况】

2010年随州市教育事业发展状况统计

单位：人

	学校数（所）	毕业生数	招生数	在校学生数	教职工数	
					计	其中：专任教师
总　　计	451	112 271	109 474	364 703	22 052	18 908
一、高等教育(市州属)	1	2 002	1 709	6 773	456	360
1. 普通高校	1	2 002	1 709	6 773	456	360
2. 成人高校	—	—	—	—	—	—
二、高中阶段教育	33	36 741	18 167	69 527	4 390	3 600
(一)中等职业技术学校	12	16 245	6 838	23 068	1 208	831
1. 普通中专	10	13 515	4 408	16 167	1 023	671
2. 成人中专	—	—	—	—	—	—
3. 职业高中	2	2 730	2 430	6 901	185	160
4. 技工学校	—	—	—	—	—	—
(二)普通高中	21	20 496	11 329	46 459	3 182	2 769
三、义务教育	281	60 495	53 716	238 000	15 422	13 740
1. 普通初中	84	37 393	26 703	87 888	7 697	6 698
2. 职业初中	—	—	—	—	—	—
3. 普通小学	195	23 089	26 986	149 900	7 677	6 994
4. 特殊教育	2	13	27	212	48	48
5. 工读学校	—	—	—	—	—	—
四、学前教育	136	13 033	35 882	50 403	1 784	1 208

【依法治校示范校】 2010年，随州市落实《教育部关于加强依法治校工作的若干意见》，推进依法治教。市教育局制发《关于开展依法治校示范校创建活动的通知》，在全市开展依法治校示范校活动。做好了2010年“五五”普法工作，督促各地进行了自查。

【政府教育督导制度】 从2001年开始，市委直接任命专职督学，市政府连续聘任三届兼职督学。2010年有专职督学2人，督学顾问5人，兼职督学15人并建有3个教育督导责任区。县(市、区)聘用专职督学10人，兼职督学31人。建立督学责任区制度，将全市划分为4个市级督学责任区(即市直督学责任区、随县督学责任区、广水市督学责任区、曾都区督学责任区)，市政府教育督导室领导和市督学顾问包片负责，选派若干名市督学作为责任区的责任督学，指定局机关干部和县(市、区)督导室(办)专职人员为联络员，共同做好责任区的督评工作。

【学籍管理】 按照省教育厅要求完成2010级新生学籍注册。认真审核全市2010届普通高中毕业生信息，顺利进入省高中毕业生查询管理系统。圆满完成2010年全市普通高中高一新生学籍网上注册工作。

【规范办学行为】 3月，市政府教育督导室印发《随州市普通中小学示范学校管理规定》；8－9月组织了对全市普通高中办学行为的督导检查，主要检查了公办学校是否招收复读生或举办复读学校(复读班)、学校是否违反规定单独组织招生考试或其他违规招生、学校是否违反政策规定乱收费、学校是否违反规定组织学生节假日集体补课、教师是否乱编、滥发教辅资料谋取私利等。通过检查，向12所违规学校发出了整改通知书，限期整改到位。

【关爱工程】 加强对进城农民工子女就学的领导和统筹，保障3 060名农民工子女在城镇就学、升学。做好返乡农民工子女就学工作，使他们尽快与当地少年儿童一样接受义务教育。8月，市教育局印发《服务工业兴市八项举措》，要求全面开辟企业外来务工人员子女入学“绿色通道”。

【平安校园创建】 认真落实《中小学公共安全教育指导纲要》工作要求，积极开展平安校园创建。成立随州市校园及周边安全稳定问题排查整治工作领导小组，建立“政府领导，综治协调、部门联动、社会参与、各负其责、齐抓共管”的工作机制，强化安全责任，全面排查安全隐患，深化警校联防等办法和措施，整治优化了校园环境。在各部门的配合下，全市先后清查各类网吧、旅社、公共娱乐场所等196处，检查网吧114户，迁出校园周边200米以内网吧1家，对2户证照不全的网吧进行了立案查处。取缔学校附近非法经营摊点76家，杜绝了不洁食品、“三无”食品等流入校园。在治安情况复杂的学校、幼儿园周边地区设置治安岗亭和报警点74个。投入资金652万元安装探头664处，应急灯3 436个，灭火器2 211个。实行门卫值守与校领导带班、教师值班24小时巡逻和校园全封闭管理制度，确保了校园与周边的有效隔离。学校采取告家长书、学生承诺、签订安全责任书等形式，建立了学校、社会和家庭三位一体的安全教育网络。

【语言文字规范化】 对2010年申报省级语言文字规范化示范校进行了部署，根据各县(市、区)的申报和专家组评估，择优推荐曾都一中、铁树学校、万店镇小学和广水广办三小等4所市级示范校申报省级语言文字示范校。12月21日，4所学校顺利通过由省语委办专家组成的评估检查组的检查评估。

【规范汉字书写教育】 转发《省语委、省教育厅关于在全省各级各类学校中加强规范汉字书写教学的通知》，并将《省语委、省教育厅转发教育部语用司关于开展规范汉字书写教育特色学校建设的通知》印发到县(市、区)，根据申报择优推荐随县洪山镇小学、柳林中心学校、广水实验小学、曾都实验小学、淅河镇小学、淅河二中等6所学校申报国家级规范汉字书写教育特色学校。

【贯彻《义务教育法》调研】 研究制定推进义务教育均衡发展的工作计划、年度工作安排和切实可行的工作措施。配合随州市政协社会发展委员会在2010年第三季度就全市贯彻实施《义务教育法》情况开展了调研。由市政协社会发展委员会执导，市教育局和市电视台星星园栏目部深入各县(市、区)、大洪山风景名胜区、随州经济开发区部分学校和市直部分单位，实地采访拍摄，历时一个多月，制作了《现实与展望》——随州市政协义务教育调研行专题片，并在市政协二届十六次常委会议播放。

【普通高中课程改革】 严格执行国家高中课程方案，开齐开足课程。1

随州市学生参加编钟美育节活动

月27日，与市教研室联合召开了普通高中课程改革推进会。成立普通高中课程改革实施工作领导小组、专家指导小组和学科指导小组，推进高中课改。积极开展"中小学培育民族精神月"活动。检查指导各义务教育阶段学校开齐课程、开足课时，合理配置公共教育资源，逐步缩小学校之间的差距。配合市科技局等单位开展了随州市2010年科技活动周启动仪式活动，选派青少年代表作了倡导低碳生活的倡议，组织了200余名青少年参加了科技活动周启动仪式相关活动。

【教育技术现代化】　4月7日，在广水市召开2010年全市电化教育、教育技术装备暨教育信息化工作会议。组织参观了多所学校的实验室、标准课桌椅和"班班通"建设现场，表彰了一批电教装备工作先进典型，部分学校分别在会议上介绍了教育技术装备建设和推动教育信息化工作的经验。2010年随州市通过从公用经费按10%的比例划拨等办法统筹教育技术装备经费达1 600多万元，其中，广水市将筹措1 000万元。

【高中招生收费】　2007年，市委、市政府印发了《市人民政府关于切实规范中考招生秩序和普通高中招生收费的通知》，重点加强了高中招生计划管理和收费管理，制止乱收费行为。做到了"该收的依法收到位，不该收的坚决不收"。"三限生"严格按照省定标准收费对任何人都一视同仁，不准减免。招生时，市教育局对收费发票逐项核实。2008年以来，随州高中学校收费行为逐步规范，避免了大量规费流失。

【重点高中联合办学】　2009年，随州一中、随州二中组建省级重点高中(随州)联合体，两校在教学教研、学生管理、教师建设、文化宣传、国际特色、联合招生等开展了实质性战略合作。2010年，两校联合招生，资源共享，既维护了学生合法权益，又降低了招生成本，更树立了品牌学校形象。将省级示范高中(随州)联合体(随州一中、随州二中)、广水一中三所省级示范学校2010年招生计划，按比例分配到各县(市、区)各初中，并制定了详细的工作方案。随州市实施高中"阳光招生"工程，各级招考机构和各招生学校向社会进行了"七公开"。市教育局在招生期间向各招生学校派驻中考招生督导组，对各招生学校实行全程监督和指导，同时设立暗访组随机检查。市招考办及时将招生政策、优录加分、各学校录取结果等情况在随州招考信息网上进行公示。

【现代教育集团】　2007年，随州市在全省率先组建职教集团，即湖北现代教育集团。集团依据《公司法》和《民办教育促进法》规定，制订章程，按照章程选举产生了集团董事会和相关职能部，实行党委领导下的董事长负责制。2010年8月，市教育局又在湖北现代教育集团内部进行资源整合，推行董事会、理事会、监事会治理结构，实行一主多元、统分结合，解决各自为政的情况。

随州市第一中学学生品评同学的美术作品（叶银品 摄）

【中职学生技能大赛】　11月8日—19日，市教育局组织举办了随州市中等职业学校学生技能大赛。大赛共有12所学校共计123人次参加，竞赛内容涉及计算机、数控、电工电子、汽车维修、机械加工、演讲等6大专业门类7个项目。随州代表队参加湖北省技能大赛，取得了1个二等奖，5个三等奖的好成绩，随州获优秀组织奖。随州中职技能大赛已进入层层开展，以赛促教、以赛促学的常态化规范化轨道。

【校企合作】　2010年12月3日，市教育局会同市人社局、市财政局等八个部门印发随州市职业教育校企合作倡议书，搭建了学校和企业交流和合作的平台，5个学校代表和3家企业代表分别进行了经验交流发言，8所学校和企业现场签约，社会反响良好，进一步加大了教育部门服务工业兴市力度。

【体育卫生艺术教育】　按国家规定落实中小学校体育、健康教育课时。高标准、高质量承办了省教育厅学校体育卫生和艺术教育工作会议及随州市体育卫生艺术教育现场展示会。会议总结交流了2009年全省学校体育、卫生、艺术和国防教育工作的成绩和经验，部署了2010年工作要点。广泛开展中小学"大家唱、大家跳"艺术教育活动。在全市义务教育中小学校全面开展合唱和集体舞教育教学活动，形成"人人会唱歌、个个会跳舞"的艺术教育氛围。认真贯彻落实《学校艺术教育工作规程》精神，全面推进素质教育，注重发挥学校美育的重要作用，坚持学校美育与学校的培养目标、办学水平和全面推进素质教育相结合，发挥学校艺术教育独特的育人功能，提高中小学生的艺术修养和审美情趣，丰富中小学生的精神文化生活，展示中小学生热爱祖国、朝气蓬勃、积极向上的精神风貌，体现中小学生向真、向善、向美和向上的校园文化特质。

【贫困生资助】 随州市委、市政府高度重视对家庭困难学生的资助工作，成立了以副市长李雅君为主任的市经常性扶贫助学工作领导小组，全面负责全市扶贫助学工作。市教育局立了学生资助工作小组，市资助中心配备4名专职工作人员，安排了专门办公地点和经费，完备了办公设备，安装了网络专线，确保资助工作的正常开展。各县(市、区)都成立了相应的领导小组，设立了工作机构，落实了办公地点和工作经费。构建了“市—县—乡—学校”四位一体的学生资助工作网络。及时向受助对象发放助学资金，做到狠抓落实。严格按照全国学生资助管理系统的要求，认真做好中等职业学校学生资助信息填报工作，严格执行“月报表”和“学期报表”等制度，按时报送统计报表、学期报表等，为助学金及时准确发放打下了坚实的基础，确保了资助工作的规范运行。严格把守中职学生国家助学金发放关口。在中职学生资助金发放方面，严把八道关口。严格执行中职学生国家助学金发放形式。市教育局把及时拨付、足额发放、减少中间环节作为“切入口”。组成了中职学校“阳光操作封闭运行委员会”，成员由学校校长及分管校长、家长代表、学生代表、市政府督学、市教育局特派员组成，五位一体，相互配合、相互制衡。将资助金的发放完全置于阳光下操作，采取举行现场公开发放仪式，核查学生身份，然后逐一签字领卡的形式，做到了资助金快速直达学生手中。加强监督检查，坚决制止虚报冒领，确保国家资金安全。资助中心通过盘清中职国家助学金底数，深入调查研究，及时发现和解决资助工作中的困难和问题。做好生源地贷款工作。对2010年全市生源地贷款情况进行了统计摸底，全市申请办理贷款2 837人；4—6月，2次组织参加全省生源地贷款工作培训，并就经济开发区、大洪山风景名胜区的贷款工作积极向市政府汇报，多方协调，保证了全市贫困学子都享受到了生源地贷款的惠民政策。全市共签订贷款合同2 276笔，金额1 365.6万元。

【师德师风建设】 随州市每年教师节进行师德标兵评选表彰活动，每年暑期都进行师德培训，鼓励教师爱岗敬业。2010年，联合随州电视台、随州日报社，进行了“十佳教师”、“十佳校长”等评选活动。

【教师培训】 教师培训经费落实到位，做到专款专用。教师培训经费按年度公用经费预算总额的5%安排执行，单独设立专帐(科目)，专款专用。市教育局每年度对各单位培训工作及培训经费管理和使用情况进行督办检查。2010年，各继教中心、各学校培训经费落实到位，全部做到了专款专用。建立健全了全市、县、乡(镇)、校四级培训体系，开展教师全员培训。2010年，全市总计组织各类集中培训67期，集中培训12 165人次。

【校安工程建设】 校安工程被列为市政府为市民办理的十大实事之一。按照省定校安工程规划，随州市2010年度需投入1 955.16万元，新建及改扩建2.11万平方米；根据统计情况，到2010年12月，全市实际完工的项目为178个，投入资金7 855万元，新建及改扩建面积12.55万平方米，已全面超额完成2010年省校安办确定的校舍重建及加固改造规划任务。

撰稿 张明国
审稿 张明国

曾都区教育

【概况】 2010年，曾都区各级各类学校67所，其中小学41所，初中21所，普通高中3所(含完全中学1所)，职业高中(中专)1所，九年一贯制学校4所，完全中学1所，特殊教育学校1所。共有公办教职工5 303人，在职4 256人，离退休1 093人。在校学生76 938人，其中小学生36 528人，初中生27 164人，普通高中生10 887人，职业高中生2 539人。在全区义务教育阶段学校中，有寄宿制学校56所，其中小学38所，初中17所，特殊教育学校1所。寄宿学生52 832人，其中小学生27 554人，初中生25 278人。

【义务教育均衡发展】 2010年，区教育局在实施校安工程、改善学校办学条件的基础上，进一步实施义务教育均衡发展行动计划。以加强农村学校建设和城区薄弱学校改造为重点，进一步均衡配置全区义务教育阶段学校经费、设施、设备、教师等办学资源，缩小区域内学校之间办学水平的差距，着力推进素质教育，全面提高教育质量，最大限度地体现了社会主义教育的公平性。投资900余万元，为学校装备实验室30个、电子白板220套、多媒体教室100个、教师电子备课室1个及电脑70余台，添置了大量的体音美器材，改善和优化了教学设施，大大提高了各学校的教育现代化水平和教育信息化程度。全区各学校基本达到了六有：有适用、够用、安全的校舍；有与学生数量相匹配的运动场所；有能够满足教育教学需要的各类功能室；有高标准的现代远程教育工程；有能够满足学生在校生活所需的食堂、宿舍；有免费提供干净卫生的饮用和洗漱用水。

【教育教学质量】 教育改革进一步深化，教育教学质量不断提高。以曾都一中创建省级示范高中为契机，以高中新课改为切入点，以网络教研为平台，以教研活动为载体，引导广大教师积极投身于教学研究，着力破解制约课程改革发展的重点、难点问题，全面提高教育质量，提升办学品味。积极组织学校开展富有特色的体育运动，在全区中小学校中提出了“校校有特色，人人有特长”全民健身理念，开展了“一校一品”的特色创建活动。艺术教育工作取得了长足的进步。2010年初，全省体卫艺工作会议在随州市召开，曾都区实验中学、实验小学作为体育示范学校，现场展示了广播体操、校园集体舞和大合唱，得到了与会领导的一致好评。11月初，曾都区教育局被教育部艺术教育委员会评为“全国学校艺术教育先进单位。”2010年高考成绩再创新高，曾都区报考人数4 384人，上本科线2 485人，上线率56.68%，上一本线312人，上线率8.99%。

广水市教育

【概况】 广水市2010年各级各类学

校198所，在学学生总数134 318人。其中，幼儿园84所，在园幼儿14 301人；普通小学68所，普通初中31所，九年一贯制学校4所，特殊教育学校1所，义务教育阶段在校学生96 004人；普通高中8所，在校生18 648人；中等职业学校（职业高中）2所，在校学生5 262人。全市现有在岗教师8 928人，其中在编在岗教师6 771人，公办学校无编在岗教师448人，民办学校自聘教师1 709人。

【标准化建设】 2010年，广水市开展了中小学基础设施和装备建设现状普查，对照《农村普通中小学建设标准》，开展中小学标准化建设，优先安排薄弱学校建设项目，大力促进均衡发展。全年基础设施建设立项103个，投入建设资金3 098万元，新建、扩建、改建面积37 262平方米，拆除危房面积11 657平方米。全市中小学装备建设投入1 402.2万元，新增多媒体设备421套、微机898台，新增教育网接入学校16所，光纤接入校园网学校52所，24所中小学实现了“班班通”，34所中小学部分年级实现了“班班通”，为26所初中配足配齐了实验器材和药品，装备高中通用技术实验室13个，添置标准课桌椅2 204套，建设健康教室43个。

【精细化管理】 规范办学行为，完善教师岗位设置和岗位聘任制管理，强化教职工工作考核和师德师风建设。完善学校安全管理制度，强化学生安全教育，加强学校及周边环境综合治理力度，落实了“一校一警”制度，确保校园安全。完善“防辍控流”管理措施，开展“无辍学班级（年级、学校）”创建活动，巩固“两基”成果。完善校务公开管理制度，推进学校民主管理。2010年，全市教育工作受到各类表彰280项，其中国家7项，省21项，地市68项，市184项。

【学校后勤保障】 服务教职工，切实维护教职工合法权益。全市教职工医保投保率100%。市教育工会2篇工作论文在《求是》杂志上刊发。服务学生，切实维护学生利益。开展“绿色生态校园”、“放心超市”、“放心食堂”、“文明宿舍”创建活动，加强后勤保障与服务管理，把服务育人贯穿学校工作全过程。落实教育惠民政策，义务教育“两免一补”全面落实，中职生资助金直达学生个人账户。扶贫助学，彰显人文关怀。落实国家彩票公益金救助资金121.5万元，救助普通高中贫困学生1 215人；为954名大学生办理了生源地助学贷款，落实助学贷款569万元；成功举办第四次广水籍在外爱心人士资助家乡贫困大学生“圆梦”行动，筹集善款40余万元，资助贫困大学生100人，奖励优秀教师10名；协助市总工会组织“金秋助学”活动，筹资20余万元，救助贫困学子近百名。2010年，广水市再次荣获“全省中小学后勤保障与管理工作先进县市”称号。

随县教育

【概况】 2009年7月29日，经国务院批准新成立的随县正式挂牌，随县教育局相继成立。随县辖18个镇（场），版图面积5 673平方公里，人口98.83万人。全县共有中小学校120所，其中小学87所，初中31所，高中2所；另有独立幼儿园51所。全县中小学校共有教职工6 889人，其中在职教职工5 243人，退休教职工1 646人。共有在校学生103 653人，其中小学生44 772人，初中生33 980人，高中生6 687人，幼儿园学生18 214人。

【义务教育协作区】 随县教育局按照“区域就近、强弱结合”的原则，把全县划分为随南、随中、随北3个教学教研协作区，加强区域内教学教研协作力度，让优质的教育资源在区域内合理使用，缩小校际差距，使学生享受到相对公平的教育。实行轮值协作。随县各教学教研协作区内的活动以镇中心学校为单位，实行轮值主办，轮值周期为一个学期。轮值期间，协作区内的教学教研活动采取主办方中心学校校长负责制，主办方制定科学的教学教研工作计划，定期组织区域内学校联合开展教学教研活动。实行“1＋6”教研员模式。随县教研室每学科均设有1名专职教研员，负责指导全县各镇（场）相应学科的教学教研活动。再分别从每个协作区的6个镇中按学科聘请1名兼职教研员，协作区内交流活动均由1名专职教研员和6名兼职教研员共同参与组织，在协作区内形成了“1＋6”的教研员模式。基层教师广泛参与。协作区内的教研活动直接参与者是教学一线的教师。2010年，3个协作区共进行了54次教学教研活动，每次的教研活动参与人数达60人以上，“随县教学教研协作区”建立不到一年时间，参与教学教研的人数达3 200多人（次），教学教研氛围浓，效果明显，达到资源共享，优势互补、共同发展的效果。

【特色学校建设】 随县教育局根据实际，积极引导鼓励学校沿着“特色项目—学校特色—特色学校”的发展路线去实践探索，学校初步形成浓郁本土气息和鲜明的个性特征，正在向“人无我有，人有我优，人优我精”的格局迈进。随县厉山三中的“立体合作”课堂教学模式，全面落实了教师主导学生主体的课堂教学理念，全国知名教育专家王敏勤等教授指出，“立体合作”课堂教学模式科学揭示了课堂教学的立体性规律，已成为全国农村教育改革的一面旗帜。万和新城小学的“人人有特长”教育理念和教学活动，正逐步形成该校的“艺术传承”文化特色。该校传承的被列入湖北省人民政府公布的第二批非物质文化遗产保留项目—益阳大鼓，在仅存一位师傅几乎濒临失传的情况下，组织了学生进行传承，该校有近50名学生已得真传。

○恩施州教育

【基本情况】

2010年恩施州教育事业发展状况统计表

单位：人

	学校数（所）	毕业生数	招生数	在校学生数	教职工数	
					计	其中：专任教师
总　　计	1 172	154 253	193 646	578 156	33 295	28 765
一、高等教育(市州属)	3	8 409	9 303	26 689	2 090	1 208
1.普通高校	2	7 323	7 022	22 666	2 041	1 175
2.成人高校	1	1 086	2 281	4 023	49	33
二、高中阶段教育	41	27 560	34 600	94 238	4 934	4 094
(一)中等职业技术学校	17	9 719	14 253	36 891	1 391	1 126
1.普通中专	3	361	846	2 507	92	59
2.成人中专	—	—	—	—	—	—
3.调整后的中等职业学校	13	8 812	12 435	32 102	1 299	1 067
4.其他机构(恩施职院中职部)	1	546	972	2 282	—	—
(二)普通高中	24	17 841	20 347	57 347	3 543	2 968
三、义务教育	853	96 458	90 365	383 963	23 297	21 817
1.普通初中	147	50 796	46 989	144 059	9 148	8 229
2.职业初中	—	—	—	—	—	—
3.普通小学	701	45 579	43 287	239 106	14 065	13 507
4.特殊教育	5	83	89	798	84	81
5.工读学校	—	—	—	—	—	—
四、学前教育	275	21 826	59 378	73 266	2 974	1 646

【基础教育】　2010年，恩施州依法实施义务教育，保障适龄儿童少年受教育的权利。春秋两季开学前夕，各级教育行政部门利用各种媒体广泛宣传《中华人民共和国义务教育法》，义务教育学校自觉执行《义务教育法》，落实义务教育入学通知书制度；全面落实免费义务教育政策，加强收费管理，坚决治理乱收费。千方百计控流防辍。各县(市)教育部门强化控流防辍工作责任制，采取领导包片、股室包乡、校长包校、教师包学生的工作机制，对学生进行组织动员，对流失生进行劝返。切实保障弱势群体受教育的权利。落实国家贫困生资助政策，对义务教育家庭贫困寄宿生补助生活费；关爱留守学生，设立亲情电话，改善生活条件，注重沟通交流，确保留守学生身心健康；坚持以公办学校为主、以流入地为主，妥善安排进城务工人员子女入学。春秋两季开学期间，州教育局检查组对全州中小学开学工作进行检查视导，各县(市)春秋两季开学工作井然有序，未出现违规现象。据秋季学期统计，全州小学适龄儿童全部入学，初中阶段入学率98.54%。小学在校生年辍学率控制在1%以下，初中在校生年辍学率控制在3%以下。

【义务教育均衡发展】　制《恩施州义务教育学校办学基本规范(试行)》，切实规范办学行为。全面落实义务教育"划片招生、免试入学"政策，遏制择校问题；按规定标准设置班额，有效缓解"超级大班"问题；实行义务教育学校标准化建设，推进义务教育学校教学设施设备、办学条件的基本均衡。实行中考制度改革试点。宣恩县第一中学将指令性计划的60%分配到各初中学校；鹤峰县拿出重点高中公费生招生计划的10%，均衡分配到县内每所初中学校。加强对义务教育均衡发展工作的调研，研究解决试点过程中出现的难题，做好义务教育均衡发展监测工作，为上级教育主管部门决策提供依据。各县(市)以办好每一所学校、关注每一个学生为着眼点，以义务教育学校教师队伍建设为核心，以化解择校和大班额问题为突破口，以全面提高教育教学质量为主线，着力推进义务教育县域内均衡协调发展。

【中小学德育】　继续坚持育人为本，德育为先，实施素质教育的理念，积极探索中小学德育工作的新途径、新方法，增强针对性和实效性。在全州教育系统广泛开展"忠孝雅诚"经典诗文师生诵读及比赛活动，广大师生通过诵读经典诗文作品认识和接受中华民族传统美德，潜移默化受到熏陶和感化，取得良好效果。

【民族传统文化教育】　在全州中小学开展民族传统文化教育研究，建立13所研究基地学校，每所学校都有主攻项目，通过研究与实验使民族传统文化教育更加理性化、科学化和系统化，为建设文化大州作出应有的贡献。

【学科教研和培训】　各县(市)积极开展高效课堂建设及研究，在利川市举办以"树新形象、创新业绩"为主题的义务教育阶段语文、数学、外语教研员教学实践周活动。组织全州小学三年级数学教学监测考试，组织、辅导、推荐师生参加国家和省各种教学竞赛活动取得好成绩。抓好高考复习备考工作，高中各学科在不同时段召开复习备考会，组织高三年级教学质量监测考试，为各高中学校提供重要的参考意见，复习备考策略行之有效。

【现代远程教育】　全州农村中小学现代远程教育工程设备运行正常，各学校都能正常使用优质教育资源服务教育教学。召开全州"班班通"试点工程建设及应用研讨会，以恩施市3所学校为现场，通过参观、观摩以"班班通"设备为依托的课堂教学实践活动、大会交流等形式，深入研讨"班班通"应用模式，促进农村中小学现代远程教育工程向纵深发展。

【教育技术理论与实践】　恩施州第五届教育技术理论与实践征文评选共收到参评作品2004件，评选出一、二等奖作品推荐到省参赛，论文获特等奖13件，一等奖139件；教学案例获一等奖48件，州电教装备站荣获优秀组织奖，恩施市、利川市、建始县三县(市)电教装备站荣获团体优胜奖。组织全州农村小学生赴省参加英语口语竞赛，选拔8名学生组成恩施州代表队赴省参加决赛全部获奖，一等奖2人，二等奖4人，三等奖2人，8名教师分别获相应等级辅导奖，州教育局获最佳组织奖。

【体育卫生艺术教育】　继续开展"阳光体育运动"。在咸丰县举办全州第三届中学生篮球运动会，获得圆满成功。举办全州第二届中小学体育优质课现场评比，选拔6节体育课赴省参加省教育厅第八届中小学体育教学评优活动全部获奖，获一等奖2个、二等奖3个，三等奖1个。实施《学生体质健康标准》，完成学生体质健康调研工作，组织专班对全州学校体育卫生工作进行检查。中小学校体育锻炼的氛围更加浓厚，每天锻炼一小时基本落实，学生体质有根本提高，近视率有所下降，耐力素质有所提高。巴东县被评为全国"阳光体育运动"先进县，受到教育部表彰。组织开展"大家唱、大家跳"活动。全州各级各类学校以"唱好一首歌、跳好一支舞、做好第三套广播体操"为主要内容，并结合学校艺术节、体育节等，广泛开展"大家唱、大家跳"活动。恩施市教育局举办全市现场集中展演，并选派恩施市第二实验小学、市职业技术学校参加全省现场集中展演荣获全能奖。恩施市施州民族小学、利川市毛坝民族初中被教育部艺术教育委员会授予"艺术教育工作先进单位"称号。

【科普教育】　在全州中小学生中大力倡导学科学、爱科学、用科学的良好风气，加强对学生科学创新能力的培养。5月，组织恩施市部分中小学生参与第十届"科技活动周"活动，分别到州气象台、鄂西树木园、湖北民院医学院标本馆、农业高新技术示范园、华中药用植物园及标本馆参观学习。从4月开始与州科协联合举办第六届全州青少年科技创新大赛，活动历时半年，全州有12万青少年学生参加，共评出青少年科技创新成果奖280项、优秀科技实践活动15项、少儿科幻绘画162幅、优秀科技教师26名、优秀组织奖20个、优秀组织者4人。

【各类教育考试】 2010年，全州高考报名20 533人，比2009年减少654人；其中普通高考生19 109人（文科8 812人、理科7 459人、艺术1 539人、体育1 299人），比2009年减少351人；普通高考考生本科上线（含艺术、体育）10 070人，比2009年增加308人；其中文理科本科上线8 821人，比2009年增加243人，一、二本合计上线3 528人，比2009年增加241人，一本上线1 064人，上线人数再次超过千人。全州报名参加中考的应届初中毕业生45 788人，参加八年级地生考试的考生48 042人，共设考点135个。中考工作组织严密，措施到位，充实调整了中考命题骨干教师队伍并进行了专题培训，全州首次统一实行数学、英语网上阅卷，确保了阅卷公正、公平，所有考生成绩均由州教育局统一合成、统一发布、统一打印成绩通知单。认真组织完成了研究生入学考试、英语口语等级考试、成人高考、自学考试（4次）、申请教师资格教育学心理学考试、“一村一名大学生计划”脱产及函授招生统一考试等。

【普通高中教育】 恩施民族中学建设投资过亿元，教学楼、行政楼、学生宿舍楼等主体工程进展顺利，部分主体工程已经封顶，2011年秋季可以建成招生。全州普通高中新课程改革工作稳步推进。组织参加省级骨干教师培训，举办高一、高二年级9个学科的教材培训班，在规定时间内启动省开通的所有课改平台。各高中学校成立课程改革领导小组、课程实施工作小组、学科课程实施研究指导组、学分认定委员会、学校课程实施选课指导中心、学生综合素质评价指导组等。全州普通高中学校均按照《湖北省普通高中学校课程方案设置课表编排指导意见》编制课表，按照课表开课，课改网络平台包括综合实践课管理平台、公众参与平台及综合素质评价平台均能正常使用。拟订《恩施州普通高中教学质量监测工作方案》和《恩施州普通高中教学常规管理意见》，加强对各普通高中学校教学质量的过程管理，全面提高教学质量。进一步完善普通高中招生办法，采取网上招生注册方式，完成普高招生20 115人。加强学籍管理，完善管理制度，健全档案资料。

【中等职业教育】 各县（市）职教中心新建和扩建进展较快，实施湖北职教“319工程”有序推进。建始县职教中心和宣恩县职校的新建工作进展顺利。利川市投入4 500万元的5大工程2011年秋季可投入使用。恩施市新征校园6.67万平方米已经通过州规划局研究，巴东县、咸丰县、鹤峰县、来凤县都各自完成了扩建项目。职业学校基础能力建设得到加强，教学、生活、实习实训设施设备条件进一步改善，利川市和咸丰县职校获国家级实训基地建设项目支持，近400万元资金已经到位。校企合作、工学结合的职业教育办学模式改革进一步推进，职业技能教学得到更加重视，全州技能大赛获奖选手参加全省职业技能大赛首获二等奖，州教育局首获全省技能大赛组织奖。职业学校办学水平进一步提高，利川职校进入国家示范性中职学校建设名单，巴东职高和建始职校申报国家级重点职校，宣恩职校成为省级重点职教中心，恩施州民族职业艺术学校获省批准设立。职业教育服务地方经济发展的能力进一步加强，各职校紧紧围绕地方经济、产业发展，调整专业建设，加大骨干重点专业建设，大力开展各类职业培训，恩施市、建始县、宣恩县、咸丰县等职校的农村电器应用、学前教育、电子电器应用与维修等创建为省级重点专业。大力开展成人教育，各职校及成人文化技术学校全年开展职业技能培训、就业培训、农村劳动力转移培训、农村实用技术培训等各类培训达3.4万人次。通过大力发展高中阶段教育，全州高中阶段在校生规模不断扩大，在校学生10.13万人，高中阶段毛入学率73.8%。

【师资队伍建设】 抓好师德建设，不断提高师德修养。开展中小学师德主题教育活动，先后下发《关于在全州教育系统开展向程婧同志学习活动的通知》、《关于在全州教育系统开展向汪金权同志学习活动的实施方案》和《关于举办“做师德楷模、育时代新人”先进事迹报告会的实施方案》，引导广大教师深入学习和大力弘扬模范教师的先进事迹，自觉践行《中小学教师职业道德规范》，弘扬高尚师德，强化师德教育，提高师德水平，建立健全师德建设的长效机制。举办模范教师先进事迹报告会，遴选12位师德模范组成全州教育系统“做师德楷模、育时代新人”先进事迹报告团赴8县（市）作先进事迹巡回报告，累计有近万名教师和教育工作者聆听报告会。抓好教师补充，切实保障教学需求。按照州六届人大五次会议《政府工作报告》中关于“着力解决36个边远乡镇中小学教师紧缺问题”的要求，全州共招聘190名教师补充到边远乡镇中小学校。组织实施“农村义务教育阶段学校教师特设岗位计划”和“农村教师资助行动计划”，全州各县（市）共与1 316名高校毕业生签订了为期3年的支教服务协议，其中有}名应届高校毕业生正式到岗任教。采取直接选聘的方式，为全州高中学校补充了204名专任教师；采取公开招考的方式，为农村中小学补充了293名紧缺学科教师。抓好教师培训，提升教师整体素质。选派2 506名农村中小学教师参加“农村教师素质提高工程”培训，选派280名中小学骨干教师参加教育部组织的“国培计划——骨干教师研修项目”培训，选派33名中小学骨干教师、骨干校长参加“楚天中小学教师校长卓越工程”培训，选派90名中小学语文教师参加“国培计划——置换培训”学习3个月，由湖北民院师范生在其岗位顶岗实习；同时选派500名小学班主任参加教育部组织的“2010年行知中国——小学班主任教师远程培训项目”为期半年的培训学习。举办全州第二届青年教师教学竞赛活动，选送6位教师参加省教学竞赛全部获奖，获二等奖1人，三等奖2人，优秀奖3人，3名教师荣获“省青年教学能手”称号。与州委党校联合举办中学党组织负责人培训班，53名中学党组织负责人参加了为期3周的集中培训学习。抓好职称评审和资格认定，提高教师专业技能。会同州职称改革工作领导小组办公室顺利完成教师系列专业技术职称评审工作，266人获中学高级专业技术职称，983人获中级专业技术职称。同时做好中小学教师资格认定工作，通过认真组织资格审核、非师范类人员并通过教学水平能力测试，全州共有3 051人通过教师资格认定，其中高中阶段认定1 510人、义务教育和学前教育阶段认定1 541人。抓好教师交流，促进教师合理流动。实施“城镇教师援助农村教育行动计划”，通过组织城镇学校优秀教师定期支教、特级教师巡回讲学、教研员送教下乡、城镇学校骨干教师到农村学校挂职锻炼等多种形式，积极推进城镇学校教师援助农村教育工作。同时，全州在办学条件较好、师资力量较强的中小学校建立省级“义务教育阶段学校教师跟岗学习基地”2个，重点安排薄弱学校、农村学校、边远学校教师跟岗学习。重视中小学校长队伍的挂职交流，建立中小学校长定期交流制度，建立省级“义务教育学校校长挂职培训基地”2个。抓好政策落实，推进教育人事改革。实施义务教育学校绩效工资制度，全州义务教育学校教师基础性绩效工资实现按月足额发放，奖励性绩效工资按学期或学年经考核后发放。启动实施教育系统岗位设置管理工作，恩施市、建始县、巴东县、鹤峰县岗位设置工作已基本完成。

【改善办学条件】 推进校舍安全工程建设。州政府组织召开工作布置会，成立恩施州中小学校舍安全工程技术指导小组，印发《2010年中小学校安工程有关工作安排的通知》，州校安办组织安排州直各学校2010年校安工程建设任务，完成全州校安工程三年规划的调整上报工作。按照上级工作安排，2010年全州除巴东县和建始县属“两区”区域有上级专项资金外，其他6县(市)全靠捆绑使用校舍维修、农村初中改造等资金来实施校安工程。截至12月，全州累计投入资金3.76亿元，其中中央资金0.63亿元；全年新建、改造中小学校舍41.33万平方米，其中修建、改造农村教师周转房881套。全州8县市完成24所初中学校标准化实验室建设。在2009年第一批标准化实验室建设的基础上，2010年统筹规划，按照国家标准，8县(市)共投入资金480多万元，在全州24所初中学校建成理、化、生标准化实验室71间，并首次在有条件的中小学启用“中小学实验室信息化管理系统”。至此全州135所初中已有56所学校装备了标准化实验室，限制理科实验教学的障碍正在逐步消除。

【学校安全工作】 开展开学安全大检查。春秋开学之际分别印发《关于做好开学安全工作的通知》，要求全州学校、幼儿园广泛开展安全隐患大排查。州、县(市)两级教育行政部门分别组织专班到学校、幼儿园进行检查督办，重点对安全机构建立、责任制落实、应急预案制订和演练、安全教育课实施等情况以及学校用房、活动场所、食品卫生和水、电、气、消防等各种设备设施进行检查。积极与相关职能部门配合，对校园周边治安环境进行治理，对学生上、放学乘坐“三无”车辆问题进行专项整治。全面落实安全教育制度。全州学校都聘请了法制副校长到学校讲授法律知识，坚持上好“开学第一课”和两周一节安全课，把防水、防火、防食物中毒以及交通安全等知识融入教育教学之中，利用班会、专栏、演讲以及校园广播等形式，根据学生的不同年龄段有针对性的开展安全教育活动。一些学校还开展了消防安全演练、防灾减灾知识培训以及“我是一名小交警”活动，让学生掌握避险、报警和自救的基本方法，提高了学生的防范意识和自我保护技能。与州公安局联合举办校园安全知识培训班，全州来自中小学、幼儿园负责安全工作的120名校(园)长参加了安全知识培训。认真履行安全职责。全州学校、幼儿园进一步完善安全工作管理机构，选好和配齐专职工作人员，认真落实校长、园长安全工作“一把手”负总责，分管领导直接负责，中层干部、班主任和教师层层负责制和“一岗双责”的要求，建立安全隐患排查、登记、整改制度，严格执行学校安全事故报告制度和学校安全责任事故追究制度。全州学校、幼儿园对安全隐患进行拉网式的排查和整改，省教育厅和州、县(市)教育局相继组织专项检查。各县(市)党委、政府主要领导主持召开会议，研究部署校园安全工作，加强领导、协调和指挥。与公安、交通、安监、工商、城建、卫生、食药监等部门密切配合，对校园内各种安全隐患及学校周边治安环境进行排查和整治。来凤县投入200万元加强学校安全基础设施建设，决定每年投入70多万元为学校配备专职保安和防护器械。全州共投入2 000多万元为学校、幼儿园安装监控设备和报警系统，配备专职保安和防护器械，为学校修建围墙和大门，增强校园人防、技防和物防能力。

【学前教育、特殊教育和民办教育】

成立以教育为主的物价、公安、民政、卫生监察等部门组成的联合检查组，对全州各县(市)幼儿园规范管理情况进行督查。9月，对照恩施州民办幼儿园设置标准，重新审定全州幼儿园办园资格，进行全面清理整顿，对符合要求的幼儿园更换新证。11月，配合州卫生局、州妇幼保健院对相关幼儿园的卫生保健工作进行专项检查，进一步规范了幼儿园卫生保健工作。加强培训学习，组织公办幼儿园及少数民办幼儿园园长赴省参加园长培训班，提高业务水平。在特殊教育学校建设方面继续加大管理力度，恩施市、建始县、巴东县、鹤峰县特教学校建设立项，特教学校办学规模继续扩大；同时加强残疾儿童少年康复训练和特殊教育职业培训工作，提高特教学校的办学水平。至2010年，全州农村学前1年教育基本普及；三类残疾儿童847人，在校学习738人，入学率87.13%。切实抓好民办教育的规范管理工作，启动民办学校启用和换发办学许可证工作，对全州民办学校进行正确引导，取缔了一批办学条件差、安全无保障、办园质量低的民办幼儿园。

【学生资助工作】 2010年，全州用于学生资助资金3.8亿元，其中义务教育阶段免杂费1.5亿元，提供免费教科书4 805万元，补助寄宿生生活补助费5 464万元，共计2.53亿元；发放中等职业学校学生国家助学金3 691万元，免学费703万元；发放普通高中学生国家助学金1 445万元，普通高中彩票公益金助学项目全州获资助2 560人，金额256万元，学校和地方自筹资金为普通高中贫困生发放助学金318万元；发放大学生生源地助学贷款6 117万元；争取社会各界捐助资金507万元。

【语言文字工作】 4月，与州人大组成执法调研组对2010年迎接国家三类城市语言文字工作评估的宣恩县、咸丰县、来凤县、鹤峰县贯彻落实国家通用语言文字法的情况进行执法调研。召开全州语言文字工作暨语言文字工作规范化示范校创建工作现场会，继续开展"语言文字规范化示范校"创建工作，对各县(市)申报的州级示范校进行检查验收，命名了第三批州级示范校13所，推荐了3所省级示范校。加强普通话培训测试工作，印发《关于在全州中等职业技术学校学生中开展普通话培训测试工作》的通知，测试中职学生2 000多名；完成宣恩县等4县四大领域的培训测试工作，举办培训班29期，测试人数10 000多人次。在全州中小学校开展"第二届全国学生规范汉字书写大赛"，成功组织全州农村中小学教师普通话朗诵大赛。10月—12月组织评估团对宣恩县、咸丰县、来凤县、鹤峰县4县国家三类城市语言文字工作进行评估，全州顺利实现"普通话基本普及，汉字的社会应用基本规范"的目标。

【学校后勤保障】 以解"五难"为重点，强化措施，加大投入，强力推进"十有八配套"建设工作，农村寄宿制学校后勤设施与配套建设成效明显。各县(市)以解决住读学生"就餐难、住宿难、饮水难、洗澡难、如厕难"为重点，千方百计筹措资金，加强规划与指导，加大检查与督办力度。在没有专项资金的情况下，各县(市)采取"县市捆绑一点、向上争取一点和学校自筹一点"的办法，全州本年度用于32所学校"十有八配套"建设资金1 300多万元，顺利完成"十有八配套"建设任务。以学校食堂管理为重点，以"四个创建"活动为载体，实施精细化、规范化和人性化管理，全面提升学校后勤保障、管理和服务水平。在来凤县成功召开全州学校后勤管理工作暨现场观摩会，在全州广泛开展"放心食堂"、"放心超市"、"文明宿舍"和"绿色生态校园"创建活动。加强农村寄宿制学校蔬菜副食基地建设，改善学生食堂伙食营养，降低学生食堂伙食成本，稳定学生食堂伙食价格。认真抓好学校风险管理，有效分散学校风险，构建健全的学校风险分散转移体系。坚持学生自愿消费原则，严把校园消费市场"准入"关，构建完善的校园消费服务市场体系。

【教育宣传和信息】 全州教育宣传工作善抓机遇，内外结合，唱响团结、鼓劲、科学发展的主旋律，舆论引导富有成效。据不完全统计，全州全年在州级以上媒体共发表文章近2 000篇。5月6日的《人民日报》在"纵横"专栏头条刊发了《3 900余名资教生和特岗生走进恩施大山——山里课堂，不一样了》，宣传恩施州引进、运用特岗教师促进农村教育发展，文章长达5 000余字。国内主流媒体加大对恩施教育的采访报道力度，全年共有4篇教育正面典型报道在《人民日报》发表、50余篇在《湖北日报》发表、100余篇在《恩施日报》发表。在全省首届教育好新闻评选中，全州有10篇新闻获奖，其中一等奖4篇，位居全省市(州)第一名。在《中国教育报》、《中国教师报》年度评奖中，全州获得4项大奖，成为全省唯一获得全部奖项的市(州)。各县(市)充分挖掘、报道教育亮点、特色工作，成效明显。恩施市加大对城乡义务教育均衡发展等方面的宣传力度，效果良好；与新闻媒体联手充分发挥舆论引导作用，宣传推介了特岗教师程婧的先进事迹，并为其筹募治病爱心款高达100余万元。利川市加大对优先发展教育的报道力度，12月29日的《中国教育报》在二版头条刊发长篇通讯，详细报道了该市的经验和做法。9月8日的《湖北日报》用一整版篇幅全面翔实报道了巴东县教育改革与发展情况。

【教育行风建设】 扎实开展民主评议政风行风和创先争优活动。全州教育系统民主评议政风行风活动以办好人民满意教育为根本宗旨，紧密围绕州委、州政府中心工作，与切实解决突出民生问题相结合，认真开展各项工作。在各级各类学校深入开展创先争优活动，强化分类推进，抓好宣传动员，结合工作实际，实现了组织创先进、党员争优秀、群众得实惠的目标，推动全州教育事业的科学发展。全面落实党风廉政建设责任制。全州教育系统始终坚持把党风廉政建设作为加强教育工作和队伍建设的第一位工作来抓，实施"一把手"工程，明确责任主体，按照"一岗双责"的要求和"谁主管谁负责"的原则，层层签订《责任状》，把教育业务工作与党风廉政建设和反腐败工作有机结合起来。狠抓领导干部廉洁自律，坚持教育、制度、监督并重的原则，进一步强化领导干部的自律机制和监督制约机制。认真开展党风廉政建设宣传教育活动。按照州委州纪委统一部署，制订《2010年恩施州教育局党风廉政建设宣传教育月活动实施方案》，制发《学习贯彻〈中国共产党党员领导干部廉洁从政若干准则〉实施方案》，紧紧围绕"贯彻《廉政准则》，争当勤廉表率"这一主题开展《廉政准则》学习实践活动。将廉政文化和廉洁教育作为中小学政治课、思想品德课的重要内容，每学年不少于2课时，不断增强广大教职工爱岗敬业、廉洁从教的意识，培养"以廉为荣、以贪为耻"的价值观和高尚的道德情操。加强腐败风险防控工作。规范考风考纪，实施教育招生考试"阳光工程"；规范招生秩序，与州监察局联合制定《恩施州规范中考招生十条禁令》；规范教育收费，加强义务教育阶段学校的收费管理工作；规范选人用人，坚持正确的用人导向和灵活的干部管理体制。积极做好教育系统维稳工作。认真办理群众来信来访，全州教育系统全年共受理信访件459件，州教育局共受理群众来信、来访、电话举报共87件，其中调查核实处理省、州领导批示重要信访件13件，代州政府复核信访问题14件。开展重大事项风险评估工作，制定《恩施州教育局重大事项社会稳定风险评估实施办法》，把重大事项社会稳定风险评估作为维护稳定的基础性工作来抓，从源头上预防和减少信访和不稳定事件的发生。

【州直学校】 恩施职院按照“采取得力措施，成功创建省级示范性高职院校”的要求，紧锣密鼓推进省级示范性高职院校创建工程，扩大办学规模，提升办学质量，加快内涵建设，增强核心竞争力，深化改革，进一步强化管理，各方面工作都有新进展。恩施电大坚持以规划为激励，以目标为牵引，以招生为重点，以管理为关键，以创建为动力，继续提升办学效益和办学水平，电大事业稳步向前推进。

恩施高中以办人民满意学校为宗旨，以提高教育教学质量为核心，对内改革，对外开放，规范办学行为，优化内部管理，推进素质教育，创建和谐校园。2010年高考应届生上一本线人数175人(计算少数民族优录加分，应届生上一本线总人数244人)。

清江外国语学校390人参加高考，一本上线60人(不含少数民族加分、不包括体育艺术上线生)。中考345人参考，人平597.24分，上恩施高中公费线85人，上恩施市一中公费线194人。

州民族幼儿园紧紧围绕“发挥教职工潜力、提升办园品质、扩大社会效益、促进幼儿园可持续发展”的目标，进一步推进幼教改革，优化园本培训，提高教师专业素养，提升保教质量。

恩施市教育

【概况】 2010年，恩施市紧紧围绕五年内“教育教学质量有明显提高，教育资源紧缺现状有明显改善”的目标，着力实施“五大工程”(“教师素质提高工程”、“教育教学质量提升工程”、“城乡义务教育均衡发展工程”、“学校规范管理工程”和“平安和谐校园建设工程”)，不断加强师德师风建设，强化教师培训力度，教师队伍建设成效明显；积极建设高效课堂，着力打造幸福教育，教育教学质量明显提高；狠抓农村教师周转房和安居工程建设，推进实施校园安全工程，启动实施龙凤高中、舞阳中学改扩建工程，教育教学条件不断改善。

【恩施市教育大事】 3月21日—25日，市委副书记李国庆带领全市各乡(镇、办)中心学校校长、部分中小学校长和骨干教师一行60多人，对成都市教育均衡发展和高效课堂建设进行了为期5天的考察。4月25日，受教育部领导委托，中国教育报刊社常务副社长、《中国教师报》总编辑刘堂江代表教育部和中国教育报刊社到三岔中学看望罹患尿毒症的资教教师程婧，并送去慰问金。10月25日，教育部副部长、总督学陈小娅，教育部基础教育一司司长高洪一行来到恩施市施州民族小学进行调研。12月8日，国家民委副主任丹珠昂奔、省民委主任谭徽在、副主任胡祥华一行，来到恩施市芭蕉侗族乡民族中学，就恩施市开展民族体育运动项目情况进行了调研。

利川市教育

【概况】 2010年，利川市各级各类学校350所(不计幼儿园)，其中小学314所(其中教学点171个)，初中29所(其中民办初中1所)，高中5所，职校和特校各1所。在校学生小学1 496班56 758人；初中474班29 292人；高中183班14 253人，职校在校生6 248人(其中利川职校4 877人)，特校在校生126人。共有在编教师5 891人，其中小学3 138人、初中1 850人、高中702人、职校181人、特校20人)，另有资教教师等578人。

【教师队伍建设】 根据市政府《关于进一步加强教师队伍建设的意见》，市政府专门列支师训经费80万元，用于各项培训活动，实施“师德工程”。10月26日，利川市教育局举行“创先争优”先进事迹报告会，来自基层学校的6位教师，向市教育局机关全体干部职工报告了他们感人的先进事迹。11月18日，组织全市800名教职工聆听了全州教育系统“做师德楷模，育时代新人”先进事迹报告会。11月18日—19日，120余名教导主任在市民族中等职校参加了全市中小学教导主任培训研修活动。11月22日—12月10日，利川开展了为期半月的全市中小学校长大型培训活动。第一阶段是初中校长“校校观”实地考察，全市28位初中校长在部分教育局领导带领下参加“校校观”活动。第二阶段集中在东城初中总结评比，然后聘请专家举办讲座，从理论上进行高端引领。12月21日，利川市教育管理干部参加全国教育工作会议和教育规划纲要远程专题培训。全市70名教育管理干部和中小学校长参加为期一个月的网上培训。

【素质教育】 2010年11月，举办全市第11届中小学生体育运动会，田径项目之外增加了乒乓球比赛项目。参加全市艺术节的获奖节目、毛坝初中《土家梆鼓》获得黄鹤美育节一等奖后又受到教育部表彰。课题研究成绩斐然。全市教育部“十一五”课题已经结题10项，完成省级课题6项，州级个人课题22项，市级结题75项。利川市民族实验小学获得中央电教馆“十一五”教育技术研究重点课题“学科网站群的建设与应用研究”课题结题鉴定优秀子课题校。“忠孝雅诚”系列教育活动成绩显著。作为全市2010年学生德育教育的主题，全市9所市直中小学和26个乡镇中心学校的8万多名师生全员参与了此次活动。上千名教师参与征文评比，评选表彰了86篇优秀文章。11月25日—26日，利川市教育局举行“忠孝雅诚”经典诗文诵读比赛活动。

建始县教育

【概况】 2010年，建始县有义务教育阶段学校121所，其中初中19所，小学101所，特殊教育学校1所，另有教学点53个。全县现有义务教育阶段在校学生45 708人、教职工3 411人。全县适龄儿童入学率100%，小学在校学生年辍学率为0；适龄少年入学率达99.5%，年辍学率控制在0.98%。初中阶段入学率122.4%，残疾儿童少年入学率92.2%。

【改善办学条件】 全面实施农村中小学校舍安全工程，启动建设项目33个，完成建设项目22个，建筑面积7.8万平方米，完成投资6 657万元，占规划总数的101%。实施“助残工程”，将县特校搬迁列为县政府“十件实事”，先期投资288万元、建筑面积

2 400平方米的综合楼工程启动。加强职教中心建设，县职教中心建设项目中一期教学楼、实验楼、锅炉房、开水房，教学楼二期、男生公寓、女生公寓、教师公寓、食堂主体施工结束，完成建筑面积48 553平方米，完成投资6 197万元。

【教育教学改革】 在县实验中学试行平行分班工作，学生随机编班，任课教师均衡配班，班主任随机抽班，在县人大、县政协、县纪委、县教育局、社区等部门、学生及家长的监督下顺利进行，杜绝了设“重点班”，调动了全体教师工作积极性。进一步加强后勤财务改革，由县政府采购中心公开招投标，在全县中小学校开展校园“放心超市”建设，实行统一经营，全面提升学校食品、用品安全及管理水平。将2010年定为全县“教育教学常规管理年”，加强对义务教育阶段常规教学的管理，加大教学违规行为的查处力度，通过开展丰富多彩的教学活动，全面提升校长的引导力、教师队伍的执行力、教研人员的指导力。将精心组织的各类学科送到基层学校、边远学校、资教生多的学校，共为长梁、茅田、龙坪、花坪、景阳、官店、业州等乡镇送课80节。举行全县完全小学以上、县直小学校长副校长赛课活动，全县11名小学校长同台竞技，进一步提高了全县校长深入课堂，增强抓常规教学的意识。组织开展全县教育教学大检查，先后到高坪镇、县实验小学和实验中学对教育教学管理、教师队伍、教学教研、教学过程、教学效果五大块进行全面细致的检查评估。设立特色工作创新奖，鼓励各级各类学校在教育管理、教学研究、队伍建设、学生培养、后勤财务等方面改革创新，探索科学发展新路子，努力实现特色学校创建目标。加强远程教育“班班通”建设，建成6所学校的远程教育“班班通”，建成21间标准化实验室。加强教育网站建设，10所学校开通了学校网站，《建始教育信息网》成功改版升级。

巴东县教育

【概况】 2010年，巴东县中小学154所，其中高中6所、初中23所、小学75所、教学点50个。共有中小学生60 864人，其中高中15 152人(普高生9 587人，职高生5 565人)、初中18 641人、小学27 071人。全县共有公、民办幼儿园50个，在园幼儿7 043人。2010年高考上国家重点线359人，上线率10.7%，上本科线2 069人，上线率62.7%，与2009年相比，增幅4.5%。专科及以上上线率96.5%。2010年被教育部表彰为“全国阳光体育先进县”，被省教育厅表彰为全省教育系统先进审计机构，被省普通教育干部培训中心表彰为先进单位，被州教育局表彰为第二届门球赛“体育道德风尚奖”，“忠孝雅诚经典诗文作品诵读”先进单位，老年活动被中共恩施州委表彰为“老有所为”先进集体。

宣恩县教育

【概况】 2010年，宣恩县各级各类学校142所，其中普通高中2所，职业高中1所，初中12所，小学126所(含58个教学点)，特校1所。全县共有在校学生38 523人，其中普通高中3 251人，职业高中1 316人，初中12 317人，小学21 553人，特校86人。共有教师3 252人，其中中学教师921人，小学教师1 161人，幼儿园教师14人，其他126人(含职高、特校及局属二级单位)，离退休教师1 030人。

4月，县教育局印发《宣恩县2010年优质高中招生实施办法》，限定各学校的招生数额、招生比例，并明确规定宣恩县第一中学的招生计划按各初中实际参加初中毕业生学生考试(所有科目)的人数为计算基数均衡分配到各初中，再按考试总成绩由高到低直接录取。9月10日，宣恩县召开了庆祝第26个教师节暨表彰大会，表彰了10名优秀教师、10名优秀班主任、10名优秀教育工作者。县教育局表彰了80名优秀教师、优秀班主任、优秀教育工作者。12月1日—3日，恩施州语言文字专家评估团对宣恩县语言文字工作进行了为期三天的检查评估，通过问卷、查阅资料、座谈、现场走访等形式进行检查评估，专家评估团一致认为，宣恩县语言文字工作受到县委政府重视，党政机关发挥引领作用，学校工作扎实发挥了龙头作用，新闻媒体服务行列发挥了辐射作用。宣恩县城市语言文字工作达国家规定标准，通过国家三类城市语言文字评估验收。

咸丰县教育

【概况】 咸丰县中小学129所。其中，普通高中1所，中等职业学校1所，九年一贯制学校3所，初中10所，完小31所，初小31所，教学点52个。有在校学生45 417人，其中小学生23 658人，初中生14 343人，普高生4 585人，中职生2 831人。有教职工3 867人，其中在职2 677人，公办退休1 119人，民办退养71人。

【体育艺术教育】 严格按照音体美课程标准开展教学活动。组织教师参加省、州体育优质课比赛，获省二等奖1人、三等奖1人，获州一等奖2人。在全县中小学广泛开展“大家唱、大家跳”艺术教育活动，各乡镇和县直学校精心打造本地品牌，形成民族歌舞“一地一品、百花齐放”的生动局面。高乐山镇新城民族小学代表恩施州唯一一所小学参加全省“大家唱、大家跳”展示活动，小合唱《大自然是我的家》、《四季花儿开》获二等奖，舞蹈《快乐土家娃》获三等奖；咸丰县教育局获“优秀组织奖”。各中小学组织召开运动会及科技体育艺术节，充分展示学生个性和才华。多渠道筹资20万元成功承办恩施州第三届中学生篮球运动会，咸丰县男子和女子代表队分获亚军，咸丰县教育局获特别贡献奖。

【教育行风评议】 严格按照省、州、县要求，制订了《2010年咸丰县教育系统民主评议政风行风工作实施方案》和《2010年咸丰县民主评议政风行风评分细则》，精心组织实施。县教育局聘请行评义务监督员15人，各乡镇学校、县直学校也分别聘请义务监督员，帮助查找问题、搜集意见和建议。咸丰县教育局下发问卷调查表和征求意见表1 000多份，回收1 000多份，征求意见归纳整理后共30条。各学校召开家长会，向每个学生家长征求意见，对存在的问题进行整改。11月23日—30日，咸丰县纠风办组织各级各部门人员对全县58个参评单位的政风和行风建设情况进行民主测评，咸丰县教育局综合评议得分98分，在经济和社会管理类中排列第二名。

来凤县教育

【概况】 2010年，来凤县共有公办学校80所(其中小学65所、初中9所、九年一贯制学校1所、普通高中1所，职校1所，成校2所，幼儿园1所)。民办公助学校2所，通过审批的民办幼儿园10所。在校学生44 370人(其中县一中2 746人，高级中学2 566人，职校2 730人，初中13 519人，小学22 089人)。另外，学前班3 366人，在园幼儿2 961人。在编在岗教职工2 654人，其中高中363人(含一中184人、职校102人、高级中学77人)，初中738人，小学1 422人，幼儿园36人。2010年全县小学入学率100%，巩固率100%，初中入学率96.8%，巩固率97.7%，职业学校毕业生就业率92%以上。

【学校布局调整】 来凤县政府与湖南高平教育集团2009年通过民办公助创办来凤县高级中学后，2010年县政府又以民办公助的形式在城区创办了春晖初中学校，有序推进“初中向城区集中、小学向乡(镇)集镇集中、幼儿园向乡(镇)集镇和中心村集中”的办学目标，初升高的比例超过了90%，基本解决了初中毕业学生在本县读高中难的问题。

【教育精细化管理】 县政府继续安排60万元资金用于高考奖励，安排40万元资金用于义务教育阶段贫困寄宿生生活补助，同时进一步强化对乡镇、部门履行教育职责的考评。2010年学校后勤保障工作得到进一步强化，标准化设施、精细化管理、人性化服务成为来凤后勤管理工作的特色，2月，来凤县被省教育厅评为湖北省中小学后勤保障先进县市。3月，恩施州后勤管理及现场观摩会在来凤县召开。义务教育均衡发展有序推进，教育主管部门投资240多万元，在7所农村初中和所有高中学校建起了高标准理化生实验室，结束了农村中学实验教学“纸上谈兵”的历史。校园文化建设进一步提档升级，物质文化、制度文化、精神文化和激情文化相互辉映，涌现出绿水中学、绿水小学、三胡中学、高洞中学、观音桥小学等一大批亮点学校。继续抓好校长队伍和教师队伍建设，在抓好教师参加省、州培训的同时，邀请省、州教科院专家为县级培训的骨干教师授课，确保参训教师的业务能力、管理水平和奉献精神都有新的提升。全县已建成寄宿制学校26所，“留守学生之家”26个，妥善安置1.3万名留守学生住宿就读，有效解决了留守学生住宿难问题。留守学生管理工作实现了“四个好转”，即留守学生的行为习惯明显好转，心理健康水平明显好转，留守学生监护人观念明显好转，社会对留守学生的关注意识明显好转。

鹤峰县教育

【概况】 2010年，鹤峰县各级各类学校76所(含民办2所)，在校学生24 942人，在园及学前幼儿1 200人，在编教职工1 888人，特岗教师300人。全县小学适龄儿童入学率100%，初中适龄少年入学率97.3%，初中升学率83.2%，高中阶段在校学生入学率82.5%，全县人均受教育年限8.5年。2010年按照“退一补一”原则，新招聘教师49人，签约特岗教师120人，组织参加县级以上教师培训740人次，在省州各种教学研讨活动中获奖的共有317人次。县实验小学教师王晓冰被评为全国百佳语文教师，燕子中心学校教师张华珍评为全国优秀语文教师，2009届资教生邓丽被评全州师德楷模。

【改善办学条件】 鹤峰是湖北省义务教育均衡发展试点县。2010年争取资金投入约1 850万元，先后实施了农村学校“班班通”试点工程、中小学校舍改造工程、学校标准化建设工程、农村教师周转房建设工程及黄鹤楼科技园捐赠项目；同时积极动员全社会开展捐资助学，设立特困学生救助基金，举行“与爱同行，放飞梦想”公益晚会，募集资金49万元余元；投入55万元实施“免费豆浆工程”，让全县义务教育阶段学校学生全部喝上了免费营养豆浆。

【体育卫生艺术教育】 6月29日—7月3日，在恩施州第三届中学篮球运动会上，鹤峰代表队包揽了男、女冠军。9月20日—26日，在湖北省第七届少数民族传统体育运动会上，鹤峰获得1金3银2铜的成绩；县二中靳涛夺得男子陀螺单项比赛金牌。10月29日，语言文字工作顺利通过州语委评估验收。11月，县教育局与县科协联合举办第五届鹤峰县青少年科技创新大赛。12月18日，县教育局、县教育工会联合举办全县首届教师才艺大赛。中小学校园文化形式多样、异彩纷呈。

撰稿　廖　军
审稿　冉隆映

○仙桃市教育

【基本情况】

2010年仙桃市教育事业发展状况统计

单位：人

	学校数（所）	毕业生数	招生数	在校学生数	教职工数	
					计	其中：专任教师
总　　计	415	69 496	54 316	204 752	15 019	12 794
一、高等教育(市州属)	2	2 336	3 038	7 953	627	377
1. 普通高校	1	1 933	2 596	7 065	560	316
2. 成人高校	1	403	442	888	67	61
二、高中阶段教育	33	22 597	14 071	50 813	3 549	3 008
(一)中等职业技术学校	12	4 528	1 467	6 453	667	489
1. 普通中专	8	3 657	1 283	4 602	535	387
2. 成人中专	—	—	—	—	—	—
3. 职业高中	4	871	184	1 851	132	102
4. 技工学校	—	—	—	—	—	—
(二)普通高中	21	18 069	12 604	44 360	2 882	2 519
三、义务教育	190	30 989	27 865	115 440	8 770	8 070
1. 普通初中	45	19 248	14 069	43 206	4 510	3 958
2. 职业初中	—	—	—	—	—	—
3. 普通小学	144	11 726	13 784	72 075	4 223	4 076
4. 特殊教育	1	15	12	159	37	36
5. 工读学校	—	—	—	—	—	—
四、学前教育	190	13 574	9 342	30 546	2 073	1 339

【义务教育均衡发展】 2010年，仙桃市全力推进“学区制”、“一校制”、“联校制”改革，2010年，“三制”改革共覆盖9个镇办、130多所义务教育学校，教师资源配置进一步优化。“三制”改革写入《湖北省中长期教育改革和发展规划纲要》，作为典型模式在全省推广。全面加强村小建设，积极争取市级财政支持，将学生在120人以下村小的生均公用经费标准提高至400元，确保村小正常运转。采取“以奖代补”的方式，拉动镇、村两级对等投资163万元，为村小维修改造校舍2万平方米，使全市村小基本达到了有院墙、有门房、有门卫、有基本的设施设备、无危房的“四有一无”标准。将21所市直学校就近与永久保留村小结成对子，进行对口帮扶。共投入帮扶资金95万元，选派65名优秀教师到村小支教，帮助村小培训骨干教师120多名，开展送教下乡、集体备课等教研活动90多场次，学生“手拉手”活动40余场次。

【标准化学校建设】 广辟资金筹措渠道，对上争取中央和省市项目资金，对下拉动镇村配套投资，对内开源节流自筹经费，对外加大招商引资力度，全年共筹集资金5 869万元，开展标准化学校建设。其中，集中资金4 506万元，重点开展农村学校和薄弱学校建设，共完成校舍维修改造项目88个，新建和改造校舍11万多平方米。先后投入1 363万元，新建标准化理科实验室、网络教室55个，装备电子白板教室、电子备课室、数字图书馆及“班班通”教室123个，添置各类教学设施设备8万套(件)。

仙桃市新生街小学2 000名师生共同表演腰鼓操（2010年5月16日 摄）

【教师队伍素质】 全面加强师德师风建设，认真组织教师文明礼仪教育、师德模范巡回演讲、十大师德标兵评选等活动。大力推行干部公开竞聘制和挂职锻炼制，先后公开选拔正副校长18人，轮岗交流校级干部12人，安排24名后备干部开展城乡学校互动挂职，选派6名农村学校校长到市外名校挂职。强化政策激励，采取绩效工资优先、职称评定优先、评先表模优先等措施，共推动300多名城镇优秀教师下乡支教走教，培训转岗紧缺学科教师120人。创新培养培训机制，采取“请进来、走出去”、校长论坛、远程培训等形式，共集中培训教师3 500人次、校长800人次，选派190名骨干教师参加“楚天卓越工程”培训和顶岗置换培训。先后有6名教师被评为“湖北省特级教师”、2名教师被评为“湖北名师”、3名教师荣获第二届“感动仙桃十大道德模范”称号。

【校园文化建设】 深入实施“校园文化建设年”活动，以仙源学校、通海口一中现场推进会为契机，以点带面，全市联动，全面掀起校园文化建设高潮。不断完善学校文化设施，深入推进校园绿化美化，全市中小学新增绿地面积16万平方米，校园绿化率28%，先后有1所学校被评为“国家级绿色学校”、3所学校被评为“省级绿色学校”、17所学校被评为“市级绿色学校”。坚持突出孝雅教育特色，大力开展中华传统美德教育、文明礼仪教育、“读诵唱传”等一系列主题教育活动，青少年道德品行和文明素养得到较大提升。着力丰富校园文化生活，成功举办了文艺小人才评选、小学生田径运动会、中学生篮球赛、校长歌唱比赛等各类赛事，广泛开展了阳光体育运动、冬季长跑、“大家唱、大家跳”等群体性活动，校园活力进一步增强，校风教风学风不断优化。大力开展特色学校创建，市实验小学和市实验二小分别被评为“全国规范汉字书写教育特色学校”和“全国消防安全教育示范学校”。

仙桃三中、丝宝中学“一校制”管理实验部（2010年10月15日 摄）

【推进素质教育】 坚持以提高质量为核心，不断深化素质教育，大力促进学生全面发展。在省教育厅组织的中小学生体育、艺术大赛中，全市获得97个一等奖、187个二等奖。在全省第二届“大家唱、大家跳”艺术教育现场比赛中，市实验小学、仙桃二中代表队分别荣获展演全能奖。据初步统计，全市中小学生参加省以上各类竞赛获一等奖2 500多人次。以“三月教学管理月”和“十月教科研月”活动为载体，全面深化教科研工作，稳步实施高中课程改革，高考成绩再次刷新历史。2010年全市高考一本上线1 776人，一本二本上线万人比连续三年位居全省市(州)前列。

仙桃市陈场镇阳光小区引进民营资本投入180多万元高标准新建的幼儿园（2010年12月8日 摄）

【幼儿园清理】 进一步强化政府职能，联合综治、卫生、民政、公安、物价等部门，按照“规范一批、取缔一批、集并一批、发展一批”的总体思路，集中开展幼儿园清理整顿。共取缔不合格幼儿园55所，集并幼儿园21所，吸引民营资本投入800多万元新建高标准幼儿园8所，对清理合格的29所幼儿园进行了复查颁证。健全完善幼儿园管理体制，进一步加强幼儿园日常管理，全面推进幼儿园星级评估，召开全市学前教育管理现场会，组织开展全市第五届青年幼教能手大赛，暑期集中培训幼儿教师200多人次。

【校园安全稳定】 始终把安全稳定作为保障教育健康发展的首要前提，全面加强中小学安全保卫工作。坚持每周一节安全教育课程，扎实开展应急逃生演练，全市各中小学成功组织防空、防震、防火、防交通事故及反劫持大型安全演练130多场次，参与师生5万多人。认真落实人防物防技防措施，全年累计投入150多万元购置防护器材2 436件，安装视频监控系统65套，新增天网工程监控探头80多个；争取国家公益性岗位政策资金200多万元，为全市中小学增配安保人员243名。着力开展接送学生车辆、校园周边环境和食品卫生安全集中整治，切实加强民师稳控，全系统继续保持“无一起校园安全责任事故、无一例民师赴省进京上访、信访投诉量明显下降”的良好局面。

【促进教育公平】 全面落实市政府“十件实事”中的教育工作任务，不断完善贫困生资助体系，2010年累计发放各类助学金1 745万元，资助学生15 778人次，为1 100名大学生办理了生源地贷款，确保家庭经济困难学生接受良好教育的机会。开辟“绿色通道”，简化入学手续，妥善安置了2 829名进城务工人员子女及39名移民子女就近到城区公办学校就读。积极支持特殊教育事业发展，对残疾儿童实行全免费教育，争取国家专项资金280万元，完成了特校升级改造，为残疾儿童营造良好的学习和康复环境。

【教育行风建设】 坚持推进党务公开，不断创新公开载体，健全完善意见征求会、新闻发布会、情况通报会、意见反馈会等制度，全面公开群众关心的热点难点问题。2010年11月，市教育局作为中央全国基层党务公开工作联系点，迎接了全省党务公开现场会的召开。以“百日整治”活动为契机，深入开展学校乱收费和教师有偿家教集中治理，全年共查处乱收费6起、有偿家教31起，清退违规所得近50万元，通报批评违规教师12人，给予4名校长警告处分、1名校长免职处理。

【创先争优活动】 按照省教育厅和市委关于深入开展创先争优活动的总体部署，迅速组建工作专班，切实制定实施方案，在全系统掀起创先争优活动的高潮。市教育局以“创建‘六类’先进学校”和争当‘四类’优秀教师”为载体，通过公开承诺、格言征集、“优秀共产党员”推荐评比等形式，共培植特色学校18所，树立先进典型20个。大力开展“城乡互联，结对共建”活动，市教育局、直属单位、市直学校共选派驻村干部66人，帮助杨林尾镇晓儒亭村等20多个村支部加强了组织建设。认真组织教育系统直属党组织开展换届选举，共理顺党组织隶属关系2个，配齐配强了11个单位的党组织班子成员，调整支委40人，增补支委19人。

撰稿 刘 兵 印金涛
审稿 程 波 刘 徽

○潜江市教育

【基本情况】

2010年潜江市教育事业发展状况统计

单位：人

	学校数（所）	毕业生数	招生数	在校学生数	教职工数	
					计	其中：专任教师
总　　计	233	39 471	43 440	147 220	10 824	9 391
一、高等教育（市州属）	2	1 316	1 588	4 439	390	306
1. 普通高校	1	1 209	1 286	3 786	360	282
2. 成人高校	1	107	302	653	30	24
二、高中阶段教育	16	9 929	10 193	32 142	1 932	1 747
（一）中等职业技术学校	3	3 071	2 636	10 170	407	318
1. 普通中专	0	570	172	1 194	106	99
2. 成人中专	1	718	940	3 940	96	84
3. 职业高中	1	1 161	730	3 627	103	96
4. 技工学校	1	622	794	1 409	102	39
（二）普通高中	13	6 858	7 557	21 972	1 525	1 429
三、义务教育	136	22 802	19 969	88 519	7 023	6 547
1. 普通初中	33	13 285	9 645	32 792	3 160	2 922
2. 职业初中	—	—	—	—	—	—
3. 普通小学	102	9 481	10 286	55 461	3 845	3 608
4. 特殊教育	1	36	38	266	18	17
5. 工读学校	—	—	—	—	—	—
四、学前教育	79	5 424	11 690	22 120	1 479	791

【基础教育】 2010年，潜江市以“联校办学”和“联片管理”为手段推进义务教育从“乡镇学区内均衡”扩大到“联片学区均衡”。全市22个学区有20个实行联校办学，145所义务教育建制学校有91所联校办学，服务范围覆盖全市322个村，占98%。全市优质学校与薄弱学校的联校办学覆盖率达90%以上，指定局直单位和城区优质学校结对帮扶24所农村薄弱学校，确保农村学校开齐开足开好课程。全市各乡镇按地域相邻的原则联并组成9大片区，形成教育教学管理共同体，构建乡镇教育业务管理新格局，各片区在区域内广泛开展教师交流、教学研究等活动。全年有100多名教师跨乡镇交流，片区内教师配置、教学业务和学校发展以片区为主统一管理，形成了推进平原地区义务教育均衡发展的工作特色。

加强了残疾少儿、留守儿童、进城务工人员子女、家庭经济困难学生等特殊群体的教育管理，建立和完善留守学生档案，健全联系卡制度、结对帮扶制度和“代管家长”制度，按照“两为主”原则，共接受3 243名进城务工人员子女在城区指定学校入学，以特殊教育学校为龙头，随班就读为补充，三类残疾少儿教育体系进一步健全；适龄儿童入学率100%，初中巩固率97.5%；继续在潜江中学开设“慈善阳光班”，文昌高中、园林高中开设宏志班，资助贫困高中生。

大力促进学前教育发展。积极发展公办幼儿园，大力扶持民办幼儿园，学前教育逐步提高，学前三年幼儿入园率65%；出台《潜江市民办学校管理办法》和《潜江市民办幼儿园管理细则》，明确民办教育的法律地位、扶持政策和规范管理要求，组建“潜江市民办教育协会”，构建“依法管理、社会监督、行业自律”的民办教育管理运行机制，民办教育迈入规范化管理轨道。全市现有民办学校4所，民办幼儿园62所，在校学生及幼儿1.2万余人。

高中教育普及加快。2010年，全市高中毛入学率88.6%，普通高考再创佳绩，高考上线总人数达7 305人，上线率89.4%。

【职业和成人教育】 强化招生，规模进一步扩大。采取召开招生工作会议、分解招生任务、签订招生工作责任状，开辟生源渠道、落实招生奖惩办法等措施，实现高职、中职招生工作的双丰收。全年职业学校招生3 922人(高职1 286人、中职2 636人)，超额完成任务。深化改革，办学水平进一步提升。校企合作的广度和深度进一步扩大，市职教中心分别与杨市工业园企业、广州奔立尔等公司签订了校企合作协议，共同建设服装设计与加工等专业及实训基地；潜江技校引企入校，建立集汽车检测、维修、销售于一体的四方博世企业，联合开办汽车检测与维修专业，中职毕业生就业率95%。细化管理，办学质量进一步提高。开展“教师进企业，技师进校园”为主的“双师型”师资队伍培训活动和“楚天技能名师”申报活动，市职教中心教师左国平获省教育厅“楚天技能名师”称号。是优化服务，服务经济发展的能力进一步增强。充分发挥职业学校、乡镇成校和培训机构的主体作用，开展了“双学生”培训、就业和再就业培训，共培训7 800多人次，为全市实施“一区两带三极”战略作出了应有的贡献。

【教学改革和教育科研】 课程改革成为推进素质教育纵深发展的特色工程。构建以“联片教研、校际交流、校本研训”为主体的立体教研模式，重点以打造高效课堂为突破口，把10月—11月定为教育质量提高月，学习借鉴山东省杜郎口模式，开展高效课堂实验。高中课改着力学业引领，在专家的指导下，抓好学术选评指导、学分认定管理、综合素质评价、综合实践活动课程、信息年建设和课改教师培训等工作，学生综合实践活动课程的开设和实施、学校校本课程的开发、和选修课程的开设等得到了顺利实施，建立了高中课改工作周报制、情况通报制和检查督办制等工作机制，确保了课改顺利推进。高中课改经验在全省作了交流发言，被教育部专家称为“潜江模式”。素质教育实践促进教育质量全面提高。在全省首届“大家唱、大家跳”艺术教育展演活动中潜江市获省优秀组织奖，市实验小学获全能奖。5月31日，市政府召开第二届青少年科技创新政府奖颁奖大会，共表彰优秀作品40件，颁发奖金10万元。在省、国家组织的信息技术创新与实践活动中，潜江市获省优秀组织奖，市电教馆被评为全国“组织工作示范单位”。扎实开展“小发明、小论文、小制作、小实验”的评选，无线电制作竞赛和“七巧科技”等系列科技教育活动。

【教育督导】 12月，市教育局分别对21个区(镇、处、场)履行教育职责情况，各学区(分局)及所属69所中小学、12所局直学校和3所民办中小学校的教育教学工作进行了综合督导评估，市委市政府在全市教育工作会议上对综合督导评估成绩优秀的单位进行了表彰，颁发奖金21.6万元。建

苏港中学新建的塑胶运动场（2010年1月 冯毕峰 何本清 摄）

立健全教育督导机构，落实专门经费，配备专职政府督导室副主任负责政府教育督导工作。把乡镇政府教育工作落实情况纳入潜江市目标管理考核中，占总分值2分，强化乡镇政府教育工作的主体责任。先后开展学校体育卫生、学校安全和高中学校办学行为等专项督导，督导工作针对性进一步增强。大力开展以“规范六个管理，解决六大问题”(即规范学校办学行为管理、规范学校教育教学管理、规范教师队伍建设与管理、规范学校后勤财务管理、规范学校文化建设与管理、规范学校安全管理，解决学校工作计划和制度不规范、学校环境管理不规范、学校办学行为不规范、学校财务及收费管理不规范、学校安全管理不规范、教师行为不规范等六个方面的突出问题)为主要内容的“教育管理年”活动，组织“学校管理校校行”明察暗访活动，纠正了招生、收费、师德等方面管理不规范的行为，在全系统掀起“向管理要效益、向管理要质量”的热潮。

【教育经费和农村初中改造】 校安工程稳步实施。筹措资金2 420万元用于全市校安工程和农村寄宿制学校建设，新建教学楼、综合楼、教室5栋、学生宿舍2栋、学生食堂8栋、卫生厕所12个、澡堂1个，面积达1.7万平方米；改造加固24所学校C级房屋1.76万平方米；为5所学校建配套运动场5个，完成了22个学校项目续建工程。学校标准化建设步伐加快。投资近536万元为12所学校新建和改建12个高标准塑胶运动场，筹措资金1 562万元新建、改建教师周转房350套。大力实施教学现代化工程，筹资172万元，购置478台电脑及相关配套设施，建成47个电子备课室；投资110万元实施了“班班通”工程；投资80万元，配备篮球架93个、电子琴93台、电子钢琴33架、乒乓球桌66张；筹资150万元，为22所学校建设实验教室44个。学校标准化建设步伐进一步加快，基本实现了优质教育资源的普及共享。移民学校建设圆满完成。成立工作专班和前线指挥部，多次召开专题会议，严格按照倒计时日程表抢抓进度，保质、按时地完成了移民学校建设工程，确保移民子女顺利入学。校园安全防范更加严密。认真落实《中小学公共安全教育指导纲要》，大力开展平安校园创建活动，34所学校被授予“平安校园”称号。以全国第十五个中小学安全教育日和潜江市第二个安全教育月为切入点，广泛开展以“防止校园伤害，加强青少年心理健康和自我保护教育”为主题的安全教育月活动，以第二个“全国防灾减灾日”为契机，组织开展各种演练活动159场。筹措资金126万余元用于校园安全防控。全市各级各类学校配备专职保安187人；成立校园学生督查队216个，组建教师护校队169个；添置安检仪、电警棍等防护设施设备1 125套(件)；在学校财务室、学生宿舍等重点部位安装防盗门211块；全市各中小学、幼儿园共安装视频监控探头591个，做到对校门、教学活动区和宿舍等重点部位的全方位、全时段监控。

2010年5月31日，潜江市召开第二届青少年科技创新政府奖颁奖大会（肖文灿　李卫 摄）

【教师队伍建设】 积极构建廉政风险防控体系。构建了局领导、科室、校长三套廉政风险防控模式，初步形成了“基础扎实、重点突出、处置科学、特色鲜明”的教育系统廉政风险防控体系，为教育系统的健康发展提供了制度保障。扎实推进创先争优活动。以“建红旗党支部”、“设党员先锋岗”、开展党员“双亮”等活动为载体，立足岗位，创先争优，形成了“学、比、赶、超”的浓厚氛围。实施了以百名校长依法治校承诺、千名教师师德承诺、发放万份征求意见表为主要内容的“百千万”工程，开展“树新风、扬正气，办人民满意教育”系列教育活动。科学打造高素质教师队伍。(1)以加强培训推进教师专业成长。继续实施“农村教师素质提高工程”，组织300名教师参加省级培训；大力开展市级专业培训，组织农村小学英语教师培训、新教师上岗培训、高中课改教师培训、班主任培训和“教育管理年”校长岗位培训，共计培训教师1 000余人；通过“以考促训”的形式，组织全市4 400余名教师参加了教材教法统一考试。(2)以引进交流优化教师队伍结构。实施“农村教师资助行动计划”，签约资教生100名；实施“人才引进计划”，招考教师60名；实施“城镇教师援助农村教育行动计划”，组织120名英语、体育、美术等短缺学科教师兼职走教，以上280名教师全部充实到农村学校，农村学校教师的年龄结构和学科结构得到有效改善。(3)以表彰奖励发挥优秀教师的模范作用。狠抓校长、班主任、教师三支队伍建设，在做好队伍管理、业务培训、专业引领的同时，开展了“十佳校长(干事)”、“十佳教师”、“十佳班主任”、“十名杰出农村教师”、“十名优秀支教教师”、100名“先进教育工作者”、60名“师德标兵”、80名“优秀班主任”、30名“学科带头人”等评选表彰活动。

撰稿　肖文灿　董尚元
审稿　朱建华

○天门市教育

【基本情况】

2010年天门市教育事业发展状况统计

单位：人

	学校数（所）	毕业生数	招生数	在校学生数	教职工数	
					计	其中：专任教师
总　　计	483	61 942	59 238	205 879	10 148	8 690
一、高等教育	—	—	—	—	—	—
1. 普通高校	—	—	—	—	—	—
2. 成人高校	—	—	—	—	—	—
二、高中阶段教育	21	17 851	15 543	52 212	2 645	2 365
(一)中等职业技术学校	9	5 302	2 252	11 653	599	451
1. 普通中专	—	—	—	—	—	—
2. 成人中专	—	—	—	—	—	—
3. 技工学校	—	—	—	—	—	—
4. 职业高中	9	5 302	2 252	11 653	599	451
5. 其他机构	—	—	—	—	—	—
(二)普通高中	12	12 549	13 291	40 559	2 046	1 914
三、义务教育	181	30 111	30 613	124 452	6 494	5 903
1. 普通初中	37	17 360	13 504	45 661	3 656	3 182
2. 职业初中	—	—	—	—	—	—
3. 普通小学	151	16 724	21 082	89 128	2 796	2 679
4. 特殊教育	1	27	27	193	42	42
5. 工读学校	—	—	—	—	—	—
四、学前教育	281	13 980	13 082	29 215	1 009	422

【义务教育均衡发展】 2010年，天门市全市稳步推进学校标准化建设工程、教师素质提高工程、教学质量提高工程、义务教育关爱工程等四项工程的实施。农村中小学办学条件持续改善。全年投入1 518万元，对28所初中和19所小学校舍实施维修改造，争取国家发改委专项资金1 000万元，用于市特殊教育学校和2所农村初中改造工程。信息技术建设和应用水平不断提升。全年投入1 008万元加强信息技术装备建设，电子白板教室装备72所学校463个教学班，分别占学校、班级总数的36%和15%。各中小学校远程教育应用率100%，课程覆盖率65%以上，教师信息技术培训500人次。教师补充机制得到建立。全年引进资教生133人，面向大学应届毕业生招考教师60人，面向代课教师招考50人，向农村学校紧缺的英语、信息技术、体育、音乐、美术等学科教师重点倾斜。采取城乡学校结对帮扶、城镇下派、多校兼课、联校走教等形式，为边远薄弱学校基本解决配齐师资、开足课程的问题，全市乡镇内流动教师600多人，受益学生31 500余人。资助政策全面落实。全市资助农村义务教育阶段家庭经济困难寄宿生6 763名，资助464万元。利用国家彩票公益资金34.2万元，资助普通公办高中贫困生342名。中职学生国家助学金及时发放，为256名家庭特别困难学生和涉农专业学生免除学费。全市师生为特校残疾学生捐款70万元。

【提高教育质量】 天门市注重教育内涵发展，建立面向全体学生的全面发展、符合学生身心成长规律、适应现行人才选拔制度的各学段教育质量评价体系，不断创新学校思想道德建设，广泛开展中小学艺术活动，全面推进“阳光体育运动”和“大家唱、大家跳”活动，制定并实施《天门市教育教学科研成果奖励办法》和《关于进一步规范教科研成果认定的方案》。全市中小学校广泛开展“校园之星”、“学习之星”、“文明之星”评选和“好习惯储蓄”活动，“感恩教育”、“礼仪教育”成为学校办学特色，学校思想道德建设渗透到教材、教学、学生生活之中，组织学生参加国家级、省级各类读书、演讲、书信文化活动，160余人次受表彰奖励。在全省第二届中小学“大家唱、大家跳”艺术教育展演暨首届“校长杯”歌手大赛中，获一等奖1个，二、三等奖各2个，并被省教育厅评为优秀组织单位。在全省教师说课、授课、课件制作、教学比武等赛事中，全市12人获一等奖，18人分获二、三等奖，136篇教研论文在教学研究权威刊物发表。

【中职资源整合】 2010年，市政府与香港冠建集团、深圳德普施教育投资集团公司分别签订兴建天门职业教育中心和天门职业学院协议，总投入资金近4亿元，学校办学条件全面改善，办学格局基本形成。为加快职业教育园区建设，9月，市委、市政府专题研究，对天门卫校实施整体搬迁，纳入天门职院中职部，天门卫校近3 000名师生已整体迁入新校区。天门职院3月通过省委省政府批准，教育部已备案，2011年秋季可实现招生。

【教育督导】 全市不断强化乡镇党政部门基础教育工作责任目标考核制，将职业教育发展目标纳入乡镇党政领导和有关部门主要负责人政绩考核指标，教育督导工作经费得到保障，政府教育督导制度不断健全。市政府教育督导室深入开展全市中等职业教育督导评估、中小学现代远程教育工程应用督导、民办学校及幼儿园督导评估，以及学校安全、卫生、体育等专项督导。为推进义务教育均衡发展行动计划，市政府教育督导室制定天门市义务教育阶段标准化学校建设标准，全面开展农村完全小学办学水平综合督导评估，有力促进农村学校健康发展。

【心理健康教育】 全市以教师进修学校为阵地，建立“天门市心理健康教育指导中心”，全面指导和督导各级各类学校开展心理健康教育。天门市实验高中、岳口高中、天南中学等22所学校开办心理咨询室，全市培训初级心理咨询师142人，分批组织350余名中小学班主任参加心理咨询培训。心理健康教育的深入开展，对保障“两类儿童”健康成长和减少学校安全事故发生发挥极其重要作用，取得显著工作成效。

【教师职业道德教育】 全市开展以“加强师德修养、规范教师言行”为主题的“师德建设年”活动，改进师德教育形式，编发《润物无声》和《警钟长鸣》师德建设读本，以正反两方面的典型加强师德教育。全市教育系统系统认真开展“清人清编”活动，共辞退24人，解聘4人，返岗156人，通过劳动能力鉴定规范请假157人。全市建立健全中小学教师继续教育考核和学分年审登记制度，把考核成绩作为教师资格认定、职务聘任、晋级、评优的依据；积极组织教师参加国家和省培训项目；不断完善市、镇、校三级培训体系，开展教师全员培训。全市2010年共有310名小学英语教师参加3—6年级教材教法培训；400人参加普通话培训；112名专兼职教师参加心理咨询师专业培训；142名校级领导参加中小学校园安全管理国家级远程专题培训。教师节前夕，市委市政府评选并隆重表彰十佳师德模范、十佳教学标兵、十佳校长和百名优秀教师。

【保障校园安全】 全市中小学全面加强校园安全管理，建立完善各项管理制度，广泛开展“科学避险、安全逃生”演练活动，提高学生的应急自救能力。全市学校配备钢叉214把、辣椒水420瓶、警棍296只、实心木棍580根。配备专职门卫96人，兼职门卫110人，专职保安34人，37所中小学安装视频监控设备，42所中小学新建、加固围墙，对不合条件、未取得办学许可证的100多所民办幼儿园进行整治。积极配合公安、交通、工商、文化、城管等部门开展接送学生车辆及学校周边环境整治，查处无证车辆36台，查处销售违禁物品商店6家，取缔学校周边黑网吧5个，收缴违禁物品和管制刀具23把，有效排除校园周边安全隐患。

【推广普通话】 全市深入开展“语言文字规范化示范校、“规范汉字书写教育特色学校”创建活动，天门市实验高中、华泰中学、市幼儿园、实验小学、天门第一小学5所学校被省语委授予"语言文字规范化示范校"称号。组织全市中小学生规范汉字书写大赛，全市884件作品获奖。全面开展二类城市"文明用语示范岗"、"文明用字示范街"创建活动，大力推广普通话。组织开展全市教师普通话大赛，选派5名农村教师参加全省农村教师普通话大赛，3人获奖。

【移民子女入学】 为支持国家"南水北调"工程建设，全力做好库区移安置工作和子女入学工作，天门市教育局主动与库区教育部门对接，摸清移民随迁子女总数、分学段人数、分安置点人数，按就近入学、对等择校的原则，采取优秀教师执教、单独编班、改进教学教法、加强心理疏导等方式，全市6个乡镇24所学校顺利接收移民子女926人，其中丹江口市858人，郧西县68人。按学段分，学前教育165人，小学教育415人，初中教育267人，高中教育79人(普高68人，中职11人)。

【对口合作交流】 4月15日，武汉市洪山区教育局与天门市教育局在洪山高中召开"洪山区教育局与天门市教育局基础教育对口支持与合作交流会"，会议建立行政研讨制度、行政定期互访制度、教育行政管理工作双向交流制度，合作交流机制有效建立。街道口幼儿园与天门市幼儿园、鲁巷小学与天门市第一小学、广埠屯小学与天门市实验小学、洪山初中与天门市实验初中、洪山高中与天门中学对口合作交流，双方利用各自的师资、信息、设备、场所，积极接纳对方干部、教师到学校进行参观、学习、培训。天门市实验初中选派优秀教学业务骨干31人赴洪山中学听课、评课22节次，邀请洪山中学干部、教师共21人到学校上示范课14节。天门市第一小学校长带领学校分管政教和教学的副校长、中层领导和优秀教师代表20余人到结对学校鲁巷小学参观学习。洪山区教育科学研究中心与天门市教学研究室加强交流合作，共同为双方学校开展教科研工作搭建交流学习的平台，指导双方学校开展课堂教学研究，参加对方教科研规划的制定和教学视导活动。教学科研的交流与合作促进两地教育资源共享、优势互补，有利武汉市城市圈内教育共同发展。

【政风行风评议】 天门市教育系统以创先争优和政风行风评议活动为契机，充分利用《天门教育信息网》、《天门热线》直播栏目以及教育政务网站，采取公布监督电话、特邀政风行风监督员、开通"局长信箱"和面对面交流等方式，搭建教育互动平台。全市中小学深入开展"办好让人民满意教育"服务承诺活动，通过设立咨询服务台，广泛征集社会意见，公开接纳群众诉求，严格开展服务承诺，全市中小学共接待群众咨询3 000多人次，征集意见建议300多条，解决群众合理诉求200多件。服务承诺活动的深入开展，促进各级各类学校规范化管理。天门市教育局结合全省行风评议和全市"万人评百岗"活动，开展"校长家长面对面"师德承诺，组织大型行风热线直播节目"倾听·成长"，通过自查自纠、教师互评，学生、家长、人大代表和政协委员评议教师等形式，引入社会监督机制，促进师德建设不断深化。天门市实验小学、天门市教育局教师管理科分别在全市"万人评百岗"中取得第六名和第七名的好成绩。

撰稿　敖生权　费红波
　　　张　微
审稿　黄延平　傅　弢

○神农架林区教育

【基本情况】

2010年神农架林区教育事业发展状况统计

单位：人

	学校数（所）	毕业生数	招生数	在校学生数	教职工数	
					计	其中：专任教师
总计	38	1 834	1 711	7 782	778	673
一、高等教育（市、州属）	—	—	—	—	—	—
1. 普通高校	—	—	—	—	—	—
2. 成人高校	—	—	—	—	—	—
二、高中阶段教育	2	476	560	1 543	128	101
（一）中等职业技术学校	1				128	101
1. 普通中专	1	—	—	—	128	101
2. 成人中专	—	—	—	—	—	—
3. 职业高中	—	—	—	—	—	—
4. 技工学校	—	—	—	—	—	—
（二）普通高中	1	476	560	1 543	128	101
三、义务教育	33	1 538	1 151	5 021	613	537
1. 普通初中	7	853	484	1 846	203	178
2. 职业初中	—	—	—	—	—	—
3. 普通小学	25	505	667	3 175	410	359
4. 特殊教育	—	—	—	—	—	—
5. 工读学校	—	—	—	—	—	—
四、学前教育	3+8（乡镇学校学前班）	—	—	1 218	37	35（公办幼儿园）

注：神农架林区普通中专与高中两块牌子，一套班子。

【学前教育】 2010年，神农架林区进一步加大对公办幼儿园和民办幼儿园的规范化管理及教育教学行为的监管力度，加强了对幼儿行为习惯养成教育和学习兴趣的培育，提升了办园质量和效益。结合林区实际，在没有幼儿园的乡镇普遍在小学内设学前班，力所能及发展学前教育。

【义务教育均衡发展】 2010年，林区教育局采取“撤、并、联”的方式，稳步推进学校布局调整。合并了部分村小，对拟撤销的乡镇初中停招新生，对城乡结合部的两所村小转变管理体制，整体移交给城区小学作为分校。合理的布局调整，为实现办学条件、教学手段、生源分布、师资水平和教育质量等方面的基本均衡奠定了基础。实施学校标准化建设，改善办学条件。林区教育局将各类项目资金捆绑使用，按照优先建设农村学校的思路，加大了农村学校标准化建设力度。2010年，共筹措用于改善办学条件的各类资金600余万元，为林区最边远的九湖乡中心小学和东溪村小各新建了一栋教学综合楼，对部分学校进行了校舍维修和改造，增添后勤服务设施和体育运动设施，基本完成了全区农村学校校舍标准化建设任务。加强教育技术装备建设。投入150万元，为义务教育学校装备了15个标准化实验室，添置了体育、音乐、美术、健康黑板、备课电脑、电子白板等教学设备。投入100万元，对现代远程教育“班班通”工程进行了改造升级。年投入16.4万元资金，借助神农架教育信息网和远程教育资源，配置相应设施设备，拓宽校际光纤网络带宽（林区教育局50兆光纤到机房，直属学校20兆、乡镇中心学校10兆、村小4兆光纤入校园），网络通道进入了每所学校、每一个教室和专业室、每个教师的办公桌上，天地一体，初步建成“网上神农架教育”平台。

2010年11月10日，神农架林区高级中学举办首届文化体育艺术节

【优质普通高中教育】 2010年，全面完成了综合高中建设，教学、实验、办公、学生食宿和运动、现代化教学设施设备相对完善，基本能够满足林区普及高中教育的需要。高中进一步加大管理力度，开发优质高中教育资源，稳步推进新课改工作，教育教学质量进一步提高。2010年全区高考本科上线率为24.3%，与湖北省平均上线率持平，资格线上线率为80.2%，高于国家平均录取率。普及高中教育力度进一步加大，2010年秋季新招生人数占初中毕业生的66%。

神农架林区建起了全区网络视频会议系统，并用此系统召开全区教研工作会
（2010年8月27日 摄）

【中等职业教育】 神农架林区与武汉机电工程学校以及周边县（市）中等职业学校联合办学，实现教育资源共享。2010年中职毕业生就业率达85%以上。职业中专与乡镇成校密切配合，认真组织开展各类短期培训，推进地方经济发展。

【教育教学质量】 创新工作机制，优化育人环境。全区各学校以建设校园文化为抓手，以养成教育、感恩教育、礼仪教育、诚信教育、心理健康教育、法制教育为主要内容，开展了形式多样的活动，加强学生思想道德建设，学校德育工作成效显著。同时，着力构建学校、家庭、社会“三位一体”的德育工作网络，以创建示范家长学校为契机，采取把家长“请进来”和教师“走出去”相结合的方式，对家长进行培训，不断提高家庭教育水平，促进未成年人健康成长。全区各学校还创设学校管理模式，成立家长委员会，让家长参与学校管理和决策。强化教学管理，努力提高教学质量。林区教育局经常深入学校检查教学，深入课堂听课评课，指导学校开展教学管理工作。组织学科带头人和骨干教师“送教下乡”和学业检测，加强教研指导和课题研究、网上教研工作，营造浓厚的教育教学研究氛围，推动各个学校校本教研出成果，质量上台阶。深化课程改革，推进素质教育。2010年，林区教育局组织了多学科课堂教学竞赛和观摩研讨活动，积极引导教师转变教学观念和教学方式，倡导主动探究、合作、交流等方面的学习方式。全区学校进一步深化素质教育，按照新课程的理念促进学生德智体诸方面全方位发展。加强学校体育、卫生和艺术教育工作，广泛开展"大家唱、大家跳"活动，提高中小学生的健康体质、艺术修养和良好的卫生习惯。

【教师队伍建设】 加大培训力度，缩小城乡师资差距。利用"网上神农架教育"平台开展城乡教师一体化网上培训、教研和交流活动，让所有教师跨越时空进行交流、学习，掌握新的教育理念，促进教师专业水平和教育教学能力的提高。同时，整合各类培训资源，以新理念、新课程、新技术为重点，多途径组织教师培训。创新教师补充机制。按照"退二进一"的方式，2010年招录了部分年轻教师到义务教育学校任教，尤其针对边远高寒山区，外地教师不愿去、留不住的状况，采取"签合同、定本地工作年限"的方式定向招录本土大学生回乡任教，加强边远薄弱学校师资队伍建设。实施"城镇教师援助农村教育计划"。在城区学校抽选了一批责任心强、业务水平高的教师到乡镇薄弱学校支教2年，安排部分乡镇薄弱学校青年教师到城区学校跟岗学习提高；积极向省教育厅争取，签约15名特岗生到林区资教。加强师德建设。暑期组织全区教师进行了师德师风集训，开展向省优秀教师汪金权学习活动，督促教师自觉践行规范，为人师表。邀请湖北第二师范学院教授谭细龙，中央教育科学研究所南山附属学校优秀班主任王怀玉为全区中小学教师作促进教师专业发展的专场报告会，增强教师的职业使命感。

【资助贫困学生】 落实"四免"（免杂费、书费、住宿费和作业本费），范围覆盖到全区所有义务教育阶段学校。增加了"一补"（贫困住宿生生活费）覆盖面，林区享受"一补"学生占所有住宿生的比例为46%。对边远乡镇没有初中并在指定的初中就读的学生给予交通费补助，全额拨付高寒地区学生冬季取暖费。507人次享受了交通费补助，补助资金71 760元。积极做好普通高中贫困生资助工作，认真落实中职生资助政策。全年资助高中阶段贫困学生2 576人次，资助资金155万元。认真做好大学生生源地信用助学贷款工作。全年共为269名大学生办理了161.28万元的生源地信用助学贷款。争取国家"新长城助学"项目和配合民政、总工会等部门资助贫困大学生，全年资助贫困大学生128人，资助资金111 720元。为全区所有学生办理了校方责任险和医疗保险，为学校和学生提供风险保障。着力改善寄宿学生的学习和生活条件，力求让学生在学校享受到家一般的温馨和快乐。

【教育环境】 加大学校及周边治安综合治理工作力度，切实抓好学校安全管理。2010年，林区教育局以"成立一个工作专班、组建一支安保队伍、添置一批防范设施、训练一支应急队伍和健全一套管理制度"的"五个一"学校安全工作举措，力保了学校安全。为城区和乡镇中心学校各选聘了1名专职保安，投入资金为全区所有中小学、幼儿园安装了监控器、报警器。多次联合学校周边环境综合治理成员单位深入学校及周边开展专项整治活动，并督促各乡镇积极治理校园周边环境，切实维护了学校的治安、安全和正常教学秩序。加强教育规范管理，推进依法治教进程。大力加强行风建设，在全系统深入开展了政风行风民主评议工作，切实解决人民群众反映强烈的教育热点、难点问题。林区教育局在全区经济和社会管理类单位中获得第三名的成绩。加强党风廉政建设，深入开展了"十个全覆盖"和腐败风险预警防控以及廉洁文化进校园工作，以预防部门和行业不正之风为目标，努力创建高质高效教育行政管理机关和人民群众满意学校。开展"依法治校示范校"创建工作，妥善解决信访问题，切实把矛盾化解在萌芽状态，维护了教育战线和谐稳定。开展创先争优活动，推动教育事业又好又快发展。林区教育局在全区教育系统基层党组织和党员中启动了创先争优活动，全区学校结合实际，创新活动载体，进一步解决影响和制约教育科学发展的突出问题，切实改进干部作风，提高服务质量，有效促进林区教育事业的健康协调发展。

撰稿　左　锋
审稿　郑轲山

○江汉油田教育

【概况】 2010年，江汉油田矿区各级各类学校(含幼儿园)39所。其中，职工培训中心(职工大学、高级技工学校、油田党校)1所，自修大学1所，老年大学1所，中等职业技术学校1所，中小学23所，幼儿园12所。共有教职工2 528人。其中，从事成人教育的有610人，从事中小学教育的有1 504人，从事学前教育的有414人。共有各类在校(园)学生、幼儿23 915人。其中职大技校学生1 508人，中小学生16 821人，中职学生2 613人，幼儿园学龄前儿童2 973人。油田矿区各类教育校园占地面积86.83万平方米，建筑面积32.3万平方米，纸质图书81万册，电子图书24万册，固定资产总值约2亿元。

【学前教育】 学前教育系统深入贯彻落实《幼儿教育指导纲要》，坚持保教并重方针，以广华幼儿园、五七幼儿园参加省示范幼儿园复评，向阳幼儿园申创省级示范园为契机，不断调整布局，优化办园条件，美化育人环境，实施规范管理。向阳幼儿园成功通过省级综合督导评估验收，广华、五七幼儿园顺利通过省级复评。参加湖北省第八届黄鹤美育节，获舞蹈组一等奖1个、美术组三等奖1个；参加湖北省第三届幼儿园教师优质课竞赛，获一等奖1人，二等奖2人；参加全省学前教育论文评比，获一等奖3人、二等奖7人、三等奖18人。油田入园幼儿2 973名，入园率97.3%，在园幼儿身体发育合格率99%，智能发育合格率90%，品德和审美素质测评合格率100%。

【义务教育均衡发展】 在合理布局、均衡配置义务教育学校硬件设施基础上，着重在均衡配置人力资源等软件方面下工夫。通过建立教师交流、帮扶、结对制度，制定义务教育教师培训计划和人力资源配置计划，从整体、长远、可持续发展的角度促进师资的均衡和水平的提高，为义务教育均衡发展提供师资保障。在教育教学中，坚持“以生为本、有教无类、因材施教、各有发展”的思想，做到同等对待、一视同仁，使其享受优质的义务教育。在学生评价方面，设定科学的评价标准，使不同层次的学生都能体验到成长、成人、成才、成功的快乐，进一步深化并推进教育公平。其做法受到省教育厅专家组充分肯定，先后4次在全省相关会议上作经验介绍。

【高中课程改革】 油田区域普通高中从2009年秋季开始进入新课改实施阶段。为稳步实施高中新课改，教育集团在教师培训上狠下工夫，组织所有一线高中教师开展了新课程远程培训，做到“全员培训、全程培训、全方位培训”，为新课改奠定坚实基础。油田区域2所普通高中已被省教育厅批准为高中新课改示范样本校，各项工作有序展开。

【开展素质教育】 结合油田行业特点，开展爱集体、爱油田、爱祖国教育，以及传承铁人精神、弘扬民族精神演讲比赛等主题活动；组织开展德育专项视导，在所有中小学开设家长学校，启动关爱留守儿童工程，形成学校、社会、家庭关心青少年健康成长的网络和氛围。在音体美教育方面，积极开展“阳光唱跳”活动，组织教师开展校歌创作比赛，出版了校本教材—《油田校园歌声》，组织师生开展唱红歌、唱校歌、唱响校园等歌咏比赛，有效促进了素质教育的全面实施。组队参加省第十一届中学生运动会，取得男子足球全省第六名、男子5 000米获铜牌、多人进入田径单项前八名的好成绩。参加全省黄鹤美育节，获7个一等奖，1个二等奖。在青少年科技活动方面，参加第12届湖北省青少年无线电制作竞赛，8人获一等奖，31人获二、三等奖；参加第24届湖北省青少年科技创新机器人竞赛，分别获得高中组、初中组冠军，并代表湖北省参加全国竞赛获得初中组金牌、高中组银牌。

【教育教学质量】 油田矿区2010年参加高考学生989人，过重点本科线117人，上线率为11.83%。过本科线562人，上线率为56.82%。体育艺术类考生148人，考上重点大学33人，上线率为22.3%，高出全省平均上线率15.18%。学生学科竞赛成绩突出。748人次在国家、省、地市竞赛中获奖，获国家级奖83人次，其中一等奖10人次、二等奖33人次；获省级奖171人次，其中一等奖35人次。

【职成教培训】 培训人数持续攀高。职工培训中心共开办各类培训班220期，培训学员15 329人次，比上学年增长近10%，其中计划内培训班150期、培训11 503人次，计划外培训班70期、培训3 826人次。举办26个工种的技能鉴定，其中理论鉴定2 314人次，实际操作鉴定2 526人次。油建职工学校开办各类培训班31期、培训学员971人，组织技能鉴定8场次522人。采油厂职工培训站举办各类培训班37期，培训员工967人次。钻井公司井控培训中心举办各类培训班94期，培训5 252人次。

参加竞赛再创佳绩。由职工培训中心集训的学员，代表中石化参加中央企业数控车工技能大赛，以2金1银的优异成绩，荣获团体第一位，1名学员获得个人第一名；代表湖北省参加第三届全国职工职业技能大赛数控车工决赛，获得团体第二名和个人第三名的成绩。

党校教育多元开展。开办党校培训班13期，培训人员1 300余人。开办江汉讲坛，邀请国内著名专家学者，开展菜单式讲学5期，培训油田科以上干部3 000余人次。举办干部在线培训4期23讲，点击量突破1万人次。党校讲师团深入五七社区管理服务中心、川气东输武汉分公司等单位开展送教入门，培训各类理论骨干2 000余人。

品牌建设有序推进。职工培训中心有9个项目和12门课程列入品牌建设名单，初步构建了品牌建设框架形。与此同时，以高级技校为基础成功申办江汉石油技师学院，获湖北省劳动与社会保障厅批准正式筹建。

成人学历教育取得新进展。组织招生报名1 802人，有学历教育在籍生4 134人，其中成人本专科3 972人，在职研究生162人。组织自学考试2次，参加考试700多科次，有63人获得大专以上毕业文凭。技工教育毕业927人，推荐就业率96%，其中就读的55名四川地震灾区学生已全部推荐就业，顺利完成了转移就读安置工作。教育集团所属职业技术学校积极面向省内外招生，为确保油田职工子女大面积进入普通高中就学创造了有利条件；成功创建成为省级重点中等职业技术学校，精细化工专业被评为湖北省重点专业。

【老年教育】 老年大学坚持“增长知识、丰富生活、陶冶情操、促进健康、服务社会”的办学宗旨，贯彻“学为结合、以学促为”的施教方针，开设了书法、国画、电脑、民族舞、太极系列、声乐等14个专业，共开办14所分校，59个班级，招收学员1 700余人。注重突出教学的实用性，提高学员服务自我、服务家庭、服务社会的能力。一学年来，参加《书法导报》举办的书画大赛，共获金奖12个、银奖8个、铜奖5个。积极开展创建活动，荣获“全国先进老年大学”称号。

【教职工队伍建设】 职工培训中心以品牌建设为契机，大力开展教学大赛、教学公开赛，持续开展说课、评课活动，搭建师资成长互促平台，不断提升教师的理论水平和业务技能；积极推进双师型队伍建设，组织51名教师，参加了双师型教师的培训和学习。先后选派19名教师，到北京市、广州市等高校和专业院校进修与研讨，同时还选派6名教师，走进油田机关处室或深入生产一线挂职锻炼。

全面开展师资培训，促进师资队伍建设。选送60多名教师参加“省名园名师交流会”、“省第三届青年教师技能大赛”等参观学习活动，邀请专家举办幼教专题讲学和示范教学，培训500人次。开展岗位培训、导师带徒活动，促进教师业务技能和水平提高。举办竞赛型培训和骨干教师竞聘活动，积极营造“比学赶帮超”的竞赛氛围。7月，组织开展了“第一届幼儿园教师技能大赛活动”，有2人获油田幼教系统技能竞赛一等奖，6人获二等奖，8人获三等奖。

在全体教职工中深入开展“爱集团、强责任、作贡献”主题实践活动，进一步强化“忠诚教育事业，信守职业道德，献身育人使命，推动社会进步”核心价值观的认识。开展教职工业务技能培训，不断提高教师业务素质和教学水平。有2名教师被评为省特级教师，聘任教育集团首席教师22人、骨干教师53人。利用暑期，组织完成国家培训计划8项、省教师素质提高工程2项、省高中课改教师培训项目3项等31个项目，培训教师1 315人次。选派3名教师赴英国培训、进修。教师参加全省“四优竞赛”获省一等奖10人、二等奖15人、三等奖8人、优秀奖8人。

【对外合作办学】 在塔里木、准东、克拉玛依、海南海政各项目组分别完成了合同所确定的教育教学任务。塔里木项目组在石油新高中组建、体制格局发生变化的形势下，全力抓好初中，积极参与新高中教育教学项目，取得了好的社会效益和经济效益。海南海政学校在办学条件有限、办学环境恶劣的困难情况下，取得了海南海口民办学校高考第一名的成绩。

积极开展国际交流合作探索，与美国圣玛丁大学初步建立了互派学生、教师交流学习的合作交流机制，首批赴美交流学习学生10人次，扩大了学生视野，提高了学生口语交流能力。

【办学条件】 先后投资近5 000万元，使职工培训中心、各培训学校、老年大学、中小学校、幼儿园硬件设施设备得到了进一步改善。由油田直接投资2 000余万元、职工培训中心自筹700余万元，新建了技能实训楼，翻新了办公楼、教学楼、培训公寓、学生宿舍楼、学员食堂等，整改了水、电、讯等线路，及时购置更新了一批教学仪器设备。划拨1 000多万元用于中小学维修建设，对中小学校园网络进行升级改造，实现了校校通，有3所学校实现了“班班通”，在高考、中考、教师节期间拨出专款近100万元用于组织考试、教师节总结表彰等。教育集团自筹资金780多万元，对外国语学校进行了二期配套建设，对东方红学校、油建学校、向阳小学、油田高级中学、实验小学、职业技术学校等9所学校进行校舍维修改造，设施设备更新换代。投资410多万元，新建的华美幼儿园、清河双制式幼儿园投入使用；投资260多万元添置幼儿教玩具、进行网络改造以及安装监控设备、配备防暴器械等。投资150多万元对广华、向阳、五七、物探幼儿园教学主楼、教学配套设施、户外活动场地等进行了维修改造。

撰稿　朱新云

审稿　余祖雄

局长论坛

教育理性回归的路径选择

李　菲

全面实施素质教育，全面提高教学质量，开创教育事业科学发展的新局面，都离不开教育理性的引领。但是，当前教育存在的一些非理性现象不容忽视，如教育功利化、行政化、产业化、无序化、表面化和庸俗化等等，这些现象背离了教育规律和理性精神。当前，办好教育的美好期待，呼唤着教育的理性回归。那么，教育理性如何回归呢？回归的路径选择就成为必须回答的问题。

路径之一：遵循规律

规律，是事物内部各要素之间，以及事物与事物之间，客观存在的固有的必然的联系，是不以人的意志为转移的一种客观存在，它制约着事物的发展。只有认识、尊重和遵循客观规律，人们的实践活动才能获得成功。否则，都将会受到规律的无情"惩罚"。教育是一项规律性很强的崇高事业，认识、尊重和遵循教育规律，尤为重要。

教育基本规律主要表现在三个方面：

1. 受教育者个体身心发展规律。人的身体和心理发展都有其自己的规律。只有了解这些规律，才能更好地遵循规律，促进受教育者身心健康发展。个体身心发展规律包括：(1)个体身心发展的顺序性。发展的顺序性决定教育过程必须循序渐进，不可"拔苗助长"，否则事与愿违。(2)个体身心发展的阶段性。身心发展阶段性要求教育过程必须具有针对性，对不同年龄段的对象采取不同的教育方式方法，力求以最适宜的方式对待该年龄段的学生。(3)个体身心发展的差异性。差异性要求教育过程必须深入了解学生各自的发展背景和水平，了解其兴趣、爱好、特长，因材施教。

当然，教育遵循受教育者身心发展的规律，并非迁就受教育者身心发展的现有水平，而是从受教育者身心发展的实际出发，有针对性地向他们提出经过其努力能够达到的目标要求，不断提高其身心发展水平。

2. 教育自身存在和发展的规律。教育活动是培养人的活动，培养人有培养人的规律。懂得教育规律、遵循教育规律，才能达到预期的育人目的。其实，经过长期的教育实践，人们对教育的许多认识成果都具有普遍意义，成为教育自身的规律，如德育为首、长善救失、循序渐进、因材施教、启发式教学等等，这些并不会因社会的发展、时代的变迁而失去其正确性。

3. 教育要适应经济社会发展的规律。教育要为人民服务，为社会主义现代化建设服务，这是教育发展的根本价值追求，也是教育改革发展必须遵循的基本原则。这就要求教育要走出自我封闭和自我循环的"象牙塔"，以服务、支撑和引领经济社会发展为崇高责任，源源不断地提供高质量的知识创新成果和高质量的人才。

路径之二：贯彻方针

新时期，我们的教育方针是，坚持教育为社会主义现代化建设服务，为人民服务，与生产劳动和社会实践相结合，培养德智体美全面发展的社会主义建设者和接班人。全面贯彻教育方针，就是实施素质教育，就必须坚持以育人为本，把培养人作为学校的根本任务。育人为本，应当注重以下三个方面：

1. 坚持德育为首。1993 年，联合国召开世界教育会议，产生了一句令人深省的名言：全世界面临第一位的挑战，不是新技术革命，而是德育问题！古今中外的教育都非常重视德育。"德者，事业之基，未有基不固而栋宇坚久者"，"做人先立德，万事德为先"。英国教育家洛克说："我认为一个人或一个绅士的各种品性中，德行是第一位的，是最不可缺少的"。美国教育家杜威强调"教育主要是培养儿童的德性"。德育的重要性众所周知，但是在实际工作中，德育的安排往往是"说起来重要、做起来次要、忙起来不要"；德育的内容"高、大、空、远"的多，"近、小、实、亲"的少，鲜有吸引力和感染力；德育的方法陈旧呆板、针对性不强，"老办法不灵、新办法不明、硬办法不行"；德育的效果总不尽人意，好像"是一壶永远也烧不开的水，难以达到沸点"。这些问题都值得我们深入研究，细致分析，认真加以解决。

2.促进全面发展。全面发展，就是使学生在德智体美各方面素质都获得正常、健全、和谐的发展，学生的脑力与体力、做人与做事、继承与创新、学习与实践、情感态度与价值观等同样不可偏废，使学生学会做人，学会求知，学会劳动，学会生活，学会健体，学会审美，成为全面发展的人。

3. 关注心理健康。2006 年底，

中国儿童中心发布了《中国儿童的生存与发展：数据与分析》，报告称，我国3.4亿17岁以下未成年人中，至少有3 000万人受到各种情绪障碍和行为问题的困扰。中小学生心理障碍患病率为21.6%至32%，大学生心理和行为障碍率占16%至25.4%，并且有上升趋势。前不久，中国青少年研究中心发布《中日韩美四国高中生权益状况比较研究报告》指出，中国高中生更多的精力放在抓学习成绩上，而诸如健全人格的培养、健康心理的养成、生活技能的培养都很不足。两个报告列举的数据与现象令人震惊，必须引起高度重视。关注心理健康就是关注人的生命质量，关注人的全面发展和完善，良好的心理素质是21世纪人生存和发展的重要资本。我们要提高全体学生的心理素质，充分开发他们的潜能，培养学生乐观、向上的心理品质，培养学生抗挫折能力和敢于担当的责任感，促进学生人格的健全发展。

路径之三：科学发展

教育的科学发展除遵循基本规律外，规范发展、内涵发展、公平发展、特色发展都是题中之义。只有做到了这些，才能够实现教育的可持续发展。

1. 向规范发展回归。当前，中小学全面推进素质教育的主要障碍来自于办学行为不够规范，直接表现是片面追求升学率、中小学生课业负担过重、不能开齐开足课程、违反《义务教育法》和违规招生等。因此，必须规范中小学办学行为，扎实推进素质教育。当前，规范办学行为，要做到“两个端正”、“四个规范”，“三个还给”。“两个端正”就是：端正办学思想、端正办学方向；“四个规范”就是：规范教育教学行为、规范考试招生行为、规范作业作息行为，规范宣传评价行为；“三个还给”就是：把时间和空间还给学生、把健康和快乐还给学生、把兴趣和爱好还给学生。

2. 向内涵发展回归。当前，我国教育改革发展的形势主要表现为“三个特征”：解决了“有学上”的问题，告别了短缺教育阶段，但需要解决“上好学”的问题；解决了“缺保障”的问题，告别了“收费发展”阶段，但需要解决教育“保障均衡”的问题，教育投入和公平问题成为热点问题；解决了“少资源”的问题，告别了“规模扩张”阶段，但需要解决“讲效益”的问题，教育发展进入了“内涵发展”阶段，体制机制问题成为要研究的关键问题。除了这“三大特征”，教育还面临着中国崛起、低碳经济、民意社会、时空拉近、转变增长方式的时代特点。因此，内涵发展显得必须而紧迫。推进内涵发展，必须努力实现“四个转变”：从数量扩张为主向质量提升转变；从升学应试为主向促进学生主动健康发展转变；从“选择适合教育的学生”向“创造适合于学生的教育”转变；从垂直化集中管理向扁平化个性管理转变。

3. 向公平发展回归。1990年3月，世界150多个国家和地区在泰国的宗迪恩召开了“世界全民教育大会”，提出全民教育的思想。大会通过的《全民教育宣言》宣布：“每一个人——不论他是儿童、青年还是成人——都应能获益于旨在满足其基本的学习需要的受教育机会。”大会还制定了全民教育的世界基本目标，表明教育公平已开始成为全球化的目标追求。世界银行1995报告《教育的优先发展和策略》，建议各国把“公平”放在“优先”地位。“报告”提出“争取公平已经成为许多政府的一大目标，但是公平还要比过去受到更多的重视”。教育公平是社会的最大公平。《国家中长期教育改革和发展规划纲要》针对当前我国教育存在的主要矛盾和突出问题，提出了“优先发展、育人为本、改革创新、促进公平、提高质量”的工作方针。在工作方针中，促进公平和提高质量是教育改革发展的两大工作重点。教育不仅是社会发展的助推器，也是社会发展的均衡器。义务教育是通向生活的护照，它是一种基本的国民教育，是一种全民教育，是促进社会公平、改变社会分层、建设和谐社会的重要手段。义务教育不是淘汰性教育而是普及性教育，不是选择性教育而是发展性教育，不是竞争性教育而是保障性教育。因此，保障公平性的均衡发展就成为义务教育必须坚持的基本原则和价值取向。

4. 向特色发展回归。自工业革命以来，教育受到工业化进程，特别是流水线生产方式的影响，单纯强调知识学习的效率，强调教育产品的标准化，这种教育模式在我国被推到了一个极致——千校一面。改变这种状况的策略和措施就是个性化办学，形成各自特色，增强选择性，构建适合学生的教育。

办学特色是学校遵循教育规律，发展自身优势，经过长期积淀而形成的独特风格、品质和学校文化。它体现于学校的办学理念、生活方式、教学方式以及其他行为方式之中，从而成为学校师生成长的生态环境特征。办学特色具有独特性、优质性、整体性、稳定性和长期性等特征。

办学特色的创建，首先要纠正“特色教育就是特长教育”、“特色发展就是偏科发展”、“特色学校就是花样点缀”等认识上的误区，正本清源，突出特色创建的重点方面。(1)思想是先导。作为学校的灵魂，校长对学校的目标设计、价值追求、角色定位等问题的理性思考，对形成学校特色具有重要的选择与定向、激励与调控作用。个性化的办学理念，才能引导建设个性化的学校。(2)教师是关键。就学校特色的创建而言，教师既是校长思想的实践者、学校已有特色的传承者，也是特色的创造者。没有一批教育理念先进、学术功底深厚、教学艺术高超并不断追求创新的教师，学校特色的建设便成了无源之水，无本之木。(3)学生是根本。衡量学校是否有特色，归根到底要看培养出的学生是否有特色。学校如果培养不出有特色的学生，依然“千生一面”，办学特色的创建便失去了应有的意义。

（作者时任襄阳市教育局局长）

全面实施三大工程整体推进均衡发展

苏开美

一、以标准化学校创建工程为抓手，推进义务教育办学条件均衡

1999年，宜昌所有县(市、区)通过湖北省政府"普九"验收，比预期整整提前一年实现"普九"目标。然而，随着农村城镇化战略的实施和计划生育国策的有效落实，农村人口外出务工骤增，农村学龄儿童急剧下降，农村学校"散、小、弱、差"的弊端显现出来，城乡教育差距持续拉大。要改变这一状况，首先要解决的是办学条件的均衡。21世纪以来，宜昌通过调整校点布局，兴办寄宿制学校，推进学校建设的标准化和信息化，大力改善农村学校办学条件，有效缩小城乡之间、区域之间和校际之间的差距。

1. 优化中小学校点布局。宜昌市早在"九五"末期就开始了学校校点布局调整的探索实践。(1)宣传先行，达成共识，形成合力。调整学校布局，难的不是撤并学校，而是老百姓的理解和支持。为此，我们自上而下进行思想发动，层层召开征求意见会和座谈会，把国家政策、现实困难和布局调整后的好处明明白白地摆在干部群众面前。为统一思想认识，1999年在宜昌日报上开展了以"长阳县雷家土尚教学点该不该撤"为主题的历时2个半月的社会大讨论活动，发表正反观点文章70余篇，统一了思想认识，赢得群众的理解和支持，为布局调整打下了良好的思想基础和群众基础。(2)科学论证，统筹规划，合理布局。我们坚持以规划为先导，加大了各级政府统筹力度，要求各地把学校布局调整纳入当地经济社会发展总体规划中予以统筹考虑，2000年宜昌市教育局统筹城区与县(市)，制定了《宜昌市中小学布局调整十年规划》，确定了全市中小学布局调整的"总框架"、"路线图"和"时间表"。(3)抢抓机遇，理顺体制，落实责任。为保证布局结构调整工作的顺利实施，我们明确了各级政府推进布局调整、筹措教育经费和定点学校建设等方面的责任，规定凡是要新建、改扩建的学校必须是布局规划中保留的定点学校，新建学校必须进行科学论证，严格履行审批手续。(4)因地制宜，分类指导，狠抓落实。在布局调整过程中，坚持"先易后难，分步实施；条件先行、分类推进；成熟一所，调整一所"的工作原则，做到教育资源不流失，学生不辍学。此后连续6年召开全市农村小学布局调整会，明确任务，落实责任，稳步推进农村中小学布局调整工作。截至2009年12月，与2000年相比，全市小学由1 332所调减到380所，调减71.5%；教学点由740处调减到13处，调减98%；初中由226所调减到151所，调减33%；小学校均规模由260人上升至447人，初中校均规模稳定在800人左右，实现了"校点调少、规模调大、队伍调优、质量调高"的目标，2000年制定的十年布局调整规划顺利完成，得到了人民群众的真心拥护。

2. 兴办寄宿制学校。兴办农村寄宿制学校，让学生进得来、留得住、学得好，是确保布局调整顺利推进，整体提升教育水平的必由之路。而寄宿制学校建设，难点是小学，特别是低年级学生，在这个大背景下，以改善山区农村办学条件为目的，以优化校点布局为先导，以知识传授和生活监护一体化管理为内容的农村保育寄宿制学校应运而生。在兴办农村保育寄宿制学校过程中，我们始终把解决住宿生的生活设施设备配套建设和教学设施设备配套建设作为重点，创造性地开展工作。(1)抓硬件达标。制定了《农村保育寄宿制小学规定》，提出了"三吃"(吃得安全、吃得营养、吃得起)，"四洗"(洗头、洗澡、洗衣、洗被)，"十有"(有配套的寝室与厕所、厨房与餐厅、活动室与电视机、冷热水浴室、锅炉、洗衣机、电冰箱、蔬菜基地、电脑及文体设备、专兼职保育员)的建设标准，大力开展农村保育寄宿制配套建设示范学校创建活动。(2)抓生活配套。实施"温暖工程"，让学生"吃上热饭、喝上热水、洗上热水澡"，实施"校车工程"，保证学生上学放学路途的安全，如，宜都市开通80条线路，每年近6 000名学生享受政府乘车补助。截至2009年底，发放补助370余万元。为解决农民的现金支出困难，我们创造性地形成了"派菜制"、"配餐制"等多种形式的食堂供给模式，全市配套蔬菜基地25万平方米，较好地解决了学生吃菜问题。如当阳市有寄宿学生的学校都办有养猪场，年出栏生猪2 000多头，既解决学生吃新鲜猪肉的问题，又降低了生活成本。(3)抓日常管护。配备专兼职保育员，编写《宜昌市保育员工作手册》和寄宿生行为安全"三字经"、生活自理自强歌等，从小就让学生形成较强自理能力。针对学生远离家庭现实和农村留守儿童增多现象，实施了学生阳光关爱工程，建立"联系卡"、"成长册"、"亲情电话"等，让学生在学校享受家庭般的温馨和快乐。如宜都市对留守子女给予通讯费补贴，每年安排30万元。学生免费拨打亲情电话，印制专用信封，提供通信邮资。我们兴办农村保育寄宿制小学，刚开始饱受争议，但事实证明，我们的道路是正确的，得到了上级领导的充分肯定和老百姓的真心拥护。2003年，教育部原副部长王湛来宜专题考察寄宿制学校，并两次邀请宜昌市到教育部作专题汇报，为国家实施农村寄宿制学校建设工程提供了经验。2006年，中国教育报记者来宜专题采访，在兴山县榛子乡中心小学采访时，家长的一句评价——"老师像妈妈，学校胜过家"，成为其专版报道的标题。

3. 推进标准化建设。我们在推进校点布局调整和兴办寄宿制学校的过程中，逐步认识到，分类制定切实的办学标准，推动义务教育学校标准化建设，是整体提升教育水平，"高水平、高质量"普及九年义务教育的根本方略。为此我们分别从2002年、2005年开始，在全省率先实施以农村保育寄宿制合格小学和标准化初中为载体的标准化学校建设工程。在推进标准化学校过程中，(1)坚持标准带动。结合全市实际，科学合理地制定《宜昌义务教育学校建设标准》。标准涵盖办学条件、师资队伍、学校管理、班额控制等方面。具有较强的指导性、可行性、前瞻性。按照城市学校与农村学校，寄宿制学校和无寄宿生的学校，分类制定相应的标准，并曾两度修订提高寄宿制学校建设标准，在指导寄宿制学校建设中发挥了重要作用。(2)坚持项目拉动。根据《宜昌市中小学布局调整十年规划》，统筹中央、省、县三级政府教育重点建设工程项目，全部用于布局调整规划中永久保留的学校，同时结合寄宿制学校工程规划、中小学危房分布状况、危险程度和房屋用途等因素，科学合理地对项目进行统筹安排。“十一五”期间，全市用于农村定点学校建设资金就达5亿元，实施项目200个，改扩建校舍面积80万平方米。如远安县通过实施学校标准化建设，整体新建学校3所，迁址1所，全面改造21所；学生宿舍、食堂、厕所配套率100%，到2009年，全县生均校舍面积小学达到10.6平方米，初中达到16.3平方米，所有学校教学用房、生活用房配套齐全，校容校貌焕然一新，学生在校生活质量明显提高，义务教育学校全部达到宜昌市级标准化学校标准，其工作经验在2010年全省教育工作年会上进行交流。与此同时我们加大城区薄弱学校改造力度，据统计，近三年来，对城区薄弱初中投入资金1亿元；对区属薄弱小学加大扶持力度，每年投入1 000多万元进行薄弱学校改造。(3)坚持评估推动。市政府与各县市区政府签订义务教育标准化学校创建工作责任状，纳入县市区党政领导教育目标考核内容，有力推动了全市标准化学校创建的进程。截至2009年底，全市农村保育寄宿制合格小学达到275所，占农村寄宿制小学总数的90%；标准化初中达到95所，占初中学校总数的63%，初中、小学生均校舍面积分别达到13平方米和8.5平方米。按照规划，2010年宜昌市农村寄宿制合格小学将达到100%、标准化初中达到80%。“十二五”时期，宜昌市将启动第二轮义务教育学校标准化创建工程，进一步提高建设标准，力争“十二五”时期全市义务教育学校全部达到国家建设标准。

4. 推进“班班通”建设。教育信息化是共享优质资源的最好载体，是推进义务教育均衡发展、缩小城乡教育差距的最佳途径。近年来，我们着力破解山区信息闭塞、优质教育资源匮乏的难题，坚持以应用为导向，加快教育信息化进程，大力推进信息技术在教育教学的实际运用，促进教育内容、教学手段和教学方法现代化，给山区教育插上了腾飞的翅膀。(1)超前推进“班班通”。在国家大力发展农村远程教育工程的机遇下，2006年宜昌13个县(市、区)全面实现了农村远程教育工程“校校通”全覆盖，但叫好不叫座，设备少，难维护，不便于班级教学的弊端显现出来，为从根本上解决农村信息化教学的问题，2008年宜昌市开始酝酿“班班通”建设，在认真考察调研的基础上，同年5月下发了《关于推进中小学现代远程教育“班班通”建设的意见》，在全省率先启动以交互式电子白板为主要方式的“班班通”建设，按照面向学生、走近课堂、用于教学的要求，采用多种形式使全市中小学每个教学班能接收远程教育优质资源。兴山县是第一个在全省全面实现“班班通”的山区县，2009年，全县共投入370万元建成并投入使用基于交互式电子白板技术的“班班通”139套，2010年筹资600多万元安装162套，实现“班班通”全覆盖，全市和全省的“班班通”现场会在该县召开。至2009年底，宜昌市共投入4 700万元用于“班班通”建设，2 983个班实现“班班通”，占全市班级数的40%。2010年，我们又在全省率先启动了全市教育公共服务信息化平台建设，并纳入宜昌市政府电子政务专项建设项目，力争2011年前基本建成，使全市中小学逐步实现网内交流、教学资源互补和优质资源共享。(2)推进常规教育技术装备达标。近年来，宜昌注重发挥现代化教育教学装备对教育发展的影响和促进作用，坚持适度超前、重在利用、贵在提高效能的原则，加大装备资金投入力度，努力做到教育教学资料满足师生需求，教育教学设备符合标准要求，信息技术设备适应发展需要。近3年来，全市累计投入近亿元对各中小学实验室、图书阅览室、计算机网络教室、语音教室、教学仪器室和音体美卫等专用教室等进行了普遍装备，截至2009年，全市70%的义务教育学校达到国家新标准，全市中小学建校园网263个，多媒体教室600多个，电子备课(阅览)室203个，装备计算机3.7万台，中小学计算机与学生比分别达到1∶10和1∶15，远高于全省全国平均水平。2009年11月、2010年元月，宜昌分别在全国中小学实验室标准化工作现场会、全省推进中小学装备标准化建设暨实验教学现场会上作经验介绍，得到教育部、省教育厅好评。

二、以城乡教师援助工程为重点，推进义务教育教师队伍均衡

1. 大规模实施城乡教师援助工程。教师是学校的第一资源。择校主要是择师，要使学生不流动，首先教师要流动。针对城乡教育质量差距过大的问题，2009年5月，我们充分发挥主城区和中心城镇优质教育资源的辐射作用，采取六大形式，全面实施城乡教师援助工程，成效明显。(1)结对帮扶，组织362所城镇学校与农村学校签订了为期三年的结对帮扶协议。结对学校交流教师1 508名，开展各类学习交流活动900次。(2)定期支教，共选派赴农村学校的定期支教教师963人。(3)名师带徒，共组织市、县两级名师、学科带头人、骨干教师1 467人带徒2 365人，签订了师徒帮带协议，帮带教师教学及科研水平得到快速提升。(4)对口交流，共组织185所学校开展对口交流，开展各类活动398次，参与教师人数2 236人，对口交流教师526人。(5)巡回讲学，共组织省、市级名师及学科带头人257人到农村巡回讲学56场次，涉及课题310个，参训教师9 874人次，有的农村教师不惜跋涉数十里赶听讲座，有的学校为满足教师听课愿望调整教学日程，反响极为强烈。(6)挂职学习，为解决农村薄弱学校管理水平不高、管理干部不足等问题，我们选派112名城镇学校校级干部到农村学校挂职锻炼，选派136名农村学校中层以上干部到城镇学校挂职学习，同时，我们组织基层单位干部到市县教育主管部门挂职交流。城乡教师援助工程打破了城乡壁垒，实现了资源共享，增强了城镇教师责任感和使命感，帮助农村学校提高了办学水平，取得了明显成效，受到城乡学校尤其是农村学校的一致好评。宜昌市一中邀请秭归一中、秭归二中的全体校级和中层干部参加了该校最为重要的假期集中行政会议，参与讨论，直接传授教学及管理经验。秭归一中干部说："宜昌一中毫无保留地传授管理理念，真心实意地奉献办学真经，让我们开阔了眼界，学到了真经"。东湖高中的历史教师邹高炎在湖北名师、三峡艺术高中教师齐光环的指导下，精心备战高考，在2010年高考中考出了该校文科综合考试历史最好成绩，他兴奋地说："名师带徒实在好!"。兴山古夫中学等一批农村学校致函市教育局和新闻媒体，称赞教师援助工程援在了心坎上。援助行动也受到社会各界的广泛关注，得到省、市各级领导的充分肯定，省教育厅在全省推介了宜昌的做法。被省、市学习实践活动领导小组确定为重点宣传的典型，《中国教育报》、《湖北日报》等媒体作了专题报道。

2. 全方位加强教师培养培训。高素质的教师队伍是教育事业发展的关键。为了让农村教师队伍素质有一个明显的提升，近年来，宜昌市教育部门按照"统一规划，分级培训，全员参与，优师强能"的思路，以新理念、新课程、新技术、教师职业道德为主要内容，采取集中培训、网上学习和校本研修等多种形式开展教师专业科目培训，全面提高农村教师实施素质教育的能力。(1)坚持师德为先。始终把师德建设放在队伍建设的首位，把4月定为师德教育月，自2002年以来，连续九年开展主题鲜明、全员参与、实效突出的师德教育月活动，建立了师德考评制度和师德档案，开展师德论坛和师德模范评选表彰活动。近两年来，全市共表彰师德模范95名，形成了以全国师德楷模郑琦等4名先进典型为代表的教师为骨干的优秀教师群体。(2)强化校长核心。连续两年组织优秀校长、教学副校长110余人到华东师大集训，连续两年开展中美中小学校长交流活动，近两年市级集中培训中小学校长470余人，每年选派部分农村中小学校长到教育发达地区知名学校挂职锻炼。(3)突出骨干引领。建立和完善优秀骨干教师培养、管理与激励机制，建立了市级学科带头人和县级骨干教师队伍，并给予专项补贴，厚待拔尖人才，一大批优秀人才脱颖而出。初步形成了一支以30名杰出校长和100名宜昌名师为龙头，500名市级学科带头人为中坚，5 000余名县级骨干教师为基础的优秀教育人才队伍。(4)面向全员培训。按照"统一规划、分级培训、面向全员、突出骨干"的原则，采取集中培训、网上学习、送教下乡和校本研修等多种形式开展教师培训，取得成效。近两年来，全市参加省、市、县三级培训的教师达21万人次，其中市级集中培训教师3.4万余人次。目前，全市小学、初中教师学历合格率分别达到98.1%、97.1%，高学历比例分别达到71.3%和62.8%。

3. 大力度推进教育人事制度改革。(1)建立动态管理、定期调整的中小学编制管理制度。宜昌市在省定标准基础上，以县(市、区)为单位放宽10%～15%，城区学校放宽5%～8%，有效防止了"有编不补、有岗不聘"的问题。(2)建立教师补充和退出长效机制。各地坚持"逢进必考"和"公开、平等、竞争、择优"的原则，每年坚持补充一定数量的大学毕业生，同时积极接收资教生到乡镇及以下学校任教，有效地缓解了农村教师队伍结构性矛盾。如秭归县每年补充40名大学毕业生；夷陵区10年来共引进大学毕业生490名，其中本科生占80%。近两年来，全市共新进中小学教师657人，接收安排了320多名大学本科毕业生到农村中小学资教，市直进编149人。同时对达到一定年限的教师实行内部退养，有效化解教师队伍老龄化和超编问题。如枝江市自2007年起对距法定退休年龄3年以内、因病不能胜任教学工作的教职工实行病休政策，截至2009年底，全市共有424人办理了病休手续。宜都市自2001年以来，对距法定退休年龄5年以内的凡因病不能正常工作的教师，推行离岗病休，列在编外管理。至2009年，全市有422名教师离岗病休。(3)认真落实教师各项待遇。全面落实义务教育学校实施绩效工资，保证了教师收入平均水平不低于当地公务员收入平均水平。为让农村中小学教师安心执教，宜昌市教育局还通过一系列举措大力提高农村教师待遇，解决农村教师后顾之忧。为解决农村中小学教师住房困难问题，促进教师交流，2010年4月，宜昌市教育局印发《关于加快建设农村中小学教师周转房的通知》，规划在"十二五"期间，将新建和改扩建教师周转房4 000套，住房面积15.32万平方米，总投资1.5亿元，力争通过3至5年的努力，基本解决农村教师无房住、住危房、校外租房住的问题，切实改善农村中小学教师住房条件。

三、以高效课堂创建工程为核心，推进义务教育教学质量均衡

1. 统一改革思想，整体推进高效课堂创建工作。自2002年秋季宜昌市开始进入义务教育阶段课程改革，历经8年的探索与实践，在课改理念、施教行为、教育资源开发与利用、校本教研、教育教学评价制度与高中招生制度改革等方面取得了一定的成效，在全省乃至全国产生了一定影响。在新课改推进过程中，仍然有许多问题没有彻底解决，如学生课业负担过重问题、有效的教学评价跟进问题、课堂教学效率不高等问题。可以说，宜昌市课程改革进入了"高原期"。经过广泛调研，决定实施高效课堂创建工程，全面提升教育质量，推动义务教育均衡发展。

2009年上半年，我们开展了有关"高效课堂"的大讨论，明确了高效课堂是"以科学发展观为统领，以提高课堂效率为核心，以减轻学生过重课业负担为目的的"优质、高效、轻负"的新型课堂"，为进一步统一思想，我们组织了部分校长和骨干教师赴江苏洋思中学、山东杜郎口中学考察学习，组织了近70人的专家队伍赴华东师大开展了为期20天的新课程培训。在此基础上，我们举办了全市创建高效课堂活动启动会，印发了《关于全市开展高效课堂创建工作的指导意见》和《关于全市开展高效课堂创建工作的实施方案》，提出了实现高效课堂必须以树立科学的教育质量观为前提，把促进人的全面发展、适应社会需要作为衡量教育质量的根本标准；把加强师资队伍建设作为落实高效课堂的根本保证；把优化知识结构，强化能力培养作为高效课堂的根本目标；把学思结合，知行统一作为高效课堂的根本要求；把提高每个学生的学习兴趣，实现在自己原有基础上的进步，达到不同程度的爱学、会学、学会、学好作为高效课堂评价的根本尺度。简言之，我们创建高效课堂的箴言是“健康生活、创新学习、发展个性、人人进步”。

自2009年秋季创建工作启动以来，我们始终坚持在全市范围内整体推动，举办了120余次不同层次的推进活动和交流会，掀起了高效课堂创建活动的热潮。全市的整体课堂面貌发生了积极的变化，学生思维由被动逐步变为主动，成为课堂学习的“主人”，自主探究、合作学习、勇于实践的课堂氛围正在营造。在高效课堂创建中，涌现了一批先进典型，宜昌市九中开展以电子“学教稿”为实施策略的课堂教学模式改革探索，进一步减轻了学生的课业负担，学生变得爱思考、敢表达、会记录、能交流与合作，提高了教学质量。市九中七年级的付轩然同学，从小由爷爷奶奶带大，直到小学五年级才和父母生活在一起。特殊的经历造成了付轩然不愿与父母交流。短短三个星期的时间，发生在付轩然身上的变化令付轩然的父亲十分吃惊：“以前回到家，从来不和我们说话，现在什么都跟我说，课上的，课下的，还有和同学之间的交往都滔滔不绝地跟我说。学习态度也是天翻地覆的变化，从来不专心学习，现在大清早就坐在书桌旁自己安排学习任务！”枝江一中已初步形成了各学科教学的新模式和学生学习的新方式，探索总结出了一套行之有效的“423”课堂教学模式。高效课堂创建工程的实施得到社会和家长的积极认可，许多社会人士在宜昌教育信息网上了解高效课堂创建工程情况后，纷纷跟贴留言支持。有的学生家长表示：学校实施高效课堂后，孩子家庭作业量明显减少，休息娱乐时间更多了，有利于孩子健康成长。

通过高效课堂的创建，教育质量得到提升，宜昌市在2010年的高考中取得可喜成绩，在考生人数减少近2 000人的情况，高考前三批录取率、一本上线人数较2009年有大幅提升，高分层人数在湖北省均名列前茅，仅次于武汉市。教师的专业水平也得到提升，两年来，有56人次荣获全国、全省优质课一等奖。全市140余篇教师专业论文在中文核心期刊发表。

2. 革新教研方式，服务高效课堂创建。高效课堂的创建离不开教师专业化发展，教师专业水平的提升最有效的是依靠教学研究来提升。为了服务高效课堂创建，我们革新了教研方式。(1)强化集体备课制度。集体备课重点是备学生、备学情；备方式，激发学生学习兴趣；备课程资源的有效选择，预设生成资源；备课堂实施策略，关注问题意识，关注增长点。(2)开展分片联动、主题引领的区域教研活动。我们逐步形成了以片为主的教研活动共同体，在开展高效课堂创建活动中，进一步强化了分片教研活动，每学期每片教研活动确定一至两个主题，同片教师全员参与，深度探讨研究，有效地提升了教师的专业水平。如伍家岗区以学习型组织建设为手段，加快区域性学习型组织形成，形成特色，《人民教育》、《中国教师报》分别以大篇幅进行了全面深入的报道，在全国产生了较大的影响；西陵区以学校特色文化创建为载体，通过挖掘办学历史、团队研讨、专家论证、现场推进、督导评估等培育学校特色文化，形成了“均衡＋规范＋特色”区域教研样板。(3)“蹲点联校”，以点带面的教研策略。教研重心下移，实行教研员“蹲点联校”，以点带面的教研策略，各学科教研员分别联系1至2所学校作为联系点，定期到校蹲点，解剖麻雀，研究问题，寻找解决办法，形成经验，再普级到面上各校。一年来，市教研部门及其22名教研员在近50个基地学校的蹲点工作有序展开，共参与集体备课569次，上示范课98节次，作辅导报告56人次，提交学科诊断报告66份、基地学校学科教学经验总结34份。为推进学校、学科均衡发展作出了贡献。(4)开展网络教研。在高效课堂创建过程中，引导教师参与网络教研成为创建工作的重要内容。我们精心打造了宜昌教研网这个平台，引导全市教师参与网络教研。2010年，网络教研处于起步阶段，如何规范网络教研管理、提高网络教研质量，充分发挥网络资源已成为服务全市高效课堂的重要研究课题。

3. 深化评价改革，为高效课堂创建保驾护航。为确保高效课堂创建顺利实施，评价体系跟进是保障。在教育教学评价体系的建设上，我们做了如下几点：(1)制订了各科高效课堂的评价标准以及小学抽样评估方案、初中教学质量综合评估方案、高中教学评价方案，以此保证课堂教学及整体教学质量提升。(2)进一步深化初中学业评价和高中招生制度改革。从2005年起，宜昌总结了1999年以来中考改革的经验，结合实际，对评价制度进行了改革，实现了教育部提出的在初中毕业生学业考试、综合素质评价和普通高中招生三方面的突破。我们建立了中考命题审题制度和命题人员队伍，将中考分为考试和考查两类，考试又分开卷考试和闭卷考试，考试结果呈现上，考试、考查科目的成绩均以等级呈现。在学生综合素质评价方面，将学生评价分为五个维度，细化为15个要素和41条关键提示，提高评价的综合性、全面性和科学性，促进学生的全面成长。在高中招生方面，将重点高中分配生指标分配到初中学校，比例逐年提升。2008年3月，宜昌市在全国中考改革经验交流会上介绍经验，7月，《人民教育》以专题形式全方位推介了宜昌市中考改革的做法。

四、以创新为动力，建立健全强有力的义务教育均衡发展保障机制

1. 创新工作思路。近年来，我们立足现行财政体制和人事管理体制实际，围绕推进义务教育均衡发展不同阶段工作的重难点，创造性地履行地市级教育行政部门职责，始终用遵循规律、顺应时代、切合实际、行之有效的工作思路来指导全市教育工作，有力保证了宜昌教育在整体范围内的快速科学发展。如“十五”末期，针对农村寄宿制学校和初中标准化建设等问题，我们提出了小学抓配套、初中抓标准、高中抓普及、职教抓调整、统筹抓公平的“五抓”思路，有力指导了全市寄宿制和标准化学校建设；如针对教育事业由外延向内涵式发展精细化管理的转变，我们在“五抓”的基础上，又提出了“四化”思路，教育思想现代化、教育管理科学化、办学条件标准化、教育资源均衡化。2009年，为进一步推进全市教育事业均衡协调发展，全面提高教育水平，我们提出了“五个坚持四个两手抓”的思路，即：坚持以推进素质教育为导向，以提高教育质量为核心，以义务教育均衡发展为重点，以改革创新为动力，以班子队伍建设为保证，一手抓城区直管，一手抓县市督导，统筹城乡教育工作；一手抓基础教育巩固提高，一手抓职业教育调整完善，促进教育协调发展；一手抓标准化创建，一手抓精细化管理，提高学校教育质量；一手抓资源均衡配置，一手抓办学效益提高，办好人民满意教育。针对教育事业发展的一些重点工作，我们敢于创新，勇于探索，通过思路创新，强力推动，成效十分显著，如兴办农村保育寄宿制小学、初中标准化建设、中小学布局调整、“零辍学”县市区创建、城乡教师援助工程、考试评价制度改革、整体推进“班班通”建设、县市区政府教育工作责任目标考核等等，这些工作思路的创新与实践成为宜昌教育改革发展的重要支撑和不竭动力。

2. 创新体制机制。体制机制在很大程度上决定着教育发展进步的活力、实力、创造力和竞争力，是打基础、管长远的政策与制度设计。近年来，我们围绕推进教育均衡发展，加大理论和实践创新力度，取得明显成效。(1)建立推进体制机制创新的长效机制。2009年，我们在省内率先设立了“年度教育工作创新奖”，对教育工作体制机制创新取得的突出成果给予表彰和奖励，此举极大地激发了全市的教育创新活力，涌现出了一批教育工作创新成果。如2009年度一等奖中，西陵区教育局的“小学教育均衡发展研究”、伍家区教育局的“构建学习型组织推进教师队伍建设”研究、夷陵区教育局的“区域义务教育均衡发展创新研究”、宜都市教育局的“留守子女”教育研究、市教研中心的“《长在宜昌》(3～9年级)地方教材的开发与利用”等都成为教育的品牌，在全国产生影响。(2)完善教育优先发展的保障机制。我们在“以县为主”的农村义务教育管理体制和义务教育经费保障新机制改革中，有效建立了县级政府统筹的农村教育经费投入机制，各项教育投入政策执行到位，2009年，宜昌教育经费投入达28.38亿元，比上年增长10%，没有出现“上进下退”和滞拨、挪用、截留教育经费的现象，教师工资足额拨付，切实做到了“三个增长”。落实党政定期议教制度，人大、政协视察调研制度，建立了市县领导、市县直部门、乡镇联系帮扶学校制度和对家庭贫困学生“一对一”联系帮扶制度。另外，我们围绕教师队伍建设、教育方法、评价方式等方面大胆改革创新，取得成效，如在教师队伍上，实施人事制度改革，建立了正常的教师补充和校际交流工作机制；在教育教学上，建立了多元化的考试评价办法和高中学校多样化的招生录取招生制度；在学校管理体制和运行机制上，探索出“一校制”、“联校制”、“学区制”等城乡学校教育资源共享机制等等。

3. 创新督导制度。为了切实保障教育优先发展、科学发展，我们坚持以督导为杠杆，狠抓教育督政督学，效果十分明显，(1)督政府，确保教育优先发展战略地位。1999年，宜昌市人民政府制定《县市区人民政府教育工作目标考核办法》，在全省率先开始实施对县市区政府教育工作每年一次的目标考核，这一创举，为当时宜昌教育发展提供了强有力的政策保障和经费支持，有效解决了当时普遍存在的义务教育学校“运转难、生存难”问题。2002年，根据省统一安排，考核时间改为2年一次，我们一直坚持这一督政制度至今，当政府系统开展年度目标考核后，市政府曾两度欲取消教育专项考核，经我们据理力争，终得以保留。回顾10年来的教育发展之路，我们深切地感到，有效地督政措施，是宜昌党政领导始终重视教育、事业始终保持较快发展、优先地位始终有效落实的重要杠杆和手段。(2)督教育行政部门，确保各项重点工作落到实处取得实效。2009年，为增强县级教育行政部门的责任意识、服务意识和竞争意识，提高县级教育行政部门的工作效能，有效保证市、县两级教育行政部门政令畅通、步调一致，有效推进各项重点工作，我们建立了市教育局对县(市、区)教育局的年度工作目标考核制度，开始组织对县(市、区)教育局的考核。考核两年一次，与对县(市、区)政府的教育目标考核交替进行。(3)督学校，充分发挥学校自主办学科学发展的积极性、主动性和创造性。市教育局向局属各学校印发了《宜昌市教育局直属学校学年度考核方案》，强化了对市直属学校的管理和考核，促进了城区教育的均衡健康发展。近年来，宜昌教育部门将教育督导目标考核的重点转向义务教育均衡发展方向，加大均衡发展各项考核指标所占权重，突出了经费投入、办学条件改善和教师队伍建设等义务教育均衡发展的几大关键要素，保障义务教育均衡发展的有力推进。

(作者时任宜昌市教育局局长)

创新发展机制 促进均衡发展

尹国平

近年来，黄石市坚持以科学发展观统领教育工作全局，以办好每一所学校、关注每一个学生为着眼点，不断创新教育发展机制，努力促进义务教育均衡发展。

一、创新资源优化配置机制，加强教育资源的整合，全面推进义务教育学校标准化建设

办学条件的改善是推进义务教育均衡发展的重要基础。为保证有限教育资源发挥最好的使用效益，避免重复建设造成的浪费，黄石市参照出生人口数、生源流动情况，进行了多轮的学校的布局调整。2008年完成了大冶有色金属公司等十几家国有企业所属的50多所学校的分离工作。2009年，大冶市对20所教学点、完小、初中进行了布局调整。同年，作为湖北省义务教育均衡发展试点县的阳新县选择部分乡镇进行了试点，撤并初中7所，完小67所，初小46所，以后资金项目全部投向这些永久保留的学校。2009年以来，黄石市从国家建筑标准和设施配备标准出发，分小学和初中两个类型，制定了较为详细的办学条件的标准。标准共涉及总则、学校设置与规划、学校建设用地标准、学校校舍建设标准、学校装备条件标准、师资配备标准、公用经费标准七大部分，涵盖了学校硬件建设的各个方面。对照标准要求，研究制订了相应的标准化学校评估办法，对各项指标赋予了权重、分数，评估验收标准，督促学校按照要求开展创建工作。我们将全市标准化学校评估分为两个阶段进行，第一阶段从2010年到2015年，以阳新县为主，各县(市、区)也开展标准化学校创建工作，成熟一所验收一所。第二阶段从2015年到2018年，所有学校均要接受市政府教育督导室的标准化学校评估，同时接受省政府教育督导室的评估，比全省预期提前两年完成任务。

二、创新教育督导机制，强化督政工作，确保教育的优先发展地位的落实

黄石市以促进教育均衡发展、推进素质教育、全面提高教育质量为重点，在抓好督学的同时，重点强化了教育督政的作用。(1)建立县级政府教育目标责任机制。市政府将教育发展目标纳入到对县级政府发展目标综合考核体系之中，积极推进经济社会的协调发展。(2)建立对县级政府专项任务落实的考评机制。通过部门联动，充分借助组织等部门的力量，促进县级政府责任目标的落实。(3)建立了教育发展目标公示制度。定期公布各县(市、区)教育发展主要指标情况，接受社会监督，促进各级政府落实教育工作责任。(4)进一步完善了督办机制。教育督导部门根据不同阶段教育发展的不同需求，对重要工作实行了专项督导，如学校及周边环境综合治理工作、学校危房改造工作，不断促进教育的和谐发展。(5)进一步完善了奖励机制。对县(市、区)级政府分管教育领导实施目标完成情况奖励，对县级政府进行专项奖励，进一步促进县级政府落实义务教育均衡发展的主体责任。督导创新机制的建立，推动了黄石教育持续、健康、均衡发展，督政工作经验多次在全国和全省交流，得到了同行的好评。

三、创新工作推进和执行机制，建立完善目标管理体系，促进教育各项任务的全面落实

黄石市努力通过目标管理的形式，加强对县(市、区)级教育行政部门推进义务教育均衡发展的督促工作。(1)建立了三级目标管理体系。市教育局每年在全市教育工作会上通过目标管理责任书的形式将教育发展的各项指标下达到县级教育行政部门和直属单位，各县(市、区)教育局将目标任务分解落实到学校，学校将目标任务分解到科室、年级组、教研组，构建了完整的决策执行体系。(2)强化过程的跟踪督办。建立了目标责任落实情况督办检查制度，通过按月报告、半年小结、年终总结、不定期抽查的形式，加大各单位目标任务完成情况通报力度，对于工作进展缓慢的，督促其整改，保证各项任务顺利完成。(3)完善了科学的考核办法。在全面完成目标任务的同时，努力突出重点，不断加大了对教育教学质量、重点项目建设和办学行为的考核力度，通过平时考核与年终考核相结合，被考核单位汇报自评与市教育局各科室(直属单位)测评结合，保证考核方式的科学、有效，努力促进教育协调发展。(4)建立了目标管理奖励制度。根据考核结果，通过以奖代补等多种形式对县(市、区)级教育行政部门实施奖励，并逐年提高奖励标准，进一步调动县(市、区)级教育行政部门推进义务教育均衡发展的积极性。同时，将县(市、区)级教育行政部门的考核结果向县级政府通报，通过市级教育行政部门和县(市、区)级政府部门共同努力，有效促进了各项教育责任目标的落实。

四、创新教育教学管理考核机制，建立科学的评价体系，全面提升教育质量

黄石市在不断总结经验的基础上，建立和完善了义务教育教学质量评价考核体系，促进了全市义务教育教学质量的提高。(1)建立了教育行政、教育科研、教育督导“三位一体”的教育教学质量监测体系，制订了《黄石市中小学课堂教学效益评价方案》，加强实时跟踪，促进素质教育的全面推行。(2)建立了层次分明的考试评价体系。探索完善了“四高一低”的中考评价机制，促进学校不断提高学生报考率、优秀率、及格率、平均分，最大限度地降低低分率，促进学校关注每一个学生，最大限度地发挥学生的潜能，促进学生在学校获得最大的进步。为了服务评价工作，黄石市2009年开始中考全部科目实行网上阅卷，建立了数据分析平台，实现了全市评价体系的一体化，为实施教育教学质量的全程监控打下了良好的技术基础。(3)深化了招生考试制度改革。坚持实行了将省级示范高中黄石二中的招生指标全部分配到区、到校的做法，对扼制义务教育阶段择校现象，促进生源均衡起了积极的推进作用。

五、创新学校发展观念、思路和举措，强化内涵发展，实现特色兴校

黄石市根据市情，以改革创新的思路谋划发展，提出了“引导学校理清办学思路，明确办学目标，找准发展定位，创新办学理念，形成办学特色，走内涵发展道路，全面提升办学水平”的工作思路，提出了幼儿教育、义务教育、高中教育、职业教育分层推进、分类发展的工作目标，指导全市各级各类学校办出特色、办出内涵、办出品位，实现百花齐放，促进全市教育的全面持续发展。坚持以全面提升学生综合素质为发展方向，发挥学校主阵地和活动载体作用，加强常规管理和制度落实工作，落实德育、体育、卫生、艺术、国防、安全、科技教育各项任务，努力促进学生的全面发展。坚持以“校园文化特色学校”的创建活动为重点，突出文化、体育两大特色，举办了全市中小学校园文化建设成果展，建立了市级爱国主义教育、法制教育、国防教育等各类青少年校外教育基地20个，创建“德育示范学校”10所、“德育创新学校”10所、“校园文化特色学校”32所，“一校一特”、“一校一品”的校园文化创建格局日益形成，教育效益稳步提升，教育特色日益彰显，各学校办学水平不断提升。

六、创新校长和教师成长及专业发展机制，拓展教师交流帮扶途径，全面提升教师队伍的素质

黄石市坚持师资均衡促进教育质量均衡的思路，努力促进教师队伍素质的整体提升。(1)重视校长队伍素质的提升。采取以会代训、听取讲座、讨论交流、参观学习、挂职锻炼、返岗实践、总结提高的形式，加大了培训和管理力度，并定期举办校长论坛，通过专家引领、实践研讨，不断提升了校长队伍的整体素质。2010年暑期，与北京师范大学联合开办了黄石市校长高级研训班，为黄石市校长“量身定做”培训内容，进一步更新了校长的观念，提高了校长的管理水平和办学水平。(2)加强教师职业道德建设。在探索师德建设过程中，完善了师德档案和师德考评制度，确定了每年一个主题，促进师德不断提升的工作思路。通过师德演讲比赛、师德报告会、师德论坛等方式，宣传优秀教师先进事迹，营造尊师重教的良好氛围。积极开展“万名教师进万家”爱心家访活动和“万名教师抵制有偿家教签名承诺”活动，不断提升教师思想境界，努力使教师成为践行“中小学教师职业道德规范”的楷模。(3)持续做好教师支教、援教工作。近年来，全市共选派了千余名城镇教师到农村支教，并通过名校、名师、骨干教师与农村学校结对帮扶的形式，帮助农村学校培养骨干教师，提升农村学校师资整体水平。在此基础上，还选派了部分农村学校教师、干部到城镇学校挂职，并充分发挥特岗生、资教生的作用，促进了先进教育理念的传播，整体提高了师资队伍水平。

推进义务教育的发展是一个长期艰巨的工作，黄石市将按照全市推进义务教育均衡发展的整体规划，加强指导、管理、监督，狠抓办学条件改善、教师队伍提高、教学质量提升和学生资助帮扶工作，促进义务教育软硬件条件的同步提升，力争通过几年的努力，全面实现义务教育的均衡发展。

(作者时任黄石市教育局局长)

优结构　提质量　促公平
努力满足人民群众上好学的愿望

杨植涛

近几年来，鄂州抓住全省首批城乡一体化改革试点城市的机遇，坚持教育优先发展战略，以办人民满意教育为宗旨，加大教育投入，深化教育改革，大力推进城乡教育一体化，全市教育工作取得了长足发展。各级各类教育持续发展，“城乡一体，全域统筹”的教育管理模式初步形成，办学水平和教育质量全面提升。

一、全域规划，促进城乡教育资源均衡

2008年，市委、市政府将教育列为全市城乡一体化8个单项改革之一，统筹城乡各类教育发展，科学规划，整合资源，缩小城乡之间、区域之间、校际之间的差距。根据人口的预测和教育发展的需要，结合鄂州“一主三新十特百村(新社区)”总体城市规划，遵循十年不变、规模适度、便民惠民、减少投入的原则，制定了中小学布局调整规划，促进农村小学及幼儿教育向中心村集中，初中向乡镇所在地集中，高中向市、区政府所在地集中，用三至五年左右时间，将现有的284所农村中小学调整为103所。从2009年起，学校项目建设、扶持经费、师资配备等，只对布局调整保留的学校，不对拟定撤销的学校。2009年全市撤并了5所农村初中和15所农村小学，2010年基本完成了农村初中的撤并工作。同时加大职业教育资源的整合力度，将全市12所中职学校调整为7所。

二、全域建设，促进城乡办学水平均衡

增加教育投入，大力改善办学条件。市政府连续四年将学校建设列为改善民生的“十件实事”之一，共投入1.4亿元，其中2007—2009年投入4 700万元建成40所农村寄宿制学校，2008年投入6 500万元在城南新建了一所标准化初中，2010年，投入2 800万元实施中小学校舍安全工程和标准化建设工程，重建校舍61栋，新改扩建面积2.2万平方米，学校面貌焕然一新，被广大师生和家长称为民心工程和德政工程。

加强远程教育，促进优质资源共享。作为全省首批农村中小学现代远程教育试点，近几年全市共投入1 039.6万元，建立起了覆盖全市所有城乡中小学的远程教育网络，在全省率先实现了"校校通"。坚持应用为主，积极推进"班班通、堂堂用"，实现农村学生与城市学生共享优质教育资源。

推进职教园建设，加快职业教育发展。2009年，成功争取武汉城市圈(鄂州)职教园落户葛店开发区。采取整合职教资源和招校招商办学相结合的方式，探索职业教育规模化、集团化、连锁化、品牌化模式，增强职业教育的活力。经过一年多的努力，已有4所武汉地区职业院校落户园区。加强实训基地建设，职业教育办学条件不断改善。全市中职学校办学规模进一步扩大，2010年中职招生4 210人，完成计划数在全省市州中列第五位，中职在校学生1.4万人，比"十一五"初翻一番。

三、全域管理，促进城乡师资队伍均衡

教育发展，教师是根本。为加强教师队伍管理，促进师资水平的均衡配置，建立了"四项机制"：(1)建立教师继续教育培训机制。大力实施教师素质提高工程，构建中小学教师终身教育体系。保障教师培训经费的投入，市财政每年安排100多万元，用于教师继续教育培训。每年免费安排1 000名农村中小学教师参加省、市级培训，暑期集中开展教师全员培训，提高教师的教学能力和业务水平。(2)建立教师合理流动机制。按照"以区为主"教育管理体制，区域内教师统一调配交流。全面实施农村教师资助行动计划，城区学校与农村学校"手拉手"、城乡教师"结对子"，25所市直学校分别与1～2所农村学校对口援助，200余名教师与农村教师结对子，300余名城镇教师到农村学校支教，帮助农村教师提高教育教学水平。同时明确规定凡晋升高级教师职务的城区教师，必须到农村学校支教一年以上。(3)建立教师及时补充机制。采取公开招考和引进人才相结合的办法，充实教师队伍，优化教师结构，近三年引进新教师近200人。(4)建立教师管理激励机制。充分发挥绩效工资的激励导向作用，坚持多劳多得、优绩优酬，把教师的师德师风、教学水平、教学效果，作为聘任、评优、职评的依据。2010年，在全市各级各类学校各学科教师中开展"教学大比武"、评选"学科带头人"活动，调动了广大教师热爱教学、钻研教学的积极性，有效促进了课堂教学质量的提高，在全市广大教师中形成了比师德、比教研、比能力、比绩效的良好风气。

四、全域推进，促进城乡教育质量均衡

2009年在华容区开展义务教育均衡发展改革试点，以实施教育质量提高工程为核心，努力拓展优质教育，整体提升教育质量。2010年在巩固试点成果的基础上，全面铺开，整体推进。(1)切实规范办学行为。规范办学行为是全面实施素质教育的前提和保障。2010年，在全市中小学全面深入开展"规范办学年"活动，着力解决"减负"、"择校"、"师德师风"、"乱收费"、"考风考纪"等教育热点难点问题，建立规范办学的长效管理机制，推动素质教育的全面实施。截至2010年底，有关学校违规办学、乱收费的举报明显减少，教师违规补课和考风考纪方面的举报基本为零，群众对教育的满意度进一步提升。二是建立教育质量监测机制。实行干部包区、包乡镇、包学校的挂点督查制度，加强教育督导，重点监测督导学校规范办学、减负增效、素质教育等工作，监测督导结果与校长和教师的绩效考核挂钩，与评先评优挂钩，与干部的使用和教师的职称评定挂钩，树立一批有说服力的学校和教师先进典型，发挥示范、引领和辐射作用。(3)不断深化教学改革。在全面实施九年义务教育新课程改革的基础上，2009年全面启动了高中阶段新课程改革。以此为切入点，大力开展教研活动，努力打造高效课堂。加强学校德育、体育、卫生和艺术教育，促进学生全面发展。全市中小学教育质量稳步提升，高考上线率一直高于全省平均水平。近年来，全市中小学生在省级以上各类竞赛中获奖2 000余人次。

五、全域保障，促进城乡就学机会均衡

教育公平的关键是机会公平。鄂州市坚持把教育公平作为改善民生之首，全面落实惠民政策，让教育改革发展的成果惠及广大群众。(1)建立完善义务教育经费保障新机制。认真落实"两免一补"，落实中央和省制定的农村中小学生均公用经费基准定额，不断提高教育经费保障水平。(2)建立完善城乡一体的教育资助体系。全市每年用于资助各类学生就读的资金总额2 500多万元，切实保障了家庭经济困难学生接受教育的权利。(3)建立完善进城务工人员子女就学保障机制。从2009年起，义务教育阶段学校一律取消借读费，凡进城务工人员子女，按居住地就近入学，与城区学生享受同等待遇。城区学校通过家访互动、心理咨询等方式，关心进城务工人员子女的学习和生活。农村学校建立健全了留守儿童档案和联系卡制度、结对帮扶制度、与学生家长定期交流制度和家访制度，保障农村留守儿童接受良好的教育。

六、全域规划，促进义务教育全面均衡

《湖北省中长期教育改革与发展规划纲要(2011－2020年)》描绘了湖北教育事业未来10年发展的蓝图，是一个新的里程碑，必将推动教育事业又好又快发展。今后一个时期，鄂州市全面贯彻实施湖北省教育规划纲要的总体思路是：实施"协调、均衡、优质、持续"发展战略，大力推进城乡教育一体化，优化教育结构，促进教育公平，深化教育改革，提高教育质量，实现鄂州教育在新的起点上科学发展，努力满足人民群众上好学的愿望。

1. 坚持教育协调发展，不断优化教育结构。适应人民群众日益增长的教育需求，努力构建"体系完善、结构合理、布局优化"的公共教育服务体系，加快发展学前教育，均衡发展义务教育，加快普及高中阶段教育，大力发展职业教育，构建完善终身教育体系，全面提升各类教育发展水平。到2015年，学前三年毛入园率达到70%以上；率先在全省基本实现区域内义务教育均衡发展，适龄儿童入学率保持100%，适龄少年入学率保持98%以上；高中阶段毛入学率达到95%以上；中等职业教育在校生达3万人以上。针对教育发展的薄弱环节，在优化教育结构上，重点要抓好三项工作：(1)加强学前教育基础设施建设。按照“每个乡镇兴建一所中心幼儿园、每个中心村(新社区)兴建一所普通幼儿园”的思路，科学规划，合理布局，加大投入，“十二五”期间筹资6 000万元建设23所乡镇中心幼儿园，筹资4 000万元新建一所城区中心幼儿园。鼓励民间资本发展学前教育，形成以公办幼儿园为示范和骨干，公办与民办相结合的多元化发展格局。(2)统筹高中阶段教育的协调发展。合理布局普通高中和中等职业学校，实现办学规模大体相当，加强特色高中建设，推进高中多元化发展，支持高中阶段民办学校发展。(3)深化职业教育改革。坚持以就业为导向，推行工学结合、产学研一体的办学模式，建立校企合作共赢的办学机制。加快推进鄂州职教园建设，到2015年，力争建成湖北省职业教育品牌示范园区。

2. 坚持教育均衡发展，大力促进教育公平。坚持教育的公益性和普惠性，把教育均衡发展、促进教育公平摆在更加突出的位置，努力办好每一所学校，教好每一个学生，办好人民满意的教育。(1)进一步优化配置城乡教育资源。“十二五”期间，基本完成农村中小学布局调整工作，大力实施中小学标准化建设工程，筹资1亿元重点建设布局调整后保留的103所标准化学校，筹资5 000万元在城南新区兴建一所小学。基本完成薄弱学校改造，使全市义务教育学校教育教学设施基本达标，积极推行小班教学，切实解决“择校”问题。(2)进一步完善城乡一体化管理体制。建立义务教育均衡发展的投入保障机制和督导评估机制，督促各级政府依法担负起发展教育事业、促进教育公平的责任。加大城镇援助农村教育的力度，促进以城带乡、城乡互动，缩小城乡教育的差距，推进基本教育公共服务均等化。(3)进一步保障好公民人人享有教育的权利。构建覆盖各类教育的家庭经济困难学生资助体系，确保每一个学生不因贫失学。切实保障进城务工人员子女上学、农村留守儿童、残疾儿童少年接受良好的教育，使他们在社会关爱中健康成长。

3. 坚持教育优质发展，全面推进素质教育。始终把实施素质教育作为教育改革发展的战略主题，把提高教育质量作为教育工作的核心任务，努力做到“三个推进”：(1)推进办学行为规范化。以规范办学为抓手，推进素质教育。坚定不移狠抓“减负增效”，加大行政问责力度，坚决制止违背教育规律和人才成长规律的办学行为。(2)推进课程实施科学化。深化基础教育课程改革，完善符合素质教育要求的课程体系，切实保证学校开齐课程、开足课时。实施教书育人一岗双责制度，增强德育工作的针对性和实效性，注重培养学生的创新精神和实践能力。(3)推进教育评价合理化。大力推进考试招生制度和评价制度改革，建立完善三个评价体系，即：建立与素质教育相适应的学生学习和成长综合评价体系，以学生学业考试成绩和综合评价结果为依据录取高中新生，促进学生全面发展；建立教师发展评价体系，对教师的师德表现、业务水平、育人效果等方面综合评价，促进教师专业化发展；建立完善教育质量监测评估体系，督导学校全面贯彻教育方针，全面提高教育质量，促进素质教育全面实施。

4. 坚持教育持续发展，建设高素质教师队伍。教师是教育的第一资源，有好的教师，才有好的教育。(1)完善培养培训体系，造就一批教学名师。按照“面向全员，突出骨干，倾斜农村”的思路，培训一批市、区、校级骨干教师和学科带头人，整体提高教师的学历层次、业务水平和实施素质教育的能力。加强教师职业道德教育，开展“师德标兵”、“鄂州名师”评选活动，引导广大教师做学生爱戴、人民满意的教师。(2)完善教师补充交流机制，优化教师结构。严把教师入口关，引进高素质人才，及时调整充实教师队伍。完善教师定期交流制度和城镇教师定期支教制度，重点推动优秀校长、骨干教师的交流，发挥他们的示范和带头作用，促进中小学教师、校长开展大规模的城乡交流、校际交流，重点是由城镇到农村、由优质学校向薄弱学校流动。(3)完善教师管理制度，激活教师队伍。通过严格考核、科学评价，建立能进能出、优胜劣汰的教师管理体系，调动广大教师的积极性、主动性和创造性，激发教师发展的内在动力，努力造就一支师德高尚、业务精湛、结构合理、充满活力的高素质专业化教师队伍。

(作者时任鄂州市教育局党组书记、局长)

着力推进“三制”改革 促进义务教育均衡发展

彭中才

一、均衡教育首在均衡师资

仙桃市历届市委、市政府始终坚持把教育放在优先发展的战略地位，持续不断加大对教育投资的力度，全市各个学校办学条件显著改善。现在学校之间的差距，最终不在硬件而在教师上，学生择校实质是择师。推进义务教育均衡发展，关键要推进教师资源的均衡配置。2009年以来，仙桃市抢抓全省义务教育均衡发展试点市的机遇，紧紧围绕优化教师资源配置做文章，着力在体制机制创新上下工夫，全面推行以“学区制”、“一校制”、“联校制”为核心的教育管理体制改革。

在乡镇范围内推行"学区制"，变"学校人"为"学区人"，在学区内优化配置。"学区制"是以镇办为单位建立学区，选择一所优质镇直初中与镇办中心学校合并，实行学区中心学校管理辖区所有学校的办学模式，对学区内所有教师实行无校籍化管理，教师由"一校独有"变成"学区共享"，根据各校需求合理配置。两年来，我们先后在沙湖、沔城、通海口等镇开展"学区制"改革，实行教师无校籍管理。试点镇有217名教师异校任教，52名教师开展对口支教，28名教师进行"联校走教"，较好地解决了农村学校师资短缺、课程开设不齐等问题。

在强弱学校之间推行"一校制"，变"顺向流动"为"逆向流动"，充分放大名校效应。"一校制"是在一定的区域范围内，选择一所地理位置适中、师资力量雄厚、教学资源丰富、办学条件较好的学校，就近代管一所薄弱学校，推行"一个法人代表，两个办学实体，财务统一管理，教师交流使用，资源共同分享，整体均衡发展"的办学模式。我们先后将仙桃市二中与市五中、市三中与市九中、市四中与市六中等学校分别实行强弱合并，把强势学校作为本部，在薄弱学校设立"一校制管理实验部"，由强势学校校长任法人代表，全面管理"一校两部"，实行教师统一调配、财务统一核算、教学统一管理、考核统一评价。"一校制"的推行，变教师"顺向流动"为"逆向流动"，城区学校共有256名优秀教师到薄弱学校任教，城区优质学校平均班额下降了近20人，既缓解了强校办学压力，又改变了弱校难以为继的局面，有效拓展了名校覆盖范围，让每个孩子都能在家门口上名校。

在城乡学校之间推行"联校制"，变"结对帮扶"为"合作共建"，促进两校共同发展。"联校制"是指一所优质学校与一至两所同类学校结对共建，实行"法人独立、互联互助、以强带弱、对口支援、多校共赢"的办学模式。仙桃小学拥有一流的花园式办学设施，但由于师资力量一直难以上去，大量生源舍近求远，外流到1公里外的实验二小就读。2009年8月，我们将实力较强的实验二小与地处城郊的仙桃小学"结对子"。实行教学结对、管理结对和师资结对，将实验二小2名副校长和1名德育处主任调到仙桃小学重组领导班子，将实验二小的2名特级教师、3名青年骨干教师交流到仙桃小学。改革后的仙桃小学在稳固已有生源的同时每年新增学生200多人，学校发展逐步驶上快车道。去年暑期，我们又在30所城乡学校之间开展了"联校制"改革，使农村学校师资力量明显加强，办学水平进一步提升。

二、教师流动需要制度保障

教师流动是推进均衡教育的关键。如何在体制机制上为教师流动提供保障？我们采取刚性化推动和人性化操作相结合的办法，切实打通关节，畅通教师流动的渠道。

完善教师流动的约束机制，硬化"要我流动"。对学校校长任职、教师的流动与管理制定了严格的刚性政策。

建立健全校长任期交流制。推行义务教育中小学校长任期制和定期交流制度，同一所学校任职满两届的原则上进行交流轮换，鼓励名校校长和有培养潜质的年轻后备干部到农村学校、薄弱学校任职交流。

建立健全教师柔性流动机制。建立骨干教师巡回授课、紧缺学科教师流动教学、城镇教师到农村任教服务制度，推动城区教师向农村学校流动，强校教师向薄弱学校流动。

健全和完善教师进城管理办法。严格农村教师进城，稳定农村教师队伍。凡调入城区学校的教师必须在农村任教5年以上，具有大学本科学历，同时必须是调入学校紧缺的专任教师，不影响调出学校的正常教学。城区教师缺编由市教育局统一公开选聘。

创造教师良性流动的政策"坡度"，激发"我要流动"。在严格教师流动的同时，我们相应建立起教师"导流"的配套激励机制，充分调动教师的积极性。

提高流动教师待遇，让教师想流动。实行"四个倾斜"：职称评定向农村中小学校倾斜，把晋升高级职称60%的指标给农村中小学；绩效工资发放向农村教师倾斜，农村中小学教师绩效工资平均水平可高出城区学校教师12%；住房向农村教师倾斜，大力推进农村教师周转房建设工程，优先改善农村教师住房条件；评先表模向农村教师倾斜，实行流动教师单列指标。

解决必要的生活条件，让教师流得动。我们建立了专项支教资金，从绩效工资总量中每年拿出100万元解决支教教师的交通、食宿、津贴，实现城乡教师同工同酬，让教师安心农村教育。

制度的建立健全，为教师流动提供了有力保障。现在，全市教师不再视下乡任教为"发配"，"支教"成了"自教"，那些支教、走教的流动教师"下得去、留得住、干得好"，流动任教的渠道得以全面畅通。

三、均衡发展不是平均发展

发展是教育事业永恒的主题，没有发展就谈不上均衡。均衡不是简单的平均主义，而是要让整个教育水平"水涨船高"。深化义务教育均衡发展，我们坚持均衡和优质并重，努力做到"三要三不要"。

要扬峰平谷，不要削峰填谷。我们在推进义务教育均衡发展中，一方面注重改善弱校，补齐短板，另一方面注重搞活强校，重塑优势，使强校更强，弱校变强，扩大优质教育资源总量。市二中与市五中、市三中与市六中、市四中与市九中重组后，硬件资源相互补充，领导班子重新选配，学科教师合理配置，实现了"1+1>2"的"结构效应"。市实验二小在一次性输送9名骨干教师到仙桃小学后，在内部开展了"名师走了，我们该怎么办?"思想大讨论和"内练素质，外塑形象"教学大比武，教师队伍内在活力和潜力得到空前激发，学校出现了争当班主任、争着代课、抢着代主课的新气象。

要各有千秋，不要千校一面。教育均衡发展不能搞"一刀切"模式，而应追求高水平、高层次上的多元化和特色化发展。我们以校园文化建设为载体，推动各中小学走一校一品、一校一韵、一校一特色的内涵发展道路。仙源学校以"学孝、行雅"为主线，坚持开展中华传统美德教育，使孝雅教育成为全国知名的教育品牌，形成了鲜明的办学特色；仙桃小学以“快乐校园，个性成长”为目标，大力推行小班化教育，让学生每天上一次讲台演练，每周上一次擂台演讲，每月上一次舞台表演，充分让学生展示自我；新生街小学以“腰鼓”为特色，扎实开展阳光体育运动，促进了学生全面发展，自编自导的“千人腰鼓”操舞进了中央电视台。

要一以贯之，不要一劳永逸。均衡教育是一个长期的、动态的、螺旋式上升的过程，不可能一蹴而就，必须分阶段、有步骤地予以推进。在去年改革试点的基础上，我们进一步扩大“三制”覆盖面，突出工作“短板”，全面加强村小建设与发展。截至2010年底，我们已将21所市直学校、38所镇直学校分别与永久性保留村小结成对子，实行对口帮扶。全年累计投入863万元，维修改造校舍6万多平方米，先后为村小补充紧缺学科教师252人，全市村小面貌发生深刻变化。下一阶段，我们将坚持以“三制”改革为主线，科学调整学校布局，统筹城乡资源配置，不断完善义务教育均衡发展的长效机制，逐步形成师资配备均衡化、基础设施标准化、教育质量一体化的均衡教育新格局，力求让每个学生都上得起学、上得好学。

（作者时任仙桃市教育局局长）

双联　双扶　双优　双配

——潜江市创建“区域一体化”办学模式

何　伟

围绕义务教育均衡发展总体目标，潜江市按照学校管理、教师配置、教学教研、质量评价、装备建设“五个一体化”的办学总体构想，在市域内义务教育学校着力实施“以双联为主体，以双扶为补充，以双优为基础，以双配为保障”的“区域一体化”办学模式，在体制改革、队伍建设、办学条件、配套措施等方面统筹兼顾、整体推进，初步形成了“机制完备、全域覆盖、基础扎实、保障有力”的义务教育均衡发展格局。

一、以“双联”为主体创新管理机制

“双联”即实施联校办学和推进联片管理。

实施联校办学是潜江市推进区域内义务教育学校办学体制改革的一项创新举措，根本目的在于转变学校发展方式，提高薄弱学校办学水平，扩大优质教育资源覆盖面。主要是在一定区域内以一所优质学校为依托，打破学校之间界限，按地理位置、生源范围联并区域内几所薄弱学校或教学点，通过在建制上联并整合，在师资上融通使用，在管理上同步推进，在建设上统筹实施，形成一校多区，共同发展的办学实体。

2010年，全市22个学区中有20个推行了联校办学，124所义务教育建制学校有91所实施了联校办学，36个主校区分别向55个分校区移植了管理制度和学校文化等，联校办学服务范围覆盖全市322个村，覆盖面达98%。

通过联校办学，全市师资得到均衡配置，35名学校干部上挂下派，365名教师在联校内轮岗交流，基本解决了农村学校专任教师紧缺、年龄老化、课程开不齐的问题；通过联校办学，农村学校办学水平得到快速提升，如王场小学、龙湾小学、市第二实验小学等学校将主校区的雅行教育、新教育实验、国学经典教育、九项精品文化活动等移植到分校区，使分校区得到了快速发展；通过联校办学，潜江市域内出现了一股学生回流潮，全市有近2 400多名学生回流到户籍所在地就近入学，学校择校热得到有效缓解。

推进联片管理是潜江市为了破解跨乡镇联校办学的体制障碍，建立一种区域联动发展的乡镇教育管理新机制。我们将22个乡镇学区按区域位置相邻、教育资源互补的原则联并成9个片区，组成新的教育管理共同体。实行片区内教师统一调配，学校统一管理，教学教研统一组织实施，教学质量统一评价，打通了市域内乡镇（农场）间、超编学校与缺编学校师资调配通道。到2010年共调配超编学校富余教师186名到缺编学校任教，有效缓解了农村学校结构性短缺的矛盾。各片区建立的教学教研区域联动工作机制，以打造高效课堂为切入点，片区内开展学科教学交流的教师2 300多人。如园林片区和老新片区分别在园林三中、老新中学试点，嫁接山东杜郎口中学“三三六”教学模式，形成了具有本地本校特点的高效课堂教学模式。在联片管理中，乡镇教育行政管理职能得到了整合，人员得到了精简，乡镇教育管理效能得到了大力提高。

二、以“双扶”为补充扩大覆盖范围

“双扶”即在城乡学校之间实行“城镇教师支教帮扶”和“城乡学校结对帮扶”。

“城镇教师支教帮扶”采取两种方式：第一种是定期下派式。在区域内将优质学校干部、教师定点定期下派到农村薄弱学校任职、任教，使农村薄弱学校管理得到提升，师资年龄结构、学历结构、学科结构得到整体优化。第二种是兼职走教式。我们将区域内英语、体育、美术等短缺学科教师按照“一师任两校、兼职走教”形式进行统一安排，使农村薄弱学校教师在学科结构方面得到优化。

“城乡学校结对帮扶”是将城乡学校结成对子，在城乡学校之间开展拜师结对、菜单式送教、教育教学互动和干部、教师挂职等活动，有效地发挥城区窗口学校传、帮、带作用，提高农村学校办学水平。2010年潜江市又扩大了“城乡学校结对帮扶”范围和对象，制定了《潜江市义务教育均衡发展结对帮扶实施方案》，以改善农村中心小学办学条件、提高学校建设和管理水平为工作重点，由局直各单位、市直高中和江汉职院充分利用各自的资源优势，分别与14所乡镇中心小学结对帮扶，局直单位每年资助3万元，高中和职院每年资助5万元，一帮3年。截至2010年底，14个帮扶组的帮扶项目建设正有序推进，累计投入资金270余万元。定点帮扶马家台小学的江汉职院，充分利用其师资优势，培训马家台小学教师，并帮助学校开展“快乐周末”活动。每到周五下午，全校12个兴趣活动小组便在江汉职院12名特长实习生的辅导下生动活泼地开展起来，受到了学生及学生家长的普遍欢迎。

三、以“双优”为基础改善办学条件

“双优”即优化教师队伍结构和优化学校办学条件。

潜江市大力优化教师队伍结构，2010年通过实施教师队伍建设“五百工程”，培训补充教师，引进资教生100人；以江汉职院为依托，培训紧缺学科教师100人；安排顶岗实习教师100人；近两年招考教师100人；利用本土资源，培训校长116人。

我们坚持“以考促训”，组织全市5 000名教师参加了全市教材教法闭卷考试；建立了教师激励导向机制，通过开展“五优评选”向农村学校教师倾斜、向薄弱学校倾斜，极大地调动了农村学校教师的积极性；实行绩效工资倾斜农村学校制度，让广大农村教师既得到尊重，又得到实惠。

在优化学校办学条件方面，我们争取市委、市政府支持，2009年共投入1 596万元对55所学校的校舍和配套设施进行维修改造和新建的基础上，2010年又筹措资金4 802万元，用于实施校安工程和寄宿制学校建设。31所学校建起了塑胶跑道，50所学校建起了电子备课室，在初中学校建实验室22个，“班班通”工程已建教室90间。2010年力争实现23所学校达到国家建设标准，21所学校基本达到国家建设标准的目标，并采用“滚动式”推进学校标准化建设，直至所有学校达到国家建设标准。

四、以“双配”为保障突破均衡难点

“双配”即配套建设教师周转房和配套购置校车。

配套建设教师周转房。近两年，潜江市累计投入3 600多万元，在集镇新建教师周转房552套(不含永久性住房和保障性非产权房)，在村小新建了90套，改造了138套，满足了120名资教生、100名顶岗实习生、100名新招教师、228名城镇交流教师、35名交流干部的住宿需求。

配套购置接送教师校车。采取购买和租赁方式，投入300万元配备了30台接送教师校车，主要用于解决联校办学、联片管理教师交流交通需要，让交流教师“下得去，回得来，留得住”。

(作者时任潜江市教育局局长)

普通高等学校(本科)

○武汉大学

【基本情况】

学校基本情况统计

类　　目	数　量	类　　目	数　量
一、学生情况(单位:人)		三、教职工构成(单位:人)	
1. 普通高等教育在校学生总数	53 001	1. 总数	8 001
其中:博士生数	7 191	2. 专任教师数	3 639
硕士生数	13 170	3. 院士	12
普通本科生数	32 640	其中:外聘院士	20
普通专科生数	—	4. 正高级职称数	1 288
2. 普通高等教育招生数	15 720	5. 副高级职称数	1 950
其中:博士生数	1 573	6. 博士生导师数	1 150
硕士生数	5 996	7. 硕士生导师数	1 567
本科生数	8 151	8. 长江学者特聘教授数	26
普通专科生数	—	9. 楚天学者特聘教授数	7
3. 普通高等教育毕业生数	12 802	四、办学条件	
其中:博士生数	1 263	1. 年末固定资产总值(万元)	409 959
硕士生数	4 233	2. 校园占地面积(万平方米)	345
普通本科生数	7 306	3. 年末校舍面积(万平方米)	256
普通专科生数	—	4. 教学仪器设备总值(万元)	149 213
4. 成人及其他高等教育学生数	46 948	5. 图书馆面积(平方米)	58 145
5. 外国留学生数	2 085	6. 年末纸质图书册数(千册)	6 733
二、学科及专业设置(单位:个)		7. 教学用计算机台数(台)	20 160
1. 一级学科数	28	8. 各类专业实验室总数(个)	34
2. 博士授予权点数	208	其中:国家重点实验室(个)	4
3. 硕士授予权点数	311	省部级实验室(个)	30
4. 本科专业数	114	9. 工程(技术)研究中心(个)	7
5. 专科专业数	—	其中:国家工程研究中心(国家发改委)	—
6. 国家级重点学科数	22	国家工程技术研究中心(科技部)	2
7. 省级重点学科数	39		

【本科教育】 2010年,武汉大学继续实施"本科教育质量与教学改革卓越工程",新增国家级教学团队3个,总计13个,位居全国高校第三位;新增国家精品课程8门,总计71门,位居全国高校第三位;新增国家特色专业5个、国家战略新兴专业2个,本科专业总计114个。实施"武大课程2010"计划,并启动新一轮本科人才培养方案修订和学分制收费改革;实施"基础学科拔尖学生培养试验计划",创办了"弘毅学堂",开设7个学科班。有2名教师被评为湖北省教学名师、5名教师和1个教学团队获"武汉大学杰出教学贡献校长奖"。普通本科毕业生就业率为91.5%。

【研究生教育】 学校继续推进研究生培养制度改革,扩大博士生导师招生自主权,完善硕博连读制度。专业学位发展迅速,MBA和EMBA教育通过国际认证;有1篇博士论文获全国优秀博士学位论文奖,20名博士生入选教育部首届"博士学术新人奖",302名博士生获自主科研项目经费资助;启动37门研究生学科通开课第二批建设项目的立项工作,选派90名研究生到境外高水平大学进行联合培养或攻读博士学位。研究生毕业生总就业率90.8%。

【自然科学研究】 学校自然科学研究各级各类项目到账经费9亿元,创历史新高。新增国家"973计划"重大项目3个、国家自然科学基金项目343个、国家"863计划"项目7个、支撑计划项目6个、重大专项项目3个;有13项成果获2010年度国家科学技术奖,其中武汉大学为第一完成单位5项,在全国高校位居前列。组织申报并获批了5个省部级科技平台,有10个实验室通过相关主管部门的评估,其中5个获得优秀。高水平科技论文的发表在数量继续位居前列的同时质量稳步提升,国际论文被引用篇数在高校中位列第八。

【人文社会科学研究】 学校人文社会科学研究各级各类项目到账经费8 600余万元,延续了2005年以来每年上台阶、千万级的持续增长势头。新获得国家社科基金年度项目40项,位居全国高校第二位;教育部人文社会科学研究项目再创新高,其中获教育部重大攻关项目7项,位居全国高校第一位。新一轮教育部人文社会科学重点基地建设启动,武汉大学2个教育部人文社科重点研究基地在2009年重点研究基地评估中被评为优秀。有6人入选湖北省首批13位"荆楚社科名家"。获湖北省第七届社会科学优秀成果奖一等奖7项、二等奖17项,继续在全省独占鳌头,获其他各类奖项37项。实施人文社会科学"70后"学者学术发展计划,28个学术团队脱颖而出,青年群体性成长成为新亮点。

【社会服务】 学校积极参与东湖国家自主创新示范区建设,规划入驻"武汉未来科技城",牵头组建的武汉生物技术研究院投入运行,牵头的武汉·中国光谷地球空间信息产业技术创新战略联盟成为湖北省首批产业技术创新战略联盟试点单位之一;武大科技园被科技部、教育部认定为独立的国家大学科技园,武大苏州产学研基地有限公司成立,由资产公司控股、深圳产学研基地公司投资建设的深圳产学研基地大楼正式落成使用,成为深圳虚拟大学园内第一家奠基、封顶并投入使用的大学产学研基地大楼;在深圳高交会上又获3项大奖,创参展以来的最好成绩。青海玉树地震发生后,在第一时间派出医疗和技术人员参加抗震救灾,全校师生共捐款140万元,为湖北高校之最。大学生志愿服务成为服务社会的重要组成部分和新亮点,驻外研究院、对口支援西部等工作取得新进展。

【队伍建设】 2010年,学校从海内外引进高层次人才50人,其中有包括1名中科院院士在内的杰出人才8人、学科带头人17人、青年学术骨干25人,面向全球招聘了遥感信息工程学院、城市设计学院、药学院的院长,和软件工程国家重点实验室、A3实验室(即ABSL—3实验室,Animal Biosafety Level.3 Laboratory是具备从事高致病微生物感染动物实验能力的实验室。)的主任。新增1名人文社科资深教授、2名"长江学者"特聘教授、2名国家杰出青年基金获得者,有8人入选国家"千人计划"、5人入选国家"新世纪百千万人才工程"。启动"351人才计划"(在2010至2015年五年时间里,以"985"工程、"211"工程为平台,遴选资助30名左右学术造诣高深、已取得所在学科国内外公认重要成就的杰出人才,即"珞珈杰出学者";遴选资助50名左右引领学科发展方向、在国内外具有一定学术影响的学科带头人,即"珞珈特聘教授";遴选资助100名左右学术基础扎实、具有突出创新能力和发展潜力的青年学术骨干,即"珞珈青年学者"。),遴选珞珈特聘教授11人、珞珈青年学者40人;开始实施师资博士后制度,全年共招收师资博士后66人。

【对外交流与合作】 学校在巩固对法、对德交流的同时,拓展了与美国、英国、瑞士和东欧的交流,加大了对欧盟国家高校的交流,特别是扩大了与世界排名前两百强的高校的交流,国际化办学的领域不断拓宽。新签订国际交流合作协议57份,组团出访9次,接待国(境)外来宾3 600人次,接待600多外国专家来校进行短期讲学,聘请长期任教外国专家128人;全年派出1 700多名学生出国或出

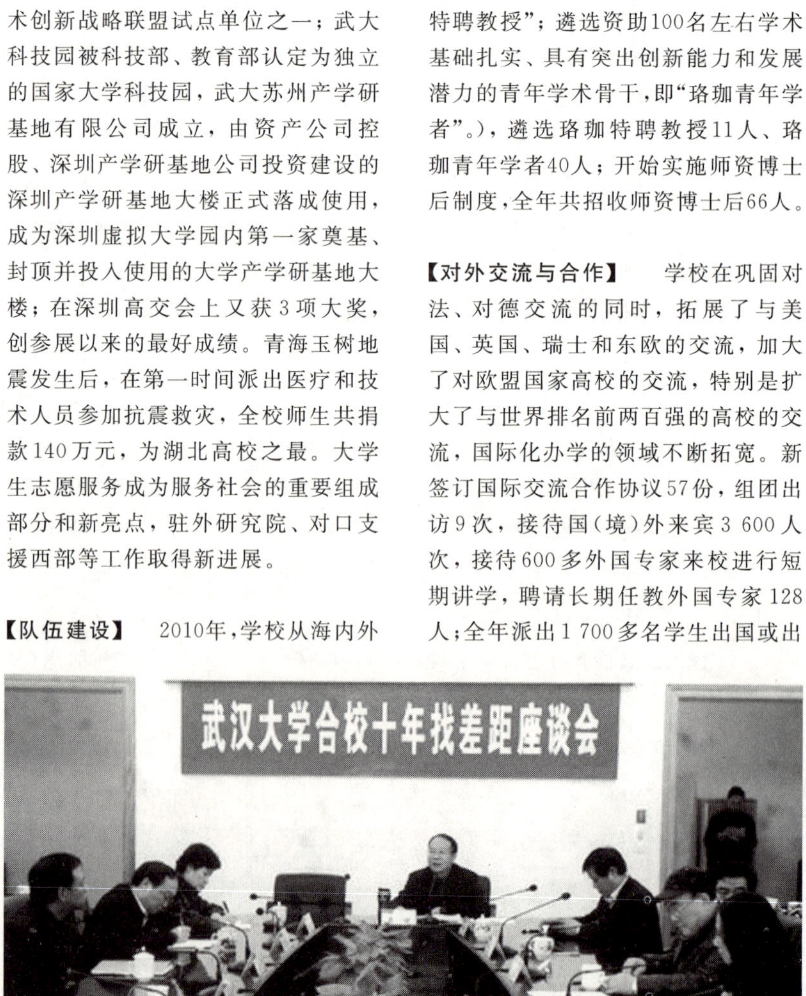

2010年11月29日,武汉大学召开"合校十年找差距"系列座谈会

境学习交流。从教育部、国家外专局、国家汉办等渠道获得外事专项经费1 100多万元,较2009年明显增长。与国外大学合作共建的3所孔子学院运行管理良好,美国匹兹堡大学孔子学院再次被国家汉办评为年度优秀孔子学院。汉语国际推广基地创新产业化运作模式,已取得初步成果。珞珈金秋国际文化节、学生社团国际交流等工作受到有关部门好评。

【办学条件建设】 学校完成了化学大楼扩建工程、110KV变电站、校外崇阳基地、电子信息学院MST雷达站、教工活动中心等工程建设。按计划推进图书馆(总馆)扩建、工学部学生一四食堂、校外基地土地堂抽水蓄能实验站、"二期改燃"等工程的建设。改造校园基础设施,全年完成维修预算6 200余万元,其中完成维修专项3 800余万元。逐步改善学生住宿条件,启动空调、热水、开水进学生宿舍计划,教职工校外住宅建设取得实质性进展。学校总资产增加到58亿元,其中固定资产41.8亿元。通过加强财务管理、严格执行预算、压缩办学成本开支,在保证教职工和离退休人员待遇有所增长的基础上实现了收支出平衡并略有结余,为学校发展奠定了良好的经济基础。

【党建与精神文明建设】 学校创先争优活动全面推开,"党团共建、创先争优"受到中组部和团中央的肯定;以党组织负责人带头学、带头讲、带头用为主要特点的"党委书记讲党课",成为学习型党组织建设的新亮点,校院两级党组织负责人共讲党课110余场。学校被中组部确定为第一批全国干部教育培训基地。党风廉政建设主抓《廉政准则》的学习贯彻和廉政风险防控体系的建设,有关工作得到了上级的肯定。加强校园文化活动、大学生社会实践和青年志愿者服务的开展,武大学子在多项国内外竞赛活动中摘得桂冠。学校以"十年和合,十年通变"为主题,开展了庆祝合校10周年的系列学术活动、文化活动、宣传活动和专题纪念活动。精神文明建设取得新成果,第五次获"湖北省最佳文明单位"称号。

【2010年学校十大新闻】 1. 国际大学辩论赛夺冠。11月7日,在新加坡举行的第九届国际大学群英辩论会总决赛上,武汉大学辩论队获得冠军。

2. 李晓红任武汉大学校长。12月24日,在武汉大学教师干部大会上,中组部有关负责人宣布党中央、国务院决定,任命李晓红为武汉大学校长,免去顾海良的武汉大学校长职务。顾海良调任教育部党组成员。

3. 教授桂希恩获"人民医学家"称号。11月27日,湖北省人民政府授予教授桂希恩"人民医学家"称号。桂希恩为我国艾滋病防治事业作出重要贡献,国务院总理温家宝在联合国大会等场合多次盛赞。11月30日至12月1日,温家宝再次邀请桂希恩前往四川凉山考察艾滋病防治工作。

4. 赵小亭获"全国无私奉献优秀大学生"称号。7月21日,电气工程学院2008级女生赵小亭在贵州贫困山区支教时不幸遇难,献出了年仅20岁的生命。赵小亭事迹经媒体持续大量报道后,在全国引起极大关注,中央领导作出重要批示,教育部、共青团中央授予她"全国无私奉献优秀大学生"、"中国杰出青年志愿者"称号,全国掀起学习赵小亭精神热潮。

5. 设"弘毅学堂"培养基础学科拔尖创新人才。学校开设"弘毅学堂",探索基础学科拔尖创新人才培养模式,培养未来具有国际一流水平的基础学科领军人才。2010年开设了数学、物理、化学、生物、计算机等5个弘毅班以及国际数理经济和金融班、国学班。这是学校为实施"基础学科拔尖学生培养试验计划"的配套举措。全国有17所高校入选该计划。

6. 实施人文社科"70后"学者学术发展计划。5月19日,学校举行人文社会科学"70后"学者学术团队建设启动仪式,首批16个团队入选。此前学校出台《人文社会科学"70后"学者学术发展计划实施方案》,推动青年学者的成长,涵育人文社会科学长远发展的学术中坚,整体提升文科青年学术队伍的创新能力和核心竞争力。

7. 庆祝合校10年聚焦"找差距"、"谋发展"。在合校10周年之际,学校以"十年和合、十年通变"为主题,在通过各种方式全面回顾总结合校10年办学成就的基础上,根据学校发展的科学定位和奋斗目标,对照国内外一流大学发展的水准,举办了跨学科论坛和"合校十年找差距"座谈会,着眼未来,寻找差距,锐意进取,共谋发展。

8. 报考学校硕士研究生人数全国第一。学校2011年硕士研究生入学考试共有24 986人报考,报名人数跃居全国院校首位,创历史新高。增长幅度为13.8%,高于全国7.3%的平均增长水平。其中武汉大学考点报名人数为12 897人,连续多年超过万人。2007年至2010年,报考学校硕士生人数连续4年居全国第二。

9. 测绘遥感信息工程国家重点实验室连续3次获评优秀。9月28日,国家科技部正式发文通知,在2010年评估中,测绘遥感信息工程国家重点实验室被评为"优秀"实验室,这是该实验室继2000年、2005年后连续第三次获评优秀。实验室出色的工作和大批重要成果,有力支撑了学校测绘学科的发展,武汉大学因此被国际同行誉为"当今世界地球空间信息领域最著名的研究机构"。

10. 汉语国际推广基地发展模式全国首创。1月5日,汉语国际推广教学资源研究与开发基地(武汉大学)揭牌,其开放性、国际化、创新型的发展模式在全国具有首创意义,获得高度称赞。基地在面向海外的汉语教学资源开发、海外本土教师培训、学研产结合创新等方面取得了令人瞩目的成绩,赢得了海内外的广泛赞誉,国际影响不断扩大。

撰稿 杨 敏
审稿 邓小梅

附: 学校负责人及地址
(2010年1月—12月)

校党委书记 李 健
副 书 记 王传中 骆郁廷 俞湛明(2010年2月起)
校 长 顾海良(2010年12月止)
李晓红(2010年12月起)
副 校 长 李清泉 黄从新 周创兵 谢红星 黄泰岩 蒋昌忠 李 斐

地 址 武汉市武昌区八一路299号
邮 编 430072
电 话 027-68752602 68752802
网 址 www.whu.edu.cn

○华中科技大学

【基本情况】

学校基本情况统计

类　　目	数　量	类　　目	数　量
一、学生情况(单位:人)		三、教职工构成(单位:人)	
1. 普通高等教育在校学生总数	58 464	1. 总数	7 318
其中:博士生数	6 228	2. 专任教师数	3 375
硕士生数	17 152	3. 院士	11
普通本科生数	33 877	其中:外聘院士	—
普通专科生数	1 207	4. 正高级职称数	938
2. 普通高等教育招生数	15 941	5. 副高级职称数	1 748
其中:博士生数	1 410	6. 博士生导师数	953
硕士生数	6 033	7. 硕士生导师数	2 009
普通本科生数	8 155	8. 长江学者特聘教授数	36
普通专科生数	343	9. 楚天学者特聘教授数	20
3. 普通高等教育毕业生数	11 991	四、办学条件	
其中:博士生数	1 203	1. 年末固定资产总值(万元)	388 379
硕士生数	1 809	2. 校园占地面积(万平方米)	440
普通本科生数	8 535	3. 年末校舍面积(万平方米)	222
普通专科生数	444	4. 教学仪器设备总值(万元)	181 799
4. 成人及其他高等教育学生数	40 723	5. 图书馆面积(平方米)	46 064
5. 外国留学生数	1 510	6. 年末纸质图书册数(千册)	4 840
二、学科及专业设置(单位:个)		7. 教学用计算机台数(台)	17 112
1. 一级学科数	24	8. 各类专业实验室总数(个)	60
2. 博士授予权点数	181	其中:国家重点实验室(个)	4
3. 硕士授予权点数	256	省部级实验室(个)	41
4. 本科专业数	93	9. 工程(技术)研究中心(个)	20
5. 专科专业数	9	其中:国家工程研究中心(国家发改委)	2
6. 国家级重点学科数	29	国家工程技术研究中心(科技部)	4
7. 省部级重点学科数	37		

【教学工作】 2010年，华中科技大学制定了《2010年学风教风建设实施方案》、《学术道德规范及学术不端行为处理规定（试行）》等文件，召开教风学风研讨会，加强各级党组织对教风学风的引导，开展“我最喜爱的导师评选”活动，采用多种途径和方式宣传学校和各二级单位加强教风学风建设的新举措、新经验及优秀教师的典型事迹，推进了教风学风建设。

加强实学创新人才的培养，探索创新教育新机制，引导学生进行研究性学习、主动实践和科技创新，开发学生潜能，努力营造多学科交叉的创新教育生态环境。全面推进启明学院、创新研究院等创新教育试验区建设，“未来卓越工程师培养计划”，营造国际化教育环境，获批筹建“中欧清洁与可再生能源学院”，初步构建起学生创新教育新体系。

探索思想政治理论课教育教学方法。注重在专业教育中渗透核心价值体系教育，在人文讲座中突出民族精神，在“科学精神与实践”讲座中突出创新意识。通过党校教育、党建活动、网络阵地加强大学生理想信念教育、责任教育，不断拓展大学生思想政治教育的渠道和空间。探索新时期网络文化建设，学校2个网站在教育部获奖，成为全国高校唯一获得两项奖项的单位。开展了一系列形式新颖、富于实效的思想政治教育“精品工程”，取得了良好反响和效果。加强学生招生就业指导工作，生源质量进一步提高，就业渠道进一步拓展，毕业生一次性就业率90%以上。高度重视毕业生教育工作，利用毕业典礼加强爱校教育和社会责任教育，在社会上产生广泛影响。

【学科建设水平】 学校高度重视“985工程”总体建设规划（2010—2020年）和改革方案的制定工作，按照“中国特色、世界水平”的建设目标，党政主要负责人多次听取汇报，并亲自组织专家座谈，听取各方面专家对总体规划和改革方案制订的意见和建议，指导编制工作。经过校学术委员会、校长办公会和党委常委会多次研究，制定了《华中科技大学“985工程”总体规划（2010—2020年）》和《华中科技大学“985工程”改革方案》。总体规划提出了在本世纪中叶将学校建成世界一流大学的奋斗目标，明确了学校下一阶段“985工程”建设发展之路。

【人才队伍建设】 探索建立现代大学人事制度。坚持学科分类指导，建立科学、多元的分类考评体系。加强人员编制管理，建立专职科研编制序列，逐步建立人员成本分摊机制。探索新进教师准入机制，在有关院系进行了试点。试行PI机制，建立了38个相关团队。利用国际优势资源探索杰出人才培养新模式，实施鸟巢计划，聘任首批海外顾问教授，确立了第一批鸟巢计划候选人。推进人事分配制度改革，提高教职工收入，调动各方面积极性。

坚持“人才强校”战略，营造良好的发展环境和氛围，人才队伍建设取得新进展。2010年新增“千人计划”8人、“长江学者”特聘教授6人、“长江学者”讲座教授5人、国家杰出青年基金获得者4人、“新世纪优秀人才支持计划”入选23人、“楚天学者”13人。

【科研工作】 贯彻落实“应用领先，基础突破，协调发展”的发展方略和“质量数量”科技发展理念，加强科技自主创新。成立光电国家实验室工作领导小组，加大工作推进协调力度；推进脉冲强磁场实验装置建设；促进国家科技重大专项、三大主体计划研究工作；加强科研大平台建设和项目申报。“国家能源煤炭清洁低碳发电技术研发（实验）中心”获得授牌；973计划项目获批数居全国高校第二位；国家自然科学基金各类项目总数居全国第六位；国家科技三大奖6项，通用项目第一完成单位获奖总数居全国高校第一位。文科在教育部哲学社会科学研究重大攻关项目上取得新突破，获批2个项目，在高校中排名第四位（并列）。

【贯彻落实全国教育工作会议精神】 学校高度重视对全国教育工作会议精神的学习领会，成立了以党政一把手为双组长的学习贯彻工作领导小组，印发了《华中科技大学学习贯彻全国教育工作会议精神和〈国家中长期教育改革和发展规划纲要（2010—2020年）〉的工作方案》，统筹开展学习，形成分工明确、各尽其责、统筹协调的贯彻落实工作体系，明确了当前和今后一个时期各单位贯彻落实全教会精神和《规划纲要》的思路、重点任务和具体举措。组织开展了新一轮教育思想大讨论。在2个月的时间内，学校组织了8场专题辅导报告会，制作简报和专题网站，发放学习材料，召开各层次座谈会，并在校报制作了“专家学者看‘世界一流大学’”专版，推出了“学校中长期发展规划笔谈”和“学《纲要》谋未来”专栏，集中展示专家学者观点，发动全校各单位结合实际深入开展讨论活动。学校高度重视，积极推进学校中长期发展战略规划的制定工作。

2010年3月1日，华中科技大学与武汉市签署全面战略合作框架协议

2010年，学校完成校行政领导班子换届工作，保持了班子建设的稳定，为学校战略规划的编制、体制机制改革推进、改革发展中突出问题的解决、领导班子执政能力建设和学校第三次党代会的召开奠定了基础，提供了组织保障。

【党建工作】 学校党委制定了《关于在全校基层党组织和党员中深入开展创先争优活动的实施方案》，坚持将创先争优活动与学习实践活动成果相结合、与学校发展目标相结合、与党风建设相结合，设计了“创建先进基层组织”、“争做立德树人标兵”、“争做党旗领航手”的活动载体。继续开展“党旗领航工程”系列活动。1月22日，中共中央政治局常委、中央书记处书记、国家副主席习近平莅临学校参加了“党旗领航工程”特色党日活动，对学校党建工作给予了充分肯定；7月10日，中共中央政治局委员、中央书记处书记、中央组织部部长李源潮来校调研创先争优工作，出席了学生党员“争做党旗领航手、创先争优实践性”暑期社会实践出征仪式，对活动给予高度评价。创新党建工作活动载体，采取多种方式优化党员的培养教育机制。

开展了二级单位行政领导班子届满考核和换届工作，为院系发展注入了新的活力。把建设学习型党组织工作摆在突出位置，坚持党委中心组每月一次主题学习制度。坚持校领导调研制度，针对学校发展面临的热点难点问题，开展8个方面的主题调研。为进一步加强战略层面的学习研究，成立了发展改革咨询委员会，调整设立发展改革与政策法规办公室。继续加强机关作风建设。制定了《中共华中科技大学委员会关于树立和弘扬良好作风、加强校领导班子思想政治建设的意见》，提出了21条有针对性的意见和建议，党委领导班子作出了廉洁自律“十不”承诺。将学习贯彻干部选拔任用政策法规列入党委重要议事日程，常委会讨论通过了学校《基层党组织和个人提名干部人选试行办法》。

【反腐倡廉工作】 深入贯彻中纪委、监察部、教育部《关于加强高等学校反腐倡廉建设的意见》精神，不断健全惩治和预防腐败体系。认真学习《中国共产党党员廉洁从政若干准则》，开展了以“学准则，做表率”为主题的党风廉政建设宣传教育月活动。制定了《华中科技大学腐败风险预警与防控工作实施办法(暂行)》，扎实推进腐败风险预警与防控体系建设。继续加强对重要部门、重点岗位和关键环节的监督监察。坚持党风廉政建设巡查制度。开展工程建设领域突出问题的专项治理工作。组织承办了湖北省高校廉政文化建设理论研讨会和专场文艺晚会，深入推进廉洁文化进校园。

【社会服务】 学校进一步聚焦企业主体、聚焦国家战略、聚焦自主创新，增强服务意识和能力，在社会服务的广度和深度上实现了新拓展。与武汉市签订全面合作协议，双方对接八大产业调整振兴规划和15个新兴产业发展规划。组建了相关行业产学研联盟，拓展与华东、海峡西岸经济区和西部地区合作，东莞工研院已成为产学研合作的亮点。与4所省属高校对口支持合作工作稳步推进。与湖北省纪委、湖北省人民检察院、武汉市人民检察院共同建设“两基地、一项目、一中心”，加强与上级纪检监察部门和检察机关的联系。各附属医院坚持以病人为中心，以服务人民、奉献社会为己任，赢得了群众充分信赖，成为中南地区的医疗服务中心。积极参与社会重大灾害救援和疾病救治工作，在玉树地震灾后重建、甲型H1N1防治等方面作出了贡献。

学校积极融入东湖国家自主创新示范区建设，支持开发区高起点、高水平编制示范区建设总体规划和实施方案；参与武汉未来科技城建设，推进武汉新能源研究院工作，把国家级的科技创新平台延伸到区内，共享生物技术研究院生物医药研究中心、生态城市研究院、物联网技术研究院、水资源与环境研究院、中部医疗服务中心、云计算中心等公共创新平台；建立人才资源共享机制，联合申报“千人计划”等国家各类高层次人才项目。

撰稿 熊 健

审稿 徐 进

附： 学校负责人及地址

(2010年1月—12月)

校党委书记	路 钢
常务副书记 纪委书记	冯友梅
副书记	欧阳康 张 晋 马小洁
校长	李培根
常务副校长	林萍华 丁汉初
副校长	杨 勇 骆清铭 张 晋 邵新宇 段献忠 罗 俊
地址	武汉市洪山区珞喻路1037号
邮编	430074
电话	027—87542101
网址	www. hust. edu. cn

○华中师范大学

【基本情况】

学校基本情况统计

类　　目	数　量	类　　目	数　量
一、学生情况(单位：人)		三、教职工构成(单位：人)	
1. 普通高等教育在校学生总数	26 134	1. 总数	3 286
其中：博士生数	970	2. 专任教师数	1 575
硕士生数	8 113	3. 院士	1
普通本科生数	16 832	其中：外聘院士	—
普通专科生数	219	4. 正高级职称数	387
2. 普通高等教育招生数	7 776	5. 副高级职称数	514
其中：博士生数	336	6. 博士生导师数	268
硕士生数	3 062	7. 硕士生导师数	784
普通本科生数	4 303	8. 长江学者特聘教授数	2
普通专科生数	75	9. 楚天学者特聘教授数	6
3. 普通高等教育毕业生数	6 300	四、办学条件	
其中：博士生数	289	1. 年末固定资产总值(万元)	121 445
硕士生数	2 149	2. 校园占地面积(万平方米)	127
普通本科生数	3 781	3. 年末校舍面积(万平方米)	87
普通专科生数	81	4. 教学仪器设备总值(万元)	34 375
4. 成人及其他高等教育学生数	29 977	5. 图书馆面积(平方米)	32 122
5. 外国留学生数	1 443	6. 年末纸质图书册数(千册)	2 861
二、学科及专业设置(单位：个)		7. 教学用计算机台数(台)	13 241
1. 一级学科数	8	8. 各类专业实验室总数(个)	—
2. 博士授予权点数	80	其中：国家重点实验室(个)	—
3. 硕士授予权点数	162	省部级实验室(个)	13
4. 本科专业数	60	9. 工程(技术)研究中心(个)	2
5. 专科专业数	1	其中：国家工程研究中心(国家发改委)	1
6. 国家级重点学科数	9	国家工程技术研究中心(科技部)	—
7. 省部级重点学科数	20		

【教育教学改革】 2010年，华中师范大学结合国家教育规划纲要精神和学校实际，研究学校本科教学工作的改革思路，明确了下一阶段本科教学的发展目标，以及改革人才培养模式，培养拔尖创新人才的思路。教学质量工程项目建设取得了较好的成绩，3个本科专业获国家级特色专业建设点立项，2个本科专业获省级品牌专业建设立项，4门课程获国家级精品课程建设立项；1名教师入选省级教学名师，1支教学团队入选国家级教学团队，3支教学团队入选省级教学团队，1门课程获国家级双语教学示范课程立项。推进"国家教师教育创新与服务综合改革实验区"以及"985教师教育创新平台项目"建设，为免费师范生的成长成才搭建优质平台，按照国家政策，举全校之力做好首届免费师范生的实习和就业工作。规范研究生教学管理，深化研究生培养机制改革，实施研究生教育创新计划。积极开展素质教育，大力支持学生参加科学研究，资助学生各类科研立项，丰富博雅大讲堂，桂子山艺术节、科学文化节、华大青年节等素质教育活动，促进学生全面发展。学生就业率继续保持稳定，2010届毕业生初次就业率为92.8%。

【学科和教师队伍建设】 在新一轮学位授权点审核工作中，学校共有5个博士学位授权一级学科，7个硕士学位授权一级学科通过评审。学校抓住全国人才工作会议和人才规划纲要颁布实施的机遇，引进了"千人计划"国家特聘教授2人，其他各类优秀教师50人，其中具有海外留学一年以上经历的占一半。通过引进和培养，专任教师具有博士学位的比例接近50%。

【科研工作】 学校科研总经费平稳上升，接近1.2亿元。科研项目质量大幅提升，各类纵向科研项目均创历史最好成绩。文科获得国家社科基金重大招标项目3项，国家社科基金重点项目2项，国家社科基金一般项目28项，立项排名全国高校第九位，教育部重大招标项目2项，在全国高校排名第五位，教育部人文社科年度项目61项，立项数在全国高校中排名第一位。获得理工科各类科研项目220余项，其中100万元以上项目7项，国家自然科学基金首次突破2 000万元，立项数创历史最高。"网络行为安全与青少年发展关键技术研究与示范应用"项目获"十二五"国家科技支撑计划首批启动项目资助，资助金额达1 700万元，创单项国家级项目资助金额历史最高。发表论文数持续增长，CSSCI论文959篇，SCI等三大检索论文691篇；获湖北省社科优秀成果奖33项，排名全省高校第二位；获湖北省自然科学一等奖和科技进步一等奖各1项；一批研究成果引起了政府和社会的关注，得到重要批示。学报工作成绩突出，期刊影响影响因子位居高校学报第五位。

【国际交流与合作】 学校引智工作取得新突破，共计向教育部、国家外国专家局申请外国文教专家经费495万元，实际聘请外国文教专家220人，其中长期专家29人，短期专家191人。发展留学生教育，扩大留学生来源，留学生生源国由108个增加到133个，共招生留学生1 604人，比2009年增长近18%，留学生人数居湖北省高校第二位。国际汉语推广工作进展顺利，新建2所孔子学院，是湖北省拥有孔子学院最多的学校。扩大了中外合作办学的范围，新增3个合作办学项目。国际交流频繁，举办国际会议7次，派遣校际交流、出国出境访问交流、合作研究、参加国际会议等300余人次。

【办学条件】 学校加快数字化校园建设和子系统运用；实验室设备、图书资料等条件进一步改善，新增省级实验教学示范中心2个，新增图书9万册，电子文献数据库5个；完成了图书馆、留学生公寓的建设，校园环境更加整洁、优美。

【管理体制创新】 (1)抓紧制定学校事业发展"十二五"规划。学校把制定"十二五"规划列入学校当前重要工作日程。起草小组认真调查研究，分析形势，谋划发展，召开各个层面座谈会十余场，数易其稿，学校常委会两次专题讨论，形成征求意见稿，提交了教代会审议。(2)加强学校的顶层设计。积极推进管理体制改革，探索党委领导下的校长负责制具体的管理体制和运行机制。按照党委领导、校长负责、教授治学、民主管理四权合力的改革思路，明细责权、理顺关系，完善了党委常委会和校长办公会议事规则，发挥了党委全委会领导核心作用，学校财务预决算、重要干部任免等重大决策都由全委会讨论决定；校领导退出学术委员会，让行政权力与学术权力适度分离；坚持发挥咨询委员会在学校重大决策中的咨询论证作用。探索建立有社会参与的大学治理结构，成立了华中师范大学教育发展基金会，筹划建立华中师范大学理事会，以获得社会支持，加强学校与政府、社会的联系。(2)推进人事制度和分配制度改革。推进岗位聘用制度改革，完成首次聘期考核和评聘工作。搭建平台，支持教师国内外研修、访学、开展合作研究，拓展教师培养培训方法，实施了初任教师导师制。启动职员培训，提高职员履行岗位职责的能力。推行收入分配制度改革，做好了过渡性补贴的发放工作，修订完善了校内津贴分配方案。(4)完善管理机制，提升管理效益。规范学校事业收入分配管理，出台了《事业收入分配管理办法》，多渠道筹措资金，全年实现总收入10.8亿元，保证了学校收入的稳定增加。健全国有资产管理制度和管理流程，提高资产效益。拓展内部审计领域，提升审计层次，综合开展管理审计、绩效审计和责任追究，学校被评为"湖北省教育系统审计工作先进集体"。

【和谐校园建设】 学校重视对学生的日常教育工作，强化对学生的"思想引领"和"成长服务"。探索高校社区思想政治教育工作模式，建立了学生事务社区工作站，增强了大学生思想政治教育的实效性和针对性。坚持助学与育人并进，共争取各类奖助学金1 300万元，奖助学金受益面占全校学生80%左右；多方寻找大学生勤工助学岗位，提供校外勤工助学岗位800多个，形成了"华师勤工"品牌。组织学生参加校内外各项实践活动和竞赛活动，加大了对博雅大讲堂、桂子山艺术节、科学文化节、华大青年节等素质教育活动的扶持力度，促进学生全面发展。完善心理健康教育机制，学校被评为湖北省“大学生心理健康教育工作先进集体”。学校落实各项政策，关心青年教职工的发展问题，积极为符合条件的教师办理科研启动费、住房货币化补贴预支等工作；支持优秀中青年教师在职攻读博士学位、从事博士后研究。加大对青年教职工的培养和培训力度。加强了离退休干部党支部建设和思想政治建设“两项建设”，按照政策同步提高了老同志生活待遇。学校领导班子重视师生员工反映强烈的、涉及群众切实利益的问题和实际困难。只要是涉及广大师生员工切实利益的问题，一经发现，马上协调解决。

【党建与思想政治教育】 (1)学校以接受教育部巡视工作为契机，召开领导班子会议研究反馈意见，制定整改方案，采取切实措施认真整改，并把反馈意见和建议转化为学校改革发展的动力，统一思想，群策群力，促进学校事业科学发展。(2)学习贯彻《高校基层组织条例》坚持理论学习制度，用中国特色社会主义理论体系武装思想，推进马克思主义学习型党组织建设，学校党委中心组被省委评为“先进党委中心组”。(3)出台公开选拔干部规定和院系换届工作规定，健全“民主、公开、竞争、择优”干部选拔任用机制。通过干部在线学习中心、院士专家讲座、研修等多种途径，加强干部培训工作。注重考核结果的运用，根据考核结果进行诫勉谈话，首次对考核不合格干部实行转岗。(4)开展“创先争优”活动，提高基层组织建设和党员队伍建设水平。结合学校实际，以“创建先进基层党组织，争当优秀共产党员，促进学术水平和管理水平上台阶”为主题，巩固拓展学习实践科学发展观活动成果，开展了理论内化、组织创新、育人楷模、成才表率、效能提升、服务暖心六大工程，探索党组织进学生社区、进公寓、进社团，通过在学生社区建立“党员工作站”，举办“党员开放日”等有效形式，提高了基层党组织的战斗堡垒和党员的先锋模范作用。(5)全年中央电视台、新华社、《人民日报》等中央媒体全年刊发学校新闻200余篇，“校友汪金权”、“学校去行政化改革”、“轮椅教授刘盛佳”等有关报道成为外宣工作三大亮点，提升了学校的知名度和美誉度；围绕“全国文明单位”创建活动，以“育三博英才，建和谐校园”，开展了“兴博学之风，献博爱之心，做博雅之人，校园环境综合治理工作”系列活动，创建文明和谐校园。(6)推进学校廉政风险预警与防范管理，加强制度建设，学校党委出台了“三重一大”决策制度、问责制等重要制度，坚持以“找”为基础，以“防”为关键，以“控”为核心，全面实施廉政风险防范管理。

撰稿 秦 恒
审稿 付义朝

附： 学校负责人及地址

(2010年1月—12月)

校党委书记 丁烈云
副 书 记 吴晋生 何祥林 谢守成

校 长 马 敏
副 校 长 乐政龙 李向农 杨宗凯
黄永林 黄晓玫

地 址 武汉市洪山区珞喻路152号
邮 编 430079
电 话 027-67868031
网 址 www.ccnu.edu.cn

○武汉理工大学

【基本情况】

学校基本情况统计

类　　目	数　量	类　　目	数　量
一、学生情况(单位：人)		三、教职工构成(单位：人)	
1. 普通高等教育在校学生总数	48 179	1. 总数	5 473
其中：博士生数	1 226	2. 专任教师数	2 953
硕士生数	10 626	3. 院士	6
普通本科生数	36 327	其中：外聘院士	4
普通专科生数	—	4. 正高级职称数	662
2. 普通高等教育招生数	13 159	5. 副高级职称数	1 689
其中：博士生数	301	6. 博士生导师数	317
硕士生数	3 700	7. 硕士生导师数	1 138
普通本科生数	9 158	8. 长江学者特聘教授数	4
普通专科生数	—	9. 楚天学者特聘教授数	12
3. 普通高等教育毕业生数	11 762	四、办学条件	
其中：博士生数	214	1. 年末固定资产总值(万元)	248 669
硕士生数	2 703	2. 校园占地面积(万平方米)	265
普通本科生数	8 845	3. 年末校舍面积(万平方米)	154
普通专科生数	—	4. 教学仪器设备总值(万元)	82 704
4. 成人及其他高等教育学生数	34 530	5. 图书馆面积(平方米)	35 714
5. 外国留学生数	509	6. 年末纸质图书册书(千册)	366
二、学科及专业设置(单位：个)		7. 教学用计算机台数(台)	14 988
1. 一级学科数	9	8. 各类专业实验室总数(个)	45
2. 博士授予权点数	62	其中：国家重点实验室(个)	1
3. 硕士授予权点数	135	省部级实验室(个)	13
4. 本科专业数	81	9. 工程(技术)研究中心(个)	12
5. 专科专业数	—	其中：国际工程研究中心(国家发改委)	1
6. 国家级重点学科数	8	国家工程技术研究中心(科技部)	—
7. 省部级重点学科数	28		

【合校10周年庆典】 2010年5月27日，武汉理工大学举行合并组建10周年庆典活动，全面总结和展示了学校合并组建10年来的建设成就，探讨了学校“十二五”及未来的发展思路。庆典期间，学校与河北省、广西壮族自治区、武汉市、中国远洋运输(集团)总公司、上汽通用五菱汽车股份有限公司等地方政府、企业签订了合作、捐赠协议。

【教学教育改革与人才培养】 学校组织实施“人才培养质量年”活动，深化教育教学改革，扎实推进人才培养质量工程建设。制订《武汉理工大学教师本科教学工作规范》、《本科教学奖励与评选办法》等规章制度；推进学分制改革，在2010级学生中推行选教试点工作，探索学分制教学管理模式；6月，学校被教育部批准为第一批“卓越工程师教育培养计划”实施高校；物联网工程、建筑节能技术与工程等2个专业被批准为国家战略性新兴产业专业；材料科学与工程和工业设计专业被列入湖北省“拔尖创新人才培育试验计划”；建筑节能技术与工程、车辆工程专业被列入湖北省“战略性新兴(支柱)产业人才培养计划”。

质量工程项目建设成绩显著。《会计学原理》被评为国家级双语教学示范课程；《无机化学》被评为国家级精品课程；《传感器原理》、《中国造船史》、《马克思主义基本原理概论》、《通信原理》、《生产与运作管理》等5门课程被评为省级精品课程。资源与环境实验教学示范中心、大学英语语言学习示范中心被评为省级实验教学示范中心。国际经济与贸易、土木工程、工程力学、物流工程等4个专业被批准为国家级特色专业；无机非金属材料工程、艺术设计等2个专业获省级品牌专业立项。教授魏纪林获湖北省教学名师奖。工业设计专业教学团队获国家级教学团队立项；经济数学系列课程教学团队、学生发展教育教学团队、《爆破工程》课程教学团队获省级教学团队立项；《计算机网络技术》、《计算机组成原理》、《固体矿物资源开发工程》、《机械设计课程设计》、《数学软件与数学实验》等5种教材被评为国家级规划教材。

2010年，学校学生在数学建模、机械创新大赛、全国英语竞赛等竞赛中共获322项省级以上奖励，其中数学建模国际赛奖10项、全国奖5项，第五届全国大学生交通科技大赛国家奖3项，机械创新大赛17项，湖北省大学生电子设计竞赛省级奖19项，全国英语竞赛奖231项。优秀学士学位论文申报345篇，占应届毕业生数的4%，其中244篇获湖北省优秀学士学位论文奖，占湖北省总获奖数的7.4%。

【学科建设与“211工程”】 全面实施“211工程”三期建设工作。对“211工程”三期建设进行中期检查，启动“211工程”四期建设项目申报。积极推进“985”工程平台建设，9月，学校分别与中国建筑材料集团有限公司和中国中材集团有限公司签署共建“‘985工程’绿色建材与新材料科技创新平台”协议。马克思主义理论等4个一级学科博士点通过湖北省内评审，处于国家评审阶段；哲学等14个一级学科硕士点通过湖北省内评审。

【人才队伍建设】 坚持实施人才强校工程。制订并实施“15551人才工程”，即在“十二五”期间，学校将通过引进10名战略科学家(院士、千人计划A类)，引进和培养50名学科领域首席教授、50名产学研合作特聘专家、50名特色专业建设责任教授、100名精品课程教学名师，汇聚高端人才，实施人才强校战略，促进教师队伍建设。继续实施“大师级人才和高水平学术带头人引进和培养计划”、“国际化战略师资培养计划”和“优秀创新团队培育计划”。新增“千人计划”1人；新增“长江学者”主讲教授1人，讲座教授1人；新增“楚天学者”特聘教授2人、讲座教授2人，楚天学子1人；推荐政府特殊津贴人选4人；推荐湖北省有突出贡献中青年专家、享受省政府专家津贴人选2人；1人获霍英东青年教师基金奖；1人获“交通部青年科技英才”；2人获“木兰”奖教金。新增4家博士后工作站合作单位。持续推进博士化工程，优化教师队伍结构。新增在读博士43人、在读硕士20人；办理博士科研启动费22万元；在职培训教师350多人次。学校具有博士学位人数共1 239人，其中教学科研人员中博士1 194人，占教学科研人员的41.3%。

【科技创新和产学研工作】 科研经费、科技成果及基地建设增长迅速。全年新增科技项目2 122项，其中国家级111项、省部级206项，到校科技总经费5.7亿元。获科技奖励51项，其中国家科技奖4项，省部级一等奖2项、其他省部级奖12项。申请专利320项，专利授权210项。新建建筑材料功能化与循环利用技术、汽车零部件绿色设计制造与试验技术、船舶动力系统监测诊断与控制集成技术等3个湖北省技术创新基地；公路水路交通安全、绿色建材、宽带无线电通信3个省部级基地通过验收；获国家、省部基地建设费2 640万元。积极探

2010年4月15日，武汉理工大学召开“人才培养质量年”活动动员大会（王盛才 摄）

索和实践产学研合作新模式。学校高科技产业销售收入15.8亿元。新建校地合作基地2个;与省市地方政府签订全面战略(科技合作)协议9份;新建产学研科研基地18个;开展科技对接70次;新建产学研创新联盟3个。

【对外交流与合作】 实施国际合作与留学生教育工程,提高对外交流与合作水平。签订11份校际合作协议;邀请包括美国工程院院士、新西兰皇家科学院院士、澳大利亚工程院院士、日本工程院院士等在内的554名专家学者来访,举办各类学术讲座244场;全年共获得外国文教专家计划引智经费、重点支持计划项目经费等各类经费731万元;获批科技部国际科技合作项目3项;获批引进海外高层次文教专家重点支持计划1个;获批湖北省外国专家局"引进国外技术、管理人才项目"重点项目1项;获批湖北省教育厅"世界著名科学家来鄂讲学计划项目"2项;获批湖北省科技厅国际科技合作项目4项。全年举办国际及两岸学术会议13次。接收外国留学生489人。

【招生与毕业生就业】 贯彻落实"阳光招生"政策,2010年,学校新生第一志愿录取比例超过99%。理科投档线高出各省本科一批控制线40分以上的7个省,高出30分以上的21个省;文科投档线高出各省本科一批控制线10分以上18个省。新生中获地(市)级以上各类学科竞赛奖励、优秀学生荣誉称号及各类特长学生4 000余人。进一步完善校院两级毕业生就业工作运行机制,2010年,学校毕业生就业率为94.5%。比2009年提高了近4%。

【贫困生资助】 加强经济困难学生认定,进一步加大资助力度。全年共为9 268名学生办理国家助学贷款4 837万元;为1 360名学生发放国家奖学金、国家励志奖学金779万元;为6 057名学生发放学校奖学金800余万元;为8 704名学生发放春季国家助学金789.9万元,为8 537名学生发放秋季国家助学金1 192.05万元;设立勤工助学岗位2 800多个,发放勤工助学酬金530余万元;为3 385名家庭经济困难学生办理学费减免、无息借款、过冬棉衣、教材补助、代缴医保费等共计141万元;1 060名2010级新生通过绿色通道办理了入学手续;获各类社会奖助学金48项,资助学生1 300余人,金额260余万元。2010年,学校被教育部评为"全国高等学校学生资助工作先进单位"。

【党建与思想政治教育】 深入学习实践科学发展观,以创先争优活动为契机,加强领导班子建设和干部队伍建设。2010年,学校完成校级行政班子和院级党委、行政领导班子换届和科级干部调整工作,全年共任免处级干部424人次、科级干部428人次。邀请国家发改委经济研究所宏观经济形势研究室主任对全体处级干部和机关科级干部进行了培训。完成第九批科技副县(市、区)长的届满考核和第十批科技副县(市、区)长的选拔工作,学校共外派科技副市长2人、科技副县(市、区)长4人、援藏干部1人、援疆人员2人次,2人被授予"湖北省第九批优秀科技副县(市、区)长"称号,学校被省委组织部授予"科技副职选派管理工作先进单位"称号。

推进基层党组织建设,提高党员党性意识。2010年,完成35个二级党组织换届选举工作、1个二级党组织组建工作。发展新党员3 039人,其中学生党员3 027人,教工党员12人;办理党员转正2 343人。共举办学生党员培训班20期,培训5 707人;举办入党积极分子培训班38期,培训8 516人;举办1期学生党支部书记培训班。

撰稿　沈华东

审稿　罗小寒

附:　学校负责人及地址

(2010年1月—12月)

校党委书记　刘　伟

副书记　邱观建　夏江敬　信思金

校长　周祖德(1月—5月)
　　　张清杰(5月—12月)

副校长　严新平　张联盟　张安富
　　　　王乾坤　曾春年　康灿华

地址　武汉市珞狮路122号

邮编　430070

网址　http//www.whut.edu.cn

○中国地质大学(武汉)

【基本情况】

学校基本情况统计

类　　目	数　量	类　　目	数　量
一、学生情况(单位：人)		三、教职工构成(单位：人)	
1. 普通高等教育在校学生总数	23 983	1. 总数	3 150
其中：博士生数	1 247	2. 专任教师数	1 681
硕士生数	4 471	3. 院士	7
普通本科生数	18 265	其中：外聘院士	19
普通专科生数	—	4. 正高级职称数	473
2. 普通高等教育招生数	6 526	5. 副高级职称数	734
其中：博士生数	259	6. 博士生导师数	177
硕士生数	1 762	7. 硕士生导师数	405
普通本科生数	4 505	8. 长江学者特聘教授数	11
普通专科生数	—	9. 楚天学者特聘教授数	13
3. 普通高等教育毕业生数	5 174	四、办学条件	
其中：博士生数	180	1. 年末固定资产总值(万元)	115 591
硕士生数	1 161	2. 校园占地面积(万平方米)	110
普通本科生数	3 833	3. 年末校舍面积(万平方米)	76
普通专科生数	—	4. 教学仪器设备总值(万元)	48 206
4. 成人及其他高等教育学生数	27 661	5. 图书馆面积(平方米)	17 161
5. 外国留学生数	493	6. 年末纸质图书册数(千册)	1 554
二、学科及专业设置(单位：个)		7. 教学用计算机台数(台)	9 128
1. 一级学科数	23	8. 各类专业实验室总数(个)	18
2. 博士授予权点数	39	其中：国家重点实验室(个)	1
3. 硕士授予权点数	120	省部级实验室(个)	8
4. 本科专业数	60	9. 工程(技术)研究中心(个)	7
5. 专科专业数	—	其中：国家工程研究中心(国家发改委)	—
6. 国家级重点学科数	10	国家工程技术研究中心(科技部)	—
7. 省部级重点学科数	18		

【教育教学改革】 2010年，中国地质大学（武汉）改革近200门课程的考核方式，倡导教师以促进学生理解理论知识、提高应用能力为导向开展教学方法和课程考核方式改革，引领和促进了教育教学改革持续深入开展。学生广泛参与"挑战杯"等具有较大影响力的高水平赛事，在大学生数学建模式竞赛、全国大学生英语竞赛、全国大学生先进图形技能与创新大赛、全国大学生工程综合技能大赛中取得优异成绩，张俊青等获2009年度"中国大学生自强之星"等荣誉称号，次仁旦达、德庆欧珠入选"2009年度湖北大学生年度人物"。

《地学类硕士研究生实践与创新能力培养计划》成功获批为国家教育体制改革试点项目，为学校深化研究生培养体制改革乃至完善整体人才培养体系提供了机遇。以推进研究生英语教学改革为切入点，实施研究生公共英语分级分课型教学改革，制定"全日制工程硕士专业学位研究生培养实践手册"，全面提升了研究生课程教学质量。研究生创新能力和培养质量得到提高，研究生在SCI核心版期刊发表文章40篇。

【学科建设】 学校"地质过程与矿产资源"国家重点实验室以成绩良好通过评估，生物地质与环境地质教育部重点实验室以优异成绩通过国家重点实验室申报评审。新增资产评估、翻译、会计、旅游管理和工程管理5个专业硕士学位，招生专业由21个增加至26个。开展"211"工程三期建设中期检查，依托"211工程"重点学科建设和"优势学科创新平台"建设，实施了学校国家重点学科、湖北省优势特色重点学科、校级重点培育学科建设三个层次的重点学科建设项目。积极协调南北两校相关部门做好2010年新增一级学科博士点、一级学科硕士点申报和评审工作，经南北两校组建的评审委员会评审，确定了7个新增一级学科博士点、12个新增一级学科硕士点的申报名单并上报，以地球系统科学为主导的学科体系更加完善。"地质学博士后科研流动站"获"全国优秀博士后科研流动站"称号，学校正式获得"武器装备科研生产许可证"，高分通过"三证"年度监督审核，成立了2个"教育部深空探测联合研究中心"预研分中心，具备了参加国防重大专项研究的能力，服务国防事业发展的能力显著增强。

【科研工作】 学校科技项目全年立项1 187项，合同经费4.2亿元，实到经费3.69亿元。全年共有70个项目获2010年度国家自然科学基金资助。有12个非地学项目获5个科学部资助，其中管理科学部5项，信息科学部3项、工程与材料科学部2项、数理科学部1项、生命科学部1项。教授成秋明领衔的团队成功申报国家矿产资源保障工程计划项目"覆盖区矿产综合预测"专项，项目总经费6 400万元。以教授唐辉明为首席科学家的"重大工程灾变滑坡演化与控制的基础研究"项目和以教授谢树成为首席科学家的"若干重大地质环境突变的地球生物学过程"获"973"项目资助，实现了学校"973"项目零的突破，坚定了学校构筑大平台、组织大团队、承担大项目的信心和决心。

【招生与毕业生就业】 学校积极探索提高招生宣传成效的方式方法，第一志愿报考学校的各类考生逐年递增。在本科生招生中，2010年除北京的文理科、黑龙江的文科外，学校在其他省市的文理科报考一志愿率均达到100%。

着力加强有形就业市场与无形就业市场的建设，逐步形成了"以地矿石油行业为核心层、以地矿石油相关行业为紧密层、以其他行业为扩展层"的"圈层"有形就业市场格局。2010年，学校本科生、研究生初次就业率达到93.4%、96.0%。

【学生资助工作】 2010年，学校共认定家庭经济困难学生6 948人，占在校生38.1%，特殊困难1 820人，占在校生10%，困难3 260人，占在校生17.9%，一般困难1 868人，占在校生10.2%。学校争取各类奖助学金资助19 401人次，资助总金额达2 540万元。学校开展了勤助学子交流会，评选校园十大"自强之星"，举行勤工助学风采展，召开"勤助之家"系列活动，召开勤工助学岗前培训及动员大会等。加强勤工助学学生的技能培训工作，对勤工助学学生进行电脑、礼仪礼貌等技能培训，增加学生各项能力。进一步拓展校外市场，为学生拓展更多校外勤工助学岗位。全年共安排校内固定岗位1 710个，发放工资132.67万元；安排临时岗位210个，发放工资17.87万元。办理生源地贷款1 338人，到账金额520.341万元，办理学费及助学贷款代偿人数407人，约800多万元。办理临时困难补助188人，受理重大疾病救助2人。

【党建与思想政治教育】 1. 加强领导班子和干部队伍建设。学校领导班子继续把思想建设、组织建设、作风建设、制度建设、廉政建设、领导能力建设作为加强领导班子自身建设

2010年11月23日，中国地质大学承办的第388次香山科学会议在北京成功召开。图为执行主席李德威教授、金振民教授、张国伟教授、李廷栋研究员和陶家渠研究员在听取报告（从左到右）

的重要内容，注重明确分工、互相补位、团结协助，注重统筹协调、化解矛盾、和谐发展，为学校各项事业的发展提供了领导保障。坚持召开民主生活会，不断健全党委理论学习中心组学习制度，坚持校党委常委参加分管二级单位的领导班子民主生活会制度，领导班子的凝聚力与战斗力不断加强。2010年，协助教育部进行了校级行政班子考察推荐和换届工作。

2. 推进学习型党组织建设。学校党委坚持以党的创新理论武装为根本加强学习型党组织建设，以思想作风建设为重点加强各级党组织班子建设，以创先争优活动为抓手加强基层党组织建设，全面落实学习型党组织建设的各项任务，促进了学校党建科学化水平持续提升，增强了党组织的凝聚力创造力战斗力。举办党务政工干部、管理干部培训班、入党积极分子培训班、毕业生党员培训班、开设网上学习平台等教育培训活动，使学习型党组织与不同培训对象保持和发挥先进性相适应，完善了学习和培训机制；健全干部学习培训制度，将岗前培训、业务培训、理论培训融合贯通，明确了学习教育的时间、内容、目标、责任，以及相关考勤、交流、通报等要求，党员干部学习教育的科学化、制度化、规范化程序不断提升。开展"感动地大好党员"评选活动，通过身边的个人典型来教育其他党员，通过典型示范党组织来推动其他党组织的建设，形成了浓郁的学习氛围。9月8日，学校被评为2008—2009年度湖北省理论学习先进单位。各基层党组织围绕优化知识结构、提高综合素质、增强创新能力的建设目标，提出了"研究型学习"和"问题式学习"的新模式，建立健全了"考学结合"的学习制度，提升了学习型党组织建设的制度化和规范化程度。

3. 全面推进思想政治教育。学校深入贯彻落实中央16号文件精神五周年座谈会，将加强校园文化建设与加强和改进大学生思想政治教育深入融合，鼓励学生组织"经管论坛"、"启明论坛"、"科学家讲坛"、"地球系统科学论坛"、"身边的化学展"等各类科技、文化、体育、艺术活动，引导和鼓励学生通过参与各类实践活动内化校训精神；支持群团组织和各二级单位结合自身工作特色开展文化建设活动，继续开展"阳光建设"群众性体育活动，鼓励老同志自主开展形式多样的文化活动丰富业余文化生活，促进了"文化兴校"的实施。

【后勤保障】 学校积极推进北校区周边零散土地的置换、购买，增强了北校区土地区划的完整性，优化了北校区校园规划。图书馆改扩建工程、工程实验大楼完成项目招标进入建设阶段，专家楼、博士后公寓相继封顶，教职工住宅小区南望山庄道路刷黑工程在地方政府的支持下顺利实施，三峡中心科技实验大楼、巴东野外大型综合试验场建设顺利，基础设施建设迈出新步伐。继续对部分老化的硬件设施进行了全面改造，重点完成了国际合作处东区2号楼维修改造、东苑食堂维修改造、周口店和秭归实习基地维修改造、深圳研究院装修、幼儿园阳台改造、附校楼梯改造、档案馆维修改造等项目，先后完成东区生活服务搬迁改造、震旦园餐厅装修改造等一系列工程，改善了校园生活设施质量。完成南区宿舍建设项目，新增青年教工宿舍115套。加大校园环境综合整治力度，实施部分校园环境美化工程，完善校园路标设置，完成附属学校绿化工程、周口店实习基地绿化项目等绿化工程16项，增加了校园绿色植被面积，美化了校园环境。

撰稿　黄少成
审稿　张宽裕

附：　学校负责人及地址
(2010年1月—12月)

校党委书记	郝　翔
副 书 记	丁振国　朱勤文　傅安洲
校　　长	王焰新
副 校 长	邢相勤　成金华　唐辉明　赖旭龙　郝　芳
地　　址	武汉市鲁磨路388号
邮　　编	430074
电　　话	027—87481030
网　　址	www.cug.edu.cn

○华中农业大学

【基本情况】

学校基本情况统计

类　　目	数　量	类　　目	数　量
一、学生情况(单位:人)		三、教职工构成(单位:人)	
1. 普通高等教育在校学生总数	24 003	1. 总数	2 600
其中:博士生数	1 068	2. 专任教师数	1 458
硕士生数	4 696	3. 院士	5
普通本科生数	18 239	其中:外聘院士	—
普通专科生数	—	4. 正高级职称数	348
2. 普通高等教育招生数	6 631	5. 副高级职称数	556
其中:博士生数	279	6. 博士生导师数	322
硕士生数	1 752	7. 硕士生导师数	478
普通本科生数	4 600	8. 长江学者特聘教授数	10
普通专科生数	—	9. 楚天学者特聘教授数	13
3. 普通高等教育毕业生数	5 128	四、办学条件	
其中:博士生数	141	1. 年末固定资产总值(万元)	169 117
硕士生数	1 095	2. 校园占地面积(万平方米)	495
普通本科生数	3 892	3. 年末校舍面积(万平方米)	95
普通专科生数	—	4. 教学仪器设备总值(万元)	44 171
4. 成人及其他高等教育学生数	9 908	5. 图书馆面积(平方米)	28 000
5. 外国留学生数	444	6. 年末纸质图书册数(千册)	1 404
二、学科及专业设置(单位:个)		7. 教学用计算机台数(台)	4 979
1. 一级学科数	17	8. 各类专业实验室总数(个)	16
2. 博士授予权点数	54	其中:国家重点实验室(个)	2
3. 硕士授予权点数	87	省部级实验室(个)	14
4. 本科专业数	50	9. 工程(技术)研究中心(个)	9
5. 专科专业数	—	其中:国家工程研究中心(国家发改委)	1
6. 国家级重点学科数	8	国家工程技术研究中心(科技部)	2
7. 省部级重点学科数	36		

【"十二五"规划制订】 2010年，华中农业大学坚持以科学发展观统领学校工作大局，努力站在战略的高度引领学校的事业发展，通过规划制订工作，进一步审视了学校发展面临的新形势、新要求、新课题，正确定位、科学规划，明确了今后一段时间的工作思路，对特色办学、人才强校、学科建设、教育质量、科技创新、财力保障、条件支撑、后勤改革等方面作出了战略性决策，把握了学校科学发展的宏观方向。召开"两代会"，围绕"团结动员全校教职工凝智聚力，谋划'十二五'学校事业发展"的主题，研究关系学校改革发展稳定大局的重大问题。召开校学术委员会会议、全国校友会联谊会议、学院书记会议、院长会议、职能部门主要负责人会议、青年教师代表会议、校务委员会全体委员会议，就关系学校长远发展和师生切实利益的重大问题，听取各方面意见，把规划制订变成统一思想、提高认识、凝智聚力、共谋发展的过程。

【教学工作】 学校新增国家精品课程2门，国家双语教学示范课程1门；新增国家教学团队2个；获批国家特色专业建设点1个；新增国家大学生创新实验计划项目40项；开展教育部农林院校实践基地建设项目3个，2个校内实践教学基地建设通过教育部评估验收；获批国家教育体制改革试点项目1项，湖北省拔尖创新人才培育计划项目2项，湖北省战略性(新兴)产业人才培养计划项目2项；继续实施"研究生教育创新计划"；成功举办了教育部研究生教育创新计划项目—"植物生命科学前沿"全国研究生暑期学校；新立项研究生教育创新工程项目116项，其中"优秀博士学位论文培植计划"19项；继续完善优秀论文三级评优和奖励机制，入选全国优秀百篇博士学位论文2篇，提名奖3篇；推进研究生培养机制改革，提高博士生普通奖学金标准，明确全日制专业学位研究生待遇，继续配套实施专项资助；强化过程监控，开展博士学位论文开题查新培训，启动开题报告、课题检查结果实时录入研究生信息管理系统工作，开展了自然科学类研究生科研记录检查；开展"师生面对面"活动，加强专业导学，学风建设取得成效；探索不同类型的现代继续教育人才培养模式，全年举办各级各类培训班65期，承担湖北省大学生村官岗前培训和农村教师素质提高工程培训等公益性培训任务2 700人次；留学生教育不断发展，全年录取外国留学生50人，2010年，26名留学生毕业，累计发表论文35篇。

【学科建设】 学校组织开展"211工程"三期中期检查工作，包括8个重点学科建设项目在内的12个项目对各自的进展情况及存在的主要问题进行了自查；系统总结"211工程"三期建设项目的实施进展情况、重点学科建设与发展现状等，提出了促进重点学科建设与发展的对策建议；谋划"985"优势学科创新平台项目申报工作。组织新一轮学位点申报工作，启动了新一轮学位点的条件建设工作。

【科学研究与社会服务】 全年获批科技项目867项，获批农业部淡水生物繁育重点实验室等研发基地4个；联合湖北省农科院等组建了武汉生物技术研究院生物农业研究中心；园艺植物生物学教育部重点实验室参加教育部生命科学领域运行评估获得优秀；作物遗传改良国家重点实验室和农业微生物学国家重点实验室在Plant cell、PNAS等权威杂志上发表论文9篇；18项科技成果通过鉴定，获专利授权88件，获植物品种权授权2项；通过国家级和省级审定的农作物新品种6个，制订国家标准2项；获各级科技成果奖励31项(含参与)；成立新农村建设研究院，构建服务社会长效机制；全面推进"111"计划和"双百计划"实施；先后与沙洋县合作建成全国首家油菜博物馆，与襄樊市农科院共建全国首家农业"院士工作站"，揭牌成立扬翔地方猪创新研究院，与利川市人民政府联合成立黄连种植研究所等；启动实施建设66.67万平方米的鄂州长港现代农业科技试验示范基地和26个校外区域农业技术推广示范站；为湖北、广东等各地企业选派科技特派员89人。

【招生与毕业生就业】 继续实施"优质生源工程"，实现生源结构的多元化，对参加自主选拔录取考试的学生进行分类，探索了拔尖人才选拔机制，规范各种招生类型录取过程，认真实施招生"阳光工程"，一本线上录取率100%；深化研究生招生和选拔制度改革，发挥复试在选拔创新人才中的作用，扩大学院和导师招生自主权，丰富专业学位招生类型，完善"学校政策指导、学院全面组织、导师全程参与"的招生和录取工作机制，2010年招收研究生2 031人；完善就业工作机制，以联合培养、定向就业等多种方式开拓就业市场，以信息共享、组团就业等多种形式实现共同就业，截至9月1日，2010年本科毕业生一次性就业率94%。

【人才队伍建设】 人才引进结构进一步改善，全年引进专任教师50人，其中46人具有博士学位、15人具有海外背景；成功入选千人计划2人，百人计划1人已通过答辩和现场考察；新增"长江学者奖励计划"讲座教授1人、国家杰出青年科学基金获得者2人、教育部新世纪优秀人才支持计划6人、湖北省教学名师1人、霍英东教育基金会青年基金获得者2人，湖北省自然科学基金青年杰出人才计划2人；学校"十二五"期间现代农业产业技术体系岗位科学家39人；新增国家教学团队2个、省部级创新团队3个。

【国际交流与合作】 推进教育交流合作，搭建校际合作平台。与美国佛罗里达大学、澳大利亚昆士兰大学等大学签署学生培养和学分互认协议。同英国伯明翰大学、新西兰林肯大学等学校达成意向，派遣优秀学生和青年教师学习进修。国际合作项目和经费渠道不断拓宽，出国(境)学术交流328人次。

【办学条件】 全年建设项目14个，新增建筑面积30 259平方米，维修改造建筑面积1 750平方米。附属学校教学楼、主楼东辅楼等9个项目竣工，第一综合实验楼、学生五食堂等5个项目在建。校园总体规划修编工作基本完成;筹措资金,争取国家重大教育投资项目和专项支持,加强预算控制与监督,扩大零基预算的范围,严格控制预算调整,提高预算管理绩效和资金使用效益;出台预算执行与决算审计实施办法,加强财务审计,全年完成领导干部经济责任审计3个,科研项目结题审计53项,完成基建修缮结算审计项目205项,基建项目竣工财务决算审计9项;加强国有资产管理,推进大型仪器设备开放共享,完善和开发了大型仪器设备管理系统,以提高资源使用效益为核心,以节能环保为重点,深入开展节能减排行动。

【创先争优活动】 学校按照教育部统一部署和要求,成立创先争优活动领导小组,制定深入开展创先争优活动实施方案,召开创先争优活动动员大会,工作座谈会,通过设立创先争优主题网站、宣传栏、校内广播电视、编写简报等形式,层层进行思想发动,确立正确舆论导向,形成浓厚舆论氛围。活动中,注意选树典型,榜样示范,挖掘师生身边的优秀群体和个人,为全体党员树立可亲、可敬、可见、可学的榜样。各基层党组织联系实际制定方案,主题明确,形式多样,广大党员积极参与,党内点评、互评活动正在进行。创先争优活动按计划在全校范围内有序进行。

【党建工作】 学校制订了推进学习型党组织建设实施意见,通过中层干部理论学习、"华农好人"现象专题研讨会、"榜样的力量"共同空间等专题和主题实践活动,多形式推动学习型党组织建设;按照党章和学院党委工作条例的有关要求,完成了机关党委、理学院、经济管理学院及土地管理学院、后勤集团等任期届满的基层党委(党总支)的换届工作;研究制定了学校基层党建工作综合考评体系(初稿)。完成2009年基层党组织活动63个立项项目的总结和奖励工作,组织了新一轮基层党组织活动立项的申报和评审工作;按照"一年级有党员、二年级有党小组、高年级有党支部"的目标,及时调整学生党支部的设置,全校有学生党支部307个;推进教育、制度、监督并重的惩防体系建设,落实党风廉政建设责任制,首次将党风廉政建设和反腐败工作任务分解到具体部门和二级单位,制定了领导干部问责制实施办法(试行)。

【思想政治教育】 深入开展社会主义核心价值体系教育。以创先争优活动为主线,开展理想信念教育;以重大节假日为契机,开展民族精神、新生入学感恩、毕业生离校等主题鲜明的教育活动;以榜样育人为带动,开展"榜样的力量——全国道德模范进校园"活动,聘请4位全国道德模范为学校校外辅导员,举办了标兵事迹报告会、园艺林学学院学生张瑜事迹座谈会。推进创新创业教育,开展了毕业生十大创业先锋评选及表彰活动。2010年,2名学生入选中国好人榜,志愿服务典型文法学院学生鞠彬彬、舍己救人典型园林学院学生张瑜等典型培植取得明显成效;学校先后被评为第八届中国青年志愿者优秀组织奖、湖北省大学生志愿服务西部计划优秀集体。加强研究生党群骨干队伍和组织建设,以"五比五创"为载体,推进研究生支部创先争优活动。

【后勤管理及服务工作】 学校继续加强房产和维修管理,实施维修改造工程36项,面积2万余平方米。加大后勤基础设施建设力度,校医院不断提高医疗质量,切实做好日常医疗卫生和大学生医疗保险理赔工作,推进社区卫生服务活动。发挥图书馆、档案馆、期刊社在学校教学科研中的重要作用。加强校园信息化建设,完善了数据交换平台、统一身份认证平台、信息门户的构建与开发。加强校园网、图书馆、多媒体教室等信息化教学环境建设,完成了2个教育部修购专项项目建设,对改善基础网络架构、提高服务器区安全发挥了明显效益,发挥了网络以及教育行政办公系统在教学、科研、管理和服务工作中的重要作用。

撰稿　吴　珊
审稿　王从严

附:　学校负责人及地址

(2010年1月—12月)

校党委书记　李忠云
副　书　记　李桂芳　唐　峻

校　　　长　邓秀新
副　校　长　李名家　高　翅　周承早
　　　　　　张献龙　陈兴荣　李崇光

地　　址　武汉市洪山区狮子山街1号
邮　　编　430070
电　　话　027-87282027
网　　址　www.hzau.edu.cn

○中南财经政法大学

【基本情况】

学校基本情况统计

类　　目	数　量	类　　目	数　量
一、学生情况(单位:人)		三、教职工构成(单位:人)	
1. 普通高等教育在校学生总数	27 339	1. 总数	2 567
其中:博士生数	779	2. 专任教师数	1 539
硕士生数	6 513	3. 院士	—
普通本科生数	20 047	其中:外聘院士	—
普通专科生数	—	4. 正高级职称数	243
2. 普通高等教育招生数	7 679	5. 副高级职称数	699
其中:博士生数	227	6. 博士生导师数	123
硕士生数	2 356	7. 硕士生导师数	551
普通本科生数	5 096	8. 长江学者特聘教授	1
普通专科生数	—	9. 楚天学者特聘教授	7
3. 普通高等教育毕业生数	6 327	四、办学条件	
其中:博士生数	150	1. 年末固定资产总值(万元)	127 709
硕士生数	1 681	2. 校园占地面积(万平方米)	194
普通本科生数	4 496	3. 年末校舍面积(万平方米)	111
普通专科生数	—	4. 教学仪器设备总值(万元)	20 117
4. 成人及其他高等教育学生数	4 641	5. 图书馆面积(平方米)	42 673
5. 外国留学生数	274	6. 年末纸质图书册数(千册)	3 062
二、学科及专业设置(单位:个)		7. 教学用计算机台数(台)	8 428
1. 一级学科数	8	8. 各类专业实验室总数(个)	63
2. 博士授予权点数	32	其中:国家重点实验室(个)	2
3. 硕士授予权点数	64	省部级实验室(个)	3
4. 本科专业数	46	9. 工程(技术)研究中心(个)	—
5. 专科专业数	—	其中:国家工程研究中心(发改委)	—
6. 国家级重点学科数	4	国家工程技术研究中心(科技部)	—
7. 省部级重点学科数	4		

【人才培养】 2010年，中南财经政法大学学生学术科研成果丰硕。教授陈小君指导、博士生高飞撰写的博士论文《集体土地所有权主体制度研究》入选2010年全国百篇优秀博士论文；学校学生在台湾地区“第22届会计菁英杯辩论比赛暨2010海峡两岸大学会计辩论邀请赛”中以全胜战绩获冠军；在第七届全国高校“德勤税务精英挑战赛”中，学校学生获冠军；全国大学生管理决策模拟大赛中，学校代表队获一等奖。2010年，学校共获得教育部“质量工程”建设项目43项，省级项目52项(不含获得国家级项目)。外语学院“大学英语教学改革示范点”获教育部批准。学校完善了2010年学校推免生工作的相关操作细则；加强了研究生培养机制改革相关配套制度建设。对71个硕士、39个博士研究生专业(含方向)培养方案进行重新修订，启动了硕士研究生学位论文的双盲评审，全面推行论文学术不端行为检测系统，坚决杜绝学术腐败。进一步优化首义校区培训设施，整合培训教育资源，推进湖北省干部教育培训高校基地建设，逐步打造培训项目品牌。同时，在规范管理和建设网络教育方面也取得较大成绩。

【学科建设】 学校坚持继续巩固提升经、法、管优势学科，扶持有潜力的相近学科、新兴学科的学科建设思路。加强各级重点学科建设经费管理工作，推进国家级重点学科培育计划。2010年学科点申报成绩显著，增加了10个专业硕士点、6个硕士一级学科点和1个博士一级学科点，学位点布局总量充足，结构基本合理，体系完整。组织专家对“211工程”三期涉及的4个重点学科建设项目、创新人才培养和师资队伍建设项目实施了中期检查。学校继续做好“211工程”和学科建设经费日常管理工作。

【科学研究】 2010年，学校在国家社科基金申报、学术平台建设、省级人文社科奖评选、中青年学者培育、中央高校基本科研业务费使用及管理、科研经费增长等方面取得了新的突破。在2010年的国家社科基金申报中，学校立项数再创历史新高，在全国高校中名列第六位。学校立项率为14.2%，高于全国平均立项率近6%；学科覆盖面除覆盖经、法、管三大主干学科以外，还涉及哲学等其他学科领域，不仅展示了学校在人文社科领域的学术水平，而且体现了学校学科的均衡发展。学校有41项教育部人文社科项目获准立项，在全国高校中也位居前列。在“以质量为导向”科研评价体系下，学校的科研经费，尤其是在最能体现学术水平的纵向研究经费方面，呈现出持续增长的良好态势，2010年学校科研经费较2009增长13%。

【招生与毕业生就业】 2010年，学校继续实施优质生源战略，通过全方位媒体宣传、举办全国财经政法院校招生咨询会和优质生源基地挂牌等活动，扩大了学校影响，提高了生源质量。在2010年湖北省本科招生中，文科录取平均分高出重点批次线28分以上，理科录取平均分高出重点批次线32分以上。2010年，学校研究生招生在录取类别方面进行改革，取消了公费自费之分，统一实行奖学金制，加大宣传力度，报考人数比2009年增加1 000余人，生源质量也有所提升。学校通过就业工作“一把手工程”、“大学生职业生涯规划工程”、就业工作信息化建设和积极拓展就业市场等举措，拓宽了学生的就业渠道，稳定了就业率。2010届毕业生就业率91.4%，其中本科毕业生就业率90.3%，研究生就业率93.9%，实现了毕业生同期就业率水平稳定。

【队伍建设】 2010年，学校完善了人才引进、教师留学等一系列规章制度。学校共有11个学科获准设置楚天学者岗位，已聘任(含获批)长江学者1人，楚天学者7人，文澜学者3人。完成了对已聘任楚天学者、文澜学者的聘期、年度考核工作，学校长江学者、楚天学者和文澜学者三大海外引智平台工作已进入常态化和正规化。学校通过开展“十大科研新星”评选、“青年学术专著出版资助”、“青年学术沙龙”等活动，致力于培养未来的学术名家和大师。

【社会服务】 学校积极参与社会服务，坚持“以服务求支持、以贡献求发展”，通过多种途径，发挥高校“思想库”、“智慧库”的作用，为国家和区域经济社会发展积极建言献策，实现“双赢”。3月，湖北省财政厅与学校联合成立中国政府采购研究所；学校正式被中共湖北省委组织部和省教育厅确定为湖北省首批干部教育培训高校基地；6月，湖北省人口计生委与学校联合共建“湖北省人口与发展研究中心”；国家知识产权局批准在学校设立“国家知识产权培训(湖北)基地”。7月，公共管理学院承担的《湖北省公务员能力建设研究》课题成果——湖北省行政机关“能力席位”标准在全省公务员系统试行；8月，由教授杨灿明主持的《2009年湖北居民

中南财经政法大学——中国货币金融历史博物馆，收藏了自古代至现代中国的4 000余件货币、票据、借贷契约实物原件和金融史料

收入调查分析报告》受到时任中共湖北省委书记罗清泉等领导的高度重视，罗清泉并批示相关部门在实际工作中予以吸收采纳。11月，由国家知识产权局批准在学校设立的“国家知识产权战略实践研究基地”揭牌。

【国际交流合作】 2010年，学校国际合作交流的广度、深度都有较大进展，有来自德国、瑞士等60余个国家的国家政府奖学金留学生来校学习，公费来华留学生项目、自费来华留学生项目、国际交换生项目等顺利开展。与法国雷恩商学院等国外高校签署联合教学项目框架协议。举办多个国际会议、其他双边会议、国际研讨班等，积极推动高级别来访讲学工作，与国外高校开展联合培养。启动“博士生国际化联合培养”资助遴选工作，多名博士生分别从日本、丹麦、意大利、葡萄牙、美国等完成联合培养回校或开始接受联合培养。另外，学校本科全程培养方案英文版编印完成，独立成册；硕士、博士研究生专业全培方案英文版也接近完稿并结集。

【党建和思想政治工作】 学校开展了学习实践科学发展观活动“回头看”工作。构建完善了一批有利于学校科学发展的制度成果，解决了一些广大师生员工关心的实际问题，学校核心竞争力和整体实力进一步提高。9月，学校开展创先争优活动。全校各级党组织围绕“内涵发展促转型，创先争优上一流”这一主题，将创先争优活动与继续深入学习实践科学发观活动相结合，与学校中心工作和阶段性主体工作相结合，广泛动员、精心组织，有序、有效地推进活动不断深入。学校是全省第二批党代表任期制试点单位之一，也是全省3所试点高校中唯一的部属高校。2010年，学校任期制试点工作全面铺开：出台党代表直选，两委委员推选，党代会年会制等相关制度文件；开展党代表任期制试点论文征集和课题申报工作，进行党代表任期制有关问题的理论研究。在省委组织的党代表任期制试点单位座谈会上，学校作主题发言；在全面调研总结试点工作经验的基础上，校党委二届九次全委会审议通过《中共中南财经政法大学委员会关于党代表列席有关会议的试行办法》、《中共中南财经政法大学委员会党代表在党代会期间开展民主评议的试行办法》、《中共中南财经政法大学委员会党员评议党代表的试行办法》、《中共中南财经政法大学委员会党委委员（纪委委员）联系党代表、党代表联系服务党员群众试行办法》等4个文件。

【廉政建设】 2010年5月，学校党委在全校开展了为期1个月的党风廉政建设宣传教育月活动，围绕“学准则，做表率”为主题，组织开展了《廉政准则》专题辅导报告，讲授廉政党课，进行《廉政准则》知识测试活动，观看警示教育片，举办警示教育图片展等多项教育活动。召开了全校领导干部警示教育大会，预防职务犯罪座谈会，在全校开展了的工程招投标制度执行情况督查整改活动、“小金库”专项治理工作。在学习贯彻中共中央《建立健全教育、制度、监督并重的惩治和预防腐败体系实施纲要》文件的基础上，结合学校发展中的新情况、新问题，排查权力运行中可能存在的风险点。学校重点清理了有关“三重一大”、干部任免、招生、基建、采购、财务、科研经费、后勤服务等9个方面共计12项重要制度，修订出台《中南财经政法大学关于在经济活动中强化廉政责任的规定》、《中南财经政法大学关于实行党风廉政建设责任制的实施办法》、《中南财经政法大学关于加强领导干部作风建设的若干规定》和《中南财经政法大学廉政风险预警防范工作实施办法》等文件，提高了学校管理工作的规范性。积极探索建立决策执行、反馈纠偏、失误追责等制度，狠抓制度的执行力，坚持做到用制度管权，按制度办事，靠制度用人。

【重要荣誉奖项】 2010年，学校获国家级、省级的荣誉称号较多。首次获“全国绿化模范单位”称号；文澜新闻网入选第四届全国高校百佳网站；《法商研究》、《中南财经政法大学学报》两个刊物在第四届全国高校社科期刊评优活动中，再次获“全国高校百强社科学报”称号；《法商研究》在第七届湖北优秀期刊奖评选中，获“人文社科优秀精品期刊”第一名；《中南财经政法大学学报》在教育部科技发展中心“中国科技论文在线优秀期刊”评选中获一等奖；校党委宣传部、学工部、团委联合报送的《中南财经政法大学民族团结文化的培育与思考》项目继获得2009年度湖北高校校园文化建设优秀成果一等奖后，又在由教育部思政司组织的“2010年高校校园文化建设优秀成果评选活动”中获三等奖；在第七届湖北省社科优秀成果奖评选中，获一等奖3项，二等奖6项，三等奖15项。

撰稿　伍施乐

审稿　雷照荣

附：　学校负责人及地址

（2010年1月—12月）

校党委书记　徐敦楷

副　书　记　杨志光　张中华　齐文远

校　　　长　吴汉东

副　校　长　陈小君　刘可风　杨灿明　周景明

地　　　址　武汉市东湖高新技术开发区南湖大道182号（南湖校区）

邮　　　编　430073

电　　　话　027—88386660

网　　　址　http//www.znufe.edu.cn

○中南民族大学

【基本情况】

学校基本情况统计

类　　目	数　量	类　　目	数　量
一、学生情况(单位:人)		三、教职工构成(单位:人)	
1. 普通高等教育在校学生总数	22 820	1. 总数	1 891
其中:博士生数	36	2. 专任教师数	1 201
硕士生数	2 087	3. 院士	—
普通本科生数	20 697	其中:外聘院士	—
普通专科生数	—	4. 正高级职称数	168
2. 普通高等教育招生数	6 355	5. 副高级职称数	531
其中:博士生数	15	6. 博士生导师数	16
硕士生数	735	7. 硕士生导师数	285
普通本科生数	5 605	8. 长江学者特聘教授数	—
普通专科生数	—	9. 楚天学者特聘教授数	1
3. 普通高等教育毕业生数	4 930	四、办学条件	
其中:博士生数	6	1. 年末固定资产总值(万元)	110 606
硕士生数	433	2. 校园占地面积(万平方米)	96
普通本科生数	4 491	3. 年末校舍面积(万平方米)	71
普通专科生数	—	4. 教学仪器设备总值(万元)	15 476
4. 成人及其他高等教育学生数	5 471	5. 图书馆面积(平方米)	28 161
5. 外国留学生数	34	6. 年末纸质图书册数(千册)	2 000
二、学科及专业设置(单位:个)		7. 教学用计算机台数(台)	4 932
1. 一级学科数	—	8. 各类专业实验室总数(个)	—
2. 博士授予权点数	1	其中:国家重点实验室(个)	1
3. 硕士授予权点数	53	省部级实验室(个)	13
4. 本科专业数	60	9. 工程(技术)研究中心(个)	—
5. 专科专业数	—	其中:国家工程研究中心(国家发改委)	—
6. 国家级重点学科数	—	国家工程技术研究中心(科技部)	—
7. 省部级重点学科数	14		

【学科建设】 2010年，中南民族大学学科和科研共立项546项，累计投入2 300万元。其中，向校级重点科研机构、团队拨款近500万元。获得7个专业硕士学位授权点。13个一级学科硕士点、民族学一级学科博士点获得省评通过。由校领导带队，在7个学院开展了新一轮重点学科建设的调研，全面部署下一轮博士点申报工作。学校主持召开了第六届新材料及其制备国际学术会议、第二届中国少数民族审美文化国际学术研讨会、第七届中国民族学学会全国会员代表大会等国际国内重要学术会议。校学报人文社科版名列"全国高校三十佳社科期刊"，是全国民族院校、湖北省唯一获得三十佳的期刊；自然科学版获"第三届中国高校特色科技期刊奖"。学校加强现有专业建设和专业调整。筹建新专业，学校成立了音乐舞蹈专业与资源环境专业筹备小组，筹建表演专业(舞蹈表演方向)、音乐学专业(教育方向)、资源科学与技术以及水资源与能源等新专业。申报新专业，组织申报了生物功能材料、转基因育种技术、药品质量与安全、医疗器械工程、水资源工程与管理等10个与战略性新兴产业相关的专业。加大特色专业和品牌专业建设力度。全年共评选出4个校级品牌专业，成功申报了1个省级品牌专业(生物医学工程)和1个国家级特色专业建设点(汉语言文学)。

【科研工作】 2010年，学校获省部级以上科研奖项73个，较2009年增加了20项。获国家社会科学基金立项9项、国家自然科学基金立项19项、国家软科学项目1项。省部级项目77项，较2009年增加17项。教育部哲学社会科学研究重大课题攻关项目取得历史性突破。科研项目合同经费2 000万元，较2009年增长23%。成功申报2个省部级重点科研机构。学校鼓励和支持广大师生深入民族地区调研。校院两级负责人多次带队赴民族地区开展调研活动。其中，有些调研成果，受到国家民委等部门的一致好评和中央领导的肯定。学校分别与湖北恩施州、贵州省黔东南州、海南省保亭县以及随州市、天门市等地签订了战略合作协议，从干部培训、科技攻关、扶贫开发、民族文化品牌建设等方面开展合作。

【师资队伍建设】 坚持把师资队伍建设作为学校发展的基本工程，加大师资的培养和引进力度。2010年，共引进各类人才88人，其中博士35人。学校选送了85人攻读博士、硕士学位。全校具有研究生学历的专任教师比例增长到80.8%，其中拥有博士学位的占34.7%。加强师德师风建设，出台了《进一步加强和改进教职工思想政治工作的意见》，将师德师风建设与教师的教学科研、职称评聘、职务晋升、评优奖励等各个方面工作结合起来，形成全员育人的工作机制。评选表彰了学校第一届"学生最喜爱的十名教师"、"十佳青年教工"。坚持把管理队伍师资建设作为学校发展的关键环节。深化干部人事制度改革，坚持民主推荐、民主测评、实名推荐、公开选拔、竞争上岗、差额考察、任前公示、任职试用期等制度，建立健全民主、公开、竞争、择优的选人用人工作机制，切实落实四项干部选拔任用工作监督制度。2010年，共提拔22名处级干部，调整、交流、轮岗了22名处级干部。加强对试用期干部的管理和考核，完成20名处级干部的试用期满考核。实施新一轮科级管理人员竞聘上岗、交流轮岗工作，159名科级干部竞聘上岗、交流轮岗。为了适应学校科学发展的需要，进行部分机构和学院的调整。对部分学院行政领导班子任职期满进行了届满考核和换届。2010年，学校的岗位设置与聘任管理工作全面启动。

【实践教学】 学校加强课程实习、专业实习、毕业实习、实验教学、社会实践等各类实践教学环节的管理。整合学校资源，加强教学实验室建设与管理，提高实验设备的共享程度和使用效率。2010年，学校召开了实践教学工作会，出台《中南民族大学本科教学实验室建设与管理办法》等11个文件。学校"创新创业中心多学科交叉综合创新实践基地"和"化学与生命科学创新实践基地"被评为首批"湖北省高等学校大学生创新活动基地"。全校已经建成校外实践基地165个。全年组织学生参加各级各类竞赛共22项，全校有近7 000人次参加了竞赛，共获省部级以上奖项153项。其中，国家级奖项12项，省级以上奖项141项。

【学生工作】 (1)2010年，学校首次实现了56个民族学生的大团圆。作为民族院校，学校加强和改进大学生思想政治教育与民族团结教育，让各族学生树立马克思主义的民族观、宗教观、祖国观，引导各族学生争做祖国统一和民族团结的积极的传播者、自觉的实践者、勇敢的先行者、有力的推动者和坚定的捍卫者，为社会主义现代化建设作出应有的贡献。(2)加强思想政治理论课队伍及课程建设，发挥其主渠道、主阵地作用。2010年，有1 600余名家庭经济困难新生通过"绿色通道"顺利入学，累计金额800余万元；全年发放各类学生补助615万元；全年举办心理健康知识培训、拓展活动、咨询讲座等982场次，覆盖全体新生。举办了"56个民族学生中秋节座谈会"、"校际新疆籍学生学习经验交流会"等活动，开展了"感恩伟大祖国、维护民族团结"等形势与政策报告会，发放了《民族团结教育通俗读本》。学校还选送500名志愿者积极参与湖北省、武汉市组织的各类民族团结创建活动。(3)学校以"笃信好学，自然宽和"校园精神的弘扬为主线，开展了高雅艺术进校园活动。投入500万元启动校园文化的第二期建设。在湖北高校校园文化建设优秀成果评选中获一等奖。在青海玉树地震赈灾中，全校师生员工赈灾捐款17万元，藏族学生德吉群藏获"国家民委系统抗震救灾先进个人"称号。(4)2010年，学校在精品课程、品牌专业、教学团队建设、教学研究项目等方面投入共420万元。全年在各级各类大学生竞赛中，共获省部级以上奖项153项，其中国家级奖项12项。获8个湖北省大学生优秀科研成果奖。2个创新实践基地被评为首批"湖北省高等学校大学生创新活动基地"，本科毕业生就业率91.4%。2010年，学校加强研究生教学管理、导师管理、奖学金评定、思想政治教育等工作，召开了研究生教育工作会，制定了一系列的措施。对应用型和学术型两种不同类别的研究生的培养目标作了科学阐述，并进一步明确和强化了研究生培养和管理全方位工作。全年共组织了2次研究生学术创新基金的申报评定工作，评出200余项研究生创新项目，落实项目资金80万元。组织了600余名研究生参加暑期调研，举办了研究生论坛。2010年毕业研究生445人，研究生就业率95.3%。

【对外交流与合作】 学校举办“多彩中华——庆祝UWP孔子学院成立两周年暨两校合作关系十周年”系列活动。学校与美国威斯康星州立大学合办的英语教育硕士项目成为湖北省高校对外合作办学示范项目，特别是孔子学院等项目的合作模式成为湖北省高校、国家民委高校对外合作办学的典范。扩大了与亚欧有关国家和我国台湾地区部分高校的合作。学校根据民族地区形势的发展变化，调整了继续教育学院的工作重心。学校利用民族大学自身的资源优势和办学特色，按照办学宗旨要求，面向少数民族和民族地区，开展干部培训。2010年，学校被湖北省确定为“少数民族干部培训基地”和“干部教育培训高校基地”，为安徽省、新疆自治区、贵州省、湖北省等举办民族干部培训班6期，培训学员258人。为规范办学行为，对所有的函授教学站点、联合办学点进行了全面清理和整改。

【内部管理体制改革】 (1)学校坚持以人为本的管理理念，把依靠教师办学和提高育人质量作为学校管理工作的出发点和落脚点，为广大师生员工创造良好的工作、学习和生活环境。2010年，学校被中华全国总工会授予“全国模范职工之家”称号。坚持科学管理、民主管理、依法管理。2010年，学校投入500万元启动数字化校园建设。学校通过推行依法治校、校务公开制度，加大了全校教职员工对学校工作参与和监督的力度，密切了党群关系、干群关系，维护了学校的稳定，调动了教职员工投身学校建设事业的积极性。探索民族高等教育规律，不断提高办学治校能力和科学化管理水平。坚持把党的民族工作规律与高等教育规律有机结合，把民族高等教育的特殊性与普通高等教育的普遍性有机结合，遵循高等教育的普遍规律，尊重民族高等教育的特殊性，在针对性、操作性和有效性上下工夫，把科学理论、科学制度、科学方法贯穿于学校工作的各个方面和各个环节，使办学治校能力和科学化管理水平有一个大的提升。在国家民委、国家发改委的大力支持下，学校13号、16号教学实验楼可行性研究报告获批复，初步核定项目总投资2.16亿，所需投资由中央解决。对此，学校成立专门的项目管理工作小组，保证项目依法依规顺利实施，成为“样板项目”，上级领导及广大师生员工的“满意工程”、“放心工程”。

【党建与思想政治工作】 学校党委坚持把领导班子建设摆在突出位置，围绕“面向少数民族和民族地区，为少数民族和民族地区服务”的办学宗旨，不断提高领导班子的理论素质、领导能力和管理水平。2010年，学校党委中心组开展了8次理论学习，围绕“办什么样的民族大学，怎样办民族大学”以及“培养什么样的民族人才，怎样培养民族人才”两个根本性问题开展专题研讨，增强了政治责任意识和科学发展意识，提高了坚持社会主义办学方向的自觉性。学校党委还结合高等教育新形势、发展战略规划、党风廉政建设、社会经济发展热点等内容，多次邀请校内外专家作专题辅导报告，并为学校事业科学发展提出宝贵的意见和建议。2010年，中南民族大学获中共湖北省委授予的“先进党委中心组”称号。学校以“围绕发展抓党建，抓好党建促发展”为主题，召开了党建与思想政治工作大会。全面启动创先争优活动，对今后一段时期党的建设和大学生思想教育和师德师风建设工作作出了具体部署。2010年，学校实施了党建活动项目制，确定了78个党建活动项目，覆盖了教学、科研、学生工作等各个方面。深入贯彻落实《中国共产党普通高校基层条例》，加强对党员干部的管理和监督。2010年，学校党员总数为5 143人，其中学生党员3 787人，占学生总人数的16.3%。全年进行了两期入党积极分子培训班，共培训入党积极分子5 958人。

【党风廉政建设】 学校以“学习廉政准则、争做勤廉表率”为主题，在全校开展党风廉政建设宣传教育月活动。重点加强对干部选拔任用工作、各类考试和人才引进的监督，加强对基建(维修)工程招标和大宗物资、仪器设备、图书、教材、药品、耗材采购的监督。召开了2010年党风廉政建设工作会议，学校领导班子在会上向全校教职工庄严承诺：“带头遵守廉政准则的8项禁止、52个不准”，并与各单位签订《党风廉政建设责任书》。11月，学校在组织人事部、财务处、后保处、化材学院、美术学院、公管学院等6个单位进行廉政风险防控机制建设试点工作。

撰稿　黎大有
审稿　杨胜才

附：　学校负责人及地址

(2010年1月—12月)

校党委书记　陈达云
副　书　记　雷召海　徐柏才　白江源

校　　　长　雷召海
副　校　长　雷振扬　罗建生　李金林
　　　　　　段　超

地　　　址　武汉市洪山区民族大道708号
邮　　　编　430074
电　　　话　87532233
网　　　址　www.scuec.edu.cu

○湖北大学

【基本情况】

学校基本情况统计

类　　目	数　量	类　　目	数　量
一、学生情况（单位：人）		三、教职工构成（单位：人）	
1. 普通高等教育在校学生总数	20 009	1. 总数	2 266
其中：博士生数	108	2. 专任教师数	1 261
硕士生数	2 508	3. 院士	2
普通本科生数	13 902	其中：外聘院士	2
普通专科生数	3 491	4. 正高级职称数	169
2. 普通高等教育招生数	6 027	5. 副高级职称数	483
其中：博士生数	32	6. 博士生导师数	75
硕士生数	943	7. 硕士生导师数	376
普通本科生数	4 011	8. 长江学者特聘教授数	—
普通专科生数	1 041	9. 楚天学者特聘教授数	32
3. 普通高等教育毕业生数	4 737	四、办学条件	
其中：博士生数	10	1. 年末固定资产总值（万元）	124 070
硕士生数	635	2. 校园占地面积（万平方米）	123
普通本科生数	3 216	3. 年末校舍面积（万平方米）	88
普通专科生数	876	4. 教学仪器设备总值（万元）	23 183
4. 成人及其他高等教育学生数	6 910	5. 图书馆面积（平方米）	55 445
5. 外国留学生数	156	6. 年末纸质图书册数（千册）	2 321
二、学科及专业设置（单位：个）		7. 教学用计算机台数（台）	6 901
1. 一级学科数	20	8. 各类专业实验室总数（个）	29
2. 博士授予权点数	34	其中：国家重点实验室（个）	—
3. 硕士授予权点数	137	省部级实验室（个）	14
4. 本科专业数	59	9. 工程（技术）研究中心（个）	5
5. 专科专业数	22	其中：国家工程研究中心（国家发改委）	—
6. 国家级重点学科数	—	国家工程技术研究中心（科技部）	—
7. 省部级重点学科数	20		

【学科与学位点建设】 2010年，湖北大学学位点申报取得新突破。经国务院学位委员会审议批准，学校获得理论经济学、专门史、生物学、材料科学与工程等4个博士学位授权一级学科，另有1个学科(中国语言文学)作为一级学科博士点的培育学科立项建设；新增8个一级学科硕士点和5个专业硕士学位点。学校整合学科资源和调整学科结构，通过成立鄂西生态文化旅游圈研究院以及主动参与武汉新能源研究院等，搭建学科集成平台，促进学科融合。加强重点学科和特色、优势学科管理，培育高水平、特色鲜明的学科领域和研究方向，重点学科和特色、优势学科的核心竞争力有所增强，17个学科项目获中央财政支持地方高校专项资金资助。

【一流本科教育建设】 加强教学管理。制定《湖北大学本科教学工作基本规范(试行)》，首次对全校15个学科性学院进行了本科教学工作状态评估，评估结果显示学校教学运行稳定、管理规范。开展本科人才培养方案和课程教学大纲修订工作，重新修订了59个本科专业、150余个专业方向的人才培养方案和1 000余门课程的教学大纲。推进"质量工程"建设。新增化学、高分子材料工程等2个国家级特色专业建设点和应用化学省级品牌专业；新增《植物地理学》国家级精品课程和3个省级精品课程；新增2个省级教学团队；43个教研项目结题，新增13个省级教学改革项目。强化实践教学建设。新增2个省级实验教学示范中心和5个校外实习基地。与咸安区合作开展的"师范生顶岗实习与教师置换脱产培训"项目被纳入"国培计划"。94篇2010届本科毕业论文(设计)获评全省优秀毕业论文(设计)。支持、组织和引导学生参加各类竞赛，2010年共获国家级奖及省部级奖170项，其中获第一或一等奖的14人。校足球队获中国大学生五人制足球联赛"五连冠"暨第四届全国体育大会五人制足球比赛一等奖。高素质创新型人才培养稳步推进。"楚才计划"实施顺利，"人文社会科学拔尖创新人才培育实验计划"项目获批湖北省"普通高等学校拔尖创新人才培育试验计划"项目，电子科学技术专业、环境工程专业入选湖北省"战略性新兴支柱产业人才培养计划"。开展"教风学风建设年"活动，深化了全体师生对教风学风建设重要性的认识，强化了教育与学习过程管理，学校教风学风总体状况明显改善。

【研究生教育】 2010年，学校研究生规模扩大，确认报考学校2011年全日制研究生人数继续增长。研究生培养质量提高。研究生创新意识和创新能力显著增强，获全国数学建模大赛(研究生组)一等奖1项，2人获"中国MBA新秀100"称号。1篇博士论文和5篇硕士论文被评为省级优秀博士学位论文和硕士学位论文。2010年，硕士研究生一次性就业率90.5%。专业学位教育发展迅速，2010年学校获批为教育部专业学位研究生教育综合改革试点单位。

【科研创新和服务地方】 全年各级各类科研项目获准立项551项(理工科333项，文科218项)，比2010年增加67项。其中，纵向项目273项、横向项目278项，纵向项目中国家"973"前期专项、国家重大专项、"863"计划及支撑计划子课题、国家自然科学基金等国家级项目51项、国家社科基金项目4项、教育部人文社科基金项目11项。2010全校科研经费总量5 319.1万元，同比增长1 414.95万元，增幅36.2%。全年公开发表学术论文1 341篇，其中被SCI、EI、ISTP三大检索系统收录的论文380篇，其中材料科学与工程学院副教授吴水林和刘想梅博士有关人工骨材料的研究成果被国际生物材料顶级杂志《生物材料》采用。《湖北省农产品出口基地建设布局与促进政策研究》课题受到省委领导和省农业厅的重视和肯定，并得到省委常委张昌尔批示。2010年获国家科技进步二等奖1项、省科技进步二等奖2项、武汉市科技进步一等奖1项、湖北省第七届社会科学优秀成果奖8项，获授权专利16项，出版专著57部。新增药物高通量筛选湖北省工程实验室、高分子合金材料技术创新基地，组织申报了能源信息材料及关键技术高校自主创新重点基地，新增5个校企研发中心。4个省级人文社科重点研究基地通过省教育厅组织的验收评估。

学校围绕"两圈一带"、东湖国家自主创新示范区建设等国家和湖北省战略决策，推进产学研结合，提高服务地方能力。召开动员大会组织全校各方力量全面服务东湖国家自主创新示范区建设，与东湖示范区新芯集团建立战略合作关系，与鄂西圈投公司签订协议合作共建鄂西生态文化旅游圈研究院。参与湖北省大学科技园建设。继续开展科技特派员、"专家教授企业行"、"企业老总高校行"等活动，召开"科技工作服务地方经济建设座谈会"、"行业产业共性技术发展论坛"等，拓展学校服务地方经济建设的领域，提升学校开展社会服务的能力。

【学生资助与帮扶】 加强对贫困学生的资助，2010年，学校协助1 823名学生办理生源地助学贷款，协助银行为1 861名学生发放国家助学贷款940余万元；评定、发放家庭经济困难学生奖助学金1 715.7万元，资助

2010年4月9日，湖北大学召开教风学风建设暨学院本科教学评估动员大会

学生11 415人次。实施校内“爱心工程”,共投入74.8万元为1 029人安排了勤工俭学岗位。加强心理健康教育,成功干预心理危机事件12起。

【招生与毕业生就业】 学校全年招收普通本科生4 011人,建立70所优质生源基地,举办第二届优质生源基地建设研讨会暨招生联谊会。全年提供1 700多家单位需求信息,举办校内专场招聘会254场、大型综合性供需见面会5场。开设《大学生KAB创业基础教育》等3门就业指导类公共选修课,举办各类就业指导活动30余次,受益学生2 800人次。引导学生面向基层就业,参加国家、地方基层项目毕业生88人,较上届有所上升。帮助学生创业,出台了《湖北大学学生创业园(乐创园)管理办法》,建立大学生乐创园,已入驻3个学生创业项目;与武汉市武昌区政府合作,创办沙湖大学生科技创业社区,已入驻9家创新企业。2010年,本科毕业生就业率92.8%。

【师资队伍建设】 全年共接收和引进教学科研人员34人,其中博士26人,留学归国人员2人。聘任楚天学者计划教授9人、聘任各类兼职教授12人。启动第二轮“琴园学者”特聘教授遴选工作,遴选“琴园学者”特聘教授77人。完成各类专家推荐工作,新增湖北省有突出贡献中青年专家1人、享受省政府专项津贴专家1人、享受武汉市政府专项津贴专家1人,教授朱祖延被授予“荆楚社科名家”称号,是获得该项称号的唯一省属高校专家,教授陈贻汉被评为“全国先进工作者”。全年支持29名教职工在职攻读博士学位、5名教师参加教育部骨干教师国内访问学者计划,学校派7名教师进行国内访问学者研究,派出一批教师赴国外高水平大学访问或从事博士后研究。组织40余名教师参加教育部精品课程高级研修班,学校被评为全国高校教师网络培训先进单位。完善新进教职工岗前培训制度,采用名师示范指导、专家点评等方式,提高新教师的教学技能。推进岗位设置和管理改革工作,印发了《湖北大学岗位设置管理试行办法》等7个文件,并根据文件规定组织实施了学校岗位设置管理与聘用工作。按照“以岗定薪,以劳优酬”的分配原则,逐步建立和完善与岗位设置改革相适应的校内津贴分配制度。完善专业技术职务评聘办法,完成2009年度职称评审工作,聘任各系列专业技术职务人员共188人。

【国际交流与合作】 全年有63名学生出国(境)学习、86名教师出国(境)学习或访问,接待来自21个国家和地区的103个国(境)外团组来校访问。与美国、澳大利亚等国家和地区的34所高校新签署了交流与合作协议。获批6项“世纪著名科学家来鄂讲学计划”项目,孔子学院工作再上新台阶,在第五届孔子学院大会上,学校2所孔子学院均获“先进孔子学院”称号。

【办学条件和后勤保障】 学校按照“洁、绿、亮、美”的要求继续推进校园环境改造和建设,全年完成各类教学生活设施维修和建设项目80多项,采购新设备1 850万元。完成二轮公用房分配工作,规范了公用房的使用和管理。推进后勤“拨改付”改革,后勤服务水平和经济效益进一步提高。加强图书资源和校园信息化建设,新增纸质图书40 617册,增订环球英语(雅思)数据库,参与和支持湖北省高校数字化图书馆文献保障体系建设。规范档案整理,学校档案馆通过省档案工作规范管理AAA级水平复查。《湖北大学学报》综合质量稳步提高,哲学社会科学版“价值论与伦理学”栏目再度被中国人文社会科学学报学会评为“全国社科学报优秀栏目”。

【党建和思想政治教育】 (1)加强思想文化建设。组织师生认真学习,开通学校官方微博、建立新闻发言人制度、组建网络评论员队伍、成立湖北大学青年传媒中心,加强宣传和舆论引导工作,为学校建设发展营造良好的舆论环境。开展“道德建设月”等精神文明创建活动和丰富多彩的体育、科技、文化活动。加强学生思想政治教育,成立直属学校领导的思想政治理论课教研部,推进大学生形势与政策教育。做好分类引导青年试点工作,开展主题教育活动,用社会主义核心价值体系武装学生头脑,提高学生思想政治教育实效。(2)加强基层党组织和党员队伍建设。开展“创先争优”活动,学校被确定为中央创先争优活动信息直报点。开展“最佳主题党日”、“一院一品”、党员示范岗公开承诺等特色党建活动。完善了党员发展、管理相关制度,提高党员培养和发展的质量,特别是做好在高知群体、优秀青年教师和优秀大学生中发展党员的工作。依托中国教育干部培训网,进行党员的教育和培训工作。(3)加强干部队伍建设。深化“五好”领导班子创建活动,增强各级领导班子的素质和能力。继续推进后备干部选拔和年轻干部培养工作,完善校内中层后备干部信息库建设,加强青年干部队伍建设。组织广大干部认真学习贯彻干部选拔任用工作四项监督制度,逐步完善了干部监督工作联系会议制度、组织部门与纪检审计部门的经常性沟通制度,加强干部监督工作。(4)加强党风廉政建设和反腐败工作。加强反腐倡廉宣传教育,加强重点领域、关键环节的全程监督力度。修订和完善一系列管理制度,初步形成了学校反腐倡廉制度网络体系。进一步查找工作中存在的风险点,完善监督制约机制,逐步形成教育、监控、防范、惩治相协调的预警防控腐败体系。

撰稿　何李煜
审稿　柯志坚

附:　学校负责人及地址
(2010年1月—12月)

校党委书记　罗永根(任至5月12日)
　　　　　　刘建凡(5月12日任职)
副书记　刘国新
校长　吴传喜
副校长　鄢明明　顾豪爽　邓长青
　　　　王世敏　刘建平
地址　武汉市武昌区友谊大道368号
邮编　430062
电话　027－88664102
网址　www.hubu.edu.cn

○武汉科技大学

【基本情况】

学校基本情况统计

类　　目	数　量	类　　目	数　量
一、学生情况(单位:人)		三、教职工构成(单位:人)	
1. 普通高等教育在校学生总数	29 114	1. 总数	2 635
其中:博士生数	148	2. 专任教师数	1 646
硕士生数	2 602	3. 院士	4
普通本科生数	21 429	其中:外聘院士	4
普通专科生数	4 935	4. 正高级职称数	218
2. 普通高等教育招生数	8 649	5. 副高级职称数	596
其中:博士生数	41	6. 博士生导师数	80
硕士生数	884	7. 硕士生导师数	421
普通本科生数	6 161	8. 长江学者特聘教授数	—
普通专科生数	1 563	9. 楚天学者特聘教授数	28
3. 普通高等教育毕业生数	7 045	四、办学条件	
其中:博士生数	13	1. 年末固定资产总值(万元)	84 888
硕士生数	452	2. 校园占地面积(万平方米)	180
普通本科生数	4 969	3. 年末校舍面积(万平方米)	98
普通专科生数	1 611	4. 教学仪器设备总值(万元)	22 966
4. 成人及其他高等教育学生数	11 261	5. 图书馆面积(平方米)	64 768
5. 外国留学生数	4	6. 年末纸质图书册数(千册)	1 615
二、学科及专业设置(单位:个)		7. 教学用计算机台数(台)	9 487
1. 一级学科数	9	8. 各类专业实验室总数(个)	67
2. 博士授予权点数	6	其中:国家重点实验室(个)	—
3. 硕士授予权点数	52	省部级实验室(个)	11
4. 本科专业数	56	9. 工程(技术)研究中心(个)	3
5. 专科专业数	19	其中:国家工程研究中心(国家发改委)	—
6. 国家级重点学科数	—	国家工程技术研究中心(科技部)	—
7. 省部级重点学科数	28		

【教学工作】 2010年,武汉科技大学继续组织实施“质量工程”建设,深化教育教学改革,提高教学质量,质量工程建设取得成效。获批国家级教学团队1个,省级教学团队2个,国家级精品课程1门,省级精品课程4门,国家级双语教学示范课程1门,国家级特色专业建设点2个,省级品牌专业1个,获批省级拔尖创新人才培育计划1项,省级普通高等学校战略性新兴(支柱)产业人才培养计划2项,省级实验教学示范中心1个,省级大学生创新基地1个,省级教学研究项目14个。

【科学研究】 2010年,学校科研经费连续第五年超过1亿元,承担国家科技支撑计划、国家“863”、国家“973”、国家自然科学基金、国家技术创新、国家社会科学基金等国家项目25项,其他各类省部级项目127项,首次获国家自然科学基金重大研究计划重点项目1项;获国家科技奖2项,省部级奖项7项,授权专利82项;首次获湖北省社会科学优秀成果二等奖,实现在文科类科研成果的突破;与武汉钢铁(集团)公司、攀枝花钢铁集团有限公司及湖北省地方企业开展科研合作,服务地方经济发展,实现科技合作项目50多项,为企业创造经济效益上亿元。

【学科建设】 2010年,学校学科建设取得突出成绩,学位点申报取得重大突破。获批一级学科博士点6个,博士点数量达23个;新增一级学科硕士点8个,硕士点数量达到96个。新增工程硕士授权领域6个,获批公共管理硕士(MPA)等3个专业学位授权点。实施研究生培养创新工程,研究生培养质量不断提高,研究生就业率96%,获2009年省级优秀博士学位论文2篇,省级优秀硕士学位论文8篇。

【师资队伍】 2010年,学校继续稳步推进人才强校战略,加大高层次人才的引进和培养。新聘任“楚天学者”特聘教授2人,“楚天学者”讲座教授2人,楚天学子1人,续聘“楚天学者”特聘教授3人。聘任“香涛学者”特聘教授1人,外聘专家67人,送出30人攻读博士学位,组织遴选3位老师入选国家公派全额资助计划,遴选公派“骨干教师出国研修资助项目”人选19人,补充任课教师48人。推进岗位设置工作,科学合理地制定各级、各类岗位设置实施方案,梳理学校各类人员的聘用岗位。深化分配制度改革,制定了《武汉科技大学调整校内岗位津贴的实施办法》,逐步使校内岗位津贴分配趋于科学和合理。加强博士后流动站建设,推进与企业共建博士后科研创新实践基地。

【学生工作】 2010年,学校继续在全国30个省(直辖市、自治区)进行招生,研究生、本科生招生人数均位列湖北省属高校第一名。本、专科生投档线在多省份超过重点线,生源质量不断提高。全年共评选发放学校奖学金、国家奖学金、国家励志奖学金、省政府奖学金和社会奖学金1 248.72万元,发放国家助学金和困难补助超过2 060万元,发放勤工助学补助116.36万元,新增“许家印奖学金”等3项社会奖学金。完成所有新生参加城镇居民基本医疗保险工作。

2010年,学校有10个学院获“优良学风学院”或“优良学风单项奖”称号,111个班集体被评为“优良学风班”,530名学生被评为“优秀学生标兵”,2 697名学生被评为“优秀学生”,1 372名学生被评为“优秀学生干部”;有8个研究生学生集体被评为“优秀研究生班集体”,45名研究生被评为“优秀研究生标兵”,93名研究生被评为“优秀研究生干部”,237名研究生被评为“优秀研究生”。2010届本科生考研率21.9%;学生学籍预警率2.36%,比上一学年度下降0.36%;学校近3年毕业生平均就业率超过92%,2010届本科生年度就业率93.8%。

2010年,学校先后承办了湖北省第六届“挑战杯·青春在沃”大学生创业计划竞赛、“博亚杯”2010年湖北省大学生机械创新设计大赛等省级学生科技创新与技能经竞赛活动,并在国际国内科技创新和技能竞赛中取得优异成绩。全年共有7 200余人次参加学校、全省以及全国课外科技活动,获机器人足球世界冠军、国际炼钢挑战赛亚军、全国大学生机械创新设计大赛一等奖等省部级及以上奖励154项。成功开展了“创新创业去光谷”为代表的一系列创业教育活动。新增校级社会实践基地2个,社会实践基地数达17个,新建立就业创业见习基地1个,就业创业见习基地达20个,派出校级重点团队32支,其中,13支被评为省级先进团队,7人被评为省级先进工作者,11人被评为省级先进个人。新增注册志愿者4 600人,全校注册志愿者达12 000人。

【党建工作】 学校深入学习落实科学发展观活动取得实效,成功召开第二次党代会,常任制试点工作和创先争优活动深入开展,学校党建与思想政治工作得到改进和加强。有25位

2010年10月30日,武汉科技大学冶金装备及其控制省部共建教育部重点实验室验收会在机械学院会议室举行

干部履新，其中正处级8人、副处级17人，选拔推荐荆州区副区长和老河口市副市长各1人。完成了对22名处级干部的试用期满考核工作。充分利用高校省部共建平台，选派2位副处级干部到华中科技大学挂职锻炼。开展干部培训，举办了1期处级干部培训班，组织161名处级以上干部参加全国远程教育培训。组织13名处级干部参加湖北省厅级领导干部公选，有6人入围面试，3人入围考察。全年共吸收学生新党员3 247人，吸收教工新党员40人。

2010年11月4日，武汉科技大学举行第48届体育运动会

【国际交流与合作】 2010年，学校拓展国际交流与合作的深度和广度。学校与爱尔兰、澳大利亚和韩国等5所高校，以及欧亚太大学联盟签订11份合作协议，并与新加坡义安理工学院延长了合作办学协议。与英国西英格兰大学、德国弗莱贝格工业大学、爱尔兰沃特福德理工学院的4个协议已达成基本共识。选派36名中青年教师赴国外进行培训，选派9名学生管理干部赴新加坡交流。招收留学生4人，实现了学校成建制招收学历留学生零的突破。全年接待16个国家高校的26批次团组来访，派出4个代表团出访国（境）外友好学校。

【后勤保障】 加强校园基本建设，完善基础配套设施。黄家湖校区周转房工程基本竣工验收，“科大雅苑”BC栋主体封顶，A栋正在进行主体结构施工。完成黄家湖校区主干道路灯工程、北区运动场区域绿化工程、食堂天然气供气工程、学生宿舍和污水改造等工程。完成黄家湖校区第二期土地相关审批手续的办理。推进节约型校园建设，合理有效地利用水力电力资源，全年水电费开支比2009年下降7.4%。

坚持开源节流、加强财务管理，全年收入和争取中央财政支持地方高校建设专项资金居全省高校之首。严格执行招标程序，全年完成各类采购招标120余项。推进数字化校园建设工作，启动“一卡通”工程建设。做好各类档案整理归档工作，校史馆全年接待参观人数达到9 000人次。《武汉科技大学学报》质量和影响力稳步上升，《武汉科技大学学报（社会科学版）》被评为“全国高校优秀社科期刊”，《武汉科技大学学报》两刊双双获湖北省优秀期刊，《武汉科技大学学报（社会科学版）》刊发论文首次被《新华文摘》全文转载。提高校医院医疗服务水平和服务质量，完成各项医疗保障工作。推进校办企业体制改革，对武汉科技大学自控系统有限责任公司进行了产权结构的重大调整，校办企业活力不断增强。

撰稿　范光泉

审稿　黎宇宇

附：　学校负责人及地址

（2010年1月—12月）

校党委书记　刘华才

副 书 记　孔建益　杨　震　孙国胜

校　　长　孔建益

副 校 长　马季骅　顾　杰　陈奎生
　　　　　陈济光　倪红卫

地　　址　武汉市青山区和平大道947号（青山校区）

邮　　编　430081

　　　　　武汉市洪山区青菱乡黄家湖2号（黄家湖校区）

邮　　编　430065

电　　话　027－68862486

网　　址　http//：www.wust.edu.cn

武汉科技大学校园

○三峡大学

【基本情况】

学校基本情况统计

类　　　目	数　量	类　　　目	数　量
一、学生情况（单位：人）		三、教职工构成（单位：人）	
1. 普通高等教育在校学生总数	23 235	1. 总数	4 063
其中：博士生数	—	2. 专任教师数	1 862
硕士生数	1 463	3. 院士	—
普通本科生数	19 575	其中：外聘院士	—
普通专科生数	2 197	4. 正高级职称数	295
2. 普通高等教育招生数	6 138	5. 副高级职称数	774
其中：博士生数	—	6. 博士生导师数	31
硕士生数	576	7. 硕士生导师数	464
普通本科生数	5 171	8. 长江学者特聘教授	—
普通专科生数	391	9. 楚天学者特聘教授	30
3. 普通高等教育毕业生数	5 619	四、办学条件	
其中：博士生数	—	1. 年末固定资产总值（万元）	145 970
硕士生数	315	2. 校园占地面积（万平方米）	174
普通本科生数	4 318	3. 年末校舍面积（万平方米）	123
普通专科生数	986	4. 教学仪器设备总值（万元）	29 024
4. 成人及其他高等教育学生数	17 542	5. 图书馆面积（平方米）	45 261
5. 外国留学生数	577	6. 年末纸质图书册书（千册）	2 347
二、学科及专业设置（单位：个）		7. 教学用计算机台数（台）	6 394
1. 一级学科数	42	8. 各类专业实验室总数（个）	124
2. 博士授予权点数	—	其中：国家重点实验室（个）	1
3. 硕士授予权点数	38	省部级重点实验室（个）	12
4. 本科专业数	57	9. 工程（技术）研究中心（个）	38
5. 专科专业数	30	其中：国家工程研究中心（国家发改委）	—
6. 国家级重点学科数	—	国家工程技术研究中心（科技部）	—
7. 省部级重点学科数	12		

【学科建设】 2010年，三峡大学博士学位授予权项目建设任务全面完成，博士学位授权学科、支撑学科、公共服务平台等建设取得较大进展，各子项目的平台建设进入最后实验阶段。17个一级学科硕士点通过湖北省学位委员会审核，一级学科点增加到18个，覆盖124个二级学科硕士点，新增工商管理、翻译2个类别5个硕士专业学位领域。

【科学研究】 学校共获得纵向项目301项，其中国家级项目突破40项(国家基金项目30项)，省部级项目57项，厅局级项目132项；科研项目经费再次过亿元。获省部级及以上科技成果奖24项，获授权发明专利9项、实用新型专利研22项，发表论文2 585篇，其中核心期刊以上1 330篇，三大检索及复印转载445篇，出版著作、教材77部。基本建成动物实验室中心，三峡文化与经济社会发展研究中心评估验收结果为优秀。学校分别与西陵区、伍家岗区、夷陵区人民政府和宜昌市7家企业签订了战略合作协议，与枝江市人民政府以及6家大型企业开展科技项目联合攻关。进入武汉东湖国家自主创新示范区湖北省大学科技园，并获首批入园项目(企业)10项，入园孵化企业3家。签订横向项目289项，合同经费6 580.2万元。组织著名诗人余光中学术讲演活动，主办或协办了“2010岩土多场耦合理论及应用国际学术论坛”等多场高水平学术会议，邀请校外知名专家报告和举办校内学术讲座200余场。学报(自然科学版)在教育部组织的第三届全国高校科技期刊评选中获特色期刊奖，学报(人文社会科学版)在全国第四次社科学报评选活动中被评为全国百强社科学报。

【学生工作】 学校加强辅导员、班主任队伍建设与管理，选派20余名辅导员参加学习培训。为3 199人次办理了生源地助学贷款，获贷款1 900余万元；999名困难新生通过“绿色通道”垫付学费599.4万元；争取各类社会奖、助学金50余万元，受奖励或资助的困难学生250人次；发放新疆少数民族学生贫困补助81人次，金额16.1万元。在湖北省、江西省、安徽省三省实现水利水电工程、土木工程专业列入一本招生；举办7次大型供需见面会，派遣本科毕业生4 275人，一次性就业率95.2%。实际签约3 498人，签约率81.8%。研究生毕业生就业率98.7%。研究生参加学科竞赛获国家级奖项10项。

【教师队伍建设】 学校教师队伍结构持续优化，新增教授、博士等高层次人才84人，职评晋升正高职33人。专家队伍规模不断扩大，教授戴会超入选“新世纪百千万人才工程”，新增楚天学者人选7人，“151”人才工程和团队建设工作继续推进。构建和完善了教职工继续教育培养体系，出台了教师终身学习暂行办法，制定并落实了2010年教职工培训计划和选派骨干老师出国(境)研修实施办法，启动了第二轮出国研修培养计划。

【人才培养】 国家质量工程建设项目取得突破，“三峡文化”获批国家精品课程，电气工程专业教学团队被评为国家级教学团队，工程管理专业获国家级特色专业建设立项。省级品牌专业、教学团队、示范中心、精品课程、教学成果奖等数量都有新增。人才培养方案不断优化，“电气英才培养计划”获批湖北省普通高校拔尖人才培育实验计划。积极发展国家战略新兴产业专业。“生物工程”、“旅游管理”专业获批湖北省普通高校战略性新兴(支柱)产业人才培养计划项目。学生在学科竞赛中获国家级特等奖2项，一等奖14项，二等奖27项，三等奖27项；获省级奖62项。全国大学生数学建模竞赛的获奖等次和数量列全国第八位。学生考研上线率达21.6%。召开了第四次教学工作会，制定了《三峡大学关于进一步加强本科教学工作的若干意见》、《三峡大学“十二五”本科教育发展规划》等6个规章制度，教学的中心地位进一步强化。招收来华留学生150人次，首次招收5名湖北省政府奖学金留学生。成人高考招生录取6 211人；新增水利电力行业函授站(点)3个；新增自学考试“国际旅游管理”新专业并明确为主考学校；新增自学考试“护理学”专业开考资格；开设输电线路工程等培训班41个，培训人数2 797人。科技学院电气工程及其自动化、国际经济与贸易专业通过了湖北省普通高等学校本科专业教学合格评估，水利水电工程专业被确定为省级重点培育本科专业；首次开办少数民族预科班和民族班。学院共录取学生3 301人，新生报到率95.3%。

【对外交流与合作】 学校与水电顾问集团下辖7家勘测设计院、神农架林区等12家单位签订合作协议。召开四届一次董事会全体会议，完成董事会换届和更名，董事单位120多家，各董事单位和个人捐赠合计280余万元。成立了河北省、江苏省2个省级校友会，石家庄市、南京市等16个省外校友分会。成立了兴山县、秭

在2010第四届全国大学生机械创新设计大赛中，三峡大学获全国一等奖、三等奖各一项

归县校友会。省级校友会的覆盖率超过了65%。聘请国(境)外知名学者12人为兼职教授，获湖北省"世界著名科学家来鄂讲学"项目3项；申报国家外专局国际科技合作和引智项目2项；接待67个国外访问团395人次；与国外10所大学新签订了合作协议。学校获"全省扩大开放先进单位"称号。

【党建和精神文明建设】 学校党校举办专题讲座30场，培训3 860人次，其中处科级干部参加培训2 605人次。学校获"学习型党组织先进单位"称号。全年刊发新闻稿件600余篇，在各级电视台播发学校新闻视频近百次。全面启动校园形象建设工程，面向全校师生、校友和社会广泛征集校歌及形象标识设计方案，筹划形象设计大赛等活动。2010年学校获全省高校校园文化建设优秀成果一等奖。创建"五好"校领导班子、院(处)级班子建设活动，受到省委组织部的肯定，在全省高校"五好"领导班子创建经验交流会上作了典型发言。加强学生的思想政治教育工作，加强社会主义核心价值教育，制订了《三峡大学关于加强马克思主义理论工程建设的实施意见》。全年发展党员2 384人，其中学生党员2 335人。全面推行校务公开，全校公开事项1 500多件，学校获全国厂(校)务公开先进单位。支持民主党派组织建设，成立了民盟三峡大学委员会。抓好党风廉政建设，制定了腐败风险预警防控工作实施方案，在27个机关和直属单位全面实施。重视信访和举报工作，来信来访核查核办率100%，调查处理违规违纪案件2起，追偿1起经济纠纷案，为学校挽回经济损失40余万元。加强校园环境综合治理，追加了40余万元对中、西校区及公寓、饮食中心等处安装红外监控设施，并对学校原有技防设备进行了改造更换或检测升级。实现了教学楼免费为师生员工提供开水。

【制度机制建设】 全面推行目标管理，新增3个临床医学院参加年度目标考核。推行岗位设置与聘用工作，制定并下发"岗位设置与管理暂行办法"和"教师岗位、其他专业技术岗位、实验技术岗位、管理岗位、工勤技能岗位设置与聘用实施细则"等五个配套文件。首次岗位聘用工作推进顺利，已进入评审阶段。加强校级财务管理，2010年学校收入突破5亿元；开展管理审计，全年完成审计项目206项，审计意见落实率93%，实现直接经济效益61万元。学校被评为"全省教育系统审计工作先进集体"。推进实验中心管理模式建设，明确了"水利与环境"等15个实验中心建制及其组织机构；进一步推进大型设备共享平台应用，新增14台件对外开放。校园信息化建设阶段性目标达成，三大平台、协同办公系统、学生综合服务系统、综合信息查询系统全部投入使用，信息化建设二期工程通过验收。网络教学平台建设项目进入实施阶段。后勤服务保障部门及相关服务单位顺利通过ISO9001质量管理体系复审，后勤服务年度综合满意率达到94.6%，后勤集团被评为"湖北省高校节约型校园建设先进单位"和"湖北省高校学生宿舍管理先进单位"。学校被评为"湖北省绿化模范单位"。产业改革改制工作稳妥推进，成立勘测设计研究总院，调整了产业结构，努力开拓市场，全年完成产值1 500余万元，合同额5 000余万元。

【校园建设】 开工建设了留学生公寓、科技学院东苑学生公寓扩建工程、工程训练中心等工程项目，科技学院教学楼开工前期准备工作已完成。工程总建筑面积7.2万平方米，总经费1.6亿元。启动了北门开发项目的建设工作。完成了学校校园环境规划工作，部分环境工作(学校北二门、云锦、云霞公寓大门、实验动物中心室外环境工程等)完成立项并付诸实施。临床技能训练中心等20余个基建维修工程项目基本完成。

撰稿　姚亚萍
审稿　徐斯亮

附：　学校负责人及地址

(2010年1月—12月)

校党委书记　刘德富
副　书　记　李建林　石亚非　何伟军

校　　　长　李建林
副　校　长　谭志松　焦时俭　胡翔勇
　　　　　　邹　坤

地　　　址　宜昌市大学路8号
邮　　　编　443002
电　　　话　0717-6395410
网　　　址　www.ctgu.edu.cn

○长江大学

【基本情况】

学校基本情况统计

类　　目	数　量	类　　目	数　量
一、学生情况（单位：人）		三、教职工构成（单位：人）	
1. 普通高等教育在校学生总数	34 659	1. 总数	3 149
其中：博士生数	58	2. 专任教师数	2 139
硕士生数	1 853	3. 院士	2
普通本科生数	30 467	其中：外聘院士	2
普通专科生数	2 281	4. 正高级职称数	282
2. 普通高等教育招生数	9 184	5. 副高级职称数	894
其中：博士生数	19	6. 博士生导师数	33
硕士生数	627	7. 硕士生导师数	422
普通本科生数	7 956	8. 长江学者特聘教授数	—
普通专科生数	582	9. 楚天学者特聘教授数	16
3. 普通高等教育毕业生数	8 606	四、办学条件	
其中：博士生数	3	1. 年末固定资产总值（万元）	180 099
硕士生数	437	2. 校园占地面积（万平方米）	251
普通本科生数	7 126	3. 年末校舍面积（万平方米）	124
普通专科生数	1 040	4. 教学仪器设备总值（万元）	30 983
4. 成人及其他高等教育学生数	21 734	5. 图书馆面积（平方米）	28 306
5. 外国留学生数	94	6. 年末纸质图书册数（千册）	2 870
二、学科及专业设置（单位：个）		7. 教学用计算机台数（台）	5 360
1. 一级学科数	—	8. 各类专业实验室总数（个）	80
2. 博士授予权点数	3	其中：国家重点实验室（个）	1
3. 硕士授予权点数	46	省部级实验室（个）	3
4. 本科专业数	81	9. 工程（技术）研究中心（个）	1
5. 专科专业数	33	其中：国家工程研究中心（国家发改委）	—
6. 国家级重点学科数	—	国家工程技术研究中心（科技部）	—
7. 省部级重点学科数	20		

【教育教学改革】 2010年，长江大学《力学》课程新增为国家级双语教学示范课程，电工电子基础课程教学团队新增为国家级教学团队，“机械设计制造及其自动化”和“化学工程与工艺”新增为国家级高等学校特色专业建设点；《力学》、《统计学》、《医学免疫学》获批省级精品课程，化学工程与工艺、电子信息工程获批省级本科品牌专业，至此，学校已获批国家级精品课程3门、省级精品课程21门，省级本科品牌专业6个。2010年，学校获批省级本科品牌专业建设点1个，省级实验教学示范中心和省级教学团队各2个，湖北省高等学校大学生创新活动基地1个，湖北省高等学校大学生创新活动基地1个，“‘石油之光’拔尖创新人才培育试验计划”入选湖北省拔尖创新人才培育试验计划项目、农学(生物育种)专业和电子信息工程专业入选“湖北省战略性新兴产业人才培养计划项目”各1项。学校组织学生参加了全国大学生英语竞赛、全国计算机仿真大赛、全国大学生数学建模竞赛等30余项国家级、省级和校级学科竞赛活动，获国家级特等奖3项，一等奖31项，二等奖95项，三等奖170项；省级一等奖20项，二等奖16项，三等奖28项，优胜奖23项。评选出了许巧情等13名“首届优秀青年教师”。2009级全国大学英语四级一次性通过率高达88.8%，2008级英语专业四级考试一次性通过率高达80.1%。

【学科建设与研究生教育】 2010年，学校“地质资源与地质工程”、“石油与天然气工程”、“作物学”3个一级学科博士学位授权通过国务院学位委员会评审，15个一级学科硕士学位授权通过省学位委员会审议；3个博士学位一级学科涵盖8个二级学科，15个一级学科硕士学位授权点涵盖99个二级学科；学校一级学科硕士授权点已达19个，涵盖109个二级学科。新增工商管理硕士1个专业学位授权类别，化学工程、环境工程2个工程硕士授权领域。“非常规油气资源开采技术研究中心”和“长江中游湿地农业教育部工程研究中心”获批“中央财政支持地方高校发展专项资金”立项建设。

2010年，学校成立了长江大学博士后管理工作委员会，制订了管理办法，与中石化河南油田分公司博士后工作站、湖北省博士后科研基地汉科新技术股份有限公司建立了联合培养机制，2名博士后进站工作。2010年，学校获得推荐优秀应届本科毕业生免试攻读硕士研究生资格。制订了“硕士研究生推免”管理办法，选拔推荐了85名优秀应届生免试攻读硕士学位；共录取全日制研究生650人。其中，博士研究生20人，学术型硕士研究生588人，专业型硕士研究生42人。招收在职硕士研究生276人。437名全日制毕业硕士研究生，一次性就业412人，就业率94.3%。组织开展了研究生指导教师遴选和现任研究生指导教师资格认定工作，新增博导24人，硕导126人，重新认定并聘任了128位企事业技术专家作为校外兼职指导教师，全面修订了全日制博士、硕士研究生培养方案，制定了《长江大学全日制硕士专业学位研究生实践方案》。13篇硕士论文入选湖北省第八批优秀硕士论文。

【科学研究】 2010年，学校新增科研项目611项，比2009年增加107项，增幅23%，其中纵向科研项目223项，比2009年增加7项；实际到账经费比上年增长41.1%。全年共获各级各类奖项38项。其中，省部级奖14项，地市级奖24项。获一等奖8项，二等奖17项，三等奖12项，优秀奖1项。科技成果鉴定6项，其中国际领先2项，国际先进4项。知识产权成果方面，获国家实用新型专利授权21项，完成计算机软件等著作权登记5项。全年公开发表论文2 581篇，核心期刊977篇，权威期刊64篇。三大检索论文251篇，CSSCI论文49篇。出版著作、教材95部。

学校新增中石油钻井重点实验室、采油重点实验室和农业部现代农业技术培训基地3个省部级科研平台；成立了长江大学石油文化研究所、录井技术研究所、非常规油气资源勘探开发研究中心等5个新的研究平台。2010年，学校与三大石油企业及其下属油田单位、湖北省农科院、长江水产研究所、荆州市政园林管理局等企事业单位新签订合作项目326项，合作企业269家。选派42名教授、博士作为科技特派员深入松滋等20余个县(市、区)，在水产养殖、作物栽培及其他实用技术的推广和科技培训等领域开展科技服务。

【师资队伍建设】 2010年，学校出台了《长江大学首次岗位设置管理实施试行办法》等岗位设置管理系列文件，完成了全校2 024名专业技术人员的选岗申报审查、学术评议及评审工作。学校引进湖北省百人计划1人、楚天学者3人、长大学者3人；分5次完成常规人才考核工作，共考核候选人125人，面试通过65人，同意录用28人；学校在2011届优秀毕业研究生中选拔了5名辅导员助理留校工作。

2010年10月3日，长江大学举行组建8周年暨石油教育60周年庆祝大会

【学生工作】 2010年，学校有780余名干部、教师与学生进行了25 470余人次的面对面谈心。完成8 100名新生军训工作，完成以适应性教育、安全教育、专业思想教育、生活学习指导、心理健康教育等为基本内容的入学教育。通过心理普查，从2010级8 313名新生中，筛查重点预警学生555人，处理各类重大危机26起。学生事务处获2010年湖北省宣传思想政治教育工作先进基层单位；心理健康教育中心获中国心理卫生协会大学生心理咨询工作先进集体；资助中心获全省高校家庭经济困难学生资助工作先进集体。

学校将一本招生范围由2个省扩大到7个省，计划增加至265人，实际录取300人。2010年学校一志愿全部录满，文、理科录取分数线分别高出资格线12分、10分，其中过一本线且一志愿报考学校的考生577人，比2009年增加87人。2010年新建就业基地103家，新增就业单位423家。7 664名全日制毕业本、专科生中，升学1 222人，协议就业4 098人，灵活就业1 572人，本科生就业率90.7%，专科生就业率79.5%。

【对外交流与合作】 10月3日，学校举办了长江大学组建8周年暨石油教育60年庆祝活动。1 531名省部级、地厅级和县处级干部，企业家和学者，3 000多名校友，1万余名师生出席了庆祝大会。中共中央政治局常委周永康发来贺信，对学校办学成绩给予了高度评价，对学校建设和发展寄予殷切希望。中共中央政治局委员、国务委员刘延东表达了对学校的良好祝愿。湖北省人民政府与中国石油天然气集团公司、中国石油石化集团公司、中国海洋石油总公司三大石油公司签署了共建长江大学协议。2010年，学校与国(境)外5所高等院校新建了合作关系。其中，与美国新墨西哥理工大学是学校首次与海外以石油学科为主的研究型院校缔结交流关系，首次与台湾地区的虎尾科技大学建立学术交流关系。

【党建与思想政治教育】 3月20日，学校召开二届一次教职工暨工会会员代表大会，听取和审议了学校工作报告、学校工会工作报告、学校财务工作报告和提案工作报告；选举产生了学校第二届教代会常务委员会、工会委员会和工会经费审查委员会。2月10日，由中央电视台评选的2009年度“感动中国”十大人物揭晓，长江大学“10·24”见义勇为舍己救人英雄集体获特别奖；并获“2009中国大学生年度人物”特别奖。长江大学“10·24”英雄集体事迹展览馆于10月24日开馆。校工会被授予“省级模范职工之家”，校新闻网被评为“第四届全国高校百佳网站”，《长江大学学报》获评全省高校优秀校报。学校继续推进“5+5+X”政治学习模式，制定党委中心学习小组学习计划，并结合党委中心组和教职工政治学习的工作安排，订阅了《党委中心组学习90分》、《七个怎么看》、《划清四个界限》等政治学习资料1 000多份，发至全校副处级以上干部学习。

【管理工作】 学校成立了“十二五”规划编制工作领导小组和工作专班；组织召开了“十二五”规划编制工作启动会议，印发了学校“十二五”事业发展规划编制工作方案，形成了长江大学“十二五”规划纲要(讨论稿)。建立了办公自动化平台(OA系统)，自6月起，校办不再制作纸质文件，所有公文和请示报告一律经OA平台处理，同时各院系和机关单位综合办公室均在平台收发、传送文件。

【校园环境建设】 2010年，学校实施了拆墙透绿工程，对临南环路、南湖路的73间门店予以全部拆除，水泥围墙全部变成了通透式栅栏。荆州市政府对学校东校区东大门外的道路进行了全面改造，对南湖路至农科院长江大学段路面实施道路刷黑。投资数百万元的校园视频监控系统投入运行，监控点覆盖了东、西校区的学生宿舍、教学楼重点部位和主要公共场所。武汉基地道路及给排水工程、2#——4#学生宿舍楼、学生食堂、培训教学中心、综合实验中心、石油科技中心等工程进入主体施工阶段，图文信息中心工程施工队伍进场开工。

撰稿 马朝智
审核 杨显贵

附： 学校负责人及地址
(2010年1月—12月)

校党委书记 张忠家
副书记 朱业宏 蒋光忠

校长 张昌民
副校长 张玉清 刘在洲 李家宝 张万明 郭海敏

地址 荆州市南环路1号
邮编 434023
电话 0716—8060013
网址 yangtzeu.edu.cn

○江汉大学

【基本情况】

学校基本情况统计

类　　目	数　量	类　　目	数　量
一、学生情况(单位:人)		三、教职工构成(单位:人)	
1. 普通高等教育在校学生总数	17 307	1. 总数	2 281
其中:博士生数	—	2. 专任教师数	1 059
硕士生数	75	3. 院士	—
普通本科生数	14 253	其中:外聘院士	—
普通专科生数	2 979	4. 正高级职称数	106
2. 普通高等教育招生数	4 501	5. 副高级职称数	657
其中:博士生数	—	6. 博士生导师数	7
硕士生数	25	7. 硕士生导师数	96
普通本科生数	3 990	8. 长江学者特聘教授数	—
普通专科生数	486	9. 楚天学者特聘教授数	1
3. 普通高等教育毕业生数	4 576	四、办学条件	
其中:博士生数	—	1. 年末固定资产总值(万元)	109 600
硕士生数	—	2. 校园占地面积(万平方米)	141
普通本科生数	3 157	3. 年末校舍面积(万平方米)	53
普通专科生数	1 419	4. 教学仪器设备总值(万元)	16 418
4. 成人及其他高等教育学生数	13 849	5. 图书馆面积(平方米)	32 225
5. 外国留学生数	214	6. 年末纸质图书册数(千册)	1 867
二、学科及专业设置(单位:个)		7. 教学用计算机台数(台)	5 490
1. 一级学科数	—	8. 各类专业实验室总数(个)	29
2. 博士授予权点数	—	其中:国家重点实验室(个)	—
3. 硕士授予权点数	3	省部级实验室(个)	—
4. 本科专业数	53	9. 工程(技术)研究中心(个)	—
5. 专科专业数	23	其中:国家工程研究中心(国家发改委)	—
6. 国家级重点学科数	—	国家工程技术研究中心(科技部)	—
7. 省部级重点学科数	1		

【编制发展规划】 2010年,江汉大学成立了校"十二五"规划编制工作领导小组,组建规划编制专班。印发了《江汉大学"十二五"规划编制工作方案》等文件,统筹规划编制的各项工作。召开近20次校内外规划座谈会、征求意见会、研讨会、论证会等进行专门研究讨论,就"十二五"发展的指导思想、目标、任务、举措,特别是其中的重大问题进行了深入研讨,力求破解难题,明确思路。完成了《江汉大学"十二五"发展规划(草案)》,以及学校人才培养与教学改革、学科建设、师资队伍建设、科研与产业、校园建设、校园信息化和思想文化建设等7个专项规划(草案)的文本起草工作。

【教学工作】 学校将2010年确定为教风建设年。制定《江汉大学教风建设实施方案》、《江汉大学"教风建设年"活动实施方案》等文件,开展和推进各项教风建设活动。组织评选、推荐和申报校级、省级和国家教学质量工程建设项目,做好国家首期质量工程的收尾工作。获批立项建设省级教学团队1个、省级精品课程2门、省级大学生创新活动基地1个。生物技术、化学工程与工艺专业获批湖北省普通高等学校战略性新兴(支柱)产业人才培养计划。围绕市场需求,停招3个本科专业,新增本、专科专业各2个。完成了商学院、物理与信息工程学院、机电与建筑工程学院2009级大类培养专业的分流工作。加强精品课程建设与管理,对现有68门校级以上精品课程进行了全面检查,启动第四批校级立项建设精品课程评选。合理调整总学分,减少课内教学时数,加强实践教学环节,规范教学实习和毕业论文环节,新建校外实习基地8家,教学实习基地达152家。加强校企合作,与武汉飞幕影视有限公司、中博生物股份公司、武汉传神有限公司等10余家公司签署了合作办学协议,加强应用型人才培养平台建设。继续开展教育教学改革研究,启动"双元制"人才培养模式,深入推进"3+1"等人才培养模式。确定深化推进学分制改革的基本思路和总体方案,制定《江汉大学关于修订本科生学分制管理的实施办法》等管理文件,为实行完全学分制作准备。

【学科建设】 2010年,学校继续加大对重点学科的投入,获得中央财政支持地方高校发展专项资金300万元经费资助。加强各重点学科及特色项目的建设,基础医学、化学工程与技术2个一级学科获批省级重点(培育)学科。控制科学与工程、美术学、物理学、中国语言文学、工商管理等5个学科获批武汉市重点建设学科,专门史、材料科学与工程等2个学科获批武汉市重点筹建学科。学校病理学与病理生理学学科围绕与人类疾病和健康紧密相关的重要研究领域,形成了5个稳定的研究方向。江大病理诊断中心年病理检查量近3万例,且每年以5 000例的速度递增,病检量排全省第三位。根据中国科学评价研究中心2010年4月发布的《中国大学及学科专业评价报告2010－2011》,学校艺术设计专业在国内449所高校排名中被列入五星级(5★为最高等级)。2010年,学校正式获得硕士学位授予权和专业学位授予权,并获批学校工程硕士(化学工程)专业学位授权点。在省学位委员会组织的硕士学位一级学科授权点扩点中,化学工程与技术、管理科学与工程等2个一级学科获省学位委员会初评通过。完成了2010级25名研究生的录取工作,研究生教育各项工作顺利推进。

【科学研究】 学校加强科研机构和基地建设,新增5个科研院所、3个科研基地,科研工作平台建设得到加强,完善了科研管理机制。加强对在研项目的管理,提高项目结题率,完成结题170多项,其中1项国家社科基金结题等次为优秀。组织市级科技成果鉴定10项。其中,研究成果达到国际先进水平3项、国内领先水平6项、国内先进水平1项。全年科研项目立项366项,计划及合同(协议)科研总经费6 013.57万元。纵向科研项目立项共计158项,其中国家社科基金项目2项、国家自科基金项目主持5项、合作6项,教育部规划项目8项,全国艺术科学规划项目1项。签订横向科研合同(协议)共计198项,合同(协议)总经费3 763.87万元。教职工累计发表论文1 654篇,其中SCI、EI、ISTP收录论文达409篇。科研项目获奖25余项,其中省科技进步三等奖2项,市科技进步二、三等奖各1项。获各项专利授权25项,成功转让专利成果1项。科研服务地方工作有序推进。与武汉鑫森畜牧有限公司、东风富士汤姆森调温器有限公司等7家企业开展了深度科研合作,共同开展技术攻关,初显成效。江汉大学生态农业示范基地、江汉大学都市农业试验示范基地相继挂牌,学校科研服务地方渠道不断扩宽。另与武汉市企业联合申报市科技局校企技术对接项目立项2项,实现新突破。

【人才培养质量】 学校评选了校园杰出学生(校长奖学金获得者)、"十佳"青年等一批优秀学生代表,学生中共有近6 000人次获各类表彰。近200名学生在国家、省级各类学科竞赛中获奖。其中,获"外研社杯"(原CCTV杯)全国英语演讲比赛特等奖1项,获"用友杯"第六届全国大学生创业设计暨沙盘模拟经营大赛全国总决赛冠军,获(教育部)第三届全国大学生广告艺术大赛金奖等。体育学院学生在

2010年 9月15日,江汉大学与武汉市民政局签订合作协议

亚运会比赛中获银牌1枚，艺术学院1名学生作为中国大学生代表出席保护老虎国际论坛政府首脑会议峰会，与中国、俄罗斯总理视频对话交流有关环境保护问题。英语专业2008级学生在全国英语、日语专业四级统测中，一次性通过率分别高出全国平均通过率20%和32%。

【学生管理与服务】 学校树立“三全”学生工作理念，切实为全体学生，全过程为学生、全方位为学生成人成才开展各项服务工作，学生管理和服务水平不断提升。加强学生日常管理，促使学生养成良好的学习、生活习惯，学风明显好转，考试违纪现象大幅减少，2010年，学校组织2次近2万人参加的大学生三、四、六级英语考试中，仅有1例违纪。坚持做好学生心理健康教育，抓好新生军事训练，加强国防教育，支持学生参加社会实践；坚持加强学生工作队伍的职业素养，修订出版《新生入学导论》，引导学生个性化发展，推进学生综合素质不断提升。坚持树立学生先进典型，加大宣传力度，发挥榜样的引领作用，评选了校园杰出学生、“十佳”青年等一批优秀学生代表。加大对贫困生的资助，发放国家助学金、省市政府奖学金、个人资助、校内勤工俭学工资等1 500余万元；为2 255人办理生源地贷款，2010年到账1 330万元。

【毕业生就业工作】 2010年，学校继续实施就业工作“一把手”工程，加强与市人才市场、市工商联等各类机构合作，组织大型供需见面会4场，提供就业信息逾万条。加强学生创业指导，帮助6名学生成功创业。截至2010年9月1日，学校本专科毕业生平均就业率89.1%，其中本科90.1%，专科87%。

【国际交流与合作】 继续加大外教聘用力度，聘请外教25人。在坚持每个学生在校期间有外教上课的同时，坚持让外教在校内举办各种讲座，受到学生欢迎。校际交流项目稳步推进并有新进展。有44名学生分赴德国伍珀塔尔大学、德国凯泽斯劳滕大学、荷兰格罗宁根汉斯大学、法国波城大学学习。与日本大分大学商定日语专业实行“3+1”培养新模式。组织20名英语教师赴英国伯明翰大学开展暑期培训。外国留学生招收工作有了新进展，争取省教育厅5万元奖学金支持，招收韩国、日本、美国、法国、新加坡、马来西亚、土耳其、沙特等国留学生17人。

【全国副省级城市综合性大学合作交流机制】 学校与广州大学、沈阳大学共同发起，承办了全国15城市综合大学联席会议第一次会议。全国14个副省级城市所属综合性大学的党政主要负责人，就“研讨副省级城市综合大学‘十二五’发展规划，探讨院校间的交流与合作机制”主题进行了研讨。教育部有关司局负责人、省市有关领导出席了大会。此次会议，交流了各校“十一五”规划执行情况和“十二五”规划编制工作，共同探讨城市综合大学当前面临的主要问题及其解决对策，通过了《全国15城市综合大学联系会议工作建议》，建立了15城市综合大学联席会议工作机制和相互之间交流平台，对15城市综合大学乃至地方经济社会“十二五”新一轮发展起到了积极推进作用。

【重点大学对口支援】 学校落实华中师范大学、武汉理工大学对口支援本校的合作协议，开展对本校相关学科专业的对口援建；首届与华师联合举办的房地产经营管理专业如期开课，联合培养工作稳步推进；继续与华中师范大学开展双方互聘研究生导师；武汉理工大学聘本校5名教师为硕士研究生导师，本校1名学工干部被派到该校挂职锻炼。

【办学条件改善】 学校继续开源节流，争取各方支持，增加学校发展财力保障。基本完成师生活动中心建设。启动了学术交流中心建设工程和附属医院综合楼建设。新建空调教室75间，完成学生浴室改造。教职工就餐条件得到改善。投入2 700万余元购置实验仪器设备，新增多媒体教室20间，完成了艺术设计实验中心和英语语言学习中心的建设工作，艺术设计实验中心被评为省级实验教学示范中心。图书馆新增中外文图书5万余册和电子资源数据库5个。

【党建与思想政治建设】 (1)推进学习型党组织建设。召开学校党建思想政治工作会议，印发了《关于在新形势下加强和改进党的建设的意见》，在全校基层党组织和党员中开展“五好”基层党组织和“五带头”优秀共产党员的创先争优活动。做好学生党员发展工作，全年发展学生党员1 265人。校党委被中共武汉市委授予“先进基层党组织”称号。(2)加强思想政治工作和精神文明建设。坚持抓好“两课”等主阵地，通过建设网站、开通校园BBS等新途径，继续做强延安精神进校园等校园文化品牌，实施“青年马克思主义者培养工程”，抓好思想政治工作。继续开展“江汉之春”校园文化节、“感动江大”人物评选、中华诗词进校园等品牌活动；加强语言文字工作，营造高雅的校园文化环境；推进精神文明建设和两型校园建设，学校获“湖北省高等学校节约型校园建设先进单位”称号。(3)继续推进民主政治建设和反腐倡廉工作。坚持党务、校(院)务公开工作制度，发挥校领导接待日、电子信箱等与教职工沟通交流的作用，定期召开校(院)情通报会。认真学习贯彻国家、省市反腐倡廉工作会议精神，切实落实党风廉政建设责任制，反腐倡廉建设有效推进。

撰稿 张丽萍 范雄飞 王良楚
审稿 邓院方

附： 学校负责人及地址
(2010年1月—12月)

校党委书记 谭仁杰
副书记 杨卫东 王南南

校长 杨卫东
副校长 桑建平 周建民 邓院方 张英

地址 武汉经济技术开发区三角湖
邮编 430056
电话 84225508
网址 www.jhun.edu.cn

○湖北工业大学

【基本情况】

学校基本情况统计

类　　目	数　量	类　　目	数　量
一、学生情况(单位:人)		三、教职工构成(单位:人)	
1. 普通高等教育在校学生总数	19 028	1. 总数	2 369
其中:博士生数	—	2. 专任教师数	1 084
硕士生数	1 342	3. 院士	—
普通本科生数	16 088	其中:外聘院士	—
普通专科生数	1 598	4. 正高级职称数	148
2. 普通高等教育招生数	6 038	5. 副高级职称数	325
其中:博士生数	—	6. 博士生导师数	19
硕士生数	511	7. 硕士生导师数	402
普通本科生数	5 160	8. 长江学者特聘教授数	—
普通专科生数	367	9. 楚天学者特聘教授数	9
3. 普通高等教育毕业生数	4 697	四、办学条件	
其中:博士生数	—	1. 年末固定资产总值(万元)	76 799
硕士生数	331	2. 校园占地面积(万平方米)	132
普通本科生数	3 384	3. 年末校舍面积(万平方米)	86
普通专科生数	982	4. 教学仪器设备总值(万元)	17 515
4. 成人及其他高等教育学生数	15 201	5. 图书馆面积(平方米)	13 016
5. 外国留学生数	—	6. 年末纸质图书册数(千册)	1 358
二、学科及专业设置(单位:个)		7. 教学用计算机台数(台)	6 735
1. 一级学科数	17	8. 各类专业实验室总数(个)	58
2. 博士授予权点数	—	其中:国家重点实验室(个)	—
3. 硕士授予权点数	75	省部级实验室(个)	3
4. 本科专业数	47	9. 工程(技术)研究中心(个)	4
5. 专科专业数	15	其中:国家工程研究中心(国家发改委)	—
6. 国家级重点学科数	—	国家工程技术研究中心(科技部)	—
7. 省部级重点学科数	12		

【本科教育】　2010年，湖北工业大学以社会需求为向导，以培养学生创新精神和实践能力为核心，全面修订2010年人才培养方案，加大课程整合力度，强化实践教学。坚持教学中心地位，创新人才培养模式，参与湖北省实施国家教育体制改革试点，实施了机械设计制造及其自动化专业拔尖创新人才培育试验计划、电气工程及其自动化(太阳能技术与工程)和环境工程(轻工清洁生产)战略性新兴(支柱)产业人才培养计划。注重专业建设，新增电气工程及其自动化和生物工程2个国家特色专业建设点、计算机科学与技术湖北省品牌专业，建成了4个国家特色专业建设点和8个省级品牌专业。注重精品课程建设，加大经费投入力度，《C语言程序设计》、《电路理论》、《图案原理》分别通过省教育厅、国家专业教学指导委员会复评上报教育部申报国家级精品课程，《工程测试技术基础》、《土木工程测量》、《产品开发设计》成为省级精品课程。抓好教学团队组织与建设，“机械基础课程教学团队”通过复评被推荐申报国家级教学团队，“信息技术基础系列课程教学团队”获批省级教学团队。鼓励教师教学研究，全年共立项教学研究项目90项，11项获批为省级教学研究项目。加强教学过程动态管理，建立年度教学质量报告制度，在各学院分析总结基础上，形成《湖北工业大学2009年本科教学质量白皮书》，并首次在校内公开发布。以部省高校对口支持合作项目、南湖片区高校联合办学协议为平台，发挥武汉地区部属院校与省属院校的学科专业优势，拓宽人才成长的渠道。鼓励、组织学生参与各类学科竞赛，获全国大学生电子商务“创新、创意及创业”挑战赛获一、三等奖各1项，全国机械设计创新大赛获全国二等奖1项及省一、二等奖9项。毕业课题坚持理论与实际相结合，强化毕业设计(论文)全程管理，2009届107篇毕业论文(设计)获省优秀学士学位论文，继续保持省属院校领先水平。

【研究生教育】　学校注重学位点建设，2010年新增一级学科硕士授权点14个，学校一级学科硕士点达17个，二级学科硕士点增至75个，新增了艺术硕士及工商管理硕士2个专业学位类别、“控制工程”等4个工程硕士领域，工程硕士学位授权领域达到12个，中职硕士学位授权领域增至5个。注重研究生培养的过程监督管理，探索研究生培养机制改革与监测指标体系建设，促进创新人才的个性化培养，研究生培养质量稳步提升，全日制硕士研究生报考人数及招生规模均位居省属同类高校首位，非全日制研究生教育步入全国地方高校先进行列。注重研培养研究生科研实践创新能力，加大设备、场地和财力投入，打造研究生创新平台，建成了教育部清洁生产研究生创新中心。

【学科建设】　学校按照“加强优势学科、突出特色学科、重视基础学科、鼓励交叉学科、扶持新兴学科、实现协调发展”的学科建设思路，围绕仪器科学与技术、发酵工程、设计艺术学、电力电子与电力传动、结构工程等优势特色学科，将“土木工程”、“仪器科技与技术”与“轻工技术与工程”建设成为省一级重点学科，构建了包括2个省级优势学科、2个省级特色学科、1个省级特色培育学科和12个省级重点学科以及10个“楚天学者计划”设岗学科在内的，以工学为主，工、文、理、经、管等多学科协调发展的学科专业体系。着手教学研究型学院运行机制、建设目标试点。以团队建设、学科群构建、教学科研平台打造为核心，加快推进重点学科建设，投入580万元用于10个学科平台建设项目；启动重点学科软件建设经费，投入100万元用于省级重点学科专项建设；争取700万元“中央财政支持地方高校发展专项资金”实施省级重点学科建设项目，申报国家开发银行政策性贷款用于优势与特色学科建设。加大了“人才强校”战略的实施力度，形成一支以楚天学者为领军，以校内特聘教授及学科带头人为中坚，结构较合理的师资队伍。现任教师中高级职称教师占41%、博士学位教师占20.8%、硕士学位以上教师占80.5%，其中“楚天学者”14人，入选国家“百千万”人才工程、湖北省“111”人才工程、湖北省新世纪高层次人才工程、湖北省高校跨世纪学科带头人和学术骨干31人。

【科学研究】　2010年，学校获准立项国家级项目41项，独立承担了科技部“973”计划前期研究项目“车载水解制氢用铝合金制备关键技术基础研究”并参与多项“973”、“863”、国家科技支撑计划和科技部科技重大专项子课题。完成纵横向合同经费近9 200万元，获省级科技奖励4项，授权专利15项。与天门市政府、安琪酵母股份公司等多家地方政府和大型企业签订了战略合作关系，在科学研究、人才培养、学生实践、产品开发等方面开展深入合作。围绕优势研究领域，加大投入，构筑平台，打造团队，建设了包括发酵工程教育部重点实验室在内的10个省部级科研平台。《中国机

2010年7月16日，以教育部高校学生司副司长张浩明为组长的国务院就业工作部际联席会议联合调研组到湖北工业大学考察毕业生就业工作

械工程》再次入选全国百种杰出学术期刊和湖北省十大名刊,《湖北工业大学学报》被评为湖北省优秀科技期刊。

【招生与毕业生就业】 2010年,学校面向全国除西藏和港澳台外的30个省(直辖市、自治区)招生,录取分数线继续稳居同批次省属院校榜首。加强就业网络体系建设,合理布局与建设就业基地,有针对性地做好个性化的就业指导和帮扶工作,全年研究生、本科生就业率分别达到96.1%和94.1%。学校获"全国毕业生就业工作先进单位"称号。

【对外交流与合作】 学校积极实施著名科学家来鄂讲学项目,举办"亲水胶体发展新趋势"国际论坛,开阔了师生国际视野,促进了国际学术交流。国际交流进一步扩大,全年共有96名学生出国留学或参加实习、交流活动。新增了中澳合作项目(本硕层次),国际合作办学招生规模进一步扩大。

【校园文化建设】 挖掘校内外文化资源,结合学校发展战略和办学理念,开展形式多样、主题鲜明的校园文化活动。组织系列科技人文专题讲座,以先进主流文化熏陶、引导学生树立正确人生观,营造健康向上校风学风。打造"百佳论坛"品牌,注重用身边的鲜活榜样来引领学生成长成才。引导学生参加校内外各类科技文化竞赛,鼓励学生参与教师的科研活动,提高学生综合素质及社会影响力。建立"专兼职心理咨询师—辅导员—学生心理委员"三级心理危机干预机制,为学生心灵健康提供保障。引导学生参加社会公益活动、志愿者服务活动等,引导学生关注社会民生、关爱他人。2010年,《"爱心列车"传递爱与奉献》获湖北高校校园文化建设优秀成果二等奖。

【资助贫困生】 学校完善家庭经济困难学生资助工作体系和运行机制,将各项资助工作落到实处。拓展资助渠道,推广"校友情"、"学友情"结对资助工作,筹集并发放资助资金9 627万元。体现人文关怀,为孤儿特设资助项目,重点关注少数民族贫困学生,实施为贫困生送寒衣的"温暖冬季工程"。完善勤工助学体系,增设勤工助学岗位,扩大勤工助学覆盖面,扶贫扶志并行。实现了家庭经济困难学生资助全覆盖,学校无一名学生因贫困而辍学。

【党建与思想政治教育】 学校制定了《关于加强我校学习型党组织和学习型领导班子建设的实施意见》及《关于进一步加强我校思想政治理论课建设的意见》,成立马克思主义学院和湖北工业大学网络舆情研究中心,组织召开了"湖北工业大学第三次党建与思想政治教育研讨会",加强师生思想政治教育和理论武装工作。以"创先争优"活动为主线,将"五个基本"、"七个体系"、"城乡互联、结对共建"活动等基层党建工作统筹推进,党建工作责任制得到了较好落实。创建"五好"领导班子,以试点工作为契机,两级同创,领导班子领导科学发展和办学治校能力明显提升。开展文明单位创建活动,通过了省教育厅、省文明办对学校文明单位创建的检查验收。落实党风廉政建设责任制,推进惩防体系建设,实行"一岗双责",切实增强党风廉政建设的实际效果。推进党内民主。建立健全组织机构设置、干部选拔及年度考核民主程序,建立校党委常委与民主党派和无党派人士"直通车"制度。2010年,学校被省委宣传部授予"理论学习先进单位"称号。

【制度建设】 实施新一轮校内管理体制改革,改革基层科研组织设置程序,促进农业机械研究与鉴定中心与机械工程学院的资源共享和进一步融合,支持机电研究设计院改制重组和内部体制改革,提升了科研工作的管理力度和水平;明确校学术委员会中专任教授比例,在二级学院设立教授委员会,继续推行任期目标责任制,推进了现代大学制度的构建;归并校园管理和保障职能,调整后勤集团、保卫处职能,明晰了实验实训中心与相关学院的关系,成立资产经营公司,提高了服务教学科研的管理效能;强化任期届满考核工作,加大竞争性选拔干部工作力度,健全和完善干部"退出"机制,打造了一支高效务实的管理干部队伍;修订了《湖北工业大学校内单位收入分配管理办法》和《湖北工业大学教职工分配制度改革实施方案》,构建与全国一流地方多科性大学相适应的管理体制和运行机制,促进学校转型。完成了岗位设置总体方案申报和首次岗位聘用认定工作,调动各类人才的积极性。

【办学条件】 继续加强重点实验室和"楚天学者"特聘教授实验室建设,2010年,学校立项21项,投资990万元用于设备采购和实验室改造。建立大型贵重仪器设备运行管理系统,提高了资源共享和使用效率。新增检测技术和经济管理两个实验教学示范中心,实践教学平台布局更趋合理。开通了馆藏数字资源远程访问系统,提高图书馆资源的利用效率。完成了马房山校区和学生公寓的维修及校园环境改造任务。

【后勤保障】 加强成本控制,完善《经营目标任务管理及核算办法》,保证食堂饭菜价格稳定和食品安全。实施天然气改造工程,关停燃煤锅炉,创建节约型校园。开展学生生活住宿区主题绿化工程建设,营造校园人文与环境氛围。完善急诊设备购置与急救工作培训,创建标准化中医科,增进校医院服务师生员工和社区居民能力。

撰稿　李文军　王建红
审稿　张颖江

附:　学校负责人及地址

(2010年1月—12月)

校党委书记　朱正亮
副　书　记　熊健民　蔡光兴

校　　长　熊健民
副 校 长　钟毓宁　董仕节　张颖江
　　　　　李冬生

地　　址　武汉市武昌南湖
邮　　编　430068
电　　话　027-88034600
网　　址　http://www.hubt.edu.cn

○武汉工程大学

【基本情况】

学校基本情况统计

类　　目	数　量	类　　目	数　量
一、学生情况(单位：人)		三、教职工构成(单位：人)	
1. 普通高等教育在校学生总数	19 736	1. 总数	2 013
其中：博士生数	—	2. 专任教师数	1 195
硕士生数	1 011	3. 院士	—
普通本科生数	16 779	其中：外聘院士	—
普通专科生数	1 946	4. 正高级职称数	174
2. 普通高等教育招生数	5 965	5. 副高级职称数	401
其中：博士生数	—	6. 博士生导师数	36
硕士生数	361	7. 硕士生导师数	433
普通本科生数	5 017	8. 长江学者特聘教授数	—
普通专科生数	587	9. 楚天学者特聘教授数	22
3. 普通高等教育毕业生数	4 400	四、办学条件	
其中：博士生数	—	1. 年末固定资产总值(万元)	105 000
硕士生数	211	2. 校园占地面积(万平方米)	109
普通本科生数	3 711	3. 年末校舍面积(万平方米)	80
普通专科生数	478	4. 教学仪器设备总值(万元)	16 900
4. 成人及其他高等教育学生数	5 050	5. 图书馆面积(平方米)	26 859
5. 外国留学生数	8	6. 年末纸质图书册数(千册)	1 091
二、学科及专业设置(单位：个)		7. 教学用计算机台数(台)	6 016
1. 一级学科数	12	8. 各类专业实验室总数(个)	52
2. 博士授予权点数	—	其中：国家重点实验室(个)	1
3. 硕士授予权点数	62	省部级实验室(个)	4
4. 本科专业数	50	9. 工程(技术)研究中心(个)	17
5. 专科专业数	28	其中：国家工程研究中心(国家发改委)	—
6. 国家级重点学科数	—	国家工程技术研究中心(科技部)	—
7. 省部级重点学科数	15		

【学科建设】 2010年，武汉工程大学调整了申博学科和支撑学科，将动力工程及工程热物理纳入授权学科进行建设，将管理科学与工程纳入支撑学科进行建设。进行了第四轮优秀学术著作的资助工作，资助13部学术著作。邀请国内外专家来校进行学术讲座85次。开展了新增硕士生导师遴选工作，新增硕士生导师38人，学校硕士生导师达430人。新增兼职博士生导师9人，博士生导师达36人。继续实施分类管理、分类指导的学科建设机制，实行学术团队、科研团队管理模式，较好地发挥了学科责任教授在学科建设过程中的学术领导作用。鼓励教师和研究生参加国内和国际学术交流活动。重新完善了学科建设数据库网络系统。整合全校资源，成功申报了化学、光学工程、动力工程及工程热物理、计算机科学与技术、环境科学工程、土木工程、矿业工程、管理科学与工程、马克思主义理论、控制科学与工程等10个一级学科硕士点。新增了工商管理硕士(MBA)一个专业学位类别和机械工程、材料工程、控制工程、计算机技术、建筑与土木工程、环境工程、生物工程、项目管理等8个工程硕士专业学位领域的硕士学位授予权。

【质量工程建设】 学校高分子材料与工程、应用化学2个专业新增为国家级特色专业，制药工程专业教学团队被批准为国家级教学团队，《化学反应工程》新增为国家级精品课程，土木工程新增为省级品牌专业建设项目，高分子材料与工程专业通过省级品牌专业验收，成为湖北省第三批品牌专业，《人工智能》、《药物制剂设备与车间工艺设计》、《大学英语》、《水污染控制工程》新增为省级精品课程，新增省级精品课程门数在省属高校名列前茅，工程实践与创新实验教学示范中心新增为省级实验教学示范中心，环境与化工清洁生产实验教学中心教学团队、过程装备与控制工程专业教学团队被批准为省级教学团队。化工与环境类大学生创新活动基地被批准为湖北省大学生创新活动基地。“化学工程与工艺拔尖创新人才培育试验计划”获批为湖北省普通高等学校拔尖创新人才培育试验计划。开展教学研究，新增国家级教学研究项目1个，14项教学研究项目获批为省级立项项目，立项数居省属高校前列。加大对自编教材资助力度，鼓励和支持教师出版高水平的教材，出版教材共37部。

【科研工作】 2010年，学校科研项目入账经费11 236.04万元。全年申请各类项目400余项，共承担国家部委项目32项，其中国家自然科学基金项目22项(联合立项重点基金项目1项)，国家科技部软科学研究项目1项，教育部人文项目等6项，国家知识产权局项目1项，国家外专局项目1项，国家人保部项目1项。承担省级纵向项目119项，其中湖北省重大专项2项，湖北省自然科学基金项目和社会科学基金项目15项。获省级科技奖励7项，其中湖北省科技进步二等奖2项。申请专利466件，其中申请发明专利65件；授权专利240件，其中发明30件、实用新型16件、软件著作权3件、外观设计191件。鉴定、验收项目9项。纵向项目结题25项，国家自然科学基金项目和国家科技支撑计划等国家级项目均结题验收。横向项目结题93项。SCI、EI、ISTP收录论文397篇。获国际仿人机器人奥林匹克大赛举重和投篮比赛的冠军和平衡木比赛的季军。

学校与8家企业签订了产学研合作及校企共建技术中心协议。与4位教师签订了以学校科技成果入股创办企业的协议，拓展了学校科技成果转化的新途径。协助学校入股的武汉天衣化工有限责任公司申报湖北省高新技术企业。组织学校4个参股公司及6位教师申请示范区大学科技园入园项目。继续加强服务化工新区办工作，开展相关咨询和服务。发挥学校科技孵化器作用，有20家企业进入该孵化器。增强研究设计院科技产业化能力，继续加强学校科技产业园建设。学校产业入账经费7 344.87万元。

【研究生培养】 学校利用社会资源，加强对外联系，多途径、多渠道开展研究生的招生宣传工作。2010年录取全日制硕士研究生362人。狠抓研究生学位论文评审、答辩、及优秀学位论文评选等工作程序的规范，保证了研究生培养质量。211名毕业生在校期间公开发表学术论文310篇，其中有64篇论文被SCI、EI、ISTP收录，10名研究生获发明专利共13项。获“2010年湖北省优秀硕士学位论文”8篇。实施研究生教育创新工作，开展了第六届“武汉工程大学研究生创新学术论坛”，申报了“湖北省大化工研究生创新基地”。探索研究生创新人才培养新途径，与湖北宜化集团有限责任公司等4家大型企业达成了订单式培养研究生的意向性协议。设计开通了研究生创新基地网站。加强研究生就业指导，引导研究生树立正确的就业和择业观，积极联系各类人才交流服务中心和用人单位，发挥导师和董事会单位的作用，考取博士研究生12人，研究生毕业生就业率97.2%。

【师资队伍建设】 坚持“充实数量、优化结构、提高素质、稳定骨干、造就名师”的工作方针，拓宽途径，加大力度，充实教师队伍数量。获批“楚天学者计划”特聘教授2人，楚天学子3人。根据师资队伍建设“博士化、国际化、工程化”的总体目标，选派了16名优秀中青年教师攻读在职博士学位，选派了7名教师出国(境)留学、进修和访问、5名教师参加工程、设计与社会实践能力培训、13位教师参加校外单科进修或短期培训。继续推进教师团队建设，完善以首席(责任)教授为领衔，以学术带头人为核心，以研究方向为主体的教师组织体系。开展了师德师风宣传教育月活动，切实提高教师职业道德水平和政治思想素质。全年外聘28位知名专家学者为学校的兼职教授和客座教授，其中院士3人。新增湖北省有突出贡献的中青年专家1人、享受省政府专项津贴1人。

【学生管理】 学校建成了学生工作信息发布平台，及时向全校学生发布学生管理信息，提高了工作效率。开展特色鲜明的学风建设活动，把学生工作的统一性要求与学院多样性的创建形式相结合，形成了各具特色的学院学风建设模式。完善学生管理规章制度，以适应新形势对学生教育管理的要求，修订了《武汉工程大学学生住宿管理规定》。多形式、多渠道开展资助工作，完善学生资助体系。全年各类资助全额3 891.7万元，比2009年增长17.5%，其中，学校投入348.7万元，国家助学贷款854.5万元，生源地贷款901.5万元，国家助学金1 239万元，国家励志奖学金348.0万元，国家奖学金44.8万元，社会捐赠的各类奖助学金93.6万元，应征入伍补偿学费46.6万元，省政府奖学金15.0万元。

【招生与毕业生就业】 2010年，学校招生工作实现了历史性的突破，部分专业首次在湖北、广西进入一本招生。在湖北省，重点线上考生人数964人，再创新高。继续实施优质生源基地建设计划，学校共为41所重点中学进行了"优质生源基地"授牌。继续推行校院两级就业工作"一把手"工程、就业导师制，通过多种途径为毕业生提供就业信息，开辟就业市场，拓宽就业渠道。及时更新学校用人单位信息管理系统，信息库中有1 800多家单位，其中有1/3是知名的大、中型企业。加强校企合作，四川金河磷矿、湖北华强化工集团先后加入校定向就业奖励工程。全年共举办4场大、中型校园招聘会、218场小型专场招聘会，提供就业信息15 000余条。应届普通本科毕业生一次就业率93.6%，应届毕业生考研录取率18.2%。

【国内外交流与合作】 2010年，学校邀请来校讲学、交流、访问、洽谈科研合作、以及联合培养学生外籍人事和专家50人次，组织因公出国考察学习团队6批次，教师出国参加国际学术会议和学术交流10人次。获批"世界著名科学家来鄂讲学计划"项目4项，项目资金10万元。首次获批湖北省外专局"引进国外技术、管理人才"项目，获得项目经费4万元。选派了5名研究生、2名本科生赴国外的一些知名大学和公司学习或做研究。继续扩大留学生招生规模，在校留学生18人。

【人事和分配制度改革】 学校根据"总量控制、优化结构、精干高效、协调发展"的基本原则和"统筹考虑、稳步实施、制度入轨、逐步到位"的工作思路，进行岗位设置管理的首次设岗与人员聘用工作，基本完成了教师、其他专业技术人员、工勤技能岗位人员的分级聘用工作。完成了校内津贴分配制度改革工作，制定了《武汉工程大学绩效工资改革实施办法(试行)》，结合岗位等级、学生规模、办学效益等因素，把岗位绩效、业绩绩效作为校内绩效津贴主要指标，强化了学院(部)的分配自主权，进一步理顺了校、院(部)二级分配关系。完成了学校机构改革的论证工作并分步实施。按照"精简高效、下放职权、创造活力"的原则，制定了管理机构改革方案，规范了机构职能。根据"把握时机，分步实施"的思路，机构改革已按"三步走"的方案分步实施。2010年，将监察处、审计处、校纪委办公室、学校办公室、党委宣传部、新闻中心、机关党委、党委组织部、人事处、离退休干部工作处、分析测试中心、工程实践教学中心、招生与就业工作处等13个处室，归并(或合署办公)为5个处室。

【大学生思想政治教育体系】 进一步改进思想政治理论课"大实践"教学模式，发挥思想政治理论课的主渠道作用，提高学生思想政治教育的针对性、主动性和实效性，教育和引导学生全面准确理解党的路线、方针和政策，坚定社会主义信念，自觉维护社会稳定。接受了省教育厅思想政治理论课督导专家组对学校思政课建设的检查工作。加强思想教育进网络，占领网络阵地。以爱国爱校教育为主题，开展了"勤奋学习、努力工作、爱我工大、从我做起"等主题教育活动。科学实施学生心理健康教育，完成了5 000余名新生的网络在线心理测评工作。充实辅导员、班主任队伍，招聘了14名硕士毕业生担任助理辅导员，通过改善环境，提高待遇，加强培训，为全面深入开展学生思想教育工作提供保障。

【开展"创先争优"活动】 2010年，学校党委在全校党组织和全体党员中开展了以"固本强基，彰显特色，奋勇争先，提升水平"为主题，以创建"五好"基层党组织、争当"五个模范"共产党员为主要内容的"创先争优"活动。全面推进"五个基本"、"七个体系"建设，不断提高学校各级党组织规范化建设水平，促进各基层党组织在实践中不断创新符合单位特点的基层组织建设工作理念、工作内容、工作载体、工作措施和工作机制，推进基层党组织建设实践创新、制度创新、方法创新。开展基层党组织工作创新项目立项建设活动，确定了24个创新项目。推行党员承诺制，主动接受广大师生的监督。

【落实学习实践活动整改方案】 认真对照《中共武汉工程大学委员会深入学习实践科学发展观领导班子整改落实方案》，重视整改落实工作，切实推动问题的解决和体制机制的完善。强化整改时间、整改重点和整改目标，将整改工作融入到学校各项工作任务之中，先后制定或修订了《武汉工程大学关于禁止公款旅游的规定》、《武汉工程大学教职工考核办法》等专项工作制度，完善措施，加强督促检查，扎实推进整改落实工作。建立健全学习实践活动长效机制，使学习实践活动成为推动学校发展上水平、党员干部受教育、师生得实惠的重要途径。认真开展"城乡互联，结对共建"和新农村建设工作，赤壁市联系点已接受合格验收。

【学习型党组织建设】 健全和完善校院两级党委中心组理论学习制度。全年共组织6次校党委中心组学习。以巩固学习实践科学发展观活动成果为目标，抓好理论武装工作。组织教职工深入学习中国特色社会主义理论体系，学习全国"两会"精神，学习《国家中长期教育改革和发展规划纲要(2010－2020)》和全国、全省教育工作会议精神等，通过网络等载体为教职工学习提供参考资料，将开展学习情况列入干部考核内容，增强学习效果。开展了学习型党组织建设读书心得体会征文比赛活动。

【编制"十二五"发展规划】 学校通过组织各种类型的座谈会、发放调查问卷、专家访谈、校内外调研等多种形式进行了意见征求和论证工作，客观分析了学校建设和发展的现状，总结学校"十一五"期间取得的成绩及经验，明确今后一个时期学校改革和发展的目标和任务。组织召开暑期研讨会，就规划草案进行了集中讨论调研。组织召开专题党务工作会，向全校各单位(部门)下发规划征求意见稿，广发征求师生建议。加强学校规划与国家、湖北省相关规划的衔接。学校专项规划编制进展顺利。

【领导班子和领导干部队伍建设】 深入推进校院两级"五好"班子创建活动，全面加强思想、能力、作风、制度建设，强化各级领导班子整体效能。学校"五好"班子创建工作经验在全省高校中推广。以提高能力为重点，拓宽干部培训教育途径，全面推进干部队伍建设。全年选派5名中层干部参加教育部中南干训中心、省委党校和国家教育行政学院学习。组织19名干部参加全省公开选拔副厅、正厅级领导干部的考试，有4人进入面试程序。选派2名年轻干部担任第十批科技副市长。提任正处级干部1人，副处级干部3人；改任正处级干部5人、副处级13人。对4名中层干部进行了试用期满考核。对关键岗位干部实行重点管理，提高干部管理科学化水平。对2名院(部、室)主要负责人进行了任期经济责任审计。落实干部谈心谈话制度，畅通干部信息渠道，共与17名中层干部进行了谈话。改革完善干部年度考核工作，开发了"中层领导干部年度考核民主测评工作网络平台"，实现了校领导对中层领导干部的测评、中层领导班子互评、中层领导干部互评、中层领导干部互评结果的查询等在线功能，推进了考核工作的信息化、可量化、分类化，增强考核结果的准确性、科学性、可对照性。

【党风廉政建设】 学校贯彻落实省纪委九届六次全体(扩大)会议精神，联系学校实际，推进学校惩治和预防腐败体系建设，全面推行廉政风险预警防控管理工作。召开了纪检监察审计工作会议，与院(部、室)单位签订党风廉政建设责任书，对党风廉政建设责任内容和考核评价体系进行了调整和修订，明确了学校有关惩防体系建设的具体任务和工作要求。在全校范围内选取具有代表性的单位(部门)作为廉政风险预警防控工作试点单位，不断在实践中总结完善、探索创新，充分发挥示范作用，全面开展廉政风险排查与评估工作。以"学习《廉政准则》，争做勤廉表率"为主题开展党风廉政建设宣传教育月活动，通过学习研讨、对照检查、廉政党课等多种形式对党员干部特别是党员领导干部集中开展廉政教育。组织开展了向"武汉工程大学勤政廉政模范"吴锋学习的宣传活动，树立勤廉典型，加强示范教育。加大监督检查力度，深入开展工程建设领域突出问题专项治理工作，重点加强对招投标以及招生考试的过程监督。加强信访举报工作，严肃查处违纪违规行为。

【公共服务体系建设】 全年完成各类设备采购计划1 273项，共计3 240万元。其中，校内采购3 100万元，政府采购140万元。投入896万元完成了实验室维修改造、绿化卫生、教学、行政设备维修等工程。扎实做好水电节能管理，全年征收水电费300万元。完善校园基础建设，完成了流芳校区研发大楼工程建设，启动了流芳校区7号教辅楼工程建设。基本完成了流芳校区校园规划修编工作。完成开发区土地部门储备土地8万平方米划拨学校的协议的签订。提高校园网运行和维护质量，完成了武昌校区学生宿舍与校园网的直连，实现了教学和办公主要区域的无线覆盖。更新了档案管理软件，逐步推行网上立档单位电子档案目录的接收。狠抓校园内部治安管理，发挥技防监控作用，确保学校安全稳定。围绕消防安全"四个能力"建设达标工作，加强对全校消防设施的检查，消防安全隐患排查，完善各项消防设施。共投入经费60多万元用于消防设施的维护更新、设备购置和消防宣传培训等。学校被评为"全省应急管理工作先进集体"。做好图书馆文献资源等各项建设，文献资料购置共计318.7万元，新增了国道数据库，创建了湖北化工信息中心网站。《武汉工程大学学报》影响因子明显提高。做好社区卫生服务工作，改善医疗环境，大学生医保工作步入正轨，在校大学生投保率82%。按要求完成了第六次全国人口普查工作。认真完成2010年防汛工作任务，学校被评为洪山区防汛排渍工作先进单位。

【民生工程建设】 学校开展了2010年元旦、春节送温暖工程，为44名家庭困难的教职工发放了困难补助。向全校教职工发放了春节慰问品总价32万元；完成了1、2栋教职工宿舍改造拆迁工作，"工大雅苑"项目建设进展顺利；完成了学校教工住宅部分楼栋增设小车停车位、武昌校区15栋教工住宅供电线路改造、部分学生宿舍屋面、教工住宅屋面修缮工作；完成了购买教工住宅29栋—31栋的两证办证工作；完成272名新职工住房补贴的发放工作，共计发放金额382万元；做好教职工住宅管道天然气入户报装工作，完成地下管网勘测和初步设计工作。引进中快餐饮管理公司经营流芳校区教工食堂，改善流芳校区教职工进餐条件。加强离退休职工服务工作，做好关心下一代工作和老教授协会工作，调动离退休职工参与学校建设的积极性和主动性，组织老同志开展丰富多彩的文化活动。教职工收入较2009年提高8.7%。

撰稿 卢兵华

审稿 吴咏梅

附： 学校负责人及地址

(2010年1月—12月)

校党委书记 吴元欣
副 书 记 田辉玉

校 长 李 杰
副 校 长 汪建华 冯碧元 王存文 张彦铎

地 址 武汉市雄楚大街693号
邮 编 430074
电 话 87195623
网 址 http://www.wit.edu.cn/

○武汉纺织大学

【基本情况】

学校基本情况统计

类　　目	数　量	类　　目	数　量
一、学生情况（单位：人）		三、教职工构成（单位：人）	
1. 普通高等教育在校学生总数	18 843	1. 总数	1 383
其中：博士生数	—	2. 专任教师数	887
硕士生数	576	3. 院士	1
普通本科生数	14 897	其中：外聘院士	1
普通专科生数	3 370	4. 正高级职称数	106
2. 普通高等教育招生数	5 915	5. 副高级职称数	406
其中：博士生数	—	6. 博士生导师数	45
硕士生数	230	7. 硕士生导师数	194
普通本科生数	4 512	8. 长江学者特聘教授数	—
普通专科生数	1 173	9. 楚天学者特聘教授数	14
3. 普通高等教育毕业生数	4 447	四、办学条件	
其中：博士生数	—	1. 年末固定资产总值（万元）	114 885
硕士生数	146	2. 校园占地面积（万平方米）	134
普通本科生数	3 307	3. 年末校舍面积（万平方米）	68
普通专科生数	994	4. 教学仪器设备总值（万元）	14 303
4. 成人及其他高等教育学生数	5 399	5. 图书馆面积（平方米）	44 156
5. 外国留学生数	—	6. 年末纸质图书册数（千册）	1 401
二、学科及专业设置（单位：个）		7. 教学用计算机台数（台）	4 230
1. 一级学科数	2	8. 各类专业实验室总数（个）	5
2. 博士授权点数	—	其中：国家重点实验室（个）	—
3. 硕士授权点数	16	省部级实验室（个）	5
4. 本科专业数	48	9. 工程（技术）研究中心（个）	4
5. 专科专业数	38	其中：国家工程研究中心（国家发改委）	—
6. 国家级重点学科数	—	国家工程技术研究中心（科技部）	—
7. 省部级重点学科数	12		

【学校更名】　2010年，武汉科技学院(原名)根据3月19日《教育部关于同意武汉科技学院更名为武汉纺织大学的通知》(教发函〔2010〕49号)和4月22日《省人民政府关于武汉科技学院更名为武汉纺织大学的通知》(鄂政函〔2010〕116号)，正式更名为武汉纺织大学，明确了学校的办学定位、主管部门、办学规模等相关事宜。武汉纺织大学系多科性本科学校，以本科教育为主，同时承担研究生培养的任务，由湖北省领导和管理。

【教育教学改革】　2010年是学校"教育教学改革年"，在全校范围内开展了"转变教育思想观念、创新人才培养模式"大讨论，召开了第九次教学工作会议，树立了"人人成才"的教育发展观和"知识、能力、品格"三位一体的人才培养质量观，为教育教学改革奠定了思想、组织和物质基础。学校"纺织材料与加工教学团队"获批国家级教学团队，"机械设计制造及其自动化"获批国家特色专业建设点，国家特色专业达到4个。《服装结构设计》获批国家精品课程，国家精品课程达到4门。"工科数学教学团队"和"服装结构设计课程教学团队"获批省级教学团队，省级教学团队达到4个。会计学专业获批湖北省高等学校本科品牌专业，省级品牌专业达到7个。"机械工程实验教学中心"获批省级实验教学示范中心，省级实验教学示范中心达到5个。《单片机原理及应用》等课程获批省级精品课程，省级精品课程达到19门。10项教学研究课题获得省级教研项目立项，13部教材入选首批纺织服装高等教育"十二五"部委级本科规划教材建设。"阳光大学生创新活动基地"获批湖北省高等学校大学生创新活动基地，全国高等学校教学研究中心与学校共建的"大学数学数字化教学资源研发中心"揭牌，"制鞋专业订单培养的创新与实践"等项目获得中国纺织工业协会职业教育教学成果奖，质量工程项目建设取得了新成效。

2010年，学校服装艺术设计专业连续11年获全国服装院校"新人奖"、"育人奖"综合积分第1名，并蝉联"年度中国高等院校时装设计专业排名"榜首。学生获全国大学生机械创新设计大赛二等奖1项，全国大学生电子设计竞赛三等奖1项，"挑战杯"中国大学生创业计划竞赛终审决赛银奖、铜奖各1项，全国研究生数学建模竞赛二等奖3项，省级奖励25项。学生袁思怡获第50届国际小姐季军，创该赛事中国选手最好成绩。学校在20余所省级重点中学和省级示范学校建立优质生源基地，优质生源明显增多；实施阳光招生，学校获"湖北省普通高校招生工作先进集体"称号。

【学科建设】　学校确立了"一元领先、多元并进、突出特色、竞争发展"的学科发展思路；首次获批省部共建国家重点实验室培育基地；教育部重点实验室和教育部工程研究中心顺利通过教育部验收；新增9个学术型一级硕士学位授权学科，学校的一级硕士点达到11个。同时，学校实现了专业学位授权零的突破，新增工商管理硕士(MBA)等3种专业学位类别和纺织工程等7个工程硕士领域。

【科研工作】　学校获批国家"纺织新材料与先进加工技术省部共建国家重点实验室培育基地"。教育部"纺织新材料绿色加工及其功能化重点实验室"和"纺织印染清洁生产工程研究中心"通过验收。学校阳光学者王桦主持的"聚苯硫醚(PPS)纤维产业化成套技术开发与应用"项目获国家科技进步二等奖。学校获省社会科学优秀成果奖4项，其中教授夏火松主持的"网络视角下的全天候服务创新与知识管理理论研究"系列论文获二等奖。获中国纺织工业协会科学技术奖5项，其中教授易长海团队与广东惠州市天泽盈丰科技有限公司合作的"纺织服装生产数据在线采集与智能化现场管理系统开发及产业化"项目获一等奖。教授徐卫林获2009年湖北省科学技术突出贡献奖。学校获批国家级、省部级项目189项，"新型改性淀粉浆料生产与替代PVA应用关键技术"项目得到国家科技支撑计划资助。学校各类项目立项数量和质量比2009年有较大提高。

【人才队伍】　学校大力实施高水平人才引进与培养战略，教授王训该获批国家"千人计划"人选。学校新增6名"楚天学者"和4名"阳光学者"，"楚天学者"达到15人，"阳光学者"达到17人，20人晋升教授，58人晋升副高，首次派出17名中青年骨干教师到企业进行专业实践，不断提高科技创新能力。大力推进教师国际化进程，全年选派13名教师出国访问研修。学校面向海内外招聘材料科学与工程学院和纺织学院院长，高层次领军人才、学科带头人队伍初具规模。

【对外交流与合作】　学校主办首届"现代纺织科技国际论坛"，来自英、美、日等10多个国家和地区的近20位全球顶尖知名纺织专家共同探讨纺织科技前沿问题，进一步加深了我国

2010年5月26日，学校举行更名揭牌庆典

纺织科技界与世界同行的交流；新增美国东南密苏里州立大学机电工程中外合作办学项目，与捷克、法国、英国和苏格兰多所知名高校达成进一步合作与交流意向，承办了联合国贸发组织“经济全球化与产业转移”国际研修班，获批4项“世界著名科学家来鄂讲学计划”项目。学校加强与企业合作，坚持走产学研用结合、服务社会之路，开展与湖北宜昌纺织机械有限公司、湖北迈亚股份有限公司，以及山西省电力公司、山东如意科技集团有限公司等多家企业的项目对接。

【党建与思想政治教育】 学校始终将党建工作融入学校事业发展之中，坚持把党建工作同学校的改革与发展紧密结合起来，为学校事业发展提供坚强的组织保障和思想保障。认真贯彻落实科学发展观，加强和改进党建与思想政治工作。各部门、各学院努力创科学发展之先，争校园和谐之优，在党的基层组织和党员中深入开展“创先争优”活动，举办了“创先争优”活动经验交流会，开展了“城乡互联、结对共建”活动，深入推进“六型”机关建设、“三个一”、“回娘家”、“老少手拉手”等系列活动。学校在湖北高校首批启动并全面实施廉政风险预警与防范管理，开展廉政文化建设，构建了保障学校事业健康发展的反腐倡廉新机制。学校创新基层组织建设思路，大力开展师德师风建设。首批14个党支部特色活动结题，为丰富和创新基层党组织活动的载体和形式积累了新的经验，4篇党建工作案例入选全省高校党建工作案例汇编。评选表彰了19名首届“学生心目中的优秀教师”，徐卫林被授予“全国先进工作者”称号，孙菊香获“湖北省五一劳动奖章”、“巾帼建功标兵”。学校工会被评为“全国模范职工之家”，离退休工作处获“全省老干部工作先进集体”称号。

【学校制度建设与管理】 学校加强现代大学制度建设，以健全制度、完善机制、规范管理、落实责任为主要内容，推进了学校的民主管理、科学管理和依法管理，为学校事业的发展提供了制度保障。学校坚持并进一步规范了定期的党委常委会和校长办公会制度，完善了集体领导和个人分工负责相结合的工作机制。坚决贯彻落实院(部)党政联席会议制度，提高院(部)单位领导班子引领单位科学发展的能力。学校领导班子高度重视经济责任审计整改意见，以完善集体决策机制为整改切入点，对重大事项决策、重要干部任免、重要项目安排、大额资金使用实行集体决策制度。改进和创新教代会提案工作，实行相关职能部门与提案人、附议人直接对话方式，建立了顺畅的沟通对话机制，促进了学校工作决策民主化、科学化。学校深入推进人事制度改革，完成了岗位设置工作。初步实现了全员聘用、分类聘岗，建立了以岗位为主导、以全员聘用为保障、以岗定薪的用人制度。

【校园文化建设】 学校开展校园文化品牌建设，着力塑造大学精神，确立了“崇真尚美”的校训；启动了“十二五”文化品牌建设工作，建立了校园文化标识系统；编辑完成了学校2006年、2009年年鉴。学校创新大学生思想教育途径，按照“文化迎新”的理念，创造性地开展新生入学教育，为校风学风建设奠定了坚实基础。学校打造以“阳光大舞台”为载体的校园文化品牌，全年举办“阳光人文讲坛”67期，“阳光大舞台我行我秀”获湖北高校校园文化建设优秀成果二等奖。校团委获“湖北省五四红旗团委”，绿色环保协会获全国“百强社团”称号。

撰稿　易　卉

审稿　罗锦银　陈利民

附：　　学校负责人及地址

(2010年1月—12月)

校党委书记　尚　钢

副　书　记　韦一良　刘　义

校　　　长　韦一良

副　校　长　徐卫林　曾庆福　彭育园　潘慧明

地　　　址　武汉市鲁巷纺织路1号

邮　　　编　430073

电　　　话　027－87611698

网　　　址　http://www.wtu.edu.cn/

○武汉工业学院

【基本情况】

学校基本情况统计

类　　　目	数　量	类　　　目	数　量
一、学生情况(单位:人)		三、教职工构成(单位:人)	
1. 普通高等教育在校学生总数	12 301	1. 总数	1 420
其中:博士生数	—	2. 专任教师数	839
硕士生数	676	3. 院士	—
普通本科生数	11 187	其中:外聘院士	4
普通专科生数	438	4. 正高级职称数	110
2. 普通高等教育招生数	3 761	5. 副高级职称数	355
其中:博士生数	—	6. 博士生导师数	18
硕士生数	264	7. 硕士生导师数	268
普通本科生数	3 355	8. 长江学者特聘教授数	—
普通专科生数	142	9. 楚天学者特聘教授数	14
3. 普通高等教育毕业生数	3 058	四、办学条件	
其中:博士生数	—	1. 年末固定资产总值(万元)	90 963
硕士生数	116	2. 校园占地面积(万平方米)	70
普通本科生数	2 892	3. 年末校舍面积(万平方米)	48
普通专科生数	50	4. 教学仪器设备总值(万元)	11 389
4. 成人及其他高等教育学生数	8 491	5. 图书馆面积(平方米)	44 145
5. 外国留学生数	—	6. 年末纸质图书册数(千册)	1 095
二、学科及专业设置(单位:个)		7. 教学用计算机台数(台)	1 988
1. 一级学科数	27	8. 各类专业实验室总数(个)	35
2. 博士授予权点数	—	其中:国家重点实验室(个)	—
3. 硕士授予权点数	13	省部级实验室(个)	3
4. 本科专业数	54	9. 工程(技术)研究中心(个)	12
5. 专科专业数	9	其中:国家工程研究中心(发改委)	—
6. 国家级重点学科数	—	国家工程技术研究中心(科技部)	—
7. 省部级重点学科数	8		

【教学质量与教育教学改革】 2010年，武汉工业学院贯彻“以人为本”的育人理念，以提高应用型创新人才的培养质量为目标，强化教学中心地位，深化教育教学改革，扎实推进“质量工程”建设，完善以校级项目建设为基础、省级项目为主体、重点冲击国家级项目的“质量工程”建设体系；开展学科竞赛工作，强化学生创新能力培养；抓好教学研究尤其是教学改革的相关研究，加大优秀教学成果的推广应用力度，促进了教学质量的明显提高。《包装机械》被评为国家精品课程，化学工程与工艺增列为国家特色专业，《包装机械》、《数学建模》、《内科护理学》3门课程被评为省级精品课程，大学物理系列课程教学团队被评为省级教学团队，机械与电子工程大学生创新活动基地获批省级创新活动基地，生物制药专业(方向)获批省级战略性新兴(支柱)产业人才培养计划项目。学校获省级以上教学研究和教育科学规划项目15项；6门教学方法改革试点课程受到学生一致好评；大学英语四级一次性通过率超过75%；学生在专业、课程修读等方面的选择机会进一步扩大，大类招生培养专业达到本科专业数的53.7%。必修课、选修课、专题培训、赛前强化和竞赛组织相互衔接的学科竞赛训练体系已经形成，学校本科生在数学建模、机械创新设计大赛、包装结构设计大赛、国际企业管理挑战赛等各类学科竞赛中，获省级及以上奖项200余项，其中国家级一等奖2项，二等奖3项，三等奖5项。

【学科建设与研究生教育】 学校围绕建设多科性大学的目标，重视推动多学科协调发展，优化学科布局，强化学科特色，为更名大学奠定了坚实的基础。硕士点增列成绩显著。学校抢抓新一轮硕士点增列的重大机遇，夯实学科基础，有效整合学科资源，重点突破薄弱环节，精心准备申报材料，硕士点增列实现了历史性跨越，一级学科硕士点一次性新增7个，以工科为主干，工、管、理相互支撑、其他学科协调发展的格局得以形成。新增机械工程、化学工程、食品工程、制药工程4个工程硕士专业学位授权领域。成立食品营养与安全研究院，实施重大项目预研制度，启动重大项目培育专项，为加快提升传统特色学科实力创造了条件。同时，围绕学科特色和优势，加强学科平台建设，动科学院“农业部饲料科学与加工科学观测实验站”获得批准，湖北省非传统安全研究中心获批为省人文社科重点研究基地，教育部农副产品蛋白质饲料资源工程研究中心通过验收。

研究生教育取得积极进展。学校坚持以科研带动人才培养，依托中部地区农产品加工与转化研究生创新中心，开展研究生科技论文报告会、创新论坛、创新基金项目研究、学科竞赛等系列活动，拓宽了研究生的学术视野，培养了研究生的创新意识及创新能力。2010年，学校研究生获全国研究生数学建模竞赛国家二等奖1项，获大学生英语竞赛省级奖3项；应届毕业研究生以第一作者身份共发表学术论文163篇；4篇硕士学位论文被评为2010年湖北省优秀硕士论文。

【科研工作与社会服务】 学校加强科研组织和管理，召开“学科建设与科技创新工作会”，制定《进一步加强科技创新工作的意见》，健全科研管理规章制度，强化政策引导作用，建立学校预研项目储备库，设立重大项目立项培育基金等方式，推进产学研合作，营造创新氛围，科技创新和社会服务能力得到提升。2010年，学校主持“863”计划项目1项，国家重大科技专项子课题1项，有4项重大项目进入国家“十二五”科技计划项目库。获各级各类纵向项目126项，其中国家自然科学基金、国家社会科学基金等国家级项目17项，教育部人文社科项目、省社科基金项目8项。获国家科技进步二等奖1项，湖北省科技进步一等奖1项、三等奖2项，武汉市科技进步二等奖1项。获授权专利12项，其中发明专利8项。全年共发表论文1 100余篇，5大索引收录276篇，其中SCI收录28篇。科研经费稳步增长，与2009年相比增幅达到43%。社会服务能力进一步增强，先后与随州市、枣阳市、重庆市涪陵区签订了科技合作协议，与企业签订科技合作协议和技术合同110项，19名教授、博士受聘为湖北省科技特派员，服务于全省21家农业龙头企业或农业科技创新示范基地。

【师资队伍建设】 学校坚持人才引进与培养并举、学科带头人与基本教师队伍兼顾、海外背景与工程背景不断强化等原则，围绕重点学科方向构建学术团队，加强师资队伍建设，增强了师资力量。学校加大“楚天学者计划”、“常青学者计划”岗位的引智力度，全年新增楚天学者2人、常青学者1人、首席教授1人。引进教授副教授4人、博士22人，其中海外学习工作背景5人。拓宽师资培养渠道，加大出国培训力度，送出国内外培训47人次。完善教学督导、青年教师传帮带等制度，2名教师分别获湖北省第二届高校青年教师教学竞赛二、三等奖，并被授予“湖北青年教学能手”称号。

【内部管理体制改革】 学校把岗位设置管理作为当前转换管理体制机制的重要举措，按照“科学设岗、宏观调控，优化结构、高效运行，突出主体、分级管理，按岗聘用、聘约管理，面向未来、发展优先”的原则要求，结合实际，科学制订设岗方案并通过上级主管部门审批。在此基础上，成立了岗位设置与聘用改革领导小组和专任教师等7个聘用委员会，出台了《武汉工业学院岗位设置管理暂行办法》和《武汉工业学院首次岗位设置与聘用实施办法》等政策文件，明确了学校岗位设置与聘用工作制度办法、岗位职责、聘任条件、工作程序、具体方案，完成了首次岗位设置和聘用工作，调动了广大教职员工投身学校建设、改革与发展的积极性。

【党建与精神文明】 2010年，学校深入开展创先争优活动，加强党建和精神文明建设，增强党员干部和师生员工的凝聚力、战斗力和创造力。加强领导班子和干部队伍建设，严格执行民主集中制，坚持党委领导下的校长负责制，强化中心组学习制度，开展下基层调研活动，领导班子办学治校水平得到提升,干部队伍整体素质进一步提高。学校狠抓反腐倡廉建设,以落实中央三部委《关于加强高等学校反腐倡廉建设的意见》为重点,夯实教育基础,完善惩防体系,强化内部监督,扎实推进了反腐倡廉各项任务的落实。学校积极支持湖北省新农村建设,开展了与隔蒲潭镇“城乡互联、结对共建”活动。大力推进文明校园建设,制定出台了《武汉工业学院大学文化建设规划(2010—2020)》,全面实施大学文化建设。开展“常青之春”科技文化艺术节系列活动,全力打造“明德讲堂”、“积学论坛”等校园文化品牌,促进了校园文明和谐。2010年学校文化建设项目《文化联姻、文明共建、校园文化在与社区文化共建融合中升华》获“湖北省高校校园文化建设成果特等奖”,2010年,学校获“湖北五一劳动奖状”称号,被评为“湖北省最佳文明单位”和“湖北省新农村建设先进派出单位”。

【学生管理与思想政治工作】 学校坚持育人为本、德育为先,加大思想政治理论课教学改革的力度,思政实践课改革取得良好效果;开展大学生党员自我教育实践岗、志愿者服务、社会实践、传统文化和爱国主义教育、向英雄大学生李健学习等活动,推进丰富多彩的校园科技文化活动向系列化、特色化、品牌化的方向发展;加强大学生心理健康教育和贫困生资助工作,创新学风建设体制机制,推进大学生素质拓展计划,为广大学生全面发展创造了良好条件,学生综合素质明显提高。学生获“挑战杯”大学生创业计划竞赛全国铜奖1项、省级奖5项,湖北省大学生优秀科研成果奖4项。招生就业工作保持良好势头,在湖北省的文、理科投档线均超出二本录取分数线20分以上;2010届本科毕业生一次性就业率94.5%,研究生就业率100%。全校各级团组织获省级及以上奖励58项;外语系学生熊雪婷获“全国三好学生”称号;见义勇为的学生李健被追授为“湖北省优秀共青团员”、“湖北省舍己救人英雄大学生”。学校获“2010年中国青年志愿者优秀组织奖”、“湖北省高校学生资助工作先进基层单位”、“第一届湖北省大学生心理健康教育优秀成果二等奖”等荣誉。

【办学条件与后勤保障】 学校狠抓内部管理,广辟财源,增收节支,积极筹措资金,提高办学效益,为改善办学条件和促进内涵发展提供了有力保障。通过拓展中外合作办学空间,支持继续教育和独立学院发展,增强了办学活力。2010年,学校争取到共建资金1 000万元,首次争取到财政部奖补资金1 859万元,财政拨款基数和生均拨款进一步提高。加强内部管理,推进节约型校园建设,加强顺道街校区资源的开发和利用,提高了办学效益,学校财政收入创历史新高,教职工收入持续增长。加强办学条件建设,新征50万平方米土地计划已获省教育厅批准,金银湖6号学生公寓和1号研究生公寓顺利开工建设,金银湖校区9.6万平方米土地建设规划获审批通过,实施100余项基础设施维修改造项目,校医院社区卫生服务站通过卫生局验收。

【承办第二届全国粮食行业职业技能竞赛】 5月28日至30日,由国家粮食局、中国就业培训技术指导中心和中国财贸轻纺烟草工会共同主办,武汉工业学院承办,中国粮食行业协会和湖北省粮食局协办的第二届全国粮食行业职业技能竞赛在学校金银湖校区举行。国家粮食局党组成员、副局长任正晓全程参加活动,来自全国28个省(直辖市、自治区)以及中国储备粮管理总公司、中粮集团有限公司等30个代表队、180名选手参加了决赛。本次竞赛设置了粮油保管员和粮油质量检验员2个竞赛职业,划分了3个组别,包括9个比赛项目。学校获优秀承办单位奖。

撰稿　王晓东
审稿　汪德平

附:　　学校负责人及地址

(2010年1月—12月)

院党委书记　王祚桥
副　书　记　曾其林　刘丰林

院　　　长　曾其林
副　院　长　刘民钢　周　坚　项喜章
　　　　　　孙向阳　谢宋和

地　　　址　①(常青花园校区)武汉市常青花园学府南路68号
邮　　　编　430023
　　　　　　②(金银湖校区)武汉市东西湖区金银湖马池路
邮　　　编　430024
电　　　话　02783955620
网　　　址　www. whpu. edu. cn

○湖北汽车工业学院

【基本情况】

学校基本情况统计

类　　目	数　量	类　　目	数　量
一、学生情况(单位:人)		三、教职工构成(单位:人)	
1. 普通高等教育在校学生总数	8 084	1. 总数	928
其中:博士生数	—	2. 专任教师数	478
硕士生数	30	3. 院士	1
普通本科生数	7 274	其中:外聘院士	1
普通专科生数	780	4. 正高级职称数	65
2. 普通高等教育招生数	2 341	5. 副高级职称数	143
其中:博士生数	—	6. 博士生导师数	—
硕士生数	13	7. 硕士生导师数	20
普通本科生数	2 247	8. 长江学者特聘教授数	—
普通专科生数	81	9. 楚天学者特聘教授数	2
3. 普通高等教育毕业生数	1 922	四、办学条件	
其中:博士生数	—	1. 年末固定资产总值(万元)	40 975
硕士生数	8	2. 校园占地面积(万平方米)	55
普通本科生数	1 391	3. 年末校舍面积(万平方米)	25
普通专科生数	523	4. 教学仪器设备总值(万元)	7 292
4. 成人及其他高等教育学生数	5 646	5. 图书馆面积(平方米)	5 350
5. 外国留学生数	3	6. 年末纸质图书册数(千册)	587
二、学科及专业设置(单位:个)		7. 教学用计算机台数(台)	3 458
1. 一级学科数	12	8. 各类专业实验室总数(个)	27
2. 博士授予权点数	—	其中:国家重点实验室(个)	—
3. 硕士授予权点数	—	省部级实验室(个)	1
4. 本科专业数	25	9. 工程(技术)研究中心(个)	3
5. 专科专业数	21	其中:国家工程研究中心(发改委)	—
6. 国家级重点学科数	—	国家工程技术研究中心(科技部)	—
7. 省部级重点学科数	2		

【人才培养模式改革】 2010年，湖北汽车工业学院进行了人才培养模式改革。开展专业人才培养社会需求及毕业生质量跟踪调查活动，组织实施了2010版本科人才培养方案的修订工作，完成了2010版双学位人才培养计划制订工作。开展人才培养模式改革试点。围绕“突出工程，强化应用，着力创新，服务行业”的指导思想，以学校机械设计制造及其自动化专业为依托，实施工程人才培养的综合改革试点。以争取“卓越工程师”试验项目立项为契机，推进国家级工程实践教育中心的申报工作。参加国家、省教育体制改革试点申报工作，在培养体制改革、办学体制改革、管理体制改革和保障体制改革等四个方面选定了13个改革试点项目进行了申报。

【质量监控】 2010年，学校以“质量工程”建设为载体，加强专业建设和课程团队建设，推进“质量工程”项目申报和项目建设。2010年取得省级以上质量工程立项项目7项。其中《汽车构造》获得国家级精品课程称号，实现学校在该项目上的突破；《概率论与数理统计》、《汽车营销》获省级精品课程；材料成型及控制工程获准“教育部特色专业点”立项；“车辆工程专业教学团队”获省级教学团队，“材料科学与工程实验教学示范中心”获省级示范中心；“汽车工程大学生创新活动基地”获省级创新活动基地。2010年，学校在质量工程项目上共有国家级项目5项、省级项目21项。

【产学研合作】 2010年，学校深入开展产学研合作。与湖北兴升科技发展有限公司成功申报1个校企共建研发中心；新增1个省级汽车产业汽车传动控制技术创新基地，与东风公司签订协议共建“国家级工程实践教育中心”和“汽车工程师学院”。获东风公司支持申报湖北省“战略新兴（支柱）产业人才培养计划”项目和“拔尖创新人才培育试验计划”项目，2个专业成功入选“湖北省产业人才培养计划”；积极争取与东风汽车有限公司商用车技术中心共同开展汽车产业新兴技术基础研究工作，分别与东风特汽客车有限公司、同创工贸有限公司联合成功申报2010年十堰市级攻关项目，与东风实业车辆有限公司、正和车身公司及兴升科技公司达成多项项目开发协议。学校获2010年湖北省高教学会产学研合作教育先进单位称号。

【学科建设】 2010年，学校以硕士点立项建设为抓手，优化学科建设，重点建设机械工程、材料科学与工程、控制科学与工程等优势学科，突出汽车学科特色。组织编制“十二五”学科建设规划。提出和实施“学科汇聚计划”和“校企共建学科计划”，学科汇聚计划是组织多学科在新能源汽车产业领域开展科技攻关，促进学科的交叉与融合，发展学校的比较优势；校企共建学科计划是通过校企共建学科，实现学校与企业资源共享、优势互补，进一步凝炼更加符合汽车产业发展的学科方向。突出学校的学科特色和背靠汽车工业的大工程背景优势。

【硕士点立项建设】 2010年，学校修订了《湖北汽车工业学院新增硕士学位授权单位立项建设规划》，新增控制科学与工程一级学科为授权学科；科学分解建设经费，全年投入3 500万元加强硕士点立项建设；新增“湖北省汽车产业汽车传动控制技术创新基地”和“氮气弹簧及汽车传动件研究中心”2个省级科研平台；省级重点实验室、工程技术研究中心和国家级实验实训中心开始运行；大型仪器设备共享平台完成网络平台建设；新增EI工程数据库，有效增强了信息资源保障能力。

【人才队伍建设】 2010年，学校制定了“十二五”人力资源规划，研究人才基金改革方案；设立“东风学者”岗位，制定“东风学者”评选管理办法。全年引进博士10人；选送10名学术骨干攻读博士学位；选派4名教师作访问学者；新晋升教授10人、副教授16人；落实青年教师导师制，实施“访问研究员”计划；制定《教师深入企业行动计划实施方案》，组织13名青年教师申报省“高校青年教师深入企业行动计划”项目；组织首届校“教学名师”、“教学明星”评选活动；共聘任46名兼职教授、副教授。

【学位工作】 2010年，学校根据学位授予工作中存在的问题，积极改进学位授予流程，开发了“学位信息采集系统”，确保学位数据准确、一致、完整。组织召开学位授予预备工作会，认真组织好学位授予工作，严格执行学位授予程序。完成了第一批、第二批学士学位授予工作。2010年，学校共有2 165名应届毕业生获得了学士学位。

学校进一步修订完善了《湖北汽车工业学院本科生修读双学位管理暂行办法》，组织双学位培养工作。申请新增1个学士学位授权专业和8个

2010年11月8日，湖北汽车工业学院在校体育馆举行大学生科技创新成果展（汽车类竞赛）。这些是部分智能车和节能车获奖作品

双学士学位授权专业。2010年，学校共有263名在校学生申报双学位。

【科研工作】 2010年1月11日，教授罗永革应邀出席了在北京举行的国家科学技术奖励大会。由东风汽车公司、湖北汽车工业学院等单位联合完成的《混合动力城市客车节能减排关键技术》成果获2009年度国家科技进步二等奖，这是学校首次获得的国家级奖项。2010年，全校获省部级及以上科研立项46项，市级科研立项10项，横向项目30项，三大检索收录论文21篇，获十堰市科技进步奖3项，专利申请14项。获得省级教学研究课题21项，其中全国教育科学“十一五”规划课题1项，中国高教学会课题1项，省教育厅教研课题4项，省“十一五”规划课题15项；2篇论文入选湖北省高教学会产学研合作教育专委会第二届年会论文集并获优秀论文一等奖。

【学生科技创新】 2010年，学校先后制定《大学生创新学分管理办法》、《大学生学科竞赛管理办法》、《大学生学科竞赛奖励细则》等文件，通过改革激发学生参与科技创新活动的积极性，加强大学生自主创新平台建设，4月，“汽车工程大学生创新活动基地”获批为省级大学生创新活动基地。2010年，全校学生参与的竞赛种类达21类，学生参加科技竞赛活动获省级以上奖项211项，其中国家一等奖6项、国家二等奖3项、国家三等奖5项，省级以上获奖项目89项。4月，学校机械系学生叶盎获2010年中国汽车设计大赛评委团“特别推荐奖”。

【招生与毕业生就业】 2010年，学校第一志愿报考率167%，较2009年提高52%，生源质量提高，录取考生成绩超出当地二本线40分以上的省份8个，许多考生分数超出当地一本线。学校主要负责人亲自落实就业工作责任制，坚持“走出去”与“请进来”相结合，发动各院(系)对用人单位和毕业生进行走访和调研，及时了解全国大学生就业市场的最新动态，为应届毕业生就业广开渠道。2010年，学校应届毕业生就业率96.6%。

【资助贫困生】 2010年，学校继续加大资助工作力度，保证“绿色通道”畅通无阻。学校资助中心办理国家助学贷款3 208人，贷款金额1 740万元，比2009年增长21%。学校资助中心利用暑期组织开展了家庭经济困难学生的家访活动，通过多种形式宣传、落实国家有关学生资助工作的政策，向家庭经济困难学生传递学校的关爱和社会的温暖，学校学生资助经费1 200多万元，比2009年增加了100多万元。学校有2 666人(次)获得各类国家奖、助学金共计646.6万元，其中国家奖学金、国家励志奖学金184.2万元，国家助学金438万元，省政府奖学金8.4万元。

【对外交流与合作】 2010年，学校共计安排和接待了75人次的来访和6人次出访，承担了巴登—符腾堡斯图加特双元制大学工业工程专业和机械制造专业37名学生的认识实习、乌尔姆科技大学3名留学生的指导。学校与乌尔姆科技大学合作项目和中日自动车短期大学合作项目继续推进。6月，校长胡仲军率团出访德国乌尔姆科技大学(Hochschle Ulm)，参加该校50周年校庆，并与该校重新签署了扩大合作范围协议书。

【党建与思想政治教育】 2010年，学校党委围绕“坚持科学发展，促进校园和谐，为建设特色鲜明、国内知名品牌的工程技术大学而努力奋斗”这一主题，深入开展创先争优活动。学校创先争优工作得到省委高校工委的充分肯定，并在2010年湖北省基层党建工作会议上作了经验交流。

2010年，学校大力加强党的思想建设工作。(1)抓好落实党委中心组学习。采取定期组织学习与自学相结合的方式，结合学校年度目标和实际问题，开展学习讨论，使党委常委班子成员观念得到转变，能够密切结合学校年度目标和实际问题开展专题学习研讨。(2)抓好中层干部队伍的学习培训。通过报告会、干部培训、理论研究与交流等形式，进一步加强对中层干部的理论培训。加强了对院(系)部理论中心组学习的检查和指导。(3)加强和改进教职工的政治理论学习水平。突出理论热点，抓住群众最关心的问题，注重结合高等教育改革、教育思想发展变化的新形势、新特点和教职工的工作与思想实际，认真组织了宣传教育活动。

积极探索党建工作的新内容和新方法。加强党内民主政治建设，建立了基层党组织换届选举制度，下发了《湖北汽车工业学院基层党组织换届选举工作暂行规定》。制定了《湖北汽车工业学院院(系)党政联席会议制度》，进一步明确了院(系)部党组织与行政领导班子职责。通过实施《中共湖北汽车工业学院委员会基层党建工作项目制实施办法(试行)》，拓宽学校基层党建工作新思路，为基层党建增添了活力。加大党员发展工作力

湖北汽车工业学院校园

度，特别是加大了在骨干教师、中层干部和低年级学生中的党员发展工作，全年新发展党员517人，学生党员占学生总数比例11.5%。

【创建平安和谐校园】 2010年，校党委牢固树立“稳定压倒一切”的思想，以创建平安和谐校园为目标，以教学和学生工作为重点，密切关注校园政治，治安动态，确保校园政治、治安稳定。严格落实安全工作责任制和综治工作“一票否决制”，确保了敏感时期的校园安全稳定。加强安全检查和宣传教育，组织学生参加消防应急灭火演练和逃生自救，规范校园交通秩序，确保了校园的平安稳定。

湖北汽车工业学院图书馆

【学校制度建设与管理】 2010年，学校科学有效的推进学校内部管理体制和运行机制改革。学校在前期学院制改革试点工作的基础上，起草完成了《湖北汽车工业学院学院制运行方案(草案)》，专题研讨了学院制改革实施的制度建设、运行方式等问题。制定了《湖北汽车工业学院院(系)党政联席会议制度》、《湖北汽车工业学院基层党组织换届选举工作暂行规定》，从制度上规范、理顺各种运行机制的改革。

学校加强各种规章制度的管理，建立公正、透明的财务管理制度，修订《学院借款报销暂行规定》，制定《校医院财务管理办法》；改革教职工家属、独生子女医药费报销制度，出台《教职工独生子女医疗补贴发放暂行办法》等各种规章制度。并开展执行力建设大讨论，努力提高执行力，制定职工年度考核奖励方案，从管理上健全各种激励机制。

【校园文化建设】 2010年，学校开展了“精神文明月”系列活动，深入开展学习宣传长江大学见义勇为大学生英雄群体优秀品德和崇高精神，组织学生为抗旱救灾作贡献，开展纪念抗日战争胜利65周年活动和创先争优活动。创建学习型辅导员队伍，选拔6名辅导员外出培训。修订院(系)部学生工作考核办法；结合专业特点，开展学风建设活动，扶持精品学生活动，坚持社会实践和课外学术活动立项制；重视学生自治组织，鼓励学生参与学校管理；倾听学生心声，解决学生提出的问题。在学风建设方面，探索学风建设新方式。各院系通过多种措施开展优良学风建设活动，在学校11月1日学年表彰暨优良学风建设大会上，全校共有16个优良学风班、17名三好学生标兵、202名三好学生受到表彰。2010年暑期社会实践学校组建了176个校级团队，分赴十堰市周边、偏远山区乃至全国各地开展灾后重建、教育帮扶、社会调查、专业实习等内容丰富、形式多样的实践活动。校团委被评为“湖北省大中专学生暑期社会实践优秀组织单位”，学校为第四届世界传统武术节安保、动漫、导游、外语等方面提供的705名志愿者完成各项服务工作，受到志愿者工作处的高度评价。

【后勤保障】 依据国家和湖北省中长期教育改革和发展规划纲要及中长期人才发展规划纲要，结合学校发展实际，制订学校“十二五”发展规划。3月，学校成立了“十二五”发展规划领导小组，对未来5～10年学校的办学目标、学科专业建设、人才培养目标、校园基本建设等进行规划，7月，学校设立学科建设、师资队伍、校园建设和科技学院建设4个子规划编制小组。

2010年，学校把校园基本建设作为提高办学条件的头等大事来抓。完成逸夫图书馆、专业实验楼的前期立项工作；完成校区扩建项目土石方工程和挡墙工程90%工程量；拟建学生食堂地块、综合教学楼和综合实验楼地块已开挖至设计标高，完成学生公寓、食堂和逸夫图书馆施工图审、报建工作，进入施工许可证报批阶段；完成新增校园土地的外网及老校区外网改造的招标及设计工作。

撰稿　吴顺仙　郑雪莲

审稿　王　超

附：　　学校负责人及地址

(2010年1月—12月)

院党委书记　王　超
副　书　记　赵鹏飞　王天祥

院　　　长　胡仲军
副　院　长　简　炜　毛高波　罗永革

地　　　址　十堰市车城西路167号
邮　　　编　442002
电　　　话　0719—8238177
网　　　址　http://www.huat.edu.cn

○湖北中医药大学

【基本情况】

学校基本情况统计

类　　目	数　量	类　　目	数　量
一、学生情况(单位:人)		三、教职工构成(单位:人)	
1. 普通高等教育在校学生总数	15 589	1. 总数	1 131
其中:博士生数	146	2. 专任教师数	750
硕士生数	639	3. 院士	—
普通本科生数	12 370	其中:外聘院士	—
普通专科生数	2 434	4. 正高级职称数	86
2. 普通高等教育招生数	4 694	5. 副高级职称数	236
其中:博士生数	49	6. 博士生导师数	50
硕士生数	222	7. 硕士生导师数	360
普通本科生数	3 517	8. 长江学者特聘教授数	—
普通专科生数	906	9. 楚天学者特聘教授数	4
3. 普通高等教育毕业生数	3 134	四、办学条件	
其中:博士生数	42	1. 年末固定资产总值(万元)	59 146
硕士生数	322	2. 校园占地面积(万平方米)	108
普通本科生数	1 718	3. 年末校舍面积(万平方米)	43
普通专科生数	1 052	4. 教学仪器设备总值(万元)	12 055
4. 成人及其他高等教育学生数	4 335	5. 图书馆面积(平方米)	36 583
5. 外国留学生数	538	6. 年末纸质图书册数(千册)	1 014
二、学科及专业设置(单位:个)		7. 教学用计算机台数(台)	2 027
1. 一级学科数	—	8. 各类专业实验室总数(个)	29
2. 博士授予权点数	12	其中:国家重点实验室(个)	—
3. 硕士授予权点数	22	省部级实验室(个)	1
4. 本专科专业数	30	9. 工程(技术)研究中心(个)	4
5. 国家级重点学科数	—	其中:国家工程研究中心(国家发改委)	—
6. 省部级重点学科数	22	国家工程技术研究中心(科技部)	—

【学校更名】 2010年3月18日，教育部正式批准原湖北中医学院更名为湖北中医药大学。5月22日，学校召开了湖北中医药大学揭牌庆典大会，国家中医药管理局、中共湖北省委、省政府、省人大、省政协、武汉市政府领导及有关部门负责人到会祝贺，卫生部副部长、国家中医药管理局局长王国强讲话，并与湖北省人民政府副省长张岱梨一起为“湖北中医药大学”揭牌。全国中医药院校、省内兄弟院校领导专家、社会各界及海内外校友、在校师生共2 000余人参加庆典大会。庆典活动期间，还举行了“湖北中医药大学校友会成立大会”、“中华文化与中医教育论坛”、揭牌庆典文艺晚会。

【学位点建设和教育教学改革】 学校申报中药学一级学科博士点，通过国务院学位委员会学科评议组专家评议；申报管理科学与工程一级学科硕士点，通过省学位委员会审核并予以公示。学校实施教学质量与教学改革工程，组织申报教学质量工程建设项目。中医学专业入选教育部第六批高等学校特色专业建设点；《针灸学》被评为国家级精品课程，中医护理学基础、临床生物化学检验获准为省级精品课程；中药资源与中药鉴定教学团队被评为省级教学团队；“中医拔尖创新人才培育实验计划”入选湖北省普通高等学校拔尖创新人才培育试验项目；中药学专业被列入湖北省普通高等学校战略性新兴(支柱)产业人才培养计划项目。教学质量工程建设，丰富了学校优质教育资源，增强了办学实力，为进一步提高教学质量，办有特色中医药大学提供了强有力的支撑。

【人事分配制度改革】 根据国家事业单位岗位设置和编制管理有关政策精神，学校成立了岗位设置与聘任工作领导小组及工作专班，开展岗位设置与聘任管理工作及校内津贴分配制度改革工作。制订了《湖北中医药大学岗位设置与聘任工作方案(试行)》和《湖北中医药大学校内绩效工资分配方案(试行)》，经教代会审议通过，并组织实施。学校首次岗位设置与聘任工作，按照“制度入轨、平稳过渡、逐步到位、规范管理”的基本原则组织实施，涉及各类岗位人数1 034人，其中管理岗位226人、专业技术岗位720人、工勤岗位88人。

【编制“十二五”发展规划】 6月，学校成立了湖北中医药大学“十二五”发展规划编制工作领导小组，正式启动学校“十二五”发展规划编制工作。学校组建若干工作小组分别负责总体规划及学科建设规划、人才队伍建设规划、科技发展规划、校园建设规划4个专项规划的编制工作，形成了《湖北中医药大学“十二五”发展规划》(征求意见稿)，并召开专家、中层干部、中青年教师等座谈会征求意见。4个专项规划小组在反复调研论证的基础上，分别编制形成了各专项规划征求意见稿，并在一定范围内征求意见。

“十二五”发展规划确立了学校未来5年改革和发展的指导思想、总体目标、发展思路和战略任务。学校发展的总体目标：建成一所以中医药学科为主干，多个相关学科协调发展，在省属高校优势突出，特色鲜明，达到国内同类院校先进水平的教学研究型中医药大学。发展的基本思路：坚持“一个中心，两个提高”为主题的内涵发展思路，即坚持“以人才培养为中心，提高教育质量，提高办学水平”。学校“十二五”期间明确并努力实现“建设一支高水平的师资队伍、建设一家有特色的直属附属医院、建设一座现代化中药科技创新基地”三大目标任务，基本建成中医药强校。

【科技创新工程】 省部共建中药资源与中药复方重点实验室通过教育部专家组验收；国家中医药管理局重点研究室通过中期评估；成功申报湖北省中药现代化关键技术创新基地；积极申报湖北省高校自主创新重点基地——湖北省中药现代化自主创新基地。加强与李时珍医药集团、国药科技股份有限公司等企业合作，依法维护学校的利益，保证合资资产保值增值；开展对口支援三峡库区工作。依托湖北省中药材GAP种植与新产品开发战略联盟，加强与省内中药企业科技项目合作；与湖北日报和劲酒集团联合举办了“自然的睿智——湖北中药产业发展高峰论坛”。加强《湖北中医杂志》、《湖北中医药大学学报》的编辑出版及宣传工作，提高约稿质量，扩大稿件遴选范围，两刊学术影响不断提升。两刊为《万方数据—数字化期刊群》、《中国期刊全文数据库》全文收录期刊，“中国学术期刊综合评价数据库统计源”期刊。

学校设立专项经费支持挂靠学校的各专业学会开展工作。湖北省中医中药学会加强内部管理，完善机构设置和工作制度，筹备成立了11个专业委员会；主办了国家继续教育项目“中医经典理论与临床应用研修班”。中国针灸学会针刀专业委员会、湖北省药膳食疗研究会积极开展学术活动。科学技术协会发挥职能作用，开展科学知识普及工作，学校被评为2010年全省科普工作先进集体，1人获湖北省优秀科技工作者。

【海外教育及对外交流】 2010年，学校共招收港澳台生及留学生94人。加强留学生管理制度建设，建立了“国际交流与合作处—系部外事秘书—助教—外教”四维一体的管理体系；尊重海外学生不同的文化背景和宗教信仰，开展丰富多彩的学生活动。学校与8个国外高校、学术团体、医疗机构新建合作关系，签署合作协议、意向书、备忘录30项，聘请外教4人；共派出22人次，赴国外及港澳台地区考察、讲学；接待来访港台及国外客人100余人。学校参与主办了“第三届海峡两岸李时珍医药文化与产业发展论坛”，承办了“湖北省首届外国留学生中文歌曲大赛”，举办了“海峡两岸大学生荆楚文化行活动”。与法国蒙彼里埃第一大学签署合作办学协议，并派出第一批学生赴法学习。申请“政府奖学金资格”、申请与美国温斯顿·沙伦州立大学合作举办护理学专业本科教育项目，已报教育部审批。与泰国科研合作项目“传统中医针灸治疗糖尿病的临床研究”正式启动。

【开展“创先争优”活动】 2010年，学校开展了创先争优活动。学校成立创先争优活动领导小组，按照“推动科学发展、促进社会和谐、服务广大师生、加强基层组织”的总体要求，明确“推动学校科学发展，办好人民满意的中医药大学”活动主题，设计载体，推动创先争优活动深入开展。学校党委印发了《关于在全校党组织和党员中深入开展创先争优活动的实施方案》，召开了全校创先争优活动动员大会，按照学习动员、公开承诺、季度讲评、年度总结4个阶段部署了2010年下半年创先争优活动。为保障活动顺利开展，学校设立专项经费，建立了专题网站，编印了活动简报，做到了认识、人员、经费、宣传“四个到位”。学校创先争优活动经验材料两次被《湖北教育系统深入开展创先争优活动简报》转载。

【思想政治教育工作】　加强领导班子和干部队伍建设。学校党委发挥政治核心和领导核心作用，坚持民主集中制和党委领导下的校长负责制，提高领导班子驾驭全局的能力与水平。开展党委中心组学习活动，安排理论学习活动8次；坚持院系两级中心组学习制度和处级干部培训制度，举办了暑期处级干部培训班，安排4位校领导作专题辅导报告。坚持班子成员下基层调查研究，校领导班子到基层单位开展专题调研近30人次，收集群众反映的各种意见和建议，并认真作了反馈与承诺；坚持领导每周一次接待日制度。7月，中共湖北省委授予学校“全省党委中心学习组先进单位”称号。动员广大党员干部参与全省厅级领导干部公开选拔活动，选派1人赴蕲春县挂职科技副县长；开展“城乡互联，结对共建”活动，选派1人到学校建设新农村工作点驻村工作。完成全校108名处级干部数据库信息更新和维护工作。

加强党风廉政建设。启动了学校廉政风险预警防控体系建设。抓好党风廉政建设的学习教育活动，开展“学习《廉政准则》，争做勤政表率”的“六个一”主题宣传教育月活动。逐级签订党风廉政责任书。加强黄家湖校区南区建设纪检监察审计工作，对全校41个单位和部门2009年度——2010年9月经费使用情况进行审计。加强招生、招投标、基建维修工程、人才引进工程和干部选拔推荐、各类考试、职称评聘等7项监督。制定了廉政文化进校园工作方案，落实了廉洁教育进课堂工作。

党的基层组织建设。开展6个基层党总支(直属党支部)换届调整工作；举办基层党支部书记培训班，全面推进基层党组织“五个基本”、“七个体系”建设。结合学校深入开展创先争优活动，推动创建“五好”基层党组织和争当“五个模范”共产党员学习实践活动，组织考核小组对全校党总支、直属党支部的建设进行了考核检查。坚持党员发展工作的十六字方针，加大对入党积极分子培训力度，积极慎重做好党员发展工作，坚持发展党员公示制度。2010年，学校共发展新党员896人。其中，学生党员887人、教工党员9人。

【宣传工作】　学校以开展创先争优活动、更名大学庆典工作为重点，利用学校校报、橱窗、校园网、广播台、电子显示屏等媒体，开展形式多样的宣传工作，弘扬优秀文化，倡导和谐校园。校广播台获“2010年湖北省高校广播工作优秀集体”称号。通过校园网发布新闻稿件330篇；编辑校报17期，与120多家兄弟院校进行了校报交流；编发了创先争优活动简报15期。加大对外宣传力度，邀请省内各大报纸、电视媒体对学校改革发展取得的成果进行系列报道，产生了良好的社会效应。2010年，省内外多家报刊媒体和官方网站80多次对学校进行正面报道。开展精神文明创建活动，学校被省委、省政府授予2009—2010年省级最佳文明单位，积极开展国家级精神文明建设先进单位的创建工作。

撰稿　陈　军

审稿　陈长虹　汪海洋

附：　**学校负责人及地址**

(2010年1月—12月)

校党委书记　汪　华

副 书 记　王　华　尹　龄　李水清

校　　长　王　华

副 校 长　胡永年　张良玉　王　平　黄必胜

地　　址　武汉洪山区黄家湖西路1号

邮　　编　430065

电　　话　68890088(校办)
68890017(传真)

邮　　箱　hbctcm@163.com

○湖北医药学院

【基本情况】

学校基本情况统计

类　　目	数　量	类　　目	数　量
一、学生情况(单位:人)		三、教职工构成(单位:人)	
1. 普通高等教育在校学生总数	7 026	1. 总数	942
其中:博士生数	—	2. 专任教师数	523
硕士生数	—	3. 院士	—
普通本科生数	5 901	其中:外聘院士	—
普通专科生数	1 125	4. 正高级职称数	53
2. 普通高等教育招生数	1 738	5. 副高级职称数	180
其中:博士生数	—	6. 博士生导师数	—
硕士生数	—	7. 硕士生导师数	78
普通本科生数	1 580	8. 长江学者特聘教授数	—
普通专科生数	158	9. 楚天学者特聘教授数	1
3. 普通高等教育毕业生数	1 992	四、办学条件	
其中:博士生数	—	1. 年末固定资产总值(万元)	41 379
硕士生数	—	2. 校园占地面积(万平方米)	42
普通本科生数	1 083	3. 年末校舍面积(万平方米)	23
普通专科生数	909	4. 教学仪器设备总值(万元)	9 558
4. 成人及其他高等教育学生数	6 521	5. 图书馆面积(平方米)	15 931
5. 外国留学生数	—	6. 年末纸质图书册数(千册)	810
二、学科及专业设置(单位:个)		7. 教学用计算机台数(台)	1 906
1. 一级学科数	—	8. 各类专业实验室总数(个)	28
2. 博士授予权点数	—	其中:国家重点实验室(个)	—
3. 硕士授予权点数	—	省部级实验室(个)	1
4. 本科专业数	10	9. 工程(技术)研究中心(个)	—
5. 专科专业数	4	其中:国家工程研究中心(国家发改委)	—
6. 国家级重点学科数	—	国家工程技术研究中心(科技部)	—
7. 省部级重点学科数	6		

【学校更名】 2010年5月，学校由“郧阳医学院”更名为“湖北医药学院”，学校的服务面向、办学空间更广更大，为学校第二次党代会提出的办学目标奠定了坚实基础。11月8日，学校举行了建校45周年暨更名庆典活动。

【制定“十二五”规划】 学校党委重视制定“十二五”规划工作，组织专班，摸底调研，专题讨论，举行座谈，征集并梳理师生员工的意见建议。查找影响和制约学校事业发展的突出问题，分析事业发展面临的机遇和挑战，编制了符合学校实际的“十二五”事业发展规划，提出了发展目标，明确了战略任务，制定了保障措施，为学校第十二个五年的事业发展指明了方向。

【学科建设】 (1)注重优化学科布局。新增临床医学一级学科和药剂学二级学科为省级重点培育学科，临床医学和基础医学2个一级学科为硕士学位授权学科。启动了管理学硕士生联合培养工作。(2)强化学科建设管理。逐步完善了学科建设管理机构，落实了“3321工程”项目负责人责任制，实现省校、校院共建科研平台的计划，出台了药学、管理学课程建设中长期规划。(3)着力推进申硕建设。组织完成了《新增博士、硕士学位立项建设单位》项目进展的半年报告、年度报告，落实了“3321”工程建设任务，百万元重奖了一批学科建设和科技进步工作者。(4)加强科研平台建设。完成了省级“医学人文研究中心”申报，以及“武当生物医药转化研究所”论证工作。新建了理学与医学交叉学科研究平台——图像分析和医学信息处理研究所，挂牌建设了十堰市生物医药产业创新基地——国家中医药管理局中医药科研三级实验室。

【科研工作】 全年投入获得课题经费600多万元，其中获纵向经费261.7万元，学校及附属医院配套经费289.7万元，科技奖励110万元。组织申报科研项目351项，厅局级以上项目40项，其中国家社科基金项目3项、教育部人文社科研究项目3项、湖北省自然科学基金项目25项、大学科技园首批入园项目2项、世界著名科学家来鄂讲学计划项目2项。组织科技鉴定20项，获省政府科技进步奖6项，十堰市政府科技进步奖17项。全年共发表论文1 851篇，其中SCI等三大检索系统收录论文60篇，主编教材及编著59部。

【质量工程】 2010年，学校质量工程成果显著，基础医学实验教学团队成为省级教学团队，《外科护理学》申报为省级精品课程，临床医学成为品牌专业建设项目，护理学通过品牌专业验收，学校已形成了颇具影响的2个国家特色专业、2个省级品牌专业和3个省级品牌建设专业的发展格局。示范中心建设成绩突出，完成了英语语言学习中心、计算机教学中心和护理技能培训中心的软硬件建设，其中英语语言学习中心顺利接受了省级示范中心评估。临床教学资源进一步丰富，襄阳市第一人民医院经省卫生厅批准为附属医院。

【教学改革与研究】 学校加强了以教学模式、教学手段和考试方法为主的教学改革，启动并完成了各专业课程教学大纲的编写，完善了专业人才培养方案。注重加强实验教学平台建设，开展了“三段式”综合考试、临床技能大赛，强化学生实践技能学习。实行毕业论文答辩，全面考察学生综合素质。坚持以“标志性教学成果的遴选和培育”为重点，强化省校两级教研立项以及“十一五”规划课题、优秀成果奖的申报，新增9个省级教研项目、6个省级课题和19个校级教研立项。

【人才队伍建设】 2010年，学校引进硕士及以上学历教师17人，先后选送近50名教师定向(或委托培养)攻读博硕士研究生，或外出进修培训、赴国外访学。科学制定职称评审方案，组织开展了涉及600多人次的职称考试、水平测试，以及职称评审等工作。按照国家、省事业单位人事及分配制度改革的安排部署，完成了教师、管理、非教师专业技术、工勤四种类型864名教职员工的首次岗位设置与聘任工作。

【学生管理】 坚持“服务育人、管理育人”，探索构建“大学工”工作格局，实行“学工抽查、院系自查”学风督导，规范辅导员队伍考核培训，加强学风校风建设。开展爱国爱校主题教育，树立文明行为新风，提高学生综合素质。全年组织或参与大型活动近50项，累计60多名学生获得省级或国家级奖励，其中学校爱心社获“湖北省大学生优秀社团标兵”称号；乒羽协会获“湖北省优秀社团”称号，2名学生获“湖北省优秀社团干部”称号，2个项目在湖北省“挑战杯”大学生创业计划竞赛中获铜奖，医学大学生创新活动基地被评为“湖北省高等学校大学生创新活动基地”。组织学生参与社会服务，先后成立社会实践服务团队20支，建立志愿者基地10个，在第四届传统武术节中作出了突出贡献，被授予二等功表彰。

【学生资助】 坚持“以生为本”，构筑和完善贫困生资助体系，实行贫困生档案动态管理，巩固并扩大勤工助学基地，拓展勤工助学渠道。全年共审定贫困生档案2 677个，筹集“共产党员基金”、“阳光助学金”30万元，申请国家助学贷款452万元，办理生源地贷款680万元，发放奖助学金及困难补助913万元，开辟勤工助学岗位4 211个。关注学生心理健康教育，完善防御系统，建立危机干预机制。全年无一名学生因经济困难而失学，无一名学生因心理障碍而出现意外。

【招生与毕业生就业】 坚持“以服务为宗旨、以就业为导向”，健全招生就业工作体系。2010年，学校面向全国录取普通本、专科生1 611人，并首次招录“农村订单定向免费培养医学生”本科生90人。拓展就业渠道，开展就业服务评估，提高毕业生就业质量。制定并实施了鼓励学生到西部、到基层和艰苦地区就业的优惠政策，引导学生面向基层就业和自主创业。营造“全员参与毕业生就业”的工作氛围，调动教师参与毕业生就业工作。健全大学生就业指导体系，加强就业指导课程建设，加强就业市场建设。全年就业工作举办31场次招聘会,提供就业岗位4 000多个。2010年,本科生就业率为93.8%,专科生就业率为91.8%。

【对外交流与合作】 坚持开放办学理念,深化与国内外有关合作单位的交流,鼓励并支持教师外出访学交流,拓展学生出国留学和就业渠道。注重开辟国际合作新途径,加强与莱特州立大学的合作、与伯明翰城市大学的联系,扩大学校的社会影响力和国际知名度。2010年,共送出留学生11人,选送干部职工外出交流40多人次,邀请专家教授来校交流30余人次,开展合作科研10余项。完成了留学生教育的前期考察论证,为后期筹备工作奠定了良好基础。

【校园基本建设】 按照"兴建两个新校区,改造一个老校区"的方针,科学调整校园整体规划,加强校园建设,全面改善校园环境。学校药护学院新校区建成,实现了药护学院独立校区的办学要求,基本达到教育部办学标准;调整维修了全校的教室和学生宿舍,改善了学生的学习、生活条件;动工兴建了流水游园;实现了运动场、篮球场塑胶化,改建了羽毛球馆、乒乓球馆,体育文化设施明显改善;完成了学校大门、校园主干道黑化、亮化和美化工程;启动并完成数字化校园二期工程,有效整合校内数字资源,基本实现了校园"一卡通";完成了"上林苑"商住楼的建设,学校整体办学条件得到明显改善。

【制度建设与管理】 学校修改、完善并汇编了包括学校《章程》在内,涉及党建、教学、科研、学生管理和后勤保障等方面内容的115个规章制度,为学校制度化、规范化管理打下了良好的基础。推进与附属医院建立新型合作关系,完善"人财物相对分离、责权利力求统一"的管理模式,制定了新型合作关系协议书,明确了双方的责权利,强化了目标责任管理。理顺财务管理机制,修订完善制度体系,合理执行预算编制,有效保证了教学、科研工作的良性运转,得到上级主管部门的认可,先后获全省教育经费统计先进单位和决算先进单位称号。采取积极措施,争取国家、省政府对学校支持,财务预算首次突破亿元大关。健全完善监察审计体系,规范招投标管理,严格执行全过程审计。全年共开展工程监审50余次,项目跟踪40余次,接收基建维修验收28项,审计金额2 905万元,审定造价2 442万元,审减率达16%,被授予"全省教育审计先进机构"称号。

【党建与思想政治教育】 坚持以"创先争优"活动为主线,加强和改进党员干部思想建设、组织建设和作风建设。(1)开展了创先争优活动,健全完善党建管理制度,坚持开展"主题党日"活动,构建学校党建工作新格局。(2)围绕建设学习型党组织,开通党员干部学习平台,组织党委中心组学习,加强职工政治教育和新闻宣传工作,推进文明单位和文化校园创建,提高理论武装水平。(3)优化了基层党组织设置,组织全校13个分党委(总支)召开了党员大会,选举产生新的领导班子,明确了"十二五"党建及事业发展目标。(4)建立健全了系列干部工作管理制度,创新实施处级干部差额推荐考核,组织了部分正副处级岗位的选拔竞聘。加强后备干部队伍建设,选拔确定了一批正副处级后备干部。(5)开展了专项治理活动,有重点、有针对性地开展了清理整治工作,党风党纪、校风校纪得到加强和改进。

【和谐校园建设】 全面加强和改进党的建设,推进社会主义核心价值体系建设,认真开展党员干部思想政治教育、作风建设,以及丰富多彩的校园文化生活,有效发挥"思想政治理论课"在大学生思想政治教育中的主阵地、主渠道作用,发挥群团组织的桥梁纽带作用,组织开展"文明单位"、"文明科室"和"文明个人"评选,培育校园文明新风。完善校园安全防范体系,落实领导干部目标责任制,加强法制宣传和安全教育,加强校园网络管理,做好国家安全人民防线和保密工作。加强校园治安综合治理和周边环境整治,及时排查和化解矛盾与纠纷,有效维护了良好的教学、工作和生活秩序。

撰稿 王有涛
审稿 李 涛

附: 学校负责人及地址

(2010年1月—12月)

院党委书记 黄铁柱
副 书 记 涂汉军 李格非

院 长 涂汉军
副 院 长 徐少勇 李云霞 严世荣

地 址 十堰市人民南路30号
邮 编 442000
电 话 0719—8891088
网 址 http://www.hbmu.edu.cn/

○湖北民族学院

【基本情况】

学校基本情况统计

类　　目	数　量	类　　目	数　量
一、学校情况(单位:人)		三、教职工构成(单位:人)	
1. 普通高等教育在校学生总数	13 646	1. 总数	1 433
其中:博士生数	—	2. 专任教师数	812
硕士生数	148	3. 院士	1
普通本科生数	12 616	其中:外聘院士	1
普通专科生数	882	4. 正高级职称数	99
2. 普通高等教育招生数	3 694	5. 副高级职称数	315
其中:博士生数	—	6. 博士生导师数	3
硕士生数	62	7. 硕士生导师数	87
普通本科生数	3 632	8. 长江学者特聘教授数	—
普通专科生数	—	9. 楚天学者特聘教授数	2
3. 普通高等教育毕业生数	3 496	四、办学条件	
其中:博士生数	—	1. 年末固定资产总值(万元)	46 977
硕士生数	28	2. 校园占地面积(万平方米)	78
普通本科生数	2 779	3. 年末校舍面积(万平方米)	54
普通专科生数	689	4. 教学仪器设备总值(万元)	9 775
4. 成人及其他高等教育学生数	3 128	5. 图书馆面积(平方米)	18 274
5. 外国留学生数	2	6. 年末纸质图书册数(千册)	1 038
二、学科及专业设置(单位:个)		7. 教学计算机台数(台)	3 041
1. 一级学科数	—	8. 各类专业实验室总数(个)	61
2. 博士授予权点数	—	其中:国家重点实验室(个)	—
3. 硕士授予权点数	6	省部级实验室(个)	6
4. 本科专业数	49	9. 工程(技术)研究中心(个)	—
5. 专科专业数	13	其中:国家工程研究中心(国家发改委)	—
6. 国家级重点学科数	—	国家工程技术研究中心(科技部)	—
7. 省部级重点学科数	5		

【教育教学改革】　(1)推进人才培养模式改革。2010年，湖北民族学院组织申报湖北省高等学校战略性支柱(产业)人才培养计划，旅游管理专业已被省教育厅正式立项，同时，与州内外相关企业签订了合作协议，制定联合人才培养计划；与四川大学联合培养本科生，初步达成相关合作协议。推进大学英语课程教学内容和教学方法改革，有4门课程实施双语教学，继续推进大学英语分级教学，学生的大学英语四、六级通过率较2009年有明显提高。(2)加大教学研究项目管理力度。组织2009年度教学研究项目的立项评审工作，投入立项经费14.8万元，确定了41项校级教学研究项目，推荐13项参与省级教学研究项目评审，其中获批5项。加强对在研项目的管理，对2009年立项的51项未结题省级、校级教学研究项目进行了中期检查和结题验收，校级教学研究项目结题16项，省级教学研究项目结题1项。(3)严格学籍学位管理。完成了2010届毕业生3 463人的学历注册，并实现在线查询。全年完成了3 530名应届毕业生的学位授予工作。(4)强化教学质量评价与监管。2009年，学校处理考试违纪学生28人；对6个二级学院毕业论文的审阅与评价、12个二级学院的试卷批阅和试卷管理进行了抽查。(5)质量工程取得实效。全年新增国家级特色专业建设点1个、省级品牌专业1个、省级精品课程1门、省级教学团队1个，获省普通高等学校战略性新兴(支柱)产业人才培养计划项目1个。数学与应用数学专业顺利通过省教育厅专家评估验收，被授予"湖北省品牌专业"称号。

【学生实践创新】　2010年，学校学生在全国大学生数学建模竞赛中获二等奖1项；在"IT"杯湖北省大学生电子设计竞赛中，获二等奖2项，三等奖3项；在湖北省电子设计ALETRA杯SOPC专题竞赛中，获一等奖1项，三等奖2项，其中一等奖获得者还被推荐参加在上海举行的全国ALTERA杯SOPC专题竞赛决赛，获全国二等奖；在湖北省普通高校大学生化学实验技能大赛中，获二等奖1项，三等奖3项；在湖北省高等学校首届大学生生物实验技能竞赛中，获二等奖2项，三等奖5项，学校获"优秀组织单位"称号；在湖北省师范生教学技能竞赛中，获三等奖3项。在湖北省第七届少数民族传统体育运动会上，学校代表团获6金5银4铜，位居总分第四位和金牌榜第四位，同时，代表团获体育道德风尚奖。学生通过"三下乡"、青年志愿者等形式服务社会，社会实践活动的参与面和覆盖面不断扩大，2010年，学校被省委宣传部、团省委等部门授予"大学生社会实践活动优秀组织奖"。学生科研能力明显提升。在2010年湖北省大学生优秀科研成果奖的评选中，获省二等奖1项，三等奖3项。学校加强了论文的过程管理，对论文工作前期准备、中期检查、答辩评审、评优推优等环节进行了规范和督查，学校组织了湖北省优秀学士学位论文的推荐工作，2010年，学校上报106篇学士学位论文，获优秀论文64篇，获奖率突破50%。在校研究生公开发表学术论文50多篇，其中SCI、EI等检索10篇。学校表彰了2010届毕业生三好学生标兵23人，三好学生288人，优秀学生干部104人，创三好积极分子484人，优秀毕业生1 405人。在2009－2010学年度学生素质综合测评中，评选并表彰了特等优秀学生20人，三好学生标兵222人，三好学生859人，优秀学生干部416人，创三好积极分子1 647人，优秀研究生9人和优秀研究生干部5人，评选表彰了61个校级先进班集体。12月20日，全国高校国家奖学金获奖学生暨全国学生资助工作先进单位表彰大会在北京举行，学生夏青作为湖北省唯一的一名学生代表，赴京参加会议并接受颁奖。

【学科建设】　2010年，学校民族学、数学、林学、化学工程与技术、中医学五个一级学科硕士点顺利通过省学位委员会的专家评审。民族学、林学两个一级学科成为湖北省重点(培育)学科。学校调整学校学科建设领导小组，在各二级学院成立相应的学科建设领导小组，完善了学校、学院、学科三级学科建设责任制和管理机制。出台了《湖北民族学院校级重点建设学科实施办法(试行)》等具体管理办法，明确提出以学科建设绩效为主体的学科建设经费投入模式，努力提高学科建设经费使用效益。学校引进高层次人才，实施"人才强校"战略。全年共引进和录用34人，其中博士10人，硕士17人，本专科7人。教师队伍中，新增"国务院政府津贴"专家1人、"享受省政府专项津贴"专家1人、湖北"百人计划"1人，评审通过正高职称23人、副高职称44人。坚持引进与培养并重，通过在职攻读博士学位、访问进修等形式不断提高现有教师的学科素质和业务水平。

【科技工作】　学校国家自然科学基金项目批准立项2项，国家社科基金项目批准立项7项，国家社科基金

2010年9月21日至26日，湖北省第七届少数民族传统体育运动会在长阳土家族自治县举行，湖北民族学院代表团取得6金5银4铜的优异成绩

(艺术学)项目批准立项4项，国家教育部批准立项1项，国家民委批准立项9项，国家中医药管理局批准立项1项，省自然科学基金项目批准立项17项，省教育厅批准立项21项，省卫生厅批准立项3项，省教育厅2010年度项目立项16项，全国教育规划课题申报5项，省教育科学"十一五"2010年度课题立项5项，恩施州科技局批准立项13项。国家社科基金后期资助项目申报2项，2010年度教育部人文社会科学研究一般项目批准立项2项，教育部社会科学研究后期资助申报1项。2010年，自然科学类总的申报数为165项，立项77项，中标率为46%；社会科学类总的申报数为124项，立项36，中标率为30%。2010年，学校纵向课题合同经费和横向项目到账经费突破800万元。其中仅国家中医药管理局一个项目就获得260万元经费资助。2010年，学校申报奖项110项，已获奖项42项，其中，省科技进步奖二等奖、三等奖各1项，国家民委民族问题研究优秀成果奖一等奖、二等奖、三等奖各一项，国家民委第二届社会科学研究成果奖二等奖2项、三等奖3项，省优秀科技工作者和优秀科普工作者2项。恩施州各类奖项30多项。科研项目结题率提高，其中自然科学有37项结题，4项进行成果鉴定。成功申报湖北省药用植物资源开发利用技术创新基地并获得批准。学校承办了湖北地区国家自然科学基金管理工作联络网2010年度工作会议，完成各项工作任务。在5月全国科技活动周期间，组织200余名学生到建始县、来凤县、巴东县、宣恩县、利川市等地宣传科普知识，发放各类科普宣传资料5 000余份。2010年，学校被省科技厅、省委宣传部、省科协评为湖北省"科普宣传先进单位"，在9月份的湖北省第六届产学研洽谈会上，学校获"最佳组织奖"称号。

【招生与毕业生就业】 学校严格执行国家招生政策，在录取工作中实施远程录取办法，成立了由校领导任组长的"2010年湖北民族学院招生录取工作领导小组"，安排专人全程参与各层次的录取工作并对预录取结果进行了审核，保证了录取结果的公开、公正和公平。开辟"招生信息平台"，保证了信息畅通，维护了学校普通高等教育招生秩序。利用"招生就业网"适时发布信息，在湖北招生信息网、全国招生统一咨询平台开辟了"招生答疑平台"，为考生准确了解学校招生进程及相关专业信息提供了及时的信息化服务。2010年，学校完成了23个省(直辖市、自治区)的48个普通专业本科、民族预科班、专升本等不同类别录取工作，生源来源于全国24个省(直辖市、自治区)的21个民族。学校毕业生中师范类与医学类两大门类所占比例较大，师范生976人，医学类399人。2010年，学校毕业生签约率92%，其中师范生签约率93.4%，非师范生签约率91.4%。

【扶贫助学工作】 2010年，学校发放各类奖、助学金和补贴3 445.8万元，受助人数7 810人次。学校40名学生获国家奖学金共计32万元；553名学生获国家励志奖学金共计276.5万元；75名学生获省政府奖学金共计15万元；3 780名学生获国家助学金共计567万元。学校还评选特等奖学金20人，发放特等奖学金共计10万元；发放新长城助学金共计8万余元，发放新疆籍少数民族补贴共计27万余元，评选建行奖学金50人，发放建行奖学金共计15万元，落实企业资助金5万元，发放应征入伍学生学费补偿共计17万元。全年安排1 800余人次贫困学生参加勤工助学，发放勤工助学补贴60余万元。为春节期间因困不能返家的150名学生发放慰问金2.8万元。为807名学生办理了校园地贷款350余万元，为3 985名学生办理国家生源地助学贷款2 000余万元。

【学术刊物】 《湖北民族学院学报》全年出正刊14期，增刊3期，总计341万字。2010年，学报各版影响因子均有较大幅度提高，哲社版的影响因子达到0.547，自然科学版影响因子为0.480，较2009年0.241有较大程度提高，排在民族院校学报自科版的第一位，医学版影响因子由0.227上升到0.351。学报哲社版在全国653家综合人文社会科学期刊中排名第176位，较2009年上升13位，在全国27家民族学期刊中排名第9位；自然科学版在全国504家综合自然科学期刊中排名第172位，较2009年上升15位，在全国民族高校自然科学期刊中排名第一位；医学版在全国224家综合性医药卫生期刊中排名第78位，在省内5家医学期刊中居第三位。2010年，学报哲社版被评为"湖北省优秀期刊"和教育部"第四届全国高校优秀社科期刊"，"土家族研究"栏目被评为"特色栏目"。

【对外交流与合作】 2010年，学校共派出参加各类学习和交流活动的教师和管理干部达43人次，其中出国培训26人，国际交流员1人，出国访问及参加学术会议16人次。2010年，共接待来自美国、英国、德国、日本、韩国、中国香港等国家和地区的来访团组12个、21人次，分别与学校开展学术交流、学生交流项目或就合作进行实质性商谈等。2010年，学校首次派出19名学生出国留学深造，其中5名赴日本，5名赴英国，3名赴澳大利亚，4名赴美国，1名赴加拿大，1名赴韩国。重新启动招收留学生工作，招收了2名日本籍的留学生来校学习汉语。聘请长期外教9人，分别来自美国和日本。学校结合实际制定了一系列新的管理制度和各类事件的应急预案，尽量避免外教管理上的漏洞，同时增强服务意识，提高服务水平，工作得到外教的一致肯定。4月18日，湖北民族学院校友会第一次会员代表大会召开，完成了校友会的注册登记工作，使学校校友工作逐步走上正轨。成立了湖北民族学院2010年暑假社会实践活动"杰出校友采访服务队"，并于7月15日至9月15日开展了杰出校友采访活动。9月30日，咸丰医学校友会成立，12月5日武汉校友会成立。

【管理制度建设】 学校制定了《湖北民族学院岗位设置管理暂行办法》及配套管理制度，按照规定的政策，完成岗位聘用、人员定岗、岗位津贴兑现等改革任务。全年共计完成各类审计项目85项，其中，经济责任审计5

项、财务收支4项、专项审计2项、基建和修缮工程审计74项，审计资金总额40 213.08万元。全年共立项招标项目151项，立项金额5 107.6万元，招标金额3 784.54万元，节省资金656.754 843万元；全年零星采购项目208项，预算128.21万元，采购实际支出120.05万元，节省资金8.16万元。2010年，学校新增国有资产6 356.36万元。严格资产验收程序，做好固定资产的验收入账和登记管理。全年验收仪器设备4 248台(件)，家俱设备3 045件，验收入帐资产1 708余万元。全年外修设备8台(套)，内部维修设备148台(件)，使价值248万元的设备得到恢复利用，提高了设备利用率。将校内外闲置的公用房间、经营门店严格招租，为学校创收188.62万元。

【党建与思想政治教育】 学校党委认真贯彻党中央关于加强党的执政能力建设的要求，坚持党委领导下的校长负责制和民主集中制。2010年，学校党委常委分别到各分党委(党总支)、党支部开展党建调研，了解基层党组织的建设情况，解决党建工作中存在的主要问题。制定《中共湖北民族学院委员会全体会议议事规则》、《湖北民族学院党委常委会议议事规则》，对全委会、常委会的议事范围和程序进行严格的规定。校党委理论学习中心组全年共组织集中学习与自学7次，分专题认真学习贯彻党的十七届四中、五中全会和全国教育工作会议精神，多次召开工作会议，研究解决学校发展中的难题，组织副处级干部参加中心组扩大学习，提高领导干部的理论素养。定期举办各类讲座，引导学生成人成才，推进科学理论进学生头脑、进教材、进课堂工作。开展学习型党组织创建活动，7月，学校启动“党徽闪耀工程”，开展创先争优活动，首次设置21个岗位为“共产党员示范岗”。学校继续探索学生思想政治工作新模式，加强学生的民族团结教育和爱国主义教育，提升大学生的思想政治素质。以文明修身为主题，开展思想道德教育；以“民族文化节”为依托，开展民族团结进步教育；以“青年马克思主义者培养工程”为龙头举办骨干培训班，发挥引领示范作用，提高广大青年学生的综合素质。加强入党积极分子培养，全年共有1 788名优秀青年发展成为中共预备党员。学校举办以“创新工作机制，服务学生发展”为主题的学生工作理论研讨会，总结近5年来学生工作的经验和不足，探讨新形势下加强和改进大学生思想政治工作的新途径和新方法。2010年，学校被省委、省政府表彰为“湖北省民族团结进步模范集体”。

【反腐倡廉】 学校加强作风建设，倡导求真务实的工作作风，自觉贯彻党的群众路线，着力加强反腐倡廉建设，形成了健康向上的良好风貌。加强对广大党员和领导干部廉洁自律教育，开展廉洁文化建设，召开党风廉政建设暨校纪委一届二次全会，认真学习贯彻《廉政准则》的精神，提出“十二个必须、十八个严禁”的要求，开展警示教育。落实“一岗双责”制度，明确党政班子成员廉政建设职责和全年廉政建设工作重点，各单位党政负责人结合工作实际，实行责任分解，与副职、科室负责人分别签订党风廉政建设责任书，形成“一级抓一级、层层抓落实”的良好格局。启动腐败风险预警防控体系建设，查找腐败风险点，制定防范措施。

【后勤保障】 9月28日，全国民族院校建设项目启动仪式暨湖北民族学院综合教学楼奠基仪式举行，中央投资1亿元的综合教学楼获准建设。学校利用暑假时间对三洼学生公寓、校内道路两旁的路灯进行了全面改造。400多套职工住房开工建设。完成了三洼学生宿舍区道路、学生浴室等建设；完成了教工区大面积防雷维修工程；对老年门球场进行了改造，建成了塑胶门球场；完成了风雨棚训练场木地板维修、新建综合教学楼施工图设计和审查、三洼学生宿舍3号楼招标前期准备工作和二洼学生宿舍6号楼场地平整工作。学校加强教育教学设备建设和图书资料建设，全年完成300万元的图书采购任务。

撰稿　高波涛

审稿　张　刚

附：　　学校负责人及地址

(2010年1月—12月)

院党委书记　胡茂成

副　书　记　吴建清

院　　　长　戴小明

副　院　长　汪兴平　李世荣　李清政

地　　　址　恩施市学院路39号

邮　　　编　445000

电　　　话　0718—8438945、8437832

网　　　址　http://www.hbmy.edu.cn

○湖北经济学院

【基本情况】

学校基本情况统计

类　　目	数　量	类　　目	数　量
一、学生情况（单位：人）		三、教职工构成（单位：人）	
1. 普通高等教育在校学生总数	15 153	1. 总数	1 160
其中：博士生数	—	2. 专任教师数	772
硕士生数	—	3. 院士	—
普通本科生数	11 677	其中：外聘院士	—
普通专科生数	3 476	4. 正高级职称数	66
2. 普通高等教育招生数	4 646	5. 副高级职称数	277
其中：博士生数	—	6. 博士生导师数	1
硕士生数	—	7. 硕士生导师数	29
普通本科生数	3 654	8. 长江学者特聘教授数	—
普通专科生数	992	9. 楚天学者特聘教授数	4
3. 普通高等教育毕业生数	4 219	四、办学条件	
其中：博士生数	—	1. 年末固定资产总值（万元）	174 011
硕士生数	—	2. 校园占地面积（万平方米）	113
普通本科生数	2 908	3. 年末校舍面积（万平方米）	57
普通专科生数	1 311	4. 教学仪器设备总值（万元）	8 878
4. 成人及其他高等教育学生数	6 827	5. 图书馆面积（平方米）	42 587
5. 外国留学生数	4	6. 年末纸质图书册数（千册）	1 764
二、学科及专业设置（单位：个）		7. 教学用计算机台数（台）	2 912
1. 一级学科数	13	8. 各类专业实验室总数（个）	60
2. 博士授予权点数	—	其中：国家重点实验室（个）	—
3. 硕士授予权点数	—	省部级实验室（个）	3
4. 本科专业数	38	9. 工程（技术）研究中心（个）	—
5. 专科专业数	31	其中：国家工程研究中心（发改委）	—
6. 国家级重点学科数	—	国家工程技术研究中心（科技部）	—
7. 省部级重点学科数	3		

【教育教学改革】 2010年，湖北经济学院把“做实院系”作为主要工作目标。各院系围绕学校发展目标，结合自身实际，夯实基础，打造特色。和兄弟院系合作开展研究生教育，制定了硕士研究生教育导师组工作职责和工作规范；遴选产生了研究生导师，成立了导师组；制定了企业管理、会计学、金融学3个专业的研究生培养方案。申报了金融工程、翻译和酒店管理3个新专业。根据学校学科专业布局和大学科门类标准进行统一规划，建立了较科学的专业课程和内容体系。计算机类、工商管理类和艺术类专业按大类招生，拓宽专业口径，探索人才培养模式改革。完成了2010版本科人才培养方案修订工作，并顺利实施。

以学生实践综合能力的培养为核心，以实践教学条件的改善为重点，继续规范实践教学的运行和管理，探索教学型本科院校实践教学新模式。通过整合实践教学环节增加综合性设计性实验，加大对实验课教学规范执行情况和本科生毕业论文(设计)工作检查力度，拓展实习工作思路，改革实习内容与方式等，切实加强实践教学各环节的管理，落实实践教学环节。

【师资队伍建设】 根据学科专业建设需要，继续引进高水平教师，2010年新补充教师5人，其中博士3人。完成楚天学者岗位和人选的申报工作，规范教师进修流程，严格合同管理，鼓励教师进修培训。

【学科建设】 2010年，学校6个项目入选省级及以上质量工程项目，其中：会计学专业获国家级特色专业建设点，经济学专业获省级品牌专业立项建设项目，“经济法学”、“国际金融学”分别入选湖北省精品课程，“金融学主干课程群教学团队”入选湖北省高等学校教学团队，“金融大学生创新活动基地”获批湖北省大学生创新活动基地。金融学专业获批湖北省高等学校拔尖创新人才试验计划。高水平运动队建设资格通过了教育部评审。市场营销专业顺利通过省教育厅省级品牌专业验收。学校重点加强应用经济学学科资源整合，继续深化学科建设经费改革，学科建设经费使用效益进一步提高。

【科研工作】 学校加大科研团队建设力度，成功申报1个以“湖北省农村信用体系建设与创新研究”为主题的湖北省优秀中青年科技创新团队，学校中青年科技创新团队达到4个。“湖北物流发展研究中心”获批省人文社科重点基地，“湖北金融发展与金融安全中心”通过验收并评为优秀，成立了湖北省新农村建设研究中心。获批国家社会科学基金项目2项、教育部人文社会科学项目6项、省部级项目12项、厅级项目47项，组织出版学术专著10本。成功申报3个省高校产学研合作项目。获各类横向委托项目12项。教研项目获准立项50项，其中，校级教学研究项目获准立项33项，省级教学研究项目获准立项6项，湖北省教育科学“十一五”规划课题获准立项11项(其中重点4项)。教授吕忠梅主持的2010年度湖北省重大调研课题基金重点项目《湖北省水资源保护体制机制创新研究》获省委重大课题调研成果优秀奖，法学系与省政协经济委员会合作的“湖北省循环经济发展研究”获省发改委“十二五”规划前期调研成果一等奖，工商管理学院提交的“关于构建武汉东湖高新国家自主创新示范区物联网的建议”等两份对策报告引起省领导重视并作了批示。

【招生与毕业生就业】 2010年，学校在所有招生省份生源总体质量明显提高，湖北省内文理科录取分数线均高出二本资格线34分，列省属二本院校前列。截至2010年9月1日，本、专科毕业生初次就业率分别为92.1%和94.6%，综合就业率为92.9%。

【资助贫困生】 2010年，学校加大对家庭经济困难学生的资助力度，新增国家奖助学金416万元，直接用于奖励与资助学生的资金超过2 300万，12 000人次得到实惠，学校被评为“湖北省高校家庭经济困难学生资助工作先进高校”。

【对外交流与合作】 学校国际交流工作开创了新的局面。召开了第一次国际交流与合作工作会议，总结学校成立以来国际交流与合作工作的做法与经验，初步建立“学校为主导、院系为主体、教师为主干”的工作体制，为深化国际交流与合作工作，提高人才培养质量奠定了基础。举办孔子学院揭牌仪式。与澳大利亚斯威本大学中外合作办学项目获得批准，获中国教育部、国家留学基金管理委员会与法国教育部、法国外交部共同实施的中法“蔡元培”项目立项资助1项，获批省教育厅“世界著名科学家来鄂讲学计划”项目2个，全年共接待国外大学来访65人次，出访31人次。

【党建与思想政治教育】 (1)强化制度建设。学校党委先后制定颁布了

2010年11月26日，中国石鼓文化研究所在湖北经济学院揭牌

《中共湖北经济学院委员会关于贯彻〈中国共产党普通高等学校基层组织工作条例〉的意见》、《中共湖北经济学院委员会关于执行“三重一大”制度的暂行规定》、《湖北经济学院院系党政联席会议制度（暂行）》、《中共湖北经济学院代表大会年会制度（试行）》等党务制度，党务工作的制度体系逐步完善。(2)加强民主建设。学校召开了第二届党代会第二次会议，校党委书记周元武作了《扎实推进党的工作，引领学校科学发展》的主题报告。此次会议总结了成绩，找出了问题，统一了认识，明确了思路，促进了学校党建工作。(3)继续抓党风建设。学校制定方案，开展了创先争优活动和“学习型党组织”建设活动。学习贯彻《中国共产党党员领导干部廉洁从政若干准则》，开展“党风廉政建设宣传教育月”活动，举办反腐倡廉图片展、廉政讲座等，加强对腐败风险预警防控，对学术不端、违反财经纪律等问题进行了严肃处理，用反面典型警示教职员工，收到了很好的教育效果。认真贯彻省教育厅《关于进一步加强和改进师德师风建设的意见》，明确要求，采取有力措施，加强师德师风建设，举办了“全国教书育人楷模”汪金权、“全国道德模范”谭之平先进事迹报告会，用先进事迹教育教职员工。校党委书记周元武作为全省高校唯一代表，被省纪委授予“湖北省勤政廉政典型”称号，并在省纪委九届七次全会上，代表校党委报告学校落实党风廉政建设责任制和推进惩防体系建设情况。(4)坚持党管人才的原则，改善人才管理工作。在党建工作中，提出了新的人才观和育人观，即教师是人才，大学生也是人才，教师既要培养学生，又要提高自己。校党委不断加强自身建设，认真落实省委组织部布置的网上学习任务，坚持中心组学习制度，联系学校工作和自身实际，开好民主生活会。落实干部培训规划，全年举办了4期青年干部培训班。(5)以创建“全国精神文明建设工作先进单位”为契机，开展群众性精神文明创建活动。2010年，我国遭遇多种自然灾害，全校师生员工为西南干旱地区、青海玉树地震灾区、“城乡共建，结对帮扶”乡村共计捐款29.42万元。坚持用先进文化教育和引导青年学生，开展各类主题教育及文化娱乐活动，丰富了校园文化生活，提升了青年学生的综合素质。“平安校园”创建活动深入开展，校园安全稳定。学校先后被湖北省有关部门授予“全省最佳文明单位”、“湖北省教育系统模范教职工之家”、“全省大学生思想政治教育进网络工作先进基层单位”、“湖北省高校共青团学生骨干培养优胜单位”、“湖北省全民健身活动先进单位”等称号。

【学校制度建设】 人事制度改革稳步推进。9月，学校开展了以岗位设置与聘用制改革为核心内容的人事制度改革，年底岗位设置和聘用制改革工作已基本完成，成为省属高校第一个完成该项任务的高校，并在全省事业单位工作会议上作了经验交流，得到省人社厅充分肯定和高度评价。学生管理工作方法不断创新。学生管理工作坚持“以教学为中心、育人为根本”，在传承的基础上，探索新理念、新方法，提出了“把住思想引领的航线、抓住学风建设的主线和守住安全稳定的底线”的“三线”工作方法。开展了形势政策教育、新生入学教育、毕业生离校教育、女生专题教育等4项专题教育活动。按照广泛参与、自主创建、分类申报、分类评选，个性发展、服务成才的原则，开展了文明特色寝室创建活动。财务与资产管理效益明显。加强加大财务管理制度体系建设，制定、修订了《湖北经济学院各级负责人经济责任制》、《湖北经济学院专项经费管理办法》等6项制度。根据学校发展需要，调整预算编制指导原则，细化年度预算编制，强化预算的刚性管理，严格各类经费支出审批程序。坚持开展基本建设的跟踪审计，优化资产网络管理系统，对学校固定资产中的房产建筑物进行了全面清理核查，理顺了办公设备购置与维护职责，资产管理效益进一步提升。

【后勤保障】 学校后勤集团强化管理，优化服务，保障能力进一步增强，2010年学校获“全国绿化模范单位”、和“湖北省高等学校节约型校园建设先进单位”称号；校亿优公司推行学生公寓社区化管理模式，被湖北省高校后勤服务中心授予“湖北省高校后勤宿舍管理先进单位”；教职工上下班交通和公务用车安全有保障，服务质量和经济效益上了新台阶，被洪山区政府评为“2010年度洪山地区道路交通安全先进集体”；大学生医保工作稳步推进，医疗服务水平继续提升。

撰稿　林三洲
审稿　张奋勤

附：　学校负责人及地址

（2010年1月—12月）

院党委书记　周元武
副　书　记　廖长林

院　　　长　吕忠梅
副　院　长　张奋勤　吴少新　柯美录
　　　　　　梁前德　漆腊应

地　　　址　武汉市江夏区藏龙岛开发区杨桥湖大道8号
邮　　　编　430205
电　　　话　027－81973711(院办)
　　　　　　027－81973784(发规处)
网　　　址　www.hbue.edu.cn

○湖北警官学院

【基本情况】

学校基本情况统计

类　　目	数　量	类　　目	数　量
一、学生情况(单位:人)		三、教职工构成(单位:人)	
1. 普通高等教育在校学生总数	2 375	1. 总数	518
其中:博士生数	—	2. 专任教师数	300
硕士生数	—	3. 院士	—
普通本科生数	1 755	其中:外聘院士	—
普通专科生数	620	4. 正高级职称数	23
2. 普通高等教育招生数	359	5. 副高级职称数	86
其中:博士生数	—	6. 博士生导师数	—
硕士生数	—	7. 硕士生导师数	—
普通本科生数	359	8. 长江学者特聘教授数	—
普通专科生数	—	9. 楚天学者特聘教授数	—
3. 普通高等教育毕业生数	1 179	四、办学条件	
其中:博士生数	—	1. 年末固定资产总值(万元)	33 913
硕士生数	—	2. 校园占地面积(万平方米)	75
普通本科生数	622	3. 年末校舍面积(万平方米)	11
普通专科生数	557	4. 教学仪器设备总值(万元)	7 062
4. 成人及其他高等教育学生数	—	5. 图书馆面积(平方米)	17 815
5. 外国留学生数	—	6. 年末纸质图书册数(千册)	642
二、学科及专业设置(单位:个)		7. 教学用计算机台数(台)	1 250
1. 一级学科数	—	8. 各类专业实验室总数(个)	10
2. 博士授予权点数	—	其中:国家重点实验室(个)	—
3. 硕士授予权点数	—	省部级实验室(个)	1
4. 本科专业数	9	9. 工程(技术)研究中心(个)	—
5. 专科专业数	4	其中:国家工程研究中心(国家发改委)	—
6. 国家级重点学科数	1	国家工程技术研究中心(科技部)	—
7. 省部级重点学科数	—		

【教学工作】 2010年，湖北警官学院严格教学常规管理，从教学源头抓教学规范，落实学院外请教师管理制度，规范日常教学管理。组建教学督导组，通过课堂听课、抽查教学文件、个别谈话、座谈等形式了解师生教学情况，进行教风、学风调查和师资状况检查。坚持“以素质能力培养为核心，以忠诚信仰为宗旨，以实际需求为导向”，培养适应社会发展和公安工作发展的具有较高综合素质的应用型、复合型专门职业人才，全年完成8 300余课时教学量，举行了11场次高水平、高质量的公开课。规范学籍管理，探索政法干警试点班学籍管理的新模式。对毕业生的资格和学籍等问题进行了详细的核查，对排查出来的问题进行逐一核实，没有出现违规、违纪等问题。组织首届学警及2007级和2008级公安专业学生赴武汉市、黄石市、十堰市、襄樊市、黄梅县等公安机关开展警务实习。

【学科专业课程建设】 组织申报国家级和省部级精品课程、教学团队、实验室等11个项目，其中“治安学”获国家级精品课程，“李昌钰工作室大学生创新活动基地”获省级大学生创新计划，《毛泽东思想和中国特色社会主义理论体系概论》获省级精品课程。“侦查学”获省级教学团队，本科专业“警务指挥与战术”获教育部批准建设，专科专业“警察指挥与战术(特警方向)”获批建设。诉讼法学以省级重点学科为平台，争取中央支持地方高校学科建设经费300万元，被选为湖北省诉讼法学会副会长单位。

【科研工作】 学院围绕公安机关“三项重点”工作开展科研工作，强化为公安实践服务，组织申报各类项目、课题30余次，立省部级以上项目22项，3项省教育厅项目和2项公安部软科学项目结题。全院教师出版专著2本，教材3部，发表论文376篇，其中在国内重要学术期刊上发表4篇，在核心期刊上发表31篇。第三届“李昌钰工作室杯”大学生科技创新大赛科研成果在全国公安院校科技创新成果评选中获一等奖2项、二等奖2项、三等奖4项，学院2007级信息安全(网络侦查)专业学生陈泰的软件设计成果《Windows操作系统回收站记录的取证软件》获湖北省高等学校大学生优秀科研成果三等奖。湖北三真司法鉴定所获“全国司法鉴定先进集体”称号，年受案已由初创时不足百起扩展为1 500余起。

【人才培养】 在全院学生中严格实行警务化管理，强化制度管理、精细管理，实现了无火灾、无盗窃、无流行疾病传染、无群体性突发事件的“四无”目标。全年有350名学生获各类嘉奖，390余名学生被评为优秀学生干部和三好学生，542名学生获各类奖学金，其中获国家、省政府奖学金各14人，近20余名学生的科技创新成果获各级科技创新奖，学院2名学生代表参加了首届中国警界明日之星论坛，33名学生通过了全国司法考试。发挥思想政治理论课在学生思想政治教育教学工作中的主渠道作用，贯彻执行中共中央国务院2004年16号文件精神，做好中国特色社会主义理论体系“三进”工作。重视大学生心理健康，心理咨询中心全年共接待学生心理障碍咨询30余例，心理咨询人次200余次。丰富学生“二课”活动。开展具有校园警察文化特色的文体活动，先后举办了迎新年晚会、迎新生晚会，庆“五四”暨优秀青年民警事迹报告会，组织团员青年举行“爱暖玉树——再伸援助之手”赈灾义演、开展“唱院歌”比赛等活动。

【师资队伍建设】 公开选拔派遣6名教师赴美国李昌钰鉴识学院进修，选送1名教师到武汉大学访问学习。完成了2010年职称评审工作，推荐评审的教授1人，副教授4人、高级实验师1人全部通过。组织召开学科带头人、中青年学术骨干联席会议，向专家教授问计学院教学科研重大事项，改革学术津贴发放办法。推荐1名教师参加省级教学名师评选，向省公安厅报送省部级候选教官20人。

【招生与毕业生就业】 学院严格执行招生纪律、程序、时限，完成了普通本科433人的招生任务。成教完成招生699人，通过在学生中开展“诚信考试”教育，召开学生考警参警经验座谈会，学生管理工作总结研讨会和学生思想分析会，进一步完善《课堂日志》制度等措施，提高成教培养质量。规范自考组考工作，完成自考组考任务。高度重视毕业生就业指导工作，成立领导小组，通过电话、信函、校友牵线等多种渠道与武警湖北消防总队、机场公安局等用人单位联系，为30余名学生找到了满意工作。968名学生考取了各类公务员和事业单位，就业率为89.91%。

【贫困生资助】 学院“绿色通道”先后为278名学生办理了助学贷款，共计金额166万元，为864名学生办理了医保。为41名贫困生设立勤工助学岗位，没有学生因家庭经济困难而放弃学业。

【服务公安实战工作】 学校改革创新教师参加警务实践工作模式，选派1名干部到公安一线任公安局长挂职煅炼，组织40名教师赴武汉市公安局参加警务实践，选聘双向交流教官8人，选送6名教师到武汉市、孝感市、荆州市、黄石市等公安基层机关锻炼，聘请15位国内知名专家学者为客座教授，教学、科研、办案一体化模式逐步形成，促进公安教育培训与公

2010年12月24日，湖北警官学院亚运安保队员载誉凯旋

安实践的良性互动。省公安厅国内安全保卫民警训练基地在学院挂牌，承办了湖北省第十三届运动会公安民警军用手枪射击比赛。2010年招收政法干警试点班595人。首届1 000名学警以“勇闯亚运、连续作战、依法勤务、为国争光”的信念，完成3个月的广州亚运会安保任务，其感人事迹被多家媒体跟踪报道，安保队员先后受到公安部部长孟建柱等领导的接见和慰问。学院400余名学子完成麻城市第二届杜鹃节开幕式安保任务，500名学生参加武汉市交通秩序整治，受到了当地公安机关好评。特警大队学员在全省公安特警岗前培训汇报演练获“优秀科目奖。

【在职民警培训】 学校发挥公安教育训练主阵地作用，加大民警培训力度，投入资金近千万元，对北院一号学生宿舍楼进行了全面改造，建成了设施完备、功能齐全的警官训练中心，得到了公安部、省公安厅领导及受训民警的好评。完成了2009年公安部及省公安厅交给的各类在职民警培训班23期，培训学员2 139人次。

【交流与合作】 学校先后接待了公安部、广东省、吉林省、江苏省、山西省及省内40多个政法机关或公安学校等领导来院检查和考察交流。接待了第三期澳大利亚新南威尔士州警察研修团到学院学习交流，法国警务专家菲力普加兰多先生应邀为学院学生作了法国警务的专题讲座。积极开展合作办学，与中南财经政法大学对口支持合作协议稳步实施。落实十校联合办学，组织45名学生到中南财经政法大学的14个专业辅修双学位。召开了华南校友联谊会，组织了1987级和1980级校友毕业聚会，密切了校友与学院的联系。

【校园文化建设】 学校举办了“打造校园文化力，凝炼警察价值观”的第四届校园警察文化节。《以人·从·众为核心，建设一流校园警察文化——湖北警官学院校园文化建设综述》获湖北省高校校园文化建设一等奖。学校湖北警察史陈列馆获批为湖北警察史博物馆，成为全国公安院校唯一一所警察史博物馆，举办了全国第三届警史研讨暨警史藏品展示交流会。警史馆展馆面积1 200平方米，警史藏品3 000余件，接待参观者达数万人次，已成为武汉市青少年爱国主义教育基地、硚口区委、区政府爱国主义教育基地。公安部文联已决定将全国警史研究和文物收藏专业委员会设在学院，成为全国的警史研究平台和领跑者。学报在全国人文社科学报评比活动中，获全国优秀社科学报，机构总用户由上半年的2 669家上升为3 138家，并以增刊形式出版《警史钩沉》，努力促进杂志的市场化。

【党建与学习教育活动】 学院开展创先争优和纪律作风集中教育活动。10人被命名为“遵章守纪五好标兵”，对处级领导班子进行考察和科学评估，宣扬基层党组织和师生党员等创先争优先进典型。健全基层组织，在学生党员中成立党支部。全年培训学生入党积极分子2 513人，发展教职工党员4人，转正4人，发展学生党员1 002人，学生党员转正369人，推荐上级部门和学院表彰奖励先进单位4个、先进个人45人次。坚持每月1次的党委中心组理论学习制度，全年共开展党委中心组理论学习11次，组织教职工认真学习贯彻《公安机关人民警察纪律条令》，签订《湖北省公安民警及其直系亲属不参与经营娱乐休闲场所承诺书》，2010年度受理群众来信、来电、来访举报案件16起，省教育厅、省公安厅各类转办信访件10起，办结率超过90%。发《督察通报》18期，日常督察100余次，专项督察50余次。完成基建、工程项目审计、维修审计13项，全年教职工队伍未发现严重违法乱纪问题。

【校园内部管理】 发挥教代会、工会作用，推进依法办学、民主治校和科学决策；成立“十二五”规划编制工作领导小组，正式启动“十二五”规划编制工作；加强目标管理，推行服务承诺制，继续实行年度工作层级目标管理。坚持实行会议报告制度，严格会议管理，加强会风建设。召开全院内勤、兼职保密员、兼职档案员工作会议，加强保密工作教育，强化学院信息网络安全保密工作，全年未出现失泄密事件。理清学院发展历史轨迹，做好建档工作，收集并建档材料484卷，共计1 502件，通过了湖北省高校档案工作协作组档案安全检查。发挥校园网和公安网的基础通讯平台作用，加强网络软硬件平台建设。完成教育网出口带宽调整，利用网络流量优化设备，对校园网进行细化管理，提高网络利用率及质量保障，确保了校园网和公安网主干畅通。完成了校园网、公安网主页的适时更新，扩大了网上信息量，增强了学院网页活力，提高了影响力。对学院自建图书数据库进行了清理、校对、备份，并将“2009中文公安期刊全文数据库”上传至FTP供各共建馆下载使用。建立“中国博士学位论文数据库(2009)”，上传、标引数据204篇，弥补了学院馆藏资源的空白。

【后勤服务保障】 完成“教官花园”的建设和配售工作，240户教职工入住新房。完成“教官花园”的供暖工作以及南院西侧大门改建工作，启动旧房腾退及配售工作。将南湖驾培中心部分土地与南国置业位于学院北校区大门东侧“永利地块”进行土地置换，实现资源利用的最大化，完善了校园基础建设。完成全院师生、离退休教职工2 500人的体检，组织559名学生义务献血，学院被省教育厅授予“湖北省高等学校节约型校园建设先进单位”称号。组织全院教职工开展公安民警体育达标测试、迎春拔河比赛、篮球对抗赛、新大众广播体操集体展示等活动。

撰稿　杨红平

审稿　李林军

附：　学校负责人及地址

(2010年1月—12月)

院党委书记　赵志飞
副　书　记　曹诗权

院　　　长　曹诗权
副　院　长　李光文　肖伯符　李予光　刘光明

地　　　址　武汉市解放大道86号
邮　　　编　430034
电　　　话　027—83421015
网　　　址　http://www.hbpa.edu.cn

○海军工程大学

【教育教学改革】 2010年，海军工程大学深入专业设置论证，注重抓好教育顶层设计。继续加强学科专业建设。根据总部下发的《合训专业目录》进行论证，对海军院校学历教育任务进行研究，深入开展专业目录和训练任务规划研究论证工作，申报5个一级学科博士点和7个一级学科硕士点。《核反应堆运行管理》课程被评为国家精品课程，《海军后勤司令部工作》课程被评为军队院校优质课程。系统进行人才培养方案修订工作。围绕培养目标组织研讨，明确下一步“合训”专业人才培养方案调整的重点。部署论证面向全校合训专业开设的学科基础课和面向本学科大类开设的学科基础课。全年修订生长干部任职培训专业人才培养方案34个。加强教学质量监控。有效落实领导干部听查课制度，加强教学督导组建设，加强对课堂教学的督促和检查；加强教学指挥中心建设，实行教学参谋值班双岗制，加大对教学一线的管理。开展教育科学研究。评选出学校级教育科研课题48项，其中12项课题获准海军立项。年度学术交流论文共提交30多篇。

【学员军事素质培养】 学校坚持日常军事训练与实习(实践)综合锻炼相结合，实现个人能力素质跃升和部队整体素养提高双赢目标。完成学员航海实习和毕业实习任务、合训学员暑假当兵锻炼、新学员和硕士生参加的军政基础强化训练。组织学员完成了32 000余名地方大学生的军事指挥与实践活动，学员综合素质尤其是军事素质得到提升。学校65名官兵在副校长宋锡东的带领下，随“郑和”号远洋训练舰和“绵阳”号导弹护卫舰组成的海军出访及远航训练编队，赴南太平洋远航强化训练，并对巴布亚新几内亚、瓦努阿图、汤加、新西兰、澳大利亚等五国六港进行了友好访问，高质量完成了编队指挥所交付的各项涉外任务，历时83天，总航程16 000余海里。3名学员代表海军参加了在土耳其伊斯坦布尔举行的第13届国际航海技能竞赛，取得了第七名的好成绩。学校组织举行首届“海军军事三项”竞赛。拓展创新素质培养途径。举办学校第四届计算机文化艺术节和第一届电子科技创新月活动。组队参加全军、全国大学生英语竞赛等9项学科竞赛活动。其中，首届军队院校军事数学建模邀请赛获特等奖1项、一等奖8项、二等奖21项、三等奖20项，获奖率高达73.5%，居参赛综合大学首位；全国大学生信息安全竞赛获一等奖1项、二等奖1项、三等奖1项，学校获优秀组织奖；第四届全国大学生机械创新设计大赛获一等奖3项，二等奖1项，获奖数量连续三届位居全国参赛各高校前列；全国大学生英语竞赛获特等奖1名、一等奖5名、二等奖16名；全国第四届计算机仿真大赛获一等奖1项、二等奖1项；全国大学生数学建模比赛获一等奖1项、二等奖2项；第三届“高教杯”全国大学生先进图形技术与产品信息建模创新大赛获团体二等奖、个人一等奖1项、二等奖5项；全国大学生基础力学实验获二等奖3项；第十一届全国大学生英语演讲比赛获一等奖1名。抓好任职培训工作。坚持结合班次特点，突出任职需求，强调实践能力，做好各类任职教育组织工作。坚持培训前问卷了解，培训中走访联系，培训后座谈交流，了解学员对培训工作的意见和建议。在新装备接装培训班次开展“兵教兵、官教兵、兵教官”活动，提高任职教育教学质量。

【科研工作】 加强科研立项指导，基础研究有了新突破。学校坚持把提高自主创新能力摆在科研工作的核心位置，按照“对上注重协调、对下加强指导”的思路，采取多种形式引导和鼓励科研人员申报和承担各类基础性研究项目。全年获得国家自然科学基金资助21项，创历史最好水平。获总装预研基础研究基金8项，获湖北省自然科学基金7项。“电力系统电磁兼容研究创新群体”完成第二期资助计划，通过国家自然科学基金委员会考核。改革学校自然科学基金资助模式，鼓励青年人开展基础研究和

2010年9月15日，海军工程大学校长郭立峰向墨西哥海军军事学校校长赠送校徽

创新研究，引导冲刺国家自然科学基金等高等级基础研究项目，共资助校基金61项。注重科研基础条件建设，拓展多种渠道加大对科研条件建设投入。国防科技重点实验室申报取得进展，一批重点实验室科研条件建设得到加强。认真履行总技术责任单位职能，服务部队出新硕果。紧盯海军装备发展带来的新需求，拓展保障领域，全面提升为部队服务和装备技术保障能力。派出1 000余人次赴部队，完成逾百次应急抢修任务，承担部队装备技术培训50余批次，培训了一批技术骨干，为部队提供了强有力的技术保障。着眼建立长效机制，质量体系建设得到新加强。为适应GJB9001B－2009标准新要求，编制了学校新版质量管理体系文件，优化了学校质量管理队伍，建立软件研制质量管理示范点，编制重大项目质量管理规定，自筹资金建立了检验计量器具库。规范成果管理和知识产权工作，成果奖励取得新成绩。科研成果取得重大突破，获国家科技进步一等奖1项，获军队科技进步一等奖3项、二等奖12项；“新型复合纳米孔超级绝热材料”等3个项目获全国发明展览会金奖；获授权专利20项。强化成果推广力度。联合江苏大全集团成功申报国家能源新能源接入装备研究(实验)中心开工建设，建校以来首笔中央预算内资金投入3 000万元到位，是全军唯一、全国仅有两所高校之一。组织参加第十九届全国发明展览会、第六届中国湖北产学研合作洽谈会、武汉市科技大会，推广学校科研成果。学校作为发起缔约方之一，成为“湖北·武汉风电装备产业技术创新战略联盟”首批成员单位。与万达集团成功签订“复合铁钛粉及防锈漆”成果转让协议。

【学位与研究生教育】 召开第四届学位与研究生教育工作会议。会议紧扣改革、创新、发展主题，系统总结“十一五”以来学校学位与研究生教育工作取得的主要成绩和基本经验，制定了学校学位与研究生教育“十二五”发展规划，推出研究生教育创新工程，配套出台了《研究生教材建设基金实施办法》等4个规定，编印了《海军工程大学学位与研究生教育(1980－2010)》、《学位与研究生教育工作报告》等10个文件。表彰了6名研究生导师标兵、评选了34名优秀研究生导师。主动作为，提高学科建设水平。“军队指挥学”一级学科博士点获申报资格，2个一级学科博士点、6个一级学科硕士点通过湖北省和军队审核。改革创新，着力提高研究生综合素质。根据研究生来源和类别，改革新训工作，分类指导训练，对博士生、硕士生进行入伍教育；硕士生完成了木兰湖军事素质强化训练和实弹射击训练与考核。参加全国研究生数学建模竞赛，获二等奖4个，三等奖1个。坚持标准，确保学位授予质量。加强学术道德规范教育，开设学术道德问题讲座。博士、硕士论文送到56个单位双盲评阅。学校获全国优秀博士学位论文1篇、提名论文1篇；军队优秀博士学位论文2篇、提名1篇、优秀硕士学位论文2篇；湖北省优秀博士学位论文5篇、优秀硕士学位论文6篇。完成参评2011年全国优秀博士学位论文、全军4篇博士和5篇硕士优秀学位论文、湖北省8篇博士和24篇硕士优秀论文的材料报送工作。

【人才与师资队伍建设】 学校加快推进人才战略工程，人才队伍整体活力明显增强。加快突出高层次人才队伍建设。结合总部实施的军队高层次科技人才创新工程和海军高新科技人才工程，推荐23名干部为海军高新科技人才工程候选对象。选调部队优秀干部来校担任教官。发挥博士后科研流动站在吸引、培养高层次人才方面的优势，批准14人进站，特招5名博士和博士后人伍。安排专业技术干部、学员队干部、留校博士到部队代职，了解基层部队情况，增加基层任职经历。在职称评审中，加大对优秀年轻骨干、教学成果突出、有部队工作经历教员的倾斜力度，30岁以下有1人晋升到副高，35岁以下有3人晋升正高。探索覆盖全员的考评体系。起草《机关干部建设暂行规定》、《青年骨干教员选拔培养实施办法》，修订《基层学员队干部队伍建设暂行规定》，出台《教研室领导考评实施办法》和《文职人员绩效考核实施办法》。制定《“4＋1”国防生学员综合素质考核暂行规定》，完成了国防生“三个衔接、三个优化”试点任务。首次组织教研室主任、文职人员全面考核，系统组织机关干部考核，进一步理顺了关系，改善了结构，增强了活力。

突出任教能力提升，着力加强教员队伍建设。加强基本任教能力培养。开展新教员培训工作，加强新进教员基本功培养。学校举行第六届青年教员教学基本功竞赛，促进提高教员任教能力，评选出“十佳”青年教员。开展“优秀教案展评”活动，对综合评价为“优秀”的50门课程教案进行集中展评。组织课堂教学观摩活动，全体新教员和35岁以下教员现场观摩教学示范课。在全军院校中国特色社会主义理论体系教学观摩评选中1人获三等奖。逐步加强教员队伍规范性建设。拟制《海军工程大学主讲教员岗位资格认证实施细则》，推行主讲教员岗位资格认证制度。健全教员表彰激励办法，修订《海军工程大学优秀教员和优秀教员标兵评选表彰办法》，评选出优秀教员和优秀教员标兵。丰富教员的实践经历。组织教员参加海军院校教员海上航行实习锻炼活动。先后安排多名教员到部队任(代)职、外出调研、到其他院校和部队讲学、参加部队演习和亚丁湾护航行动。推进拔尖人才培养。注重人才的梯队和优秀人才培养，修订《海军工程大学中青年学科带头人选拔培养办法》和《海军工程大学教学名师选拔和培养办法》，推进中青年学科带头人培养工作；选拔学校教学名师2人并将其作为海军优秀教员和国家教学名师培养对象。1人进入新世纪百千万人才工程国家级人选，1人入选武汉市青年科技奖，获军队院校育才金奖20人、银奖20人，5人获海军院校教员课堂授课质量奖。

【外训与军事交流】 学校承担了15国39名外训学员培训任务，另有巴西海军3名官兵来校交流驻训，首次聘请外籍客座教授，2名埃及海军军官接受军贸培训任务。校长郭立峰代表海军司令员吴胜利，应邀赴墨西哥参加独立大型庆典观礼活动。教员曹守莲以军事专家身份赴老挝执行教学任务;学员邓冉子随葡萄牙风帆训练舰航海训练;英国皇家海军学院院长莫尔斯准将一行3人来校访问。

【正规化建设】　坚持依法从严治校,正规化建设水平稳步提升。进行专项整治活动,开展"学法规、守纪律、强素质、树形象"活动,重点整治军容风纪、门岗管理、礼节礼貌、作风纪律、教学办公秩序、安全保密、车辆管理等方面存在的问题和不足,取得了明显成效。组织开展营院秩序综合治理行动。抓好规章制度落实,结合新条令的颁布,开展条令法规学习活动,坚持以管理教育和集中教育、经常性教育和随机教育相结合的方式,确保学校条令法规教育与考核制度化、规范化。组织学员队列会操、干部队列观摩、机关干部条令考试、教员条令竞赛、校庆阅兵等活动,以不同形式促进学习贯彻新条令。狠抓安全防范工作落实,坚持重点问题重点整治,重要环节重点防范,重要部位重点管控,始终把防范重大安全问题作为工作的重中之重。开展了信息安全保密专项治理活动,对学校办公计算机和移动存储介质进行了检查登记。严格落实规章制度,加强技术防范,加强监督检查,着力抓好经常性安全教育和安全训练,提高官兵安全防范与处置突发情况的能力。

【后勤保障工作】　后勤建设围绕人才培养中心工作,认真贯彻落实《全面建设现代后勤纲要》,坚持"三服务、三育人"的宗旨,学校后勤改革创新不断推进,保障能力和服务质量大幅提高,基础设施条件明显改善,有力促进了办学育人能力的不断提升。9月27日和28日海军院校后勤建设试点现场观摩会在校举行。会议主要介绍学校在全面建设现代后勤试点工作中的主要经验和典型做法并进行了现场观摩,受到总部、海军各级领导和与会人员的高度评价。海军副司令员丁一平、总后勤部副参谋长刘卫平等出席会议。接受了海军对学校进行的领导干部经济责任审计并得到了充分肯定;改造机关食堂和学员食堂,加强医疗保障条件,完善车场基础设施,集中整治商业网点,搞好校园绿化、亮化、美化,研发和优化后勤信息管理系统;稳步推进木兰湖、藏龙岛、红安征地和建设工作,改造学员宿舍楼,逐步安装空调,第五批经济适用房交付使用,综合保障能力得到提升。学校被评为"十一五"全军后勤保障社会化工作先进单位。

【党建与思想政治工作】　努力深化中国特色社会主义理论体系武装,思想政治工作引领作用发挥有力。学校坚持不懈抓好马克思主义中国化最新成果的学习运用,打牢"高举旗帜、听党指挥、履行使命"思想根基。(1)以学习型党组织建设为牵引,扎实推进理论武装工程。突出抓好团以上党委中心组理论学习。借力于军内外专家学者、驻地党政机关领导,整合学校军事学术讲座、人文知识讲座、政工大讲坛等资源,邀请了10多名专家教授和有关领导来校为学校党委中心组进行授课辅导,宣讲重大理论、解读政策法规、传播先进理念,并拓展延伸到全校官兵,开阔了思维视野,增强了学习效果。组织学校师以上领导干部赴国防科技大学参观调研。组织政治教员参加中国特色社会主义理论体系教学观摩比赛,获海军一等奖2个、全军三等奖1个。学校建立学习型党组织的经验做法和近20篇理论文章,分别在总政《政治工作通讯》、《解放军理论学习》等刊发。(2)科学统筹校内外资源,持续深入开展主题教育。利用教育资源,抓好全校学员大课教育,邀请优秀毕业学员和部队领导作专题报告。利用谷歌事件、山西王家岭矿"3.28"透水事故救援、青海玉树地震救灾行动、钓鱼岛撞船事件、上海世博会等内容搞好主题教育和形势教育。结合主题教育活动,派遣研究生学员赴东汽八一中学进行军训,并请该校师生到学校来过军事日,激发了广大学员学习抗震精神、践行当代革命军人核心价值观的积极性。深入开展毕业班教育,严密组织新生入学教育,派员专题调研延安精神育人经验,建立红安精神研究中心。(3)突出抓好以院士马伟明为代表的重大典型宣传,舆论导向作用发挥明显。院士马伟明当选"十佳全国优秀科技工作者"并名列榜首,并获"2010年楚天传媒奖年度创新人物"奖。院士马伟明创新人才群体先进事迹在中央各大媒体、全国100多家地方媒体播发。全年在中央级报刊、媒体采用稿件50余篇,在中央电视台用稿70条。

着眼提高科学化水平,学校党的建设稳步推进。按照党中央、中央军委和海军党委关于加强和改进党的建设的决策部署,着力提升党的建设科学化水平。(1)着力提升各级党委领导科学发展能力。深入开展办学定位大讨论,围绕"明确办学定位、理清建设思路、深化转型改革、推进科学发展为主题,集中4个多月时间深入开展讨论交流,发动官兵集思广益、建言献策、共谋发展,达到了更新发展理念、摸清发展现状、理清发展思路、规划发展蓝图的目的,促进了各级党委领导科学发展能力的提升,为建设"五个基地、一个中心"提供了强大动力和重要保证。(2)深入研究提高党建科学化水平的措施。召开学校第八次党代表大会,明确提出了"创办高水平创新型军队综合大学"的奋斗目标,拟定了第十二个五年建设发展规划,研究制定提高党建科学化水平的具体措施,进一步统一了全校的思想和意志。(3)进一步规范基层党组织建设。坚持把开展创先争优活动作为强化基层组织功能,提高基层党建科学化水平的有力抓手,以"强一线堡垒、树先进形象、促科学发展"为主线,着眼体现先进性、突出针对性、把握可行性、增强实效性,把"五个好"、"五个带头"标准岗位化、具体化、实践化。

撰稿　黄惠冲
审稿　李仲元

○空军雷达学院

【教育训练】 2010年，空军雷达学院开展了达标训练，组织教员教学能力深训、管理干部集训和士兵岗位练兵比武；全面展开模式机制改革创新，“三实一成”集约化组训等模式改革成效明显，经验做法被空军转发。系统建设有序展开，7类信息化管理系统投入运行。认真搞好办学顶层设计，起草了学院“十二五”建设发展规划。修订了各层次人才培养方案和课程标准，新编教材48部，1门课程被评为国家精品课程。教员获全军教学比武一等奖2项，学员获国家和军队特等奖、一等奖12项，毕业学员综合素质考核取得历史最好成绩。

【科研学术工作】 学院实施“3231”工程。空军某理论研究中心等3个平台进入稳步运行阶段；举办学术年会；《某理论体系建设研究》获空军军事理论研究优秀成果一等奖，《某体系概论》专著通过评审；某作战模拟仿真实验系统研制稳步推进。完成军内科研与科研条件建设项目等“十二五”规划论证，某数据分析应用、云计算应用等填补空军研究空白；4项课题获军队级科技进步二等奖，三大检索论文达128篇，获空军军事理论研究一、二等奖5项。学院教授王永良获“全国优秀科技工作者”称号。

10月29日，空装机关在学院组织召开“某装备技术状态评价与效能仿真评估系统”技术鉴定审查会。参加会议的有来自空军、军区空军机关、雷达兵部队、科研院所、承研单位的领导及专家共计27人。与会代表对学院研制的“某装备技术状态评价与效能仿真评估系统”给予了肯定，并获通过。12月28日至29日，空装机关在学院组织召开了8项科技成果鉴定会。中国科学院、中国工程院院士刘永坦任鉴定会委员会主任，有关院校、研究所和部队的13名专家组成了鉴定委员会。鉴定委员会通过听取汇报、质询和讨论，一致同意“某型阵列空时抗干扰技术研究及应用”、“利用高分辨通道和ISAR技术的某型目标信息提取与显示系统”、“某型装备抗多种干扰技术”、“某型装备图像传输设备”、“某型装备关键技术验证系统”等8项成果通过成果鉴定。

【科技成果推广】 4月8日至11日，第九届中国重庆高新技术交易会暨第五届中国国际军民两用技术博览会在重庆召开。学院选送“边海防监控中心系统”、“DM—I型电站模拟仿真训练系统”、“系列程控电源模块”等5项科技成果参展，扩大了学院的知名度和影响力。总参军训和兵种部领导、空军成果办领导先后到学院展台进行了检查指导，对学院展示的成果给予了肯定。9月18日至19日，学院组团参加了在武汉光谷会展中心举行的“第六届湖北省产学研合作项目洽谈会”，共有20多项由学院自行研制的科技成果在会上进行宣传和展示，上百家参展商到学院展台进行对接洽谈，其中“太阳能光伏电源系统”、“基于低成本高品质快速感应熔覆厚涂层技术”等成果受到参展商的青睐，达成了推广合作意向。学院获湖北省产学研合作项目洽谈会最佳组织奖。

【竞赛成绩】 2010年，学员系16队学员齐少博、电子技术系学员蔡辛在全国大学生英语竞赛中分别以总分111分和115分获全国特等奖，创下了学院学员在一届竞赛中获两项特等奖的好成绩。7月12日至15日，第七届中国军校大学生电视演讲大赛在北京举行，共有36所院校57名选手参加，是历届大赛参赛规模最大的一次，学院学员崔晓梦获优秀奖，实现学院参加此项大赛获奖零的突破，为学院争得了荣誉。2010年，学院参加空军业余文艺会演，此次会演空军部队共有20台晚会、420个节目参加。学院创作的小品《心愿》获一等奖，音乐剧《谁是真英雄》、相声《路在脚下》获三等奖。学院有8组24名学员参加了2010年全国大学生数学建模竞赛。学员系1队学员左家俊、魏昱、黄龙权共同完成的作品获全国一等奖。在第20届全军子女学校青少年科技创新比赛中，学院少年军校高二

2010年10月18日，空军雷达学院举行2010级新学员授衔暨军人宣誓仪式（蒋小红 摄）

(3)班学员李佳艺的作品“新式多功能单兵作战水袋”获全军优秀项目一等奖，并作为空军唯一的“优秀项目”被推荐参加于2010年8月举行的第25届全国青少年科技创新比赛。少年军校还获二等奖1项、三等奖2项，优秀实践活动三等奖2项，辅导教师王健民获“全军优秀科技教师奖”，学校被评为第20届全军子女学校青少年科技创新比赛优秀组织单位。

【重点实验室评估】 5月29日至30日，总部机关带领专家组一行11人，对学院某作战实验室进行军队院校重点实验室现场评估。专家工作组观看了“某作战实验室”专题片，听取了关于“我国某体系建设问题研究”的学术报告，实地查看了学院本部重点实验室，查阅了军队院校重点实验室评估标准中30个三级指标自评资料，进行了教员和学员问卷调查，召开了座谈会，对实验室建设、管理和运行情况进行质疑和答辩。专家组经集体讨论，形成了现场评估意见，评估成绩为“优秀”。6月，某作战实验室被总部批准评为“军队重点实验室”并授牌。

【专业素质考核】 6月25至26日，空军机关组织军区空军机关、部队共12名专家、领导组成联合考核组，对学院2010届毕业学员进行了专业素质考核。本次考核采取由考核组命题、临时随机抽点考核对象的形式进行，重点突出学员运用所学理论解决实际问题和实践操作能力；内容涵盖专业知识口试、理论笔试、综合演练、公文制作、训练计划制定、想定拟制、故障检修、装备维护、性能调试、班队列动作等科目；对象涵盖指挥、工程和士官19个期班；抽考326人次，总评优秀率为58.5%，为历年考核最好成绩。

【电教教材获奖】 9月26日至28日，在空军院校优秀电教教材评审中，学院推荐的教育技术中心制作的电视教材《反导预警》和网络课程《军队信息安全保密概论》获一等奖，宜昌训练大队制作的多媒体教材《某型被动式防空雷达模拟训练系统》、二系制作的多媒体教材《高性能电子仪器交互式模拟训练系统》和五系制作的网络课程《空军电子对抗战术》获二等奖。《反导预警》、《军队信息安全保密概论》和《某型被动式防空雷达模拟训练系统》代表空军参加了10月25日在北京举行的“第十届全军优秀电教教材评选”，《反导预警》和网络课程《军队信息安全保密概论》获一等奖，《某型被动式防空雷达模拟训练系统》获三等奖，获奖的等级和数量均为历届评选的最好成绩。另外，在前期举行的全国多媒体教育软件大赛中，三系制作的《微波技术与天线数值虚拟实验平台》获得高等教育组多媒体课件三等奖。

【教学改革研究座谈会】 11月2日，学院领导，率系、教研室负责人和专家教授，到黄陂校区实地查看了某集成训练系统升级改造和装备实习车间建设情况，结合某指挥警戒值班系统专项整顿，着眼反思学院教学和人才培养工作，分别召集部分教员和学员代表，围绕“如何深化学员对装备技、战术性能的掌握，提高特情处置能力”等六个方面进行座谈。与会教员、学员结合实际，客观分析了当前学院教学改革面临的矛盾和问题，提出了许多建设性的意见建议。

【阅兵比武】 11月11日上午，学院举行了庆祝人民空军成立61周年暨第24届“军英杯”阅兵比武。在鲜艳的八一军旗引领下，由上千名学员组成的32个受阅方队接受了检阅。展示了军校学员纪律严明、整齐划一的战斗作风和朝气蓬勃、奋发向上的精神风貌。学院常委，机关各部、各单位负责人参加了阅兵，部分干部教员代表观看了阅兵。学院军营国防日首次对外开放，武汉市和共建单位的领导，观摩了阅兵比武。

【举办第23届田径运动会】 4月29日，学院召开了第23届田径运动会。来自各部、系的878名运动员在6I个项目上进行了比赛，有17人次打破8项学院记录，为历年最佳；黄陂校区、训练部、政治部分获运动会男、女子乙、丙组团体总分前三名；22队摘得运动会甲组团体总分第一名的桂冠，30队、12队分获二、三名；同时，还为“龙腾杯”篮球赛的优胜单位进行了总结和颁奖。

【到武汉地区高等院校调研】 为做好学院“十二五”建设发展规划和2011年工作谋划，学习借鉴兄弟院校在发展战略规划、学科专业建设、创新人才培养、重点实验室等领域的先进经验做法，根据学院内研外调工作安排，11月23日至25日，学院调研组到华中师范大学、海军工程大学、华中科技大学调研，与各大学校长和相关业务部门负责人、专家进行座谈交流，并参观了高等级教学、科研场所。此次调研，不仅学习兄弟院校的办学经验，领略了先进的办学理念，还进一步加深了军地院校之间的感情，有效促进交流与合作。

【思想政治工作】 学院组织理论轮训，开展“两考一评”及“一人一题”研讨攻关，理论体系“三进入”实效进一步增强。持续深化当代革命军人核心价值观培育，深入推进“三到一长期”育人工程，开展“人人发扬主人翁精神，个个为雷院增光添彩”系列教育，组织“爱院建院，爱岗敬业”先进典型事迹报告会，加强雪莲文化建设，成立了雪莲艺术团，一批文艺作品在空军获奖。9月10日，学院举行了第26个教师节庆祝表彰大会。大会通报了军队院校育才奖、军队科技进步奖、军队院校数学课程创新教学观摩比赛奖、空军军事理论研究优秀成果奖、学院首届教学名师、优秀教员、学院优秀学术成果奖等奖项，院首长和来宾为获奖代表颁了奖。10月15日，学院举行“爱院建院，爱岗敬业”——践行当代革命军人核心价值观先进典型事迹报告会。会上，8名来自学院不同岗位的先进典型为院本部官兵作了报告。10月18日，学院举行了2010级新学员授衔暨军人宣誓仪式。学院首长参加了仪式，并为9名学员代表佩戴了军衔。全体新学员面对军旗进行了庄严宣誓，10队学员于世同代表全体新学员表达了要“奋发学习，刻苦钻研，立志成才”的决心。

【“红安行”革命传统教育】 5月4日至7日，学院应届毕业学员赴红安县开展革命传统教育活动。整个教育活动分教育动员、教育展开、教育小结和深化教育四个阶段进行。组织进行了红安革命传统报告会，观看了红色教育影片，组织了“弘扬红安精神在立业戍边中实现人生价值”主题演讲，开展了党课教育和“五红”特色活动，举行了向革命烈士祭奠和签名仪式，参观了红安革命烈士陵园、列宁小学和长胜街，瞻仰了红军洞，与七里坪镇中学教工进行了篮球友谊赛和篝火晚会，组织了助民劳动，并为贫困学生捐款。进行了由摩托化开进和80公里长途拉练的行军训练，完成了穿越沾染地带、防空袭演练、武装越野接力赛等战术课目训练。学员在教育活动中，锻炼了体魄，净化了心灵，用实际行动践行当代革命军人核心价值观。

【开展创先争优活动】 10月12日至21日，学院开展创先争优专题集训暨党建工作专题研讨活动。在集训研讨总结会上，3个被空军评为先进基层党组织的单位作了经验介绍，3名系级单位领导和4个基层党支部作了研讨交流。这次集训研讨班，相对集中5天时间，分建设学习型党组织、开展创先争优活动、学习贯彻新《政工条例》提高能力素质、加强思想作风建设4个专题，配合知识考试、理论学习、专题辅导、观看录像、参观见学、经验交流、研讨观摩等形式，采取个人自学与辅导讲课穿插进行、理论解读和实践引导相结合、分组讨论与大会研讨相结合的办法，组织各系级单位军政主官，机关政工干部，机关各部，黄陂校区、基础部、各系、研究生管理大队，少年军校、干休所基层党支部书记及学员(大)队正团职队长进行了集训研讨。

【总后勤部领导来院视察】 9月28日，总后勤部领导、空军后勤部领导来院视察。工作组实地检查了体育馆建设工地、学员宿舍楼和物业管理现场，听取了学院建设规划和信息大楼、学员宿舍建设情况的简要汇报。总后领导对学院艰苦奋斗、勤俭建校的做法给予充分肯定，对大项工程建设、公寓区物业管理取得的成绩给予高度评价，并表示将对学院下一步建设重点学员宿舍楼继续予以支持。

【后勤保障工作】 学院新建教学、生活保障用房3.8万平方米，综合服务楼、学兵宿舍楼投入使用，体育馆主体工程封顶，三期经济适用住房交付住户，四期经济适用住房和信息大楼建设已经启动，黄陂校区图书馆正式开馆。创新后勤保障模式机制，承担了全军社会化保障改革试点任务，按期完成“七化一改”试点任务，学院被总部评为全军社会化改革工作先进单位，学院雷苑小区经济适用住房一号楼获2010年度湖北省建筑优质工程(楚天杯)奖，学院开展的“两区规划整治”试点工作得到总后基建营房部住房局检查组的好评。积极为官兵办实事，努力提高教职员工午餐补助和生活福利，坚持开展“送温暖”和上门服务活动，受到普遍欢迎。

【拥政爱民】 1月28日，省人力资源与社会劳动保障厅党组副书记张家林一行到学院走访慰问，并就军转安置工作与学院领导交流了意见和建议。3月16日，学院宜昌训练大队官兵在驻地宜昌伍家岗区，义务植树2 600余棵绿化美化城区。这是该大队积极开展“双拥共建七项支援”，大力支持地方经济建设发展的又一举措。宜昌训练大队自2007年8月被空军评为“拥政爱民”先进单位以来，加大双拥工作力度，积极与地方政府协作沟通，先后被宜昌市列为新世纪大中小学校德育教育基地、全国和全军人口与计划生育双管双助试点单位和义务采血点，受到驻地政府和群众高度赞誉。

统稿　马文年

审稿　何明浩

○军事经济学院

【学科建设】 2010年，军事经济学院在对2009年学科建设情况进行全面梳理和理性分析的基础上，着重对总后勤部“530工程”二期建设方案进行论证，上报了6个学科的具体实施方案；优化学科方向设置，精简博士方向2个，硕士方向11个；修订博士研究生培养方案11个，硕士研究生培养方案33个；探索实行学科建设项目申报制度，年初由各学科主责单位上报年度建设项目，学院统一组织审定后下达建设计划、划拨建设经费，年底学院对各在建学科建设情况进行全面检查验收。2010年共新增一级学科博士3个、硕士学位授权点。尤其是军事后勤学与军事装备学一级学科博士点的取得，标志着学院所有专业系全部拥有博士点，对提升学科层次、增强学院核心竞争力和加快学院建设发展具有深远意义。

【教学改革】 1月28日，学院院长范吉昌、训练部部长王新华赴京参加总参谋部举行的“军队院校教学工作评价优秀单位授牌仪式”，学院被授予“教学优秀单位”。2010年，学院以教学工作评价达优为契机，聚焦院校调整大事谋发展，紧盯评价整改难事不松懈，扭住教学改革实事促质量，教学工作水平与人才培养质量进一步提升。(1) 开展重大现实问题论证。围绕学院办学定位、专业设置、训练任务和体制编制等问题进行全面、深入、科学地论证，形成多份论证报告。(2) 科学论证“十二五”规划。设计由1个总规划、8个分规划和12个直属单位规划构成的规划体系，起草上报了规划初稿。为确保规划科学可行，6月，学院首长率队赴济南、广州、成都等战区33个部队、院校进行调研，摸清了部队人才需求，明确了人才培养方向。(3) 打造精品课程和教材。2010年，学院在课程和教材建设中，坚持以建设标准为依据，以教学需要为牵引，严格组织各级评审，坚决实行末位淘汰，有5门课程、2部教材通过总后勤部第三批精品课程和优秀教材评审验收，通过率为历年最高；同时，还组织学院首批精品课程评审验收，共有13门课程被评为院级精品课程，形成国家、军队、总后勤部和学院四级精品课程建设体系。加快教学内容更新步伐，新开课程29门，编写《课程标准》49部，立项编修教材32部。(4) 深化任职教育教学改革。新增3个生长干部任职培训专业，制订人才培养方案20个，制定《军事经济学院任职教育改革十八条》，为任职教育教学提供了施训和管理依据。(5) 加大教员培训力度。坚持抓两头、促中间的原则，先后组织教研室主任、新教员集训和106名教员备课试讲，通过专家授课、常委议教、专家督导、经验交流等方式，有效提升了教研室主任的教学管理能力和教员的课堂授课能力。(6) 加强教法探索与普及。首次组织了教研室主任课堂教学比武，随机抽取8名教研室主任进行教学竞赛，不仅大力推广了先进教法，为全体教员提供了教学示范，而且有效激发了广大教员“上好一堂课”的激情，同时还检阅了教学一线指挥员的课堂教学能力；开展信息化教学岗位练兵，组织全员性信息化教学竞赛，遴选出4名优胜教员参加总后勤部信息化教学竞赛，获得一等奖、三等奖各1名；在第十四届全国多媒体教育软件竞赛评比中，获全国一、二等奖各1项，军队一、二等奖各1项，总后勤部一等奖3项、三等奖2项；在中国军事教育学会举办的“现代军事教育规律与教学改革”学术研讨活动中，学院选送的17篇研讨论文获奖，其中一等奖2篇。(7) 鼓励、支持学员参加军内外学术会议和相关竞赛活动，3篇硕士学位论文获军队优秀硕士学位论文和提名，2篇硕士论文分获湖北省教育经济研究生学术研讨会一等奖、三等奖，3篇硕士论文获国防大学研究生创新论坛一等奖、3篇获优秀奖，14篇本科学员毕业论文被评为湖北省优秀学士论文；2007级英语四级通级率较2006级上升12%；8名学员获全国大学生英语竞赛一等奖；3名学员获全国大学生数学竞赛一等奖，名列全军非数学类专业参赛选手前两名。(8) 加强教

2010年11月19日至21日，“2010军队物资经济研究中心年会暨第四届军事物流学术论坛”在军事经济学院召开（胡 军 摄）

育信息资源建设。建成原生文献资源数据库6个，更新数字资源4TB，共享全军通用信息资源10TB，军事经济文献信息中心、数字图书馆年度专业文献资源收集达到90%以上。

【领导班子考核】 5月17日至19日，总后勤部政治委员孙大发、副政治委员孙思敬率工作组一行15人到学院考核党委班子和正团职以上干部。工作组视察了工作，看望了官兵，听取了学院党委工作汇报和常委述职，组织干部群众对学院党委班子和团以上干部进行民主测评，对学院近年来发生的新变化、取得的新成就给予了充分肯定，认为学院党委思想政治建设坚强有力；推动中心工作扎实有效；抓基层打基础成效明显；领导作风深入务实；集体领导作用发挥较好，是一个讲政治、顾大局、重学习的班子，是一个谋发展、抓落实、有作为的班子，也是一个要求严、作风实、求团结、有威信的班子。并针对其存在的差距与不足，提出了具体的整改要求。

【科研工作】 2010年，学院科研管理工作以“争高档次科研项目、建高层次科研平台、出高水平科研成果、获高等级科研奖励”为目标，坚持创新、突出质量、强化效益，取得新的突破。精心搞好顶层设计。组织科研工作调研组，先后到学院直属单位调研12次，赴军地5家科技管理部门、科研机构和院校走访，掌握军队、地方和学院相关科研领域建设、发展状况，论证了“十二五”学院重点研究领域和方向，拟制了学院“十二五”科研规划，制订了学院《科研项目选题指南》，调整和改组院、系(部)两级学术委员会，建立了系(部)学术秘书工作机制。积极争取科研项目。新上总部级以上项目88项，首次获得国际科技合作项目、国家科技支撑计划项目，承担国家国防知识产权战略实施专项任务和《中国军事百科全书·简明版》编纂任务，国家社科基金立项数量居全军前列。努力培育科研精品。18项成果获军队级(省部级)科技奖励，其中军队科技进步一等奖2项、全军后勤学术研究优秀成果一等奖2项、湖北省社会科学一等奖1项。评选院级优秀科研成果132项。战时财务保障车参加“全军经费标准一体化试点成果交流会”，中央军委委员、总后勤部部长廖锡龙登车视察并给予肯定。学院向中央军委和总部提交研究报告20余份，其中1项成果被国防动员法采纳。全面加强科研管理。出台学院《科技合同管理实施细则》，起草学院《科研经费管理规定》等3项制度。先后10次组织在研重点课题负责人召开座谈会、报告会和项目鉴定会，确保1项国家社科基金重大项目通过中期鉴定，2项国家级、4项军队级、20余项省部级课题通过鉴定。2个博士后科研流动站通过总部检查评估。

2010年，学院广泛开展学术交流。组织5次全国性、全军性学术会议，邀请总部机关、部队领导和知名专家来院讲学80余场，组织教员200多人(次)参加高层次学术会议和外出讲学，推荐40名专家进入全军后勤科技成果评审专家库，组织2个团组出国考察，独立接待韩国军队后勤代表团来访，承担14个国家27名外国军事留学生培训任务。联合《中国国防报》、《科技日报》、《湖北日报》开设“国防经济论坛”专栏，刊发系列论文。6个杂志编辑部发行学术期刊43.5万册。《军事经济学院学报》变更为双月刊。

【正规化建设与管理】 9月27日，总后勤部贯彻落实共同条令集训暨补兵退役工作会议在军事经济学院召开。来自总后勤部机关、直属单位的140多名会议代表，先后观摩了学院建设规划沙盘、安全监控中心、门禁系统、野战饮食保障演练及正规化管理展板，观看了正规化管理录像片和珠心算表演。总后勤部司令部副参谋长刘卫平参加了会议和观摩活动。学院超前的建设思路、先进的管理理念以及珠心算队员的精彩表演，优美、整洁、和谐的生态校园环境和规范有序的教学、工作、生活秩序，受到总部首长和与会代表们的充分肯定和一致好评。学院正规化建设和管理的先进经验在总后勤部直属单位得到了全面推广，《解放军报》、《武汉晨报》、湖北电视台等多家媒体对会议进行了专题报道。

【思想政治建设】 2010年，是学院迎接全军教学工作评价达优后整改建设的第一年，也是应对全军新一轮院校调整改革的关键一年。学院紧盯国际、国内和军队形势，调整思路，改进方式，狠抓思想政治建设。(1)规范思想政治教育工作。为深入贯彻落实中共十七届四中、五中全会精神和《中央军委关于加强和改进新形势下军队党的建设的意见》，制定了《关于以党的创新理论为根本，推进学院学习型党组织建设的措施》，对加强建设学习型党组织的组织领导、突出主题内容、拓展方法途径、建立制度机制等方面进行了规范，开创了学习型党组织建设的新局面。(2)开展教育整顿活动。9月，学院在院党委班子和领导干部中集中开展了“强素质、正风气、促党建”教育整顿活动；请李小莉、施普选、孙东平、谭小春等4人作先进事迹报告，大力宣扬革命军人牢记使命职责、甘于吃苦奉献精神。(3)弘扬“红管家”精神。学院以抓“培育当代革命军人核心价值观，大力弘扬‘红管家’精神”主题教育为牵引，以辨析《军营理论热点怎么看》、“七个为什么”为切入点，以激发学员“三到一献身”、“争做新时代‘红管家’”为目的，开展“当代革命军人核心价值观引领我成长”主题演讲、读书征文、人文讲座、知识答题和革命传统教育活动，组织专题报告会3场，在院政工网上开设3个专栏、4个专题，上传资料百余份、辅导录像10余部，拓展了工作平台，创新了教育模式，提升了政治工作信息化水平。(4)开展送温暖献爱心活动。学院全年共投入100多万元，采取援建助学、送医下乡和人才培训等方式对口帮扶湖北省保康县贫困地区，帮贫济困的举动受到了中共湖北省委、省政府和保康县委、县政府领导以及帮扶对象的充分肯定和高度赞扬，中央电视台和《湖北日报》等媒体相继予以宣传报道。学院还组织全院官兵为西南旱灾地区和玉树地震灾区捐款80多万元，为灾区人民的日常生活和家园重建提供了力所能及的帮助。

【表彰奖励】 2010年，学院讲师罗真在总后勤部组织的中国特色社会主义理论体系教学观摩竞赛中获二等奖；教授王松代表学院参加了总后勤部学习贯彻中共十七届五中全会精神宣讲，受到好评；选派3名学员参加总后勤部组织的"当代革命军人核心价值观引领我成长"主题演讲比赛，分别获得一、二、三等奖。全年共发表政治理论研讨论文38篇，其中在核心期刊上发表17篇。副教授詹仲亚撰写的《报酬后置理论与军人收入分配制度安排》入选第十届中国经济学年会论文集；副教授文双发、教授王炳书撰写的《美军软实力的构建及其效应》获总政治部组织的"美军军事软实力"研讨会优秀论文二等奖，并在大会上交流发言。2010年共发表新闻稿件340余篇，其中在中央级媒体发表211篇，2部专题片、9条电视新闻在中央电视台播出、58条新闻在《解放军报》发表，被总部转发政工信息、研讨文章和经验材料39篇。

【后勤建设和管理】 2010年，学院建成校园生态停车场、黄陂训练场学员澡堂和院本部高层经济适用房；启动综合培训楼、加油站、珠心算队楼和社区医院等建设项目；改建学院幼儿园。加大对基层单位和营院环境设施投入，给学员队配发便携、美观的制式营具，新建晾衣场、人文灯箱和道路标牌等。学院被评为"十一五"期间全军爱国卫生先进单位。

全面推行公务卡结算制度，严格清查整治"小金库"，启动军人保障卡，学院被总后勤部确定为"经费标准一体化"试点单位；全年审计各类项目196项，综合审减率12.6%；着力规范集中采购运行机制，全年共完成集中采购项目45项，节资率7.7%；加强军用装备和私家车辆管理，严格落实"一支笔"派车、干部严禁开公车和公车夜间回场等制度，集中申领私家车绿色环保标识和ETC车辆卡，学院被评为全军武器装备管理先进单位和07式军服装备管理工作先进单位；实行跟队靠前服务和主动上门服务，制订文明服务公约，坚持走下去听取教员、学员的意见和建议，定期开展调研、座谈，认真对待来信来访和网上留言，实行教职员工生活补贴，设立火车票代售点，为家属子女免费体检，每天开通19台(次)班车保障教职员工上下班和子女上学。军务处处长樊友剑被表彰为全国防汛抗旱先进个人，财务军需处处长李邦恒被评为全军优秀参谋，审计办公室助理员褚金章被表彰为全军"十一五"审计工作先进个人。

【"红管家"文化品牌】 2010年，学院围绕传承、弘扬和宣传"忠诚奉献、廉洁敬业、科学管理、精细高效、艰苦奋斗、求实创新"的"红管家"精神这一主线，全力打造"红管家"文化品牌。举办了历时150余天，参与官兵2万余人(次)的首届红管家文化艺术节。先后举办了"红安传统文化月"、校园歌手赛、广场音乐会、辩论赛、歌咏比赛和演讲比赛等14项全院性活动，选送1名学员参加第七届中国军校大学生电视演讲比赛获优秀奖。召开了首届红管家文化研讨会。研讨会紧紧围绕"弘扬红管家精神，丰富红管家内涵，培育红管家人才"这一主题，通过交流研讨、作品展览、人文讲座和参观见学等活动，系统展示了学院"红管家"文化的历史积淀和形成过程，深入研究了"红管家"文化的育人功能，切实确立了"红管家"文化创新发展的实践模式和思路对策。本次研讨会邀请了总政治部、总后勤部领导、友邻单位领导、校友代表110多人参加研讨交流，共收到研讨文章110多篇，60余篇优秀论文编纂成集，军事经济学院学报、宣传简报、后勤政治工作期刊刊发研讨材料14份。拓展了"红管家"文化宣传途径。制作"红管家"特色文化用品万余件；特制4幅"红管家"文化专题展板在总后勤部机关大院展出；拍摄制作的专题片《淬火中的美丽军花》在中央电视台《和平年代》栏目播出。学院政工网站被评为总后优秀政工网站。注重邀请名师大家来院讲学。2010年"红管家人文讲坛"先后邀请文化名人钱文忠、著名作家二月河、武汉大学名师罗运环、《演讲与口才》杂志执行主编蔡顺华、华中师范大学汉口分校音乐学院院长李祝华等来院讲学，给广大官兵传授了人文知识，拓展了思维视野。组织校园文体活动。开展群众性文艺创作，首次举办了学员话剧演出，创作编排的音乐短剧《神算尖兵》参加全军文艺汇演获小品类创作二等奖；承办了总后勤部动漫创作研讨班，开展动漫DV创作比赛，选送的作品参加全军动漫创作比赛，获全军三等奖，囊括总后勤部一、二、三等奖，学院政治部获总后勤部动漫创作比赛组织奖；引进资源，开展"书画名作进军营"活动；组建了乒乓球队参加总后勤部比赛获团体第三名、个人第四名和单位组织奖。通过开展校园文化娱乐活动，弘扬了优良传统，讴歌了时代精神，浓厚了校园人文底蕴，彰显了学院特色，激励了官兵斗志，培养了创新能力，初步打造了"红管家"这一文化品牌。

撰稿 周本爽

审稿 周来信

○通信指挥学院

【实践教学】 2010年，通信指挥学院注重紧贴信息化条件下联合作战需要，探索了"理论讲授、想定作业、网上推演、综合演练"有机结合、相互衔接的教学模式，加快理论与实践的对接、促进知识向能力的转化。构建有线、短波、卫星、接力等多种综合演练通信平台。积极探索岗位合格培训模式，推进"联教联训联研联考"活动。7月1日，学院研究生教学实践基地(总参某通信团)在山西省揭牌。基地的设立，为学院研究生教学实践与学术调研提供了实装、实兵、实地的良好环境，拓宽了部队院校合作交流、合力育人的渠道。

【学科专业体系】 2010年，学院围绕军队信息化建设等3个重点领域，大力创新学科专业体系。组织完成了军事学学科目录修订论证工作，形成了增设军事信息学等4个学科的论证报告，通过了新增军队指挥学博士学位授权一级学科点总部初评。对现职干部培(轮)训专业、生长干部任职和学历教育专业进行全面评估。

【学术成果】 2月，学院完成的《信息化特色军事战略学学科建设与实践》等4项成果获总参通信部教学成果一等奖，《通信与信息系统管理专业的创立与人才培养》等4项成果获总参通信部教学成果二等奖。12月，首届"军事学研究生创新论坛暨国防大学研究生百望论坛"在国防大学举办。学院4篇获得论文征文一等奖，2篇获得优秀论文奖，选送论文数量和一等奖获奖数量均列参加单位之首。学院博士研究生导师、教授沈树章应邀在论坛作了《"信息中国"对军队指挥的影响与对策》的主题报告。学院与中国科学院地球科学与资源研究所联合开发的"植被界面过程模拟系统"，获国家版权局计算机软件著作权。根据《计算机软件保护条例》和《计算机软件著作权登记办法》的规定，该软件项目以原始方式取得全部权利的软件著作权保护。2010年，学院教授牛力的学术专著《军事战略与军队信息化问题研究》，作为"当代中国军事学资深学者学术精品丛书"之一，由解放军出版社正式出版。"当代中国军事学资深学者学术精品丛书"，是为中国军事科学学术成果"经典之作"而设立的"学术纪念碑"式工程。

【课程与教材建设】 学院注意加强课程教材建设，及时将新理论、新战法、新训法、新管法、新装备、新系统纳入教学内容，构建了指技合一、逐级递进、相互衔接，适应岗位需要、增强任职能力的教学内容体系。认真组织主干课程建设、"三精"项目(即精品课程、精品教案、精品案例)建设、网络课程整改和教材配套建设。2010年，学院完成《联合作战指挥信息系统》等3部军队院校联合作战教材，完成《信息化基础知识读本》等10部通信与指挥控制系统新装备新手段知识丛书编撰任务；《战略通信》课程被评为军队级优质课程；《面向对象程序设计》被评为第十届全军优秀电教教材，《通信兵核化生防护》被评为全军院校核化生防护教材一等奖。

【教学科研队伍素质】 2010年，学院广泛开展教学能力竞赛，分层次组织教员业务集训、示范课程推广、季卜校教学法宣讲，集中开展了四轮备课试讲活动，有效地提高了教员的教学能力。教员课堂授课优良率达到83%以上，受到了军队院校教学工作评价专家组的好评。在2010年总政治部、总参谋部组织的"军队院校育才奖"评选活动中，教授毕进南获军队院校育才奖金奖，朱国宗、毛炳文、陈俊、陈卫东、汪勇、刘敬学、吴帆、汤竞鹏、王逢东等9人获军队院校育才奖银奖。根据总参通信部通知，学院邹自力、沈建军、周学全3名教员被批准为首批通信部科技领军人才培养对象，杨若鹏、张学庆、余毅敏、崔健、周彦5名教员被批准为首批通信部学科拔尖人才培养对象。学院二系副教授曾昭文被评为一体化指挥平台建设先进个人，获四总部通报表彰。学院军事通信学术杂志社副社长

2010年7月10日，通信指挥学院四系学员18队组织"坚决服从组织分配建功军营报效祖国"宣誓签名活动

李辉，被湖北省科技期刊编辑学会评为十佳青年编辑工作者。

【首长检查指导】 1月，总参谋长助理陈勇率领总部调研组到学院检查指导。9月，总后勤部副部长谷俊山在总参通信部副部长刘成云等有关领导的陪同下，到学院视察。12月，军队院校教学工作评价专家组组长、中将赵锡君莅临学院检查指导工作。

【教学工作评价】 5月，学院380名学员参加了11个项目的军队院校教学工作评价军事体能技能抽测和理论抽测。11月28日至12月4日，军队院校教学工作评价专家组对学院进行教学工作评价。专家组听取学院自评自建和教学工作的情况介绍，观看学院建设发展情况专题片，集中考察院史馆、学科专业实验室、信息化基础设施、教学装备和综合演练，分头查阅自评材料、听课查课、召开座谈会、进行个别交谈、组织满意度测评和问卷调查，参加学院及系、室、队组织的学术活动，抽查学员早操、队列训练、班务会等情况。学院被总部评定为教学优秀单位。

【竞赛成绩】 5月，在首届"外教社杯"全国大学英语教学大赛湖北省赛区决赛中，学院文化基础教研室教员杨敏获综合组并列第一名。9月18日，四系学员李海斌，参加"中译杯2010年全国口译大赛"英语交替传译华中大区决赛，获优秀奖；11月20日，李海斌参加在湖北经济学院举行的2010年"外研社杯"全国英语演讲大赛湖北赛区复赛，获湖北赛区三等奖。10月25日，学院四系学员曾开胜、涂威、王冶强组成的Ourpacc小组，参加第35届ACM国际大学生程序设计竞赛亚洲区比赛，亚洲赛区共有6 000多支参赛队伍，学员代表队获铜牌，取得了军队参赛院校的最好成绩。

【自学考试与毕业学员分配】 2010年，学院新增自学考试考点4个，新增考生千余名，毕业考生档案审查工作受到全军考办领导高度评价。认真组织地方生考前辅导、毕业论文答辩、网上毕业申报等工作，毕业率超过80%，在湖北省位居前列。6月至7月，学院四系生长干部学员，七系综合通信指挥专业学员，完成学业。学员队党支部分别组织"坚决服从组织分配、建功军营报效祖国"的一系列毕业教育活动。学员100%向党组织递交了服从组织分配的决心书，表达了到基层去、到艰苦地方去、到祖国最需要的地方去建功立业的决心和信心。经组织批准，数十名学员赴西藏、新疆地区部队工作，表现出高度的思想觉悟。

【教学基础设施建设】 2010年，学院新建了影视厅、室际光环网、综合接入专修室、渡海登岛400米障碍训练场等，完成了信息化作战训练中心二期工程等重点项目特色化改建，建成了学员网络学习室9个、任职培训小班教学专业教室10个，综合构建有线、短波、卫星、接力等多种综合演练通信手段，基本形成了相互协调、信息共享的教学训练环境体系。学院图书馆新增军事电子图书5.9万多种、通用电子图书97.8万种，新建原生文献数据库28个，数字资源总量达43.5TB，在教学和科研中发挥了良好的作用。

【"结合共育"联席会议】 7月22日至24日，学院在宜昌召开第十九次院校部队"结合共育"联席会议。济南军区通信部、广州军区通信部、总参通信总站、第二卫星通信地球中心站等单位代表参加会议。会议围绕"院校部队共育新型军事人才"主题，按照"拓宽途径、创新机制、提高效益、双向受益"的思路和"联教联训联考联研"的要求，总结了一年来院校部队"结合共育"工作情况，研究商定了2010－2011年度院校部队"结合共育"工作计划，并就进一步深化合力育人机制、提高资源共享效率、拓宽结合共育领域进行了深入探讨，达成了"培训体系联合、培养目标聚合、培养途径统合、培养模式融合、培养过程结合"的共识。

【全国人防训练工作会议】 12月7日至8日，全国人防训练工作会议在学院召开。来自各大军区人防办、各省(自治区、直辖市)人防办、中央直属机关人防办、中央国家机关人防办和人防教学科研单位的代表参加了会议。总参作战部副部长、国家人防办副主任、少将王克斌讲了话，13个单位作交流发言。会议总结"十一五"期间人防训练工作情况，讨论《"十二五"期间全国人防系统人才培养规划纲要》，部署了下一阶段人防训练工作。这是新中国人民防空成立60年来召开的首次专题研究训练工作的人防会议。2010年，学院被国家人民防空办公室授予"全国人民防空先进单位"称号，学院二系人防指挥与通信教研室副教授李晓利被授予"全国人民防空先进个人"称号。

【交流与合作】 2010年，学院先后邀请国防大学战略研究所教授孟祥青、武汉大学教授王三山、华中科技大学教授陈海春、武汉科技大学副校长顾杰、西安政治学院教授侯宝成等10余名军内外著名专家学者来院举办讲座，内容涉及政治、军事、经济、文化等多个层面，开阔官兵视野，启迪官兵思维。2010年，学院被湖北省通信学会授予2010年度先进集体称号。2010年，学院正式成为国家自然科学基金依托单位，为学院教研人员申报项目拓宽了渠道。

【学习实践科学发展观】 学院始终把思想政治建设摆在首位，围绕教育转型和教学工作评价，把学习实践科学发展观活动提高到一个新水平。积极开展"两创一争"活动。学院党委作出了《大力开展"两创一争"(创建学习型党组织、创建学习型机关、争当优秀共产党员)活动的决定》。先后举办领导干部理论读书班，组织基层党支部书记培训，向各级党组织和全体党员发放10多万元的学习资料，建立"两创一争"活动专题网站，邀请军地知名专家来院作了11场学习辅导报告，营造"创先争优"的浓厚氛围。加强党委班子和干部队伍建设。学院始终把抓好党委班子建设作为各项建设的龙头，通过及时健全组织，合理调整分工，狠抓自身建设和团以上党委机关集中学习教育整顿，严格落实各项规章制度，突出交流轮岗，对学院干部进行任职调整。安排干部到部队任代职、参加各级短训轮训。开展主题教育和经常性思想政治教育。学院深化党的创新理论学习，把当代革命军人核心价值观主题教育与经常性思想工作紧密结合起来，着力向中心任务拓展，向本职岗位延伸，向各项工作渗透，下发《关于抓好主题教育的意见》、《做好学员体能训练中思想政治工作的意见》等文件，加强“知院、爱院”等教育，宣传先进典型，鼓舞士气，凝心聚力。

【校园文化基础设施建设】 学院投资200余万元，以“做红军通校传人、当军队信息尖兵”为主题，对基层俱乐部、文化活动中心、院史馆、文化墙等文化设施进行改造，使校园文化环境布局更加完善，特色更加鲜明。建立校园电视台，完成数字电影系统安装，为基础部、一系、二系各教研室配发21台液晶电视，为各学员队俱乐部配发电视机柜、音响、功放、DVD等器材，文体设施更加配套完善。

【拥政爱民】 4月28日，学院组织百余名官兵与驻地社区开展以“三关爱”(即关爱女孩、关爱计划生育困难家庭、关爱官兵生殖健康)为主题的军民共建活动，并对社区1名特困女孩进行资助。湖北经济电视台等新闻媒体进行了跟踪报道。5月22日，为积极配合武汉市开展“创建和谐环境，共建文明城市”活动，学院勤务营组织干部战士参加武汉市“文明过马路”自愿者服务活动。7月，学院接到驻汉部队防汛指挥部“出动兵力执行防汛任务”的特急电报后，出动180人，携带装备，以最快速度赶到武汉市蔡甸区消泗乡曲口垸，发扬“98抗洪精神”，不怕苦累，连续奋战7个小时，完成堤防加固任务。学院训练部教练营成立抗洪抢险应急突击队，完成了抢修加固沉湖湿地河堤任务，表现突出，被湖北省授予2010年防汛抗洪先进集体称号。2010年，学院军事理论教研室承担华中农业大学、中南财经政法大学、武汉音乐学院、江汉大学文理学院等地方高校军事理论课900余学时的教学任务，授课教员20人，教学效果获得好评。

统稿　朱继承　陈　磊

审稿　王梦麟

○第二炮兵指挥学院

【"有效教学"工程】 2010年，第二炮兵指挥学院围绕基于信息系统体系作战能力建设需求，按照理论牵引、重点先行、整体推进、系统深化的思路，科学统筹和实施"有效教学"工程。优化顶层设计，开展"有效教学"理论学习研讨活动，修订任职培训班次培养目标和课程设置，从源头上为推进"有效教学"提供依据和保障。构建以营、团、师逐级培训为主体，岗位业务培训为补充的任职培训体系，形成主线突出、层次递进、内容衔接的课程体系，确立任职基础合训、岗位业务分训的小班教学模式。不断优化教学内容，加大信息基础知识和指挥信息系统教学比重，建立教学内容动态更新和教学科研互动机制，把重大集训成果编入教材、引入课堂，抓好军事斗争准备成果转化运用，分批次对任职培训班次新专题逐一严格试讲验收，有效增强了教学的前瞻性、针对性、适用性，其中1门课程被评为国家精品课程。坚持开放办学，推行启发式、研讨式、案例式教学，建立赴部队现地教学长效机制，走出师级班学员出国考察路子，初步形成与机关、部队全力育人格局。充分挖掘和利用在校学员资源，扎实开展第二课堂和学员论坛活动，共享机关、部队最新实践成果。不断完善信息化教学科研条件，新建办公专网，研发作战仿真系统、综合演练导调系统等多个教学训练软件，建设多个专题数据库。通过实施"有效教学"工程，教育理念发生深刻变化，教员教学能力逐步提高，教学质量监控机制更加健全完善。学院创先争优活动把"有效教学"工程作为重要实践平台，开展教学比武、争创课题攻关先锋组、联教联学联带活动，充分调动广大教职员工爱岗敬业的积极性、创造性。

【研究生培养】 学院本着"强化基础理论、突出应用能力、培养创新精神、提高综合素质"的指导思想，在广泛征求意见的基础上，组织专家深入各个学科点进行修订论证，确定各学科培养方案，明确了各类课程(公共课、专业基础课、研究方向课、选修课)的课程标准。为加深学员对军事理论的理解，掌握作战的指挥、协调、保障等方法，提高学员组织指挥和谋划决策能力，组织硕士生室内研究性对抗演习和实兵、实装、实战化公路机动教学演练。修订完善了《军事硕士专业学位工作暂行规定》、《研究生课程考核管理规定》、《硕士、博士中期考核实施办法》、《学位论文及学位授予工作实施细则》等规章制度，制度建设更趋科学合理。组织全军第二批第二期军事案例立项项目建设，召开任务部署会，组织专家对立项建设案例进行三次审修，聘请有关专家来院对案例建设进行指导，以确保案例质量。

【学术研究】 学院坚持以二炮作战能力建设和发展战略需求为重点，开展"有效科研"活动，优化科研环境、创新制度机制，狠抓军事理论创新研究，努力发挥主力军作用。健全军事学术理论研究所组织结构，选调名师、学科带头人充实专职研究队伍，建立教学、科研岗位双向交流机制，拓宽科研人才培养渠道。设立专项研究经费，资助专家出版专著，扶持中青年教员、研究骨干开展学术交流，出台科研评价激励办法，重奖价值高的原创性、前瞻性研究成果。完成百余项课题研究、若干条新作战条令编写和多本辞书编纂任务，并通过了鉴定验收，多项成果获得军队科技进步奖、二炮军事理论优秀成果奖等，在核心期刊发表论文百余篇，出版多部著作，主办刊物作用得到较好发挥。倡导并牵头组织了多所指挥院校参加的全军性作战理论研讨会，成功举办某全军性军事理论研讨会。突出抓好成果转化应用，上报若干份决策咨询报告，坚持开展送科研成果下部队活动，组织多项成果在部队试用应用，促进研究成果及时转化为现实战斗力，坚持服务教学，优先立项教学急需的重大课题，把研究成果纳入教学体系，提高了科研育人效益。

【教员队伍建设】 学院建立教授推

2010年5月7日，第二炮兵指挥学院"有效教学"理论研讨暨动员部署大会在大礼堂召开

荐、单位提名、专家考核、党委把关的教员准入制度，严把教员"入口关"、"登台关"、"续任关"和"晋升关"，营造公开公正、竞争择优、有利于优秀人才脱颖而出的良好环境，激发广大教员爱岗敬业、忠诚教育事业的工作热情。严格贯彻落实学院《关于进一步加强教员队伍建设的意见》，多渠道改善教员队伍知识结构和阅历结构，抓好教员的送学培训、部队代职、出国考察等工作，积极争取安排教员参加全军和二炮组织的联演联训、实弹发射等重大活动，为教员队伍可持续发展增加了后劲。择优聘用文职人员，妥善办理文职人员续聘和文职人员解聘手续。加强教员教育理论学习和教学技能培训，组织开展群众性教学比武活动，修订完善《教员业绩考评标准及实施细则》，分层次对教员的德、能、勤、绩进行量化考核，着力提高教员执教水平。

【首长检查指导】 1月13日，总参谋部总长助理陈勇率总参机关有关人员来学院进行调研。调研期间，工作组考察了学院教学设施，就有关问题与学院领导和专家教授进行了深入的座谈交流。6月10日至12日，第二炮兵政治委员、上将张海阳率工作组到指挥学院视察，了解学院全面建设情况。视察期间，先后听取了学院党委工作汇报，查看了教学设施和基层单位，看望了师以上干部和教授，与生长干部学员共进午餐，与学院常委进行了个别谈心，并召开了师职领导和教员座谈会。11月1日至5日，中央军委委员、第二炮兵司令员、上将靖志远率工作组到第二炮兵指挥学院，就院校建设和人才培养工作进行了调研。在院期间，靖志远听取了学院工作汇报，检查了课堂教学，察看了实验室和营区建设情况，召开了教员、学员和教学管理干部座谈会，接见了学院高职教员和师以上干部。

【国外考察访问】 6月7日至18日，由第二炮兵指挥学院政委、少将张东水任团长，师级指挥员培训班学员组成的代表团，赴捷克、白俄罗斯进行考察访问。在捷克访问期间，代表团先后参观了捷克国防部、总参谋部和国防大学，听取了捷克国防政策、军队转型建设和国防大学及火力支援管理系、武器和弹药系情况介绍，参观了捷军训练中心，并与捷克军队将领座谈交流。在白俄罗斯访问期间，代表团先后参观考察了白军军事学院、某导弹旅、某军工综合体以及国家图书馆，并与白俄罗斯军队将领座谈交流。

【依法从严治校】 学院集中开展从严治校教育整训活动，按照建设标准"严于部队、高于部队"的要求，强化全面从严意识，集中整治倾向性问题，严肃处理违规违纪的人和事，有力促进了校风、教风、学风建设；修订完善教、学、考、研、管等规章制度，为依法从严治校提供制度保证。着力提高执行力，坚持从严治教、从严治学、从严治管、从严治研，教学、训练、工作和生活秩序更加正规，教育整训的做法受到二炮党委充分肯定。认真学习贯彻条令条例，狠抓敏感时期安全管控，强力落实"十条禁令"，加强安全防范能力建设，开展"百日安全竞赛"等系列活动搞好融入渗透，学院保持了安全稳定和集中统一。坚持按照《基层建设纲要》抓基层打基础，定期对系团级单位全面建设进行考、帮、建，加强政工网和系队荣誉室、俱乐部建设，投入2 000多万元改善基层设施条件，学院建设科学发展、安全发展基础更加牢固。

【思想政治建设】 学院突出抓好中共十七届五中全会精神和中共中央总书记胡锦涛重要讲话精神学习理解，始终把思想政治建设摆在首位，强化阵地意识、政治意识、政权意识，牢牢把握办学育人的正确方向。着力推进党的创新理论"系统进教材、生动进课堂、扎实进头脑"工作，不断健全完善党委中心组学习和干部理论轮训制度机制，严格规范外请报告和教员参加学术交流活动，确保三尺讲台无杂音。选派专家教授赴部队宣讲辅导，有力地推动了党的创新理论宣传和普及。认真组织创先争优活动，扎实开展"潜心做学问、精心育人才"主题活动，持续培育当代革命军人核心价值观，不断筑牢官兵精神支柱。参加全军院校中国特色社会主义理论体系教学观摩评比取得优异成绩。深入抓好《政工条例》学习贯彻，着力建设学习型党组织，严格落实民主集中制，注重发挥专家咨询作用，坚持科学民主依法决策。针对全年大事多、敏感时期多的实际，加强形势政策教育和经常性思想工作，及时传达上级指示，分层次抓好思想教育，确保了教职员工政治坚定、思想稳定。

【校园文化建设】 2010年，学院开展了各类文体活动。成立了文艺演出队和教授合唱团，举办学院第八届运动会和"高歌向明天"文艺晚会、"红五月唱红歌"歌咏比赛以及迎新年文艺晚会。组织演出小分队到干休所慰问老干部文艺演出，选送优秀节目参加了二炮第六届业余文艺汇演，取得较好名次。学院研究生学员周蔷赴京参加第七届中国军校大学生电视演讲大赛，获个人三等奖。全年为官兵及家属放映电影80余场次，接待参观礼堂和院史馆共计20余次。2010年，学院被湖北省教育厅推荐评选为全国学校艺术教育先进单位。坚持文化育人、环境育人，研究制定学院《加强校园文化环境建设意见》，新建了"大国长剑"雕塑墙和"丹心铸长剑"雕塑，在院内醒目位置制作安放了富有军校文化气息的石刻20多块，更新了橱窗、标语、宣传牌，在教学楼一楼制作悬挂了任职学员名录牌。

【后勤保障工作】 抓好营区综合设施配套建设，综合保障楼、教练团食堂竣工投入使用，为干部经济适用房加装电梯，对学员宿舍楼和办公用房进行全面整修，师团职军官公寓楼建设、阳逻综合训练场环形道路建设按计划推进。搞好环境绿化美化。2010年初确定的10件实事全部落实，受到教职员工普遍好评。推进社会化保障、财务和医疗等改革，改造中级班学员自助餐食堂，新建干部教员食堂、教练团食堂和商业服务网点，实施公寓住房物业化管理，完成"军人保障卡"信息采集和卡片发放工作。

撰稿　杨　远

审稿　孙　红

○武警武汉指挥学院

【教学工作】　2010年，武警武汉指挥学院坚持把培养合格人才的职责摆在重要位置，牢固树立全面质量管理理念，狠抓三级试讲、四级值班、评教评学、查课听课、教学督导、教学讲评通报等制度落实，教学工作有序运行。深化任职教育培训成果，完善教学内容体系，推行小班教学，教学满意率达97.3%。注重课程质量建设，加强课程业务研究，开展教学形式、手段、方法、艺术等交流活动，课程建设评比活动成效明显，3名教员获武警部队院校优质大课竞赛和中国特色理论大课竞赛三等奖。突出实践性教学效果，发挥代职实习和基地教学作用，“三到一提升”活动开展扎实有效。强化实践教学锤炼，完成《武警法》拍摄、驰援江西唱凯堤抢险等重大任务。严格执行《人才培养方案》，落实教学计划，完成年度教学任务，2010届学员顺利毕业，本科学员英语四级、计算机二级过级率分别达到了75.3%和97.1%，2名毕业学员志愿赴西藏建功立业。

【科研工作】　学院坚持激励扶持政策，通过课题共研、资源共用、成果共享，把人才培养急需、部队建设急需、遂行任务急需作为学术科研攻关的着力点，推出了一批较高质量的成果，使科研工作在服务院校和部队建设中体现价值、赢得认可。2010年，承担的国家社科基金重大招标项目子课题“武警官兵树立当代革命军人核心价值观”结题，研究的专著出版发行。完成2项武警部队、3项武警湖北总队军事理论研究计划课题。完成《武警勤务》、《武警基层行政管理》、《船艇警官训练教材》和《船艇分队训练教材》等7本武警部队统编教材编写任务。组织人员参加中国军事教育学会、中国军事科学分会武警分会、军队院校政治理论教学联席会、军队院校外语教学协作联席会、武汉地区军队院校协作中心等单位组织的学术研讨和征文活动。《人民武装警察部队依法采取措施规范》和《擒敌术电视教材》两部电视片分获武警部队第四届教育技术成果奖特等奖和二等奖，科研成果“便携式自动摇靶器”获武警部队科技进步三等奖。

【按纲抓建】　坚持把工作重心放在基层和教学一线，加大基层建设投入，加强基层建设指导，适时分析基层建设形势，落实季度蹲点帮建制度，修订完善《按纲建队考评实施细则》，定期组织“双向”讲评，抓好《〈纲要〉三十条》和《政治工作条例》的贯彻学习，机关按纲指导、基层按纲抓建的能力显著提高。开展学《纲要》、知《纲要》、用《纲要》和大练基本功活动，前沿指挥所、一线战斗堡垒、一线带兵人队伍建设明显增强。落实抓教学、管教学、保障教学相关规定，学员大队、学员队、直属队服务和保障教学意识明显增强，教研部作用发挥明显，教研室建设得到加强。着眼学员按纲建队能力培养，推行模拟代职、以高带低、以老带新模式，学员能力素质提高。基层“双争”和创先争优活动扎实推进，党支部“三个能力”得到提升，直属队建设水平全面提高。6个单位被总队表彰为基层建设先进单位，2个单位立集体三等功，10个单位受学院表彰。全年，173名学员评为优秀学员，26人被树为学习标兵。

【从严治警】　深入贯彻落实总部、总队依法从严治警集训精神，建立健全安全委员会和安全办公室，修订完善《安全工作奖惩细则》，制定《安全管理工作规范运行统筹图》，严格落实安全工作日检查、周通报、月评比、季讲评和形势分析制度，形成了抓安全工作的联动机制。严密组织安全管理骨干培训，开展“我为安全发展献策尽责”、“治三松、严纪律、保安全”和“奋战六十天、实现安全年”等活动，狠抓人车枪弹酒、水火电毒密安全事故防范治理工作，学院安全发展基础进一步牢固。深入学习贯彻新《条令》和机关、基层两个正规化管理规定，学院正规化管理水平进步明显。加大节假日、寒暑假期间的人员管理。加强安全工作物防、技防、人防、联防建设，加大直属队正规化建设力度，警通勤务中队正规化试点任务受到各级领导好评。学院被总队表彰为“预防事故案件‘三无’单位”。

【后勤保障】　坚持服务教学、服务官兵的保障方向，贯彻后勤工作集训精神，后勤队伍建设成效明显。注重后勤应急能力保障建设，综合演练、船艇专业室外教学等跟队保障到位，各类临时培训班的服务质量高效。着眼信息化建设需求，加强数字化图书馆建设，完善维普期刊网、军事期刊网、报刊资料检索等各类资源数据库，丰富教学信息资料。注重加大资金投入，高标准完成了船艇实训中心、教学楼设施和学术报告厅、400米障碍塑胶训练场改扩建工程；警通中队“四配套”设施、加油站和车场门禁系统建设按时完成。注重提高社会化保障效益，推行饮食供应、公务用车和物业保洁三项社会化保障改革，官兵工作、学习、生活环境得到改善。注重规范“四类经费”管理，严格执行大宗物资采购和固定资产登记销毁等规定，全面推行公务卡结算，有效防范了经济风险。注重校园环境美化，绿化工作成效明显，卫勤保障和计划生育工作扎实有效。

【素质教育】　7月5日至10日，学院举行了“优质一堂课”评比竞赛活动。竞赛共分为公共基础课、专业基础课、专业课3个小组同时展开。学院周密制定计划，明确职责分工，精心准备，严密组织。评比竞赛活动的开展，促进了教员教学水平和课程建设质量的提高。7月8日至15日，学院学员张旭代表学院参加了全军第七届军校大学生电视演讲大赛，最终进入决赛，并获大赛优胜奖。10月18日至11月13日，学院举行了第五届军事体育运动会。此次运动会历时27天，共设田径、棋类、篮球等9个大项、31个小项，为全院官兵提供了充分展现自我的舞台。11月23日至29日，武警部队举行了优质大课评比竞赛活动。此次竞赛分公共基础课、专业基础课及专业课3个组别展开，来自全国27所武警院校的81名教员参加了120场次的预赛和决赛。学院副教授袁宏国和讲师陆敏获三等奖。

【宣传与交流】 3月7日和3月11日，武汉晚报分别以《寒门双胞胎兄弟被保送上军校》和《武汉有个文武双全"豹子头林冲"》为题，报道了学院学员卓举欢、卓举欣和教员邓许庚的先进事迹。学院先进人物事迹见报后，在社会上产生了较大反响，给学院带来了良好的社会声誉。11月12日，湖北省法律援助中心武警武汉指挥学院工作站正式挂牌成立。湖北省法律援助中心主任王运亮为法律援助工作站揭牌。法律援助工作站的建立，为提供法律援助服务，妥善处理官兵及家庭涉法问题，维护军人、军属合法权益将发挥重要作用。12月8日，原华中理工大学校长、中国科学院院士杨叔子应邀走进学院校园讲坛，与官兵共话《民族精神——中华民族文化哲理的凝现》。课堂上，院士杨叔子精辟分析了中华文化哲理的整体观、变化观与本质观，深刻阐述了中华文化哲理的世界观、人生观与价值观，对中华民族精神及其核心提出了个人的独到见解，围绕"社会主义核心价值体系"与官兵共同探讨了中华民族精神的时代内涵。

【江西唱凯堤抗洪抢险】 2010年6月21日，江西抚州市抚河唱凯堤发生决口，学院紧急集结22名优秀的船艇冲锋舟驾驶员奔赴江西驰援抗洪抢险任务。在抗洪一线，官兵们始终奋战在灾情最严重的唱凯决堤口一带，先后参加了搭建临时帐篷、修复道路、搬运救灾物资、疏通抢险航道、安全警戒等任务。学院抗洪将士始终发扬不怕苦不怕累的精神，连续奋战，奋勇拼搏，保持了高昂的士气和优良的战斗作风，受到了各级领导和兄弟单位官兵的一致好评。

【社科课题成果】 2010年8月20日，学院编写的《武警官兵树立当代革命军人核心价值观研究》一书由中国社会科学出版社出版发行。该书是学院承担的国家社科基金重大招标项目《用社会主义核心价值观体系引领多样化社会思潮研究》子课题《武警官兵树立当代革命军人核心价值观研究》的主要成果。本书的出版，既是学院学术科研工作的一件大事，也是学院官兵深入学习实践科学发展观、进行当代军人核心价值观学习研究的重要成果，对扩大学院在武警部队乃至全军的影响有着重要的促进作用。

【船艇干部业务培训】 2010年9月27日至9月30日，武警部队在学院举办了船艇干部业务培训，来自全国各地武警船艇部(分)队及相关业务部门的45名干部参加了培训。学院是武警部队唯一一所培训船艇专业人才的院校。学院着眼武警部队需求和自身实际，充分借鉴军地船艇院校学科建设经验，注重发挥湖北江河湖泊多的地域优势，大力加强船艇专业学科建设，逐步走出了一条实行学历证书和职业资格证书"双证书"的人才培养之路。

【思想政治建设】 学院认真学习贯彻党的十七届五中全会精神，持续巩固深化科学发展观学习实践活动，突出抓好培育当代革命军人核心价值观主题教育实践活动，召开政工例会，开展政治工作研讨，制定下发经常性基础性"四个规范性文件"，政治工作进一步规范。深入开展"深知学员、真爱学员、研究学员"活动，组织政治教育优质课、优质教案评比和专家教授大讲坛，强力推进心理疏导、法律服务和预防犯罪工作，分层组织创先争优活动。不断丰富"第二课堂"内容，组建威风锣鼓队和舞龙舞狮队，举办第五届军事体育运动会、系列大型文艺联欢会和读书演讲比赛，群众性文体活动丰富多彩。大力加强宣传报道工作，学院被总队表彰为"新闻报道工作先进单位"。参加全军第七届军校大学生电视演讲大赛荣获优胜奖。参加武警部队"八一杯"足球通讯赛获湖北赛区冠军。

撰稿　樊春阳

审稿　许木敏

○武汉体育学院

【基本情况】

学校基本情况统计

类　　目	数　量	类　　目	数　量
一、学生情况(单位:人)		三、教职工构成(单位:人)	
1. 普通高等教育在校学生总数	11 077	1. 总数	1 007
其中:博士生数	27	2. 专任教师数	630
硕士生数	963	3. 院士	—
普通本科生数	10 087	其中:外聘院士	—
普通专科生数	—	4. 正高级职称数	79
2. 普通高等教育招生数	3 079	5. 副高级职称数	196
其中:博士生数	10	6. 博士生导师数	25
硕士生数	331	7. 硕士生导师数	139
普通本科生数	2 738	8. 长江学者特聘教授数	—
普通专科生数	—	9. 楚天学者特聘教授数	1
3. 普通高等教育毕业生数	2 165	四、办学条件	
其中:博士生数	2	1. 年末固定资产总值(万元)	51 699
硕士生数	240	2. 校园占地面积(万平方米)	93
普通本科生数	1 923	3. 年末校舍面积(万平方米)	50
普通专科生数	—	4. 教学仪器设备总值(万元)	10 510
4. 成人及其他高等教育学生数	2 456	5. 图书馆面积(平方米)	16 276
5. 外国留学生数	30	6. 年末纸质图书册数(千册)	561
二、学科及专业设置(单位:个)		7. 教学用计算机台数(台)	1 350
1. 一级学科数	1	8. 各类专业实验室总数(个)	13
2. 博士授予权点数	1	其中:国家重点实验室(个)	—
3. 硕士授予权点数	9	省部级实验室(个)	1
4. 本科专业数	17	9. 工程(技术)研究中心(个)	—
5. 专科专业数	—	其中:国家工程研究中心(发改委)	—
6. 国家级重点学科数	—	国家工程技术研究中心(科技部)	—
7. 省部级重点学科数	7		

【教育教学改革】 2010年，武汉体育学院抓住教学质量这一生命线，强化教学质量监控，严肃考风考纪，严格教学管理的各项规章制度，开展了院(系)本科教学工作状态评估。坚持走挖掘内涵、提升层次、顺应市场的道路，形成以市场需求为导向，以课程建设为核心的专业建设思想，舞蹈学获批2011年度新专业，学校本科专业数达到18个，运动训练专业获批教育部“高等学校第六批特色专业建设点”，《足球》、《乒乓球》获批省级精品课程，《篮球》获批国家级精品课程。成功申报2项省教育厅教改项目。制定了《武汉体育学院品牌专业评选和建设管理办法》，完成了体育教育品牌专业的验收工作。

【学科建设】 学科建设相关制度进一步完善，完成了首批校内学科带头人遴选工作。组织申报了体育学一级学科博士点工作，申报了心理学、艺术学、临床医学、应用经济学共4个一级学科硕士点。其中体育学一级博士点在湖北省学位办组织的专家初审中获全票通过；心理学、艺术学一级学科硕士点获湖北省人民政府学位委员会审批报教育部备案。学校获教育部学生司批准成为具有推荐优秀应届本科毕业生免试攻读硕士研究生资格。

【学位工作】 学校强化研究生培养的过程管理与结果控制，全面提高研究生培养质量和学位点建设水平。研究生指导教师队伍得到加强，新增本校硕导17人。制订了新上岗硕士生指导教师培训管理安排，与部分新聘导师签订了责任书，并对近两年新聘的30名研究生指导教师进行岗前培训。授予硕士学位292人。其中，全日制硕士研究生243人，高校教师17人，体育硕士19人，同等学力13人。完成2010年优秀学位论文推荐工作，向省学位办共推荐了15篇优秀学位论文。

【科研工作】 学校加强了联合科技攻关工作力度，与有关项目管理职能部门建立了广泛的联系与合作，并与国家体育总局科研所和医科所、武汉大学法学院签订了科研战略合作协议书，重点加强联合科技攻关工作。全年获湖北省科技进步奖4项、湖北省社会科学优秀成果奖5项、中国体育科学学会科学技术奖8项，获奖成果总数创历史新高，达17项。全年各级各类课题立项总数共101项。其中，国家级课题立项3项、省部级课题立项46项、市厅局级课题立项52项。2010年，学校校本研究课题立项41项。其中，博士科研启动项目12项、青年教师科研基金项目8项、校本研究课题21项。

【招生与毕业生就业】 严格执行国家招生政策，实施招生“阳光工程”，修订了体育类自主招生考试等招生工作制度，坚持招生政策公开、计划公开、录取信息公开、申诉渠道公开、违规处理公开，严格实行录取结果公示制度。增加考试管理工作中的技术含量，研发并使用了部分器材。全年录取本科学生2 738人，新生入学实际报到人数为2 683人。录取硕士研究生336人，博士研究生10人，招收在职攻读体育硕士50人、高校教师攻读学位40人。另外，招收港澳台自费兼读博士研究生4人，硕士研究生1人。

2010年共有本科毕业生1 923人，硕士毕业生240人，博士毕业生2人。在就业工作中，学校与政府机构及兄弟院校合作，举办了武汉地区体音美专业毕业生招聘会。优化就业服务机制，创新服务形式，使就业工作实现信息化，与中国移动通信公司合作，开通了面向毕业生的短信群发服务。适应就业市场需求，做好教师资格证认定工作，加强就业指导课程建设，实现就业指导“前移化、全程化”，进一步加强就业指导队伍建设。

【资助贫困生】 学校贯彻落实贫困生资助政策，全年各类奖助学金发放总金额为904万元，其中国家奖学金获得者15人，发放金额12万元；国家励志奖学金获得者288人，发放金额144万元；国家助学金获得者2 480人，总额744万元。加大对困难学生资助的工作力度，特别是做好对发生重大疾病、家庭特殊困难学生的资助。全年共资助贫困生326人次，资助总金额达7.82万元。完善国家助学贷款的管理工作，精简手续，提高效率，建立健全贫困生和特困生学生的认定程序和制度，开展包括实地走访在内的贫困生认定举措。开展勤工助学活动。

【对外交流与合作】 2010年，学校共接待外国和地区来访30批280人次。其中规模较大的访问团有韩国湖南大学孔子学院访问团，韩国湖南大学、河内师范体育大学、越南文化体育旅游部、河内市文化体育旅游局、哈特伯瑞学院、德国新勃兰登堡应用科学大学、英国朴次茅斯大学、新西兰IGQ国际高尔夫学院、越南北宁体育大学等代表团，澳大利亚维多利亚大学代表团。全年共办理出访50

2010年10月23日，武汉体育学院举行附属竞技体校建校30周年庆典

批70人次。其中规模较大的有赴美国的比赛团。

【党建与思想政治教育】 学校认真开展创先争优活动，实施师德师风建设、党风廉政建设、两型机关、两型组织、学生党员示范工程等系列活动。召开基层党建工作经验交流会，编辑了《武汉体育学院基层党建工作经验汇编》，开展树立和表彰先进典型活动。加强学习型党组织建设，严格政治业务学习制度，落实基层党组织“五个基本”、“七个体系”建设。加强干部队伍建设，开展干部网上培训工作。认真落实“城乡互联、结对共建”工作。加强党风廉政建设，制定了各单位的腐败风险预警防控工作方案，并结合工作实际，逐个岗位、逐个环节地查找工作中存在的腐败风险点。

【制度建设】 学校深化管理体制与运行机制的改革，继续在全校推行目标管理，制定了校院系两级管理条例。修订学校目标管理考评细则和奖惩办法，对教学与机关单位规范管理进行巡视检查。修订并细化制定多项教学管理制度，如《教学责任问责制》、《辅修或双学位管理办法》、《自编教材管理办法》、《学生考试违纪处理办法》以及《两级教学管理实施细则》等多项规定，建立和健全场地管理的各项管理规章制度，完善场馆中心各项规章制度，加强职工和临时工的管理。完善《武汉体育学院学生学籍异动暂行规定》，规范学生日常管理工作。整合校内资源，做好固定资产管理工作。贯彻执行《武汉体育学院节能管理暂行条例(试行)》，做好水电目标管理责任制工作。全面实施基建与大型维修全过程跟踪审计，严格把关各重要环节的工作。规范了学校财务管理制度，出台一系列财务管理办法。深化了干部人事制度的改革，加强了干部人事和劳动用工工作的规范化管理，完成了学校临时用工劳动保障监察年审，用工社保费缴纳以及失业险的申报工作，学校的管理水平向精细化方面发展。

【校园文化建设】 学校以重大节日和纪念日教育为抓手，结合有关主题开展学生思想教育活动。举办了以“体育文化艺术节”为主题的校园文化活动，共开展了文体活动类、人文讲座类、科技创新类三大板块30余项活动。举办“十大风云学子”评选比赛、“校园十佳歌手”颁奖晚会暨迎春元旦文艺晚会，“篮球嘉年华”比赛，“纪念一二·九”诗歌朗诵大赛暨原创诗歌征文晚会等。组织各社团群体开展丰富多彩的社团文化活动，内容涉及声乐、器乐、舞蹈、健美操、演讲与朗诵、棋类、书法、绘画等，学生在展示中相互学习，相互促进。开展人文讲座等文化素质教育活动，使学生在学习和生活中体验到浓厚的文化熏陶，从而为校园营造良好的人文氛围。2010年，全校共开展各式各类人文讲座10场，讲座以学生为本，将学生最关注、最感兴趣、最迫切需要解决的问题作为主要的内容，从而达到了贴近学生生活，反映学生心声的目的。

【办学条件】 2010年，学校办学条件进一步改善，学校综合体育馆工程完成主体结构，人才楼、高尔夫训练场、合同工宿舍工程完成基础工程，全民健身中心装修改造工程开工，外游泳池工程完成规划报建及前期准备工作，湖边足球场改造工程设计完成。

【后勤保障】 2010年，政府采购59宗，总金额达995万元，占全院设备采购总量(不含图书采购、银湖体育产业和校医院的采购)的86%。另外由学校组织招标6宗。为了配合上级部门的资产清查工作，2010年，全院固定资产报废1 667台(件)，金额756万元。全年已完成的项目工程(万元以上)共有52项，预算支出近350万元。项目包括教学场馆维修，教工、学生宿舍维修，办公场所的改造，学生二食堂的改造等，其中超过10万元(招标)项目7项。

【竞技体育】 2010年，学校竞技体校100余名学生分别参加20多项国际国内赛事，获世界杯、世界锦标赛7金、11银、8铜，亚运会6金、4银；全国锦标赛10金、14银、25铜；全国冠军赛3金、1银、3铜。特别是在2010年的亚洲运动会上，由学校培养、输送的10名运动员获得了4个项目的金牌。2010年，学校学生代表湖北省参加第四届全国体育大会，获得10个一等奖(8块金牌)。校常设代表队参加全国体育院校排球、田径、体育舞蹈、健美操等比赛，获得佳绩。在排球比赛中，学校男女排球队获冠军；在田径比赛中，学校共获5个单项冠军、6个亚军和6个季军，同时打破男子乙组4×400米男子全国体育院校记录，包揽了乙组男子、女子、团体总分3项冠军；在健美操、体育舞蹈比赛上，取得健美操比赛的5金、2银、2个第四，以及体育舞蹈的4金、2银、6铜。

撰稿　田智会
审稿　叶成万

附：　学校负责人及地址
(2010年1月—12月)

院党委书记　黄浩军
副　书　记　孙义良　黄签名

院　　长　孙义良
副 院 长　彭道海　吕万刚　徐　屏

地　　址　武汉市洪山区珞瑜路461号
邮　　编　430079
电　　话　027—87191823
　　　　　027—87191730(传真)
网　　址　http://www.wipe.edu.cn

○湖北美术学院

【基本情况】

学校基本情况统计

类　　目	数　量	类　　目	数　量
一、学生情况(单位:人)		三、教职工构成(单位:个)	
1. 普通高等教育在校学生总数	6 110	1. 总数	462
其中:博士生数	—	2. 专任教师数	323
硕士生数	440	3. 院士	—
普通本科生数	5 144	其中:外聘院士	—
普通专科生数	526	4. 正高级职称数	33
2. 普通高等教育招生数	2 038	5. 副高级职称数	67
其中:博士生数	—	6. 博士生导师数	—
硕士生数	166	7. 硕士生导师	71
普通本科生数	1 872	8. 长江学者特聘教授数	—
普通专科生数	—	9. 楚天学者特聘教授数	1
3. 普通高等教育毕业生数	845	四、办学条件	
其中:博士生数	—	1. 年末固定资产总值(万元)	22 542
硕士生数	102	2. 校园占地面积(万平方米)	48
普通本科生数	743	3. 年末校舍面积(万平方米)	22
普通专科生数	—	4. 教学仪器设备总值(万元)	2 966
4. 成人及其他高等教育学生数	179	5. 图书馆面积(平方米)	5 123
5. 外国留学生数	6	6. 年末图书册数(千册)	290
二、学科及专业设置(单位:个)		7. 教学用计算机台数(台)	1 404
1. 一级学科数	—	8. 各类专业实验室总数(个)	30
2. 博士授予权点数	—	其中:国家重点实验室(个)	—
3. 硕士授予权点数	3	省部级实验室(个)	3
4. 本科专业数	8	9. 工程(技术)研究中心(个)	2
5. 专科专业数	5	其中:国家工程研究中心(国家发改委)	—
6. 国家级重点学科数	—	国家工程技术研究中心(科技部)	—
7. 省部级重点学科数	3		

【学科建设】 2010年，湖北美术学院招收研究生166人，在校研究生总数达到530人（含全日制研究生、全日制艺术硕士研究生、在职艺术硕士学位研究生）。学院艺术硕士专业学位教育发展态势良好，动画、新媒体、科技图像等一些与经济建设与社会文化发展紧密联系的新兴专业领域不断拓展，研究方向增至29个。学科建设推动了高层次的学历教育。9月，学院与武汉理工大学、武汉音乐学院签定了联合培养博士研究生协议书；学院艺术学一级学科授权点申报获批。学院申报的“中国中部美术形态研究中心”以及“人才引进和创新团队建设”获批“中央财政支持地方高校发展专项资金建设规划项目”，获资助金额600万元。

【教学管理与改革】 2010年，工业设计专业成为学院第5个湖北省高等学校本科品牌专业立项建设项目，雕塑专业获批为国家第六批高等学校特色专业建设点，艺术设计专业获批为“湖北省第三批高校品牌专业”。视觉传达设计系本科课程《广告招贴设计》获评“2010年省级精品课程”，水彩画系本科课程《水彩画创作》获批“2010年度国家精品课程建设项目”，成为学院继中国画系《工笔人物画》之后，获批的第2个国家精品课程建设项目。12月，学院召开了教学“质量工程”建设工作会，总结成绩和经验，研究制订了下一轮的建设目标。2010年，学院召开了本科人才培养方案修订工作研讨会，修订完成各专业（方向）人才培养方案。南湖片区10校联合办学辅修双学位工作启动，共有123名学生辅修双学位。学院教师共申报教研项目8项，其中《高等教育大众化背景下美术类专业课程建设研究》与《美术院校外语课程设置比较研究》获批为省级教研项目。8月，学院建成3 000平方米实验工厂，数字影像实验教学中心建成并投入使用，特色平台中的版画实验室、服装实验室、石膏馆建设上台阶，学院投入近850万元引进国外进口专业仪器设备。特别是作为实验教学建设的重要部分，学院从意大利购买90件欧洲著名雕像原模石膏，为学生提供了良好的课外学习、创作场地。学院拥有实验教学使用面积8 000多平方米，教学设备3 000台件，教学仪器设备总值2 800万元，在规模、质量、效益上达到了国内一流水平。在本年度中，计算机辅助设计实验室满足了全院52门课程、3万余人次、6万余小时的教学需要，课余时间接受学生上机2万余人次，3万余小时，实现了全天14小时的开放；数字影像实验教学中心开放，满足了8门课程，256学时、2 071人次的教学需要。筹办毕业生作品、三大奖学金、秋季采风习作等展览，组织学生参加学科竞赛，开展学生活动基地建设。4月，“公共艺术大学生创新活动基地”通过省教育厅专家组的评审，获批为“湖北省高等学校大学生创新活动基地”；“致美拔尖创新人才”培育实验计划项目获批为湖北省普通高等学校拔尖创新人才培育试验计划项目。

【师资队伍建设】 2010年，学院引进67名硕士及以上学历人员（3名博士研究生），其中副高职称3人，中级职称7人。学院教职工464人，专任教师305人，其中具有副高级以上职称100人，占学院教师35%左右；硕士研究生及以上学历的专任教师72%，具有博士学位的教师7人，专任教师外校毕业的比例46.6%。推荐2名青年骨干教师至国家留学基金管理委员会申报“俄罗斯艺术类留学项目”；推荐参评湖北省有突出贡献中青年专家、享受省政府专项津贴、享受国务院政府特殊津贴人员各1人；完成2009年度职称评审工作，共评审通过高级职称教师9人，中级职称教师17人。出台教职工继续教育管理的相关规定，每学期安排各教学系部派出1位教师外出进修，开展了“十倡导十禁止”的师德师风建设活动。3月，学院启动了岗位设置管理工作，按照国家和湖北省相关文件要求，拟定各个系列岗位设置管理实施暂行办法，对全院所有正式在编教职工进行首次岗位设置。12月，学院完成从助教到副教授、从副科到处级干部的首岗设置工作。

【科研成果与对外交流】 2010年，学院新立项（纵向）科研项目14项，其中国家教育部项目1项，下达科研经费7.5万元。承担社会委托项目5项，合同金额56.8万元。全院教师发表学术论文100余篇，出版专著（含教材、画册等）10余部。获第七届湖北省社科奖二等奖1项，湖北省科技进步三等奖1项，获全国“精彩一门课”评选一等奖1项。学院研究生设计的标志获选“武汉市两型社会改革试验标志”并已采用。在第四届省高校美术与设计作品展中，全院共有88件作品入选展览，获金奖5项、银奖11项、铜奖24项、优秀奖24项；展览进行了优秀论文评选，学院获论文类金奖8项、银奖12项、铜奖7项、优秀奖2项。此外，全院师生在其他赛事、活动中获各类奖项20余项。积极开展各种形式的学术活动，

2010年10月28日，湖北美术学院90周年校庆美术作品展开幕

先后举办"机遇与使命——2010全国展示设计教学研讨会"、"2010年当代艺术与批评理论研讨暨青年艺术批评奖论文颁奖会"等学术专题研讨会7场次，学术讲座33场次。在90周年校庆专题年度展中，学院美术馆成功举办校庆系列美展及校庆文献展；先后策划、举办"珂勒惠支——德国伟大的女性艺术家作品巡展"、"东+西大学生国际海报双年展"、"自由之声——纪念墨西哥革命胜利两百年国际海报邀请展"以及第二届"学院·经典——全国美术院校工笔画名家作品展"等大型学术邀请展以及其他各类展项39项；完成展务制度及各项管理办法的制定。学院与瑞士卢塞恩艺术设计学院签署了《学术交流与教学合作意向书》。2010年，学院按计划继续资助出版了《杨立光》、《肇铭写意》、《西方名画和它的故事》等作品集。学报《华中美术》2010年增设"90周年校庆专栏"，以图文方式反映各个历史时期学术风貌，被收录为"中国核心期刊(遴选)数据库期刊"。

【学生素质教育】　深入推进优良校风学风建设，开展"树学风、讲诚信"宣传教育活动。加强学生的日常管理和行为规范管理，将学生考勤纳入学院奖学金评分标准中。组织开展了现代舞大赛、化妆造型大赛、社团文化月、辅导员暨团学干部培训班等形式多样、内容丰富的校园文化活动。成立了湖北美术学院青年志愿者协会。学生社团"涂鸦社"获得了"湖北省高校优秀学生社团"称号。开展一系列艺术实践和社会实践活动，学生参与社会实践率90%，学院获2010年湖北省大中专学生暑期社会实践活动优秀组织单位。开展勤工助学、助学贷款、心理健康咨询、学生档案整理等工作。整理、录入、移交学生档案1 118份；组织开展2010级新生心理测评工作，落实学生心理健康情况系部报告制度，组织多次心理健康专题讲座；完善家庭经济困难学生信息库建设，下拨勤工助学经费65.56万元，154人办理了国家助学贷款，贷款金额达336万元；办理生源地贷款491人；发放各类奖学金、助学金682.3万元，惠及学生2 987人次。

【招生与毕业生就业】　学院严格实行"阳光招生"工作，学院纪委对考试、阅卷、录取实行全程监督，确保招生工作公开、公平、公正。2010年，共有58 320人次报考学院，招收本科生1 872人，为历届招生人数最多的一年。继续教育与艺术设计学院、中专生培养工作取得新成效。继续教育学院与5家企业共建学生实训工作室，被共青团湖北省委评为"青年就业创业见习基地"。中专部恢复招生以来第一届毕业生毕业，升学率达到85.3%。高度重视毕业生就业工作，扎实做好就业指导、宣传工作。组织校园专场招聘会232场，发布网络招聘信息80条，举办就业专场讲座4次，鼓励学生自主创业。2010年毕业生一次性就业率88.7%。

【党建与思想政治教育】　基层党组织建设进一步加强，全年共有1 000多名学生和青年教师参加党校学习，发展党员200余人，党员转正100余人，党员总数增至1 128人。在西南省份旱灾、玉树地震发生以后，全院广大党员积极向灾区人民献爱心，捐款8.2万元。9月，学院制定《湖北美术学院关于在基层党组织和党员中深入开展创先争优活动的实施方案》，对全院创先争优活动进行总体部署。坚持开展"城乡互联、结对共建"活动，完成五峰县五峰镇小河村帮扶工作，制订了对共建点黄州区陈策楼擂鼓山村的共建方案。

【制度建设与管理】　学院制定了《湖北美术学院2010年文明创建计

4月16日，时任省委常委张昌尔在湖北美术学院调研

湖北美术学院校园

划》，开展各项创建活动。校报、广播台、校园网等媒体通过开辟曝光栏、组织评论言论、举办知识讲座等形式，加强文明知识宣传教育。2010年，设计编辑《文明人文明事》、《魅力湖美》等专题橱窗共38版，广播站收稿300多篇，制作自办节目80余个，编辑出版院报20余期。院报获"中国高校校报协会"及"湖北省高校校报"奖项多个，获评"湖北省高校优秀校报"。2010年，全院总收入为1.18亿元，比2009年增加20%；完善财务制度，严格预算管理，为藏龙岛校区建设以及学院可持续发展提供了资金保障。12月，学院获中央财政支持新校区建设化债专项资金700万元。加强各类资源配置优化管理，仪器设备入库9 454台件，金额1 000余万元；门面出租总面积940平方米。完善了《湖北美术学院新校区工程变更签证管理办法》，严格把关学院工程建设质量，确保资金的合理、有效使用。2010年，完成藏龙岛校区建设工程审计项目157项，审减金额3 900余万元；参与物资设备采购商务议价89项，审减额40.65余万元；审查各类资格预审文件和招标文件35项，合同87项。

湖北美术学院艺考报名现场(魏铼 摄)

【90周年校庆】 10月28日，学院举办了90周年校庆庆典活动，这是办学90周年来第一次举行的校庆盛典。校庆筹备期间，学院相继筹建了北京市、深圳市、宜昌市、武汉市、十堰市、恩施自治州6个校友联谊会。编撰、结集出版了湖北美术学院系列文献《永远的风采》之《湖北美术学院校史》、《武昌艺术专科学校老照片》和《武昌艺专纪念文集》；出版了《湖北美术学院90周年校庆美术作品集》(含三册680件作品)、《湖北美术学院90周年校庆学术论坛文论集》；出版了《第二届学院·经典—全国美术院校工笔画名家作品集》及《学院精品》(2册：水彩卷、工笔人物卷)、《学院风采》(5册：国画、油画、版画、雕塑、基础习作)系列画册，举办校庆系列展览20多个。校庆当日，来自社会各届的领导、嘉宾200余人、海内外的校友1 000余人、全院师生6 000余人参加了校庆庆典活动。举办了"90周年校庆美术作品展"，从1 116件作品中筛选处447件作品参展。当晚学院师生411人举办了文艺晚会。有17家中央及地方媒体莅临学院祝贺，专题报道。各系部自行组织了座谈、展览等校庆活动，累计举办大型学术研讨会6场，专业展览15场。校庆期间，系部累计接待校友800余人。截至2010年12月，学院共收到捐款32万元，收到捐赠画作及其他捐赠设备及物品700余件。

【藏龙岛校区建设】 10月，藏龙岛校区二期工程竣工，9栋教学楼和乙所交付使用，学院校舍房产总面积增至23万平方米。完成了学院教学主体搬迁工作，近5 000名学生在藏龙岛校区有序地生活和学习。11月，在新田径运动场举办了学院秋季田径运动会，风雨操场配备了完善的体育设施，学生宿舍及生活服务设施条件进一步优化，实行了24小时故障随时修复值班制度，确保学生用水、用电。食堂建立各项规章制度和应急措施，校园环境进一步美化。完成了学院校园网二期工程建设，包括9栋教学楼和甲所、乙所的网络工程，对新老用户IP地址重新进行了合理规划和分配。档案馆增加归档案卷3 667册。图书馆增加藏龙岛校区图书数量和品种，2010年，增加馆藏纸质图书3 821种13 310册；组织了多场馆员业务培训和学生读者教育培训。

撰稿 程 宁

审稿 黄 清

附： 学校负责人及地址

(2010年1月—12月)

院党委书记 刘 刚
副 书 记 官汉蒙

院 长 徐勇民
副 院 长 陈孟昕 周向林 卢 斌 许 奋

昙华林校区 武昌中山路374号
邮 编 430060
电 话 027—68895000
藏龙岛校区 江夏区藏龙岛科技园栗庙路6号
邮 编 430205
电 话 027—81317000
网 址 www.hifa.edu.cn

○武汉音乐学院

【基本情况】

学校基本情况统计

类　　目	数　量	类　　目	数　量
一、学生情况(单位:人)		三、教职工构成(单位:人)	
1. 普通高等教育在校学生总数	4 152	1. 总数	447
其中:博士生数	—	2. 专任教师数	263
硕士生数	290	3. 院士	—
普通本科生数	3 862	其中:外聘院士	—
普通专科生数	—	4. 正高级职称数	25
2. 普通高等教育招生数	1 218	5. 副高级职称数	90
其中:博士生数	—	6. 博士生导师数	—
硕士生数	121	7. 硕士生导师数	145
普通本科生数	1 097	8. 长江学者特聘教授数	—
普通专科生数	—	9. 楚天学者特聘教授数	2
3. 普通高等教育毕业生数	691	四、办学条件	
其中:博士生数	—	1. 年末固定资产总值(万元)	35 087
硕士生数	83	2. 校园占地面积(万平方米)	12
普通本科生数	608	3. 年末校舍面积(万平方米)	21
普通专科生数	—	4. 教学仪器设备总值(万元)	3 797
4. 成人及其他高等教育学生数	260	5. 图书馆面积(平方米)	7 340
5. 外国留学生数	1	6. 年末纸制图书册数(千册)	267
二、学科及专业设置(单位:个)		7. 教学用计算机台数(台)	579
1. 一级学科数	2	8. 各类专业实验室总数(个)	8
2. 博士授予权点数	—	其中:国家重点实验室(个)	1
3. 硕士授予权点数	3	省部级实验室(个)	2
4. 本科专业数	5	9. 工程(技术)研究中心(个)	—
5. 专科专业数	3	其中:国家工程研究中心(国家发改委)	—
6. 国家级重点学科数	—	国家工程技术研究中心(科技部)	—
7. 省部级重点学科数	1		

【教育教学改革】 2010年，武汉音乐学院坚持以人才培养为中心，提高质量为重点，深化改革为保障，在保持精英教育功能的基础上，办好大众化时期的音乐艺术教育，使教育教学工作在科学化轨道上运行。(1)准确把握提高教学质量这一办学主题，提高大众化教育质量，完善精英教育功能。加强教学管理，完善教学质量监控及评价体系，更新教学督导机制。开展以师德为核心的教风建设，加强以成才为核心的学风建设，教育教学质量稳步提升。印发19个专业方向的《武汉音乐学院普通本科2010级学习指导手册》，有效推进特色专业建设点和实验教学示范中心建设，相继完成录音艺术、音乐学、音乐表演3个国家级特色专业点和国家级实验教学示范中心音乐表演专业实施情况总结报告，做好省级品牌专业验收工作。(2)重点推动课程建设、开展申报立项评优，教学制度建设取得实质性进展。加强主科课程、强化公共基础课程和专业基础课程建设工作。规范主科教学行为，实行主科“师生双选”。加强精品课程、优质课程和选修课程建设。开展教学科研立项，促进成果的课程转化或教材转化；制定教材建设经费使用细则，部分教学研究项目成果转化为课程教学内容或教材。区分同名课程在各层次、各对象的教学重点。评选出院级优质课程4门，《民族音乐概论》课程获省教育厅推荐申报国家级精品课程的资格。(3)实施教学改革与质量提高工程，加大省级品牌专业建设。推进各专业方向的培养目标与社会接轨。制定本科专业建设规划，加强新专业方向的建设。完善表演专业舞台实践课程设置。推进湖北省音乐表演研究生艺术实践中心的“教·学·演”一体化建设。

【学科建设与艺术实践】 学校加强国家和省级实验教学示范中心平台建设。加强学院表演专业人才和艺术实践成果市场推进。组织参加2010年CCTV全国青年歌手电视大奖赛和CCTV钢琴、小提琴电视大奖赛以及2010年“珠江杯”全国高等学校音乐教育专业基本功比赛等重大比赛。琴台音乐厅的系列演出和东方中乐团在国家大剧院的成功演出，使学校艺术实践水平进一步提升。东方交响乐团成功出访德国，完成教育部“高雅艺术进校园”省内外系列演出。承办省教育厅主办的新年音乐会。提升“德国艺术歌曲比赛”、“周末音乐会”等一系列传统艺术实践项目质量水平。学生团体艺术实践活动丰富，通过社团展演、校内外比赛、慰问演出等多种形式服务社会。完善重点委约创作机制，健全音乐表演团体演出(排练)保障机制。加强和提升作曲专业在重大音乐创作比赛中的竞争力和实用性音乐创作能力。师生创作音乐作品在题材内容、艺术语言、作品风格和社会影响等方面有新突破。

开展音乐艺术领域的创新性研究，加强科研工作和学术规范管理，完善激励机制，编制课题指南，加强项目管理，推动项目结题。学报《黄钟》保持全国8种音乐类中文核心期刊地位，湖北音乐博物馆获批立项建设。突出重点，分类指导，促进学科均衡发展。建立学科建设工作例会制度，完善学科建设目标管理细则。省级重点学科音乐学学科建设得到显著加强。申报“武汉城市圈一级学科艺术学博士点”，签订联合招生培养协议，博士研究生教育取得积极进展。完成音乐学专业作曲技术理论、民族音乐学和艺术学专业音乐史学三个方向博士研究生培养方案的起草与论证。开展舞蹈学和艺术学硕士学位点申报。实行人才强校方略，建立健全落实教师业务培训、师德建设和继续教育制度，加强师资队伍建设，进一步优化师资结构。

【招生与毕业生就业】 学校大力推进“阳光招生”，制定一系列招生制度，根据不同层次招生工作要求，坚持和巩固学院招生工作改革的成功经验与有效做法，完善招生考试内容改革，建立专业考试大纲，充实调整“大学科考试专家库”，加强和改进招生考试过程管理、监督与后勤保障，健全招生办公室内部工作制度，完成年度招生任务。拓宽就业渠道，做好就业网信息发布和维护工作。举办“湖北省2010年音乐舞蹈类毕业生供需见面会”、“2010年武汉体音美专业毕业生招聘会”，召开小型校园招聘会20余次，建立“武汉音乐学院资教网”、制作“武音资教生风采”宣传专栏、做好“2010年湖北省农村资助教师计划”，做好湖北省2010年“选调生”招考、“选聘高校毕业生到村任职”、“大学生自愿服务西部计划”、“三支一扶计划”等各种类目毕业生招募工作。

【学生工作】 开展大学生心理健康教育，加强学生心理咨询和心理辅导工作，提升学生的安全意识和自我保护能力，促进学生身心健康；加强学生日常管理和辅导员队伍建设工作，保证辅导员队伍的整体队伍素质；加强宿舍监督和处罚力度，经常性的开展安全主题教育活动，保障教学、生

4月16日，时任省委常委张昌尔在武汉音乐学院调研

活秩序稳定；继续落实好在全校学生中切实开展“阳光体育运动”的各项工作。组织开展“学风建设月”、“大学生文体活动月”、“校园文化节”，做好在校生年度“五项评先”工作。大力支持学生组织和社团建设，参加各项公益活动和演出；学校社团、话剧社分别被评为“湖北省高校优秀学生社团标兵”、“湖北省高校优秀社团”。加大学生资助管理力度，形成了包括国家助学贷款、生源地贷款、国家助学奖学金、学校奖学金、勤工助学、绿色通道、社会资助在内的全方位、多元化贫困生资助体系。

2010年10月20日，武汉音乐学院举行中韩友好交流音乐会

【外事交流与留学生教育】 加强与国内外音乐艺术院校之间的对等交流，先后与英国、法国、德国、瑞士、日本、苏格兰、新加坡、韩国等国家和地区开展不同形式的艺术与学术交流活动。完成“德中同行·武汉站”政府合作项目中学院回访德国的联合演出任务。促成韩国全南大学交响乐团来校访问演出。举办湖北省外事音乐会。

【党建与思想政治工作】 加强基层党组织建设，健全党总支机构，坚持系级教学单位的党政联席会议制度，切实加强干部管理工作，高度重视党风廉政建设和反腐倡廉工作。开展创先争优活动。制定和完善《中共武汉音乐学院委员会关于党风廉政建设责任制的若干规定》、《武汉音乐学院关于实行党风廉政建设责任制的实施细则》，用制度明确学院和系（院）领导干部在党风廉政建设中的责任。开展系（院）党的基层组织建设和党风廉政建设情况检查工作，听取各党总支有关基层党建和党风廉政建设情况汇报，查看各党总支的相关文件与材料，检查《武汉音乐学院系（院）党总支部委员会工作条例（试行）》的执行情况，党政联席会议制度的落实情况，党风廉政建设责任制、各项制度纪律规定的落实和党总支纪检委员履行职责等情况。结合实际，开展“五五”普法工作，印发《中华人民共和国有关法律汇编》，配发相关政策法规文件和理论学习读物。充分发挥院报、广播台、校园网、宣传橱窗等作用，营造健康向上的良好氛围。

【内部管理】 加强机关工作的制度化、程序化、规范化和执行力建设。不断加强制度建设，坚持监察部门列席院长办公会议制度。加强院内审计，充分发挥纪检监察审计的监督职能。加强改进人事工作，完成首次岗位设置和专业技术职称评聘工作。完善人员招聘工作程序，加强合同工管理。加大人才引进工作力度，建立新聘人员和新任教研室主任培训制度。加强外籍专家、“楚天学者计划”特聘教授的人事管理与服务。加强国有资产管理，后勤服务推行“首接承诺责任制”，改善教职工医疗保健水平。坚持党务公开、校务公开，通过校负责人接待日、座谈会、校园网、院长信箱等渠道，广泛征集师生员工和社会各界的意见和建议，关注师生普遍关心的热点、焦点、难点问题，提高民主决策能力，做好凝心聚力工作。

撰稿　汪锦辉
审稿　陈登峰

附：　学校负责人及地址

（2010 年 1 月—12 月）

院党委书记　杨　锋
副　书　记　傅洪涛

院　　　长　彭志敏
副　院　长　刘永平　胡志平　李幼平

地　　　址　武汉市武昌区解放路 255 号
邮　　　编　430060
电　　　话　88066354
网　　　址　www.whcm.edu.cn

○湖北师范学院

【基本情况】

学校基本情况统计

类　　目	数　量	类　　目	数　量
一、学生情况(单位：人)		三、教职工构成(单位：人)	
1. 普通高等教育在校生人数	15 240	1. 总数	1 353
其中：博士生数	—	2. 专任教师数	854
硕士生数	195	3. 院士	—
普通本科生数	13 286	其中：外聘院士	—
普通专科生数	1 759	4. 正高级职称数	123
2. 普通高等教育招生数	4 529	5. 副高级职称数	293
其中：博士生数	—	6. 博士生导师数	2
硕士生数	71	7. 硕士生导师数	134
普通本科生数	3 940	8. 长江学者特聘教授数	—
普通专科生数	518	9. 楚天学者特聘教授数	3
3. 普通高等教育毕业生数	3 673	四、办学条件	
其中：博士生数	—	1. 年末固定资产总值(万元)	105 334
硕士生数	30	2. 校园占地面积(万平方米)	134
普通本科生数	3 044	3. 年末校舍面积(万平方米)	59
普通专科生数	599	4. 教学仪器设备总值(万元)	9 766
4. 成人及其他高等教育学生数	4 127	5. 图书馆面积(平方米)	24 560
5. 外国留学生数	31	6. 年末纸质图书册数(千册)	1 770
二、学科及专业设置(单位：个)		7. 教学用计算机台数(台)	3 434
1. 一级学科数	8	8. 各类专业实验室总数(个)	50
2. 博士及授权点数	—	其中：国家重点实验室(个)	—
3. 硕士及授权点数	4	省部级实验室(个)	8
4. 本科专业数	44	9. 工程(技术)研究中心(个)	—
5. 专科专业数	18	其中：国家工程研究中心(国家发改委)	—
6. 国家级重点学科数	—	国家工程技术研究中心(科技部)	—
7. 省部级重点学科数	7		

【教育教学工作】 2010年，湖北师范学院召开了第六次教学工作会暨第四次科技工作会，对“十一五”以来的教学、科技工作成绩进行了系统的回顾与总结，对今后的教学、科技工作进行了周密科学的部署，修订出台了一系列教学科技管理文件。启动实施了“一联两进”行动计划，即“一院（系）联一县”、“百师进百校”、“百人进百企”。学校研究出台了《教学成果奖励办法》和《教师教学工作量化考核与管理办法》，制定了新的教研项目管理制度，鼓励教师加大教学研究，深化教学方法和手段的改革，加强与基础教育的联系，开展新课改教学研究。学校获批省级教学项目5项，教育改革和发展规划教改项目30余项，立项支持41项校级教研项目，承担了湖北省教育体制机制创新试点项目2项。新增1个国家级特色专业，即生物学，国家级特色专业达到3个。新增1个省级品牌专业立项，即教育技术学专业，省级品牌专业达到7个；数学与应用数学省级品牌专业通过省教育厅验收；新增化学工程与工艺、食品科学与工程2个本科专业。获批1门国家级精品课程，即《生物学综合实验》，新增1门省级精品课程，即《生物学综合实验》，学校省级精品课程覆盖了传统的师范类强势专业，形成了“国家级精品—省级精品—校级精品—校级优质”的阶梯式课程体系。新增省级实验教学示范中心1个，即经济管理实验教学示范中心，省级示范中心达到5个；英语语言学习中心验收通过，达到省级水平。新增1个省级教学团队，即数学与应用数学教学团队，省级教学团队达到3个。获批1个省级大学生创新活动基地，信息技术大学生创新活动基地。学校质量工程建设水平在省属高校处于前列。申报“中小学教师国家级培训计划”项目，顺利中标，承担并完成了湖北省农村骨干教师置换脱产培训项目。学校新增非师范专业实习基地20多个、师范类实习基地8个，建立了109个师范生实习基地，近100个非师范生实习基地。实习期间，对200多个实习点逐一检查，受到实习学校与实习生的好评。

【语言文字工作】 学校调整了校语言文字工作委员会，成立了普通话水平测试工作评估领导小组，加大了语言文字工作力度。学校是湖北省普通话计算机辅助测试工作试点学校，2010年，加大了计算机辅助测试力度，完成了8 126人次的测试任务，其中参加机辅测试的有5 273人，试点效果明显。开展推广普通话宣传周和教职工中华经典诵读比赛等语言文字竞赛活动，有效宣传了推普知识。通过采取集中培训与个别辅导等措施，提高学生的普通话水平，使师范类毕业生的普通话合格率达99.9%以上，非师范类毕业生的普通话二乙合格率达95.8%以上。

【学科建设和科技工作】 学科建设层次不断提升。化学、光学工程2个一级学科被遴选为湖北省重点（培育）学科，形成了“省一级—省二级—校一级—校二级”的重点学科建设体系。获批了50万元的省级重点学科建设经费和中央财政拨款的300万元化学省级重点（培育）学科建设经费。开展重点学科的中期检查验收工作，试行项目化管理机制，强化投入控制、过程管理和产出效益评估，凸显学科建设成效。学校整合全校资源，开展了硕士点申报工作，化学、数学、中国语言文学、光学工程和教育学5个一级学科硕士点已获通过。学校严格管理，加大培养条件的评估和管理。5月，开展了第三批硕士研究生指导教师（含兼职硕导）的遴选工作，新遴选了硕士学位研究生指导教师31人，学校硕导总数134人，有23名教师被遴选为华中师范大学兼职硕导。学校修订出台了《科研成果奖励办法》和《教师科研工作量化考核与管理办法》，进一步规范了科研工作管理，明确了教师的科研工作导向，营造了虚心向学、专心科研的工作氛围。2010年，学校申报高级别项目121项，获批20项。其中申报国家自然科学基金项目23项（获批3项，含联合项目2项）、国家社科基金项目32项（获批1项）、部级项目25项（获批9项，含国家重点实验室项目4项、世界自然基金会项目1项）、湖北省自然科学基金项目20项（获批2项）、省人文社科基金项目21项（获批5项），获批省级优秀中青年科技创新团队计划项目1个。签约横向项目23项。全年项目经费1 124.2万元。其中，纵向项目经费318.1万元，横向项目经费806.1万元。获批省人文社会科学重点研究基地2个，即“长江中游矿冶文化与经济发展研究中心”（与黄石理工学院共建）和资源枯竭城市转型研究中心。湖北省社会科学院黄石分院城市发展研究所在学校成立；成立了中部5省第1个国学研究中心；黄石市首个物联网技术中心在学校挂牌（省内仅有5家）；全国GIS中心首在黄石挂牌，落户学校。7月，省级重点实验室举行了第一次学术委员会，审议了实验室的发展规划和开放基金课题，11月，召开了第八届全国微波化学暨第三届样品前处理学术会议。

组织申报省部级科研成果奖励22项，获批9项。其中，国务院普查办、环保部、国家统计局、农业部联合颁发的“优秀技术报告奖”三等奖1项；湖北省科学技术奖5项（科技进步一等奖1项，二等奖1项，三等奖1项；自然科学一等奖1项，三等奖1项）；第七届湖北省人文社会科学优秀成果奖三等奖3项，创历史最好水平。另外，获黄石市第六届社会科学优秀成果奖一等奖3项、二等奖9项、三等奖4项；黄石市科学技术进步奖二等奖1项、提名奖2项。

【社会服务与学术交流】 学校搭建“产学研用”合作平台，服务地方经济社会发展。组织实施了第二轮企业科技特派员行动计划，启动了“百人进百企”行动计划，与黄石经济技术开发区举行了首届产学研联席会。参加了湖北省产、学、研科技成果展览会，获第六届中国·湖北产学研合作暨创业投资项目洽谈会最佳组织奖。承办了“湖北省2010年科技活动周”启动仪式，3人获“黄石市优秀企业科技特派员”称号。获湖北省高校产学研项目2项（其中重点项目1项），黄石市科技局产学研项目7项，净投资10万元。与黄石市经济技术开发区等企事业单位签订横向研究项目10个，与黄石市房地产管理局等单位签订了校地合作书。学校获得湖北省高等教育学会产学研合作教育专业委员颁发的优秀论文优秀奖。获批国家科技工作者状况调查站点(全国高校共60个,湖北省高校共5个)。由国务院办公厅、科技部、中国科协、教育部等相关部门专家组成的《科学素质纲要》督察组莅临学校检查指导科普工作,给予了高度评价;全国2010年度科普日黄石市活动启动式在学校举办;举行了黄石市科技馆生物馆签约暨挂牌仪式。开展学术交流活动,全年举办专家讲学50余场次,主办各级学术会议20余场次,包括国际级会议1场,国家级会议2场。

【人才培养】 学校修订并实施了新的人才培养方案,新修订的人才培养方案契合实际,具有引领性和先导性,注重构建完备的基础学科体系,促进文理交融;注重研究解决"师范不师"和"非师不非"等问题;注重课程体系由"专业结构体系"向"内容结构体系"的转变。同时,注重利用武汉城市圈师范教育联盟及与中小企业合作办学的优势,开展"主辅修"、"双学位"、"3+1"等多种专业人才培养模式的探索和研究。学校健全学生实践教学和创新能力培养的长效机制,全面提升学生综合素质,推进人才培养机制改革。通信工程专业被确定为2010年湖北省普通高等学校战略性新兴(支柱)产业人才培养计划项目。与华中师范大学联合成功申报了拔尖创新人才培育实验计划。学生的教学技能不断提高,在第一届湖北省师范生大学生教学技能大赛中,获2个一等奖和2个三等奖;在第二届全国大学生物理教学技能大赛中,获1个一等奖,7个二等奖;在全国大学生英语竞赛中,共有69名学生分获全国一、二、三等奖,学校获优秀组织奖;同时,获2010年湖北省大学生优秀科研成果奖2项。在全省2010届优秀博士、硕士、学士学位论文评选中,共有91篇毕业论文被评为省级优秀学士学位论文(包括文理学院5篇),优秀率65%。

学校坚持推行以科研为导向的导师负责制和资助制度,在2010级导师与研究生双向选择时,要求硕导必需有一定的科研项目和科研经费,且能为学生提供三助岗位,这为保障研究生教育质量奠定了基础。学校深入实施研究生教育创新计划,遴选了15个项目为2010年度湖北师范学院研究生教育创新计划项目;开展优秀课程立项建设,确定了3门课程为研究生教育立项建设课程;创办研究生实践基地,与大冶有色金属公司、黄石二中等单位签订了研究生教育实践基地的合同;举办首届学术演讲比赛,开展研究生论坛活动。学校30名首届研究生毕业生全部就业,就业率100%。学校被评为"湖北省属高校学科建设与研究生教育先进单位"。

【教师队伍建设】 学校制定了《湖北师范学院岗位设置管理暂行办法》等文件,明确各类人员职级资格认定、职责内容与考核标准,成立了学校岗位设置领导小组和教师等四类岗位聘用委员会,贯彻落实相关政策,推进岗位设置工作,完成了黄石3所高校的新进教师69人的岗前培训工作。2010年,引进、培养博士12人,副教授1人,硕士33人,聘请"楚天学者计划"讲座教授1人,"磁湖学者"特聘教授1人。推荐"湖北名师"1人。获享受国务院政府特殊津贴、省有突出贡献中青年专家和享受省政府津贴人员推荐名额各1个。完成了2009年全校职称评审工作。专任教师中,具有高级专业技术职务416人、正教授职务106人。具有博士学位的专任教师占总数的21.4%。

【招生与毕业生就业】 学校坚持实施招生"阳光工程",努力争生源、争计划,创历史记录。校本部录取4 529人,比2009年增长6.5%;实际报到新生4 220人,比2009年增长7.1%。招生宣传形式多样,举办了中学校长联谊会和校园开放日等活动。开展院系就业工作评估,保证就业工作"全员化"进程,建成"毕业生网络远程面试室"、电子信息屏和短信平台,提升了就业指导和信息服务水平,巩固并拓展就业市场,毕业生初次就业率有了新的突破。

【学生工作】 学校以思想教育工程、学风建设工程、评优评先工程、心理危机干预工程等为基础,开展学生教育工作,逐步规范学生管理。开展了"三查"工作,加大心理咨询和干预力度。专设本科生科研基金5万元资助学生科研创新活动,学术创新取得新成效。加大学生资助力度,全年发放校内奖助学金292.01万元,争取上级拨付资金1 296.2万元,全校进入经济困难学生信息库的学生(占学生总数的24.6%)100%得到资助,全年学术生源地贷款到账金额1 900多万元,学生欠费率控制在3%以下。承办了全国第三届"助学政策·助我成才"系列报道暨征文颁奖大会,学校获该活动优秀组织奖,同时,还获得湖北省学生资助管理中心VI形象设计大赛优秀组织奖。

【国际交流与合作】 2010年,学校聘请高水平外国文教专家9人次来校任教。邀请丹麦著名钢琴家克里斯蒂娜·比约克等多位外籍专家学者来校讲学。实施了3个"世界著名科学家来鄂讲学计划"资助项目。10多位教师参与出国访学与研修、教授汉语、交流考察等项目。与美国北阿拉巴马大学签署了"专升硕"合作项目。中国驻英国大使来校指导工作,通过大使的牵线搭桥,学校将在英国进行孔子学院建设。与美国德锐大学合作举办电气自动化专业高等专科教育项目获批。招收了亚洲留学生来校学习,留学生规模不断扩大;启动了各类长期、短期留学交流项目;获"湖北省外国留学生奖学金"5万元,英国国家计算教育中心(NCC)捐赠国际学院1万英镑设立奖学金。

【党建与思想政治工作】 2010年,学校开展了"青山湖畔党旗红"为主题的创先争优实践活动。49个教工支部与43个学生支部取得联系,157名处级以上干部下到班级和宿舍,676名教工党员对口帮扶3 700学生。13个院系在活动中与县(市、区)结对,签订合作项目10项。调整了班子成员分工,任命了2名校长助理。5月至9月,集中进行了干部的履职考核、交流调整和副处级岗位竞聘,共有31位正处级和16名副处级干部交流轮岗,20名副处级和科级干部得到了提拔使用。研究制定落实基层党建工作责任制考评细则，开展基层组织建设考评工作，有2个基层党组织创新案例在全省评选中获奖。制定院(系)党政联席会议议事规则，规范和理顺院(系)的内部决策机制和议事制度。完成了全校各基层党组织的换届选举，增设了5个党支部，选准配齐了党支部书记，新建了25个党员活动室。做好党校工作，举办了2期预备党员培训班，培训790人；分党校共举办了2期入党积极分子培训班，培训2 435人。抓好党员发展工作，全年共发展党员1 578人，大学生党员占在校生比例13.8%。校党委发挥中心组理论学习的示范带动作用，全年集中学习10次，组织专题辅导报告4场；通过报纸、广播台、网络、简报等全方位、多形式地开展了全教会、《教育规划纲要》和十七届五中全会精神等的宣传教育活动；以“每月一主题”的教育宣传月活动为载体，组织了20多次全校性学生专项教育活动。加强政工干部队伍建设，完善了辅导员选聘、队伍建设制度和思政教育工作评价机制，全年组织政工干部200多人次参加校内外相关专业培训(其中省级以上培训31人次)，并设立大学生思想政治教育研究专项资金，有28项研究课题获得资助，发表理论文章20余篇。校学生工作处获全省高校思想政治教育工作先进基层单位，并在湖北省高校学生工作年会作典型发言，多篇论文获得全国高校学生工作优秀学术成果奖。

学校领导干部一岗双责，廉政建设责任层层分解，反腐倡廉工作深入推进。构建“大宣教”格局，集中举办“党风廉政建设宣传教育月”活动，定期召开反腐倡廉联席会，召开警示教育现场会，校园廉政文化建设取得实效。以腐败风险预警防控全覆盖为着力点，制定腐败风险预警防控暂行办法和实施办法等文件，围绕重点岗位开展全面排查，加强从源头上预防和治理腐败力度，健全学校反腐倡廉制度。加强权力的运行监控，出台了领导干部问责暂行办法和特邀督察员工作办法，加大了干部责任追求和行政效能监控力度。开展工程建设领域突出问题及私设“小金库”等专项治理工作，对相关责任单位和人员进行了处理。

【和谐校园建设】 学校举办了第五届大学生学术科技节、第十届学生社团文化艺术节和第23届艺术节，开展寒暑假社会实践活动，学校被评为“2010年湖北省大中专学生暑期社会实践活动优秀组织单位”。支持和资助学生参加各类竞赛，获全国第三届“助学政策·助我成才”系列报道暨征文优秀奖、第七届“挑战杯”大学生创业计划竞赛国家级铜奖、谷歌杯第三届中国大学生公益创意大赛全国优秀团队等荣誉。在各类文化艺术活动中，获省级集体奖17项，个人奖32项；市级集体奖2项，个人奖158项。在黄石“两迎”期间，学校有2 692名学生成为节庆志愿者。完成学校门户网站和校内各二级网站的更新改版，并接受省教育厅网站绩效评估，获优秀等次。全年对外刊发宣传稿件230余篇，校内各媒体发稿2 200余篇，出版发行校报16期，获评全省高校优秀校报，多件校报编辑部新闻作品获湖北省高校好新闻奖。校广播台被评为“2010年度湖北省高校广播工作先进集体”。推进校园形象识别系统建设，发布了视觉形象识别系统设计方案，征求教职工意见。学校加大综合治理力度，在信访矛盾化解、校园管理、安全防范、消防、交通秩序、法治安全教育、创建平安和谐文明校园等方面作了大量工作，保障了良好的校园秩序。学校获评黄石市社会治安综合治理优胜单位。

【后勤保障】 2010年，学校财政拨款5 678万元，比2009年增加1 106万元。加大收费力度，实现预算收入2.23亿元。新增银行贷款1.45亿元。争取到国家支持地方高校建设专项资金600余万元。清理催收个人累计公款借支448万元。全年共审计维修项目18项，为学校节约资金159万元。加大对重大专项资金使用的审计力度，演艺大楼结算审计，审减金额3 000万元。建立了完整准确的国有资产台账，充实了土地等十一类资产的分类台账。完成了2万多张家具用具资产标签的张贴和10余万张固定资产卡片的重建。严格按固定资产管理规定做好了资产验收入库工作。确立和完成了2010年度采购460余万元仪器设备的购置计划。严格实施“阳光采购”政策，全年共组织招投标采购8次，保质保量完成了教学科研仪器设备的采购计划。修订完善了实验室管理制度，加大了实验室检查评估的力度。全年开展实验室评估检查30多次，对多个实验室和教学示范中心进行了调整与建设，满足了教学需求。凤凰山区新食堂内外装修工程竣工，完成了凤凰山区主供电改工程，节约了办学成本。完成了凤凰山区2栋1.5万平方米学生宿舍规划、申报立项、设计招标等工作。完成了学舍3栋、电厂小学宿舍、理工学院学生宿舍及教室的维修改造工程。制定了校内通讯市场管理办法和实施方案，对校内的通讯市场进行归口管理。全校推行了OA办公自动化系统，校园“一卡通”开始启动。档案馆按时完成档案收集、鉴定、整理工作，共收集档案资料2 827件，编目共计25本；共整理档案材料3 364余件，整理实物档案13件、声像档案1 223件；做好了《湖北师范学院年鉴》2010的编印工作；并以优秀成绩通过了黄石市档案局组织的档案年检工作。学报哲社版出版和发行了6期，刊发文章共253篇，计216万余字；自科版出版发行4期；刊发文章共115篇，总计71万字。学报转载率和影响因子稳定提高，学报哲学社会科学版被评为“全国优秀社科期刊”。

撰稿　崔永辉

审稿　余　涛

附：　学校负责人及地址

(2010年1月—12月)

院党委书记　张国秀(2010年5月到任)

副 书 记　向显智　黄士华

院　　长　向显智

副 院 长　陈伯山　王晓梅　雷儒金

地　　址　黄石市磁湖路11号

邮　　编　435002

电　　话　0714—6572179　6571517

网　　址　http://www.hbnu.edu.cn/

○湖北第二师范学院

【基本情况】

学校基本情况统计

类　　目	数　量	类　　目	数　量
一、学生情况（单位：人）		三、教职工构成（单位：人）	
1. 普通高等教育在校学生总数	13 764	1. 总数	982
其中：博士生数	—	2. 专任教师数	701
硕士生数	—	3. 院士	—
普通本科生数	6 644	其中：外聘院士	—
普通专科生数	7 120	4. 正高级职称数	50
2. 普通高等教育招生数	4 809	5. 副高级职称数	265
其中：博士生数	—	6. 博士生导师数	—
硕士生数	—	7. 硕士生导师数	—
普通本科生数	2 252	8. 长江学者特聘教授数	—
普通专科生数	2 557	9. 楚天学者特聘教授数	—
3. 普通高等教育毕业生数	2 461	四、办学条件	
其中：博士生数	—	1. 年末固定资产总值（万元）	60 353
硕士生数	—	2. 校园占地面积（万平方米）	85
普通本科生数	189	3. 年末校舍面积（万平方米）	46
普通专科生数	2 272	4. 教学仪器设备总值（万元）	7 414
4. 成人及其他高等教育学生数	14 079	5. 图书馆面积（平方米）	54 922
5. 外国留学生数	—	6. 年末纸质图书册数（千册）	980
二、学科及专业设置（单位：个）		7. 教学用计算机台数（台）	3 459
1. 一级学科数	—	8. 各类专业实验室总数（个）	60
2. 博士授予权点数	—	其中：国家重点实验室（个）	—
3. 硕士授予权点数	—	省部级实验室（个）	1
4. 本科专业数	35	9. 工程（技术）研究中心（个）	—
5. 专科专业数	51	其中：国家工程研究中心（国家发改委）	—
6. 国家级重点学科数	—	国家工程技术研究中心（科技部）	—
7. 省部级重点学科数	—		

【学位工作】 2010年，湖北第二师范学院音乐表演、体育教育专业获得学士学位授予权。2010届本科毕业生有169人被授予学士学位，学位授予率88.9%。有26篇学士学位论文被评为湖北省2009年优秀学士学位论文。推荐12篇校级优秀论文参加2010届省级优秀学士学位论文评选。以武汉城市圈中央部属高校与地方高校对口支持合作为契机，与华中师范大学签订了联合培养硕士研究生协议，从2010年秋季开始联合培养硕士学位研究生，正式启动研究生专业教育硕士学科授权点申报工作。

【教学与科研成果】 学校2010年科研立项45项，获得科研总经费51.7万元，其中省部级5项、经费14万元；省厅级40项，经费37.7万元。科研成果总数622篇，其中核心期刊150篇，三大检索(SCI、EI、ISTP)共30篇，学术专著、编(译)著、教材47部。产学研工作取得重大进展，已申报"湖北省大学科技园入园"项目9个，高校青年教师深入企业行动计划("千人计划")8项。已有2个项目获国家教育部人文社科基金项目立项。参与申报2010年度湖北省高等学校教学改革与质量提高工程有关建设项目，教授熊华生负责的"班主任理论与实践"被评为2010年省级精品课程；"英语专业教学团队"被评为2010年省级教学团队。省级英语语言学习中心已接受省教育厅专家组的现场检查评估。

【实习实训】 学校教务处与教研部(湖北省教学研究室)合作，开展师范生实践教学导师制试点，中文、外语、数学、物理、化学、计算机、艺术、体育等专业的学生分别由省教研室的相关专业的教研员指导，到中小学进行实践教学方面的能力培养。加强教学实习实训管理，新建17个院级教学实践基地并进行了签约和挂牌仪式。投入150多万元，建成教师基本技能训练实验室和教师教学能力训练实验室共9间。举办教师素质奠基工程系列讲座6场。制定实验楼、实验室、实验仪器设备的管理制度。

【招生与毕业生就业】 2010年，学校普通高等教育初始招生计划4 260人，实际录取5 051人，其中，本科生2 210人，专科生2 841人。成人高等教育招生录取4 084人，其中，本科652人，专科3 432人。

2010年，学校毕业生4 740人，其中，本科毕业生189人，专科毕业生4 551人。学校毕业生就业人数为4 266人，就业率90%。其中，本科毕业生就业人数156人，就业率82.5%，专科毕业生就业人数4 110人，就业率90.3%。本科生中有8人考取研究生，21人参加"农村教师资助行动"和"农村特设教师岗位计划"，与相关教育局签约。

【支教西部】 5月18日，学校向对口援建的鹤峰县龙潭村小学捐赠16台电脑(总价值5万余元)。11月27日至12月14日，校志愿者协会举行情系鹤峰之"爱驻龙潭，心心相连"捐书活动，全校各院系共捐图书2 000多册、衣物300多件、文具400多个。为推进"城乡互联 结对共建"工作，学校邀请太平乡中心学校心理教师何家德到湖北二师院进行学习研究，并与学校3名相关老师、8名应用心理学学生共同编写《农村中小学心理辅导活动课程》一书。5月，学校组织教职工党员为玉树地震灾区捐款12.7万元。

【对外交流与合作】 2010年，学校成立了湖北第二师范学院国际学院。当年共招收预科生28人，其中，澳大利亚迪肯大学奖学金预科班14人，中法项目预科班14人。有13名往届预科生通过中法留学语言预科项目赴法留学。学校首次开展在籍生赴美带薪实习项目，有9名学生赴美。另外派出国5人，其中，4人赴英国进修英语教学法，1人为语言学访问学者。第一次举办国际学术会议"第二届亚洲控制、自动化和机器人信息国际会议(CAR2010)"，来自日本、伊朗、台湾、香港等国家和地区的150余名专家学者参会。

3月，学校与新西兰国立南方理工学院签署两校合作协议备忘录，联合举办3年制高等专科层次学历教育。该项目于5月已通过省教育厅审批，9月教育部备案。

【教师素质提高工程】 2010年，学校参与省教育厅教师培训工作，提供专业支持。协助省教育厅制定教学文件2个。编写出版《小学英语教学指导手册》1本。承担省教育厅高中课改研究项目2个。组织各类教育干部培训总数29 568人，其中，农村中小学校长培训1 198人，高中校长任期培训63人，中部省市中小学安全培训1 800人，全省教育系统干部参加学习贯彻全国教育工作会议和教育规划精神远程专题培训26 507人。组织各类教师培训累计15 653人，湖北省对口援建四川省汉源县及知行中国小学班主任培训5 102人，省农村中小学教师素质提高工程2 028人，援

2010年9月12日，湖北第二师范学院校友，联合国教科文组织颁发的"世界消除贫困奖"获得者，全国十大杰出青年之一的宋芳蓉，为2010级全体新生作专场报告会

助新疆博州中小学语数外教育及湖北省高中新课程培训 3 090 人，送教丹江口市等 551 人，承担教育部“国培计划”项目在武汉市、仙桃市、恩施自治州等市(县)培训骨干教师 4 882 人。2010 年，认定各类教师资格共 44 835 人，其中，认定幼儿园教师资格 3 242 人，小学教师资格 3 096 人，初级中学教师资格 13 956 人，高级中学教师资格 20 316 人，中等职业学校教师资格 359 人，中等职业学校实习指导教师资格 26 人，高等学校教师资格 3 840 人。

【学生资助】 2010 年，学校发放各类资助 22 168 人次，金额 1 830.17 万元，其中，国家奖学金 32 人，金额 25.6 万元；国家励志奖学金 670 人，金额 335 万元；省政府奖学金 60 人，金额 12 万元；校内奖学金 1 580 人次，金额 76.02 万元；春季奖学金 5 460人次，金额 546 万元；秋季奖学金 4 840 人次，金额 726 万元；大学生医疗保证金2 450人，金额9.8万元；其他资助生活补贴 4 840 人次，金额 58.08 万元；校内勤工助学金 2 236 人次，金额 41.67 万元。

【师资队伍建设】 2010 年，学校引进教师 18 人。其中，教授 2 人，副教授 1 人，博士后 1 人，博士研究生 14 人。制定相关政策，鼓励在职教师攻读硕士、博士研究生，有 477 名教师具有博、硕士学位。享受国务院津贴、省政府津贴以及获全国优秀教师、曾宪梓教学奖的专家总人数 23 人。抓住与华中师范大学对口帮扶契机，推进联合研究生导师评聘工作。有 27 名教授、副教授被华中师范大学、湖北大学、武汉工程大学等高校聘为硕士生导师。学校依照国家、省委、省政府和省人力资源和社会保障厅的要求，坚持程序公开、标准公开、结果公开的原则，全面推行全员聘任合同制，由“身份管理”转向“岗位管理”。12 月，完成教职工 1 129 人岗位设置和聘用工作。

【党建与思想政治教育】 2010 年 5 月，中国共产党湖北第二师范学院第一次代表大会在光谷校区召开，大会选举出中国共产党湖北第二师范学院第一届委员会委员 23 人和中国共产党湖北第二师范学院第一届纪律检查委员会委员 7 人，审议通过《中共湖北第二师范学院第一次代表大会关于党委工作报告的决议》和《中共湖北第二师范学院第一次代表大会关于纪委工作报告的决议》。5 月 31 日，中共湖北第二师范学院第一次代表大会第一届委员会、纪律检查委员会第一次全体会议选举出由 9 人组成的中共湖北第二师范学院第一届委员会常务委员会，严文清任党委书记，罗五金、张小京、许邦官任副书记，张小京兼任纪律检查委员会书记。5 月，召开了学校第一届教职工代表大会暨第一届工会会员代表大会。大会选举产生校工会主席、副主席和经费审查委员会主任，审议通过了湖北第二师范学院第一届教代会、工代会《关于校长工作报告的决议》、《关于教代会实施办法的决议》等决议。

学校思想政治工作围绕中心，服务大局，以科学发展观为统领，坚持用中国特色社会主义理论武装党员干部、教育师生员工，广泛开展创建学习型党组织和“创先争优”活动，贯彻落实湖北第二师范学院第一次党代会精神，建设学习型领导班子和学习型校园，推进社会主义核心价值体系建设，为学校特色发展提供有力的思想保证、精神动力和舆论支持。2010 年，学校党委中心组被中共湖北省委授予 2008—2009 年度先进党委中心组称号。学校学工部与组织部、党校共同举办学校第一届“知荣辱、明方向、树新风”学生党员培训班。

【校园文化建设】 学校贯穿以社会主义核心价值体系为中心，开展“修身·明德”、“明礼·诚信”、“理想·信念”、“成才·报国”等系列主题教育活动，引导学生树立正确的世界观、人生观和价值观。以“爱生活，爱自己”为着眼点，探索“生命教育”途径，着眼生命维度。3 月，邀请武汉大学人民医院妇产科主任医师张蔚，为近千名女生做了关于《青春期女性保健》讲座。9 月 12 日，校学工部邀请了湖北二师院校友，联合国教科文组织颁发的“世界消除贫困奖”获得者，全国十大杰出青年之一的教师宋芳蓉，为全体新生作专场个人事迹报告会。出版了由张小京、方喻主编的《梦之塔——大学新生入学指导》一书，指导新生入学教育。以校庆 80 周年为契机，编纂出《湖北第二师范学院志(1931－2011)》资料，供以存史、资政、教化、传承。

开展各类精神文明建设活动。4 月 10 日，校志愿者协会组织光谷广场“文明在行动暨排队让座日”活动；4 月 23 日，首届读书节开幕式暨图书馆学生参与管理委员会成立仪式在新图书馆开幕；4 月 29 日，启动“校园文明社区”阳光义工计划暨志愿服务“时间银行”星级评比系统；5 月 20 日，在徐家棚中心敬老院举行“敬老爱老”专项志愿服务基地揭牌仪式；6 月 12 日，启动“校园文明社区”创建暨“两型师院”志愿服务行动系列活动；11 月 20 日，校学工部《仰望》杂志社，面向全校开展首届“仰望”杯大学生征文活动，共收到学生来稿 291 篇；12 月 8 日，学校和武汉市盲校共同主办的“心手相牵，励志感恩，我们在一起”——武汉助盲行动高校巡演首站晚会在学校光谷大礼堂上演。

撰稿　李斌怀
审稿　傅华强　杨　青
张　赟　吴晓健
金殿中

附：　学校负责人及地址
(2010 年 1 月—12 月)

院党委书记　严文清
副　书　记　罗五金　张小京　许邦官

院　　　长　罗五金
副　院　长　李建勇　鲁晓成　刘建安
戴德铸　朱艳华

地　　　址　武汉东湖新技术开发区光谷二路 29 号
邮　　　编　430205
电　　　话　027—87943618
网　　　址　www.hubce.edu.cn

○襄樊学院

【基本情况】

学校基本情况统计

类目	数量	类目	数量
一、学生情况(单位:人)		三、教职工构成(单位:人)	
1. 普通高等教育在校学生总数	14 639	1. 总数	1 450
其中:博士生数	—	2. 专任教师数	855
硕士生数	—	3. 院士	—
普通本科生数	12 697	其中:外聘院士	—
普通专科生数	1 942	4. 正高级职称数	105
2. 普通高等教育招生数	4 588	5. 副高级职称数	339
其中:博士生数	—	6. 博士生导师数	—
硕士生数	—	7. 硕士生导师数	—
普通本科生数	3 917	8. 长江学者特聘教授数	—
普通专科生数	671	9. 楚天学者特聘教授数	1
3. 普通高等教育毕业生数	2 791	四、办学条件	
其中:博士生数	—	1. 年末固定资产总值(万元)	83 262
硕士生数	—	2. 校园占地面积(万平方米)	90
普通本科生数	2 298	3. 年末校舍面积(万平方米)	47
普通专科生数	493	4. 教学仪器设备总值(万元)	9 027
4. 成人及其他高等教育学生数	5 627	5. 图书馆面积(平方米)	31 281
5. 外国留学生数	—	6. 年末纸质图书册数(千册)	1 755
二、学科及专业设置(单位:个)		7. 教学用计算机台数(台)	3 770
1. 一级学科数	—	8. 各类专业实验室总数(个)	30
2. 博士授予权点数	—	其中:国家重点实验室(个)	—
3. 硕士授予权点数	—	省部级实验室(个)	4
4. 本科专业数	43	9. 工程(技术)研究中心(个)	—
5. 专科专业数	19	其中:国家工程研究中心(国家发改委)	—
6. 国家级重点学科数	—	国家工程技术研究中心(科技部)	—
7. 省部级重点学科数	4		

【人才培养】 2010年，襄樊学院制定了《关于深化“211”人才培养模式改革的意见》，进一步明确了人才培养模式改革的目标要求和方法路径。推行专业负责人制和课程负责人制，组建了44个校级课程教学团队。施行《教师课程教学质量评价实施方案（试行）》，完善了教学质量评价体系。建立二级督导体制，完善评估督导办法，强化了督导效果。开办本科层次医学教育，开设临床医学本科专业，招生180人。创新实践教学活动，建立了校企联合培养新机制，增强了联合培养实效。新增省级品牌专业1个（机械设计制造及其自动化专业），湖北省普通高等学校战略性新兴（支柱）产业人才培养计划项目基地1个，省级教学团队1个（电工电子技术教学团队），省级教学实验示范中心2个。毕业生毕业率96%，学士学位授予率98.7%，55篇毕业生论文获全省优秀学士学位论文奖，法学专业学生国家司法考试通过率47%。373名毕业生考取硕士研究生，95名毕业生获得双学位，295名学生报名修读双学位。学生在国家和省部级竞赛中获省级以上学科竞赛奖71项，其中全国一等奖4项、全省一等奖2项；获省级体育比赛金牌17枚、银牌18枚、铜牌16枚和全省大学生田径运动会团体总分第一名；由音乐学院师生共同演出的节目《盆鼓歌》获“全国第十五届群星奖”。

【科学研究和学科建设】 积极推进汉江研究院、材料科学与工程研究中心、新能源汽车动力检测实验室和鄂北区域发展研究中心等科研平台建设，新增机械工程（车辆工程）为省级重点（培育）学科。组织申报各级各类项目379项，其中国家级和省部级项目164项；获批省部级及以上科研项目23项，其中国家自然科学基金项目1项、教育部项目9项、省自然科学基金项目9项。获省市科技进步奖17项。坚持为地方经济社会发展服务，全年实现横向科研项目经费600余万元。获授权专利75项。教职工公开发表论文和作品1 041篇（幅），其中核心期刊280篇（幅），三大检索收录50篇。举办宋玉国际学术研讨会、中国三国历史文化国际学术讨论会，促进了学术交流。联合培养研究生工作稳步推进，全校兼职硕士生导师47人，在校研究生30人。

【师资队伍建设】 学校制定了《关于进一步加强教师队伍建设的意见》和《教师培训管理办法》等文件，明确了学校未来几年师资队伍建设的目标任务，制定完善了教师培养、引进和发挥作用的系列政策举措。坚持培养与引进并重，刚性与柔性引进并举，推进“三高”人才、学科带头人引进和团队建设。全年新进教授和博士研究生21人、硕士研究生19人，学成回校博士9人，新增在读博士9人；12名教师赴企事业单位进行实践锻炼，51名中青年骨干教师参加国内外进修，43名教师晋升高级专业技术职务，其中教授14人。完成全校首次岗位设置和聘用工作，初步建立起以岗位设置管理和聘用管理为基础的新的人事管理制度。

【学生教育管理】 学校召开了共青团襄樊学院第一次代表大会，明确了今后几年学校共青团工作和学生工作的指导思想和主要任务。深入实施教师担任班主任制度，省委常委张昌尔在第十八次全省高校基层党建暨大学生思想政治教育工作会议上给予高度评价；学校被评为2010年度全省大学生思想政治教育工作先进高校，外国语学院教师卢颖当选2010年湖北省高校“十佳班主任”。开展学生基础养成教育，狠抓“三早一晚”、“一日生活规范”和文明修身教育，组织实施“隆中诸葛读书工程”，推行优秀学生监考制度。丰富完善“五四文化节”、“科技文化节”和“女生文化节”等传统项目，校园文化活动丰富多彩。坚持开展“三下乡”社会实践活动，学校被授予“湖北省社会实践活动优秀组织单位”称号。引导学生服务校园、社区，奉献社会，近千名学生光荣加入中国青年志愿者，在襄阳市“诸葛亮文化节”活动中发挥了重要作用。落实国家奖助学政策，全年发放国家助学金、国家励志奖学金和省政府奖学金1 288万元，受惠学生3 974人次；安排校内外勤工助学岗位530个，发放助学报酬100余万元。加强大学生心理健康教育，分层管理，定期筛查，各种心理危机得到及时干预和妥善处置。

【招生与毕业生就业】 学校加大招生宣传力度，全方位、多渠道、多形式开展招生宣传工作。新生质量不断提高，本科文、理类录取分数线分别比投档线高出9分和7分，考生第一志愿报考率和新生报到率均创历史新高。坚持实施就业工作“一把手”工程，健全了就业工作目标考核责任制和包保责任制。整合校院两级资源，开展个性化就业指导工作。准确把握就业市场规律，搭建立体化就业信息平台。强化服务意识，就业质量不断提高。引导学生树立正确的创业观念，稳妥推进毕业生创业工作。全年

2010年10月28日，襄樊学院在卧龙广场举行“隆中诸葛读书工程”万人誓师大会

举办168场各类校园招聘会，提供就业岗位9 000多个；发布各类就业信息30多万条次。毕业生初次就业率91.1%，年底就业率达到94.0%；创业学生39人，创业率1.3%。

【校风建设】 学校开展了师德师风、学生学风、干部能力与作风建设年活动。全校1.8万名师生员工累计近10万人次先后参加了近500场(项)专题活动，评选表彰了“十佳师德标兵”和“十佳学风标兵”，建立和完善了学校校风建设的长效机制，推动了学校事业持续稳步发展。学校校风建设活动受到了省委组织部、省委高校工委、省教育厅的高度重视和支持，引起了社会各界的广泛关注。《光明日报》等主流媒体多次刊发相关信息，学校的社会美誉度大幅度提升。

【保障设施建设】 加快基本建设，全年投入建设资金3 000余万元，完成新建工程12项、维修改造工程3项、绿化和十大历史名人雕塑等人文景观建设工程6项，竣工建筑面积近1.1万平方米。加强实验平台建设，全年立项教学设备购置项目13项，完成建设投入1 430万元，改善了教学实验条件。数字化校园建设顺利推进，完成校园一卡通和网络基础设施改造；加强网络维护和管理，保证了网络畅通及信息安全。加强档案规范化建设，加大历史档案清收力度，全年移交进馆散存档案材料8 000余卷(盒)，馆藏总量达到5个全宗17 962卷(盒)；完成纸质档案数字化加工，实现了与校园网的完全对接；通过档案工作规范管理AA达标评估验收。加强图书建设与服务，完善藏书结构，加强特色数据库建设，稳步推进主分馆制，全年借还图书59.48万册次，接待阅览读者17.58万人次。

【开放办学与服务社会】 新增国际本科合作办学项目2个，师生出访及国外专家学者来校讲学近70人次。与湖北省蓄电池质量监督检验中心、湖北新火炬公司等7家单位新建深层合作关系，联合开展人才培养、平台建设、技术攻关和项目申报等工作，促进了学校学科建设和科技创新。承办国家和省级以上学术会议10余次，省市两级党委、政府和各级教育主管部门的领导、国内外著名专家学者共250余人次先后来校视察访问和讲学，学校的社会影响不断扩大。重视校友会建设，加强校友联络，密切了校友与学校建设发展的联系。根据地方行业产业和企业需求，集中开展应用开发研究和技术攻关，创造了可观的经济效益。立足弘扬襄阳和三国文化，加强地域历史文化研究，累计出版专著20余部，促进了历史文化名城建设。发挥学科专业优势，为地方政府决策提供咨询服务，先后承担《襄樊建设国家创新型试点城市(研究报告)》等研究课题10余项，其研究成果被市政府采纳推广和转化，社会效益显著。

【党建和思想政治工作】 认真落实党委中心组定期学习制度，通过扩大的中心组学习会、研讨会、辅导报告会、讲座等形式，先后学习贯彻了中共十七届五中全会精神、国家教育和人才规划纲要、全省第十八次高校党建工作会议精神，坚持理论联系实际，深入研究解决事关学校建设发展的重大问题。制定《进一步加强学校党组织建设的意见》，对加强新形势下学校党组织建设进行了全面规划和部署。全面推进“五个基本、七个体系”建设，对学校基层党组织建设工作提出了系统的目标要求。开展“实力提升、党员先行”支部建设创新活动和党员“创先争优”活动，丰富了党组织建设的内容和方式方法。举办中层领导干部提高办学治校能力研修班和科级干部培训班，干部整体素质和能力得到提升。支持民主党派加强自身建设，引导各民主党派和无党派成员在学校建设发展中发挥积极作用，统一战线围绕中心服务大局的作用得到进一步发挥。落实党风廉政建设责任制，增强了各级领导干部的责任意识，推动了学校源头治腐防腐工作的纵深发展。落实领导干部个人重大事项报告制度，干部管理和监督工作落在了实处。建立预警防控工作体系，优化了学校廉政建设工作格局。创新廉政教育形式，开展《廉洁从政准则》学习活动，组织反腐倡廉专题报告，广大党员干部的廉洁自律意识明显增强。

【内部管理】 学校责任目标管理、行政效能监察和工作问责制深入推进，学校各项决策部署和规章制度得到有效贯彻落实。规范与托管单位的合作关系，巩固了后勤改革成果。坚持抓好监管工作，保证了后勤服务质量和师生饮食卫生安全。实行项目经费绩效评估，提高了资金效益。坚持“全面审计，突出重点”的内审工作方针，加强招标工作规范化建设，取得了明显的经济效益和社会效益。扎实推进和谐校园建设，实施技防改造，加强综合治理，校园及周边环境得到很大改善。学报办刊质量不断提高，在第四届全国高校社科期刊评优活动中被评为“全国高校优秀社科期刊”，《三国历史文化研究》被评为特色栏目。出台《二级学院院务公开实施办法》，各单位先后召开二级教代会，推动了全校民主政治建设。全面落实离退休教职工的政治生活待遇，学校获省老龄委“湖北省敬老模范单位”称号。贯彻落实全国第六次人口普查工作部署，完成了25 894人的普查登记工作。加强对外宣传，《湖北新闻联播》栏目和《科学时报》先后对党委书记周应佳、院长李儒寿进行专访；新闻媒体先后对学校宣传报道500多篇(次)，其中在省级以上媒体刊发230多次，学校的社会影响不断扩大。

撰稿　高敬伟

审稿　李儒寿

附：　学校负责人及地址

(2010年1月—12月)

院党委书记　周应佳
副　书　记　李儒寿　王化凯

院　　长　李儒寿
副 院 长　李本林　李文学　丁世学

地　　址　襄阳市襄城区隆中路7号
邮　　编　441053
电　　话　0710—3591639
网　　址　www.xfu.edu.cn

○孝感学院

【基本情况】

学校基本情况统计

类　　目	数　量	类　　目	数　量
一、学生情况(单位:人)		三、教职工构成(单位:人)	
1. 普通高等教育在校学生总数	12 992	1. 总数	1 063
其中:博士生数	—	2. 专任教师数	719
硕士生数	—	3. 院士	—
普通本科生数	11 231	其中:外聘院士	—
普通专科生数	1 761	4. 正高级职称数	60
2. 普通高等教育招生数	4 009	5. 副高级职称数	207
其中:博士生数	—	6. 博士生导师数	—
硕士生数	—	7. 硕士生导师数	31
普通本科生数	3 395	8. 长江学者特聘教授数	—
普通专科生数	614	9. 楚天学者特聘教授数	—
3. 普通高等教育毕业生数	3 002	四、办学条件	
其中:博士生数	—	1. 年末固定资产总值(万元)	43 258
硕士生数	—	2. 校园占地面积(万平方米)	89
普通本科生数	2 476	3. 年末校舍面积(万平方米)	42
普通专科生数	526	4. 教学仪器设备总值(万元)	7 221
4. 成人及其他高等教育学生数	1 244	5. 图书馆面积(平方米)	38 520
5. 外国留学生数	—	6. 年末纸质图书册数(千册)	1 010
二、学科及专业设置(单位:个)		7. 教学用计算机台数(台)	2 713
1. 一级学科数	27	8. 各类专业实验室总数(个)	77
2. 博士授予权点数	—	其中:国家重点实验室(个)	—
3. 硕士授予权点数	—	省部级实验室(个)	5
4. 本科专业数	45	9. 工程(技术)研究中心(个)	—
5. 专科专业数	22	其中:国家工程研究中心(国家发改委)	—
6. 国家级重点学科数	—	国家工程技术研究中心(科技部)	—
7. 省部级重点学科数	2		

【教学工作】　2010年，孝感学院规范教学管理，加强专业、课程、教学团队和实验室建设，促进了人才培养质量的提高。园艺专业获批全国高等学校特色专业建设立项，材料化学专业获批湖北省高校战略性新兴（支柱）产业人才培养计划项目，生物科学专业被批准为湖北省本科品牌专业，新批工程造价、舞蹈学2个本科专业，新增列6个学士学位授权专业和3个双学士学位授权专业。课程建设取得明显成效，“园艺植物病理学”课程被评为省级精品课程，“毛泽东思想和中国特色社会主义理论体系概论”课程被教育部确定为全国高校首批“精彩一门课”立项建设项目。“化学专业核心课程教学团队”被评为2010年度省级教学团队。“生命科学与技术实验中心”获批省级实验教学示范中心，“英语语言学习示范中心”接受了省教育厅评估，“基础化学实验示范中心”建设项目获中央财政专项资金支持200万元。学生在全国、全省大学生数学建模、电子设计、智能小车、大学数学、师范生技能、广告设计等重要竞赛中取得较好成绩。毕业生考研上线率16.5%；毕业生学士学位论文66篇获优秀论文奖。

【学科建设】　学校强化学科建设的龙头地位，加强了重点学科、重点平台、重点团队、重点项目和在建硕士点建设。培育一级重点学科，投入专项资金130万元加强光学工程、材料科学与工程、教育学一级重点学科和重点平台建设。农业资源利用获省级重点学科立项。教育学原理在建硕士点重点学科科研平台建设项目获中央财政专项资金支持100万元。建立了武汉大学研究生培养基地和湖北大学研究生培养基地，首批联合培养研究生入校就读，实现了学校教师在研究生培养方面由论文指导到系统培养的转变。

【科研工作】　全年共立项国家级项目3项、省部级项目10项、地厅级项目和横向合作项目58项；争取重点学科、重点平台和纵横向科研经费434.8万元，争取小城镇规划合同经费120万元；教师文胜获第九届湖北省青年科技奖，其科研项目获孝感市科学技术进步一等奖。“澴川讲坛”开坛，邀请了一批国内外知名学者、专家来校作学术报告20场。《孝感学院学报》被评为“全国高校百强社科期刊”，“中华孝文化研究”专栏被评为特色栏目，学报获“第七届湖北优秀期刊奖”。

学校加强校地合作，与孝感市共建了2个校地研发中心；完成255人的“国培计划”湖北省农村骨干教师置换脱产研修项目任务；组织参加第六届中国湖北产学研合作项目洽谈会，获最佳组织奖；组织实施“百名教授博士科教服务孝感”活动和“高校青年教师深入企业”行动计划，完成了200多个村镇规划设计工作，为服务地方经济社会发展作出了新的贡献，得到地方党委、政府的肯定和好评。

【师资队伍建设】　学校继续实施人才强校战略，通过“事业留人、感情留人、待遇留人”，吸纳高层次人才，设立高层次人才激励基金，鼓励优秀人才脱颖而出，师资队伍结构得到优化，整体水平进一步提高。首次岗位设置管理完成阶段性工作。坚持“内培外引”，全年共吸引各类优秀人才49人来校工作，其中博士11人，促成2名在美国留学的海外人才来校工作；聘请3名部属高校对口支援学校“彩虹学者”到岗工作，聘请教育部评估中心专家刘振天等5名教授为学校客座教授，拓宽了引进高层次师资的渠道。2010年，学校有13人晋升教授，21人晋升副教授，4人晋升其他高级职称，两位教师获“湖北省青年教学能手”称号。

【招生与毕业生就业】　2010年，学校招生4 009人，完成招生计划。生源范围覆盖全国24个省、直辖市、自治区，生源质量有进一步提高。学校重视毕业生就业指导和服务工作，全面推行毕业生就业“包保责任制”和“就业导师制”，帮助毕业生转变就业观念，多渠道为毕业生提供就业信息、联系用人单位。学校2010届毕业生就业率91.6%。

【资助贫困生】　2010年，学校筹措各类助学经费，共计2 180万元，惠及学生达17 400多人次。其中发放各类奖助学金1 330万元，40.56万元的临时伙食补贴，办理生源地助学贷款750万元，安排勤工助学岗位300多个，实现了没有1名学生因家庭经济困难而辍学的工作目标。中国青年报和湖北日报分别刊载了学校资助工作相关经验和做法。

【后勤保障】　学校新建2栋学生宿舍、教工活动中心及单身公寓，完成了同大西区改造工程。完成了同大北校区12万平方米土地征用工作，加快新校区建设步伐。完成学校生态园建设一期工程，天工楼年底完成内外装修，综合服务楼按期动工兴建。努力提高后勤服务质量与水平，美化校园环境，改善教学实验条件、行政办

2010年10月16日，中国（孝感）孝文化与青少年思想道德建设国际研讨会在孝感学院召开

公条件和师生学习生活条件。加强财务管理和统筹调控，实行开源节流，多方筹措办学经费，实现了3年事业收入翻番的目标，为学校的建设和发展提供了有力保障。成立了校友会，设立了孝感学院教育发展基金会，建立了校友对学校建设发展的支持平台。

【党建和思想政治工作】 2010年，学校启动了创先争优活动，印发了活动实施方案，通过邀请汪金权和严大平事迹报告团来校作报告等活动，在全校形成比学习、比工作、比奉献，和学先进、赶先进、当先进的浓厚氛围。加强党的基层组织建设，为改革发展提供组织和思想保障，校党委中心组被中共孝感市委表彰为“先进党委中心组”。加强在大学生和青年教师中发展党员的工作，全年发展党员800余人。加强统战群团工作，召开二届三次教代会、教职工思想政治工作会、党的基层组织建设研讨会和第二次团(学)代会。做好干部队伍建设，继续加大“公开选拔”、“公推直选”干部的工作力度。加强党员干部廉政建设，组织党员干部认真学习贯彻《中国共产党党员领导干部廉洁从政若干准则》，制订了《孝感学院腐败风险预警防控工作暂行办法》及《关于开展腐败风险预警防控试点工作实施方案》。

【学生思想政治教育】 学校结合学习科学发展观、文明创建、争先创优、孝德感恩教育等活动，加强育人工作。组织学生听师德楷模事迹报告会，参加孝文化征文活动，引导大学生树立社会主义核心价值观。通过周日点评、早晚自习、考研经验交流、考风考纪教育等，进一步浓厚了学风。完善学生管理干部学生宿舍值班制度，有效维护了校园的安全稳定；以心理健康活动月为载体，开展新生心理普查工作，完善重点学生关照工作机制，增强了学生的心理调适与适应能力。

【校园文化建设】 学校创新孝德教育，坚持“孝文化”进书本、进活动、进思想，使学生在强烈的文化氛围中熏陶孝的品格，取得一定成效。举行了2010年中国(孝感)中华孝文化与青少年思想道德建设国际研讨会暨首届“铜锣湾杯”孝文化征文大奖赛，引起社会关注。坚持抓学生科技文化活动和大学生社会实践活动，定期举办社团文化节和科技文化节，丰富了校园文化生活。开展“文明月”系列活动，评选一年一度的“三育人”先进个人和两年一度的文明单位。组织了校园文化建设专题研究，获全国“2010年高校德育创新发展研究成果”三等奖1项，获教育部高校校园文化建设成果三等奖1项，获省教育厅校园文化建设成果一等奖。

撰稿 陈 敢

审稿 左建桥 丁么明

附： 学校负责人及地址

(2010年1月—12月)

院党委书记 肖 波

副 书 记 丁么明 赵文正

院 长 丁么明

副 院 长 谭晓明 覃彩芹 丁远坤 徐玉琼(5月—12月)

地 址 孝感市交通大道272号

邮 编 432000

电 话 0712—2345678

网 址 http://www.xgu.cn/

○咸宁学院

【基本情况】

学校基本情况统计

类　　目	数　量	类　　目	数　量
一、学生情况(单位：人)		三、教职工构成(单位：人)	
1. 普通高等教育在校学生总数	16 592	1. 总数	1 330
其中：博士生数	—	2. 专任教师数	938
硕士生数	—	3. 院士	1
普通本科生数	13 202	其中：外聘院士	1
普通专科生数	3 390	4. 正高级职称数	68
2. 普通高等教育招生数	4 360	5. 副高级职称数	265
其中：博士生数	—	6. 博士生导师数	2
硕士生数	—	7. 硕士生导师数	36
普通本科生数	3 795	8. 长江学者特聘教授数	—
普通专科生数	565	9. 楚天学者特聘教授数	5
3. 普通高等教育毕业生数	4 197	四、办学条件	
其中：博士生数	—	1. 年末固定资产总值(万元)	53 399
硕士生数	—	2. 校园占地面积(万平方米)	115
普通本科生数	2 333	3. 年末校舍面积(万平方米)	65
普通专科生数	1 864	4. 教学仪器设备总值(万元)	11 346
4. 成人及其他高等教育学生数	6 559	5. 图书馆面积(平方米)	47 735
5. 外国留学生数	16	6. 年末纸质图书册数(千册)	1 098
二、学科及专业设置(单位：个)		7. 教学用计算机台数(台)	4 111
1. 一级学科数	9	8. 各类专业实验室总数(个)	2
2. 博士授予权点数	—	其中：国家重点实验室(个)	—
3. 硕士授予权点数	—	省部级实验室(个)	—
4. 本科专业数	37	9. 工程(技术)研究中心(个)	6
5. 专科专业数	30	其中：国家工程研究中心(国家发改委)	—
6. 国家级重点学科数	—	国家工程技术研究中心(科技部)	—
7. 省部级重点学科数	3		

【教育教学改革】 2010年，咸宁学院坚持教学的中心地位不动摇，“质量工程建设”取得显著成效。专业建设方面，地理科学成功申报为国家级特色专业，小学教育成功申报为省级品牌专业，核工程与核技术、药物制剂成功申报为省级战略性产业人才培养计划项目。依托国家战略性新兴产业，加强对“水资源与环境工程”和“光电信息材料与器件”等专业的申报和拔尖创新人才培育实验计划的申报。课程建设方面，《中国地理》获批国家级精品课程，《外科学》获批省级精品课程。通过课程平台建设，打造优质课程资源，全面投入使用微格教室和精品课程录播。教学团队建设方面，地理科学教学团队获批省级优秀教学团队。实践教学平台建设方面，完成了语言学习示范中心的验收工作，药学与基础化学省级实验教学示范中心的立项工作通过，咸宁学院汀泗桥镇董继宁艺术馆成功申报为“省级大学生创新活动基地”。教育教学改革研究方面，成功组织申报省教育厅项目4项，省“十一五”教育科学规划课题项目11项。并在全校大规模、大范围开展教育教学改革与教学经验交流活动，推荐优秀教研教改项目成果90余项，累计组织开展观摩教学、公开课活动69次，参与观摩、听课、评课的教师达420余人次。

【学科建设与科学研究】 学校有经济学、教育学、文学、历史学、理学、工学、医学、药学、管理学、农学等10大学科门类。拥有省级重点学科1个(药理学)；省级重点培育学科2个(核科学与技术、药学)。全年共获得各类资助项目213项。其中国家自然科学基金3项、国家社会科学基金1项；教育部各类项目4项；湖北省自然科学基金7项；湖北省社会科学基金4项；湖北省卫生厅项目2项；湖北省教育厅科研项目47项；咸宁市科技局项目3项。开展科研平台建设，整合全校医药类科研资源，建设医药研究院，开辟绿色通道，努力将糖尿病及心脑血管病变实验室向打造成“湖北省重点实验室”。2010年，鄂南地域文化与开发研究中心获批省级人文社科基地。

【学位工作】 学校严格按照《咸宁学院授予学士学位实施细则》和《咸宁学院学士学位评定委员会工作条例》的学位评审要求，坚持以人为本和公平、公正、公开的原则，组织专家评审委员会对文学、理学、工学、医学、教育学、管理学、历史学、经济学等8个学科门类开展学位评审和学士学位授予工作。2010年，共授予2 182名普通本科毕业生学士学位，授予率97.4%。

【招生与毕业生就业】 学校推行校内校外两点宣传模式，加大招生宣传力度，在生源重点区域组织现场咨询，确保考生的一志愿填报率和生源质量。争取招生政策支持，努力争取招生计划，完成了学校的招生工作目标。普通本科计划增加386人、专科计划增加150人，继续教育招生突破3 000人，实现了招生规模在2009年的基础上有较大幅度增长的招生目标。全面推进就业工作责任制管理，通过开展形式多样的就业指导，组织毕业生就业供需见面会，鼓励和引导大学生到基层就业、提高毕业生就业服务质量等措施，使学校毕业生就业率稳步提升。学校毕业生的就业率为95.1%，其中本科生就业率96%，专科生就业率93%，协议就业率62.5%。

2010年6月11日，咸宁学院与崇阳县人民政府举行义务教育对口交流与合作签约仪式
(刘畅 摄)

【学生资助工作】 学校坚持以“帮助学生顺利入学，促进学生全面发展”为目标，建立健全“奖、助、贷、勤、补、”五位一体的多元混合资助政策体系，提高资助工作的针对性与实效性。2010年，学校完善了对家庭经济困难学生的认定与管理程序，建立了贫困生数据库，通过政策宣讲与媒介宣传，帮助学生加强对资助政策的理解；通过规范程序，简化手续，严格评审、加强服务等措施，确保资助工作全面落实到位。学校共办理国家助学贷款1 751人，贷款金额1 029万元；办理生源地信用助学贷款1 733人，贷款金额920.7万元；评定国家奖学金46人，国家励志奖学金648人，国家助学金4 440人，省政府奖学金55人；发放临时生活补贴52万元、奖助资金1 760.8万元，涉及学生人数9 629人次，无一例投诉、上访事件发生。

【对外交流与合作】 学校坚持“拓宽渠道、突出重点”的工作方针，推进对外交流与合作。2010年，学校制定了《咸宁学院出入国(境)管理办法》，规范了有关出入境管理和服务。全年共聘请了来自澳大利亚、加拿大、英国、法国和日本的外籍教师9人；推选了1名教师参与国家留学基金委关于2010年公派出国留学计划；招收了咸宁学院首批临床医学专业留学生16人，填补了学校办学形式上的一项空白；与芬兰大学在护理专业领域开展合作办学的意向已经形成。

【学校制度建设与管理】 2010年，学校以完善规章制度为重点，切实加强管理体制改革，有力推动了学校的又好又快发展。全年共清理发文文件356个，全面推进了规章制度的规范化和科学化发展，为学校实施制度管理、统一工作规范、提高办事效率、增强法治观念起到了极大的促进作用，为学校科学、健康、快速发展提供了有力保障。学校大力推进管理体制改革，加强岗位设置与聘用管理，推行综合管理目标责任制，建立和完善了以量化考核为主辅之定性考核的管理体制和运行机制，强化了工作的责任意识，提高了工作执行力，促进了管理工作的科学化。

【党建与思想政治教育】 学校制订了《关于贯彻落实党的十七届四中全会精神，进一步加强和改进学校党的建设的实施意见》，统一指导和部署学校党建工作，组织召开了党建与大学生思想政治教育工作会议，开展了春秋两季干部培训活动，增强领导干部的综合素质及办学治校能力。通过全面推进"五个基本、七个体系"建设，促进基层党建工作的科学化、制度化和规范化，为学校科学发展、和谐发展提供了坚强的组织保证。2010年，学校发展党员993人，其中学生党员979人。同时以举办纪念建党89周年系列主题活动为契机，深入开展创先争优活动，大力弘扬先进典型事迹，组织"城乡互联、结对共建"活动，以"党旗领航工程"为抓手，把党建工作与校风、教风、学风建设结合起来，与"教书育人、管理育人、服务育人"结合起来，不断增强党组织的凝聚力、战斗力，将发挥党员的先锋模范作用落到实处。

【校园文化建设】 学校始终把打造校园文化品牌、提升校园文化品味、创建和谐校园、促进学生成长成才作为奋斗的目标。(1)以举办校园文化艺术节为依托，打造校园文化活动精品。全年共举办大型文艺晚会两场，小型文艺演出6场，各种讲座、访谈、朗诵、征文、演讲等等文化活动39场。"用音乐创造梦想，用旋律谱出辉煌"的嗨歌会唱响了校园，"医学85杯"校园文学创作征文大赛让学生感受了学院情怀。(2)争先创优，打造社团品牌活动。绿舟环保协会组织的"湿地使者行动"在全国颇具影响；吉他社和动漫社被评为第二届省高校优秀社团；行知学社开展的农村经济社会发展调研、心理爱好者协会开展的心理剧展演、电子协会组织的电子竞赛活动、雨月剧社举办的"戏剧小品"大赛、凤凰文学社举行的学术讲座，都逐渐形成了学校各具特色的校园精品文化活动。(3)开展青年志愿者活动。2010年，学校组织申报的第二批"情系湖北"志愿服务扶持项目获批8项，其中重点项目1项，在全省高校中名列第一。"情系湖北，爱暖寒日"被评为第五届"湖北省青年志愿服务优秀项目"；暑期组织的6个社会实践重点团队，被团省委评为"大中专学生暑期社会实践活动优秀团队"。"千名大学生12年接力敬老"事迹被誉为"当代青年道德符号"；"鄂南捐髓第一人沈路明"分别被中华骨髓库、共青团湖北省委和市委市政府授予"优秀志愿者"、"湖北省优秀青年志愿者"和"咸宁市杰出志愿者"的称号。(4)以"精神文明创建"活动为抓手，推进校园文化建设。学校后勤服务集团获咸宁市"文明窗口"称号、护理学院获咸宁市文明办授予的"文明示范岗"、市总工会授予的"咸宁市女职工建功立业示范岗"和市妇联授予的"巾帼示范岗"称号。(5)省级社会科学普及教育基地落户学校，成为全省第一家设在地市州的基地，为学校精神文明建设提供了高水平的平台。

【后勤保障】 学校深入推进"后勤服务社会化"改革，以"提供优质、高效服务"为宗旨，推进人事、管理制度改革，着力提高后勤社会化服务水平。加强临时工聘用制度改革，逐步规范用工，转变用工形式，精减人员76人。加大安全管理力度，提高服务的质量和水平。特别是在物价涨幅超过35%的情况下，采取有效手段，确保了伙食价格的相对稳定。转变运营模式，盘活固定资产。组建了具有独立法人资格的咸宁市博大物业公司，全年实现纯利润10万元。加强资产清查，核实资产3 954万余元。规范对资产的管理和调配，采取对外承包经营等方式，开展资产的保值增值工作，保证了资产的合理利用。节能降耗，降低成本。采取整体打包等形式改革水电管理，全年水电费回收228万元，创历史新高。推行经济责任目标制，强化内部管理。与后勤集团下属单位签订了《后勤服务集团经济目标责任书》，明确了经济责任目标，完成了50名正式工(含同工同酬12人)与367名临时工的自养任务，全年集团总产值达到2 800万，向学校提交利润100万元。

撰稿　李建兵
审稿　李志雄　徐家柏

附：　学校负责人及地址
(2010年1月—12月)

院党委书记　李友清
副书记　赵学群　吴义煌

院长　夏再兴
副院长　吴基良　钟儒刚　白育庭　马达

地址　咸宁市咸宁大道88号
邮编　437100
电话　0715—8151686
网址　yb@xnc.edu.com

○黄冈师范学院

【基本情况】

学校基本情况统计

类　　目	数　量	类　　目	数　量
一、学生情况(单位:人)		三、教职工构成(单位:人)	
1. 普通高等教育在校学生总数	15 192	1. 总数	1 258
其中:博士生数	—	2. 专任教师数	884
硕士生数	—	3. 院士	—
普通本科生数	12 804	其中:外聘院士	—
普通专科生数	2 388	4. 正高级职称数	90
2. 普通高等教育招生数	4 351	5. 副高级职称数	320
其中:博士生数	—	6. 博士生导师数	3
硕士生数	—	7. 硕士生导师数	72
普通本科生数	3 913	8. 长江学者特聘教授数	—
普通专科生数	438	9. 楚天学者特聘教授数	—
3. 普通高等教育毕业生数	3 528	四、办学条件	
其中:博士生数	—	1. 年末固定资产总值(万元)	32 498
硕士生数	—	2. 校园占地面积(万平方米)	86
普通本科生数	2 797	3. 年末校舍面积(万平方米)	41
普通专科生数	731	4. 教学仪器设备总值(万元)	12 331
4. 成人及其他高等教育学生数	5 029	5. 图书馆面积(平方米)	38 507
5. 外国留学生数	—	6. 年末纸质图书册数(千册)	1 599
二、学科及专业设置(单位:个)		7. 教学用计算机台数(台)	3 832
1. 一级学科数	—	8. 各类专业实验室总数(个)	252
2. 博士授予权点数	—	其中:国家重点实验室(个)	—
3. 硕士授予权点数	—	省部级实验室(个)	7
4. 本科专业数	41	9. 工程(技术)研究中心(个)	3
5. 专科专业数	11	其中:国家工程研究中心(国家发改委)	—
6. 国家级重点学科数	—	国家工程技术研究中心(科技部)	—
7. 省部级重点学科数	3		

【质量工程】 2010年，黄冈师范学院狠抓质量工程，提升人才培养质量。应用化学、软件工程2个专业获学士学位授予权。汉语言文学、英语、国际经济与贸易、政治学与行政学4个专业获双学士学位授予权。在湖北省第二届青年教师教学竞赛中，青年教师张薇薇获外语组一等奖，夏丹获理工组三等奖，两人均被授予“湖北青年教学能手”称号，张薇薇获湖北五一劳动奖章，学校获优秀组织奖。12月18日，由学校发起主办的“黄冈教育改革论坛”2010年会在学校召开。会议围绕推进基础教育课程改革，提振黄冈教育品牌，寻找学校教育教学改革与基础教育的契合点等问题展开深入讨论，扩大了学校在黄冈基础教育中的影响。《基于多层次实践环节的“3＋1”IT类定向人才培养模式研究与实践》等5个项目被评为省级教学研究项目。学校分别在广东省、湖南省等省建立了函授站，与黄冈各中职学校、北大青鸟、思瑞集团等培训机构展开合作，对汇源公司、黄冈武警防爆支队等企事业单位人员进行订单式培训，提高了学校服务地方的能力。2010年，学校共有429人考取研究生，40多人考上公务员、选调生，320多人参加“三支一扶”、“村官计划”等项目，23人应征入伍，其中5人被招收为士官。学生在各类竞赛中，获国家级奖项50余人次、省部级奖项200多人次。

【学科建设】 2010年，学校进行学科专业大调整。本次学科专业调整强调学科的应用性与服务性，标志着学校由传统的基础性学科专业建制向多科性、综合性学科专业建制的转型。“农业资源利用”被评为湖北省重点(培育)学科。学校获武汉工程大学8名硕士研究生的独立培养权，实现了学校全程式独立培养研究生零的突破；与华中师范大学、武汉体育学院、湖南师范大学等学校联合培养研究生工作稳步推进。学校有在校联合培养研究生30多人。完成了校级重点学科重新申报及评审工作。按照一级学科标准遴选出5个校级重点学科、4个校级重点建设特色学科、3个校级扶植学科；对学校确定的原有5个在建硕士点进行了年度目标考核，对其中4个学科点进行了奖励。组织了立项建设专业学位硕士点的申报与校内评审工作，共遴选出5个重点立项建设领域、3个一般立项建设领域。

【科技工作】 2010年，学校获省部级及以上项目17项，比2009年增加9项。其中国家社科基金“十一五”规划项目1项，教育部人文社科项目3项，教育部科学技术重点项目1项，全国教育科学“十一五”规划教育部重点项目2项。全年出版专著教材21部，发表论文1 121篇，其中权威期刊5篇，重要期刊25篇，核心期刊228篇，被人大复印资料转载2篇，被SCI、EI、ISTP收录115篇，化学学院教师徐志花的论文影响因子4.3以上。获湖北省2009年度科学技术进步奖二等奖1项、自然科学奖三等奖1项、湖北省第七届社会科学优秀成果奖三等奖4项、湖北省大学生优秀科研成果奖三等奖3项。学报影响日趋提升，被评为全国高校优秀社科期刊。

【人事制度改革】 2010年，学校推进人事制度改革，首次岗位设置与聘用工作基本完成。主动适应岗位设置及绩效工资改革要求，改革了津贴分配方案。学校修订了《黄冈师范学院校内岗位津贴分配办法》，确立了“以岗定薪、薪随岗变”的酬金分配秩序。培养、引进博士16人，招聘优秀硕士研究生19人；12人晋升正高级职称，20人晋升副高级职称。获批“新世纪百千万人才工程”国家级人选、国务院特殊津贴专家、湖北省政府专项津贴专家各1人。评选出校级教学名师4人，择优推荐湖北省教学名师候选人2名。出台了“楚天学者”及“黄州学者”实施办法，高质量完成“楚天学者”计划4个设岗学科岗位和1个岗位候选人申报工作；“黄州学者”计划顺利开局。学校从武汉工程大学招聘化工学院院长、副院长各1人。通过实行“引外援内”的智力共享机制，全年共聘请名誉教授、客座教授、兼职教授25人次，签署合同制教师协议3份。

【实验实训基础建设】 2010年，学校被确定为全国普通高等学校美术学(教师教育)本科专业课程试点学校，汉语言文学专业获批国家级特色专业建设点，数学与应用数学专业获批省级品牌专业；生物工程专业获批湖北省普通高等学校战略性新兴(支柱)产业人才培养计划项目。“经济林木种质改良与资源综合利用湖北省重点实验室”获准组建，这是湖北省林业领域唯一的省级重点实验室。学校“数学应用与信息处理综合训练中心”被确定为省级实验教学示范中心；英语语言自主学习示范中心通过专家组立项验收；申报湖北省大学生创新活动基地获准通过。国际经济与贸易专业教学团队入选2010年度湖北省高等学校教学团队。《遗传学》和《毛泽东思想和中国特色社会主义理论体系概论》成为2010年省级精品课程。“邀请世界著名科学家来鄂讲学计划”项目获两项资助，邀请了7名世界著名科学家来校讲学。学校成功申报湖北省农村骨干教师置换培训项目(2010)，涉及到英语、物理、化学、

2010年12月31日，黄冈师范学院召开第二届教职工暨工会会员代表大会

生物、音乐和美术6个学科，230名农村骨干教师在学校接受了为期3个月的专业培训，反映效果良好。

【招生与毕业生就业】 学校采取多种方式，应对湖北省"二本合并"招生新形势，严格实施阳光招生工程，完成了2010年的招生任务。成人教育、自学考试及专本套读共招生2 000余人。学校落实"就业至上"办学理念，完善就业工作机制，利用社会资源，拓宽就业渠道。举办了2011届毕业生大型招聘会，组织200多场中小型校园招聘会，为毕业生提供了5 000多个就业岗位。总就业率95.8%，其中本科95.4%，专科97.3%。

【对外合作与交流】 5月13日，学校与新西兰奥克兰商学院的合作办学项目获批，6月8日，国际教育学院挂牌成立，9月招生37人，实际入学25人。学校先后接待了日本亚非文化财团、英国东伦敦大学、美国斯特福德大学等团体和学校来访，与合作办学方奥克兰商学院展开了互访；有美、英、加拿大、新加坡等国的6位专家学者来校访问和讲学，内容涉及多个学科领域。先后有5位教师赴日本、美国、澳大利亚等地进行文化交流、进修和参加国际学术会议。在2010年海峡两岸高校交流座谈会上，学校成功与台湾岭东科技大学等6所高校签订了合作意向书，共同探索两岸高校教育合作新机制。

【党建与思想政治工作】 2010年，学校开展了创先争优活动。调整和充实了学校领导班子，领导班子的决策水平和总揽全局的能力不断提高；积极稳妥地推进竞争性选拔干部工作，组织了2次大规模干部竞争上岗，涉及9个正处级岗位，6个副处级岗位，改善了学校中层干部队伍结构；加强干部培训，选派了10余名处级干部参加市委党校、中南干训班、省高校政工干部班等培训学习，推荐并培训数十人参加湖北省厅级领导干部选拔、处级干部选拔、黄冈市副县级领导干部公选，有6人进入面试。起草并发布了"作风建设年"活动的意见和实施方案，修订了黄冈师范学院党委全委会、常委会、纪委会议事规则，召开了党风廉政工作专题会议，开展了廉政公益广告设计和书画摄影大赛作品展等活动，全面落实党风廉政建设责任制。召开了党建与思想政治工作会议，贯彻落实党代会精神，设立了10万元项目基金扶持23项党建课题研究项目，理论建设不断加强。基层党建工作不断创新，有2项案例被编入"全省高校党的基层组织建设创新案例选编"，政法学院获"黄冈市先进基层党组织"称号。构建学生思想政治教育平台，学校获"湖北省大学生思想政治教育工作先进高校"、校团委获湖北省"五四红旗团委"、宣传部获"全省思想政治教育先进单位"。

【服务师生】 学院"院长接待日"如期举行。6月24日，学院主要负责人及各相关职能部门负责人，与300多名学生代表就学生关心的改善教学生活设施、协调活动场地、美化校园环境等问题进行了交流。学生所提出的如缓解夏季用水紧张、提高饮食服务质量、改进多媒体教室设备、校园亮化、教学区车辆停放等问题，已逐一落实解决。举行了第三届心理健康教育宣传月、第四届心理健康教育宣传周、首届"5·25"心理健康日等系列活动，缓解了学生学习、生活压力，培养学生的健全人格。12月29日，《湖北日报》以《给心灵输氧——黄冈师院探索心理健康教育实践新模式》为题报道了学校着力构建心理健康教育实践新模式的探索。学校实施多元混合资助模式，全年累计奖、助金额1 500余万元，帮助2 923人办理了国家助学贷款、生源地贷款，获贷金额1 724.97万元；共有748名新生通过"绿色通道"入学，缓交学费433.8万元；共资助特困生5人，金额合计1万元；设立勤工助学岗位350多个，发放补助金45余万元，有效地解决了贫困生的上学难题，得到了社会好评。及时落实了大学生医保定点医院。完成毕业生体检3 531人、新生入学体检4 348人和15 200名学生的参保工作，开展卫生健康教育讲座4次。后勤服务质量不断提高，后勤产业集团被省教育厅评为"湖北省高校后勤商贸管理先进单位"。

【文化建设】 2010年，学校围绕"厚德、博学、力行、致远"的校训，构建高品位的大学文化。在2009年发起、主导并引领全国范围内关于"就业至上"办学理念大讨论的基础上，继续深化内涵。弘扬孝道文化。2010年，中央人民广播电台中国之声栏目、《中国教育报》、《楚天都市报》以及黄冈电视台等多家国家级和省市媒体聚焦学校师生26年爱心接力呵护教工百岁遗孀的事迹，对学校弘扬孝道文化给予了肯定。在由全国"红办"、国家林业局、湖北省人民政府主办的中国·黄冈大别山旅游节系列活动中，学校独立承办了"诗颂大别山"主题晚会，10月28日，《湖北日报》对此进行了专题报道。此外，学校还参与了旅游节序曲——中央电视台"心连心"艺术团慰问演出的表演，完成了旅游节所有活动的志愿者工作，学校获中国·黄冈大别山旅游节和中央电视台"心连心"艺术团慰问演出先进单位等称号。举办了大学生讲坛、社团文化艺术节、青春歌会、舞蹈大赛、辩论赛、读书月、记者节、教职工篮球赛等精品活动，营造校园文化氛围。相继举办"博士论坛"、"人文素质讲坛"及各级各类学术会议等活动，以此培育教师的学术魅力和人格魅力。邀请教育部发展研究中心主任张力、作家刘醒龙等国内外知名学者、作家来校讲学近200人次，其中院士6人次；举办国际性学术会议4次、全国性学术会议5次、省级专业学术会议30余次；教师外出参加国内外学术会议近300人次。

撰稿 余彦君
审稿 郝进仕

附： 学校负责人及地址
（2010年1月—12月）

院党委书记 程水源
副 书 记 叶 芃、张正才

院 长 叶 芃
副 院 长 刘焕彬 龙 政 彭 锦
李金奇 王 芹

地 址 黄冈开发区新港二路146号
邮 编 438000
电 话 0713—8621616
网 址 http://www.hgnc.net

○黄石理工学院

【基本情况】

学校基本情况统计

类　　目	数　量	类　　目	数　量
一、学生情况(单位:人)		三、教职工构成(单位:人)	
1. 普通高等教育在校学生总数	15 321	1. 总数	1 242
其中:博士生数	—	2. 专任教师数	888
硕士生数	—	3. 院士	—
普通本科生数	8 495	其中:外聘院士	—
普通专科生数	6 826	4. 正高级职称数	51
2. 普通高等教育招生数	4 778	5. 副高级职称数	277
其中:博士生数	—	6. 博士生导师数	—
硕士生数	—	7. 硕士生导师数	—
普通本科生数	2 905	8. 长江学者特聘教授数	—
普通专科生数	1 873	9. 楚天学者特聘教授数	—
3. 普通高等教育毕业生数	5 481	四、办学条件	
其中:博士生数	—	1. 年末固定资产总值(万元)	75 204
硕士生数	—	2. 校园占地面积(万平方米)	146
普通本科生数	1 762	3. 年末校舍面积(万平方米)	51
普通专科生数	3 719	4. 教学仪器设备总值(万元)	9 200
4. 成人及其他高等教育学生数	5 883	5. 图书馆面积(平方米)	22 047
5. 外国留学生数	—	6. 年末纸质图书册数(千册)	930
二、学科及专业设置(单位:个)		7. 教学用计算机台数(台)	3 700
1. 一级学科数	20	8. 各类专业实验室总数(个)	48
2. 博士授予权点数	—	其中:国家重点实验室(个)	—
3. 硕士授予权点数	—	省部级实验室(个)	4
4. 本科专业数	33	9. 工程(技术)研究中心(个)	—
5. 专科专业数	49	其中:国家工程研究中心(国家发改委)	—
6. 国家级重点学科数	—	国家工程技术研究中心(科技部)	—
7. 省部级重点学科数	3		

【教学工作】 2010年，黄石理工学院成功申报“环境工程专业省级教学团队”，这是学校首个省级教学团队；英语自主学习语言示范中心通过评审；“环境工程专业省级实验教学示范中心”获批通过，这是学校第四个省级实验教学示范中心，在湖北省战略性新兴(支柱)产业人才培养计划项目申报工作中，学校化学与材料工程学院申报的“《无机非金属材料》战略性新兴(支柱)产业人才培养计划”获得立项。《生物工程》和《小学教育》2个专业获准学士学位授权；“机械电子工程应用大学生创新活动基地”获省级大学生创新活动基地称号；《自动控制原理》课程获省级精品课程称号。在2010年湖北省优秀博士、硕士、学士学位论文评选中，学校有44篇毕业论文获学士学位论文优秀奖。申报“湖北省语言文字规范化示范校”通过评审。

【科研工作】 2010年，学校各类横向科研项目经费634万元。获国家科技支撑计划一项，国家自然科学基金项目有两项获得立项资助，湖北省自然科学基金项目有3项获立项资助，省教育厅中青年科技创新团队项目立项1项，省教育厅重点项目立项3项，青年项目立项3项，指导性项目立项10项，项目立项率达到了81%，项目总经费为12.3万元；省教育厅人文社会科学研究重点项目立项2项，指导性项目立项7项；黄石市科技攻关项目立项9项，争取到以奖代助资金25万元，项目经费增加10万元；校级项目立项92项。2010年，共发表科技论文1 800多篇，其中被SCI、EI、ISTP等检索150篇。

【招生与毕业生就业】 2010年，学校到荆州市、黄冈市、孝感市等市州招生部门走访，分别与浠水县第一中学、罗田县第一中学等近10所学校，签订优秀学生共同培养框架协议书并挂牌优质生源基地。2010年与2009年相比，学校本、专科报到率分别提高了1.3%和3%，本科理工类优质生源比例72.6%，文史类优质生源比例45.0%；中职招生稳中有升，实际录取中职生2 086人；网络教育稳步推进，实际招生2 024人；继续教育势头良好，成人高考录取人数为3 151人，对外合作办学录取人数为150人。

2010年学校有毕业生5 481人，其中，本科1 762人，专科3 719人。毕业生中考取研究生147人，考研率占本科毕业生的8.3%；考取专升本171人，就业于国家机关的28人，参军入伍预征对象102人。就业于国有企业的377人，就业于其他企业的3 204人，“三支一扶”毕业生53人。土木工程、给水排水工程等12个本专科专业就业率为100%。打造大学生“创业乐园”，为学生创业排忧解难。与黄石市就业局联合举办3期创业培训班，培训学生440人。

【贫困生资助工作】 2010年，学校实现了家庭经济困难学生资助建档全覆盖，兑现了不让一个学生因为家庭经济困难而失学的承诺。为学生提供110个校内固定勤工助学岗位和1 341个校外临时助学岗。698名新生通过“绿色通道”顺利入学，缓缴学费415万元。发放“奋博助学金”9万余元、重大疾病医疗救助金2.56万元。公平、及时、足额发放了4 892人次、总计1 583万元的国家奖助学金，学生受资助比例为31.8%，超过全省23.3%的平均水平，学生资助工作取得了很好的成绩。

【矿冶文化宣传】 2010年，黄石市举办首届国际矿冶文化旅游节暨建市六十周年大庆，学校积极投身到参与“双迎”、服务“双迎”、办好“双迎”的各项活动中去。4月，学校成立了黄石理工学院“双迎”活动领导小组，召开了“双迎”活动工作布置会，对全校的“双迎”工作作了全面部署。通过会议、学校网站、宣传栏向教职工广泛宣传“双迎”活动重要性，宣传黄石矿冶文化知识；及时了解校园不和谐不稳定的因素，采取有效措施，做好“双迎”期间维稳工作。学校组织选拔专门的工作专班和志愿者，大家按照以“人人都是主人翁，人人当好东道主”的要求，积极主动做好节会期间志愿者服务工作。中国·黄石首届国际矿冶文化旅游节形象大使选拔赛中，学校外国语学院学生王蓥摘得了本次比赛的桂冠。

【迎评促建活动】 2010年，学校成为全国第二批10所接受教育部本科教学工作合格评估调研学校之一，是湖北省新建本科院校第一所接受合格评估调研的学校。学校有序高效地推进评建的各项工作。评建办、各职能部门、各教学院部上下贯通、职责分明、分工合作，完成了状态数据采集、自评报告的撰写、自查自评、评建材料的准备、现场评估、整改方案撰写等各项工作任务。全校师生员工心系学校，秉承“自强不息，敢为人先，艰苦奋斗，开放创新”的理工精神，以强烈的使命感和高度的责任感，关心、支持、参与评建工作。学校本科教学工作水平评估调研工作得到了专家组的充分肯定。

【校园文化建设】 2010年，学校有各类学生社团30个，会员近万名。星空文学社参加了第八届湖北省高校新青年小说大赛，获优秀奖7个。书法协会参加湖北省第25届樱花笔会的比赛，获等级奖5个。电子技术协会等3个社团被评为“全国百强社团”，书法协会等2个社团被评为“湖北省优秀社团”，集邮协会成功申报成为“湖北省示范基地”，打造了学校社团的精品名牌。组织参加湖北省高校第26届“一二·九”诗歌散文朗诵比赛，获特等奖。

撰稿　张世磊
审稿　杨细刚

附：　学校负责人及地址
(2010年1月—12月)

院党委书记　程幼金
副 书 记　李　宏　钟丽萍

院　　长　李　宏
副 院 长　王青云　李社教　郭红岩
　　　　　王志超

地　　址　黄石市桂林北路16号
邮　　编　435003
电　　话　0714—6353390
网　　址　http://www.hsit.edu.cn

○武汉生物工程学院

【基本情况】

学校基本情况统计

类　　目	数　量	类　　目	数　量
一、学生情况(单位:人)		三、教职工结构(单位:人)	
1. 普通高等教育在校学生总数	18 093	1. 总数	1 417
其中:博士生数	—	2. 专任教师数	906
硕士生数	—	3. 院士	—
普通本科生数	8 035	其中:外聘院士	—
普通专科生数	10 058	4. 正高级职称数	114
2. 普通高等教育招生数	5 794	5. 副高级职称数	193
其中:博士生数	—	6. 博士生导师数	2
硕士生数	—	7. 硕士生导师数	4
普通本科生数	2 651	8. 长江学者特聘教授数	—
普通专科生数	3 143	9. 楚天学者特聘教授数	—
3. 普通高等教育毕业生数	4 310	四、办学条件	
其中:博士生数	—	1. 年末固定资产总值(万元)	56 744
硕士生数	—	2. 校园占地面积(万平方米)	106
普通本科生数	1 021	3. 年末校舍面积(万平方米)	35
普通专科生数	3 289	4. 教学仪器设备总值(万元)	8 904
4. 成人及其他高等教育学生数	431	5. 图书馆面积(平方米)	20 800
5. 外国留学生数	—	6. 年末纸质图书册数(千册)	971
二、学科及专业设置(单位:个)		7. 教学用计算机台数(台)	2 000
1. 一级学科数	—	8. 各类专业实验室总数(个)	168
2. 博士授予权点数	—	其中:国家重点实验室(个)	—
3. 硕士授予权数	—	省部级实验室(个)	—
4. 本科专业数	20	9. 工程(技术)研究中心(个)	4
5. 专科专业数	32	其中:国家工程研究中心(国家发改委)	—
6. 国家级重点学科数	—	国家工程技术研究中心(科技部)	—
7. 省部级重点学科数	1		

【教育教学改革】 2010年，武汉生物工程学院有省级精品课程2门，省级品牌专业1个，省级大学生创新活动基地1个，省级重点（培育）学科1个，省级实验教学示范中心1个；生物工程专业面向生物制品产业方向被列为2010年湖北省高校战略性新兴（支柱）产业人才培养计划项目。同时，确定校级精品课程建设项目16门、教学团队4个、实验教学示范中心建设项目2个、品牌专业建设项目1个。学校按教学计划落实全年共542个班次的课程安排；抓好开学初、期中、期末教学检查工作；继续推进教务管理信息化，组织学生评教；完成2010年秋季教材征订533种，2011年春季教材425种、93 600多册；实施教学督导“雨露工程”，督导室成员每月人均听课40余节，全年提出督导建议70余条，约谈教师120余人次；做好本科专业教学合格评估准备工作；开展第四届青年教师讲课竞赛；加强考研指导，2010年有322人报考，考取129人，录取率39.7%。

完成3个本科和3个专科专业申报工作；艺术设计、环境工程、食品科学与工程3个专业被增列为学士学位授权学科（专业），学校学士学位授权专业达到10个。完善选修课制度，开设选修课12门；校级教研立项38项，推荐省级教研项目8项；奖励校级教学成果奖12项；组织“晨光讲坛”及各类高水平学术讲座8场次。继续推进校企联合办学，校内外实习基地达102个；组织实施“综合实践周”活动；组织学生参加各类学科技能竞赛，共获奖126项。

【师资队伍建设】 2010年，学校录用博士34人，硕士95人；引进外籍教师3人。与华中农业大学合作成立“武汉生物工程学院教师培训学院”，培训教师和管理干部1 350人次；实施干部、骨干教师“走出去工程”，数百人次先后赴国内外有关高校学习考察。评审低职高聘副教授10人，中级职称57人，初级职称15人；建立高层次人才信息库；开展教职工工资调整，调整对象共732人。

【科研工作】 2010年，学校被正式批准注册为国家自然科学基金依托单位，成为湖北省唯一获批的民办高校。全年获政府部门科研立项58项；申请发明专利1项，鉴定、结题40项，各类奖励11项，出版著作、教材13本；发表科技论文282篇，其中三大检索系统收录论文8篇，核心期刊论文70篇；在“中国·湖北产学研合作洽谈会”上，学校被授予“最佳组织奖”。

【招生与毕业生就业】 2010年，学校新生到校总数5 794，完成省里下达的招生计划。大力开辟就业市场，挖掘就业工作资源；继续引导学生创业，举行首届大学生创业优质项目推介会，时任团省委书记丁小强参会并肯定学校创业教育“走在全省同类高校前列，成功经验值得推广”。2010届本专科毕业生共4 310人，一次性就业率89.4%。

【学生工作】 学校加大思想政治教育力度。先后特聘“全国道德模范”吴天祥、“全国教书育人楷模”汪金权、全国著名党史专家石仲泉为学校“大学生人生导师”；以重大节庆日和纪念日为契机，开展系列主题教育活动；坚持开展“身边的感动”活动，先后推出许大卉、黄鸿丽、杨子威等先进学生典型，被中央电视台、湖北卫视、湖北日报等主流媒体报道；开展“时代新青年，身边好榜样”和“全国大学生自强之星”实名推荐活动，营造创先争优良好氛围；启动“师生结对，携手同行”活动，首批351名教职工对426名学生在入党、考证、考研、学业、心理、就业、经济等方面提供指导或帮助；开展第九届公寓文化月活动，加强公寓管理。加强辅导员队伍建设。引进具有硕士学历辅导员32人；开展辅导员培训、讲座10余场，经验交流会5场；推行兼职辅导员制度，专职辅导员师生比降至1∶180。完善奖、助学体系。在原有的“晨光学子奖学金”、“风华学子奖学金”基础上，增设“自强学子奖学金”、“躬行学子奖学金”、新生奖学金、学习进步奖等；全年发放各类奖、助学金逾1 000万元。

【办学条件】 2010年，学校基建完成总投资估算为3 500余万元。完成求索书院、附小运动场、中园附楼改造、晨光体育场室内装修、长河港湾三期工程室外水泥道路及停车场、学生餐厅维修改造及10片篮球场、15片羽毛球场等项目建设；完成长河港湾三期工程15～23号教师公寓、一号科研大楼、外教公寓、教工活动中心、1～3号外教别墅的工程地质勘察、施工图设计及桩基施工。

【党建与思想政治教育】 2010年，学校开展创先争优活动。与建立学习型组织相结合，与加强基层党组织建设相结合，与树立典型相结合，与推进业务工作相结合，形式多样，内容充实，措施得力，取得了阶段性的成绩；继续与唐二河村、大桥村开展“城乡互联、结对共建”活动，捐赠资

2010年7月8日，全省同类高校中首个教师培训基地“武汉生物工程学院教师培训学院”开班

金10余万元;开展“全国教书育人楷模”汪金权先进事迹学习宣传系列活动和钱学森逝世一周年纪念活动,取得良好的教育效果。加强党组织建设,设立党总支部16个,直属党支部4个,学生党支部37个,教工党支部28个;全年发展学生党员920人,教师党员32人,培训入党积极分子、预备党员3 700余人。学校党委被省直机关工委授予“基层党组织建设红旗单位”称号。开展宣传思想工作。全年在校园网发布新闻580余条,视频新闻、资料片20余部,新设专题网页7个;发表外宣新闻稿件120余篇,组织党委中心组学习和师生时事政策、法律法规学习,开展学校教师思想政治状况调研。加强党风廉政建设。开展党风廉政教育活动,在重点部门派驻监察室,实施“走动管理”;召开以党风廉政建设为主题的党员领导干部民主生活会,开展党风廉政民主测评,满意率和基本满意率达到100%;评选勤政廉政先进集体5个、先进个人10人。深入推进文明创建活动。创建“湖北省最佳文明单位”,通过省直机关工委审核并向省委推荐;组织开展文明集体和个人评选表彰活动,群众性文明创建工作不断深入。

【后勤保障】 学校开展后勤机构改革,后勤集团下设机构13个,同时撤销校园经济开发部;继续推行规范化建设样板工程。后勤(含后勤集团和原校园经济开发部)全年累计完成产值(营业收入)近550万元;完成采购总金额2 344.27万元,降低采购成本约100余万元;完成水电、绿化、环卫、医疗、物业管理、维修等各项后勤服务工作,全年未发生重大安全事故,其中纯净水厂质检抽查合格率100%,学生食堂满意率达80%以上。不断完善维护稳定的综合防控体系,抓好普法教育。对全校55个楼栋和公共区域的消防设施进行维护和更新;开展消防安全讲座11场、灭火演练10场、火灾疏散演习20余场。

撰稿　张　茜　张重阳

审稿　朱祖襄

附:　学校负责人及地址

(2010年1月—12月)

院党委书记　余　毅

副　书　记　邓宗琦(1—6月)
魏　昌(1～6月)
赵　斌　高长舒　柳菊兴

院　　长　邓宗琦(1～6月)
赵　斌(代理)

副 院 长　赵　斌　余新民　李斌成
甄新华

地　　址　武汉市阳逻经济开发区汉施路1号

邮　　编　430415

电　　话　027－89649868

网　　址　www. whsw. cn
www. whsw. net

○荆楚理工学院

【基本情况】

学校基本情况统计

类　　目	数　量	类　　目	数　量
一、学生情况(单位:人)		三、教职工构成(单位:人)	
1. 普通高等教育在校学生总数	17 286	1. 总数	1 254
其中:博士生数	—	2. 专任教师数	879
硕士生数	—	3. 院士	—
普通本科生数	4 458	其中:外聘院士	—
普通专科生数	12 828	4. 正高级职称数	57
2. 普通高等教育招生数	5 973	5. 副高级职称数	283
其中:博士生数	—	6. 博士生导师数	—
硕士生数	—	7. 硕士生导师数	—
普通本科生数	1 767	8. 长江学者特聘教授数	—
普通专科生数	4 206	9. 楚天学者特聘教授数	—
3. 普通高等教育毕业生数	4 616	四、办学条件	
其中:博士生数	—	1. 年末固定资产总值(万元)	83 464
硕士生数	—	2. 校园占地面积(万平方米)	120
普通本科生数	—	3. 年末校舍面积(万平方米)	78
普通专科生数	4 616	4. 教学仪器设备总值(万元)	9 220
4. 成人及其他高等教育学生数	1 850	5. 图书馆面积(平方米)	42 874
5. 外国留学生数	—	6. 年末纸质图书册数(千册)	937
二、学科及专业设置(单位:个)		7. 教学用计算机台数(台)	4 138
1. 一级学科数	—	8. 各类专业实验室总数(个)	101
2. 博士授予权点数	—	其中:国家重点实验室(个)	—
3. 硕士授予权点数	—	省部级实验室(个)	—
4. 本科专业数	—	9. 工程(技术)研究中心(个)	—
5. 专科专业数	19	其中:国家工程研究中心(国家发改委)	—
6. 国家级重点学科数	39	国家工程技术研究中心(科技部)	—
7. 省部级重点学科数	—		

【发展思路】 2010年，荆楚理工学院坚持以邓小平理论、“三个代表”重要思想和科学发展观为指导，坚持社会主义的办学方向，全面贯彻党的教育方针，遵循高等教育基本规律，以“强化内涵建设，谋求特色发展”为战略总思路，坚持“在破茧中促转型，在开放中谋发展，在合作中育特色”的基本办学思想，以服务地方为使命，以特色发展为主线，以人才培养为根本，以学科建设为龙头，以队伍建设为关键，以制度建设为保障，深入实施“四大战略工程”建设，推进学校教育事业全面协调可持续发展，努力把学校建设成为“立足基层，志在高远”，具有中国特色的高水平基层型大学。

【教育教学改革】 学院坚持“开放办学、特色办学、人才办学”的理念，深入推进教育质量工程建设。以本科教学合格评估为契机，切实推进教学内涵建设。继《荆楚理工学院教学管理文件汇编》之后，围绕师资队伍建设、教学改革及人才培养等中心任务，相继出台了“荆楚理工学院教学团队建设规划”、荆楚理工学院“校外名师讲学计划实施办法”、“教学改革与质量提高工程建设方案”等十几项管理制度。强化教育教学工作规范管理，重视实验室建设，开展精品课程建设、示范中心建设和教学团队建设。

【学科专业建设】 按照本科院校的要求，不断加强教学管理制度建设，规范常规教学管理，完善教学质量监控体系，在实践中不断修订和完善教学管理制度，逐步建立起一整套符合本科院校发展需要的教学管理制度体系。从课程建设入手，加强特色学科的培育；不断强化专业建设，调整优化专业结构，编制了2011—2015年学科专业建设规划。根据社会人才需求和学校发展需要，调整了专科专业，本科专业增加到20个，全面启动校级品牌专业的建设工作，积极申报省级品牌专业。学校通过了省教育厅学士学位授权单位和机械设计制造及其自动化等6个学士学位授权专业的资格评估，标志着学院在建设合格本科院校进程中上了一个新台阶。

【科研工作】 学校新增省市科研项目20余项，其中包括1项省高校产学研合作资助项目，2项市重大科技项目，共获资助经费近60万元。年内发表论文近400篇，其中在核心期刊上发表论文60篇，被SCI收录6篇，EI收录3篇，CSSCI收录3篇，ISSHP收录1篇，ISTP收录1篇，CA收录3篇；主参编教材及教辅教材60余人次；获各级各类奖项30余项。支持教师参加各级各类学术型会议30人次，共举办校内学术讲座20余场；继续支持“荆门市医药创新研究中心”、“荆门市化工资源信息研发中心”和与星凯光电科技有限公司共同组建的“荆门市光电研发基地”的建设。两大“中心”及光电基地已与20余家高新企业及单位签定产学研合作协议，并承担国家、省、市科研项目30余项，取得了一定的科技成果。积极支持建设“农产品加工与安全实验中心”。

【招生与毕业生就业】 学校多渠道、全方位地开展招生宣传，吸引了大批考生报考。在湖南省、河北省、江西省、安徽省和湖北省5个省组织了艺术本科专业校考，提高了学校知名度，增加了生源，优化了考生结构，提升新生生源质量。注重开拓荆门本土生源市场。与本市高中加强联络，给本市高中授牌“优质生源地”，着力打造荆门高、中等教育大联盟。学校积极在省教育厅争取荆门市生源本科录取降分的政策，内外结合，拓展了荆门本地生源市场。2010年，省教育厅下达学校本专科招生计划5 750人，实际录取人数6 976人，实际报到人数5 900人，其中本科1 691人，专科4 209人。完成计划总报到率为104%。

学校整合社会、政府、学校三方力量，共同推动就业工作。积极探索“实习＋就业”一体化推进模式，建立“校企合作”、实习择业相结合的长效机制。学校已建设实习就业基地30多个。2010年有专科毕业生5 064人，毕业生就业人数4 683人，毕业生就业率92.5%。

【资助贫困生】 学校贯彻落实国务院、省政府关于建立健全高校家庭经济困难学生资助体系的实施意见，切实做好家庭经济困难学生认定工作，建立了贫困生档案，始终坚持公平、公正、公开地做好各项奖、助学金和困难补助的评选和发放工作。完成了3 240名贫困生医疗保障资金发放，完成了国家奖助学金资料整理工作，完成了生源地信用助学贷款的准备工作及家庭经济困难学生情况调查的准备工作，完成了4 050名国家助学金的发放工作。为983名家庭经济困难新生办理了“绿色通道”，完成2 363名贫困学生生源地助学贷款确认手续；完成了10名优秀学生的国家奖学金、510名贫困学生的国家励志奖学金、4 160名贫困学生的国家助学金、10名贫困学生的省政府奖学金评审工作，4 160名贫困生临时伙食补贴正在评定之中。

荆楚理工学院医学院学生在数码互动实验室进行病理学课程学习

【制度建设与管理】 学校坚持"教授治学、全员育人",努力探索"党委领导、校长负责、教授治学、民主管理"的现代大学制度,促进学校科学发展。注重发挥教学指导委员会、学术委员会、教授委员会的重要作用,支持教授专家群体依法履行学术职责,探索建立院(部)民主管理、自主发展、自我完善机制。启动实施"以业绩定待遇"的分配机制,规范学校人事管理工作,实现由身份管理向岗位管理的人事管理制度改革,构建"激励团队创新发展,促进教学提高质量"的发展机制。为了激发各单位部门的工作积极性、创造性和发展意识,学校坚决推进管理重心下移,支持各单位部门按照学校总体战略部署从自身实际出发探索特色发展之路。学校以战略项目建设为手段,着力提升执行力,深入推进内涵建设。逐步启动实施了队伍提高工程,制定了优秀拔尖人才和学科带头人队伍建设的"荆楚学者计划实施办法"、加强中层骨干队伍建设,提升中层骨干队伍整体实力的"人才招聘管理办法"和教师学习进修提高、改善学历和职称结构的"教职员工进修管理办法"。这3项新制度将为学校一体化开展队伍建设和人才工作提供制度保证,

【校园文化建设】 弘扬"崇学尚德、求实创新"的校训精神和爱我荆楚的爱校精神,努力营造树立先进,鼓励先进、推崇先进、学习先进的校园文化氛围,在校报上开辟专栏,报道了优秀教师、优秀辅导员标兵、十佳模范宿管员、优秀学生、市劳动模范等荣誉称号获得者的的典型事迹。校园网、校报连续刊发了近10则新闻,向广大教师员工宣传高才兵老师捐献造血干细胞的感人事迹。以重大纪念活动为契机,开展主题教育活动。以"五·四"、"九·一八"、"一二·九"等纪念日开展爱国主义情感教育,举办了中华经典美文诵读、"中华魂"读书活动、"祖国与我"征文比赛等活动。开展"宿舍文化节"活动和"文明寝室"的创建评比工作。组织开展"军事活动日"等活动。

【改善办学条件】 启动了工科教学楼复工,年底已封顶。除工科教学楼之外,所有复工工程已全部投入使用,产生了良好效果。重视校园人居生态环境,明确了"高标准规划、分区域建设、低成本实施、分步骤到位"的绿化工作思路,逐步完成了中心广场、图书馆周边、青年广场、人行道等地的绿化建设工作以及路灯的策划,新建了运动场地,改善了学生的环境条件,提升了学校的整体形象。高度重视图书馆建设,新馆投入使用后,上架图书数量增加了4倍,面积扩大了10倍。争取市有关方面支持,在四干渠沿河修建了护栏。校园基本建设的完成改善了学校的办学条件,校园面貌焕然一新。

【后勤保障】 学校根据实际情况,有针对性地调整了食堂餐厅承包合同,完成了招标和承包经营,实现了108万元的经营收入。门面、校内超市等承包项目的经济指标均已完成,为学校创收236万元,实现了学校和经营者双赢的良好局面。完成水电管理650万元,基本实现了学校制定的管控目标。节能减排工作也取得了一定成效,在学校规模不断扩大的情况下,消耗和污染排放费用并未增加。新学期开学前完成了中心广场配套工程,按期完成了十三运会场地、场馆的建设和修复工作。积极联系设计单位,配合招投标办公室完成了音乐厅设计招标工作。

撰稿 陈丽华
审稿 李孝华

附: 学校负责人及地址

(2010年1月—12月)

院党委书记 胡忠良
副 书 记 吴麟章 王前新

院 长 吴麟章
副 院 长 主 悔 车定祥 石 鸣

地 址 荆门市象山大道33号
邮 编 448000
电 话 0724—2355807
网 址 www.jmun.edu.cn

高校校长论坛

新的空间　新的使命

——关于视觉艺术教育课程改革的访谈

徐勇民

记者：

徐院长，您好！

中国高等美术教育发展至今，成果卓著，人才辈出。在新的历史发展时期，各校都更加突出自己的办学特色，努力用自身的人才优势服务于社会，并为发展繁荣文化事业作出了贡献。

2011年是《国家中长期教育改革和发展规划纲要》实施的开局之年。通过回顾与展望，我们知道，湖北美术学院是一所有90年办学史的专业院校。经过几代人的不懈努力，形成了贵校深厚的学脉渊源和良好的学术传统，请您结合近些年高等美术教育发展的现状，谈谈学院在人才培养和教学改革方面的思考和实践。

徐勇民：

高等艺术教育的发展伴随国家经济文化建设以及《国家中长期教育改革和发展规划纲要》的实施，越来越显示出了自身的活力。2011年，艺术单列为学科门类，终于使艺术教育作为独立的学科门类均衡、科学、完整地纳入到了新时期中国高等教育的发展格局。这对国民教育综合素质的提升，全面塑造有感召力的国家形象，以及在全球化背景下获得艺术交流中的话语权，无疑是锦上添花。对高等艺术教育而言，则对人才培养的模式与标准提出了更高的要求。

湖北美术学院秉承创办发展至今90年所形成"兼收并蓄"的学术精神，融合学院在现当代艺术教育实践中倡导"兼容互动"的教学理念。着力丰富专业基础学术内涵，拓展应用专业研究领域，强化特色专业引领作用：(1)以拓展视觉造型艺术与动画、数码影像艺术融合发展的专业组合，体现造型艺术教学的兼容性；(2)以艺术设计专业参与区域社会经济发展和现代城市文化建设，并注重引领社会精神文明与物质生活品质的提升，凸显专业内涵的时代性；(3)以艺术史论对区域文化遗产特别是楚美术的发掘、整理并分析其对当代艺术现象所产生的影响，立足研究方位的地域性。提升多元化学科专业发展的研究能力，倡导培育并尊重学生艺术个性的教学方式，形成全力服务社会的教学科研体系。

当代高等艺术教育教学已呈现出以下特点：教材修订更换率高，出现了与教材应具有相对稳定性之间的矛盾。各校都在不同程度地依据自己的理解和能力调整教学方式，教学方法愈来愈多样化，国际、校际研讨与合作日趋常态化。各种知识和学术信息通过网络和交流快捷地共享互动。同时，由于专业与课题研究方式呈多视点、深层次，形成了挑战权威与旧有观念的平等格局。

记者：

美术院校在自身的发展中应以专业优势服务社会，请问学院在这方面有哪些思考和做法呢？

徐勇民：

作为与社会文化发展和生活品质提升息息相关的艺术教育，更应该倡导学术自由，准确把握创新方向，始终站在时代前列。从这个意义上看，服务社会、融入社会和引导社会形成了高等艺术教育社会功能的三个阶段。客观地看，我们所取得的成果，仅仅是满足了当代社会发展的基本需求，还未能将其社会功能最大化。"服务社会"是对高等艺术教育提出的基本功能要求，增强社会服务能力；"融入社会"是高等艺术教育在扩大学术影响力进程中形成的主动追求，产生着影响与作用；"引导社会"则是高等艺术教育义不容辞的文化引领使命。这三个阶段，反映出由被动的要求变为主动追求，以至内化为使命感的全过程。

当前，我们的高等艺术教育还处在服务社会的阶段，正在向融入社会转型。社会的进步是靠经济与文明程度作为量化，艺术教育作为高等教育重要的组成部分，我们要给学生心灵以更广阔的空间，孕育出更加鲜活的创造力。

学院现代公共视觉艺术设计研究中心正在尝试毕业生就业前适应社会需求专业能力的孵化工作，将中心承接的课题与项目做为孵化器，让学生毕业后在其中继续实践学习，以新的专业知识和实践能力去选择自己未来的工作岗位，在较短的时间内具备社会准入的条件和能力。各研究组群也在地域与专业研究的范围内，师生参与、共同研究相关课题。

学院充分利用湖北省为全国最早实行国家职业资格认定试点省份这个机遇，在应用型专业的课程安排上，引导学生对获取职业资格能力的主动关注，使学生在顺利完成本科学历教育的同时，具备相关职业资格。在接受社会职业选择的同时，也使学生适应并主动选择社会职业，体现出学院人才培养和就业指导的全程化关怀。

记者：

艺术升为独立的学科门类后，美术学院的教学发展面临什么样的问题？

徐勇民：

美术学院教学一直是以跨文化的研究方式形成自己的专业特点。事实上，教师在实施教育过程中面对的挑战和需求，不完全与艺术知识与技巧相关，而是反映为教师对自身专业理念是否有足够的认识，对专业角色和其功能是否有足够的重视，以及对学生存在差异的需求能否给予应有的尊重等。艺术教育对教师而言，绝不应是教条式灌输和拼凑式解读；对学生而言，视觉艺术教育也绝不仅仅是造型课与专业课的代名词。它应是对心智的开启和对潜质的发掘，是对未知的追问和对未来的设计。

形成当代有价值的视觉文化知识体系，必须注重创造健康的艺术成果形式，生动准确地诠释出代表先进文化的高等艺术教育和教学方式，这应是教师在育人全过程中所必须具备的素养。

记者：

当代的社会需求是多层次的，反映在艺术教育中，您认为一所美术学院应具备什么样的学术氛围呢？

徐勇民：

广阔的社会发展前景，多元的社会角色分工，多维的专业知识深度，形成了全面素质的专业人才需求。我们清醒的认识到：作为与之对应的高等艺术教育的人才培养标准和固有的知识体系必然随之发生变革。视觉文化和艺术教育的方式，应在更为坚实和宽阔的平台上展开，达到整合差异与优势，配合时势与社会脉动，发展具有自我完善的专业自信，达到育人效果的最佳化。

正是在“育人为本、德育为先”办学理念的指导下，在“兼收并蓄”的学术精神和“兼容互动”的教学理念的影响中，在宽松活泼自由的学术氛围里，学院培养出了一大批在中国美术界和美术教育界有学术影响力的艺术教育家和艺术家，同时也培养出了一大批为区域经济发展与文化建设作出了贡献和自主创业的各类专业人才。

学院的任何一项改革都直接反映出社会变革带来的影响，也直接作用于人才培养质量。社会发展对专业人才需求的变化，不断逼迫我们去思考在新时期人才培养质量内涵的意义和价值。因此，我们明确提出“全力培养关注生活，表现时代，服务社会，具有创新能力和创业精神的高素质艺术专门人才”。具有时代特点的高等艺术教育观应充分反映对教育者和受教育者智识认知的深度和广度的了解，同时，表现为对当代视觉文化的关注和对教学中一切具有创新意识的尊重。

记者：

您是如何看待今天大学生获取知识的方式？还有，大学生在目前的学习中应注意什么问题？

徐勇民：

今天学生获取知识的途径除了阅读经典、学习专业之外，网络是流量十分迅猛的知识来源。其涵盖范围、搜索速度、下载便捷对学生的阅读方式、思考方式，形成了极大影响。大学是特殊的学习空间。专业知识的研学仅是其中一部分，一旦与经典和网络相连，你自然就会发现无孔不入的传播方式，已经将知识和社会融为一体。虽然我们对寒窗苦读黄卷青灯式的攻读方式始终怀有敬意，但我们实在不能抗拒网络咫尺千里全新的视觉体验所产生的巨大磁性。阅读经典与网络搜索两者是不能替代的体验。大量的文本阅读和作品赏析也是必须要做的功课。就是在资讯发达的今天，我们仍为能亲睹大师真迹不惜奔波于千里之外，乐此不疲，不是吗？

记者：

目前中国的高等教育存在包括体制在内的诸多问题，您认为高等美术教育专业人才的培养还存在哪些方面的问题？

徐勇民：

到目前为止，包括立志要跻身世界一流的中国名校中尚没有一所大学有自己的独立章程。常常可见教务委员会章程，学生会章程，甚至校友会也有完备可循的章程。倒是有记不清文号的各类规定、试行办法等等替代着章程的作用。有章可循是确保有法可依的前题，漫长曲折的大学制度的建立，仅就章程的制定就可以看出中国高校在建立现代大学制度方面不尽人意的现状。

培育素质、获取新知与服务社会是对专业人才的时代要求。中国高等教育出现的诸多问题在学生中小学接受教育时，已现端倪。似乎大家认为今后走向社会才应具备公民意识，才应坚持独立品格。以至到了大学校园才知道应培养所谓全面素质，如社会责任心、宽容意识、团队意识等。造成我们目前高校的素质教育起点低下，大学承受着学生在初级中等教育中缺失的恶果。中国的教育改革应是多层次地立体推进才是根本。

获取新知不应该仅以传授知识为目的，要通过课程是否有时代文化内涵和功能来作出判断。教师在施教中如果不将培养素质与服务社会溶入课程，就会使学生忽视新知的巨大潜力。世界上许多极有创意的发明其实都是青年学生所思所为。80、90后的学生他们关注点恰恰是当今社会的现状，如生命意义、环境问题、文化冲突等等并以个性化表达诉求。如此，才能使他们在专业领域里保持永无止境的求知欲望。

高等美术教育发展与合作是时代的潮流，多样化人才培养的核心是取何种标准。人才培养标准在新的科学发展中应确立新的内涵。学生获取知识的不平衡不协调和不可持续的问题突出；社会期望与接受教育的效果失衡，创意训练培育在课程中未能得到应有的重视，服务社会的能力与实际需求的领域、行业，尚未得到有效结合，都是必须面对的问题。

我们在评价一位学生时，多半是对他的艺术感受力作出评价，而很少探视他(她)内心世界。学生的身份随社会发展也在变化。他应有对世界上正在发生的事件的关注，有对社会、家庭的责任意识和对机遇的把握意识。在接受教育的过程中，将这种意识转换明晰的公民品质。

社会岗位与社会分工应使学生各尽其材，学生的能力与素质是不尽相同的，好比形状色彩不同的马赛克，教育教学的目的是让每位学生调整完善自己的专业才能，移动到社会图形坐标中的理想位置。

记者：

传统和当代的关系，始终交织在美术学院的发展过程中，在学院的课程改革方面，您是怎样看待这个问题的？

徐勇民：

作为承担视觉艺术教育的美术学院，其课程始终是以传统性和当代性构成其维度。在当代高等艺术教育中，我们正经历课程体系不断裂变、衍生、发展和完善的过程。一方面主流化以社会认同的价值取向形成新的思想和文化基础；另一方面，当代性直接反映出社会变革过程新的视觉现象。如一味强调当代视觉艺术与传统艺术之间的差异性，则容易忽视传统艺术中宝贵的人文价值和当代艺术中革命性变化中保有的承续基因，从而隔断视觉文化正常的延续。

记者：

我们了解到，学院的动画和影像媒体专业方向在发展之初都是依托于某一造型类的专业，请问，学院是如何考虑的？

徐勇民：

学院从1999年就开始设置动画专业了。作为媒体的一种表现形式，我们把它纳入到国画系，当时设想需要造型类专业来孵化它。后来把影像媒体放在油画系，因为我们认为这种偏重技术操作要求的专业很容易使学生迷恋技术，在不自觉中丧失了对于艺术本体的追寻。把它依托在某个造型专业，让学生知道一年级就要有对于客观物体直接表现的实践，最后无非是借用技术手段来实现自己的认识。这样也使学生了解到无论是动画还是影像媒体不单单是纯技术的，这个专业恰恰更需要的是创意。因为仅就技术而言，没有学过美术而熟悉程序的人你也能指令他完成一种视觉表达。

2005年成立动画学院专门发展影像媒体和动画，形成了两个专业方向。自然涉及到基础课的教学问题，成立了视觉艺术基础课部，开始统一的课程建设。为此还专门考察了中央美院和中国美院等，根据我们的教学主张和实际需要进行调整、融合、完善。如果一个学校成立这样一类专业，基础部这个板块一定要有突破，不能完全按照约定俗成的认识来学习和训练，所以对基础课的要求应有宽泛性。

记者：

在视觉艺术基础部的教学改革中，学院的思路是怎样的？您有何思考？

徐勇民：

应该说，中国的艺术创作体系和高等艺术教育体系能够维系、承传人类认同的视觉表达方式，是很可贵的。若干年后回过头再看今天的高等艺术教育，它是在世界视觉艺术发生巨变的时代，将人类观察和表现世界的方式继承下来了。高等艺术教育应该是一个完整的课程体系结构，互相嵌合，你不可能抽出一块来。当代艺术必须进入到一种大家认可的语境里面才能够对话，否则你说的话西方人听不懂，反过来也一样，很难进行交流。

我们通过课程着力探索一种造型训练方式，这个视觉艺术训练方式不再仅仅是我们习以为常的了。实际上把实验艺术某些内容放在基础课部来实施和完成，将使学生认识到表现世界有多种方式，基础的训练内涵也是多样的，而不仅仅是在二维平面上来完成认识和表现客观物象。

有些学院走了回头路，原因是什么呢？就是课程内容的衔接问题。比方说你是基础课部的老师，实施一套你认为是非常有效的训练方法，但是我在国画系，他在油画系，各有原来的一个思维定式。以前这些学生在我的系里培养，驾轻就熟，而现在他经过你那边提供的课程教学之后，假如没有主动跟进的思考就会怀疑基础课到底搞得好不好？意义何在？原来学生在我这儿很好啊等等，会出现很多种可以自圆其说的理由让你无法回避，这也导致通识类专业基础课教学在很多院校发展过程当中受到影响。

其实这是一个认识问题。我觉得各个系课程要有一个衔接期，心理上也要有衔接期。大部分专业教师感叹专业课时间少，这很容易理解，情感上难以割舍，就是说专业课时间少了不能达到我们希望的既定标准。但是艺术教育的评价标准并不单是以付出的课时成正比的。

事实上任何教学改革关键的问题是老师，学生你教什么他学什么，专业上他是一张白纸。应当引导学生，关注分析其发展潜力，多与其纵向比较。教师应做的工作，是将在学生处于“甲乙丙丁”中“丁”的水平尽力提至“甲”的水平。这时，尽管在某些方面，可能他的“甲”级只与另一同学的“乙”级水平相当，但对这位同学来说，就够了。不仅仅是基础课，任何专业课的改革，每一步其实是对老师的要求。你交流的语境、授课的对象已经发生变化，怎么能拿你自己当年受教育的成果来反推现在的教育方式？

学院有一门基础课，叫“中国传统造型基础”，其实就是书法、篆刻和白描，两周时间，对学生来讲都是新课。他们写的学习体会，有油画的、版画的、雕塑学生等等，我看了，感到惊讶，有的体会表达非常真诚。当时把课程定为“中国传统造型基础”。如果叫中国书法，或者篆刻，感觉还是有别于美术造型基础，但是如果作为造型基础，学生会跟造型学习联系起来。通过这样不断改革使课程完善、调整到符合认识客观世界的一种方式。

中国人口众多，教育要兼顾公平。学生有权力选择接受公平的教育，老师也有公平实施教育的职能。4年是不能马上培养出艺术家的，但是，4年可以提供培养成为艺术家的基本条件，这是可以做到的。他可能到5年或10年后才会意识到当时接受的教育开始起作用了，这个就是教育长处。改革要贴近让更多的国民接受高等教育这样一个现实。关键是要协调好教学方式。改革绝不应走回头路，必须朝前迈进。

记者：

艺术教育在自身的专业发展层面始终离不开社会交流，您如何看待艺术教育各种形式的交流？

徐勇民：

现在视觉艺术创作已经是多元的了。我接触很多非艺术专业的人士，他们的观点和对作品的评论让我产生一些思考，并不是说谁画的像就喜欢谁，你能感受到他们喜欢很率性的表达。这说明观众的审美取向已多元化。让奇才、怪才能够脱颖而出，能够真正使学生智力发挥出应有的能量，这应是艺术教育成功的一个标准。

近年来，国际国内艺术院校间交流频繁，资讯对接，课程上并无太多无法借鉴与融合之处。在我们的艺术教育中，凸显的问题便集中为人才培养的标准。教育的成功应是智力和情商共同健康地发展，无论是什么专业，也无论是以何种形式表达，都要让学生学会用视觉方式表达思考，用形象塑造信仰。如同我们看优秀艺术家的作品，单从技巧上看，你不一定会有太多的惊讶和新奇，但是，这些作品常看常新的魅力是在于其中透出一种独特的品格力量。

记者：

4月份在中央美院召开的实验艺术教育教学大会，表明了在视觉艺术教育改革的力度与广度，您参加了此会，请您谈谈您的看法。

徐勇民：

实验艺术，或者叫综合艺术，这个方向对于中国高等美术教育非常有意义。因为从创作体系的类别来看目前还是以全国美展、国油版雕等为主，几乎还没有一个专业委员会和相关的机构来统领这一块。在展示方面目前大家意识到存在这种特殊的表达形式，要认可它(实际上也是被认可的)。所以它丰富了中国艺术创作的格局，不再是我们想象中的纯艺术分类。在展览会里我们经常可以看到实验艺术这一类的表达，它已频频出现。

另外一方面的意义还在于丰富和完善了中国高等美术教育的课程体系。无论怎么命名，它已经存在了，而且是很有生命力的，所以，必须要在课程里面要反映出来。从中国当代高等美术教育，以及中国当代美术的创作格局来讲，这种丰富、完善、融合都有特殊的意义。它引导观众在欣赏艺术品的时候多了一个参照体。我们能够通过影像、动画综合媒介的艺术形式，来认识生活、表达思想，而不仅仅是传统二维的或是三维的形式，它可能加进了更多时空转换的概念。

我想再谈另外一个问题，就是这类名称的定位，也算是学识方面的一家之言吧。实验艺术——到底我们是把它叫什么好？什么称谓更加精准？我在一篇文章里面谈到由中国画实验水墨引发出的思考，为什么要称作“实验水墨”呢？称之为“实验”，其实是显示对从事艺术实践的理论依据的不自信，似乎给自己面对不可预见的评价，留了辩解的余地。

实验，应是对未知事物的物理探索过程。艺术是本我的表达，表现手法可能来自于古典的,可能来自当代、可能来自个人的、很自由的感受。国画、版画、油画、雕塑，或者是装置，人们认识它是基于最终的形态，通过这个形态及作用于其中的媒材来定位它的学科、专业取向。但是“实验”是个过程，把它作为一个专业名称，会使得其内涵不确定。比方说实验艺术系的学生做个装置，可能会用油画或版画的材质语言，或者用综合材料方式表达出来。其过程如谓之“实验”，那反过来说，如果油画系的学生来进行空间维度和材质变化的创作探索，这何尝不是实验？他也有探索未知的教学任务和教学目的，国画同样也是。已含有“交互”“综合”和“重构”的内涵，所以，我觉得作为课程，这个称谓比较恰当，但是作为一个专业方向，无异于给自己界定出了处于高等教育课程的边缘状态。

记者：

徐院长，您在“中外美术学院院长论坛”上说“艺术院校中高端技术的投入难以满足与社会同步发展的需求，技术上的指标要求容易弱化对学生创造力的培养”，您觉得在教学中，怎样平衡技术和艺术的关系，尤其是在动画学院这种媒体艺术更新特别快的情况下？

徐勇民：

实际上我们确实很容易陷入技术和设备这样一个产品功能不断升级的圈子里不能自拔。这种攀比式的投入容易导致一个问题，学生会认为我是来学技术，这个技术可能在国际上都是顶端的，我为能接受这种技术而感到自豪。但是不是这就能够有助于开启你的智能，或者叫原创性？经济社会的发展使得某一个专业设备的最高端，永远只是出现在商业领域，或者其他的高科技领域里面。学校永远是在另外的领域保有它的优势。运用大脑神经控制的手极其快捷表达思维的能力，是人类智能的显现，我们不能轻视。技术在某些领域当然是可以反作用思维的，但如果高等学校过分强调技术的唯一性，那这个结果是非常可怕的。是不是你的思想就是第一？我们必须是培养一个有思想的学生，不是一个操盘手。

我们鼓励、支持老师外出进修、深造，或者举办各种展览，跟兄弟院校的、跟国内外的机构合作交流，更多地了解学生，通过这种方式使他们的眼界不断打开。我们也意识到有的老师几乎是从全职到全职，没有经历过更多的艺术实践和社会实践，而且，年龄层过于接近，使得他们的知识更新反而容易受到制约。各种知识结构的人交融在一起互相之间会产生积极的影响。一个教学团队整体的年轻，确实有活力，会对学生有积极的影响，这个是你很难想象到的。

记者：

从改革开放以来，湖北美术学院培养出来许多优秀的当代艺术家，学院的学术环境是十分重要的，请您谈谈这方面的情况。

徐勇民：

中国当代高等艺术教育和当代艺术的关系有自身的特点，即从事当代艺术的人几乎全部是接受过高等艺术教育，这跟西方还不太一样。这说明学院教育是足够形成孕生当代艺术的温床。

改革开放之初那个年代，学生可以开始大量地接受世界视觉资讯，对了解、反思艺术的功能与价值起到了至关重要作用。尽管回过头来有些艺术家置疑学院教育过于传统、保守，但是有没有想到，正是这样不断使得课程更加完善的教学体制培养出中国一大批人，反映出了时代发展的特征。但又必须意识到不能仅仅以当代艺术作为教学标准，因为当代艺术是社会图景在视觉艺术中的呈现形态，当代艺术教育则是开启思维的一种方式，不能等同。

曾梵志在我院设立奖学金时谈到他很感念当时在学校接受教育的时候，他人给予的帮助，以及他最需要支持时候的支持，也就是说允许他画自己受到感动的生活场景，这是很重要的，这是他成为当代艺术家一个基本条件和环境。当代艺术是社会文化生成的，不单是学院教育刺激出来的。

此外，尚扬、石冲和北京及其他城市的许多毕业于我院的艺术家，还有许多自主创新创业的设计师、企业家，更有象郃丽华这样可以代表国家形象的优秀校友们，都是具有代表性的。我有时候在思考这个问题，确实，这与学校比较宽松的学术氛围是有关的，没有过多的限制学生，这是学院可贵的学术传统。

记得我当时教国画，八七级的一个学生就提出他想画油画，他问我可不可以，我说可以。于是就出现了这样一个情景：国画班就他的毕业创作是油画，我同样给分。这位同学他现在开始从事当代艺术创作，很有特点。我相信他提出这个请求也是经过深思熟虑的。我想，正是这样的环境才能够形成这样一种可能，我们最终培养一个准艺术家，或者是从事艺术的从业人员吧，那么，视觉艺术媒介与材料不同有什么大不了的呢？当然也会涉及到一个教学的专业评价体系问题。

对于学生的选择，不应过分限制。但是每个系的指导老师可能会有他自己的认知和坚持，我们不能要求所有老师都一样吧？所以，第一取决于老师，第二取还决于前期是不是有提供催化作用的课程。就好像学考古专业的，最后毕业提交论文是研究小说，这就荒废了接受教育的成本和资源，当然让人匪夷所思。我之所以举刚才一个学生的例子，是因为他学的是美术教育专业，接触过油画、国画、设计，水彩等，他提出来想画油画，当然可以，因为这是顺理成章的。所以，这样专业方式的转换是建立在课程本身能否提供相关基础条件上的，管理体制上也应有适度调节的空间。

记者：

您觉得当代艺术的各种方法、资源如何为学院教育转化为一种知识系统，学院教育如何刺激当代艺术发展？

徐勇民：

大家过于急迫地引进西方的教育体系，有急切感。比方说都成立了实验艺术系，我们学校也在进行这种考虑。但是从另外一点即发展的看，眼光要更理性更宽泛。当代艺术其实只是历史时空截面中对表达自身认识与情感所运用的动态的艺术样式，并不断地对时代认知和当代情感表达方式进行着挖掘。

当代艺术是需要智慧的，不要把自己的智力降低了。并不是说我有意要做的跟你不一样，有意的让观众看不懂，或者有意的要恶心他人。社会的进步与宽容实现了多元的共存，但是，存在的不一定就是有价值的。当代艺术跟任何一个年代的艺术一样，是对社会现状与发展有思考的视觉解读。

教育方式与艺术思潮应该在相互包容中有区别，不能说因为当代艺术存在，学院教育就完全根据当代艺术来调节，不是这样。

在已经获得教育部高等学校特色专业建设点3个，国家级精品课程2门和国家级人才培养模式创新实验区1项，以及多项省级质量工程建设项目的基础之上，我院正科学论证方案准备实施湖北省教育厅制定的“致美拔尖创新人才”培育实验计划，将从本科生入学专业考试、师资配备、培养模式、管理制度等诸方面不拘一格地全面推进教学质量工程建设，在学院藏龙岛校区和昙华林校区构成的新的空间中，努力完成人才培养的新的使命。

我们的目标是，希望在教育教学改革中有所突破。比如专业考试这一环节，多年来，依人才培养标准确定了形体、色彩、空间等造型表达的专业判定，其方式、内容延续了五、六十年。但是设想一下，如果人才培养标准发生了变化，有了新的内涵，我们当然更希望学习艺术的学生能够接受完整的中等教育，而不是现在疲于应考的支离且无奈的教育现状和教学水平，那么专业考试的方式、内容，甚至时间是不是要考虑有调整的必要呢？师资的配备是不是就一定是本校的或本专业的呢？

教育是一种智力渗透手段。当然，这只是我们所希望的，最终很多理论和实践必须要通过有形的课程来实现。我们不能无视自己立足于养育着世界人口四分之一的国土上已经和正在发生的变化，我们也不能成天来做思想工作，“同学你一定要热爱中国文化啊，它是多么的深厚。”他肯定听不进去的。作为高等教育的课程是必须要完成，在完成过程当中被动也要好，主动也好，你必须要接触到它。有的可能真的不太接受得了也没关系。但是，我们提供这样一个条件，让学生知道有这个可能性，至于他朝不朝前再迈开一步，需要有一个认知过程。

记者：

对学习艺术的当代大学生，您所期望的是什么？

徐勇民：

一名中国当代大学生应该对自己所学专业之外的人类文明以及相关知识，特别是本民族优秀文化传统有天然的亲近与探求的欲望。在有限的学历教育中，主动继承优良的传统美德，塑造健全的人格精神，形成健康的审美意识与宽容的学术涵养。

记者：

好。我们衷心祝愿湖北美术学院在新时期的科学发展中为国家培养出更多优秀的人才。

徐勇民：

非常感谢！

（作者时任湖北美术学院院长）

师范院校的发展趋势与教师素质培养刍议

向显智

教育要发展，根本靠改革。国务院总理温家宝提出“教育应当由懂教育的人办，要倡导教育家办学，要培养一大批有志于献身教育事业的教育家。”教师教育如何适应办学形势的发展需求，加快教师教育人才培养模式的改革，完善教师素质培养体系，真正培养一大批能力强、素质高，有志于献身教育事业的教育家，是每个师范学院必须解决的重要问题。

一、教师教育的发展趋势

近年来，高师院校办学向多科性、综合性方向转型成为一种大趋势。许多发达国家大致在20世纪上半叶就开始了这种转型。以美国为例，20世纪20年代以来，随着美国经济的快速发展和人们对高等教育需求的日益旺盛，许多师范院校在发展取向上，或者积极扩大办学规模，同时逐渐淡化传统的专业化教师培养职能；或者通过升格或合并改造为综合性大学；或者合并为综合性大学的教育学院，这类高校如著名的加州圣何塞大学，威斯康星州立大学苏必利尔分校，纽约州立大学奥尔马尼分校等。

同时，自20世纪60年代以来，国外高校也越来越强调教师学科专业与教育专业的分离，教师教育培养模式由一站式培养向先学科教育培养后师范教育培养的两段式发展，成为教师教育培养模式发展的一种大趋势。这种模式下，学生要先通过普通大学本科教育阶段，再进入师范教育阶段，修完课程后，进行第一次“国家教师资格考试”，考试内容包括毕业论文、书面考试、试讲和教育实习。第一次考试通过后，由本人向州文教部提交普通大学本科毕业文凭以及第一次国家考试的全部材料，申请到设有教师培训中心的学校（一般是中学）担任实习教师。实习学校的教师培训中心对实习教师各方面的表现作出评价，这次评价就是第二次“国家教师资格考试”。此次考试十分严格，通过后政府才颁发《教师资格证书》。可见，两段式模式培养出来的，既具备了高水平的本体性知识，同时也具备了扎实的条件性知识。

在国内，从学校类型发展看，师范院校都在不同程度上开办了非师范类专业，各自比例虽不同，但绝大多数院校非师范类专业多于师范类专业。从人才培养模式发展看，多数师范类院校仍沿用学科专业类课程加教育专业类课程，两者简单累加的培养模式进行办学。不过，有些学校如北师大、内蒙古师大等，在引进、仿效国外的培养模式方面已经起步，正处于改革试点阶段。从国内师范院校总体情况和发展趋势来看，都在逐渐由师范教育向教师教育转变。传统的师范教育是师范院校的工作，师范教育仅指师资培养，并不体现教师职业的专业性特征。而转型中的高师教师教育正在以教师资格制度替代师范生定向招生和定向分配制度，教师专业化和教师教育工作者的专业化成为教师教育的依据和导向，教师教育逐渐发展成为一个专门的研究领域和学术领域，与所有学科一样逐渐建立起自己的学术规范和学术标准，这将逐渐成为师范院校的重要优势和发展特色。

二、教师教育人才培养模式改革的探索

高师院校的发展最终要谋求思想范式和教育模式的更新。办学理念的定位、办学特色的彰显、人才培养的战略目标与规格都集中体现在各自的人才培养模式中。许多高师院校在进行教师教育模式改革方面都进行了积极探索。

目前，国内师范类院校存在三种教师教育人才培养模式。

(1)“学科专业类课程＋教育专业类课程”培养模式。在这一模式下，学生花四年时间混合学习学科专业知识（中文、数学、化学、物理等）和教育专业知识（教育学、心理学），但由于学习时间有限，在一定程度上导致了学生在学科专业性上不专，在师范性上优势不优，学生走出校园后，教师从教技能不高。

(2)“4＋X”人才培养模式。这种模式将学科专业教育与教师专业教育相对分离，衍生出三种具体模式。“4＋0”模式：指学制不变，修读学科专业，利用假期（第三学期）修读教育类课程；“4＋1”模式：指学科专业本科毕业后，再接受一年教育类课程培养；“4＋2”模式：指学科专业本科毕业后进行教育硕士层次培养。

(3)双学位教师教育培养模式，即“学科专业教育＋教师教育”。学校一方面进行学科专业教育，按综合性大学的标准执行，学生毕业获相应的专业学士学位；另一方面进行教育理论教育，学习标准由课程学习提高到学位学习，学生毕业获得相应的教育学学士学位。这个模式的特点就是，不增加教育时间、不改变学制，学生完成两个学位的学习，采取三学期制来解决此难题。

教师教育改革的诸多人才模式各有其优点和强势所在，也各有其局限和不足。无论什么模式，其核心都在于如何在现实背景下对学生的专业化与职业化培养给予准确的定位，并探求师范生教育专业素养可持续提高的实现途径。

三、师范生教育专业素养的培养

我国教师教育人才培养模式改革的核心是加强师范生的教育专业素养培养，突出师范性、教育专业性的人才培养特色。在教学培养实践中，这就要求解决好“教师教育专业课程”的设置和建设问题，使教育专业课程在整个人才培养方案中占据应有的地位，把教育专业课程建设成为“有效

益”的课程。

目前，我国师范院校教育专业课程学时在整个人才培养方案中平均只占7～8%的比例，其他国家如日本占15%、美国占20%、法国占30%，可见在我国教育专业课程学时比例的占位是比较低的。为有效改变这一状况，我们可以在教育专业课程设置方面作出调整。以湖北师范学院的教育专业课程设置为例，教育学54学时3学分，心理学54学时3学分，多媒体技术与应用54学时3学分，教师口语45学时2学分，艺术(书法等)16学时，学科教学论54学时3学分，教育见习实习7周7学分，这些课程是纳入学生的必修课课程设置的，不同高校根据情况，也可设置为选修课课程，确保在学生学习总学时中占一定比例。

在教育专业素养培养方面，师范院校要注重培养学生的师范性、专业性素养，尤其是专业能力的培养。普遍认可的一种观点是，学生的专业能力主要表现在职业道德、教育知识和教育能力等三个方面。“献身精神”作为师德的核心，也是学生职业道德培养的重要内容，学校要注意引导学生树立正确的政治理想信念和强烈的社会责任感，激励学生为教育事业奉献青春。作为能力培养的重要方面，师范院校要加强学生教育知识的培训，包括教育理论(教育学、心理学、现代教育思想)和教育技术方法(多媒体技术、学科教学方法、教育科研方法)。而学生教育能力的培养则主要通过实践获得，要鼓励和引导学生提高普通话基本功与语言表达能力、书写基本功(三字：粉笔、钢笔、毛笔)与文字表达能力、沟通和交流能力、课堂组织能力、班级管理能力、课件制作能力、课外活动组织能力以及基础教育教学研究能力等。

目前，师范类毕业生还没有取得“非我莫属”的教育专业能力和“舍我其谁”的教育专业地位，即职业的不可替代性问题还没很好地解决。就像非医学专业的学生就不能当医生，就当不了医生一样，非师范院校的学生就不能当教师，就当不了教师。这个问题的成因主要体现在两个方面：首先是师范生教育专业素养的培养面临着两对矛盾，学科专业与教育专业的矛盾，学术发展与实践锻炼的矛盾，这两对矛盾主要在时间和空间的安排上为人才培养造成困难。其次，教育类课程的有效性不高，这既有前述教育类课程分量偏低，教育类课程偏少(如儿童的发展理论、儿童学习理论、教师职业技术理论、教育法规、教育科研等基础知识和技能没有开设)的原因，也有实践教学环节少、效率不高的影响。

针对这种状况，即在教师教育体制不变的情况下，我们能做的有效办法是增强教育类课程的有效性，以此来提高学生的教师教育专业性。适量提高教育类课程在人才培养计划中的比重，力争达到15%；适量增加教育类课程门数，必修少增，公选多增，并限定学生选修；加强实践教学环节，增加各种形式的实践教学，加强对教育实习的组织管理。

四、突出教育专业的实践教学

实务能力对师范生从教的意义不言而喻，实践教学是教师教育课程体系的重要组成部分，对提高学生综合素质和实践创新能力有着理论教学不可替代的作用。实践教学既包括传统的课堂实验、教育见习、实习、课程设计、毕业论文(设计)、社会调查、参观和其他社会实践活动，还应包括理论教学在课堂教学模式、课程结构模式、学生学习模式及教学管理模式上所进行的一切以实践为中心的教学变革活动。在现行教师教育类课程体系内部强化实践教学应当从课内实践和课外实践两个方面来进行。

以湖北师范学院为例，课内实践主要通过在课堂教学中运用多样化的教学与学习活动方式，开展一定的教学实践活动来进行。(1)案例教学，对特定案例进行直接讨论、分析和评价。(2)观摩练习，通过教学示范，指导学生观摩学习、思考与实践。(3)模拟教学，旨在营造人为环境或情景，使学生能够在模拟真空的教学氛围中学习教学必需的知识技能和能力，为教而学胜过为学而学。(4)微格实验，依据反馈原理和教学评价理论，借助录音系统，记录学生在一段时间内的教育行为过程的全部细节，在重放录像的过程中师生共同分析探讨和评价。(5)专项技能训练，即前述的各种教育能力的综合性训练。

在课外实践方面，(1)开展教育见习与实习。教育实习是将教育类课程理论转化为师范生的实际运用能力的不可或缺的教学环节，这也是教师教育教学计划中最具师范特色的一门综合实践课程，一般实习时间为6—8周。现在一些高校，如河北师范大学提倡进行一学期的实习资教，这些好的经验值得推广。(2)行动研究。由经验丰富的专业教师带领学生进入中小学教育教学现场开展针对性的专题行动研究，即实践了理论，又解决了问题，对培养学生的实务能力很有益。另外，教育参观与调查也是课外实践的一种常见形式。

五、结语

教育事业是人类最崇高的事业，教师是太阳底下最光辉的职业，教育责任重大，教师使命光荣。育人之人，传道授业，德之为要，道之为首，学高为师，身正为范，古往今来，莫不如此。教师素质最根本的体现，最终落脚在对教育事业的热爱和执着的创造性教育工作中，分析师范院校的发展趋势，探讨教师素质的培养，根本目的是培养适应社会主义事业发展的教师教育人才，塑造一批对为学、为师的价值热烈追求的人民教师。经过教师教育的洗礼，促进青年才俊坚定“为天地立尊师之心，为生民立重教之命”的宏愿，勇敢担当起时代赋予的光荣责任和神圣使命，则我们的教师教育不可谓不成功。

(作者时任湖北师范学院院长)

破解地方高校发展瓶颈的战略思考

尚　钢

20世纪90年代到21世纪初，国家先后对原中央部委管理的571所高校中的509所进行了不同程度的调整，除少数划归教育部管理之外，其他行业高校均划归地方统筹管理，传统行业高校已经成为地方高校的重要组成部分。在新一轮发展中，不少高校摒弃原有行业特色，纷纷去掉具有鲜明行业特色的校名，向多科性、综合性高校发展。对因转制而形成的行业性地方高校而言，行业和地方应是构成影响学校发展的外部环境中最重要的两大因素。

随着经济社会发展和人民群众对高等教育需求的变化，地方高校面临着办什么样的大学、如何办好人民满意的大学的新考验，生存压力与发展困境日益凸显。办学思路、办学特色、办学资源和高水平师资队伍建设成为制约地方高校科学发展的重要瓶颈。破解发展瓶颈，办好地方高校，对构建科学的中国高等教育体系和建设高教强国具有重要意义。面对新形势，新问题，新要求，在思考原有行业高校的科学发展时，必须放在地方高校的视域中来考虑；同时，原有的行业高校的背景，为我们在众多地方高校实现特色发展提供了更多的思考维度。本文结合武汉纺织大学办学实践，试论述我们对地方高校实现科学发展的战略思考。

一、地方高校在经济社会发展中的战略地位

在高等教育大众化进程中，地方高校已成为我国高等教育的主力军，它承担着高等教育主体任务，承担着为地方区域经济社会发展提供人才和技术支撑的重任，承担着满足人民群众接受不同层次高等教育需求的重任。

1. 地方高校在高等教育大众化进程中承担着主体任务。据统计，全国普通高校由1998年的1 022所增加到2008年的2 263所，其中，地方高校由1998年的759所增加到2008年的2 152所，增加了184%，地方高校占全国高校总数的比例由1998年的74%上升到2010年的95%。从在校生规模看，地方高校本专科在校生数由1998年的225.8万人增加到2008年的1 850.5万人，由占全国本专科在校生数的比例由70%上升到93.2%。

2. 地方高校承担着为区域经济社会发展提供人才和技术支撑的重任。地方高校承担着培养地方经济社会发展所需的各级各类高素质人才的重要职能，特别是中西部地区的地方高校已经成为当地人才培养和科学研究的主力军，是支撑、引领区域创新体系建立的重要力量。西部边疆和民族地区的地方高校还承担着促进文化交融，保护民族文化、维护民族团结，以及以“软实力”巩固边疆、促进睦邻友好、为我国和平发展营造良好周边环境等任务。由于地方高校的人才培养、科学研究、服务社会等方面与地方经济社会发展的结合更为直接，服务面更为广泛深入，已经形成了一些独特的办学优势和办学传统，其中有的大学办学历史较长，基础较好，社会声誉较高，经过体制的整合调整，以及多年的重点建设，呈现出良好发展势头，在当地高等教育事业中发挥着重要的示范和引领作用。

3. 地方高校承担着满足人民群众接受不同层次高等教育需求的重任。中华民族有良好的重视教育的文化传统，特别是随着国家和区域经济社会快速发展，人民生活水平的不断提高，广大人民群众对接受不同层次高等教育的需求和愿望也越来越强烈，而地方高校的兴起不仅丰富了我国高等教育的类型，拓展了我国高等教育的层次，在满足人民群众接受不同层次类型高等教育的愿望过程中作出了积极的贡献。

中国是纺织大国，纺织工业是我国国民经济的传统支柱和重要民生产业。2009年4月，国务院正式发布《纺织工业调整和振兴规划》这一重要阶段性的文件。这是进入新世纪以来国家出台的关于纺织行业最重要的文件，对整个纺织产业的发展产生了重要推动作用。《规划》首先明确“纺织工业是我国国民经济的传统支柱产业和重要的民生产业，也是国际竞争优势明显产业”，《规划》对我国由纺织大国向纺织强国的转变提出了新要求。

应该说有纺织行业背景的高校，承担了为区域经济社会发展提供人才和技术支撑的重任。2007年，纺织行业有6项科技成果获2007年度国家科学技术奖。其中，“纺织品数码喷印系统及其应用”等2项获得国家技术发明二等奖；“卫星结构用高性能三维编织复合材料构件的研制及其生产线的建设”等4项获得国家科学技术进步二等奖。2008年，纺织行业有5项目荣获国家科学技术奖励，“新型功能中空纤维膜制备技术及其产业化应用”、“优质天然高分子材料超细粉体化及其高附加值的再利用”2个项目荣获国家技术发明奖二等奖。“超高支纯棉面料加工关键技术及其产业化”、“织物变性涂料连续染色新技术”、“印染废水大通量膜处理及回用技术与产业化”3个项目荣获国家科学技术进步奖二等奖。2009年，纺织行业有6项科技成果获得2009年度国家科学技术奖，其中，武汉纺织大学的“高效短流程嵌入式复合纺纱技术及其产业化”获得国家科技进步奖一等奖，其余5项技术获得二等奖。这些成果都是由具有行业背景的高校与纺织企业联合进行的科研项目。可以说，地方高校在地方经济社会发展中占有重要战略地位。

中国是纺织大国，湖北是纺织大省，纺织行业是湖北省重点建设的六大千亿元产业之一，在湖北省实施中部振兴崛起战略和加快武汉城市圈“两型社会”建设中具有重要意义。对武汉纺织大学而言，服务经济社会仍是通过突现纺织特色的行业来实现的。

二、地方高校科学发展的战略瓶颈

地方高校作为我国高等教育的主体，其社会功能主要体现在两个方面：能够有效促进地方经济社会的全面发展；能够提升中国高等教育的总体水平及其国际影响。然而，现时的我国高等教育仍然存在着精英教育和大众教育两种不同价值体系和实践体系。研究型大学和高职高专作为我国高等教育体系的两个端点，鲜明地体现着两种教育体系的内涵及其价值取向。而作为地方普通本科院校由于其特定的办学层次和类型，以及其发展的历史积淀，其发展总是徘徊于这两种不同教育价值体系和实践体系之间，进则无力与部属名牌高校抗衡，提升自身的学术水平，进行学术研究型人才的培养；退则难以与高职高专竞争，注重实践技能，进行应用型人才的教学。如此进退维谷的生存境况，使地方高校普遍面临发展的两大压力：(1)学术地位的纵向比较，使之不能跻身于高水平大学之列；(2)服务地方的横向关联，使之难以取代职业教育而直接服务于地方经济社会的发展。在这种形势下，地方高校该如何把握自身的办学方略，实现科学发展，是其在未来发展和竞争中必须认真思考的新课题和新任务。我们认为，发展思路的困惑、高水平人才的匮乏、高校办学的趋同化、办学的自我封闭四大难题是制约地方高校科学发展的重要瓶颈，如何破解这四大难题，是实现地方高校科学发展的关键。

1. 发展思路的困惑。地方高校要实现科学发展，首先要确立科学发展的办学理念，凝练学校科学发展的思路。科学的办学思路是对高等教育发展规律的正确认识和反映，是对高等教育激烈竞争局面的准确分析和把握，是对学校自身特色、发展目标的科学判断和定位。只有确立科学的办学思路，才能更好地抓住学校发展的机遇，引领学校的改革和建设；只有确立科学的办学思路，才能彰显自身的特色和优势，提升学校的核心竞争力；只有确立科学的办学思路，才能统一思想、激发活力、凝聚力量，不断开创学校发展的新局面。科学的办学思路是一所大学经过长期实践摸索，历史地积淀、选择、发展而生成的对大学办学行为的基本认识。

2. 高水平人才的匮乏。高校是人才培养和知识创新、科技创新的重要基地，国内外一流大学发展的成功经验和近年来我国高等教育事业跨越发展的历史性成就证明，高校之间的竞争，归根结底是人才的竞争，高校发展最根本、最有效的途径就是加强高层次人才队伍建设，着力造就一支德才兼备的高素质人才队伍。

地方高校一般正处在快速发展的关键时期，人才问题始终是地方高校改革与发展的核心问题与头等大事，是地方高校发展的一个永恒主题。高水平人才是推进地方高校科学发展的关键所在，高层次人才的匮乏成为制约地方高校科学发展的瓶颈。因此，地方高校如何创新人才工作观念，采取超常规的思路和措施引进和培养高水平人才是地方高校面临的一项紧迫任务。

3. 高校办学的趋同化。地方高校特色缺失是比较严重的问题，造成同质化现象严重，形成“千校一面”的格局。中共中央总书记胡锦涛指出，办大学要办出特色，要办出水平。只有办出特色才能有高水平，才能培养出创新型人才。国务院总理温家宝强调，大学办得好坏，不在规模大小，关键是要办出特色，形成自己的办学理念和风格。中共中央政治局委员刘延东指出，建设高水平大学就是要在“有特色、高水平”六个字上下足工夫。《国家中长期教育改革和发展规划纲要(2010—2020年)》提出，要促进高校办出特色，建立高校分类体系，实行分类管理。发挥政策指导和资源配置的作用，引导高校合理定位，克服同质化倾向，形成各自的办学理念和风格，在不同层次、不同领域办出特色，争创一流。适应国家和区域经济社会发展需要，建立动态调整机制，不断优化高等教育结构。优化学科专业、类型、层次结构，促进多学科交叉和融合。重点扩大应用型、复合型、技能型人才培养模式。国家提出建设有特色高水平大学的战略思想，为行业背景深厚的地方大学发展提供了难得的历史契机。

特色是地方高校的“名片”，是地方高校形象的“符号”，是地方高校文化的标志。办学特色已经成为地方高校发展战略的重要筹码，建设特色大学已经成为众多地方高校谋求发展、提升核心竞争力的重要途径。地方高校只有拥有本校特色的东西，以特色求生存，以特色求发展，才能提升学校办学活力和市场竞争力，才能奠定自己的社会地位。另一方面，办学特色有利于地方高校形成教育品牌，通过局部品牌战略，带动学校整体全面、协调、可持续发展。从这个意义上讲，办学特色也是一种发展战略，是地方高校可持续发展的战略选择。

4. 办学的自我封闭。高校之于社会的价值，正在于人才培养、科学研究和社会服务。大学的产生和发展源于社会需要。尤其是在知识经济时代，高校已从社会边缘走向社会轴心，大学在服务社会中获取生存根基，实现自我价值，已是不容回避的现实。高校服务社会作为高校的重要职能，在经济社会发展中发挥着越来越重要的作用。

加强与社会互动，实现双赢，是地方大学赢得发展的机遇，提升办学实力的重要途径。那么，如何进一步树立开放办学意识，制定立足区域、面向全国、服务行业发展战略，构建高校服务社会生态体系？如何优化教育结构，形成服务特色，提高服务层次和质量，积极承担为国家和地方经济社会发展服务的任务，以服务求支持，以贡献求发展？如何建立高校服务社会的保障机制，加大与社会合作的力度，积极创建学校、市场相互结合的产学研组织形式，实现高校和社会的合作共赢？如何进一步加强国际合作与交流，不断提高国际合作的整体水平？这些问题直接制约着地方大学的纵深发展。

三、地方高校科学发展的战略瓶颈与破解

1. 确立地方高校教育哲学观。地方高校科学发展的总体思路应该是：以科学发展观统领学校全局，在改革中讲稳定，在稳定中求发展，在发展中抓质量，在质量中显特色，在特色中上水平，实现规模、结构、质量、效益协调发展。这个总体思路包涵了六个关键词：稳定、改革、发展、质量、特色、水平。这六个关键词之间存在着严密的逻辑关系。从哲学层面讲，稳定是改革和发展的基础，改革是稳定和发展的手段，发展是稳定和改革的目的，质量是稳定、改革、发展的标准，特色是稳定、改革、发展、质量的价值取向，水平是对稳定、改革、发展、质量、特色的层次要求。

“在改革中讲稳定”，主要是指地方高校在谋求学校事业发展的过程中，要注意处理好改革与稳定的关系。一方面，不断推进大学改革是时代发展的要求。另一方面，稳步推进高等教育改革是构建和谐校园的基础。“在稳定中求发展”，保持大学稳定、推进大学改革的目的是为了促进大学发展，为大学持续健康快速发展营造有利环境；同时，发展又为更高层次的稳定创造条件。在稳定中求发展就是在和谐校园建设中，立足于解决发展和前进中的问题，立足于适应社会与时代发展的需求，立足于探索新的办学理念和办学模式。“在发展中抓质量”，主要是讲发展的内涵与外延的辩证关系。质量是当今高等教育发展的主题词。在高等教育领域贯彻落实科学发展观，就是要全面贯彻落实教育科学发展观。教育科学发展观其中一项重要任务就是要着力提高教育质量和效益，努力实现速度和结构、质量、效益相统一，不断增强教育发展的可持续性。“在质量中显特色”。质量是大学发展的共性问题，特色是大学发展的个性问题。地方高校只有在抓好质量的基础上彰显特色，才能在百花争艳的高等教育中一枝独秀。在多年的办学实践中，武汉纺织大学确立了“把学校建成特色鲜明、国内知名的多科性大学”的发展目标。始终注重发挥纺织学科的优势，积极开展多领域的科学研究，不断取得高水平的科研成果，把纺织学科特色转化为科研与社会服务特色，产生了较好的经济效益和社会效益，赢得了社会的广泛认同。

“在特色中上水平”包涵三层意思：(1)所谓在特色中上水平，就是地方大学须进一步彰显办学特色的优势，这种优势应该是国内领先、世界一流的，是一种高质量、高品味、高水平的“特色”。(2)所谓在特色中上水平，就是通过“特色”的引领、示范作用带动学校其他方面的发展和提高。武汉纺织大学按照打造品牌专业，提升传统专业，发展优势专业，扶植新办专业的建设思路，逐步形成了以工学为主干，理学、管理学及经济学、文学为支撑，法学与教育学为延伸，多学科协调发展的专业布局。(3)所谓在特色中上水平，就是要通过彰显办学特色，增强学校的核心竞争力。

在此基础上，提出地方高校的奋斗目标。武汉纺织大学通过历史的总结，理论的思考和实践的探索，提出了“树立现代纺织、大纺织、超纺织理念，建设高水平特色鲜明的多科性大学”的奋斗目标。这对学校未来事业发展具有很强的引领力和推动力。围绕这个目标，实施“六大发展战略”，即实施现代大学制度建设战略，构建现代大学管理新模式；实施高水平特色发展战略，促进学校办学实力的新提升；实施多学科高水平发展战略，促进学校创新能力的新跨越；实施高水平人才引进与培养战略，实现人才队伍建设新突破；实施培养创新型人才战略，开创人才培养工作新局面；实施全方位开放办学战略。

2. 构建高水平人才发展平台。人才是地方高校科学发展的重要瓶颈。地方高校实现科学发展，关键在于建设一支结构优化、精干高效、富有创新力和竞争力的师资队伍，在于构建有利于吸引和培养高层次创新型人才、有利于培育创新团队和优秀群体的人才保障体系，充分调动广大教职工的积极性和创造性。建设高水平人才队伍一直是地方大学的一大难题，武汉纺织大学提出了建设“三大平台”的工作思路：

(1)建设了高水平学科研究平台，加大了自主培养高水平人才力度。学校加大投入，重点建设了“纺织新材料绿色加工及其功能化教育部重点实验室”、“纺织印染清洁生产教育部工程研究中心”等一批开放性学科研究平台，为促进相关学科学术研究，催生和培养高水平人才奠定了良好的基础。国家新世纪百千万人才工程国家级人选徐卫林教授带领的团队，坚持瞄准纺织学科前沿，开展原创性的应用基础研究。经过长达10年的持续研究，在天然有机粉体加工及其功能化、小口径人造血管等领域取得重大突破。2008年，武汉纺织大学研究项目“优质天然纤维材料的超细粉体化及其高附加值的再利用”获国家技术发明二等奖。2009年，研究项目“嵌入式系统定位新型纺纱技术”获2009年度国家科技进步一等奖；国家新世纪百千万人才工程国家级人选曾庆福主持和承担了包括国家“863”项目在内的多项课题，其中6项达到国际领先水平，他带领其科研团队在印染污水处理方面作出了突出的贡献。2009年，研究项目“纺织印染废水微波无极紫外光催化氧化分质处理回用技术”获得2009年国家技术发明二等奖。

(2)搭建了高水平合作研究平台，加大了高水平人才引进力度。在省教育厅的关心和支持下，学校设立了“楚天学者”特聘岗位，还在校内设立了“阳光学者”特聘教授岗位，吸引高水平人才来校开展合作研究，为学校学科团队建设向高水平迈进孕育新的生长点。近几年，学校先后引进了湖北“楚天学者”岗位第一位外籍专家、俄罗斯自然科学院院士、教授维克多，东华大学教授于伟东，青岛大学纺织学科带头人、教授朱平等人才，使学校在服装人体三维测量、纺织材料、纺织印染等研究领域处于国际先进水平。汇聚和培养了一批在纺织等学科领域具有国际影响力的专家学者。2009年，学校获得湖北省首批“海外高层次人才创新创业基地”称号。

(3)为中青年骨干教师提供特色发展平台，加大学术梯队建设力度。作为地方院校，特色就是优势，高水平的特色，是学校发展的生命力。我们充分发挥学校纺织服装特色和资源优势，以特色形成人才培养的土壤，以特色服务社会，以特色提升学校发展空间，培养一批具有创新能力和发展潜力的青年骨干，形成人才梯队。近年来，我们建立了一批富有专业特色的教师工作室，一大批优秀青年教师迅速成长。

3. 实施高水平特色发展战略。作为地方大学，特色就是优势；高水平的特色，是学校发展的生命力。近几年，武汉纺织大学着力破解特色科研服务水平滞后社会发展需要的难题。学校注重培养教师的创新精神，鼓励教师从国家建设、社会发展、行业进步、区域经济崛起的伟大实践中发现新课题，开展科学研究；注重发挥纺织服装等学科的优势，以纺织服装等特色优势学科为依托的教学科研团队基本形成；以"新型纺织材料绿色加工及其功能化省部共建教育部重点实验室"和"纺织印染清洁生产教育部工程研究中心"以及湖北省纺织新材料及其应用重点实验室等9个省级重点研究基地为依托的科技创新团队日渐成熟。"问渠那得清如许，为有源头活水来"，创新的机制和创新的平台在武汉纺织大学营造了浓郁的科研氛围，催开了炫目的科研之花。2000年以来，学校主持承担了包括国家"863"重大科技专项在内的各类科研项目近700项，其中国家级项目50多项，在纺织新型纤维材料、印染清洁生产、纺织服装数字化、新型纺织设备、服装和艺术等方面的研究开发步入国际、国内前列，获省部级(含武汉市)以上科技成果奖励60多项。国家级科研奖励和科研项目立项取得新的重大突破，高水平特色发展战略成效凸显。

近年，武汉纺织大学的特色正在做强、做大、迈向更高的水平。继2008年获得一项国家技术发明二等奖之后，2009年，教授徐卫林的"高效短流程嵌入式复合纺纱技术"摘得2009年度国家科学技术进步一等奖；教授曾庆福的"纺织印染废水微波无极紫外光催化氧化分质处理回用技术"获得2009年国家技术发明二等奖，阳光学者王桦主持的"聚苯硫醚(PPS)纤维产业化成套技术开发与应用"荣获2010年度国家科技进步二等奖；在"纺织之光"2009年度中国纺织工业协会科技教育奖评选中，学校共有3项成果获科技进步奖。2009年，全年获得国家"973"计划前期研究专项1项；3项国家科技部"国家重大支撑计划"已经通过立项评审，总经费超过1.5亿元；总经费达800万元的湖北省重大专项支持项目也即将获批。此外，学校教师获得其他国家级项目立项26项、省部级项目203项。学校的核心竞争力进一步提升，高水平特色发展战略正在显示出强大的生命力。

4. 建立开放的社会生态系统。地方高校要实现科学发展，必须实施全方位开放办学战略，在与社会的互动中不断提升办学实力。武汉纺织大学坚持立足湖北、面向全国、服务行业的发展战略，坚持以教育培训服务社会、以科研服务社会、以学科特色服务社会，主动为国家、地方经济建设和社会发展作贡献。我们抓住《国家纺织工业调整和振兴规划》出台的大好机遇，瞄准行业和区域经济社会发展的战略目标，以开放的心态、以谦虚的精神、以不懈的努力，加强了与政府、与社会、与企业、与学术界的联系和沟通，真正实现了以服务求支持、以贡献求发展。在破解特色服务滞后社会发展需要这个难题过程中，我们有三点体会。

(1)立足经济社会发展，调整优化学科结构，是大学服务社会的前提。高校服务社会的前提，在于拥有科学合理的、适应并能引领社会发展的学科结构。历史和经验反复证明，经济社会发展需求是高校学科设置的活力源泉，高校的学科设置，应与社会发展良性互动，与国家对人才的需求高度契合。近年来，武汉纺织大学秉承探索发现与专业培养相结合的理念，始终坚持以学科建设为实现内涵式发展的核心，主动对接行业和区域经济社会需求，遵循学科发展的规律，不断调整、优化学科专业布局，形成了以纺织服装为特色的六大学科群。打造了"纺织新材料与先进加工技术省部共建国家重点试验室培育基地"、"新型纺织材料绿色加工及其功能化省部共建教育部重点实验室"、"纺织印染清洁生产教育部工程研究中心"、"湖北省现代纺织工程技术中心"等一批国家、省部级重点实验室和工程研究中心。当前，为服务、引领中西南地区经济建设，学校围绕湖北省"两圈一带"总体发展战略，以科技研发为先导，以产学研为载体，努力拓展学科发展新空间，着力在纺织材料、环境工程、人文艺术等方面形成学科特色和研发优势。

(2)加大科研创新、推进产学研结合是大学服务社会的直接途径。当前世界重要的专利发明越来越依赖大学的基础研究，许多重大的技术突破都是以大学校园内的知识探索为基础的。基于这种认识，武汉纺织大学始终以探索发现真理为己任，鼓励并加强基础性、前瞻性和探索性研究，努力提高原始性创新与知识创新能力。近5年来，学校获国家科技进步一等奖1项，2次获国家科技发明二等奖；承担国家"973"、"863"、"十一五"科技攻关及国家自然科学基金等重大基础研究项目近100项。

知识经济时代，高校已不仅是知识创新的承担者，更应通过与产业界的互动，全方位参与经济社会发展进程，促进基础研究转化为应用、开发研究。作为将科研优势转化为社会服务优势的直接途径，开展产学研合作，加速科技成果转化，是高校肩负的历史重任。在科研实践中，武汉纺织大学一直注重产学研合作，把服务地方经济社会发展作为义不容辞的责任。以"高效短流程嵌入式复合纺纱技术"的推广运用为标志，学校服务区域经济社会发展和行业科技进步有了良好的开端。学校牵头创建中国"嵌入式复合纺纱技术"科技创新联盟、主持组建"中国苎麻产业发展技术创新战略联盟"、主持制定"湖北省纺织产业技术路线图"；学校在绿色纺织功能材料、纺织印染清洁生产、纺织数字化装备、服饰艺术与文化等领域形成的一批高水平科研成果，已经在湖北省、广东省、福建省、浙江省等地企业中推广应用。为区域经济发展作出了直接的贡献，彰显了特色科研服务社会的优势。在教育服务社会方面，设立在武汉纺织大学的中国一欧盟国际职业培训中心，已成功为全国260多家中欧合资企业提供了优质高效的培训服务，成功承办了三期由商务部和联合国贸发会议主办的"经济全球化国际研修班"和"发展中国家国际贸易能力建设研修班"，为来自60多个发展中国家的近200名政府官员提供培训服务。在文化服务社会方面，学校创办“武汉服饰创意文化产业园”、参与湖北省重大文化建设项目。以服装学院教授孙菊香为代表的一批优秀设计师，成功为参加中央电视台青年歌手大赛的湖北“土苗兄妹”、“水仙子”、“比兹卡”等组合设计服装，受到省领导的肯定，得到央视主持人的赞叹。学校主持或参与了湖北省博物馆、汉口江滩等重大文化建设项目的规划、设计工作，为湖北的文化产业发展作出了积极贡献。学校的科技创新能力得到省委省政府和中国纺织工业协会的高度认可，省委常委张昌尔、副省长郭生练、段轮一，纺织工业协会会长杜钰洲等领导，以及省科技厅、省教育厅等部门，先后多次到学校召开现场协调会，推动校企合作。学校现正在开展产学研“一市一项目”、“一省一示范”活动，力争通过服务社会，获得学校更大的发展空间，在实施开放办学战略的过程中赢得更多的发展机遇。

(3)创新人才培养模式，高质量培养高素质人才，是大学服务社会的根本要求。人才培养质量是地方高校赖以生存和发展的基础，是高等教育的生命线。当前，作为中国高等教育“再造运动”的人才培养模式创新实验区建设，正在全国范围内整体推进。其目标在于：为社会造就一大批具备优雅文化素养和优秀专业技能的高素质人才。前者强调人文教育，着力塑造“人的精神”；后者借助专业教育，着力提升创新精神和实践能力。基于这种思考，武汉纺织大学在教育教学中，主动适应经济社会发展，扎实推进人才培养模式创新，实施阳光教育工程和质量工程，积极构建适应社会发展需要的人才培养体系，努力创建教育品牌。学校坚持实施创新教育，积极探索切合社会需求的实践教学管理模式，形成了基础实践教学、专业实践教学、综合实践教学“三层面”有机结合的实践教学体系，学校既注重提升学生的专业素质，也注重培养学生的创新和实践能力，通过实施教育创新工程，大大提高了学生综合素质，切实提高了学生的创新精神和实践能力。与此同时，学校高度重视社会实践对于提高大学生社会责任感和实践能力的重要性，广泛深入地开展社会实践活动，探索构建了大学生社会实践的长效机制和运行模式，分阶段、分层次组织开展认识性实践、理解性实践、见习性实践和研究性实践。通过各层次社会实践的开展，使学生在与社会的互动中增长见识、锻炼技能、磨练意志、锤炼本领，取得了显著成效。近年来，学生在大学生课外学术科技作品竞赛、大学生创业计划竞赛、大学生数学建模、电子设计竞赛、艺术与设计竞赛等多项国家级、省级竞赛活动中取得丰硕成果，仅在2007年的第八届中国艺术节上，艺术与设计学院、服装学院师生就在全国大学美术类、艺术设计类作品展览及论文类评选中揽得78项个人奖。学校荣获国家教学成果二等奖，学校连续11年居全国服装院校“新人奖”、“育人奖”综合积分第一名，服装专业连续11年稳居中国高等院校时装设计专业排名(FE指数)榜首，被中国服装设计师协会授予中国“十大时装名校”荣誉称号。

总之，正确处理“稳定、改革、发展、质量、特色和水平”诸要素关系，是地方高校科学发展的起点；为高水平人才成长营造氛围，拓展空间，提供良好的发展环境，是地方高校科学发展的关键点；彰显办学特色，提升核心竞争力，是地方高校科学发展的亮点；构建开放的办学体系，提升服务社会的能力和水平，是地方高校科学发展的落脚点。

(作者时任武汉纺织大学党委书记)

论顶层设计构建对提升教学效益的作用

邹利华

武警院校顶层设计作为院校工作的“纲领”，对院校的建设和发展至关重要，具有根本性和战略性的指导意义。如何保证顶层设计的科学性、合理性，并使其引领院校建设健康发展，需要研究的课题很多，本文就院校顶层设计的构建与提升教学效益的作用作一粗浅探讨。

一、顶层设计的内涵

“顶层设计”(TOP－DOWN)是源于自然科学或大型工程技术领域的一种设计理念。它是针对某一具体的设计对象，运用系统论的方式，自高端开始的总体构想和战略设计，不仅需要从系统和全局的高度，对设计对象的结构、功能、层次、标准进行统筹考虑和明确界定，而且十分强调从理想到现实的技术化、精确化建构，是目标意图向工作任务实现的“途径构想”。“顶层设计”理念在西方提出之后，其运用范围很快超出了工程设计领域，逐渐向信息科学、社会学等领域推广。近几年来，顶层设计理念开始进入高等教育领域，并引起越来越多的重视，总的来看，院校顶层设计通常被与院校发展宏观规划等同起来，或是被理解为院校某个层面、某项工作的目标设定和运行途径。

通过查阅文献资料记载，尚未发现武警院校教育系统对“院校顶层设计”的概念进行准确定义，也未就“院校顶层设计”的内容进行确切规定。借鉴吸纳教育理论界对“顶层设计”的研究观点，笔者认为“武警院校顶层设计”可以简略地理解为武警院校的办学指导思想，主要包括院校的办学定位、办学特色、发展规划等内容，关系到“建设什么样的院校”和“如何建设这样的院校”的问题。顶层设计与教学效益具有连带的因果效应，其科学性、合理性程度决定着教学效益最大化能否实现。

二、现行武警院校顶层设计问题对教学效益的影响

武警院校教育尚处在建设发展的起始期，对办学治校规律的研究还不够深入透彻，多数院校顶层设计都存在比较明显的缺陷，受连带关系网影响，教学效益也不同程度地被削减。

（一）“套搬式”顶层设计因推进困难影响了整体教学效益。院校顶层设计强调的是目标与结果的统一，只有采取递进式的设计才能保证合理性与操作性。现阶段武警院校仍存在数量多、规模小、布局散、人才缺、效益低等诸多弊端，武警总部基于“维持院校均衡发展”思考，站在职能部门的层面对武警院校顶层设计作出了指导性的定位。但实践中却有相当数量的院校，因对职能部门的意图出现领会偏差，构建院校顶层设计时，“照葫芦画瓢”，套用、搬抄武警总部的指导性要求，没有通过分解武警总部的总体目标形成自身办学定位和可操作的实践活动，使顶层目标成为“有顶层无设计”的空洞口号。“套搬式”顶层设计不仅让院校迷失了办学定位，也由于规划中内容、指标、方法的模糊，缺乏操作性，难以进行分层次、分项目推进，从而影响了整体教学效益。

（二）“跟风式”顶层设计因资源浪费导致教学效益缺乏保障。受军队院校改革调整影响，前阶段武警院校考虑最多的是生存发展问题，面对“逆水行舟，不进则退”、“百舸争流，小进掉队”的局面，各院校为了争得主动权，在院校定位上呈现出显著的“跟风式”发展特点，在规模上，通过加大投入，扩地建楼；在目标上，不断翻陈出新，盲目攀比，于是“规模办学”、“争创一流”等脱离实际的想法相继被纳入院校建设规划中，因“跟风”而制定的院校顶层设计普遍朝着综合型、规模型的方向发展，这也造成了武警院校之间的目标趋同，使院校陷入僵化、被动的办学局面。“跟风式”顶层设计因为办学方向的频繁调整，严重违背资源配置规律，造成教育资源浪费，追求教学效益的过程得不到有力保障。

（三）“书面式”顶层设计因缺乏末端落实降低了教学效益。“战略与执行的统一”是院校顶层设计的出发点与落脚点。当院校的顶层目标确立之后，还应就如何实现这一目标的每一步骤、环节进行具体的规划设计，并通过加强过程管控确保目标实现。武警院校在处理顶层设计制定与落实的关系问题上，或多或少地存在着“重研究制定，轻贯彻落实”的倾向，在谋划起草院校顶层设计时，领导重视，上下联动，反复修订，而一旦成文出台之后，就进箱入柜“封存”起来，没有真正形成全院教职员工的价值共识和打牢自觉实践的思想基础，加之，院校对顶层设计的宣传教育不够，缺乏切实有效的贯彻措施；部分教职员工对决策调整关注不够，思想行为落后于规划的步骤，造成规划与实践脱节的“两张皮”现象。实践证明，教学活动中一旦失去目标牵引，就会因缺乏积极性而降低教学效益。

三、如何构建武警院校顶层设计并作用于教学效益提升

顶层设计有其内在的逻辑规律，任何一个环节出现问题，都会让过程与效果受到牵制。武警院校顶层设计构建，应着重考虑办学定位、办学特色以及控制功能，确保其具备引领方向的作用，并通过顶层设计执行过程作用于教学效益提升。

（一）找准办学定位，以系统配套的规划促进教学效益形成。香港科技大学校长吴家玮先生曾说，一所院校最重要的是找到自己的定位，并在自己擅长的领域做到最好。实践证明，院校定位准确与否，决定着一所院校发展的命运，准确的定位可以使院校发展获得“理性的指引”，促进院校可持续发展。武警院校顶层设计在确立办学定位时，应积极克服“依赖、等靠”心理，纠正“上仿下效”的做法，在遵循武警总部指导性意见和院校建设基本规律的同时，依据部队建设形势任务变化对人才的需求，借鉴和继承国内外军事院校先进的办学经验，结合本校的历史传承、经验积累、教学任务、基础设施和具体环境，组织决策组、专家组成员进行深入调研讨论，从不同层面、不同角度审视自身特点，找准院校办学定位。并对武警总部的指导性建设目标进行合理分解，细化成专业与课程建设规划、师资队伍建设规划、校园建设基本规划等便于评价的子系统，通过分项规划执行，整合资源配置，实现准确定位向教学效益提升的逐步转化。

（二）突出办学特色，以重点领域的发展寻求教学效益最大化。办学特色是一所院校区别于其他院校所表现出来的独特的办学内涵，具有“人无我有，人有我优，人优我精”的鲜明个性。办学特色是院校发展的生命力，从国内外高等教育发展的规律来看，最好的院校并不一定都是大规模的“旗舰型”大学，只要积累优势力量，形成办学特色，小院校同样也有大作为，如闻名于世的普林斯顿大学，尽管财力雄厚，但坚持不设医学院，集中力量办好原有系科。武警院校在数量相对较多，经费保障“僧多粥少”的情况下，任何一所院校想扩展现有的办学规模、科研条件、师资队伍现状、管理模式等都会受到制约与影响，要想在激烈的竞争中求得生存，唯一的选择是扬长避短，积极发现、挖掘和培植自身优势，形成特色。为此，在构建院校顶层设计时，要从实际出发，充分考虑实情，贯彻“有所为，有所不为，有所少为”的非均衡发展战略思想，做到既不盲目跟风，贪大求全，好高骛远，也要科学预测，具有一定的前瞻性，达到人、财、物的最佳凝合，让有限的教育资源向重点领域倾斜，优先保障、服务特色学科，力求实现资源投入与效益产出的最大比。

（三）增强控制功能，以末端工作的落实带动教学效益提升。顶层设计目标的实现取决于高效的控制执行，没有准确到位的执行，再科学合理的顶层设计也是“海市蜃楼”，在这种背景下，谈论顶层设计对教学效益的作用只会是“纸上谈兵”。因此，院校顶层设计确立之后，要进行广泛论证和不断完善，使之成为院校上下的价值共识，并通过修订学院章程、制定发展规划等方式，将目标相对固定下来，避免院校发展走“弯路”，造成资源浪费；院校内部的各部门、各科（室、队）要围绕核心目标，进行递归式的分系统顶层设计，使院校上下的发展目标形成一个相互支撑、相互衔接的体系，让每个层面、每个过程都有章可循，要重点防范出现“上有下无”、“中间脱节”等现象；顶层设计的执行强调科学统筹，注重细节，精细管理，可采用目标管理方式，把目标考核同发展规划的年度评审有机结合起来，通过周而复始的考核评价，巩固顶层设计的执行机制，抓好末端工作落实，带动教学效益提升。

（作者时任武警武汉指挥学院院长）

参考文献：

[1]吴双战．在武警院校改革座谈会上的讲话[N],2009

[2]李延保．中国高校本科教学评估报告[R]．高等教育出版社,2009

[3]董泽芳．高等教育的生命线[M]．武汉大学出版社,2009

[4]李玉良．中国武警院校教育体制分析及改革对策研究[J]．中国出版社,2005

[5]陆思厚．武警院校教育[M]．人民武警出版社,2005

地方本科院校重在提高应用型人才的培养质量

李儒寿

2009年，国务院总理温家宝针对教育发展问题讲了两个“不适应”：我们的教育还不适应经济社会发展的要求，不适应国家对人才培养的要求。《国家中长期教育改革和发展纲要》明确提出，树立以提高质量为核心的教育发展观，把教育资源配置和学校工作重点集中到强化教学环节、提高教育质量上来，继续实施“高校本科教学质量与教学改革工程”，并纳入高等教育质量提升工程的重大项目。地方本科院校如何落实和解决好“应用型”定位，提高应用型人才的培养质量，值得认真研讨。

一、提高应用型人才培养质量需要改革教学质量评价

教学质量评价对人才培养具有导向性作用。高等学校教学是一项关系复杂、事关人才培养全局的系统工程，教师教与学生学的情况反映一门课程的质量，多门课程的质量反映一个学科专业或一个院系的教学质量，各个学科专业或院系的教学质量反映学校的整体教学质量。这里所说的需要改革的教学质量评价，意指反映课程教学质量的教师教学质量评价。从总体上来说，目前地方本科院校的教学质量评价有两大特点：一种以理论教学为主的质量评价。无论是教师自我评价，还是领导专家评价，乃至学习主体学生评价，侧重点都在理论教学方面。另一种是标准化共性化的质量评价。学校对教师教学质量的评价采取的是一种固化的统一模式，甚至统一规定考试试卷的出题类型、题型数量、分值分配、标准（参考）答案等。这两大特点导致教师教学围着理论教学和考试标准转，导致教师教学方式围着共性化的教学方式转，导致学生学习方式学习目的围着教师转，与市（州）普通本科院校的“教学型”、“应用型”定位严重不符，是对提高人才培养质量的严重阻碍。为此，改进教学质量评价，成为市（州）普通本科院校教学改革的当务之急。要通过改进教学质量评价，改掉“大一统”的教学管理模式，改掉教师共性化的教学方式方法，改掉以考试为中心以死记硬背为基础的教学制度，改掉理论教学过重和只重视第一课堂的教学倾向，改掉学生围着教师和考试转的学习方式。

二、提高应用型人才培养质量需要科学制定人才培养方案

地方本科院校培养应用型人才首先应当明晰应用型人才培养特征。应用型人才培养特征主要体现在人才培养目标、人才培养规格上。在人才培养目标上，无论是知识目标，能力目标，还是素质目标，都应当直接指向社会生产生活一线工作的需要。在人才培养规格上，应按照基础坚实而非深厚、口径适中而非宽广、突出应用、强化素质的要求实施人才培养。地方本科院校追求的高等教育质量观，应是社会需求导向质量观，而非学术导向质量观。关注生产生活实际问题，培养应用型人才、大众型人才，以满足社会进步和发展中众多应用型职业岗位的需要，是地方本科院校义不容辞的功能和责任所在。

人才培养方案的制定，应当与应用型人才培养特征相匹配，既要充分考虑本科教育的基础性和阶段性，又要充分考虑所培养的人才与一线实际工作的适应性和对接性。制定应用型人才培养方案的关键，在于围绕生产生活一线工作需要，设计“知识结构”和“教学路径”。无论是“知识结构”的配置，还是“教学路径”的组织设计，都应当以应用能力培养为核心，构建好支持应用能力培养的课程体系，构建好支持应用能力培养的实践教学体系。人才培养方案的制定和确定，应充分听取和吸纳用人单位专家的意见。培养目标、培养规格的制定和确定，以用人单位专家意见为主，学科专业专家意见为辅；课程体系框架、知识结构配置的制定和确定，以学科专业专家意见为主，用人单位专家意见为辅。

三、提高应用型人才培养质量需要强化实践应用能力培养

根据联合国教科文组织1997年修订的《国际教育标准分类法》，地方本科院校属于实施高科技要求的专业教育的应用型大学，其特性是结合学科和行业分工分设专业，培养面向社会一线的专业应用型高级专门人才。因此，地方本科院校的专业教育，必须面向市场需求，适应市场需求，强化实践应用能力培养。

《国家中长期教育改革和发展规划纲要》强调要求，创新人才培养模式，加强实践教学环节，“注重知行统一，坚持教育教学与生产劳动、社会实践相结合。开发实践课程和活动课程，增强学生科学实验、生产实习和技能实训的成效。充分利用社会教育资源，开展各种课外、校外活动。”目前，地方本科院校虽然理论教学环节还有许多问题值得研究和改进，但实践教学环节的问题尤为突出。当务之急要围绕实验、试验、见习、实习、实训、合作培养、课程设计、科研(科技)训练、毕业设计等教学环节，构建、建设和完善实践教学课程体系，围绕专业知识应用能力的提高把相关实践教学课程纳入专业核心课程，改善实验试验设备条件，加大实习实训课时比例，创新实践教学方式方法，建立实践教学课程的评价与考核体系。

强化实践应用能力培养，需要实践应用能力强的师资队伍。地方本科院校应当从制度和政策层面，鼓励和支持教师到地方企事业一线和科研单位进行实践锻炼和专业培训，规定教师除了有教学工作量、科研工作量、学生工作量要求外，还应有服务地方工作量的要求。从服务地方经济社会发展中提升教师实践应用能力是一条重要途径。美国威斯康星大学之所以发展成为一流大学，一个重要原因，就是20世纪初抓住了美国农业开始向畜牧业、乳制品转型，致力于为地方经济社会发展服务。校长范海斯要求学校办学和每个教师都要为这个转型服务，提出“教授都要到乡下去做调查，提供技术指导”、“鞋子上沾满了牛粪的教授是最好的教授”等观点。大量事实也都证明，地方本科院校培养“应用型”人才的办学使命和对地方发展过程中的作用，都依赖于地方经济产业结构。地方本科院校应当与地方建立广泛的合作，建立起相对稳定的“根据地”，走产学研结合的道路锻炼和提高师资队伍。因此，地方本科院校应当重视和加强校地合作、校企合作，重视和加强实践教学基地建设，探索产学研结合的办学模式，创新“应用型”人才培养模式。把校地校企合作、实践教学基地建设，作为教师提升实践应用能力的又一重要途径。

(作者时任襄樊学院院长)

地方高校多样化人才培养模式的思考与实践

丁么明

人才培养是高等学校的根本任务，如何提高人才培养质量，办人民满意的教育，是地方高校面临的重要课题。改革人才培养模式是提高人才培养质量的重要途径，在这方面，孝感学院通过深化教学改革，大胆实践，探索出了一种适合本校校情的多样化人才培养模式。

一、多样化人才培养模式的内涵

所谓人才培养模式，是指在一定的教育理论、教育思想指导下，按照特定的培养目标和人才规格，以相对稳定的教学内容和课程体系，管理制度和评估方式，实施人才教育的过程的总和。它包括四个方面的要素：培养目标和规格，为实现一定的培养目标和规格的整个教育过程，为实现这一过程的一整套管理和评价制度，与之相匹配的科学的教学方式、方法和手段。

多样化人才培养模式，即人才培养模式的多样化，是指由于社会经济和科学技术发展所造成的对人才的规格、层次需求的多样化，促使人才培养目标多样化、教学内容和课程体系的多样化、教学方式、方法的多样化等等。

二、地方高校实行多样化人才培养模式的必要性

地方高校实行多样化人才培养模式，是学生全面发展、自由发展的需要，是高校内涵发展、特色发展的需要，同时能满足社会对人才培养规格多样化的要求。

(一)学生全面发展、自由发展的需要

高等教育的对象是人，离开人的全面发展和自由发展就偏离了教育的本真。人的全面和自由发展既是教育的中心也是教育的目的，是高校一切工作的出发点和落脚点。人的发展规律告诉我们，人的发展是多层面的，每个人都有其独特的个性特点、心理特征和知识能力结构。因此，人才培养模式不能简单地强调统一性。在高等教育大众化背景下，地方高校承担了大众化的主要任务，其生源的多样化特征更加明显，这就要求地方高校必须转变人才培养观念，实施多样化人才培养模式改革，满足不同特点学生的个性化需要，使每一个学生都能找到适合自己的人才成长途径，最终实现学生的全面发展、自由发展。

(二)高校内涵发展、特色发展的需要

在经历大众化阶段的规模快速扩张后，高校当前面临的一个重要任务就是实现内涵发展和特色发展。实行多样化人才培养模式，在课程体系、教学方式、教学管理等方面进行改革和创新，能够实现规模、结构的良性互动，从而实现办学质量和效益的提高，最终实现内涵发展；学科专业是高校最基本的人才培养载体，在学科专业设置上体现特色是高校特色发展最主要的途径，针对不同专业、不同课程、不同学生创新教学方式也是凸显本校特色的重要方面，多元化的学科专业设置、多元化的教学方式等都能够促进高校实现特色发展。

(三)满足社会对人才培养规格多样化的要求

随着我国经济社会的快速发展和产业结构的不断调整，经济结构和社会结构都发生了深刻的变化。这些变化导致社会和市场对人才的需求呈现多样化、多层次的局面。《国家中长期教育改革和发展规划纲要》提出“形成各类人才辈出、拔尖创新人才不断涌现的局面”，突破了以往对人才培养规格定位单一的局面，“各类人才”既包括拔尖创新人才，也包括普通劳动者；既包括学术型人才，也包括具有较强实践能力的应用型高级专门人才；既包括融通各个方面知识的通才，又包括在某一方面具有特长的专才……。这就要求高校要根据社会经济形势不断变化的特点，进行多样化人才培养模式改革，以满足社会对人才培养规格多样化的要求。

三、孝感学院推行多样化人才培养模式的实践

近年来，孝感学院积极推行人才培养模式的改革和创新，在培养目标多样化、课程体系多样化、培养方式多样化、教学手段和方式多样化以及教学管理和评价多样化几个方面大胆实践，探索出了一种适合本校校情的多样化人才培养模式。

（一）人才培养目标多样化

人才培养目标是根据国家教育目的对所要培养的对象在身份、质量、时间和层次类型上的具体规定。

人才培养目标的身份规定。专业教育是获得身份的主要途径，专业则是专业教育的主要载体，因此专业的多元化是人才培养目标多样化（身份规定）的重要途径。在专业设置方面，学校已初步形成三大板块专业群，即：发挥教师教育类专业师资力量强、教学水平高、专业基础好的特点，形成的具有传统优势、以服务基础教育为特色的专业群；充分利用现有的农学、园艺、建筑、规划等专业，形成的面向地方、以服务“三农”为特色的专业群；加大扶持力度，重点建设的以材料科学、环境科学、光电信息科学、计算机技术等为代表的体现高新技术特色的专业群。三大板块专业群既有传统专业，又有新型专业；既有偏理论性专业，又有偏应用性专业；既有教师教育类专业，又有农、工、经、管、文、法类专业。专业的多样化、广覆盖基本能满足不同学生的需要。

人才培养目标的质量规定。人才培养目标的质量规定即是通常所说的人才培养规格。我国高校的人才培养规格受前苏联的影响，长期以来基本上是以专才教育为主。专才教育在我国工业化水平较低的情况下，为保证我国国民经济正常运转起到了重要作用。但随着市场经济体制的建立和工业化的快速推进，专才教育已经不能满足经济社会发展对人才的需要。在新的教育思想的指导下，通才教育和具有一定专长的通才教育被推向实践层面。孝感学院结合地方性高校的特点和应用性、多科性、教学型大学的学校定位，根据不同学生的需要，既培养具有较强操作能力和实践能力的专才，又通过举办文、理基地实验班，培养厚基础、宽口径的复合型人才。

人才培养目标的层次类型规定。学校积极推进“一主两翼”，多层次开放办学来实现人才培养目标在层次类型上的多样化。“一主”就是以全日制本科人才培养为主，在搞好本科教学工作的同时，学校重点开展了双学士学位教育，学校有18个本科专业获得了双学士学位授予权，双学位课程学习可以弥补本专业课程学习的不足，提高学生学习积极性，较大程度地提高学生的综合素质和社会适应性。“两翼”是指发展研究生教育和成人职业教育。学校同武汉大学、华中师范大学等高校联合培养硕士研究生，开展研究生教育一方面可以提升办学水平，另一方面为有志攻读研究生的学生提供继续深造的平台。与此同时，学校还着力抓好成人教育、职业教育和职业技能培训，重点办好成人高等函授教育和高等教育自考助学班，根据孝感市大力发展建筑业的情况，学校恢复南方城乡建设学校招生，适度发展中职教育，开办各类职业技能培训，为地方培训有一技之长的各类专门人才。

（二）课程体系多样化

在课程体系建设上，学校根据地方经济社会发展的需要，按照“宽口径、厚基础、高素质、强能力”的人才培养原则，对原来的课程体系进行了重大调整，积极推行“平台＋模块”的课程体系。“平台＋模块”的课程体系包括必修课和选修课。

必修课部分包括公共基础平台、学科基础平台和专业基础平台。这三个平台课程贯彻“宽口径”、“厚基础”的人才培养原则，层次不同，但相互联系、逐层递进，为人才的全面、多样化发展提供共性基础。在对“计算机”、“大学英语”、“高等数学”、“大学物理”等公共基础平台课程的教学设计上，实行分级分层分类教学，各专业可根据本专业实际选择。

选修课部分包括限制性选修课和任意选修课。限制性选修课主要根据社会需求、学生兴趣、特长以及不同专业方向而设置模块课程，解决人才的专业素质与不断变化的社会需求的对接问题；任意选修课包括专业任意选修课与全校公共选修课，依据反映学校特色，展示教师特长和研究成果，能多方位满足学生个性发展需要的原则而设立的，这些课程具有开放性、分组单列的特征。学生可以根据自己的兴趣、特长进行自主选择，把建构知识和能力体系的主动权交给学生。丰富多样的选修系列课程为培养“高素质”的多样化人才奠定了基础。

课程体系的多样化在另一个层面的表现就是学校建立起了与理论课程相平行的实践课程，即实践课程与理论课程并重的课程体系。为更好地适应多样化人才培养的要求，强化社会实践和创新，学校建立了40个教育实习基地，77个专业实习基地，6个学生开放创新实验基地，以实习试验基地为依托建立了与理论课程相平行的实践课程体系，成为多样化课程体系的有机组成部分。

（三）培养途径多样化

不同层次、类型的学生有多样化的需求，同一层次、类型学生的培养需求也不尽相同。学校在完成总的人才培养目标的同时，积极开展“小灶”教育，大力开发学生的潜能，实现培养途径的多样化，学生可以根据自己的需求，选择适合自己的培养方式。

为了满足部分学生提高综合素质的需要，学校鼓励学生在完成专业学习之余，开辟第二课堂，鼓励学生参加各种竞赛、科研活动并给予适当奖励，将社会实践与创新活动学分由4个学分增加到6个学分，充分调动学生学习、科研的积极性，丰富学生的课外活动，使学生能够从活动课程和隐性课程中获取知识，提高能力。2010年全国数学建模竞赛中，学校数统学院6个参赛队中有5个参赛队获得奖项，其中一支获湖北赛区一等奖；学校城建学院组织了2个组的学生参加了建筑学专业指导委员会组织的大学生设计作品竞赛。通过参加这些竞赛，教师和学生增加了经验，对教学产生了更深的认识，在实践技能课程中，专业教师能够结合参加竞赛的经验，加强对学生的实践意识和实践技能的培养，强化实践教学与训练。

为了给有科研兴趣的学生搭建成才的平台，学校建成了5个培养学生科研能力的实验平台，47个基础和专业实验室，全部对学生开放。针对近几年研究生教育发展较快，许多学生在熟悉了所学专业之后就确立了将来读研的目标的新情况，学校对这批学生进行“小灶”教育，积极动员，开设考研讲座，建立考研学生导师制，开展学生考研经验交流活动等。通过支持和鼓励考研，在学生中间形成了良好的学习氛围，促进了学风建设。2010年考研录取率达到12.48％。

为了适应教育国际化的趋势，满足少量学生获得国外学历和学位的需要，学校积极开展联合办学，拓宽人才培养渠道。2009年，学校与英国胡弗汉顿大学开展联合办学，招收了首届24名学生，联合办学取得了良好的开端。

(四)教学手段和方式多样化

根据不同专业和课程的特点，学校鼓励教师在教学过程中采取不同的教学方式开展教学。在学理性较强的课程中，启发式、讨论式、参与式教学更容易激发学生的学习兴趣。学校政法学院夏建平教授，在思想政治课中积极采取启发式、讨论式、参与式教学，并将教学经验进行总结，对教学中遇到的问题进行深入研究，据此申报的“《毛泽东思想和中国特色社会主义理论体系概论》精彩一门课”最终获批教育部专项课题。在学术性、前沿性较强的课程中，鼓励教师积极开展探究性教学，如在专业基础课和专业课教学中适当增加1—2门学科专业前沿、学科理论动态等研究性课程，同时鼓励教师开设本学科学术前沿讲座；在选修课的课程模块设置上，根据不同的人才培养类型和培养规格，突出讲授强势研究领域和研究方向，体现学科专业特色，积极引导学生发展各自兴趣和特长，提高学生的自主学习和独立研究能力。

(五)教学管理和评价制度多样化

教学管理制度方面，通过修订人才培养方案，学校确定了“夯实基础，强化技能，因材施教，分段培养”的教学管理制度。教师教育类专业采取“1＋1.5＋1＋0.5”分段教学模式，其他专业采用“1＋2.5＋0.5”或“1＋2＋1”分段教学模式；同时建立大班上课、小班辅导、个别指导制度，试行本科生导师制。实行弹性学制和学分制。学校允许学生自主安排学习进程，达到毕业要求的学生即可毕业，允许学生提前或延缓毕业，也允许学生分阶段完成学业。增加各类活动和竞赛获奖学分，对积极参加课外活动、学科竞赛等获奖的学生，学校给予相应的学分奖励。

教学评价制度方面，改变单一的考核方式，向多样化考核方式转变。克服事实上存在的考核方式单一化、以试卷考试为主、以考查学生记忆能力为主的考核方式，探索考核方式多样化改革。根据不同课程的特点，实行笔试、个人作业、团队作业、演讲、调研报告、实验报告、学术小论文为主的多样化考核方式，引导学生勤于思考、善于发现并提出问题，培养学生的独立思考能力和创新思维能力。

四、结语

《国家中长期教育改革与发展规划纲要》提出：育人为本是教育工作的根本要求，促进人的全面发展、适应社会需要是衡量教育质量的根本标准。实行多样化人才培养模式，在人才培养目标、课程体系、培养方式、教学手段和方法、教学管理和评价制度上体现多样化，既能够满足学生全面发展、自由发展的需要，又能够实现学校的内涵发展和特色发展，同时也最大程度地适应了经济社会发展对人才的多样化需求，实现了学生、学校和社会的良性互动。

(作者时任孝感学院院长)

教育文件与资料选辑

○教育文件选编

湖北省义务教育条例

（2010年12月4日湖北省第十一届人民代表大会常务委员会第十九次会议通过）

第一章　总　则

第一条　为了保障适龄儿童、少年接受义务教育的权利，促进义务教育均衡发展和教育公平，全面实施素质教育，巩固提高义务教育水平，根据《中华人民共和国义务教育法》和其他有关法律、行政法规，结合本省实际，制定本条例。

第二条　本省依法实施九年义务教育制度，并加快普及学前教育和高中阶段教育。

义务教育是强制性、免费性、普及性的公益性事业，各级人民政府必须依法保障所有适龄儿童、少年平等接受义务教育。

实施义务教育不收学费、杂费，并逐步实行免费提供教科书制度。实施义务教育所需的师资以及经费、图书、设备、校舍等，由县级以上人民政府依法予以保障。

第三条　实施义务教育坚持优先发展、育人为本、改革创新、促进公平、提高质量的工作方针。

县级以上人民政府应当合理配置教育资源，促进义务教育均衡发展，改善薄弱学校的办学条件，并采取措施，保障农村、贫困地区、少数民族地区实施义务教育。

第四条　义务教育实行省人民政府统筹规划实施、县级人民政府为主管理的体制。

省人民政府制定全省义务教育实施规划，决定义务教育工作中的重大事项，统筹落实全省义务教育经费，组织实施全省义务教育工作并进行督促检查。

市（州）人民政府制定本行政区域义务教育实施规划，筹措本级政府义务教育经费，对所属部门和下级人民政府实施义务教育工作的情况进行督促检查。

县级人民政府负责实施义务教育的具体管理工作，制定本行政区域义务教育事业发展规划，规划和建设学校，加强教师队伍建设，依法落实应当由本级政府承担的义务教育经费，保证学校正常运转和学校安全，维护学校周边秩序。

县级以上人民政府教育行政部门具体负责义务教育实施工作，其他有关部门在各自职责范围内负责义务教育实施中的相关工作。

乡镇人民政府、街道办事处按照规定的职责做好义务教育的实施工作。

第五条　县级以上人民政府实行义务教育工作目标责任制度和问责制度，将义务教育均衡发展、入学保障、教师队伍建设、素质教育、经费投入、学校安全等情况，作为考核政府、有关部门及其负责人的重要内容。

发生违反本条例的重大事件，妨碍义务教育实施，造成重大社会影响，负有直接领导责任的人民政府负责人或者教育行政部门负责人应当引咎辞职。

第二章　均衡发展与教育公平

第六条　县级以上人民政府应当将义务教育优先发展、均衡发展、促进教育公平纳入经济社会发展规划，建立健全保障机制，加大教育资源向农村、贫困地区、少数民族地区和薄弱学校倾斜的力度，加快消除学校之间、城乡之间和区域之间义务教育的差距，逐步实现义务教育师资配备均衡化、基础设施标准化、教育质量一体化。

第七条　省人民政府完善义务教育经费财政转移支付制度，按照增长比例农村高于城市，贫困地区、少数民族地区高于经济较发达地区的原则，加大对农村、贫困地区、少数民族地区的转移支付。县级人民政府应当按照规定将义务教育转移支付资金全部用于义务教育。鼓励经济较发达地区支援贫困地区、少数民族地区实施义务教育。

第八条　县级以上人民政府应当按照国家标准，加快实施义务教育学校标准化建设，加快改造薄弱学校，缩小校际差距。

县级以上人民政府及其教育行政

部门不得将学校分为重点学校和非重点学校。学校不得分设重点班和非重点班。

建立完善优质普通高中招生名额均衡合理分配到初中学校的制度。

第九条　省人民政府教育行政部门应当建立健全教师和校长的流动制度，完善鼓励政策，推进城乡之间、区域之间、校际之间教师、校长的合作交流和合理流动。

县级人民政府及其教育、人力资源和社会保障等有关部门应当均衡配置教师资源，在编制调配、岗位设置、职务（职称）评聘、骨干教师配备、教师校长交流等方面，优先考虑农村学校和城镇薄弱学校，改善城乡学校教师学科、职称、年龄的分布结构，促进学校之间师资力量相对均衡。

第十条　城镇学校教师到农村、贫困地区、少数民族地区从事义务教育一年以上的，在职务（职称）评聘、进修培训以及录取本省高等学校教育类专业研究生等方面，同等条件下予以优先。城镇中小学教师晋升高级教师职务（职称），应当具有在农村学校或者城镇薄弱学校任教一年以上的经历。

特级教师、湖北名师、副高以上职务（职称）教师在达到退休年龄后，健康状况符合任教条件，自愿到农村学校、城镇薄弱学校任教的，可以按照国家和省的规定适当延长退休年龄。

第十一条　实施农村义务教育学校教师特设岗位计划和农村教师资助行动计划，鼓励高等学校毕业生到农村、贫困地区、少数民族地区乡镇以下学校任教。高等学校毕业生参加教师特设岗位计划、资助行动计划的，按照国家、省有关规定，享受下列优惠政策：

（一）国家规定由财政保障的工资待遇；

（二）相应的社会保险待遇；

（三）经费奖励或者助学贷款补偿；

（四）继续在农村学校长期任教的，优先入编；

（五）报考公务员、研究生的，同等条件下优先录取；

（六）进入国有企事业单位工作的，按照同等条件人员确定其职务工资，任教年限计入工龄；

（七）其他优惠政策。

县级以上人民政府应当按照规定为异地交流教师、特岗教师、资教教师建立周转宿舍。

第十二条　县级以上人民政府及其教育行政部门对长期在农村、贫困地区、少数民族地区工作的教师，应当予以关心、帮助，在工资、职务（职称）等方面实行倾斜政策，逐步提高津补贴标准，并通过多种形式妥善解决其住房困难。省人民政府设立专项奖励金，对在农村、贫困地区、少数民族地区长期从教、贡献突出的教师给予奖励。

第十三条　县级以上人民政府及其教育行政部门建立教育资源共享机制，推动师资、教育教学设施设备、课程、管理和服务等资源共享，发展远程教育，发挥优质学校的示范带动作用。

第三章　学生与入学保障

第十四条　凡年满六周岁的儿童，其父母或者其他法定监护人必须送其入学接受并完成义务教育。

适龄儿童、少年因身体状况需要延缓入学或者休学的，其父母或者其他法定监护人应当持医疗机构出具的检查证明，向学校提出申请，学校审查同意后，报当地乡镇人民政府或者县级人民政府教育行政部门批准。延缓入学或者休学的情形消除后，应当按照规定继续接受并完成义务教育。

第十五条　适龄儿童、少年在户籍所在地学校免试、就近入学。学校不得采取考试或者变相考试的形式选拔学生，不得为选拔学生举办或者参与举办各种形式的培训班，不得将各种学科竞赛成绩、考级证书等作为新生入学和编班的依据。

第十六条　县级人民政府教育行政部门根据辖区内适龄儿童、少年的数量和分布状况，合理确定并向社会公布每所公办学校的招生范围、招生人数。学校应当按照招生范围对口接收学生，招生办法和新生名单等信息应当向社会公布。

禁止公办学校跨招生范围组织招生。

第十七条　适龄儿童、少年随其父母或者其他法定监护人在非户籍所在地居住的，由其父母或者其他法定监护人持居住证明和就业证明，以及适龄儿童、少年的身份证明等材料，向居住地的县级人民政府教育行政部门提出入学申请，教育行政部门应当按照有关规定予以保障。流浪儿童、孤儿在未找到或者未确定监护人前，由救助、收养机构送其入学。

前款所称就业证明，包括就业失业登记证、工作单位出具的劳动关系证明、个体工商户营业执照、乡镇人民政府或者街道办事处出具的自谋职业证明等。

第十八条　学生因户籍变更等原因确需转学的，转出地和转入地的学校应当按照有关规定办理手续。学生学籍管理办法由省人民政府教育行政部门制定。

第十九条　依法设立的招收适龄儿童、少年进行文艺、体育等专业训练的社会组织，应当保证所招收的适龄儿童、少年接受义务教育；依附普通学校实施义务教育的，应当和所依附的学校签订联合办学协议，明确双方的权利义务；自行实施义务教育的，应当按照国家规定将招生情况、办学条件、师资和经费保障、课程设置、教学计划等，报所在地县级人民政府教育行政部门批准。

第二十条　县级人民政府应当建立政府主导、有关部门和农村基层组织参与的农村留守儿童关爱服务体系和动态监测机制。学校应当建立留守儿童档案和联系制度，完善留守儿童生活与心理关怀、疏导机制，关心留守儿童身心健康。

教育行政部门和学校应当采取措施，保证进城务工人员子女融入所在城镇的义务教育，在入学、升学、编班、学籍管理、奖励、考核评价等方面，与城镇学生平等对待、平等教育。

第二十一条　县级以上人民政府根据辖区内各类残疾适龄儿童、少年数量和分布状况，按照国家标准合理设置特殊教育学校（班），健全组织入学制度，改善办学条件，提高办学水平，保障残疾适龄儿童、少年接受并完成义务教育。

普通学校应当接收具有接受普通教育能力的残疾适龄儿童、少年随班就读，并为其学习、生活、康复提供帮助。

第二十二条 县级以上人民政府司法行政部门会同教育行政部门对未完成义务教育的未成年犯和被采取强制性教育措施的未成年人实施义务教育，所需经费由本级人民政府予以保障。

未成年犯管教机构和未成年人强制性教育机构应当按照有关规定组织实施义务教育的教学活动。

第二十三条 学校应当关心和爱护学生，尊重学生人格，维护学生合法权益。对违反学校管理制度的学生，应当予以批评教育，帮助学生改正错误，不得将其退学或者开除。对有法律规定严重不良行为的学生，其父母或者其他法定监护人以及学校可以按照有关法律、法规规定，经县级人民政府教育行政部门批准，将其转送专门学校接受义务教育。

第二十四条 学校和村(居)民委员会发现未入学的适龄儿童、少年或者辍学学生的，应当及时向乡镇人民政府或者街道办事处报告。乡镇人民政府或者街道办事处应当与县级人民政府教育行政部门、学校采取措施，共同做好适龄儿童、少年入学和辍学学生复学工作。

第二十五条 学生应当遵守学生行为规范和学校管理制度，尊敬师长，完成规定的学习任务，养成良好的思想品德和行为习惯。

第二十六条 禁止用人单位招用应当接受义务教育的适龄儿童、少年。

禁止任何组织或者个人利用适龄儿童、少年特别是残疾的适龄儿童、少年卖艺、乞讨。

禁止任何单位或者个人组织、接纳学生参加非公益性庆典、演出。

第四章 学校建设与安全

第二十七条 县级以上人民政府根据本行政区域内居住的适龄儿童、少年的数量和分布状况、地理地质条件、交通环境等因素，依法制定学校设置规划，并将其纳入城乡建设总体规划。

学校设置规划应当根据新城区开发、旧城区改造、乡镇和村庄撤并以及当地适龄儿童、少年数量增减情况适时调整。

第二十八条 新建、改建、扩建居民区需要设置学校的，应当纳入教育设施专项规划。城乡规划行政部门在核发居民区建设项目建设工程规划许可证前，应当征求本级教育行政部门的意见。学校建设应当与居民区同步规划、同步建设、同步交付使用。当地人民政府应当依法提供所需建设用地，并对公办学校用地资金和建设资金予以保障。

第二十九条 因城乡建设需要拆迁学校的，房屋拆迁人应当与当地教育行政部门协商，按照先建设后拆迁的原则，根据学校布局调整方案重新建设。重新建设应当确保校园规模和设施完整，用地面积不得少于原用地面积，存量资产不得减少。县级人民政府及其教育行政部门应当妥善安排学校拆迁后学生的就学。

第三十条 学校建设应当符合国家规定的办学标准、选址要求和建设标准，适应教育教学需要，确保学生和教职工安全。加快实施中小学校舍安全工程。

县级人民政府及其教育行政部门应当按照方便农村偏远地区低龄学生就近、安全入学的原则，合理规划布局，设置必要的教学点，并加强教育教学设施设备和师资配备。乡镇中心学校应当加强指导和管理，保证教学点的教育教学质量。

第三十一条 县级人民政府按照国家、省规定的标准，加强农村寄宿制学校的建设和管理，配套完善教育教学设施设备以及宿舍、食堂、饮用水、厕所、沼气等生活设施，改善师生的生活环境和学习、工作条件，并根据寄宿制学校的特点，配备必要的工勤人员。工勤人员的工资和福利待遇，不得从寄宿学生生活补助费中列支。

寄宿制学校应当建立健全安全、卫生、生活等管理制度，保障寄宿学生的人身安全和身心健康。

第三十二条 县级以上人民政府及其有关部门、学校建立健全学校产权登记制度，明确产权关系，防止学校国有资产流失。

任何单位和个人不得以任何名义改变或者变相改变公办学校的性质，不得侵占、破坏学校的校舍、场地和教育教学设施、设备。未经依法批准，不得将校舍、场地和教育教学设施设备转让、出租或者改变用途。

实施义务教育的公办学校依法参与举办的民办学校，应当具有与公办学校相分离的独立校园和基本教育教学设施，实行独立的财务会计制度，具有独立的法人资格，独立招生，独立颁发学业证书。

第三十三条 县级人民政府应当健全学校及周边综合治理联席会议制度和警校经常性联系制度，组织教育、公安、工商行政、文化、交通、卫生、环境保护、城市管理等部门以及乡镇人民政府(街道)，维护学校周边治安、食品、交通等安全秩序，并落实学校配备安全保卫人员的规定，保障学校、学生、教师安全。村(居)民委员会应当予以协助。

任何组织和个人不得违反国家有关安全防护距离的规定，在学校周边兴建存在安全隐患或者产生环境污染的企业、设施；不得违反国家有关规定在学校周边设立互联网上网服务营业场所、营业性歌舞娱乐场所；不得从事影响学校安全和教育教学的活动。城乡规划行政部门在办理学校周边建设工程规划许可证时，应当征求学校意见。

第三十四条 县级人民政府定期组织对学校校舍安全进行检查，对需要维修、改造的，应当及时予以维修、改造；学校应当加强校舍的日常安全检查和维护。

学校应当建立健全安全管理责任制度，加强对学生和教职工的安全教育，制定突发事件应急预案并定期组织演练，定期排查并及时处置安全隐患。发生自然灾害、突发事件危及学生人身安全时，学校、教师应当优先保护学生安全，及时、有效组织学生避险。

学校应当按照国家和省的规定投保学生意外伤害校方责任保险，所需费用在学校公用经费中列支。

第三十五条 学校应当严格执行国家和省规定的收费项目及标准，不得以任何名义和理由自行设定收费项目或者提高收费标准。

学校应当实行校务公开，在校园醒目位置公示国家和省规定的收费项目、收费标准、收费依据，接受学生和家长的监督。

第三十六条 学校实行校长负责

制。校长应当符合国家规定的任职条件和资格，由县级人民政府教育行政部门依法聘任，并依照学校章程对学校实施管理。校长实行任期制，在同一所学校任职满两届的一般应当进行交流。推行校长职级制。

学校应当建立健全与家长、社区的联系制度，建立家长委员会，为家庭教育提供指导。对涉及学生利益的重要决策事项，学校应当听取家长委员会的意见。

第五章　教师队伍建设

第三十七条　教师应当忠诚于人民的教育事业，为人师表，恪守职业道德，履行教育教学职责，完成教育教学工作任务，提高教育教学质量。

依法维护教师权益，提高教师地位，保障教师待遇。全社会应当尊重教师。

第三十八条　教师应当取得国家规定的教师资格，符合规定的教师岗位聘任条件。实行教师资格证书定期登记制度。

省人民政府教育行政部门统一组织中小学教师资格考试和资格认定，统一组织新进教师招考。

县级人民政府教育行政部门按照规定履行中小学教师的招聘录用、职务(职称)评聘、培养培训和考核等管理职能。

建立完善教师补充机制，新进义务教育学校教师主要从免费师范生、特岗生或者资教生中招聘录用。

第三十九条　县级以上人民政府应当保障教师的平均工资水平不低于或者高于当地公务员的平均工资水平，并按时足额发放。特殊教育教师的特殊岗位津贴，按照国家和省有关规定执行。

县级以上人民政府应当保障教师的社会保险待遇，提高教师的医疗保障水平，改善教师的工作和生活条件。

第四十条　逐步实行城乡统一的中小学编制标准。县级以上人民政府应当健全完善中小学编制管理制度，并根据学生人数变化和教育教学需要，建立动态调整机制，保持教师队伍年龄结构和专业结构的合理性、适应性。

任何部门和单位不得挤占、挪用教师编制。

第四十一条　县级以上人民政府教育行政部门应当加强教师培训机构建设，制定教师继续教育规划和培训计划，对教师实行每五年一个周期的全员培训。省人民政府教育行政部门统一规划、定期组织农村教师接受免费培训。

第四十二条　实行教师绩效考核制度。学校应当将考核结果作为教师岗位聘任、职务(职称)晋升、绩效工资分配、实施奖惩等的重要依据。

建立完善教师退出调整机制。对不能胜任教育教学工作的教师，由县级人民政府教育行政部门组织培训；经培训仍不能胜任教育教学工作的，应当调离教学岗位。

第四十三条　公办学校教师不得从事或者组织学生参加有偿家教和有偿培训，不得到社会办学机构兼职兼课。

第六章　教育教学与素质教育

第四十四条　教育教学坚持德育为先、能力为重、全面发展的方针，遵循教育规律和学生身心发展规律，将德育、智育、体育、美育等有机统一在教育教学活动中，注重培养学生的学习能力、生活能力、创新能力和实践能力，全面实施素质教育。

鼓励教师和校长在教育教学工作中创新教育思想、教育模式和教育方法，形成教学特色和办学风格。加快实施教育教学专家培养计划，倡导教育家办学。

第四十五条　学校应当加强对学生的爱国主义、社会公德、传统美德、心理健康、劳动、法制教育和日常行为规范等教育，形成学校、家庭、社会相互配合的思想道德教育体系，促进学生养成良好的思想品德和行为习惯。

第四十六条　学校应当按照国家确定的教育教学内容和课程设置、课时安排开展教育教学活动，改进和创新教育教学方法。推进小班教学，逐步实现按照小学三十五人以下、初中四十人以下编班的要求。

县级人民政府及其教育行政部门应当按照规定为学校配齐音乐、美术、体育、科学技术等学科教师和相应的教育教学设备，保障学校开齐课程，开足课时。

第四十七条　学校应当保证学生的课外活动时间，组织学生开展文化、科技、社会公益等社会实践活动。

爱国主义教育基地、图书馆、青少年宫、博物馆、科技馆、纪念馆、少年儿童活动中心等按照规定对学生免费或者优惠开放，为学校开展素质教育提供支持。

第四十八条　减轻学生过重的课业负担，是政府、学校、家庭和社会的共同责任。

县级以上人民政府及其教育行政部门建立学生课业负担监测和公告制度，不得以升学率对地区和学校进行排名，不得下达升学指标。加强对社会补习机构和教辅市场的规范和管理。

学校应当提高课堂教学质量和效果，减少作业量和考试次数，不得增加课时和教学难度，不得按照考试成绩对学生进行排名，不得利用假期、公休日、课余时间组织学生补课，不得动员、组织学生参加社会课业补习班。

家长应当树立正确的教育观念，加强与学校的沟通配合，共同减轻学生过重的课业负担。新闻媒体等社会各方面应当为减轻学生过重的课业负担营造良好的社会氛围。

第四十九条　县级以上人民政府及其教育行政部门建立健全以素质教育为核心的义务教育质量保障体系、监测评价体系和教学研究指导体系，推进素质教育的实施。

县级以上人民政府教育行政部门对学校、教师实施素质教育的情况进行监测、考核评估和督促检查；发现不符合素质教育要求的，应当及时纠正。

不得将升学率、学生学科考试成绩作为实施义务教育和考核评价学校、教师的单一标准。

第五十条　学校必须选用经过审定并列入全省义务教育教学用书目录的教科书，国家另有规定的除外。提倡义务教育教科书循环使用。

地方课程教科书须经省人民政府教育行政部门审定。未经审定的地方课程教科书不得出版、选用。教育行政部门应当加强对教科书和配套教辅资料选用的监督管理。

任何单位和个人不得强制或者变相强制学校、教师、学生统一订购、使用教辅材料及报刊杂志。学校、教师不得强制或者变相强制学生统一订购、使用教辅材料及报刊杂志。

第七章 投入保障与监督

第五十一条 县级以上人民政府应当按照确保达到国家有关财政性教育经费所占比例的总体要求，将义务教育全面纳入财政保障范围，加大对义务教育的投入，保证本级财政用于实施义务教育的增长比例高于财政经常性收入的增长比例，保证按照在校学生人数平均的义务教育费用逐步增长，保证教职工工资和学生人均公用经费逐步增长。

县级以上人民政府不得因上级财政增加转移支付而减少本级财政对义务教育经费的投入。

第五十二条 省人民政府按照国家规定，结合本省经济和社会发展状况，制定不低于国家标准的学生人均公用经费标准。

特殊教育学校（班）、寄宿制学校、少数民族学校（班）学生人均公用经费标准应当高于同类普通学校学生人均公用经费标准。

第五十三条 义务教育经费投入实行县级以上人民政府根据职责共同负担，省人民政府负责统筹落实的体制。农村义务教育所需经费，由县级以上人民政府按照有关规定分项目、按比例分担。

城市教育费附加和地方教育附加应当足额征收，按照规定用于均衡发展城乡义务教育。

各级人民政府对农村适龄儿童、少年免费提供教科书，补助农村贫困家庭寄宿生生活费并逐步提高标准。

第五十四条 县级以上人民政府按照教职工编制标准、工资标准、学校建设标准、学生人均公用经费标准以及贫困学生资助、困难学校安保、工勤人员聘用等所需开支，及时足额拨付义务教育经费，保证学校教育教学活动的正常开展。

县级以上人民政府应当按照学生人均公用经费标准和学校实际接收人数，及时足额向接收进城务工人员子女的学校拨付教育经费。

对接受政府委托实施义务教育的民办学校，县级以上人民政府按照国家和省的规定，拨付相应的教育经费。民办学校应当按照国家规定规范收费，改善办学条件，提高教学质量。

第五十五条 义务教育经费必须用于义务教育。任何组织和个人不得挪用、侵占、截留义务教育经费，不得向学校非法收取或者摊派费用。

学校不得将公用经费用于偿还债务或者发放教职工津贴、补助、奖金。

第五十六条 县级以上人民政府建立健全义务教育经费的审计监督和统计公告制度，加强对实施义务教育经费拨付、使用、效益等的监督、检查。

第五十七条 县级以上人民代表大会常务委员会通过听取专项工作报告、审查财政预算决算情况、开展执法检查等形式，依法对同级人民政府实施义务教育的情况进行监督。

第五十八条 县级以上人民政府实行义务教育督导制度。教育督导机构代表政府对本级人民政府有关部门、下级人民政府以及实施义务教育的学校和其他教育机构实施义务教育情况进行督促指导，并接受上级教育督导机构的指导。

义务教育督导实行教育督导部门为主，其他有关部门共同参与的工作机制。

第五十九条 教育督导机构对下列事项进行督导：

（一）有关法律、法规、规章和教育方针政策的执行情况；

（二）义务教育普及和巩固提高情况；

（三）学校、区域、城乡义务教育质量及师资配备、基础设施等均衡发展情况；

（四）义务教育经费保障和使用情况；

（五）教师的师德、业务水平、基本待遇、招聘录用、培养培训、编制配备等情况；

（六）推进素质教育的情况；

（七）教育教学质量的情况；

（八）学校安全、生活管理的情况；

（九）治理择校乱收费的情况；

（十）其他需要督导的内容。

第六十条 县级以上人民政府应当建立义务教育督导评价制度和督导评价结果公告制度、奖惩制度。督导评价结果作为评价义务教育工作的重要指标和考核主要领导干部的重要内容。

教育督导机构依据督导评价结果向被督导单位下达督导意见书。需要整改的，被督导单位应当按照要求进行整改，并向教育督导机构报告整改情况。

第八章 法律责任

第六十一条 违反本条例规定的行为，法律、法规有处罚规定的，从其规定。

第六十二条 县级以上人民政府及其教育行政等有关部门有下列情形之一的，由上级人民政府责令限期改正；情节严重的，对直接负责的主管人员和其他直接责任人员给予处分：

（一）以升学率对地区和学校进行排名或者对学校下达升学指标的；

（二）未按照规定设置特殊教育学校（班）和寄宿制学校的；

（三）未按照规定履行维护学校周边秩序和安全职责的；

（四）未按照规定保障教师待遇、落实支教优惠政策的；

（五）挤占、挪用教师编制的；

（六）未按照规定均衡安排义务教育经费的；

（七）违反本条例的其他行为。

第六十三条 学校有下列情形之一的，由县级人民政府教育行政部门责令限期改正；情节严重的，对直接负责的主管人员和其他直接责任人员给予处分：

（一）公办学校跨招生范围组织招生的；

（二）拒绝接收应当在本校接受义务教育的适龄儿童、少年就读的；

（三）采取考试或者变相考试的形式选拔学生，为选拔学生举办或者参与举办培训班，将学科竞赛成绩、考级证书作为新生入学和编班依据的；

（四）未采取有效措施防止学生辍学和动员辍学学生复学的；

（五）将违反学校管理制度的学生退学或者开除的；

（六）未按照课程设置规定开齐课程、开足课时的；

（七）强制或者变相强制学生参加社会课业补习班或者订购、使用教辅材料及报刊杂志的；

(八)擅自将公办学校校舍、场地和教育教学设施设备转让、出租或者改变用途的;

(九)将公用经费用于偿还债务或者发放教职工津贴、补助、奖金的;

(十)未按照规定履行校园安全管理责任的;

(十一)违反本条例的其他行为。

第九章　附　则

第六十四条　社会组织或者个人依法举办的民办学校实施义务教育的,依照民办教育促进法有关规定执行;民办教育促进法未作规定的,适用义务教育法与本条例。

第六十五条　本条例自2011年3月1日起施行。1986年12月11日湖北省第六届人民代表大会第二十四次会议通过的《湖北省义务教育实施办法》同时废止。

省委关于加强和改进高等学校党的建设　推动高等教育事业科学发展的意见

鄂发〔2010〕2号

为深入贯彻落实党的十七大、十七届四中全会和省第九次党代会、省委九届七次全会精神,进一步巩固深入学习实践科学发展观活动成果,切实加强和改进高等学校党的建设,推动我省高等教育事业科学发展,特提出如下意见。

一、以科学发展观统领高等学校党的建设,进一步明确高等学校党建工作的指导思想和总体要求

1. 充分认识和深刻理解新时期加强和改进高等学校党建工作的重要意义。高等教育是中国特色社会主义伟大事业的重要组成部分,高等学校担负着为党和国家培养社会主义事业合格建设者和可靠接班人的历史使命。加强和改进高等学校党的建设,对更好地贯彻党的教育方针,推动高等学校转变发展观念、创新发展模式、提高发展质量,对充分发挥科教优势、推动湖北经济社会新一轮大发展,对实施科教兴鄂和人才强省战略、把湖北建设成为促进中部地区崛起的重要战略支点,具有重大而深远的意义。

2. 正确分析和清醒认识我省高等学校党建工作面临的形势和任务。改革开放以来,我省高等学校党的建设始终坚持以邓小平理论、"三个代表"重要思想为指导,深入贯彻落实科学发展观,高等学校党的建设不断加强和改进,为湖北经济社会发展提供了强有力的人才保证和智力支撑,取得了显著成绩。同时,也存在一些亟需解决的困难和问题:一些高等学校党委领导下的校长负责制以及院(系)的领导体制、工作机制不够完善;一些高等学校党员干部的思想观念、能力素质与党的先进性要求还不完全适应;一些高等学校从源头上预防和治理腐败的机制还不够健全;一些高等学校的办学定位不够明确、办学特色不够鲜明、经费投入不足、债务负担较重、教育质量有待提高;高等学校科技和人才优势服务经济社会的能力还没有得到充分发挥等。在新的历史起点上,必须适应国内外形势的新发展和人民群众的新期待,认真研究高等学校党建工作面临的新情况、新问题,在改革和创新中不断加强和改进高等学校党的建设。

3. 坚持把贯彻落实科学发展观贯穿于高等学校党建工作的全过程。各级党委和高等学校党组织要紧密联系高等学校的职能和任务,切实把贯彻落实科学发展观的要求转化为正确的办学理念、发展思路和改革措施,真正把科学发展观贯彻落实到高等学校全部工作之中。大力推动学习实践科学发展观活动向深度广度发展,认真落实各项整改措施。按照以人为本的要求,把培养社会主义建设者和接班人贯穿高等学校党组织活动始终,发挥党组织在推进教育改革、搞好教书育人、加强教师队伍建设中的领导核心作用。正确处理高等学校改革、发展、稳定的关系,规模、结构、质量、效益的关系,重点发展与整体推进、当前发展与长远发展的关系,努力增强高等学校工作的系统性、科学性、实效性。要按照党的建设总体布局,系统谋划高等学校党的思想、组织、作风、制度和反腐倡廉建设,建立完善考核评价体系,整体推进高等学校党建工作和高等教育事业科学发展。

4. 进一步明确新时期我省高等学校党建工作的指导思想和总体要求。当前和今后一个时期,我省高等学校党建工作要坚持以马克思列宁主义、毛泽东思想、邓小平理论和"三个代表"重要思想为指导,深入贯彻落实科学发展观,贯彻落实党的十七届四中全会和省委九届七次全会精神,"围绕中心抓党建,抓好党建促发展",围绕提高办学水平,构建学科特色新优势;围绕建设创新型湖北和科教兴鄂战略,构建科技创新新优势;围绕改革开放大局,构建人才培养新优势;围绕社会主义政治家、教育家目标,构建领导高等学校科学发展的政治新优势,努力开创高等教育发展新局面。到2020年全省高等教育毛入学率达到50%,基本实现高等教育强省的奋斗目标。

二、加强高等学校党的思想理论建设,牢牢掌握党在意识形态领域的主导权

5. 坚持用中国特色社会主义理论体系武装高等学校党员干部、教育广大师生。坚持中国特色社会主义理论体系在高等学校的指导地位,用马克思主义中国化最新理论成果武装党员干部、教育广大师生。要按照建设马克思主义学习型政党的要求,完善党委理论中心组学习制度、党组织学习制度、党员和干部的教育培训制度,推进马克思主义中国化、时代化、大众化,提高广大党员干部运用科学理论解决实际问题的能力。加强社科人才培养和社科成果转化,通过课堂教学、课外活动、社会实践等多种形式,回答师生关心的重大理论和实践问题以及社会热点、难点问题,增强对中国特色社会主义的理论认同、政治认同和情感认同。

6. 大力推进社会主义核心价值体系建设。切实加强和改进高等学校思想政治理论课教学,大力推进社会主义核心价值体系进教材、进课堂、进头脑。坚持用社会主义核心价值体系占领高等学校思想文化阵地,加强校报、校刊、校内广播电视和学校出版社建设,加强理论宣传队伍建设,严格社团、课堂、讲座和网络管理。坚持研究无禁区、讲课有纪律,确保阵地巩固、导向正确。坚持用社会主义核心价值体系引领高等学校校园文化建设，高度警惕和坚决防范各种渗透活动，建设体现社会主义特点、时代特征和学校特色的校园文化。

7. 充分发挥高等学校在推进思想理论建设中的优势和作用。把高等学校建设成研究和传播马克思主义的重要阵地，努力生产出一批有价值、有分量、在全国有地位的理论成果。加大对高等学校中青年理论骨干的培养，努力造就一支政治强、业务精、作风正的马克思主义理论队伍，着力培养一批政治思想坚定、学术造诣深厚、在国内外有影响的马克思主义理论家。

三、加强高等学校领导班子建设，不断提高领导高等学校科学发展的能力和水平

8. 选好配强高等学校领导班子。按照社会主义政治家、教育家的努力方向，按照德才兼备、以德为先的原则选拔任用高等学校领导干部，真正把那些懂政治、讲政治，善于办学治校的优秀干部选拔到高等学校领导岗位上来。实行公示制、任期制，逐步推行“两推一述”选任办法，加大公开选拔和竞争性选拔干部力度。按照政治上强、具有领导科学发展能力、能够驾驭全局、善于抓班子带队伍、民主作风好、清正廉洁的要求，选好配强高等学校党委书记和校长。建立完善高等学校领导班子的选拔、教育、培养、考核和监督等机制，实现高等学校领导干部发现选择、提拔使用、教育培训、监督约束和激励保障全过程管理。进一步优化高等学校领导班子配备，形成班子成员年龄、经历、专长、性格互补的合理结构，增强班子整体功能和合力。注重党外干部、少数民族干部和女干部的选拔培养。高度重视后备干部队伍建设，做好跟踪教育、培养和选拔工作。

9. 进一步完善党委领导下的校长负责制。坚持重大问题和重要决策集体讨论决定，领导班子成员按照各自分工切实承担起领导责任。处理好党委领导和校长负责的关系，既要发挥党委总揽全局、协调各方的领导核心作用，又要支持和保证校长依法独立负责地行使职权。积极探索党委领导下的校长负责制的实现形式，研究制定湖北省高等学校实行党委领导下的校长负责制的实施办法，健全完善学校党委会、党委常委会、校务会等议事决策制度，明确议事规则和决策程序，实现民主决策、科学决策和依法决策。进一步增强高等学校领导班子的团结，坚持以共同追求增进团结，以坚持原则保证团结，以党性修养促进团结。

10. 加强高等学校领导班子思想政治建设。加强高等学校领导干部理想信念教育，加强党性修养和作风养成，不断提高政治识别能力、党委集体领导能力、应急处理和反应能力、创新发展能力。进一步健全高等学校领导班子民主生活会制度，发挥民主生活会开展思想交流、提高党性修养、增强班子团结的重要作用。加强党员干部教育培训工作，制定干部培训工作规划，按照干部管理权限分级分层开展全员培训。加大高等学校和地方之间领导干部交流力度，有计划地选派高等学校领导干部到艰苦地区、关键岗位和基层一线经受锻炼。实施以“政治素质好、工作业绩好、团结协作好、民主作风好、清正廉洁好”为主要内容的“五好”领导班子创建活动。

11. 加强领导干部作风和反腐倡廉建设。牢固树立宗旨意识，坚持群众路线，切实解决广大师生最关心、最直接、最现实的利益问题。通过建立校领导信箱、校领导接待日、校园网在线对话交流等形式，不断改进领导方式和工作方法，建立健全领导干部联系点制度和调查研究工作制度，开展“城乡互联、结对共建”活动。有针对性地开展示范教育、警示教育、岗位廉政教育，提高教育实效。认真落实领导干部廉洁自律的各项规定，积极推进高等学校校务公开、党务公开，完善制约和监督机制，防止高等学校领导干部在基建工程招投标、物资设备采购、招生、住房、配车、用人等方面利用职权谋取个人私利的不廉洁行为。坚持标本兼治、综合治理、惩防并举、注重预防的方针，加强高等学校反腐败抓源头工作，针对高等学校“三重一大”等容易滋生腐败的重要领域和关键环节，健全反腐倡廉举报受理机制，加大预防和惩治力度，严肃查处违法违纪案件。建立完善高等学校领导干部个人有关事项报告、民主评议、诫勉谈话、述职述廉等制度；加强高等学校领导干部经济责任审计，强化事前、事中的监督力度。落实党风廉政建设责任制，加强检查、考核和责任追究工作，督促高等学校党政领导班子和领导干部切实履行抓党风廉政建设的政治职责。切实加强高等学校纪检监察干部队伍建设，逐步推行高等学校纪委书记校外派遣制度。加强高等学校党风廉政建设巡视工作。

四、狠抓基层、夯实基础，切实加强高等学校党组织和党员队伍建设

12. 强化高等学校基层党组织功能。按照有利于党组织开展工作、有利于加强党员教育管理、有利于不断扩大党的工作覆盖面的要求，建立健全基层党组织工作体制和运行机制。坚持和完善院系党政联席会议制度，通过党政联席会议制度，讨论决定本单位教学、科研、管理和人才队伍建设中的重要事项。高度重视基层党支部建设，丰富活动内容，创新活动方式，抓好活动载体，充分发挥基层党组织推动发展、服务师生、凝聚人心、促进和谐的作用。高等学校要为基层党组织活动提供经费、场所等保障，支持基层党组织开展活动，增强党组织的服务功能。

13. 扎实推进高等学校基层党建“五个基本”建设。以“健全基本组织、建强基本队伍、开展基本活动、完善基本制度、落实基本保障”为主要内容，全面做好抓基层打基础工作。按照便于党员参加活动、便于党组织发挥作用的要求，根据学校教学、科研组织体系变化的实际，合理调整和科学设置党的组织。凡是具备建立党支部条件的行政、教学、科研单位，都要单独设置党支部，尽可能与教学、科研、管理、服务等组织相对应。按照“低年级有党员、高年级有党支部”的工作目标，加强大学生党组织建设。按照与专业方向、学科团队等相对应的要求，建立健全研究生党支部。建立健全教育、管理、服务党员长效机制。按照“坚持标准、保证质量、改善结构、慎重发展”的方针，做好发展党员工作。加大在高知识群体、青年学术骨干和大学生中发展党员力度。采取多种形式搞好党员和入党积极分子的集中教育培训，加强思想上入党教育。组织党员开展争先创优活动和主题实践活动，坚持经常性的组织生活和集中学习教育相结合，坚持和完善“三会一课”制度。从思想、工作、生活上关心党员，做好党员服务工作，健全党内激励、关怀、帮扶机制，加强对老党员、生活困难党员的关怀帮扶。鼓励党员带头参与志愿服务，推广党员承诺制等做法，建立党员发挥作用机制。严格党内组织生活，坚持民主评议党员，表彰优秀党员，及时处置不合格党员。

14.推进党内民主建设。认真落实《中国共产党党员权利保障条例》，建立和完善党内情况通报制度、情况反映制度和重大决策征求意见制度。大力推进党务公开。规范和完善高等学校党的代表大会制度和党内选举制度，实行党代表任期制，积极探索党代表大会常任制。建立健全高等学校党委常委会向委员会全体会议定期报告工作并接受监督的制度。建立健全师生利益表达和协调机制。

15.加强民办高等学校党建工作。认真落实《中共中央组织部、中共教育部党组关于加强民办高等学校党的建设工作的若干意见》，研究制定关于进一步加强民办高等学校党建工作的实施意见，切实明确和理顺民办高等学校党组织隶属关系，健全民办高等学校党组织。进一步完善领导体制和运行机制，按照干部选拔任用程序，为民办高等学校配备党组织负责人，并兼任政府督导专员。切实加强主办高等学校党委对独立学院党建工作的领导，为学校党组织开展工作、发挥作用创造条件。督促民办高等学校法定代表人履行好安全稳定这个第一责任。加强对民办高等学校党建工作的评估检查，并作为民办高等学校年检的重要内容。

五、加强和改进大学生思想政治教育，培养中国特色社会主义的合格建设者和可靠接班人

16.把立德树人作为根本任务。全面贯彻党的教育方针，以培养中国特色社会主义合格建设者和可靠接班人为根本目的，建立完善先进性和广泛性要求相结合、思想教育与严格管理相结合的长效工作机制。加强诚信文化建设，防止考试舞弊、论文抄袭、拖欠助学贷款等行为。将大学生思想政治教育工作场所和设施建设列入学校基本建设总体规划，不断改善高等学校思想政治工作条件。

17.加强思想政治工作队伍建设。做好学生思想政治工作人员的定编定岗工作，充实力量，提高素质。按要求配齐学生辅导员和班主任，把专职从事心理健康教育的教师纳入政工队伍管理系列，建设一支网络思想政治工作队伍。建立和完善政工干部队伍培训提高、工作激励机制，不断提高政工干部工作、生活待遇。

18.切实解决大学生的实际困难和问题。健全完善高等学校毕业生就业工作联席会议制度，落实大学生就业支持政策和考核评价办法。加强大学生就业观念教育和职业道德教育，引导大学毕业生到基层、到艰苦地方建功立业，鼓励大学生自主创业。做好家庭困难学生的资助工作，落实好国家和省政府奖学金、国家励志奖学金、国家助学金等政策。推进国家助学贷款和生源地信用助学贷款，积极开办高等学校毕业生创业小额担保贷款业务。完善家庭经济困难学生医疗保障制度。加强大学生心理健康教育，提高抗挫折能力、自我调适能力和人际关系协调能力，建立完善大学生心理危机干预机制。

19.积极探索大学生思想政治工作的有效途径。进一步健全党委统一领导、党政齐抓共管、职能部门各负其责、全社会关心支持大学生思想政治工作的领导体制和工作机制。坚持省领导为大学生做形势政策报告制度，完善和健全大学生思想政治教育工作联席会议制度。进一步整合全省宣传、理论、新闻、影视、文艺、出版等社会资源，为大学生思想政治教育服务。

六、坚持围绕中心抓党建，推动我省高等教育事业科学发展

20.加强人才和教师队伍建设。落实党管人才原则，根据高等学校办学定位和办学特色，围绕培养、引进、使用三个环节，制定人才队伍建设总体规划，整体推进高等学校人才队伍建设。继续实施“楚天学者计划”和“世界著名科学家来鄂讲学计划”，评选“湖北高等学校教学名师”，设置“楚天技能名师”岗位，吸引高层次、高水平人才到高等学校从事教学和科研工作。积极推动以事业单位岗位设置和岗位聘任制为主要内容的高等学校人事制度改革，完善人才使用和流动机制。加强师德师风建设，倡导为人师表的人格风范和科学严谨的治学态度，坚决遏制学术造假、学术腐败等不端行为。引导教师积极投身教学改革实践，把教师承担教学工作的业绩作为申报专业技术资格和聘任专业技术职务的必要条件。有计划地安排教师带薪到企业进行专业实践，吸引企事业单位的工程技术人员、管理人员和有特殊技能人员到高等学校担任兼职教师，促进校企人才资源交流和共享。

21.加快推进特色优势学科建设。实施“湖北省普通高等学校特色优势学科建设工程”，积极建设和发展一批与湖北现代制造业基地、高新技术产业基地、优质农产品生产加工基地、现代物流基地和综合交通运输枢纽相关的学科，支持高等学校重点学科和特色优势学科建设。推进教育改革，根据市场导向，围绕服务社会，调整专业结构和人才培养模式。实施“湖北省高等学校教学改革与质量提高工程”，开展本科品牌专业和实验教学示范中心建设，开展高等职业教育重点专业和实训基地建设，开展精品课程建设。推进湖北省研究生教育创新计划，支持高等学校和大型企业共建示范性研究生创新基地。

22.实施高水平大学建设工程。研究制定我省高等教育中长期规划，进一步明确高等学校办学目标和定位，落实省部共建武汉城市圈教育综合改革国家试验区协议，实施“高水平大学建设工程”。支持在鄂部属高等学校每校建设2～3个一流学科，重点支持武汉大学、华中科技大学争创世界高水平大学。加大对省属高等学校的支持力度，重点建设20个左右高水平学科和10个左右一流科技创新基地，支持5所左右省属高等学校争创国内高水平大学。支持4所高职院校建设国家级示范性职业院校，支持11所高职院校建设省级示范性职业院校，增强省属高等学校的比较优势，提高办学水平。实施“武汉城市圈部属高等学校与省属高等学校支持合作计划”、“示范性高职院校与武汉城市圈高职院校对口交流合作计划”。优化高等教育的学科、层次、布局结构，积极探索高等院校分类管理，推动高等学校科学定位、质量为先、特色发展。鼓励和支持我省高等学校与国外高水平院校开展多种形式的教育合作与交流，提高我省高等教育的国际化水平。

七、进一步发挥科教优势，增强高等学校服务经济社会发展的主动性和实效性

23. 加大创新型和复合型人才培养力度。鼓励高等学校主动融入以企业为主体、以应用研发为重点的创新活动，鼓励高等学校与企业共建实验室、工程技术中心、博士后工作站等研究机构，推动创新型和复合型人才培养，形成产学研结合、优势互补的人才培养机制。实施“511人才培养工程”，支持高等学校与企业共同制定人才培养方案，联合培养社会急需人才。实施“湖北省自主创新岗位计划”，在全省重点企业设立一批自主创新岗位，引导高等学校、科研院所高层次人才到企业承担自主创新任务，培育新型人才，支持企业创新发展。

24. 促进科技创新和成果转化。成立湖北省产学研合作领导小组，加强对高等学校产学研合作的组织领导。实施高等学校科技服务湖北行动计划，设立高等学校产学研合作专项资金，组织高等学校围绕国家和湖北省发展战略，积极承担重大科技计划项目。建设一批高等学校产学研合作示范基地，支持高等学校与市州县和企业建立长期稳定的战略合作关系，与相关行业、企业建立产业技术创新联盟。研究制定高等学校科技服务湖北经济社会发展考核评价办法，定期对服务湖北成绩突出的在鄂高等学校进行表彰奖励。进一步落实和完善鼓励科技人员从事科技成果转化的各项政策，对从事科技开发和成果转化的科技人员评定职称时，指标单列，重点考核产生的经济效益和社会效益。

25. 加快技术创新支撑平台建设。围绕重点产业发展，大力推进创业、创新、投融资、公共服务、信息资源共享和人才引进等平台建设。办好中国湖北产学研合作项目洽谈会。支持高等学校建设国家重点实验室、工程技术（研究）中心等高层次科技创新平台。加快专业孵化器建设，推进科技创业。加大高等学校省级重点实验室、工程中心、人文社科重点研究基地等平台建设和运行经费投入力度，不断提高各类平台运行管理水平。

八、加强和改进对高等学校党建工作的领导，建立和完善推动高等学校科学发展的长效机制

26. 建立健全高等学校党建工作的领导体制和工作机制。各级党委要进一步加强和改进对高等学校党建工作的领导，把高等学校党建工作纳入重要议事日程，认真研究部署，切实解决重大问题。省委常委会每年专题听取一次高等学校党建工作汇报，省政府科教领导小组每年召开一次会议，研究解决我省高等教育事业发展和改革中的困难和问题。坚持和完善省领导联系高等学校制度，落实“三个一”，即：每年到联系学校开展一次调研，做一次形势报告，解决一些实际问题。健全工作机制，建立联席会议制度，明确纪检、组织、宣传、统战、政法、高等学校工委等职能部门的职责，完善高等学校党建工作责任制，建立健全高等学校党建工作责任制和评估办法，研究制定湖北高等学校党建工作评估指标体系，对高等学校党建工作定期进行评估考核，把考核结果作为领导班子及其成员工作实绩评定和选拔任用的重要依据，作为教育质量和办学水平评估的重要内容。高等学校党委每年要向上级党组织书面报告抓党建工作情况，省委组织部、省委高校工委每年要向省委书面报告抓高等学校党建工作情况。

27. 进一步完善高等教育投入增长机制。加大对高等教育的投入，逐年提高省属高等学校的生均拨款水平，力争到“十二五”中期达到全国平均水平。财政投入每年增量部分安排一定比例用于高等教育，探索建立省属高等学校多元投资新机制，完善科学合理的经费使用管理考核机制和监控体系。支持高等学校依法盘活存量资产，特别是要因地制宜、因校制宜，支持高等学校盘活闲置土地。资产处置收入由省财政部门按收支两条线管理办法，在扣除国家规定的有关规费和必须上缴国家的部分后，主要用于偿还建设债务。建立省级财政化债专项资金，用于建设贷款贴息和偿还本金。进一步调整完善高等学校收费政策，分类进行高等教育办学成本测算，探索试行教育成本分担机制。加强对高等学校基本建设项目监管，加强高等学校非税收入的管理。根据高等学校收支需求，改进和完善财政资金拨付办法。金融机构应以中长期贷款为主，继续向高等学校提供资金支持，在国家政策许可的范围内实行利率优惠。

28. 营造全社会支持高等教育发展的良好环境。各级党委和政府要切实担负起对所属高等学校筹措经费、规范办学、改善环境、维护稳定等方面的责任。鼓励和引导社会非财政性资本参与高等教育事业，建立民办高等学校法人财产制度，加强对民办高等学校办学、招生、教育教学等方面的指导和监管。按照属地管理、分级负责的原则，进一步完善落实维护高等学校稳定责任单位和责任体系，加强高等学校及周边环境综合治理，维护高等学校稳定，推进平安校园建设。坚持正确的新闻舆论导向，引导全社会共同关心、关注和支持高等教育事业的改革和发展，努力营造有利于我省高等教育事业科学发展的良好环境。

2010年2月2日

省委、省人民政府关于印发《湖北省中长期教育改革和发展规划纲要（2011－2020年）》的通知

鄂发〔2010〕27号

现将《湖北省中长期教育改革和发展规划纲要（2011－2020年）》（以下简称《教育规划纲要》）印发给你们，请结合实际认真贯彻执行。

《教育规划纲要》是21世纪我省第一个中长期教育改革和发展规划，是今后一个时期指导全省教育改革和发展的纲领性文件。强省必先强教，教育成就未来。教育既是当前发展的支撑，也关系未来发展的后劲。湖北

突出的优势在科教，崛起的关键靠人才，发展的基础在教育。制定并实施《教育规划纲要》，优先发展教育，提高教育现代化水平，对把湖北建设成为促进中部地区崛起重要战略支点具有决定性意义。

各级党委和政府要切实加强对教育工作的领导，把落实教育优先发展战略、推动教育事业科学发展作为重要职责，加强对《教育规划纲要》实施的组织领导。要组织广大干部群众特别是各级领导干部认真学习《教育规划纲要》，深刻理解《教育规划纲要》提出的新思想新理念，深刻理解"优先发展、育人为本、改革创新、促进公平、提高质量、服务社会"的工作方针，深刻理解"基本实现教育现代化，基本形成学习型社会，进入教育强省和人力资源强省前列"的战略目标，深刻理解"坚持以人为本、全面实施素质教育"的战略主题，深刻理解教育改革发展的重点任务和重要举措，进一步增强做好教育工作的紧迫感和自觉性。要开展广泛深入的宣传活动，形成全党全社会重视、关心、支持教育发展的良好氛围。要结合本地本部门实际，采取有力措施，把《教育规划纲要》提出的各项任务落到实处，为构建促进中部地区崛起重要战略支点提供更加有力的人才支撑、智力支持和知识技术服务。

2010年12月26日

附：

湖北省中长期教育改革和发展规划纲要

（2011－2020年）

为全面贯彻落实《国家中长期教育改革和发展规划纲要（2010－2020年）》，促进湖北教育事业科学发展，加快建设教育强省和人力资源强省，努力把湖北建设成为促进中部地区崛起重要战略支点，制定本《教育规划纲要》。

序　言

百年大计，教育为本。荆楚大地，崇文重教。

湖北是辛亥革命的首义地和近代教育的发祥地之一，素有尊师重教、激励英才、开天下先的传统。湖北突出的优势在科教，崛起的关键靠人才，发展的基础在教育。优先发展教育、实现教育现代化，对湖北的振兴崛起具有决定性意义。

省委、省政府历来高度重视教育。改革开放以来，经过各级党委、政府和社会各界的共同努力，我省确立了教育优先发展的战略地位，建立了基本适应经济社会发展的教育体系，较好满足了人民群众的教育需求。进入新世纪以来，湖北教育改革发展取得新的成就。教育改革领先：率先在全国探索建立农村教师补充、培训、交流和条件保障机制，率先进行义务教育投入保障机制改革，率先建立中职学生入学资助制度，率先推进"阳光招生"工程，率先实行省部共建教育综合改革国家试验区。教育发展迅速：城乡免费义务教育全面实现，义务教育均衡发展整体推进；职业教育发展实现重大突破，办学特色日益显现；高等教育主要指标保持在全国前五位，大众化程度稳步提高。教育公平推进：助学贷款发放量连续多年居全国第一，以政府为主导的资助体系基本建立，特殊和困难群体受教育权益得到保障。教育功能凸显：教育为经济社会发展输送大批高素质劳动者和拔尖创新人才；教育在增强自主创新能力、推动经济结构转型升级中发挥了重要作用；教育系统集中了哲学社会科学领域80%以上的研究成果；教育为湖北经济社会又好又快发展作出了重大贡献。站在新的历史起点上，湖北作为全国教育大省的优势地位不断巩固和发展，现已进入建设教育强省新的发展阶段。

湖北正处在改革发展的关键阶段、"弯道超越"的重要战略机遇期。教育改革发展正迎来前所未有、千载难逢的重要战略机遇。加快转变经济发展方式、构建促进中部地区崛起重要战略支点、推进"两圈一带"总体战略、建设东湖国家自主创新示范区、促进经济发展和社会全面进步，迫切需要教育提供人才保障和智力支撑，迫切需要教育促进发展方式转变和经济结构转型升级，迫切需要教育提高人口素质和社会文明程度，迫切需要教育提升综合竞争力和可持续发展能力，迫切需要教育促进社会公平和和谐稳定。面对新形势新任务，要牢牢把握湖北阶段性特征，紧紧抓住重要战略机遇，服务全面建设小康社会，优先发展教育事业，加快建设教育强省，实现湖北的振兴崛起。

面对机遇和挑战，必须清醒认识到，我省教育还不完全适应经济社会发展和人民群众接受良好教育的要求：素质教育深入推进困难，中小学生课业负担过重；学生适应社会和就业创业能力不够强，创新型、实用型、复合型人才紧缺；学前教育比较薄弱，省属高校发展需要加强；教育投入不足，教育优先发展的战略地位尚未得到完全落实；教育服务经济社会发展的能力有待进一步增强。

强省必先强教，教育成就未来。教育既是当前发展的支撑，也关系未来发展的后劲。各级党委、政府必须始终坚持把教育摆在优先发展的位置，全面贯彻党的教育方针，推动教育事业在新的历史起点上科学发展，加快建设教育强省和人力资源强省，为把湖北建设成为促进中部地区崛起重要战略支点，提供更加有力的人才支撑、智力支持和知识服务。

第一章　建设教育强省

（一）指导思想

高举中国特色社会主义伟大旗帜，以邓小平理论和"三个代表"重要思想为指导，深入贯彻落实科学发展观，全面贯彻党的教育方针，大力实施科教兴鄂战略和人才强省战略，以科学发展为主题，以教育强省为战略目标，以提高全民素质、增强创新能力为核心，以办人民满意教育为宗旨，以服务经济社会发展为重要使命，优先发展教育，遵循教育规律，转变发展方式，面向社会需求，优化教育结构，全面推进教育事业科学发展，提高教育现代化水平。

（二）工作方针

优先发展。各级党委和政府要把优先发展教育作为贯彻落实科学发展观的一项基本要求，作为保障和改善民生的首要任务，在投入上更加优先，在服务上更加自觉，在宣传上力度更大。切实保证经济社会发展规划优先安排教育发展、财政资金优先保障教育投入、公共资源优先满足教育和人力资源开发需要。

育人为本。以学生为主体，以教师为主导，充分发挥学生的主动性，把促进学生健康成长作为学校一切工作的出发点和落脚点，培养造就数以千万计的高素质劳动者、数以百万计的专门人才和一大批拔尖创新人才。

改革创新。顺应社会主义市场经济体制要求，深化教育体制改革，转变教育发展方式，优化整合教育资源，拓宽教育投入渠道，激发教育发展活力，增强服务社会能力。创新人才培养体制、办学体制、管理体制，改革质量评价和考试招生制度，改革教学内容、方法、手段，建设现代学校制度。坚持思路战略方案化、方案谋划项目化、项目实施具体化，把各项改革任务落到实处。

促进公平。保障公民依法享有受教育的权利，把促进义务教育均衡发展作为促进教育公平的首要任务，将公共教育资源更多地向农村地区、民族地区、薄弱学校和弱势群体倾斜，完善贫困学生助学制度，保障特殊和困难群体平等受教育权益，实现教育改革发展成果由人民群众共享，促进和谐湖北建设。

提高质量。坚持内涵发展，软硬件建设并重，加强教师队伍建设，健全教育质量保障体系，鼓励各级各类学校办出特色、办出水平。提升人力资源开发水平，满足经济社会发展对人才多样化的需求，实现从"学有所教"向"学有优教"的转变。

服务社会。主动适应"两圈一带"总体战略，服务经济社会发展，服务产业发展战略，服务创新体系建设，着力增强教育对经济社会发展的支撑力、驱动力、稳定力，着力促进教育服务、适应和支撑全省经济社会发展，为提升湖北综合竞争力作出贡献，实现教育发展与经济社会发展的良性互动。

(三)战略目标

到2015年，基本建成教育强省。到2020年，基本实现教育现代化，基本形成学习型社会，进入教育强省和人力资源强省前列。

更高水平的普及教育。到2020年，学前三年毛入园率达到85%；九年义务教育巩固率达到98%；高中阶段教育毛入学率达到97%；高等教育毛入学率达到60%。新增劳动力平均受教育年限从13年提高到14.5年；主要劳动年龄人口平均受教育年限从9.5年提高到12.1年，具有高等教育文化程度的人数比2009年翻一番。

更加丰富的优质教育。到2020年，省级和市级示范性幼儿园超过全省幼儿园总数的50%。义务教育学校标准化建设基本完成。重点建设100所国家级、省级示范性中等职业学校。2所研究型大学跻身世界高水平大学行列，20所左右的高校(含高职)居全国前列，全省高校25个左右的学科进入世界1%、100个左右的学科进入国内前10名，2 000名高校教师成为国内学科带头人或具有国际影响地位。教育信息化建设达到国内一流水平。各类人才服务社会和参与国际竞争能力显著增强。

更为满意的公平教育。统筹城乡教育发展，健全覆盖城乡的现代教育体系，实现基本公共教育服务均等化。以政府为主导的家庭经济困难学生资助体系进一步完善，不让一个学生因家庭经济困难而失学。民族教育进一步加强。特殊教育体系进一步健全。进城务工人员随迁子女平等接受义务教育权益得到较好保障。努力办好每一所学校、教好每一个学生、温暖每一个家庭，办让人民满意的教育。

更具活力的教育体制。全面建立适应湖北经济社会发展、有利于推进素质教育、培养创新人才和优秀教师的教育体制。完善以公共财政投入为主、多渠道筹措教育经费的投入机制。形成以政府办学为主体、全社会积极参与、公办教育和民办教育共同发展的办学体制。加快现代学校制度建设，健全政府依法管理和学校自主办学的协调机制。

更加健全的终身教育。建立学历教育和非学历教育协调发展、职业教育和普通教育相互沟通、职前教育和职后教育有效衔接的终身教育体系。从业人员继续教育年参与率大幅提升。现代国民教育体系更加完善，终身教育体系基本形成，努力实现全体社会成员学有所教、学有所成、学有所用。

更有成效的社会服务。构建学科特色新优势、科技创新新优势、人才培养新优势，大力培养创新型、实用型、复合型人才。坚持以用立业，形成一批适应湖北经济社会发展重大需求、支撑经济社会又好又快发展的高水平科技成果，科技成果转化和高新技术产业化成效显着。全面推进农业农村人才队伍建设，主动服务"三农"。教育比较优势更加彰显，对经济社会发展的贡献率大幅度提升，更好地适应我省经济社会发展需求。

(四)战略主题

坚持以人为本、全面实施素质教育是教育改革发展的战略主题。坚持德育为先、能力为重、全面发展，把社会主义核心价值体系融入国民教育全过程。加强马克思主义中国化最新成果教育。加强理想信念教育和道德

专栏1　**湖北教育事业发展主要目标**

指　标	单位	2009年	2015年	2020年
学前教育				
幼儿在园人数	万人	83.14	137	156
学前三年毛入园率	%	52.57	65	85
九年义务教育				
在校生	万人	596.08	540	580
巩固率	%	93.9	96.9	98
高中阶段教育 *				
在校生	万人	257.86	190	177
毛入学率	%	84.0	95	97
职业教育				
中等职业教育在校生	万人	129.18	95	88
高等职业教育在校生	万人	58.39	68	73
高等教育 * *				
在学总规模	万人	171.87	184	196
毛入学率	%	30.4	40	60

注：* 含中等职业教育学生数，* * 含高等职业教育学生数。

专栏2　　湖北人力资源开发主要目标

指　　标	单位	2009年	2015年	2020年
具有高等教育文化程度的人数	万人	470	700	950
主要劳动年龄人口平均受教育年限	年	9.5	10.8	12.1
新增劳动力平均受教育年限	年	13	13.9	14.5

教育，加强以爱国主义为核心的民族精神和以改革创新为核心的时代精神教育，加强社会主义荣辱观教育，加强集体主义教育、公民意识教育和法制教育，加强中华民族优秀传统文化教育、革命传统教育和国防教育。构建大中小学有效衔接的德育体系，把德育渗透于教育教学的各个环节，贯穿于学校教育、家庭教育和社会教育的各个方面，不断提高德育工作的吸引力和感染力，增强德育工作的针对性和实效性。切实加强和改进未成年人思想道德建设和大学生思想政治教育工作，重视学生心理健康教育，促进德育、智育、体育、美育有机融合，提高学生综合素质，使学生成为德智体美全面发展的社会主义建设者和接班人。

第二章　加快普及学前教育

加快普及学前教育，规范学前教育管理，坚持公益性、普惠性原则，建立覆盖城乡、布局合理的学前教育公共服务体系，保障幼儿接受较高质量的学前教育，促进幼儿健康快乐成长。

（五）明确政府职责。地方政府是发展学前教育的责任主体，要落实规划、投入、监管、公平等责任。优化学前教育布局结构，逐步实现就近入园。加大政府投入，将学前教育经费列入各级政府财政预算，新增教育经费向学前教育倾斜，加快发展公办幼儿园，提供“广覆盖、保基本”的学前教育公共服务。积极扶持民办幼儿园，鼓动民间资本发展学前教育事业。采取政府购买服务、减免租金、以奖代补、派遣教师、贷款贴息等方式发展学前教育事业。积极扶持民办幼儿园，鼓励民间资本发展学前教育事业。引导和支持民办幼儿园提供面向大众、收费较低的普惠性服务。制定并落实居民小区配套幼儿园规划建设管理政策，未按规定安排配套幼儿园建设的小区规划不予审批。着力保障进城务工人员随迁子女入园。制定学前教育办园实施标准，严格执行幼儿园准入和年检制度，实行动态监管。分类治理、妥善解决无证办园问题，保证各类幼儿园办成合格幼儿园。加强对幼儿健康水平的监测和评估。办好中等幼儿师范学校和高等师范院校学前教育专业，调整部分高等师范专科学校的专业结构和办学方向，加快幼儿教师的培养和配备。严格执行幼儿教师资格标准，实施保教人员资格准入制度。依法落实幼儿教师地位和待遇，切实保障幼儿教师的工资、职称评聘和社会保障等权益。对长期在农村基层和艰苦边远地区工作的公办幼儿教师，按国家规定实行工资倾斜政策。省直有关部门要合理制定公办幼儿园收费标准，加强民办幼儿园收费管理。实行“以县为主，县、乡镇（街道）共管”的幼儿教育管理体制。县级教育行政部门归口管理学前教育，相关部门履行各自职责。建立幼儿园保教质量评估监管体系。建立健全安全管理和安全责任制度，形成全覆盖的幼儿园安全防护体系。

（六）重点发展农村学前教育。实施农村学前教育推进计划，地方各级政府要安排专门资金，重点建设农村幼儿园。充分利用农村中小学布局调整的富余校舍和师资，科学规划和改扩建农村幼儿园。依托有条件的农村小学开办相对独立的附属幼儿园。支持办好现有的乡镇和村幼儿园。通过资金补助、规费减免以及优先安排建园用地等政策，鼓励村集体和公民个人举办农村幼儿园。加大对农村地区、贫困地区学前教育的扶持力度，着力保证农村留守幼儿入园。加强乡镇中心幼儿园建设和管理，构建以乡镇中心幼儿园为骨干、辐射带动村幼儿园的学前教育格局。到2015年，全省乡镇中心幼儿园达到示范性幼儿园标准，分期分批组织全省农村幼儿园园长和教师集中免费培训。

第三章　优质均衡发展义务教育

义务教育是教育工作的重中之重。全面提普及水平，全面提高教育质量，推进义务教育优质均衡发展，促进基本公共教育服务均等化，实现区域内义务教育师资配备均衡化、基础设施标准化、教育质量一体化，确保适龄儿童少年接受良好义务教育。

（七）推进义务教育均衡发展。坚持省级统筹、以县为主、试点先行、整体推进，实施义务教育均衡发展行动计划。推进义务教育学校标准化建设工程、义务教育教师队伍建设工程、义务教育教学质量提高工程、义务教育学生关爱工程，健全督导评估机制和投入保障机制。切实缩小校际差距，着力解决择校问题。合理规划布局，加快推进薄弱学校改造，2020年前完成义务教育学校标准化建设任务，均衡配备教师、设备、图书、校舍等资源。合理确定义务教育阶段公办学校服务范围，公开招生办法和结果。完善教师、校长定期交流制度。探索“一校制”、“联校制”、“学区制”、“集团化”、“协作区”等多种办学形式，建立优质学校向薄弱学校提供管理和服务的制度，共享优质教育资源。逐步扩大示范高中招生计划分配到初中的比例。规范招生收费行为，禁止以各种学科类实验班名义招生，禁止把各种学科竞赛成绩作为新生入学、编班的依据，禁止以任何名义和方式收取择校费。持续开展择校乱收费专项治理。切实加强公办学校参与举办民办学校的规范管理。加快缩小城乡差距，建立城乡一体化的义务教育发展机制，在财政拨款、学校建设、教师配置等方面向农村倾斜，率先在县（区）域内实现城乡均衡发展，逐步在更大范围内推进。努力缩小区域差距，加大对贫困地区义务教育的转移支付力度，鼓励发达地区对口支援欠发达地区。开展义务教育均衡发展示范县（市、区）创建活动。

坚持以输入地政府管理为主、以全日制公办中小学为主，确保进城务工人员随迁子女平等接受义务教育。探索进城务工人员随迁子女接受义务教育后在当地参加升学考试的办法。

推动形成政府主导、社会共同参与的农村留守儿童关爱和服务体系。加强农村寄宿制学校建设，优先满足留守儿童住宿需求。在保证适龄儿童就近进入公办学校的前提下，发展民办教育，提供选择机会。

（八）提高义务教育质量。进一步巩固提高义务教育普及成果。建立义务教育质量标准体系、质量保障体系和质量提升机制，整体提升义务教育水平。加强德育工作，建设一批德育精品课程、一批校园文化建设先进学校、一批青少年校外活动基地。加强中小学班主任队伍和备课组建设。深化课程与教学方法改革，严格落实义务教育国家课程，加强地方课程建设，鼓励学校根据自身特点开发校本课程。积极推行小班教学，逐步达到小学每班35人以下、初中40人以下。落实国家体育、音乐、美术课程计划，完善学生升学体育考试和体育、音乐、美术学业水平评价办法。关注学习困难学生，建立学习困难生帮扶机制。健全防止与控制学生辍学和动员辍学学生复学机制。广泛开展“湖北省千万学生阳光体育”运动，全面实行《国家学生体质健康标准》，保证学生、教师每天一小时体育锻炼。建立学生体质监测和免费健康检查制度，加强学生食堂食品安全卫生管理，提倡合理膳食，改善营养状况。落实体育大课间，完善体育竞赛活动、培养体育、艺术特色人才。深入开展中小学“大家唱、大家跳”等体育和艺术教育活动，加强国防教育。大力推进普通话教学，使用规范汉字。提高农村学校语言文字水平。

（九）减轻中小学生课业负担。全社会共同努力，标本兼治、综合治理，把减负落实到中小学教育教学全过程。各级政府和部门不得以任何形式下达中考升学指标，不得以任何形式对升学考试成绩、录取率进行排名。学校要把减负作为深化教学改革，提高办学水平的重要任务，改进教学方法，提高教学效果。严格执行课程方案，严禁增加课时和教学难度，减少作业量和考试次数。率先在小学低年级实现学生家庭书面作业零负担。严禁将学校分为重点学校、非重点学校或重点班、非重点班。严禁公办学校教师从事或者组织学生接受有偿家教、有偿培训，严禁公办学校教师到校外社会办学机构兼职兼课。家长要加强与学校沟通配合，合理安排孩子的课余学习生活，培养、尊重和保护孩子有益的兴趣爱好，共同减轻学生课业负担。建立中小学学生课业负担监测、公告、举报和问责等制度。规范各种社会补习机构和教辅市场。

第四章　优化发展高中阶段教育

推进全面普及，优化布局结构，整体提升办学水平，全面提高学生综合素质，实现高中阶段教育高质量、多样化、特色化发展。

（十）全面普及高中阶段教育。普及高中阶段教育，满足初中毕业生接受高中阶段教育的需求。科学制定高中阶段学校发展规划，总体保持普通高中和中等职业学校招生规模大体相当。合理布局普通高中和中等职业学校，把中等职业学校建设与普通高中建设摆在同等重要位置。加大投入，努力改善高中阶段学校办学条件，加强薄弱学校建设。支持高中阶段民办学校发展。

（十一）提高普通高中办学水平。扩大优质高中的资源总量。逐步消除大班额现象。深化高中课程改革，全面落实课程方案，保证学生全面完成国家规定的文理等各门课程的学习，克服应试教育倾向，加强综合实践活动课和通用技术课，创造条件开设丰富多彩的选修课。加强学生军训工作。积极开展研究性学习、社区服务和社会实践。建立学生发展指导制度，完善学分管理制度，建立学生评价诚信保障机制。加强高中管理，规范办学行为，禁止以任何形式下达高考升学指标。

（十二）推进普通高中特色发展。实施普通高中特色建设计划，推进特色高中、特色课程建设。到2020年，建设特色项目500个，建设一批具有鲜明文化特色、各具风格的高中学校。支持普通高中开展国际合作，建设一批国际化的特色课程。推动普通高中加强学生职业技能训练，支持发展普职融合的综合高中。促进高等学校在高中建立教学、招生与指导基地。鼓励高等学校向高中开放课程、实验室等教学资源，探索建立高中与高等学校特色专业人才培养的一体化通道。

第五章　大力发展职业教育

优化教育结构，转变发展方式，引入市场机制，推进校企合作，坚持以用立业，紧紧围绕湖北经济社会发展需求，增强职业教育对经济社会发展的适应性、匹配度、贡献率，形成具有湖北特色的现代职业教育体系，建成职业教育强省。

（十三）加强职业教育统筹。职业教育是经济社会发展的重要基础，是促进就业、改善民生、解决“三农”问题、促进现代产业发展的重要途径，是缓解劳动力供求结构矛盾的关键环节，必须摆在更加突出的位置。县级以上政府要切实履行发展职业教育的职责，把职业教育纳入经济社会发展和产业发展规划。健全职业教育联席会议制度，建立行业主管部门与地方政府的会商机制。统筹职业教育与经济社会发展，使职业教育规模、结构、质量与经济社会发展需求相适应；统筹职业教育与普通教育、中等职业教育与高等职业教育发展，大力发展中等职业教育；统筹普通高中与中等职业学校招生计划；统筹协调相关部门职责。市（州）政府要整合职业教育资源，重点办好3—5所中等职业学校。围绕经济结构转型升级，统筹整合职业教育资源，建设一批职业教育园区。县（市）政府既要统筹区域内的职业学校，又要统筹区域内各类职业教育和培训资源，根据需要集中力量办好中等职业学校。

（十四）深入推进校企合作。坚持政府推动，发挥市场调节作用，建立校企合作共赢的办学机制。实行税收优惠、企业办学成本列支、安全责任分担等政策措施，鼓励企业接收学生实习实训和教师实践，鼓励企业加大对职业教育的投入。引导职业院校服务企业，推进职业教育与产业、学校与企业、专业设置与职业岗位、教材内容与职业标准的对接，系统设计和实施生产性实训和顶岗实习。促进资源整合和共享，支持企业与职业院校共建实习实训基地，逐步实现社会化供给、专业化分工。围绕湖北省十大重点产业调整和振兴实施方案，通过校企联办、企业冠名等方式，支持职业院校与行业企业联合开展人才培养，重点推进“湖北海员”等十大职业教育品牌建设。依托先进制造技术类等专业，建设一批校企合作示范基地。将职业资格标准融入专业人才培养方案，提高职业院校服务产业结构转型升级的能力。到2015年，稳定形成100所中等职业学校、50所高等职业院校与一批企业合作开展一体化办学。

（十五）着力提高职业教育质量。强化就业导向，坚持能力为重，增强技能型人才培养的适应性。加强职业示范院校建设和基础能力建设，重点办好10所左右国家级示范（骨干）高等职业院校、15所左右省级示范性高等职业院校、40所国家级示范性中等职业学校、100所省级示范性中等职业学校。加强专业和课程建设，建设一批中等职业教育省级品牌特色专业和高等职业教育省级重点专业、精品课程。加强教学基础设施和实训基地建设，“十二五”期间重点建设100个国家级实训基地。大力推进教学改革，完善职业院校技能大赛制度。制定湖北省职业院校基本办学标准、编制标准、生均经费标准，建立健全促进职业教育发展的保障体系。加强以就业为导向、吸引企业参加的职业教育质量评估。

（十六）大力发展面向农村的职业教育。把服务新农村建设和发展现代农业作为职业教育的重要内容，建立面向农村的多层次职业教育网络体系。统筹县域内各类培训资源和项目，开展农村劳动力转移培训、下岗职工再就业培训、农村实用技术培训。加强涉农院校和专业建设，扩大涉农专业招生规模，培养更多适应农业和农村发展需要的专业人才。推进农科教结合，促进专业建设和“农村科技示范园”对接，加快培养新型农民。加强农业类职教师资基地建设。逐步实施农村新成长劳动力免费劳动预备制培训，2015年前建成100所劳动预备制培训示范学校。建立示范性职业院校对口帮扶地方或民办职业院校制度。推进农村中等职业学校办学模式改革。围绕国家和省重大项目开展移民职业教育与技能培训，促进移民及其子女转移就业。

（十七）增强职业教育吸引力。逐步实行中等职业教育免费制度，完善家庭经济困难学生资助政策。实施新型农民素质提高和农村劳动力转移培训工程。建立健全管理制度，鼓励和支持职业院校面向“双后生”（初、高中毕业后）、退役士兵、在岗人员开展职业教育和技能培训。推行职业资格证书制度和劳动就业准入制度，严格执行“先培训、后就业”、“先培训、后上岗”的规定。构建中等职业教育与高等职业教育、职业教育与普通教育沟通衔接的“立交桥”，探索以技能考核为重点的中等职业学校毕业生升入高等职业院校的办法。完善劳动人事和工资分配制度，扩大高技能人才享受政府特殊津贴的比例。加大对有突出贡献的高技能人才的宣传表彰力度。

第六章　全面提高高等教育质量

巩固比较优势，调整优化结构，激活优质资源，全面提高质量，主动加强服务，率先实现高等教育普及化，率先建成高等教育强省。

（十八）优化结构办出特色。深化省部共建，重点支持武汉大学、华中科技大学争创世界高水平大学。积极支持其它部委属高校争创国际知名、特色鲜明的高水平大学。加大对省属高校投入力度，重点建设若干所具有较高办学水平和鲜明学科特色的国内知名高水平大学，支持具有行业背景的高校进一步增强学科特色和优势。大力推进重点学科建设和特色优势学科建设，支持在鄂部委属高校建设10个左右世界一流学科，支持省属高校重点建设50个左右的重点一级学科，加强省属高校学科带头人的培养。把特色发展作为加快高校发展的根本途径，加大政策倾斜力度，建设一批特色高校、特色院系、特色学科、特色专业。深入推进“武汉城市圈中央部属高校与地方高校对口支持合作计划”，激活部属高校优质资源，支持省属高校特色发展。

完善高等教育布局结构，着力办好现有高校，从严审批新设高校。稳步扩大本科生教育，加快发展研究生教育，大力发展高等职业教育。适应经济发展方式转变和产业结构调整的要求，实行学科专业动态调整机制，建立专业设置与市场需求信息监测预警机制。重点发展节能环保、新能源、新能源汽车、电子信息、新材料、生物医药、生物育种等战略性新兴产业相关专业和我省传统支柱产业技术改造相关专业，压缩社会需求相对饱和的专业。发挥政策指导和资源配置的作用，实行分类管理、分类指导、分类服务、分类评估，引导高等学校彰显办学特色，克服同质化倾向。

（十九）全面提高人才培养质量。用“创造、创新、创业”教育理念指导教育教学实践，着力培养信念执着、品德优良、知识丰富、本领过硬的高素质专门人才和拔尖创新人才。

加强大学生思想政治教育。坚持知识传授与价值观培养相结合，把社会主义核心价值体系融入和贯穿教育教学全过程。推进大学生思想政治教育创新，加强思想政治理论课建设，推进辅导员队伍专业化职业化，加强大学生心理健康教育，推进大学校园文化建设，提高思想政治教育科学化水平。

深入实施“湖北省高等学校教学改革与质量提高工程”，重点建设一批精品课程、品牌专业、教学团队、实验教学示范中心。加强高等学校教学资源平台建设，建设精品课程共享平台。加强教学管理，健全教学质量保障体系。改进教学质量评估制度，加强教学巡视工作，建立高校教学基本状态数据年度统计公布制度。推进自选专业、弹性学制、学分制、通识教育、研究性学习、基地班、实验班等教育教学改革。实施“湖北普通高等学校拔尖创新人才培育试验计划”，“十二五”期间重点建设20个左右“拔尖创新人才培育基地”。加强就业创业教育和就业指导服务，“十二五”期间建设30个左右“大学生创业示范基地”，建设200个左右校内外“大学生实习实践基地”。实施“湖北省战略性新兴产业人才培养计划”，“十二五”期间确定100个左右本科和高职专业点，组织高校与企业行业联合培养战略性新兴产业所需人才。

深化学位和研究生教育改革，加强高校和科研院所博士、硕士学位授予单位建设，探索联合培养研究生的新机制和新模式。大力发展专业学位研究生教育，加快培养适应我省产业结构调整的各类高级专门人才特别是工程类人才。采取地方政府主导、高校行业对接、内部资源整合、校际协作等多种模式，“十二五”期间重点建设20个左右“研究生教育创新基地”。

提高高等职业教育人才培养质量，着力培养学生的职业道德、职业技能和就业创业能力。参照职业岗位任职要求，支持高职院校与行业企业共同制订专业人才培养方案。引入行业企业技术标准，校企合作共同开发专业课程和教学资源。适应经济全球化和对外开放战略，将各类产品、服务、职业资格的国际化标准融入教学内容。推行多学期、分段式等灵活多样的教学组织模式，学校和企业共同完成教学任务。建立高等职业教育人才培养质量报告发布制度。

（二十）提升科学研究水平。鼓励高校积极开展自然科学、技术科学、哲学社会科学研究。加强重点实验室、工程技术研究中心、技术转移中心等科研创新基地和平台建设。积极培育和重点建设一批跨学科、跨领域的科研创新团队。建设面向社会开放的高校科技基础条件平台、大型科学仪器设备协作共享平台、科研成果转化交易平台和产学研用结合服务平台。深入实施“高等学校哲学社会科学繁荣计划”，加强人文社会科学研究基地建设。完善以创新、质量和贡献为导向的高校科研评价体系，建立有利于自主创新的激励机制。探索建立高校教师、科研人员职称评聘、科技成果评定与科技成果转化挂钩的机制。对从事科技开发和成果转化的科技人员评定职称时，指标单列，重点考核产生的经济效益和社会效益。

（二十一）增强服务经济社会发展的能力。高校要牢固树立主动为社会服务的意识，积极履行社会责任。发挥高校人才优势，加强先进文化创新、创作和传播。积极开展决策咨询，发挥智囊团、思想库作用。引导高校主动融入东湖国家自主创新示范区建设，“十二五”期间重点建设20个左右“高校自主创新重点基地”。办好湖北省大学科技园，促进科技含量高、产业前景好的精品项目入园转化。落实《湖北省科学技术进步条例》的奖励规定，鼓励高校科技成果以股份制等多种形式参与分配，鼓励高校科技成果在省内转化。实施“高校青年教师深入企业服务行动计划”，“十二五”期间每年组织1 000名左右的高校青年教师深入企业服务。建立高校服务农村发展机制，组织高校参加“城乡互联、结对共建”活动。支持高校与行业、企业、科研院所和地区建立产业技术创新战略联盟，创办产业实体，共建创新平台。设立高校产学研用合作专项资金，组织高等学校围绕国家和湖北省发展战略，积极承担重大科技计划项目。实施高校与企业产学研用结合科技攻关计划，面向企业公开征集重大科技问题，组织高校与企业联合攻关。引导高校科研人员围绕经济结构转型升级和企业技术改造升级，开展科技攻关，创造更多的科技成果向企业转让。建立健全高校教师、科研人员创业创新和企业高层次人才进校兼职的机制。研究制定高等学校科技服务湖北经济社会发展考核评价办法，定期对服务湖北成绩突出的高校和高校教师进行表彰奖励。

第七章　构建终身教育体系

以加强人力资源能力建设为核心，大力发展非学历继续教育，稳步发展学历继续教育，基本形成全民学习、终身学习的学习型社会。

（二十二）建立健全终身教育体制机制。将终身教育体系建设纳入全省经济社会发展总体规划，纳入精神文明建设总体目标。建立健全继续教育投入和成本分担机制。发挥学习型组织在建设学习型社会中的引领作用。探索开放互动式学习，加强研究式学习。建立学习推动机制、考核评价机制、学习保障机制和学习成果推介机制，加快各类学习型组织建设。健全继续教育激励机制，推进继续教育与工作考核、岗位聘任（聘用）、职务（职称）评聘、职业注册等人事管理制度的衔接。定期开展全民终身学习活动周、全民读书月、社区终身教育节等群众性学习宣传活动，营造全民学习、终身学习的浓厚氛围。

（二十三）构建灵活开放的终身教育体系。坚持政府主导，统筹规划教育资源和社会资源，促进各级各类教育纵向衔接、横向沟通，提供多次选择机会。搭建终身学习“立交桥”，建立继续教育学分积累与转换制度，实现不同类型学习成果的互认和衔接。引导各级各类学校、科研机构、文化馆、图书馆、博物馆等公共资源向全体社会成员开展继续教育。健全宽进严出的学习制度，以广播电视开放教育为基础，办好开放大学。加强和改进成人高等教育，改革和完善高等教育自学考试制度，建立科学的自学考试专业课程体系和评价制度。加强以卫星、互联网、电视等为载体的远程开放继续教育及服务平台建设。建立和完善现代远程教育质量保证体系。加快发展城乡社区教育，争创国家社区教育示范区。重视老年教育，使老年人老有所学、老有所乐、老有所为。充分发挥公共文化设施、新闻媒体的社会教育职能，为构建终身教育体系和学习型社会服务。

第八章　重视特殊教育和民族教育

加快发展特殊教育，提高保障水平，健全特殊教育体系。重视和支持民族教育，完善扶持政策，全面提高民族教育发展水平。

（二十四）促进特殊教育发展。加强特殊教育学校建设，完善随班就读制度，切实保障残疾儿童少年的受教育权利。各级各类学校要积极创造条件接收残疾人入学，不断扩大随班就读和普通学校特教班规模。县（市、区）特殊教育学校主要承担义务教育阶段教育，市（州）特殊教育学校主要承担高中阶段教育。不断提高残疾儿童少年义务教育普及水平。逐步实施残疾学生免费高中阶段教育。大力推进残疾人职业教育。完善高校招收残疾考生政策。因地制宜发展残疾儿童学前教育。加大投入力度，提高特殊教育学校公用经费标准。实施特殊教育学校建设工程，2015年前完成72所市、州、县特殊教育学校新建和改扩建任务。加大对家庭经济困难残疾学生资助力度。加强特殊教育师资队伍建设，采取措施落实特殊教育教师待遇。在优秀教师表彰中提高特教教师比例。

（二十五）支持发展民族教育。促

进民族地区各级各类教育协调发展。加强民族地区义务教育基本建设，全面提高民族地区义务教育水平。加大对民族地区高中建设的扶持力度，支持教育基础薄弱地区改扩建、新建一批高中阶段学校。加大对民族地区中等职业教育的支持力度。支持民族院校加强学科和人才队伍建设，提高办学质量和管理水平。进一步办好高校民族预科班。做好对少数民族地区教育对口支持工作，加强我省西藏班、新疆班的教育教学和管理，提高人才培养的质量和水平。开展民族团结教育。

第九章　深化教育体制改革

坚持改革方向，鼓励先行先试，实行整体推进，实现重点突破，努力形成具有湖北特色、适应经济社会发展、充满活力、富有效率、更加开放、有利于科学发展的教育体制机制。

（二十六）加快人才培养体制改革。牢固树立全面发展观念、人人成才观念、多样化人才观念、终身学习观念、系统培养观念。构建符合素质教育要求、具有湖北特色的课程体系，推进学校、家庭和社会密切配合，普通教育、职业教育、终身教育协调沟通，小学、中学、大学有机衔接，教学、科研、实践紧密结合，形成体系开放、机制灵活、渠道互通、选择多样的人才培养体制。重点扩大应用型、复合型、技能型人才培养规模，着力培养经济领域急需紧缺人才和社会发展领域急需紧缺人才。

突出学生主体地位，注重学思结合。倡导启发式、探究式、讨论式、参与式教学。激发学生的好奇心、求知欲和想象力。培养学生的兴趣爱好，鼓励学生主动参与、积极思考、大胆质疑。加强教学方法研究，开展新教法改革实验，提高课堂效果。

加强实践教学环节，注重知行统一。加强人才培养过程的实验实习、实践锻炼和生活体验。开发实践课程、活动课程，将社会实践活动纳入对学生的综合素质评价。充分利用美术馆、图书馆、文化馆、博物馆等公益性文化设施，提升学生人文艺术修养。全面规划和建设青少年校外实践基地和活动中心，建设一批学生社会实践活动特色基地和校园文化精品项目。鼓励学生走进社区、走进农村、关心社会，参与志愿服务和公益活动。

关注学生特长潜能，注重因材施教。建立和完善分层教学、走班制、学分制、导师制等教学管理制度。推进优异学生培养模式改革，改革学生跳级、转学、转专业、选修课程等管理办法。支持有条件的高中与大学、科研院所合作开展创新人才培养研究和试验，建立创新人才培养基地，实施个性化的培养方案。探索建立校校联合、校企联合、学校与科研机构联合、国际合作等联合培养人才的新机制，培养创新型、实用型、复合型人才。深化职业教育工学结合、校企合作、顶岗实习的人才培养模式改革。支持研究生培养单位改进人才培养模式，创新研究生培养方法。推进部属高校和省属高校对口支持合作，为学生跨校选修、辅修第二学士学位、课程和专业搭建平台。

改革人才评价制度，注重全面发展。树立科学的人才观，改进社会人才评价和选用制度，为人才培养创造良好环境。建立科学、多样的评价标准，探索多种形式的评价方法，促进学生全面发展。做好学生成长记录，完善综合素质评价。科学制订学校评价标准，开展由政府、学校、家长及社会各方参与的教育质量评价。

（二十七）推进考试招生制度改革。义务教育实行就近、免试入学制度。完善学业水平考试和综合素质评价，为高中阶段学校招生录取提供更加科学的依据。完善高中阶段学校考试招生制度，构建高中阶段学校统一招生平台，实行高中阶段学校统一的招生录取办法。规范中等职业学校招生秩序，统一招生编码，实行网上录取、电子注册、自主招生。制定和完善普通高中学生就读中职学校的实施办法。规范高中优秀特长生录取程序和办法。深化高等学校考试招生制度改革。试行普通本科院校与高等职业院校分类入学考试。鼓励普通本科院校以统一招生考试为主，根据各自选才要求辅以面试等方式选拔人才。探索建立高职院校注册入学制度。支持省属高校自主招生，完善监督机制。改革研究生招考办法，发挥和规范导师在选拔录取中的作用。建立有利于专门人才、创新人才选拔的多元录取机制，健全择优录取、自主录取、推荐录取、定向录取、破格录取等规范程序。综合考虑高等教育资源承载能力等因素，改革高校招生计划分配办法，促进生源与院校资源的优化配置。今后一段时期，招生计划向与经济社会发展耦合性强的学科专业和设在市（州）的高校倾斜。加强信息公开和社会监督。成立湖北省教育考试指导委员会。加强教育考试机构建设，推进标准化考场建设，加强考试管理和依法监督。

（二十八）建设现代学校制度。推进政校分开、管办分离，构建政府、学校、社会之间的新型关系，逐步建立依法办学、自主管理、民主监督、社会参与的现代学校制度。随着国家事业单位分类改革推进，探索建立符合学校特点的管理制度和配套政策，克服行政化倾向。落实和扩大学校办学自主权。完善学校目标管理和绩效管理制度，健全校务公开制度，提高师生满意度和社会认同度。深化学校人事制度改革，全面实行聘任制和岗位管理制，探索灵活多样的分配办法。

推进现代大学制度建设。坚持和完善公办高等学校党委领导下的校长负责制，建立党委领导、校长负责、教授治学、民主管理的现代大学治理结构。完善高等学校校长选拔任用办法，试行委任、聘任、选任等选拔任用方式。加强学校章程建设。充分发挥学术委员会在学科建设、学术评价、学术发展中的重要作用。加强教职工代表大会、学生代表大会建设，发挥群众团体的作用。推进专业评价，建立高等学校质量报告发布制度。扩大社会合作，探索建立学校理事会或董事会制度。

完善中小学学校管理制度。进一步完善中小学校长负责制，探索建立校长职级制度和职业资格任职制度，逐步取消中小学校长行政级别。完善家长委员会制度，推动形成校长负责、民主管理、家校沟通、社会监督的中小学治理结构。扩大中等职业学校在办学模式、育人方式、资源配置、合作办学、服务社区等方面的自主权，健全现代职业学校制度。

（二十九）推进办学体制改革。坚

持教育公益性原则，健全政府主导、社会参与、办学主体多元、办学形式多样、充满生机活力的办学体制，形成以政府办学为主体、全社会积极参与、公办教育和民办教育共同发展的格局。鼓励行业、企业等社会力量参与公办学校办学，扩大优质教育资源，增强办学活力。推进公办、民办学前教育机构合作办园，探索连锁管理、集团办园。促进义务教育学校通过联合、合并、托管等多种形式合作办学，实现优质资源共建共享。支持示范高中与薄弱学校对口帮扶、合作办学。探索市(州)中等职业学校与县(市、区)中等职业学校联合办学、分段培养的新模式。借鉴现代企业制度，探索建立职业院校董事会、理事会等多种形式的议事决策制度，形成利益相关方合作办学、合作育人、合作就业、合作发展的体制机制。推进高等学校合作共建、资源共享。

(三十)促进民办教育健康发展。民办教育是教育发展的重要增长点和促进教育改革的重要力量。各级政府要把发展民办教育作为重要工作职责，以改革促进发展，引导和鼓励社会力量以独立举办、共同举办等多种形式兴办教育。依法落实民办学校、学生、教师与公办学校、学生、教师平等的法律地位，保障民办学校办学自主权。制定促进民办教育发展的优惠政策，落实民办学校在招生就业、学历认同、土地征用、税费减免等方面的优惠政策。健全对民办学校的人才鼓励政策。政府委托民办学校承担有关教育和培训任务，拨付相应教育经费。县级以上人民政府可以根据本行政区域的具体情况设立专项资金，用于资助民办学校。对发展民办教育作出突出贡献的组织、学校和个人给予奖励和表彰。大力扶持民办幼儿园发展，支持企事业单位、城乡居民、社区以多种形式举办学前教育机构。支持民办高中发展，促进普通高中办学体制多样化。积极支持符合条件的民办高校申报学士、硕士和博士学位授予单位。建立完善民办学校教师社会保险制度。促进民办学校提高质量，办出特色，办好一批高水平民办学校。

依法管理民办教育。建立健全民办学校管理的法规规章。积极探索营利性和非营利性民办学校分类管理。健全民办学校审批、变更、退出机制，严格民办学校年检制度。完善民办学校法人治理结构，落实民办学校法人财产权。完善独立学院管理和运行机制。建立民办学校办学风险预警和防范机制、信息公开制度。完善民办学校质量监控体系，加强对民办教育的评估。

(三十一)深化管理体制改革。建立统筹有力、权责明确的教育管理体制。省政府统筹规划全省各级各类教育事业发展，推进教育综合改革，开展教育改革试点，根据国家标准确定办学条件、教师编制、招生规模、成本分担等实施标准。完善省政府统筹规划实施、县级人民政府为主的义务教育管理体制。健全在省政府领导下，分级管理、地方为主、政府统筹、社会参与的职业教育管理体制，充分调动行业、企业参与办学的积极性。完善国家、省和市(州)三级办学、省政府为主管理高等教育的体制，市(州)政府要加大对高等教育的投入。健全教育部门与行业主管部门、地方政府的会商机制。

各级政府要切实履行统筹规划、政策引导、监督管理和提供教育公共服务的职责，建立健全公共教育服务体系，逐步实现基本公共教育服务均等化。加快政府职能转变，改进管理方式，注重运用法律、规划、拨款、标准、信息服务等手段对教育进行宏观管理。尊重基层首创精神，设立湖北省“地方教育制度创新奖”，鼓励改革创新、先行先试。规范决策程序，重大教育政策出台前要公开讨论，充分听取群众意见。成立湖北省教育咨询委员会，为教育改革和发展提供咨询论证，提高重大教育决策的科学性。组建湖北教育评估机构。开展教育质量第三方调查评估试点。培育专业教育服务机构。完善教育中介组织的准入、资助、监管和行业自律制度。积极发挥行业协会等社会组织在教育公共治理中的作用。

专栏3：　教育体制改革试点项目

1. 义务教育均衡发展改革试点。实施义务教育学校标准化建设工程、义务教育教师队伍建设工程、义务教育教学质量提高工程、义务教育学生关爱工程。建立义务教育均衡发展督导评估机制和经费投入保障机制。实现义务教育师资配备均衡化、基础设施标准化、教育质量一体化。

2. 职业教育公益性实现途径改革试点。创新办学机制，完善筹资机制，实施政策引导，创新产权制度。建立健全政府主导、行业指导、企业参与的办学机制，推进校企合作、订单培养，弹性学制等改革。建立和完善地方职业教育投入保障机制。完善职业教育资助体系。

3. 高等教育综合改革试点。围绕建设高等教育强省的奋斗目标，抓住提高高等教育质量、提供优质社会服务两大重点任务，深化人才培养体制改革、办学体制改革、管理体制改革、保障机制改革。

4. 武汉城市圈教育综合改革试点。构建义务教育均衡发展新体制、职业教育集约发展新体制、高等教育分类管理、特色发展新体制，将试验区建成教育事业科学发展先行区、高素质创新人才集聚区、教育资源共享示范区。

5. 拔尖创新人才培养改革试点。探索贯穿各级各类教育的创新人才培养途径。鼓励高等学校联合培养拔尖创新人才。支持有条件的高中与大学、科研院所合作开展创新人才培养试验。建立拔尖创新人才培育试验基地。

6. 推进素质教育改革试点。深化中小学课程改革。推进学校实施素质教育评价。探索建立教育质量监测体系。建立中小学生课业负担监测、举报、公告和问责制度。建立中小学生“减负”长效机制。

7. 办学体制改革试点。探索公办学校联合办学、中外合作办学、委托管理等改革试验。开展对营利性和非营利性民办学校分类管理试点。建立民办学校财务、会计和资产管理制度。探索独立学院管理和发展的有效方式等。

8. 终身教育体制机制改革试点。建立普通教育、职业教育、继续教育之间的沟通机制。建立终身学习网络和服务平台。统筹开发社会教育资源，积极发展社区教育。建立学习成果认证体系，建立"学分银行"制度等。

9. 考试招生制度改革试点。构建市（州）统筹的高中阶段学校招生平台，推进中等职业学校考试招生制度改革。开展高校分类考试改革。探索自主录取、推荐录取、定向录取、破格录取的具体方式。

10. 地方教育投入保障机制改革试点。建立县（市、区）多渠道筹措教育经费长效机制。探索政府收入统筹用于教育的办法。建立教育投入分项分担机制。对长期在农村基层工作的教师实行工资福利倾斜政策。

第十章　扩大教育对外开放

坚持以开放促改革、促发展，开展全方位、多层次、宽领域、高质量的教育国际交流与合作，建立与教育强省相适应的对外开放体制机制，显著提升湖北教育的国际影响力和竞争力，使我省教育国际化总体水平居全国前列。

（三十二）提高教育对外交流合作水平。支持高校与国外高水平大学合作，共同建设形式多样的教学科研平台，联合推进高水平基础研究和高技术研究。推进我省高校与国外大学互派教师、互换学生、互认学分和互授联授学位。鼓励有条件的高校在海外设立分校。鼓励学生赴海外游学、实习。加强双语教学，发展多种语言教育。增强各级各类学生的国际语言交流能力，培养大批具有国际视野、通晓国际规则、能够参与国际事务与国际竞争的国际化人才。促进中小学开展对外交流和国际理解教育。建设境外教师培训基地，与外方合作建立欧洲、美洲海外教师培训基地。深入实施"楚天学者"计划、世界著名科学家来鄂讲学计划等项目。"十二五"期间，从海外引进1 000名左右"楚天学者"，选派3 000名左右高校中青年学术骨干、青年教师到海外研修，组织5 000名左右中小学、中职学校教师到境外培训，促进1 000所左右中小学与国（境）外学校建立稳定的交流合作关系。

（三十三）引进优质教育资源。大力推进我省高校开展本科层次中外合作办学。通过政府邀请等方式，吸引国际知名大学与我省高校合作办学。"十二五"期间，建立20个左右本科层次中外合作办学项目、1—2所独立设置的中外合作高校。支持办好中国欧盟清洁与可再生能源学院等中外合作办学。探索与国外高水平大学共同培养创新型人才的制度和模式。引进境外优秀教材，加强高校课程体系国际化建设。提高我省高校聘请外籍专业课教师的比例，到2020年外籍教师达到专任教师的4%。大力发展职业教育领域的中外合作办学，引进境外职业教育课程教学资源和国际通用的职业资格标准，引进海外企业、机构和职业院校参与我省职业院校的办学和管理，探索建立国际职业教育园区。扩大高中阶段中外合作办学。

（三十四）增强湖北教育国际影响力。定期举办国际教育展，为我省教育对外开放搭建国际平台。扩大实施省政府来鄂留学生奖学金计划，完善留学生奖励政策，到2020年，在鄂学习的外国留学生比2010年翻两番。实施"留学湖北"行动计划，努力使湖北成为外国学生来华留学的主要目的地之一，培养一大批知鄂友鄂的高素质外国留学生。建立外国留学生预备教育基地。大力提高高校外语授课水平，增加高校外语授课的学科专业，着力建设一批吸引海外学生来鄂留学的特色学科群。建设一批外籍人员子女学校。鼓励学校在海外设立留学生校友会。推广对外汉语教育，推进我省高校"孔子学院"和高中学校"孔子课堂"发展。

利用湖北教育的优势资源，积极开展与港澳台地区的教育交流与合作，拓展合作领域，深化合作内涵，提高合作成效。

第十一章　建设高素质教师队伍

教师是教育的第一资源。激励"优者从教"，保障"教者从优"，坚持师德为魂，提升专业素质，努力建设一支适应湖北教育现代化需要的师德高尚、业务精湛、结构合理、充满活力的高素质专业化教师和管理干部队伍。

（三十五）加强师德师风建设。加强教师职业理想和职业道德教育，增强广大教师教书育人的责任感和使命感。完善师德档案制度。制定各级各类学校教师的师德标准和考核办法。建立健全师德考核、评价、监督和奖惩的长效机制，将师德表现作为教师岗位聘任、职务晋升、年度考核的首要内容，实行师德问题"一票否决制"。将师德建设纳入学校督导评估的重要指标。树立师德典型，省政府每年评选十大"荆楚师德楷模"，并授予"五一劳动奖章"。建立师德失范和学术不端行为监督、查处机制，对失德失范者要加强教育，对体罚学生、有偿家教、学术腐败行为者要进行惩戒，对发生严重师德事件的地方和学校实行问责。

（三十六）提高教师业务水平。健全中小学教师补充、培训、交流机制。逐步实行师范生免费教育，完善代偿机制。加强教师教育，构建以师范院校为主体、综合大学参与、开放灵活的教师教育体系。深入实施"农村教师资助行动计划"，"十二五"期间选派2万名大学毕业生到农村乡镇学校任教。实施乡村学校"启明星计划"，从城镇学校选派2 500名具有较强管理能力、较高教育教学水平的校长、教师到乡镇中小学校任职任教。将教师培训经费列入政府预算，完善教师培训体系，整合培训资源，分层组织每五年一周期的中小学教师全员培训。健全农村教师培训机制，省教育行政部门组织农村教师和校长免费集中培训，"十二五"期间免费培训10万名农村教师和校长。建立中小学教师校长跟岗学习制度和师范生顶岗实习制度。完善城乡教师定期交流制度，健全城镇教师到农村学校定期支教制度，组织湖北名师、特级教师讲学团送教下乡。"十二五"期间，组织2.5万名城镇教师到农村支教，推进5 000名城乡中小学校长双向交流任职。

加强职业院校"双师型"教师队伍建设。到2020年高职院校和中职学校"双师型"师资比例分别达85%、75%以上。实施职业院校教师素质提高计划，提高教师专业素养、实践教学水平和课程开发能力。多渠道引进职业院校教师，完善"楚天技能名师"制度，"十二五"期间在高职院校和中职学校各设岗500个。落实教师在职进修和企业实践制度，依托有关高等学校和大中型企业，建设一批"双师型"教师培养培训基地。制定职业院校兼职教师管理办法，完善职业院校专业课教师资格认定和职务评审体系，强化对生产服务一线工作经历的考核。完善其它专业技术职务向教师职务的转任评聘机制。大力开展中等职业学校校长培训。

加强高等学校高层次人才队伍建设。制定高校高层次人才队伍建设总体规划。依托高校重大科研项目、重点学科和重点科研基地以及国际学术交流与合作项目，在国内外引进高层次拔尖创新人才。采取学术引领、岗位牵引、合作研究、团队建设等方式，形成有利于中青年教师脱颖而出、年龄结构合理的学术梯队，造就一批协作攻关、勇攀高峰的科技创新团队。吸引企事业单位的工程技术人员、管理人员和有特殊技能人员到高等学校担任兼职教师，促进校企人才资源交流和共享。支持高校申报两院院士和“国家海外高层次人才引进计划”、“长江学者奖励计划”、“国家杰出青年科学基金”、湖北“百人计划”、“楚天学者”等人才项目，鼓励高校培养和造就学术带头人和学科领军人才。

（三十七）提高教师地位待遇。依法保证教师平均工资水平不低于或者高于国家公务员的平均工资水平，并逐步提高。全面落实绩效工资制度，将绩效考核同晋级、评先、职称评定挂钩。研究制定优惠政策，落实和完善教师的津补贴和医疗、养老、定期体检、休假疗养等政策。对长期在农村工作的教师在工资、职务（职称）等方面实行倾斜政策，逐步提高津补贴标准。加快建设农村中小学教师周转宿舍，“十二五”期间新建、改建2万套。解决农村教师住房问题。省政府设立“楚天园丁奖”荣誉称号，对在农村学校任教满30年、贡献突出的教师给予表彰奖励。关心教师身心健康。大力宣传优秀教师的先进事迹，使教师成为社会上最受尊重的职业，让尊师重教蔚然成风。

（三十八）完善教师管理制度。严把教师入口关，建立教师资格证书定期登记制度。省教育行政部门统一组织教师资格考试和资格认定，统一组织中小学新进教师招录考试。义务教育学校新进教师主要从免费师范生、特岗生、资教生中招聘录用。县级教育行政部门按规定履行中小学教师的招聘录用、职务（职称）评聘、培养培训和考核等管理职能。义务教育学校校长每届任期3－5年，任职满2届的原则上交流任职。城市和县域内义务教育教师城乡交流、校际交流人数每年应占教师总数的5－10%。深化中小学职务（职称）制度改革，建立统一的中小学教师职务（职称）系列，在中小学设置正高级教师职务（职称）。城镇中小学教师在评聘高级职务（职称）时，原则上要有一年以上农村学校或薄弱学校任教经历。探索在职业学校设置正高级教师职务（职称）。制定幼儿教师配备标准的实施办法。完善中小学教师编制标准和管理办法，建立动态调整机制，对农村地区实行倾斜政策。配齐农村学校体育、音乐、美术、信息技术等教师。加强学校岗位管理，探索实行教师分类聘用、分类管理和分类考评，建立健全教师转岗机制和退出机制。

（三十九）加强教育教学专家培养。倡导教育家办学，引导教师和校长更新教育观念，探索教育规律，努力成为创新型的教育教学专家。支持学校设立名师工作室，吸纳本学科教师参与，充分发挥名师的传帮带作用。深入实施“湖北名师”工程，到2020年，培养500名“湖北名师”。加强特级教师队伍建设，县（市、区）中小学主干学科至少要有1名以上特级教师，每个县（市、区）每个学科培养1名学科带头人，每个乡镇培养1名骨干老师。实施“楚天中小学教师校长卓越工程”，每年遴选500名左右具有良好职业前景的优秀教师和校长进行重点培养，造就一批教学名师。加强中小学校长、教导主任培养培训，重视后备人才建设，促进校长队伍专业化发展。设立“湖北人民教育家”荣誉称号，表彰作出重大贡献的教育工作者。开展全省“十佳校长”、“十佳班主任”评选活动。设立教学成果奖，奖励在教学中作出突出成绩的各级各类教师。

第十二章　优先保障教育投入

对教育的投入是对发展的投入、对民生的投入、对未来的投入。各级政府要落实提供公共教育服务职责，把教育作为财政支出重点领域予以优先保障。健全以政府投入为主、多渠道筹集教育经费的体制，大幅度增加教育投入，为建设教育强省提供强有力的经费保障。

（四十）加大财政投入力度。各级政府要大力调整财政支出结构，依法落实教育经费增长要求。严格按照教育法律法规规定，年初预算和预算执行中的超收收入分配都要体现法定增长的要求，保证教育财政拨款增长明显高于财政经常性收入增长，并使按在校学生人数平均的教育费用逐步增长，保证教师工资和学生人均公用经费逐步增长。加大财政投入，到2012年，超过国家2012年实现财政性教育经费占国内生产总值4%目标对湖北的要求比例，省财政部门每年分市、州、县核定教育支出比例。调整政府基本建设支出结构，加大政府基本建设对教育的投入，提高基本建设用于教育的比例。

建立政府教育拨款增长的考核监督和责任追究机制。研究制定各级政府教育投入监督检查办法，加大对市、州、县政府教育投入情况的监督。建立各级政府教育投入公告制度，接受社会监督。

（四十一）拓宽教育经费筹措渠道。按国家和省有关规定，足额征收城市教育费附加和地方教育附加，专项用于教育事业。其中，教育费附加用于职业教育的比例不低于30%。加大政府财政基本建设资金、政府土地出让金收入、福彩体彩公益金收益等资金对教育的投入。对各级各类学校校舍建设按政策规定实行规费减免。完善财政、税收、金融、土地等优惠政策。完善非义务教育培养成本分担机制，合理确定政府、家庭分担比例，充分考虑经济发展状况和群众承受能力，适时调整学费标准。鼓励和引导社会力量出资办学。

（四十二）完善教育经费投入机制。根据国家办学条件基本标准和教育教学基本需要，制定并逐步提高全省各级各类学校生均经费基本标准和生均财政拨款基本标准，建立动态调整机制。高校发挥公共财政的调控和导向作用，鼓励各地推进教育体制机制创新，建立标准拨款、项目投资与绩效奖惩相结合的教育经费分配制度。突出重点领域，加大对教师队伍建设、教育质量提高、创新人才培养、优势和特色学科建设等方面的投入，调整优化教育结构。扶持革命老区、民族地区、贫困地区教育事业发展。逐步化解公办学校基本建设债务。

义务教育全面纳入公共财政保障范围，进一步完善中央财政和地方财政分项目、按比例分担的农村义务教育经费保障机制，提高保障水平。学前教育实行财政投入、社会举办者投入、家庭合理负担的投入机制。普通高中实行以财政投入为主，其它渠道筹措经费为辅的机制。中等职业教育实行政府、行业、企业及其它社会力量依法筹集经费的机制。高等教育实行以举办者投入为主、受教育者合理分担培养成本、学校设立基金接受社会捐赠等多元化筹措经费的机制。

健全和完善家庭经济困难学生资助政策体系。建立学前教育资助制度，对家庭经济困难儿童、孤儿和残疾儿童接受普惠性学前教育给予资助，发展残疾儿童学前康复教育。提高农村义务教育家庭经济困难寄宿生生活补贴标准。建立普通高中家庭经济困难学生国家资助制度。完善普通本科高校、高等职业学校和中等职业学校家庭经济困难学生资助政策体系。完善助学贷款体制机制。推进生源地信用助学贷款。建立健全研究生教育收费制度，完善资助政策。

（四十三）加强教育经费使用管理。提高教育经费使用效益。加强预算管理，建立科学化、精细化管理机制，提高预算执行效率。设立湖北省高等教育拨款咨询委员会，增强经费分配的科学性。加强学校财务会计制度建设，完善经费使用内部稽核和内部控制制度，严格实行大额经费使用集体决策制度，强化重大项目建设和经费使用全过程审计。在高校试行设立总会计师、总审计师制度，公办高校总会计师、总审计师由政府委派。加强经费使用监督，建立并不断完善教育经费基础信息库。建立经费使用绩效评价制度，加强重大项目经费使用考评。加强学校国有资产管理，建立健全学校国有资产配置、使用、处置管理制度，防止国有资产流失，提高使用效益。完善学校收费管理办法。坚持勤俭办学，严禁铺张浪费，建设节约型学校。

第十三章　加快教育信息化进程

坚持以教育信息化带动教育现代化，超前部署教育信息化建设，建成数字化教育服务体系，促进教育内容、教学手段和方法现代化。

（四十四）推进基础设施建设。充分利用优质资源和先进技术，创新运行机制和管理模式，整合现有资源，构建先进、高效、实用的数字化教育基础设施。实现全省中小学“班班通”。重点加强农村学校信息基础建设。继续推进农村中小学远程教育。推进数字化校园建设，实现多种方式接入互联网。建设湖北教育信息网省级教育数据中心，加快湖北教育网台升级换代。贯彻落实国家教育信息化标准。

（四十五）开发特色教育资源。整合教育教学资源库，开发湖北特色教育资源，加强网络教育资源体系建设。健全完善数字图书馆和虚拟实验室。建立开放灵活的教育资源公共服务平台，促进优质教育资源共享。充分利用网络互动交流技术，通过丰富的教育资源和科学的教学质量评价系统，为师生提供个性化的学习服务。

推进信息化应用。普及中小学信息技术教育，鼓励学生利用信息手段主动学习、自主学习，提高运用信息技术分析解决问题的能力。提高教师应用信息技术水平。推进信息技术在学校课堂教学、教学管理等方面的应用。积极开展教育信息化研究，以研究引领建设和应用。逐步提高全省中小学校生机比、联网率、开课率、使用率。

（四十六）构建教育管理信息系统。建立和完善学校基础信息库，制定学校基础信息管理要求，加快学校管理信息化进程。开发政府管理教育信息系统和学校管理信息系统，搭建教育公共服务平台，提高管理现代化水平。建设教育动态监测系统，开展实时动态的监测和分析。

第十四章　推进依法治教

树立依法治教理念，推进教育法制建设，提升教育法治水平。健全教育督导制度，创新督导工作机制，为教育事业科学发展提供监督和保障。

（四十七）完善教育法规规章。根据国家法律法规，结合湖北实际，加快修订《湖北省实施〈中华人民共和国教师法〉办法》，制定促进民办教育发展、职业教育校企合作、教育督导、终身教育、教育捐赠管理等地方性法规、政府规章。加强教育法制研究，提高制度建设的质量和水平。加强教育法制工作机构和教育行政执法队伍建设。

（四十八）全面推进依法行政。认真落实教育行政执法责任制，完善并落实行政许可设定、实施、监督检查等相关配套制度。推动行政管理方式创新，加快电子政务建设。推进科学民主决策，建立健全公众参与、专家论证、风险评估、合法性审查和集体讨论决定相结合的决策机制。加强教育宏观决策和发展战略研究，提高教育决策的科学化水平。加强对教育行政行为和学校办学行为的监督。完善教育信息公开制度。

（四十九）大力推进依法治校。学校要完善符合法律规定、体现自身特色的学校章程和制度，认真履行教育教学和管理职责，依法管理国有资产和学校法人财产。加强学校民主建设，切实保障教职工参与学校民主管理和民主监督的权利。依法保护学生权益，按照公平公正原则对学生实施奖励与处分。加强和改进各级各类学校法制宣传教育。

（五十）切实加强教育督导。加强教育督导机构建设、队伍建设和制度建设。完善督学聘用办法，拓宽督学选聘渠道，督学的组成以教育督导机构为主，多个部门参与。完善督导结果公告制度、限期整改制度，探索建立督学委派、督学责任区等制度。落实县（市、区）党政重要负责同志教育工作考核制度。开展义务教育均衡发展督导评估。完善幼儿园和普通中小学督导评估制度。建立中等职业教育专项督导评估制度。加强基础教育质量监测，定期发布监测结果。

第十五章　加强组织领导

建设教育强省、实现教育现代

化，是一项伟大而艰巨的任务。必须加强党对教育工作的领导，落实各级政府的责任，凝聚全社会的力量，为教育改革和发展构建和谐、健康、稳定、有序的良好环境。

(五十一)加强和改善对教育工作的领导。各级党委、政府要从全局和战略高度，深刻认识建设教育强省的重大意义，把优先发展教育作为落实科学发展观的一项基本要求，作为维护人民群众利益、促进经济社会发展的神圣职责、应尽义务和主体责任。党委和政府主要负责人要确保教育工作优先研究，教育问题优先解决，教育发展优先规划，教育投入优先安排。健全党委、政府定期研究教育工作制度。健全各级党政领导班子成员联系学校制度。建立各级党委、政府主要负责同志定期向同级党委全委会、人民代表大会及其常务委员会专门报告教育工作的制度。党委、政府各部门要切实履行职责，支持教育改革和发展。

(五十二)加强和改进教育系统党的建设。加强教育系统学习型党组织建设。切实加强各级各类学校和教育行政部门领导班子思想政治建设，增强贯彻落实科学发展观的自觉性和坚定性。坚持党对意识形态和思想政治教育工作的主导权，坚持用马克思主义中国化最新成果武装党员干部、教育广大师生。推动中国特色社会主义理论体系进教材、进课堂、进头脑。深入开展社会主义核心价值体系学习教育。

建立健全各级各类学校党的组织。深入开展教育系统创先争优活动。高校党委要充分发挥在学校改革发展中的领导核心作用。中小学党组织要充分发挥在学校工作中的政治核心作用。加强民办学校党的建设，充分发挥民办学校党组织的作用。建立并完善向民办普通高校选派党委书记并兼任政府督导专员制度。加强学校领导班子和领导干部队伍建设。优化组织设置，创新活动方式，着力扩大党组织的覆盖面。加强在优秀青年教师、优秀学生中发展党员工作，坚持党建带团建、团建带队建，加强学校共青团、少先队工作。

加强教育系统党的作风建设，以优良的党风促校风带学风。坚持标本兼治、综合治理、惩防并举、注重预防的方针，完善教育系统惩治和预防腐败体系，强化风险防范机制。严格执行党风廉政建设责任制，加大教育、监督、改革、制度创新力度，坚决惩治腐败。坚持从严治教、民主管理，积极推行党务公开、校务公开和教务公开，加强群众监督。

(五十三)切实维护教育系统的和谐稳定。深入开展平安和谐校园创建活动。以帮助师生员工解决实际困难和问题为重点，完善校园矛盾纠纷排查和化解机制。加强学校及周边环境治安综合治理，建立公安、教育、工商、文化、卫生等部门经常性的联合执法协调机制。加强安全教育，组织师生开展安全知识学习和安全应急演练，提高师生公共安全意识和防险避灾能力。加强和改进学校思想政治工作，加强校园网络管理，及时掌握社情舆情。加强校园安全基础设施建设和管理，配备必要的安保人员。完善校园安全防控和应急管理体系，妥善处理各种事端，着力维护校园和谐稳定。

实施

本《教育规划纲要》是建设教育强省和人力资源强省的蓝图，是指导我省教育改革发展的纲领性文件。贯彻实施本《教育规划纲要》，是一项十分艰巨的社会系统工程，任务重、要求高，必须建立健全实施机制，加强统筹协调，确保各项目标、任务落到实处。

明确目标任务，落实责任分工。在省委、省政府领导下，各级党委、政府和各有关部门分工负责，分级管理，负责贯彻落实本《教育规划纲要》。成立湖北省教育体制改革领导小组，统筹部署、指导实施教育体制改革工作。省教育行政部门负责《教育规划纲要》的组织协调和实施，各有关部门特别是发展改革、财政、人力资源和社会保障等部门要积极配合，密切协作，切实负起责任，确保各项目标实现。

制定实施方案，完善配套政策。各级党委、政府和有关部门、各级各类学校要从实际出发，围绕本《教育规划纲要》确定的战略目标、主要任务和重大措施，制定本地、本部门、本学校的发展规划或实施方案，制定切实可行、操作性强的配套政策措施，并抓紧组织实施。

加强监督管理，严格奖惩问责。建立《教育规划纲要》实施情况的跟踪、监督机制和定期评估、公布制度。将《教育规划纲要》的落实情况作为各级党政领导班子和领导干部政绩考核的重要内容，并接受同级人大、政协以及社会各界的监督。根据实施情况，对党政主要负责同志和有关负责同志进行表彰奖励或劝诫问责。

广泛宣传动员，营造良好环境。广泛宣传教育优先发展对于转变发展方式的极端重要性，广泛宣传教育强省的战略意义，广泛宣传《教育规划纲要》的主要内容，动员全社会进一步关心支持教育改革和发展，为《教育规划纲要》的实施创造良好社会环境和舆论氛围。

省委办公厅、省政府办公厅关于学习贯彻全国教育工作会议和《国家中长期教育改革和发展规划纲要(2010－2020)》精神的通知

鄂办发〔2010〕35号

2010年7月13日至14日，党中央、国务院在北京召开了改革开放以来的第四次、新世纪的第一次全国教育工作会议。胡锦涛、温家宝、刘延东同志在会上发表了重要讲话。会前，中共中央办公厅、国务院办公厅印发了《国家中长期教育改革和发展规划纲要(2010－2020)》(以下简称《教育规划纲要》)。中央领导同志的重要讲话和《教育规划纲要》，丰富和发展了中国特色社会主义教育理论体系，描绘了未来教育改革发展的宏伟蓝图，指明了教育事业科学发展的方向，开启了从人力资源大国向人力资源强国迈进的历史进程，必奖成为中国教育改革发展史上新的里程碑。学习贯彻全国教育工作会议和《教育规划纲要》精神，是各级党委、政府当前和今后一个时期的重要任务。经省委、省政府同意，现就学习贯彻全国教育工作会议和《教育规划纲要》通知如下：

一、深刻领会全国教育工作会议和《教育规划纲要》精神，把思想和行动统一到中央的要求和部署上来

（一）充分认识全国教育工作会议和《教育规划纲要》的时代背景。召开这次全国教育工作会议、颁布《教育规划纲要》，是党中央、国务院在新世纪作出的一项重大战略决策。一是应对国际竞争新形势的迫切需要。当今世界进入空前的创新密集和产业变革时代，知识和创新越来越成为提高综合国力和国际竞争力的决定性因素，人力资源越来越成为推动经济社会发展的战略性资源，我国要在激烈的国际竞争中赢得主动地位，必须及早谋划教育改革发展。二是适应我国经济社会发展新要求的迫切需要。我国要在2020年全国建成小康社会、进而到本世纪中叶基本实现现代化，科技是关键，人才是根本，教育是基础。三是满足人民群众新期盼的迫切需要。教育承载着人民群众对未来美好生活的期盼。随着知识、技能的价值越来越充分体现，人民群众对优质教育的渴望尤其强烈，对教育公平的关注更加突出。四是推动教育事业科学发展的迫切需要。当前我国教育还不完全适应经济社会发展和人民群众接受良好教育的需求，教育改革发展不够科学，大而不强、质量不高的状况亟待改变。

（二）深刻领会全国教育工作会议和《教育规划纲要》的基本精神。这次全国教育工作会议和《教育规划纲要》的基本精神体现为胡锦涛总书记讲话中提出的推动教育事业科学发展"五个必须"。一是必须优先发展教育。强国必先强教。在党和国家的全局中，必须始终把教育摆在优先发展的战略地位。要把优先发展教育作为贯彻落实科学发展观的基本要求，把坚持优先发展教育、发挥教育重大作用作为检验各级领导班子是否真正贯彻落实科学发展观的重要内容。二是必须坚持以人为本。以人为本是教育改革发展的战略主题，核心是解决好培养什么人、怎样培养人的重大问题，重点是促进学生全面发展。要着力提高学生服务国家服务人民的社会责任感、勇于探索的创新精神和实践能力，坚定学生对中国共产党领导、社会主义制度的信念和信心。三是必须坚持改革创新。改革是教育事业发展的强大动力。深化教育体制改革，关键在于更新教育观念，核心是改革人才培养体制，目的是提高人才培养水平。要深化人才培养模式、办学体制、教育管理体制等改革。要加强教育国际交流合作，有计划地引进海外高端人才，引进优质教育资源。四是必须促进教育公平。教育公平是社会公平的重要基础，关键是机会的公平，基本要求是保障公民依法享有受教育的权利，重点是促进义务教育均衡发展和扶持困难群众。要逐步对农村经济困难和城镇低保家庭子女接受学前教育予以资助，建立普通高中家庭经济困难学生的资助制度，设立研究生国家奖学金。要以发展促公平，以改革促公平，以政策支持促公平。五是必须重视教育质量。提高质量是教育改革和发展的核心任务。树立以提高质量为核心的教育发展观，鼓励学校办出特色、办出水平和出名师、育英才。

（三）全面把握未来教育改革发展的主要任务。《教育规划纲要》按照党的十七大提出的完善现代国民教育体系、形成终身教育体系的要求，明确了八项发展任务：一是积极发展学前教育，重点发展农村学前教育。二是依法实施九年义务教育，巩固提高教育水平，重点推进均衡发展，消除辍学现象，夯实教育公平的基础。三是普及高中阶段教育，合理确定普通高中和中等职业学校招生比例，提升我国新增劳动力受教育水平。四是大力发展职业教育，建立健全政府主导、行业指导、企业参与的办学机制；完善职业教育支持政策，提高学生就业创业能力；加强面向农村的职业教育。五是以提高教育质量为核心，全面提升高等教育人才培养、科学研究和社会服务的整体水平；优化高等教育学科专业结构，鼓励高校办出特色，加快创建世界一流大学和高水平大学步伐。六是发展继续教育，通过建立学分转换、完善自学考试、办好开放大学等制度措施，搭建终身学习的"立交桥"，努力建设学习型社会。七是重视和支持民族教育事业，全面提高少数民族和民族地区教育发展水平；大力推进双语教育。八是关心和支持特殊教育，完善特殊教育体系，健全特殊教育保障机制。

二、结合湖北经济社会发展实际，全面促进我省教育事业科学发展

（一）加强领导，明确责任。各级党委、政府要充分发挥领导作用，把教育改革发展摆在重要议事议程，健全领导体制和决策机制，以更大的决心、更强的财力、更多的精力支持教育事业。要加强制度建设，建立健全统筹教育和经济社会发展、统筹教育改革和对外开放、统筹城乡和区域教育发展、统筹各级各类教育发展的机制。要坚持社会主义办学方向，牢牢把握对学校意识形态工作的主导权，加强和改进学校思想政治工作，加强校园文化建设。要加强和改进教育系统党的建设，健全各级各类学校党的组织，加强学校领导班子和领导干部队伍建设以及教育系统党风廉政和行风建设。要深入开展平安校园、文明校园、绿色校园、和谐校园创建活动，加强校园和周边环境治理，切实维护教育系统安全稳定。

（二）加大投入，优先发展。各级党委、政府要按照胡锦涛总书记讲话要求，切实保证经济社会发展规划优先安排教育发展、财政资金优先保障教育投入、公共资源优先满足教育和人力资源开发需要，并尽快形成科学规范的制度。要大幅度增加教育投入，中央提出2012年实现国家财政性教育经费支出占国内生产总值的4%，并保持稳定增长。现在到2012年全国实现4%只有不到三个财政年度，我省各地必须研究一些特殊政策，拓宽财政性教育经费来源渠道，拿出落实方案，确保实现国家对我省的比例要求。要把教育作为财政支出的重点领域予以优先保障，逐步提高教育支出占财政支出的比例，确保逐步达到20%。要将教育投入作为考核政府政绩的一项重要指标，建立健全教育投入的检查报告制度和年度公告制度，确保教育优先发展的各项举措落到实处。

（三）加强协调，科学谋划。根据《教育规划纲要》的要求，国家和省已决定成立由多个部门组成的教育体制改革领导小组，审议教育改革发展的重大方针和措施，研究部署、指导实施教育体制改革工作，统筹协调教育改革发展中的重大问题，各地也要建立相应的工作机制，统筹区域内教育改革发展。省直有关部门正在根据中央要求，抓紧制定湖北省中长期教育改革和发展规划纲要，各地要抓紧制定符合本地实际的教育改革发展措施，切实把《教育规划纲要》贯彻好落实好。各地各部门在制定经济社会发展“十二五”规划时，要提出教育的目标任务，体现《教育规划纲要》的近中期安排。同时要编制好教育事业“十二五”规划。

三、切实抓紧抓好全国教育工作会议和《教育规划纲要》精神的学习宣传活动，努力营造教育优先发展、科学发展的良好氛围

(一)抓好各项学习活动。各级党委、政府要利用中心组专题组织学习，党政主要负责同志要到定点联系的学校或单位作辅导报告。要通过举办培训班、研讨班等形式，重点培训政府和有关部门分管教育的负责同志、学校领导干部和教育工作者。要组织各级各类学校在秋季开学前后，集中一段时间学习，广泛开展教育思想、教育观念、教育方法的学习讨论，在贯彻落实《教育规划纲要》中开展“创先争优”活动。要通过学习，使广大干部和教育工作者自觉从全面建设小康社会、加快推进社会主义现代化的高度，充分认识新时期教育的重要地位和作用，把思想统一到中央领导同志的讲话和《教育规划纲要》精神上来，切实坚持优先发展教育、落实以人为本、深入改革创新、促进教育公平、提高教育质量。

(二)深入开展调查研究。今年年底前，各地要结合贯彻全国教育工作会议和《教育规划纲要》精神，组织专门班子，深入调查研究，理清科学发展教育的思路、出台支持教育优先发展的政策、解决制约教育跨越发展的障碍。有关部门要把学习贯彻全国教育工作会议精神与学习贯彻最近中央一系列重要会议精神紧密结合起来，特别是要把贯彻《教育规划纲要》与贯彻人才规划纲要、科技发展规划纲要、促进中部地区崛起规划等中央一系列重要文件精神紧密结合起来，系统掌握中央和我省推进未来十年教育改革发展的大思路、大方向、大政策。

(三)加大宣传教育力度。各级党委、政府要加强学习宣传活动的领导，利用多种形式，广泛宣传全国教育工作会议和《教育规划纲要》精神，营造良好的社会舆论氛围。各级宣传、教育部门要制定学习宣传方案，组织好学习宣传活动。省委、省政府决定9月份为“全国教育工作会议精神宣传月”。各级党报、党刊以及广播电台、电视台要集中一段时间，开辟专栏，围绕深化教育改革，全面实施素质教育，促进教育公平，提高教育质量的若干重点问题，开始广泛深入宣传。各地要把学习宣传全国教育工作会议和《教育规划纲要》精神与宣传本地区教育改革发展的典型经验和先进人物相结合，广泛开展学习汪金权同志先进事迹的活动，增强学习宣传活动的针对性和实效性。要通过宣传教育，把全国教育工作会议和《教育规划纲要》精神讲实讲活，讲深讲透，让各级党政干部牢固树立支持教育优先发展的强烈意识，让广大教育工作者找准努力方向和工作重点，让全社会更加尊师重教、更加遵循教育规律，形成共同推动教育事业科学发展的社会氛围。

2010年9月27日

省委办公厅、省人民政府办公厅关于进一步加强中小学幼儿园安全管理与防范工作的通知

鄂办文〔2010〕47号

今年以来，全国接连发生伤害中小学学生、幼儿园儿童的恶性案件，后果严重，影响恶劣。胡锦涛、温家宝、周永康等中央领导同志高度重视，多次作出重要批示。为贯彻落实中央领导同志批示和中央有关会议精神，结合我省实际，经省委、省政府领导同志同意，现就进一步加强全省中小学、幼儿园安全管理与防范工作通知如下：

一、高度重视和切实加强中小学、幼儿园安全管理和防范工作

中小学、幼儿园是教书育人的场所，是青少年学生、儿童集中学习和活动的地方。切实加强中小学、幼儿园安全管理和防范工作，创造安全的学习和生活环境，对于促进青少年学生、儿童健康成长和维护社会安全稳定具有重要的意义。各级党委、政府要充分认识加强中小学、幼儿园安全管理和防范工作的重要性，把这项工作纳入党委、政府重要议事日程，切实承担起领导责任。党政“一把手”要亲自研究督导校园安保工作，切实抓好中小学、幼儿园尤其是民办、农村、偏远地区中小学、幼儿园的安全管理和防范工作，坚决杜绝校园重大治安刑事案件发生。

二、深入推进法制安全教育，增强广大师生安全防范意识

深入贯彻落实《教育部、司法部、中央综治办、共青团中央关于加强青少年学生法制教育工作的若干意见》(教政法〔2002〕3号)，在基础教育课程改革和制定初中、小学、幼儿园品德课程标准工作中，加大法制教育的内容，切实做到“计划、教材、课时、师资”四落实。要结合国家“六五”普法计划，采取多种形式开展法制宣传教育活动。要密切中小学、幼儿园和政法部门的联系，重视和加强法制副校长和法制辅导员工作，充分发挥青少年学生校外活动场所和各类法制教育基地的作用，努力形成家庭、学校、社会“三位一体”的教育管理机制，积极营造青少年学生法制教育的良好环境。扎实开展“安全教育日”活动，有针对性地加强学生防范事故和心理健康教育，切实增强师生的安全防范意识。

三、加强学校安全防范体系和长效工作机制建设，切实提高学校安全防范水平和能力

要加强中小学、幼儿园内部安全管理，落实校长、园长内部安全保卫工作第一责任。建立和完善安全责任制和安全管理工作制度，将每个岗位的安全责任逐条细化，分解落实到人、落实到每项工作和每个环节，将安全稳定工作纳入中小学、幼儿园目标管理范畴，制定目标管理细则，逐级签订安全责任书，建立覆盖所有工作环节的安全责任体系，努力构建党委、政府统一领导，综治、公安、教育等部门和中小学、幼儿园各负其

责、齐抓共管的安全工作机制。

各级政府要加大经费投入，加强中小学、幼儿园安全基础设施建设。政府有关部门要筹集资金，保障中小学、幼儿园人防、物防、技防措施的落实，确保每所中小学、幼儿园有2名专职保安、有防护器材、有报警设备。规模超过1 000人的中小学，每增加500名学生增配1名专职保安；寄宿制中小学每增加200名学生增配1名专职保安。城区中小学、幼儿园和农村学生达1 000人以上规模的中小学，应安装视频监控、红外报警等技防设施，有条件的地区要实行公安联网监控。同时，要增配门卫警用设备，加强防护力量。中小学、幼儿园安全管理和防范工作经费按教育财政管理体制实行分级负担。各地要通过规范编制年度教育部门预算足额保障对学校安全防范工作的经费，专款专用。民办中小学、民办幼儿园安全工作专项经费由举办者负担。任何单位和个人不得挤占、挪用校园安全防范专项经费。建立健全突发性事件处置工作预警预案体系，加强应急演练，落实应急反应机制。

四、加强矛盾纠纷排查和调处，切实维护师生切身利益

要坚持源头治理，定期开展中小学、幼儿园及周边矛盾纠纷和安全隐患排查、化解、调处工作。排查工作要深入、全面，做到“横向到边，纵向到底”。要重点突出农村中小学、城乡结合部的中小学、民办学校、幼儿园的隐患排查，切实加强安全防范。要加强校园设施设备的清查及管理，严防因设施设备问题导致安全事故。要加强中小学、幼儿园的内部管理，全面排查各环节安全隐患。通过排查及时掌握可能危及学生人身安全的苗头性信息，认真归类梳理，建立工作台账，准确分析矛盾产生的根源，有针对性地开展工作，切实做到早发现、早处置、早化解，真正把安全隐患消除在萌芽状态，坚决防止小问题酿成大事端。

五、严厉打击侵害师生、儿童安全的违法犯罪活动

公安部门要按照“什么问题突出就解决什么问题”的原则，以严重危害师生安全的校园周边治安秩序整治为重点，加大校园周边的巡逻控制力度和密度，严厉打击针对师生的抢劫、绑架、暴力伤害、敲诈勒索等侵害人身财产安全的各类违法犯罪行为。公安部门要及时调整巡逻路线，向中小学、幼儿园周边倾斜，特别是在学生上学、放学等重要时段要做到“见警察、见警车、见警灯”。要形成警校联动机制，快速应急处理各类伤害学生、儿童的突发案件。各级综治部门要发动社会力量开展群防群治，组建民兵巡逻队或联防队，由治保主任带队，对辖区所有中小学、幼儿园开展巡逻。中小学、幼儿园要严格落实门卫制度，严把进校(园)关，实行门卫设点接谈制和进入校园人员无缝对接制。要杜绝校外闲杂人员进入校园，并建立外来人员进入校园登记制度。要组织教职员工参加校园保卫巡逻，充实力量落实日巡查制和门卫制。要对中小学、幼儿园非常态活动实行安全预案管理制度。

六、加强清理整顿，进一步规范各类办学行为

要成立政府牵头，综治、教育、民政、物价、工商、公安、卫生等部门参与的工作专班，开展对辖区内民办中小学、民办幼儿园、托儿所和针对中小学生举办的社会培训机构进行全面排查。对未取得办学(园)许可证的民办中小学、民办幼儿园、托儿所和社会培训机构要坚决关停，并妥善安置相关学生、幼儿。其中，具备办学(园、所)条件、尚未取得办学(园)许可证和未办理登记手续的，要按照申报程序限期补办；对有办学(园)许可证和民办非企业单位法人登记证，但存在明显安全隐患的民办中小学、民办幼儿园和社会培训机构，要限期整改。整改期间，严禁学生、幼儿入学(园、所)。经过整改仍不合格的，要坚决停办，依法吊销办学(园)许可证。民办中小学、民办幼儿园和社会培训机构应与批准办学的行政主管部门签订确保中小学生、幼儿园儿童人身安全的承诺书。

七、加大保障力度，切实加强安防队伍建设

各级教育部门要认真落实国家关于加强安全管理工作机构建设的要求，设立专门安全管理机构，配齐配强安保工作人员。各级组织人事、编制部门要积极配合教育部门建立健全安全工作机构和配齐负责安全保卫的专职干部。中小学、幼儿园要加强门卫保卫力量配置，对年龄偏大、责任心不强等不适应工作要求的门卫人员必须调换。公安部门要开展对保安、门卫人员专业知识培训，提高保安、门卫人员的防范工作能力和管理水平。教育行政部门要结合实际制定培训计划，将安全管理和防范工作纳入中小学校长、幼儿园园长培训内容，通过远程教育和集中培训等多种方式，分级分批对中小学校长、幼儿园园长进行系统的安全管理培训，全面提高安全意识和管理水平。

八、发挥综合治理优势，建立健全校园及周边治安环境整治长效机制

要认真贯彻落实《湖北省学校及周边治安综合治理暂行办法》(鄂办发〔2003〕21号)，统筹规划校园周边环境的建设，积极组织、协调和督促有关部门做好校园及周边环境管理工作，整合综治、公安、教育、司法、文化、建设、卫生、食品监管、新闻出版、工商、广电、通信管理等部门和共青团组织的力量、资源，形成工作合力，建立健全长效工作机制。要定期排查校园及周边地区的治安乱点和突出问题，确立每年整治工作重点，明确部门责任，制定整治方案，有针对性地开展专项或集中整治行动。

九、坚持信息报送制度，健全问责机制

各中小学、幼儿园要坚持领导带班值班制度，加强对值班信息、巡校信息的记录报送，发现隐患问题及时处置，必须上报的应迅速报告。实行县(市、区)党政分管领导和教育、公安部门及乡镇(街道)负责同志包校负责制，及时研究解决中小学、幼儿园安全管理与防范工作中存在的突出问题，认真抓好各项工作措施落实。对于工作不重视、组织不得力、保障不到位，导致发生中小学、幼儿园重大恶性案件和安全事故的，要追究相关领导的责任；对于中小学、幼儿园内部安全管理责任不落实、措施不到位的，要追究校长、园长和当地教育行政部门有关负责人的责任；对于校园周边治安秩序长期混乱、刑事治安案件频发的，要追究辖区民警、派出所所长和公安分局负责人的责任。

十、加强组织领导，狠抓工作落实

各级党委、政府要认真贯彻落实科学发展观，正确处理改革发展稳定的关系，把维护中小学、幼儿园安全作为一项重大政治任务，切实承担起第一责任。党政"一把手"要负总责、亲自抓，分管领导要具体抓、深入抓，定期排查、梳理分析本地影响校园安全与社会和谐稳定的突出问题，及时部署，协调解决。要夯实工作基础，狠抓工作落实，强化督导检查，严格责任追究，通过扎实有效的工作，为青少年学生、儿童健康成长创造良好的社会环境。

2010年6月16日

省人民政府关于进一步推进全省义务教育均衡发展的意见

鄂政发〔2010〕16号

推进义务教育均衡发展，是贯彻落实科学发展观的必然要求，是落实《义务教育法》规定的具体体现，也是全面"普九"后切实提高义务教育质量的客观需要。根据《义务教育法》等法律法规和政策规定，现就推进湖北省义务教育的均衡发展提出如下意见：

一、指导思想

坚持以邓小平理论、"三个代表"重要思想和科学发展观为指导，以办好每一所学校、关注每一个学生为着眼点，以义务教育学校教师队伍建设为核心，以全面提高教育教学质量为主线，进一步巩固"普九"成果，均衡配置教育资源，逐步实现县域内义务教育均衡协调发展，促进教育公平和社会和谐。

二、基本原则

(一)改革创新，科学决策。鼓励各地结合实际，因地制宜，在管理体制、运行机制、工作模式和教学内容、教育方法、评价方式等方面进行大胆探索，先行先试，用改革创新的办法解决义务教育均衡发展中遇到的矛盾和问题。建立健全管理部门、专家、学校、社会相结合的决策机制，实现改革决策的民主化、科学化。

(二)政府主导，统筹规划。各市、州、县要发挥主导作用，切实担负起促进义务教育均衡发展的重要职责，统筹义务教育与地方经济社会发展，统筹城镇建设和农村义务教育发展，统筹义务教育学校硬件建设和软件建设，统筹教育建设项目和社会建设项目，形成工作合力。

(三)以县为主，加强领导。县级人民政府在促进义务教育均衡发展中承担主要职责，要认真履行调整布局、建设学校、投入经费等责任。市(州)人民政府要加强领导，指导、督促、检查各县(市、区)推进义务教育均衡发展的各项工作。

(四)突出重点，逐步推进。各地、各有关部门要突出重点、扶持薄弱，从师资建设、生源均衡等方面重点突破。要以县(市、区)为单位分步实施，紧密结合当地经济社会发展条件，有计划、有步骤、分阶段推进，逐步实现县域内义务教育均衡协调发展。

三、发展目标

(一)教育质量一体化。建立健全学校、学生、教师、教学四位一体的评价机制，全面实施素质教育，学校生源得到均衡分布，办学质量差距逐步缩小，整体教育质量明显提高，有效缓解各类择校现象。

(二)师资配备均衡化。根据教育事业发展的需要进行教师编制配备，确保教师补充渠道畅通、科学。进一步完善县域内教师定期交流机制和培养培训制度，不断提高教师队伍的整体素质。

(三)基础设施标准化。学校数量、规模满足生源变化的需求，教学设施设备配备水平进一步提高，学校办学条件不断改善。

通过实现以上目标，使县域内义务教育学校在师资水平、生源分布、教育质量等方面基本均衡，切实体现义务教育的公益性、平等性原则，全面推进素质教育，整体提升教育教学质量。

四、政策措施

(一)实施"义务教育教学质量提高工程"。

1. 全面推进素质教育。坚持育人为本、德育为先，创新德育工作方式，增强德育工作的针对性和实效性，加强德育基地建设和管理。建立和完善校本教研制度，积极开展教学研究，深化课程改革，创新教学模式，改革教学内容、方法和手段。全面落实国家课程计划，开足开齐国家课程，开好地方课程、校本课程和综合实践活动课程，注重中小学生心理健康教育。深入开展"学生阳光体育运动"，实行初中毕业体育考试制度和大课间体育活动，保证中小学生每天有1小时的体育锻炼时间，在中小学生中广泛开展"大家唱、大家跳"集体合唱、校园集体舞活动。实施"走进艺术"教育计划，组织专业艺术工作者到学校开展艺术普及活动，推进校园文化建设。

2. 深化考试招生制度改革。落实义务教育学生就近入学、免试入学制度，妥善解决中小学生"择校"问题。县级教育行政部门要合理确定每所公办学校就近接收学生的范围，并向社会公布。学校要按照规定接收学生，不得采取考试或者变相考试等形式选拔学生，不得将各种竞赛成绩作为招生的依据。进一步完善初中毕业生学业考试与综合素质评价相结合的考试制度，改革高中招生办法，建立和完善优质高中招生计划分配到初中学校的制度，并逐步扩大分配比例。

3. 深化评价制度改革。逐步建立学校、学生、教师、教学四位一体的评价制度。建立符合素质教育要求的学生学习和成长综合评价体系，促进学生全面发展。逐步建立教师发展评价体系，促进教师的专业发展。建立完善规范化、科学化、制度化的教学质量监测评估体系和素质教育导向机制，促进素质教育全面实施。

4. 切实规范中小学办学行为。深入开展"规范教育收费示范县"创建活动，进一步治理学校乱收费行为。取消义务教育阶段学校重点、等级等称号评选活动。学校应当按照随机原则合理编班，不得分设重点班和非重点班，并按照国家规定设置班额，有效解决"大班额"问题。切实减轻学生的课业负担，学校和教师不得增加考试科目的课时或者减少非考试科目的课时，不得利用假期、公休日、课余时间组织学生集体补课，不得动员、组织学生参加社会力量举办的文化课补习班。

（二）实施"义务教育教师队伍建设工程"。

1. 推进县域内教师资源的统筹管理和合理配置。各地要制定并落实教师队伍建设的政策措施，促进教师资源的合理配置。要综合考虑农村学校规模小、成班率低等特点，适度调整乡镇以下学校教职工编制核定标准，合理核定义务教育学校教职工编制。在总量控制的基础上，县域内中小学间教师编制可统筹使用，促进县域内公办学校之间的教师资源配置大体均衡。县级人力资源和社会保障、教育行政部门可在核定的编制总额内统筹使用部分专任教师编制和中、高级专业技术岗位，经机构编制管理部门同意后，根据需要直接将其调配到农村义务教育学校和城镇薄弱学校使用。城镇学校之间、城镇学校与农村地区同类学校之间的教师中、高级专业技术岗位结构比例应保持相对均衡，实现农村地区学校不低于城镇同类学校标准。

2. 改革完善义务教育学校校长的管理办法。省教育厅要牵头制定校长岗位条件和岗位考评制度，提高校长队伍的专业化水平。逐步取消义务教育阶段学校校长的行政级别，义务教育学校校长由县级教育行政部门选拔、任用并归口管理。推行中小学校长聘任制和任期制，校长每届任期3—5年，在同一所学校任职满2届的校长原则上要在本县（市、区）内交流。重点加强农村学校和城镇薄弱学校的校长队伍建设，有计划地从城镇学校和优质学校选派管理干部充实到农村学校和薄弱学校的领导班子。有计划地选派农村乡镇学校校长到教育发达地区挂职锻炼。

3. 改革完善教师的补充、交流和培训机制。加大"三支一扶"工作力度，深入实施"农村教师资助行动计划"，每年选派不少于2 000名大学毕业生到乡镇学校任教。改革教师招聘制度，今后义务教育学校新进教师主要从服务期满的资教生（特岗生）和免费师范生中招聘录用。保障义务教育学校师资配备，在有合格师资来源的情况下不得"有编不补"、"有岗不聘"。建立完善城乡教师定期轮岗交流制度，明确教师交流的年限、范围和方式，鼓励城镇教师主要是骨干教师和学科带头人定期到农村学校支教。特级教师、湖北名师、副高以上职称教师在达到退休年龄后，自愿到农村学校、城镇薄弱学校任教的，可以按照国家和省有关规定办理延退。加强教师培训工作，县（市、区）应按学校年度公用经费预算总额的5%安排教师培训经费。

4. 切实保障和改善中小学教师的待遇。义务教育阶段教师按照国家和省政策规定应该享受的工资和医疗保险、住房公积金等待遇，必须足额纳入地方财政预算。加大对农村教师，特别是艰苦、边远地区学校的扶持力度，在事业单位岗位设置管理中，艰苦、边远地区义务教育学校中、高级专业技术岗位结构比例可适当提高；加快农村教师周转房建设，不断改善农村教师的生活条件；实施义务教育学校绩效工资时，对农村义务教育学校予以适度倾斜。

5. 建立城乡学校教育资源共享机制。充分发挥优质学校的辐射、带动作用，探索建立优质学校与农村学校或薄弱学校联合办学、资源共享机制，可实行一所学校、多个校区、教师交流、管理一体的模式，提高教育资源配置效率。鼓励通过集团管理、对口支援等方式实现优质学校与薄弱学校的共建共享，实现教师统一调配、统一备课、统一考评。

（三）实施"义务教育关爱工程"。

1. 保障流动人口子女接受义务教育。坚持"以流入地政府管理为主，以公办中小学为主"的原则，保障流动人口子女平等接受义务教育的权利。县级以上教育行政部门应当指定公办学校或者委托民办学校接收流动人口适龄子女入学就读，并加强对以接收流动人口子女为主的民办学校的扶持和管理。

2. 关爱农村留守儿童。县级人民政府要建立由政府统筹、相关部门和农村基层组织齐抓共管的工作机制，有效解决农村留守儿童的问题。对在校的留守儿童，学校要建立档案和联系卡制度，完善学校教职员工与留守儿童结对帮扶机制。办好留守儿童托管、服务等机构，让留守儿童在校外也能得到社会的关爱。

3. 保障残疾儿童少年接受义务教育。各地要根据规划，切实加强特殊教育学校建设。完善普通学校接收残疾儿童少年随班就读办法，建立残疾儿童确认、登记和组织入学制度，保障残疾儿童少年受教育权利。

五、保障和督导

（一）完善义务教育均衡发展经费投入保障机制。

1. 全面落实义务教育投入政策。各县（市、区）人民政府要完善义务教育经费保障机制，依法落实教育经费"三个增长"和新增教育经费主要用于农村义务教育、"农村税费改革固定性转移支付资金用于教育的比例不低于60%"的规定。要调整教育支出结构，促进农村义务教育学校建设，确保城市教育费附加和地方教育附加足额征收，并按规定用于均衡发展城乡义务教育。积极争取中央专项资金和教育捐赠项目资金，切实加强转移省级支付经费的管理，支持和促进义务教育均衡发展。

2. 加强县域内建设项目和资金的统筹。县级人民政府要将义务教育学校建设纳入新农村和城乡一体化建设规划，同步规划、同步建设；在实施改水、改厕、改气、道路建设等项目时，要把农村义务教育学校纳入其中。各地要充分考虑城镇化进程等因素，合理布局学校校点，明确永久性保留学校、过渡性保留学校和撤并学校。要统筹实施好"中小学校舍安全工程"、"农村初中校舍改造工程"、"新农村卫生新校园工程"、"农村中小学现代远程教育工程"等国家和省部署的各项工作任务，加大县域内统筹各项工程建设的力度，优先解决农村寄宿制学校学生生活设施不配套、村级小学办学条件简陋和学校围墙、厕所、食堂安全隐患等突出问题。要严格监督学校建设的施工质量，确保符合抗震设防和消防安全等方面的要求。各县（市、区）要统筹整合本区域内宣传、文化、体育、扶贫等方面的项目经费，以及农村中小学校舍维修改造长效机制资金、城市教育费附加和地方教育附加资金，改善办学条件，发挥经费和项目的最大综合效益。

3. 加强对义务教育经费的管理

和监督。进一步完善“校财局管”相关办法，加强义务教育经费预算的编制管理，做到预算编制到学校、到项目。各地、各有关部门要加强对义务教育经费的监督、检查和审计，建立义务教育经费项目及其执行情况的定期公告制度。省教育厅要会同省财政、审计、监察等部门每年对各地义务教育经费及专项资金的使用管理情况进行重点抽查和审计监督。

(二)建立义务教育均衡发展督导评价机制。

1. 建立义务教育均衡发展综合督导检查的制度。认真贯彻落实《国务院办公厅转发教育部关于建立对县级人民政府教育工作进行督导评估制度意见的通知》(国办发〔2004〕8号)要求，建立对义务教育进行发展性评估、综合性督导评估相结合的制度。省政府教育督导室要会同有关部门研究制定义务教育均衡发展的督导评估指标体系，并加强对各地的督导检查，定期公布县(市、区)义务教育均衡发展的进展情况。

2. 建立义务教育均衡发展的监测评估体系。省政府教育督导室要以县(市、区)为单位，建立义务教育均衡发展信息库，健全和完善义务教育监测评价机制。县级人民政府要对辖区内义务教育学校间的差距进行逐校监测和分析，并以适当方式公布监测结果。

六、组织领导

(一)加强组织领导。省政府成立湖北省推进义务教育均衡发展工作领导小组，对全省义务教育均衡发展工作进行统筹指导、部署推动。省直有关部门要结合各自工作职能，制定相关措施，依法履行推进义务教育发展的相应职责。省教育厅要会同有关部门制定具体实施方案，并及时总结推广各地在体制机制创新方面的成功经验，扎实推进义务教育均衡发展。

(二)积极稳妥推进。各地要统筹安排，明确任务，努力到2020年实现义务教育县域内基本均衡的目标。要充分考虑县域经济实力，坚持从实际出发，因地制宜，可以在先行试点、取得经验的基础上，再逐步推开，积极稳妥地分步推进。

2010年2月25日

省教育厅 省人民政府教育督导室关于印发《湖北省示范高中管理规定(试行)》的通知

鄂教规〔2010〕1号

为贯彻国家教育方针，建立和完善规范我省示范高中办学行为的工作机制，发挥优质教育的示范引领作用，促进各示范学校实施内涵发展、特色发展，省人民政府教育督导室、省教育厅联合制定了《湖北省示范高中管理规定(试行)》(以下简称《规定》)。现将《规定》印发给你们，请遵照执行。

2009年12月31日

附：

湖北省示范高中管理规定(试行)

第一条　为加强对湖北省示范高中(以下简称省级示范高中)的管理，推进省级示范高中全面贯彻党的教育方针，发挥其在实施素质教育中的示范引领作用，促进我省普通高中教育持续、健康、科学发展，根据有关政策法规，结合我省实际，制定本规定。

第二条　本规定所称的省级示范高中，是指经省教育督导机构评估认定并授牌的普通高级中学。确定为省级示范高中的学校，其原行政隶属关系和管理主体不变。

第三条　省级示范高中必须全面贯彻党的教育方针，坚持教育发展的正确方向，促进学生德、智、体、美等全面发展，努力办人民满意的优质高中。

第四条　省级示范高中应在以下方面发挥示范作用：

1. 明确先进的办学理念，确立切合学校实际的办学思路，科学制定学校发展规划，并真正落实到学校办学过程中。

2. 模范执行教育法律、法规和有关政策，办学思想端正，办学行为规范。

3. 坚持“德育为首，育人为本”，构建具有鲜明时代特征、科学完善的德育工作体系。注重诚信教育，关注学生心理健康，培养学生健全人格。

4. 认真实施普通高中课程改革，严格执行国家课程方案，自觉遵循教育规律，深化教育教学改革，切实减轻学生课业负担，提高教育质量。注重学生创新精神与实践能力的培养，促进学生个性发展，建立与新课程相适应的教育教学管理制度和学生评价制度。

5. 积极促进教师专业成长，努力提高教师职业道德水平和教学业务能力，培养德才兼备的优秀教师。

6. 规范学校内部管理，积极推行校务公开，严格依法治校，创建安全和谐的校园环境。

7. 加强教育科研工作，坚持以教育科研为先导，建立以校为本的教学研究制度，切实将科研成果运用于教育教学实践当中。

8. 加快教育现代化建设步伐，努力建设数字化校园，强化信息技术在教育教学中的应用，提高资源使用效益。

9. 积极为本地薄弱高中和农村薄弱学校提供教师培训、教学研究、课程资源等方面的支持和帮助。

10. 全面贯彻“健康第一”的指导思想，加强学校体育、健康教育和艺术教育工作，提高学生体质健康水平，努力培养学生的健康意识、体育锻炼习惯和健康科学的生活方式，使学生的身体素质、体育能力和欣赏美、创造美的能力得到持续发展。

第五条　各地要加强对省级示范高中的建设管理，合理确定学校办学规模，采取切实措施，推动其健康发展。各地应统筹规划学校建设，负责筹措办学经费。未经规定的权限和程序依法核准，省级示范高中不得自行贷款新建、改建和扩建学校。

第六条　建立和完善省级示范高中招生计划分配制度。省级示范高中指令性招生计划应均衡分配到辖区内初中，并逐步扩大分配比例。

第七条　构建学校与家庭、社会有效沟通的渠道，完善民主决策、群众监督的管理制度。学校应认真听取教师、学生及家长、社会等方面对学校提出的合理化意见和建议，不断改进学校教育教学工作，提高人民群众的满意度。

第八条　建立省级示范高中校际

协作交流机制。省级示范高中之间应加强横向交流与合作，条件成熟的可以互派教师任教、学生学分可以互认。鼓励省级示范高中之间开展相互评价、共同承担课题研究、探索人才培养的新措施、新办法。

第九条　建立省级示范高中动态管理机制。本着有进有出的原则，对省级示范高中实行动态管理。按照“坚持标准、保证质量”的原则，严格控制省级示范高中总量，全省省级示范高中数控制在全省普通高中总数的20%左右。

第十条　建立省级示范高中表彰奖励制度。省级示范高中在办学过程中，行为规范、实绩突出、示范作用显著的，教育行政部门及教育督导机构给予表彰奖励。

第十一条　建立省级示范高中自评制度。完善省级示范高中自我评价机制，加强自我评价、自我考核和自我提高的能力建设。省级示范高中每年年底应开展一次自我评价，形成自评报告。自评报告经市(州)人民政府教育督导室审核后报省人民政府教育督导室备案。

第十二条　完善省级示范高中定期复评制度。对省级示范高中，每两年由市(州)人民政府教育督导室复查一次，并将复查结果报省人民政府教育督导室备案；每四年由省人民政府教育督导室复评一次，并给予重新认定。经复评符合要求的，保留省级示范高中资格。复评结果由省人民政府教育督导室向社会公布。

第十三条　省级示范高中有下列行为之一的，给予警告并限期整改；整改不合格的，取消省级示范高中资格。

1.招收复读生的。

2.违反规定单独组织招生考试或其它违规招生的。

3.未严格执行国家课程计划，违反规定提前分文理科的。

4.违反规定组织学生节假日集体补课的。

5.学校以升学率作为评价和奖罚教师唯一标准的。

6.在职教师违反职业道德规范，实行有偿家教或利用职务之便乱编、滥发教辅资料谋取私利的。

7.学生学分认定或综合素质评定过程中弄虚作假的。

8.学生体质健康状况得不到改善并持续下降的。

第十四条　省级示范高中有下列行为之一的，取消省级示范高中资格：

1.举办复读学校(复读班)的。

2.违反政策规定乱收费的。

3.发生重、特大安全责任事故，学校负有直接管理责任的。

4.教师违反师德规定，体罚、侮辱、亵渎学生，造成严重后果的。

5.在参加考试、竞赛、检查、评估和学生评价等重大活动中，学校弄虚作假或严重渎职的。

6.为享受高考加分或其他优惠政策，在学生民族、户籍、学籍、特长等方面弄虚作假的。

7.在高考报名中弄虚作假的，擅自更改学生学籍信息的。

8.违反规定，将学校在教育教学和管理工作中获得的学生信息出售或者非法提供给他人，情节严重的。

第十五条　被取消省级示范高中资格的学校，两年后方可重新申报省级示范高中。取消省级示范高中资格的，不再执行省级示范高中的有关政策。

第十六条　本规定由湖北省人民政府教育督导室负责解释。

第十七条　本规定自2010年1月1日起施行。

省教育厅关于加强社会餐饮企业经营高校食堂管理的意见

鄂教规〔2010〕2号

近年来，我省高校餐饮市场逐步对外开放，越来越多的社会餐饮企业参与高校食堂经营管理，为高校餐饮服务注入了新的服务形式和新的管理理念，同时也给高校餐饮服务管理带来了新情况、新问题，提出了新要求。为加强高校校内餐饮市场管理，确保师生员工的饮食供应和饮食安全，根据教育部有关精神要求，结合我省的实际情况，现就加强社会餐饮企业经营高校食堂管理工作的有关问题通知如下：

一、加强社会餐饮企业经营高校食堂的准入管理

1.社会餐饮企业经营高校食堂学校要进行公开招标。学校应成立由校领导及相关部门组成的招标工作小组，通过公开招标的方式择优选择经营企业。严禁暗箱操作、假招标等行为发生。要通过对应标企业的资质审核、现场答辩、实地考察、用户走访等程序，仔细论证应标企业提交的食堂经营方案的可行性，调查了解应标企业的实际经营管理能力、资金保障能力、从业人员素质与社会信誉程度等。

2.学校要对应标企业的经营实力进行认真审查。经营企业应具有企业法人资格、从事餐饮行业的资质和与经营规模相适应的注册资金等。经营企业的管理机构、管理人员、管理规章制度要健全。具备下列条件的餐饮企业可优先选择：具备ISO9001－2000(质量管理体系)认证的；具备HACCP(食品卫生与安全管理体系)认证的；具有二年以上经营高校食堂经历，了解高校师生生活规律和高校食堂具有明显公益性及服务育人特点的；具有为师生提供优质服务、不单纯追求经济利润经营理念的。

3.学校要与经营企业签订具有法律效力的经营合同。合同要明确双方的责、权、利及责任追究办法；要明确饮食卫生、质量、价格及服务要求；要明确食堂经营管理目标考核办法，确保学校可以依据合同随时对食堂经营进行检查考核，可以随时依据合同进行处罚或解除经营合同；要明确经营食堂不得整体转包他人，引进的特色品种经营者必须经学校审查同意；要明确经营退出的具体程序办法。

二、加强社会餐饮企业经营高校食堂的管理与监督

4.社会餐饮企业经营的高校食堂责任主体是高校。学校要监督经营企业认真遵守国家有关学校食堂管理的法律法规，严格执行学校食堂管理的规章制度，积极配合学校做好师生的餐饮供应工作，保证所经营的食堂正常运行，保证不因工作失当，影响高校的稳定。

5.学校要加强饮食卫生安全监督。要建立学校主要领导、监管部门、食堂三级卫生安全管理网络。要设置饮食卫生安全管理机构，配备专职管理人员，负责食堂饮食卫生的监督工作。要监督经营企业按照教育部、卫生部《学校食堂与学生集体用餐卫生管理规定》等法律法规建立所经营食堂的食品卫生安全制度和突发事件应急预案，及时办理食堂卫生许可证，配备专职的食堂卫生安全管理人员，负责各班组作业环节的卫生工作。要坚决杜绝食源性疾患和食物中毒事故发生。

6.社会餐饮企业经营的高校食堂基础设施和大型设备原则上由学校投资建设和购置，经营企业愿意在经费上给予支持的，学校可采用向经营企业借款或收取质量保证金的方式处置，经营企业退出时，学校归还其借款或保证金。应尽量避免因经营企业投资建设基础设施和购置设备，最终把负担转嫁到学生身上和经营退出时发生纠纷。学校可根据食堂面积、设施、设备状况及在校生的规模、实际就餐人数、食堂经营效益等情况，依合同约定按营业额向经营企业收取一定比例参与管理的成本费用。

7.学校要监督社会餐饮企业经营的食堂财务管理，参与食堂伙食成本核算，确保饭菜价格、质量、数量基本稳定。食堂饭菜价格的确定及调整须征得学校同意，不得随意乱涨价。学校既要不过多干预经营者的经营，又要有效地对食堂经营情况进行监督，确保学校、学生和经营企业的利益不受损害。在伙食成本大幅上涨时，学校应根据稳定工作的需要，给学生食堂适当的补贴。

8.学校要监督社会餐饮企业经营的食堂注重科学营养配餐，努力增加花色品种，为师生提供营养丰富的主副食品。要有足够的低价饭菜和免费汤供应，确保家庭贫困学生的需要；要尽可能多的提供主副食品供应，能够满足师生不同层次的需求；要加强清真饮食的管理，努力满足少数民族学生的清真饮食需求。

9.学校要加强对社会餐饮企业经营的食堂物资采购质量监控，参与主副食品原料供应厂家的选择，大宗饮食物资实行招标、定点采购，采购的物资必须有厂名、品名、产地名和出厂日期、保质期、保存期等。采购畜禽肉类原料时，还必须索取动物检疫部门出具的检验合格证明。严禁“三无”产品和腐烂变质物资进入食堂。

10.学校要建立学生伙食管理民主监督制度，成立“学生伙食民主管理委员会”。通过开座谈会、问卷调查和设置意见箱、宣传栏、主副食品原材料价格信息牌等形式，加强食堂与师生之间的沟通工作。

11.学校要协助经营企业做好食堂员工的思想政治工作，确保其思想健康稳定，要监督经营企业对员工进行职业道德教育及技术培训，增强其服务意识和业务工作能力。要监督经营企业定期进行员工体检，及时办理健康证，身体不适合餐饮行业要求的一律不准上岗。

12.学校要认真贯彻执行省物价局、省教育厅《关于转发国家发改委教育部关于学校水电气价格有关问题的通知》(鄂价能交〔2007〕190 号)的文件，社会餐饮企业经营的食堂用电、用水、用气严格执行居民价格。

三、加强社会餐饮企业经营高校食堂的退出管理

13.社会餐饮企业经营高校食堂的合同到期或发生一方不履行合同规定的情况时，学校要及时与经营企业进行协商处置。经营企业退出时，学校应组织工作专班，积极稳妥地做好经营退出工作，确保师生饮食正常供应。

14.学校可与社会餐饮企业约定，社会餐饮企业在经营高校食堂期间因其自身原因，导致出现下列情况之一的，则终止合同:发生食物中毒或安全生产责任事故，造成严重后果的；发生因伙食质量、食品卫生、服务质量等而引起学生罢餐、静坐、游行等群体事件，影响恶劣的；弄虚作假、不按合同经营范围经营，经学校规劝整改无效且情节严重的；经营过程中有整体转包行为的。

各高校应按照本通知精神，立即对非本校自主经营的学校食堂进行清理，不符合本文件精神的，立即进行整改。省教育厅将对落实本通知的情况进行检查。

2010 年 5 月 13 日

省教育厅关于做好信息系统安全等级保护工作的通知

鄂教办〔2010〕19号

为贯彻落实《教育部办公厅关于开展信息系统安全等级保护工作的通知》(教办厅函〔2009〕80号)的精神，结合我省实际，现将有关事项通知如下：

一、要提高对信息安全工作重要性的认识

各地、各校要充分认识信息安全等级保护工作的重要性，积极宣传贯彻教育部关于教育信息系统安全等级保护工作有关要求，提高教育信息系统安全意识，落实教育信息等级保护工作要求，积极参与信息安全相关培训，确保本地、本校信息安全工作落实到位。

二、要落实信息安全责任部门和人员

各地、各校要按“谁主管、谁负责，谁运营、谁负责”的原则开展相关工作，要建立健全信息安全责任制，明确负责人，落实经办人责任，规范管理流程，为全面开展教育信息等级保护工作打好基础。同时，各地要将本地信息安全管理队伍，具体信息安全责任部门和有关人员情况报省教育厅备案。(见附件二)

三、切实做好信息安全的定级与备案工作

各地、各校要根据有关规定对本部门、本单位主管或运营的教育信息系统网站进行安全定级和备案。其中，二级以上的应当在信息系统安全保护等级确定后30日内，到公安机关公共信息网络安全监察部门办理备案手续，并将备案材料书面上报省教育厅备案；三级以上的报教育部和当地公安部门同时办理备案手续。教育部对三级以上信息系统开展信息安全等级测评工作，根据测评结果，对不符合要求的，要制定整改方案并进行整改。

四、要加强对信息安全工作的培训

按照国家有关要求，省教育厅拟在我省开展信息安全专业技术培训工作。培训对象包括各地、市、州县教育局负责信息网络的管理人员和技术人员；各级各类学校负责信息网络的管理人员和技术人员等。培训工作由省教育信息化发展中心具体承担，具体培训事项由省教育信息化发展中心另行发文通知。

五、要加强信息安全工作的监督和检查

1.根据公安部门要求，省教育厅每年将在教育系统内开展信息系统安全等级保护监督检查工作，确保全省教育系统信息网络安全，为全省教育事业的健康发展营造良好的舆论环境。

2.各市州教育局要在本地区教育系统内开展信息系统安全等级保护监督检查工作。

3.认真做好信息系统安全等级评测工作。每年10月底前，各地、各校要完成信息系统安全等级测评，根据评测结果，对于不符合要求的信息系统在第二年4月前完成整改工作。每年11月底前各地、各校上报本单位年度信息系统安全等级保护情况报告。省教育厅将在适当时候，对各地评测情况进行抽查，对于信息安全工作做得不好的单位，省教育厅将通报批评，责令整改。

附件：

1. 教育部办公厅关于开展信息系统安全等级保护工作的通知

2. 信息安全责任部门和人员上报表

2010年6月29日

附件1：

教育部办公厅关于开展信息系统安全等级保护工作的通知

教办厅函〔2009〕80号

信息系统安全等级保护制度是构建国家信息安全保障体系的基本制度。为进一步做好教育系统信息安全工作，提高教育信息系统安全保障能力和水平，经研究，决定在教育系统全面开展信息系统安全等级保护工作。有关要求通知如下：

一、教育信息系统安全等级保护工作的目标

落实国家有关信息系统安全等级保护制度建设的文件要求，增强各地、各校主管部门领导的信息安全保护意识；开展技术培训，建立信息安全技术队伍，建立健全教育系统信息安全等级保护技术保障体系；全面开展教育系统信息系统的定级、备案和测评工作，对发现的问题及时进行整改，用3年左右时间，基本建立教育系统信息系统安全等级保护体系，切实提高教育信息系统安全水平，保证教育信息化的健康持续发展。

二、教育信息系统安全等级保护工作的内容

1.按照国家信息安全等级保护有关要求，对教育系统各级行政部门、各级各类学校信息安全工作部门主管领导及技术骨干人员进行培训。

2.信息系统安全定级和备案。各单位对本单位信息系统进行定级，对二级以上的信息系统要办理备案手续。

3.对三级以上信息系统开展信息安全等级测评工作。根据测评结果，不符合要求的，要制订整改方案进行整改。

4.根据公安部门要求，在教育系统联合开展信息系统安全等级保护监督检查工作。

三、教育信息系统安全等级保护工作的安排

1. 教育部教育管理信息中心负责教育系统信息安全等级保护工作的组织实施，并配合公安部门在教育系统内开展监督检查工作。

2. 人员培训。到2010年底，基本完成高校及地市级以上教育行政部门的培训工作，每单位至少培训1名信息系统安全主管和1名技术骨干；到2012年，基本完成其余教育行政部门和学校的培训工作，每单位至少培训1名信息安全人员。对参加培训考核合格人员颁发相应证书。

3. 信息系统定级备案。由参加过培训并具有考核合格证书的人员对本单位信息系统协助进行定级。高校及地市级以上教育行政部门三级以上的信息系统要在教育部教育管理信息中心和当地公安部门同时办理备案手续。已建三级以上信息系统未办理备案手续或仅在当地公安部门办理手续的，2010年4月前要完成补办工作。

4. 信息系统安全等级测评和整改。教育部教育管理信息中心根据国家有关规定对三级教育信息系统每年进行一次安全等级测评，四级教育信息系统每半年进行一次等级测评。每年11月前完成安全测评。不符合要求的信息系统在第二年4月前完成整改工作。

各地、各校要充分认识信息安全等级保护工作的重要性，提高信息系统安全意识，明确机构和责任，将信息安全等级保护建设、测评、培训等各项费用纳入年度预算，并为信息安全等级保护工作开展提供必要的工作便利。

2009年11月11日

附件2：

信息安全责任部门和人员上报表

单位名称			
责任部门		责任人员	
联系电话		联系E－mail	

省教育厅关于贯彻实施《中小学实验室规程》进一步加强中小学教育技术装备工作的通知

鄂教基〔2010〕5号

为贯彻落实党和国家教育方针，大力推进素质教育和基础教育课程改革，全面提高教育质量，促进教育均衡发展，现就贯彻《中小学实验室规程》(教基二〔2009〕11号)精神，进一步加强我省中小学教育技术装备工作提出如下意见：

一、充分认识教育技术装备工作的地位和作用

教育技术装备作为基本的办学条件，是重要的课程资源，也是实施素质教育和课程改革的物质基础和技术保障。随着教育改革的不断深化，教育技术装备工作在基础教育领域中的地位和作用日益凸现。各级教育行政部门和中小学校要从战略高度，充分认识加强中小学教育装备工作的重要性，充分认识教育技术装备在教育创新、提高教育质量、培养学生动手能力和创新精神方面的地位和作用。要采取切实可行的措施，解决目前一些地方存在的对中小学教育技术装备工作重要性认识不足，教育技术装备建设缺乏科学规划，管理不规范，装备经费投入不足，教学设备设施缺乏，教学实验开出率不高等问题。要把中小学教育技术装备工作作为全面推进

素质教育，深化课程改革，提高教育质量的一项重要内容来抓，促进中小学教育技术装备工作均衡发展。

二、建立中小学教育技术装备经费投入保障机制

各地要加大经费投入，建立健全以政府投入为主、多方筹措的长效经费保障机制。一是在各级财政安排的教育专项经费中，每年应有一定比例用于教育装备建设，并做到逐年增长。二是参照《普通中小学公用经费实物消耗定额(试用)》(教财〔1992〕77号)，将学校公用经费的一定比例（不低于10%）用于教学仪器、图书资料等教学装备的更新、维护和易损易耗品的补充；同时按照有关文件精神足额安排信息技术教育经费。三是积极鼓励和提倡社会团体和个人捐助，不断拓宽教育装备经费的来源渠道。

各地可结合实际制定教育装备经费管理办法，加强监管，确保专款专用，并按照政府采购要求开展教育装备的采购工作。

三、大力推进中小学教育技术装备标准化建设

各地要按照义务教育均衡发展和高中课程改革的总体部署和要求，依据国家颁布的中小学教育技术装备标准和规程，结合当地实际，科学制定中小学教育技术装备标准化建设的基本标准和建设规划，并按照统筹规划、均衡发展、突出重点、分类指导、分步实施的原则，以满足教育教学基本需要为重点，大力推进教育装备标准化、规范化建设，努力使区域内学校的办学条件基本均衡。

——努力加快中小学实验室建设。各类中小学要按照《中小学理科实验室装备规范》(JY/T0385－2006)、《中小学实验室规程》(教基二〔2009〕11号)的要求建设实验室，并依照《小学数学科学教学仪器配备标准》(JY/T0388－2006)、《初中理科教学仪器配备标准》(JY/T0386－2006)、《高中理科教学仪器配备标准》(JY/T0406－2010)和教材的要求配备教学仪器，满足进行课堂演示实验和学生分组实验的要求。要加强对现有实验室的改造和调整，努力使其达到标准化、规范化的要求。充分发挥现代教育技术的作用，有条件的学校应积极开展数字化实验室的建设，不断拓展教学手段和方法。到2012年，第一批义务教育均衡发展试点县、市、区90%的初中和小学的实验室建设和教学仪器配备达到《规范》和《标准》的基本要求；其他县、市、区在义务教育行动计划规定的时间内达标。到2018年，全省所有义务教育学校的实验室达到《规范》和《标准》的基本要求。普通高中的实验室建设和教学仪器配备在2012年前达到《规范》和《标准》的基本要求。

——大力推进中小学图书馆(室)建设。各类中小学要按照《中小学图书馆(室)规程(修订)》(教基〔2003〕5号)的要求建设图书馆（室），配备图书资料。到2012年，第一批义务教育均衡发展试点县、市、区90%的初中和小学的图书馆(室)建设达到《规程》的要求；其他县、市、区在义务教育行动计划规定的时间内达标。到2018年，全省所有义务教育学校完成图书馆(室)建设达标任务。普通高中在2012年前达到完成图书馆(室)建设达标任务。

中小学每年应按照藏书量的1%添置新图书，有条件的学校应建设电子阅览室。2020年以前实现中小学图书管理信息化。

——大力开展学校体育卫生条件建设。各级教育部门和学校要认真落实“健康第一”的指导思想，大力开展学校体育卫生条件建设，争取用5年左右的时间，使全省成建制的中小学的体育卫生条件达到《国家学校体育卫生条件试行基本标准》的要求，为保证学校体育课、学生体育活动和卫生保健工作的开展打下坚实基础。

——重视学校艺术教学条件建设。要重视艺术教学条件建设，争取用5年左右的时间，逐步为学校配备基本的音乐、美术器材，为学校开展音乐、美术教育创造基本的、必要的物质条件。

——充实完善学校信息技术设备设施。农村中小学现代远程教育工程已经全面实施完毕，中小学信息技术设备设施有了一定基础，乡镇及以上小学、初中和高中基本实现了“校校通”。今后，各地要重点建设中小学校园网，努力实现“班班通”，特别要重视村级小学的信息化建设。要针对信息技术设备更新、淘汰较快的特点，制定设备的更新、维护计划，最大限度地发挥设备的效益。

——因地制宜开展劳动(通用)技术实验室建设。义务教育学校要根据劳动技术课程教学的需要，有选择地配备陶艺和木工、种植和养殖、电子制作、缝纫、烹饪等劳动技术实验室，配备相应的教学器材。普通高中可以根据通用技术课程教学的需要，配备设计与制作活动室(设计室)、实践与探索活动室(实践室)。暂不具备条件的高中，可以就近利用职业教育学校的实验室开展通用技术教学。鼓励有条件的地方建设通用技术实验中心，供高中学校共用。

——努力为学生提供舒适规范的课桌椅。学生课桌椅是学校的基本办学条件，也是学生学习的必备条件。各地要继续关心、重视学生课桌椅的更新工作，定期对破损的课桌椅进行维修、加固。要根据学生的身高，及时调整课桌椅的高度，保证学生上课舒适。

四、努力提高中小学教育技术装备管理水平

各类学校要按照《中小学实验室规程》要求，建立和完善实验室、学科专用室、仪器设备、信息技术装备和图书的各项管理、操作、安全等方面的管理制度，并保证各项管理制度的落实。要明确管理职责，落实岗位责任制，对学校装备管理人员实行量化管理，将装备的管理和教学纳入学校常规教学管理之中，不断提高各功能室的使用效率。要运用现代化手段，强化对教育装备的验收、保管、维修、保养、使用、报损报废、补充更新、安全防护等环节的管理，确保装备的使用率和完好率，逐步实现教育装备管理信息化。

各级教育部门和学校要强化安全意识，定期开展教学仪器、设备设施等教学装备的安全检查，确保教学活动的正常开展和师生的安全。要注重质量，严禁无生产标准、无安全保证、无服务保障，质量低劣的产品进入学校。要提高藏书质量，把好图书配备的质量关，坚决杜绝盗版、淫秽以及反动书刊资料进入学校图书馆

(室)。学校各类专用功能教室和系统集成项目必须由具有相应资质的企业参与建设，确保建设质量达到国家或行业标准要求。

各级教育装备部门要认真做好教育装备管理各项工作，按照政府采购制度开展教育装备采购活动，加强廉洁自律制度建设。

五、充分发挥中小学教育技术装备使用效益

加强实验教学活动，建立、健全实验操作考核、评价制度，将实验操作考核纳入学生综合素质评价体系。中小学要按照课程标准和教材的要求，开齐开足实验课，到2014年，全省乡镇中心小学以上学校的理科教材中规定的演示实验开出率要达100%，分组实验开出率达90%以上。继续坚持在高中升学考试中加试实验操作和体育考试(考核)的制度，不断提高课程改革和素质教育的水平。

中小学必须开足、开齐体育课，不得以任何理由削减、挤占体育课时间。要认真抓好早操、课间操、课外体育活动，保证学生每天有一小时的体育活动时间。要广泛开展群众性体育、文艺、美术、科技等第二课堂活动，充实学生的课外生活，增进同学之间的交往、交流，舒缓学习压力，提高学生心理素质。

做好图书馆(室)的开放工作，认真开好阅读指导课，广泛开展读书活动，不断提供学生的科学和人文素养。要充分发挥信息技术设备设施的作用，优化课堂教学效果，提高教学质量和效率。

六、加强中小学教育技术装备管理队伍建设

全省中小学教育技术装备工作在省教育厅的指导下，由省教育技术装备处负责具体业务工作。市、州、县教育行政部门要切实关心、支持教育技术装备工作，要设立专门的工作机构，明确管理职能，并有领导分管教育技术装备工作。各类中小学要有一名校领导负责装备工作，规模较大的学校应设置管理机构。

各地要按照中小学教职员工编制标准的有关规定，按课程开设的要求配齐配足各科的实验教师，逐步调整、优化和充实实验教师、信息技术教师和图书管理员队伍，并纳入当地中小学教师队伍建设的总体规划。要切实解决好实验教师(实验员)和图书管理员的编制、职称和待遇问题，并与学科教师同等对待，充分调动他们的工作积极性。要认真落实实验员、图书馆员、信息技术管理员等特殊岗位人员的营养保健津贴和劳保防护用品等政策，维护他们的身心健康。各地可参照班主任津贴政策，制定实验员等特殊岗位人员的营养保健津贴补助标准。

加强培训工作，坚持持证上岗制度，把实验教师和图书管理员的培训工作纳入教师继续教育体系之中，建立省、市、县三级培训体系，不断提高中小学装备管理人员的业务技能和水平。

七、建立中小学教育装备工作考核评价机制

建立中小学教育技术装备工作的协调机制。各级教育技术装备部门要加强与发展规划、财务、基础教育、督导、教研等部门的联系与沟通，切实做好中小学教育技术装备的规划、指导、检查、评估以及配备、管理、使用、培训等工作。要坚持开展自制教具、实验操作、计算机操作、读书评选等活动，为广大教师和学生构建一个展示技能的平台，促进教育教学质量的提高。

建立中小学教育技术装备工作督导评估机制。各地要把学校教育技术装备的建设、配备、管理、使用等工作纳入督导评估范围，运用评估手段改善和加强中小学教育装备的建设与管理，促进中小学教育技术装备水平提高，更好地为课程改革服务，为素质教育服务，为提高教育质量服务，为教育均衡发展服务。

附件：教育部关于印发《中小学实验室规程》的通知(略)

2010年3月24日

省教育厅关于进一步加强全省幼儿园安全管理工作的通知

鄂教基〔2010〕18号

近期，全国接连发生多起暴力侵害中小学生、幼儿园儿童的恶性案件。为了贯彻落实中央、省委、省政府要求，切实增强幼儿园安全管理工作，严防类似案件在我省发生，提高各级各类幼儿园安全管理能力和师生应对突发事件水平，构筑保护幼儿的安全屏障，为幼儿学习成长创造平安和谐的社会环境，维护社会和谐稳定，现就进一步加强全省幼儿园安全管理工作通知如下：

一、明确工作职责，进一步把中央和省的指示精神贯彻落实到位。各地一定要充分认识加强幼儿园安全保卫工作的极端重要性和现实紧迫性，把思想和行动统一到党中央、国务院和省委、省政府的一系列工作部署上来，切实担负起维护幼儿园安全稳定的重大政治责任。各级教育行政部门要坚决按照“三铁”(铁的面孔、铁的手腕、铁的标准)的要求，狠抓责任落实，加强督促检查。幼儿园园长是安全工作的第一责任人，要亲自抓、深入抓。对民办幼儿园，要按照“谁审批、谁负责、谁管理”的原则，加强安全监督管理，同时配合有关部门坚决查处不符合办园条件的非法幼儿园。各级教育行政部门要加强对当地民办幼儿园安全工作的指导。

二、深入排查整改，进一步狠抓各项措施落实到位。深入排查，认真整改。要下更大的力气，采取更加有力的措施，对涉及幼儿园的各类安全隐患进行全面排查，深入查找薄弱环节。尤其对乡村、街道、城乡结合部、偏远地区的幼儿园，要进行拉网式排查，确保不留死角、不留盲点。针对排查中发现的问题，要坚决整改落实。加大投入，完善设备。切实加大维护幼儿园安全的经费投入，保障人防、物防、技防措施的落实。

三、加强协调配合，进一步形成工作合力。维护幼儿园安全，是全社会的共同责任。各级教育行政部门要积极主动联合公安、综治等部门，深入开展幼儿园及周边环境集中整治行动，把幼儿园周边治安防控措施进一步落实到位。广泛发动广大群众、家庭和社会各界参与幼儿园安全工作，开展群防群治，延伸和构建共同保护孩子的安全网络。

四、加强安全教育，进一步提高幼儿园师生防范自救能力。各地、各幼儿园要因地制宜、有针对性地开展好安全教育和安全演练活动，不断增强师生的安全意识，提高师生防范自救能力。

五、严肃清理整顿，进一步规范幼儿园办园行为。各地要对民办幼儿园进行一次全面、严格的清理检查，安全措施不到位的先停办整改，待整改到位后再开办。

六、进一步健全问责机制。凡因工作不到位发生幼儿园幼儿受暴力侵害重大案件的，坚决予以查处，实施责任追究。

2010年5月24日

省教育厅关于印发《湖北省中等职业学校楚天技能名师教学岗位制度实施办法(试行)》的通知

鄂教职成〔2010〕7号

为贯彻落实国务院、省政府关于大力发展职业教育的决定精神，加强中等职业学校"双师型"结构、"双师型"素质教师队伍建设，提高教师队伍整体水平，深化中等职业学校办学模式和人才培养模式改革，我厅拟在全省建立中等职业学校楚天技能名师教学岗位制度，面向行业企业，聘请专业技术人才和能工巧匠，到学校担任兼职教师，讲授实践技能课程。现将拟定的《湖北省中等职业学校楚天技能名师教学岗位制度实施办法(试行)》印发给你们，请按照该实施办法的要求，认真组织实施。实施过程中的有关情况请及时向我厅反馈。

2010年5月4日

附：

湖北省中等职业学校楚天技能名师教学岗位制度实施办法(试行)

第一章 总 则

第一条 为贯彻落实《国务院关于大力发展职业教育的决定》和《湖北省人民政府关于大力发展职业教育的决定》精神，根据《教育部关于进一步深化中等职业教育教学改革的若干意见》(教职成〔2008〕8号)等文件要求，为加强中等职业学校"双师型"结构和"双师型"素质教师队伍建设，培养高素质技能型专门人才，省教育厅将在全省中等职业学校中设立"楚天技能名师(中职)"教学岗位，以下简称"楚天技能名师"。

第二条 "楚天技能名师"为中等职业学校流动教学岗位。每年根据全省中等职业学校专业发展及设岗需求设立相应数量的"楚天技能名师"教学岗位。

第三条 "楚天技能名师"教学岗位实行聘任制，岗位聘期2年，面向省内外相关行业企业，由中等职业学校在生产、建设、管理、服务一线专业技术人员中公开招聘。受聘人员的劳动人事关系不变更。

第二章 岗位设置

第四条 "楚天技能名师"教学岗位在全省中等职业学校省级以上(含省级)重点专业或实训基地专业设置。每个专业原则上设置1个"楚天技能名师"教学岗位。

第五条 "楚天技能名师"教学岗位职责

1. 完整、系统地讲授一门专业实践技能课程，指导本专业学生的实训，向学生传授本专业生产实践所需的专业技能；

2. 参加本专业"双师型"结构和"双师型"素质教学团队建设，参与专业教学改革项目的研究与实践；

3. 对本专业人才培养工作、目标提出咨询意见和建议。

第三章 聘任条件

第六条 "楚天技能名师"教学岗位聘任条件

1. 热爱祖国，教书育人，具有高尚的职业道德，为人师表，事业心强，具有团队精神，诚心传授技艺；

2. 长期在本专业(行业)技术领域或生产一线工作，具有高级技师职务或是具有一技之长的省级、国家级技术能手(大师、名师)，熟练掌握教育理论和科学的教学方法；

3. 有良好的身体素质，能全身心投入受聘学校相关专业实训教学工作，保证聘期内每学年在受聘学校累计工作时间不少于三个月或上课120学时左右。

第四章 聘任程序

第七条 省教育厅成立"楚天技能名师"教学岗位专家评审委员会，负责评审各学校的设岗专业和审定聘任人员，通过省教育厅审定的中等职业学校设岗专业和聘任人员经公示后行文公布。

第八条 省教育厅每年受理一次"楚天技能名师"教学岗位设置和楚天技能名师人选申请。有关学校按照要求填写《湖北省中等职业学校楚天技能名师教学岗位设置申请表》、设岗方案及相关材料，经所在市州审核后，于每年10月底前向省教育厅提出设岗申请。省教育厅组织专家对各校提出的设岗专业进行评议审定并行文公布。

第九条 "楚天技能名师"人选遴选审定程序

1. 获准设置"楚天技能名师"教学岗位的专业由设岗学校根据专业教学要求，面向社会公布聘任人选的具体条件和要求；

2. 设岗学校针对设岗专业教学计划要求，成立由行业专家和有关人士组成的评议委员会，按照拟聘人选的具体条件和要求，对报名申请的人选进行评议，提出评价意见。评议委员会委员一般不少于7人，其中校外行业专家应不少于4人；

3. 设岗学校根据评议委员会的评价意见择优确定拟聘人选，与拟聘人员协商确定聘期时间、聘期目标任务及相关事宜；

4. 每年3月底前，设岗学校将拟定的《湖北省中等职业学校楚天技能名师教学岗位候选人推荐表》及相关材料经所属市州审核后报送省教育厅；

5. 教育厅组织"楚天技能名师"教学岗位专家评审委员会，对设岗学校提出的拟聘人选进行评审，通过评审的聘任人员名单将进行为期一周的公示。经公示无异议的人选，省教育厅行文确认并通知设岗学校，由设岗学校与之签订聘任合同，发放湖北省中等职业学校楚天技能名师聘书。

第十条 学校主管部门应加强对此项工作的管理，省教育厅将定时组织抽查。中等职业学校申报中有弄虚作假行为的，省教育厅将停止其申请“楚天技能名师”教学岗位资格。

第五章　岗位待遇

第十一条　“楚天技能名师”在聘期内按约完成任务，将享受省教育厅发放的“楚天技能名师”教学岗位津贴，标准为每人每年人民币2万元。

第十二条　聘任学校在聘期内应为“楚天技能名师”配备专职助手，提供必要的工作及生活条件。

第六章　岗位管理

第十三条　聘任学校应与“楚天技能名师”教学岗位受聘人签订聘任合同和订立工作目标责任书，规定聘期内双方的权利和义务，明确工作职责和工作条件。聘任合同和聘书副本由聘任学校报上级主管部门和教育厅备案。

第十四条　“楚天技能名师”教学岗位实行聘期目标管理。聘任学校每学年结束前对受聘人员进行考核，将其实际在岗履行职责情况和考核结果向上级主管部门和省教育厅报告备案。2年岗位期满是否延聘，由聘任学校与聘任人协商，继聘程序参照老办法第八条。

第十五条　“楚天技能名师”在聘期内取得的科研成果、发明专利等按照国家知识产权法律法规的有关规定处置。

第十六条　“楚天技能名师”在聘期内有下列情形之一者，由聘任学校作出决定，解除聘任合同，结果报上级主管部门和省教育厅备案。

1. 聘任期内无特殊原因且未得到聘任学校同意，实际到岗工作时间不足三个月的；

2. 不能履行“楚天技能名师”教学岗位职责的；

3. 教学工作中有违反职业道德、学术道德规范行为的；

4. 有弄虚作假行为的；

5. 触犯刑律的。

第十七条　“楚天技能名师”在聘期内不再兼任其他单位或部门行政领导职务，也不再受聘为其他中等职业学校楚天技能名师。

第七章　附　则

第十八条　本办法自发布之日起实行。

第十九条　本办法解释权在湖北省教育厅。

湖北省教育厅关于实施普通高等学校拔尖创新人才培育试验计划的通知

鄂教高〔2010〕17号

培养拔尖创新人才对于建设创新型国家，推进社会主义现代化建设，实现中华民族伟大复兴具有重大的战略意义。为了贯彻实施“科教兴省”和“人才强省”战略，根据《国家中长期教育改革和发展规划纲要（2010—2020年）》精神，结合我省高等学校实际，我厅决定在部分普通本科高校实施“湖北省普通高等学校拔尖创新人才培育试验计划”（以下简称“培育试验计划”），现提出如下意见。

一、指导思想

按照建设创新型国家的要求，发挥我省高等教育的比较优势，支持和引导具备条件的高校集合优质教育资源，以改革创新为动力，以培育拔尖创新人才为目标，深化人才培养模式改革，探索拔尖创新人才培养的规律和有效途径，促进和引领整个高等教育教学改革和人才培养工作。

二、目标任务

“十二五”期间，从全省部分普通本科高校在全国优势明显的基础学科专业和与经济建设社会发展联系紧密的应用学科专业中，遴选建设20个拔尖创新人才培育试验区。在学生选拔、师资配备、培养模式、条件氛围、管理制度等方面，不拘一格，改革试验，构建拔尖创新人才培养的新机制，探索拔尖创新人才培养的新模式，培养一批思想敏锐、专业素质高、实践能力强、具有开拓精神和创新能力的优秀本科毕业生，为培养造就未来在相关基础学科领域的领军人物和应用学科拔尖创新人才奠定良好的基础。

三、实施原则

1. 择优遴选。参加“培育试验计划”的高校应在国内同类高等学校中具有明显的学科优势和专业特色，教学条件优良，教学资源丰富；参加“培育试验计划”的学生应具备思想活跃、兴趣广泛、学有专长、培养发展态势好的特点和优势。

2. 改革创新。参加“培育试验计划”的高校要高举改革创新的旗帜，围绕培育拔尖创新人才目标，在教育理念、培养方案、培养模式、教学组织、管理方式等方面，开拓创新，大胆实践。

3. 开放教学。实施“培育试验计划”，应广泛借鉴国内外拔尖创新人才培养的先进经验和成功模式，充分利用校内外、国内外优质教育教学资源，实行开放式培养。

4. 自我完善。参加“培育试验计划”的高校要密切与国内外高水平大学的合作与交流，定期进行工作评价，总结工作经验，不断完善人才培养方案，提高人才培养能力和教育教学水平。

四、实验内容

1. 学生遴选。现阶段，“培育试验计划”试验班的学生可采取从在校优秀本科生中遴选的方式产生。学生遴选要注重考察学生的综合能力、学术兴趣和发展潜质，将特长显著、素质全面、最具发展潜力的学生选拔到“培育试验计划”中来。原则上，每个“培育试验计划”试验班年度招收学生规模30人左右。

2. 教师配备：“培育试验计划”实行首席教授（导师）负责制，全面负责学生的专业指导和思想工作。要打造国际化的教学师资队伍，安排高水平专家、学者担任“培育试验计划”专业导师和授课教师，聘请海外知名学者指导、主持或参与“培育试验计划”的教学。参与“培育试验计划”的教师要热心人才培养工作，积极投身教学改革。

3. 培养模式：以本校优势学科专业为平台，探索多种培养模式，实行个性化培养。要深化教学理念、培养模式、教学内容和方式方法改革，按国际化要求设计教学计划、开设课程，积极引进和选用国际一流教材，拓宽学生的国际视野；创新教学方式，实施研究性学习，培养学生批判性思维；按学生个性化培养的要求，鼓励学生在导师的指导下自主学习，让学生有自由探索的时间；积极创造条件，组织学生参加科学研究项目训练，培养他们的科研兴趣和学术精神。坚持学以致用，将专业学习与社会实践紧密结合起来，让学生在社会实践和社会服务中增长才干。

4. 氛围营造：通过世界级科学家访问讲学、国内外高水平学术报告等形式，营造浓厚的学术氛围和开放的交流平台，激发学生的求知欲和创新潜能。学校的国家和省重点实验室、工程中心、人文社科基地、国家和省实验教学示范中心等教学科研资源要向“培育试验计划”试验班的学生开放，并为学生的创新活动和科学研究提供经费、条件等支持。

5. 制度创新：制定灵活的课程选修、免修、缓修等制度。对学生的考核突出创新的目标和能力的要求，克服应试教育的弊端。“培育试验计划”试验班的学生实行开放式动态管理，建立灵活的进出机制。对教师的评价要充分体现人才培养的中心地位，创新考核方式。

6. 国际合作：通过联合培养、暑期学校、短期学习考察等方式，分期、分批将“培育试验计划”试验班的学生送到国外一流大学学习和交流。鼓励学生利用国外条件开展研究性学习，接受国际一流科学家群体的指导，使之尽快融入学科前沿领域之中。

五、申报要求

有关高校根据本校特色优势学科、专业情况，向我厅提出申请。原则上，“985工程”、“211工程”建设高校可申报两个不同学科专业类别的“培育试验计划”试验班，省属高校可申报一个“培育试验计划”试验班，鼓励高等学校之间特别是省属高校与部委高校联合申报。各高校按要求报送“培育试验计划”实施方案材料，经我厅组织专家评审、批准后开展改革试验。

六、工作保障

我厅成立“湖北省普通高校拔尖创新人才培育试验计划”工作领导小组，加强对“培育试验计划”实施工作的组织领导和工作协调。领导小组由省教育厅主要领导任组长、分管领导任副组长，政策法规处、发展规划处、财务处、高教处、科技处、教师处、学生处、干部人事处、学位办、国际合作与交流处等有关处室负责人为成员。

我厅将建立政策保障和工作激励机制，对“培育试验计划”给予支持。省属高校“培育试验计划”试验班招生计划单独下达；增加试验班所属学科专业免试研究生推荐比例，学习优秀的学生可以获得推荐免试研究生的资格；在现有基础上，可适当增加试验班所在学科专业正高级岗位职数，符合条件者，可以推荐申报“楚天学者”计划相关岗位；按各试验班改革试验计划，分期安排教学改革专项经费。

七、有关要求

有关高校的申报材料（一式七份）于2010年9月27日前报我厅高等教育处，同时报送电子版。联系人：吴勃，电话（传真）：027－87328172，电子邮件：hbgjcwws@163.com；地址：武汉市武昌区洪山路8号，邮政编码：430071。

有关高校要高度重视、积极参与“培育试验计划”，结合本校实际，认真制定改革实验方案。经我厅批准，开展拔尖创新人才培育试验计划的高校，要成立由学校主要领导担任组长的工作领导小组，落实工作职能部门，认真组织、实施改革试验计划。我厅将开展经常性的工作检查和交流，促进“培育试验计划”的顺利实施。

2010年8月27日

附：

湖北省普通高校制定拔尖创新人才培育试验计划实施方案的基本要求

高等学校制定拔尖创新人才培育试验计划实施方案，应体现以下几方面的内容：

1. “培育试验计划”试验班所在学科专业基础和工作条件（学生培养的前期基础和教学改革成果；高水平、国际化师资队伍情况；学科专业实验教学条件情况等）。

2. 教学改革试验方案（包括学生遴选、教师配备、培养模式、培养方案、氛围营造、制度创新、条件支持、国际合作等方面的改革思路、工作路径等）。

3. 工作措施与保障，试验区建设工作五年规划、年度工作计划；学校的组织保障、经费保障和政策保障等。

省教育厅关于实施湖北省普通高等学校战略性新兴（支柱）产业人才培养计划的通知

鄂教高〔2010〕18号

为积极促进高等教育与经济社会发展紧密结合，引导高等学校主动适应经济发展方式转变和经济结构调整，优化人才培养结构和资源配置，深化人才培养模式改革，培养我省经济社会发展所需要的高素质专门人才，我厅决定在全省普通高等学校实施湖北省战略性新兴（支柱）产业人才培养计划（简称“产业人才培养计划”），现提出如下意见。

一、指导思想

深入贯彻落实科学发展观和《国家中长期教育改革和发展规划纲要（2010－2020年）》精神，以服务我省经济社会发展、满足产业行业需求为目标，以提高人才培养质量为核心，引导高等学校紧紧围绕我省经济社会发展特别是战略性新兴（支柱）产业发展，创新人才培养模式，加大相关产业高素质专门人才培养力度，提高水平、办出特色，促进高等教育更好地适应和服务于湖北经济建设和社会发展的需要。

二、目标任务

面向我省战略性新兴（支柱）产业和区域内重点产业，特别是节能环保、新能源、新能源汽车、电子信息、新材料、生物医药、生物育种等湖北省战略性新兴产业和武汉城市圈、鄂西生态文化旅游圈的重点产业，鼓励支持高等学校与相关行业携手，与有关企业联合，两年时间内，在全省普通高等学校建设100个特色鲜明、优势明显、校企合作、产学研结合的战略性新兴（支柱）产业和区域内重点产业人才培养基地，每年为我省战略性新兴（支柱）产业和区域内重点产业定向培养5 000名左右的应用型、复合型、技能型人才，为产业发展提供人才支撑。

三、基本要求

申报产业人才培养计划的专业，应符合以下条件和要求：

1. 专业培养目标明确，直接面

向我省战略性新兴(支柱)产业和区域内重点产业，培养应用型、复合型、技能型专门人才；专业办学条件优良，能满足我省战略性新兴(支柱)产业和区域内重点产业发展对人才的要求。

2. 与省内有关行业、企业联合开展专业人才培养和专业建设工作，共同制定人才培养方案和专业教学计划，共同开发课程，共建校内外实习实践基地，共建双师结构教师队伍。

3. 深化人才培养模式改革，实施订单(定向)培养，毕业生主要在省内战略性新兴(支柱)产业和区域内重点产业中的相关企业、单位就业。

四、项目遴选

今明两年，分期分批在全省普通本科高校和高职院校中遴选建设100个战略性新兴(支柱)产业人才培养基地。

各高校根据我省战略性新兴（支柱）产业和区域内重点产业发展对人才的需求，结合各自学校的办学优势和特色，联合省内相关行业、企业，在对产业人才需求状况进行分析的基础上，制定产业人才培养方案，向我厅申报(申报表见附件)。我厅组织专家进行评审确定。在评审时将考虑不同产业和不同层次高校及专业的合理分布。

五、组织领导

我厅成立"产业人才培养计划"工作领导小组，加强对该计划实施工作的组织领导和工作协调。领导小组由省教育厅主要领导任组长、分管领导任副组长，省教育厅政策法规处、发展规划处、财务处、高教处、科技处、教师处、学生处等有关处室负责人为成员。

我厅将建立政策引导和工作激励机制。省属高校"产业人才培养计划"专业的招生计划单独安排；在校其他同层次全日制普通专业学生愿意参加"产业人才培养计划"专业学习且符合要求者，可转入该计划的相关专业学习；对"产业人才培养计划"专业实行跟踪管理，定期开展人才培养工作评价检查，对校企合作成绩突出的"产业人才培养计划"专业，给予专项奖励。

六、有关要求

各高校要高度重视，结合本校实际，联合行业、企业积极参加"产业人才培养计划"。本科院校、省级以上(含省级)示范性高职建设院校可推荐2个不同产业的人才培养计划项目，其他高职高专院校可推荐申报1个产业人才培养计划项目。

经我厅批准实施"产业人才培养计划"的高校，要成立由学校主要领导担任组长的工作小组，落实工作职能部门，认真组织、实施产业人才培养计划。我厅将对各高校"产业人才培养计划"实施情况适时开展检查，加强工作经验交流和工作研讨。通过检查，对工作不力的高校将取消其开展"产业人才培养计划"的资格。

各高校申报材料（一式七份）于2010年9月27日前报我厅高等教育处，同时报送电子版。联系人：吴勃，电话(传真)：027－87328172，电子邮件：hbgjcwws@163.com；地址：武汉市武昌区洪山路8号，邮政编码：430071。有关申报表格可登录湖北省教育厅政务网(http://www.hbe.gov.cn)或湖北省高等学校教育教学公共平台(gxjx.e21.cn)浏览并下载。

2010年8月27日

省教育厅关于实施湖北省高等学校自主创新重点基地建设计划的通知

鄂教科〔2010〕7号

为加强高校自主创新能力建设，更好的为湖北经济社会发展提供科技和智力支撑，省教育厅决定实施湖北省高等学校自主创新重点基地建设计划。重点基地建设以国家和我省经济社会发展的重大战略需求为导向，紧密围绕提升湖北传统支柱产业和发展战略性新兴产业，以省(部)重点科研平台、重点学科为依托，集成优势资源，推进学科交叉，组织项目攻关，培育创新型领军人才，提高学校科技创新能力和综合竞争力。现将《湖北省高等学校自主创新重点基地建设管理办法》(试行)印发给你们，请认真遵照执行。

2010年8月9日

附：

湖北省高等学校自主创新重点基地建设管理办法

(试行)

第一章　总　则

第一条　为加强高校自主创新能力建设，更好的为湖北经济社会发展提供科技和智力支撑，决定实施湖北省高等学校自主创新重点基地建设(以下简称重点基地建设)。为做好重点基地建设的管理工作，制定本办法。

第二条　重点基地建设工作以国家和我省经济社会发展的重大战略需求为导向，紧密围绕提升湖北传统支柱产业和发展战略性新兴产业，以省(部)重点科研平台、重点学科为依托，集成优势资源，推进学科交叉，组织项目攻关，培育创新型领军人才，提高学校科技创新能力和综合竞争力。

第三条　重点基地建设工作按照"统筹规划、需求导向、择优建设、动态管理"的原则组织实施。

第四条　重点基地是学校学科与科研基地建设的重点，高等学校要在人事、财务、仪器设备等资源配置上给予倾斜。

第二章　组织与管理

第五条　省教育厅是重点基地建设的行政主管部门，宏观指导重点基地建设的规划、立项工作，负责组织开展重点基地的评估与检查等。

第六条　高校是重点基地建设的依托单位，负责指导本单位重点基地的运行与管理，为重点基地发展提供人事、财务等条件保障，确保基地正常运行。

第七条　重点基地主要负责日常运行与管理，依托学术委员会制定中长期发展规划、人才引进与培养计划，开展科技创新活动，接受省教育厅和依托高校的业务指导和验收评估。

第三章　立项与建设

第八条　重点基地的立项与建设管理主要包括立项申请、评审、计划实施、验收、评估等。

第九条　重点基地遴选范围为依

托高校建设的省(部)重点科研平台和重点学科。具体申报数量由年度实施方案确定。

第十条　申请新建重点基地应符合全省重点基地建设总体规划方向，且申报主体应为研究方向和目标明确，基础条件优良，并依托已运行2年以上(包括2年)的省(部)重点科研平台、重点学科。

第十一条　符合重点基地立项申请基本条件的，相关学校可根据申报指南要求进行申报，依托学校应对申请材料进行审核，确保其内容的真实性。

第十二条　省教育厅组织专家对申请项目进行评审，择优立项。

第十三条　通过省教育厅审批的重点基地须签订项目建设计划任务书，相应依托高校须安排建设配套资金以及必要的运行费用。

第十四条　获得资助的重点基地须按时提交年度进展报告、下年度基地建设计划及经费预算。

第十五条　获得资助的重点基地根据计划任务目标，大力加强人才培养和引进，自主开展合作研究、学术交流，积极争取承担重大科研任务。

第四章　验收与评估

第十六条　重点基地建设期限一般不超过3年。重点基地建设期满，依托高校向省教育厅报送重点基地建设项目验收申请书，申请验收。

第十七条　省教育厅聘请专家，组织或委托专家组对申请验收的重点基地开展验收工作，出具验收意见报告书。

第十八条　验收专家组验收意见作为下一轮是否资助的依据。对验收结果好的，给予滚动支持、表彰和奖励;对验收存在严重问题的，将予以通报并停止资助。在总数不变的原则下，根据验收结果进行动态调整，吸纳符合条件的重点基地进入建设行列。

第十九条　重点基地的评估采取年度考核与定期评估相结合的方式。年度考核由依托单位负责组织，定期评估由省教育厅组织或委托专家组进行。

第二十条　重点基地要根据要求编制年度报告，依托单位依据年度报告对重点基地工作进行年度考核，将年度报告与考核结果报省教育厅备案。

第二十一条　通过验收的重点基地每运行3年须接受定期评估。被评估为优秀的重点基地给予经费奖励，对评估不合格的，不再纳入重点基地建设计划。

第五章　经费投入与使用管理

第二十二条　省教育厅对建设期内的重点基地每年投入一定的建设经费，支持基地建设工作，依托高校按比例给予配套经费支持。

第二十三条　基地建设经费按比例主要用于人才引进、科学研究、国际合作与交流、条件建设等方面。

第二十四条　重点基地建设经费的使用与管理应严格执行国家有关财务规章制度规定，并接受财务审计部门的监督检查。

第二十五条　重点基地建设经费专款专用，任何单位或个人不得截留、挪用或挤占。

第六章　附　则

第二十六条　受重点基地建设经费支持所发表的相关论文、专著、研究报告、鉴定证书及成果报道等，均须标注“湖北省高等学校自主创新重点基地建设计划资助”。

第二十七条　确因学科发展需对重点基地更名、调整或重组，须经学术委员会或组织相关学科的专家进行论证，提出论证报告，由依托单位报省教育厅批准。

第二十八条　各依托高校参照本办法，制定本校重点基地建设的管理办法。

第二十九条　本办法自公布之日起施行。本办法由湖北省教育厅负责解释。

省教育厅　省人力资源和社会保障厅关于组织实施高校青年教师深入企业行动计划的通知

鄂教科〔2010〕8号

为贯彻落实省委、省政府关于动员广大科技人员服务企业的有关文件精神，发挥高校科技智力资源优势，深入开展产学研合作，推进高校教师队伍建设，省教育厅、省人力资源和社会保障厅决定在全省高校实施高校青年教师深入企业行动计划，每年组织高校选派1000名左右高校青年教师全职到企业服务一年。现将《高校青年教师深入企业行动计划实施方案》印发给你们，请结合本单位实际，认真贯彻落实。

2010年8月25日

附：

湖北省高校青年教师深入企业行动计划实施方案

一、指导思想

以邓小平理论和“三个代表”重要思想为指导，深入贯彻落实科学发展观，围绕实施“科教兴鄂”战略、“两型”社会建设和发展战略性新型产业，以服务企业(包括会计事务所、律师事务所等，以及农村乡镇基层单位，下同)和建设高素质教师队伍为目标，组织高校青年教师深入企业开展岗位实践活动，锻炼和培养青年教师创新精神和实践能力，更好地培养创新人才和服务社会，提升高等教育质量。

二、基本原则

1. 深入基层，立足服务。以服务为宗旨，以贡献求合作，努力转化一批科技成果，开发一批新工艺、新产品，提升企业核心竞争力，探索产学研合作的有效途径和长效机制。

2. 注重实践，提升素质。主动了解生产一线的科技和人才需求，积极参与企业经营管理和技术研发，在实践锻炼中砥砺品质、锤炼作风、增长才干、提升素质。

3. 面向需求，双向选择。坚持需求导向，依托高校学科特色和科技资源优势，结合企业现实需求，通过双向选择做好选派工作。

4. 创新机制，政策激励。完善青年教师培养使用、职称评聘、考核评价、表彰奖励等制度，形成引导和鼓励青年教师服务基层、在实践中锻炼提高的政策环境和舆论氛围。

5. 互动合作，校企共赢。加强高校与企业的互动合作，促进高校科研和人才培养更好地结合现实需求，加速科技成果转化，推动企业技术进步，服务湖北经济社会发展。

三、总体目标

每年选派1 000名左右高校青年

教师全职到企业服务一年，培养大批崇尚实践、乐于服务、勇于创新、德高风正的优秀青年教师；发挥桥梁、纽带作用，促进高校与企业的战略合作；推动校企、校地共建一批技术研发平台和产学研合作示范基地；力争转化一批科技成果，攻克一批产业关键技术，开发一批新工艺、新产品，提升企业核心竞争力。

四、青年教师深入企业的主要任务

1. 调研相关企业和行业的科技人才需求。做好生产实践中科技需求调研工作，帮助企业收集新工艺、新技术、新产品信息以及国内外市场动态，掌握相关技术领域的发展态势和资源布局，协助企业制定技术发展战略，做好企业人才需求调研，为学校培养企业急需的创新人才提供信息。

2. 开展科技成果转化，参与技术研发和生产经营管理等活动。针对一些关键、核心技术问题，积极联系学校科技力量与企业开展联合攻关；开展科技、经营管理、投融资服务等方面知识培训，帮助企业提高技术研发能力和经营管理水平。

3. 发挥好桥梁和纽带作用。根据企业需求和发展战略，努力促成企业与高校的有效对接和联合，建立产学研合作长效机制，组建产学研战略联盟，合作共建工程（技术）研究中心、检测服务中心、产学研结合示范基地等以及学生实习、实训基地等，开展人才联合培养。

五、选派对象条件要求

1. 年龄原则上不超过45周岁。

2. 在教学、科研一线岗位工作的青年教师。

3. 思想政治素质好，具有较强的科技研发能力和一定的组织协调能力。

4. 优先选派没有企业或其他基层单位工作经历的青年教师。

六、实施步骤

1. 选派学校结合学科专业特点，根据相关合作企业的具体需求，制定本校青年教师服务企业的整体规划和年度计划。

2. 动员组织青年教师积极申报高校青年教师深入企业行动计划，填写《高校青年教师深入企业行动计划申请书》，报省教育厅审核。

3. 省教育厅组织专家对学校申报的计划进行审核评审，研究确定给予经费资助的选派对象。

4. 学校与合作企业签订合作协议，就选派青年教师深入企业的相关事项明确双方责任、权利和义务，明确选派教师岗位实践期间的具体工作任务、知识产权管理等相关事项。

5. 加强对参与岗位实践青年教师的服务和管理。建立跟踪服务制度和定期检查、考核制度，开展高校青年教师服务企业评先表彰活动。

七、组织管理

1. 选派学校应成立由校领导牵头，相关职能部门参加的青年教师深入企业行动计划领导小组，负责本校青年教师岗位实践活动的统筹规划和组织实施。

2. 选派学校应将青年教师深入企业活动纳入学校行政的重要议事日程，纳入年度工作计划和考核目标，加强管理和服务，积极动员组织青年教师深入基层一线创新创业。

3. 选派学校可向建立了校企合作关系（合作建有研发中心、教学实习基地以及校董事会成员单位等）的企业和派驻科技副县市长的地方基层单位优先派送青年教师开展岗位实践活动。

八、保障措施

1. 省教育厅设立高校青年教师深入企业行动资助项目，资助全职在企业和其他基层单位从事岗位实践活动一年的青年教师，资助经费主要用于下派青年教师进行技术研发、成果转化的前期调研经费和交通补助等。

2. 定期对青年教师深入企业活动进行评比表彰，根据高校开展活动的情况和下派青年教师在岗位实践期间的实际贡献，定期评选表彰一批先进单位和个人。

3. 各高校要结合实际制订配套政策措施，对到企业服务的青年教师，服务期间其原职务、工资福利和岗位不变；服务期间岗位津贴、业绩津贴等待遇不低于在岗同类人员平均水平；岗位实践活动期满考核合格的视同完成派出单位规定的各项工作量；申报高级专业技术职务时，要给予倾斜。

4. 落实鼓励科技人员创新创业的相关政策措施。选派学校以技术转让方式将职务科技成果提供给企业实施的，可从技术转让所得的净收入中提取70%的比例用于一次性奖励相关科技成果完成人和为成果转化作出重要贡献的人员；采用股份形式实施成果转化的，可将成果形成股权的70%奖励给成果完成人和为成果转化作出重要贡献的人员。青年教师在服务企业期间形成的科技成果，可按一定比例享受成果转让、销售等形成的收入。

5. 积极争取企业支持，为青年教师开展工作创造条件。鼓励企业充分利用高校的优势资源，吸引高校青年教师到企业服务，按约定提供必要的工作、生活条件。

省教育厅关于加强和改进高等学校师德师风建设的意见

鄂教思政〔2010〕7号

各高等学校：

为全面贯彻落实《中共中央国务院关于进一步加强和改进大学生思想政治教育的意见》（中发〔2004〕16号）和《国家中长期教育改革和发展规划纲要（2010－2020年）》，大力推进教师职业道德建设，不断提高我省高校教师的思想政治素质和职业道德水平，努力建设一支师德高尚、业务精湛，忠诚于人民教育事业的高校教师队伍，现就加强和改进我省高等学校师德师风建设提出如下意见。

一、充分认识加强和改进高校师德师风建设的重要性和紧迫性

高校承担着培养高级专门人才、发展科学技术文化、促进社会主义现代化建设的重大任务。高校教师的师德师风水平，关系到大学生的思想道德素质和水平的提高，关系到全社会的道德发展，关系到国家的前途命运和民族的未来。加强和改进高校师德师风建设，是全面贯彻党的教育方针的重要保证，也是进一步加强和改进大学生思想道德建设和思想政治教育的迫切要求。

近年来，我省高校按照中央和省委、省政府的要求，大力加强师德师风建设，涌现出一大批爱岗敬业、教书育人、为人师表、师德高尚的优秀教师，为推动高等教育事业健康快速发展、培养大批合格人才作出了重要贡献。但是，师德师风建设也存在一些困难与问题，有些高校重视不够、领导不力、政策措施不到位，少数教师思想政治素质不高、育人意识淡薄、治学不够严谨，极个别甚至发生违纪违法等问题，损害了高校教师队伍的形象，影响了青年学生的健康成长。高校教师的师德师风亟待加强和改进。

二、加强和改进高校师德师风建设的指导思想和高等学校师德师风的基本要求

加强和改进高校师德师风建设的指导思想：以邓小平理论和“三个代表”重要思想为指导，深入贯彻落实科学发展观，以社会主义核心价值体系为引领，树立“八荣八耻”的社会主义荣辱观，以关爱学生、教书育人为核心，自觉践行湖北高校教师“十倡导十禁止”师德行为规范（见附件），以提高教师思想政治素质、职业理想和职业道德水平为重点，优化制度环境，弘扬高尚师德，力行师德规范，强化师德教育，不断提高师德师风水平，为培养德智体美全面发展的社会主义建设者和接班人作出新贡献。

高等学校师德师风的基本要求：

（一）立场坚定，爱国守法。热爱祖国，热爱人民，拥护中国共产党的领导，拥护社会主义；自觉遵守《宪法》和有关法律法规；认真学习和贯彻执行党和国家教育方针、政策，树立正确的教育观、人才观和质量观，全面履行教师职责；在教育教学中坚持正确的政治方向，积极宣传党和国家的方针政策，自觉维护国家利益，促进民族团结；在大是大非问题上立场坚定，旗帜鲜明；增强政治敏感性和政治鉴别力，坚持学术研究无禁区、课堂讲授有纪律。

（二）爱岗敬业，恪尽职守。忠诚于人民教育事业，树立崇高的职业理想和坚定的职业信念，增强教书育人的责任感和使命感；勤恳敬业，甘为人梯，乐于奉献，自觉地履行教书育人的神圣职责，以高尚的情操引导学生全面发展；严格执行教学计划，遵守教学纪律，按质按量完成教育教学任务；认真备课上课、批改作业，认真解答学生提出的问题；严格执行考试制度和纪律，命题、评卷认真负责，成绩能客观公正地反映学生水平；积极开展教学研究，不断改进教学方法，优化教学手段，提高教学艺术、教学能力和教学质量。

（三）关爱学生，立德树人。牢固树立育人为本、德育为先的思想，全面关心学生成长，热爱学生，尊重学生，以真情、真心、真诚教育学生，公平公正对待学生，严格要求学生，积极帮助解决学生遇到的学习生活问题和困难，促进学生全面发展；用高尚师德影响学生，用精湛师能感染学生，用温暖情怀关爱学生，努力成为学生的良师益友，成为学生健康成长的指导者和引路人，把学生培养成德才兼备的人。

（四）为人师表，淡泊名利。坚守高尚情操，严于律己，以身作则，为人师表；作风严谨正派，仪表端庄大方；语言规范健康，举止文明礼貌；注意与学生的交往方式，与学生保持健康良好的师生关系；廉洁奉公，不利用职务之便谋取私利，不索取或变相索取学生或学生家长的财物；不利用学术资源谋取不正当利益，不向学生强制推销与自身利益相关的书刊、资料等；维护团结，加强协作，不制造、散布、传播有损他人名誉的言论。

（五）严谨治学，终身学习。追求真理，崇尚科学精神，树立终身学习理念，努力学习新知识、新技术，拓宽知识视野，更新知识结构，不断提高自身人格魅力和学识魅力；潜心钻研业务，全面掌握专业知识，勇于探索创新，不断提高专业素养和教书育人的能力；坚持求真务实、严谨自律的治学态度和学术精神，恪守学术道德，发扬优良学风，克服学术浮躁；尊重他人的劳动和合法权益，杜绝抄袭、剽窃、侵占他人学术成果等学术不端行为；在评审、鉴定、验收和评奖等活动中，坚持客观公平的原则，维护学术评价的公正性和公信力。

三、加强和改进高校师德师风建设的主要措施

（一）强化师德师风教育。各高校要利用各种载体多渠道、分层次、有针对性地对全体教师开展形式多样的师德师风教育。进一步完善师德师风教育制度，扎实开展对教师的岗前师德教育，加大对专任教师、研究生导师、辅导员等的师德培训力度，尤其要把提高中青年教师的师德师风水平放在教师队伍建设的重要位置来抓，要鼓励中青年教师深入实际，实践锻炼，要针对中青年教师的特点，开展形式多样的师德师风教育活动。

（二）加强师德师风宣传。各高校要充分利用校内报刊、网络、广播、电视等传媒，以丰富多彩的形式加强师德师风宣传；每年9月定期组织“师德师风建设月”活动，集中开展师德师风宣传教育活动；定期举办师德论坛，促进师德师风建设的理论创新、制度创新和管理创新，推动师德师风建设工作实现科学化、制度化；充分利用我省高校师生英雄群体辈出、模范典型不断涌现的宣传教育资源优势，广泛宣传师德典型的模范事迹，并积极发现和大力培育新的师德典型，为师德师风建设营造良好的舆论氛围。

（三）严格师德师风考核管理。各高校要进一步严格教师资格认定程序和完善新教师聘用制度，把思想政治素质、思想道德品质作为必备条件和重要考察内容；建立师德师风考评制度，将师德师风表现作为教师年度考核、职务聘任、派出进修和评优奖励等的重要依据；探索建立教师退出机制，对师德师风表现不佳的教师要及时劝诫，经劝诫仍不改正的，要进行严肃处理。对有严重失德行为、影响恶劣者依法依规撤销教师资格并予以解聘。对违反我省“十禁止”师德行为规范的，五年之内，在名师评选、人才遴选等各级各类表彰奖励中实行“一票否决”；造成不良影响的，在专业技术职务评聘和行政职务晋升中实行“一票否决”。

（四）加强师德师风制度建设。各高校要建立师德师风建设工作评估制度，构建科学有效的师德师风建设工作监督评估体系。研究制定科学合理的教师评价方法和指标体系，完善相关政策，体现正确导向，为师德师风建设提供制度保障。各校要因地因校制宜，制定可操作的实施办法，完善师德师风建设规章制度，建立师德师风建设长效机制。

(五)表彰奖励师德师风模范。各高校要大力弘扬"十倡导"的师德行为规范，定期开展师德师风先进个人的评选表彰活动；全省每年组织开展全省十佳师德模范的评选表彰活动，在全省树立一批专任教师中的师德楷模。每两年在全省表彰一批思想政治教育工作先进集体和先进个人，评选表彰一批优秀班主任标兵、优秀辅导员标兵、优秀思想政治理论课教师标兵，同时由省总工会授予"五一劳动奖章"。

四、切实加强对高校师德师风建设的领导

省级教育行政部门将师德师风建设作为学校办学质量和水平评估的重要指标，每年对各高校师德师风建设进行考核，表彰一批"师德师风建设"的先进高校和先进个人；探索建立师德问题报告制度和舆论监督制度，将师德师风问题与学校评估、经费划拨、招生计划、评优表彰等挂钩。

各高校要把师德师风建设工作摆在教师工作的首位，贯穿于管理工作的全过程。要大力弘扬尊师重教的优良传统，千方百计地为广大教师办实事、办好事，不断改善教师的工作、学习和生活条件，为教师教书育人创造更为良好的社会环境。全社会都要关心和支持师德师风建设工作。要坚持团结鼓劲、正面宣传为主的方针，大力宣传人民教师的先进典型和模范事迹，为师德师风建设营造良好的舆论氛围。

各高校要把师德师风建设作为一项事关学校建设和人才培养全局的大事，纳入学校教育事业总体规划，加强领导，统筹部署，切实做到制度落实、组织落实、任务落实。要将师德建设作为考核学校工作的一项重要内容，形成主要领导亲自抓、相关部门各负其责、有关方面大力支持的领导体制和统一领导、分工负责、协调一致的工作格局。要充分发挥基层党组织、领导干部和党员教师的作用。要发挥教职工代表大会、学术委员会、工会、共青团等学术和群团组织的作用，形成紧密配合、齐抓共管的良好局面。

各高校要因地因校制宜，结合学校实际，制定加强师德师风建设的具体实施办法。

附件：湖北高校教师"十倡导十禁止"师德行为规范

2010年9月7日

附件：

湖北高校教师"十倡导十禁止"师德行为规范

为加强高校师德建设，推进师德教育制度化、规范化，特制订"十倡导十禁止"师德行为规范：

十倡导：

一、倡导志存高远、牢记使命；

二、倡导以人为本、爱校爱生；

三、倡导敬业奉献、淡泊名利；

四、倡导廉洁从教、自尊自省；

五、倡导情趣健康、作风纯正；

六、倡导明理崇实、至真至诚；

七、倡导奋发进取、终身学习；

八、倡导严谨笃学、术专业精；

九、倡导传道解惑、创造创新；

十、倡导与时俱进、德艺双馨。

十禁止：

一、禁止散布违反四项基本原则和国家法律法规等错误言论；

二、禁止以非法方式表达诉求，或者组织、煽动他人以非法方式表达诉求；

三、禁止参加或组织、诱导学生参加非法组织、传销、"黄、赌、毒"和迷信等活动；

四、禁止在校园内传播宗教和组织开展宗教活动；

五、禁止歧视、讽刺、侮辱、体罚或变相体罚学生；

六、禁止在学术活动中弄虚作假、抄袭剽窃，侵占他人成果；

七、禁止以不正当手段为本人或他人谋取荣誉、职称、学历、学位等利益；

八、禁止通过招生、考试等活动谋取不正当利益，或者强制推销辅导资料、书籍和其它各类商品；

九、禁止以任何形式尤其是在互联网上散布虚假信息，和对他人进行侮辱、诽谤等人身攻击；

十、禁止在自然灾害、事故灾难和社会安全事件中不顾学生安危抢先逃生。

省教育厅关于做好2010年普通高等学校毕业生就业工作的通知

鄂教学〔2010〕1号

2010年，我省高校毕业生就业形势依然严峻，任务非常繁重，按照教育部教学〔2009〕15号文件精神和省委省政府要求，现就做好2010年高校毕业生就业工作提出如下意见：

一、切实加强领导，把高校毕业生就业工作摆在突出重要位置

各高等学校要认真贯彻落实党中央、国务院"把高校毕业生就业摆在当前就业工作首位"的重要指示，把高校毕业生就业工作摆在更加突出的位置，切实提高毕业生就业质量，提高毕业生就业水平，提高毕业生就业率，确保我省2010年初次就业率不低于全国平均水平。各高等学校要认真落实毕业生就业"一把手"工程。党委书记、校长作为本校毕业生就业工作的第一责任人，要把毕业生就业工作摆在重要议事日程，认真研究，统筹部署，建立起"领导主抓，中心统筹，院系为主，全员参与"的就业工作体制，举全校之力做好毕业生就业工作。要建立和完善毕业生就业工作目标管理体系，认真落实包保责任制、考核奖惩制、政策挂钩制等工作机制，实行校领导包院系，院系领导包班级，班主任、辅导员、干部教师包毕业生个人的制度，大力推广"研究生就业导师工程"、"就业导师制"、"就业贡献奖"，把毕业生就业工作作为学校内部考核体系的重要指标。

二、积极引导和鼓励毕业生面向基层就业和自主创业

各高校毕业生要精心组织"选聘毕业生到村任职"、"三支一扶计划"、"农村教师资助行动计划"、"大学生服务西部计划"等基层服务项目。要加大工作力度，广泛宣传、积极动员、切实做好高校毕业生入伍服义务兵役的征集工作，尽早将国家和地方对高校毕业生应征入伍服义务兵役的优惠政策传达到毕业班每名学生，力争我省高校毕业生参军入伍人数比2009年有较大增长。同时，各高校要在总结经验的基础上，采取多形式、多层次的吸纳方式，进一步扩大科研项目单位、校内企事业实体吸纳毕业生的规模。

要切实加强创业教育，完善创业政策，力争高校毕业生自主创业取得突破性进展。各高校要成立由主管校领导牵头，相关部门及有关院系参加的创业教育指导协调机构；要积极探索在专业课教学中融入创业教育，开设创业教育课程，充分利用第二课堂，通过举办创业讲座、创业大赛、社团活动等，丰富学生的创业知识和创业经验，培养学生的创业精神和创业意识，提高学生的创业素质。各高校要积极整合资源，依托大学科技园等综合性科技服务平台，建立创业实习基地，为大学生创业提供创业培训，配备创业导师，并在场地、资源等方面给予支持。要积极创造条件，设立“大学生创业资金”。

三、加大投入，全面提升就业指导服务水平

各高校要确保就业指导服务机构、人员、经费“三到位”，要对毕业生就业工作部门在人员编制、服务场地和经费投入等方面给予充分保障。要有固定的就业咨询、招聘、面试场所，配备电脑等必要的办公设备。要建设专兼结合的就业工作队伍，把素质高、业务精、有爱心、讲奉献的同志充实到就业队伍中来。在人员配备上，专职就业指导教师和专职就业工作人员与应届毕业生的比例不低于1∶500；并保持相对稳定。就业指导专职教师应纳入专业技术岗位系列。要保证就业工作经费，按不低于当年在校大学生全部学费的1%列入学校当年预算予以落实，专款专用，凡人员配备和经费投入没有达到上述要求的，今年上半年必须按要求落实。省教育厅将组织力量，对省属本科高校毕业生就业情况进行一次全面评估。

有条件的学校可成立就业创业指导教研室，不断改进教学方式方法，提高课程质量。省教育厅将定期开展就业指导课程观摩、评选等活动，建设一批精品课程、示范课程。各高校要开设职业发展与就业指导课程，作为必修课或必选课纳入学校教学计划安排，总学时不少于38学时，并计入学分。要通过开展就业指导讲座、网上就业答疑、印发就业指导手册等多种形式为毕业生提供全方位的就业政策指导、就业信息咨询、就业心理辅导和择业技能培训，加强个性化就业指导。

四、大力开拓就业市场，为毕业生提供更多的就业信息

各高校要动员各方面力量，通过多种渠道，广泛收集需求信息，为毕业生提供及时、丰富有效的岗位需求信息。要积极培育校园为主的就业市场，组织开展毕业生供需见面和双向选择活动，主动“走出来、请进来”，组织院系领导和就业工作人员深入各行各业挖信息、找岗位。2010年各高校举办的网络、现场招聘会场次及岗位数与2009年相比要有明显的增长。省教育厅今年三月份继续开展“供需见面月”活动，采取联办、自办等形式，举办分科类专场招聘活动。要大力推进“校企合作”和“订单培养”模式，重点建立一批就业和实习基地，大力开拓毕业生就业市场。要大力推进毕业生就业信息化建设，加大资金投入，添置和更新必要的网络设备，开通就业网站，完善网络服务，更新网站信息，提高信息发布质量。大力开展在线咨询、远程面试、网上招聘、网上就业指导。

要建立高校毕业生就业状况统计发布制度。完善统计指标体系和统计办法，建立高校毕业生就业统计工作核查制度，对毕业生就业率作假的实行“一票否决制”。

五、深化高等教育改革，提升毕业生就业能力

要坚持“以就业为导向”的办学指导思想，科学确定学校办学定位，结合人才市场需求，合理规划专业设置。各高校要加大专业调整力度，积极推动研究生教育结构调整和培养模式改革，继续扩大全日制专业学位硕士研究生招生规模。高职院校要积极推进“双证书”制度，使相关专业符合条件的应届毕业生都能获得相应职业资格证书；要加大生产性实训教学安排，确保学生毕业前有充足的顶岗实习学习经历，时间一般不少于半年。要对毕业生加强思想政治教育和宣传引导工作。要把职业发展教育与思想政治教育有机结合起来，贯穿于就业工作的始终，引导毕业生调整就业预期，转变就业观念，积极到基层和艰苦地区建功立业。同时，要多措并举，确保就业安全和校园稳定，及时掌握毕业生思想动态，妥善化解各类矛盾，加强毕业生离校前的管理和服务工作，做到安全文明离校。切实把毕业生就业状况作为评价高校办学水平的重要指标。在对新建本科院校和高职院校的教学评估中，加大就业状况指标的权重。对毕业生就业率低于全省平均数的高校，相应减少招生计划。在2010年招生计划安排中，就业状况指标权重不得低于30%。切实把毕业生就业工作状况作为学校招生计划安排、质量评估、经费投入、专业设置和班子考核等重要依据。

2010年1月12日

省教育厅关于做好2010届普通高等教育学历证书即时电子注册工作的通知

鄂教学〔2010〕4号

现将教育部高校学生司《关于普通高等教育学历证书即时电子注册的通知》（教学司〔2010〕8号）转发给你们，并提出如下要求，请一并贯彻执行：

一、尽快熟悉掌握学历即时注册的新要求

从2010年开始，教育部普通高等教育学历证书电子注册工作方式将进行重大调整，普通本专科、研究生学历证书实施在线即时电子注册（以下简称即时注册），不再由省级教育行政部门统一汇总审核，改由高校通过中国高等教育学生信息网学籍学历信息管理平台（以下简称平台）直接在线注册；平台在线审核高校上报数据，审核通过的数据进入平台数据库待查；自毕业证的填发日期起，毕业生即可在中国高等教育学生信息网上查询本人的学历证书电子注册信息。

教育部将对正式平台（XJXL.CHSI.COM.CN）功能进行调整更新，目前相关功能已经在测试平台（TEST.CHSI.COM.CN）实现。各高校要充分利用正式平台资料库提供的操作指南和测试平台进行认真学习，尽快熟悉掌握即时注册的要求和操作方法。特别注意的是：不得在正式平台进行试操作，试操作应在测试平台进行；测试平台仅用于熟悉掌握平台操作方法和要求，测试平台的数据与正式平台没有任何关联；在正式平台进行试操作造成的数据错漏，其责任由高校承担。

二、认真做好教育部学籍库中的学籍信息核对与更正工作，确保学籍学历数据的准确性和完整性

即时注册要求注册数据由高校通过平台报送，平台将上报数据与平台学籍库(即在校生库)进行自动比对审核，上报学历数据与平台学籍库数据不一致的或没有对应的学籍数据的，将会无法在线上传，无法注册学历。

各高校要在注册数据上报前，及时组织核对应届毕业生的学历信息和平台学籍信息，并将学历注册数据与教育部学籍库进行认真比对，对发现错误的学籍数据逐项核实，并按照教育部和我厅有关规定进行更正，确保每一条待注册的学历数据都有对应的学籍库数据，确保每一条待注册的学历数据都与学籍库数据严格一致，与学生实际情况严格一致，确保学历注册数据成功在线上传，“一个不多，一个不少，一个不错”。

尚未完成重名重号清查的高校，不得进行学历即时注册。尚待清查的学生，高校不得报送其毕业数据，否则由此导致的后果由高校承担。

自2010年起，教育部原则上不再对2010届及之后的学历注册数据进行更正，由于高校原因导致学历注册数据错漏的，其责任由高校承担。

三、认真进行毕业生图像核对

各高校在学历数据上报前，要根据教育部文件要求的高等教育学历电子注册图像校对工作流程，认真组织开展图像校对。

四、按时完成注册工作

即时注册关系毕业生切身利益，关系社会稳定，各高校务必高度重视，认真组织开展即时注册的准备工作。

即时注册的时间以正式平台设置的时间要求为准。2010年即时注册的对象是2010年毕(结)业的普通高等教育本专科生、2009年下半年和2010年上半年毕(结)业的研究生。符合毕结业条件但没有采集到电子图像的学生，高校也应当报送其学历注册数据。

即时注册结束后，各高校应及时以学校正式文件方式向我厅报送关于2010年学历证书电子注册情况的报告，并附普通高等教育毕业生情况统计表(表样见附件2)。

即时注册工作中的重要情况，请各高校及时与我厅高校学生处联系。联系人：陈彬，电话027－87328072，张俊，027－87328105，传真：027－87328013。

2010年4月21日

省教育厅关于进一步严格普通高等学校学生转学工作的通知

鄂教学〔2010〕6号

2008年，我厅印发了《省教育厅关于严禁高等学校接收非本校录取学生借读的通知》(鄂教学〔2008〕17号)和《省教育厅关于进一步规范普通高等学校学生转学工作的意见》(鄂教学〔2008〕18号)。各高校认真贯彻落实文件精神，切实加强领导，建立健全转学工作制度和工作流程，不断规范办学行为和转学工作，促进了我省高等教育科学、健康发展。但是，当前仍然存在一些不容忽视的问题，主要是，面对严格规范的高考招生录取制度，一些人转而以转学为跳板，借种种理由实现其择校目的；有的中介参与转学环节，从中谋取利益；极少数高校办学行为不规范，违规接收非本校录取学生借读；有的高校审核转学理由把关不严，违反规定和程序办理学生转学手续。这些问题不仅影响了教育公平，损害了群众利益，同时也给学校和社会带来了安全稳定隐患。为维护国家招生政策和学籍管理政策的严肃性，现就进一步严格普通高等学校学生转学工作有关事项通知如下：

一、严格实行转学人数总量控制。各高校每年转出转入学生总量继续按照中央部委高校、省属本科高校原则上不突破上年录取学生总数3‰，独立学院、高职高专学校原则上不突破上年录取学生总数5‰的要求执行。各高校要严格按照转学总量控制要求，开展每一年度转学确认工作。对年度转学人数已达到当年控制数的高校，学校一律不得签批报送转学材料。

二、严格审查转学理由和条件。各高校要坚持转学理由正当、充分，转出、转入学校学历层次、招生录取批次相同的原则，从严审查转学理由和条件。对患病或者确有特殊困难、特殊原因，无法继续在本校学习的，可以申请转学；对确有专长，并有相关成果证明，转学更有利于发挥其专长的，可以申请转学。以上原因提出转学，必须提供相应证明材料。“方便就业”、“就近入学”、“专业兴趣爱好”、“便于亲友或家人照顾”、“照顾家人”等均不属于转学理由。从2011年1月开始，高校要严格审核转学理由。凡转学理由不正当、不充分的，省教育厅一律不予受理。

三、严格转学工作程序要求。省教育厅每年集中两次办理转学确认手续。受理转学材料时间为1月4日至1月18日，7月10日至7月25日。各高校要客观真实、完备详实地提供转学学生的材料。学校不得违反转学工作程序要求，将转学材料交由学生本人及家长或其他个人转递。逾期报送、材料不完整、学生本人和其他个人递送的转学材料，省教育厅一律不予受理。对于违规签批学生转学、提供虚假材料、违反程序转递材料的高校，省教育厅将视其情况采取联动处罚措施，并向全省高校通报。

四、严格禁止接收非本校录取学生借读。各高校要严禁接收未经省级招生部门录取和非本校录取的学生报到入学，严禁接收未经省级教育行政部门确认转学的学生到校就读，严禁先借读后办理转学手续。对未经省级招生部门录取或非本校录取、以转学为目的的借读，应坚决清退。高校违规接收学生借读，由此造成的后果由学校负责；造成不良影响或引发事端的，省教育厅除对学校采取联动处罚措施外，还将严肃追究学校领导和相关责任人的责任。

五、严格领导负责制和责任追究制度。各高校要进一步加强对转学工作的集体领导，进一步明确学生转学工作职责和审查办理流程，严格实行转学工作领导负责制、工作责任制和责任追究制。要按照“谁主管、谁负责”、“谁批准，谁负责”的原则，把工作职责落实到校领导、职能部门和具体工作个人。要加强学校内部管理，严密防范和坚决查处个人和非法中介假借学生转学名义敛财，侵害学生利益的行为。

六、实行转学信息数据管理。为进一步严格审核转学学生资格、加强管理、提高效率，省教育厅对转学工作实行电子信息数据管理。各高校通过“学籍异动管理系统”录入转学学生信息并生成电子数据，连同报告、转学材料一并传送省教育厅高校学生处。

七、建立学校转学工作人员备案制度。各高校要明确签批的校领导和办理报送转学材料的工作人员，详实填写《转学工作人员备案表》，并于9月10日前告我厅高校学生处（见附件）。从2011年1月开始，省教育厅将只受理学校备案校领导签批、备案工作人员报送的转学材料。今后，凡学校转学工作备案人员变动，应事先书面报我厅备案。

联系人：段旭辉，电话：027－87328045，87328013（传真）。

2010年8月2日

省教育厅关于组织实施“湖北省大学生创业示范基地建设计划”的通知

鄂教学〔2010〕7号

大学生创业基地是高校建设或与地方政府、行业企业合作建设的大学生创业实习实训与成果孵化基地，是开展创业教育、创业实习、创业服务，促进大学生自主创业的重要实践平台。其主要任务是以基地建设为载体，整合和利用校内外各种资源，开展创业指导和创业培训，接纳大学生创业实习实训，提供创业项目信息和创业项目孵化的软硬件支持，为大学生自主创业提供支撑和服务，积极支持、大力推进大学生自主创业工作。

为了增强大学生创新创业精神与能力，大力推进大学生自主创业工作，根据《国家中长期教育改革和发展规划纲要》、《国家中长期人才发展规划纲要》和《教育部关于大力推进高等学校创新创业教育和大学生自主创业工作的意见》（教办〔2010〕3号）精神，省教育厅决定，在全省高校组织实施大学生创业示范基地建设计划。现就有关事项及要求通知如下：

一、指导思想

坚持以邓小平理论和“三个代表”重要思想为指导，全面贯彻落实科学发展观，以增强大学生创新创业精神、提高创新创业能力为目标，鼓励支持高校与地方政府、行业企业合作建设大学生创业基地，鼓励支持高校组织大学生创新研究和成果孵化，努力造就一批大学生自主创业者，建成一批大学生自主创业实体，为大学生成长成才创造良好环境，为建设创新型国家作出贡献。

二、工作目标

通过三年左右的建设，建成30个左右的形式多样、各具特色、成果显著、示范辐射效应明显的省级大学生创业示范基地。

通过三到五年的努力，在创业示范基地的引领下，建成高校不同领域、不同类型、不同层次、多元化的大学生创业基地群；依托基地群培养一批大学生创新创业人才，孵化一批科研成果，建成一批大学生自主创业实体。

三、建设要求

大学生创业基地建设的主要要求：

1. 建立创业基地。各高校可自主建立或与地方政府、行业企业合作建立较为集中的大学生创业场地，配备必要的创业公共设施设备，形成一定规模、形式多样、特色鲜明的大学生创业实习实训、创业项目孵化的基地。要以基地建设为抓手，加强学校与地方政府、行业企业合作，充分利用行业企业资源或依托学校科技园、软件园、产业园、产学研基地以及工程中心、重点实验室、国家和省实验教学示范中心、国家和省高职实训教育基地等条件，整合相关资源加强创业基地的场地、条件装备建设。

2. 设立创业扶持基金。各高校要加大经费投入，要积极争取地方政府、行业企业的支持，多渠道筹措资金，设立适应扶持大学生创业工作需要的专项经费，对进入基地创业的学生给予资金、技术、智力以及政策咨询、法律援助等多方面的支持与帮助。

3. 加强创业导师队伍建设。各高校要积极选配或聘请校内外富有创业经验与创业能力的专业教师、企业家、创业成功人士、科研人员、管理人员为创业导师，形成一支既有理论又有创业实践经验的能够担当起大学生自主创业指导服务的团队，为大学生自主创业提供经常性的咨询、专业化的指导和跟踪服务。

4. 完善基地管理办法。各高校要创新创业基地管理办法与工作机制，建立具有行业特征、学校特色、专业特点的创业咨询、扶持与指导服务体系，充分发挥基地在资金、技术、场地、专业指导等资源的作用，为大学生创新研究和自主创办企业提供支撑。

5. 加强创业文化建设。各高校要结合大学生创业基地建设，大力开展大学生创业规划竞赛、创业设计竞赛、科技作品竞赛以及举办创业论坛、建立创业社团、组织经验交流、事迹报告等活动，促进学生创业群体的沟通和交流，激发学生的创业热情，引导学生在创业活动中经锻炼、增知识、长才干、作贡献。

四、实施办法

为了加强大学生创业示范基地建设的组织领导，省教育厅成立由厅领导任组长，厅财务处、高教处、高校学生处、科技处、学位办和省就业指导中心主要负责同志为成员的湖北省大学生创业示范基地建设计划领导小组，负责计划的策划组织和推进工作。

大学生创业示范基地评选工作将采取学校申报、分年度择优评定的办法进行，每年评选评定10个左右，并由我厅授牌，每个示范基地奖励扶持经费10万元。评选工作从2011年开始。

“湖北省大学生创业示范基地”实行动态管理，每二年复评一次。复评合格的保留示范基地称号。对不能继续发挥创业示范作用的，将取消其示范基地称号，并收回示范基地牌。

各高校要高度重视，采取切实措施加强创业基地建设。

1. 加强组织领导。要把创业示范基地建设与大学生自主创业工作纳入学校重要议事日程，建立学校领导牵头，学工（就业、团委）、教学、科研、产业、财务、大学科技园等部门（单位）参加的创新创业教育与自主创业工作领导小组，负责组织协调工作；明确一个部门主抓，负责具体实施和日常工作。

2. 加强规划建设。各高校要结合实际，制定具有行业特征、学校特色、专业特点的创业基地建设及推进大学生自主创业工作的总体规划和实施方案，明确推动创业基地建设和大学生自主创业工作的指导思想、目标任务和实施办法。

参加湖北省大学科技园建设的高校，要把大学生创业基地建设作为大学科技园建设的重要组成部分进行规划和建设，为建设具有湖北特色的大学生创新创业园、创建国家级大学生创业示范基地贡献力量。

3. 加强舆论宣传。各高校要广泛利用学校报刊、广播、电视，网络等媒体及校园宣传阵地，积极宣传国家和地方促进创业的政策措施，宣传学校加强创业基地建设、扶持学生自主创业的新举措、新办法，宣传毕业生自主创业的先进典型，积极营造浓厚的校园大学生创业舆论氛围。

4. 总结培育典型。各高校要及时总结加强大学生创业基地建设的情况、学生自主创业情况，努力挖掘培植一批大学生自主创业典型，不断激发学生的创业热情和创业潜能，引导更多的学生勇于创业、乐于创业、善于创业，最终实现成功创业。

各高校加强大学生创业基地建设情况及大学生自主创业工作情况请及时告我厅高校学生处和省高校毕业生就业指导中心。

2010年8月17日

省教育厅关于进一步加强普通高等学校毕业生就业统计工作的通知

鄂教学〔2010〕9号

根据教育部办公厅《关于加强普通高等学校毕业生就业统计工作的通知》(教学厅函〔2010〕7号)，今年8月，我厅两次组织工作专班对全省高校毕业生就业统计工作进行了专项核查和重点抽查。核查发现，我省部分高校毕业生就业统计工作存在一些薄弱环节，为进一步加强和改进我省高校毕业生就业统计工作，确保统计数据的真实性和客观性，现就有关事项通知下：

一、要高度重视毕业生就业统计工作。毕业生就业统计是否客观真实，直接影响高校声誉和形象。各高校党委、行政要高度重视，要建立健全学校、院系、班级三级就业统计工作领导责任制和工作责任制，强化措施，明确责任。学校主要领导要对本校毕业生就业统计工作的真实性负总责。毕业生就业工作部门主要负责人是毕业生就业统计工作第一责任人，对本校毕业生就业信息统计工作要切实做到认真汇总、严格核查、仔细分析，确保上报信息真实、准确。院系主要领导要对本院(系)上报的毕业生就业信息全面负责，具体从事信息统计工作人员要严格按照教育部的统计标准和要求，及时、准确地统计和上报毕业生就业信息，对毕业生就业统计工作弄虚作假的单位和个人，要严肃责任追究。

二、严格实行高校毕业生就业统计核查制度。各高校要建立健全毕业生就业统计核查工作制度，并形成长效工作机制。毕业生就业工作部门要采取随机抽查、用人单位电话回访、毕业生跟踪监测等多种方式，对院系上报的统计数据进行严格核查，有条件的高校可建立第三方统计核查制度，确保毕业生就业率的真实性和准确性。对毕业生人数超过1 000人的院系，核查比例不得低于25%，对毕业生人数500～1 000人的，核查比例不得低于30%，对毕业生人数500以下的，核查比例不得低于35%。各院系要组织得力人员对各班级上报就业信息逐一进行核实。从2011年起，每年7～8月为各高校对毕业生就业状况进行跟踪调查和自查时间，8月下旬为我厅对各高校毕业生就业状况核查时间。各校要在规定的时间内将自查报告、就业证明材料及统计数据报省高校毕业生就业指导中心进行核查。从2011年1月份起，高校上报我厅就业统计数据要经学校分管领导签字并加盖学院公章。

三、规范就业协议书及灵活就业证明材料。在全省使用统一的就业协议书及灵活就业证明，确保各类就业证明材料填写规范。就业证明材料要有用人单位公章、地址、联系人、联系方式及毕业生本人签字和联系方式，确保就业证明材料真实可查。各高校要组织毕业生参与就业方案编制，每名毕业生的毕业去向及就业状况须由毕业生本人签字确认，学校毕业生就业工作部门审核盖章，并存档备查。各高校特别是院系专职就业工作人员、班主任、辅导员要认真、准确执行有关政策规定，严禁将毕业生就业证明材料的收集与毕业证书、学位证书发放和补考、清考等挂钩，严禁纵容或授意毕业生通过各种方式开具虚假就业证明材料，对于经查属实的，学校要给予通报批评并严格追究相关人员责任。

四、实行毕业生就业状况月报制度。高校报送毕业生就业状况时间为每年1月至9月，每月28日下午5：00以前通过省高校毕业生就业办公信息系统和传真报送就业数据和纸质统计表。报送内容为：1至6月报送毕业生基本情况、签约率等；7至9月报送毕业生就业率、协议就业比例、灵活就业比例、升学出国比例、自主创业比例等。我厅将对各高校报送毕业生就业信息的情况适时予以通报，对届时不报、迟报或虚报的高校，我厅将予以通报批评。

五、实行高校毕业生就业统计联动处罚制度。各高校要将毕业生就业信息上报质量直接与校内目标管理挂钩，发现弄虚作假现象，实行“一票否决”。从今年起，我厅对毕业生就业统计工作中出现的虚报、作假、失实等问题实行联动处罚制度，将毕业生就业状况统计及数据的真实性与招生计划、项目安排、教学评估、评先表彰等挂钩，对发现的问题，一经查实，坚决按情节轻重和影响大小进行处罚，并追究责任。

六、加强高校毕业生就业统计工作队伍建设。各高校要挑选政治素质高、业务熟练、责任心强的同志从事就业统计工作，并保持就业统计工作人员的相对稳定。要建立就业统计工作人员培训制度，各高校要加强对院系专职就业指导教师、班主任、辅导员等基层就业工作人员的培训，每年举办业务培训班进行轮训，进一步提高队伍的政策水平和业务素质。

七、加强对就业统计工作的监督。各高校要设立就业统计工作举报电话和网络举报窗口，公开接受社会群众和毕业生的监督。要指定专人负责举报信息的处置工作，对每条举报信息都要做到认真核实，及时处置。各高校要将就业统计工作举报电话、网络举报投诉窗口、具体工作人员名单于10月30日前报我厅高校学生处，我厅将在有关媒体上予以公布。我厅将加强对毕业生就业各环节工作监管力度，严肃处理就业统计造假行为，保证毕业生和用人单位信息的真实性和准确性。

2010年10月14日

省教育厅关于做好2011年全省普通高等学校毕业生就业工作的通知

鄂教学〔2010〕11号

2011年我省普通高校毕业生规模将达到40万人，就业任务仍然艰巨。为贯彻落实教育部《关于做好2011年全国普通高等学校毕业生就业工作的通知》(教学〔2010〕11号)精神，进一步做好我省2011年高校毕业生就业工作，现将文件转发给你们，并结合我省实际提出工作意见，请各校一并贯彻执行。

一、进一步明确毕业生就业工作目标任务。要以完善高校毕业生就业服务体系为重点，努力提高毕业生就业指导与服务水平，提高毕业生就业质量，确保我省高校毕业生就业人数持续增长，到基层就业和自主创业人数明显增加，初次就业率基本稳定。

二、继续落实基层就业项目。各高校要精心组织好“选聘毕业生到村任职”、“三支一扶计划”、“农村义务教育阶段学校教师特色岗位计划”、“农村教师资助行动计划”、“大学生服务西部计划”等基层就业项目。组织好“播种希望与未来——优秀资教生巡回报告会”活动，动员更多的高校毕业生到农村中小学任教。

三、切实做好毕业生入伍预征工作。各高校要进一步加大工作力度，加强组织领导，分解任务，落实责任，广泛宣传，深入动员，切实做好高校毕业生入伍预征工作。要精心组织，通过专场报告、政策咨询、政策宣讲、主题党团活动等形式，让每个毕业生都能熟知入伍预征政策。力争我省高校毕业生参军入伍人数比2010年有较大增长。我厅将严格实行报名预征完成情况与毕业生就业等评先表彰活动挂钩，继续实行根据毕业生人数将预征任务分解到各高校，并加强督办，严格考核。

四、精心组织“高校毕业生就业优质服务年”活动。继续开展“就业指导进高校”活动，聘请知名企业人力资源经理赴高校巡回演讲。各高校要切实加强就业指导课程建设、教材建设、师资队伍建设，要把就业指导课纳入教学计划，并计入学分。省教育厅将开展“大学生职业发展与就业指导专职教师教学技能大赛”，建立“湖北省大学生职业发展与就业指导专家资源库”。各高校要认真开展就业指导示范课程评选和教学经验交流活动，切实提高就业指导课程教学水平和质量。

五、大力实施“湖北省大学生创业示范基地建设计划”。各高校根据鄂教学〔2010〕7号文件《省教育厅关于组织实施“湖北省大学生创业示范基地建设计划”的通知》精神，抓紧制订总体规划和实施方案，并尽快组织实施，做到有场地、有资金、有项目、有创业导师、有创业教育活动、有实际成果。2011年我厅将在学校申报的基础上，组织专家评审评选10个左右大学生创业示范基地，由省教育厅授牌，并给予适当的资金扶持。

六、积极开拓就业市场，为毕业生提供更多信息。要积极培育校园为主的就业市场，提倡高校举办分科类、分专业小型、专场多样化的校园招聘会。要采取“走出去、请进来”的办法，动员院系领导、就业人员和广大教师深入各行各业挖信息、找岗位。省教育厅2011年继续开展“供需见面月”活动，继续举办校企交流会，为高校和企业搭建沟通交流平台。同时，举办“知名企业进校园”活动，为毕业生提供更多的就业机会。

七、落实“一把手”工程，发挥高校的主体作用。各高校要认真落实毕业生就业工作“一把手”工程，党委书记、校长作为毕业生就业工作的第一责任人，要亲自抓，负总责。建立“领导重视、中心(部门)统筹、院系为主、全员参与”的就业工作体制。完善毕业生就业目标管理体系，认真落实领导责任制、考核奖惩制、政策挂钩制，大力推广“就业导师制”、“就业贡献奖”。加强对就业工作的督促和检查，加强思想教育和宣传引导，确保就业工作顺利推进，确保校园安全稳定。

2010年12月29日

省教育厅 省财政厅关于进一步推进农村中小学教师周转房建设的若干意见

鄂教财〔2010〕7号

为加强农村教师队伍建设，不断改善农村教师工作、生活条件，促进城乡教师交流，推动优质教育资源共享，我省从2007年开始启动了农村中小学教师周转房建设试点工作。2009年8月，省财政厅、省教育厅印发了《湖北省农村中小学教师周转房建设、维修和改造专项补助资金管理办法(试行)》。近几年来，各地相继启动这项工作，加大投入、积极推进，已经取得了初步成效，但在具体实施过程中，还存在产权不明晰、资金筹措不规范、建设模式和标准不符合实际等问题。为进一步推进农村中小学教师周转房建设，根据国家有关政策规定，现提出如下意见：

一、明确责任，进一步增强推进农村中小学教师周转房建设的紧迫感和责任感

1.充分认识推进农村中小学教师周转房建设的重要意义。《义务教育法》、《教师法》明确规定，各级人民政府应改善教师工作和生活条件；县、乡两级人民政府应当为农村中小学教师解决住房提供方便。推进农村中小学教师周转房建设是坚持依法行政，体现以人为本的内在要求，是促进农村义务教育均衡发展的重要基础。近几年来，为缓解农村教师总量不足、素质不高、结构不合理等矛盾，缩小城乡教育差距，国家和省相继实施了“农村教师特岗计划”、“资教行动计划”、“城乡教师交流”等工作，首批免费师范生也将进入顶岗实习阶段，大量非本地教师深入到农村学校任教，他们的住宿困难亟待解决。推进农村教师周转房建设，不仅有利于解决这些现实问题，从长远上更有利于逐步建设一支数量充足、素质过硬、结构合理、流动有序的教师队伍，为促进义务教育均衡发展奠定基础。

2.进一步明确农村中小学教师周转房的功能定位。教师周转房是由政府主导建设，按规定有偿提供给在职的农村偏远地区教师、异地交流教师、特岗教师、支教教师、免费师范生等工作和顶岗实习期间使用的临时性周转住房。

3. 进一步明确推进农村中小学教师周转房建设的责任。建设的责任主体是县级人民政府，各地要尽快把农村中小学教师周转房建设工作摆上重要议事日程，组建工作专班，明确相关部门职责，建立相应制度，加强组织领导，充分发挥相关职能部门的作用，形成工作合力，确保农村中小学教师周转房建设顺利实施。

县级负责制定建设规划和实施方案，调剂划拨土地，落实建设资金，出台优惠政策，减免相关建设收费和具体组织实施。

市级负责区域规划、分类指导和督促检查。

省级负责制定具体实施意见，设立省级"以奖代补"专项资金，协调落实有关政策，检查、评估各地工作开展情况和实施效果，对已经实施并取得明显成效的地方给予补助，重点支持贫困地区、民族地区和革命老区，并加强宏观管理和引导。

二、加强统筹，进一步明确推进农村中小学教师周转房建设的有关要求

1.明确户型标准。周转房建设应能满足教师基本生活、工作需要，并与当地经济社会发展水平相适应，一般应具备卧室、厨房、卫生间等基本生活设施，套内建筑面积一般应在30—40平方米左右。

2.集中建设布点。学校比较集中的应在乡镇政府所在地集中建设。对学校比较分散的可在布局调整长期保留的农村学校周边或校园面积比较富余的农村寄宿制学校校内建设，方便教师就近照顾学生。在校内新建的不能影响学校整体布局和教育教学活动。

3.统一建设模式。主要分为两种：一种是政府无偿划拨土地或利用富余校园土地新建；另一种是利用安全可用的闲置校舍进行改造。房屋结构应相对统一，外墙颜色应庄重醒目，统一标识。无论是新建还是改造，都应进行简单的装修，让教师领取钥匙后即可直接入住。

4.严格资金使用。各地财政部门必须坚持以县(市)为主，通过财政综合预算、减免行政性规费、争取社会捐赠等渠道，加大对教师周转房建设资金的筹措力度，保障资金投入。各地不得将收取教师住房保证金作为周转房建设、维修和改造的资金来源渠道，不得以押金、集资等方式向教师收取住房资金。中央和省级"以奖代补"资金只能用于教师周转房建设，不得用于产权房建设。

三、规范操作，进一步加强对农村中小学教师周转房的建设和使用管理

1.明晰产权，规范管理。农村教师周转房的产权归县级教育行政部门或学校所有。各地要制定严格的周转房管理办法，明确规定入住条件、使用要求、退房时限等，制定租金收取、周转房维修等管理办法，切实加强对农村教师周转房的维护和管理。

2.量入为出，严禁负债。各地在规划教师周转房建设、维修和改造项目时，必须牢牢把握"安全、经济、适用、够用"的总体要求。应结合本地教育结构、学校布局、财力状况等因素，先规划、后实施，坚持量入为出，严禁负债，避免盲目建设和资源浪费。

3.政府采购，国库支付。各地财政部门要加强专项资金的管理和监督，在教师周转房资金拨付上，一律实行国库集中支付，直达承包商帐户。在教师周转房建设中，要严格实行工程招投标制、项目法人责任制、工程监理制和合同管理制；严格按基本建设程序和规范组织实施，加强项目管理，保证建设质量，确保施工安全和房屋安全。

4、有偿使用，确保周转。由县级人民政府统筹考虑各地廉租房租金水平和承租对象的支付能力等因素合理确定教师周转房租金标准，并按年度实行动态调整。周转房只能用于承租人自住，不得出售、转租或闲置，也不得用于从事经营活动。要建立正常的退出和周转机制，确保周转房在农村中小学教师之间周转使用。

此外，在推进周转房建设的同时，各地应因地制宜，统筹考虑农村中小学教师的安居住房问题，将农村中小学教师安居住房纳入当地保障性住房建设规划，在不违反国家有关住房改革制度及相关政策的前提下，鼓励有条件的地方利用学校闲置土地和划拨土地，通过开发商建设一批教师住宅小区，以成本价或微利价出售给教师，努力从根本上解决农村教师住房问题的后顾之忧，以提高教师扎根基层、教书育人的热情。

2010年6月30日

省教育厅
省人力资源和社会保障厅
省财政厅关于做好普通高等
学校和高中阶段学校等
学生资助及食堂管理工作
切实保障家庭经济困难
学生基本生活的紧急通知

鄂教财〔2010〕16号

近一时期，受国内外多种因素影响，食品类价格上涨较快，价格总水平逐月攀升，对普通高等学校和高中阶段学校家庭经济困难学生基本生活造成一定影响。为贯彻落实《国务院关于稳定消费价格总水平　保障群众基本生活的通知》(国发〔2010〕40号)和《省人民政府关于切实做好物价稳定工作　保障群众基本生活的通知》(鄂政发〔2010〕70号)"增加对大中专院校家庭经济困难学生和学生食堂补贴，各大中专院校要保持学生食堂饭菜价格基本稳定。切实安排好农村寄宿制学校学生的生活"的重要部署，根据近日教育部办公厅、人力资源和社会保障部办公厅、财政部办公厅联合下发的《关于做好普通高等学校和高中阶段学校等学生资助及食堂管理工作　切实保障家庭经济困难学生基本生活的紧急通知》(教电〔2010〕441

号)，现就有关问题通知如下：

一、切实落实各项资助政策，保障家庭经济困难学生基本生活

为进一步完善家庭经济困难学生资助政策体系，缓解物价上涨给家庭经济困难学生基本生活带来的压力，国家有关部门和省政府采取了一系列重大举措。各地财政、教育、人力资源社会保障等部门以及有关学校务必高度重视，迅速行动，精心组织，不折不扣地落实到位。

各地要及时拨付高校、高中及中职学校助学资金，认真做好农村义务教育阶段寄宿制学生生活补助工作。各高校、高中及中职学校要确保助学资金专款专用，切实将助学资金落实到受助学生手中，不得以任何形式、任何理由拖延、截留、挤占、挪用助学资金。

各地财政、教育、人力资源社会保障等部门要按照隶属关系，根据当地物价水平和家庭经济困难学生的实际情况，加大对高校、高中及中职学校家庭经济困难学生的补贴和资助，高校和中职学校要按规定比例从事业收入中足额提取资助经费，用于学费减免、校内奖助学金和生活补助，帮助家庭经济困难学生解决生活困难。

二、切实加强学生食堂管理，保持食堂饭菜价格基本稳定

各高校和高中阶段学校的主要负责同志要高度重视学校食堂管理工作，把保持食堂饭菜价格稳定、保证饭菜质量及卫生安全作为当前学校的一项重要任务来抓。各高校要加强学生食堂管理，坚持学生食堂经营服务的公益性，为学生食堂提供必要的条件，实行学生食堂零租赁，水、电、气定额补贴。积极倡导“农校对接”，实行大宗伙食物资集中采购，减少伙食物资采购中间环节。积极挖掘潜力，通过调整伙食结构和加强对采购、加工、能耗等环节的管理，降低成本、提高质量、保证食品安全。加强岗位和人员管理，提高从业人员的业务技能、服务水平和工作效率。加强对服务实体经营情况的监管，加强对外承包食堂的管理，保持学生饭菜价格、质量、数量基本稳定，保证一定数量的低价菜和免费汤供应，确保各种优惠政策切实落实到学生身上。继续推进高校后勤社会化改革，积极探索建立提升学生食堂经营管理水平、平稳应对物价波动的长效机制。

高中阶段学校也要参照上述要求，加强学生食堂管理，保持饭菜价格基本稳定，确保食品安全。农村寄宿制学校还要抓好学生“菜篮子工程”，减少学生伙食成本，学校蔬菜副食基地产品要按成本价首先供应给学生食堂，经营收入主要用于师生的集体福利、补贴学生食堂和资助贫困家庭学生伙食费。

三、切实关注学生思想及舆情动向，维护学校安全稳定

各高校和高中阶段学校等要及时掌握学生思想动向，切实做好学生的思想疏导工作。要认真听取学生意见，积极协调有关部门密切配合，通过组织学生参与食堂管理、民主监督等措施，引导学生正确认识和看待社会物价波动，让学生了解政府、学校努力稳定食堂价格，保障家庭经济困难学生基本生活的措施。要依靠党团组织，充分发挥学校思想政治工作队伍的作用，组织辅导员、班主任和学生党员骨干深入每个班级、宿舍和学生中做工作，随时把握学生的思想动态，教育学生通过正常渠道反映意见，增强社会责任感，不受个别人的蛊惑，及时做好情绪疏导和矛盾化解工作，防止出现过激行为。

密切关注舆情动向，加强网络信息监管。要重视和加强校园网信息管理，安排专人监控、收集、整理学生上网反映的有关信息，坚决封堵互联网和手机上煽动“罢餐”等影响学校稳定的有害信息，并就地查人，面对面做好教育疏导工作。要防止别有用心的人借机煽动，制造事端，坚决防止形成罢餐、聚集甚至打砸食堂等事端，维护学校安全稳定。

四、切实加大监督检查力度，建立信息报告制度

按照国家三部委通知要求，即日起至本学期结束，针对落实相关资助政策、加快资金拨付进度等建立落实情况半月报制度。请各市(州)教育、财政、人力资源社会保障部门将各项资助政策落实情况定期报送省教育厅、省财政厅、省人力资源和社会保障厅，省属各高校报送至省教育厅。具体报送要求由省学生资助管理中心另行通知。

要建立健全突发事件应急工作预案，及时向有关部门报送信息，至本学期结束前，实行日报告、零报告制度。各市(州)和高校就学校食堂就餐与稳定情况，于每日16时前报省有关部门，重大情况随时报告。高校报送至省高校后勤服务中心，联系电话：027－87328106，传真：027－87328023。高中、中职、义务教育寄宿制学校由市(州)教育局报送至省校产办，联系电话：027－87328046，传真：027－87328015。技校由市(州)人力资源和社会保障(劳动社会保障)局报送至省人力资源和社会保障厅，联系电话：027－87122181，传真：027－87823828。

各市(州)、县(市、区)财政、教育、人力资源社会保障部门以及各高校和高中阶段学校要针对落实本通知的情况开展自查，发现问题，立即纠正。对于落实不力的地区，省财政厅、省教育厅、省人力资源和社会保障厅将进行专项督查，严肃处理。

2010年12月10日

省财政厅　省教育厅关于印发《湖北省外国留学生奖学金管理办法》的通知

鄂财教发〔2010〕132号

为了适应来华留学生教育事业的发展，提高外国留学生奖学金的使用效益，省财政厅、省教育厅对《湖北省外国留学生奖学金管理办法》(鄂财教发〔2006〕71号)进行了修订，并报经省政府审定通过。现将修订后的《办法》印发你们，请遵照执行。

2010年10月11日

附：

湖北省外国留学生奖学金管理办法

(修订稿)

第一章　总　则

第一条　为鼓励外国留学生到湖北省属高等学校学习和进修，扩大湖北教育的对外影响，经省政府同意，特设立湖北省外国留学生奖学金。

第二条　湖北省外国留学生奖学

金(以下简称"奖学金")由湖北省人民政府设立,奖励来湖北省属高等学校学习的优秀外国留学生。

第三条 奖学金由省财政纳入省级教育部门预算,省教育厅负责奖学金项目的日常管理。

第四条 奖学金每学年评审一次。

第二章 奖学金标准

第五条 本科生奖学金1万元/年;硕士研究生奖学金1.5万元/年;博士研究生奖学金2万元/年;普通进修生奖学金5千元/半年、1万元/年;高级进修生(包括访问学者,下同)奖学金1万元/半年、2万元/年。

第六条 按照我省对外协议要求所接受的留学生,其奖学金标准按协议执行。

第三章 申请人条件

第七条 申请人拥有外国国籍,持有外国护照,对华友好。

第八条 申请人品德优良,学习刻苦,成绩优秀,身体健康。

第九条 对申请人的学历和年龄要求:

1.本科生奖学金申请人应具有相当于中国高级中学毕业以上的学历,年龄不超过25周岁;

2.硕士研究生奖学金申请人应具有学士学位,年龄不超过30周岁;

3.博士研究生奖学金申请人应具有硕士学位,年龄一般不超过35周岁;

4.普通进修生奖学金申请人年龄一般不超过40周岁,汉语语言进修生应具有高中以上学历,专业进修生应具有学士以上学位,或者为大学二年级以上在校学生;

5.高级进修生奖学金申请人须具有硕士以上学位和副教授以上职称,年龄一般不超过50周岁。

第十条 对申请人汉语水平要求依据所学专业和授课语言确定。

第十一条 申请人未获得中国政府或其它组织的奖励资助。

第四章 申请及评审

第十二条 湖北省属各高等学校组织在校外国留学生申报,并且通过驻外使馆、国外教育机构或者网络等途径,联系有来鄂留学意愿的国外学生。

第十三条 凡符合条件的外国籍人员,无论是已经在湖北高校就读的优秀外国留学生,还是尚在国外的外籍人员,都可直接向就读或拟就读学校提出申请。

第十四条 尚未进入所申请院校就读的申请人,填写《湖北省外国留学生奖学金申请表(表一)》;已经在所申请院校就读的申请人,填写《湖北省外国留学生奖学金申请表(表二)》。

第十五条 申请人需按学校要求提供所需材料:

1.《湖北省外国留学生奖学金申请表》

2. 个人护照复印件

3. 经过公证的最高学历学位证明

4. 经过公证的学习成绩单或者职称证书

5. 推荐信和健康证明

6. 学校需要的其他材料

第十六条 各高等学校于每年2~6月份受理奖学金申请。在公开、公平、公正的原则下,由校评审小组评审,评审结果在校内公示一周。

第十七条 省教育厅于每年6月受理各高等学校《湖北省外国留学生奖学金申请表》,经审核后,在湖北教育信息网(www.e21.edu.cn)上公示一周,确无异议,省教育厅发文予以确认。

第十八条 外国政府和国际组织按照协议要求推荐的享受奖学金的留学生,由省教育厅安排到指定高等学校学习。

第五章 获奖资格管理

第十九条 由各高等学校向获奖外国留学生发放《奖学金通知书》。

第二十条 获奖留学生须按《奖学金通知书》上规定的入学日期到学校报到,办理注册手续。逾期不到校者,其奖学金资格不予保留。

第二十一条 出现下列情况之一的,应取消其获奖资格:

1. 散布对华不友好言论;

2. 参与非法社团组织活动;

3. 严重违反校纪校规;

4. 违反我国法律法规。

第二十二条 获奖留学生学业结束后,学校应对其进行综合评价,并报省教育厅备案。

第六章 经费及管理

第二十三条 奖学金项目经费按年度核拨,由省财政通过国库集中支付至获奖留学生所在学校。

第二十四条 项目经费必须专款专用,接受审计、教育、财政等部门的监督检查。

第二十五条 省教育厅于每年10月检查相关学校项目执行情况,进行年度综合评估。

第七章 附 则

第二十六条 本办法自发布之日起实行,2006年9月起实施的《湖北省外国留学生奖学金管理办法》同时废止。

第二十七条 本办法由湖北省财政厅、湖北省教育厅负责解释。

省财政厅 省物价局 省教育厅 省人力资源和社会保障厅 关于印发《关于落实中等职业学校城市家庭经济困难学生免学费政策有关工作的实施意见》的通知

鄂财教发〔2010〕192号

根据《财政部国家发展改革委教育部人力资源社会保障部关于扩大中等职业学校免学费政策覆盖范围的通知》(财教〔2010〕345号)精神,结合我省实际,我们制定了《关于落实中等职业学校城市家庭经济困难学生免学费政策有关工作的实施意见》,已经省人民政府同意,现印发给你们,请遵照执行。

2010年12月27日

附件:

关于落实中等职业学校城市家庭经济困难学生免学费政策有关工作的实施意见

根据《财政部国家发展改革委教育部人力资源社会保障部关于扩大中等职业学校免学费政策覆盖范围的通知》(财教〔2010〕345号)精神,经省人民政府同意,从2010年秋季学期起,将中等职业学校城市家庭经济困难学生纳入免学费政策范围。结合我省实际,现就落实中等职业学校城市家庭经济困难学生免学费(以下简称"中职城市学生免学费")工作提出如下意见。

一、实施中职城市学生免学费政策的主要内容

(一)范围及对象

实施城市贫困学生免学费的中等职业学校是指经政府有关部门依法批准设立,实施全日制中等学历教育的各类职业学校,包括公办和民办的普通中专、成人中专、职业高中、技工学校和高等学校附属的中专部、中等职业学校等(以下简称中等职业学校)。

中职学校城市学生免学费对象为公办中等职业学校全日制正式学籍一、二、三年级在校生中城市家庭经济困难学生(艺术类相关表演专业学生除外),民办中职学校全日制正式学籍一、二年级在校生中的城市家庭经济困难学生。

享受免学费政策的城市家庭经济困难学生,按中等职业学校在校城市学生10%左右的比例确定。

(二)免学费标准及补助资金来源

中职城市学生免学费标准按省政府及省价格主管部门批准的公办中等职业学校学费标准执行。

中职城市学生免学费补助资金是指中等职业学校城市学生享受免学费政策后,为弥补学校运转出现的经费缺口,财政核拨的补助资金,包括一、二年级免学费补助资金和公办学校三年级顶岗实习困难专业免学费补助资金。

对公办中等职业学校,第一、二学年因免除城市学生学费导致学校运转出现的经费缺口,由财政按免除学费的标准给予补助;第三学年因免除学费导致学校运转出现的经费缺口,财政原则上不予补助,由学校通过校企合作及顶岗实习等方式获取的收入予以弥补。

中职城市学生免学费对象的确定、免学费标准、免学费资金补助方式、省与各地的分担比例、免缴学费的程序、享受免学费学生中途退学或转学及对民办学校符合免学费条件学生的补助政策按照《省财政厅省发展改革委省教育厅省人力资源和社会保障厅关于印发〈关于落实中等职业学校农村家庭经济困难学生和涉农专业学生免学费政策有关工作的实施意见〉的通知》(鄂财教发〔2010〕108号)有关规定执行。

二、实施中职城市学生免学费政策工作要求

各相关部门要切实加强对中等职业教育城市贫困学生免学费工作的组织领导,明确分工,落实责任,要完善免学费实施方案,确保免学费政策全面落实到位。各级财政要统筹安排地方应分担的资金,确保免学费补助资金落实到位。职业教育行政管理部门要进一步加强对中等职业学校的管理,完善中等职业学校学生信息管理系统,做好免学费对象的认定工作。各中等职业学校要严格执行《中等职业学校管理规程》(教职成〔2010〕6号)、《中等职业学校学生学籍管理办法》(教职成〔2010〕7号)以及技工学校相关规定,加强免学费工作管理,保证学生基本信息的准确和免学费资金的规范使用。

各级财政、价格、教育、人力资源社会保障部门要与审计、监察等有关部门密切合作,齐抓共管,加强对免学费政策落实情况的监督检查。各级人民政府要把中等职业教育改革发展和免学费工作,作为教育督导的重要内容,抓实抓好。对虚报学生人数,骗取国家补助资金等违规行为,要按照《财政违法行为处罚处分条例》(国务院令第427号)等有关规定严肃处理,并追究相关学校领导的责任。

省财政厅　省教育厅关于印发《湖北省普通高中国家助学金管理暂行办法》的通知

鄂财教发〔2010〕205号

为贯彻落实《国家中长期教育改革和发展规划纲要(2010—2020年)》(中发〔2010〕12号)精神,完善国家资助政策体系,加快普及高中阶段教育,切实解决普通高中家庭经济困难学生的就学问题,中央与地方共同设立国家助学金。为规范国家助学金管理,确保普通高中学生资助工作顺利实施,根据《财政部教育部关于印发普通高中国家助学金管理暂行办法的通知》(财教〔2010〕461号)精神,我们拟定了《湖北省普通高中国家助学金管理暂行办法》,已经省人民政府同意,现印发给你们,请遵照执行。

2010年12月24日

附:

湖北省普通高中国家助学金管理暂行办法

第一章　总　则

第一条　为了贯彻落实《国家中长期教育改革和发展规划纲要(2010—2020年)》(中发〔2010〕12号)精神,完善国家资助政策体系,加快普及高中阶段教育,切实解决普通高中家庭经济困难学生的就学问题,根据财政部教育部《关于建立普通高中家庭经济困难学生国家资助制度的意见》(财教〔2010〕356号)精神和国家有关法律、法规,结合我省实际,特制定本办法。

第二条　本办法所称普通高中,是指按国家有关规定批准设立并备案、实施普通高中学历教育的全日制高中学校和完全中学的高中部。

第二章　资助对象及资金渠道

第三条　普通高中国家助学金资助对象为具有正式注册学籍的普通高中在校生中家庭经济困难学生。资助面全省平均占普通高中在校生总数的20%,各地结合实际,可适当向农村地区、贫困地区和民族地区倾斜。

第四条　普通高中国家助学金主要用于受助学生的学习、生活费开支。国家助学金平均标准为每生每年1 500元,我省实行每生每年1 000元和2 000元两档标准。

第五条　普通高中国家助学金所需经费由中央和地方按6∶4分担。其中,地方负担部分,36个比照西部政策县市及林区学校全部由省级财政承担;大中城市按省与市2∶8比例分担,市辖区按省、市、区2∶5∶3比例分担,其他县(市、区)按省、县(市、区)5∶5比例分担。

第三章　认定条件

第六条　申请资助的条件:

(一)申请普通高中国家助学金资助的学生应具备以下基本条件:

1.热爱社会主义祖国,拥护中国共产党的领导;

2.遵守宪法和法律,遵守学校各

项规章制度；

3.诚实守信，品德优良；

4.勤奋学习，积极上进；

5.家庭经济困难，生活俭朴。

（二）申请普通高中国家助学金资助的家庭经济困难学生应具备以下条件之一（应提供相应的证明材料）：

1.农村、城镇低保户家庭学生；

2.孤儿、烈士及残疾人家庭学生；

3.遭受天灾人祸，造成重大损失，无力负担学费的学生；

4.家庭直系成员患有重大疾病的家庭经济困难学生；

5.无稳定收入的单亲家庭经济困难学生；

6.农村计划生育独生子女和双女户家庭学生；

7.老、少、边、穷及偏远农村的家庭经济困难学生；

8.其他家庭经济特别困难的学生。

第四章　工作程序

第七条　普通高中国家助学金按学年申请和评审，按学期发放。

第八条　各地教育、财政部门年初要按照本办法规定的分担比例，认真测算本地普通高中国家助学金本级所需资金，纳入年度财政预算。

第九条　学校按要求于每年9月底前完成以下工作：

1.学生向学校提出申请，并递交相关证明材料；

2.组织学生填写《湖北省普通高中国家助学金申请表》(见附表1)；

3.学校受理学生申请，对受助对象进行资格审查，组织评定受助名单；

4.学校将评定的资助名单在校内进行不少于5个工作日的公示；

5.学校根据经公示后无异议的受助学生名单，填报《湖北省普通高中国家助学金受助学生名单汇总表》(见附表2)，于9月底前报同级教育主管部门审核。

第十条　各地教育主管部门对学校上报的受助学生名单进行审核，填写《湖北省普通高中国家助学金统计表》(见附表3)，连同《湖北省普通高中国家助学金受助学生名单汇总表》报同级财政部门和上级教育主管部门。

第十一条　各地财政、教育部门要及时将国家助学金资金落实到各学校，由各学校按同级教育主管部门审核认定的名单发放普通高中国家助学金。学校要为每位受助学生办理银行储蓄卡，并在收到资金或预算指标5个工作日内，将国家助学金直接划入学生银行储蓄卡，发放给受助学生，并履行好签领手续。

第十二条　每年11月15日前，各普通高中将当年国家助学金政策的落实情况报同级教育、财政部门备案。

第五章　组织领导

第十三条　普通高中要把资助家庭经济困难学生作为一项重要的工作任务，成立普通高中国家助学金工作领导小组和评审小组，实行校长负责制，建立专门机构，确定专职人员，具体负责此项工作。

第十四条　普通高中要坚持公开、公平、公正的原则，要根据本规定制定具体的国家助学金实施办法，完善国家助学金申报、评审、公示、发放、管理工作制度，建立普通高中学校学生资助工作长效机制。

第十五条　各地教育主管部门和普通高中要通过多种形式加强宣传，使党和政府的这项惠民政策家喻户晓、深入人心，使广大学生知晓受助的权利，营造良好的社会氛围。

第十六条　普通高中要建立学生资助专门档案，将学生申请表、证明材料、受理结果、资金收支凭证和工作情况资料分年度建档备查。

第六章　监督管理

第十七条　普通高中在发放国家助学金时，一律不得以实物或服务等形式，抵顶或扣减国家助学金。为学生办理银行卡时，不得向学生收取卡费或押金等费用，也不得从学生享受的国家助学金中抵扣。

第十八条　各地在国家助学金评审过程中，要尽可能地避免重复资助现象，对已经享受到其他各类资助的家庭经济困难学生，原则上不再享受国家助学金。

第十九条　普通高中要按有关规定从事业费收入中足额提取不低于4%的经费，用于减免学费、设立校内奖助学金和特殊困难补助等支出。

第二十条　民办普通高中学校符合以下条件的，纳入本办法政策实施范围：

1.按照国家有关规定规范办学。

2.经物价部门批准，比照公办普通高中收费标准收费。

3.举办者按照本办法规定的比例足额提取经费用于资助家庭经济困难学生。

4.招收的学生中有符合本办法条件规定申请条件的普通高中学生。

第二十一条　各地财政、教育部门要建立健全普通高中资助体系，进一步完善高中国家助学金、学费减免和特殊困难补助等资助办法。要统筹各类资助资金，切实做好家庭经济困难学生资助工作。要进一步落实、完善鼓励社会捐资助学的相关优惠政策措施，积极引导和鼓励企业、社会团体及个人等面向普通高中设立奖学金、助学金。

第二十二条　各级教育主管部门和普通高中要加强学生的学籍管理，确保学生资助信息真实、可靠。教育督导部门要将普通高中资助工作纳入办学水平评估指标体系。

第二十三条　各地财政、教育部门要严格执行国家相关财经法规和本办法的规定，切实加强对国家助学金的管理，确保资金及时发放、专款专用。高中国家助学金要接受审计、纪检监察部门的检查和社会监督。对资助工作过程中渎职、不作为、乱作为和徇私舞弊、弄虚作假或挤占、挪用、滞留国家助学金等违纪违规行为，实行严格的问责制，追究直接责任人和相关领导的责任。

第七章　附　则

第二十四条　本办法由省财政厅、省教育厅负责解释，各地可根据本办法制定实施细则，并报省财政厅、省教育厅备案。

第二十五条　本办法从2010年秋季学期开始实施。

附件：

1.湖北省普通高中国家助学金申请表(略)

2.湖北省普通高中国家助学金受助学生名单汇总表(略)

3.湖北省普通高中国家助学金统计表(略)

省教育厅关于印发《关于实施“楚天中小学教师校长卓越工程”的意见》的通知

鄂教师〔2010〕6号

现将《关于实施“楚天中小学教师校长卓越工程”的意见》印发给你们，请各地遵照执行。年度实施方案另发。

2010年4月30日

附：

关于实施“楚天中小学教师校长卓越工程”的意见

为贯彻落实温家宝总理“造就一批杰出的教育家”的重要讲话精神和国家倡导教育家办学的总体要求，切实加强我省中小学教师高层次人才队伍建设，经研究，决定组织实施“楚天中小学教师校长卓越工程”(以下简称“卓越工程”)。

一、指导思想

以科学发展观为指导，以全面实施素质教育、办人民满意的教育为宗旨，以建立卓越教师校长成长机制为主要抓手，遵循教育发展规律和教育名家成长规律，培养造就一批本地著名、省内闻名、全国知名的教育家型的教师和校长。

二、工作目标

从2010年起，每年在全省遴选一批师德高尚且具有良好职业发展前景的优秀教师和校长，通过培训研讨、挂职跟岗、在岗研修、出国深造、专家指导等多种方式进行培养，不断增强职业理想信念，加强职业道德修养，强化教育理论素养，提升创新实践能力，为他们成长为教育家型的教师和校长提供良好的平台，奠定扎实的基础。

三、遴选条件

培养对象原则上从教育教学一线的特级教师、市(州)级以上骨干教师和优秀校长中遴选。具有农村中小学任职任教经历者在同等条件下优先推荐。湖北名师、省级“十佳师德模范”和“十佳校长”，可直接入选培养对象。

(一)教师遴选条件

1. 小学教师具有专科及以上学历，初、高中教师具有本科及以上学历；连续从教10年及以上，具有相应学段高级职称。

2. 职业道德高尚、思想素质好、爱岗敬业，具有良好专业前景和坚定的职业理想。

3. 教育观念比较新颖、教学方法比较先进、理论功底比较扎实、实践经验比较丰富，在教育教学改革与实践中敢于创新并取得较好的成绩。

4. 具有良好的信息技术素养。

(二)校长遴选条件

1. 担任校长或副校长5年以上，小学校长专科及以上学历、中学校长本科及以上学历，高级职称。

2. 职业道德高尚、热爱教育事业、思想素质好、具有良好职业前景和坚定的职业理想。

3. 办学理念比较先进、理论功底比较扎实、实践经验比较丰富、具有创新精神，所在学校办学特色鲜明，在学校教育与管理实践中取得较好的成绩。

4. 具有良好的信息技术素养。

四、选拔程序

各县(市、区)教育行政部门根据省教育厅公布的遴选计划，按照遴选条件，结合本地教师和校长的实际情况，在自愿报名的基础上，确定推荐人选，经市(州)教育行政部门审核后，报省教育厅确定。

五、培养形式

采取理论学习与实践锻炼相结合、专家指导与自我提升相结合的方式，体现高端性和引领性，为培养对象提供成长的支点和平台。

1. 培训学习，集中研讨。集中培训是实施本工程的重要方式，遴选对象原则上应首先参加集中培训研讨。加强培训的针对性，分类、分专题、分期、分批组织培养对象在国内知名高校、教师和校长培训基地集中学习培训、研讨交流。

2. 选派挂职，跟岗锻炼。参加为期一年或一年以上集中培训者，可在其间到名校挂职或跟岗；参加相对短期集中培训者可视学习和工作情况，安排挂职或跟岗，学习借鉴名校先进办学思想、模式和管理经验，学习借鉴名师教育理想和信念，充分利用挂职和跟岗平台积极开展演练实践。

3. 出国深造，拓宽视野。从在集中培训中表现突出、提升效果明显、且能适应国外学习要求的培养对象中，选派部分教师和校长到国外培训，进行中外教育理念和教育教学方法比较研究，掌握新方法、新理念，开阔眼界。

4. 专家指导，自主成长。培养对象参加集中培训时，要在培训机构专家、导师的指导下，根据自身学科与专业特长，进一步明确个人研究和发展方向，有计划、有目的地开展学习研究，对自身教育教学和管理经验进行理论总结与提升。地方教育部门可定期或不定期邀请教育专家对同一区域或同一类别培养对象的成长状况进行评点，促其长期坚持自主学习、自主研究、自主发展。

5. 实践磨砺，跟踪培养。培养对象要始终坚持在学校管理、教育教学实践的第一线，通过解决教育教学改革和发展过程中的实际问题，得到磨砺、锻炼、成长。针对培养对象在教育管理和教育教学实践过程中的实际需要，各地教育行政部门要积极争取有关教科研机构及教育专家的支持，采取举办个人“教育理念”、“教育实践”、“教育成果”、“教育方法”研讨会等形式，提炼推广其教科研成果，不断提升其在教育界的影响力和知名度。

六、保障措施

1. 加强领导，分工协作。各市(州)、县(市、区)教育局要积极参与遴选对象的培养工作并加强组织领导，明确责任部门并落实专人负责联系培养对象，及时了解并反馈有关工作进展情况。

2. 严格考核，滚动管理。培养对象应制定个人职业发展计划书；参加培训活动后要定期向当地教育部门书面报告学习成果与成长进展。各县(市、区)教育部门要将培养对象学习及成长情况纳入年度考核的重要内容，并报上一级教育行政部门。市(州)要对县级教育部门上报的考核情况进行审核，并于2月底前将上年度考核情况综合上报省教育厅。经考核个人学习表现及培养效果欠佳者，不再列为培养对象。

3. 深入宣传，重点培养。积极宣传、推广培养对象的工作经验和教研成果，发挥其示范和辐射作用。被列为重点培养对象的，优先安排参加国内外学习考察培训等活动。

4. 创造条件，保障经费。各级教育行政部门和培养对象所在学校要按培养（训）计划安排其承担相应的教育教学任务和教育科研项目，发挥其在校本研修中的引领作用，为其配备梯次合理的团队，鼓励他们参加国内外的学术交流等活动，提供必要的经费支持和条件保障。

省教育厅关于印发义务教育学校教师跟岗学习和校长挂职培训计划工作方案的通知

鄂教师〔2010〕9号

根据《省人民政府关于进一步推进全省义务教育均衡发展的意见》（鄂政发〔2010〕16号）和省教育厅《关于贯彻落实鄂政发〔2010〕16号文件精神全面推进"湖北省义务教育均衡发展行动计划"的通知》（鄂教政法〔2010〕5号）的精神与要求，省教育厅确定实施义务教育学校教师跟岗学习计划和校长挂职培训计划。现将实施工作方案印发给你们，请遵照执行。

请各地按实施方案要求，抓紧组织推荐首批挂职培训基地和跟岗学习基地，并于2010年9月30日前由市、州教育局统一将申报材料报省教育厅教师管理处。

2010年7月27日

附：

关于实施义务教育学校教师跟岗学习计划的工作方案

根据《省人民政府关于进一步推进全省义务教育均衡发展的意见》（鄂政发〔2010〕16号）和省教育厅《关于贯彻落实鄂政发〔2010〕16号文件精神全面推进"湖北省义务教育均衡发展行动计划"的通知》（鄂教政法〔2010〕5号）的精神与要求，现就实施义务教育学校教师跟岗学习计划制定以下工作方案。

一、实施跟岗学习计划的目标与任务

实施义务教育学校教师跟岗学习计划，是加强教师交流，促进教师资源共享的具体措施，目的在于进一步有组织地发挥优质教育资源的重要作用，全面提升义务教育学校，尤其是农村学校和薄弱学校教师教育教学能力，实现教师资源均衡配置，促进义务教育均衡发展。

省教育厅在一类城市和二类城市的中心城区学校遴选建立200个省级"义务教育阶段学校教师跟岗学习基地"，重点安排接受农村学校和薄弱学校教师跟岗学习。每个基地每学年一般接受四批跟岗学习的教师，每批至少1—2人；一般每期两至四周（有条件的可适当延长跟岗时间），省级基地力争每批安排400人，每年培训1 600名骨干教师。在5至7年时间里，省级跟岗学习基地力争为义务教育段学校，重点是农村地区培训骨干教师1万名以上。

各市（州）、县（市、区）要在市、县城所在地或办学条件较好、师资力量较强的中心学校建立本区域教师跟岗学习基地，安排接受本地薄弱学校、农村学校、边远地区学校教师跟岗学习。

二、省级"教师跟岗学习基地"遴选条件和程序

省级义务教育段学校教师跟岗学习基地应具备以下条件：

1. 学校办学指导思想端正，具有为每一位学生发展服务的意识，有较高的教育教学质量。

2. 学校常规管理规范，领导班子团结协作，具有现代教育理念，有较强的教育改革意识和较高的教育管理水平。

3. 建立了符合素质教育要求的教师目标管理体系及学生学业成绩评定办法。

4. 有优秀的教师团队和有影响的教学骨干（即湖北名师、特级教师、省级骨干教师、市州级教学名师、学科带头人等），有一定的教育科研意识与能力。

跟岗学习基地由有关学校通过当地教育局申报，由市（州）教育局推荐并统一报省教育厅遴选确定。

三、跟岗学习基地的职责与任务

接受农村学校、薄弱学校教师跟岗学习是"教师跟岗学习基地"中小学校发挥优质教育资源作用，促进城乡以及区域教育均衡发展应尽的责任与义务。具体包括：

1. 指定本校学科名师或学科骨干教师担任指导教师，实行"一对一"的帮辅，在与跟岗教师充分沟通与交流的基础上，指导其制定学习计划并为其提供个性化的指导。

2. 负责安排跟岗教师参与学校教学教研和班级管理实践活动，督促跟岗教师完成顶岗上课、听课观摩、参与教研、集体备课等学习活动；指导教师是班主任的，跟岗教师以"副班主任"身份参与班级管理并组织班级活动。

3. 采取适当方式，向年级组或学科教师介绍跟岗学习教师及其跟岗学习的目的与安排，要求有关教师配合支持跟岗教师的工作，为其提供必要的支持。

4. 指定专人负责联系跟岗教师，协助为其（在校内或就近）安排食宿，提供相应的工作与生活条件。

5. 负责考评跟岗教师的学习情况，并作出书面鉴定，在跟岗学习结束后一周内反馈给所在县（市）教育行政部门。

四、市（州）、县（市、区）教育行政部门的职责

1. 按照跟岗学习教师推选条件，推荐选派中小学骨干教师参加跟岗学习。

2. 为教师跟岗学习提供食宿、交通等经费保障并提前妥善调整其教学工作安排。

3. 协助跟岗培训基地学校做好学习期间的管理与督促工作。

4. 充分发挥跟岗教师的辐射示范作用，在县域内组织跟岗教师学习情况报告会或教学展示活动，扩大跟岗学习计划的受益面。

5. 推荐跟岗基地候选学校，并参与相关管理工作。

五、跟岗教师的推选条件

1. 具有相应学段教师资格，小学教师具有专科及以上学历，初中教师具有本科及以上学历。

2. 在农村中小学担任学科骨干教师，连续从教3年及以上，中级及以上职称。

3. 个人思想政治素质好，工作态度端正，积极要求进步，有培养和发展潜力。

4. 能比较熟练运用现代信息技术手段收集整理教育教学资源，具有运用现代教育技术开展教学设计和课堂教学的意识和能力。

5. 身体健康。

六、时间安排与纪律要求

上半年跟岗学习时间为3月中旬至6月中旬之间，下半年为10月上旬至12月中旬之间。

跟岗学习教师应严格遵守以下纪律：

1. 端正学习态度，有较强的组织纪律性及良好的学风，按培训要求到指定学校进行跟岗学习，在实践中锻炼和提升教学能力与水平。

2. 模范遵守跟岗学习基地学校各项规章制度和工作纪律，按时上下班，做到不迟到、不早退。

3. 认真完成规定的学习任务，做好工作记录(内容包括每天的工作日程记录、工作反思或感想等)；跟岗学习结束后，按规定提供有关跟岗学习汇报材料。

4. 积极践行师德规范，合理安排业余时间，参加健康的业余文化与体育活动。

5. 跟岗学习期间一般不得请假，特殊情况须经派出县、市教育局同意后告知跟岗基地学校准假。

七、工作要求

1. 加强领导。各级教育行政部门和中小学要加强对教师跟岗学习工作的组织领导，指定专门科室负责实施、督导、考核；安排熟悉教师培训工作、责任心强的人员专门负责；科学规划、制定细则，确保落实。

2. 统一授牌。按照农村中小学教师跟岗学习基地遴选条件，各地教育行政部门在所辖区域内推荐省级培训基地。武汉市推荐省级培训基地100所(小学60、初中40所)，其他市、州(不包括省直管市和林区)推荐省级培训基地8至10所(小学、初中各4至5所)，省直管市、林区各推荐1至2所。省教育厅组织专家进行评审并统一授牌。

3. 逐级考评。在市(州)教育局的配合下，省教育厅对基地实行考评制度，对于基地作用明显的学校予以表彰，对于工作不扎实、作用不明显的，将撤销其基地授牌。在基地学校的配合下，县(市、区)教育局对跟岗教师进行考评，并将评价结果与工作安排以及奖惩挂钩。

市(州)、县(市、区)级义务教育段学校教师跟岗学习基地的条件以及确认办法，由各地参照上述要求与办法自行确定。

省教育厅　省财政厅关于印发《“国培计划”—湖北省农村骨干教师培训项目(2010)实施方案》的通知

鄂教师〔2010〕15号

现将《“国培计划”—湖北省农村骨干教师培训项目(2010)实施方案》印发给你们，请各地及有关高校遵照实施。

2010年11月12日

附：

“国培计划”—湖北省农村骨干教师培训项目(2010)实施方案

根据《教育部　财政部关于实施“中小学教师国家级培训计划”的通知》(教师〔2010〕4号)精神，为贯彻落实湖北省人民政府《关于进一步推进全省义务教育均衡发展的意见》(鄂政发〔2010〕16号)，实现李鸿忠省长代表湖北省在全国教育工作会议上提出的“努力建设一支高素质教师队伍”的目标，结合我省“义务教育教师队伍建设工程”的实施，特制定“国培计划”——湖北省农村骨干教师培训项目(2010)实施方案。

一、整体目标

2010年，有效使用中央财政转移支付“中西部项目”专项资金2 600万元，对我省农村义务教育中小学教师进行有针对性的专业培训。完成29 500余人的培训任务，其中，置换培训1 850人，跟岗学习900人，省外高端研修400人，特级教师巡回讲学培训4 500余人，紧缺学科教师短期集中培训150人，远程培训21 700余人。为我省农村学校培训一批骨干教师，使他们在实施课程改革、素质教育和校本研修等方面发挥示范辐射作用，提高农村教师队伍整体素质和专业化水平，促进义务教育均衡发展。

具体目标为：

1. 通过置换培训、跟岗学习、骨干研修、巡回讲学、短期培训、远程教育等多种形式，培育“国培种子”，增强他们职业理想信念，加强职业道德修养，强化教育理论素养，提升创新实践能力，引领他们走持续发展之路。力争通过3—5年的持续跟踪，培养500名省级、5 000名市级、50 000名县级骨干教师，形成骨干教师梯队，努力打造出以“楚天卓越教师”为标志的湖北教育家型教师团队。

2. 收集、遴选培训课程，逐步建成学科齐全、可满足中小学教师学习需要的课程资源库；补充完善中小学教师培训师资库，逐步形成覆盖各学科满足培训需要的培训者资源库。

3. 初步构建起以“天网、地网、人网”(三网合一)为支撑，以高水平综合大学和高等师范院校为主体，以校本研修为主要形式，集中培训与远程培训相结合，高校与中小学密切合作的教师培训体系。

二、项目实施

项目实施的基本思路是：总体规划，分类设计，分步实施，协调推进；创新模式，整合优势，确保质量，凸显特色。根据省教育厅《关于贯彻落实鄂政发〔2010〕16号文件精神全面推进“湖北省义务教育均衡发展行动计划”的通知》(鄂教政法〔2010〕5号)提出的义务教育学校教师队伍建设的目标与要求，整合集中研修、跟岗学习、远程培训的优势，充分发挥“国培计划”和国家优质培训课程资源的示范引领、“雪中送炭”和促进改革的作用，结合我省实际，分层、分类培训省级培训者、省市县三级骨干教师，带动全员培训，从而实现“努力造就一支师德高尚、业务精湛、结构合理、充满活力的高素质专业化教师队伍”的总体目标。分设六个子项目：

子项目一：置换培训

1. 遴选湖北大学、三峡大学、长江大学、湖北师范学院等11所具备条件的高等师范院校和综合性大学作为农村中小学教师置换培训基地。此项培训与师范生实习支教相结合，组织师范生到农村中小学顶岗实习，置换出农村中小学骨干教师参加培训。

2. 培训时间为3个月，共培训中小学教师1 850人；派出顶岗实习生2 700人。置换培训在2010—2011学年第一学期完成。

3. 培训学科、分学科培训人数及实习生顶岗事宜由培训院校与有关县(市)商定。

4. 项目目标是培养县(市、区)级学科带头人。

5. 本项目经费1 110万元。

(本项目具体实施指导意见见附件一。)

子项目二：跟岗学习

1. 按照省教育厅《关于印发义务教育学校教师跟岗学习和校长挂职培训计划工作方案的通知》(鄂教师〔2010〕9号)的要求，遴选100所以上办学理念先进、管理规范、初步形成骨干教师团队的中小学校作为农村中小学教师跟岗学习基地。跟岗学习时间为1个月，2010年举办2期、2011年3月举办1期，共安排900人跟岗学习。

2. 省教育厅负责跟岗学习基地的遴选确认和管理，并委托省中小学教师继续教育中心为协调指导单位，具体组织实施。

3. 县(市)教育局、基地学校要协同做好跟岗学习教师食宿安排，明确、落实跟岗学习教师学习任务及基地学校指导教师责任。

4. 项目目标是培养县(市)级中青年骨干教师。

5. 本项目经费615万元。

(本项目具体实施方案见附件二。)

子项目三：省外高端研修

1. 与北京师范大学和华东师范大学合作，选派400名湖北名师、特级教师、省级骨干教师、市级学科带头人和“农村教师素质提高工程”的培训者，参加为期一个月的高端研修。

2. 项目目标是为骨干教师从“优秀走向卓越”架构平台，同时为省、市级中小学教师培训培养师资。

3. 本项目经费420万元。

(本项目具体实施按照《湖北省教育厅关于印发〈关于实施“楚天中小学教师校长卓越工程”的意见〉的通知》(鄂教师〔2010〕6号)执行)。

子项目四：特级教师巡回讲学

1. 组建特级教师巡回讲学团，采取送教方式，分学科培训教师4 500人，同时指导巡讲所在区域中小学教师深入开展校本研修。

2. 省教育厅组建特级教师巡回讲学团，并委托省中小学教师继续教育中心负责具体组织实施。

3. 聘请省外特级教师加盟，加强异地教师间的交流与研讨。

4. 在申报基础上，2010年确定在仙桃市、恩施市、当阳市、潜江市、英山县、浠水县、谷城县、老河口市、随县、郧西县等10个县(市)开展巡回讲学活动。

5. 项目目标是为骨干教师提供示范、辐射平台，让农村教师就近接受优质培训，提高课堂教学能力。

6. 本项目经费65万元，

(本项目具体实施方案见附件三)

子项目五：农村紧缺学科教师短期集中培训

1. 遴选华中师范大学作为农村紧缺学科教师短期集中培训基地。培训初中物理教师150人。培训时间为3个月，在2010—2011学年第一学期完成。

2. 培训目标是提高紧缺学科教师综合素质，促进学科教育均衡发展。

3. 本项目经费90万元。

(本项目具体实施指导意见参照《“国培计划”——湖北省农村骨干教师置换培训项目实施意见》执行)

子项目六：农村中小学教师远程培训

1. 以现代远程教育网络为支撑，以校本和乡镇培训为主要组织形式，依托教师培训专业网站，组织21 700名(含省级集中培训400人)边远贫困地区教师参加远程培训，完成不少于60学时的培训任务。

2. 以混合式学习为主要形式：即组织教师上线集中收看视频课程；线下在骨干教师指导下集中研讨交流，答疑解惑；开展分散的、自主的在岗研修，采取灵活多样的方式学习研讨。

3. 培训学科为初中“思想品德”、“历史与社会”、“地理”、和“生物”。

4. 按参训教师总人数约2%的比例，遴选400名优秀学科教师参加辅导教师短期集中培训，作为远程培训辅导教师团队。

5. 充分发挥“人网”在远程培训中的作用。有关县(市)教育行政部门要加强教学管理和学员管理，建立学情通报制度。

6. 培训目标是让农村教师足不出户享受便捷、优质的培训，促进教师专业发展。

7. 本项目经费300万元(本项目最终经费公开招标确定)。

(本项目具体实施指导意见及相关任务计划另行下发)

三、工作步骤

9月1日前完成项目规划和方案设计，完成子项目一至子项目五的招投标程序，确定承担任务单位。

10月1日前，完成子项目六的公开招标程序，召开“国培计划”项目工作会议。

10月1日—2011年1月，各子项目进入实施阶段。

2011年1月—3月，完成各子项目培训工作，同时开展培训工作测评、验收、总结等。

四、组织管理

1. 加强组织领导。成立“‘国培计划’——湖北省农村骨干教师培训项目”领导小组，省教育厅厅长陈安丽任组长，统筹规划和管理我省项目实施工作，建立健全项目工作机制。组建工作专班负责培训项目实施的协调工作，确保培训项目工作的顺利开展。

2. 组建专家团队。选聘教师培训专家、学科教学专家、一线优秀教师组建“‘国培计划’——湖北省农村骨干教师培训项目”专家组，负责课程研制、师资推选、培训方法指导、综合评估，对培训组织工作提供专业支持和业务咨询。

3. 注重需求调研。各培训机构要认真开展中小学教师培训需求专项调研，设计培训课程，研制培训方案。

4. 强化质量监控。建立学员对授课教师、培训院校，培训院校对学员，授课教师对培训院校的多向考核评价体系，加强对培训过程和质量的监控，加强培训绩效考核。

5. 实行规范管理。“国培计划”项目使用统一名称标识，格式为：“国培计划”——湖北省××××项目(2010)。

培训合格者颁发由教育部师范教育司监制的“国培计划”结业证书，对表现特别突出者颁发“优秀学员”证书。

6.加强经费管理。严格执行项目资金预决算制度，接受项目资金审计，保证专款专用。“国培计划”各项目均实行免费培训，学员往返交通费回原单位报销。

附件：

1.“国培计划”——湖北省农村骨干教师置换培训项目实施指导意见(略)

2.“国培计划”——湖北省农村骨干教师跟岗学习项目实施方案(略)

3.“国培计划”——湖北省特级教师巡回讲学项目实施方案(略)

4.“国培计划”——湖北省农村骨干教师培训项目(集中研修培训子项目)参训教师学习管理制度(略)

省教育厅关于印发《湖北省中小学校卫生与健康教育工作检查评估细则》(试行)的通知

鄂教体艺〔2010〕15号

为了贯彻落实《省委省政府关于加强青少年体育增强青少年体质的实施意见》精神，切实加强学校卫生与健康教育管理，我厅制定了《湖北省中小学校卫生与健康教育工作检查评估细则》(以下简称《评估细则》，附后)。

该《评估细则》是我省各级教育行政部门对中小学校卫生与健康教育工作进行检查评估的重要依据，各地教育行政部门要依据该《评估细则》，定期开展中小学校卫生与健康教育检查评估工作。现将该《评估细则》印发给你们。请认真贯彻执行。

2010年5月4日

附：

湖北省中小学校卫生与健康教育工作检查评估细则(试行)

一级指标	二级指标	分值		指标内涵	检查办法	自查得分	考评得分	依据
A1组织管理(20%)	B1组织领导	6	3	学校成立以一把手校长为责任人的学校卫生与健康教育工作领导小组(1分)，并明确一名校级领导分管学校卫生与健康教育工作(1分)，把学校卫生工作和学生体质健康状况纳入校长述职内容(1分)	听汇报、查文件及会议纪要等资料			《学校卫生工作条例》、《省委省政府关于加强青少年体育增强青少年体质的实施意见》
			3	学校认真贯彻落实国家和省有关学校卫生工作的各项管理规定，明确有关管理部门管理学校卫生工作(1分)，且责任分解到人(1分)，学校卫生常规管理工作制度健全(1分)				
	B2目标管理	14	3	学校将健康教育纳入地方课程管理(2分)，健康教育有时间、有载体、有效果(1分)	查阅工作计划、总结、目标责任书、考核办法及考核结果、会议纪要、学校卫生检查记录等资料			
			2	学校有卫生与健康教育工作年度和学期教育教学计划，且措施具体(1分)，每学期和每年度有卫生与健康教育工作总结(1分)				
			2	学校各部门和班级的工作计划中，有卫生与健康教育工作的目标和要求(2分)				
			2	学校卫生工作实行目标责任管理，签订目标责任书，落实责任人(2分)				
			2	学校把卫生与健康教育工作纳入部门和个人评先、表彰的重要条件之一(2分)				
			3	学校每学期至少召开1次以上卫生工作联席会议或专题会议，研究学校卫生工作(1分)，至少开展2次以上卫生工作专项检查(2分)				
A2条件保障(21%)	B3基础设施	10	1	学校食堂设计符合国家卫生标准(1分)	实地考察、检测等			《学校卫生工作条例》、《省委省政府关于加强青少年体育增强青少年体质的实施意见》
			2	教室采光、照明和课桌椅高度符合卫生要求(1分)，学校体育场地和器材设施符合卫生安全标准(1分)				
			2	合理设置厕所，新建或改建的厕所男女蹲位数量比达到卫生要求(1分)，厕所有基本的保洁措施(1分)				
			3	学校为学生提供饮用开水(1分)，并为学生提供洗手设施，寄宿制学校为学生提供洗漱、洗澡设施(2分)				
			2	中小学校设置医务室或保健室，配备常用急救物品(1分)，暂时不能设置医务室的农村中小学校有对口联系的乡镇医院或村卫生室(1分)				
	B4卫生人员	6	2	学校按照600∶1的要求，配备专门卫生保健人员，规模较小的学校有兼职卫生人员(2分)	查阅学校教职员工情况表，与教师座谈等			
			2	学校配备能够满足健康教育需要的专兼职教师(2分)				
			2	卫生保健人员和健康教育教师定期参加有关培训(2分)				
	B5经费保障	5	3	学校把开展学校卫生工作纳入年度经费预算(1分)，学校卫生专项经费落实(2分)	检查学校经费投入、使用情况			
			2	用学校公用经费为义务教育阶段学生购买校方责任险(2分)				

一级指标	二级指标	分值		指标内涵	检查办法	自查得分	考评得分	依据
A3 卫生保健和健康教育(23%)	B6 卫生保健	11	2	减轻学生课业负担，落实小学达到10小时、初中9小时、高中8小时的睡眠时间要求(2分)	检查课表、与教师、学生座谈，查阅学校组织大型文体活动方案、学生体质健康卡片、班主任工作日志等			《省委省政府关于加强青少年体育增强青少年体质的实施意见》
			2	坚持每天两次眼保健操(1分)，每学期两次视力检测(1分)				
			2	举办大型文体活动时，有安全工作预案(2分)				
			4	学校每年对学生进行1次健康体检(2分)，建立学生体质健康档案(体质健康卡片)(1分)，并有统计分析资料(1分)				
			1	班主任掌握学生体质状况，能督促学生积极参加体育锻炼和健康教育活动(1分)				
A3 卫生保健和健康教育(23%)	B7 健康教育	12	4	学校保证每学期有6至7学时的健康教育课时(4分)	检查课表、健康教育教学计划及教师教案等			《中小学健康教育指导纲要》
			2	健康教育纳入课程建设，有学年、学期工作计划(2分)				
			2	学校定期开展健康教育教学评比活动(1分)，积极参加上级部门组织的健康教育教研活动(1分)				
			2	学校根据季节特点，采取多种途径，组织开展专门的呼吸道疾病、食源性疾病预防知识专题教育(2分)				
			2	将艾滋病及血吸虫等地方病防治知识纳入健康教育教学内容(1分)，积极开展创建“无血吸虫病人学校”(1分)				
A4 疾病预防与食品卫生安全(23%)	B8 疾病预防	10	2	配合卫生部门做好学生预防接种工作(2分)	查阅学校常见病预防方案、统计资料、预防措施，以及传染病防控方案等			《中小学生近视眼防控工作方案》、《湖北省中小学校卫生管理规定》
			3	学校对近视、龋齿、寄生虫、营养不良、贫血等常见病有预防措施(1分)，有统计分析资料(2分)				
			3	制定了学校公共卫生突发事件应急处置预案(1分)，建立较稳定的应急管理队伍，并对应急管理人员组织培训(1分)；急、慢性传染病和地方病有预防和控制措施，有统计分析资料(1分)				
			2	学校建立了学校公共卫生事件报告制度(1分)，在传染病多发季节坚持晨检报告制度(1分)				
	B9 食品卫生安全	13	2	学校为学生提供的饮用水符合饮用水标准(1分)，且有安全管理措施(1分)	实地考察学校食堂、小卖部等，检查有关证件、台账、生产加工操作、原料等			
			2	学校食堂、小卖部有生产经营许可证(1分)，学校食堂、小卖部从业人员有健康证和培训上岗证(1分)				
			4	学校食堂、小卖部原料采购执行索证制度(1分)，有台账记录(1分)，学校食堂没有承包给个人进行营利性经营(2分)				
			3	学校食堂的生产加工按照《学校食堂与学生集体用餐卫生管理规定》的要求，严格生产加工、消毒、留样等环节，规范操作(3分)				
			2	学校对食物中毒等食源性疾病有防控预案(2分)				
A5 工作效绩(13%)	B10 体质与健康	7	2	学生的近视率较往年有所下降(2分)	查阅学校体质健康检查统计资料等			《省委省政府关于加强青少年体育增强青少年体质的实施意见》
			1	学生龋齿、营养不良、贫血等常见病的患病率较往年有所下降(1分)				
			4	近3年未发生严重的学生食物中毒和传染病流行事故(2分)，在改善学生营养状况方面，采取了一定的措施(2分)				
	B11 知识与行为	4	2	学生的健康知识知晓率达90%以上(2分)	与学生座谈、测试与抽检等			
			2	学生的个人卫生行为形成率达85%以上(2分)				
	B12 表彰与奖励	2	2	三年内，学校和个人在卫生工作方面获上级教育、卫生部门的表彰和奖励(2分)	查阅奖牌、奖证及获奖文件等			

说明：1. 本细则满分为100分。90分以上为优秀；80～89分为良好；60～79分为合格；59分以下为不合格；

2. 检查过程中，如遇部分指标空项(例如部分学校没有食堂、小卖部)，则该项指标不予评分。最后得分＝实际评分×100/指标分值之和。

3. 本细则适用于湖北省内各级各类中小学校(含中等职业学校)。

省教育厅关于印发《湖北省中小学校“大家唱、大家跳”艺术教育活动实施方案》的通知

鄂教体艺〔2010〕17号

为了贯彻落实《省委省政府关于加强青少年体育增强青少年体质的实施意见》(鄂发〔2009〕10号)和《学校艺术教育工作规程》，提高中小学生的艺术修养和审美情趣，2009年，我厅印发了《省教育厅关于在中小学校广泛开展“大家唱、大家跳”艺术教育活动的通知》(鄂教体艺〔2009〕16号)，并成功举办了湖北省首届“大家唱、大家跳”艺术教育展演活动。

为了进一步推进我省“大家唱、大家跳”艺术教育工作，我厅制定了《湖北省中小学校“大家唱、大家跳”艺术教育活动实施方案》(以下简称“实施方案”)。该《实施方案》明确了“大家唱、大家跳”艺术教育活动的目标和实施途径，是指导各级教育行政部门和中小学校开展“大家唱、大家跳”艺术教育活动的重要依据。现将该《实施方案》印发给你们。请结合本地实际，认真贯彻落实。

2010年5月7日

附：

湖北省中小学校“大家唱、大家跳”艺术教育活动实施方案

为了营造生动活泼的育人环境，培育“向真、向善、向美和向上”的校园文化特质，将用三年的时间，通过开展“大家唱、大家跳”艺术教育活动，实现“人人会唱歌，个个能跳舞”的目标，不断推动我省中小学校艺术教育工作健康发展。现制定湖北省中小学校“大家唱、大家跳”艺术教育活动实施方案。

一、指导思想

以全省中小学校开展“大家唱、大家跳”艺术教育活动为切入点，全面落实《学校艺术教育工作规程》提出的各项要求，提高中小学生的艺术修养和审美情趣，丰富中小学生的精神文化生活。同时，发挥学校艺术教育独特的育人功能，使广大中小学生在接受艺术教育过程的同时，接受生动的爱国主义、集体主义和社会主义教育，促进学生德智体美全面发展。

二、主要内容

“大家唱、大家跳”艺术教育活动主要通过音乐课堂教学和课外文体活动组织实施，主要内容为合唱和校园集体舞。

(一)合唱教学内容为现行的学校《音乐》教材中的合唱歌曲；教育部和省教育厅推荐的合唱歌曲；各地和学校创作的、符合不同年龄特点的合唱歌曲。

(二)校园集体舞教学内容为教育部和省教育厅推荐的校园集体舞、广播操、韵律操、健美操，以及各地和学校创作的校园集体舞、韵律操及健美操等集体舞蹈。

三、活动对象

“大家唱、大家跳”艺术教育活动适合于在全省各级各类中小学校和不同年龄段的学生中开展。

四、工作目标

在全省实施义务教育均衡发展地区已经启动“大家唱、大家跳”活动的基础上，从2010年起到2012年，用三年的时间在全省义务教育阶段学校普及开展“大家唱、大家跳”艺术教育活动，通过全省各级教育行政部门和学校广大教育工作者的共同努力，逐步实现以下主要目标：

(一)从2010年起至2012年，在全省义务教育阶段学校中全面开展“大家唱、大家跳”艺术教育活动，力争第一学年普及面达到50%以上，学生达到300万人以上；第二学年普及面达到80%以上，学生达到500万人以上；第三年全省义务教育阶段学校基本普及“大家唱、大家跳”艺术教育活动，基本形成“人人会唱歌、个个能跳舞”的局面。

(二)通过开展三年的“大家唱、大家跳”艺术教育活动，促进全省义务教育阶段中小学校普遍开设艺术课程，配备能够满足艺术教学需要的专兼职艺术教师和艺术教学设备。

五、保障工作

(一)成立组织指导机构。省教育厅成立湖北省中小学校“大家唱、大家跳”艺术教育活动领导小组和湖北省“大家唱、大家跳”艺术教育活动推广中心。各级教育行政部门要相应成立“大家唱、大家跳”艺术教育活动领导小组和推广中心，组织和指导所辖中小学校“大家唱、大家跳”艺术教育活动。

(二)建立督导评价机制。省教育厅制定《湖北省中小学校“大家唱、大家跳”艺术教育活动督导检查要求》，采取随机抽查的方式，对各级教育行政部门和中小学校“大家唱、大家跳”艺术教育活动进行督导检查。在随机抽查的基础上，每年举办一届全省中小学校“大家唱、大家跳”艺术教育现场展演活动。

(三)加强艺术教师队伍建设。积极引导和鼓励高等学校音乐和舞蹈专业大学毕业生到我省农村中小学校资教，充实我省农村中小学艺术教师队伍。同时，利用高等学校的资源，对“大家唱、大家跳”艺术教育教师进行培训。

(四)改善农村学校艺术教育条件。在2009年对省首批义务教育均衡发展试验县(市、区)中小学校配备音乐教学器材的基础上，通过多种途径逐步改善农村义务教育阶段中小学校艺术教育教学条件，力争满足农村义务教育阶段中小学校音乐、舞蹈教学活动的需要。发挥湖北教育网台《空中音乐课堂》教学平台的作用，组织开发有关艺术教育教学资源，向全省农村中小学校免费配发合唱、集体舞等教学光盘。

(五)组织高校大学生到农村中小学校开展教学实习活动。协调有关高校与市、州开展对口交流合作，组织大学生到基层中小学校开展音乐舞蹈教学活动，为中小学校开展“大家唱、大家跳”活动提供技术支持。省教育厅将编写《“大家唱、大家跳”艺术教育活动教师指导手册》。

六、具体要求

(一)要按照“全员参与”的原则，组织“大家唱、大家跳”艺术教育活动。

各级教育行政部门要督促所辖中小学校把该项活动纳入年度和学期工作计划，纳入中小学校课程管理。把“大家唱、大家跳”活动内容纳入学校《音乐》课的教学范围。每周以班级为单位开展一次合唱、集体舞演练活动。利用大课间体育活动、课外文体活动和学校运动会、艺术节期间开展全校性的“大家唱、大家跳”活动，利

用大型纪念活动、重大节日开展现场展演展示活动。每年组织一次"大家唱、大家跳"艺术教育现场展演活动，组织一次骨干教师和班主任的培训活动，组织一次学校艺术教育工作的督导检查，并形成制度。

（二）要按照"因地制宜"的原则，开展"大家唱、大家跳"艺术教育活动。

各级教育行政部门要督促所辖中小学校利用湖北教育网台开展"大家唱、大家跳"艺术教育活动。在艺术教育教学方面要加强教学方法研究，不断提高学生的学习兴趣，不断提高艺术教育教学质量。民族地区中小学校要突出当地民族艺术特征，创作一批具有民族特色的合唱和校园集体舞作品。要积极争取当地文化、艺术部门和社会艺术团体的支持，聘请艺术教育的专家指导学校"大家唱、大家跳"活动，努力让每一个中小学生享受均等的艺术教育机会和资源，提高中小学艺术教育的整体水平。

（三）要按照"普及与提高"的原则，培养一大批优秀艺术人才，创作一大批"大家唱、大家跳"优秀音乐作品。

各级教育行政部门要督促所辖中小学校按照教育部制定的《九年义务教育阶段学校音乐教学器材配备目录》要求，逐步配备音乐教学器材设施，以满足中小学校开展合唱、集体舞教学活动的需要。采取送教下乡、联校联村办班的形式，增加开展艺术教育活动兼职教师的人数，满足学生参与"大家唱、大家跳"活动的需要。通过每年举办的艺术教育专业培训，培养一批"大家唱、大家跳"艺术教育活动带头人。鼓励各地优先培育一批较高水平的艺术教育特色学校，在本地发挥带头引领作用。每年征集一批优秀的合唱和集体舞作品，丰富"大家唱、大家跳"艺术教育活动内容。

省教育厅关于进一步加强高中阶段学校学生军事训练工作的通知

鄂教体艺〔2010〕21号

近几年来，各级教育行政部门和高中阶段学校（含普通高中、中等职业学校）认真贯彻落实教育部、总参谋部、总政治部制定颁发的《学生军事训练工作规定》（以下简称《规定》）和省教育厅、省军区司令部、政治部印发的《湖北省学生军事训练工作实施细则》（以下简称《实施细则》），积极推进高中阶段学校的学生军训工作，广泛开展军事技能训练和军事理论课教学以及相关的学校国防教育活动，取得了较好的工作成效。为了进一步加强高中阶段学校的军训工作的管理，现提出以下工作要求：

一、要进一步提高对学生军事训练工作重要意义的认识。在高中阶段学校开展军事训练工作是学校贯彻实施《国防法》、《兵役法》和《国防教育法》的重要内容，是全面贯彻教育方针，推进素质教育，增强学生的国防观念、国家安全意识，使学生掌握基本军事技能和军事理论，为国防和军队现代化建设培养高素质后备兵员的重要措施。开展学生军事训练对弘扬爱国主义、集体主义和革命英雄主义精神，加强学生的组织性、纪律性，培养学生的顽强意志、艰苦奋斗、吃苦耐劳的作风，树立正确的世界观、人生观和价值观都具有重要的现实意义。各级教育行政部门和学校要把学生军事训练作为建设人力资源强国的政治任务，纳入学校教育工作的重要日程，作为评价学校教育教学质量的重要内容，科学规划、严密组织、规范施训，不断推进学生军事训练工作的健康发展。

二、要进一步明确学生军事训练工作的主要内容。学生军事训练是指高中阶段学校组织的学生军事技能训练和军事理论课教学，以及与学生军事训练有关的其他活动。军事技能训练以集中训练形式进行，训练时间7至14天，军事理论教学以知识讲座形式进行，教学时间不少于15课时。各地和学校要把高中阶段学生的军事训练工作纳入学校教育、教学计划，统筹安排。

三、要认真落实军事训练的课时计划和考核评价。各高中阶段学校要根据《高级中学学生军事训练大纲》的规定，将学生军事训练列入学生的必修课程，集中军事训练和理论教学按不少于2个学分安排，纳入综合实践活动科目中集中安排，组织实施。学生的军事训练的考核成绩根据提问、笔试和观察学生的训练状况，以及参考学生的自我评价和同学互相评价的意见综合评定，按照优秀、良好、合格、不合格四个等级评定，计入学生的学籍档案，作为报考高一级学校的重要依据。各级教育行政部门要定期对学校学生军训工作进行督促检查，保证学生军训的课时计划、教学内容和考核评价工作的落实。

四、要切实加强军事课教师队伍的建设。各高中阶段学校要采取兼职和聘任的办法，选拔配备热爱军事训练工作和具有良好军政素质的教师担任教学工作，也可选派经军事部门和承训部队培训合格的教官承担理论课的教学任务，以保证军事课程教学任务的落实。各地和学校要做好军事课教师的培养工作，将学校的军事课教师纳入教师队伍序列，解决好教师职称等相关待遇问题，保证教师队伍的落实。

五、要积极开展军事课教育教学工作的改革。各高中阶段学校要在做好集中军训保障工作的同时，围绕军训的培养目标，结合学生的身心特点，开展课堂教学和社会实践活动。要充分利用学校主阵地、发挥课堂主渠道作用，采取丰富多彩的教育教学方式，提高学生军事课程的效果。把军事训练与思想政治教育相结合，与革命传统教育和国防教育相结合，与社会实践活动相结合，与相关学科知识教育相结合，与科学避险、安全逃生教育相结合，丰富学生军训内容，提高军事课程教学的针对性和实效性。

六、进一步规范学校军事课程教学资源的使用和管理。2008年省教育厅向全省高中学校免费配送了教育部制作的《高级中学国防教育声像教材》，2009年省教育厅学校国防教育办公室、省军区学生军训办公室，按照《高级中学学生军事训练大纲》的内容规定，组织编写了《高中阶段学生军训教程》，统一规范全省高中阶段学校的军事课程教学。各地教育行政部门要加强教学资源的使用和管理，按照鄂教体艺函〔2009〕21号文件的要求，坚持自愿购买的原则，充分发挥好现有教育教学资源的作用，促进军事理论课教学在全省高中阶段学校的普遍开展。

七、要进一步加强对学生军事训练工作的组织领导。各地教育行政部门和高中阶段学校要确定学校领导分管学生军事训练工作，指定具体部门和人员负责学生军事训练的计划安排和组织实施，切实加强管理。要严格按照《实施细则》的规定，积极争取当地军事部门的支持，共同对军事训练工作实行统一计划、统一协调、统一安排、归口管理。要建立定期军地联席会议制度，研究解决学生军训中的突出问题，落实军训经费、落实训练与教学时数、落实承训部队和授课教师，落实条件保障。要按照《实施细则》的规定，对军训工作成绩显著的学校和个人给予奖励，对违反《实施细则》规定的依法给予处罚，保证学生军训工作的规范实施。

八、要切实加强学生军事训练的安全管理。各高中阶段学校要建立健全学生军训工作安全管理的规章制度，落实安全教育、安全责任和安全保障措施，制定军训期间安全突发事件的防范、应急预案，配合军事部门共同做好训练枪支、器材、射击场地的使用管理，严格按照训练规程和操作程序施训和组织相关活动。要坚持文明施训，严禁一切打骂、体罚学生和各类冲突事件的发生，严防人员伤亡和器材丢失、损坏等训练事故的出现，确保学生军事训练的安全顺利进行。

2010年6月7日

省委高校工委　省教育厅关于建立教育重大决策事项社会稳定风险评估机制的意见(试行)

鄂教综治〔2010〕3号

为切实增强教育系统重大事项决策的民主性和科学性，建立健全重大事项民主决策机制，健全完善从源头上预防和减少不稳定因素的长效机制，促进校园和谐、社会稳定，确保教育事业科学健康发展。根据中央和省委、省政府的要求，结合教育工作实际，现就建立教育重大决策事项社会稳定风险评估机制，提出如下意见。

一、明确社会稳定风险评估的目标任务

以邓小平理论和“三个代表”重要思想为指导，深入贯彻落实科学发展观，正确处理教育系统改革、发展、稳定的关系，把教育改革的力度、发展的速度和社会的可承受度有机统一起来，坚持民主决策、主动维稳，依照“关口前移、重心下移、预防为主、标本兼治”的总体思路，对研究决策教育重大事项可能出现的稳定风险实行先期预测、先期评估、先期化解，着力从源头上预防和减少不稳定因素，不断提高民主决策水平和维稳工作水平，确保我省教育事业持续健康发展。

二、明确教育重大决策事项的范围

教育系统重大决策事项社会稳定风险评估，是指在制定或实施涉及师生员工及较大范围人民群众切身利益的重大决策事项时，对可能引发影响学校及社会稳定的群众集体上访、群体性事件或危及公共安全的情况进行先期评估、先期预防、先期化解，保证决策事项既有利于促进改革发展，又有利于维护社会稳定。

教育系统开展社会稳定风险评估的重大决策事项包括：

(一)教育规划编制、教育重点工程、重大投资项目的设立、调整；

(二)学校管理体制改革及学校布局调整；

(三)学校收费政策、助学政策、学生就业政策的调整；

(四)办学体制改革、教学管理、学生管理制度改革调整；

(五)课程设置改革调整及中考、高考等考试、招生政策改革调整；

(六)高等教育机构学位授予权的审核(批)；

(七)教师人事分配制度改革、职称评定政策改革调整；

(八)单位改革中涉及的人员安置、社保关系、职工待遇及重大资产处置调整等；

(九)学校债务特别是拖欠工程款化解方案的制定、调整；

(十)举行体育文艺比赛、节日庆典集会等大型活动；

(十一)其他涉及师生员工及人民群众切身利益的重大决策事项。

三、把握社会稳定风险评估的内容

(一)合法性评估。决策事项是否符合法律、法规、规章和党的方针政策，是否符合中央和省委、省政府制定的规范性文件，政策调整、利益调节的法律政策依据是否充分，决策过程是否符合有关程序。

(二)科学性评估。决策事项是否符合科学发展观的要求，是否符合本地、本单位近期和长远发展规划，是否符合教育规律和人才成长规律，是否反映大多数师生员工的意愿，是否兼顾师生员工的现实利益和长远利益，是否兼顾各方面利益群体的不同诉求，是否考虑了地区的平衡性、社会的稳定性、发展的持续性等因素，是否遵循公开、公平、公正原则。

(三)廉洁性评估。对重大事项决策有无涉及不公、不廉问题进行评估。

(四)可行性评估。决策事项是否经过严密的可行性论证，出台时机是否成熟，实施方案和配套措施是否完善、具体、可操作，是否符合绝大多数群众的利益并为他们接受和支持。

(五)可控性评估。决策事项是否可能引发严重影响学校和社会稳定的问题，是否有相应的预测预警措施，是否有应对可能出现的不稳定问题的预案。

(六)其他可能影响社会稳定的相关因素评估。

四、明确社会稳定风险评估的主体

重大决策事项社会稳定风险评估实行属地管理、分级负责的原则，谁主管、谁负责，谁决策、谁评估。社会稳定风险评估的责任主体是：政策的制定部门、决策事项的提出部门、审批事项的承办部门、项目的报建部门、改革的启动部门、涉及多个部门共同完成的牵头部门，难以确定责任主体的由多个部门的上级组织指定。

五、严格社会稳定风险评估的程序

(一)责任主体部门进行评估。要制定评估方案，通过民意测验、重点走访、座谈讨论、媒体公示等方式，广泛听取所涉基层学校、师生员工和社会各界的意见与建议，对争议较大、专业性较强的决策事项，要组织专家和学校、师生代表进行听(论)证，全面准确地评估潜在的不稳定因素，特别是要对决策事项实施后可能引发的矛盾冲突以及所涉及的人员数量、范围和激烈程度进行评估，相应作出社会稳定风险很大、有一定风险或无风险的评估结论。

（二）主管部门进行审查。主管部门要组织法制、维稳、信访等工作机构对评估报告涉及的不稳定情况和问题要认真分析研判，科学论证，依照有关程序和民主集中制原则，对决策事项作出不实施、暂缓实施或实施的决定。

（三）反馈审查结果。主管部门应及时将审查决定意见反馈责任主体部门，对预防和化解矛盾风险、做好稳定工作提出具体要求。需要报经党委、政府同意的决策事项，要将社会稳定风险评估报告和主管部门审查意见一并报同级党委、政府。

（四）落实维稳措施。主管部门和责任主体部门对已经批准实施的决策事项要进行全程跟踪，密切监控运行情况，及时发现可能产生的不稳定问题，并采取有效措施化解矛盾。对可能出现的重大不稳定问题要制定应急预案，严防群体性事件的发生。

（五）建立“第三方”社会调解机制。发生涉教群体性事件、涉校矛盾纠纷时，各地各高校要联系协调所在地综治、维稳、司法、调解等部门和社会有关方面，建立“第三方”社会调解机制，充分发挥工会、妇联等人民团体和仲裁机构、行业协会、律师协会等社会组织参与化解社会矛盾的积极作用，用社会化方式化解社会矛盾。

六、落实社会稳定风险评估的责任

（一）组织领导。各地教育行政部门、各高校主要领导是教育重大决策事项社会稳定风险评估的第一责任人，分管领导是主要责任人。要切实把重大决策事项社会稳定风险评估作为维护稳定的基础性工作来抓，作为出政策、上项目、搞改革的前置程序和必备条件，做到未评估不上会、不决策。

（二）备案制度。要建立重大决策事项社会稳定风险评估报告及审查决定意见报同级维稳办备案制度。维稳办负责重大决策事项社会稳定风险评估工作的督导和协调。有条件的教育行政部门和高校要建立重大决策事项社会稳定风险评估专家库，为重大决策事项社会稳定风险评估工作提供专业支持。

（三）纳入考核。要将重大决策事项社会稳定风险评估工作纳入社会治安综合治理和维护安全稳定工作考核范畴，作为安全、综治、维稳、信访部门年终考核的重要依据。

（四）责任追究。各地教育行政部门和各高校维稳职能处（科）室要加强对重大决策事项社会稳定风险评估工作的监督检查，要定期通报有关情况，督促相关部门开展责任追究工作。对在重大事项决策过程中不进行社会稳定风险评估，或在评估过程中搞形式主义造成决策失误，引发不稳定问题和群体性事件的，依照《关于实行党政领导干部问责的暂行规定》、《关于违反信访工作纪律处分暂行规定》和中央综治委、中央纪委、中央组织部、监察部、原人事部《关于对发生严重危害社会稳定重大问题的地方实施领导责任查究的通知》（综治委〔2000〕17号）等有关规定，追究相关责任领导和直接责任人的党纪、政纪和法律责任。

各地教育行政部门和各高校应根据本意见，结合实际制定实施办法，抓好贯彻落实。

2010年6月23日

省教育厅关于加强校车安全工作的紧急通知

鄂教综治〔2010〕10号

近期，省内外连续发生多起校车安全事故：12月20日下午5点，武穴市爱婴幼儿园（私立）用校车送幼儿回家途中，校车车门突然滑开，幼儿翟某摔出车外，经抢救无效死亡。经查，该校车司机于2008年10月初领B2驾照，驾龄未满3年，B2驾照不能驾驶该校车。12月27日下午5点，十堰市茅箭区武当路小学校内晨光幼儿园的校车从斜坡下来，突然刹车失灵，撞伤3名儿童和2名接送孩子的家长，已经有1名儿童死亡，其他4人正在医院救治。12月28日上午7点40分，湖南省衡南县松江镇东塘村运送20名小学生的三轮车，在开往因果村途中，受清晨浓雾影响，整车坠入河中，造成14人死亡，6人受伤。我省进入冬季以来，一些地区雾雪天气多发，路面冰冻湿滑，是交通事故高发时期。为吸取事故教训，严防类似事件发生，确保全省中小学幼儿园学生生命安全，现就加强校车安全工作紧急通知如下：

一、切实增强做好学校校车安全工作的责任感。近期连续发生的校车安全事故，再一次给我省校车安全工作敲响了警钟。事故发生的原因，都是个别地方和学校对校车安全工作麻痹大意，责任不落实，措施不到位，校车安全管理存在严重漏洞和安全隐患。各地要切实增强做好校车安全工作的责任感、紧迫感，做到警钟长鸣，坚决克服麻痹思想和侥幸心理，把事故预防在前，把工作落实到位。

二、立即集中开展一次校车隐患大排查。各地要立即组织专门力量，集中对校车安全工作的管理漏洞和安全隐患进行一次认真排查。排查要严格按照《湖北省校车交通安全管理办法》（湖北省人民政府令第337号）要求，重点检查校车有无安全隐患；驾驶人员是否具有驾驶对应校车的资格；有无超员、超载、超速；有无乘农用拖拉机、三轮汽车、低速货车、拼装车和报废车辆；有无管理漏洞等问题，确保不留死角，不走过场，并针对安全隐患立即整改。各地教育行政部门主动会同当地交通管理部门对非法黑校车进行集中整治。

三、认真做好学生交通安全教育。各地要迅速将这几起校车交通事故通报到本行政区域内所有学校和全体师生，从中汲取教训。要加强交通安全教育，教育学生离校返家、假期出游时拒绝乘坐不合格车辆。寒假是学生集中返家、集体出行较多的特殊时段，交通运力较差的贫困山区，要争取政府的支持，统一为寄宿学生临时租用优秀驾驶员驾驶的安全车辆返家。

四、严格落实责任制和责任追究制。中小学幼儿园校长（园长）是学校校车安全工作第一责任人，要认真履行职责，把做好校车安全管理作为当前极其重要的一项工作，切实抓细抓实抓好。要层层落实责任制，将校车安全工作落实到每个部门、每个教职员工。发生校车安全责任事故的，要按照《湖北省人民政府令第337号》和教育部《中小学幼儿园安全管理办法》的规定，对有关负责人和直接责任人进行责任追究。

五、加强值班和信息报送。各地

各学校要严格落实领导带班和24小时值班制度。一旦发生校车安全事故，有关领导要立即赶赴现场参与救援组织工作，最大限度避免和减少人员伤亡及财产损失。同时要按规定向上级教育主管部门报告事故信息。各市州教育局相关信息要第一时间报省教育厅综合治理处。

联系电话：027－87328035(工作时间)，87328039(其他时间)。

传真：027－87328131(工作时间)，87328049(其他时间)。

2010年12月28日

省语委　省教育厅关于在全省各级各类学校中加强规范汉字书写教学的通知

鄂语字〔2010〕13号

在信息处理技术与现代通信技术快速发展的今天，文字交流方式逐渐由书写向键盘输入转变。为了提高学生的汉字书写水平，改变当前我省各级各类学校汉字书写教学薄弱，学生写字水平有下降趋势的现状，现就加强全省各级各类学校规范汉字书写教学的有关事宜通知如下：

一、充分认识加强规范汉字书写教学的重要意义

汉字是中华民族的文化瑰宝，是中华民族重要的文化遗产，具有独特的历史文化价值。加强汉字书写教学对于陶冶学生情操，培养学生审美能力，提高学生的文化品位和内在素质；对于培养学生的观察力、注意力和意志力；对于增强学生对祖国语言文字的热爱和对中华优秀文化的传承与弘扬都具有十分重要的现实意义。各级语委、教育行政部门和学校要充分认识规范汉字书写教学的重要性，把规范汉字书写教学过程作为提高学生书写规范汉字意识的过程，作为提高规范汉字书写水平的过程，作为传承和弘扬中华优秀文化的过程，采取切实有效措施抓紧抓好。

二、规范汉字书写教学的对象和范围

全省各级各类学校在校学生。广大教师参与并率先垂范。

三、规范汉字书写教学的目标要求

(一)义务教育阶段：按《教育部关于在中小学加强写字教学的若干意见》(教基〔2002〕8号)的教学要求执行。义务教育阶段的写字教学要使学生会写铅笔字和钢笔字，学习写毛笔字；使学生养成良好的写字习惯，正确的写字姿势，并有一定的书写速度，具备正确书写汉字的基本能力；通过写字教学，使学生初知书法，具备一定的书法欣赏能力。

(二)高中(含中职)阶段：在义务教育阶段规范汉字书写教学的基础上，学习用钢笔和毛笔临摹名家字帖或优秀范本，在笔画、结构、章法等方面具备一定能力，进行书法创作练习，体会书法的审美价值。可选择楷书、行书、隶书之一或多种书写体进行练习，能自觉地追求书写的艺术感，具备一定的书法欣赏水平。

(三)高等教育阶段：实现由规范汉字的书写教学向书法艺术教学与欣赏的转变。大学书法艺术教育的重点在欣赏能力的培养，使学生了解和掌握中国书法艺术的性质、历史、美学原理及艺术批评等一系列理论。可根据学生书写水平分类安排选修课，对写字水平一般的学生，着眼于写好一笔字，并具备一定的书写速度，主要练习钢笔楷书和行书；对写字水平较高的学生，可选修篆书、隶书、楷书、行书之一或多种书体进行练习和创作，追求高格调的书法艺术品位。

四、加强规范汉字书写教学工作的措施

(一)落实写字教学师资。加强写字教学，提高学生的写字水平是全体教师的共同责任，教师要认真写好“三笔字”(钢笔字、毛笔字和粉笔字)，为学生作表率。义务教育阶段和高中阶段的写字教学任务，原则上由语文课教师负责，也可安排有写字特长的其它科目老师；有条件的学校，可以安排专职的写字教师。高等学校应由书法教师授课。

(二)落实写字教学时间。各级教育行政部门和学校在制订课程计划时，应将写字教学列入地方课程或学校课程计划。义务教育阶段可与“中华诵·经典诵读”活动结合起来，开展中华经典的诵、写、讲活动；同时，要按照教育部2001年颁布的《基础教育课程改革纲要》(试行)的要求，在义务教育阶段的语文、美术课中加强写字教学。高中(含中职)阶段可灵活安排。高等学校可开设书法选修课。

(三)选好写字教材。义务教育阶段学校可选用经省中小学教材审定委员会审定通过的相关教材；高中和高等教育阶段学校可根据实际情况选择相应教材。

(四)营造良好汉字书写氛围。各级各类学校要以学校艺术节为载体，开展写字(书法)讲座、写字(书法)比赛、写字(书法)作品展览等活动；举办写字(书法)兴趣小组；班级要通过定期举办学生写字(书法)作品或作业展览等形式，营造良好的汉字书写氛围，提高学生的写字(书法)兴趣，激励学生提高汉字书写水平。

(五)加强教师培训和写字教学研究。各地、各校要采取措施加强写字教学师资培训工作，把写字教师培训纳入教师培训工作计划。各级教研部门和学校要把写字教学研究纳入议事日程，定期组织教师开展写字教研活动，推广写字(书法)教学经验；教研人员要深入学校研究和指导写字教学，不断提高写字教师教学水平和写字课教学质量。

五、加强领导，确保规范汉字书写教学工作落到实处

(一)各级语委、教育行政部门和学校要高度重视规范汉字的书写教学工作，要根据此文件精神，制定本地本校规范汉字书写教学实施方案，落实各项措施，切实做到教师、教材和时间“三落实”，确保规范汉字书写教学工作落到实处。

(二)各级各类学校要把规范汉字书写教学工作与学校的教育教学工作相结合，与“中华诵·经典诵读”活动相结合，与学校的校园文化建设相结合，从我做起，从点滴做起，共同营造规范汉字书写的良好氛围。

(三)各级教育行政部门和学校要按照此文件精神认真落实写字(书法)教学要求，逐步将写字(书法)教学情况，写字(书法)活动开展情况，学生的写字(书法)水平等方面，作为考核学校办学水平的内容之一，作为对学生综合素质评价的内容之一。

(四)各级语委、教育行政部门要把规范汉字书写教学情况纳入语言文字规范化示范校创建工作的重要内容，在国家级、省级、市（州）级语言文字规范化示范校创评过程中要考察学校开展规范汉字书写教学情况；各级语委和教育行政部门可根据当地实际情况开展"写字（书法）艺术特色学校"创建活动，推动写字（书法）教学工作的广泛深入开展。

（五）各级语委、教育行政部门和学校要定期或不定期举办规范汉字书写比赛，以检阅各地各校开展规范汉字书写教学的成果。

2010年8月3日

省委高校工委 省教育厅关于实施"湖北省省属高校领导干部海外培训计划"的通知

鄂教人〔2010〕4号

为学习借鉴世界知名大学的成功办学经验，提高省属高校管理水平，根据《中共教育部党组关于教育系统深入开展大规模干部培训工作的实施意见》和《中共湖北省委关于加强和改进高等学校党的建设推动高等教育事业的意见》的要求，省委高校工委、省教育厅决定实施"湖北省省属高校校级领导干部海外培训计划"。现就有关事项通知如下：

一、目标任务

2010年至2014年，利用五年时间，分期选派省属高校领导干部赴国外（境外）高校培训，促进高校领导干部学习国外高校的办学经验和管理策略，加强高校领导干部素质与能力建设，增进高等教育国际交流与合作，培养一批具有国际视野，了解国际规则，能够推动省属高校改革创新、科学发展的管理者，提高高校领导干部的整体素质和管理水平。本计划自2010年起开始实施，5年共培训230名左右的省属高校校级干部。2010年选派第一批，2011年起每年选派两批，每年培训50人左右。

二、内容与形式

培训内容主要包括现代大学制度的建立与完善、大学的组织结构和运行机制、高校评估体系与教学质量保障、教学科研组织管理、产学研结合、教师队伍建设、大学创新人才培养等。培训主要通过专家讲授、案例研讨、参观考察等形式进行。

三、培训对象

培训对象范围为省属普通本科高校校级领导干部和高职高专院校党政主要负责人。

四、组织管理

本计划由省教育厅统筹规划和组织领导，厅干部人事处、对外交流与合作处负责研究制定年度培训计划，遴选培训人员，确定培训内容和培训形式。本计划所需培训经费由参训人员派出单位承担。各省属高校要研究制定本校参训人员的选调计划，优先选送政治上强、具有领导科学发展能力的校级领导干部参加培训，并在经费上予以保证。

2010年9月6日

省教育厅关于对市州教育行政部门进行年度工作考核的通知

鄂教人〔2010〕5号

为进一步加强对市、州教育工作的指导，提高教育行政工作效能，推进教育事业科学发展，根据省委省政府有关建设责任政府和提高执行力的要求，省教育厅决定对市州教育行政部门进行年度工作考核。现就有关事项通知如下：

一、指导思想

以邓小平理论和"三个代表"重要思想为指导，坚持科学发展观，全面贯彻党的教育方针，通过实施年度工作考核，促进全省教育系统依法行政，改进作风，提高效能，优化服务，探索建立科学合理的教育行政机关考核评价机制，确保中央和省委省政府有关教育的重大工作部署和各项目标任务的落实，促进我省教育事业的科学发展。

二、考核原则

（一）突出重点、体现特色。考核工作重点强调省委省政府和教育主管部门有关教育工作的重大决策、重要工作部署落实和完成情况，有关教育工作规章制度的贯彻落实情况，各类教育事业的统筹协调发展以及教育行政部门工作效能等四个方面的情况。

（二）客观公正、简便易行。考核工作坚持实事求是、民主公开，考核内容、指标体系和方式方法力求科学合理，工作讲求实效，力戒繁琐。

（三）激励先进、明确导向。通过开展年度工作考核，促进全省教育行政机关全面贯彻落实科学发展观，紧紧围绕教育的中心工作和重点目标，转变作风、提高效率、锐意改革、勇于创新、争先创优。

三、考核内容与指标体系

考核内容主要包括常规管理、重要工作、特色与创新三个部分。常规管理包括党委政府议教制度、依法治教、政务运行、教育督导、办学行为、"两类"学生教育管理、平安和谐校园建设、党风廉政建设、语言文字工作等；重要工作包括推进义务教育均衡发展、高中课程改革与招生管理、普职协调发展、中职资源整合、体育艺术和国防教育、义务教育经费保障、教育经费增长、教育经费管理、教师工资保障、学生资助工作、教师资源配置、教师队伍管理、教师培训、学校布局调整与标准化建设、中小学校舍安全工程等；特色与创新包括教育宣传、突出成绩、改革创新等方面的情况。具体考核内容按《湖北省市州教育行政部门年度工作考核指标体系（试行）》（见附件）的要求执行。

四、考核工作的组织实施

省教育厅成立市州教育行政部门年度工作考核领导小组，由厅党组书记和厅长任组长，其他厅领导和处室主要负责人参加。领导小组下设办公室，负责考核的具体组织实施工作。考核采取平时考核和年终考核相结合的方式进行，省教育厅机关各处室按职责分工负责各项考核指标的台帐管理，并结合日常工作提出平时考核的意见。每年年底，在台帐管理的基础上，考核领导小组对市州教育行政部门年度工作进行考核。具体的考核实施办法另行下发。

五、考核结果的运用

考核结果分为优秀、良好、合格、不合格四类，其中优秀单位占考核对象的35%左右。对考核优秀的市州教育行政部门予以通报表彰，并给予一定的物质奖励。省教育厅将考核结果报告省委、省政府。

各市州教育行政部门可结合本地实际，参照本通知的要求，制定对所属县（市、区）教育行政部门的考核办法。

2010年11月9日

附：

湖北省市州教育行政部门年度工作考核指标体系(试行)

目标类别	考核指标	考核要素	责任单位
常规管理(32分)	1.党委政府议教制度(3分)	积极推动党委政府建立定期议教制度，党委常委会议议教每年在1次以上，政府常务会议专题议教每年在2次以上，研究解决教育工作的重大问题，并形成决议或决定。	考核办
	2.依法治教(3分)	及时办理教师和学生申诉，依法办理行政复议案件，积极应对行政诉讼，无重大行政执法事故。积极开展“依法治校示范校”创建活动，并取得实效。	政法处
	3.政务运行(5分)	公文运转程序规范、责任明确、管理有序。建立严格的政务值守制度，值班人员认真负责，通讯畅通，无空岗情况。建立规范的信息报送制度，重要情况、突发事件按要求及时上报，无迟报、错报、漏报、瞒报情况。上级政府和教育主管部门交办、督办的事项能够及时办理，按时反馈。	办公室
	4.教育督导(3分)	建立健全政府教育督导制度，落实教育督导机构、编制、经费等条件。督导检查结果定期公布，列入县级人民政府及其主要领导政绩考核的重要内容。	督导办
	*5.办学行为(6分)	学生学籍管理系统完善，资料齐备，信息准确、真实。中小学校严格执行规定的作息时间，无节假日补课现象；义务教育学校实行划片入学，无重点班、重点校；禁止公办高中学校举办复读班，招收插班复读生；禁止举办向学生收费的各种培训班。	基教处
	6.“两类”学生教育管理(2分)	建立完善留守儿童档案制度、学校与监护人互动机制、结对帮扶制度、课外生活管理制度。落实“两为主”的入学原则，保障流动人口子女受教育的权益。	
	*7.平安和谐校园建设(4分)	建立健全学校安全教育机制，积极开展平安和谐校园创建，无重大安全责任事故和群体性事件。群众来信来访总量逐年下降，未发生产生不良影响的信访事件。	综治处
	*8.党风廉政建设(3分)	落实党风廉政建设责任制工作机制，严格履行领导干部廉洁自律规定，无违法违纪案件发生。积极推进行风建设。	监察室
	9.语言文字工作(3分)	积极开展“语言文字规范化示范校”、“规范汉字书写教育特色学校”创建活动；积极开展二类城市“文明用语示范岗”、“文明用字示范街”创建活动，推动三类城市语言文字工作评估。	语委办
重要工作(58分)	10.推进义务教育均衡发展(6分)	建立了有效的推进义务教育均衡发展的领导体制和工作机制，加强对所辖县(市、区)推进义务教育均衡发展工作指导、检查、督促、监督。所辖县(市、区)成立了领导小组和工作专班，研究制定了推进义务教育均衡发展的工作计划、年度工作安排和切实可行的工作措施，工作进展顺利、成效明显。	考核办
	11.高中课程改革与招生管理(6分)	严格执行国家课程方案，开齐开足课程，无擅自增减课程课时、少开或停开非高考科目和提前进行文理分科现象；切实落实学生综合素质评价和综合实践活动，教学装备和通用技术学科师资满足高中课改要求。逐年提高示范高中招生指标分配到初中学校比例；规范高中学校招生行为，高中招生秩序良好。	基教处
	12.普职协调发展(4分)	建立职业教育发展联席会议制度，定期研究协调解决职业教育工作重大问题；统筹普通高中和中职招生工作，拓展中职招生范围，普职比例大体相当。	职成处
	13.中职资源整合(3分)	发挥政府统筹作用，整合职业教育资源，加强县级职教中心建设，中职学校办学条件和教学质量明显提升。	
	14.体育艺术和国防教育工作(4分)	落实有关健康教育课时和体育考试制度，广泛开展“学生阳光体育运动”、“大家唱、大家跳”艺术教育活动和中小学安全逃生演练教育活动。高中阶段学校实施学生军事训练。	体卫艺处
	15.义务教育经费保障(4分)	市州本级和所辖县(市、区)义务教育经费单列，全额纳入本级财政预算；落实国家和省义务教育经费保障政策，城乡义务教育免杂费资金、校舍维修改造经费和公用经费及时拨付到位并规范使用。免费教科书按程序发放。	财务处
	16.教育经费增长(4分)	市州本级和所辖县(市、区)政府教育财政拨款的增长高于当年财政经常性收入的增长，生均预算内教育事业费逐年增长，生均公用经费按照中央和省的规定逐步增长。	
	17.教育经费管理(4分)	市州本级和所辖县(市、区)财政部门在向人大常委会报告经费预决算情况时，专门报告教育经费预决算情况；教育附加按规定足额征收并全部用于教育，不得抵充教育事业费拨款；上级下拨的教育专项经费及时足额拨付并专款专用。	

目标类别	考核指标	考　核　要　素	责任单位
重要工作（58分）	18. 教师工资保障（3分）	中小学教师工资（含离退休教师）按国家、省定项目和标准全额纳入财政预算，并按时足额发放。义务教育教师奖励性绩效工资及时拨付，按时、足额发放。	财务处 人事处
	19. 学生资助工作（3分）	农村义务教育阶段家庭经济困难寄宿生补助生活费、高中国家助学金及彩票公益金资助发放及时；中职国家助学金和免学费资助工作管理规范，发放及时，无弄虚作假现象；生源地信用贷款办理程序公开，能够保证符合条件的大学生获得贷款。	资助中心
	20. 教师资源配置（4分）	按确定的编制标准配齐中小学教师；建立了中小学教师队伍正常补充机制，教师队伍年龄结构、学科结构较为合理。建立完善城镇教师到农村学校支教制度，大力推进义务教育教师城乡之间、校际之间的轮岗交流。	人事处
	21. 教师队伍管理（2分）	市州和县级教育行政部门按规定履行中小学教师招聘录用、职务（职称）评聘、培养培训和考核管理职能。	
	22. 教师培训（4分）	教师培训经费按规定落实到位，专款专用；落实教师继续教育学分制度；积极组织校长教师参加国家和省的教师培训项目（包括国培计划、“中小学教师校长卓越工程”、“农村教师素质提高工程”和高中新课程培训）；建立健全市、县、校三级培训体系，开展教师全员培训，培训效果好。	教师处
	23. 学校布局调整与标准化建设（4分）	统筹考虑各方因素，合理规划学校布局；重视农村中小学布局结构调整，合理安排学校布局调整进度。科学编制义务教育学校标准化建设规划，稳步推进学校标准化建设，重点改善农村和城镇薄弱学校办学条件。	发规处
	24. 中小学校舍安全工程（3分）	根据省校安办确定的重建及加固改造规划，完成当年项目建设及相关工作。	财务处
特色与创新（10分）	25. 教育宣传（3分）	本地区教育工作在中央和省主流媒体报道，教育宣传工作力度大，效果好。	办公室
	26. 突出成绩（4分）	围绕全省年度教育工作重点，创造性地完成本地区相应工作；某方面的工作形成特色或品牌，在全国或全省有较大影响（获得中央、教育部或省政府表彰奖励，得到中央和省领导批示肯定）。	考核办
	27. 改革创新（3分）	积极承担教育改革试点任务，推进区域教育改革创新，部分改革项目在全省或全国产生较大影响，参评“地方教育制度创新奖”取得较好成绩。	政法处

说明：办学行为、平安和谐校园建设和党风廉政建设等三项指标中的任何一项指标如考核不合格，则该市（州）的考核结果不能确定为优秀。

省教育厅关于认真做好2010年度义务教育学校教师绩效考核和奖励性绩效工资兑现工作的通知

鄂教人〔2010〕8号

在省委省政府的正确领导和地方各级政府的共同努力下，我省义务教育学校实施绩效工资进展顺利，义务教育学校教师绩效工资改革已制度入轨，义务教育教师工资的保障机制基本建立，初步探索建立了有效的绩效考核制度和激励机制。2010年义务教育学校教师绩效考核工作即将开展，现就有关工作通知如下：

一、高度重视义务教育教师绩效考核工作中的问题

2009年以来，各地、各义务教育学校在开展教师绩效考核方面进行了积极探索，积累了有益的经验，为顺利实施绩效工资改革奠定了较好的基础。同时，应清醒地认识到，在绩效考核工作中还存在一些矛盾和问题，有些问题带有一定的普遍性，有些问题比较紧迫，如考核程序不规范，听取群众意见不够；考核内容过于简单或过于繁琐；考核项目的设置和权重不科学，导向性不够；考核的方案和学生考试成绩简单挂钩；有的学校向一线教师和班主任倾斜体现不够等。教师绩效考核关系到每一个教师的切身利益，也关系到绩效工资改革的进度和政策执行的好坏，各级教育行政部门和各义务教育学校要高度重视，要结合本地工作实际进一步改进和完善教师绩效考核工作。

二、进一步改进和完善义务教育教师绩效考核工作

1. 正确把握绩效考核的工作原则。开展教师绩效考核要尊重教育规律和教师工作的特点；既要重视考核结果，更要注重工作过程，将形成性评价与过程性评价有机结合。既要强调出勤率、工作量和教学成果，也要注重教师教育教学过程的落实和情感渗透、言传身教。考核过程要充分发扬民主，充分体现教师的主体地位，保证教师的知情权、参与权和监督权。

2. 积极探索绩效考核的有效方式方法。绩效考核要简便易行，力戒繁琐，科学评价教师的劳动。要坚持定性评价与定量考核相结合，防止出现考核过程中的机械主义和形式主义，更不能将教师引入到“给多少钱就干多少活”的误区。要注重平时考核和日常工作记载，探索有针对性、操作性强的考核方式和考核载体。

3. 进一步完善奖励性绩效工资分配办法。奖励性绩效工资分配要重点向一线教师、骨干教师和作出突出贡献的其他工作人员倾斜，突出体现班主任在义务教育学校教学工作中的重要地位。省政府办公厅印发的《关于全省义务教育学校实施绩效工资的意见》(鄂政办发〔2009〕48号)明确规定，奖励性绩效工资包括班主任津贴、超课时津贴和教育教学成果奖励，这些项目要在绩效工资分配中重点予以保证。校长绩效工资总量确定要考虑一线教师的心理承受度，与学校教师绩效工资平均水平差距不要过大；其他校领导和中层管理干部津贴也要保持在合理水平。

4. 统一教师奖励性绩效工资发放的时间。从2011年开始，全省义务教育学校教师奖励性绩效工资以学期为时间段，分两次发放。上半年没有组织绩效考核工作的地方或学校，可采取先行预支的形式发放，在年底考核的基础上结算。

三、认真做好学期末教师奖励性绩效工资发放工作

党中央国务院高度重视义务教育学校教师绩效考核工作，今年以来，有关领导先后就做好义务教育学校教师绩效考核工作作出重要指示。省委省政府领导也就教师绩效考核工作提出明确要求。今年3月，省政府办公厅印发《2010年督查专员督查工作计划》，将义务教育学校教师奖励性绩效工资兑现工作列入了2010年督查专员督查工作计划的重要内容。本学期义务教育教师绩效考核即将开始，各地要对前一阶段开展绩效考核工作的情况进行全面总结，对于教师反映强烈、与实际明显不符或者明显有失公平的办法和规定，要尽快调整完善。市州和县级教育行政部门要精心部署学期末的教师绩效考核工作，加强与财政部门的沟通协调，切实保证教师奖励性绩效工资所需经费在12月底前落实到位，确保本学期末教师奖励性绩效工资发放到位。省教育厅从12月中旬开始实行绩效工资发放周报制度，对各地经费落实与兑现情况进行抽查、督办，对进展不力、兑现不及时的地方将报请省政府督办落实。

2010年11月22日

省教育厅关于实施“湖北高校教师国际交流计划”的通知

鄂教外〔2010〕13号

各高校：

为贯彻落实《国家中长期教育改革和发展规划纲要》提出的总体要求，切实加强我省高等院校教师队伍建设，不断提高高校办学质量，经研究，决定启动并实施“湖北高校教师国际交流计划”(以下简称“国际交流计划”)。现通知如下：

一、指导思想

以科学发展观为指导，以培养国际化人才为目标，进一步加大高校教师国际交流的力度，建立高校教师海外培养基地，扩大公派出国留学和培训规模，不断提高教师国际化程度；鼓励和支持各高校拓展海外合作渠道，开展教师互换项目，设立教师国际交流专项资金，多途径选派教师到海外学习，定期对全省高校教师国际交流的工作进行检查、表彰。重点资助省属高校教师赴海外留学和培训，力争2015年全省高校70%以上学术带头人、中青年骨干教师具备海外学习经历，建设具有国际学术水平的高素质教师队伍，促进高校重点学科、特色专业和重点实验室的建设和发展，提高学校人才培养质量和办学水平。

二、项目内容

1. 鼓励和支持全省高校积极拓展国际合作与交流，多渠道筹措培养经费，选派教师赴海外长期留学和短期培训。省教育厅将每两年在全省高校范围内开展一次教师海外培养工作评选活动并对先进单位给予奖励。

2. 重点资助省属高校选派教师赴海外留学和培训。2011—2015年，省教育厅将每年资助400名省属高校教师到海外学习。

(1)与国家留学基金管理委员会合作设立“地方合作项目”，每年选派100名省属高校学术带头人、中青年骨干教师，作为访问学者；到海外大学和研究机构留学6个月。

(2)资助省属高校每年选派300名优秀青年教师到海外大学学习。本科院校青年教师留学期限一般为6个月；高职高专院校青年教师以培训团形式派出为主，在外期限一般不超过3个月。

三、经费安排

1. 省教育厅、省属高校、国家留学基金委将按1∶1∶2的比例共同承担“地方合作项目”经费，为公派出国留学人员提供一次性往返国际旅费及在外留学期间的学费和生活费。

2. 省属高校青年教师公派出国留学和出国培训所需经费主要由派出学校承担，省教育厅按每人2万元人民币的标准给予资助。

四、教师选拔与派出

1. 选拔对象

“地方合作项目”遴选对象主要是省属高校学术带头人、中青年骨干教师和优秀博士毕业生，以重点学科、品牌特色专业，重点实验室、工程中心、研究中心，教学示范中心、人文社科基地为选派重点。

省属高校青年教师出国留学申请人，一般应有本科毕业后5年以上从教经历、硕士毕业后2年以上从教经历。

申请人需符合《国家留学基金委资助出国留学人员选拔简章》规定的申请条件，一般应达到国家公派出国留学规定的外语水平。

2. 申请与评审

“地方合作项目”申请人应于每年1月20日至3月10日登录国家留学基金委网上报名系统(apply.csc.edu.cn)，进行网上报名，并按照国家留学基金委的要求向学校提交申请材料。省教育厅与国家留学基金委共同组织评审，于每年8月公布录取名单。

省属高校青年教师出国留学由各学校组织申报、初审，每年5月向省教育厅报送《省属高校青年教师出国留学申请表》。省教育厅组织专家评审，于每年6月在湖北教育信息网(www.e21.edu.cn)上公布资助名单。

高职高专院校青年教师出国培训团，由各学校每年11月向省教育厅申报，经省教育厅报国家外国专家局立项，学校与省教育厅共同确定资助对象。

3. 派出与管理

留学机构应为国(境)外知名大学和研究机构，其学术水平应处于本领域领先位置。被录取人员和所在学校需积极对外联系，主动寻求留学机构。

“地方合作项目”留学人员须持省教育厅审核后的外方邀请及外语合格证明，与国家留学基金委签订《资助出国留学协议书》，交存保证金，办理同意派出函，再到教育部留学服务中心办理签证等派出手续。在外留学人员由国家留学基金委统一管理。

青年教师须与所在高校签订协议，交存保证金，由所在高校协助办理签证等派出手续。在外青年教师由派出高校负责管理。

出国教师留学资格有效期为两年。凡未按期派出者，其留学资格将自动取消。

五、有关要求

全省各高校要把教师海外培训和公派出国留学作为人才培养的重要渠道，作为提高教学、科研水平以及办学水平的重要措施，对此给予高度重视。

1.各省属高校要根据教师队伍和学科建设的需要，制定“十二五”教师海外交流规划和2011年选派计划，于今年10月中旬报教育厅审核、备案。交流规划要明确教师培养目标和海外研修任务，突出办学特色和学科、科研发展重点。年度选派计划需附上出国留学候选人名册。

2.各省属高校要认真选拔、扶植学术骨干、优秀中青年教师，储备公派出国留学预备人员，有计划地加强教师外语培训，积极拓展海外合作与交流渠道。要多渠道筹措选派经费，落实责任部门和专人负责，确保项目顺利实施。

3.各高校要加强对公派出国留学教师的管理和指导，及时向省教育厅、国家留学基金委反馈有关信息。省教育厅将定期对各高校公派留学情况进行检查，适时调整选派计划和选派规模，确保该项计划取得成效。

2010年9月21日

○教育文件存目

综　合

关于在元旦春节期间开展走访慰问生活困难党员、老党员和老干部活动的通知
（鄂高工委〔2010〕1号）
关于公布湖北省高校校报评估结果的通知
（鄂高工委〔2010〕2号）
省委高校工委　省教育厅关于在全省教育系统深入开展学习宣传长江大学见义勇为舍己救人大学生英雄集体优秀品德和崇高精神活动的通知
（鄂高工委〔2010〕3号）
关于开展2010年湖北高校师生思想政治状况滚动调查工作的通知
（鄂高工委〔2010〕4号）
关于转发《中共教育部党组关于加强全国教育系统关心下一代工作委员会建设的意见》的通知
（鄂高工委〔2010〕6号）
省委高校工委转发省委组织部关于充分发挥各级党组织战斗堡垒作用、领导干部模范带着作用和广大共产党员先锋模范作用全力支持抗旱救灾的通知
（鄂高工委〔2010〕8号）
省委高校工委转发中共湖北省办公厅关于印发《全省第十一个党风廉政建设宣传教育月活动方案》的通知
（鄂高工委〔2010〕11号）
省委高校工委关于组织2009－2010年度高校（单位）省级文明单位申报推荐工作的通知
（鄂高工委〔2010〕12号）
省委高校工委关于做好2011年度《人民日报》、《求是》杂志、《光明日报》和《湖北日报》发行工作的通知
（鄂高工委〔2010〕13号）
关于印发《2010年全省高校党风廉政建设责任制、推进征治和预防腐败体系建设情况检查考核工作方案》的通知
（鄂高工委〔2010〕15号）
关于成立湖北省教育系统创先争优活动领导小组的通知
（鄂高工委〔2010〕16号）
省教育厅关于做好近期大雾降温降雪天气应对工作的通知
（鄂教办〔2010〕1号）
关于召开2010年度全省教育工作会议的通知
（鄂教办〔2010〕2号）
省教育厅关于做好强冷空气影响应对工作的通知
（鄂教办〔2010〕3号）
省教育厅关于2009年度全省市州教育政务网站绩效评估情况的通报
（鄂教办〔2010〕4号）
省委高校工委　省教育厅关于印发2010年工作要点的通知
（鄂教办〔2010〕5号）
省教育厅关于公布2009年度全省教育好新闻评选结果的通知
（鄂教办〔2010〕6号）
省教育厅关于开展全省县（市、区）教育门户网站绩效评估的通知
（鄂教办〔2010〕7号）
湖北省教育厅、湖北省公安厅关于在普通高考中加强安全检查的通知
（鄂教办〔2010〕8号）
关于召开2010年度全省高等教育工作会议的通知
（鄂教办〔2010〕9号）
省教育厅关于考评2009年度目标责任完成情况的通知
（鄂教办〔2010〕10号）
关于收看收听2010年全国普通高校招生考试工作电视电话会议的通知
（鄂教办〔2010〕11号）
省教育厅转发关于进一步有序做好支援地震灾区有关工作的通知
（鄂教办〔2010〕12号）
省教育厅关于印发《湖北省教育系统档案工作五年（2010－2014年）发展规划》的通知
（鄂教办〔2010〕13号）
省教育厅关于公布2009年度全省高中校园网站绩效评估结果的通知
（鄂教办〔2010〕14号）
关于组织开展涉密载体统一清理工作的通知
（鄂教办〔2010〕15号）
省教育厅关于厅机关处室（单位）2010年度工作经费安排的通知
（鄂教办〔2010〕16号）
省教育厅转发教育部办公厅关于切实做好汛期学校安全工作的紧急通知
（鄂教办〔2010〕17号）
省教育厅关于开展全省高校网站绩效评估的通知
（鄂教办〔2010〕18号）
省教育厅关于做好信息系统安全等级保护工作的通知
（鄂教办〔2010〕19号）
省委高校工委 省教育厅关于参加收看全国教育工作会议第一次全体会议的紧急通知
（鄂教办〔2010〕20号）
关于成立《湖北省中长期教育改革和发展规划纲要》编制工作专班的通知
（鄂教办〔2010〕21号）
省委高校工委　省教育厅转发教育部关于认真学习贯彻全国教育工作会议精神全面实施教育改革和发展规划纲要的通知
（鄂教办〔2010〕22号）
省教育厅关于开展《湖北省中长期教育改革和发展规划纲要》及《湖北省教育事业“十二五”规划》专题调研工作的通知
（鄂教办〔2010〕23号）
关于做好中小学校汛期安全工作的紧急通知
（鄂教办〔2010〕24号）
关于成立省教育厅《湖北省中长期教育改革和发展规划纲要》及《湖北省

教育事业"十二五"规划》编制工作领导小组的通知
（鄂教办〔2010〕25号）
关于召开全省义务教育均衡发展工作座谈会的通知
（鄂教办〔2010〕26号）
省委高校工委　省教育厅关于召开全省教育系统传达学习贯彻全国教育工作会议精神会议的通知
（鄂教办〔2010〕27号）
关于协助收集各级地方志书的通知
（鄂教办〔2010〕28号）
关于举办全省教育系统新闻宣传与信息工作座谈会的通知
（鄂教办〔2010〕29号）
关于征集《新世纪以来湖北先进典型人物辞典》资料的通知
（鄂教办〔2010〕30号）
省教育厅关于进一步做好学生食堂工作维护高校稳定的紧急通知
（鄂教办〔2010〕31号）
湖北省教育厅转发教育部办公厅关于加强高校新生入学资格复查的紧急通知
（鄂教办〔2010〕32号）
关于申请省教育厅机关为2009－2010年度省级文明单位的报告
（鄂教办〔2010〕33号）
关于召开全省义务教育均衡发展工作座谈会的通知
（鄂教办〔2010〕34号）
省教育厅关于进一步抓好今冬明春中初等学校绿化工作的通知
（鄂教办〔2010〕35号）
关于做好2011年度《中共中央办公厅通讯》订阅工作的通知
（鄂教办〔2010〕36号）
关于联合举办全省高校新闻发言人暨舆论引导研修班的通知
（鄂教办〔2010〕37号）
省教育厅关于做好2011年元旦、春节期间有关工作的通知
（鄂教办〔2010〕38号）
省教育厅关于同意设立湖北省武汉中学教育发展基金会的批复
（鄂教政法〔2010〕1号）
省教育厅关于征集2010年教育事业改革发展调研题目的通知
（鄂教政法〔2010〕2号）
省委高校工委　省教育厅关于印发2010年教育改革发展调研计划的通知
（鄂教政法〔2010〕3号）
省教育厅关于组织开展"五五"普法检查验收工作的通知
（鄂教政法〔2010〕4号）
省教育厅关于贯彻落实鄂政发〔2010〕16号文件精神全面推进"湖北省义务教育均衡发展行动计划"的通知
（鄂教政法〔2010〕5号）
省教育厅关于组织申报湖北省实施国家教育体制改革试点项目和湖北省教育体制改革试点项目的通知
（鄂教政法〔2010〕6号）
省教育厅关于组织申报经二批义务教育均衡发展省级试点县（市、区）的通知
（鄂教政法〔2010〕7号）

规范性文件

关于印发《湖北省示范高中管理规定（试行）》的通知
（鄂教规〔2010〕1号）
省教育厅关于加强社会餐饮企业经营高校食堂管理的意见
（鄂教规〔2010〕2号）

基础教育

省教育厅关于贯彻落实教育部办公厅加强中小学教材管理全面清理违规教材的通知
（鄂教基〔2010〕1号）
关于征集基础教育课程改革教学研究成果的通知
（鄂教基〔2010〕2号）
省教育厅关于举办2010年湖北省中小学电脑机器人竞赛暨第十一届全国中小学电脑制作活动竞赛类项目湖北省选拔赛的通知
（鄂教基〔2010〕3号）
省教育厅关于下达普通高中课程改革重大研究项目的通知
（鄂教基〔2010〕4号）
省教育厅关于贯彻实施《中小学实验室规程》进一步加强中小学教育技术装备的通知
（鄂教基〔2010〕5号）
省教育厅关于转发《高中理科教学仪器配备标准》的通知
（鄂教基〔2010〕6号）
关于表彰第五届湖北省青少年书信文化活动获奖单位和个人的决定
（鄂教基〔2010〕7号）
省教育厅关于举行第三届"长江杯"湖北省农村小学生英语口语竞赛的通知
（鄂教基〔2010〕8号）
关于做好2010年度"宋庆龄幼儿教育奖"获奖候选人推荐工作的通知
（鄂教基〔2010〕9号）
省教育厅关于切实加强中小学幼儿园安全防范工作的紧急通知
（鄂教基〔2010〕10号）
省教育厅关于开展中小学校"防灾减灾"主题教育活动的通知
（鄂教基〔2010〕11号）
关于开展全省中小学幼儿园综治维稳工作专项督查的紧急通知
（鄂教基〔2010〕12号）
省教育厅关于公布2010年湖北省中小学电脑机器人竞赛暨第十一届全国中小学电脑制作活动竞赛类项目湖北省选拔赛获奖结果的通知
（鄂教基〔2010〕13号）
省教育厅关于印发2010－2011学年度义务教育教学用书目录的通知
（鄂教基〔2010〕14号）
省教育厅关于印发《湖北省2010－2011学年普通高中新课程实验教学用书目录》的通知
（鄂教基〔2010〕15号）
省教育厅关于公布"第十届湖北省中小学电脑制作作品评选"暨"第四届湖北省中小学信息技术创新与实践活动"获奖名单的通知
（鄂教基〔2010〕16号）
关于在全省开展第六届"快乐生活、健康成长、争当四好少年"书信文化活动的通知
（鄂教基〔2010〕17号）
省教育厅关于进一步加强全省幼儿园安全管理工作的通知
（鄂教基〔2010〕18号）
关于进一步加强托幼机构安全管理检查的紧急通知
（鄂教基〔2010〕19号）
关于做好暑期内地民族班安全稳定工作的紧急通知
（鄂教基〔2010〕20号）
省教育厅关于转发《教育部办公厅关于做好中小学安全工作的2号预警通知》的通知

（鄂教基〔2010〕21号）

关于公布第三届“长江杯”湖北省农村小学生英语口语竞赛决赛获奖结果的通知

（鄂教基〔2010〕22号）

关于做好丹江口库区移民子女入学工作的通知

（鄂教基〔2010〕23号）

关于做好2010年秋季湖北省普通高中新生学籍网上注册工作的通知

（鄂教基〔2010〕24号）

关于湖北省普通高中学生综合素质评价和综合实践活动课开展情况的通报

（鄂教基〔2010〕25号）

省教育厅关于开展湖北省中小学“第十一届电脑制作作品评选”暨“第五届信息技术创新与实践活动”的通知

（鄂教基〔2010〕26号）

关于授予武汉常青阳光幼儿园等21所幼儿园“湖北省示范幼儿园”称号的通知

（鄂教基〔2010〕27号）

关于公布第九届宋庆龄奖学金湖北省获奖名单的通知

（鄂教基〔2010〕28号）

关于做好当前中小学安全教育活动的紧急通知

（鄂教基〔2010〕29号）

职业与成人教育

关于转发《教育部　中宣部　中央文明办　人力资源社会保障部　共青团中央　全国妇联关于进一步加强和改进中等职业学校学生思想道德教育实施意见》的通知

（鄂教职成〔2010〕1号）

省教育厅　省人力资源和社会保障厅　省财政厅关于举办2010年全省中等职业学校技能大赛的通知

（鄂教职成〔2010〕2号）

省教育厅关于印发《湖北省2010年职业教育与成人教育工作要点》的通知

（鄂教职成〔2010〕3号）

省教育厅关于同意组建湖北省武汉城市圈（孝感）职业教育科技创业园的批复

（鄂教职成〔2010〕4号）

省教育厅关于同意组建湖北省武汉城市圈（黄冈）职业教育园区的批复

（鄂教职成〔2010〕5号）

省教育厅关于开展中等职业学校优秀毕业生先进事迹巡回报告团活动的通知

（鄂教职成〔2010〕6号）

省教育厅关于印发《湖北省中等职业学校楚天技能名师教学岗位制度实施办法（试行）》的通知

（鄂教职成〔2010〕7号）

省教育厅　省人力资源和社会保障厅关于做好全国中等职业学校德育工作先进集体和先进个人评选表彰工作的通知

（鄂教职成〔2010〕8号）

关于做好2010年中等职业教育教学改革创新科研课程研究工作的通知

（鄂教职成〔2010〕9号）

省教育厅关于对2010年全国职业院校技能大赛湖北省中职获奖选手通报表扬的决定

（鄂教职成〔2010〕10号）

省教育厅关于进一步做好2010年中等职业学校招生工作的通知

（鄂教职成〔2010〕11号）

省教育厅关于公布湖北省中等职业学校首批技能名师教学岗位设岗专业名单的通知

（鄂教职成〔2010〕12号）

省教育厅　省财政厅　中国保监会湖北监管局关于在中等职业学校推行学生实习责任保险的通知

（鄂教职成〔2010〕13号）

省教育厅　省人力资源与社会保障厅　省财政厅关于转发教育部　人力资源社会保障部　财政部《关于实施国家中等职业教育改革发展示范学校建设计划的意见》的通知

（鄂教职成〔2010〕14号）

省教育厅关于公布湖北省中等职业学校首批“楚技能名师”聘任人选的通知

（鄂教职成〔2010〕16号）

省教育厅关于转发教育部《中等职业学校学生学籍管理办法》的通知

（鄂教职成〔2010〕17号）

省教育厅　省卫生厅关于同意荆州市创业职业中等专业学校开设护理专业的批复

（鄂教职成〔2010〕18号）

省教育厅　省人力资源和社会保障厅　省财政厅关于2010年全省中等职业学校技能大赛结果的通报

（鄂教职成〔2010〕19号）

省教育厅关于公布2010年省级重点中职学校和省级重点专业评估结果的通知

（鄂教职成〔2010〕20号）

高等教育

省教育厅关于做好2010年度湖北省高等学校教学改革与质量提高工程有关建设项目申报工作的通知

（鄂教高〔2010〕1号）

省教育厅关于公布湖北省第三批高等职业教育重点专业名单及做好高职高专院校第四批教学改革试点专业验收和第七批试点专业申报工作的通知

（鄂教高〔2010〕2号）

湖北省教育厅关于开展试点高校在鄂举办的现代远程教育校外学习中心（点）2008年度、2009年度年报年检工作的通知

（鄂教高〔2010〕3号）

省教育厅关于开展2010年高等学校普通专升本工作的通知

（鄂教高〔2010〕4号）

省教育厅关于公布2010年度湖北省高等学校教学团队名单的通知

（鄂教高〔2010〕5号）

省教育厅关于公布2010年度湖北省高等职业教育实训基地建设项目名单的通知

（鄂教高〔2010〕6号）

省教育厅关于公布湖北省高等学校大学生创新活动基地的通知

（鄂教高〔2010〕7号）

省教育厅关于公布2010年度湖北省高等学校省级精品课程名单的通知

（鄂教高〔2010〕8号）

省教育厅关于开展高等教育教学“质量工程”总结工作的通知

（鄂教高〔2010〕9号）

省教育厅关于举办第三届湖北省普通高校大学生化学实验技能竞赛的通知

（鄂教高〔2010〕10号）

省教育厅关于举办湖北省高等学校首届大学生生物实验技能竞赛的通知

（鄂教高〔2010〕11号）

省教育厅关于公布2010年湖北省高等学校实验教学示范中心名单的通知
（鄂教高〔2010〕12号）
关于举办湖北省高等学校首届大学生物理实验创新设计竞赛的通知
（鄂教高〔2010〕13号）
省教育厅关于公布湖北省高职高专院校第七批教学改革试点专业及第四批楚天技能名师教学岗位设岗专业名单的通知
（鄂教高〔2010〕14号）
省教育厅关于公布2011年增设、调整普通高职高专教育专业名单及做好2011年高职高专拟招生专业备案工作的通知
（鄂教高〔2010〕15号）
省教育厅 省财政厅关于开展湖北省示范性高等职业院校建设工程立项建设院校验收工作的通知
（鄂教高〔2010〕16号）
湖北省教育厅关于实施普通高等学校拔尖创新人才培育试验计划的通知
（鄂教高〔2010〕17号）
省教育厅关于实施湖北省普通高等学校战略性新兴（支柱）产业人才培养计划的通知
（鄂教高〔2010〕18号）
省教育厅 省卫生厅关于公布高等学校2011年度新增普通高职高专教育医药卫生类专业名单的通知
（鄂教高〔2010〕19号）
省教育厅关于举办第一届湖北普通高校师范专业大学生教学技能竞赛的通知
（鄂教高〔2010〕20号）
省教育厅关于公布2008、2009年度现代远程教育校外学习中心（点）、奥鹏远程教育学习中心年检评估结果的通知
（鄂教高〔2010〕21号）
省教育厅关于公布2010年高等学校省级教学研究项目的通知
（鄂教高〔2010〕22号）
省教育厅关于举办第二届全国大学生工程训练综合能力竞赛湖北省预赛的通知
（鄂教高〔2010〕23号）
省教育厅关于成立第三届湖北省高等职业院校人才培养工作评估委员会的通知
（鄂教高〔2010〕24号）
省教育厅关于公布湖北省普通高等学校拔尖创新人才培育试验计划项目的通知
（鄂教高〔2010〕25号）
省教育厅关于公布2010年湖北省普通高等学校战略性新兴（支柱）产业人才培养计划项目名单的通知
（鄂教高〔2010〕26号）
关于下达省教育厅2010年度人文社会科学研究项目计划的通知
（鄂教思政〔2010〕1号）
省教育厅关于公布湖北高校校园文化建设优秀成果评选结果的通知
（鄂教思政〔2010〕2号）
中共湖北省委高校工委 湖北省教育厅 共青团湖北省委关于表彰2009湖北大学生年度人物及优秀组织单位的决定
（鄂教思政〔2010〕3号）
省委高校工委 省教育厅关于评选表彰全省高校思想政治教育先进集体和先进个人的通知
（鄂教思政〔2010〕4号）
中共湖北省委高校工委 湖北省教育厅关于追授赵小亭同学“湖北省优秀大学生”荣誉称号的决定
（鄂教思政〔2010〕5号）
中共湖北省委高校工委 湖北省教育厅关于追授张瑜、李健同志“湖北省舍己救人英雄大学生”荣誉称号的决定
（鄂教思政〔2010〕6号）
中共湖北省委高校工委 湖北省教育厅关于加强和改进高等学校师德师风建设的意见
（鄂教思政〔2010〕7号）
关于做好2010年普通高校毕业生就业工作的通知
（鄂教学〔2010〕1号）
省教育厅关于表彰湖北省普通高校毕业生就业工作先进个人的决定
（鄂教学〔2010〕2号）
省教育厅转发教育部办公厅关于进一步做好高等教育学历证书电子注册图像采集工作的通知
（鄂教学〔2010〕3号）
省教育厅关于做好2010届普通高等教育学历证书即时电子注册工作的通知
（鄂教学〔2010〕4号）
省教育厅关于进一步做好当前普通高校毕业生就业工作的紧急通知
（鄂教学〔2010〕5号）
省教育厅关于进一步严格普通高等学校学生转学工作的通知
（鄂教学〔2010〕6号）
省教育厅关于组织实施“湖北省大学生创业示范基地建设计划”的通知
（鄂教学〔2010〕7号）
省教育厅转发教育部办公厅关于加强普通高校毕业生就业统计工作的通知
（鄂教学〔2010〕8号）
省教育厅关于进一步加强普通高等学校毕业生就业统计工作的通知
（鄂教学〔2010〕9号）
省教育厅关于做好2010年冬季征兵工作的通知
（鄂教学〔2010〕10号）
省教育厅关于做好2011年全省普通高校毕业生就业工作的通知
（鄂教学〔2010〕11号）
省教育厅关于加强对高校受赠信息技术产品安全管理的通知
（鄂教科〔2010〕1号）
省教育厅关于下达2010年度湖北省高等学校优秀中青年科技创新团队计划的通知
（鄂教科〔2010〕2号）
省教育厅关于下达2010年度高校产学研合作资助项目的通知
（鄂教科〔2010〕3号）
省教育厅关于下达2010年度科研项目计划的通知
（鄂教科〔2010〕4号）
关于申报2011年度湖北省高等学校优秀中青年科技创新团队资助计划项目的通知
（鄂教科〔2010〕5号）
关于组织申报2011年度湖北省教育厅科学技术研究项目的通知
（鄂教科〔2010〕6号）
省教育厅关于实施湖北省高等学校自主创新重点基地建设计划的通知
（鄂教科〔2010〕7号）
省教育厅、省人力资源和社会保障厅关于组织实施高校青年教师深入企业行动计划的通知
（鄂教科〔2010〕8号）
省教育厅关于组织申报湖北省大学科技园首批入园项目（企业）的通知
（鄂教科〔2010〕9号）

省教育厅关于组织申报2010年度教育部科学技术重点项目的通知
(鄂教科〔2010〕10号)
省教育厅关于对湖北省普通高等学校人文社会科学重点研究基地进行验收评估的通知
(鄂教科〔2010〕11号)
省教育厅关于选择部分学科为湖北省重点(培育)学科的通知
(鄂学位〔2010〕1号)
湖北省人民政府学位委员会关于给在鄂部属高校单列研究生招生计划用于对口支持我省高校开展联合培养工作的请示
(鄂学位〔2010〕2号)
关于组成湖北省人民政府学位委员会第三届学科评议组的通知
(鄂学位〔2010〕3号)
关于做好2010年省级优秀博士、硕士、学士学位论文评选工作的通知
(鄂学位〔2010〕4号)
省人民政府学位委员会关于江汉大学变更为硕士学位授予单位的通知
(鄂学位〔2010〕5号)
湖北省人民政府学位委员会关于申请增列湖北经济学院为硕士专业学位授权试点单位的请示
(鄂学位〔2010〕6号)
省政府学位委员会关于转发国务院学位委员会《关于委托省(自治区、直辖市)学位委员会中国人民解放军学位委员会进行博士学位授权一级学科点初审和硕士学位授权一级学科点审核工作的通知》的通知
(鄂学位〔2010〕7号)
省人民政府学位委员会关于转发国务院学位委员会开展新增硕士专业学位授权点审核工作的通知
(鄂学位〔2010〕8号)
关于公布2010年湖北省高等学校新增学士学位授权学科(专业)的通知
(鄂学位〔2010〕9号)
湖北省人民政府学位委员会关于2010年新增硕士学位授权点审核情况的报告
(鄂学位〔2010〕10号)
省教育厅关于开展"十一五"学科建设工作总结及"十二五"学科建设发展规划编制工作的通知
(鄂学位〔2010〕11号)
省人民政府学位委员会关于召开2010年全体委员会议的通知
(鄂学位〔2010〕12号)
湖北省人民政府学位委员会关于报送我省博士学位授权一级学科点初审和硕士学位授权一级学科点审核工作情况的报告
(鄂学位〔2010〕13号)
湖北省人民政府学位委员会关于提请给我省追加博士学位一级学科点指标的请示
(鄂学位〔2010〕14号)
湖北省人民政府学位委员会关于破格增列武汉工程大学药学硕士点的请示
(鄂学位〔2010〕15号)
关于组织申报湖北省研究生教育创新基地项目的通知
(鄂学位〔2010〕16号)
湖北省人民政府学位委员会关于上报我省在学位授予工作中加强学术道德和学术规范建设工作的报告
(鄂学位〔2010〕17号)
省人民政府学位委员会 省教育厅关于公布2010年全省优秀博士、硕士、学士学位论文评选结果的通知
(鄂学位〔2010〕18号)
关于做好湖北省2010年普通高校艺术类专业招生工作的通知
(鄂招委〔2010〕1号)
关于做好湖北省2010年普通高校高水平运动员招生工作的通知
(鄂招委〔2010〕2号)
湖北省高等学校招生委员会关于做好2010年普通高等学校招生工作的通知
(鄂招委〔2010〕3号)
关于做好湖北省2010年普通高等学校艺术特长生招生工作的通知
(鄂招委〔2010〕4号)
关于做好2010年军队院校招收普通高中毕业生和普通高校招收国防生工作的通知
(鄂招委〔2010〕5号)
关于做好2010年公安部属院校招生工作的通知
(鄂招委〔2010〕6号)
省招委关于湖北省2010年普通高校招生录取控制分数线的通知
(鄂招委〔2010〕7号)
省招委关于印发湖北省2010年成人高等学校招生录取控制分数线的通知
(鄂招委〔2010〕8号)

发展规划

省教育厅关于同意设立湖北正路职业学校的批复
(鄂教发〔2010〕1号)
省教育厅关于将省工业设计学校和省一轻工业学校并入武汉职业技术学院的通知
(鄂教发〔2010〕2号)
省教育厅关于开展教育事业"十二五"规划编制工作的通知
(鄂教发〔2010〕3号)
湖北省教育厅关于编报独立学院五年过渡期工作方案的通知
(鄂教发〔2010〕4号)
省教育厅关于做好2010年高中阶段学校招生计划编制工作的通知
(鄂教发〔2010〕5号)
关于下达2010年全省高中阶段教育招生计划的通知
(鄂教发〔2010〕7号)
省教育厅关于开展民办学校2009年年度检查工作的通知
(鄂教发〔2010〕6号)
省教育厅关于认真做好工程建设领域突出问题专项治理自查工作的通知
(鄂教发〔2010〕8号)
省教育厅 省发展改革委关于切实做好义务教育学校布局调整进一步改善义务教育学校办学条件的指导意见
(鄂教发〔2010〕9号)
省教育厅、省发展和改革委员会关于下达2010年湖北省普通高等教育分专业招生计划的通知
(鄂教发〔2010〕10号)
省教育厅关于委托开展《湖北省中长期教育改革和发展规划纲要》及《湖北省教育事业"十二五"规划》重大专题研究的通知
(鄂教发〔2010〕11号)
省教育厅关于认真做好2010年中央预算内投资特殊教育学校建设项目管理工作的通知
(鄂教发〔2010〕12号)
省教育厅关于开展《统计法》和《统计违法违纪行为处分规定》贯彻执行情况大检查的通知
(鄂教发〔2010〕13号)

省教育厅关于做好2010年成人高校招生考试工作的通知
（鄂教发〔2010〕14号）
省教育厅关于开展全省高等学校2010年秋季开学检查工作的通知
（鄂教发〔2010〕15号）
省教育厅 省发展和改革委员会关于确定天门职业学院办学规模的批复
（鄂教发〔2010〕16号）
省教育厅关于设立恩施州民族艺术职业学校的批复
（鄂教发〔2010〕17号）
省教育厅关于设立武汉百年农工子弟职业学校的批复
（鄂教发〔2010〕18号）
关于责令湖北省世达实用外国语学校限期整改的通知
（鄂教发〔2010〕19号）
省教育厅关于下达2010年湖北省成人高等教育分校分专业招生计划的通知
（鄂教发〔2010〕20号）

教育财务

省教育厅关于同意长江工程职业技术学院赤壁资产处置的批复
（鄂教财〔2010〕1号）
省教育厅关于表彰全省中小学后勤保障工作先进县市和“四个创建”活动先进学校的决定
（鄂教财〔2010〕2号）
省教育厅关于开展全省教育系统审计工作先进集体、先进审计机构和先进个人评选表彰的通知
（鄂教财〔2010〕3号）
省教育厅关于下达2010年单位预算的通知
（鄂教财〔2010〕4号）
省教育厅关于加强中小学校舍安全管理 确保师生生命财产 安全的通知
（鄂教财〔2010〕5号）
省教育厅 省纠风办 省监察厅 省财政厅 省物价局 省审计厅 省新闻出版局关于2010年治理教育乱收费工作的实施意见
（鄂教财〔2010〕6号）
省教育厅 省财政厅关于进一步推进农村中小学教师周转房建议的若干意见
（鄂教财〔2010〕7号）
省教育厅关于加强厅机关及直属单位财务管理意见
（鄂教财〔2010〕8号）
省教育厅关于做好中小学受灾校舍排查和处置工作的紧急通知
（鄂教财〔2010〕9号）
省教育厅关于做好“十二五”期间农村中小学教师周转房建设规划的通知
（鄂教财〔2010〕10号）
省教育厅转发省财政厅关于编制2011年省直部门预算的通知
（鄂教财〔2010〕11号）
省教育厅关于开展省管教育类社会团体“小金库”专项治理自查自纠工作的通知
（鄂教财〔2010〕12号）
省教育厅关于采集会计从业人员基本信息的通知
（鄂教财〔2010〕13号）
省教育厅关于批复2009年度部门决算的通知
（鄂教财〔2010〕14号）
省教育厅关于表彰全省教育系统审计工作先进集体、先进审计机构和先进个人的通知
（鄂教财〔2010〕15号）
省教育厅 省人力资源和社会保障厅 省财政厅关于做好普通高等学校和高中阶段学校等学生资助及食堂管理工作 切实保障家庭经济困难学生基本生活的紧急通知
（鄂教财〔2010〕16号）
省教育厅关于下达有关项目经费的通知
（鄂教财〔2010〕17号）
省教育厅 国家开发银行省分行关于做好2010年生源地信用助学贷款工作的通知
（鄂教助〔2010〕1号）
省教育厅转发教育部关于切实做好2010年普通高等学校家庭经济困难新生入学“绿色通道”及其他资助工作的通知
（鄂教助〔2010〕2号）
省教育厅转发教育部办公厅关于进一步规范普通高校国家奖学金评审与材料填报工作的通知
（鄂教助〔2010〕3号）
省教育厅关于开展2010—2011学年普通高中彩票公益金教育助学项目的通知
（鄂教助〔2010〕4号）

教育督学

湖北省人民政府教育督导室关于印发2010年工作要点的通知
（鄂政督〔2010〕1号）
关于进一步加强示范高中办学行为督导检查的通知
（鄂政督〔2010〕2号）
关于做好迎接国家教育督导团对我省中小学体育卫生工作进行专项督导检查的通知
（鄂政督〔2010〕3号）
关于授予应城一中等五所学校“湖北省示范中学”称号的决定
（鄂政督〔2010〕4号）
关于责令武穴中学限期整改的通知
（鄂政督〔2010〕5号）

纪检监察

关于表彰我省第四批规范教育收费示范县（市、区）的通报
（鄂教监〔2010〕1号）
省委高校工委、省教育厅关于印发《省教育厅关于推进廉政文化进学校工作方案》的通知
（鄂教监〔2010〕2号）
省教育厅关于落实《省直机关贯彻落实2010年反腐倡廉工作任务的责任分解意见》和《省源头治腐工作领导小组关于2010年推进“十个全覆盖”深化治本抓源头工作安排及责任分工意见》的分工意见
（鄂教监〔2010〕3号）
关于印发2010年度参加省政风行风热线节目方案的通知
（鄂教监〔2010〕4号）
关于印发《2010年度湖北省教育系统民主评议政风行风工作实施方案》的通知
（鄂教监〔2010〕5号）

教育人事

省教育厅关于推进义务教育学校绩效工资顺利实施和做好教师队伍稳定工作的紧急通知
（鄂教人〔2010〕1号）

省教育厅关于印发《厅直属义务教育学校校长2009年度绩效考核工作方案》的通知
（鄂教人〔2010〕2号）
关于转发《中共教育部党组关于认真学习贯彻全国人才工作会议精神和〈国家中长期人才发展规划纲要（2010－2020年）〉的通知》的通知
（鄂教人〔2010〕3号）
省委高校工委、省教育厅关于实施“湖北省省属高校领导干部海外培训计划”的通知
（鄂教人〔2010〕4号）
省教育厅关于对市州教育行政部门进行年度工作考核的通知
（鄂教人〔2010〕5号）
省教育厅关于转发省人力资源和社会保障厅《关于进一步做好全省事业单位岗位设置管理工作的若干意见》的通知
（鄂教人〔2010〕6号）
关于组织开展学习贯彻全国教育工作会议和教育规划纲要精神远程专题培训的通知
（鄂教人〔2010〕7号）
省教育厅关于认真做好2010年度义务教育学校教师绩效工资兑现工作的通知
（鄂教人〔2010〕8号）

教育继续教育与管理

中共湖北省委高校工委湖北省教育厅关于开展向何家坤同志学习的决定
（鄂教师〔2010〕1号）
省教育厅关于上报2010年资教生特岗生需求情况的通知
（鄂教师〔2010〕2号）
省教育厅关于开展2010年度湖北名师评选工作的通知
（鄂教师〔2010〕3号）
省教育厅关于举办2010年资教生选派工作的通知
（鄂教师〔2010〕4号）
省教育厅关于举办第六届“播种希望与未来——农村教师资助行动计划巡回报告会”的通知
（鄂教师〔2010〕5号）
湖北省教育厅关于印发《关于实施“楚天中小学教师校长卓越工程”的意见》的通知
（鄂教师〔2010〕6号）
湖北省教育厅关于开展向汪金权同志学习的决定
（鄂教师〔2010〕7号）
关于印发《湖北省“十佳师德模范”评选方案》和《湖北省“十佳校长”评选方案》的通知
（鄂教师〔2010〕8号）
省教育厅关于印发义务教育学校教师跟岗学习和校长挂职培训计划工作方案的通知
（鄂教师〔2010〕9号）
湖北省教育厅关于转发《教育部关于教育系统向汪金权同志学习的通知》的通知
（鄂教师〔2010〕10号）
省教育厅关于公布2010年上半年高校教师和资教生教师资格认定结果的通知
（鄂教师〔2010〕11号）
省教育厅关于公布湖北省第八批特级教师的通知
（鄂教师〔2010〕12号）
省教育厅印发教育部关于2010年教师节有关庆祝活动的通知
（鄂教师〔2010〕13号）
省委宣传部、省教育厅关于举办汪金权同志先进事迹巡回报告的通知
（鄂教师〔2010〕14号）
省教育厅　省财政厅关于印发《“国培计划”——湖北省农村骨干教师培训项目（2010）实施方案》的通知
（鄂教师〔2010〕15号）
省教育厅关于公布首批“义务教育阶段学校教师跟岗学习基地”和“义务教育学校校长挂职培训基地”的通知
（鄂教师〔2010〕16号）
省教育厅　省教育基金会关于表彰2010年度湖北名师的决定
（鄂教师〔2010〕17号）
省教育厅　省教育工会关于举办“湖北省2010年师德论坛”的通知
（鄂教师〔2010〕18号）
关于印发《教育部直属师范大学免费师范毕业生在鄂就业实施办法》的通知
（鄂教师〔2010〕19号）

体育、卫生、艺术及国防教育

省教育厅关于参加第三届全国中小学生艺术展演有关项目现场交流活动的通知
（鄂教体艺〔2010〕1号）
省教育厅关于印发《湖北省中小学校体育工作检查评估细则（试行）》《湖北省教育行政部门学校体育工作检查评估细则（试行）》的通知
（鄂教体艺〔2010〕2号）
省教育厅　省体育局　团省委关于举办湖北省第十届大学生运动会的通知
（鄂教体艺〔2010〕3号）
省教育厅 省体育局关于举办湖北省第十届大学生运动会普通高等学校体育科学论文报告会的通知
（鄂教体艺〔2010〕4号）
省教育厅关于举办湖北省第八届中小学体育教学评价活动的通知
（鄂教体艺〔2010〕5号）
省教育厅关于推荐全国阳光体育先进县有关事项的通知
（鄂教体艺〔2010〕6号）
省教育厅转发教育部关于开展新一轮普通高校申请建设高水平运动队评审确定工作的通知
（鄂教体艺〔2010〕7号）
省教育厅　省文化厅关于举办湖北高校第四届美术与设计大展的通知
（鄂教体艺〔2010〕8号）
省教育厅　省人民政府教育督导室关于开展全省中小学校体育卫生工作专项督导检查工作的通知
（鄂教体艺〔2010〕9号）
省教育厅转发教育部办公厅关于中小学幼儿园安全工作2010年第1号预警通知
（鄂教体艺〔2010〕10号）
省教育厅转发教育部办公厅关于2010年学校突发公共卫生事件防控工作的第一次预警通知
（鄂教体艺〔2010〕11号）
省教育厅关于召开2010年全省普通高等学校毕业生入伍预征工作会议的通知
（鄂教体艺〔2010〕12号）
省教育厅　省体育局关于举办湖北省

第八届全省中学生篮球比赛的通知
（鄂教体艺〔2010〕13号）

省教育厅等六部门关于开展2010年湖北省学生体质健康状况调研工作的通知
（鄂教体艺〔2010〕14号）

省教育厅关于印发《湖北省中小学校卫生与健康教育工作检查评估细则》（试行）的通知
（鄂教体艺〔2010〕15号）

省教育厅关于公布湖北省首届“大家唱　大家跳”艺术教育展演评选结果的通知
（鄂教体艺〔2010〕16号）

省教育厅关于印发《湖北省中小学校“大家唱、大家跳”艺术教育活动实施方案》的通知
（鄂教体艺〔2010〕17号）

省教育厅关于在中小学校开展安全逃生演练教育活动的通知
（鄂教体艺〔2010〕18号）

关于全省《第三套全国中小学生系列广播操》普及推广评选结果的通报
（鄂教体艺〔2010〕19号）

省教育厅　省广播电影电视局关于举办第六届湖北省中小学生暑期电影展映月活动的通知
（鄂教体艺〔2010〕20号）

湖北省教育厅关于进一步加强高中阶段学校学生军事训练工作的通知
（鄂教体艺〔2010〕21号）

省教育厅转发教育部办公厅关于2010年学校突发公共卫生事件防控工作第二次预警通知
（鄂教体艺〔2010〕22号）

省教育厅关于在中小学校开展创建湖北省中华优秀文化艺术传承学校活动的通知
（鄂教体艺〔2010〕23号）

省教育厅关于推荐全国学校艺术教育先进单位的通知
（鄂教体艺〔2010〕24号）

省教育厅关于做好2010年秋季中小学食品卫生安全和传染性疾病预防工作的通知
（鄂教体艺〔2010〕25号）

省教育厅转发教育部关于做好学生军训工作的紧急通知
（鄂教体艺〔2010〕26号）

省教育厅　省卫生厅转发教育部办公厅 卫生部办公厅关于进一步加强学校控烟工作的通知
（鄂教体艺〔2010〕27号）

省教育厅关于举办全省中小学校安全知识网络竞赛活动的通知
（鄂教体艺〔2010〕28号）

省教育厅　省体育局 团省委关于同意襄樊市承办湖北省第十二届中学生运动会的批复
（鄂教体艺〔2010〕29号）

省教育厅关于做好2010年《国家学生体质健康标准》测试数据上报工作的通知
（鄂教体艺〔2010〕30号）

省教育厅转发教育部办公厅关于2010学校突发公共卫生事件防控工作第四次预警通知
（鄂教体艺〔2010〕31号）

省教育厅　省文化厅关于公布湖北高校第四届美术与设计大展评选结果的通知
（鄂教体艺〔2010〕32号）

省教育厅　省体育局 团省委关于开展第四届湖北省千万学生“阳光体育运动”冬季长跑活动等体育锻炼活动的通知
（鄂教体艺〔2010〕33号）

省教育厅　省体育局关于召开全省普通高校学生“阳光体育运动”经验交流会的通知
（鄂教体艺〔2010〕34号）

省教育厅　省体育局　共青团湖北省委关于举办湖北省第十二届中学生运动会的通知
（鄂教体艺〔2010〕35号）

省教育厅转发教育部办公厅关于2010学校突发公共卫生事件防控工作第五次预警通知
（鄂教体艺〔2010〕36号）

省教育厅关于公布湖北省第二届“大家唱、大家跳”艺术教育现场集中展演和首届“校长杯”中小学校校长歌唱比赛评选结果的通知
（鄂教体艺〔2010〕37号）

省教育厅　省体育局关于在全省中小学校推广实施《全国中小学生系列武术健身操》的通知
（鄂教体艺〔2010〕38号）

对外合作与交流

湖北省教育厅关于做好2010年国家公派出国留学选派工作的通知
（鄂教外〔2010〕1号）

省教育厅关于下达“世界著名科学家来鄂讲学计划”2010年度批准立项项目的通知
（鄂教外〔2010〕2号）

省教育厅关于同意武汉澳新文化教育咨询有限公司举办国际教育展览的批复
（鄂教外〔2010〕3号）

省教育厅关于同意湖北省对外友好服务中心举办国际教育展览的批复
（鄂教外〔2010〕4号）

关于推荐2010－2011学年度孔子学院/课堂、国家公派汉语教师的通知
（鄂教外〔2010〕5号）

省教育厅关于同意黄冈师范学院开展中外合作办学的批复
（鄂教外〔2010〕6号）

省教育厅关于同意武汉职业技术学院等院校开展中外合作办学的批复
（鄂教外〔2010〕7号）

省教育厅关于同意武汉经济技术开发区第一中学等四所高中开展中外合作办学的批复
（鄂教外〔2010〕8号）

省教育厅关于同意湖北大学等高校继续开展中外合作办学的批复
（鄂教外〔2010〕9号）

省教育厅关于同意湖北工业大学等七所高校继续开展中外合作办学的批复
（鄂教外〔2010〕10号）

省教育厅关于同意湖北师范学院继续开展中外合作办学的批复
（鄂教外〔2010〕11号）

省教育厅关于同意武汉工业学院继续开展中外合作办学的批复
（鄂教外〔2010〕12号）

省教育厅关于实施“湖北高校教师国际交流计划”的通知
（鄂教外〔2010〕13号）

省教育厅关于同意长江大学等校开展中外合作办学的批复
（鄂教外〔2010〕14号）

教育综合治理

关于近期我省高校发生学生非正常死亡的情况通报

（鄂教综治〔2010〕1号）

省教育厅关于近期我省高校学生非正常死亡的情况通报

（鄂教综治〔2010〕2号）

省委高校工委 省教育厅关于建立教育重大决策事项社会稳定风险评估机制的意见

（鄂教综治〔2010〕3号）

省教育厅关于切实做好防范青少年学生溺水事故的紧急通知

（鄂教综治〔2010〕4号）

省教育厅关于在全省教育系统集中开展非法违法生产经营建设行为专项检查的通知

（鄂教综治〔2010〕5号）

关于加强近期高校安全稳定工作的通知

（鄂教综治〔2010〕6号）

省教育厅转发教育部办公厅关于加强学校冬季防火工作的紧急通知

（鄂教综治〔2010〕7号）

省教育厅关于切实做好学校冬季防火安全工作的紧急通知

（鄂教综治〔2010〕8号）

省教育厅关于转发《教育部办公厅关于近期一所小学发生拥挤踩踏事故的紧急通报》的紧急通知

（鄂教综治〔2010〕9号）

省教育厅关于加强校车安全工作的紧急通知

（鄂教综治〔2010〕10号）

省教育厅关于转发教育部办公厅关于加强学生上下学交通安全工作的紧急通知

（鄂教综治〔2010〕11号）

省教育厅转发教育部办公厅关于做好2011年元旦春节和寒假期间学校安全工作的通知

（鄂教综治〔2010〕12号）

○教育记事(2010年)

1 月

7日　全省推进中小学装备标准化建设暨实验教学现场会在孝感市孝南区召开。会议分析了全省中小学教育技术装备工作面临的形势和发展机遇，参观了孝南区学校教育装备标准化建设和实验教学现场，提出了加快中小学教育技术装备标准化建设，切实为义务教育均衡发展服务、为提高教育质量服务、为新课程改革服务的工作思路，表彰了32个中小学教育技术装备工作先进单位和100名先进个人。

13日　省政府召开省属高校财务管理工作经验交流会，部署省属高校财务管理工作。

19日　湖北省高等学校师范教育联盟在华中师范大学成立。华中师范大学、湖北大学、三峡大学、长江大学、江汉大学、湖北民族学院、武汉体育学院、湖北师范学院、襄樊学院、孝感学院、咸宁学院、黄冈师范学院、黄石理工学院、湖北第二师范学院、荆楚理工学院、郧阳师范高等专科学校等16所承担高等师范教育任务的高校负责人签订了合作协议。

同日　省教育厅与咸宁市政府签署合作协议，共同推进咸宁教育改革发展进程。省教育厅厅长陈安丽、咸宁市市长任振鹤分别代表省教育厅与咸宁市人民政府在教育合作协议上签字。

19日—20日　由省人大常委会副秘书长彭小海，省人大常委、教科文卫委员会副主任委员张继年，省教育厅厅长陈安丽、副厅长徐金山率领的城市语言文字工作评估团对咸宁市城市语言文字工作进行了为期2天的考查评估。在评估工作总结会上，省评估团宣布：咸宁市城区现阶段的语言文字工作实现了普通话初步普及，汉字的社会应用基本规范的目标，基本达到了国家规定标准。

21日　教育部副部长陈小娅到湖北省走访慰问特岗教师、资教生，查看教师周转房建设，调研农村教师队伍建设工作。

22日　全国农村教师队伍建设研讨会在鄂召开。教育部副部长陈小娅出席会议并讲话。副省长郭生练，教育部基础教育司、师范教育司负责人出席会议。湖北省、江苏省、福建省、山东省、河南省、广西省等12个省级教育行政部门的负责人参加会议。

28日　武汉市南湖片区10所高校在中南财经政法大学签定了联合办学协议。参加本次联合办学的有中南财经政法大学、中南民族大学、湖北工业大学、武汉工程大学、武汉科技学院、湖北经济学院、湖北警官学院、武汉体育学院、湖北美术学院、湖北第二师范学院等10所高校。根据协议，本轮联合办学时间2010年1月—2019年1月。省教育厅厅长陈安丽出席签字仪式并讲话。

2 月

2日　省委副秘书长、省信访局局长王永高来省教育厅调研信访工作。

7日　省委常委、省纪委书记黄先耀率领省委党风廉政建设责任制检查考核组到省教育厅检查党风廉政建设落实情况。

11日　省委常委张昌尔先后到中南财经政法大学和武昌火车站，看望慰问留校过年和在春运一线实习的大学生，给同学们送去压岁钱。

21日　由教育部和上海市人民政府共同主办的全国第三届中小学生艺术展演活动在上海科技馆开幕。省教育厅副厅长黄俭率湖北代表团赴上海参加艺术教育交流活动。

3 月

5日　省委省政府召开省直新农村建设工作队总结动员大会，省教育厅被评为全省支持新农村建设先进单位，省教育厅、华中科技大学驻孝昌县新农村建设工作队被评为全省新农村建设先进工作队，秦自汉被评为全省新农村建设先进工作队员，省教育厅驻孝昌县小河镇四里村被评为“全省新农村建设示范村”，省教育厅新农村建设工作队关于新农村建设调研的论文被评为一等奖。

7日　省部共建武汉城市圈教育综合改革国家试验区会商会在京召开。教育部副部长陈小娅，部长助理林蕙青及9位司局负责人，湖北省副省长郭生练，省委高校工委书记、省教育厅党组书记蔡民族，省教育厅厅长陈安丽，省委高校工委副书记严学军等参与会商。

17日—18日　省教育厅在江苏省昆山市举办“第二届湖北省高校—昆山企业交流会”。

18日　2010年度全省教育纪

检监察工作会议在汉召开。会议要求全省教育系统认真贯彻落实中央纪委和省纪委全会精神，抓好教育系统党风廉政建设工作，进一步提高对反腐倡廉建设重要性和紧迫性的认识，切实增强抓好教育系统党风廉政建设的使命感和责任感，把党风廉政建设和反腐败工作作为一项重大政治任务，以更大的决心、更坚定的态度、更有力的措施抓紧抓好，坚决遏制腐败现象在一些领域的多发势头，树立教育部门和学校的良好形象。

26日　省教育厅与黄冈市人民政府在黄冈宾馆签订教育合作协议。省教育厅厅长陈安丽、黄冈市市长刘雪荣分别代表省教育厅与黄冈市人民政府在教育合作协议上签字。

30日　省教育厅在武昌召开2010年全省普通高校毕业生就业工作会议，认真学习贯彻教育部2010年高校毕业生就业工作网络视频会议精神，总结交流2009年全省高校毕业生就业工作情况和经验，表彰先进，分析形势，研究部署2010年高校毕业生就业工作。

30日—31日　以中国高教学会产学研合作教育委员会会长朱传礼为组长的专家组对武汉职业技术学院和武汉船舶职业技术学院的国家示范性高等职业院校建设工作进行了省级验收，通过实地查看、听取汇报、查阅资料、听取项目负责人现场答辩等方式，全面检查了两校自2007年立项以来实施“国家示范性高等职业院校建设计划”的完成情况。武汉职业技术学院和武汉船舶职业技术学院全面完成了各自国家示范性高等职业院校建设计划项目建设方案和建设任务书中拟定的建设任务，同意通过省级验收。

4　月

12日　“天翼之星”2009湖北大学生年度人物颁奖典礼在楚天传媒大厦举行，30名大学生（或组合）获奖。省委常委张昌尔，省人大常委会副主任周洪宇，省政协常务副主席李佑才，省委副秘书长王贤玖，省委宣传部副部长余立国，省委高校工委书记、省教育厅党组书记蔡民族，湖北日报传媒集团党委书记、社长江作苏，共青团湖北省委书记丁小强，中国电信湖北公司总经理马益民等出席典礼，并为获奖大学生及代表颁奖。

13日　省教育厅在湖北饭店举行黄鹤楼科技园捐赠中小学文体器材启动仪式。2009年9月16日，黄鹤楼科技园与省教育厅签订捐赠协议，决定从2009年开始，连续5年，每年捐赠全省义务教育1000万元，共捐赠5000万元，用于义务教育学校配备文体器材和建设初中理化实验室。捐赠资金的使用，参照财政性专项资金管理办法，实行专户管理，专款专用。2009年黄鹤楼科技园捐赠的1000万元，专项用于为全省“义务教育均衡发展行动计划”首批19个试点县（市、区）义务教育阶段学校配备文体器材。初中每校配备一套标准篮球架、一台电子钢琴，小学每校配备一套儿童篮球架、一台电子琴。对需要配备的文体器材，严格按照政府采购程序，实行集中采购，统一配送。共装配中小学学校1 817所，其中初中394所、小学1 423所，惠及中小学生127万人。

16日　省委常委张昌尔到武汉音乐学院和湖北美术学院，就高校大学生思想政治教育工作和特色办学情况展开调研。在调研座谈会上，张昌尔特别强调要加强师德和学风建设。

26日　2010年普通高考考务工作会议召开，部署2010年普通高考考务工作，交流组考工作经验，表彰2009年度普通高考优秀考点，签订考务管理工作责任书和考风考纪承诺书，并对各市（州）县（市、区）考务管理人员进行考务培训。

28日—29日　全省校舍安全工程2010年工作暨加固改造与项目管理现场会在远安县召开。会议传达了全国校舍安全工程2010年工作部署会议精神和省校舍安全工程领导小组第三次全体会议精神，交流了武汉市、宜昌市、远安县、罗田县、钟祥市等地学校布局规划，加固改造技术，工程项目管理，校舍档案建设等方面的经验，实地考察了远安县河口乡中小学、洋坪镇中学等4所加固改造项目学校。

29日　第十八次全省高校党建暨大学生思想政治教育工作会议在汉召开，省委常委张昌尔出席会议并讲话，副省长郭生练、省委组织部副部长陈绪群、省委宣传部副部长余立国、省委高校工委书记蔡民族、省教育厅厅长陈安丽等出席会议。会议要求充分认识加强高校党建和大学生思想政治工作的重要性紧迫性，以改革创新精神大力加强高校党的建设，以良好的师德师风落实教书育人的根本任务。

30日　2010年全省高等教育工作会议在汉召开。会议回顾了新世纪头十年全省高等教育的发展特征，分析了全省高等教育面临的形势，展望了下一个十年全省高等教育的发展任务，明确了到2020年基本实现高等教育强省的奋斗目标。

5　月

5日—7日　省教育厅组成11个督查组，赴全省17个市（州）开展中小学幼儿园安全督查，传达全国全省中小学幼儿园综治维稳工作会议精神，了解基层学校综治安全工作情况，督促各地各学校落实维稳安全工作。

7日　湖北省第十三届运动会（群体类·高等院校）暨湖北省第十届大学生运动会开幕式在武汉铁路职业技术学院举行，副省长郭生练出席开幕式并宣布运动会开幕。

11日—14日　全国政协委员、教育部关工委主任田淑兰一行到湖北省调研教育关工委工作。田淑兰一行在省教育厅和华中师范大学分别召开座谈会，并前往恩施州实地考察关工委工作。

12日　湖北省中小学校安全逃生演练教育活动启动仪式在黄石市沈家营小学举行，全省中小学校安全逃生演练教育活动在“安全逃生演练教育活动周”全面启动。

同日　省档案局评审组对省教育厅进行了档案工作目标管理省特级评审。评审组听取了省教育厅关于系统档案工作升级达标、争优创先活动、机关档案基础业务、信息化管理、编研开发利用以及陈列室建设等工作的情况汇报，进行了实地考察。13日，省档案局下达档案工作等级考评确认函，确认省教育厅档案工作为省特级。

18日　省教育厅召开2010年“农村教师资助行动计划”工作部署暨面试签约会，来自省内外340所高校的上万名本科毕业生与全省84个县(市、区)教育局进行双向选择，共有4 006名普通高校本科毕业生签约资教，在通过考试、岗前培训和体检后，将走上全省各地农村学校讲台。

19日　省长李鸿忠专程对武汉市花儿朵朵幼儿园、武汉小学和东湖小学，就校园安全工作进行了随机抽查，在东湖小学召开了座谈会。在座谈会上，李鸿忠强调，维护校园安全稳定是各级党委政府义务不容辞的职责。

26日　省委副书记、省长李鸿忠带着省委、省政府对全省少年儿童的深切关怀和节日祝福，前往武汉市江夏区法泗镇看望当地留守儿童。

28日　全国第三届“助学政策助我成才”系列报道暨征文活动颁奖大会在湖北师范学院举行，表彰了第三届“助学政策助我成才”征文活动的10名优秀征文特别奖、11名优秀助学工作者和35名优秀组织奖，教育部副部长郝平、共青团中央书记处书记卢雍政等领导出席颁奖大会。湖北省学生资助管理中心主任姜旭萍、蕲春四中教师汪余权获得优秀助学工作者的称号，武汉大学、湖北师范学院、秭归县教育局学生资助中心等获优秀组织奖。

29日—30日　2010年湖北省大学生机械创新设计大赛暨第四届全国大学生机械创新设计大赛湖北分区预赛在武汉科技大学举行，来自全省45所高校1 500余师生携268件作品参加了比赛。

31日　副省长张通带领省食品药品监管、工商、教育、卫生等部门负责人对武汉市部分学校(包括托幼园所)食堂食品安全工作进行现场督查。

6　月

1日　副省长郭生练前往武汉市汉南区汉南小学、育才小学、纱帽山幼儿园、绿苑幼儿园，与孩子们一起欢度“六一”国际儿童节。

4日　省委宣传部、省文明办、省教育厅、湖北日报传媒集团联合在汉召开汪金权先进事迹座谈会，贯彻落实中央领导和省委、省政府领导的批示精神，深入挖掘汪金权崇高精神的重要内涵和社会价值，部署进一步做好其先进事迹学习宣传工作。

7日　副省长郭生练前往高考考点和省教育考试院，检查开考情况。郭生练要求加强领导、精心组织，为考生营造良好考试环境，确保高考平稳顺利进行。

11日　湖北省首届大学生创业先锋营在咸宁基地开营。40名来自华中农业大学、湖北工业大学、武汉工程大学和武汉工业学院的在校大学生参加了创业先锋开营仪式。

13日　副省长郭生练到设在武汉理工大学的高考理综科目评卷现场，视察高考评卷工作。

22日　全省中等职业学校优秀毕业生巡回报告会在洪山礼堂举行。老河口职业技术学校毕业生唐少东、钟祥市职业高中毕业生周荣、宜昌市机电工程学校毕业生卢光胜、武汉市仪表电子学校毕业生刘勇兵、黄冈劳动中专毕业生李昌华作报告。武汉市仪表电子学校、武汉市医药学校、武汉市第二轻工业学校、武汉市石牌岭职业高中、武汉市供销商业学校、武汉铁路桥梁学校、武汉市第二职业教育中心，共1 000余名师生听取了报告。

23日　省人民政府授予汪金权“人民满意教师”荣誉称号。表彰仪式在蕲春四中举行，副省长郭生练代表省政府授予汪金权荣誉证书。

27日　教育部、人力资源和社会保障部在天津市召开全国中等职业学校德育工作表彰会暨经验交流会。武汉市第一商业学校教师查�作为“全国中等职业学校德育工作先进个人”代表参加会议，受到中共中央政治局委员、国务委员刘延东亲切接见。

7　月

9日　省教育厅举办“人民满意教师”汪金权先进事迹报告会，对2010年“农村教师素质提高工程”2万名参训教师、校长进行师德教育。

11日—13日　由教育部学生体协联合秘书处、中国大学生体育协会主办，湖北省教育厅、湖北省大学生体育协会承办的“耐克杯”第十一届全国大学生田径锦标赛在中南民族大学、武汉理工大学举行。

20日　省教育厅、省体育局联合举办的湖北省第八届中学生篮球比赛开幕式在襄樊五中举行。全省18个市(州)、林区29支中学生男女篮球队参赛。

21日—31日　省教育厅在湖北经济学院举办2010年湖北省“农村教师资助行动计划”资教生岗前培训

班。31日，省教育厅召开2010年湖北省特岗教师岗前培训结业典礼暨欢送大会。教育部副部长陈小娅、副省长郭生练出席典礼并讲话。

29日—30日　教育部副部长陈希在中国地质大学(武汉)、中南财经政法大学和华中农业大学调研。

8　月

1日　第十一届全国中小学电脑制作活动颁奖典礼在汉举行。教育部副部长陈小娅、副省长郭生练出席典礼，观看了文艺表演，并为获奖学生代表颁发证书。

10日—11日　省教育厅在汉召开全省义务教育均衡发展工作座谈会，深入贯彻学习全国教育工作会议和国家《教育规划纲要》，分析形势，交流经验，明确任务，对义务教育均衡发展进行再动员和再部署。

11日—12日　以"诵中华经典，育时代新人"为主题的第二届全省农村中小学教师普通话大赛在湖北日报传媒集团举行，评选出个人一等奖5人，二等奖10人，三等奖27人。团体一等奖3个，团体二等奖5个，其他市(州)获得团体三等奖。

16日　省委、省政府在汉举行"学习贯彻全国教育工作会议和教育规划纲要"专题讲座。教育部党组成员、中纪委驻教育部纪检组组长王立英在会上宣讲了全国教育工作会议及教育规划纲要主要精神。

9　月

8日　副省长郭生练到孝感调研教育工作，召开座谈会，就当前教育各方面情况听取教师意见。

8日—9日　湖北省2010年新增博士、硕士学位点授权点审核工作会议在孝感市召开。对湖北省申报一级学科博士点59个学科和申报一级学科硕士点176个学科进行评审，分别择优遴选出30个和146个报国务院学位委员会审定。本次申报的培养单位包括省属高校、部分部属高校、军队院校和科研院所等。

13日—17日　国家教育督导团一行7人对湖北省中小学体育卫生工作进行专项督导检查。

26日　湖北省第十一届人大常委会第十八次会议审议了《湖北省实施〈中华人民共和国义务教育法〉办法(草案)》。

27日　省委书记罗清泉，省长李鸿忠，省委常委、省总工会主席张昌尔，省委常委、省委秘书长李春明等省领导在汉接见了汪金权先进事迹报告团成员。

10　月

9日　由教育部语信司、教育部语言文字应用研究所和国家汉办联合主办的"第四届语言与国家高层论坛暨第三届全国应用语言学系主任(所长)论坛"在华中师范大学开幕。

11日　汪金权先进事迹报告会在武昌洪山礼堂举行。副省长郭生练发表讲话，要求全省进一步深入学习汪金权的先进事迹和崇高精神，掀起"学先进、赶先进、超先进"的热潮。

17日—18日　湖北省第十三届运动会(群体类·普通高校组)暨湖北省第十届大学生运动会武术比赛在荆楚理工学院举行。

19日　省人大常委会召开立法座谈会，征求省政府有关部门和专家学者对《湖北省实施〈中华人民共和国义务教育法〉办法》(修订草案)的意见建议。

26日　湖北高校第四届美术与设计大展在湖北省美术院美术馆开幕。

27日　省教育厅在三峡大学召开全省高校毕业就业工作研讨会暨就业统计工作培训会，传达学习全国高校毕业生就业工作会议精神，通报情况，交流经验，研究加强毕业生就业工作和就业统计工作。

11　月

1日—4日　国家教育督导团到湖北省开展三峡库区职业教育改革试验区专项督导检查。

2日　湖北省人大常委会党组书记、常务副主任周坚卫到武汉工业学院，就制定《湖北省中长期教育改革和发展规划纲要》进行调研。

3日　副省长赵斌到长江大学，听取专家、教授、管理人员对《湖北省中长期教育改革和发展规划纲要》的意见。

4日　省长李鸿忠到省教育厅调研并召开座谈会，强调要认真贯彻落实全国教育工作会议和胡锦涛总书记、温家宝总理重要讲话精神，抢抓《国家中长期教育改革与发展规划纲要》颁布的重大历史机遇，推动湖北省加快实现由教育大省向教育强省的跨越，适应全省经济社会发展的需要。

同日　副省长张通到湖北美术学院和武汉音乐学院，就制定《湖北中长期教育改革和发展规划纲要》进行调研。

8日　副省长段轮一到湖北经济学院，就制定《湖北中长期教育改革和发展规划纲要》的进一步完善问题开展调研。

11日　全省义务教育均衡发展工作座谈会在汉举行，要求各地围绕义务教育均衡发展大胆改革创新。

12日　省教育厅与宜昌市人民政府共同促进教育发展合作协议签字仪式在宜昌市举行。省教育厅厅长陈安丽、宜昌市市长李乐成分别代表省教育厅和宜昌市政府签署合作协议书。

同日　省政协副主席陈春林到湖北第二师范学院，就制定《湖北中长期教育改革和发展规划纲要》开展调研。

同日　省人大常委会副主任周洪宇赴湖北中医药大学、潜江市，就制定《湖北中长期教育改革和发展规划纲要》进行调研。

12日—13日　省委书记、省人大常委会主任罗清泉到宜昌市就制定《湖北省中长期教育改革和发展规划纲要》开展调研。

同日　省委常委、省纪委书记黄先耀就制定《湖北省中长期教育改革和发展规划纲要》到武汉理工大学和咸宁市开展调研。

同日　湖北省普通高等学校第十三届“校长杯”乒乓球比赛暨全省高校冬季体育锻炼启动仪式在湖北经济学院举行。

13日～17日　湖北省第八届中小学体育教学评优活动在宜昌市举行。全省17个市（州）、神农架林区和江汉油田教育实业集团，在广泛开展区域性的体育教学评优活动的基础上选送的100余节优质体育课在本届全省教学评优活动中进行展示。

16日　省委常委、副省长张岱梨就湖北省制定《湖北省中长期教育改革与发展规划纲要》分别到武汉体育学院和孝感市进行调研。

16日～17日　省政协主席宋育英先后赴荆州市、武汉纺织大学，就贯彻落实全国教育工作会议精神、编制《湖北省中长期教育改革和发展规划纲要》进行专题调研，并召开了座谈会。

18日　副省长田承忠在宜昌市等地就制定《湖北省中长期教育改革和发展规划纲要》进行调研。

24日　第四届湖北省暨武汉市中小学生阳光体育冬季长跑启动仪式在武昌水果湖高级中学举行，第四届湖北省千万学生阳光体育冬季长跑和冬季体育锻炼活动在全省中小学校正式启动。

12月

3日　省委常委张昌尔在湖北经济学院调研。他强调，高校要坚持科学发展，全面落实教育方针，创办一流大学，更好地为湖北经济社会发展服务。

4日　由北京21世纪教育研究院等机构主办的第三方评价政府绩效活动——第二届地方教育制度创新奖公益评选活动落下帷幕，湖北省教育厅荣获地方教育制度创新奖最高奖——特别奖。

6日　省政协十届47次主席会议在武昌召开，讨论了《湖北省中长期教育改革和发展规划纲要（2011—2020年）》（征求意见稿）。

7日　省人大常委会召开主任会议，专题讨论《湖北省中长期教育改革和发展规划纲要（2011－2020年）》（征求意见稿）。

7日—9日　湖北省第二届中小学校“大家唱、大家跳”艺术教育现场集中展演在襄阳市举行。全省2 000余名中小学生和近百名中小学校校长分别参加了本届“大家唱、大家跳”艺术教育现场集中展演和“校长杯”中小学校校长歌唱比赛。

20日　由省委宣传部、省政府新闻办公室和省教育厅联合举办的全省高校新闻发言人暨舆论引导研修班在华中科技大学开班。

24日　2010年武汉城市圈高职教育论坛在江汉艺术职业学院举行。

29日　全省教育工作会议在武昌召开。会议深入学习贯彻全国教育工作会议精神，动员全省上下全面实施《湖北省中长期教育改革和发展规划纲要（2011—2020年）》，并为30位“湖北名师”颁奖。省委书记李鸿忠出席会议并讲话。他强调，要把优先发展教育作为促进湖北省又好又快发展的根本战略、第一战略和总体战略，把对教育的投入作为财政的第一投入予以优先保障，努力办好人民满意的教育、现代化建设需要的教育，加快建设教育强省和人力资源强省，为推动湖北省经济社会跨越式发展提供更加有力的人才保证和智力支持。省委副书记、代省长王国生就贯彻实施湖北省中长期教育改革发展规划纲要作部署。教育部副部长杜占元在会上讲话。省领导杨松、宋育英、苏晓云、张昌尔、李宪生、黄先耀、侯长安、李春明、吴永文、张岱梨、刘友凡、郭生练、张通、陈春林出席会议。

30日　全省高校党建暨“城乡互联、结对共建”考评验收会在汉召开，总结回顾了2010年高等学校基层党组织建设及创先争优工作，启动了“城乡互联、结对共建”考评验收工作，对2011年高校党的基层组织建设有关重点工作进行了安排部署。

撰稿　黄　勇

审稿　刘维国　邓　辉

○教育人物

【教育领导成员】

中共湖北省委高等学校工作委员会、湖北省教育厅领导成员

蔡民族　省委高校工委书记，省教育厅党组书记、副厅长
陈安丽　省教育厅厅长，党组副书记，省委高校工委副书记，省政府教育督导室主任、主任督学
陈传德　省委高校工委副书记，省教育厅副厅长、党组成员
严学军　省委高校工委副书记，省教育厅党组成员
欧阳建平　省教育厅副厅长
黄　俭　省教育厅副厅长、党组成员
徐金山　省委高校工委委员，省教育厅副厅长、党组成员
张金元　省委高校工委委员，省教育厅副厅长、党组成员
王安怀　省纪委派驻省教育厅纪检组组长，省教育厅党组成员，省高校纪工委书记，省委高校工委委员
张继年　省教育厅巡视员
孟庆金　省教育厅副巡视员
孙望安　省教育厅副巡视员

中共湖北省委高等学校工作委员会、湖北省教育厅处(室)负责人

办公室主任　何爱军
政策法规处处长　方向荣
发展规划处处长　刘荣山
财务处处长　涂桂辛
基础教育处处长　王　强
职业教育与成人教育处处长　雷礼金
高等教育处处长　张建军
教师管理处处长　姚　刚
思想政治教育与社会科学研究处(宣传处)处长　杜海鹰
综合治理处处长　邓立红
组织处处长　肖慎钢
高校学生处(省毕办)处长　谢新松
科学技术处处长　赵泽刚
体育卫生与艺术教育处处长　杨　跃
对外合作与交流处处长　刘立刚
干部人事处(教育培训处)处长　余学敏、梅亚平(教育培训处)
督导办主任　邴俊英
学位管理与研究生教育处(省政府学位办)处长　韩习祥
语委办主任　邓世民
直属机关党委副书记　熊传真
纪检组副组长、监察室主任、高校纪工委副书记　刘怀俊
离退休干部处处长　胡　兴

辑录　闵石键

湖北地区高等学校主要领导成员

武汉大学
党委书记　李　健
校　　长　顾海良

华中科技大学
党委书记　路　钢
校　　长　李培根

华中师范大学
党委书记　丁烈云
校　　长　马　敏

武汉理工大学
党委书记　刘　伟
校　　长　张清杰

中国地质大学(武汉)
党委书记　郝　翔
校　　长　王焰新

中南财经政法大学
党委书记　徐敦楷
校　　长　吴汉东

华中农业大学
党委书记　李忠云
校　　长　邓秀新

中南民族大学
党委书记　陈达云
校　　长　雷召海

湖北大学
党委书记　罗永根
校　　长　吴传喜

武汉科技大学
党委书记　刘华才
校　　长　孔建益

三峡大学
党委书记　刘德富
校　　长　李建林

长江大学
党委书记　张忠家
校　　长　张昌民

江汉大学
党委书记　谭仁杰
校　　长　杨卫东

湖北工业大学
党委书记　朱正亮
校　　长　熊健民

武汉工程大学
党委书记　吴元欣
校　　长　李　杰

武汉纺织大学
党委书记　尚　钢
校　　长　韦一良

武汉工业学院
党委书记 王祚桥
院　　长 曾其林

湖北汽车工业学院
党委书记 王　超
院　　长 胡仲军

湖北中医药大学
党委书记 汪　华
校　　长 王　华

湖北医药学院
党委书记 黄铁柱
院　　长 涂汉军

湖北民族学院
党委书记 胡茂成
院　　长 戴小明

湖北经济学院
党委书记 周元武
院　　长 吕忠梅

湖北警官学院
党委书记 赵志飞
院　　长 曹诗权

武汉体育学院
党委书记 黄浩军
院　　长 孙义良

湖北美术学院
党委书记 刘　刚
院　　长 徐勇民

武汉音乐学院
党委书记 杨　锋
院　　长 彭志敏

湖北师范学院
党委书记 张国秀
院　　长 向显智

襄樊学院
党委书记 周应佳
院　　长 李儒寿

孝感学院
党委书记 肖　波
院　　长 丁么明

咸宁学院
党委书记 李友清
院　　长 夏再兴

黄冈师范学院
党委书记 程水源
院　　长 叶　芃

黄石理工学院
党委书记 程幼金
院　　长 李　宏

湖北第二师范学院
党委书记 严文清
院　　长 罗五金

荆楚理工学院
党委书记 胡忠良
院　　长 吴麟章

武汉生物工程学院
党委书记 余　毅
院　　长 赵　斌(代)

郧阳师范高等专科学校
党委书记 杨郧生
校　　长 俞　斌

湖北中医药高等专科学校
党委书记 潘言成
校　　长 吕文亮

武汉船舶职业技术学院
党委书记 程红兵

武汉职业技术学院
党委书记 梁远钢
院　　长 马必学

湖北职业技术学院
党委书记 张盛仁
院　　长 彭汉庆

武汉商业服务学院
党委书记 郑光喜
院　　长 张元树

黄冈职业技术学院
党委书记 张鹤桥
院　　长 陈年友

十堰职业技术学院
党委书记 李德兴
院　　长 魏文芳

襄樊职业技术学院
党委书记 梁建华
院　　长 蔡泽寰

恩施职业技术学院
党委书记 许　敏
院　　长 顿祖义

荆州理工职业学院
党委书记 王海棠
院　　长 童应学

鄂州职业大学
党委书记 彭有轩
校　　长 田巨平

武汉软件工程职业学院
党委书记 黄凤凯
院　　长 廖世平

荆州职业技术学院
党委书记 刘明忠
院　　长 陈秋中

仙桃职业学院
党委书记 袁全汉

湖北轻工职业技术学院
党委书记 陈小勤
院　　长 徐功瑾

湖北交通职业技术学院
党委书记 熊友山
院　　长 王进思

武汉工程职业技术学院
党委书记 王展宏(兼)
院　　长 王展宏

武汉铁路职业技术学院
党委书记 张　玲
院　　长 刘大洪

武汉航海职业技术学院
党委书记 阮　宁
院　　长 胡耀兵

湖北三峡职业技术学院
党委书记 韩德锋
院　　长 游　敏

随州职业技术学院
党委书记 刘　斌
院　　长 陈杰峰

武汉电力职业技术学院
党委书记 郑承胜
院　　长 宋卫东

湖北水利水电职业技术学院
党委书记 祝文彪
院　　长 彭　锋

武汉警官职业学院
党委书记、院长 刘友江

湖北城市建设职业技术学院
党委书记 袁前林
院　　长 李　志

湖北生物科技职业学院
党委书记 田曙曦
院　　长 甘玉华

湖北生态工程职业技术学院
党委书记 王少明
院　　长 周建华

咸宁职业技术学院
党委书记 叶振华
院　　长 戴国强

湖北艺术职业学院
党委书记 徐尚文
院　　长 肖伟池

武汉交通职业学院
党委书记 吴显富
院　　长 盛建龙

长江工程职业技术学院
党委书记 陈再平
院　　长 冯中朝

长江职业学院
党委书记、院长 张　杰

武汉工贸职业学院
党委书记 徐利华
院　　长 王文海

湖北开放职业学院
党委书记 肖克铎
院　　长 游清泉

武汉语言文化职业学院
党委书记 戴德铸
院　　长 鲁晓成

武汉商贸职业学院
党委书记、院长 涂宏斌

武汉信息传播职业技术学院
党委书记 柯洪斌
院　　长 胡宗慧

武汉科技职业学院
党委书记 王柏林
院　　长 艾昌清

武汉外语外事职业学院
党委书记 杨　杰

黄冈科技职业学院
党委书记、院长 李友芳

武汉工业职业技术学院
党委书记、院长 颜永仁

湖北国土资源职业学院
院　　长 黎家龙

武汉民政职业学院
院　　长 张礼民

鄂东职业技术学院
党委书记、院长 饶水林

湖北财税职业学院
党委书记、院长 张建军

江汉艺术职业学院
党委书记 何　伟
院　　长 杨文堂

三峡电力职业学院
党委书记 邵建华
院　　长 梁建平

湖北青年职业学院
党委书记 马大奎
院　　长 张　红

湖北科技职业学院
党委书记、院长 骆家宽

黄石职业技术学院
院　　长 胡明钦

武汉城市职业学院
党委书记 柳荣忠
院　　长 涂文学

三峡旅游职业技术学院
党委书记 龚永新
院　　长 雷国营

市(州)县(市、区)教育局主要领导成员

武汉市教育局
教育工委书记 靳　雁
局　　长 谢世腰

江岸区教育局
党委书记 张杭安
局　　长 汪　新

江汉区教育局
党委书记 陈志敏
局　　长 吴克雄

硚口区教育局
党委书记 荣　建
局　　长 郑学军

汉阳区教育局
党委书记 胡家骥
局　　长 王胜安

武昌区教育局
党委书记 詹和祥
局　　长 王兴文

青山区教育局
党委书记、局长 肖智慧

洪山区教育局
党委书记 朱德平
局　　长 杨海松

蔡甸区教育局
党委书记、局长 许卫欣

江夏区教育局
党委书记 肖水林
局　　长 刘　平

黄陂区教育局
党委书记 向中华

局　　长　杨汉明
新洲区教育局
党委书记　邱新德
局　　长　杨志勇
东西湖区教育局
党委书记　李义国
局　　长　彭　奇
汉南区教育局
党委书记　李兰芳
局　　长　罗新学

黄石市教育局党
党委书记、局长　尹国平
大冶市教育局
党组书记　李剑荣
局　　长　汪昭焱
阳新县教育局
党组书记　陈前波
局　　长　曹衍海
黄石港区教育局
党组书记　胡海清
局　　长　张和均
西塞山区教育局
党组书记、局长　袁　辉
下陆区教育局
党组书记　刘克涛
局　　长　柯莲芳
铁山区教育局
党组书记、局长　肖国盈

襄阳市教育局
教育工委书记、局长　李　菲
襄城区教育局
党委书记、局长　张永成
樊城区教育局
党委书记、局长　刘光胜
襄州区教育体育局
党组书记　周　平
局　　长　陈奇伟
枣阳市教育局
党组书记、局长　胡维国
宜城市教育体育局
党委书记、局长　王宪奎
南漳县教育局
党组书记　＊＊＊
局　　长　聂在荣
保康县教育局
党组书记、局长　孙代文
谷城县教育局
党委书记、局长　胡克峰
老河口市教育局
党组书记、局长　汪国忠

荆州市教育局
党委书记　潘言成
局　　长　詹宇生
荆州区教育局
局　　长　谭永平
沙市区教育局
局　　长　杨运文
江陵县教育局
局　　长　万齐斌
松滋市教育局
局　　长　易文慧
公安县教育局
局　　长　刘信科
石首市教育局
局　　长　胡　勇
监利县教育局
局　　长　余新洲
洪湖市教育局
局　　长　何昌胜

宜昌市教育局
党组书记、局长　苏开美
宜都市教育局
党委书记、局长　谭国银
枝江市教育局
党组书记、局长　王少林
当阳市教育局
党委书记、局长　刘逊求
远安县教育局
党组书记、局长　杨诗龙
兴山县教育局
党委书记、局长　陈行科
秭归县教育局
党组书记、局长　向　钢
长阳土家族自治县教育局
党委书记、局长　熊兆安
五峰土家族自治县教育局
党组书记、局长　张　琼
夷陵区教育局
党组(委)书记、局长　陈　勇
西陵区教育局
党委书记、局长　朱昌林
伍家岗区教育局
党委书记、局长　冯绪旋
点军区教育局直属机关
党总支书记、局长　陈绪圣
猇亭区教育局
党委书记、局长　万　福

十堰市教育局
党组书记、局长　杨国顺
丹江口市教育局
党委书记、局长　熊　飞
郧县教育局
党委书记　王贤阳
局　　长　吴忠恒
郧西县教育局
党委书记　陈伦库
局　　长　易文斌
竹山县教育局
党委书记　谢宝森
局　　长　李大智
竹溪县教育局
党委书记、局长　王　玺
房县教育局
党委书记　林发斌
局　　长　李文海
张湾区教育局
党委书记　韩　林
局　　长　黄　申
茅箭区教育局
党委书记、局长　李金功

孝感市教育局
党委书记、局长　蔡诗红
孝南区教育局
党委书记、局长　张忠胜
汉川市教育局
党委书记、局长　李文华
应城市教育局
党委书记、局长　龙　晖
安陆市教育局
党委书记、局长　刘宗铭
大悟县教育局
党委书记、局长　周立波
孝昌县教育局
党委书记、局长　黄金洲
云梦县教育局
党委书记、局长　周晓飞

荆门市教育局
党委书记、局长　樊　雁
京山县教育局
党委书记、局长　刘光瑾
沙洋县教育局
党委书记、局长　卢鸿雁
钟祥市教育局
党组书记、局长　孙金荣
东宝区教育局
党委书记、局长　姜永立

掇刀区教育局
党委书记　田继芳
局　　长　高奎军
屈家岭管理区教育局
党委书记、局长　曾华棠

鄂州市教育局
党组书记、局长　杨植涛
鄂城区教育局
局　　长　邓福兵
华容区教育局
局　　长　李家胜
梁子湖区教育局
局　　长　严佑开

黄冈市教育局
党组书记　吴延生
局　　长　王建学
黄州区教育局
党委书记、局长　冯元成
团风县教育局
党委书记　罗新南
局　　长　易淑泉
红安县教育局
党委书记、局长　陈再新
麻城市教育局
党委书记、局长　王锦志
罗田县教育局
党委书记　张　振
局　　长　郑金荣
英山县教育局
局　　长　姜文格
浠水县教育局
局　　长　王建华

蕲春县教育局
党委书记　何金礼
局　　长　刘建文
武穴市教育局
党组书记　郝宗苏
黄梅县教育局
党组书记　汪李荣
局　　长　何兰田

咸宁市教育局
党组书记、局长　王泽人
咸安区教育局
党委书记、局长　陈文钢
嘉鱼县教育局
党组书记、局长　高汉阳
赤壁市教育局
党委书记　刘继明
局　　长　徐德福
通城县教育局
党委书记　李东红
局　　长　周宗亚
崇阳县教育局
党委书记、局长　龙志凡
通山县教育局
党组书记、局长　余昌仁

随州市教育局
党组书记、局长　吴江明
广水市教育局
党委书记　张旭光
局　　长　明社民
随县教育局
党委书记、局长　周　煜
曾都教育局
党委书记、局长　刘万年

恩施州教育局
党组书记、局长　冉隆映
恩施市教育局
党组书记、局长　陈　斌
利川市教育局
党组书记、局长　曾得仓
建始县教育局
党组书记、局长　甘应绪
巴东县教育局
党组书记、局长　贾继建
宣恩县教育局
党组书记、局长　刘　军
咸丰县教育局
党组书记、局长　冉启权
来凤县教育局
党组书记、局长　张孝祥
鹤峰县教育局
党组书记、局长　杨万军

仙桃市教育局
党组书记、局长　彭中才

潜江市教育局
党委书记　王培训
局　　长　何　伟

天门市教育局
党组书记、局长　黄延平

神农架林区教育局
党组书记、局长　郑轲山

辑录　印月琴　黄　勇

○教育奖励

2010年度湖北省科学技术奖励项目目录

项目名称	主要完成单位	完成人	奖级
1. 自然科学奖(一等奖6项，二等奖9项，三等奖9项)			
非线性偏微分方程中的典型问题的研究	华中师范大学	李工宝 邓引斌 彭双阶	一
以核酸为靶目标的小分子的设计、合成及其生物活性研究	武汉大学	周翔 翁小成 梁峰 章晓联 张丽霞	一
花生四烯酸细胞色素P450表氧化酶与其代谢物EETs改善内功能与血管新生和促进肿瘤恶性表型的研究	华中科技大学同济医学院附属同济医院	汪道文 蒋建刚 王炎 陈琛 汪道武	一
人类重要病毒感染与致病的分子机制研究	武汉大学	吴建国 叶林柏 朱应 刘映乐 邬开朗	一
全光信息技术若干基础问题的研究	华中科技大学 湖北师范学院	吴颖 杨晓雪	一
工程结构振动分析与控制理论	华中科技大学	朱宏平 何锃 王琳 高飞 黄玉盈	一
高密夸克物质的色超导研究	华中师范大学	侯德富 金猛	二
几何分析的若干问题研究	武汉大学 华中师范大学	陈群 陈文艺 周振荣 刘晓春	二
时滞微分方程数值方法的稳定性、耗散性与D—收敛性	华中科技大学	张诚坚 黄乘明	二
纳米电化学传感的基础与应用研究	武汉大学	胡胜水 吴康兵 胡成国 鲁青 王芳	二
功能金属有机化合物的合成及性能研究	华中师范大学	刘盛华 李东风 暴峰 余广鳌 尹军	二
重过渡金属配合物的合成、结构与磷光性质的研究	湖北大学 香港浸会大会	柳利 黄维扬	二
流域降雨径流理论与方法的研究及应用	湖北省水利厅 武汉大学	张文华 郭生练 夏军 张翔 张利平	二
体外和生理拥挤环境中蛋白质折叠和错误折叠机制研究	武汉大学	梁毅 陈杰 杜芬 周拯 张旻	二
复杂管理系统的决策理论、方法与应用研究	华中科技大学	王红卫 袁晓辉 郑英 郭敏 谢勇	二
流变相反应法和新型功能材料合成研究	武汉大学	孙聚堂 张克立 袁良杰	三
超分子的功能化、相互作用与识别	湖北师范学院	吕鉴良 金传明 胡艳军 胡胜利 周兴旺	三
纳微结构TiO_2及其复合物的制备及光催化净化功能	武汉理工大学 三峡大学	李远志 赵修建 刘保顺 范以宁	三
对映纯联—2—苯酚等手性二醇的制备方法学与反应化学研究	武汉大学	单自兴 刘德军 周炎	三
杯芳烃衍生物的合成、手性识别及催化聚合反应的研究	华中科技大学	郑炎松 罗钧 莫婉玲 曹永胜 姚江	三
细胞移植治疗心血管疾病	武汉大学	林国生 曾彬 吕菁君 徐红新 付金容	三
骨髓源间充质干细胞在心肌梗死修复过程中的作用及机制	郧阳医学院附属人民医院	唐俊明 王家宁 郑飞 杨建业 孔霞	三

（续上表）

项目名称	主要完成单位	完成人	奖级
羧甲基壳聚糖对骨关节炎软骨退变的实验研究	武汉大学	刘世清 邱波 陈庆 邓明 杜予民	三
人泡沫病毒载体构建及其在人类重要疾病基因治疗中的潜在应用	武汉大学 陕西师范大学	何小华 刘万红 李治 杨频 李文鑫	三
2. 技术发明奖（一等奖4项，二等奖2项，三等奖1项）			
钛酸钡基半导体纳米材料及其多层片式陶瓷热敏元件制备技术	华中科技大学	周东祥 傅邱云 胡云香 龚树萍 刘欢 郑志平	一
特种电磁功能复合材料的新制备技术与应用	武汉理工大学	官建国 张清杰 马会茹 王维 赵素玲 甘治平	一
精镗孔尺寸误差自动补偿加工系统	华中科技大学	邵新宇 邓建春 李培根	一
基于电压行波波头时差的复杂电网故障综合定位技术及应用	华中科技大学 长沙理工大学 湖南湘能电气自动化有限公司	尹项根 曾祥君 张哲 文明浩 苏盛 李泽文	一
人和动物结核病新型特异诊断试剂的研究	华中农业大学 武汉市医疗救治中心 武汉结核病防治所	郭爱珍 陈焕春 杨利国 陈颖钰 詹枝华 曾庆志	二
高比功率锂一次电池正极的关键技术及应用	中国地质大学（武汉）	王圣平 吴金平 皮振邦 陈艳玲 周成冈	二
一种促进动物生长的重组DNA免疫技术	华中农业大学 南京农业大学	杨利国 梁爱心 韩丽 郭爱珍 茆达干 舒邓群	三
3. 科技进步奖（一等奖26项，二等奖50项，三等奖42项）			
免疫速测技术在禽病诊断与食品安全检测中的应用	华中农业大学	毕丁仁 王喜亮 肖运才 胡思顺 李自力 石德时 金秀娥 金卉 周祖涛 乐涛 刘梅 许青荣 彭大鹏 彭伏虎 张进良	一
稻米深加工、增值转化关键技术研究及产业化	武汉工业学院 江南大学 福娃集团有限公司 湖北省农业科学院农产品加工与核农技术研究所 湖北国宝桥米有限公司	周坚 姚惠源 刘英 张晖 胡中泽 方冰 徐群英 于巍 张典学	一
高活性干酵母干燥设备及工艺的研制及应用	华中科技大学 安琪酵母股份有限公司	曾晓雁 李知洪 王泽敏 肖明华 高明 姚娟 胡乾午 张林 段军 李祥友 杨建京 杜敏 蔡志祥 曹宇 张洁	一
低渗透油田提高采收率技术研究与应用	长江大学	罗跃 王志龙 张煜 李长忠 杨欢 刘清云 张建国 龙永福 苏高申 颜学敏 赵华 付美龙 任朝华	一
超纯净钢中间包冶金耐火材料关键技术	武汉科技大学 武汉钢铁股份有限公司炼钢总厂 武汉瑞升特种耐火材料有限责任公司 北京利尔高温材料股份有限公司 濮阳濮耐高温材料（集团）股份有限公司	顾华志 汪厚植 邹继新 张美杰 薛正良 李具中 赵继增 蒋国璋 贺中央 王兴东 吴峰 黄奥 陶晓林 王玺堂 严培忠	一
建筑装饰微晶玻璃成套征税技术及产业化	武汉理工大学 湖北师范学院	程金树 何峰 汤李缨 全健 谢俊 李宏 邹慧宁 陆平 郑伟宏 刘凤娟 楼贤春 裴新美	一

（续上表）

项目名称	主要完成单位	完成人	奖级
基于知识的模具设计、制造与管理技术及应用	华中科技大学 武汉益模软件科技有限公司	李建军 王义林 郑志镇 章志兵 杜 亭 王耕耘 李志刚 王华昌 柳玉起 易 平 梁培志 胡建平 郑永可 郝 苗 傅智春	一
海洋轻型模块式钻修机	长江大学 中国石化集团江汉石油管理局第四机械厂	冯 定 王峻乔 马卫国 池胜高 周传喜 陈新龙 王 鹏 徐 军 钱玉宝 刘 燕 周元华 潘 浩 张 红 鲁 献 易先中	一
冶金设备系统级数字化设计研究与应用	武汉科技大学 中冶京诚工程技术有限公司	罗会信 林 刚 魏国前 姜鹏英 乔沙林 陈卫强 范 勤 王 军 夏绪辉 李欣欣 饶 刚 代宗岭 龙 泉 施奇峰 刘云飞	一
压裂柱塞泵关键技术研究	长江大学 中国石化集团江汉石油管理局第四机械厂 四机赛瓦石油钻采设备有限公司	周思柱 黄天成 李 宁 王峻乔 池胜高 唐 军 周向东 王庆群 游 艇 李宏化 周 斌 张 斌 王庆楠 吕志鹏 李美求	一
大型火电机组多煤种混烧全程动态优化系统	华中科技大学	高 伟 陈 刚 杨 涛 张洪刚 胡平凡 丁宏刚 谢 江 颜祝明 沈跃良 刘志东 何秀礼 夏 季 张 成 徐远刚 彭 鹏	一
精细爆破	武汉爆破公司 武汉大学 长江水利委员会长江科学院	谢先启 贾永胜 罗启军 卢文波 刘 军 徐成光 韩传伟 陈 明 刘美山 严 涛 刘昌邦 程良奎	一
隧道激光定位与变形监测系统研发及应用	武汉大学 中国科学院武汉岩土力学研究所 中国人民解放军96516部队 武汉拓普天地精密仪器有限公司 湖北沪蓉西高速公路建设指挥部 中国建筑第八工程局有限公司	张程远 刘小燕 刘泉声 张应龙 孙见新 刘 滨 林传年 肖龙鸽 白山云 胡国平 路 为 吴月秀 周继民 陈怡筠 蔡 斌	一
复杂环境下水电工程边坡渐进破坏机制与稳定控制技术	武汉大学 中国科学院武汉岩土力学研究所 三峡大学	姜清辉 周 辉 卢应发 荣 冠 陈 明 王志俭 楚锡华 陈益峰 李典庆 张振华 邵建富 孙金山 张 煜 李邵军 杨 坤	一
南水北调中线工程水源区汉江水文水资源分析关键技术研究与应用	长江水利委员会水文局 武汉大学	王 俊 郭生练 郭海晋 陈剑池 张明波 张洪刚 陈 华 李明新 王政祥 朱勇华 张 翔 徐长江 吕孙云 徐高洪 范可旭	一
大型水利水电工程泄洪挑流消能工优化研究与工程应用	长江水利委员会长江科学院 长江勘测规划设计研究有限责任公司 中国长江三峡集团公司 湖北清江水电开发有限责任公司 武汉大学	杨 淳 杨文俊 金 峰 廖仁强 黄国兵 孙志禹 孙 役 刘士和 周 赤 向光红 王才欢 韩继斌 史德亮 段文刚 陈 端	一
中国南方海相油气成藏规律与区块优选	中国地质大学(武汉) 中石化南方海相油气勘探项目经理部	梅廉夫 戴少武 徐思煌 郭彤楼 沈传波 谢刚平 汤济广 邱华宁 刘昭茜 李国雄 马立祥 李明辉 陈振林 郑天发 凡元芳	一
岩土体与水相互作用理论及工程应用	三峡大学 华中科技大学 中国科学院武汉岩土力学研究所	卢应发 李建林 郑 宏 田 斌 黄悦华 王乐华 盛 谦 程圣国 王镜宇 朱宏平 刘馨琼	一

（续上表）

项目名称	主要完成单位	完成人	奖级
基于精益建造的建筑工程质量协同管理技术与应用研究	华中师范大学 华中科技大学 湖北省建筑工程质量安全监督总站 武汉市建筑工程质量监督总站 武汉市建筑工程质量监督站 武汉开目信息技术有限责任公司 富思特系统工程有限公司	丁烈云 骆汉宾 钟波涛 叶艳兵 吴公稳 何婷婷 叶兵 周迎 沈祥 张志强 谢玉超 余章勇 徐晟	一
无机材料热物性参数测试方法研究及相关国家标准	武汉科技大学	葛山 尹玉成 赵惠忠 刘志强 祝洪喜 李亚伟 邓承继 梁永和 王周福 白晨	一
自主神经与心律失常相关性研究	武汉大学	黄从新 江洪 赵庆彦 黄鹤 鲁志兵 唐艳红 吴钢 王晞 刘育 胡笑荣 温华知 郭凯 梁锦军 袁明杰 刘文举	一
肿瘤转移的分子靶向治疗	华中科技大学同济医学院附属同济医院	马丁 周剑峰 王世宣 冯作化 徐钢 吴鹏 奚玲 王常玉 陈刚 黄晓园 李科珍 马湘一 饶念静	一
肝胆胰外科几种手术技术的改进与创新	华中科技大学同济医学院附属同济医院	陈孝平 黄志勇 张必翔 陈义发 罗鸿萍 张万广 肖震宇 张志伟 张伟 梁慧芳 朱鹏 靖凯 李哲夫 揭志刚 李德宇	一
心脏和心肺移植的实验与临床研究	华中科技大学同济医学院附属协和医院	孙宗全 董念国 夏家红 史嘉玮 肖诗亮 张凯伦 蒋雄刚 杜心灵 刘成硅 胡志伟 吴龙 柳祎 周诚 陈新忠 冯剑锷	一
黄芪多糖对糖尿病防治作用的实验及临床应用研究	武汉大学	张莹雯 欧阳静萍 吴朝妍 叶太生 卢筱洪 谢伟 徐丹 陈晓梅 柯浩亮 郭鹏 王健 张敬芳 张贤梅 龚宇	一
遗传代谢病高危筛查和综合诊疗体系的建立与应用	华中科技大学同济医学院附属同济医院	罗小平 王慕逖 宁琴 梁雁 魏虹 方峰 周建华 林汉华 侯凌 郝燕 吕娟娟 吴莉 吴薇 张建玲	一
国审抗虫杂交棉“鄂杂棉28号”的选育与应用	荆州农业科学院 湖南金健种业有限责任公司 江苏省农业科学院经济作物研究所 长江大学	邵圣才 许乃银 文彬 张文英 邵家忠 范进民 张宇飞 谢磊 胡爱兵 顾相蕊	二
主要瓜类作物工厂化嫁接育苗研究与示范	华中农业大学 武汉洪北种苗有限公司 武汉维尔福种苗有限公司 武汉市东西湖维农种苗有限公司	别之龙 朱进 黄远 邹方益 童正富 汪李平 韩晓燕 彭金光 华斌 甄爱	二
水稻稻曲病发生危害及综合防治技术研究与应用	湖北省植物保护总站 华中农业大学 湖北省农科院植保土肥研究所 荆州市植保站 荆门市植保站 孝感市植保站 宜昌市植保站	罗汉钢 张舒 黄俊斌 张求东 许艳云 龚德祥 余小青 邹春华 谢支勇 孙劲松	二
油菜硼高效利用机制与硼肥优化施用技术研究应用	华中农业大学 湖北省土壤肥料工作站	徐芳森 鲁剑巍 鲁明星 耿明建 石磊 吴礼树 徐辉 赵竹青 叶祥盛 邹娟	二

（续上表）

项目名称	主要完成单位	完成人	奖级
南水北调中线工程水源区生态林体系建设技术研究	湖北省林业科学研究院 华中农业大学园艺林学学院 丹江口市林业局	唐万鹏　刘学全　周志翔　章建斌 崔鸿侠　涂光新　王鹏程　冯静波 胡兴宜　郑兰英	二
优质猪生态健康养殖与产业化示范	华中农业大学 湖北省畜牧局	邓昌彦　李凤娥　左　波　陈红颂 丁山河　梁华东　刘静平　徐德全 李家连　帅启义	二
马头山羊品种资源的保护与利用	十堰市畜牧兽医技术服务中心 华中农业大学 郧西县畜牧兽医局 湖北省农业科学院畜牧兽医研究所 十堰市畜牧兽医局 十堰市动物疫病预防控制中心 竹山县畜牧兽医局	闻群英　杨利国　张作仁　熊金洲 后家根　曹钟鑫　余礼奎　戴　猛 张春燕　陈明新	二
淡水鱼精深加工关键技术研究及产业化示范	华中农业大学 德炎水产食品股份有限公司 武汉康祥科技发展有限公司 鄂州武昌鱼食品工贸有限公司 武汉梁子湖水产品加工有限公司 湖北土老憨生态农业开发有限公司	熊善柏　卢德炎　肖永强　赵思明 郭　海　刘友明　朱友良　刘　茹 何秋生　陈世贵	二
环保型纸浆预漂白助剂木聚糖酶的发酵研究	湖北大学	张桂敏　杨艳燕　马立新　王国华 李剑勇　王大春　喻梅星　刘华梅 王裔雄　王婷婷	二
高耐晒高汗光色牢度清洁染色新技术及产品开发	丽源(湖北)科技有限公司 武汉纺织大学	罗润富　罗俊龙　易长海　王罗新 顾培农　邓今强　刘爱兵　邹汉涛 袁子舜　陈鑫涛	二
普鲁兰酶应用于柠檬酸生产的工艺研究	湖北师范学院 黄石兴华生化有限公司	石　鹤　叶文进　冯家骏　余　翔 冯艳丽　胡远亮　吴　平	二
疏松砂岩油藏低温固砂防砂工艺技术研究与应用	武汉工程大学 胜利油田有限公司孤岛采油厂	潘志权　肖建洪　陈　辉　黄齐茂 高成元　李　平　乐大发　任福生 周　红　王代流	二
难采高凝油和稠油油藏注气提高采收率技术研究	长江大学 中石化江汉油田分公司勘探开发研究院	付美龙　何建华　黄志强　江厚顺 代士郁　赵　林　唐善法　管英柱 范成枝　欧阳传湘	二
3万吨/年湿法磷酸净化连续生产工业级磷酸一铵新工艺示范项目	湖北祥云(集团)化工股份有限公司 武汉工程大学	何　俊　丁一刚　张　莉　胡华文 叶良俊　杨昌炎	二
高效组合式工艺在大颗粒尿素生产中的研究与应用	湖北宜化化工股份有限公司 三峡大学	蒋远华　何　涛　黄悦华　王在孝 黄敬尧　杨晓勤　冯伟光　林福平 王小红　龙传光	二
极异方性多极磁环成型液压机	武汉科技大学 武钢耐火冶金粉剂厂	曾良才　陈新元　陈奎生　石教福 傅连东　黄有国　湛从昌　付曙光 张汉玲　张安龙	二
YK5150数近代插齿机	宜昌长机科技有限责任公司 三峡大学	钟瑞龄　代国辉　黄悦华　严红毅 邓应诚　肖　庆　陈保军　李江华 赵春华　张　宇	二
船用低速大功率柴油机铸钢中间体研制	宜昌船舶柴油机有限公司 武汉大学 中国船舶重工集团公司第12研究所	刘树珍　谢诞梅　邹仕魁　聂华求 马敏团　彭志方　刘为作　万品军 部显文　黄　浩	二
湖北电网负荷模型深化研究及适应性分析	湖北省电力试验研究所 武汉大学	孙元章　周友斌　忻俊慧　雷庆生 徐　箭　董　航　方华亮　彭晓涛	二
高效照明节能技术研发及在交通中应用	武汉理工大学 孝感市捷能特种光源照明器具有限公司	严新平　李　能　初秀民　吴　青 谢　磊　毛　喆　黄东林　刘新宇 郑　畅　谢进光	二

（续上表）

项目名称	主要完成单位	完成人	奖级
无线传感器网络与移动机器人相结合的物联网技术研究与应用	武汉理工大学	李文锋 陈定方 葛艳红 孙荣 周建荣 雷斌 张帆 宋威 刘有源 李斌	二
能见度激光雷达	海军工程大学	王江安 康圣 陈冬 宗思光 马治国 蒋冰莉 吴荣华	二
全数字同步电动机励磁的多处理器协调控制系统	武汉科技大学 武钢股份能源动力总厂供水厂	叶建铁 陈建勋 颜斌 刘惠康 廖雪超 黄崇明 吴魏 谢勇 肖骥	二
基于海量异构数据智能整合的医疗健康决策支持平台	华中科技大学 武汉加州系统工程有限公司	宋恩民 马光志 金人超 何俊 许向阳 刘宏 张林 林镝 刘秀平 杜勋昶	二
城市桥梁施工与控制对桥梁生命周期环境影响研究	武汉理工大学 中铁大桥局集团第一工程有限公司 中铁大桥勘测设计院有限公司	刘沐宇 林驰 申长国 高宏伟 王海亮 卢志芳 赵志斌 荆武 田伟 卢少平	二
小净距隧道爆破施工关键技术及工程应用	武汉科技大学 中铁十三局集团第二工程有限公司	钟冬望 孙福君 吴亮 苗增润 韩芳 刘绍石 余刚 高秀岩 姜翠香 磨季云	二
城市基础和公共服务设施项目后评价系统研究与应用	华中科技大学 东莞市城建工程管理局 武汉市建设信息中心	吴贤国 张俊勇 周迎 孙峻 丁海潮 魏伟青 袁娅 陈惠玲 朱利民 陈琳	二
水电工程骨料生产新型工艺研究与应用	葛洲坝集团第五工程有限公司 三峡大学	周厚贵 付俊雄 朱显山 吕芝林 田斌 王章忠 郭光文 覃尚贵 燕乔 杨军	二
乌龙泉矿采场剥岩排放优选方案研究	武钢（集团）矿业有限责任公司乌泉矿 武汉科技大学 武钢（集团）矿业有限责任公司	叶义成 颜钦武 张红军 谭元 柯丽华 祁超英 陈勇 张正文 吕垒 夏敬欢	二
地基GPS大气水汽监测系统研发与应用	中国气象局武汉暴雨研究所 湖北省气象信息与技术保障中心 武汉大学	崔春光 万蓉 陈波 李武阶 张双成 徐桂荣 项经魁 李红莉 王叶红 周若	二
石油钻井过程中的井壁稳定性技术研究	长江大学	楼一珊 岳前升 李忠慧 邢纪国 朱亮 黄志强 吴惠梅 黄万龙 张艳 田峥	二
面向用户的信息资源整合与服务	武汉大学 湖北省科技信息研究院	胡昌平 程鹏 张李义 赵杨 向菲 邓胜利 胡潜 李勇 李枫林 张敏	二
湖北省区域创新中的知识产权战略及专利联盟研究	武汉理工大学	谢科范 罗险峰 彭华涛 刘介明 冯军 邝元成 李有吉 曹志勇 侯建刚 韩文杰	二
塔里木油田物资储备定额研究	长江大学 中国石油天然气股份有限公司塔里木油田分公司 中国石化集团江汉石油管理局职工培训中心 中国石油天然气有限公司冀东油田分公司	李成标 王贯中 王勇 王金洲 郭睦庚 杜娟 刘占军 吴先金 李诗珍 吴爱军	二
风险投资全过程评价体系研究	武汉理工大学	杨青 李珏 张清华 罗剑锋 蔡卫鸿 许可 杨爱民 徐兵 陈文俊 郭晓顺	二
高技术产业规律与界面管理研究	武汉理工大学	赵玉林 黄蕙萍 单元媛 赵宏中 魏龙 魏建国 汪芳 周珊珊 蔡剑英 陈静	二

（续上表）

项目名称	主要完成单位	完成人	奖级
超微病理在疑难白血病诊断中的临床应用	华中科技大学同济医学院附属协和医院	刘新月 刘芳 官阳 胡闲石 陈万新 熊蓓 陈燕 游泳 黎纬明 程范军	二
缺血再灌注心肌Toll样受体4的基础与临床研究	三峡大学 宜昌市中心人民医院	杨俊 丁家望 杨简 席祖洋 李书国 吴辉 李稳慧 李松 陈勇 李莉	二
KW组合式外固定器的研制及在严重骨关节创伤与矫形中的临床应用	武汉大学 武汉康斯泰德科技有限公司	蔡林 余国荣 喻爱喜 潘振宇 陶圣祥 金伟 邓凯 周桂菊 吴正奇 黄登峰	二
同种异体骨支撑架结合自体骨植入治疗股骨头坏死的实验及临床研究	华中科技大学同济医学院附属协和医院	杨述华 许伟华 叶树楠 傅德皓 杨操 李进 吴强 吴星火 冯勇 刘先哲	二
当归多糖铁复合物治疗铁代谢障碍性贫血的研究	华中科技大学	王凯平 张玉 史琛 吕永宁 马力 汪继红 周漠炯 王佩佩 刘金玉 曾芳	二
肝纤维化的中西医结合基础与临床研究	华中科技大学同济医学院附属协和医院	杨玲 徐可树 朱清静 叶进 侯晓华 刘俊 朱锐 熊屏 胡泰洪 徐三平	二
湖北省土家族重要植物药资源、鉴定分析方法及开发利用研究	中南民族大学 湖北中医药大学 华中科技大学 湖北省食品药品监督检验研究院 郧阳医学院附属太和医院 武汉市食品药品监督检验所	万定荣 陈家春 陈科力 康四和 陈吉炎 张勤 林幸华 干国平 王兵娥 孟黎明	二
武当山地区中草药资源的品种鉴定与开发利用研究	郧阳医学院附属太和医院	陈吉炎 杜士明 朱海涛 杨光义 涂自良 陈黎 安志斌 于萍 李元宏 黄良永	二
中药5类新药地乌风湿安胶囊的开发及其免疫作用机理的研究	湖北中医药大学	邴飞虹 涂晋文 张国斌 何明三 陈刚 郑国华 韩林涛 余子川 许汉林 刘军	二
乳腺癌MRI表现与其生物行为的相关性研究及临床应用	华中科技大学同济医学院附属协和医院 武汉体育学院	孔祥泉 杨帆 徐海波 刘定西 于群 王孝英 徐丽莹 王莉霞 罗晓雯 贺兰湘	二
CCL5对乳腺癌侵袭与转移的研究和应用	武汉大学	王卫星 孙圣荣 姚峰 魏文 涂毅 童鹤翔 匡军秀 王耕 王万荣 陈辰	二
病人安全现状与安全管理模式的研究	华中科技大学同济医学院附属协和医院 武汉体育学院	刘义兰 赵光红 王桂兰 李芬 胡德英 许娟 陈玲玲 颜巧元 张亮 汪学红	二
基于体素形态学分析和功能磁共振成像系统研究盲人脑结构和脑功能的可塑性	武汉大学 中国科学院武汉物理与数学研究所	吴光耀 雷皓 潘文举 周洁 林富春 田志雄 黄雄 孙骏谟	二
血清胸苷激酶1在肿瘤中的临床和应用研究	武汉大学 华瑞同康生物技术（深圳）有限公司 黄石市中心医院	张杰 罗鹏程 周际 邹力 张平安 周晓光 邹珊 郭司恩 何其敏 史达方	二
杂交中稻新组合华两优1206的选育及应用	华中农业大学	牟同敏 李春海 徐俊英 张似松 彭贤力 徐才国 肖景华	三
优质红菜薹新品种“华红5号”的选育与推广	华中农业大学 湖北省种子管理站	徐跃进 唐道廷 万正杰 詹斌 田福发 何丹 谭远宝	三

（续上表）

项目名称	主要完成单位	完成人	奖级
新型生物农药蛇床子素创制及其控制储粮/蔬菜病虫害应用	武汉工业学院 江苏省农业科学院 武汉天惠生物工程有限公司 华中农业大学 江苏省苏科农化有限责任公司	谢令德　石志琦　林开春　张宏宇 王春梅　贺艳萍　陈　浩	三
胭脂鱼营养与饲料配方及其养殖模式与技术研究	华中农业大学 武汉农业集团有限公司 湖北省水产良种实验站 中国长江三峡集团公司中华鲟研究	龚世园　袁勇超　胡艾国　陶任勇 胡秋元　刘元豪　彭　智	三
多轴同步联动轻工机械的智能控制系统	华中科技大学	邓忠华　李　曦　郑南雁　陈智华 付晓薇　陈吉红　李叶松	三
利用农副产物固态发酵生产增色饲料添加剂	湖北工业大学 湖北农腾饲料有限责任公司	王金华　刘华桥　李冬生　王永泽 王　志　陈　雄　李朝国	三
用于轮胎帘子线一步法加捻的大卷装K3501B型直捻机研发	宜昌经纬纺机有限公司 三峡大学	陆国兴　杨华明　黄敬尧　杨华年 潘　松　汪　斌　许金甲	三
氟化铝工业含氟废水的处理、利用及其配制方法	湖北永绍科技有限公司 武汉工程大学	王永进　王小赫　郭忠诚　彭晓满 邹　菁	三
含铬废液综合回收利用新工艺	湖北师范学院 黄石圣康医药化工有限公司	方正东　王国宏　张　巍　韩德艳 汪敦佳　张闻艺　张春海	三
甘油甲缩醛的合成技术及其应用	武汉工程大学 武汉市艾普商务发展有限责任公司	王继科　沈喜洲　池汝安　刘汉红 喻幼卿　舒　滔　胡景根	三
帆船帆板队备战2008年奥运会科技攻关与科技服务	武汉体育学院 国家体育总局水上运动管理中心 武汉理工大学	郑伟涛　李全海　马　勇　姚新培 何海峰　石　清　王　松	三
利用酸性废水和粉煤灰制备聚合氯化硫酸铝铁的新工艺	黄石电能集团公司 中南民族大学	杜冬云　应　伟　李　娜　杨　晶 王　庚　陈迪明	三
木质纤维素的预处理及高效糖化新技术	安琪酵母股份有限公司 三峡大学	龚大春　李志军　曾　晶　俞学锋 田毅红　姚　鹃　李德莹	三
组合文旋子洗涤器除尘脱硫应用研究	江汉大学 红安方达环保工程有限公司	余新明　吴学军　米　铁　汤媛玲 陈恒初　万家学　陈厚民	三
高速高精大幅面激光切割加工技术与装备	武汉法利莱切割系统工程有限责任公司 华中科技大学	邓家科　李　斌　谢　军　龚时华 郭平华　黄　禹　李家军	三
大型多媒体动感彩车的研制	湖北省机电研究设计院	杨德斌　周　兵　徐建军　崔成法 贺德秋　孙绍群　胡　罡	三
轿车后横向稳定杆左右固定板总成	湖北天轮机械有限公司 华中科技大学	周孟祥　夏巨谌　胡国安　周保国	三
CHY4000A型大功率高炉液压开口机	宜昌课桌燕狮科技开发有限责任公司 三峡大学	燕相彪　唐善杰　杨　骏　胡华平 周远志　黄悦华　俞樟勇	三
高炉大量喷煤下初渣的形成与性能优化的研究	武汉钢铁(集团)公司 武汉科技大学	傅连春　毕学工　熊亚飞　李怀远 赵　思　周国凡　冯智慧	三
新型高强度无碳化物贝氏体钢重型钎杆	湖北裕管业股份有限公司 武汉大学东湖分校	周宝生　程巨强　周志专　叶凌云 刘　敢　黄绪望　陈建新	三
ZAPF系列并联有源电力滤波装置	湖北追日电气设备有限公司 华中科技大学	戴　珂　陈建国　薛建科　魏学良 彭华良　康　勇　庄　宏	三
武汉地区地源热泵推广应用技术研究	武汉市建筑设计院 武汉地质工程勘察院 华中科技术大学	陈焰华　徐贵来　胡平放　於仲义 张　晴　孙启明　雷建平	三

（续上表）

项目名称	主要完成单位	完成人	奖级
重轨产品矫直工艺参数监控及优化系统	华中科技大学 武汉钢铁集团公司大型厂	张　征　熊建良　柳　娟　褚双学 许　进　董茂松　欧阳标	三
网络型通信基站设备安全运行智能防护技术研究与应用	三峡大学 河北省长途通信传输局 浙江省乐清市南峰电气有限公司	吴　明　黄悦华　刘军清　董方敏 田启华　周庆南　黄敬尧	三
编钟乐舞的计算机虚拟仿真技术的研究及应用	湖北工业大学	孙俊逸　陈启祥　孙守迁　许开强 杨　程　万全文　马业平	三
武汉天兴洲大桥超长桩群桩基础受力性状分析研究	武汉大学 武汉天兴洲道桥投资开发有限公司	高　睿　朱　斌　曾亚武　郭文增 何志明　杨志祥　陈　涛	三
高速公路环保与景观前置研究及在随岳中高速公路中的应用	湖北随岳高速公路中段建设指挥部 华杰工程咨询有限公司 武汉理工大学	张学锋　沈雪香　黎立新　张谢东 张世文　张业红　陈小佳	三
变形介质油气藏工程实用软件开发与应用	长江大学 中国石油大学（北京）	王新海　杜友福　李应军　荣　莽 张少波　贺其川　王涛溪	三
湖北中部崛起产业结构调整战略研究	武汉工业学院	钟新桥　范志雄　钟炎君　高　飞 李　俊　罗涛华　曾　森	三
健身易筋经编创研究与推广应用	武汉体育学院	石爱桥　胡亦海　王广兰　项汉平 雷　斌　章文春　陈　晴	三
“阳光教育”理论与实践研究	华中师汇范大学 武汉市教育局 武汉市第二十五中学	周洪宇　邹伦海　罗　旋　潘　伟 刘荣辉　严　容	三
湖北省高校科技企业体制改革研究	湖北工业大学	金　勇　陈志刚　刘升福　金　婕 童泽望　李　莎　夏　季	三
武汉促进和引导民间投资的政策研究	武汉市经济研究所 武汉纺织大学	沈金华　周汉麒　答　军　任伟林 杨　芝　陈惠琳　赵　虎	三
现代健康须知系列丛书	武汉大学	胡汉昆　胡兴寿　刘　巍　刘薇芝 范正宏　蔡　虹　刘远南	三
重症肌无力免疫学损伤的基础与临床研究	郧阳医学院附属太和医院 湖南省岳阳市第一人民医院	王云甫　李罗清　何国厚　钟　萍 罗国君　杨敬宁　何晓阔	三
慢性乙型肝炎肝纤维化机理及中药复方干预治疗的相关研究	葛洲坝集团中心医院 三峡大学	肖和杰　李从荣　李　平　陈　钢 张佳光　石次国　姚　亮	三
全方位冷冻治疗肝癌、直肠癌的系列研究	东风汽车公司总医院 郧阳医学院附属东风医院	戴宗晴　周文波　魏　涧　曹建军 熊　敏　张志云　袁方均	三
复方碳酸钙颗粒制备工艺研究及产业化	武汉同济现代医药有限公司 华中科技大学同济医学院 长江大学	李亦武　李贵玲　李　玥　叶小缅 谭正碧　龙志雄　艾永循	三
高灵敏检测方法在药动学与药物分析中的应用	郧阳医学院附属东风医院	陈琴华　李　鹏　王嗣岑　李开俊 朱　军　孙新建　张晓川	三
PEP－1－EGFP融合蛋白跨膜转导能力的离体和在体研究	郧阳医学附属人民医院	王家宁　董　晓　黄永章　唐俊明 郭凌郧　杨建业　孔　霞	三
帕金森病的研究	华中科技大学同济医学院附属协和医院	孙圣刚　王　涛　曹学兵　乔　娴 张　蔚　邓学军　梁直厚	三
用于癌症早期诊断的全自动细胞DNA定量分析技术研究	武汉兰丁医学高科技有限公司 华中科技大学	孙小蓉　徐端全　庞宝川　汪　键 尤新革　周厚伦　屠庆年	三

（续上表）

项目名称	主要完成单位	完成人	奖级
4. 科技推广奖（二等奖2项，三等奖1项）			
不同硒源利用与作物富硒技术成果推广	长江大学 恩施自治州硒产品开发利用研究所 恩施自治州土壤肥料工作站 湖北圣峰药业有限公司 湖北长友现代农业股份有限公司	邢丹英 胡蔚红 李明伟 黄飞跃 许少华 郭明南 周长辉 李志新 吕宗浩 向永生 雷昌云 张绪华 袁伟玲 熊新平	二
高血压中免疫介导血管重塑的发病机理及其标记物研究	华中科技大学同济医学院附属协和医院	廖玉华 周子华 魏宇森 王　敏 李留东 程龙献 魏　芬 王　彬 朱　峰 赵林双 罗余生 陈　明 张　卫	二
果蔬中有机磷及氨基甲酸酯类农药残留快速检测技术推广应用	湖北省农科院农业质量标准与检测技术研究所 同泰生物工程有限责任公司 华中农业大学	李书谦 路　磊 梁宏春 张华安 陈福生 周有祥 刘　畅	三

辑录　邱月琴

○教育统计

各级各类学校数

单位：所

	普通高等学校	成人高等学校	中等职业学校	普通高中	普通初中	职业初中	普通小学	幼儿园	特殊教育学校	工读学校
2006年	86	16	455	689	2 509	29	11 422	2 546	77	3
2007年	86	15	478	668	2 440	26	10 210	2 572	76	3
2008年	87	15	462	655	2 356	18	9 302	2 880	76	3
2009年	120	14	402	622	2 275	13	8 544	2 995	76	2
2010年	120	14	413	603	2 184	—	7 749	4 395	76	—

各级各类学校毕业生数

单位：人

	普通高等学校	成人高等学校	中等职业学校	普通高中	普通初中	职业初中	普通小学	幼儿园	特殊教育学校	工读学校
2006年	262 591	60 715	168 598	410 721	1 061 845	8 967	946 634	236 920	898	393
2007年	276 005	86 289	220 461	443 093	997 673	7 342	832 908	231 733	1 286	252
2008年	351 854	88 850	264 826	449 676	960 997	4 654	715 128	243 306	1 530	189
2009年	328 202	102 562	307 813	449 917	923 759	4 000	646 753	256 737	1 675	218
2010年	331 303	104 563	335 776	434 549	854 395	671	611 620	307 544	2 261	168

各级各类学校招生数

单位：人

	普通高等学校	成人高等学校	中等职业学校	普通高中	普通初中	职业初中	普通小学	幼儿园	特殊教育学校	工读学校
2006年	343 877	115 099	369 156	455 543	964 018	6 750	570 100	440 486	1 316	357
2007年	339 174	114 217	387 065	439 793	869 778	2 879	610 762	441 792	1 988	339
2008年	375 512	88 873	390 641	439 116	775 634	1 823	626 247	497 716	2 183	245
2009年	395 929	99 590	367 161	423 786	696 261	1 311	642 190	537 579	2 167	272
2010年	387 612	101 398	283 610	395 471	657 947	—	680 166	761 044	2 047	214

各级各类学校在校学生数

单位：人

	普通高等学校	成人高等学校	中等职业学校	普通高中	普通初中	职业初中	普通小学	幼儿园	特殊教育学校	工读学校
2006年	1 092 274	283 214	799 509	1 347 692	3 010 769	22 639	3 913 276	642 216	9 232	235
2007年	1 163 686	286 129	936 192	1 328 398	2 840 700	13 553	3 703 434	655 408	13 972	237
2008年	1 184 915	280 903	1 037 294	1 321 990	2 612 455	7 678	3 607 744	742 531	13 374	165
2009年	1 249 061	276 100	1 041 759	1 286 751	2 363 351	4 788	3 592 629	831 399	13 959	161
2010年	1 296 920	262 100	903 834	1 237 362	2 180 937	—	3 655 512	1 118 360	15 349	101

各级各类学校教职工数

单位：人

	普通高等学校	成人高等学校	中等职业学校	普通中学	职业初中	普通小学	幼儿园	特殊教育学校	工读学校
2006年	114 485	3 008	39 907	275 389	1 396	225 803	35 833	1 626	67
2007年	119 736	4 574	43 120	275 150	961	220 326	37 366	1 670	78
2008年	120 816	2 294	44 847	271 629	615	216 119	41 920	1 694	78
2009年	123 693	2 037	42 244	267 265	449	213 347	46 867	1 708	50
2010年	123 491	1 806	40 985	263 055	—	211 247	66 202	1 744	52

各级各类学校专任教师数

单位：人

	普通高等学校	成人高等学校	中等职业学校	普通高中	普通初中	职业初中	普通小学	幼儿园	特殊教育学校	工读学校
2006年	65 164	1 842	26 857	68 109	167 572	1 253	209 342	21 482	1 337	43
2007年	68 117	2 908	29 355	69 500	166 540	873	204 899	22 254	1 383	54
2008年	70 617	1 576	30 689	70 212	163 666	556	201 356	24 795	1 427	53
2009年	73 159	1 384	29 148	70 790	160 662	396	198 188	27 440	1 444	38
2010年	74 685	1 175	28 476	71 126	156 836	—	196 078	38 494	1 477	40

平均每万人口在校学生数

单位：人

	普通高等学校	成人高等学校	中等职业学校	普通高中	普通初中	职业初中	普通小学	幼儿园	特殊教育学校
2006年	180.5	46.8	161.9	222.8	497.6	3.7	646.8	106.2	1.5
2007年	191.7	47.1	195.8	218.8	468.0	2.2	610.1	108.0	2.3
2008年	207.5	49.9	181.6	231.5	457.4	1.3	631.7	130.0	2.3
2009年	218.4	48.3	182.1	225.0	413.2	0.8	628.1	145.3	2.4
2010年	226.6	45.8	157.9	216.2	381.0	—	638.6	195.4	2.7

各级各类学校师生比

单位：人

	普通高等教育	中等职业学校	普通高中	普通初中	职业初中	普通小学	特殊教育学校	幼儿园
2006年	15.30	29.77	19.79	17.97	18.07	18.69	6.91	29.90
2007年	15.35	31.89	19.11	17.06	15.52	18.07	10.10	29.45
2008年	15.29	33.80	18.83	15.96	13.81	17.92	9.37	29.95
2009年	15.70	35.74	18.18	14.71	12.09	18.13	9.67	30.30
2010年	16.10	31.74	17.40	13.91	—	18.64	10.39	29.05

各级各类学校校舍建筑面积情况

单位：万平方米

	普通高等教育	成人高等教育	中等职业学校	普通中学	职业初中	普通小学	特殊教育学校	幼儿园
2006年	3 813.82	101.58	859.51	3 941.88	18.70	2 888.80	21.81	282.65
2007年	3 693.74	112.61	951.81	3 941.50	12.89	2 181.66	22.01	292.52
2008年	3 886.85	60.40	999.97	4 004.21	11.38	2 690.59	23.17	321.41
2009年	3 978.85	53.71	899.28	3 991.60	6.71	2 648.74	23.53	340.36
2010年	4 143.28	50.55	952.02	4 000.87	—	2 641.13	24.69	471.64

各级各类民办教育基本情况(2010年)

单位:人

	学校数(所)	毕业生数	招生数	在校生数	教职工数	专任教师
独立设置的普通高校	11	21 813	27 607	82 550	5 963	3 784
普通高校独立学院	31	64 735	86 857	288 892	18 818	13 015
民办中等职业教育	118	53 759	35 179	120 904	6 494	3 868
民办普通中学	257	77 532	78 130	237 475	19 187	13 698
其中:初中	119	35 056	38 135	113 945	—	—
高中	138	42 476	39 995	123 530	—	—
民办普通小学	68	11 987	12 421	75 947	5 749	3 960
民办幼儿园	3 486	120 722	341 498	557 066	47 154	26 293

学龄人口入学率、毛入学率及升学率

单位:%

年份	学龄人口入学率					毛入学率		升学率		
	小学			初中		高中阶段毛入学率	高等教育毛入学率	小学毕业生升学率	初中毕业生升学率	
	入学率	城镇	农村	入学率	其中:农村				升学率	其中:升入普高的升学率
2006	99.49	99.68	99.39	98.70	97.81	66.00	24.50	102.55	84.51	42.90
2007	99.79	99.91	99.72	98.58	99.06	78.10	27.20	104.77	89.47	44.08
2008	99.85	99.90	99.82	99.52	99.39	82.80	27.80	108.72	90.77	45.69
2009	99.85	99.90	99.82	99.59	99.53	84.0	30.4	107.86	85.72	45.88
2010	99.96	99.99	99.94	99.63	99.62	87.2	32.9	107.57	82.42	46.29

高等教育学校(机构)数(2010年)

单位:所

	计	中央部委			地方部门			民办
		计	教育部	其他部委	计	教育部门	非教育部门	
研究生培养机构	46	28	7	21	18	13	5	—
普通高校	23	8	7	1	15	13	2	—
科研机构	23	20	—	20	3	—	3	—
普通高校	120	8	7	1	70	30	40	42
本科院校	66	8	7	1	26	21	5	32
其中:独立学院	31	—	—	—	—	—	—	31
专科院校	54	—	—	—	44	9	35	10
其中:高等职业学校	51	—	—	—	41	7	34	10
成人高等学校	14	—	—	—	14	4	10	—
民办的其他高等教育机构	4	—	—	—	—	—	—	4

普通高等学校分学科研究生数(2010年)

单位:人

	毕业生数				招生数				在校学生数				预计毕业生数			
	计	博士	硕士	研究生班	计	博士	硕士	研究生班	计	博士	硕士	研究生班	计	博士	硕士	研究生班
总计	22 228	3 516	18 712		35 341	4 551	30 790		100 841	19 232	81 609		37 040	10 213	26 827	—
哲学	295	61	234		370	72	298		1 142	313	829		459	168	291	—
经济学	1 375	267	1 108		1 294	260	1 034		4 244	1 317	2 927		1 844	750	1 094	—
法学	2 199	294	1 905		2 581	413	2 168		7 892	1 653	6 239		2 970	837	2 133	—
教育学	944	66	878		950	76	874		3 068	257	2 811		1 065	104	961	—
文学	2 057	148	1 909		2 680	228	2 452		7 413	904	6 509		2 548	452	2 096	—
历史学	309	64	245		333	56	277		1 001	224	777		392	111	281	—
理学	2 248	453	1 795		3 464	627	2 837		9 951	2 479	7 472		3 742	1 259	2 483	—
工学	6 613	1 156	5 457		9 747	1 566	8 181		31 238	7 104	24 134		12 802	4 051	8 751	—
农学	753	95	658		1 030	180	850		3 080	577	2 503		1 041	244	797	—
医学	1 482	425	1 057		1 896	447	1 449		5 831	1 688	4 143		2 314	780	1 534	—
军事学	—	—	—	—	—	—	—	—	—	—	—	—	—	—	—	—
管理学	2 186	378	1 808		2 668	471	2 197		9 462	2 286	7 176		3 811	1 300	2 511	—
专业学位	1 767	109	1 658		8 328	155	8 173		16 519	430	16 089		4 052	157	3 895	—

普通本专科分性质类别、分学科学生数(2010年)

单位：人

	学校数(所)		毕业生数			招生数			在校生数			预计毕业生数		
	计	其中：中央	计	本科	专科	计	本科	专科	计	本科	专科	计	本科	专科
总　计	120	8	331 303	148 906	182 397	387 612	202 498	185 114	1 296 920	716 184	580 736	366 247	158 915	207 332
分性质类别：综合大学	8	1	39 434	32 230	7 204	44 736	40 386	4 350	166 008	147 967	18 041	43 558	34 098	9 460
理工院校	74	3	202 148	71 166	130 982	238 873	98 829	14 004	773 095	343 873	429 222	223 403	75 370	148 033
农业院校	1	1	3 892	3 892	—	4 600	4 600	—	18 239	18 239	—	4 390	4 390	—
林业院校	1	—	1 461	—	1 461	2 051	—	2 051	5 721	—	5 721	1 774	—	1 774
医药院校	4	—	10 031	4 150	5 881	10 979	6 204	4 775	38 173	22 642	15 531	10 561	4 275	6 286
师范院校	7	1	18 007	9 811	8 196	24 018	14 408	9 610	78 905	49 566	29 339	20 986	10 885	10 101
语文院校	—	—	—	—	—	—	—	—	—	—	—	—	—	—
财经院校	12	1	30 366	13 996	16 370	37 315	19 775	17 540	123 204	69 532	53 672	33 320	15 159	18 161
政法院校	4	—	4 157	622	3 535	2 877	359	2 518	11 698	1 755	9 943	4 820	521	4 299
体育院校	2	—	2 855	2 549	306	4 298	3 952	346	14 826	13 681	1 145	3 365	2 939	426
艺术院校	5	—	6 898	3 220	3 678	8 000	4 748	3 253	26 179	15 616	10 563	7 140	3 410	3 730
民族院校	2	1	7 959	7 270	689	9 237	9 237	—	34 195	33 313	552	8 655	7 868	787
成人高校	—	—	4 095	—	4 095	628	—	628	6 677	—	6 677	4 275	—	4 275
分学科：哲学	—	—	218	218	—	252	252	—	974	974	—	250	250	—
经济学	—	—	16 576	9 875	6 701	18 521	12 971	5 550	66 276	47 234	19 042	18 320	10 990	7 330
法学	—	—	8 629	6 203	2 426	7 562	6 456	1 106	29 911	24 745	5 166	8 693	6 019	2 674
教育学	—	—	12 978	4 284	8 694	13 882	6 870	7 012	46 435	23 197	23 238	13 180	4 823	8 357
文学	—	—	46 541	27 673	18 868	57 516	39 095	18 421	197 350	138 086	59 264	52 337	31 044	21 293
其中：外语	—	—	17 570	8 635	8 935	17 764	10 883	6 881	64 444	39 412	25 032	19 112	9 153	9 959
艺术	—	—	20 763	12 712	8 051	29 761	19 476	10 285	97 474	68 263	29 211	24 426	15 036	9 390
历史学	—	—	434	434	—	711	711	—	2 542	2 542	—	528	528	—
理学	—	—	14 288	13 959	329	18 886	18 474	412	67 912	66 539	1 373	15 788	15 399	389
工学	—	—	134 328	53 674	80 654	149 488	70 340	79 148	500 473	249 514	250 959	145 466	56 197	89 269
农学	—	—	5 211	2 411	2 800	6 199	3 480	2 719	20 199	11 877	8 322	5 703	2 581	3 122
医学	—	—	26 115	8 036	18 079	30 569	12 302	18 267	100 210	44 537	55 673	30 012	7 964	22 048
管理学	—	—	65 985	22 139	43 846	84 026	31 547	52 479	264 638	106 939	157 699	75 970	23 120	52 850
总计中：师范生	—	—	19 408	10 828	8 580	19 922	13 539	6 383	70 622	48 487	22 135	20 046	11 800	8 246

普通高等学校教职工情况(2010年)

单位：人

	教职工数													
	计	校本部教职工										科研机构人员	校办企业职工	其他附设机构人员
		计	专任教师						行政人员	教辅人员	工勤人员			
			计	正高级	副高级	中级	初级	无职称						
总　计	123 491	114 670	74 685	8 674	22 047	26 077	13 656	4 231	17 228	12 248	10 509	2 124	3 218	3 479
本科院校(含独立学院)	94 060	86 244	54 883	8 054	16 650	198 312	8 338	2 529	13 325	9 849	8 187	2 079	2 513	3 224
其中：独立学院	18 818	18 793	13 015	1 207	3 086	4 102	3 330	1 290	2 603	1 346	1 829	6	—	19
专科院校	29 174	28 169	19 585	580	5 298	6 705	5 308	1 694	3 880	2 390	2 314	45	705	255
其中：高等职业学校	27 408	26 463	18 298	500	4 882	6 146	5 185	1 585	3 694	2 236	2 235	45	705	195
其他机构	257	257	217	40	99	60	10	8	23	9	8	—	—	—

普通高等学校专任教师、聘请校外教师岗位分类情况(2010年)

单位：人

	专任教师中按授课内容分				聘请校外教师按授课内容分				专任教师中不任课人数					
	计	公共课基础课	专业课		计	公共课基础课	专业课		计	进修		科研	病休	其他
			计	其中：双师型			计	其中：双师型		计	其中：国(境)外			
总计	72 511	21 030	51 481	6 781	23 458	5 151	18 307	1 751	2 174	1 241	682	187	147	599
正高级	8 465	1 822	6 643	352	4 847	721	4 126	144	209	122	92	50	6	31
副高级	21 493	6 134	15 359	2 963	7 237	1 466	5 771	831	554	350	269	48	39	117
中级	25 165	7 608	17 557	3 466	6 623	1 650	4 973	776	912	565	282	78	75	194
初级	13 265	4 185	9 080	—	2 289	665	1 624	—	391	181	35	11	27	172
无职称	4 123	1 281	2 842	—	2 462	649	1 813	—	108	23	4	—	—	85

普通高等学校专任教师年龄情况(2010年)

单位：人

	计	30岁及以下	31～35岁	36～40岁	41～45岁	46～50岁	51～55岁	56～60岁	61～65岁	66岁及以上
总计	74 685	19 013	14 675	12 230	11 040	8 311	5 153	2 857	1 058	348
正高级	8 674	2	85	512	1 922	2 406	1 716	1 180	624	227
副高级	22 047	75	1 844	5 013	6 211	4 442	2 663	1 297	383	119
中级	26 077	5 534	9 590	5 909	2 653	1 325	690	323	51	2
初级	13 656	10 007	2 561	658	220	113	66	31	—	—
无职称	4 231	3 395	595	138	34	25	18	26	—	—

普通高等学校分学科专任教师数(2010年)

单位：人

	计	正高级	副高级	中级	初级	无职称
总计	74 685	8 674	22 047	26 077	13 656	4 231
哲学	1 974	268	708	627	275	96
经济学	4 582	537	1 359	1 681	791	214
法学	3 389	385	1 021	1 282	581	120
教育学	6 526	429	1 922	2 132	1 592	451
其中：体育	3 043	135	1 006	1 031	702	169
文学	14 886	1 028	3 494	5 497	3 688	1 179
其中：外语	6 585	312	1 583	2 525	1 732	433
其中：艺术	4 358	229	839	1 600	1 270	420
历史学	606	126	187	200	66	27
理学	8 861	1 446	2 878	3 042	1 220	275
工学	21 385	2 768	6 707	7 358	3 415	1 137
其中：计算机	4 576	312	1 197	1 817	1 013	237
农学	1 372	244	394	548	129	57
其中：林学	302	23	87	128	38	26
医学	5 461	799	1 654	1 826	961	221
管理学	5 643	644	1 723	1 884	938	454

成人高等教育本专科分形式、分学科学生数(2010年)

单位：人

	毕业生数			招生数			在校学生数			预计毕业生数		
	计	本科	专科	计	本科	专科	计	本科	专科	计	本科	专科
总　计	**104 563**	**44 862**	**59 701**	**101 398**	**34 659**	**66 739**	**262 100**	**97 872**	**164 228**	**89 789**	**34 574**	**55 215**
分形式：函授	63 441	30 493	32 948	61 087	22 767	38 320	165 901	63 676	102 225	57 123	21 986	35 137
业余	27 729	8 400	19 329	38 192	11 762	26 430	85 437	29 114	56 323	25 033	8 636	16 397
脱产	13 393	5 969	7 424	2 119	130	1 989	10 762	5 082	5 680	7 633	3 952	3 681
成人高等学校办	**8 083**	**1 274**	**6 809**	**4 064**	**440**	**3 624**	**12 962**	**1 332**	**11 630**	**5 302**	**279**	**5 023**
哲　学	—	—	—	—	—	—	—	—	—	—	—	—
经济学	294	3	291	210	38	172	505	42	463	140	4	136
法　学	499	256	243	113	28	85	440	98	342	238	20	218
教育学	279	—	279	528	—	528	1 426	—	1 426	466	—	466
文　学	1 018	240	778	332	16	316	1 142	67	1 075	644	41	603
其中：外语	287	218	69	38	16	22	95	30	65	24	4	20
艺术	106	—	106	122	—	122	278	—	278	129	—	129
历史学	—	—	—	—	—	—	—	—	—	—	—	—
理　学	44	—	44	3	—	3	112	—	112	99	—	99
工　学	2 053	78	1 975	824	36	788	3 108	157	2 951	1 510	76	1 434
农　学	—	—	—	—	—	—	3	—	3	3	—	3
医　学	101	12	89	4	3	1	16	12	4	12	9	3
管理学	3 795	685	3 110	2 050	319	1 731	6 210	956	5 254	2 190	129	2 061
总计中：师范生	350	—	350	214	—	214	522	—	522	221	—	221
普通高等学校办	**96 480**	**43 588**	**52 892**	**97 334**	**34 219**	**63 115**	**249 138**	**96 540**	**152 598**	**84 487**	**34 295**	**50 192**
哲　学	—	—	—	9	9	—	9	9	—	—	—	—
经济学	7 163	1 873	5 290	5 335	1 171	4 164	14 273	3 085	11 188	5 550	1 072	4 478
法　学	2 955	1 954	1 001	1 690	1 206	484	4 899	3 373	1 526	2 336	1 541	795
教育学	4 056	2 422	1 634	3 036	840	2 196	8 753	3 995	4 758	3 008	1 819	1 189
文　学	9 763	7 325	2 438	4 012	2 219	1 793	13 393	8 272	5 121	5 324	3 286	2 038
其中：外语	3 103	2 542	561	885	504	381	2 950	2 015	935	1 330	865	465
艺术	1 316	605	711	1 131	384	747	3 747	1 797	1 950	1 229	731	598
历史学	46	46	—	28	28	—	96	93	3	45	42	3
理　学	2 524	1 815	709	1 084	703	381	3 408	2 568	840	1 655	1 345	310
工　学	32 683	12 866	19 817	34 430	10 940	23 490	94 790	33 292	61 498	33 045	12 110	20 935
农　学	1 048	679	369	1 262	516	746	3 602	1 879	1 723	1 525	732	793
医　学	12 486	5 310	7 176	20 656	9 084	11 572	41 884	18 539	23 345	10 958	4 772	6 186
管理学	23 756	9 298	14 458	25 792	7 503	18 289	64 031	21 435	42 596	21 041	7 576	13 465
总计中：师范生	9 628	7 658	1 970	4 479	2 234	2 245	14 597	8 561	6 036	4 956	3 602	1 354
独立学院	—	—	—	—	—	—	—	—	—	—	—	—

网络本科、专科分学科学生数(2010年)

单位：人

	毕业生数			招生数			在校学生数		
	计	本科	专科	计	本科	专科	计	本科	专科
总　计	**30 639**	**12 314**	**18 325**	**49 114**	**16 989**	**32 125**	**112 945**	**42 103**	**70 842**
其中：女	10 324	4 612	5 712	17 545	7 022	10 523	45 359	16 906	28 453
哲　学	—	—	—	—	—	—	—	—	—
经济学	570	438	132	549	159	390	1 877	1 118	759
法　学	1 962	961	1 001	2 150	993	1 157	5 983	2 688	3 295
教育学	483	304	179	1 375	783	592	3 062	1 821	1 241
文　学	710	498	212	1 647	702	945	4 425	2 492	1 933
其中：外语	200	160	40	218	127	91	773	555	218
历史学	—	—	—	—	—	—	—	—	—
理　学	121	119	2	386	138	248	736	361	375
工　学	11 398	4 240	7 158	20 666	6 351	14 315	39 840	13 323	26 517
农　学	—	—	—	—	—	—	—	—	—
医　学	831	477	354	1 888	1 109	779	6 660	3 095	3 565
管理学	14 564	5 277	9 287	20 453	6 754	13 699	50 362	17 205	33 157
总计中：师范生	—	—	—	—	—	—	—	—	—

成人高等学校教职工情况(2010年)

单位：人

	教职工数											科研机构人员	校办企业职工	其他附设机构人员
	计	校本部教职工												
		计	专任教师						行政人员	教辅人员	工勤人员			
			计	正高级	副高级	中级	初级	无职称						
总　计	**1 806**	**1 777**	**1 175**	**32**	**398**	**443**	**256**	**46**	**332**	**171**	**99**	**29**	**—**	**—**
职工高等学校	205	205	79	2	32	25	19	1	80	25	21	—	—	—
农民高等学校	—	—	—	—	—	—	—	—	—	—	—	—	—	—
管理干部学院	787	769	498	19	206	241	26	6	122	97	52	18	—	—
教育学院	244	236	200	5	69	82	42	2	20	14	2	8	—	—
独立函授学院	—	—	—	—	—	—	—	—	—	—	—	—	—	—
广播电视大学	570	567	398	6	91	95	169	37	110	35	24	3	—	—
其他机构	—	—	—	—	—	—	—	—	—	—	—	—	—	—

中等职业学校分办学类型及举办者的中职学生及教职工情况(2010年)

单位：人

	计			中职全日制学生			中职非全日制学生			教职工数							聘请校外教师
	毕业生数	招生数	在校学生数	毕业生数	招生数	在校学生数	毕业生数	招生数	在校学生数	计	其中：专任教师						
											计	正高级	副高级	中级	初级	无职称	
总　计	**335 776**	**283 610**	**903 834**	**332 008**	**282 854**	**897 399**	**3 768**	**756**	**6 435**	**40 985**	**28 476**	**237**	**6 204**	**12 935**	**7 229**	**1 871**	**5 812**
调整后中等职业学校	108 191	88 180	279 839	104 673	87 424	275 099	3 518	756	4 740	13 796	9 582	61	1 930	4 312	2 521	758	1 518
普通中专学校	135 142	109 169	369 270	135 142	109 169	368 674	—	—	596	15 713	10 445	123	2 483	4 450	2 541	848	1 968
成人中专学校	15 452	13 759	39 594	15 202	13 759	39 594	250	—	—	2 178	1 182	6	198	704	259	15	1 456
职业高中学校	59 414	50 849	160 925	59 414	50 849	159 826	—	—	1 099	8 134	6 405	41	1 255	3 118	1 755	236	655
其他机构	17 577	21 653	54 206	17 577	21 653	54 206	—	—	—	1 164	862	6	338	351	153	14	215

中等职业学校学生分科类情况(2010年)

单位：人

	毕业生数		招生数			在校学生数	预计毕业生数
	计	其中：获得职业资格证书	计	其中：初中毕业			
				计	应届毕业生		
总　计	**335 776**	**208 282**	**283 610**	**263 684**	**251 702**	**903 834**	**321 618**
农林牧渔类	12 106	8 541	36 662	33 988	29 964	78 984	15 739
资源环境类	358	96	533	279	226	1 099	688
能源与新能源类	1 212	1 063	687	471	471	2 387	935
土木水利类	6 207	4 016	6 269	5 803	5 534	17 864	5 793
加工制造类	120 057	82 376	67 487	63 628	61 902	244 940	100 361
石油化工类	1 295	1 279	887	885	812	3 951	1 965
轻纺食品类	3 438	2 255	1 548	1 494	1 472	8 202	3 564
交通运输类	9 105	5 739	13 672	8 278	7 977	34 185	10 300
信息技术类	100 221	59 922	60 215	57 837	55 544	227 445	91 423
医药卫生类	21 658	7 487	29 768	27 434	26 370	92 085	26 235
休闲保健类	428	183	984	885	821	2 321	587
财经商贸类	21 136	13 713	1 700	16 501	15 774	61 981	23 028
旅游服务类	6 525	3 836	8 673	8 165	7 768	28 162	8 786
文化艺术类	13 770	9 120	8 777	8 430	8 159	31 972	12 484
体育与健身	837	379	1 924	1 651	1 642	4 969	1 169
教育类	5 261	3 977	9 673	9 450	9 238	23 856	6 221
司法服务类	934	234	347	241	232	764	366
公共管理与服务类	4 173	1 427	3 887	3 828	3 372	14 837	5 915
其　他	7 055	2 639	14 617	14 436	14 424	23 830	6 059

中等职业学校专任教师、聘请校外教师学历情况(2010年)

单位：人

	计	博 士	硕 士	本 科	专 科	高中阶段及以下
专任教师	28 476	22	1 078	21 872	5 170	334
正高级	237	3	16	189	28	1
副高级	6 204	11	456	5 237	471	29
中 级	12 935	8	391	9 882	2 503	151
初 级	7 229	—	154	5 329	1 661	85
无职称	1 871	—	61	1 235	507	68
其中：实习指导课教师	905	—	13	475	366	51
聘请校外教师	5 812	25	312	3 642	1 603	230
正高级	135	7	25	98	5	—
副高级	1 227	10	92	868	254	3
中 级	2 241	5	85	1 391	648	112
初 级	1 005	3	24	694	254	30
无职称	1 204	—	86	591	442	85
其中：实习指导课教师	367	—	13	196	125	33
聘请校外教师中外籍教师	7	—	2	5	—	—

中等职业学校专任教师分年龄情况(2010年)

单位：人

	计	30岁及以下	31～35岁	36～40岁	41～45岁	46～50岁	51～55岁	56～60岁	61岁及以上
总 计	**28 476**	**6 120**	**5 465**	**5 726**	**4 931**	**3 141**	**2 016**	**979**	**98**
正高级	237	—	—	30	54	51	53	32	17
副高级	6 204	—	179	846	1 855	1 636	1 105	533	50
中 级	12 935	1 086	2 947	3 853	2 669	1 261	743	357	19
初 级	7 229	3 587	2 141	923	287	155	86	41	9
无职称	1 871	1 447	198	74	66	38	29	16	3

中等职业学校分科专任教师数(2010年)

单位：人

	计	其中：女	正高级	副高级	中 级	初 级	无职称
总 计	**28 476**	**11 679**	**237**	**6 204**	**12 935**	**7 229**	**1 871**
文化基础课	11 780	5 305	57	2 650	5 375	2 983	715
专业课：小计	15 791	6 143	176	3 444	7 146	4 005	1 020
农业类	795	190	11	197	398	167	22
资源与环境类	36	14	—	11	14	9	2
能源与新能源类	101	40	—	29	42	19	11
土木水利类	413	162	—	114	218	65	16
加工制造类	3 313	932	63	730	1 514	782	224
石油化工类	59	8	1	19	32	7	
轻纺食品类	297	97	5	48	123	113	8
交通运输类	454	109	6	81	235	81	51
信息技术类	3 296	1 319	25	584	1 494	968	225
医药卫生类	1 418	736	34	421	630	276	57
休闲保健类	105	65	—	14	38	42	11
财经商贸类	1091	554	5	242	526	259	59
旅游服务类	659	323	5	154	247	183	70
文化艺术类	1 168	587	7	202	541	331	87
体育与健身	318	63	1	71	137	91	18
教育类	832	406	3	189	344	238	58
司法服务类	9	3	—	3	4	1	1
公共管理与服务类	208	76	3	39	93	60	13
其 他	1 219	459	7	296	516	313	87
实习指导课	905	231	4	110	414	241	136

普通高中学校和学生情况(2010年)

单位：人

	学校数(所)	毕业生数	招生数	在校学生数				毕业班学生数
				计	一年级	二年级	三年级	
合　计	**603**	**434 549**	**395 471**	**1 237 362**	**395 874**	**408 216**	**433 272**	**433 272**
教育部门和集体办	459	390 459	354 611	1 110 819	355 014	366 436	389 369	389 369
民办	138	42 476	39 995	123 530	39 995	40 707	42 828	42 828
其他部门办	6	1 614	865	3 013	865	1 073	1 075	1 075
城　市	243	147 307	138 260	427 334	138 300	142 535	146 499	146 499
教育部门和集体办	174	130 538	122 933	378 395	122 973	125 822	129 600	129 600
民办	65	16 051	15 047	47 798	15 047	16 372	16 379	16 379
其他部门办	4	718	280	1 141	280	341	520	520
县　镇	278	228 146	199 177	633 319	199 524	207 220	226 575	226 575
教育部门和集体办	211	204 262	176 849	564 657	177 196	184 641	202 820	202 820
民办	65	22 988	21 743	66 790	21 743	21 847	23 200	23 200
其他部门办	2	896	585	1 872	585	732	555	555
农　村	82	59 096	58 034	176 709	58 050	58 461	60 198	60 198
教育部门和集体办	74	55 659	54 829	167 767	54 845	55 973	56 949	56 949
民办	8	3 437	3 205	8 942	3 205	2 488	3 249	3 249
其他部门办	—	—	—	—	—	—	—	—

普通初中学校和学生情况(2010年)

单位：人

	学校数(所)	毕业生数	招生数	在校学生数					毕业班学生数
				计	一年级	二年级	三年级	四年级	
合　计	**2 184**	**854 395**	**657 947**	**2 180 937**	**658 368**	**730 776**	**790 013**	**1 780**	**790 256**
教育部门和集体办	2 057	818 355	619 153	2 064 836	619 574	692 296	751 186	1 780	751 429
民办	119	35 056	38 135	113 945	38 135	37 785	38 025	—	38 025
其他部门办	8	984	659	2 156	659	695	802	—	802
城　市	362	149 922	132 571	413 930	132 683	138 469	142 280	498	142 778
教育部门和集体办	310	131 696	111 306	352 001	111 418	117 976	122 109	498	122 607
民办	47	17 450	20 741	60 268	20 741	19 991	19 536	—	19 536
其他部门办	5	776	524	1 661	524	502	635	—	635
县　镇	671	326 945	251 823	848 967	251 962	285 394	310 329	1 282	310 074
教育部门和集体办	627	314 232	239 782	810 895	239 921	272 570	297 122	1 282	296 867
民办	43	12 684	12 027	38 028	12 027	12 803	13 198	—	13 198
其他部门办	1	29	14	44	14	21	9	—	9
农　村	1 151	377 528	273 553	918 040	273 723	306 913	337 404	—	337 404
教育部门和集体办	1 120	372 427	268 065	901 940	268 235	301 750	331 955	—	331 955
民办	29	4 922	5 367	15 649	5 367	4 991	5 291	—	5 291
其他部门办	2	179	121	451	121	172	158	—	158

普通中学专任教师专业技术职称、年龄结构情况(2010年)

单位：人

	合　计	25岁及以下	26～30岁	31～35岁	36～40岁	41～45岁	46～50岁	51～55岁	56～60岁	61岁及以上
合　计	**227 962**	**12 498**	**33 516**	**44 686**	**46 432**	**40 286**	**26 752**	**15 892**	**7 675**	**225**
初　中	156 836	7 102	19 828	30 879	32 658	28 344	19 555	12 463	5 962	45
中学高级	21 836	—	16	279	2 836	6 584	6 220	4 050	1 831	20
中学一级	87 034	204	3 161	15 608	24 162	19 758	12 383	7 879	3 854	25
中学二级	39 717	2 467	13 834	14 371	5 481	1 923	895	505	241	—
中学三级	3 909	1 468	1 718	491	122	45	42	12	11	—
未评职称	4 340	2 963	1 099	130	57	34	15	17	25	—
高　中	71 126	5 396	13 688	13 807	13 774	11 942	7 197	3 429	1 713	180
中学高级	20 397	—	38	556	3 613	6 855	5 198	2 584	1 381	172
中学一级	26 383	134	2 244	7 897	8 485	4 667	1 859	760	329	8
中学二级	19 594	2 304	10 049	5 099	1 585	370	117	69	1	—
中学三级	1 100	538	351	111	52	24	14	9	1	—
未评职称	3 652	2 420	1 006	144	39	26	9	7	1	—

普通中学分课程专任教师学历情况(2010年)

单位：人

	合计	思想品德(政治)	语文	数学	外语				科学	物理	化学	生物	历史与社会
					计	英语	日语	俄语					
合 计	227 962	13 513	44 851	43 496	34 237	34 192	13	14	659	18 624	13 450	9 508	1 764
初 中	156 836	9 597	32 481	31 443	22 876	22 860	5	1	659	11 710	6 910	5 707	1 764
研究生毕业	1 026	77	268	189	172	172	—	—	3	63	50	42	36
本科毕业	83 032	4 745	20 299	17 844	13 700	13 688	5	1	180	6 342	3 828	2 340	839
专科毕业	68 048	4 412	11 400	12 848	8 748	8 744	—	—	433	5 127	2 936	3 084	809
高中阶段毕业	4 659	362	514	561	256	256	—	—	43	177	96	240	79
高中阶段毕业以下	71	1	—	1	—	—	—	—	—	1	—	1	1
高 中	71 126	3 916	12 370	12 053	11 361	11 332	8	13	—	6 914	6 540	3 801	—
研究生毕业	2 969	203	647	512	517	516	1	—	—	203	271	179	—
本科毕业	63 475	3 460	11 101	10 953	10 288	10 262	6	12	—	6 305	5 880	3 397	—
专科毕业	4 442	240	594	569	535	533	1	1	—	393	377	219	—
高中阶段毕业	218	13	23	17	17	17	—	—	—	12	8	5	—
高中阶段毕业以下	22	—	5	2	4	4	—	—	—	1	4	1	—

	地理	历史	信息技术	通用技术	体育与健康	艺术	音乐	美术	综合实践活动			其他	当年不任课
									计	信息技术	劳动与技术		
合 计	8 906	10 339	1 210	216	8 283	444	4 130	4 148	5 034	3 019	1 808	2 407	2 743
初 中	5 660	6 682	—	—	5 679	340	3 170	2 948	4 891	3 019	1 808	1 976	2 343
研究生毕业	25	28	—	—	20	—	7	10	19	16	2	6	11
本科毕业	2 125	2 890	—	—	2 344	97	1 208	1 058	1 793	1 338	444	591	809
专科毕业	3 200	3 472	—	—	2 990	225	1 761	1 675	2 663	1 543	1 080	1 105	1 160
高中阶段毕业	303	288	—	—	322	12	189	201	404	122	270	259	353
高中阶段毕业以下	7	4	—	—	3	6	5	4	12	—	12	15	10
高 中	3 246	3 657	1 210	216	2 604	104	960	1 200	143	—	—	431	400
研究生毕业	107	203	37	7	28	1	11	27	4	—	—	9	3
本科毕业	2 875	3 203	1 014	181	2 198	88	828	999	94	—	—	301	310
专科毕业	246	247	141	25	351	15	119	170	37	—	—	94	70
高中阶段毕业	17	4	18	2	26	—	2	4	8	—	—	25	17
高中阶段毕业以下	1	—	—	1	1	—	—	—	—	—	—	2	—

小学学校和学生基本情况(2010年)

单位：人

	学校数（所）	毕业生数	招生数		在校学生数	毕业班学生数
			计	其中:受过学前教育		
合　计	**7 749**	**611 620**	**680 166**	**634 784**	**3 655 512**	**578 096**
教育部门和集体办	7 676	598 925	667 203	622 613	3 576 618	564 410
民办	68	11 987	12 421	11 629	75 947	13 139
其他部门办	5	708	542	542	2 947	547
城　市	685	120 208	126 070	122 532	713 491	116 740
教育部门和集体办	652	113 942	119 153	115 852	674 746	110 488
民办	31	5 801	6 536	6 299	36 638	5 860
其他部门办	2	465	381	381	2 107	392
县　镇	937	160 359	176 073	167 001	974 019	160 006
教育部门和集体办	914	156 502	172 689	163 704	949 143	155 634
民办	22	3 809	3 371	3 284	24 843	4 360
其他部门办	1	48	13	13	33	12
农　村	6 127	331 053	378 023	345 251	1 968 002	301 350
教育部门和集体办	6 110	328 481	375 361	343 057	1 952 729	298 288
民办	15	2 377	2 514	2 046	14 466	2 919
其他部门办	2	195	148	148	807	143

小学分课程专任教师学历情况(2010年)

单位：人

	合计	品德与活动(社会)	语文	数学	外语				体育	科学	艺术	音乐	美术	综合实践活动			其他	当年不任课
					计	英语	日语	俄语						计	信息技术	劳动与技术		
合　计	196 078	8 569	71 206	62 858	9 861	9 848	—	1	7 617	7 128	1 095	5 940	5 276	6 114	3 537	2 486	6 869	3 545
研究生毕业	252	11	99	51	35	35	—	—	8	12	—	9	6	5	5	—	9	7
本科毕业	38 246	1 270	15 629	11 064	3 322	3 321	—	—	1 381	1 006	102	1 229	1 002	1 049	823	218	770	422
专科毕业	105 588	4 346	38 552	34 737	5 559	5 547	—	1	4 035	3 929	676	3 306	2 815	3 375	2 049	1 282	3 124	1 134
高中阶段毕业	50 723	2 865	16 516	16 661	927	927	—	—	2 132	2 134	313	1 365	1 419	1 643	642	963	2 853	1 895
高中阶段毕业以下	1 269	77	410	345	18	18	—	—	61	47	4	31	34	42	18	23	113	87

小学专任教师专业技术职称、年龄结构情况(2010年)

单位：人

	合　计	25岁及以下	26～30岁	31～35岁	36～40岁	41～45岁	46～50岁	51～55岁	56～60岁	61岁及以上
合　计	**196 078**	**19 569**	**32 664**	**29 462**	**29 068**	**31 974**	**32 993**	**15 169**	**52**	**—**
中学高级	2 776	2	38	271	593	814	689	364	5	—
小学高级	133 967	3 245	15 081	21 880	24 280	27 349	28 822	13 266	43	—
小学一级	51 432	13 887	16 640	6 868	4 006	3 672	3 409	1 497	3	—
小学二级	3 058	1 295	586	242	86	70	35	20	—	—
小学三级	352	158	22	18	7	3	—	—	—	—
未评职称	4 493	982	297	183	96	66	38	22	1	—
合计中:女	97 049	13 840	21 290	18 119	15 455	13 777	10 636	14	7	—
少数民族	11 746	789	1 491	1 710	1 461	2 166	2 341	1 643	2	—

特殊教育学校基本情况(2010年)

单位：人

	班数(个)	毕业生	招生数	在校学生数													
				合计	小学阶段						初中阶段				高中阶段		
					一年级	二年级	三年级	四年级	五年级	六年级	一年级	二年级	三年级	四年级	一年级	二年级	三年级及以上
合　计	664	2 261	2 047	15 349	1 771	1 875	1 654	1 705	1 603	1 773	1 342	1 647	1 597	82	124	98	78
视力残疾	25	—	—	2 828	155	196	196	231	224	377	355	534	560	—	—	—	—
听力残疾	446	—	—	5 358	528	543	581	601	621	662	513	529	469	11	124	98	78
智力残疾	193	—	—	5 339	919	978	700	706	582	574	247	298	267	68	—	—	—
其他残疾	—	—	—	1 824	169	158	177	167	176	160	227	286	301	3	—	—	—
特殊教育学校	664	781	990	7 532	1 098	1 091	872	878	747	838	560	584	485	79	124	98	78
视力残疾	25	—	—	267	56	37	22	38	6	60	21	27	—	—	—	—	—
听力残疾	446	—	—	4 708	480	470	499	528	560	593	434	447	386	11	124	98	78
智力残疾	193	—	—	2 511	543	576	349	311	177	182	102	106	97	68	—	—	—
其他残疾				46	19	8	2	1	4	3	3	4	2	—	—	—	—
小学附设特教班	—	—	—	—	—	—	—	—	—	—	—	—	—	—	—	—	—
视力残疾	—	—	—	—	—	—	—	—	—	—	—	—	—	—	—	—	—
听力残疾	—	—	—	—	—	—	—	—	—	—	—	—	—	—	—	—	—
智力残疾	—	—	—	—	—	—	—	—	—	—	—	—	—	—	—	—	—
其他残疾—	—	—	—	—	—	—	—	—	—	—	—	—	—	—	—	—	—
小学随班就读	—	601	462	4 857	673	784	782	827	856	935	—	—	—	—	—	—	—
视力残疾	—	—	—	1 160	99	159	174	193	218	317	—	—	—	—	—	—	—
听力残疾	—	—	—	406	48	73	82	73	61	69	—	—	—	—	—	—	—
智力残疾	—	—	—	2 321	376	402	351	395	405	392	—	—	—	—	—	—	—
其他残疾	—	—	—	970	150	150	175	166	172	157	—	—	—	—	—	—	—
普通(职业)初中附设特教	—	—	—	—	—	—	—	—	—	—	—	—	—	—	—	—	—
视力残疾	—	—	—	—	—	—	—	—	—	—	—	—	—	—	—	—	—
听力残疾	—	—	—	—	—	—	—	—	—	—	—	—	—	—	—	—	—
智力残疾	—	—	—	—	—	—	—	—	—	—	—	—	—	—	—	—	—
其他残疾	—	—	—	—	—	—	—	—	—	—	—	—	—	—	—	—	—
普通(职业)初中随班就读	—	879	595	2 960	—	—	—	—	—	—	782	1 063	1 112	3	—	—	—
视力残疾	—	—	—	1 401	—	—	—	—	—	—	334	507	560	—	—	—	—
听力残疾	—	—	—	244	—	—	—	—	—	—	79	82	83	—	—	—	—

特殊教育教学教职工基本情况(2010年)

单位：人

	教职工数		专任教师学历情况					专任教师职称情况					
	计	其中：专任教师	研究生毕业	本科毕业	专科毕业	中专高中毕业	中专高中以下毕业	中学高级	小学高级	小学一级	小学二级	小学三级	未评职称
合　计	1 744	1 477	7	592	676	192	10	106	925	367	36	3	40
受过特教专业培训	778	778	2	311	383	80	2	42	473	224	21	3	15

幼儿教育基本情况(2010年)

	班数		入园人数		在园幼儿数(人)		离园(班)人数		教职工数(人)				
	计	其中:学前班	计	其中:学前班	计	其中:学前班	计	其中:学前班	计	其中			
										园长	教师	保健员	其他
合计	32 410	5 774	761 044	202 926	1 118 360	209 971	307 544	103 727	66 202	5 711	38 494	7 944	14 053
教育部门办	13 026	5 738	389 739	201 682	496 708	208 727	169 103	103 289	12 187	937	8 250	926	2 074
集体办	228	7	4 992	254	8 782	254	2 054	—	681	46	431	64	140
民办	17 598	27	341 498	933	557 066	933	120 722	408	47 154	4 353	26 293	6 566	9 942
其他部门办	1 558	2	24 815	57	55 804	57	15 665	30	6 180	375	3 520	388	1 897
城市	8 963	430	154 079	20 038	293 211	20 552	81 252	7 579	28 124	2 086	15 945	2 539	7 554
教育部门办	2 001	415	46 702	19 447	78 993	19 961	28 522	7 344	4 706	335	2 869	226	1 276
集体办	97	—	1 387	—	3 637	—	1 155	—	382	25	229	31	97
民办	5 595	14	86 822	566	165 804	566	38 814	235	17 922	1 433	9 894	1 981	4 614
其他部门办	1 270	1	19 168	25	44 777	25	12 761	—	5 114	293	2 953	301	1 567
县镇	9 082	1 054	239 802	49 530	344 435	51 872	95 403	31 014	19 719	1 598	11 982	2 686	3 453
教育部门办	3 470	1 039	112 728	49 068	152 395	51 410	54 570	30 989	4 388	314	3 241	326	507
集体办	103	7	2 966	254	4 212	254	678	—	249	16	164	31	38
民办	5 235	8	118 725	208	177 309	208	37 281	25	14 059	1 188	8 033	2 252	2 586
其他部门办	274	—	5 383	—	10 519	—	2 874	—	1 023	80	544	77	322
农村	14 365	4 290	367 163	133 358	480 714	137 547	130 889	65 134	18 359	2 027	10 567	2 719	3 046
教育部门办	7 555	4 284	230 309	133 167	265 320	137 356	86 011	64 956	3 093	288	2 140	374	291
集体办	28	—	639	—	933	—	221	—	50	5	38	2	5
民办	6 768	5	135 951	159	213 953	159	44 627	148	15 173	1 732	8 366	2 333	2 742
其他部门办	14	1	264	32	508	32	30	30	43	2	23	10	8

幼儿园园长、专任教师学历、职称情况(2010年)

单位:人

	合计	按学历分					按职称分					
		研究生毕业	本科毕业	专科毕业	高中阶段毕业	高中阶段以下毕业	中学高级	小学高级	小学一级	小学二级	小学三级	未评职称
合计	44 205	74	4 697	20 240	17 494	1 700	285	7 151	7 032	2 803	513	26 421
园长	5 711	35	1 169	2 856	1 576	75	166	1 461	762	156	27	3 139
专任教师	38 494	39	3 528	17 384	15 918	1 625	119	5 690	6 270	2 647	486	23 282
城市	18 031	60	3 120	9 714	4 860	277	170	3 712	3 323	1 527	172	9 127
园长	2 086	28	731	1 022	299	6	103	735	296	64	7	881
专任教师	15 945	32	2 389	8 692	4 561	271	67	2 977	3 027	1 463	165	8 246
县镇	13 580	5	1 008	5 851	6 187	529	87	2 146	2 051	795	268	8 233
园长	1 598	3	265	854	454	22	49	386	215	47	12	889
专任教师	11 982	2	743	4 997	5 733	507	38	1 760	1 836	748	256	7 344
农村	12 594	9	569	4 657	6 447	894	28	1 293	1 658	481	73	9 061
园长	2 027	4	173	980	823	47	14	340	251	45	8	1 369
专任教师	10 567	5	396	3 695	5 624	847	14	953	1 407	436	65	7 692

成人中、小学基本情况(2010年)

单位：人

	学校数(所)	教学班(点)(个)	结业生数	注册学生数	教职工数		聘请校外教师
					计	其中：专任教师	
成人中学	**159**	**871**	**65 866**	**36 954**	**755**	**539**	**628**
其中：少数民族	—	—	—	—	—	—	—
职工中学	54	233	25 616	20 789	191	136	373
高中	3	22	4 399	3 969	74	63	50
初中	51	211	21 217	16 820	117	73	323
农民中学	105	638	40 250	16 165	564	403	255
高中	12	58	16 570	2 880	96	52	20
初中	93	580	23 680	13 285	468	351	235
成人小学	**276**	**463**	**61 120**	**7 255**	**286**	**196**	**746**
其中：少数民族	—	—	—	—	—	—	—
职工小学	105	269	54 538	—	57	57	525
民办小学	171	194	6 582	7 255	229	139	221
小学班	29	32	2 305	3 368	61	38	58
扫盲班	142	162	4 277	3 887	168	101	163

职业技术培训机构学生及教职工情况(2010年)

单位：人

	学校数(所)	教学班(点)(个)	结业生数	注册学生数	教职工数		聘请校外教师
					计	其中：专任教师	
总计	**2 446**	**5 532**	**759 487**	**780 787**	**9 417**	**6 527**	**3 716**
职工技术培训学校(机构)	51	626	122 863	131 053	1 843	1 393	552
教育部门和集体办	31	443	97 186	102 175	1 081	854	242
其他部门办	13	126	13 529	14 605	332	210	115
民办	7	57	12 148	14 273	430	329	195
农村成人文化技术培训学校(机构)	**2 245**	**3 686**	**566 549**	**575 089**	**5 285**	**3 465**	**2 617**
教育部门和集体办	2 182	3 417	494 203	502 579	4 851	3 171	2 564
其中：县办	31	187	72 799	76 023	569	407	113
乡办	611	2 224	367 577	373 745	2 379	1 712	1 299
村办	1 540	1 006	53 827	52 811	1 903	1 052	1 152
其他部门办	27	259	70 744	70 908	262	137	53
民办	36	10	1 602	1 602	172	157	—
其他培训机构(含社会培训机构)	**150**	**1 220**	**70 075**	**74 645**	**2 289**	**1 669**	**547**
教育部门和集体办	12	98	5 836	6 688	324	270	—
其他部门办	15	189	15 251	16 258	245	190	148
民办	123	933	48 988	51 699	1 720	1 209	399

普通高等学校科技人力资源情况（理、工、农、医类）

单位：人

类别	合计	教师技术职务系列人员							其他技术职务系列人员					
		其中：女	小计	教授	副教授	讲师	助教	其他	小计	高级	中级	初级	其他	辅助人员
合　计	47 487	20 233	28 897	4 860	8 851	9 821	3 884	1 481	18 590	4 022	8 658	4 228	728	954
自然科学	7 413	2 570	6 060	1 241	2 020	1 994	604	201	1 353	418	554	261	70	50
工程与技术	20 102	7 006	13 276	2 169	4 310	4 532	1 573	692	6 826	1 643	3 149	1 298	297	439
医药科学	13 763	7 629	7 173	1 171	1 808	2 480	1 246	468	6 590	1 285	3 327	1 635	250	93
农业科学	1 277	451	920	166	354	259	80	61	357	87	180	42	22	26
其　他	4 932	2 577	1 468	113	359	556	381	59	3 464	589	1 448	992	89	346
博士研究生	9 740	2 541	9 299	2 803	3 172	2 232	244	848	441	221	139	70	11	—
硕士研究生	13 014	5 676	9 403	956	2 539	4 060	1 531	317	3 611	883	1 455	1 040	233	—
大学本科	17 773	8 118	9 273	1 049	2 984	3 033	1 891	316	8 500	2 389	3 909	1 718	484	—
大学专科	4 232	2 394	686	50	144	340	152	—	3 546	416	2 036	775	—	319
中　专	1 744	1 160	209	2	12	132	63	—	1 535	104	917	390	—	124
高中及以下	984	344	27	—	—	24	3	—	957	9	202	235	—	511
30岁及以下	6 917	3 835	4 570	5	78	1 367	2 252	868	2 347	3	441	1 538	291	74
31—35岁	8 850	4 141	6 480	84	1 037	3 813	1 119	427	2 370	53	1 164	922	162	69
36—40岁	8 441	3 759	5 296	335	1 976	2 534	319	132	3 145	409	1 951	592	104	89
41—45岁	7 872	3 197	4 513	977	2 302	1 115	75	44	3 359	977	1 738	397	84	163
46—55岁	12 455	4 916	6 418	2 458	2 996	858	98	8	6 037	1 987	2 883	653	83	431
56—60岁	2 535	323	1 216	599	460	134	21	2	1 319	580	481	126	4	128
61岁及以上	417	62	404	402	2	—	—	—	13	13	—	—	—	—

注：本表为2010年湖北省（理、工、农、医类）符合教育部科技统计范围的51所高校7个高校附属医院。

2010年普通高等教育在鄂录取情况

单位：人

	总计	本科						高职（专科）					
		小计	文理综合	文史	理工	艺术	体育	小计	文理综合	文史	理工	艺术	体育
合计	340 087	167 176	2 635	39 251	108 351	14 349	2 590	172 911	11 795	64 365	84 603	11 233	915
1.中央部委院校	28 478	27 192	235	4 654	21 261	928	114	1 286	—	447	777	62	—
其中:在鄂部属院校	17 272	16 470	186	3 061	12 558	590	75	802	—	320	482	—	—
其中:共建生	1 493	1 493	—	257	1 236	—	—	—	—	—	—	—	—
2.外省省属高校	37 939	26 832	199	6 273	17 021	3 067	272	11 107	93	3 853	6 186	881	94
3.省属高校	272 862	112 344	2 201	28 308	69 278	10 353	2 204	160 518	11 702	60 065	77 640	10 290	821
本科院校	75 301	62 847	2 153	13 540	39 368	6 261	1 525	12 454	801	4 181	6 734	632	106
分校、二级学院	101 441	49 497	48	14 768	29 910	4 092	679	51 944	1 263	22 337	22 960	5 052	332
高职(专科)院校	95 454	—	—	—	—	—	—	95 454	9 636	33 189	47 689	4 580	360
成人高校高职班	666	—	—	—	—	—	—	666	2	358	257	26	23
4.网络教育	—	—	—	—	—	—	—	—	—	—	—	—	—
5.民族预科	1 446	1 446	—	713	733	—	—	—	—	—	—	—	—
6.军事院校	808	808	—	16	791	1	—	—	—	—	—	—	—
其中:在鄂军事院校	140	140	—	3	137	—	—	—	—	—	—	—	—
7.招飞行员(军事院校)	27	27	—	4	23	—	—	—	—	—	—	—	—
8.电大普通班	—	—	—	—	—	—	—	—	—	—	—	—	—

2010年成人高等教育在鄂录取情况

单位：人

	总计	高中起点本科				专科起点本科				高中起点专科			
		小计	脱产	业余	函授	小计	脱产	业余	函授	小计	脱产	业余	函授
合计	93 865	4 970	56	3 536	1 378	23 458	202	15 824	7 432	65 437	2 216	48 212	15 009
1.中央部委院校	15 845	663	2	134	527	4 108	1	2 486	1 621	11 074	—	7 103	3 971
其中：在鄂部委院校	14 848	477	—	134	343	3 928	—	2 486	1 442	10 443	—	7 103	3 340
2.外省省属院校	995	—	—	—	—	524	—	—	524	471	—	—	471
3.湖北省属院校	77 025	4 307	54	3 402	851	18 826	201	13 338	5 287	53 892	2 216	41 109	10 567
成人高校	3 456	54	54	—	—	201	201	—	—	3 201	2 216	558	427
普通本科院校	61 775	4 253	—	3 402	851	18 625	—	13 338	5 287	38 897	—	30 137	8 760
普通高职(专科)院校	11 794	—	—	—	—	—	—	—	—	11 794	—	10 414	1 380

2010年各省、直辖市、自治区普通高校研究生数

单位：人

地区	毕（结）业生数				授予学位数	招生数				在校学生数				预计毕业生数			
	计	其中：女	博士	硕士		计	其中：女	博士	硕士	计	其中：女	博士	硕士	计	其中：女	博士	硕士
总计	**369 827**	**177 624**	**43 214**	**326 613**	**366 564**	**519 207**	**258 782**	**57 392**	**461 815**	**1 482 680**	**716 277**	**236 328**	**1 246 352**	**503 534**	**231 629**	**115 434**	**388 100**
北京	52 365	25 230	9 599	42 766	51 767	70 275	35 044	12 237	58 038	196 262	93 771	48 930	147 332	67 305	31 207	21 756	45 549
天津	11 447	6 054	1 679	9 768	11 387	15 213	8 175	1 981	13 232	41 022	21 945	7 523	33 499	13 084	7 073	3 645	9 439
河北	7 868	4 451	358	7 510	7 823	11 296	6 344	517	10 779	31 363	18 030	1 950	29 413	9 581	5 423	934	8 647
山西	5 876	3 222	251	5 625	5 858	8 026	4 361	442	7 584	23 419	12 758	1 839	21 580	7 523	4 000	979	6 544
内蒙古	3 377	1 892	145	3 232	3 341	5 163	2 862	215	4 948	13 947	7 797	900	13 047	4 232	2 261	409	3 823
辽宁	21 213	11 187	1 727	19 486	20 998	28 271	15 569	2 454	25 817	79 684	42 648	11 223	68 461	27 350	14 317	4 588	22 762
吉林	11 941	6 617	1 875	10 066	11 942	17 176	9 592	2 191	14 985	50 187	27 070	8 176	42 011	17 335	8 785	3 731	13 604
黑龙江	15 316	6 828	2 194	13 122	15 288	18 184	9 042	2 230	15 954	53 857	25 839	9 311	44 546	19 033	8 447	4 971	14 062
上海	26 843	13 011	4 031	22 812	26 784	36 619	17 527	5 541	31 078	105 711	49 072	21 913	83 798	36 895	16 144	10 955	25 940
江苏	29 553	13 378	3 898	25 655	29 001	42 070	19 911	5 127	36 943	124 209	57 225	21 715	102 494	42 539	18 832	10 813	31 726
浙江	11 085	4 940	1 256	9 829	11 028	16 502	7 838	1 940	14 562	47 771	21 716	8 323	39 448	15 619	6 131	4 497	11 122
安徽	8 987	3 523	943	8 044	8 509	13 697	5 826	1 182	12 515	37 936	15 520	3 911	34 025	11 846	4 571	1 584	10 262
福建	8 067	3 962	781	7 286	8 456	10 163	5 362	1 048	9 115	30 551	15 281	4 289	26 262	10 117	4 827	2 118	7 999
江西	4 568	2 046	163	4 405	4 504	7 983	3 957	183	7 800	21 313	9 950	677	20 636	6 335	2 730	319	6 016
山东	15 376	8 237	1 278	14 098	15 345	23 193	12 523	1 844	21 349	64 381	34 535	7 275	57 106	20 522	10 937	3 519	17 003
河南	7 677	3 804	187	7 490	7 596	10 637	5 731	325	10 312	28 812	15 385	1 130	27 682	9 381	4 795	506	8 875
湖北	**22 228**	**10 528**	**3 516**	**18 712**	**22 302**	**35 341**	**17 151**	**4 551**	**30 790**	**100 841**	**46 104**	**19 232**	**81 609**	**37 040**	**16 057**	**10 213**	**26 827**
湖南	13 091	6 337	1 452	11 639	12 822	18 200	8 743	1 897	16 303	56 026	26 630	9 207	46 819	21 718	9 901	5 461	16 257
广东	17 446	7 959	2 288	15 158	17 216	25 252	12 238	3 117	22 135	70 865	33 419	11 706	59 159	25 600	11 106	5 619	19 981
广西	5 396	2 475	93	5 303	5 455	7 720	3 888	183	7 537	20 823	10 564	661	20 162	6 528	3 166	308	6 220
海南	662	313	14	648	655	1 136	636	30	1 106	3 002	1 533	123	2 879	960	446	66	894
重庆	10 323	4 926	779	9 544	10 406	14 830	7 548	1 175	13 655	43 087	20 766	5 024	38 063	13 633	6 348	1 485	12 148
四川	18 349	7 952	1 909	16 440	17 699	25 378	11 349	2 555	22 823	75 685	32 197	11 626	64 059	26 025	10 317	5 832	20 193
贵州	2 849	1 253	26	2 823	2 836	4 199	2 192	66	4 133	11 257	5 572	244	11 013	3 343	1 525	114	3 229
云南	5 770	2 857	204	5 566	5 764	8 979	4 606	394	8 585	24 436	12 403	1 739	22 697	7 454	3 538	971	6 483
西藏	162	72	1	161	162	299	152	3	296	718	335	8	710	201	74	2	199
陕西	21 312	9 591	1 918	19 394	21 202	28 312	12 930	3 038	25 274	83 818	37 503	14 289	69 529	29 373	12 555	8 471	20 902
甘肃	6 208	2 790	511	5 697	6 167	8 714	4 038	721	7 993	24 406	11 129	2 739	21 667	7 797	3 391	1 316	6 481
青海	430	195	2	428	397	764	405	6	758	1 893	963	17	1 876	495	242	4	491
宁夏	795	321	10	785	785	1 178	747	22	1 156	3 209	1 949	57	3 152	975	551	14	961
新疆	3 247	1 673	126	3 121	3 069	4 437	2 495	177	4 260	12 189	6 668	571	11 618	3 695	1 932	234	3 461

2010年各省、直辖市、自治区高等学校(机构)普通本、专科学生数

单位：人

地区	毕(结)业生数				授予学位数	招生数				在校学生数				预计毕业生数			
	计	其中：女	本科	专科		计	其中：女	本科	专科	计	其中：女	本科	专科	计	其中：女	本科	专科
总计	5 754 245	2 913 209	2 590 535	3 163 710	2 435 867	6 617 551	3 474 275	3 512 563	3 104 988	22 317 929	11 350 981	12 656 132	9 661 797	6 190 661	3 099 818	2 868 211	3 322 450
北京	152 659	78 270	110 081	42 578	103 720	155 137	81 114	119 821	35 316	587 106	297 162	467 973	119 133	159 042	78 210	115 950	43 092
天津	105 354	54 899	55 698	49 656	53 464	128 608	67 351	76 379	52 229	429 224	220 779	273 616	155 608	112 133	57 766	60 090	52 043
河北	297 092	167 862	108 034	189 058	104 153	339 149	192 852	156 388	182 761	1 105 118	616 346	552 202	552 916	313 995	176 941	122 466	191 529
山西	165 545	84 959	60 516	105 029	54 484	180 748	99 579	85 161	95 587	562 924	305 430	292 607	270 317	153 886	81 163	65 192	88 694
内蒙古	94 704	48 947	36 201	58 503	34 398	112 546	61 321	55 663	56 883	371 388	196 576	197 649	173 739	98 310	49 589	42 600	55 710
辽宁	219 564	112 075	132 522	87 042	129 467	247 451	130 034	155 215	92 236	880 247	449 876	602 201	278 046	242 607	121 566	145 186	97 421
吉林	135 951	69 301	86 118	49 833	73 599	151 106	79 620	107 472	43 634	544 392	281 233	404 872	139 520	142 741	72 883	92 654	50 087
黑龙江	180 982	92 155	98 437	82 545	90 965	192 665	98 724	124 116	68 549	719 117	372 238	474 038	245 079	199 078	101 954	109 616	89 462
上海	133 716	72 085	78 331	55 385	74 674	144 649	75 030	91 154	53 495	515 661	269 836	354 940	160 721	144 592	75 547	88 673	55 919
江苏	478 868	240 537	198 903	279 965	184 363	448 562	249 673	253 057	195 505	1 649 430	814 601	944 090	705 340	488 363	242 284	232 469	255 894
浙江	233 741	124 016	108 865	124 876	104 227	253 562	140 348	138 886	114 676	884 867	466 079	522 172	362 695	245 408	126 069	121 403	124 005
安徽	232 225	114 772	90 398	141 827	81 841	287 585	145 629	135 461	152 124	938 954	448 053	482 387	456 567	258 712	121 255	107 316	151 396
福建	153 449	79 210	71 708	81 741	67 014	198 746	104 330	103 865	94 881	647 774	334 400	365 516	282 258	178 637	89 682	82 609	96 028
江西	225 943	104 760	81 573	144 370	76 482	248 494	113 236	115 635	132 859	816 484	368 791	398 888	417 596	232 477	107 437	87 077	145 400
山东	444 003	223 629	182 722	261 281	176 377	475 212	252 634	220 622	254 590	1 631 373	830 479	807 484	823 889	477 435	236 644	182 070	295 365
河南	382 486	192 585	137 571	244 915	127 749	457 122	251 317	211 337	245 785	1 456 730	755 532	687 181	769 549	427 752	213 883	154 976	272 776
湖北	**331 303**	**156 959**	**148 906**	**182 397**	**138 420**	**387 612**	**188 056**	**202 498**	**185 114**	**1 296 920**	**622 485**	**716 184**	**580 736**	**366 247**	**173 530**	**158 915**	**207 332**
湖南	276 082	141 806	109 394	166 688	106 817	302 650	157 743	153 108	149 542	1 047 241	532 142	557 232	490 009	288 205	144 423	121 979	166 226
广东	334 187	160 511	152 893	181 294	146 295	437 274	217 252	217 048	220 226	1 426 624	713 782	778 595	648 029	369 334	183 402	168 536	200 798
广西	138 089	73 813	47 914	90 175	46 082	182 635	94 570	73 853	108 782	567 516	296 564	261 369	306 147	154 769	80 518	58 324	96 445
海南	36 791	19 507	13 765	23 026	12 962	47 573	26 160	25 020	22 553	150 806	80 651	80 296	70 510	40 498	21 497	16 525	23 973
重庆	122 811	62 593	66 490	56 321	62 358	164 137	85 383	96 434	67 703	522 719	266 236	328 741	193 978	134 359	66 368	71 991	62 368
四川	278 577	140 391	126 069	152 508	122 319	332 104	172 341	180 340	151 764	1 086 215	543 727	643 225	442 990	298 631	145 338	143 775	154 856
贵州	74 777	36 415	33 280	41 497	29 227	99 320	51 255	53 636	45 684	323 293	163 824	184 389	138 904	84 772	42 105	38 470	46 302
云南	95 379	50 106	46 727	48 652	45 261	140 966	76 556	77 755	63 211	439 042	236 030	255 788	183 254	110 967	58 891	51 629	59 338
西藏	8 266	3 567	4 645	3 621	4 021	9 213	4 751	5 023	4 190	31 109	16 156	19 681	11 428	8 013	4 172	4 618	3 395
陕西	235 507	115 734	113 140	122 367	107 328	267 108	144 455	154 904	112 204	927 769	477 256	545 712	382 057	260 454	131 860	122 600	137 854
甘肃	92 226	41 948	45 747	46 479	41 963	114 064	53 076	65 994	48 070	381 526	175 252	238 412	143 114	100 217	43 952	51 995	48 222
青海	11 207	5 743	5 784	5 423	5 151	12 969	6 791	7 609	5 360	44 994	22 452	28 119	16 875	13 020	6 009	6 209	6 811
宁夏	19 218	9 668	9 201	10 017	5 436	25 008	12 946	14 815	10 193	80 206	40 942	51 219	28 987	20 036	10 445	10 332	9 704
新疆	63 543	34 386	28 902	34 641	25 250	73 576	40 148	34 294	39 282	251 160	136 071	139 354	111 806	65 971	34 435	31 966	34 005

2010年各省、直辖市、自治区高等学校（机构）成人本、专科学生数

单位：人

地区	毕（结）业生数				授予学位数	招生数				在校学生数				预计毕业生数			
	计	其中：女	本科	专科		计	其中：女	本科	专科	计	其中：女	本科	专科	计	其中：女	本科	专科
总计	**1 972 873**	**1 018 467**	**803 915**	**1 168 958**	**101 028**	**2 084 259**	**1 118 669**	**853 319**	**1 230 940**	**5 360 388**	**2 847 671**	**2 250 457**	**3 109 931**	**1 927 218**	**985 673**	**760 245**	**1 166 973**
北京	109 761	61 895	55 369	54 392	17 855	109 290	61 620	59 865	49 425	273 230	155 649	152 227	121 003	97 203	53 129	48 825	48 378
天津	31 824	16 246	14 397	17 427	361	29 574	16 123	13 197	16 377	71 659	39 638	33 091	38 568	31 502	17 245	13 952	17 550
河北	62 799	28 549	20 832	41 967	2 548	89 777	50 125	40 682	49 095	235 550	127 112	104 783	130 767	68 005	35 511	28 901	39 104
山西	38 444	21 686	17 501	20 943	1 425	54 566	29 383	25 157	29 409	144 204	81 239	68 244	75 960	42 245	23 443	20 452	21 793
内蒙古	26 387	12 394	12 520	13 867	272	31 065	15 620	13 501	17 564	70 975	34 771	31 272	39 703	30 200	12 622	12 648	17 552
辽宁	99 576	44 915	38 932	60 644	2 979	80 795	41 013	30 836	49 959	191 130	97 990	76 863	114 267	81 541	38 754	31 745	49 796
吉林	72 689	33 134	32 283	40 406	2 585	64 815	36 075	26 490	38 325	148 154	76 285	63 154	85 000	66 274	33 608	25 837	40 437
黑龙江	59 955	28 115	28 805	31 150	3 815	65 864	35 692	31 204	34 660	162 535	81 072	69 823	92 712	76 204	32 591	31 491	44 713
上海	68 820	35 676	39 791	29 029	8 803	65 357	35 222	44 387	20 970	198 581	109 630	134 110	64 471	60 665	31 229	39 847	20 818
江苏	108 510	59 403	52 716	55 794	13 954	148 348	76 967	68 890	79 458	402 932	209 681	192 869	210 063	122 802	64 667	55 169	67 633
浙江	117 008	72 638	41 179	75 829	4 760	106 581	63 754	35 467	71 114	250 998	149 133	81 208	169 790	97 648	58 470	30 267	67 381
安徽	73 855	34 239	31 548	42 307	1 881	73 107	39 211	28 069	45 038	150 937	76 872	59 171	91 766	62 817	28 080	24 883	37 934
福建	34 699	20 569	17 664	17 035	1 405	36 025	21 039	16 276	19 749	99 038	58 890	46 318	52 720	31 894	18 253	15 270	16 624
江西	37 056	18 552	16 023	21 033	3 314	41 914	23 974	19 500	22 414	120 348	64 973	54 113	66 235	33 814	17 758	13 628	20 186
山东	110 347	63 135	43 402	66 945	1 789	133 191	74 214	63 577	69 614	388 741	218 647	188 334	200 407	142 489	78 543	61 185	81 304
河南	123 321	64 004	47 435	75 886	7 467	107 240	56 195	42 171	65 069	258 928	134 879	102 480	156 448	112 203	59 436	41 922	70 281
湖北	**104 563**	**48 133**	**44 862**	**59 701**	**6 137**	**101 398**	**48 698**	**34 659**	**66 739**	**262 100**	**124 554**	**97 872**	**164 228**	**89 789**	**39 638**	**34 574**	**55 215**
湖南	114 091	53 132	36 644	77 447	3 388	101 672	49 074	31 264	70 408	210 373	100 151	64 280	146 093	82 382	36 380	26 102	56 280
广东	144 427	88 733	46 973	97 454	4 660	161 757	95 786	57 130	104 627	463 987	278 429	161 569	302 418	149 911	89 672	44 259	105 652
广西	52 426	30 322	23 083	29 343	5 791	70 153	44 258	27 968	42 185	154 830	93 678	60 388	94 442	63 220	36 567	24 481	38 739
海南	10 060	5 122	3 132	6 928	89	7 253	4 111	3 566	3 687	22 118	12 001	10 781	11 337	9 465	4 815	3 785	5 680
重庆	55 109	25 822	19 411	35 698	165	49 728	21 622	12 625	37 103	124 068	53 398	31 741	92 327	50 040	20 185	12 383	37 657
四川	126 001	61 842	36 297	89 704	884	126 809	66 087	34 789	92 020	301 237	151 460	84 738	216 499	124 030	60 182	30 225	93 805
贵州	24 365	11 356	11 023	13 342	566	26 580	13 009	14 664	11 916	86 630	39 923	48 502	38 128	30 013	13 450	16 258	13 755
云南	56 344	27 384	24 265	32 079	977	55 775	28 699	27 004	28 771	171 652	88 929	80 591	91 061	48 310	22 892	19 884	28 426
西藏	1 703	845	1 099	604	738	2 875	1 551	1 746	1 129	7 991	4 430	5 431	2 560	2 875	1 648	2 172	703
陕西	51 249	22 483	21 911	29 338	1 827	73 614	33 056	23 703	49 911	197 136	84 772	73 315	123 821	59 182	25 924	24 547	34 635
甘肃	30 349	13 760	14 476	15 873	122	31 591	14 999	12 407	19 184	88 942	41 674	36 170	52 772	27 026	12 683	11 735	15 291
青海	3 896	1 706	2 204	1 692	354	5 488	2 835	2 911	2 577	15 213	7 723	9 217	5 996	7 759	3 804	4 703	3 056
宁夏	6 717	3 332	1 883	4 834	—	12 815	6 908	3 577	9 238	33 342	18 142	9 954	23 388	10 093	5 303	3 319	6 774
新疆	16 522	9 345	6 255	10 267	117	19 242	11 749	6 037	13 205	52 829	31 946	17 848	34 981	15 617	9 191	5 796	9 821

2010年各省、直辖市、自治区普通高等学校教职工数

单位：人

地区	教职工数													
	计	校本部教职工										科研机构人员	校办企业职工	其他附设机构人员
		计	专任教师						行政人员	教辅人员	工勤人员			
			计	正高级	副高级	中级	初级	无职称						
合计	2 156 601	2 020 497	1 343 127	148 552	377 225	516 938	231 099	69 313	297 715	203 345	176 310	32 464	36 995	66 645
北京	133 874	114 886	59 248	11 869	19 663	22 151	3 394	2 171	22 232	16 967	16 439	7 353	1 816	9 819
天津	45 194	43 155	28 094	3 990	9 190	10 126	3 957	831	6 739	4 354	3 968	1 048	658	333
河北	94 548	90 191	60 769	7 383	16 970	22 322	10 334	3 760	13 246	7 870	8 306	321	1 119	2 917
山西	56 909	53 752	36 492	2 635	9 387	12 851	8 584	3 035	7 493	5 407	4 360	684	681	1 792
内蒙古	36 439	35 267	23 332	1 983	7 012	7 955	4 569	1 813	5 338	3 818	2 779	89	287	796
辽宁	93 183	88 410	57 404	7 412	17 754	21 982	8 645	1 611	13 764	8 727	8 515	939	1 496	2 338
吉林	59 535	56 551	33 982	4 861	10 463	11 917	6 095	646	8 835	6 371	7 363	607	717	1 660
黑龙江	75 741	70 991	44 198	6 256	13 056	16 469	6 586	1 831	10 673	7 341	8 779	1 430	1 283	2 037
上海	74 161	65 610	39 170	6 191	11 479	16 332	3 488	1 680	10 969	8 482	6 989	2 773	3 016	2 762
江苏	158 647	148 025	102 010	10 420	29 297	42 324	16 594	3 375	21 488	14 060	10 467	2 390	2 501	5 731
浙江	79 785	74 290	50 969	6 219	14 831	22 124	5 586	2 209	12 128	7 231	3 962	1 758	1 149	2 588
安徽	71 264	68 524	49 298	3 562	12 708	18 912	11 142	2 974	7 785	6 211	5 230	615	485	1 640
福建	58 660	55 668	37 733	3 571	9 683	13 573	8 809	2 097	8 748	5 499	3 688	675	1 638	679
江西	70 753	67 491	49 028	4 587	13 124	17 807	10 932	2 578	8 437	5 427	4 599	510	1 788	964
山东	139 100	132 851	91 413	9 206	24 924	36 231	18 172	2 880	18 054	12 714	10 670	1 300	3 212	1 737
河南	110 427	106 073	77 471	5 830	19 737	30 264	17 556	4 084	11 495	8 335	8 772	394	1 125	2 835
湖北	**123 491**	**114 670**	**74 685**	**8 674**	**22 047**	**26 077**	**13 656**	**4 231**	**17 228**	**12 248**	**10 509**	**2 124**	**3 218**	**3 479**
湖南	94 871	88 556	59 557	6 320	16 943	23 061	10 233	3 000	13 241	9 619	6 139	730	1 934	3 651
广东	121 363	114 018	78 569	8 787	20 585	30 802	10 671	7 724	17 880	11 432	6 137	1 620	1 805	3 920
广西	50 701	45 025	31 650	2 736	8 077	12 303	5 491	3 043	6 151	3 772	3 452	137	729	4 810
海南	12 360	12 013	7 798	729	1 680	2 593	1 934	862	1 697	1 289	1 229	108	30	209
重庆	48 356	45 968	31 070	3 217	8 933	12 466	4 943	1 511	7 303	4 067	3 528	351	608	1 429
四川	100 503	94 096	64 991	6 311	16 872	25 663	13 032	3 113	11 970	8 870	8 265	919	1 953	3 535
贵州	29 721	29 150	20 351	1 785	5 835	8 264	3 255	1 212	4 403	2 606	1 790	270	203	98
云南	39 676	38 269	26 498	2 729	7 391	10 370	4 433	1 575	5 321	3 392	3 058	413	520	474
西藏	3 312	3 286	2 195	88	535	856	404	312	500	286	305	21	—	5
陕西	98 536	92 579	58 288	6 907	15 534	22 964	10 493	2 390	14 396	10 089	9 806	1 734	2 005	2 218
甘肃	32 865	30 216	20 761	1 956	5 856	7 753	3 943	1 253	4 026	2 858	2 571	575	571	1 503
青海	6 682	5 973	3 731	566	1 336	1 096	548	185	761	817	664	386	296	27
宁夏	9 174	8 690	5 866	761	1 681	2 027	1 060	337	1 391	783	650	117	10	357
新疆	26 770	26 253	16 506	1 011	4 642	7 303	2 560	990	4 023	2 403	3 321	73	142	302

2010年各省、直辖市、自治区成人高等学校(机构)教职工数

单位：人

地区	教职工数												
	计	校本部教职工									科研机构人员	校办企业职工	其他附设机构人员
		计	专任教师						行政人员	教辅人员	工勤人员			
			计	正高级	副高级	中级	初级	无职称						
合计	77 108	75 520	45 887	1 734	13 115	19 053	9 917	2 068	13 989	8 825	6 819	241	404	943
北京	3 491	3 446	1 569	93	472	776	183	45	974	597	306	7	6	32
天津	2 340	2 340	1 268	49	551	490	166	12	505	348	219	—	—	—
河北	2 065	2 057	1 307	73	351	455	305	123	342	188	220	4	2	2
山西	3 330	3 243	2 013	66	707	766	394	80	561	372	297	6	29	52
内蒙古	690	690	283	4	131	105	43	—	232	94	81	—	—	—
辽宁	4 944	4 901	2 881	84	1 088	1 019	616	74	855	627	538	—	43	—
吉林	2 755	2 739	1 653	106	595	573	328	51	472	331	283	16	—	—
黑龙江	3 449	3 418	2 113	128	899	752	286	48	572	331	402	—	31	—
上海	2 037	1 991	1 051	26	218	613	178	16	370	362	208	—	25	21
江苏	2 796	2 756	1 646	165	513	722	212	34	526	401	183	36	11	3
浙江	1 595	1 579	1 013	31	293	531	118	40	304	183	79	2	—	14
安徽	1 355	1 317	743	9	198	318	176	42	271	175	128	—	—	38
福建	1 093	1 059	608	12	207	207	133	49	266	126	59	34	—	—
江西	2 302	2 281	1 445	135	449	440	358	63	367	178	291	21	—	—
山东	4 225	4 174	2 946	177	812	1 091	745	121	591	328	309	10	30	11
河南	4 571	4 546	3 055	134	807	1 135	961	18	786	436	269	—	25	—
湖北	**1 806**	**1 777**	**1 175**	**32**	**398**	**443**	**256**	**46**	**332**	**171**	**99**	**29**	**—**	**—**
湖南	1 670	1 645	1 055	27	312	466	212	38	331	106	153	—	23	2
广东	10 003	9 831	6 115	64	1 034	2 900	1 527	590	1 737	1 093	886	21	66	85
广西	1 938	1 472	966	49	256	419	202	40	208	161	137	4	—	462
海南	118	118	57	4	9	28	16	—	41	7	13	—	—	—
重庆	1 784	1 731	1 077	52	256	541	196	32	317	215	122	18	22	13
四川	3 747	3 711	2 271	65	625	861	620	100	747	338	355	27	4	5
贵州	511	511	296	16	78	139	33	30	77	100	38	—	—	—
云南	1 891	1 869	946	11	203	427	219	86	342	416	165	—	6	16
西藏	—	—	—	—	—	—	—	—	—	—	—	—	—	—
陕西	3 813	3 714	2 262	87	535	1 004	561	75	689	379	384	—	35	64
甘肃	953	923	628	6	192	299	105	26	192	61	42	—	28	2
青海	264	264	162	3	35	83	28	13	43	40	19	—	—	—
宁夏	109	109	65	2	35	24	4	—	29	6	9	—	—	—
新疆	5 463	5 308	3 218	24	856	1 426	736	176	910	655	525	6	28	121

2010年各省、直辖市、自治区中等职业学校(机构)各类学生数

单位:人

地区	毕业生数		招生数			在校学生数					预计毕业生数
	计	其中:获得职业资格证书	计	其中:初中毕业		计	一年级	二年级	三年级	四年级及以上	
				计	应届毕业生						
合计	**5 436 524**	**3 420 318**	**7 113 957**	**6 272 645**	**5 387 353**	**18 164 447**	**7 125 990**	**6 099 360**	**4 826 686**	**112 411**	**5 632 128**
北京	51 325	27 397	50 586	41 684	39 191	161 806	50 781	51 724	44 119	15 182	53 977
天津	51 481	23 892	38 731	33 216	31 172	116 107	38 782	40 716	35 995	614	42 968
河北	348 186	180 608	409 522	347 659	295 431	1 120 517	409 648	425 077	281 371	4 421	356 514
山西	181 814	102 637	236 507	185 227	143 871	575 210	236 623	185 651	151 499	1 437	194 844
内蒙古	85 296	47 960	124 227	100 930	82 169	334 720	124 229	133 750	74 344	2 397	92 064
辽宁	142 613	70 382	144 448	130 182	115 422	427 773	144 838	139 937	134 481	8 517	147 071
吉林	91 836	41 310	107 251	95 520	64 196	292 359	107 251	110 880	73 817	411	97 149
黑龙江	121 979	60 449	115 897	90 771	70 031	360 023	115 982	148 239	94 823	979	129 907
上海	55 530	42 938	48 914	46 887	44 491	163 878	49 123	46 355	48 554	19 846	51 821
江苏	281 831	220 945	362 563	343 163	323 951	1 020 381	362 705	314 090	330 215	13 371	289 869
浙江	187 361	155 607	241 528	234 057	232 205	642 238	241 619	218 149	180 979	1 491	191 698
安徽	292 473	177 682	349 069	304 187	278 881	872 733	349 378	272 594	244 626	6 135	281 925
福建	155 293	125 254	201 482	174 067	146 920	536 047	201 673	188 014	145 154	1 206	180 382
江西	188 419	118 078	219 951	191 974	173 559	618 065	220 366	225 880	170 765	1 054	190 642
山东	439 337	295 311	426 954	364 120	320 223	1 131 621	427 050	369 792	325 835	8 944	394 461
河南	526 333	296 116	625 601	548 046	503 784	1 636 004	628 755	558 900	447 183	1 166	546 943
湖北	**335 776**	**208 282**	**283 610**	**263 684**	**251 702**	**903 834**	**283 671**	**323 438**	**292 064**	**4 661**	**321 618**
湖南	282 883	179 143	302 889	250 990	229 378	764 796	303 215	276 064	178 664	6 853	230 053
广东	331 741	237 823	741 320	640 810	523 124	1 547 785	741 487	470 231	333 975	2 092	430 724
广西	163 557	108 486	380 908	330 410	176 430	809 508	382 789	249 410	176 437	872	204 167
海南	29 692	14 598	54 732	50 783	43 907	136 905	54 842	51 634	30 123	306	34 449
重庆	125 018	84 193	132 467	128 204	122 451	391 601	132 467	133 818	123 820	1 496	123 434
四川	314 065	216 459	511 629	481 864	436 400	1 236 943	511 973	394 191	329 543	1 236	351 305
贵州	100 997	60 332	155 527	142 299	116 138	375 740	155 570	124 371	95 623	176	108 643
云南	128 904	73 277	279 015	248 464	169 557	575 301	279 028	170 131	125 084	1 058	130 519
西藏	7 312	2 261	7 319	6 313	6 263	22 613	7 379	8 793	6 441	—	8 812
陕西	198 308	128 485	251 820	227 180	215 278	628 261	251 840	210 086	164 498	1 837	211 998
甘肃	102 515	58 093	137 362	120 262	102 782	347 376	137 643	119 086	89 269	1 378	108 545
青海	19 773	14 290	30 713	26 751	20 654	79 105	30 713	26 870	20 356	1 166	22 989
宁夏	28 493	13 077	42 521	36 263	29 874	101 878	43 320	33 642	24 890	26	32 937
新疆	66 383	34 953	98 894	86 678	77 918	233 319	101 250	77 847	52 139	2 083	69 700

2010年各省、直辖市、自治区中等职业学校(机构)教职工数

单位：人

地区	教职工数 计	校本部教职工 计	校本部教职工 专任教师	校本部教职工 行政人员	校本部教职工 教辅人员	校本部教职工 工勤人员	校办企业职工	其他附设机构人员	聘请校外教师
合计	956 631	940 070	680 954	103 473	68 124	87 519	8 305	8 256	101 752
北京	14 625	14 335	8 390	2 933	1 202	1 810	48	242	1 522
天津	11 500	11 378	7 891	1 805	784	898	46	76	1 080
河北	67 544	66 903	49 074	7 093	5 238	5 498	385	256	4 674
山西	32 882	32 344	23 333	3 532	2 546	2 933	198	340	3 745
内蒙古	20 626	20 324	14 653	2 365	1 450	1 856	123	179	1 447
辽宁	32 736	32 314	21 910	4 711	2 411	3 282	258	164	3 257
吉林	28 434	28 159	19 339	3 751	2 855	2 214	132	143	1 740
黑龙江	26 038	25 750	18 297	3 082	1 844	2 527	189	99	1 597
上海	14 060	13 951	8 094	2 301	1 565	1 991	101	8	1 394
江苏	57 667	56 995	44 035	3 864	4 244	4 852	314	358	6 067
浙江	37 491	37 150	30 548	2 319	2 039	2 244	173	168	4 033
安徽	34 109	33 105	24 384	3 572	1 959	3 190	547	457	3 566
福建	23 667	23 030	17 993	2 037	1 353	1 647	540	97	4 500
江西	27 658	27 070	20 035	3 117	1 391	2 527	309	279	2 956
山东	78 769	77 275	55 465	8 787	6 613	6 410	842	652	3 361
河南	83 165	81 125	60 389	8 263	5 679	6 794	1 013	1 027	8 706
湖北	**40 985**	**40 015**	**28 476**	**4 552**	**3 127**	**3 860**	**542**	**428**	**5 812**
湖南	41 822	40 655	28 004	5 268	3 159	4 224	728	439	3 702
广东	58 754	58 231	43 533	6 011	4 101	4 586	247	276	6 138
广西	31 234	29 582	20 469	3 115	2 307	3 691	259	1 393	4 351
海南	5 846	5 635	3 824	702	329	780	13	198	603
重庆	19 171	19 042	13 875	2 125	1 288	1 754	80	49	3 628
四川	50 376	49 755	36 215	4 729	3 252	5 559	236	385	5 258
贵州	15 789	15 452	11 291	2 139	747	1 275	233	104	3 682
云南	27 623	27 539	20 120	2 383	1 560	3 476	41	43	4 774
西藏	731	731	591	45	30	65	—	—	109
陕西	31 571	30 947	20 892	4 691	2 475	2 889	408	216	4 308
甘肃	20 225	20 001	14 862	1 930	1 238	1 971	140	84	1 358
青海	3 157	3 061	2 444	255	122	240	81	15	444
宁夏	3 388	3 335	2 444	331	215	345	39	14	489
新疆	14 988	14 881	10 084	1 665	1 001	2 131	40	67	3 451

2010年各省、直辖市、自治区普通高中基本情况

单位：人

省市名	校数(所)	毕业生数	招生数	在校学生数	教职工	
					初高中合计	其中：专任教师
合计	**14 058**	**7 944 335**	**8 362 359**	**24 273 351**	**5 859 271**	**1 518 194**
北京	289	62 305	65 649	198 415	70 418	19 618
天津	214	65 951	62 061	185 153	51 778	14 819
河北	615	426 568	420 199	1 275 146	305 324	82 982
山西	534	259 381	280 984	822 925	204 549	53 572
内蒙古	289	174 815	166 364	499 280	123 092	31 587
辽宁	419	226 130	240 387	715 443	180 343	44 684
吉林	257	152 201	162 999	470 946	121 071	27 628
黑龙江	416	195 518	207 452	616 885	171 212	40 726
上海	261	62 375	53 853	168 899	67 277	16 729
江苏	653	486 363	440 338	1 356 550	335 609	98 197
浙江	569	273 680	300 941	880 194	208 249	62 344
安徽	743	443 812	424 086	1 275 968	262 588	66 879
福建	575	240 300	243 076	706 369	172 158	52 136
江西	452	262 464	256 536	739 649	184 385	46 860
山东	592	546 851	528 217	1 525 122	438 787	111 401
河南	825	704 309	628 486	1 921 573	431 419	104 334
湖北	**603**	**434 549**	**395 471**	**1 237 362**	**263 055**	**71 126**
湖南	622	361 786	370 508	1 019 039	281 722	67 830
广东	1 026	567 648	755 881	2 089 462	445 335	125 069
广西	463	238 971	270 720	753 981	190 125	42 120
海南	107	50 598	56 045	160 461	40 694	9 503
重庆	268	169 522	227 567	626 434	124 404	32 214
四川	747	449 991	525 495	1 462 250	321 813	80 318
贵州	444	171 704	240 208	620 221	155 346	33 072
云南	451	184 415	228 997	632 812	179 480	41 166
西藏	29	12 177	15 057	40 728	12 773	3 171
陕西	569	310 262	338 378	955 861	198 543	53 950
甘肃	452	195 045	219 614	646 975	132 676	37 517
青海	119	34 080	36 153	107 715	23 923	7 550
宁夏	70	44 858	47 399	142 392	30 496	8 861
新疆	385	135 706	153 238	419 141	130 627	30 231

2010年各省、直辖市、自治区普通初中基本情况

单位：人

省市名	校数(所)	毕业生数	招生数	在校学生数	教职工	
					初高中合计	其中：专任教师
合计	**54 823**	**17 485 714**	**17 154 930**	**52 759 127**	**5 859 271**	**3 523 382**
北京	345	101 045	102 360	309 912	70 418	30 255
天津	332	93 464	83 891	273 408	51 778	25 899
河北	2 650	876 820	721 556	2 212 343	305 324	177 693
山西	2 213	575 396	571 651	1 713 779	204 549	119 221
内蒙古	834	268 978	270 361	814 686	123 092	63 983
辽宁	1 657	455 348	397 158	1 272 295	180 343	100 674
吉林	1 209	294 438	251 194	817 462	121 071	67 038
黑龙江	1 758	405 225	363 236	1 290 892	171 212	101 430
上海	494	98 913	109 424	425 463	67 277	34 012
江苏	2 123	913 974	710 443	2 329 518	335 609	186 397
浙江	1 745	585 993	532 022	1 671 286	208 249	120 521
安徽	2 995	921 877	873 302	2 789 866	262 588	163 173
福建	1 328	478 531	383 157	1 275 763	172 158	99 333
江西	2 107	536 759	683 676	1 999 946	184 385	120 425
山东	3 053	1 022 090	1 112 964	3 485 570	438 787	260 681
河南	4 616	1 549 170	1 588 071	4 694 044	431 419	276 650
湖北	**2 184**	**854 395**	**657 947**	**2 180 937**	**263 055**	**156 836**
湖南	3 311	697 470	734 373	2 149 204	281 722	172 664
广东	3 308	1 534 663	1 663 662	5 001 040	445 335	266 445
广西	1 974	626 644	701 548	2 003 911	190 125	118 720
海南	424	146 277	133 509	421 593	40 694	25 061
重庆	1 005	416 604	408 525	1 281 724	124 404	77 089
四川	3 991	1 137 612	1 116 229	3 438 646	321 813	204 644
贵州	2 148	635 811	764 740	2 136 599	155 346	109 436
云南	1 732	641 624	706 567	2 073 500	179 480	119 818
西藏	93	46 093	47 361	138 992	12 773	8 873
陕西	1 867	627 356	493 463	1 643 225	198 543	116 532
甘肃	1 587	454 586	453 780	1 384 027	132 676	83 172
青海	315	66 211	78 875	219 463	23 923	14 325
宁夏	267	84 837	103 767	306 755	30 496	18 623
新疆	1 160	337 510	336 118	1 003 278	130 627	83 759

2010年各省、直辖市、自治区普通小学基本情况

单位：人

省市名	校数(所)	毕业生数	招生数	在校学生数	教职工	
					合计	其中：专任教师
合计	**257 410**	**17 396 364**	**16 917 007**	**99 407 043**	**6 109 847**	**5 617 091**
北京	1 104	102 971	113 728	653 255	60 038	49 480
天津	956	87 178	82 550	505 895	43 990	37 317
河北	13 563	721 755	955 960	5 115 923	342 373	319 037
山西	12 776	573 473	451 390	2 910 606	206 423	190 538
内蒙古	2 767	269 753	221 764	1 430 751	138 473	113 564
辽宁	5 523	397 516	348 465	2 182 522	167 199	146 922
吉林	5 837	252 667	249 724	1 444 633	147 790	124 502
黑龙江	6 490	363 943	341 438	1 879 609	172 707	151 344
上海	766	124 353	150 465	701 578	55 843	45 239
江苏	4 498	705 776	731 257	3 987 821	275 678	249 586
浙江	3 989	541 309	602 117	3 333 274	186 081	171 908
安徽	13 997	874 103	819 015	4 604 351	256 209	245 726
福建	6 974	396 060	426 005	2 388 917	166 290	156 601
江西	12 772	678 534	748 368	4 260 215	209 950	202 897
山东	12 405	1 102 552	1 113 005	6 292 476	417 504	387 453
河南	28 603	1 653 451	1 877 552	10 705 303	518 191	490 413
湖北	**7 749**	**611 620**	**680 166**	**3 655 512**	**211 247**	**196 078**
湖南	12 692	728 144	863 796	4 791 601	266 854	250 039
广东	16 806	1 741 881	1 359 159	8 485 498	487 773	430 735
广西	13 942	718 164	741 123	4 300 598	244 647	220 183
海南	2 313	146 903	103 591	780 535	57 085	52 056
重庆	5 544	398 349	329 739	1 999 407	125 859	116 057
四川	9 282	1 113 444	964 894	5 921 080	329 690	305 741
贵州	12 422	798 173	656 919	4 334 971	207 209	197 913
云南	14 059	736 946	669 300	4 352 084	250 114	237 537
西藏	872	50 642	50 747	299 408	19 289	18 901
陕西	9 710	505 889	408 618	2 610 355	190 545	175 184
甘肃	11 582	474 328	361 331	2 370 406	144 568	140 381
青海	1 792	82 467	81 464	518 992	27 516	26 584
宁夏	2 027	109 658	101 496	653 669	33 849	33 212
新疆	3 598	334 362	311 861	1 935 798	148 863	133 963

2010年各省、直辖市、自治区幼儿教育基本情况

单位：人

省市名	园数(所)	离园人数	入园人数	在园人数	教职工		
					合计	其中：园长	其中：专任教师
合计	**150 420**	**10 575 502**	**17 003 851**	**29 766 695**	**1 849 301**	**161 086**	**1 144 225**
北京	1 245	68 135	105 048	276 994	37 227	1 710	21 677
天津	1 607	68 721	85 902	217 866	16 586	1 312	10 838
河北	7 368	489 256	1 065 829	1 680 319	76 333	7 084	53 683
山西	4 352	233 281	377 135	710 297	42 782	3 587	28 509
内蒙古	2 039	149 087	218 259	380 756	27 487	2 365	18 108
辽宁	8 613	250 929	352 199	834 469	78 647	9 577	45 437
吉林	2 729	158 601	237 210	342 897	26 619	2 965	16 980
黑龙江	3 942	332 670	327 285	491 647	29 803	3 953	17 559
上海	1 252	104 562	144 540	400 314	40 855	1 745	26 724
江苏	3 944	659 276	833 130	2 057 187	120 981	6 855	81 140
浙江	9 863	573 712	599 221	1 830 533	157 174	9 958	95 101
安徽	4 018	388 910	665 969	1 008 170	45 571	4 628	29 591
福建	6 179	393 157	529 106	1 166 278	63 743	5 032	38 913
江西	8 518	369 099	812 046	1 235 056	69 186	9 101	43 349
山东	17 751	705 840	1 085 062	2 193 898	142 146	15 625	98 763
河南	7 698	713 392	1 119 617	1 966 745	110 616	9 260	71 984
湖北	**4 395**	**307 544**	**761 044**	**1 118 360**	**66 202**	**5 711**	**38 494**
湖南	7 829	474 351	1 001 644	1 419 053	88 538	8 770	47 964
广东	11 161	1 036 468	1 420 443	2 772 293	236 760	15 667	136 321
广西	5 349	538 677	864 455	1 185 337	53 380	6 220	31 109
海南	1 005	54 733	111 223	181 592	13 473	1 340	7 426
重庆	4 105	242 987	455 958	708 711	35 701	3 807	19 966
四川	9 483	799 787	1 231 433	1 887 545	87 198	9 007	51 909
贵州	2 196	328 152	627 154	769 144	24 780	2 366	14 623
云南	3 790	449 165	725 145	986 908	47 001	4 085	29 203
西藏	119	5 384	12 747	23 414	1 576	141	1 042
陕西	3 928	224 013	438 577	704 761	52 548	4 576	32 088
甘肃	2 407	146 294	233 494	387 338	19 672	1 806	13 668
青海	599	55 447	76 486	111 950	6 202	612	3 544
宁夏	373	56 717	88 485	137 856	7 029	502	4 613
新疆	2 563	197 155	398 005	579 007	23 485	1 719	13 899

2010年各省、直辖市、自治区特殊教育基本情况

单位：人

省市名	校数(所)	毕业生数	招生数	在校学生数	教职工	
					合计	其中：专任教师
合计	**1 706**	**58 941**	**64 869**	**425 613**	**49 249**	**39 650**
北京	21	1 914	967	7 981	1 201	906
天津	20	393	359	2 570	607	450
河北	149	831	1 715	12 415	3 308	2 660
山西	45	895	1 088	8 167	1 474	1 214
内蒙古	30	362	564	3 976	1 104	916
辽宁	74	906	688	8 921	2 682	2 147
吉林	45	783	1 059	6 884	1 736	1 309
黑龙江	74	931	1 233	8 326	2 312	1 873
上海	29	1 936	1 203	8 811	1 596	1 143
江苏	112	5 228	4 763	29 742	3 802	2 988
浙江	67	1 718	1 904	13 010	1 837	1 586
安徽	62	1 558	2 203	13 985	1 393	1 174
福建	71	5 993	4 575	32 048	1 815	1 599
江西	70	2 476	3 609	23 741	944	843
山东	145	2 794	3 610	21 987	5 742	4 486
河南	120	2 283	3 234	21 853	3 401	2 874
湖北	**76**	**2 261**	**2 047**	**15 349**	**1 744**	**1 477**
湖南	54	1 378	2 174	13 209	1 531	1 168
广东	75	4 165	3 666	26 064	2 719	2 026
广西	59	1 638	2 435	15 756	1 160	919
海南	3	567	652	3 175	145	109
重庆	36	2 426	2 348	14 618	846	715
四川	100	5 817	6 684	41 839	1 989	1 711
贵州	53	1 350	2 755	16 231	928	796
云南	26	3 149	3 407	21 432	854	685
西藏	2	6	42	258	62	52
陕西	40	1 199	1 419	7 837	967	748
甘肃	17	1 850	2 071	13 350	525	418
青海	11	167	255	2 505	174	137
宁夏	7	177	242	1 516	190	174
新疆	13	1 790	1 898	8 057	461	347

2010年各省、直辖市、自治区工读学校基本情况

单位：人

省市名	学校数（所）	班数（个）	离校人数	入校人数	在校生数	教职工数	
						计	其中：专任教师
合计	**77**	**445**	**3 894**	**4 047**	**10 735**	**2 576**	**1 737**
北京	6	40	255	331	764	344	223
天津	3	—	—	—	—	129	31
河北	—	—	—	—	—	—	—
山西	2	10	76	83	347	88	67
内蒙古	—	—	—	—	—	—	—
辽宁	10	82	869	906	2 359	350	245
吉林	4	11	212	47	314	126	101
黑龙江	1	1	4	2	7	25	21
上海	13	130	770	994	2 742	554	406
江苏	—	—	—	—	—	—	—
浙江	1	11	60	59	140	52	42
安徽	3	3	2	7	20	76	33
福建	—	—	—	—	—	—	—
江西	1	—	—	—	—	4	—
山东	—	—	—	—	—	—	—
河南	3	11	145	41	206	64	52
湖北	**2**	**8**	**168**	**214**	**101**	**52**	**40**
湖南	1	6	58	72	230	57	43
广东	2	12	154	115	208	67	51
广西	3	4	19	25	32	37	28
海南	—	—	—	—	—	—	—
重庆	5	10	67	64	111	75	54
四川	6	37	168	189	880	138	96
贵州	4	11	393	432	233	106	76
云南	1	6	65	35	112	49	40
西藏	—	—	—	—	—	—	—
陕西	1	4	25	23	86	44	7
甘肃	—	—	—	—	—	—	—
青海	—	—	—	—	—	—	—
宁夏	—	—	—	—	—	—	—
新疆	5	48	384	408	1 843	139	81

辑录　邓　辉　李明霞

○索引

说明：

一、本索引按主题词编排；

二、主题词条以汉语拼音顺序排列，第一字相同的，按第二字顺序排列，余类推；

三、本索引数码标记依次为：页码、栏序，两部分用“/”隔开，其中a表示第一栏，b表示第二栏，c表示第三栏，如安居工程 285/c，则表示在第285页第三栏；

四、本索引检索范围包括各级各类教育的主体部分，即本年鉴第三栏编排的部分，其中，教育文件与资料选辑等不在检索范围内；

五、主题词索引以教育教学为中心，并按照本年出版年鉴实际内容编排。

A

B

C

D

F

G

H

J

K

W

X

Y

Z